RECUEIL

ADMINISTRATIF

A L'USAGE DES CORPS DE TROUPE DE TOUTES ARMES

OU

CODE MANUEL

PAR

E. CHARBONNEAU

OFFICIER D'ADMINISTRATION DE 1re CLASSE DES BUREAUX DE L'INTENDANCE MILITAIRE

OUVRAGE DONT L'ACHAT A ÉTÉ AUTORISÉ

par décisions des Ministres de la Guerre et de la Marine, en date des 7 octobre et 2 décembre 1878

4e ÉDITION

Revue, corrigée, augmentée et mise à jour jusqu'au numéro 15 du JOURNAL MILITAIRE du 1er semestre 1885

PARIS
11, Place Saint-André-des-Arts.

LIMOGES
50, Nouvelle route d'Aixe, 50.

IMPRIMERIE, LIBRAIRIE ET PAPETERIE MILITAIRES

HENRI CHARLES-LAVAUZELLE

1885

RECUEIL ADMINISTRATIF

A L'USAGE

DES CORPS DE TROUPE DE TOUTES ARMES

PRÉFACE

Depuis longtemps on désirait dans l'armée un ouvrage administratif qui, sans être volumineux, permît pourtant de se passer le plus souvent du *Journal militaire* et des Instructions manuscrites qui ne sont que dans les mains d'un petit nombre d'officiers.

On voulait aussi que, dans un cadre resserré, il pût suppléer aux ouvrages plus étendus, mais toujours peu transportables et d'une acquisition coûteuse.

Le traité que nous publions sous le titre de : *Recueil administratif à l'usage des corps de troupe de toutes armes,* résoudra-t-il ce problème ? L'accueil qui lui a été fait dès l'origine nous en donne l'espoir et nous autorise à penser qu'il trouvera place dans un grand nombre de bibliothèques militaires.

Nous devons ajouter que nos encourageants débuts nous imposent l'obligation de continuer cette œuvre par la publication en temps utile d'éditions nouvelles ou de fascicules résumant les modifications survenues.

Afin de faciliter les recherches, nous devons entrer ici dans quelques détails sommaires sur le plan de cet ouvrage exclusivement pratique :

Nous nous sommes efforcé de grouper les dispositions par service et synoptiquement, tout en respectant, autant que possible, la rédaction des documents officiels que nous avons rappelés d'ailleurs avec soin, pour qu'on puisse s'y reporter le cas échéant.

Exceptionnellement, nous avons interprété certaines décisions, mais les passages qui émanent ainsi de notre initiative ne sont suivis d'aucune citation.

Enfin, comme certaines questions se réfèrent en même temps à divers chapitres ou services, nous nous sommes borné, pour éviter des répétitions inutiles, à indiquer la page où elles se trouvent traitées. Les citations de cette nature diffèrent de celles qui se rapportent au *Journal militaire* en ce qu'elles ne sont précédées d'aucune date.

ABRÉVIATIONS

Inf^{ie}	*signifie*	Infanterie.
Cav^{ie}	—	Cavalerie.
Art^{ie}	—	Artillerie.
Cie	—	Compagnie.
B^{ie}	—	Batterie.
Esc.	—	Escadron.
Bat.	—	Bataillon.
Rég^{t}	—	Régiment.
Décis.	—	Décision.
Décr.	—	Décret.
Ordonn.	—	Ordonnance.
Dép.	—	Dépêche.
Instr.	—	Instruction.
Circ.	—	Circulaire.
Règlem^{t}	—	Règlement.
(M)	—	Manuscrite ou non insérée au *Journal militaire.*

24 avril 1877, page 5, *veut dire* JOURNAL MILITAIRE (partie réglementaire), 1er semestre 1877, page 5.

24 avril 1877, page 5 (S), *veut dire* JOURNAL MILITAIRE (partie supplémentaire), 1er semestre 1877, page 5.

Consulter l'ERRATA *placé à la fin du volume.*

ADMINISTRATION

INTÉRIEURE

DES CORPS

L'administration intérieure des corps de troupe et des établissements considérés comme tels est dirigée par un conseil d'administration, que préside le chef de corps.

Le chef de corps et le conseil d'administration sont solidairement responsables envers l'État. (Art. 21 de la loi du 16 mars 1882, p. 91.)

La gestion est confiée à des officiers qui font partie du conseil d'administration, mais n'ont que voix consultative sur les questions concernant leur propre gestion.

Ces officiers sont responsables envers le conseil d'administration. (Art. 22 de ladite loi.)

Les compagnies ou sections formant corps sont administrées par leurs chefs, responsables envers l'Etat. (Art. 24.)

Les opérations en deniers et en matières de ces corps sont vérifiées et régularisées par les fonctionnaires de l'intendance (art. 23.) Ils s'assurent de la régularité de toutes les dépenses et ils procèdent ou font procéder, à cet effet, aux revues d'effectif et recensements de matériel, aux inventaires et autres moyens de vérification prévus par les règlements ou prescrits par le ministre ou par le général commandant le corps d'armée. (Art. 6 de la loi précitée et 10 du décret du 16 janvier 1883, p. 12) (1). Les revues d'effectif sont passées chaque trimestre sans préjudice des revues prescrites inopinément par l'autorité militaire. (Décis. du 28 février 1883, p. 168.)

En outre, l'administration de l'armée est soumise au contrôle exercé par un personnel spécial ne relevant que du ministre.

(1) Les sous-intendants militaires absents ou empêchés sont, à défaut de tout autre fonctionnaire de l'intendance, suppléés, savoir :

Dans les places ou villes de garnison où il y a un major de place ou de garnison, par le major de place ou de garnison;

Dans les autres places ou villes de garnison, par un officier du grade de capitaine, désigné par le général commandant la subdivision de région;

Dans les lieux où il n'y a pas de garnison et dans ceux où la garnison ne comporte pas d'officiers du grade de capitaine, par le maire. (Art. 15 du décret du 16 janvier 1883, page 13.)

Les officiers qui suppléent les sous-intendants militaires n'exercent aucune attribution de surveillance administrative à l'égard des personnels sans troupe ou des corps de troupe.

Ils ne peuvent ordonnancer aucune dépense, si ce n'est, à titre provisoire seulement, pour le paiement des frais de route des militaires isolés.

Ils ne visent aucune pièce justificative concernant la comptabilité des corps de troupe et des établissements ou services. (Art. 16.)

Le maire, en sa qualité de suppléant, est chargé :

D'assurer la distribution des prestations en nature dues aux troupes de passage et à celles en station ;

De pourvoir à l'hospitalisation des militaires malades;

De délivrer aux isolés des sauf-conduits valables jusqu'à la plus prochaine résidence d'un sous-intendant ou d'un suppléant militaire.

De constater, s'il y a lieu, par des procès-verbaux toujours soumis à l'homologation des sous-intendants, les pertes ou accidents qui lui sont signalés. (Art. 17.)

L'application de ces diverses dispositions est réglée par la circulaire ministérielle du 7 octobre 1884, page 551.

Ce contrôle a pour objet de sauvegarder les intérêts du Trésor et les droits des personnes et de constater dans tous les services l'observation des lois, règlements, etc...

Il s'exerce sur tous les services, corps de troupe et établissements placés sous l'autorité directe du ministre de la Guerre. (Art. 25 de ladite loi.) Les fonctionnaires du contrôle passent également des revues d'effectif. (Note du 19 avril 1833, p. 356.)

Les corps de troupe se conforment dans leurs opérations aux dispositions de l'ordonn. du 10 mai 1844, modifiée par divers décrets. En ce qui concerne les troupes en campagne, l'on se conforme aux dispositions du décret du 24 avril 1884, pages 495 et suivantes.

Aux termes de l'ordonnance précitée du 10 mai 1844 (1), on distingue deux sortes de conseils d'administration : Le conseil central, qui est permanent et réside au dépôt, et le conseil éventuel, qui n'est que temporaire et n'existe que dans le cas de séparation des parties du même corps.

Lorsqu'une portion de régiment d'infanterie ou de cavalerie est composée de moins d'un bataillon ou de moins de deux escadrons, il n'est pas formé de conseil éventuel ; le commandant est seul chargé de l'administration.

Les batteries d'artillerie, les compagnies du génie, du train d'artillerie ou des équipages militaires, réunies on non dans la même garnison ou dans la même armée, sont administrées séparément, chacune par l'officier qui la commande. (Décr. du 3 avril 1869, pag. 454, et art. 4 de l'ordonn. du 10 mai 1844.) Ce principe est rappelé pour l'artillerie et les trains par la circulaire du 22 février 1878 (M), n° 1477, et celle du 13 décembre 1880 (M). Cette dernière applique cette disposition aux sections de munitions, aux détachements d'ouvriers d'artillerie ou de pontonniers. Quant aux détachements d'artificiers, ils sont placés en subsistance dans ceux d'ouvriers d'artillerie. Toute fraction de compagnie, d'escadron ou de batterie détachée isolément de la *portion centrale* du corps est administrée par l'officier ou le sous-officier qui la commande. (Art. 4 de l'ordonn. précitée.)

En cas de guerre, les bataillons d'infanterie disponibles, qui sont séparés de leur dépôt, s'administrent au titre de leur corps d'origine, qu'ils soient ou non réunis par groupe.

Ils sont pourvus d'un conseil d'administration éventuel. (Circ. du 22 juillet 1879 (M). Ce principe est rappelé par la circ. minist. du 2 avril 1884 (M).

Pendant les manœuvres d'automne, des conseils d'administration éventuels doivent être constitués par les corps de troupe, si le personnel de la trésorerie est mobilisé, par la raison que ces corps doivent percevoir la solde tous les cinq jours. (Dép. minist. du 15 juin 1883. (M).

Ainsi qu'il a été indiqué ci-dessus, les corps organisés sous le titre de compagnie ou de section sont administrés par l'officier commandant, lequel est seul responsable envers l'Etat. (Art. 1er de l'ordonn. du 10 mai 1844, page 269, et loi du 16 mars 1882, page 91.) Toute portion de ces corps est également administrée par le chef qui la commande. (Décr. du 3 avril 1869, page 454 et art. 4 de l'ordonn. précitée.)

Si plusieurs portions d'un corps administrées chacune séparément viennent à être réunies sous le même commandement, elles ne donnent plus lieu qu'à une seule administration, qui est exercée soit par un conseil, soit par l'officier commandant selon la composition des portions de corps qui en sont l'objet. (Art. 4 de l'ordonn. du 10 mai 1844). Pour les batteries d'artillerie, compagnie du génie, etc... Voir ci-dessus.

A l'armée, les détachements de secrétaires d'état-major, d'ouvriers militaires d'administration et d'infirmiers sont administrés en *principe* par le chef de chaque groupe, mais si ce dernier n'est pas du grade d'officier, les états de solde et bons de toute nature sont visés par un officier désigné à cet effet par l'autorité militaire. (Note du 1er mars 1878, page 64.)

Pour les secrétaires d'état-major, ouvriers militaires d'administration et militaires du train des équipages et subsistants, employés dans les quartiers généraux mobilisés, se reporter à la circ. du 14 mars 1883 (M).

Les portions de corps de toutes armes qui rentrent dans le département où siège le conseil d'administration cessent d'avoir une administration distincte à dater du lende-

(1) Pour l'armée territoriale, cette ordonnance est remplacée par l'instruction du 12 février 1878, page 38.

De plus, on doit se conformer au règlement du 23 septembre 1874, page 277, pour l'administration intérieure des sections de secrétaires d'état-major et du recrutement, de commis et ouvriers d'administration et d'infirmiers militaires.

main de leur arrivée dans leur garnison. (Art. 4 de l'ordonn. du 10 mai 1844.) Toutefois, la décision du 23 avril 1870, page 57, dispose que les bataillons, compagnies ou escadrons actifs réunis sous le *commandement du chef de corps* et stationnés dans le même département, mais dans d'autres localités que le dépôt, *pourront* être administrés distinctement par un conseil éventuel, sur la demande de l'intendant militaire, approuvée par le général commandant le corps d'armée. Dans ce cas, les portions actives stationnées dans la localité où se trouve le conseil central continuent à être administrées par ce conseil. (Décis. du 23 avril 1870.)

En outre, les portions de corps qui stationnent hors du département où se trouve la portion centrale, n'ont point d'administration distincte, lorsqu'en raison de leur proximité du conseil d'administration et de la facilité des communications, le général commandant le *corps d'armée* approuve, sur la demande de l'intendant militaire, qu'elles demeurent soumises à l'action directe de ce conseil ; le ministre en est immédiatement informé.

Si le département dont il s'agit ne fait point partie du corps d'armée où siège le conseil d'administration, cette approbation ne peut être donnée que provisoirement, et elle est soumise à la décis. du ministre. (Art. 5 de l'ordonn. du 10 mai 1844.)

Une décision du 19 novembre 1849, non reproduite au *Journal militaire* refondu, disposait que les bataillons ou escadrons organisés sur le pied de guerre devaient être administrés distinctement, lors même qu'ils seraient stationnés dans le même département que le dépôt, si le général de division (1) en donnait l'ordre sur l'avis conforme de l'intendant militaire ; mais cette prescription ne s'étendait pas aux troupes mobilisées stationnées dans la même place que le dépôt. (Décis. du 14 juin 1850 également supprimée par la commission de refonte.)

Aujourd'hui, les instructions générales sur la mobilisation règlent la situation des corps ou portions de corps mobilisés.

ORDONNANCE DU 10 MAI 1844

(*Journal militaire*, pag. 271 et suiv.)

Art. 6. — Le commandant d'une portion de corps, dont la composition comporte un conseil, en a seulement l'administration, si le nombre des officiers présents est insuffisant pour former ce conseil.

Les circonstances qui motivent cette exception sont constatées par un procès-verbal du sous-intendant militaire, qui en remet une expédition à l'officier commandant et en adresse une autre à l'intendant de la division territoriale ou du corps d'armée.

Agents des conseils ; ils sont responsables de leur gestion.

Art. 7. — Les conseils ont pour agents : le major ou l'officier qui en remplit les fonctions, et les officiers comptables.

Sont compris sous la dénomination générique d'officiers comptables, le trésorier et l'officier d'habillement, ainsi que les officiers qui en tiennent lieu dans les portions de corps autres que la portion centrale. Ces derniers sont désignés par les noms d'officier-payeur et d'officier délégué pour l'habillement.

Les officiers comptables sont responsables de tous les faits de la gestion qui leur est confiée.

L'adjoint au trésorier n'est comptable que lorsqu'il remplace le trésorier lui-même ou qu'il exerce comme officier-payeur.

La comptabilité des corps est réglée par trimestre d'année et par trimestre d'exercice.

Art. 8. — Dans chaque corps de troupes, les comptes en deniers sont tenus simultanément en deux parties, dont l'une est réglée par trimestre d'année, et l'autre par trimestre d'exercice.

(1) Aujourd'hui général commandant le corps d'armée.

La première comprend les recettes et dépenses effectuées dans le cours des trois mois qui forment le trimestre au titre duquel le compte est établi ;

La seconde, sous le nom de "centralisation, embrasse toutes les recettes et dépenses applicables à la liquidation des droits acquis, tant au corps qu'à ses créanciers, pendant cette même période de trois mois, à quelques dates qu'elles s'effectuent.

Les comptes en nature (services de l'habillement, etc.) sont tenus et réglés par trimestre d'année.

COMPOSITION DES CONSEILS D'ADMINISTRATION

Art. 9. — Les conseils d'administration sont composés comme il suit, savoir :

1° Pour chaque régiment, sept membres :

Le colonel, président ;

Le lieutenant-colonel ;

Un chef de bataillon ou d'escadron ;

Le major, rapporteur ;

Un capitaine de compagnie, d'escadron ou de batterie ;

Le trésorier, secrétaire ;

L'officier d'habillement.

Lorsque le colonel et le lieutenant-colonel font l'un et l'autre partie d'une portion de corps ayant un conseil éventuel, le conseil d'administration central n'est plus composé que de cinq membres. Dans ce cas, l'officier supérieur le plus ancien de grade préside. Si la présidence revient au major, et qu'il n'y ait pas à la portion centrale d'autre officier supérieur que lui, le plus ancien des capitaines qui s'y trouvent (adjudants-majors et instructeurs compris) est appelé à faire partie du conseil. (Une dépêche ministérielle du 14 décembre 1864 (M), n° 4277, émanant du bureau de la solde et des revues, porte qu'un officier d'habillement ou trésorier peut, lorsqu'il est le plus ancien, commander le dépôt du corps et présider le conseil ; mais alors il est remplacé provisoirement dans ses fonctions.) Une autre dépêche, en date du 8 novembre 1867, n° 6748, émanant du même bureau, dispose que, nonobstant l'interdiction mentionnée à l'article 36 de l'ordonnance du 2 novembre 1833 (aujourd'hui règlement du 28 décembre 1883, art. 43 infanterie, 35 cavalerie et 39 artillerie), s'il n'y a pas de capitaine propre aux fonctions de major et si, de l'avis du chef de corps, l'intérêt du service l'exige, on peut confier ces fonctions à l'un des deux officiers comptables, en lui faisant remettre provisoirement son service à un autre officier du corps possédant les connaissances administratives nécessaires.

Quand le major préside le conseil, il n'y est pas remplacé comme rapporteur.

2° Pour chaque corps organisé sous le titre de bataillon ou escadron, cinq membres :

Le commandant du corps, président ;

Le major, rapporteur ;

Un capitaine (ou un lieutenant ou sous-lieutenant dans les corps où ces officiers sont commandants de compagnie) ;

Le trésorier, secrétaire ;

L'officier d'habillement. (Art. 9 de l'ordonnance du 10 mai 1844, p. 272.)

COMPOSITION DU CONSEIL D'ADMINISTRATION CENTRAL DES CORPS DE TROUPES

La décision royale du 19 février 1847, page 744, dispose que, lorsque par l'effet du fractionnement d'un régiment ou d'un corps organisé sous le titre de bataillon ou d'escadron, il reste moins de cinq officiers à la portion centrale, et que, par conséquent, il n'est pas possible de donner au conseil d'administration central la composition prescrite par l'ordonnance du 10 mai 1844, ce conseil doit être composé, savoir :

1° Si le nombre des officiers présents est de quatre, et que le commandement n'appartienne pas au major, de quatre membres :

Le commandant, président, ayant voix prépondérante en cas de partage;
Le major;
Le trésorier;
L'officier d'habillement.

2° Si le nombre des officiers présents est de quatre, et que le commandement appartienne au major, de quatre membres :

Le major, président, ayant voix prépondérante en cas de partage;
Le trésorier;
L'officier d'habillement;
Le quatrième officier présent à la portion centrale.

3° Enfin, si le major et les deux comptables sont seuls à la portion centrale et qu'il y ait empêchement absolu à ce qu'aucun autre officier puisse y être appelé, de trois membres :

Le major, président;
Le trésorier;
L'officier d'habillement. (*Décis. royale précitée.*)

En exécution de la décision du 15 décembre 1873, page 512, le conseil d'administration central des régiments d'infanterie doit, lorsque le lieutenant-colonel est présent au dépôt, se composer :

Du lieutenant-colonel, président;
Du major;
D'un capitaine de compagnie;
Du trésorier;
Et de l'officier d'habillement. (15 décembre 1873.)

Lorsque des régiments de cavalerie sont fractionnés de manière que la portion centrale et un escadron se trouvent sous le commandement du major et que quatre escadrons sont stationnés avec le colonel et le lieutenant-colonel dans une autre place, le conseil central doit se composer de quatre membres seulement s'il y a moins de cinq officiers à la portion centrale. Le quatrième officier présent, quel que soit son grade, peut faire partie du conseil. (Circ. du 21 septembre 1874, 324.)

COMPOSITION DES CONSEILS D'ADMINISTRATION ÉVENTUELS

(Voir la décision royale du 31 décembre 1849, pour les corps organisés sous le titre de bataillon.)

Art. 10. — De l'ordonnance du 10 mai 1844. — Les conseils d'administration éventuels sont composés de cinq membres, savoir :

Le commandant de la portion de corps, président;
L'officier qui prend rang après lui;
Un capitaine de compagnie ou d'escadron;
L'officier-payeur, secrétaire;
L'officier délégué pour l'habillement.

Les fonctions de major rapporteur sont exercées par l'officier que désigne le règlement sur le service intérieur, et, s'il n'est pas membre du conseil, il y remplace l'officier du même grade qui en aurait fait partie.

Nota. — Le major est remplacé en cas d'absence, etc..., par un capitaine désigné par l'inspecteur général (infanterie et artillerie). Dans la cavalerie, le capitaine est désigné par le général de division. (Règlement du 28 décembre 1883 sur le service intérieur.)

Le commandant préside toujours le conseil; les autres membres sont renouvelés chaque année, par rang d'ancienneté de grade.

Art. 11. — Le chef de bataillon ou d'escadron et le capitaine (ou le commandant de compagnie du grade de lieutenant ou de sous-lieutenant) qui entrent dans la composition des conseils, sont pris par rang d'ancienneté de grade. Ils sont renouvelés le

1er janvier de chaque année, à tour de rôle, à l'exception de l'officier commandant qui, en raison de cette qualité, continue à présider. Cette exception s'étend à l'officier qui prend rang après lui, dans les portions de corps ayant un conseil d'administration éventuel.

Dans les corps où les lieutenants et les sous-lieutenants sont commandants de compagnie, la priorité appartient aux lieutenants, lors de la formation des conseils ; mais le renouvellement annuel est alternatif entre les uns et les autres.

Les membres des conseils ne peuvent exercer qu'autant qu'ils sont présents.

Art. 12. — Les membres des conseils ne peuvent exercer qu'autant qu'ils sont présents, soit dans la résidence du conseil, soit dans une localité d'où ils viennent faire le service dans cette résidence. En tout autre cas, ils sont suppléés.

Officiers appelés à suppléer ou à remplacer les membres des conseils.

Art. 13. — Les membres des conseils qui ne peuvent exercer d'après l'article précédent, et ceux qui cessent de faire partie du corps ou de la portion du corps, sont suppléés ou remplacés, suivant le cas, d'après l'ordre d'ancienneté, par des officiers du même grade, ou, à leur défaut, par les plus anciens du grade inférieur.

Le major et les officiers comptables ne peuvent être suppléés que par les officiers qui les remplacent dans l'exercice de leurs fonctions.

Cessation de la mission du suppléant.

Art. 14. — La mission du suppléant finit le jour où le titulaire peut reprendre ses fonctions.

Les fonctions de membre du conseil sont obligatoires.

Art. 15. — Les membres des conseils (titulaires ou suppléants) ne peuvent refuser le mandat qui leur est donné.

Installation des conseils.

Art. 16. — Les conseils sont installés par les officiers généraux immédiatement après la formation des corps ou portions de corps.

Procès-verbal d'installation des conseils.

Art. 17. — Les sous-intendants militaires constatent l'installation des conseils par un procès-verbal, où sont relatés les noms et grades des membres titulaires ou de leurs suppléants ; cet acte est signé par tous les membres présents et transcrit sur le registre des délibérations.

Lorsque, par application du § 2 de l'article 9, le conseil d'administration d'un régiment cesse d'être de sept membres, ou qu'il est reporté à ce nombre après avoir été réduit à cinq, cette modification donne lieu à un procès-verbal.

Si la formation d'un conseil éventuel s'opère dans une localité autre que la résidence du conseil d'administration central, le sous-intendant militaire adresse à ce dernier une ampliation de son procès-verbal (1).

Mention au registre des délibérations de l'entrée en exercice des membres des conseils.

Art. 18. — L'entrée en exercice des officiers qui sont appelés annuellement ou éventuellement à faire partie des conseils est constatée par la simple mention au registre des délibérations de leurs noms et grades, et du motif de la cessation des fonctions des membres qu'ils remplacent, soit comme titulaires, soit comme suppléants.

(1) Voir les modèles des procès-verbaux pages 28 et 29, et pour les procès-verbaux de formation de corps, le modèle qui fait suite à l'instruction du 12 février 1878, page 305.

Attributions des conseils.

Art. 19. — Les conseils dirigent l'administration dans tous ses détails et surveillent les commandants de compagnie, d'escadron ou de batterie, dans l'exercice des fonctions qui leur sont attribuées par la présente ordonnance.

Ils prennent toutes les mesures nécessaires pour la bonne exécution des règlements et des ordres ou instructions concernant l'administration.

Désignation des suppléants des comptables.

Art. 20. — Ils désignent les officiers qui doivent suppléer les comptables ou ceux qui doivent en remplir les fonctions près des portions détachées. Mais, lorsqu'un conseil éventuel se forme hors de la résidence du conseil d'administration central, la désignation et le remplacement des comptables appartiennent aux trois officiers qui, par leur grade, sont appelés à faire partie du conseil éventuel.

Passation des marchés et achats sur simple facture.

(Voir *Habillement*, pour la formation des approvisionnements.)

Art. 21, modifié par le décret du 1er mars 1880, p. 362. — Les conseils passent, sous l'approbation du sous-intendant militaire, les marchés pour toutes fournitures, confections et réparations, dont la dépense est autorisée par les règlements ou les instructions particulières du ministre.

Ils peuvent, sans passer des marchés, prescrire des achats pour des fournitures livrées immédiatement, et pour des achats, confections ou réparations dont la dépense ne dépasse pas mille francs : 1° sans l'autorisation du sous-intendant militaire, si cette dépense doit être définitivement imputée aux masses d'entretien, et si elle reste, par sa nature et son importance, dans les limites fixées par les règlements ; 2° avec l'autorisation préalable du sous-intendant militaire, dans tous les autres cas.

Toutefois, les conseils d'administration éventuels et les commandants de détachement ne passent de marchés ou ne prescrivent d'achats sur simple facture, qu'après entente avec le conseil d'administration central. (Art. 21.)

Les marchés autorisés soit par le ministre, soit par le sous-intendant militaire, sont inscrits à leur date sur le registre des délibérations. (Art. 39 de l'instr. du 26 avril 1884, p. 1062 (S).

Remboursement au corps des avances faites pour l'exécution des différents services.

Art. 22. (Décr. du 1er mars 1880, p. 363.) — Les conseils poursuivent le remboursement des dépenses qu'ils ont été autorisés à acquitter, à titre d'avance, sur les fonds généraux de la caisse du corps, pour l'exécution des différents services. A cet effet, ils produisent au sous-intendant militaire des relevés (Mod. n° 21 *bis*), accompagnés des pièces justificatives. (Voir *Petit équipement.*)

Acquits à mettre sur les ordonnances et mandats.

Art. 23. — Ils quittancent, à l'échéance du paiement, les ordonnances et mandats délivrés au profit du corps, et les remettent au trésorier pour en recevoir le montant chez le payeur. (Ces ordonnances et mandats sont quittancés à la date réelle du paiement, art. 48 de l'instr. du 26 avril 1884 sur les inspections administratives.)

Voir solde et revues pour la perception de la solde.

Vérification des recettes faites par le trésorier.

Art. 24. — Ils vérifient et constatent les recettes faites directement par le trésorier, sur ses quittances, depuis la dernière séance. (Art. 73.)

Remise de fonds au trésorier.

Art. 25. — Ils remettent au trésorier les fonds nécessaires :

1° Pour les paiements exigibles d'après les pièces probantes que le comptable leur présente ;

2° Et, en outre, pour le montant approximatif de deux prêts, si le corps est réuni, et pour trois, s'il a des détachements à solder.

Cette remise s'effectue après la justification de l'emploi des fonds qu'il a précédemment reçus, et sous la déduction de la somme restant entre ses mains.

NOTA. — En campagne, les conseils éventuels remettent à l'officier payeur les fonds nécessaires : 1° pour le montant approximatif des dépenses éventuelles pendant une période de 5 jours ; 2° pour le paiement du dernier prêt ; 3° pour le paiement de la solde des détachements. (Art. 21 de l'instr. du 5 avril 1867, page 573.) Pour les envois de fonds dans les détachements qui ne s'administrent pas séparément (V. Pertes et déficits de fonds).

Autorisation de paiement.

ART. 26. — Ils ordonnent l'acquittement des dépenses autres que celles dont le trésorier est autorisé à payer le montant sans décision préalable du conseil. (ART. 75.)

Réception du matériel. — Autorisation de sorties de magasin.

ART. 27. (Décr. du 1er mars 1880, p. 363.) Les conseils procèdent ou font procéder par les membres qu'ils délèguent, à la réception du matériel, en se conformant aux instructions ministérielles spéciales à chaque service.

Ils autorisent toutes les sorties du magasin.

Apposition d'un cachet sur les modèles.

ART. 28. — Ils font mettre, en leur présence, le cachet du conseil sur les échantillons et modèles d'effets, avec la date de l'envoi qui leur en a été fait par le ministre, ou de l'acceptation par eux, de ceux qu'ils ont choisis sur la présentation des soumissionnaires.

Arrêté des registres de comptabilité.

ART. 29. — Ils arrêtent *ne varietur* les registres de comptabilité, après avoir reconnu que les recettes, dépenses et consommations ont été légalement autorisées, et qu'elles sont justifiées par les pièces à l'appui. Ils certifient les états, bordereaux et autres pièces aux époques déterminées et dans les cas prévus par la présente ordonnance. (Ils doivent être signés en conseil et non au domicile des membres du conseil ou chez les officiers comptables. — Art. 47 de l'instr. du 17 mars 1884, p. 469 (S) sur les inspections générales.)

Avis aux sous-intendants militaires de la somme en excédant des besoins.

ART. 30. — Lorsqu'ils vérifient leur caisse (Art. 102), ou en cas de départ du corps, ou d'une portion du corps, ils font connaître au sous-intendant militaire la somme existant en numéraire dans cette caisse, qui excède le montant approximatif des dépenses à effectuer jusqu'au 20 du mois qui suit le trimestre courant, ou pendant la route à parcourir, afin que le versement en soit fait au Trésor à titre de dépôt.

Remise de fonds aux portions de corps (1).

ART. 31. — Ils remettent aux portions de corps qui se séparent de celle qu'ils administrent, et aux détachements, les fonds nécessaires pour subvenir à leurs premiers besoins.

Devoirs du président.

ART. 32. — Le président seul ouvre les lettres et dépêches adressées au conseil et remet au major celles qui sont relatives à l'administration.

(1) Ils déterminent l'importance des sommes qu'elles peuvent percevoir au titre de la masse générale d'entretien. (Art. 233 du règlement du 8 juin 1883, p. 617), et au titre de la masse individuelle pour le paiement du décompte et des réparations. En principe, les portions détachées à l'armée perçoivent la prime pour le 3e mois de chaque trimestre. (Circ. du 17 mars 1856, pag. 172, et art. 24 de l'instr. du 5 avril 1867, pag. 574), à moins que le fonctionnement de cette masse ne soit suspendu.

Pour la masse de harnachement et ferrage, chaque portion perçoit la prime pour ses chevaux.

Il fait verser immédiatement dans la caisse du conseil (Art. 72) le montant des ordonnances ou mandats touchés par le trésorier.

Il vise les états de services et tous autres extraits ou copies expédiés d'après les registres et documents authentiques, dès qu'ils ont été certifiés par le trésorier ou l'officier d'habillement et vérifiés par le major,

NOTA. — Il est dépositaire d'une des clefs de la caisse du conseil (Art. 98 de l'ordonn. du 10 mai 1844). Il doit toujours être présent pour les entrées et sorties de fonds. (Art. 53 de l'instruction du 17 mars 1884, p. 471.) (S).

Séances des conseils. — Mode des délibérations.

ART. 33. — Les conseils ne peuvent délibérer qu'en séance et lorsque tous les membres sont présents.

Convocation du conseil.

ART. 34. — Le conseil s'assemble sur la convocation et au domicile du président ou, en cas d'empêchement, dans le lieu que celui-ci désigne. (Les séances ont un caractère imprévu et l'époque ne doit pas en être déterminée à l'avance, autant que possible. Circ. du 13 janvier 1873 M.)

Les conseils d'administration doivent se réunir d'une manière effective au lieu ordinaire des séances. Les pièces et registres ne doivent pas être portés à domicile pour être signés; les membres du conseil ne doivent pas non plus aller à leurs moments perdus signer chez le trésorier ou l'officier d'habillement. (Instr. annuelles sur les inspections générales. Art. 47 de celle du 17 mars 1884, p. 471.) (S).

Les officiers de l'intendance militaire peuvent assister au conseil.

ART. 35. — Les officiers de l'intendance militaire peuvent assister au conseil et en requérir la convocation toutes les fois qu'ils le jugent nécessaire.

Ordre suivant lequel les membres prennent place dans leurs séances.

ART. 36. — Les membres du conseil prennent place à la droite et à la gauche du président, suivant l'ordre hiérarchique. (Voir le tracé qui est à la suite des modèles.)

Le major se place en face du président; l'officier comptable le plus ancien de grade à sa droite, et le moins ancien à sa gauche.

Place que doivent occuper les officiers de l'intendance militaire.

ART. 37. — Lorsqu'un officier de l'intendance militaire assiste au conseil, le major siège à sa droite et l'officier comptable le plus ancien à sa gauche. L'autre officier comptable est à la droite du major.

Si un intendant militaire se trouve au conseil avec un sous-intendant militaire, ou un adjoint qui en remplisse les fonctions, celui-ci prend place à sa droite et le major à sa gauche; l'officier comptable plus ancien est près du sous-intendant militaire et le moins ancien près du major.

Place attribuée aux officiers généraux.

ART. 38. — Lorsque l'inspecteur général d'armes réunit le conseil, le commandant du corps ou de la portion du corps prend place en face de lui. Le maréchal de camp et les officiers de l'intendance militaire qui accompagnent l'inspecteur général, ainsi que le major et les officiers comptables, se placent à sa droite et à sa gauche, dans l'ordre des préséances ou de la hiérarchie.

Tous les membres ont voix délibérative.

ART. 39. — Tous les membres du conseil ont voix délibérative.

Le conseil prononce à la majorité des voix.

ART. 40. — Le conseil prononce à la majorité des voix. Les membres les moins élevés en grade, et, à égalité de grade, les moins anciens, opinent les premiers.

Le président met les affaires en délibération.

ART. 41. — Le président seul met les affaires en délibération.

Il communique ou fait communiquer au conseil, par le major rapporteur, les lettres, dépêches, ordonnances de paiement et autres pièces relatives à l'administration ou à la comptabilité du corps, qu'il a reçus depuis la dernière séance, ainsi que les instructions ou décisions insérées au *Journal militaire officiel* que le conseil doit connaître.

Rapport par écrit.

ART. 42. — Le rapporteur n'est tenu d'exposer les affaires par écrit que lorsqu'il en est requis par le conseil ou par le président.

Propositions à mettre en délibération.

ART. 43. — La proposition faite par un membre du conseil doit être mise en délibération, si la majorité décide qu'il y a lieu de la discuter.

Mode de constatation des séances.

ART. 44. — Chaque séance du conseil est constatée par un procès-verbal, en tête duquel sont désignés les noms et grades des membres présents ; ce procès-verbal est signé au registre des délibérations, séance tenante.

Lorqu'un officier de l'intendance militaire assiste à la séance, sa présence est mentionnée au procès-verbal, mais il n'appose sa signature au registre des délibérations, que si le procès-verbal constate une opération ou une communication faite par lui.

NOTA. Pour la tenue du registre des délibérations et la forme à donner aux procès-verbaux, se conformer au modèle donné par le cahier annexé à l'ordonnance du 10 mai 1844.

Consignation au procès-verbal des motifs des membres opposants.

ART. 45. — Les membres qui n'adhèrent pas à l'avis de la majorité ont le droit de consigner, à la suite du procès-verbal, en séance, les motifs de leur opposition.

Circonstances où des membres ont voix consultative seulement.

ART. 46. — Les officiers comptables assistent aux délibérations qui ont pour objet les vérifications de leur gestion, avec voix consultative seulement, et signent les procès-verbaux des séances qui les constatent.

Cette disposition est applicable à tout membre du conseil qui peut avoir un intérêt direct à la décision.

Dans ces circonstances, les décisions du conseil sont prises à la majorité des membres votants.

Majorité exigée pour la désignation des suppléants des comptables.

ART. 47. — Les désignations attribuées au conseil par l'article 20 ont lieu :

1° Dans les conseils d'administration, à la majorité relative, et avec voix prépondérante du président, s'il y a partage égal d'avis ;

2° A la majorité absolue, en cas de formation d'un conseil éventuel, hors de la résidence du conseil d'administration.

Exécution des délibérations.

ART. 48. — Le président donne les ordres nécessaires pour l'exécution des délibérations.

Le président peut suspendre l'effet d'une délibération.

ART. 49. — Le président peut suspendre l'effet d'une délibération prise malgré son opposition, mais il est tenu d'en adresser immédiatement une copie textuelle, accompagnée de ses observations, au sous-intendant militaire, qui prononce ou qui en réfère, selon le cas, soit au maréchal de camp, soit à l'intendant militaire.

Le conseil signe sa correspondance. — Cas où le président la signe seul.

ART. 50. — La correspondance du conseil est signée par tous les membres.

Le président signe seul les lettres qui ont pour objet l'envoi ou la transmission des pièces qui sont revêtues de la signature du conseil, celles qui n'ont pas trait aux délibérations et les accusés de réception.

Responsabilité pécuniaire des conseils.

(La note du 26 septembre 1861, pag. 307, rappelle que les chefs de corps ou de service sont toujours responsables des gestions irrégulières.)

ART. 51. — Les conseils d'administration et les conseils éventuels sont pécuniairement responsables (envers l'Etat, loi du 16 mars 1882, p. 91) :

1° De la légalité des paiements, consommations ou distributions qu'ils ordonnent ou autorisent ;

2° De l'existence des fonds et des matières et effets dont ils constatent la situation dans l'arrêté des registres tenus par les officiers comptables ;

3° Des irrégularités ou erreurs signalées par le major (Art. 66) et qu'ils auraient omis de faire redresser en temps utile ;

4° Du montant des reprises ou retenues qu'ils négligent d'exercer ;

5° Des retenues illégales qu'ils peuvent avoir prescrites ou approuvées ;

6° Des pertes ou déficits de fonds, en cas d'inexécution des articles 25 et 30, et jusqu'à concurrence de la somme que le conseil aurait laissée entre les mains du trésorier en excédant des besoins du service, ou de celle dont il aurait négligé de provoquer le versement au Trésor. (V. Pertes et déficits de fonds.)

Toutefois, les membres du conseil qui n'ont point adhéré à une mesure adoptée par la majorité et qui ont consigné les motifs de leur opposition au registre des délibérations (Art. 45), ne sont pas passibles de la responsabilité que cette mesure entraîne (1). En outre, la circ. du 19 mai 1873, page 637, porte que la responsabilité des quittances données par les fournisseurs incombe aux corps qui les ont désintéressés.

Cas particulier de responsabilité.

ART. 52. — Les membres qui participent, par leur vote, à l'exécution d'une mesure prise en contravention aux règlements, avant leur entrée en fonctions, partagent la responsabilité de ceux qui auront concouru à l'adoption de cette mesure.

Répartition des sommes dont les conseils sont débiteurs.

ART. 53. — Les intendants militaires déterminent, lors de leurs vérifications ou sur le rapport des sous-intendants, les sommes dont les conseils sont constitués débiteurs par suite de la responsabilité qu'ils ont encourue.

La répartition de ces sommes est faite entre les membres qui ont autorisé, commis ou confirmé l'illégalité, la contravention ou la négligence, au prorata de la solde du grade dont chacun d'eux était alors titulaire.

Les officiers compris dans cette répartition peuvent appeler de la décision de l'intendant militaire, au ministre, ou à l'inspecteur général, dans le délai de trois mois, à dater du jour où elle leur a été notifiée ; mais leur réclamation n'est pas suspensive de l'imputation prescrite.

(1) Les directeurs des différents services et les fonctionnaires de l'intendance militaire peuvent être rendus responsables, par le ministre, de tout ordonnancement, distribution ou dépense non prévus par les règlements pour lesquels un ordre écrit du général commandant le corps d'armée ne leur aurait pas été délivré, sauf leur recours contre les parties prenantes. Toutefois, ce recours ne peut être exercé que sur les officiers. Quand à la troupe, il ne doit avoir lieu que lorsque les sommes indûment perçues ont été versées à la masse individuelle ; dans le cas contraire, les fonctionnaires sont responsables des paiements irréguliers, s'il les ont autorisés au préalable d'une *manière expresse* ; sinon, la responsabilité tombe sur les officiers qui ont pris l'initiative des paiements. Cette responsabilité est partagée, lorsqu'il y a lieu, par ceux que la nature de leurs attributions appelle à vérifier les pièces servant au paiement du prêt.

Dans tous les cas, les généraux, les directeurs et les fonctionnaires de l'intendance ne peuvent être constitués pécuniairement responsables qu'en vertu d'une décision du ministre de la Guerre. (Article 585 du règlement du 8 juin 1883, p. 705.)

La retenue des sommes mises à la charge des anciens membres du conseil qui ont cessé de faire partie du corps ne leur est faite qu'en vertu d'un ordre du ministre.

Responsabilité du président.

(Voir pertes et déficits de fonds.)

Art. 54. — Le président est responsable des conséquences du non-versement en caisse du montant des ordonnances ou mandats remis au trésorier, s'il ne donne point avis par écrit, au sous-intendant militaire, de cette circonstance extraordinaire, le jour où les fonds ont été perçus, lorsque le payeur est dans la même résidence que le corps, et le jour où le trésorier devra être de retour, s'il avait à recevoir ces fonds dans un autre lieu.

Le conseil doit être immédiatement convoqué pour recevoir la déclaration de ce fait, et ampliation de sa délibération, signée par tous les membres, est adressée au sous-intendant militaire.

L'article 201 (Infanterie) du règlement du 28 décembre 1883 dispose que les sapeurs sont employés à la garde de la caisse du conseil d'administration.

ATTRIBUTIONS DU MAJOR

Exécution des délibérations.

Art. 55. — Le major veille, sous l'autorité du président du conseil d'administration, à l'exécution des délibérations.

Surveillance permanente sur tous les détails de l'administration.

Art. 56. — Il exerce une surveillance permanente sur tous les détails d'administration et de comptabilité dont les officiers comptables et les commandants de compagnie, d'escadron ou de batterie, sont respectivement chargés, et signale au conseil les abus ou irrégularités qu'il reconnaît.

Il peut exiger, pour ses vérifications, avec l'autorisation du conseil, le déplacement des registres de comptabilité en deniers ou en matières, et des pièces à l'appui.

Surveillance sur les recettes que fait le trésorier.

Art. 57. — Il veille à ce que le trésorier touche exactement, aux échéances de paiement ou aux époques fixées par la présente ordonnance, les sommes dont la recette doit être effectuée sur les quittances de ce comptable (Art. 73), et il en fait inscription au livret de solde.

Vérification des dépenses faites par le trésorier.

Art. 58. — Il s'assure, par la vérification des quittances ou récépissés fournis au trésorier depuis la dernière séance, que les dépenses pour l'acquittement desquelles ce comptable a reçu les fonds nécessaires, sont payées sans délai ; il rend compte au président du conseil d'administration de tout retard non justifié.

Il appose son visa sur ces quittances ou récépissés.

Vérification de la caisse du trésorier.

Art. 59. — Il vérifie la situation matérielle de la caisse du trésorier, chaque fois que le conseil est convoqué pour une séance où il doit être délibéré sur une remise de fonds à faire à ce comptable.

Le cachet à apposer sur les modèles lui est confié.

Art. 60. — Il est dépositaire du cachet à apposer sur les échantillons et modèles d'effets. (Art. 28.)

Nota. — Il est dépositaire, en outre, d'une des deux clefs de la caisse du conseil (article 98 de l'ordonnance du 10 mai 1844) et il ne doit jamais s'en dessaisir et être toujours présent lors des entrées et des sorties de fonds. (Instruction sur les inspections générales du 17 mars 1884, page 471, article 53.)

Lorsque le major est président du conseil, la deuxième clef est remise au membre de ce conseil le plus élevé en grade, ou, à grade égal, au plus ancien. (Décision du 15 décembre 1845, page 654.)

Surveillance des mouvements du magasin.

Art. 61. — Il surveille l'exécution des ordres donnés par le commandant du corps, pour les distributions et les réintégrations en magasin, des armes et des effets, et rend compte sommairement au conseil de ces opérations.

Contestations sur l'imputation du prix des réparations.

Art. 62. — Il prononce, *sauf révision par le conseil*, si la partie intéressée y recourt, sur les contestations relatives à l'imputation du prix des réparations d'effets ou d'armes.

Transmission au trésorier des états de mutation.

Art. 63. — Il transmet, chaque jour, au trésorier, les états des mutations survenues la veille, qui lui ont été remis conformément à l'ordonnance portant règlement sur la solde et les revues. (Voir *Contrôles trimestriels*.)

Notification des extraits des délibérations.

Art. 64. — Il signe et délivre aux officiers comptables et aux commandants de compagnie, d'escadron ou de batterie, les extraits des délibérations, lorsque le conseil décide que la notification leur en sera faite par écrit.

Vérification des pièces soumises à la signature du conseil ou du président.

Art. 65. — Il vérifie et constate l'exactitude des registres et de toutes les pièces établies par les officiers comptables, pour être soumises à la signature du conseil ou du président.

Responsabilité personnelle.

(Voir le renvoi (1), page 19 et les règlements du 28 décembre 1883 sur le service intérieur.)

Art. 66. — Il est personnellement responsable, sauf son recours contre les officiers comptables :

1° Du préjudice résultant, pour l'Etat, des supputations inexactes ou erreurs de calcul dans les pièces de recettes, dépenses ou consommations, et dans les registres tenus par le trésorier et l'officier d'habillement, s'il néglige de les faire redresser, ou de les signaler en temps utile au conseil;

2° Des conséquences de l'inobservation des devoirs qui lui sont imposés par les dispositions des articles 57, 58 et 59 ;

3° Des distributions irrégulières faites d'après les bons revêtus de son approbation.

ATTRIBUTIONS DU TRÉSORIER (1)

Il est chargé des écritures concernant la comptabilité en deniers.

Art. 67. — Le trésorier est chargé de toutes les écritures qui concernent la comptabilité en deniers.

(1) Se reporter également aux règlem[ts] du 28 décembre 1883 sur le service intérieur.

Il rédige la correspondance du conseil (1).

Art. 68. — Il rédige la correspondance du conseil, à l'exception de celle qui est relative au service de l'habillement.

Nota. — Toute correspondance directe ou particulière avec les fournisseurs lui est interdite. (Instruction annuelle sur les inspections générales du 17 mars 1884, article 48, page 470) (S).

Archiviste du corps.

Art. 69. — Il est l'archiviste du corps et, comme tel, dépositaire de tous les registres et pièces quelconques conservés à titre de renseignements, et du *Journal militaire officiel*. (Se reporter au titre Archives pour les renseignements de détail.)

Expédition des états de services, etc.

Art. 70. — Il établit et certifie les états de services et tous autres extraits des registres dont la tenue lui est confiée, ainsi que les copies ou extraits des documents authenthiques existant aux archives du corps.

Dépositaire du livret de solde et du timbre du conseil.

Art. 71. — Il est dépositaire du livret de solde.

Il l'est aussi du timbre du conseil qu'il appose sur toutes les pièces que signe ce conseil ou le président seul.

Versement immédiat des recettes dans la caisse du conseil, à l'exception des fonds nécessaires pour le service courant.

Art. 72. — Il fait toutes les recettes, sauf la retenue de 2 p. 0/0. (Voir l'art. 87 du règlement du 3 avril 1869 et la note du 4 mars 1839.)

Il verse immédiatement dans la caisse du conseil celles qui proviennent :

1° De l'acquittement des ordonnances et mandats délivrés au profit du corps par le ministre, le grand chancelier de la Légion d'honneur, ou les officiers de l'intendance militaire ;

2° Du remboursement des dépôts faits au Trésor ;

3° De versements effectués par les portions de corps ayant une administration distincte ou par d'autres corps.

Néanmoins, les sommes provenant de ces versements peuvent rester entre les mains du trésorier, lorsque le major a reconnu que, réunies à celles qui sont déjà à la disposition de ce comptable, elles n'excèdent pas le montant des fonds nécessaires pour les besoins du service courant. (Art. 25.)

Quittance des recettes qu'il fait directement.

Art. 73. — Il donne quittance des sommes reçues lorsque le conseil ne doit pas en signer l'acquit. (Art. 24.)

Sommes reçues du conseil.

Art. 74. — Il reçoit de la caisse du conseil, dans les limites posées par l'article 25, les sommes nécessaires pour le paiement des dépenses.

Paiement des dépenses. — Désignation de celles qui peuvent être acquittées sans autorisation du conseil.

Art. 75. — Il paie, après vérification sur pièces et acquits réguliers, toutes les dépenses au moyen des fonds que le conseil a laissés ou mis à sa disposition et de ceux qu'il peut avoir reçus directement sur ses quittances depuis la dernière vérification de sa caisse.

(1) Les lettres, rapports ou bordereaux d'envoi sont conformes aux modèles annexés aux règlem[ts] du 28 décembre 1883.

Il peut acquitter, sans l'autorisation du conseil, la solde et les accessoires de solde, les gages, primes ou indemnités fixes, les fournitures, travaux ou réparations réglés par abonnement, l'avoir à la masse individuelle des hommes présents qui quittent le service, et le prix du travail des ouvriers dans le cas prévu par l'article 213. (Voir au titre : *Réparations.*)

NOTA. — Toutes les autres dépenses sont payées sur l'autorisation préalable du conseil. (Art.26.)

Conditions pour la validité des paiements.

(Voir la circ. du 19 mai 1873, pag. 637.)

ART. 76. — Il ne peut faire aucun paiement qu'aux ayants-droit ou à leurs représentants munis de leurs quittances, aux porteurs de traites ou de pouvoirs en bonne forme, et enfin aux agents du Trésor sur leurs récépissés.

Les pouvoirs restent annexés aux quittances des mandataires.

Bons de subsistances et de chauffage.

ART. 77. — Il établit et signe, d'après les situations signées par les commandants de compagnie, d'escadron ou de batterie, les bons de distributions pour les vivres, le chauffage et les fourrages.

Responsabilité personnelle.

ART. 78. — Le trésorier est personnellement responsable (envers le conseil d'administration, art. 22 de la loi du 16 mars 1882, page 91) :

1° Des fonds qu'il a reçus et dont il doit faire le versement dans la caisse du conseil (Art. 72);

2° De ceux qu'il a reçus directement sur ses quittances ou qui lui ont été remis par le conseil, pour le service courant, jusqu'à ce qu'il en ait justifié l'emploi ;

3° De tout paiement illégal, des avances et virements non autorisés par le conseil; des omissions de recettes, erreurs de calcul, doubles emplois, surcharges ou altérations d'écritures.

(Voir *pertes et déficits de fonds* et le renvoi (1), pag. 19.)

La circ. ministérielle du 24 mars 1881 (M) accorde au trésorier un planton garde caisse.

OFFICIER D'HABILLEMENT (1)

Il est chargé des détails du service de l'habillement.

ART. 79. — L'officier d'habillement est chargé de tous les détails qui constituent le service de l'habillement et des écritures qui s'y rapportent.

Ce service embrasse l'emmagasinement, la conservation, les confections, réparations, distributions et expéditions :

Des matières et effets d'habillement,

— de grand et de petit équipement,

— de harnachement,

De l'armement et des munitions de guerre ;

Et de tous les autres objets matériels appartenant au corps.

Officiers désignés pour le seconder.

ART. 80. — Il est secondé par un ou plusieurs officiers (selon l'arme) placés sous son autorité immédiate.

Ces officiers sont nommés par le président du conseil d'administration, sur la présentation de l'officier d'habillement et d'après l'avis du major.

(1) Se reporter en outre aux dispositions du règlemᵗ du 28 décembre 1883 sur le service intérieur.

Maîtres-ouvriers sous ses ordres.

Art. 81. — Il a sous ses ordres directs les maîtres-ouvriers et surveille journellement l'exécution des travaux dont ils sont chargés. (Voir *Habillement*, pour les attributions des ouvriers.)

Entretien et conservation des objets en magasin.

Art. 82. — Il prend les mesures propres à assurer le bon entretien de tous les objets renfermés ou déposés dans le magasin mis à sa disposition.

Rédaction des écritures.

Art. 83. — Il rédige la correspondance du conseil relative au service de l'habillement et les projets de marchés ou d'abonnement (2).

Nota. — Il lui est interdit de correspondre directement ou autrement avec les fournisseurs. (Instruction sur les inspections générales du 17 mars 1884, art. 48, pag. 470. (S).

Dépositaire des livrets de l'armement, des modèles, etc.

Art. 84. — Il est dépositaire des livrets de l'armement, des munitions de guerre et des échantillons et modèles d'effets ; ces livrets lui sont remis par le conseil.

Vérification des pièces relatives à l'habillement.

Art. 85. — Il vérifie les bons de distribution et les états ou factures de fournitures quelconques, confections et réparations, relatifs à son service ; *il énonce sur les factures la somme à payer.*

États pour constater les besoins du corps.

(Voir *Habillement*, pour les états de demandes, etc.)

Art. 86. — Il dresse les états destinés à constater les besoins du corps, en ce qui concerne l'habillement, la coiffure, le grand équipement, le harnachement, l'armement et les munitions de guerre.

Comptes du matériel.

Art. 87. (Décr. du 1er mars 1880, p. 363.) — L'officier d'habillement établit tous les comptes relatifs au matériel dont le conseil d'administration est responsable.

Responsabilité personnelle.

(Voir renvoi (1) page 19 et les dispositions du règlem. du 28 décembre 1883 sur le service intérieur.)

Art. 88. — Il est responsable envers le conseil d'administration (art. 22 de la loi du 16 mars 1882, p. 91), des matières et effets existant en magasin, de leurs dégradations ou avaries, de celles reconnues aux matières et effets expédiés à des portions du corps ou à d'autres corps, lorsqu'il est constaté qu'elles proviennent d'un défaut de soins ou de surveillance de sa part.

Il est également responsable des consommations ou distributions irrégulières, des omissions de recettes, erreurs de calcul, doubles emplois, surcharges et altérations d'écritures.

Aux termes de l'article 10 du règlement du 19 novembre 1871, page 441, sont mises à la charge de l'Etat les pertes et avaries qui proviennent d'événements de force majeure dûment constatés, tels que :

Vols à main armée, à force ouverte ou avec effraction ;

Vols par disparition de détenteurs de matériel ;

(2) Les lettres, rapports ou bordereaux d'envois sont conformes aux modèles annexés au règlem' du 28 décembre 1883.

Prise ou destruction par l'ennemi, destruction ou abandon forcé à son approche ;

Incendie ; inondations, submersions ; écroulement de bâtiment ; événement de route par terre et par eau ; épizootie constatée.

Le règlement du 11 juin 1883, p. 867, sur le service du harnachement de l'artillerie, dispose qu'on doit en outre considérer comme événements de force majeure pouvant amener des avaries :

La chute d'un cavalier, la chute ou la fuite d'un cheval dans le service ;

La destruction des effets par les animaux rongeurs ;

La détérioration des effets par la morsure des chevaux ;

La rupture d'un effet de harnachement sous l'effort de traction du cheval (art. 34 dudit règlement) ;

L'événement de force majeure doit toujours être constaté par un procès-verbal du sous-intendant militaire ou de son suppléant (art. 34 dudit règlement et 251 du décret du 1er mars 1880, p. 384).

OFFICIERS PAYEURS ET OFFICIERS DÉLÉGUÉS POUR L'HABILLEMENT

Fonctions et responsabilité.

Art. 89. — Les officiers payeurs et les officiers délégués pour l'habillement remplissent respectivement les mêmes fonctions et encourent la même responsabilité que le trésorier et l'officier d'habillement.

Ils seront désignés par le colonel sur l'avis du conseil d'administration. (Règlement du 28 décembre 1883 sur le service intérieur.)

DES COMMANDANTS DES CORPS OU PORTIONS DE CORPS N'AYANT PAS DE CONSEIL

Attributions, obligations et responsabilité.

Art. 90. — Les attributions, les obligations et la responsabilité des conseils, de leur président en particulier, du major et des officiers comptables, sont communes aux officiers commandant les corps organisés sous le titre de compagnie. (Voir, pour les compagnies de cavaliers de remonte, l'arrêté du 26 avril 1862, la note du 12 juin 1863 et la décision du 16 novembre 1867), et à ceux qui ont l'administration distincte d'une portion de corps.

Ces officiers peuvent, sous leur responsabilité personnelle, se faire aider dans les détails et écritures relatifs à l'administration dont ils sont chargés, par un lieutenant ou un sous-lieutenant et par des sous-officiers.

DES COMMANDANTS DE COMPAGNIE, D'ESCADRON OU DE BATTERIE (1)

(Se reporter aux dispositions des règlements du 28 décembre 1883 sur le service intérieur pour certains détails.)

Ils sont chargés de tous les détails de l'administration de la troupe sous leurs ordres.

Art. 91. — Les commandants de compagnie, d'escadron ou de batterie, sont chargés, sous l'autorité et la surveillance du conseil et du major, de tous les détails et écritures qui ont pour objet l'administration de la troupe placée sous leurs ordres ; ils

(1) Ils doivent être informés, par la voie de l'ordre, des décrets, décisions ou circulaires ministérielles qui sont insérés au *Journal militaire* et qui peuvent les concerner. (Circulaire du 10 avril 1832 rappelée par l'article 48 de l'instruction du 26 avril 1884, p. 1069 (S), sur les inspections administratives de corps de troupes.)

font tenir les écritures par les sergents-majors ou maréchaux des logis chefs et les fourriers.

Soins qu'ils doivent donner aux intérêts du soldat.

Art. 92. — Ils veillent incessamment aux intérêts du soldat, et doivent s'attacher à prévenir tout ce qui pourrait avoir pour effet d'obérer les masses individuelles.

Appréciation des dégradations d'effets, objets, armes, outils, etc. — Suspension facultative des réparations.

Art. 93. (Décr. du 1er mars 1880, p. 363.) — Les commandants de compagnie, d'escadron ou de batterie jugent directement, ou après avoir pris l'avis des officiers sous leurs ordres, sauf le recours des parties intéressées au major, et subsidiairement au conseil, si, en raison de la cause manifeste ou apparente des dégradations faites aux effets, objets, armes, outils, etc., le prix des réparations nécessaires doit être mis à la charge des hommes qui en sont détenteurs.

Ils sont autorisés à suspendre, avec l'approbation du major, la réparation des effets, objets, armes, outils, etc., laissés par les hommes qui entrent dans une position d'absence, lorsqu'ils reconnaissent que ces effets, objets, armes, outils, etc., peuvent, en raison du peu d'importance de la dégradation, faire encore un bon service entre les mains de ces hommes à leur retour au corps. Toutefois il est procédé au nettoyage des armes, ainsi qu'aux réparations qui peuvent empêcher le service immédiat de celles-ci.

Réclamations au conseil ou aux officiers de l'intendance militaire.

Art. 94. — Ils adressent leurs réclamations au conseil, lorsque le paiement de la solde ou les distributions n'ont pas lieu aux époques réglementaires ; que les fournitures sont défectueuses ou incomplètes ; et enfin, qu'une imputation ou retenue illégale est faite à leur troupe.

Si leurs réclamations restent sans effet, ils peuvent les porter devant les officiers de l'intendance militaire.

Responsabilité.

Art. 95. — Ils sont responsables des fonds, effets et fournitures quelconques, dont ils donnent quittance ou récépissé, et des distributions de toute nature effectuées en excédant des droits réels d'après les situations qu'ils ont certifiées. (Voir *pertes d'effets ; pertes et déficit de fonds ; paiement du prêt* et renvoi (1), pag. 19.)

Titre sous lequel les commandants de compagnie, d'escadron ou de batterie sont désignés.

Art. 96. — Toutes les dispositions de la présente ordonnance qui concernent les commandants de compagnie, d'escadron ou de batterie, désignés soit par cette qualification, soit par le titre seul de capitaine, sont applicables aux commandants de compagnie du grade de lieutenant ou de sous-lieutenant.

Des médecins et des vétérinaires chefs de service; des officiers directeurs des écoles et des officiers de casernement, des chefs de musique et des maîtres d'escrime.

Art. 96 *bis*. (Décr. du 1er mars 1880, page 363.) — Les médecins et les vétérinaires chefs de service ; les officiers directeurs des écoles et les officiers de casernement ; les chefs de musique, chefs de fanfare, trompettes-majors et les maîtres d'escrime, sont chargés, sous l'autorité du conseil d'administration et la surveillance du major, de toutes les écritures de détail concernant la gestion du matériel qui est confié à chacun d'eux pour l'exécution de son service spécial.

Le conseil d'administration d'un corps de troupes est seul responsable envers l'Etat du matériel qui lui est confié. (Art. 96 *bis*.)

Il conserve néanmoins un droit de recours contre les détenteurs sous ses ordres, en cas de déficit, de perte ou de détérioration de matériel. (Instr. ministérielle du 1er mars 1880, page 393.)

Art. 256. (Décr. du 1er mars 1880, page 386.) — Les écritures de comptabilité tenues dans les corps de troupes sont vérifiées sur pièces, trimestriellement par les sous-intendants, et annuellement par les intendants militaires.

Les sous-intendants militaires vérifient le registre-journal des recettes et dépenses dans le délai de quinze jours, à compter de celui où la balance doit être établie par le conseil (Art. 125), le registre de centralisation et le registre des entrées et des sorties du matériel, ainsi que les comptes ouverts avec les ouvriers, dans les dix jours qui suivent l'époque à laquelle les inscriptions de ces deux registres doivent être closes et certifiées ou arrêtées par le conseil. (Art. 126, 130 et 130 *bis*.)

La vérification annuelle des intendants militaires a lieu à l'époque des tournées d'inspection administrative.

Les intendants et sous-intendants militaires s'assurent, lors de leurs vérifications périodiques et dans leurs revues, de la bonne tenue de tous les registres qui ne comportent pas d'arrêté de compte et de la régularité des écritures concernant l'administration intérieure des compagnies, escadrons ou batteries, des écoles, musiques, etc.

Ils consignent au registre des délibérations, après avoir entendu les explications du conseil d'administration, les rectifications, instructions ou observations qu'ils jugent nécessaires. (Art. 256.)

(Voir *Soldes et Revues*, pour diverses dispositions complémentaires.)

MODÈLE
DU
Procès-Verbal de la Formation d'un Conseil d'administration éventuel.

Mobilisation de la portion active, et formation d'un conseil d'administration éventuel.

NOTA. — Le procès-verbal ne doit porter que le titre en marge ci-contre, parce qu'il doit être inscrit au registre des délibérations.

Le (*mettre ici la date de la veille du départ de la portion active*), les membres du conseil d'administration sont réunis, savoir :

MM. (*mettre ici l'ancien conseil*).

M. , sous-intendant militaire, chargé de la surveillance administrative du corps, assiste à la séance.

Vu l'ordre ministériel du , en vertu duquel les bataillons ou escadrons actifs doivent quitter la garnison de , pour se rendre à , et le dépôt rester à . jusqu'à nouvel ordre, il y a lieu de procéder à la mobilisation de la partie active et à la formation de deux conseils d'administration pour les deux portions du corps qui vont être séparées.

En ce qui concerne la mobilisation de la portion active, on se conformera aux dispositions législatives sur l'organisation du corps sur le pied de guerre.

En ce qui concerne la formation des deux conseils d'administration, ces deux conseils seront composés de la manière suivante, conformément aux articles 4 et 9 de l'ordonnance du 10 mai 1844 :

1° Conseil d'administration éventuel, pour la portion active :

MM. , colonel, président ;
, lieutenant-colonel (ou à défaut chef de bataillon ou d'escadron);
, capitaine faisant fonctions de major,
, lieutenant, officier-payeur;
, lieutenant délégué pour l'habillement.

2° Conseil d'administration central, pour le dépôt :

MM. , lieutenant-colonel, major, chef de bataillon ou d'escadron;
, capitaine, à défaut d'officier supérieur;
, capitaine;
, capitaine-trésorier;
, capitaine d'habillement.

MM. cesseront de faire partie du conseil d'administration du corps.

La séparation des deux conseils et le commencement de l'administration distincte pour la portion active, auront lieu à compter de demain , jour où la première colonne de la portion active doit se mettre en route pour...

Les dispositions financières suivantes ont été consenties entre les deux conseils :

Avant la présente séance, le conseil d'administration unique avait procédé à la vérification et à l'arrêté de la caisse de l'ensemble du corps, ce qui avait fait constater l'existence de la somme suivante :

En dépôt au Trésor.......................................
En espèces dans la caisse..................................
Entre les mains du trésorier...............................
Total de l'avoir commun...................

1° Sur cette somme, le conseil central remettra au conseil éventuel une somme de pour parer aux premiers besoins du service de la solde (1).

2° Conformément à la décision ministérielle du 17 mars 1856, le conseil éventuel percevra la prime de la masse individuelle pour le troisième mois de chaque trimestre, pour lui servir à payer le décompte; le conseil central percevra tout le restant de cette prime, moyennant quoi il fournira au conseil éventuel tous les effets de petit équipement qui lui seront nécessaires, sans aucun remboursement (2) (7).

3° La masse générale d'entretien sera perçue : la 1re portion entière par le conseil éventuel et la 2e portion (à déterminer par le conseil d'administration) (3).

4° Chaque portion percevra la prime de la masse de harnachement et ferrage pour ses chevaux (4).

5° En cas d'entrée en campagne de la portion active, la prime d'entretien des équipages régimentaires sera perçue par cette portion (5).

Pour ce qui concerne le service de l'habillement, il a été remis par le conseil central au conseil éventuel une réserve d'effets d'habillement, de grand et de petit équipement et de harnachement (pour les corps de troupes à cheval) dont le détail suit (6) :

Le présent procès-verbal sera inscrit sur les registres des délibérations des deux conseils.

Fait et clos , les jour, mois et an que dessus.

Les membres du conseil éventuel, *Les membres du conseil central*,

Le sous-intendant militaire,

(1) Art. 31 de l'ordonnance du 10 mai 1844.
(2) Décis. ministérielle du 17 mars 1856, et art. 24 de l'instr. du 5 avril 1867.
(3) Art. 233 du règlem. du 8 juin 1883.
(4) Art. 234 id.
(5) Art. 237 id.
(6) Ces réserves sont fixées par les tableaux d'approvisionnement.
(7) En cas de mobilisation, les corps de troupes sont soumis à des règles spéciales; les dispositions de la décis. du 17 mars 1856 ne sont applicables que lorsque le fonctionnement de la masse individuelle n'est pas suspendu.

MODÈLE

DU

Procès-Verbal de Suppression du Conseil éventuel.

Réunion de la portion active et du dépôt. Dissolution du Conseil d'administration éventuel. Formation d'un conseil unique pour l'ensemble du corps.

NOTA. — Le procès-verbal ne doit porter que le titre en marge ci-contre parce qu'il doit être inscrit au registre des délibérations.

Le (*date de la réunion du corps*),

Les membres du conseil d'administration éventuel et du conseil central sont réunis, savoir :

CONSEIL ÉVENTUEL :

MM. , colonel;
, lieutenant-colonel;
, capitaine faisant fonctions de major;
, lieutenant, officier-payeur;
, lieutenant délégué pour l'habillement.

CONSEIL CENTRAL :

MM. , lieutenant-colonel, major ou officier supérieur;
, capitaine à défaut d'officier supérieur;
, capitaine;
, capitaine-trésorier;
, capitaine d'habillement;

M. , sous-intendant militaire, chargé de la surveillance administrative du corps, assiste à la séance.

La portion active du corps qui rentre de étant arrivée à où se trouve le dépôt, et devant y rester en garnison, conformément à l'ordre ministériel du , il y a lieu de procéder à la dissolution des deux conseils d'administration central et éventuel, et à la formation d'un conseil d'administration unique chargé de l'administration de l'ensemble du corps.

En conséquence, et conformément aux articles 9 et 17 du règlement du 10 mai 1844, le conseil d'administration unique du régiment de sera composé de la manière suivante :

MM. , colonel, président;
, lieutenant-colonel;
, chef de bataillon ou d'escadron;
, capitaine;
, capitaine-trésorier;
, capitaine d'habillement.

Les deux conseils, avant de se réunir dans la présente séance, avaient procédé chacun à la vérification et à l'arrêté de sa caisse respective, ce qui avait fait reconnaître l'existence des sommes suivantes, savoir :

CONSEIL ÉVENTUEL :

En dépôt au Trésor ....
En espèces dans la caisse du conseil....................
Entre les mains de l'officier-payeur....................
Total de l'avoir.......................

CONSEIL CENTRAL :

En dépôt au Trésor ....
En espèces dans la caisse du conseil....................
Entre les mains du trésorier............................
Total de l'avoir.......................

Les deux caisses ont été réunies en une seule, et l'officier-payeur a remis au trésorier la somme qu'il avait entre les mains.

L'avoir commun du corps à la date de ce jour se trouvera, par conséquent, composé ainsi qu'il suit :

En dépôt au Trésor.....................................
En espèces dans la caisse unique du conseil..............
Entre les mains du trésorier..............................
Total..............................

De laquelle somme (en toutes lettres), le conseil unique se charge en recette et se reconnait comptable envers l'Etat.

Le conseil éventuel a fait, ensuite, la remise au conseil central, qui lui en a donné décharge, et qui les a réintégrés au magasin du corps, des effets d'habillement, de grand et de petit équipement, de harnachement, etc., qui formaient sa réserve et dont le détail suit :

....

Ces opérations terminées, le conseil d'administration éventuel et le conseil central ont été déclarés dissous, et le conseil unique, composé comme ci-dessus, a commencé à fonctionner.

Le présent procès-verbal sera inscrit sur le registre des délibérations du conseil éventuel qui se trouvera ainsi clos, et sur celui du conseil central, qui continuera à être tenu pour l'ensemble du corps.

Fait et clos à , les jour, mois et an que dessus.

Le conseil éventuel, *Le conseil central,*

Les membres entrant au conseil unique (s'il y a lieu),

Le sous-intendant militaire,

SERVICE DE L'HABILLEMENT

Formation des Approvisionnements.

DISPOSITIONS GÉNÉRALES

Le service de l'habillement comprend la fourniture aux troupes de l'armée active et de l'armée territoriale, des matières (draps, velours et toiles), des effets d'habillement, de coiffure, de grand ou de petit équipement et de leurs accessoires.

On y rattache en outre le service du campement. (Voir *Campement*.)

Le nombre et la nature des effets dont les militaires de toutes armes doivent être pourvus, sur le pied de paix, sont indiqués par la description de l'uniforme en date du 15 mars 1879 et par la décision du 1er septembre 1883, pag. 175, pour l'artillerie de forteresse. (Voir également la note du 12 novembre 1883, pag. 560, les descriptions du 11 février 1884, pag. 181 et 190 pour le dolman de cavalerie et la tunique des cuirassiers. De plus, la décision du 1er décembre 1879, pag. 443, 502 et 665 (1), modifiée par celle du 12 mars 1884, pag. 238, et celle du 23 juillet 1884, pag. 145, énumèrent ceux qui doivent être emportés en campagne; enfin, celle du 22 janvier 1876, pag. 183, règle la tenue des troupes en marche à l'intérieur (changements de garnisons et manœuvres.) Quant à la tenue des troupes employées en Algérie, elle est déterminée par la décision du 12 juin 1878, pag. 288, rappelée par celle du 18 juin 1884, pag. 690. De plus, la décision du 25 mars 1884, pag. 422, règle la tenue suivant les positions. En outre, la circ. du 6 mars 1883, pag. 178, fixe la tenue des conducteurs de caissons, voitures ou mulets dans des corps de troupes à pied, et celle du 4 juillet 1881 (M) détermine l'habillement des secrétaires montés de l'état-major.

Quant aux réservistes et territoriaux appelés pour une période d'instruction, ils reçoivent les effets indiqués par les instructions annuelles du ministre. Enfin, pour les cadres de conduite de l'armée territoriale, se reporter à la circ. du 27 mars 1883 (M.)

Les prix des effets de toute nature sont fixés par la nomenclature du 30 décembre 1880, pag. 473, modifiée par les circ. des 15 avril 1881, pag. 237, 14 novembre 1881, pag. 325, des 5 janvier 1882, 23 novembre 1882, pag. 387, 4 janvier 1884, pag. 3, et 28 août 1884, pag. 349 et 550, et par une lettre du directeur du dépôt des modèles, en date du 10 décembre 1884.

Les approvisionnements à entretenir dans les corps de troupes comprennent :

1° Des matières premières (draps, velours et toiles) pour la confection d'effets d'habillement à exécuter exceptionnellement par les corps, ainsi que pour les réparations ;

2° Des effets d'habillement confectionnés;

3° Des accessoires d'effets d'habillement (boutons d'uniforme, galons, numéros, attributs, etc.);

4° Des effets de coiffure ;

5° Des accessoires d'effets de coiffure (plaques, coiffes, jugulaires, pièces diverses);

6° Des effets de grand équipement;

7° Des accessoires d'effets de grand équipement (coulants, chapes, verrous, plaques de ceinturons, plaques de giberne);

8° Des effets de petit équipement;

9° Des effets de chaussure;

10° Des effets de campement. (Art. 1er de l'instr. du 9 mars 1879, pag. 251.)

11° Des manchons ou coiffes pour distinguer l'ennemi dans les manœuvres. (Circ. du 11 mars 1882 (M.)

(1) La circ. du 19 mai 1880 (M) la modifie : Les hommes non montés de l'artillerie doivent emporter en campagne un étui-musette et un sac de petite monture et non deux étuis-musettes. Les hommes du train des équipages montés ou non, emportent un étui-musette et une musette de pansage.

Ce matériel se distingue en :

1° Matériel du service courant ;

2° Matériel du service de réserve. (Art. 226 du décr. du 1er mars 1880.)

Le matériel du service courant comprend deux approvisionnements distincts : l'un destiné à l'habillement et à l'équipement des hommes de l'armée active ; l'autre, destiné à l'*habillement* et à l'*équipement* des hommes de la réserve et de l'armée territoriale. Ce dernier prend le nom d'*habillement d'instruction*. (Art. 228.)

Dans les corps chargés de la gestion des approvisionnements affectés à l'armée territoriale, ces approvisionnements forment une deuxième catégorie du matériel du service de réserve. (Art. 2 et 3 de l'instr. du 9 mars 1879.) Les corps peuvent aussi être dépositaires d'approvisionnements spéciaux. (Voir ci-après.)

Aux termes de l'article 8 de ladite instruction, les matières, effets et accessoires nécessaires aux corps de troupes et portions de corps leur sont fournis, d'une manière générale, d'après les principes suivants :

DÉSIGNATION DES MATIÈRES, EFFETS ET ACCESSOIRES.
Habillement.
Effets d'habillement de tailles normales (sous-officiers et hommes de troupe), énumérés au tableau B du cahier des charges du 4 janvier 1884, pag. 361. — Accessoires divers, également énumérés au tableau B.
Effets d'habillement confectionnés sur mesure.
Effets et accessoires spéciaux, insignes et attributs non énumérés au tableau B du cahier des charges sus-indiqué.
Accessoires (fausses-bottes et visières.)
Effets et accessoires énumérés aux tableaux C de la description des uniformes.
Matières premières pour les confections.
Coiffure.
Effets et accessoires de coiffure énumérés au tableau B du cahier des charges du 4 janvier 1884.
Effets et accessoires non énumérés au tableau B dudit cahier des charges (casques) (2).
Pièces séparées pour les réparations.
Grand équipement.
Effets et accessoires de grand équipement énumérés au tableau B du 4 janvier 1884.
Effets et accessoires énumérés aux tableaux C de la description des uniformes.

(2) Il en est de même pour les képis des élèves d'administration, non énumérés au cahier des charges du 4 janvier 1884.

(1) La circ. du 31 janvier 1881 (M) règle le mode à suivre pour la délivrance des effets d'habillement, de grand aux effets de ces portions de corps qui deviennent disponibles après les libérations de classes.

Le soin d'approvisionner les corps ou d'autoriser les achats appartient toujours à l'intendant du corps d'armée qui a dans sa circonscription administrative le dépôt du corps de troupes ou une fraction détachée se mobilisant sur place, c'est-à-dire ayant un magasin de réserve.

Toute portion de corps détachée en dehors de son corps d'armée est donc alimentée par les soins de l'intendant du corps d'armée sur le territoire duquel elle se trouve, si cette portion de corps a un magasin de réserve. Dans tout autre cas, les portions détachées sont alimentées par les soins de leur propre dépôt.

Les portions détachées qui se mobilisent sur place, lorsqu'elles sont stationnées dans le même corps d'armée que leurs dépôts sont, en principe, alimentées par ces dépôts. Les exceptions à cette règle ne peuvent être autorisées que par le ministre, sur la proposition des intendants de corps d'armée (1).

L'application de ces principes est développée dans le tableau ci-après :

MODE DE FOURNITURE.		
AUX CORPS RÉUNIS ET AUX DÉPÔTS DES CORPS FRACTIONNÉS.	AUX DÉTACHEMENTS. SOUS LA DÉPENDANCE DE LEURS DÉPÔTS.	AUX FRACTIONS DÉTACHÉES AYANT UN MAGASIN DE RÉSERVE ET STATIONNÉES HORS DE LEUR CORPS D'ARMÉE.
Par le magasin administratif du centre de la circonscription de fourniture. (Effets d'habillement.)	Par le dépôt du corps.	Par le magasin administratif du centre de la circonscription de fourniture (Effets d'habillement) où se trouve la fraction détachée.
Par les ateliers du corps; à défaut, par le magasin administratif du centre de la circonscription de fourniture. (Effets d'habillement.)	Par le magasin administratif du centre de la circonscription de fourniture (Effets d'habillement) où se trouve la fraction détachée.	Comme ci-dessus.
Par le magasin administratif du centre de la circonscription de fourniture (Effets d'habillement); à défaut, par achat direct.	Par le dépôt du corps.	Par le magasin administratif du centre de la circonscription de fourniture (Effets d'habillement); à défaut, par achat direct.
Par le magasin administratif du centre de la circonscription de fourniture. (Effets d'habillement.)	»	Par le magasin administratif du centre de la circonscription de fourniture. (Effets d'habillement.)
Par achat direct.	Par le dépôt du corps,	Par le dépôt du corps; à défaut, par achat direct.
Par le magasin administratif du centre de la circonscription de fourniture. (Effets d'habillement.)	»	Par le magasin administratif du centre de la circonscription de fourniture (Effets d'habillement) où se trouve la fraction détachée.
Par l'entrepreneur du chef-lieu de la circonscription de fourniture. (Grand équipement.)	Par le dépôt du corps.	Par l'entrepreneur du chef-lieu de la circonscription de fourniture (Grand équipement), où se trouve la fraction détachée.
Par le magasin de Paris.	Par le dépôt du corps.	Par le magasin de Paris.
Par achat direct.	Comme ci-dessus.	Par le dépôt du corps ou par achat direct.
Par l'entrepreneur du chef-lieu de la circonscription de fourniture. (Grand équipement.)	Par le dépôt du corps.	Par l'entrepreneur du chef-lieu de la circonscription de fourniture (Grand équipement) où se trouve la fraction détachée.
Par achat direct.	Par le dépôt du corps.	Par le dépôt du corps ou par achat direct.

équipement et d'armement des jeunes soldats destinés à des fractions séparées de leur dépôt, et la destination à donner

DÉSIGNATION DES MATIÈRES, EFFETS ET ACCESSOIRES.
Petit équipement.
Chaussures (moins celles à l'usage du tambour-major et des enfants de troupe).
Chaussures pour les tambours-majors et enfants de troupe (pointures au-dessous de 26 centimètres) et autres effets de petit équipement.
Campement.
Effets de toute nature. — Livraisons, échanges.

(*Art.* 8 *de l'instr. du* 9 *mars* 1879.)

Néanmoins, et contrairement aux dispositions qui précèdent, les prescriptions spéciales suivantes sont applicables à certains corps ou fractions de corps de l'Algérie :

Les bataillons de chasseurs à pied détachés en Algérie, qui ont leur dépôt en France, pourvoient, par des expéditions de leurs dépôts, aux besoins de leur portion détachée, afin de pouvoir assurer le renouvellement de leur approvisionnement de réserve. Toutefois, il peut être fait exception, après concert préalable entre le dépôt et la portion détachée, pour certains effets ou objets, tels que les effets de grand et de petit équipement et de campement, lorsque la nécessité de la mise en service des approvisionnements du dépôt ne s'impose pas.

Les compagnies mixtes du train des équipages militaires détachées en Algérie reçoivent de leur portion principale de France, les capotes et les pantalons d'hommes à pied; tous les autres effets (habillement, coiffure, grand et petit équipement et campement) sont tirés de la colonie. (Art. 9 de l'instr. du 9 mars 1879 modifiée par la circ. du 22 mai 1880, page 236). Voir le tableau d'approvisionnement du 31 décembre 1883 et la circ. du 20 octobre 1879 (art. 62) révisée le 1er septembre 1884.

2° Pour les autres fractions de corps détachées en Algérie ou en Tunisie, on doit se conformer à la circ. du 8 juin 1883; savoir : pour les détachements en Algérie, les portions centrales fournissent les effets d'habillement, et les magasins administratifs de de la colonie, ceux de grand équipement et de campement; les effets de petit équipement sont achetés sur place.

Les détachements de Tunisie sont approvisionnés de tous leurs effets par les portions centrales. (8 juin 1883.)

3° L'intendant militaire du 15e corps assure le réapprovisionnement des magasins des petits dépôts de zouaves établis à l'intérieur. Il s'entend, à cet effet, avec son collègue de la division d'Alger.

L'entrepreneur de la confection des effets d'habillement à Alger est chargé de la confection des effets de zouaves pour les dépôts de l'intérieur; il assure à ses frais l'expédition et le transport jusqu'à destination.

Les petits dépôts de zouaves à l'intérieur renouvellent leur approvisionnement par les distributions faites annuellement aux jeunes soldats de la nouvelle classe qui y viennent recevoir leur habillement et leur petit équipement. Les portions centrales des régiments de zouaves se concertent, d'ailleurs, avec leurs petits dépôts de l'intérieur, lorsque, pour certains effets, il y a lieu d'activer le renouvellement par la mise en consommation. (Art. 9 de l'instr. précitée du 9 mars 1879.)

Lorsqu'il y a lieu de procéder au renouvellement des approvisionnements en effets d'habillement confectionnés, en effets de grand équipement et de coiffure, en guêtres de cuir et chaussures, constitués dans un magasin administratif qui n'est pas chef-lieu de circonscription de fourniture, il peut être fait exception au mode de fourniture prescrit par les articles 8 et 9 ci-dessus.

MODE DE FOURNITURE.		
AUX CORPS RÉUNIS ET AUX DÉPOTS DES CORPS FRACTIONNÉS.	AUX DÉTACHEMENTS SOUS LA DÉPENDANCE DE LEURS DÉPOTS.	AUX FRACTIONS DÉTACHÉES AYANT UN MAGASIN DE RÉSERVE ET STATIONNÉES HORS DE LEUR CORPS D'ARMÉE.
Par l'entrepreneur du chef-lieu de la circonscription de fourniture. (Grand équipement.)	Par le dépôt du corps.	Par l'entrepreneur du chef-lieu de la circonscription de fourniture (Grand équipement) où se trouve la fraction détachée.)
Par achat direct.	Par le dépôt du corps.	Par le dépôt du corps ou par achat direct.
Par le magasin administratif du corps d'armée.	Par le magasin administratif du corps d'armée où se trouve le détachement.	Par le magasin administratif du corps d'armée où se trouve la fraction détachée.

Dans ce cas, les corps entiers, aussi bien que les fractions détachées qui ont un magasin de réserve, peuvent recevoir tout ou partie des effets, qui leur sont nécessaires, du magasin administratif du corps d'armée où ils sont stationnés, ou de tout autre magasin, conformément aux prescriptions de l'instruction ministérielle du 13 mars 1879, relative aux commandes à adresser aux entrepreneurs. (Art. 10.)

En ce qui concerne particulièrement le petit équipement, les corps de troupes et portions de corps ont à se conformer, en outre, aux dispositions spéciales édictées par les articles 39 à 48. (Voir *Petit équipement.*)

Des circonscriptions de fourniture sont instituées, conformément aux indications qui suivent, pour la livraison aux corps de troupes des approvisionnements de toute nature. (Art. 7) :

TABLEAU indiquant la composition des arrondissements de fourniture pour les effets d'habillement, la coiffure, le grand équipement et la chaussure. (Cahier des charges du 4 janvier 1884, p. 360.)

NUMÉROS des arrondissements de fournitures.	EMPLACEMENT des ateliers de confections.	CIRCONSCRIPTIONS DESSERVIES.	NUMÉROS des arrondissements de fournitures.	EMPLACEMENT des ateliers.	CIRCONSCRIPTIONS DESSERVIES.
1er	Alger......	Division d'Alger, Oran, Constantine et Tunisie.	7e	Marseille ...	14e et 15e régions.
2e	Besançon ...	7e région de corps d'armée.	8e	Nantes.....	9e et 11e régions.
3e	Bordeaux...	12e et 18e régions.	9e	Paris I......	3e et gouvernement de Paris.
4e	Bourges....	8e région.	10e	Paris II.....	5e et 6e régions.
5e	Lille.......	1re et 2e régions.	11e	Rennes.....	4e et 10e régions.
6e	Lyon.......	13e et gouvernement de Lyon.	12e	Toulouse ...	16e et 17e régions.

3° MATÉRIEL DE CAMPEMENT.

Chaque corps d'armée, chaque gouvernement militaire et chaque division de l'Algérie constituent une circonscription de distribution pour le matériel de campement. Toutefois, le gouvernement de Lyon et le 14e corps d'armée ne forment qu'une circonscription de fourniture dont le centre est à Lyon. (Art. 7 de l'instr. du 9 mars 1879.)

Composition du matériel.

(La nature et l'importance des approvisionnements à entretenir dans chaque corps ou portion de corps détachée, sont déterminées par les tableaux arrêtés à la date du 31 décembre 1883 pour la plupart des effets.)

1° *L'approvisionnement du service courant* (armée active) est destiné à satisfaire aux besoins courants des corps de troupes et à permettre l'échange des effets défectueux à la mobilisation. (Art. 228 du décr. du 1er mars 1880, et art. 41 de l'instr. du 1er septembre 1879, révisée le 1er septembre 1884.) (M).

Les fixations ministérielles du 31 décembre 1883 comprennent les effets d'habillement, de coiffure, de grand et petit équipement, et de campement, en service dans les compagnies, escadrons ou batteries, à l'exclusion :

Des effets d'adjudant autres que le manteau, la matelassure de cuirasse, le portemanteau et le casque.

Des effets d'enfants de troupe ;

Des effets d'habillement de deuxième tenue ou laissés aux hommes pour parcourir une deuxième durée, ou qui leur sont abandonnés comme effets de corvée.

Des effets de petit équipement que les hommes peuvent posséder en sus de ceux qu'ils peuvent emporter en campagne. (Art. 5 de ladite instr.) Les tableaux du 31 décembre 1883 indiquent dans quelle proportion les effets de sous-officiers doivent entrer dans l'approvisionnement.

Les corps doivent posséder, en sus des fixations déterminées par les tableaux, les effets nécessaires à l'habillement et à l'équipement d'une classe dans les conditions de l'article 18 de l'instr. du 9 mars 1879, ainsi que les effets qui ne peuvent être prélevés sur le service d'instruction pour compléter l'habillement des réservistes et territoriaux convoqués en temps de paix. (Circ. du 20 octobre 1879 révisée le 1er septembre 1884.) (M).

Les intendants militaires de corps d'armée ou de région fixent, en vue des besoins courants des corps de troupes, l'importance des approvisionnements en matières premières (draps, velours et toiles), en accessoires d'effets d'habillement autres que les fausses-bottes, en accessoires d'effets de grand équipement et de coiffure, et généralement en effets de toute nature non désignés dans les tableaux de fixations, tels que les effets de gymnase, de natation, etc. (Art. 3 de la même instr.) De plus, la circulaire du 19 mai 1880 (M), contient diverses recommandations au sujet des approvisionnements en effets spéciaux : caleçons, serviettes, bouchons, cuillers, étuis-musettes, sacs de petite monture, musettes de propreté et de pansage, martinets, etc.

2° *L'approvisionnement d'instruction*, dit Habillement d'instruction, est destiné :

1° A habiller et équiper les réservistes de l'armée active et les hommes de l'armée territoriale appelés pour des exercices ou manœuvres;

2° A habiller les hommes qu'on présume ne pas devoir être maintenus au corps ;

3° A remplacer, le cas échéant, les effets dont sont détenteurs les hommes quittant le corps.

Lorsqu'ils ne sont plus susceptibles d'être utilisés, ils sont classés hors de service, sur la proposition du conseil d'administration, par décision du sous-intendant militaire. (Art. 244 du décr. du 1er mars 1880, p. 381.)

L'habillement d'instruction comprend :

1° Les effets d'habillement retirés aux détenteurs après durée expirée et encore utilisables ;

2° Les effets d'habillement, tant en magasin qu'en service, dont les intendants militaires prescrivent le passage à la section VIII, avant durée expirée. (Art. 231 du décr., pag. 377 et 233 de l'instr. du 1er mars 1880, pag. 406.)

3° Les effets de grand équipement qui peuvent encore être utilisés mais non emportés en campagne (hors modèles ou autres), suivant les ordres des intendants militaires, comme ci-dessus ;

4° Les effets de petit équipement provenant des hommes rayés (y compris ceux de la deuxième portion du contingent) et, suivant les besoins, des cessions faites soit par la masse individuelle du corps, soit par d'autres magasins. (Art. 228 de l'instr. du 1er mars 1880, pag. 404 et art. 224 du décr., pag. 375).

5° Le pantalon de cheval neuf, distribué aux hommes de la deuxième portion du contingent, est versé à l'habillement d'instruction, après 4 trimestres de durée. (Circ. du 29 mars 1881.) (M).

Les effets de la première catégorie (effets d'habillement) qui sont remplacés après avoir accompli en service la durée totale qui leur est assignée, comme effets de première et de deuxième tenue, sont classés soit à l'habillement d'instruction, soit au matériel hors de service, suivant leur état de conservation, d'après les propositions du conseil d'administration et la décision du sous-intendant militaire (1).

Les effets de la deuxième catégorie (grand équipement, etc.) remplacés après réforme, sont toujours classés au matériel hors de service. (Art. 240 du décr. du 1er mars 1880, pag. 380). Le classement au matériel d'instruction ou hors de service est constaté pas un certificat trimestriel (Mod. n° 10) établi à la portion centrale du corps. (Art. 130 de l'instr. précitée, pag. 393).

Dans les trois mois qui précèdent les appels des réservistes ou des hommes de l'armée territoriale, les corps adressent, en simple expédition, au sous-intendant militaire, la situation (Mod. 22) de leur approvisionnement d'instruction, en formulant leurs propositions. Cette situation est annotée par le sous-intendant militaire, qui la transmet à l'intendant militaire, lequel suivant le cas, autorise le passage à la section VIII des effets nécessaires ou prescrit des versements d'un corps à un autre (*V.* pag. 94.)

Pour les effets d'habillement, les remplacements anticipés et les prélèvements faits sur les ressources existant en magasin doivent toujours porter sur les effets qui sont les plus près d'atteindre le terme de la durée légale.

Les effets de grand équipement (hors modèles ou autres) sont toujours choisis parmi les moins bons.

Pour les effets de petit équiquement, les cessions faites par la masse individuelle sont limitées aux besoins stricts et remboursées par le service de l'habillement (Art. 228 de l'instr. du 1er mars 1880, page 404).

3° *Les approvisionnements du service de réserve* (armée active et armée territoriale) sont réunis en vue des besoins qui se produiront pendant la période de mobilisation. Ils sont fixés par les tableaux du 31 décembre 1883 (M). Ils ne peuvent être augmentés ni diminués sans un ordre formel du ministre. (Art. 2 et 42 de l'instr. du 1er septembre 1879, modifiée par la décision du 1er septembre 1884 (M), et la circ. du 20 octobre 1879, révisée). (*V.* Renouvellement). En cas de mobilisation, ce matériel est versé au service courant (Art. 253 *ter* du décr. du 1er mars 1880, pag. 385), et il en est fait emploi dans les conditions prescrites par l'instr. du 1er septembre 1879 (M), art. 43 et suivants; l'art. 19 indique sur quels points les approvisionnements doivent être réunis.

Les effets de sous-officiers sont compris dans les chiffres fixés par les tableaux d'approvisionnement du 31 décembre 1883. Ces tableaux indiquent le nombre d'effets de chaque espèce à entretenir en magasin. A défaut de vêtements en drap 23 ains, les sous-officiers font usage, en cas de mobilisation, d'effets en drap 19 ains. (Tableaux sus-indiqués et art. 40 de la circ. du 20 octobre 1879 (M), modifiée le 1er septembre 1884). Les fixations comprennent la réserve d'effets à charger sur les voitures des régiments et comprenant : 150 ceintures de flanelle, chemises, paires de guêtres de toile et paires de souliers, et 50 pantalons en drap. Cet approvisionnement n'est constitué que pour les régiments d'infanterie, de zouaves et de tirailleurs (Instr. du 1er septembre 1879 (M) revisée et circ. du 26 décembre 1874 (M). La circ. du 13 mai 1882 (M) dispose que les approvisionnements de réserve ne comprendront plus de pantalons de cheval en drap de sous-officiers. En outre, une dépêche ministérielle du 9 août 1882 porte que les havre-sacs des mod. 1875 et 1876 doivent être considérés comme effets réglementaires et ne peuvent être mis en service qu'après épuisement des modèles antérieurs.

Enfin, aux termes de l'art. 64 de la circ. du 20 octobre 1879, révisée le 1er septembre 1884 (M), les corps doivent posséder, en sus des fixations des tableaux, les effets réglementaires et en bon état nécessaires peur remplacer, en cas de mobilisation, les effets de modèles irréguliers qui ne peuvent être utilisés en campagne.

4° *Des approvisionnements spéciaux* peuvent, en outre, être déposés dans les magasins des corps pour les quartiers généraux, les gendarmes prévôtaux, réservistes ou territoriaux, les sections d'ouvriers de chemins de fer, les sections de télégraphie, les chasseurs forestiers, les douaniers, etc. (Art. 7 de l'instr. du 1er septembre 1879 (M) révisée le 1er septembre 1884).

Les approvisionnements destinés aux gendarmes réservistes ou territoriaux sont gérés par les compagnies de gendarmerie, qu'ils soient ou non placés dans leurs locaux.

(1) Il est bien entendu que cette disposition ne saurait être appliquée lorsqu'il s'agit d'effets à abandonner aux termes du règlement.

Lorsque le matériel est placé dans les magasins administratifs ou dans les magasins des corps, les officiers comptables ou les conseils d'administration sont considérés comme gérants d'annexe. (Circ. du 16 juin 1883. (M). *V.* ci-après gestion des approvisionnements.

Recensements des Approvisionnements.

L'article 258 du décret du 1er mars 1880, pag. 387, modifiant l'ordonnance du 10 mai 1844, dispose que les fonctionnaires de l'intendance militaire doivent procéder au recensement partiel ou général des matières et objets existant dans les magasins des corps de troupes, à des époques indéterminées, et de préférence à celles où, en raison de la situation des magasins, l'opération peut se faire avec plus de célérité et de certitude.

Ces opérations sont inopinées et ont lieu *sans avis préalable.*

Les résultats de chaque recensement sont consignés en tête du registre des entrées et des sorties de matériel.

Si les quantités trouvées en magasin sont supérieures à celles qui doivent y exister d'après les écritures, les corps sont tenus de déclarer l'origine de l'excédant et d'en prendre charge immédiatement.

Si les quantités trouvées en magasin sont inférieures à celles qui doivent y exister, les corps sont déclarés en déficit des quantités manquantes, sauf décision contraire du ministre.

Les fonctionnaires de l'intendance qui ont procédé à des recensements en consignent eux-mêmes les résultats sommaires sur les registres des entrées et des sorties de matériel.

Dans le cas d'excédant ou de déficit, ils établissent, en outre, un procès-verbal de l'opération. (Art. 258.) Les procès-verbaux d'excédant (Mod. n° 7), établis en simple expédition, sont soumis à l'approbation définitive des intendants militaires. Les procès-verbaux de déficit (Mod. n° 12), établis également en simple expédition, sont adressés aux intendants militaires, qui les soumettent au ministre avec leurs observations et propositions. Des extraits de ces actes (Mod. 8 et 13) justifient les entrées ou les sorties dans les comptes-matières. Ces procès-verbaux sont enregistrés par les intendants militaires. (Art. 258 de l'instr. du 1er mars 1880, pag. 410.) Les déficits sont remboursés comme les effets perdus ou détériorés. (Art. 182, pag. 403.) Néanmoins, l'article 96 *bis* de l'instruction précitée, pag. 393, dispose que le conseil d'administration est seul responsable envers l'Etat, mais il a son recours contre les détenteurs (1).

Nota. — Des recensements peuvent en outre être prescrits par le commandement. (Circ. du 26 juin 1883, pag. 63, et du 28 février 1883, pag. 175.)

Ces dispositions sont complétées par celles ci-après :

Chaque année, avant le 1er avril, les sous-intendants chargés de la surveillance administrative des corps de troupes recensent les magasins ; ils en vérifient l'assortiment en tailles et pointures et s'assurent de la mise en service des effets de la plus ancienne confection. Les résultats de ce recensement et de cette vérification sont relatés dans un procès-verbal adressé, le 1er avril, à l'intendant du corps d'armée. (Art. 5 de l'instr. du 9 mars 1879, pag. 252.) Ce procès-verbal est conforme au modèle A annexé à la circulaire du 22 mai 1880, pag. 247. L'intendant militaire les envoie pour le 1er mai, au ministre, avec un rapport d'ensemble sommaire. Il signale les corps qui ne se sont pas conformés aux prescriptions réglementaires. (Art. 6.)

Aux termes de la décision ministérielle du 29 novembre 1879, page 382, les fonctionnaires de l'intendance doivent multiplier les recensements partiels, lesquels sont *indépendants* du recensement annuel prescrit par l'instruction du 9 mars 1879, de façon à inventorier, autant que possible, dans le courant de l'année, tout le matériel à la disposition des corps. (29 novembre 1879 et Dép. du 3 avril 1882.)

(1) En ce qui concerne les recensements effectués par le corps du contrôle, une ampliation des procès-verbaux est adressée au directeur local du service vérifié, qui prend les mesures prescrites par les règlements ou nécessitées par les circonstances ; l'original est envoyé au ministre par le fonctionnaire du contrôle. (Note du 4 juillet 1883, pag. 17.)

Demandes d'effets.

Pour former les approvisionnements et les maintenir à la hauteur réglementaire, les corps de troupes ont à produire des demandes d'effets dans les conditions définies par les articles 12 à 38 de l'instruction du 9 mars 1879, page 259, savoir :

DEMANDES D'EFFETS D'HABILLEMENT (SERVICE COURANT).

1° Demandes trimestrielles d'effets d'habillement de tailles normales.

Dans les premiers jours du premier mois de chaque trimestre, chaque corps établit, en vue des besoins du trimestre suivant, pour l'habillement des sous-officiers et soldats, un état de demande (Mod. n° 1, annexé à ladite instr.), en simple expédition, comprenant tous les effets énumérés au § 1er du tableau B du cahier des charges du 4 janvier 1884, pag. 361 (1). Cette demande est accompagnée :

1° D'un état en double expédition indiquant le nombre de pattes, écussons et attributs découpés en drap, pour collets d'effets ou bandeaux de képi, nécessaires pour en pourvoir les effets d'habillement demandés ;

2° Pour chaque espèce d'effets d'un état de pointures ;

3° D'un état des effets confectionnés par l'atelier de réparations pendant le trimestre écoulé. (Art. 12 de l'instr. du 9 mars 1879 modifiée par la circ. du 22 mai 1880, pag. 237 et par la note du 18 septembre suivant, pag. 351.)

Les états de pointures doivent faire ressortir, dans la forme des tableaux ministériels de pointures (2), la quantité de chaque effet dont le corps a besoin pour chaque type, chaque subdivision de type et chaque variété de subdivision de type. (Art. 12 de l'instr. du 9 mars 1879.) Le mod. n° 1 *bis* d'état de pointures annexé à l'instr. du 13 mars 1879, sur les commandes à adresser aux entrepreneurs, doit servir de guide après avoir été mis en concordance avec celui des tableaux annexés à la circ. du 6 février 1884). — Ces états sont distincts pour les effets des sous-officiers et pour ceux des caporaux, brigadiers et soldats. (Art. 20.)

Les besoins des corps sont calculés d'après la prévision des remplacements ou des premières mises du trimestre suivant, défalcation faite des réintégrations présumées, et en prenant pour base la fixation indiquée, pour chaque effet, par les tableaux d'approvisionnement. Les corps tiennent compte, s'il y a lieu, dans leur demande, des effets reçus ou à recevoir des magasins administratifs pour cause de renouvellement des approvisionnements. (Art. 13.)

Les états de pointures doivent être établis, non seulement en vue des besoins du trimestre suivant, mais surtout de manière à réassortir l'ensemble de l'approvisionnement du corps conformément aux proportions normales des tableaux de pointures. (Art. 14.)

Les états de demande *ne doivent jamais comprendre des effets figurant sur des demandes antérieures qui n'ont pas reçu satisfaction.* (Art. 15.) Ils sont vérifiés par le sous-intendant militaire. (Art. 16.)

Les effets nécessaires pour les premières mises du contingent annuel (1re et 2e portions) sont répartis par tiers sur les trois premiers trimestres de l'année. (Art. 18

(1) C'est-à-dire les suivants :
Capotes,
Collets à capuchon, pour zouaves et tirailleurs,
Gilets, —
Ceintures de laine, —
Dolmans.
Manteaux de troupe et d'adjudants de troupes à cheval,
Pantalons d'ordonnance,
— de cheval,
Transformation du pantalon d'ordonnance de sous-officier en pantalon de cheval,
Porte-manteaux,
Tuniques,
Vestes d'ordonnance et de travail,
Guêtres-jambières, pour zouaves et tirailleurs,
Képis.

Costumes de condamnés.

Capotes pour détenus,
Vareuses, —
Pantalons, —
Képis, —
Effets d'enfants de troupe,
Accessoires divers.

(2) Des modèles de tableaux de pointures ont été adressés par la circ. du 6 février 1884, n° 2, mais la proportion des types à insérer dans ces tableaux est variable par région et déterminée sous l'approbation des généraux commandants de corps d'armée. (Circ. des 29 juillet 1879, 24 mars 1880 et 6 février 1884 (M).

modifié par la circ. du 22 mai 1880, pag. 237.) Les corps prennent pour base de cette répartition les effectifs moyens des contingents qui leur sont ordinairement assignés. Quand la répartition du contingent a été notifiée, les demandes pour les trimestres suivants sont modifiées en conséquence, s'il y a lieu. (Art. 18.) Par suite, les approvisionnements seront presque toujours plus élevés que les fixations, sauf pendant la courte période qui s'écoulera entre l'arrivée de la classe et le jour où il sera donné satisfaction à la demande du 1er trimestre. (Art. 24 de l'instr. du 20 octobre 1879 (M). On doit tenir compte des réintégrations d'effets à provenir du renvoi des classes. (Art. 19.)

Les états de demande doivent parvenir à l'intendant militaire du corps d'armée le premier jour du deuxième mois de chaque trimestre (Art. 21), qui leur donne la destination prescrite par l'instruction du 13 mars 1879, page 299.

2° Demandes d'effets non compris au tableau B du cahier des charges du 4 janvier 1884, p. 561, de matières premières et accessoires d'effets d'habillement.

Chaque corps fournit, aux mêmes époques et dans les mêmes conditions que ci-dessus, un état de demande (Mod. n° 2 annexé à l'instr. du 9 mars 1879) pour les effets d'habillement spéciaux non énumérés au tableau. (Voir le renvoi 1 de la page précédente.) Cet état comprend en même temps les matières et accessoires d'effets d'habillement nécessaires pour les réparations et confections. (Voir ci-après, page 86, pour la fourniture des attributs et signes distinctifs.)

Il est accompagné d'états de tailles ou pointures en ce qui concerne les blouses, les pantalons et les bourgerons de toile. (Art. 22.) Les tailles des fausses-bottes et les pointures des visières de képi sont indiquées dans la colonne d'observations de l'état de demande. (Art. 38 de l'instr. du 9 mars 1879.)

Une circulaire du 14 février 1882, p. 163 (S), dispose que les bourgerons de toile nécessaires aux corps de troupe qui en font usage au compte de l'Etat doivent être demandés au magasin administratif de la région.

3° Demandes d'effets sur mesures, c'est-à-dire d'effets de tailles exceptionnelles.

Lorsqu'il y a impossibilité absolue d'habiller les sous-officiers ou les soldats, au moyen de l'approvisionnement normal, et que des effets de tailles exceptionnelles ne peuvent être confectionnés par l'atelier de réparations du corps, il est établi, pour ces effets, un état de demande conforme au modèle n° 3. (Art. 23 de l'instr. du 9 mars 1879.)

Cet état est unique, mais il est divisé en cinq catégories :

1° Effets de tambour-major ;

2° Capotes de sergent-major ;

3° Effets de sous-officiers ;

4° Effets de caporaux, brigadiers et soldats, non prévus par les tableaux de pointures, et d'enfants de troupe au-dessus de 15 ans ;

5° Effets d'enfants de troupe de 10 à 15 ans.

Les effets sont totalisés distinctement dans chaque catégorie. (Art. 24.)

Sur cet état, les mesures de chaque homme sont indiquées par le premier ouvrier du corps *sous sa responsabilité*. Cet ouvrier se conforme strictement, pour la prise des mesures, aux indications données par le modèle de l'état. (Art. 25.) — Il est établi en deux expéditions et adressé à l'intendant militaire une seule fois par trimestre. (Art. 26.)

S'il s'agit d'effets destinés aux réservistes ou aux hommes de l'armée territoriale, les dispositions suivantes sont prises au cas où l'atelier de réparation du corps serait dans l'impossibilité de les confectionner ;

Lorsque le corps tient garnison au lieu où est établi l'atelier civil (1), il fournit un

(1) Les ateliers de confection sont indiqués ci-après avec les circonscriptions qu'ils desservent :

HABILLEMENT, COIFFURE, GRAND ÉQUIPEMENT ET CHAUSSURE

Alger, dessert :	Divisions d'Alger, Oran, Constantine et Tunisie.
Besançon	7e région de corps d'armée.
Bordeaux	12e et 18e régions.
Bourges	8e région.
Lille	1re et 2e régions.
Lyon	13e région et gouvernement de Lyon.
Marseille	14e et 15e régions.
Nantes	9e et 11e régions.
Paris I	3e et gouvernement de Paris.

état de demande modèle n° 3. L'une des expéditions de cet état est *directement* adressée au confectionneur par le sous-intendant militaire chargé de la surveillance administrative du corps, la deuxième est transmise à l'intendant militaire du corps d'armée. Les effets, ainsi demandés, sont confectionnés aussi promptement que possible ; ils sont vérifiés au magasin réceptionnaire, le jour même de leur envoi par l'atelier de confection.

Si le corps ne tient pas garnison au lieu où est établi l'atelier civil, et s'il dispose des matières nécessaires, il est autorisé à faire confectionner dans les conditions indiquées à la page 67.

4° *Demandes spéciales d'effets d'habillement.*

En cas de besoins urgents, des demandes spéciales au titre du service courant. peuvent, exceptionnellement, être adressées à toute époque dans la forme des demandes trimestrielles. (Art. 28 de l'instr. du 9 mars 1879.) Mais seulement en cas : de modifications ministérielles dans les fixations ; de surélévation de l'effectif et de perte d'approvisionnements. (Circ. du 22 mai 1880, p. 237.)

Elles sont adressées à l'intendant militaire qui se conforme à l'article 31 de l'instruction du 13 mars 1879. (Art. 29.)

DEMANDES D'EFFETS D'HABILLEMENT (SERVICE DE RÉSERVE)

Lorsqu'il y a lieu de rehausser l'approvisionnement de réserve (armée active ou armée territoriale), il est produit des demandes spéciales (Mod. n° 2) au titre du service de réserve. (Art. 28 de l'instr. du 9 mars 1879.)

Ces demandes sont adressées à l'intendant militaire, comme il est indiqué pour les demandes spéciales. (Art. 29.)

DEMANDES D'EFFETS DE COIFFURE ET DE GRAND ÉQUIPEMENT, DE GUÊTRES DE CUIR ET CHAUSSURES (SERVICE COURANT)

Chaque corps établit, en même temps que les demandes d'habillement et de matières premières en prévision des besoins du trimestre suivant, un état de demande (Mod. n° 1), en simple expédition, comprenant les effets de coiffure, de grand équipement, de chaussure et les guêtres de cuir, énumérés au tableau A, faisant suite au cahier des charges du 4 janvier 1884, page 371 (1). (Art. 32 de l'instr. du 9 mars 1879.)

Cet état est accompagné d'états de pointures en double expédition, établis séparément pour :

Les effets de coiffure ;

Les ceinturons ;

Les effets de chaussure (souliers, bottines ou bottes) ;

Les guêtres de cuir. (Art. 32 précité.)

Les modèles d'états de pointures pour les effets de coiffure et de chaussures sont déterminés par le ministre, mais l'assortiment des pointures est réglé par chaque corps d'armée par les soins du commandement (V. pag. 39, renvoi 2, et pag. 122). La note du 10 juillet 1879, pag. 33, complétée par celle du 17 mars 1880, pag. 48, fixe les pro-

Paris II	5e et 6e régions.
Rennes	4e et 10e régions.
Toulouse	16e et 17e régions.

(Tableau annexé au cahier des charges du 4 janvier 1884, p. 360.)

(1) C'est-à-dire les effets ci-après :
Shakos (pour les corps qui en font encore usage),
Casquettes,
Ceinturons,
Porte-épée,
Porte-sabre,
Cartouchières,
Gibernes,
Porte-giberne,
Bretelles de fusil,
Etuis de revolver,
Havre-sac en toile,
Souliers,
Bottines,
Brodequins,
Fausses-bottes,
Visières de képi,
Cors de chasse pour shako ou casquette,
Coulants de ceinturon,
Plaques —
Verrous —
Grenade de giberne.

portions des tailles qui doivent servir de base à l'approvisionnement de ceinturons des magasins de l'armée active et de l'armée territoriale.

Les corps se conforment, pour l'établissement de ces demandes, aux indications énoncées dans les articles 13, 14, 15, 17, 18 et 19, relatifs aux demandes d'effets d'habillement. Ils tiennent compte, s'il y a lieu, des effets reçus ou à recevoir des magasins administratifs, en cas de renouvellement d'approvisionnements. (Art. 33.) On doit comprendre les accessoires d'effets pour la coiffure et le grand équipement. (Circ. du 17 novembre 1875.) (M).

Ces états sont vérifiés par le sous-intendant militaire et doivent parvenir à l'intendant du corps d'armée en même temps que les demandes des effets d'habillement.

Demandes spéciales. (Comme pour l'habillement.)

DEMANDES D'EFFETS DE CAMPEMENT

Les demandes trimestrielles et les demandes spéciales sont établies, comme pour les effets de coiffure et de grand équipement, sur un état distinct, mod. n° 2. (Art. 37 de l'instr. du 9 mars 1879.)

RENOUVELLEMENT DES APPROVISIONNEMENTS

(PRÉLÈVEMENTS, VERSEMENTS, ETC.)

En temps ordinaire, le renouvellement des approvisionnements a lieu par la mise en consommation, au fur et à mesure des besoins, des effets de la plus ancienne confection.

A la mobilisation, les distributions sont faites en commençant par les effets de la plus récente confection. (Art. 28 de l'instr. du 1er septembre 1879 M. Révisée le 1er septembre 1884.)

Pour assurer l'exécution de cet article 28, les effets et objets reçus par les corps de troupes, pour satisfaire aux besoins du service courant et pris en charge au titre de ce service, sont versés au service de *réserve du corps actif* ou dans les *approvisionnements spéciaux*, ou dans le lot spécial des effets à charger sur les voitures régimentaires, et ce en échange d'effets ou objets en nombre égal, de même nature et de même taille ou pointure, *mais de la plus ancienne confection*.

Ces derniers effets ou objets passent du *service de réserve* au *magasin territorial*, sur les approvisionnements duquel il est fait, dans les mêmes conditions, c'est-à-dire *parmi les effets de la plus ancienne confection*, de même nature et de même taille ou pointure, un prélèvement au profit du magasin du *service courant*.

Ces mouvements s'opèrent sans écritures. (Art. 29.)

En cas de fractionnement des approvisionnements, le renouvellement est assuré sur place autant que possible. S'il y a nécessité, il s'opère par des expéditions à la portion centrale, sur l'autorisation de l'intendant militaire du corps d'armée sur le territoire duquel cette dernière portion est stationnée. Les effets expédiés sont remplacés dans les magasins annexes à la diligence de la portion centrale. (Art. 30) (1). Toutefois, la circulaire du 20 octobre 1879 (M), révisée en 1884, porte qu'on devra avoir recours, avant toute expédition à la portion centrale, à des échanges avec les corps de troupes ou fractions tenant garnison dans la même localité. Ces échanges auront lieu sur l'ordre du sous-intendant militaire de la place, ou de l'intendant militaire de la région ou du corps d'armée, dans le cas où les deux corps de troupes ne seraient pas placés sous la surveillance du même sous-intendant militaire.

Lorsque dans une ville de garnison se trouveront deux corps de troupes de même arme dont l'un sera chargé de la gestion d'approvisionnements d'un corps territorial, il sera prescrit par le fonctionnaire de l'intendance compétent des échanges entre les deux corps, en vue d'égaliser le renouvellement de leurs approvisionnements. (Circ. précitée, art. 20 et 21.). Tous ces échanges s'opéreront sans écritures. (Art. 22 de la même circ.)

En principe, aucun effet ne peut être prélevé sur l'approvisionnement de réserve, à moins d'y être remplacé par un effet de même nature et de même pointure. (Art 29 et

(1) Frais de transport à la charge du budget ordinaire. (Art. 31 de l'instr. du 1er septembre 1879) (M).

42 de l'instr. du 1er septembre 1879 (M), révisée en 1884, rappelée par la circ. du 12 novembre 1879, pag. 340.) Cependant, cette circulaire dispose qu'il peut être fait exception à cette règle, en ce qui concerne l'habillement des sous-officiers, lorsqu'il s'agit de pourvoir à l'habillement de nouveaux promus ou à des remplacements inopinés qui n'ont pu être prévus en temps opportun. Ces prélèvements momentanés, exercés soit sur l'approvisionnement de réserve, soit sur l'approvisionnement territorial, ne peuvent, toutefois, avoir lieu qu'après avoir été spécialement autorisés par le sous-intendant militaire compétent, qui prend immédiatement des mesures pour obtenir la prompte confection et le versement des effets de remplacement.

Les quantités ainsi prélevées sont portées sur un carnet auxiliaire que vise le sous-intendant militaire. (12 novembre 1879.)

Les versements du service de réserve au service courant et *vice versa*, ont toujours lieu à charge de remboursement, à moins qu'il ne s'agisse d'échanges, nombre par nombre, d'effets de même nature et de même classement, et ayant par conséquent la même valeur. Le montant des effets ainsi prélevés est remboursé par le budget ordinaire au budget sur ressources extraordinaires, par voie de virements opérés par les soins de l'administration centrale, au moyen d'états décomptés adressés en temps utile. (Circ. du 14 avril 1882 (M).

Lorsqu'on échange des effets neufs contre des bons, il est établi un état trimestriel faisant ressortir le remboursement à faire d'un budget à l'autre. Cet état est adressé au ministre. (Circ. du 29 avril 1880 (M). Les corps doivent établir un état distinct pour les effets passés du service courant au service de réserve et un autre pour les effets passés du service de réserve au service courant. Ces états sont récapitulés distinctement par l'intendant militaire et adressés ensuite au ministre. La note du 15 novembre 1883, pag. 750, fixe le modèle d'état à produire.

RENOUVELLEMENT DES APPROVISIONNEMENTS SPÉCIAUX DÉPOSÉS DANS LES CORPS

Les effets spéciaux à l'arme de la gendarmerie sont distribués aux gendarmes de l'activité en échange d'effets de confection récente, de même nature et de même taille, ou pointure. Ils sont livrés aux prix des effets de remplacement, mais ils sont distribués aux gendarmes avec une réduction de 10 0/0, laquelle est augmentée par le contrôle local, en cas d'avarie ou lorsque les effets ont été mis en service pour quelque cause que ce soit.

Le montant des réductions est imputable au service de l'habillement (budget ordinaire); il est ordonnancé par le sous-intendant militaire chargé de ce service au profit de la compagnie cessionnaire. (Art. 38 de l'instr. du 1er septembre 1879 M, révisée.)

Pour les autres effets ou objets, non à l'uniforme du corps gestionnaire, ils sont échangés sans écritures et sur l'ordre de l'intendant militaire, contre des effets de même nature, de même taille ou pointure et de la plus récente confection, soit dans le magasin administratif du lieu, soit dans l'un des corps de troupes de la région faisant usage desdits effets ou objets. (Art. 40.)

S'il n'existe pas, dans le corps d'armée, de troupes qui puissent en assurer la consommation, l'échange a lieu avec le corps le plus à proximité en dehors de la région faisant usage des effets ou objets à renouveler, après entente entre les deux intendants militaires.

Les frais de transport sont supportés par le budget ordinaire. (Même art.)

NOTA. — Consulter aussi la circ. du 16 juin 1883 (M).

Situation des approvisionnements (1)

Le 1er juillet de chaque année, les corps de troupes, fractions de corps et officiers gestionnaires d'approvisionnements dressent une situation faisant ressortir :

(1) Les circ. et notes ci-après sont abrogés : 31 octobre 1860, pag. 174, prescrivant la production d'une situation annuelle des approvisionnements, 24 novembre 1825 (M), 31 décembre 1826, pag. 213, concernant la tenue, dans les corps et les sous-intendances, d'un registre d'allocations d'étoffes et d'effets. (Circ. du 24 avril 1879 pag. 755).

1° Les nécessaires et les existants en matières, effets et objets du service de l'habillement et du campement;

2° Les excédants où les déficits de ces mêmes effets et objets. (Art. 76 de l'instr. du 1er septembre 1879 (M) révisée le 1er septembre 1884.)

Cette situation est distincte pour le service courant et pour le service de réserve, et conforme, selon les cas, au mod. n° 1 ou au mod. n° 2 annexés à l'instruction précitée. (Art. 77.)

Les situations des corps de troupes entiers comprennent :

1° Les approvisionnements du corps actif, *portions centrales et portions détachées*, sauf ceux des fractions détachées hors de la région et qui se mobilisent sur place;

2° Les approvisionnements du corps de l'armée territoriale, y compris ceux des magasins annexes, que ces magasins soient situés ou non dans la région, et qu'ils soient gérés par une fraction du corps ou par un officier ou employé militaire appartenant à un autre corps;

3° Les approvisionnements spéciaux.

Lorsqu'un corps de troupes de l'armée active a la gestion d'approvisionnements d'un corps territorial d'une autre arme, il est produit, pour ces approvisionnements, une situation distincte. (Art. 78.)

Les situations des fractions de corps comprennent :

1° Les approvisionnements de la fraction, si elle se mobilise sur place et si elle est stationnée en dehors de la région de corps d'armée où se trouve la portion centrale du corps;

2° Les approvisionnements spéciaux. (Art. 79.)

La situation des officiers gestionnaires comprend les approvisionnements spéciaux. (Art. 80.)

Les nécessaires à indiquer dans les situations sont toujours ceux déterminés par les tableaux de fixation. (Art. 81). Quant aux existants, ils résultent des arrêtés de comptabilité au 30 juin de chaque année. Pour le service courant, les existants se composent non seulement des effets en magasin, mais aussi des effets en service dans les compagnies, escadrons ou batteries, à l'exception de ceux qui n'entrent pas dans les fixations. (Art. 82. V. p. 35 la désigation de ces effets.) De plus, on ne doit pas tenir compte des effets appartenant à l'approvisionnement d'instruction; ils figurent distinctement dans la situation (2e partie). (Art. 6 et 82.)

Le calcul des existants du service courant, en effets de petit équipement, est toujours établi comme il suit :

Au chiffre de l'existant en magasin, on ajoute la quantité obtenue en multipliant l'effectif réel du corps, déduction faite des adjudants sous-officiers et des enfants de troupe, par le nombre d'effets que chaque homme doit emporter en campagne, quel que soit d'ailleurs le nombre d'effets que chaque homme possède réellement. Cependant, il est opéré différemment en ce qui concerne les effets de petite monture pour lesquels il est toujours compté comme effets de cette nature en service autant de sacs de petite monture qu'il y a d'hommes à l'effectif. (Art. 83). La circulaire du 19 mai 1880 (M) ajoute qu'on doit prendre pour base du calcul des existants le nombre réel d'effets que l'homme doit posséder réglementairement en temps de paix, c'est-à-dire 2 caleçons, 2 serviettes, etc..., et qu'il faut, dans tous les cas, que ces existants soient en rapport avec les allocations du tableau d'approvisionnement; si ce tableau alloue 2 effets à l'homme, le calcul doit être fait sur le chiffre de 2 et non sur celui de 1.

Les ustensiles de campement que les corps de troupes à l'intérieur sont autorisés à prélever sur les approvisionnements du service de réserve, pour servir temporairement pendant les exercices, marches ou manœuvres, continuent de faire partie du service de réserve, on se borne à mentionner dans la colonne d'observations de la situation de ce service l'importance numérique des ustensiles prélevés. (Art. 84 de l'instr. révisée du 1er septembre 1879).

Les brassards, caisses à bagages, cantines, etc., dont les corps sont dépositaires pour les états-majors, doivent être compris dans les situations. (Circ. du 30 janvier 1880, et note du 6 octobre 1884, p. 549, concernant les brassards de réquisition.

La situation du service courant et celle du service de réserve sont remises en double expédition le 1er août au plus tard au sous-intendant militaire, lequel procède à leur vérification au moyen du tableau de fixation et des registres de comptabilité du corps.

Ce fonctionnaire reçoit, en outre, une expédition à titre de minute. (Art. 86. Voir pag. 38.)

Les situations sont transmises par le sous-intendant militaire le 10 août, terme de rigueur, savoir:

Une expédition au général de brigade sous les ordres duquel le corps se trouve placé, pour être adressée, par la voie hiérarchique, au général commandant le corps d'armée; la deuxième expédition, à l'intendant militaire du corps d'armée ou de la région, suivant le cas. (Art. 87.)

Les situations doivent être établies sur des feuilles imprimées que les intéressés se procurent dans le commerce, dimension 38 centim. sur 24 centim. (Circ. du 20 octobre 1879 (M).

NOTA. — Les approvisionnements spéciaux en dépôt dans les compagnies de gendarmerie sont compris dans les situations n° 355 *bis*. (Cir. du 16 juin 1883 (M).

RÉCAPITULATION DES SITUATIONS DES CORPS DE TROUPES

Les situations des corps de troupes, fractions de corps et officiers gestionnaires, sont récapitulées, par région de corps d'armée et distinctement pour le service courant et pour le service de réserve, dans des situations modèles n°s 355 ou 355 *bis* de la nomenclature, selon le cas. (Art. 88 de l'instr. du 1er septembre 1879 M, révisée en 1884.)

Sont compris dans les situations récapitulatives d'un corps d'armée:

1° Les approvisionnements des corps de troupes de l'armée active dont le dépôt est stationné dans la région, à l'exception de ceux des fractions de ces corps se mobilisant en dehors de la région, c'est-à-dire habillant et équipant leurs réservistes;

2° Les approvisionnements des fractions de corps de troupes de l'armée active tenant garnison dans la région et dont le dépôt est stationné dans une autre région, lorsque ces fractions se mobilisent sur place, c'est-à-dire lorsqu'elles sont chargées d'habiller et d'équiper les réservistes qu'elles reçoivent à la mobilisation;

3° Les approvisionnements entiers des corps de troupes de l'armée territoriale qui ont les approvisionnements de leur dépôt réunis dans la région, dans le cas même où ces corps ont des magasins annexes dans d'autres régions;

4° Les approvisionnements spéciaux réunis dans la région.

Il est fait exception à cette règle en ce qui concerne les régiments de zouaves (petits dépôts) et les bataillons de chasseurs à pied stationnés partie en France et partie en Algérie. Les approvisionnements de ces corps (armée active) figurent en entier dans la situation récapitulative du 19e corps d'armée. (Art. 89.)

Dans les situations récapitulatives, les corps sont inscrits dans l'ordre du livret d'emplacement des troupes, mais en tenant compte de leur division sous deux paragraphes:

§ 1er. — *Troupes entrant dans la composition normale du corps d'armée;*

§ 2e. — *Troupes ne faisant pas partie du corps d'armée, mais y stationnées, ou devant s'y mobiliser.* (Art. 90).

Les situations récapitulatives sont établies par les soins de l'*Intendant militaire du corps d'armée.*

En Algérie, les situations partielles sont récapitulées distinctement pour les corps se mobilisant ou pour ceux restant sur le territoire par les intendants des divisions pour les corps appartenant ou non au 19e corps d'armée et adressées à l'intendant du 19e corps d'armée qui récapitule lui-même celles qu'il reçoit directement, et, dans son travail, il comprend les totaux des situations récapitulatives établies par ses collègues des divisions, de manière à faire ressortir des totaux généraux s'appliquant à l'ensemble des troupes de l'Algérie. (Art. 91 et 92.)

Les situations récapitulatives (service courant et service de réserve), avec les situations partielles à l'appui, sont adressées au ministre (Bureau de l'habillement) par l'intermédiaire du général commandant le corps d'armée, qui les vise, avant le 1er septembre de chaque année. (Art. 93.)

APPROVISIONNEMENTS A LAISSER OU A EMPORTER EN CAS DE MOUVEMENT

Le matériel à laisser ou à emporter est indiqué au chapitre des transports. Chaque fois qu'un corps désigné pour changer de localité ne devra pas être remplacé par un corps de la même arme ou subdivision d'arme, le général commandant le corps d'armée doit soumettre au ministre les dispositions à prendre. (Circ. du 22 mars 1883, p. 321.)

Avant le départ de chaque régiment ou bataillon, un officier doit être envoyé dans le lieu de la nouvelle garnison pour procéder, au nom du conseil d'administration, à la reconnaissance et à la prise en charge du matériel qui doit être laissé par le corps partant. Les conseils d'administration doivent se concerter à cet égard aussitôt après la réception de l'ordre de mouvement.

En cas de contestations résultant de l'état d'entretien ou de l'assortiment en tailles et pointures de ce matériel, ces contestations sont soumises au sous-intendant chargé de la surveillance administrative du corps, dans le lieu où elles se sont produites.

Ce fonctionnaire examine s'il y a lieu d'autoriser le corps arrivant à ne pas prendre charge des effets ou objets qui font l'objet de la contestation, auquel cas ce matériel est emporté par le corps partant. — Le sous-intendant militaire statue définitivement et rend compte par un procès-verbal motivé qui est adressé hiérarchiquement au ministre.

Si le corps arrivant est autorisé à ne pas prendre charge, il peut demander à faire venir de son ancienne garnison une quantité d'effets ou d'objets égale à celle qu'il a refusée. Cette autorisation lui est donnée par l'intendant du corps d'armée qu'il quitte sur le vu d'une ampliation du procès-verbal sus-mentionné, mais seulement dans le cas où les deux corps sont appelés à se remplacer mutuellement dans leurs garnisons respectives. Si, au contraire, les deux corps ne se remplacent pas mutuellement, l'autorisation ne peut être donnée que par le ministre. (Circ. du 22 mars 1883, page 321.)

Ce matériel est porté en sortie définitive dans les écritures du corps cédant et en recette dans celles du corps cessionnaire.

Ces opérations sont constatées par des factures conformes aux modèles n°s 6 et 11 annexés à l'instruction du 1er mars 1880. (Art. 130, p. 393.)

Délivrance de matières ou d'effets aux corps par les magasins administratifs.

Les demandes de matières ou d'effets, établies comme il est indiqué ci-dessus page 39, sont adressées aux intendants de corps d'armée, qui donnent les ordres de distributions ou les provoquent. (Art. 35 du règlem[t] du 11 juin 1811, pag. XLVI du tome 1er du *Journal militaire*, et art. 8 de l'instr. du 9 mars 1879, page 254.)

A la réception des ordres d'expédition ou de distribution, les comptables des magasins administratifs procèdent à la livraison ou à l'expédition des matières, effets ou objets existant en magasin.

Les expéditions sont faites au titre du service courant ou au titre du service de réserve, suivant que les effets doivent être pris en charge, par les destinataires, au titre de l'un ou de l'autre service. (Art. 141 de l'instr. du 13 mars 1879, pag. 323.)

Si les approvisionnements d'un magasin ne permettent pas de livrer ou d'expédier la totalité des quantités indiquées, les quantités existant en magasin sont réparties, à moins d'ordre contraire, entre tous les corps proportionnellement à leurs demandes. (Art. 142.) Le complément est délivré dès que les ressources le permettent. (Art. 149.)

Si les corps sont sur place, ils sont informés par un bulletin (Mod. n° 20) du jour et de l'heure où ils peuvent se présenter au magasin, ainsi que de la quantité et de la nature des matières, effets ou objets qu'ils peuvent recevoir. (Art. 143.)

Les livraisons ne peuvent être faites qu'à un officier délégué par le conseil d'administration, ou, dans les compagnies formant corps ou les détachements, à un sous-officier porteur d'une autorisation écrite du commandant du corps ou du détachement. (Art. 144.)

Si les corps ne sont pas dans la place, il est procédé à l'emballage et à l'expédition des matières, effets ou objets. (Art. 145.) A l'arrivée des colis, les corps procèdent à leur réception comme il est indiqué à la page ci-après. (Art. 148.)

Les corps reçoivent directement des magasins administratifs ou par l'intermédiaire des sous-intendants militaires chargés de la surveillance administrative de ces corps lorsqu'il y a lieu à remboursement. (Art. 150 de l'instr. du 13 mars 1879), de factures en double expédition indiquant la nature, le nombre et le classement des matières, effets ou objets qui leur ont été délivrés ou expédiés. Ces factures sont blanches et roses pour le service courant, vertes et violettes pour le service de réserve. (Art. 97 de l'instr. du 9 mars 1879, pag. 274.) Elles sont conformes aux modèles n°s 5 et 10 annexés à l'instruction du 15 mars 1872 sur la comptabilité-matières.

Les factures roses ou violettes, portant récépissé du conseil d'administration, sont renvoyées à l'expéditeur. Le récépissé, daté, doit être signé par tous les membres du conseil ou par le chef de corps dans les compagnies formant corps. Le commandant de détachement, s'il n'est pas officier, n'a pas qualité pour signer les récépissés. (Art. 99 de l'instr. du 9 mars 1879.)

Il est interdit de modifier les factures ; en cas de différences constatées à l'arrivée, ces documents sont accompagnés du procès-verbal, ainsi qu'il est dit à l'article *Réceptions*. La date de ce procès-verbal est mentionnée au récépissé. (Art. 99 de l'instr. du 9 mars 1879.)

Lorsque des effets de chaussures ou autres sont expédiés au titre du service courant à titre onéreux, les factures roses doivent faire mention de la preuve du remboursement au Trésor de la valeur desdits effets. (Art. 105 de l'instr. du 9 mars 1879.)

Les sous-intendants militaires chargés de la surveillance administrative des corps doivent poursuivre le versement au Trésor des sommes dues à l'Etat. (Art. 105.) Dans le cas où la situation de la caisse du corps ne permet pas de faire ce remboursement à bref délai, la facture portant récépissé ne doit pas moins être renvoyée au magasin administratif, mais les motifs du non-remboursement sont énoncés sur ces factures par le sous-intendant militaire. Ce fonctionnaire reste chargé de poursuivre ce remboursement qui doit être différé le moins possible. (Art. 106.) Ces dispositions s'appliquent au remboursement des effets de chaussures et des guêtres livrés directement par les entrepreneurs. (Art. 107.) Les récépissés de versement au Trésor sont adressés mensuellement au ministre par les intendants militaires des corps d'armée. (Art. 24 et 183 du règlem^{t} du 3 avril 1869.) En se conformant à la circ. du 3 janvier 1880 (M) et à la note du 30 juin suivant, ils ne sont plus accompagnés des copies de factures, mais d'un ordre de reversement délivré par le sous-intendant militaire (Circ. du 5 août 1873 (M) et art. 183 dudit règlem^{t}) ; de plus, les factures de livraison étant revêtues d'une déclaration de versement au Trésor, il n'y a plus utilité à adresser aux comptables la copie des récépissés de versement délivrés par les trésoreries générales.

Les magasins qui possèdent des effets d'ancienne confection à mettre en service peuvent les ramener aux pointures nécessaires sur autorisation de l'intendant du corps d'armée, accordée dans les conditions prévues par la lettre collective (M) du 21 novembre 1882. Les retouches à effectuer ne doivent pas occasionner une dépense supérieure à 1 fr. 25 par tunique, dolman ou capotte, 0 fr. 75 par veste, 0 fr. 50 par pantalon.

Réception des matières, effets et objets provenant des magasins administratifs.

Les conseils d'administration procèdent ou font procéder par les membres qu'ils délèguent à la réception du matériel, en se conformant aux instructions du ministre. (Art. 27 du décr. du 1er mars 1880, page 363.)

I° MATIÈRES, EFFETS ET OBJETS PROVENANT DES MAGASINS ADMINISTRATIFS.

Les expéditions faites aux corps de troupes par les magasins de l'Etat donnent lieu, à leur arrivée à destination, à un double examen de la part du destinataire : L'un a pour objet de constater les avaries ou pertes qui peuvent s'être produites au cours du transport ou les déficits de toute autre nature, l'autre se rattache à la qualité des matières, à la confection ou aux dimensions des effets.

En ce qui concerne le premier, l'instruction du 9 mars 1879, page 268, et celle du 1er mars 1880, art. 130, page 393, disposent ce qui suit :

Si, à l'arrivée à destination, des avaries ou des déficits sont à craindre, le corps en donne avis au sous-intendant militaire chargé de la surveillance administrative, lequel, après avoir désigné une personne compétente pour représenter l'expéditeur, choisie en dehors de la partie intéressée, procède en sa présence à la vérification des colis.

Si les avaries ou déficits sont du fait du transporteur, ce dernier assiste aux opérations de vérification.

Le représentant de l'expéditeur et, suivant le cas, le transporteur, sont entendus dans toutes leurs observations et signent, avec les délégués du corps, le procès-verbal rapporté par le sous-intendant militaire.

Suivant le cas, les déficits ou avaries sont mis à la charge du transporteur, de l'expéditeur ou de l'Etat.

Lorsqu'ils sont mis à la charge du transporteur ou de l'Etat, le corps prend en charge la totalité de l'expédition, telle qu'elle est indiquée sur les factures d'expédition, et il fait sortie des quantités manquantes conformément au procès-verbal de réception. Le sous-intendant militaire, rapporteur de ce procès-verbal, poursuit le recours de l'Etat en ce qui concerne les pertes ou moins-values à la charge du transporteur. (Voir *Transports*.)

Quand les déficits ou avaries ont été reconnus devoir rester au compte de l'expéditeur, le corps ne prend charge et ne donne récépissé que des quantités réellement reçues; il joint à son récépissé une copie du procès-verbal de réception.

Le corps demeure responsable des différences qu'il n'aurait pas fait constater, à l'arrivée, par l'autorité chargée du contrôle. (Art. 59 et 66 de l'instr. du 9 mars 1879, pag. 268 et 269, et art. 130 de l'instr. du 1er mars 1880, page 393.)

Le procès-verbal est établi en quatre expéditions sur la formule n° 162 de la nomenclature générale, s'il s'agit d'un matériel appartenant au service courant, et, dans l'autre cas, sur la formule n° 162 X. — Une expédition est conservée par le sous-intendant, une est délivrée au corps réceptionnaire et les deux autres sont annexées à l'avis d'expédition pour être adressées à l'intendant militaire du gouvernement de Paris ou de Bordeaux. (Art. 32 du traité du 22 décembre 1879, pag. 572 (1). — Si des objets portés au procès-verbal comme perdus viennent à être retrouvés, le préposé des transports en rend compte au sous-intendant militaire, qui en ordonne, s'il y a lieu, la réintégration, à moins qu'ils ne soient devenus inutiles, auquel cas il doit être rendu compte au ministre qui décide.

Si la réintégration est prononcée, elle est constatée par un procès-verbal établi dans la forme indiquée ci-dessus. (Art. 39 du traité.)

Les préposés du service des transports doivent s'abstenir de tout remboursement direct aux destinataires, le remboursement devant être opéré au moyen d'une imputation dans les factures des compagnies. (Instr. du 31 décembre 1879, pag. 628.)

Dans le second cas, les corps sont admis à présenter leurs observations, quand les matières, effets ou objets expédiés par les magasins administratifs ne paraissent pas conformes aux types sous le rapport de la qualité des matières, de la confection ou des dimensions. (Art. 70 de l'instr. du 9 mars 1879, page 269.)

Ces observations sont formulées sur un bulletin conforme au mod. n° 4, annexé à l'instruction précitée. (Art. 71.) Lorsqu'il s'agit d'effets confectionnés sur mesures, on doit indiquer sur le bulletin si ces effets ont bien les dimensions portées sur les états nominatifs adressés à l'entrepreneur. (Circ. du 26 août 1869 M.) Dans l'affirmative, c'est l'ouvrier qui a pris les mesures qui est responsable du bien-aller des effets. (Art. 25 et 73 de l'instr. précitée, pages 261 et 270.)

Il est établi en deux expéditions et contient les propositions du corps, ainsi que l'évaluation de la dépense nécessaire pour les réparations. Le sous-intendant militaire, après examen, y mentionne son opinion (Art. 72) et le transmet à l'intendant militaire du corps d'armée. (Art. 90 de l'instr. du 9 mars 1879.)

L'intendant militaire statue sur les propositions faites, toutes les fois que les réparations ou retouches peuvent être effectuées au moyen d'une dépense renfermée dans la limite de 0,25c par effet.

Cette dépense est au compte du service de l'habillement (2).

L'une des expéditions du bulletin est renvoyée au corps, la deuxième est communiquée à l'intendant militaire du corps d'armée, siège de l'atelier de confection d'où

(1) Les comptes des corps sont appuyés aujourd'hui d'un extrait (Mod. n° 16) des procès-verbaux. (Art 251 de l'instr. du 1er mars 1880.)

(2) Lorsqu'il s'agit simplement d'effets tachés, l'achat des ingrédients (alcali, benzine, thérébenthine) nécessaires pour les dégraisser est à la charge de la deuxième portion de la masse générale d'entretien. L'opération du dégraissage a lieu sans frais de main-d'œuvre par les soins du maître-tailleur. (Circ. du 2 novembre 1867 M.)

proviennent les effets. Ce dernier la renvoie à son collègue après y avoir consigné les mesures prises pour éviter le retour des critiques. (Art. 91.)

Dans le cas où les réparations et retouches ne peuvent être effectuées dans la limite de dépense indiquée ci-dessus, les deux expéditions du bulletin, revêtues de l'avis de l'intendant du corps d'armée, sont transmises, par ce dernier, à son collègue ayant la haute surveillance de l'atelier qui a confectionné les effets, lequel est chargé de les faire parvenir au ministre. (Art. 92.)

Après décision du ministre, l'une des expéditions du bulletin fait retour au corps par la même voie, c'est-à-dire par l'intermédiaire successif de l'intendant militaire ayant l'atelier de confection dans sa circonscription administrative, de l'intendant militaire du corps d'armée où stationne le corps de troupe et du sous-intendant militaire chargé de la surveillance administrative de ce corps.

Ainsi qu'il est dit à l'article 91 ci-dessus, l'intendant militaire du corps d'armée, au siège de l'atelier de confection, signale à qui de droit les critiques reconnues fondées et prend les dispositions pour empêcher qu'elles ne se renouvellent. (Art. 93.) De plus, la circ. du 21 novembre 1882 (M), autorise les retouches nécessaires pour ramener les effets d'ancienne confection aux dimensions voulues pour en assurer la mise en service. On ne doit pas dépasser les prix ci-après :

1 fr. 25 par tunique, dolman ou capote ;

0 fr. 75 par veste,

0 fr. 50 par pantalon,

La dépense est autorisée par le sous-intendant militaire sur la proposition des conseils d'administration.

2° *Réception de matières et effets versés par un autre corps.*

On procède comme il est indiqué ci-dessus. (Art. 130 de l'instr. du 1er mars 1880, p. 393.) Le corps réceptionnaire reçoit une facture modèle n° 6, et le livrancier justifie de ses sorties au moyen d'une facture n° 11. On se conforme, en outre, aux dispositions rappelées à la page 46.

3° Réception des matières et effets achetés directement par les corps ; effets provenant des ateliers de réparations ou des confections locales exceptionnelles.

(Pour l'achat, se reporter à la table des matières.)

La réception est confiée au conseil d'administration, lequel se conforme à cet égard aux articles 27, 28, 39, 45 et 50 de l'ordonnance du 10 mai 1844, et aux instructions du ministre. (Art. 190 du décr. du 1er mars 1880, page 374.)

NOTA. — Ces articles sont reproduits en tête de l'ouvrage. Le modèle du timbre d'admission des commissions de réception régimentaires est donné à la suite du cahier des charges du 4 janvier 1884, p. 404.

Les livraisons sont justifiées par des factures et par des récépissés comptables lorsque ces factures comprennent plusieurs livraisons. Les factures sont conformes au modèle n° 3, joint à l'instruction du 1er mars 1880 (Article 189 de ladite instruc., page 403, et 193 du décr., page 375), et les récépissés, au modèle n° 361 de la nomenclature générale des imprimés.

Toutefois, lorsqu'il s'agit d'effets confectionnés par les maîtres-ouvriers des corps, les factures et récépissés sont remplacés dans la comptabilité-matières par des certificats trimestriels (mod. n° 9) de prise en charge (art. 131 de l'instruction du 1er mars 1880). Pour les pièces à mettre à l'appui de la comptabilité-deniers, voir le chapitre des avances de fonds.

Réintégrations d'effets dans les magasins centraux.

Les versements d'effets dans les magasins de l'Etat par les corps de troupe sont autorisés, au préalable, par le ministre ou par les intendants de corps d'armée. (Art. 19 du règlemt du 11 juin 1811).

L'article 2 de l'instruction du 15 mars 1872 sur la comptabilité-matières (M) dispose que les effets reçoivent, par les soins du comptable, contradictoirement avec la partie qui fait le versement, le classement qu'exige leur état au moment de la réintégration. Toutefois, si ces effets sont hors de service, ils ne sont portés immédiatement au chapitre spécial que lorsque la moins-value est à la charge de la partie prenante. Si, au contraire, la mise hors de service provient, soit de l'user naturel, soit d'une circonstance indépendante de la volonté du détenteur, les effets sont classés à réparer jusqu'à la décision de l'inspecteur administratif. Toutefois, le contrôle local peut, exceptionnellement, autoriser ces déclassements, lorsqu'il est nécessaire d'avoir des effets hors de service pour les réparations. (Art. 2 de l'instr. précitée.)

Lorsqu'il y a contestation entre le comptable et les détenteurs, on opère par expertise contradictoire, et, dans ce cas, un procès-verbal est dressé par le sous-intendant militaire. (Art. 18 et 21 du réglemt du 11 juin 1811.)

Les réintégrations faites par les corps donnent lieu à l'établissement d'un récépissé à talon détaché d'un registre à souche que délivre le comptable et que vise le sous-intendant militaire.

Le récépissé est remis au corps. La souche de ce récépissé est signée de l'officier ou du sous-officier délégué par le conseil d'administration pour opérer la réintégration. Lorsque le corps n'est pas sur les lieux et que les effets réintégrés sont expédiés par les transports de la guerre, la souche est signée d'office par le sous-intendant militaire chargé de la surveillance du magasin central. (Art. 35 du réglemt du 19 novembre 1871 et art. 7 de l'instr. du 15 mars 1872 sur la comptabilité-matières.

Une note ministérielle du 19 mai 1863, page 241, dispose que tous les effets d'habillement et d'équipement en cours de durée que les corps peuvent être autorisés à réintégrer dans les magasins centraux doivent être préalablement mis dans un état satisfaisant d'entretien et de propreté. Les effets hors de service doivent aussi remplir cette condition.

Les frais auxquels donne lieu la mise en oubli de cette recommandation doivent être imputés aux conseils d'administration des corps expéditeurs. (Note du 19 mai 1863.) Il est dressé, à cet effet, un procès-verbal qui est signé tant par le sous-intendant militaire et le comptable que par l'officier désigné pour représenter le corps expéditeur. Art. 18 et 21 du réglem du 11 juin 1811.)

Pour les imputations à faire aux détenteurs, lors de la réintégration du matériel mis à leur disposition, qui serait reconnu détérioré par leur faute, il est établi par le comptable un état (Mod. n° 19) des sommes imputées. Le talon de cet état, revêtu de la déclaration de versement au Trésor, lui est renvoyé par l'intermédiaire de l'intendance. (Art. 7 de l'instr. du 15 mars 1872 (M).

Les conseils imputent eux-mêmes à qui de droit (officiers, sous-officiers ou soldats) le montant dudit état, ainsi qu'il est indiqué pour les effets de toute nature en service ou en magasin.

Si ces conseils sont en défaut, ils supportent la dépense. (Art. 96 *bis* du décret du 1er mars 1880, p. 363, et de l'instruction de même date, p. 393.)

MAGASINS D'HABILLEMENT (SERVICE COURANT)

Dépenses au compte du service du Génie.

Il est fourni à chaque corps, par les soins et à la charge du service du génie, outre les locaux nécessaires pour emmagasiner séparément les approvisionnements du service courant (Instr. révisée du 1er septembre 1879 (M) art. 16) :

Trois tables de 2 mètres de longueur sur 1 mètre de largeur ou une seule table d'une surface équivalente.

Casiers et bancs nécessaires pour y placer les effets d'habillement et d'équipement ;

Une table de 2 mètres sur 1 mètre pour le mesurage des étoffes, laquelle est étalonnée par les soins des corps sur les fonds de la deuxième portion de la masse générale d'entretien ;

Un rouleau pour la vérification des étoffes ;

Une échelle double, s'il est nécessaire.

Ce matériel est fourni, entretenu et remplacé par le service du génie. (Art. 50 du règlement du 30 juin 1856, page 246).

Il reste à demeure lors des changements de garnison.

Appareils extincteurs (Voir casernement, pompe à incendie).

Dépenses au compte de la deuxième portion de la Masse générale d'entretien.

1° MOBILIER DES MAGASINS.

Aux termes de l'article 50 du règlement du 30 juin 1856 sur le casernement, tous les meubles et ustensiles des magasins autres que ceux désignés ci-dessus doivent rester à la charge des corps. De plus, les circulaires des 22 janvier et 13 décembre 1827, pag. 225, et celle du 15 mars 1872, page 54, spécifient que l'achat des objets nécessaires au service des magasins doit être effectué sur les fonds de la deuxième portion de la masse générale d'entretien ; mais l'instruction du 1er septembre 1879 (M), révisée par décision du 1er septembre 1884 (art. 27), porte que ces dispositions ne doivent être appliquées qu'au service courant, les dépenses se rapportant au service de réserve (armée active et armée territoriale), devant rester au compte du service de l'habillement (Budget ordinaire).

L'énumération de ces objets est donnée par le tarif du 30 novembre 1855, pag. 799, relatif au matériel des corps susceptible d'être transporté au compte de l'Etat en cas de mouvement, et par la nomenclature générale du service de l'habillement du 30 décembre 1880, page 569.

Les frais d'achat, ceux d'entretien et de remplacement incombent en entier à ladite masse, sauf le cas de détérioration par la faute des hommes :

Règles à pointures pour les effets de coiffure ;
Formes de coiffures ;
Matrices, moules et clefs pour plomber ;
Marteaux ;
Tenailles ;
Haches ;
Sacs ;
Mètres ;
Paniers.

(Tarif du 30 novembre 1855, pag. 799, et Nomenclature de l'habillement.)

Cachet du conseil à apposer sur les échantillons et modèles d'effets reçus du ministère ou des fournisseurs. Ce cachet reste entre les mains du major, il est par conséquent indépendant du cachet à la cire et du timbre humide employés pour la correspondance du conseil. (Art. 28 et 60 de l'ordonn. du 10 mai 1844. — Voir aux *Dépenses diverses*, pour l'achat et le renouvellement des cachets.)

Soufflets à poudre de pyrèthre. (Voir *Casernement*, matériel au compte des corps.) (*Nomenclature de l'habillemt.*)

Seaux en bois. (*Nomencl. de l'habillemt.*)

Souricières, pièges. (Voir page 63 pour la nourriture des chats.) Id.

Arrosoirs en fer blanc (Circ. du 18 novembre 1874, page 645.) Id.

Timbre pour la vérification des étoffes. (Circ. du 26 août 1841 M.) Id.

Jeux de marques (timbres, chiffres, lettres). Voir ci-après au titre *Marquage des effets*.

Balance de précision et compte-fils, lorsque le conseil croit devoir se procurer ces objets. Une dépêche du 28 octobre 1857 (M) mettait cette dépense à la charge des fonds éventuels des chefs de corps ; mais ces fonds ayant été supprimés, cette dépense doit être imputée à la deuxième portion de la masse générale d'entretien, par extension des dispositions de la circulaire du 3 août 1874, page 117.

Voir au titre transport pour le pesage des gros colis.

Timbre H S à apposer sur les effets hors de service. (Art. 243 du décr. du 1er mars 1880, page 381.)

Timbre H I à apposer sur les effets classés à l'habillement d'instruction (idem).

Timbre d'admission des effets (se reporter pag. 55).

Timbre R pour les effets réintégrés en cours de durée. (Art. 232 du décr. du 1er mars 1880, page 377.)

Boîte avec tampon. (Voir ci-après au titre *Marquage des effets*, pag. 55.)

Double mètre pour mesurer la taille des hommes, prix : 50 francs au maximum. (Circ. du 26 février 1875. M.)

Brosses, baguettes, balais, plumeaux. (Instr. du 18 novembre 1874, pag. 645. — *Instr. du 4 mars* 1875 sur le mode de distribution des effets, placardées dans les magasins. — Note du 4 mars 1875, page 163.) Voir pag. 61.

Tableaux de pointures des effets, collés sur une feuille de carton mobile, à afficher dans les magasins pour être consultés par les maîtres-ouvriers lors des distributions. (Note du 4 mars 1875, pag. 163.) Aucune dépense n'est prévue pour cet objet. Cette fourniture rentre par sa nature dans la catégorie de celles qui incombent aux officiers comptables.

Matériel d'emballage (toile, ficelle, papier, pointes, aiguilles, ciseaux à froid, limes, rabots, caisses, etc.) Circ. du 13 décembre 1827, ancienne collection du *Journal militaire.*) Une dépêche du 20 décembre 1858 rappelle que la toile d'emballage revient à environ 0,46 c. le mètre dans les magasins centraux. La nomenclature du harnachement de la cavalerie fixe ce prix à 0 fr. 50 pour la toile en 120 pour 100 et à 0 fr. 40 pour celle en 104 pour 100.

Le prix ordinaire de la ficelle est de 2 fr. 25 à 2 fr. 50 le kilog.

Les matériaux d'emballage et objets mobiliers sont inscrits à la section II du registre des entrées et des sorties de matériel. Il n'est point établi de pièces spéciales pour justifier les opérations. Les objets sont énumérés seulement dans la colonne d'observations des factures d'expédition (Mod. n° 6) tant pour ceux provenant de la démolition des colis reçus que pour ceux employés à la confection des colis expédiés. (Art. 130 de l'instr. du 1er mars 1880, p. 393) (1).

Les matériaux d'emballage (caisses, toiles, papier, paille et plomb) provenant des expéditions faites par les magasins centraux sont aussi pris en charge par les corps. (Art. 67 de l'instr. du 9 mars 1879, pag. 269.) (Voir registre des entrées et des sorties.)

Les caisses et les toiles dont ils n'ont pas l'emploi doivent être réexpédiées au magasin administratif près de l'atelier civil de confection ou de fabrication quand elles proviennent de ce magasin, ou au magasin administratif de la région dans tous les autres cas.

Les caisses doivent être en bon état, être montées et pourvues de leur couvercle recloué contrairement aux dispositions de l'instruction du 31 décembre 1879. (Art. 68 de l'instruction du 9 mars 1879 modifié par la circ. du 22 mai 1880, pag. 237.) — Le nombre de ces récipients à conserver pour les transports, en cas de changement de garnison, des papiers, archives et autre matériel, est déterminé par l'intendant militaire. (Circ. du 15 juin 1875 M.)

Le matériel d'emballage disponible reste à demeure (Voir Transports), mais les autres objets énumérés ci-dessus sont emportés en cas de mouvement. (Tarif du 30 novembre 1855, page 799.)

La circulaire du 19 novembre 1878 (M) autorise les portions de corps détachées à acheter ou à demander aux magasins centraux le matériel d'emballage présumé nécessaire pour emballer et réexpédier au dépôt, en cas de mobilisation, les effets d'habillement et d'équipement non utilisés.

2° FRAIS DIVERS DES MAGASINS (SERVICE COURANT)

Les frais divers des magasins (du service courant) sont à la charge de la deuxième portion de la masse générale d'entretien. (Circ. du 15 mars 1872, page 54, et instruction du 1er septembre 1879 (M) révisée en 1884.)

(1) S'il était besoin de faire usage de paille d'emballage et d'en acheter, la dépense resterait aussi au compte de la masse générale d'entretien, on peut la demander, s'il y a avantage, aux entrepreneurs des fournitures de fourrages aux troupes (Art. 1er du cahier des charges du 21 août 1884, pag. 235 (S). Les corps jouissent de la même faculté lorsque la fourniture des fourrages est en gestion directe. Le remboursement a lieu par voie de versement au Trésor.

Les principales dépenses à faire pour cet objet sont celles indiquées pages 55 et 60.

NOTA. — Les étiquettes pour les magasins sont au compte de l'officier gestionnaire (feuille de vérification ministérielle du 5 août 1882). L'article 45 de l'instruction du 20 mars 1884, pag. 862 (S), sur les inspections générales des corps du génie dispose qu'il doit y avoir des étiquettes par nature d'objets et par pile ou groupe indiquant l'objet auquel elles se rapportent et les quantités existantes.

MARQUAGE DES EFFETS DE TOUTE NATURE (SERVICE COURANT)

§ Ier. — *Les effets de la 1re catégorie* (1) sont marqués chaque fois qu'ils sont distribués :

1° Par les soins de l'officier d'habillement, du numéro du trimestre et de l'année de la distribution ;

2° Par les soins des capitaines commandant les compagnies, escadrons ou batteries, du numéro matricule de l'homme qui les reçoit.

Les effets qui rentrent en magasin avant d'avoir accompli leur durée réglementaire reçoivent immédiatement l'indication du trimestre de leur réintégration avec la lettre R (réintégré). Ils reçoivent, en outre, l'indication du nombre de trimestres restant à parcourir au moment où ils sont distribués de nouveau ou versés à l'approvisionnement d'instruction, si ces opérations ont lieu pendant le trimestre de la réintégration, et à la fin de ce trimestre, dans le cas contraire.

En outre de ces diverses marques, les effets neufs sont marqués *du numéro du corps par les soins de l'officier d'habillement* au moment de la première distribution. (Art. 237 et 232 du décr. du 1er mars 1880, p. 379 et 377.)

Les objets pouvant recevoir une empreinte sont marqués des lettres H I lorsqu'ils sont classés à l'habillement d'instruction, et des lettres H S lorsqu'ils sont classés au matériel hors du service. (Art. 243, p. 381.)

Se reporter à la page suivante pour les diverses marques de confection, du type, etc.

§ 2. — *Les effets et objets de la 2e catégorie* (2), affectés individuellement aux hommes, sont marqués au moment où ils sont distribués pour la première fois :

1° Par les soins de l'officier d'habillement, du numéro du corps ;

2° Par les soins des commandants de compagnie, d'escadron ou de batterie, du numéro matricule de l'homme, auquel les objets sont affectés.

Toutefois, les effets et objets divers qui sont marqués d'un numéro de série (les instruments de musique, clairons, trompettes, effets de harnachement, armes et outils portatifs (Art. 134), ne reçoivent pas le numéro matricule du détenteur.

Quand des portions de corps reçoivent directement des magasins de l'Etat ou d'autres corps des effets de *harnachement*, *des instruments de musique*, *des clairons et trompettes*, les numéros de série ne peuvent être empreints que sur les indications du conseil d'administration central. (Art. 238 du décr. du 1er mars 1880, p. 379.) Il y a une série pour chaque sorte d'effets.

NOTA. — Les articles 168, 169 et 171 de la description des uniformes du 15 mars 1879, modifiés par la notice du 7 avril 1880, rappelée par l'instruction du 1er mai 1883, p. 779 (S), indiquent la composition et la disposition des marques à apposer sur les effets d'habillement, d'équipement et de coiffure. L'abonnataire du grand équipement est astreint par l'article 1er de son marché à marquer les effets de cette catégorie reçus par le corps. (Voir abonnement.) — Le marquage des shakos, casques, chapeaux, gibernes, cartouchières et étuis de revolver devant être effectué sur des étiquettes en papier, les corps doivent autographier les étiquettes ; la fourniture du papier et de la colle incombe à la 2e portion de la masse générale d'entretien. (Circ. du 15 juin 1880 (M).

En ce qui concerne le harnachement, il y a lieu de se reporter à ce titre.

Effets distribués aux réservistes appelés pour une période d'instruction. — Les effets de grand équipement ne reçoivent aucune marque. Les effets d'habillement et de petit équipement ne sont marqués que du numéro matricule de l'homme. Il n'est apposé aucune marque sur la gamelle individuelle.

Les effets de la 1re catégorie neufs et en cours de durée reversés en magasin (sec-

(1) Ces effets sont ceux indiqués au chapitre de l'emploi du matériel.

(2) Les effets de la 2e catégorie sont tous ceux qui ne sont pas compris dans la première.

tion II) par les réservistes, sont considérés comme ayant parcouru un trimestre, et cette réduction peut être doublée par les intendants militaires pour les réservistes ayant pris part aux manœuvres. — Ces effets reçoivent à leur réintégration les marques prescrites par l'article 232 du décret du 1er mars 1880. La réduction d'un trimestre est indiquée par le numéro matricule précédé d'un 0 et celle de deux trimestres par le numéro matricule accompagné du chiffre 2. Exemple : 0 2870. (Instr. du 19 avril 1880 M.)

2

En cas de mobilisation, on procède comme il est indiqué ci-après.

Effets distribués aux hommes de l'armée territoriale. — En ce qui concerne les territoriaux appelés pour une période d'instruction, chacun d'eux reçoit trois petits morceaux de toile prélevés sur la doublure des effets hors de service et destinés à la capote, au pantalon et au képi. Les morceaux d'étoffe sur lesquels est imprimé le numéro matricule de l'homme sont cousus, par ses soins, sur ses effets. A la fin de chaque période d'instruction, ce numéro est biffé, mais les morceaux ne sont décousus que lorsque le sous-intendant militaire a déterminé la moins-value assignée aux effets distribués en dehors de l'approvisionnement d'instruction. (Instruction du 15 avril 1880) (M).

MARQUAGE DES EFFETS DE TOUTE NATURE (SERVICE DE RÉSERVE)

L'article 22 de l'instruction du 26 avril 1884, p. 1048 (S), rappelle que les effets neufs en magasin ne doivent recevoir, avant leur mise en distribution, aucune marque autre que les marques de fabrique et les marques de pointures. (Voir ci-après dispositions communes). Par conséquent, les dispositions contraires de la circulaire du 6 juin 1876 (M) cessent d'être en vigueur. Seulement, les manteaux, capotes, vestes, tuniques, dolmans et képis sont revêtus des pattes à numéros ou écussons. La circ. du 5 janvier 1880 (M) indique dans quels corps ces accessoires doivent être cousus ou simplement faufilés. (Voir le § 5° Dépenses au compte du service de l'habillement.) En cas de mobilisation, le numéro matricule de l'homme est apposé par les soins des compagnies sur les effets d'habillement, de grand et de petit équipement. (Art. 237 et 238 du décret du 1er mars 1880, page 379 et circ. du 6 juin 1876 (M). Cette circulaire dispense les corps d'apposer le numéro du trimestre et le millésime de la mise en service.

DISPOSITIONS COMMUNES AU SERVICE COURANT ET AU SERVICE DE RÉSERVE

La circulaire du 29 janvier 1875 (M) et l'instruction du 3 avril 1879, p. 516, prescrivent le marquage des effets d'habillement confectionnés, et les modèles d'état de pointures, adressés par le ministre le 6 février 1884, déterminent la forme à donner à ces marques.

SAVOIR :

1° Les capotes, manteaux, tuniques, dolmans et vestes de toutes armes reçoivent sur la doublure de l'effet la marque suivante :

Dans le petit rectangle.

La lettre du type correspondant à la longueur de la taille de l'homme ;
Le numéro de la subdivision correspondant à la grosseur de l'homme sous les bras.

Dans le grand rectangle.

La longueur de la taille, La grosseur sous les bras, La grosseur de ceinture, La longueur des manches.	Pour les tuniques, dolmans et vestes des régiments d'infanterie, des troupes d'administration, secrétaires d'état-major, bataillons de chasseurs à pied, régiments de cuirassiers, de dragons, compagnies de cavaliers de remonte, escadrons du train des équipages, chasseurs à cheval et hussards.
La longueur du dos, La grosseur sous les bras, La longueur des manches.	Pour les effets similaires des autres corps.

2° Pour les pantalons d'ordonnance et de cheval de toutes armes, les marques sont :

Dans le petit rectangle.

La lettre du type correspondant à la longueur du côté de l'homme.

Dans le grand rectangle.

La longueur du côté,
La longueur d'entre-jambes,
La grosseur de ceinture.

3° Pour le képi, le tour de tête en chiffres est porté sur une étiquette ;

4° Quant aux bottines, souliers ou brodequins, ils sont marqués du numéro de la pointure et de la subdivision de pointure (au moyen d'un timbre sec imprimé sur la semelle dite seconde. — Cahier des charges du 4 janvier 1884, page 400).

Sur les effets provenant des ateliers régimentaires, on indique, en outre, le millésime de confection. (Circ. du 29 janvier 1875 M). Cette circulaire et l'instruction du 3 avril 1879, p. 516, donnent le modèle de cette marque. Quant aux effets sortant des ateliers civils, ils reçoivent une marque indiquant le nom de l'entrepreneur, le lieu où est établi l'atelier, l'année et le trimestre auxquels la confection se rapporte. (Instruction du 3 avril 1879, p. 516, et cahier des charges du 4 janvier 1884, p. 377).

Ces diverses marques sont apposées par les ateliers de confections. (Instruction du 3 avril 1879 et note annexée au cahier des charges précité.)

NOTA. — Une circulaire du 6 décembre 1884, p. 689, (S), ayant prescrit de remarquer tous les effets d'après les tableaux de pointures de 1884, le travail a été effectué dans les corps et les allocations fixées par l'instruction sur la manière d'opérer ce marquage (p. 691), (S), sont restées au compte du service de l'habillement jusqu'au 1er février 1885 ; depuis cette date, elles ont été mises à la charge de la masse générale d'entretien.

Les marques nécessaires incombent également à cette masse. (Circ. du 24 février 1879 (M), mais l'entretien et le renouvellement de ces marques sont au compte des premiers ouvriers tailleurs. (Circ. du 1er mars 1875 (M).

Les effets d'habillement, de grand équipement, de coiffure, etc., sont, en outre, revêtus des timbres d'admission des experts et des commissions de réception. (Cahier des charges du 4 janvier 1884, p. 347 ; modèles des marques pages 403 et 404 de ce même document.)

JEUX DE MARQUES DES MAGASINS D'HABILLEMENT

(Voir *Armement* et *Harnachement*.)

Les timbres ou empreintes, lettres ou chiffres, ainsi que les tampons, boîtes, étiquettes pour les shakos, etc., nécessaires pour l'exécution des prescriptions qui précèdent, sont achetés sur les fonds de la masse générale d'entretien.

Les frais d'entretien et de renouvellement incombent aux mêmes fonds. (Circ. du 29 mai 1844 et du 6 juin 1876 (M), excepté dans les corps de cavalerie, où ils sont au compte de l'abonnement du chef armurier. (Mod. d'abonnement pour les mors de bride et étriers annexé à la circ. du 9 juin 1863, pag. 242.) Toutefois, l'entretien et le renouvellement des marques relatives à l'apposition de la lettre du type et du numéro de subdivision du type incombent au premier ouvrier tailleur abonnataire. (Circ. du 1er mars 1875 M.)

INGRÉDIENTS

Les ingrédients, le combustible, l'encre, etc., nécessaires pour le marquage des effets, sont également au compte de la masse générale d'entretien. (Circ. du 9 décembre 1841 (M), n° 6768.)

Les effets de grand équipement sont marqués par les soins de l'abonnataire. (Art. 1er du marché d'Abonnement du 21 avril 1879, pag. 692.)

Les effets d'habillement sont marqués par les soins de l'officier d'habillement, sans qu'il soit besoin de recourir aux ouvriers, et partant sans frais.

La circulaire du 9 décembre 1841, précitée, porte envoi de flacons de composition Trotry-Latouche, destinés au marquage des effets en tissus de laine, de chanvre, de lin ou de coton, et d'un exemplaire de la notice indiquant le mode d'emploi de chacune des trois compositions.

Les corps de troupes à pied ont reçu un flacon des compositions nos 1 et 2, et ceux à cheval ont reçu, en outre, un flacon de la composition n° 3, destinée à la marque des couvertures à cheval (1).

Les frais de transport et de composition sont au compte de la masse générale d'entretien; mais, dans la cavalerie, le prix des matières et des plaques incombe aujourd'hui à l'abonnement du maître-sellier en ce qui concerne les couvertures à cheval. (Circ. du 8 mai 1866 M.)

Les corps peuvent demander directement les flacons dont ils ont successivement besoin. Les frères Trotry-Latouche demeurent à Rueil, près Paris, mais leur composition se vend à Paris, rue du Grand-Chantier, n° 5.

La circulaire du 9 décembre 1841 autorise en outre les corps à acheter les brosses, fers et tampons nécessaires à l'emploi de ces compositions.

JEUX DE MARQUES DES COMPAGNIES, ESCADRONS, ETC.

Chaque compagnie, escadron ou batterie, est pourvu de marques par les soins du Conseil d'administration. (Art. 207 de l'ordonn. du 10 mai 1844.) L'achat, l'entretien et le remplacement de ces objets tombent à la charge de la masse générale d'entretien. (Etat modèle n° 105 de la nomenclature générale), excepté dans les corps de cavalerie où l'entretien et le remplacement sont au compte de l'abonnement du chef-armurier. (Voir ci-dessus et au titre *Harnachement*), mais les ingrédients nécessaires sont au compte des ordinaires. (Voir au titre *Cuisines et Ordinaires*.)

Les compagnies n'apposent que les numéros matricules (Art. 237 et 238 du décr. du 1er mars 1880, et 207 de l'ordonn. du 10 mai 1844, pour les effets du petit équipement.)

La circulaire du 6 juin 1876 (M) fixe le nombre de jeux de marques dont chaque compagnie, escadron ou batterie doit être pourvu, sur les fonds de la masse générale d'entretien, tant pour le service courant que pour le cas de mobilisation. Les corps sont autorisés à les acheter en totalité dès le temps de paix, mais ceux affectés au service de réserve doivent rester dans les magasins régimentaires.

État des boîtes à marques dont chaque corps ou fraction de corps doit être muni :

Cie d'infanterie	2	Circ. du 6 juin 1876 (M).
Cie de chasseurs à pied	2	
— de zouaves	2	
— de tirailleurs	2	
— de la légion étrangère	2	
Bie à pied d'artillerie en France	2	par bie ou sect. de munit. de 300 hommes. (Circ. du 15 déc. 1876, n° 6924.)
Bie de dépôt	3	par bie ou sect. de 500 hommes. *Id.*
Section de commis et ouvriers et d'infirmiers, dont l'effectif de mobilisation atteint 300 hommes	2	
Idem, dont l'effectif est de 500 hommes et au-dessus	3	
Cie du train d'artillerie	1	
— de pontonniers	2	
— d'ouvriers d'artillerie	3	
— d'artificiers	1	
— du train des équipages	2	
— du génie	2	

Timbres portant l'indication du corps :

Par régiment d'infanterie	4
Par régiment d'artillerie	3
Par régiment de cavalerie, bataillon de chasseurs et escadron du train	2

Pour les sections de commis et d'ouvriers et d'infirmiers, le nombre de timbres est en rapport avec celui des boîtes à marques.

(Circ. du 6 juin 1876 M.)

(1) L'instruction du 18 janvier 1876, p. 80, concernant le Harnachement de la cavalerie, dispose que le marquage des tissus est fait avec des vignettes en feuilles de cuivre et une encre indélébile dont la composition est un litre d'huile de lin, un litre d'essence de térébenthine et 125 grammes de noir de fumée. De plus, une note ministérielle (M) du 18 septembre 1876 autorise les corps à marquer les couvertures au noir de fumée délayé dans l'huile de lin, à l'aide de marques de 50 millimètres. Cette disposition est rappelée par la note du 6 janvier 1879 (M) émanant du comité de l'artillerie.

Les corps autres que ceux désignés ci-dessus sont pourvus du nombre de jeux de marques alloués par les décisions antérieures. (Circ. du 7 septembre 1876 M.)

Les régiments de cavalerie qui, sur le pied de guerre, forment un 6e et un 7e escadron, peuvent acheter dès le temps de paix deux jeux de marques pour ces escadrons.

La dépense est imputée sur les fonds de la masse générale d'entretien (2e portion). Circ. du 19 mai 1880 (M).

La description des boîtes à marquer est donnée par la note ministérielle du 18 mai 1884, p. 650; le prix maximum de la boîte garnie des trois jeux de chiffres, de la lettre de compagnie, du tampon, de la brosse, du bidon vide et du cadenas, est fixé à 19 francs. L'achat en est fait dans le commerce.

Personnel permanent et auxiliaire attaché au service de l'habillement. (Voir *Gratifications diverses.*)

ARRIMAGE DES EFFETS DANS LES MAGASINS (SERVICE COURANT)

Les approvisionnements du service courant sont emmagasinés séparément de ceux du service de réserve. (Art. 16 de l'instruction révisée du 1er septembre 1879 M.)

Les approvisionnements courants sont disposés par espèce d'effets et, dans chaque espèce d'effets, par pointure et subdivision de pointure ou taille; enfin, dans chaque pointure ou subdivision de pointure, par année de confection. (Art. 25 de l'instruction du 1er septembre 1879 M, révisée le 1er septembre 1881.)

MAGASINS D'HABILLEMENT

(SERVICE DE RÉSERVE : ARMÉE ACTIVE ET ARMÉE TERRITORIALE)

1° Locaux et mobilier au compte du service du génie.

Les approvisionnements du service de réserve sont emmagasinés séparément de ceux du service courant, ainsi que le prescrit l'article 4 du décr. du 16 décembre 1876. (Art. 16 de l'instr. du 1er septembre 1879 révisée (M).

En outre, les approvisionnements du service de réserve affectés à un corps de troupes de l'armée territoriale, ainsi que les approvisionnements spéciaux, quartiers généraux de corps d'armée, gendarmes prévôtaux, réservistes ou territoriaux, sections d'ouvriers de chemins de fer, sections télégraphiques, chasseurs forestiers, douaniers et sapeurs-pompiers réservistes, sont emmagasinés séparément de ceux du service de réserve du corps de troupes de l'armée active qui en a la gestion. (Art. 17.) L'art. 19 indique les lieux où doivent être réunis et entretenus les divers approvisionnements de réserve.

L'article 30 du règlement du 30 juin 1856 impose au service du génie la fourniture des tables, casiers, bancs, échelles nécessaires pour assurer l'emmagasinement des approvisionnements ainsi que leur manutention, etc. Ce matériel est fourni, entretenu et remplacé par les soins et au compte de ce service. Il reste à demeure lors des changements de garnison.

2° Dépenses au compte du service de l'habillement (budget ordinaire).

(Voir page 51, pour la désignation des objets ordinairement employés.)

§ 1er. — *Objets mobiliers.*

Les objets mobiliers, spécialement affectés aux magasins du service de réserve, sont, comme les frais d'entretien et de propreté, imputables sur les fonds du service de l'habillement (budget ordinaire). (Art. 27 de l'instr. du 1er septembre 1879 M. révisée).

Voir *Entretien des effets en magasin*, pag. 60, pour le mode de paiement des dépenses.

Pour le marquage des effets de toute nature, voir page 53.

§ 2°. — *Frais de gestion des approvisionnements.*

Les approvisionnements de réserve des corps de troupes de l'armée active sont gérés par ces corps mêmes, ainsi qu'il est réglé, pour le service courant, par l'ordonnance du 10 mai 1844 modifiée par le décret du 1er mars 1880, p. 362. (Art. 8 de l'instr. du 1er septembre 1879 M. révisée le 1er septembre 1884).

Les approvisionnements des corps de troupes de l'armée territoriale (infanterie, cavalerie, artillerie, train des équipages, troupes d'administration) sont gérés par le corps de troupe de l'armée active, autant que possible de même arme, qui tient garnison dans la localité où se mobilise le dépôt du corps territorial. (Art. 9.) S'il y a dans cette localité plusieurs corps de même arme de l'armée active, l'un deux est désigné par le général commandant le corps d'armée sur la proposition de l'intendant militaire. (Art. 10.)

Les approvisionnements des bataillons territoriaux du génie sont gérés soit par le régiment ou la compagnie du génie de l'armée active qui tient garnison dans la place où le bataillon se mobilise; soit, à défaut, par un corps de troupe ou fraction de corps d'une autre arme; soit, enfin, par un adjoint du génie, sur la désignation du général commandant le corps d'armée. (Art. 11.)

Lorsqu'un corps de troupe de l'armée territoriale a plusieurs lieux de mobilisation et, par suite, plusieurs magasins, les magasins détachés sont considérés comme des annexes du magasin placé près du corps gestionnaire, qu'ils soient ou non situés dans la même région de corps d'armée.

Les magasins annexes sont confiés soit à un corps de troupe ou à une fraction de corps de troupe tenant garnison dans le même lieu; à défaut, à un employé militaire (adjoint du génie, garde d'art[ie], etc.) résidant dans la localité. (Art. 12.)

Les corps, fractions de corps ou employés militaires chargés de magasins annexes de l'armée territoriale sont des délégués du corps gestionnaire, c'est-à-dire du corps de troupe gérant directement le magasin du dépôt du corps territorial. Néanmoins, ils sont placés sous la surveillance des autorités administratives locales. (Art. 13.)

Les approvisionnements spéciaux énumérés d'autre part sont gérés par l'officier comptable du magasin administratif du lieu où ils sont constitués et, à défaut, par l'un des corps de troupe de l'armée active désigné par le général commandant le corps d'armée, sur la proposition de l'intendant militaire. (Art. 14.)

Les compagnies de gendarmerie sont gestionnaires de tout le matériel destiné aux gendarmes *réservistes* ou *territoriaux* qui se mobilisent dans l'étendue de leur circonscription, que ce matériel soit placé ou non dans les locaux de la compagnie; la gestion a lieu conformément aux dispositions de l'instruction du 1er septembre 1879, révisée en 1884, et du décret du 1er mars 1880. Lorsque ce matériel est placé en dépôt dans les magasins administratifs ou dans les corps de troupe, les officiers comptables ou conseils d'administration sont considérés comme gérants d'annexe. (Circ. du 16 juin 1883 (M).

INDEMNITÉ DE FRAIS DE GESTION

Les officiers d'habillement des corps gestionnaires, les officiers gestionnaires et les délégués du corps ou de l'officier gestionnaire, reçoivent sur les fonds du service de l'habillement (budget ordinaire) une indemnité de frais de gestion et de bureau fixée par le tarif n° 1 annexé à l'instruction du 1er septembre 1879 (M). (Art. 15.) Cette fixation est augmentée de 10 fr. par an si le corps entretient un approvisionnement d'effets pour les gendarmes réservistes et territoriaux. (Circ. du 16 juin 1883 (M.) Pour les bataillons d'artillerie de forteresse, les indemnités sont celles fixées par la décis.

ministérielle du 30 décembre 1884 (M). Les allocations sont distinctes pour le service de l'armée active et pour l'armée territoriale.

L'indemnité est due à partir du jour où les approvisionnements entrent en voie de formation (date constatée par le sous-intendant militaire). Elle se décompte par mois de 30 jours ou, selon le cas, par jour. Elle est payée trimestriellement sur état émargé par les soins du corps gestionnaire au titre du service de l'habillement (budget ordinaire). (*Nota placé en tête du tarif.*) L'article 6 de la circulaire du 20 octobre 1879 révisée dispose, en outre, que les gérants d'annexe sont également payés par le corps gestionnaire

Les gestionnaires (officiers sans troupe et employés militaires) sont payés par mandat direct du sous-intendant militaire. (Art. 6.)

Si un officier d'habillement de corps de troupe se trouve être gérant d'annexe, il reçoit son indemnité du corps gestionnaire, ainsi qu'il est dit ci-dessus (Art. 7 de la même circ.) Au moyen de cette indemnité, les titulaires ont à pourvoir à tous les frais de bureau se rapportant à leur gestion (registres, imprimés, états de situation, etc.) (Art. 8. (1). Il est alloué à l'officier gestionnaire de chaque compagnie de gendarmerie pour le matériel entretenu pour les réservistes et territoriaux, une indemnité annuelle de 20 fr. pour frais de gestion et de bureau; elle est de 25 fr. lorsque ce matériel est emmagasiné dans les locaux de la compagnie. Dépense imputable comme il est indiqué ci-dessus. (Circ. du 16 juin 1883 (M.) Il n'est pas alloué de gratification aux adjoints des trésoriers de gendarmerie (note du 25 octobre 1884, p. 525 (S). Le paiement des frais de gestion et de bureau est effectué sur un état émargé conforme au modèle n° 2 annexé à l'instruction du 1er mars 1880 (M). (Inston du 1er mars 1881, p. 355).

NOTA. — La circulaire du 19 mai 1880 (M) dispose que dans les bataillons détachés qui ne se mobilisent pas sur place, l'officier d'habillement peut recevoir une indemnité de frais de bureau pour la gestion des approvisionnements du service courant. La quotité en est fixée par le conseil d'administration et en est prélevée sur l'allocation de 150 fr. attribuée à l'officier d'habillement du corps.

Personnel employé au service de l'habillement (Voir *Gratifications diverses*).

Pour les approvisionnements déposés dans les magasins centraux, les corps doivent détacher le nombre d'hommes nécessaires aux manipulations: ils sont relevés tous les trois mois. (Circ. du 24 mars 1881 (M).

Arrimage des effets dans les magasins.

(Service de réserve.)

1° APPROVISIONNEMENTS DE RÉSERVE DE L'ARMÉE ACTIVE

Ces approvisionnements sont séparés de ceux du service courant (Art 16 de l'Inston révisée du 1er septembre 1879 (M), de ceux de l'armée territoriale, etc. (Art. 17.)

Il est formé dans chaque corps de troupe ou fraction de corps, pour chaque compagnie, escadron ou batterie appartenant à la portion mobile ou à la portion disponible, des lots d'approvisionnement dits *lots de compagnie*. (Art. 20.)

Ces lots contiennent (2) un nombre de collections d'effets égal à l'effectif des réservistes à recevoir, augmenté pour les effets cenfectionnés sur plusieurs tailles ou pointures dans des proportions variant suivant les difficultés d'essayage; ces proportions sont indiquées dans les colonnes spéciales des tableaux d'approvisionnement. (Art. 21.)

Les effets de grand équipement sont arrimés comme l'indiquent l'instruction du 18 novembre 1874 et la circulaire du 16 janvier 1880 (M).

(1) Y compris les étiquettes pour les magasins (Feuille de vérification ministérielle du 5 août 1882 (M). Il doit y avoir des étiquettes par nature d'objets et par pile ou groupe (Art. 45 de l'inston du 20 mai 1884 pag. 862 (S) sur les inspections générales du génie.

(2) La circ. du 19 mai 1880 et celle du 20 décembre 1880 (M) laissent la faculté de faire le nombre de lots nécessité par les besoins de chaque corps d'infanterie ou de cavalerie. Il y a lieu de consulter cette première circulaire pour diverses recommandations relatives à des effets spéciaux (caleçons, serviettes, bouchons de fusil, cuillers, sacs de petite monture, musettes de propreté et de pansage, martinets, brosses à cheval, etc.)

En ce qui concerne les régiments de zouaves, les lots de compagnie, au dépôt en France, contiennent un nombre de collections d'effets de toute nature égal à l'effectif des réservistes que chaque compagnie de la portion mobile doit recevoir, augmenté pour certains effets comme il est indiqué ci-dessus par l'art 21. En Algérie, ils contiennent un nombre de collections d'effets correspondant aux quantites jugées nécessaires pour assurer les échanges; ces effets appartiennent au service courant. (Art. 22.)

Les approvisionnements du service de réserve, en excédant de ceux entrant dans la composition des lots de compagnie, forment un lot, dit *lot de corps*.

Toutefois, les effets à charger sur les voitures des régiments d'infanterie compris dans les fixations des tableaux d'approvisionnement et désignés dans l'annexe n° 2, forment un lot spécial. (Art. 23.) Ce lot se compose de 150 ceintures de flanelle, chemises, paires de guêtres de toile et paires de souliers et 50 pantalons d'ordonnance en drap. Les régiments d'infanterie, de zouaves et de tirailleurs sont les seuls qui aient cet approvisiennement. (Annexe n° 2 de l'inst. précitée.) Voir campement, pour les caisses à effets, et la circ. du 26 décembre 1874 (M).

Dans chaque lot de compagnie, comme dans le lot de corps et le lot spécial des effets à charger sur les voitures régimentaires, les approvisionnements sont disposés par espèce d'effets; dans chaque espèce d'effets, par pointure et subdivision de pointure ou taille ; enfin, dans chaque pointure ou subdivision de pointure, par année de confection.

Les effets d'une même ancienneté de confection sont réunis autant que possible, dans le même lot. (Art. 24.) Les chaussures sont rangées par pointure et par subdivision de grosseur.

La circulaire du 16 janvier 1880 (M) dispose que les lots de compagnie doivent être formés exclusivement avec les ressources du service de réserve du corps actif.

2° APPROVISIONNEMENTS DE L'ARMÉE TERRITORIALE

Il sont emmagasinés séparément des approvisionnements des corps actifs, mais ils ne sont pas subdivisés en lots. Ils sont disposés par espèce d'effets; dans chaque espèce d'effets, par pointure et subdivision de pointure ou taille; enfin, dans chaque pointure ou subdivision de pointure, par année de confection.

Les effets d'une même ancienneté de confection sont réunis autant que possible, dans le même lot. (Art. 25 de l'instr. du 1er septembre 1879 M., révisée.)

3° APPROVISIONNEMENTS SPÉCIAUX

(*Pontonniers réservistes, quartiers généraux de corps d'armée, gendarmes prévôtaux, gendarmes réservistes, gendarmes territoriaux, sections techniques d'ouvriers de chemins de fer, sections télégraphiques, compagnies de chasseurs forestiers, bataillons de douaniers et sapeurs-pompiers réservistes.*)

Ils sont emmagasinés séparément de tous les autres. (Art. 17 de l'instr. du 1er septembre 1879, révisée.)

Dans chaque groupe les effets sont disposés comme ceux des corps de troupes de l'armée territoriale. (Art. 25.)

ENTRETIEN DES EFFETS EN MAGASIN

HABILLEMENT, GRAND ET PETIT ÉQUIPEMENT, CAMPEMENT

(Pour les autres services, voir *Harnachement*, *Armement*, etc.)

1° SERVICE COURANT

Les approvisionnements de toute nature sont entretenus par les soins des corps et sous leur responsabilité. (Art. 26 de l'Instr. du 1er septembre 1879 (M), révisée le 1er septembre 1884.)

Les dépenses d'entretien des effets constituant les approvisionnements des corps incombent à la deuxième portion de la masse générale d'entretien. (Circ. des 26 janvier 1832, 15 mars 1872, pag. 54, et 23 décembre 1874 (M). En outre, l'instruction du 1er septembre 1879 (M), révisée en 1884, prescrit de n'imputer à cette masse que les dépenses du service courant.

Pour les casques en magasin. (Voir entretien de la coiffure.)

Une feuille de vérification ministérielle du 20 octobre 1882 rappelle que les effets *en magasin* dégradés par cas de force majeure, doivent être réparés au compte du service de l'habillement.

L'instruction du 18 novembre 1874, page 645, complétée par celle du 17 juillet 1876, page 15, et par les notes des 27 mai et 6 juin 1882, pag. 289 et 304, donne tous les renseignements nécessaires sur la manière de manutentionner et d'entretenir les effets. Les ingrédients et objets dont elle autorise l'emploi sont les suivants :

Potasse d'Amérique pour le lavage des planchers. (Voir ci-après *Acide phénique.*)

Poudre de pyrèthre pour les effets en laine, les havre-sacs et les couvertures. La circ. du 11 février 1881, pag. 63, prescrit de la tirer des magasins du service des hôpitaux contre remboursement par la masse générale d'entretien.

Le montant de chaque cession est versé au Trésor et les récépissés sont adressés au ministre dans les conditions réglementaires.

Prix de la nomᵉ 2 fr. 25 le kilog. (Note du 28 septembre 1883, pag. 316 (S).

Une note du 2 mai 1881, pag. 276, dispose que la quantité de poudre à employer ne doit pas généralement dépasser : pour un lot de 10 effets d'habillement ou de 10 couvertures de laine saupoudrées à l'endroit et à l'envers, quatre grammes (0 kil. 004). Les demandes sont établies sur cette base.

Afin d'éviter des frais de transport, la note du 10 mai 1884, pag. 626, prescrit, lorsqu'il n'y a pas d'hôpital militaire dans la place, de produire les demandes pour les besoins d'un semestre. Les substances sont conservées dans des pots vernissés fournis à titre onéreux comme la poudre. Ils ne sont pas emportés en cas de mouvement.

La dépense est au compte de la masse générale d'entretien s'il s'agit du service courant. (Note du 10 mai 1884 précitée.)

Pour le surplus, voir *Casernement.*

Camphre en morceaux, mis en sachets de toile claire, pour les effets en laine, les havre-sacs et les couvertures. (Prix de la nomᵉ des hôpitaux : 3 fr. 20) (1) (Voir ci-après *Acide sulfureux*).

Papier goudronné pour envelopper les effets d'habillement.

Papier ordinaire pour envelopper les shakos.

Graisse pour les casques. (Mélange de suif de mouton et d'huile d'olive.)

Coaltar pour préserver les outils de l'action de l'air et de l'humidité.

Potasse pour le lavage des ustensiles de campement dérouillés au sable fin.

Sable fin.

Brosses, baguettes, balais, plumeaux, arrosoirs, etc., nécessaires pour le nettoyage des effets et des magasins.

Rideaux pour les fenêtres, à défaut de volets. (18 novembre 1874, pag. 645 (2).

Acide phénique liquide (étendu d'eau) destiné à l'arrosement des magasins pour préserver les lainages des ravages des insectes. Au lieu d'arroser le sol, on peut disposer dans les magasins des récipients ouverts contenant une certaine quantité de cette dissolution, ou tremper du coton cardé dans de l'acide phénique pur et le placer enveloppé dans des cornets en papier fort) entre les piles d'effets. Dépense imputable à la masse générale d'entretien. Cet acide est tiré du service des hôpitaux ; il peut être acheté directement dans le commerce dans les places où il n'y a pas d'hôpital militaire. Prix : 2 fr. 50 le kilog. (Note minist. du 5 septembre 1879, pag. 198.)

NOTA. — Pour l'entretien des brosses et des objets de petite monture, on se sert généralement de poivre. Prix

(1) Ce camphre est demandé à charge de remboursement au service des hôpitaux, dans les mêmes conditions que la poudre de pyrèthre. (Note du 17 avril 1883, pag. 394). S'il n'est pas fourni sur place, les demandes sont semestrielles. Voir ci-dessus, Poudre de pyrèthre, la note du 10 mai 1884 qui est applicable aux fournitures de camphre.

(2) On doit se servir de tentes en toile de commerce (circ. du 23 décembre 1874 (M).

ordinaire du commerce 4 fr. le kilog (auteur). Les divers ingrédients et objets dont le prix n'est pas fixé doivent être achetés dans le commerce, au mieux des intérêts des masses générales d'entretien. (Circ. du 23 décembre 1874 (M).

Acide sulfureux (combustion du soufre). La note du 27 mai 1882, pag. 289, dispose que lorsque les moyens prescrits par les diverses instructions m[elles] ne suffisent pas pour la destruction des insectes qui s'attaquent aux étoffes et effets d'habillement (mites, larves, etc.), on doit employer les fumigations d'acide sulfureux (combustion du soufre), en se conformant aux prescriptions de la note du 15 février 1882, pag. 58. On doit avoir soin de retirer avant d'opérer les fumigations les effets qui comportent des ornements en or et en argent. (Note du 29 avril 1884, page 477.)

Dépense imputable sur les fonds de la masse générale d'entretien pour les effets du service courant, et sur les fonds du service de l'habillement pour les effets du service de réserve (note du 27 mai 1882, pag. 289). Le soufre nécessaire est acheté dans le commerce au prix de 35 fr. les 100 kilog. *au maximum*. (Circ. du 25 janvier 1883, pag. 61.)

Huile antoxide de MM. Bourgeois et Cie, à Paris, rue Erard, n° 30, pour les ustensiles de campement. (Circ. du 16 novembre 1876, pag. 219.) Prix du kilog. (à l'usine), 0,95 c. sans fût et frais de transport et d'octroi en sus; ou 1 fr. 40 c. le kilog., frais de transport, d'octroi et bidon compris. Si les bidons sont renvoyés *franco*, 1 fr. 20 c. Dépense imputable à la masse générale d'entretien. (Note du 6 mars 1877, pag. 273.)

(Voir, pour le dégraissage des effets réintégrés, au titre *Dépenses au compte de la masse générale d'entretien.*)

Nourriture Mironde pour l'entretien de la chaussure et des effets en cuir.

L'instruction du 26 janvier 1880, pag. 21, avait substitué à la nourriture Mironde, dont l'emploi avait été autorisé par décision ministérielle du 27 août 1863, une huile présentée par MM. Bourgeois et Cie, négociants, à Paris, 30, rue Erard.

Mais la décision du 21 février 1881, pag. 75, a prescrit de revenir à l'emploi de ce produit pour l'entretien des cuirs dans les corps de troupe. Prix 1 fr. 35 le kilog., net de tous frais d'emballage, de transport et d'octroi, en France et en Algérie, pour toute quantité non inférieure à 25 kilog.

Il est porté à 1 fr. 85 pour Paris en raison de l'élévation des droits d'octroi.

La dépense d'achat de la nourriture Mironde est imputable, savoir :

1° Au service de l'habillement pour les approvisionnements de réserve;

2° Aux masses générales d'entretien pour les effets distribués ou classés au service courant. (21 février 1881.)

L'instruction du 27 août 1863, pag. 486, règle le mode d'emploi de cet ingrédient, en ce qui concerne la chaussure :

1° Chaussures en magasin :

Brosser avec soin les chaussures à l'état sec et les laver avec un chiffon pour enlever la couche de cirage; les placer ensuite pendant 10 ou 15 minutes dans un endroit frais et à l'ombre et les essuyer avec un chiffon sec.

Les enduire de la substance dans les proportions suivantes :

30 grammes de nourriture par paire de bottes ;
25 — — de bottines;
9 — — de souliers.

Laisser sécher à l'air et à l'ombre, en évitant l'action du soleil ou du feu.

Lorsque les chaussures sont sèches, elles sont rangées dans des locaux frais et secs en ayant soin de séparer les clous du cuir avec de fort papier et d'envelopper les éperons.

2° Chaussures en service :

On procède comme il est dit ci-dessus, mais on doit les laisser sécher pendant 24 heures avant de les cirer.

L'application de l'enduit doit être renouvelée une fois par an pour les chaussures neuves en magasin et trois fois par an pour les chaussures en service.

La nourriture Mironde se décomposant sous l'action de l'air, doit être conservée dans un endroit très frais et autant que possible dans une cave. A cet effet, les corps doivent maintenir leurs achats dans la stricte limite de leurs besoins. (27 août 1863, pag. 486)

En ce qui concerne l'entretien et la conservation des effets de grand équipement, on doit, conformément à la note du 6 juin 1882, pag. 304, faire emploi de la composition suivante :

Suif de 1re qualité, 30 0/0 en été : 20 0/0 en hiver;
Huile de pied de bœuf, 70 0/0 en été : 80 0/0 en hiver.

Cette composition s'obtient en faisant fondre le suif sur un feu peu ardent et en y délayant l'huile, versée doucement et peu à peu.

On étend le mélange à froid et avec une brosse demi-dure en soie, sur la fleur du cuir, préalablement bien essuyée, puis on laisse les effets, ainsi graissés et bien frottés, exposés à l'air jusqu'au lendemain.

On réunit alors en paquets, fleur contre fleur et sans les essuyer, tous les effets dont la forme se prête à cette disposition (bretelles de fusil, ceinturons, bélières, courroies). A l'égard des autres effets, tels que cartouchières, gibernes, havre-sacs, on se borne à graisser les passants, les martingales, les pattes, les charnières, les contre-sanglons, enfin toutes les parties mobiles qui doivent conserver de la souplesse.

Pour les parties cousues à demeure, la fleur en dedans ou en dessous, comme les passants du dessus des havre-sacs, ce graissage n'est pas possible, et n'est d'ailleurs pas nécessaire. Il est même inutile pour les coffrets de cartouchières ou de gibernes.

Cette opération est renouvelée environ tous les deux ans.

Lors de la mise en service des effets, il suffit de les essuyer soigneusement avec un chiffon.

Le prix moyen de cette composition est approximativement de 1 fr. 90 le kilog. Les quantités nécessaires au graissage peuvent être évaluées à 2 kilog. 400 gramm. par 100 collections complètes d'effets de grand équipement dans les troupes à pied et à cheval.

Selon la règle ordinaire, la dépense résultant de l'achat de la composition et des accessoires, doit être imputée sur les fonds de la masse générale d'entretien pour les effets du service courant et sur les fonds du service de l'habillement pour ceux du service de réserve (note du 6 juin 1882, pag. 304).

(Voir *Ordinaires*.)

Nourriture de chats, achats de pièges, etc. (1). — La circulaire du 13 mai 1876 (M) dispose que, dans le but de permettre aux corps de troupes de prendre toutes les mesures pour la préservation des approvisionnements contre les atteintes des animaux rongeurs, une somme de 30 francs par an sera allouée, pour chaque régiment d'infanterie, pour l'achat de pièges et d'ingrédients destructeurs ou pour l'entretien des chats.

Nota. — Cette allocation est applicable aux régiments d'artillerie et du génie, bien que la circulaire ne le dise pas explicitement.

On peut se procurer la nourriture des chats à très bon compte, auprès des ordinaires.

Cette allocation est réduite aux trois quarts pour les régiments de cavalerie et bataillons formant corps, et à la moitié pour les compagnies ou sections.

La dépense *réellement faite* pour cet objet est imputable à la masse générale d'entretien, pour les corps à pied, et à celle du harnachement et ferrage pour la cavalerie, l'artillerie et le génie.

Dans aucun cas, on ne doit dépasser l'allocation.

Conformément aux dispositions de la circulaire du 28 mars 1825, pag. 194, rappelée par la circulaire du 13 mai 1876 (M), les corps doivent s'adresser au service du génie pour faire boucher les trous où se réfugient les rongeurs. Ces réparations doivent être faites d'urgence, et, en cas de dégradations, les procès-verbaux doivent être revêtus des observations et explications du chef du génie ou de son suppléant.

Composition pour l'entretien des draps, tresses ou galons jonquilles, jaune d'or ou écarlates (2). — Les régiments qui font usage de tresses ou de galons de laine jonquille, jaune d'or, sont autorisés à se servir, pour l'entretien de ces accessoires de passementerie, d'une préparation chimique de la composition de M. Darroux et dont la recette et l'emploi sont indiqués par la décision du 22 juin 1854, pag. 380.

(1) Bien que la circulaire du 13 mai 1876 ait été abrogée par l'instruction du 1er septembre 1879 (M), les dispositions qu'elle renfermait au sujet de la nourriture des chats, des achats de pièges, etc., restent nécessairement en vigueur. Cette interprétation a été approuvée par le ministre (plusieurs feuilles de vérification), 5 août 1882, etc.

(2) Ces dispositions s'appliquent, sans distinction, aux effets en magasin et à ceux en service.

Cette même décision les autorise à payer sur les fonds de la masse générale d'entretien (2e portion), le prix des matières nécessaires pour la composition de cette peinture.

Aux termes de la note ministérielle du 18 mars 1875, page 465, les corps ont, en outre, la faculté de faire emploi de tablettes de jaune de l'invention des sieurs Bazeille et Sève, négociants à Lyon, rue Duguesclin, n° 206, pour jaunir les parties de l'uniforme en drap jonquille. Prix : 0,60 c. la tablette. La dépense, qui incombe à la masse générale d'entretien (2e portion), ne doit pas dépasser 0,12 c. par homme et par an. (18 mars 1875, pag. 465.)

Une disposition analogue, en date du 12 avril 1859, pag. 719, autorise les corps de troupe à faire usage, pour l'entretien du *drap écarlate* et des accessoires d'effets d'habillement de *couleur écarlate*, d'une composition fabriquée par MM. Burdel et Ce, négociants à Paris, rue Bleue, n° 3.

Le prix de cette composition est fixé à 0,75 c. le litre pour les corps stationnés à Paris, et à 1 franc, port compris, pour les autres.

Les fournisseurs font reprendre sur place et sans frais les fioles vides ; chaque fiole cassée ou perdue doit être remboursée par le corps, à raison de 0,15 c.

En outre, une note ministérielle du 12 septembre 1832, pag. 142, prescrit de faire usage, pour le nettoyage des draps écarlates, de deux solutions de sel d'oseille et de crème de tartre; elle en indique la préparation et le mode d'emploi.

Le prix du sel d'oseille est d'environ 2 fr. 50 le kilog. et celui de la crème de tartre, de 3 fr. 50 le kilog. (Note précitée.)

La dépense est imputée comme il est indiqué pour les autres compositions (auteur).

NOTA. — Une circulaire du 16 mai 1881 indique comment il convient de placer dans les magasins administratifs, les fausses-bottes ou morceaux de fausses-bottes : on peut les placer sur des étagères à claire-voie, fleur contre fleur, par paquet de dix et de champ, ou bien les suspendre paire par paire à une corde tendue.

CHAUFFAGE DES MAGASINS

(Dépense au compte du service de l'habillement. — Budget ordinaire.)

La circulaire ministérielle du 10 janvier 1880 (M) dispose qu'en règle générale le chauffage des magasins régimentaires doit être proscrit, car, si, en cas d'humidité, il peut préserver les effets en cuir, il nuit forcément aux effets en laine, en favorisant l'éclosion des mites. De plus, on a à craindre l'incendie, l'emploi de braseros ou de poêles étant seul possible.

En conséquence, le ministre a décidé que ce chauffage n'aura lieu que dans des cas tout à fait exceptionnels, c'est-à-dire lorsque l'humidité des locaux sera très grande et persistante.

Il sera autorisé par les soins de l'intendant militaire, pour des périodes de temps restreintes, sur procès-verbal motivé dont une ampliation sera adressée au ministre. Cette autorisation devra indiquer les moyens de chauffage à employer, ainsi que l'importance du combustible à allouer.

Les frais de chauffage seront à la charge du budget de l'habillement, budget ordinaire. (Circ. du 10 janvier 1880, qui rappelle qu'une aération bien entendue des magasins suffit, dans la plupart des cas, pour combattre l'humidité.)

2° ENTRETIEN DES EFFETS EN MAGASIN

(Service de réserve : Armée active et armée territoriale.)

Les dispositions qui précèdent, concernant le service courant, sont applicables au service de réserve (armée active et armée territoriale), mais toutes les dépenses sont imputables sur les fonds du service de l'habillement, budget ordinaire. (Instr. du 1er septembre 1879 (M), révisée le 1er septembre 1884, art.27.)

Ces dépenses ne sont engagées que sur l'autorisation des fonctionnaires de l'intendance militaire. Elles sont toujours avancées par les corps gestionnaires sur les fonds généraux de leur caisse et le remboursement en est effectué dans la forme ordinaire. Les gérants de magasin annexe (à l'exception des adjoints du génie qui gèrent les approvisionnements des bataillons du génie) n'ont à faire aucune avance de fonds, les corps gestionnaires devant pourvoir à tous les frais d'entretien. (Art. 18 de l'instruction du 20 octobre 1879 (M). Les employés militaires *gestionnaires* reçoivent en nature les ingrédients nécessaires, sur leur demande et sur l'ordre du sous-intendant militaire de la place, par les soins du corps de troupe le plus à proximité, qui comprendra la dépense dans ses comptes. (Art. 18 de la circ. du 20 octobre 1879 (M) révisée en 1884).

Les dépenses d'entretien du matériel géré par les compagnies de gendarmerie pour les gendarmes réservistes et territoriaux sont supportées également par le service de l'habillement (budget ordinaire) et engagées par les autorités ou les agents qui ont le matériel en garde; les remboursements ont lieu dans la forme indiquée ci-dessus par l'article 18 de la circulaire du 20 octobre 1879 (M). (Circ. du 16 juin 1883 M.)

Aucune limite n'est imposée dans les dépenses, mais il est prescrit d'observer la plus stricte économie, tout en ne négligeant aucun moyen nécessaire à la conservation des approvisionnements. (Art. 16.)

Effets tachés provenant des Magasins centraux. (Voir *Réception des effets*, page 49.)

Entretien des casques en magasin. (Voir *Coiffure*.)

Nourriture des chats. (Voir page 48.) Les frais de nourriture des chats doivent être imputés à la masse générale d'entretien (2e portion) pour les approvisionnements de la réserve comme pour ceux du service courant, à moins que les approvisionnements de réserve soient dans un bâtiment spécial et, ainsi, complètement séparés de ceux du service courant (feuille de vérification minist. du 18 août 1881 M).

Réparation des effets en magasin. Les effets en magasin dégradés par cas de force majeure sont remis en état au compte du service de l'habillement. (Principe rappelé par feuille de vérification minist. du 20 octobre 1882.)

ENTRETIEN DES EFFETS EN SERVICE

Ateliers de réparations (Tailleurs).

Ameublement au compte du service du génie.

Dans l'atelier du premier ouvrier tailleur sont placés :

Des porte-manteaux à chevilles, tant dans l'atelier des ouvriers que dans la salle de coupe ; — des tablettes de 40 à 50 centimètres de largeur sur 5 à 6 mètres de longueur, placées au-dessus des porte-manteaux ; — un établi monté sur tréteaux.

Ces divers objets sont fournis, entretenus et remplacés par les soins et au compte du service du génie. (Art. 48 du règlemt du 30 juin 1856.)

Matériel d'exploitation au compte des ouvriers.

La circulaire du 21 février 1876 (M) a arrêté comme il suit l'état du matériel nécessaire au fonctionnement de l'atelier des tailleurs dans les corps de troupe :

DÉSIGNATION du MATÉRIEL.	Quantités par régiment d'infanterie, de zouaves, de tiraill. ou étranger.	Quantités par bat. de chasseurs et d'infanterie légère d'Afrique.	QUANTITÉS par régiment de Cavalerie.	QUANTITÉS par régiment d'Artillerie.	QUANTITÉS par régiment du Génie.	Quantités par escadron du train des équipages.	MONTANT DE LA DÉPENSE par régiment d'infantie de zouaves, de tiraillrs ou étrangr.	MONTANT DE LA DÉPENSE par bataillon de chassrs ou d'infrie légère.	MONTANT DE LA DÉPENSE PAR RÉGIMENT de cavalerie.	MONTANT DE LA DÉPENSE PAR RÉGIMENT d'artillerie.	MONTANT DE LA DÉPENSE PAR RÉGIMENT du génie.	MONTANT DE LA DÉPENSE par escadron du train des équipages.
							fr. c.	fr. c.	fr. c.	fr. c.	fr. c.	fr. c.
Fourneau (y compris les accessoires....	1	1	1	1	1	1	50 00	30 00	30 00	40 00	50 00	30 00
Fers à repasser....	20	6	8	15	25	5	80 00	24 00	32 00	60 00	100 00	20 00
Passe-carreaux.....	4	2	2	4	4	2	8 00	4 00	4 00	8 00	8 00	4 00
Ciseaux de coupe...	1	1	1	1	1	1	20 00	20 00	20 00	20 00	20 00	20 00
Ciseaux (petits).....	20	6	8	15	25	5	60 00	18 00	24 00	45 00	75 00	15 00
Maillets..........	2	1	1	2	2	1	3 00	1 50	1 50	3 00	3 00	1 50
Mètre de tailleur (bois)...........	2	1	2	2	2	1	4 00	2 00	4 00	4 00	4 00	2 00
Equerre..........	1	1	1	1	1	1	1 50	1 50	1 50	1 50	1 50	1 50
Sifran.............	16	5	6	15	25	5	48 00	15 00	18 00	45 00	75 00	15 00
Lampes..........	6	3	4	5	6	3	42 00	21 00	28 00	35 00	42 00	21 00
Emporte-pièces (1)..	4	4	4	4	4	4	12 00	12 00	12 00	12 00	12 00	12 00
Totaux de la dépense......							328 50	149 00	175 00	273 50	390 50	142 00

(1) Une circulaire du 29 mars 1859 (M), rappelée par celle du 16 janvier 1872, page 22, dispose qu'en principe, les emporte-pièces de toute nature, délivrés gratuitement aux corps en première mise, rentrent dans la catégorie des outils nécessaires aux maîtres-ouvriers et qu'ils doivent les entretenir et les remplacer au besoin, en ayant soin de se conformer aux modèles réglementaires. Ces dispositions sont rappelées par une dépêche du 17 juin 1884 (M).

Cette énumération n'est pas absolue, mais il faut toutefois la prendre pour base et ne s'en écarter qu'avec les plus grandes réserves.

Les corps ne devant plus, en principe, exécuter de confections dans les ateliers, le matériel spécialement affecté aux réparations ne comprend pas de *machines à coudre*. L'avance n'en pourra être faite que sur *l'autorisation expresse du ministre*. (21 février 1876 M.)

Aux termes de la circulaire précitée et de celle du 6 novembre 1875, les premiers ouvriers doivent se pourvoir du matériel d'exploitation, des menus objets et des matières nécessaires aux réparations, à l'exception du drap et de la toile, qui sont délivrés par les magasins régimentaires. L'article 5 du modèle d'abonnement ajoute le velours, le treillis, les galons, les brandebourgs et les jugulaires de képi. (Circ. du 21 février 1876.)

Dans les cas où ils ne posséderaient pas les fonds nécessaires pour ces acquisitions, les corps doivent y pourvoir *sur les fonds de la masse générale d'entretien* (2e portion), en se conformant à la nomenclature ci-dessus (1).

L'avance dont il s'agit ne devra donc être faite par les corps qu'autant qu'il sera démontré que les ouvriers ne sont réellement pas à même de faire face à la dépense, et encore ne devra-t-on avancer qu'une partie de la somme nécessaire chaque fois que les intéressés auront le moyen de fournir le complément.

Les avances ainsi faites seront remboursées trimestriellement par fraction, d'après les proportions fixées par l'intendant militaire, sur la proposition des conseils d'administration, qui prendront comme base le gain présumé des ouvriers.

Les caporaux premiers ouvriers qui quitteront le corps avant d'avoir payé complètement leur matériel seront tenus de le rendre en bon état et de rembourser le montant des pertes ou dégradations.

Ceux totalement propriétaires de leur matériel seront libres de le céder à leurs successeurs ou de l'emporter avec eux. Dans ce dernier cas, ils devront en faire la déclaration au moins trois mois à l'avance, afin que les corps aient le temps de se pourvoir. (Circ. du 21 février 1876 M.)

CHAUFFAGE DES ATELIERS

En hiver, l'atelier des ouvriers tailleurs reçoit, dans les corps qui perçoivent des rations collectives de chauffage, un tiers de la ration collective de chauffage (Règlemt du 26 mai 1866, page 263.) Cette fourniture est faite par les magasins militaires sans dépense pour les corps. (Auteur.)

Lorsque les corps perçoivent la ration individuelle de chauffage des chambres le combustible nécessaire aux ateliers est prélevé sur les distributions ainsi effectuées. (Observations placées sur le tarif n° 2 annexé au règlemt du 26 mai 1866, page 259.)

PERTES DE MATÉRIEL APPARTENANT AUX OUVRIERS

L'article 14 (habillement) et l'article 12 (grand équipement) des modèles d'abonnements annexés à la circulaire du 15 octobre 1874, pages 452 et 458), disposent que les maîtres-ouvriers doivent être considérés comme des fournisseurs civils traitant à leurs risques et périls, et soumis, en conséquence, à la réglementation commune à toutes les fournitures de la guerre. Il en résulte qu'en cas de perte, par suite d'événements de guerre, d'effets et matières leur appartenant, l'administration de la guerre n'encourrait aucune responsabilité, et ne leur devrait, le cas échéant, aucune indemnité.

Cette disposition a été maintenue par les formules d'abonnements annexées à la décision du 21 avril 1879, pages 694 et 697, mais seulement en ce qui concerne les maîtres-selliers et chefs-armuriers abonnataires pour l'entretien de l'équipement ou de la coiffure, les caporaux premiers ouvriers tailleurs ou cordonniers n'ont pas été soumis à cette règle, sans doute parce qu'ils ne sont pas considérés comme étant des maîtres-ouvriers.

D'un autre côté, le régime de l'abonnement n'étant pas pratiqué dans les portions de corps détachées à l'armée (voir le mod. d'abonnemt), la disposition ci-dessus rela-

(1) C'est ordinairement au titre des fonds divers que se font ces avances. (Voir au titre *Ecritures intérieures des corps* pour le carnet des fonds divers.)

tive à la resposabilité des maîtres-ouvriers (maîtres-selliers et chefs-armuriers), ne leur est pas applicable en campagne. Aussi, à diverses reprises, le ministre a-t-il accordé des indemnités à des chefs-armuriers pour des outils pris par l'ennemi. (Voir *Armement.*)

A l'intérieur et sur le pied de paix, le ministre peut accorder, dans des cas de force majeure (incendies, inondations, etc.), une indemnité sur les fonds de la masse générale d'entretien aux maîtres ouvriers ainsi qu'aux caporaux premiers ouvriers, pour la perte ou la détérioration de leur mobilier personnel et des matières et outils propres à la confection ou à l'entretien des effets de la troupe. La demande d'indemnité doit être appuyée d'un procès-verbal ou rapport constatant l'événement et d'un état décompté des objets perdus ou avariés. On doit tenir compte de la moins-value des objets qui ne sont pas neufs. (Diverses dépêches : 15 octobre 1873 relative à l'incendie des ateliers du 27e de ligne; Dép. du 5 janvier 1878, accordant une somme de 85 francs au premier ouvrier cordonnier du 29e de ligne, pour l'indemniser de pertes matérielles éprouvées à la suite d'infiltrations survenues dans une baraque qu'il occupait à Autun. Cette indemnité a été mise à la charge du service du génie.)

Les maîtres-ouvriers et autres n'ont droit à aucune indemnité pour la perte du matériel concernant l'habillement des officiers. (Circ. du 18 janvier 1876 M.)

COMPOSITION ET ATTRIBUTIONS DES ATELIERS (TAILLEURS)

Aux termes de la circulaire du 6 novembre 1875 (M), les ouvriers appartenant aux compagnies, escadrons ou batteries, sont réunis dans un atelier avec ceux de la section hors rang, sous la direction des caporaux ou brigadiers premiers ouvriers.

Les tableaux d'effectif qui font suite à la loi du 13 mars 1875, pag. 310 et à celle du 15 décembre 1875, pag. 1029, en fixent le nombre. En outre, une circulaire melle du 8 août 1881 (M) dispose qu'en vue d'assurer le recrutement des ouvriers (tailleurs, bottiers ou cordonniers) les corps pourront avoir un élève-ouvrier par trois ouvriers en titre, de chacune des professions ci-dessus; mais ces élèves continuent à compter à l'effectif de l'unité à laquelle ils appartiennent et ne sont exemptés que du service de place, sauf lorqu'ils remplaçent un ouvrier titulaire malade ou absent.

Les chefs de corps peuvent, de plus, mettre à la disposition des caporaux ou brigadiers premiers ouvriers, des auxiliaires pendant quinze jours, pour aider à la remise en état des effets réintégrés par les hommes qui quittent le corps, les réservistes et les territoriaux. Ces auxiliaires assistent aux exercices (8 août 1881).

Ces ateliers, sous la dénomination d'*ateliers de réparations*, sont exclusivement affectés à l'exécution des travaux ci-après :

Réparations des effets en magasin et en service; ajustage et retouche des vêtements provenant des ateliers civils; pose des attributs et des galons de grade (pattes, numéros, écussons, etc.); transformation des pantalons d'ordonnance en pantalons de cheval. (Circ. du 6 novembre 1875.)

En outre, ils peuvent confectionner :

1° Les effets de tambour-major;

2° Les capotes de sergent-major;

3° Les effets de sous-officiers, caporaux, brigadiers et soldats de taille exceptionnelle, c'est-à-dire non prévus par les tableaux de pointure ministériels;

4° Les effets d'enfants de troupe au-dessus de quinze ans;

5° Les effets d'enfants de troupe de dix à quinze ans;

6° Les pattes, écussons pour collets d'effets ou bandeaux de képi, mais seulement dans le cas où ces objets ne peuvent être fournis par le magasin administratif de la circonscription;

7° Tous les autres attributs ou insignes découpés en drap obtenus à l'emporte-pièce (Voir au titre : *Dépenses au compte du service de l'habillement*, § 5°);

7° *bis* Les matelassures de cuirasse;

8° La garniture des épaulettes;

9° Les calottes d'écurie. (Note du 18 septembre 1880, p. 352, modifiant l'art. 51 de l'instruction du 9 mars 1879, p. 266). (Voir *Chaussons*).

L'instruction précitée est complétée par une circulaire en date du 12 novembre 1879, page 338, qui dispose qu'en principe les sous-officiers sont habillés au moyen des ressources de l'approvisionnement entretenu dans les corps, que les effets nécessaires pour remplacer ceux prélevés sur la réserve doivent être compris dans les commandes trimestrielles, mais que les effets de tailles exceptionnelles, de même que ceux de tailles normales, faisant défaut dans l'approvisionnement d'effets de sous-officiers et dont le besoin est immédiat, sont confectionnés par l'atelier du corps, ou, si cet atelier n'est pas en mesure de confectionner, commandés à l'entrepreneur.

Lorsque la portion active des corps est séparée de la portion centrale, les ouvriers des fractions détachées, si elles sont composées de plusieurs compagnies, escadrons ou batteries, sont également réunis en ateliers sous la direction du plus ancien ou du plus habile ouvrier, pour exécuter toutes les réparations d'effets du détachement.

Si les compagnies, escadrons ou batteries, sont isolés et forment des groupes trop peu importants, les ouvriers sont chargés des travaux d'entretien et de réparations, sous la surveillance du capitaine. (Circ. du 6 novembre 1875. Voir l'art. ci-après.)

Des ouvriers auxiliaires peuvent être mis momentanément à la disposition du premier ouvrier pour assurer les réparations, lorsque les titulaires sont insuffisants pour l'exécution de ce travail. (Art. 8 de l'instr. du 21 avril 1879, pag. 683.) La note du 21 juillet 1876, pag. 17, indique le mode de fractionnement de la section hors rang des régiments d'infanterie et des bataillons de chasseurs à pied, en cas de mobilisation ou de séparation du corps.

La note ministérielle du 29 novembre 1824, pag. 193, interdit aux corps de traiter avec leurs maîtres-ouvriers pour la fourniture d'une partie des objets dont l'achat leur est confié, tels que pantalons de toile, sacs à distributions, chemises, etc. Ils ne doivent passer de marchés avec eux que pour certains effets qu'il est dans l'intérêt du service de faire établir par eux, tels que les bottes et les souliers. La décision du 14 décembre 1830, pag. 325, ajoute que ces ouvriers ne peuvent être admis, en aucun cas, à soumissionner des fournitures mises en adjudication, et qu'il leur est interdit d'entreprendre des confections ou fournitures étrangères au service particulier du régiment. Cette prescription est rappelée par la note du 12 mai 1884, pag. 608, laquelle interdit, en outre, aux chefs-ouvriers de travailler pour des particuliers et de faire des offres de service aux officiers étrangers à leur régiment. Enfin, ils ne peuvent vendre d'effets aux sous-officiers et soldats. (Circ. du 9 mars 1843, pag. 172.)

Frais d'entretien des effets en service.

DISPOSITIONS GÉNÉRALES COMMUNES A L'HABILLEMENT, A L'ÉQUIPEMENT OU A LA COIFFURE

L'entretien des effets en service a lieu, selon le cas, sous deux régimes distincts, le régime par abonnement, qui est la règle, et le régime de clerc à maître, qui est l'exception. (Art. 1er de l'instr. du 21 avril 1879, pag. 683.)

Le régime de l'abonnement consiste dans une allocation journalière payée pour chaque homme entretenu, au caporal ou premier ouvrier qui s'engage moyennant cette allocation à entretenir et à réparer les effets dans les conditions déterminées par son marché.

L'abonnement est obligatoire pour tous les corps sur le pied de paix, sauf pour les sections de commis et ouvriers d'administration, d'infirmiers militaires, de secrétaires d'état-major et du recrutement et pour les compagnies de cavaliers de remonte. (Art. 4.) Il cesse de plein droit, en cas de guerre, pour les portions de corps détachées à l'armée et dont les effets sont alors entretenus sous le régime de clerc à maître. (Art. 11 du mod. d'abonnement, page 691.)

Les hommes de la deuxième portion du contingent sont entretenus comme ceux de la première portion. (Circ. du 10 décembre 1877 M.)

Aux termes des circulaires des 13 décembre 127, pag. 225, et 15 mars 1872, pag. 54, les frais de réparations occasionnés par l'user naturel ou des circonstances de force majeure, à l'habillement, à la coiffure et à l'équipement incombent à la masse générale d'entretien (2e portion). L'instruction du 21 avril 1879, pag. 683, rappelle ce principe et ajoute qu'il doit être suivi sous le régime de l'abonnement comme sous celui de clerc à maître. (Art. 2.)

Toutefois, sont à la charge de la masse individuelle les dépenses d'entretien résultant de la faute ou de la négligence des hommes, et à la charge du service de l'habillement les dépenses d'entretien qui sont l'objet de dispositions particulières. (Art. 3 de ladite instr.)

DISPOSITIONS PARTICULIÈRES AUX CORPS SPÉCIAUX D'AFRIQUE

Le mode d'entretien des effets par abonnement s'étend aux corps spéciaux de l'armée d'Algérie, y compris les régiments de zouaves et de tirailleurs algériens. De plus, il doit être stipulé dans les contrats passés qu'il n'y a pas suspension d'abonnement pour les corps ou fractions de corps employés aux colonnes expéditionnaires ou détachés dans des postes isolés *en Algérie*. Dès lors, le cas de force majeure entraînant le paiement des réparations en dehors de l'abonnement ne peut être invoqué que dans des circonstances fort rares et tout à fait exceptionnelles. (Art. 13 de l'instr. du 21 avril 1879, pag. 686.) Le marché doit mentionner, en outre, que les dispositions de l'art. 11 de ce contrat, relatives au passage du pied de paix au pied de guerre, ne doivent recevoir leur application que lors de l'envoi des troupes en campagne ou en expédition en dehors de la colonie. (Art. 15 de l'instruction.) (1)

Entretien de l'habillement par abonnement.

Le modèle de marché est annexé à l'instruction du 21 avril 1879, page 688.

Aux termes de l'art. 1er de cet abonnement, le premier ouvrier tailleur s'engage à entretenir, réparer, faire entretenir ou réparer à son compte, au fur et à mesure des besoins, les effets d'habillement *en cours de durée* à l'usage du corps, de quelque nature d'ailleurs que soient les travaux d'entretien ou de réparation, quelle que soit la durée parcourue en service par les effets, et sous les seules exceptions mentionnées aux articles 3 et 4. (Voir page 72, 74 et 75.)

Ces réparations sont également applicables aux effets de cuisine, d'infirmerie, de gymnastique, de natation, d'enfants de troupe, ainsi qu'aux sacs à distribution.

L'abonnataire est tenu, en outre, de poser, quand il y a lieu, sur les effets en cours de durée ou neufs de toute provenance, les galons de grade, d'ancienneté, les ornements, attributs, insignes d'emploi, récompenses de tir et de navigation. (Art. 1er de l'abonnement.) La pose des galons sur le bourgeron faisant partie des effets d'habillement dans les corps d'infanterie, incombe également aux tailleurs abonnataires. (Note du 12 mai 1884, page 627.)

Les frais de pose de la fausse jugulaire du képi des engagés conditionnels promus au moment de leur renvoi sont aussi au compte de l'abonnataire de l'habillement. (Note du 6 mai 1884, page 607.) Il en est de même des frais d'entretien des manteaux réformés employés dans les écuries. (Note du 6 avril 1883, pag. 360.) Voir pag. 48 pour les dégraissages d'effets provenant des magasins centraux.

L'enlèvement des galons, ornements, attributs, etc., existant sur les effets en cours de durée, incombe également à l'abonnataire. Cette obligation doit être rappelée dans les marchés. (Note du 10 décembre 1883, p. 846.)

Sont notamment à la charge de l'abonnataire :

1° Le remplacement des agrafes, des boutons, des collets, des pattes à numéros ou autres, des parements, des tresses, des brandebourgs, des passe-poils et des martingales ;

2° Le remplacement des bourrelets des gilets-matelassures de cuirasse ;

3° Le remplacement des écussons à numéros, des ventouses et des boutons de jugulaires des képis ;

4° Le remplacement des doublures des corps d'épaulettes (*par remplacement on entend confection et pose*) ;

5° Les retouches nécessaires par suite de changement survenu dans la corpulence des hommes ;

6° Les changements nécessaires pour ramener à l'uniforme du corps les effets apportés par les hommes venus isolément d'autres corps, si d'ailleurs ces effets sont susceptibles de continuer leur durée ;

7° La transformation en torchons des bourgerons et pantalons de cuisine susceptibles de recevoir cette destination ;

8° La réparation des bourgerons avec de la toile provenant d'effets hors de service. (Art. 2 de l'abonnement.)

(1) Le régime de l'abonnement n'est pas applicable au temps de guerre. (Note du 13 juin 1873, insérée page 666, et art 13. du mod. d'abonnement.)

Les étoffes de laine, le velours, la toile, le treillis, les galons, les brandebourgs et les jugulaires de képi nécessaires pour les réparations sont fournis en nature à l'abonnataire par le magasin du corps. (Art. 5.) L'art. 245 du décret du 1er mars 1880 dispose qu'une partie des boutons d'uniforme retirés des effets hors de service est réservée pour les réparations et remise aux ouvriers. (Pour la fourniture des jugulaires et visières de képi, voir Pièces et accessoires de coiffure.) Ces matières sont prélevées sur les effets hors de service et, subsidiairement, sur les économies de coupe et sur les échantillons-types remplacés. A défaut de ces ressources, des prélèvements peuvent, sur l'autorisation du sous-intendant militaire (art. 131 de l'instr. du 1er mars 1880), être exceptionnellement exercés sur les matières neuves existant en magasin. (Art. 253 du décr. du 1er mars 1880.) Les prélèvements de ce genre ne donnent pas lieu à remboursement au Trésor. (Art. 253 de l'instr. du 1er mars 1880.)

La sortie de ces matières est justifiée par un certificat modèle n° 9. (Art. 131 de l'instr. précitée.) Il en est de même pour les effets hors de service employés. (Art. 130.) Si les réparations sont au compte de la masse individuelle, l'imputation est faite sur ce fonds ; on procède comme il est dit page 72.

Les menues matières, telles que soie, fil, coton, aiguilles, boutons, agrafes, etc., sont fournies par le premier ouvrier tailleur. (Circ. du 15 octobre 1874, page 448.) Pour les outils, voir page 65.

Ne sont pas compris dans l'abonnement les effets qui, ayant atteint le terme de leur durée légale, sont laissés aux hommes après avoir été réformés et remplacés pour parcourir une nouvelle durée égale à la première.

Ces effets sont réparés d'après le régime de clerc à maître. (Cir. du 15 octobre 1874, page 444.) Ils ne doivent d'ailleurs être réparés au compte de l'État que lorsque les hommes ne peuvent les réparer eux-mêmes et que les réparations sont utiles et praticables. On applique le tarif des réparations au compte de la masse individuelle. (Circ. précitée du 15 octobre 1874.) (Voir ci-dessus, page 69, pour l'entretien de certains effets hors de service par les abonnataires).

Ces effets sont :

1° La veste pour les régiments d'artillerie et du génie, les escadrons du train des équipages ;

2° Le dolman des sous-officiers de la cavalerie, de l'artillerie et des trains.

Les effets abandonnés aux détenteurs en toute propriété sont entretenus par leurs soins. (Voir *Vêtements de travail.*)

Les effets versés à l'approvt d'instruction sont remis en état et entretenus comme il est indiqué à l'article : Dépenses au compte du service de l'habillement.

Quant aux effets *spéciaux* des conducteurs de caissons dans l'infanterie, ils sont entretenus au compte de la masse générale d'entretien (2e portion) lorsqu'ils sont mis en service. (Note du 2 octobre 1884, page 548.)

Les effets délivrés aux réservistes et aux hommes de l'armée territoriale appelés pour une période d'instruction sont toujours entretenus au compte du service de l'habillement, que ces effets appartiennent ou non à l'approvisionnement d'instruction. (Se reporter aux §§ 10° et 11° des dépenses au compte du service de l'habillement.)

Les taux auxquels les abonnements peuvent être souscrits sont les suivants, mais les corps doivent s'efforcer de rester au-dessous de ces fixations :

Infanterie et chasseurs à pied	0,85 c.	par homme	et par an.
Cavalerie : cuirassiers, dragons	0,95	—	—
— chasseurs, hussards et cavaliers de remonte	0,95	—	—
Artillerie : hommes montés (1)	1,15	—	—
— hommes à pied	1,00	—	—
Génie : sapeurs mineurs	0,95	—	—
— sapeurs des Cies d'ouvriers de chemins de fer	1,05	—	—
— sapeurs conducteurs	1,05	—	—
Train des équipages militaires : escadrons, à l'exception des compagnies mixtes	1,00	—	—
Compagnies mixtes (quand il y a lieu)	0,95	—	—

(1) Pour les hommes non montés du petit état-major, du peloton hors rang et des cadres des batteries à pied des régiments d'artillerie, lesquels sont habillés et équipés en hommes montés, l'abonnement est décompté sur le pied fixé pour les hommes montés. (Circ. du 14 mars 1880, pag. 85.)

Ces prix doivent être considérés comme des maxima. (Art. 10 de l'inst. du 21 avril 1879, page 685.)

Pour les régiments de zouaves et de tirailleurs algériens, le taux de l'abonnement est de 0,90 c. par homme et par an ; pour les autres troupes de l'Algérie, le taux excède de 0,10 c. celui fixé pour les corps similaires employés à l'intérieur, les chasseurs d'Afrique devant être assimilés aux chasseurs de France. (Art. 16 de l'instr. précitée.)

Le décompte de l'abonnement est réglé à la fin de chaque trimestre, en prenant pour base le nombre de toutes les journées de prime d'entretien de la masse individuelle allouées par les revues de liquidation. (Il n'y a plus lieu de déduire les journées des adjudants et assimilés et des maîtres-ouvriers, attendu que le décr. du 10 octobre 1874, page 375, leur a supprimé la prime.) — Ce nombre, multiplié par le taux annuel de l'abonnement, est divisé par 365 ou 366, selon le cas. (Art. 7 du mod. d'abonnement, 1er sem. 1879, page 690.) (1)

L'abonnataire doit recevoir pour comptant, sur la somme qui lui revient, le montant des pièces justificatives qui ont été acquittées par le corps pour l'entretien des effets des hommes détachés compris dans l'abonnement. (Art. 7 de l'abonnement, page 690.) Cette disposition n'est pas applicable aux effets des militaires détachés dans les écoles, lesquels sont entretenus pendant toute la durée de l'absence au compte du fonds du matériel de ces établissements. (Art. 33 du règlemt du 15 décembre 1875, inséré au 1er sem. 1876.) Il s'ensuit que leurs journées de prime ne doivent pas être comprises dans le décompte des sommes dues à l'abonnataire.

Lorsqu'un détachement composé d'un ou plusieurs bataillons, compagnies, escadrons ou batteries, a une administration distincte, un ouvrier tailleur *peut* être substitué à l'abonnataire pour tous les droits que comporte l'abonnement afférent à cette portion du corps. Ce mode de procéder commence et finit aux époques fixées par le conseil d'administration.

Dans le but de donner des garanties réciproques aux parties intéressées, une revue des effets est passée, lorsqu'il y a lieu, afin de constater l'état dans lequel se trouvent les effets de la portion détachée. Les réparations reconnues nécessaires sont immédiatement exécutées au compte de qui de droit.

On procède de même à l'expiration ou en cas de résiliation du marché d'abonnement. (Art. 8 du mod. d'abonnement.)

Lorsque le conseil d'administration juge plus utile, pour l'intérêt du service, de faire faire dans les compagnies, escadrons ou détachements les petites réparations courantes, telles que coutures, reprises, morceaux à la doublure, attaches de boutons sur les vêtements, il est retenu à l'abonnataire sur son abonnement, pour être payé aux ouvriers des compagnies chargés desdites réparations, 0,03 c. par homme présent et par mois. (Art. 9.)

En outre, la circulaire du 6 novembre 1875 (M) dispose ce qui suit :

Si les compagnies détachées ne sont pas trop éloignées de la portion centrale, les ouvriers continuent à opérer sous la direction du premier ouvrier, qui leur remet les menues fournitures nécessaires et qui en est remboursé au prix de l'abonnement ou du tarif, suivant la nature des travaux exécutés.

Lorsque les compagnies, escadrons ou batteries, sont isolés et forment des groupes trop peu importants pour permettre l'organisation d'ateliers, les ouvriers sont chargés des travaux d'entretien et de réparation, sous la surveillance du capitaine. Ils sont payés d'après les tarifs arrêtés par le conseil d'administration ou au taux de l'abonnement. (Circ. précitée.) Le salaire des ouvriers employés par des chefs d'atelier est également fixé par ce conseil. (Circ. du 14 juillet 1876, page 9.)

Les réparations sont exécutées d'après des bulletins nominatifs délivrés par les commandants de compagnie, d'escadron ou de batterie, qui indiquent à qui doit être imputée la dépense (abonnataire, masse individuelle, masse générale d'entretien, etc.). Ces bulletins sont visés par l'officier d'habillement. En cas de doute sur l'imputation, il en est d'abord référé au major, et en dernier ressort au conseil qui statue définitivement après avoir entendu les parties intéressées. (Art. 6 de l'abonnemt du 21 avril 1879, page 690, et art. 210 de l'ordonn. du 10 mai 1844, art. 93 du décr. du 1er mars

(1) L'état à fournir doit être conforme au mod. nº 2 annexé à l'instruction du 1er mars 1880.

1880, page 363). Ces bulletins sont conformes au mod. n° 66 annexé à l'ordonn. du 10 mai 1844. (Art. 210 de cette ordonnance).

Les réparations dont l'exécution n'est pas reconnue satisfaisante sont refaites d'urgence par l'abonnataire, et, en cas de contestation, il en est référé au major ou au conseil d'administration. Ce dernier peut, en outre, faire exécuter par un tiers au compte de l'abonnement, les réparations qui ne sont pas exécutées en temps utile. (Art. 10 du mod. d'abonnement.) L'exécution des réparations est constatée par les officiers signataires des bulletins et par l'officier d'habillement. (Art. 6 de l'abonn[t] et pages 62, 43 et 57 du règlem[t] du 28 décembre 1883 sur le service intérieur.)

Réparations et remplacements non compris dans l'Abonnement.

1° DÉPENSES AU COMPTE DES DÉTENTEURS (MASSE INDIVIDUELLE, ETC.)

EFFETS PERDUS OU MIS HORS DE SERVICE PAR LES HOMMES

Tous les effets, armes ou objets dont les hommes sont détenteurs, qui sont perdus ou mis hors de service par leur faute ou leur négligence, sont imputés à leur masse individuelle. (Art. 181 de l'ordonn. du 10 mai 1844 et 182 du décr. du 1er mars 1880, p. 373.) Les remplacements d'effets détériorés ne doivent être autorisés qu'en cas de nécessité absolue. (Art. 42 de l'instruction du 26 avril 1884, page 1065 (S).

Lorsque la réparation excède la somme qu'aurait à payer le détenteur pour la mise hors de service, la réparation n'est pas faite, et l'effet, etc., est classé hors de service et imputé. (Art. 249 de l'instruction du 1er mars 1880). Les imputations à faire pour cet objet à des détenteurs qui n'ont pas de masse individuelle (officiers, adjudants, etc.), sont remboursées par eux directement entre les mains du trésorier. (Art. 250 dudit décret, page 384.)

Le montant de la perte ou de la moins-value des effets remplacés est constaté par un bulletin d'imputation (Mod. n° 61), établi par le capitaine, certifié par lui et par l'officier d'habillement, et approuvé par le major.

Ces dispositions sont applicables aux effets que les hommes venant d'un autre corps ne peuvent représenter à leur arrivée, ou qui sont reconnus hors de service, bien qu'ils n'aient pas accompli leur durée réglementaire. (Art. 182 et 250 du décr. du 1er mars 1880 (1). Pour les effets perdus ou emportés par les déserteurs, la valeur en est imputée également à la masse individuelle, la justice militaire ne prescrivant le recouvrement que des frais de procédure et de jugement. (Auteur.) Quant aux réservistes qui perdent ou détériorent les effets emportés par eux, ils ont à subir des peines disciplinaires, mais ils ne supportent aucune imputation. (Circ. du 5 novembre 1882, page 369.)

Le décompte de la valeur des effets, armes ou objets mis hors de service ou perdus, dont le montant doit être versé au Trésor, s'établit de la manière suivante :

OBJETS MIS HORS DE SERVICE.

1° *Matériel de la première catégorie.* — (Voir emploi du matériel pour la désignation des effets.) Le décompte est basé sur le nombre de trimestres, y compris le trimestre courant, que l'effet aurait encore à parcourir pour atteindre le terme de sa durée réglementaire, et sur le prix que la nomenclature lui attribue au classement neuf.

2° *Habillement d'instruction.* — Le dixième du prix de l'objet *neuf*.

3° *Armes ou accessoires d'armes.* — Le prix de l'objet *neuf*.

4° *Tous autres objets.* — Le prix de l'objet *neuf* ou *bon*, suivant le cas, diminué de la valeur que la nomenclature lui attribue au classement hors de service.

(1) Une dépêche ministérielle du 12 août 1882 (M), interprétative de l'article 250 du décret du 1er mars 1880, porte que les dispositions de cet article s'appliquent seulement aux imputations à faire à des *détenteurs n'ayant pas de masse* individuelle qui sont responsables vis-à-vis du conseil d'administration de leurs corps, et non à ces mêmes conseils d'administration ou capitaines-commandants, seuls responsables vis-à-vis de l'Etat. Par suite, les déficits, etc. mis à la charge des conseils d'administration doivent faire l'objet de procès-verbaux soumis à l'approbation du ministre conformément à l'article 258 dudit décret.

Nota. — Pour les dégradations qui n'entraînent pas la mise hors de service, se reporter au § 8 ci-après intitulé : Réparations au compte de la masse individuelle.

OBJETS PERDUS.

1° *Matériel de la première catégorie.* — Le décompte établi comme ci-dessus, est augmenté de la valeur d'un trimestre, sans que l'imputation totale puisse excéder le prix de l'objet *neuf;*

2° *Habillement d'instruction.* — Le cinquième du prix de l'objet *neuf ;*

3° *Armes et accessoires d'armes.* — Le prix de l'objet *neuf ;*

4° *Tous autres objets.* — Le prix de l'objet *neuf bon* ou *hors de service*, suivant le cas. (Art. 249 du décr. du 1er mars 1880). La note du 30 juin 1880, page 421, dispose que, pour le mode de décompter, on doit se conformer aux exemples chiffrés, figurant aux modèles annexés au décret et à l'instruction du 1er mars 1880.

La fixation du prix des matières, effets, objets, etc., au classement bon ou hors de service, etc., résulte du prix déterminé pour le classement neuf, réduit du p. 100 déterminé pour le matériel de chaque service, sans arrondir à 5 ou 10 centimes, et sans tenir compte des millimes. Toutefois, pour les imputations d'effets de campement, on applique les prix de base spéciaux indiqués dans la 2e annexe de la nomenclature du 30 décembre 1880 (Note du 30 juin 1880, p. 421) (1).

La valeur des effets perdus ou mis hors de service par la faute des détenteurs est *toujours* versée au Trésor, que ces effets aient été payés par la masse générale d'entretien ou sur des fonds spéciaux. (Circ. des 19 mai 1837, page 134. 14 mai 1853, page 584, et art. 182 de l'ordonn. du 10 mai 1844 modifié et par le décr. du 1er mars 1880, page 373.)

Au commencement de chaque trimestre, l'officier d'habillement, au moyen des bulletins d'imputation dont il est resté dépositaire, établit *par article du budget :*

1° Un état à talon (Mod. n° 18) en simple expédition, des imputations applicables au trimestre précédent;

2° Un état récapitulatif (Mod. n° 62), aussi en simple expédition des *mêmes* bulletins d'imputation.

Ces états, arrêtés par le conseil d'administration, sont remis au trésorier qui, dans les vingt premiers jours du trimestre, en verse le montant au Trésor.

Le premier état séparé du talon reste entre les mains de l'agent du Trésor. Le talon et l'état récapitulatif (Mod. n° 62) reçoivent tous deux l'inscription, faite par cet agent, de la déclaration de versement, et font retour : le premier à l'officier d'habillement, comme pièce justificative de la sortie des matières et effets ; le second au trésorier, avec les bulletins d'imputation, pour justifier la dépense en deniers. (Art. 182 du décr. du 1er mars 1880, page 373). Quant à la recette, elle est appuyée d'une déclaration établie par le trésorier.

Le récépissé délivré au trésorier par l'agent du Trésor est adressé au sous-intendant militaire, pour être transmis à l'intendant qui l'adresse au Ministre avec une expédition de l'ordre de reversement du sous-intendant militaire. (Même art. du décr.) On procède de la même manière pour les déficits. (Art. 182 de l'instr. du 1er mars 1880).

Le trésorier indique sur l'état spécial n° 62 la division de la somme totale entre les militaires qui ont une masse et ceux qui n'en ont pas. (Même art.)

Les états mod. n° 18, des ordres de reversement et les récépissés doivent, lorsqu'il s'agit du service de l'habillement et du campement, indiquer la division de la somme totale comme suit :

(1) La nomenclature du service de l'habillement et du campement est insérée au *Journal militaire* sous la date du 30 décembre 1880, page 473. Pour les modifications se reporter à la page 31. Les prix de cette nomenclature comprennent :

1° Pour les effets d'habillement et les képis : les chiffres découpés en drap, les pattes, les écussons cousus ou faufilés sur les effets ;

2° Pour les étuis de revolver : la banderolle pour l'étui en cuir noir ; la banderolle et la ceinture pour l'étui en cuir fauve ;

3° Pour la bretelle de fusil : le double bouton en cuivre adapté à cet effet. (Dép. ministérielle du 1er juin 1881 (M). Comme conséquence, les galons en laine ou en métal doivent être décomptés et ajoutés aux prix fixés par la nomenclature. (Dép. ministérielle du 23 septembre 1882) (M).

Pour les épaulettes, on doit ajouter aux prix de la nomenclature les frais de doublure et de fourniture de la bourre intérieure, (0,12) (V. le § 2e des dépenses au compte du service de l'habillement.

Ex : habillement	17	20
Grand équipement	2	25
Campement	4	50
TOTAL	23	95

(Note du 30 juin 1880, page 417.) Cette note rappelle en outre à l'exécution de la circ. du 3 janvier 1880 (M) qui prescrit aux intendants militaires d'adresser au ministre, du 15 au 20 de chaque mois, tous les récépissés afférents audit service, réunis dans un bordereau conforme au modèle y annexé. — Ce bordereau est distinct par exercice et par budget et les résultats en sont repris chaque mois de manière à faire ressortir un chiffre total de versements dans chaque région.

Les récépissés de versement au Trésor, ainsi que les déclarations de versement apposées au bas des bordereaux ou états récapitulatifs qui restent entre les mains des trésoriers des corps, doivent être revêtus du timbre humide du trésorier-payeur général et de celui du préfet ou du sous-préfet. (Note du 8 mars 1873, page 214.)

Réparations au compte des masses individuelles, etc.

Les simples dégradations d'effets, armes ou objets divers dont les hommes sont détenteurs, causées par la négligence des hommes, et qui n'entraînent pas la mise hors de service, tombent à la charge de la masse individuelle. (Art. 180 de l'ordonn. du 10 mai 1844, et 182 du décr. du 1er mars 1880, page 373.) Lorsque les détenteurs (officiers, adjudants, etc.) n'ont pas de masse, le montant des imputations est versé par eux directement entre les mains du trésorier. (Art. 250 du décr. du 1er mars 1880, page 384. Les détériorations sont constatées par des bulletins établis par les capitaines et visés par l'officier d'habillement. (Art. 6 de l'abonnement, 1er sem. 1879, page 690, et art. 210 de l'ordonnance du 10 mai 1844, page 329.) Ces bulletins sont conformes au modèle n° 66 annexé à l'ordonnance précitée. (Art. 210). Les imputations sont faites aux comptes des hommes sur la production des pièces probantes. (Voir masse individuelle.) Se reporter à la page 71 ci-dessus pour l'exécution des réparations.

Les articles 209 et 210 de l'ordonnance du 10 mai 1844 disposent que ces réparations sont exécutées aux prix des tarifs arrêtés ou des marchés passés par le conseil d'administration et approuvés par le sous-intendant militaire ou à prix débattus; le ministre a arrêté des tarifs sous la date du 7 juillet 1881 (*Journal militaire*, partie supplémentaire, page 11), qui indiquent les prix qu'on ne peut dépasser en temps de paix pour les réparations à effectuer aux effets d'habillement, de coiffure et de grand équipement, quand ces réparations ne sont pas à la charge de l'abonnataire. Des suppléments aux tarifs de l'habillement et de la coiffure sont insérés au *Journal militaire*, sous les dates ci-après : 22 novembre 1882, page 400 (S) et 19 avril 1884, page 1029 (S). Ces tarifs sont des maxima qu'on ne peut dépasser sans autorisation et qu'on doit s'efforcer de pas atteindre. (Note du 23 octobre 1883, page 508).

La valeur des matières premières n'est pas comprise dans les prix du tarif concernant les effets d'habillement, il y a lieu de l'ajouter lorsque ces matières sont prélevées sur le service courant; le décompte en est effectué au prix de la nomenclature (7 juillet 1881, page 13 (S).

Sur le pied de guerre, les marchés d'abonnement cessant de plein droit, ces tarifs sont appliqués sous le régime de clerc à maître avec une majoration de 10 0/0 par le seul fait de l'entrée en campagne. Une seconde augmentation peut être accordée par l'intendant militaire du corps d'armée sur la proposition des conseils d'administration ou des commandants d'unité. L'importance de cette dernière augmentation est modifiée selon les circonstances par l'intendant militaire. (Instruction du 7 juillet 1881, page 59 (S). Voir pour les réparations à l'étui de revolver, page 76).

On peut, dans des cas exceptionnels et lorsque les ateliers régimentaires sont manifestement insuffisants pour assurer complètement le service des réparations, passer un marché avec un ouvrier civil. Le marché est approuvé par l'intendant du corps d'armée. (Art. 18 de l'instr. du 21 avril 1879, page 687.)

Dans tous les cas, le décompte de la dépense comprend la valeur de la fourniture et de la main-d'œuvre nécessaires pour remettre les effets complètement en état de faire le même service qu'avant la dégradation. (Art. 249 du décr. du 1er mars 1880.) Si la réparation excède la somme qu'aurait à payer le détenteur pour la mise hors de service, la réparation n'est pas faite et l'objet est classé hors de service et imputé. (Art. 249 de l'instr. de même date.) — Dans les cas très rares où la détérioration, bien que constante, ne peut entraîner la mise hors de service des effets réintégrés et ne nécessite pas une réparation actuelle, il n'est point fait d'appréciation de la durée dont l'effet pourrait être diminué. Il est déposé au magasin, s'il ne doit pas être abandonné au détenteur, pour être délivré avec la durée qu'il a encore à parcourir légalement, sauf à prononcer ultérieurement, s'il y a lieu, son remplacement anticipé. (Circ. du 14 mai 1853, page 584). Ces dispositions sont rappelées par une dépêche ministérielle du 5 octobre 1882 (M), aux termes de laquelle il est interdit aux corps d'imputer une partie de la durée des effets à la masse individuelle des détenteurs, c'est-à-dire que si les effets réintégrés sont complètement hors de service, ils sont imputés pour la totalité de la durée restant à accomplir; s'ils sont réparables, le montant des réparations est imputé aux hommes en défaut, mais s'ils ne sont pas sujets à réparations bien que trop usés eu égard à la durée parcourue, ils sont réintégrés en cet état pour être remis en service sans réduction de durée ni moins-value. (Voir aussi l'article 42 de l'instruction du 26 avril 1884, page 1065 (S) qui est conçu dans le même sens.)

On ne doit employer que des étoffes neuves pour les réparations au compte de la masse individuelle. (Circ. du 15 octobre 1874, page 449, et art. 253 du décr. et de l'instruction du 1er mars 1880, page 384) (1). Ces matières sont cédées aux ouvriers à charge de remboursement et la valeur en est comprise séparément dans les bulletins de réparations. (Art. 253 dudit décr.) Les sorties de matières cédées à charge de remboursement sont justifiées par des factures trimestrielles de livraison (Mod. n° 11) portant mention de la déclaration de versement au Trésor. Lorsque le premier ouvrier tailleur est chargé des ateliers de réparations des portions détachées, on établit à la portion centrale une seule facture comprenant la totalité des matières cédées. (Art. 131 de l'instr. du 1er mars 1880, page 399.) Ce versement au Trésor, effectué par le conseil d'administration du corps, donne lieu à une recette préalable des fonds à verser. Cette recette est appuyée d'un double de la facture. Cette pièce peut servir également à justifier de la dépense. Il suffit de rappeler en tête le n° de chacune de ces opérations, mais alors elles doivent avoir lieu le même jour. Dans le cas contraire, il faut 2 pièces distinctes. (Auteur.)

A la fin de chaque trimestre, l'officier d'habillement, qui reçoit, comme moyen de contrôle, des bordereaux d'enregistrement journalier par compagnie (Mod. nos 67 et 69), réunit les bulletins journaliers remis aux ouvriers militaires ou civils et établit deux bordereaux récapitulatifs. (Mod. n° 68.) Ces bordereaux sont du modèle n° 70, lorsque les réparations ont été faites à prix débattus.

Ces bordereaux sont remis au trésorier qui solde les ayants droit sur leurs quittances et inscrit la dépense au registre-journal. (Art. 212 de l'ordonn. du 10 mai 1844, page 329.)

Lorsque les réparations s'opèrent à prix débattu et qu'un ouvrier réclame le prix de son travail au moment où il rapporte l'effet réparé, le capitaine soumet le bulletin au major qui y appose son autorisation d'acquittement ainsi conçue : *Bon à payer par le trésorier*. Ce bulletin est ensuite remis à l'ouvrier qui en touche le montant sur son acquit

Dans ce cas, le trésorier est autorisé à ne pas faire écriture, par ordre de date, des paiements qu'il effectue; il dépose dans sa caisse les bulletins quittancés dont le montant lui est compté comme espèces et il les comprend à l'expiration du trimestre dans le bordereau récapitulatif (n° 70), prescrit par l'article 212. (Art. 213 de l'ordonn. du 10 mai 1844.)

Effets emportés par les réservistes (Voir à la page 72 ci-dessus.)

2° DÉPENSES AU COMPTE DE L'ÉTAT OU DE LA MASSE GÉNÉRALE D'ENTRETIEN

(Voir page 79 pour quelques dépenses spéciales et page 80 pour l'entretien de l'appt d'inston.)

Le remplacement ou la réparation des effets en service perdus ou détériorés par cas de force majeure tombe à la charge de l'Etat ou de la masse générale d'entretien. (Circ. des 19 mai 1837, pag. 135, 14 mai 1853, pag. 585, art. 4 du modèle d'abonnement du 21 avril 1879, pag. 689 et art. 251 du décr. du 1er mars 1880.) Voir page **24** pour la désignation

(1) Lorsque le drap neuf à adapter sur des effets en service, doit être trop disparate, beaucoup de corps assortissent les nuances, en faisant emploi d'étoffes prélevées sur les effets hors de service.

des cas de force majeure. Les effets détériorés étant en magasin sont réparés au compte du service de l'habillement (Principe rappelé par feuille de vérifon melle du 20 octobre 1882.)

Ces pertes ou détériorations sont constatées par des procès-verbaux décomptés, rédigés par les sous-intendants militaires. (Circ. du 4 octobre 1834, pag. 583, et du 14 mai 1853, pag. 584, et décr. du 1er mars 1880, art. 251, pag 384 (1).

Ces procès-verbaux sont conformes au modèle n° 15 annexé à l'instruction du 1er mars 1880 complété suivant les besoins. (Art. 251 de ladite instr., pag. 408). Ils sont adressés en simple expédition à l'approbation de l'autorité supérieure et renvoyés aux sous-intendants militaires pour être conservés dans leurs archives (art. 251 de l'instruction du 1er mars, 1880). Ils sont appuyés d'un rapport du conseil d'administration. (Voir le mod. n° 15 annexé à l'Instruction précitée.)

Les procès-verbaux de simple dégradation doivent déterminer l'importance des quantités d'étoffes nécessaires pour l'exécution des réparations ainsi que le montant des frais de main-d'œuvre. (Circ. du 14 mai 1853, pag. 585, et art. 251 du décr. et de l'instr. du 1er mars 1880.) Le tarif du 7 juillet 1881, pag. 11 (S) complété le 22 novembre 1882, pag. 400 (S) fixe les prix des réparations, lesquels ne comprennent pas la valeur des matières premières. Une dépêche ministérielle du 3 novembre 1882 (M) fixe le tarif des réparations occasionnées par le frottement de la tête de la baguette sur la partie estampée du fourreau de l'étui de revolver :

Pièce en cuir fauve....................	0 fr. 27 c.	0 fr. 50.
Frais de pose........................	0 23	

Les moins-values sont décomptées suivant les prescriptions de l'article 249. (Voir ci-dessus, pag. 72.)

Lorsqu'il s'agit de dégradations faites par les rongeurs, on opère comme il est indiqué page 63.

Les sous-intendants militaires peuvent décider la mise au compte de l'Etat des pertes, moins-values et détériorations, lorsque la somme ne dépasse pas 50 francs. Lorsque la dépense est supérieure à 50 francs et qu'elle ne dépasse pas 100 francs, les procès-verbaux sont approuvés par l'intendant militaire. Dans tout autre cas, la décision est réservée au ministre. (Art. 251 du décr. du 1er mars 1880). A l'armée, tous les procès-verbaux sont immédiatement exécutoires, quel que soit le montant de la dépense (Instruction du 24 avril 1884, pag. 506). Ils sont adressés en original ou par extrait à la portion centrale et récapitulés par l'officier chef du bureau spécial de comptabilité dans des états mod. n° 4 établis par service (habillement et grand équipement, petit équipement, harnachement, etc.) Ces états sont arrêtés par le conseil d'administration central et adressés au sous-intendant militaire qui les vérifie et autorise ensuite la sortie du matériel perdu ou détérioré. (Instou du 24 avril 1884, pag. 503.)

Les remplacements au compte de l'Etat d'effets mis hors de service, ne donnent lieu à aucune opération en deniers, il est fait tout simplement sortie dans les comptes-matières. Les remplacements s'opèrent dès que le fait a été dûment constaté. (Art. 231 du décr. précité, pag. 377). Voir réforme des effets d'habillement, pour le tableau annuel à fournir en exécution de la dépêche ministérielle du 10 juin 1881 (M).

Des extraits, modèle n° 16, en deux expéditions : une pour les deniers et une pour les matières, signées par le sous-intendant militaire détenteur des minutes des procès-verbaux, justifient les sorties dans les comptes du corps, ainsi que les dépenses pour réparations. Lorsque les procès-verbaux de perte approuvés définitivement entraînent une dépense en deniers et que l'imputation de cette dépense au fonds spécial de l'un des divers services n'est prescrite par aucun règlement ou instruction, l'imputation en est faite aux masses d'entretien. (Art. 251 de l'instr. du 1er mars 1880.) Les matières neuves employées ne donnent pas lieu à remboursement par ces masses. (Art. 253 de la même instr.)

NOTA. — Les dispositions générales rappelées ci-dessus sont applicables aux pertes ou détériorations d'effets entre les mains des réservistes ou des hommes de l'armée territoriale. Toutefois, lorsqu'elles proviennent du fait des détenteurs et que la responsabilité des conseils n'est pas engagée, on remplace sur les procès-verbaux modèle n° 15 les mots : Par cas de force majeure, par ceux-ci : résultant de l'appel des hommes de la réserve ou de l'armée territoriale. Les déclassements de matériel résultant de ces procès-verbaux sont reportés au certificat trimestriel de déclassement et les extraits de ces actes sont annexés audit certificat, s'ils n'appuient déjà des sorties (note du 30 juin 1880, p. 421).

(1) Se reporter au chapitre des réformes d'effets.

Les sorties de matières sont justifiées par un certificat administratif trimestriel (Mod. n° 9), sur lequel on rappelle les dates des autorisations ou des procès-verbaux. (Art. 131 de l'instr. du 1er mars 1880, pag. 399.)

On ne doit employer d'étoffes neuves qu'à défaut d'effets hors de service. (Art. 253 du décr. du 1er mars 1880, page 324), et tarif du 7 juillet 1881, pag. 13 (S) complété par 22 novembre 1882, page 400 (S). La remise en est faite aux ouvriers dans la proportion qu'indique le conseil d'administration. (Même art.) Se reporter au chapitre de l'emploi des effets hors de service.

Les fausses-bottes des pantalons de cheval qui ont parcouru leur durée doivent également être employées lorsqu'elles sont susceptibles d'être utilisées. (Art. 38 de l'instr. du 9 mars 1879, pag. 264.)

Aux termes de l'article 2 du modèle d'abonnement du 21 avril 1879, pag. 688, les ouvriers tailleurs sont tenus, en dehors des cas de force majeure ou de négligence manifeste de la part des hommes, de remplacer sans frais les attributs, ornements, pattes à numéros, brides, parements, collets, passe-poils, tresses, etc., et les parties en drap de couleur distinctive des effets en service (1).

Il en est de même de la pose de ces accessoires sur les effets en cours de durée ou neufs, de toute provenance. (Art. 1er de l'abonnement.) Mais les frais de confection des accessoires employés sont au compte du service de l'habillement.

Les extraits de procès-verbaux peuvent être récapitulés, comme les bulletins de réparations, dans des bordereaux trimestriels dont le montant est porté en dépense à la masse générale d'entretien, après paiement aux ouvriers.

3° MENUES RÉPARATIONS AU COMPTE DES HOMMES

Ne sont pas comprises non plus dans l'abonnement les menues réparations de main-d'œuvre facile que les hommes peuvent exécuter eux-mêmes sur leurs propres effets, telles que pose de boutons, coutures de doublure dans toute autre partie que l'emmanchure, qui, dans aucun cas, ne peuvent donner droit à une allocation supplémentaire. (Art. 3 du mod. d'abonnement.)

Entretien de l'habillement sous le régime de clerc à maître

Les sections de commis et ouvriers militaires d'administration, d'infirmiers militaires, les sécrétaires d'état-major et du recrutement et les compagnies de cavaliers de remonte, en raison de la nature spéciale de leur service, doivent faire réparer leurs effets sous le régime de clerc à maître. (Art. 11 de l'instr. du 21 avril 1879, pag. 685.)

Ce régime est également applicable aux portions des corps de troupes de toutes armes détachées à l'armée. (Art. 11 du mod. d'abonnement, pag. 691 et inston du 7 juillet 1881, pag. 59 (S). Toutefois, cette disposition n'est pas applicable aux corps en Algérie, à moins qu'ils ne soient envoyés en campagne ou en expédition en dehors de la colonie. (Art. 15 de l'instr. précitée.)

(1) Bien que cette opération soit exécutée sans frais par les abonnataires, comme les matières nécessaires doivent leur être fournies gratuitement, il est néanmoins utile de rappeler ici les dispositions qui régissent cette partie du service de l'habillement ;

En principe, la durée des collets et parements, etc., etc., et du drap de distinction, est la même que celle des effets, mais lorsque, par suite de passage d'un homme à un autre ou d'un long usage, ils se trouvent usés, ils peuvent être remplacés avant que les effets n'aient atteint le terme de leur durée. (Circ. du 19 mai 1837, pag. 135 ; 11 juin 1847 M.) La nécessité de ces réparations est constatée par un procès-verbal du sous-intendant militaire, conformément à la circulaire du 14 mai 1853 rappelée par la dépêche ministérielle du 23 février 1862, laquelle dispose, en outre, que les remplacements de cette nature ne peuvent avoir lieu, comme le remplacement des effets eux-mêmes, que dans les circonstances et aux conditions déterminées par la circulaire du 14 mai 1853, abstraction faite de la durée que les effets ont encore à parcourir.

On procède à la délivrance des matières neuves ou autres, comme il est indiqué pour les réparations résultant de force majeure.

Les frais de remplacement des bandes de pantalon sont au compte du service de l'habillement. (Art. 4 du mod. d'abonnement du 21 avril 1879, pag. 689.) Il en est de même des velours remplacés périodiquement aux effets des troupes du génie. (*Idem.*) Les bandes et autres parties en drap écarlate des vêtements de l'artillerie peuvent être retournées dans la plupart des cas. (Note du 14 août 1880, page 407 (S). On applique le tarif du 7 juillet 1881, page 20 (S).

Sous le régime de clerc à maitre, les dépenses d'entretien qui incombent ordinairement à l'abonnataire, sont imputées directement à la masse générale d'entretien (Art. 11 de l'instr. du 21 avril 1879, (pose de galons, d'ornements, attributs, etc., sur les effets en cours de durée, pose et fourniture de boutons sur les mêmes effets ; transformations d'effets d'hommes venus d'autres corps, etc.) Toutefois, la note du 17 avril 1883, pag. 590 (S) dispose que dans les sections de secrétaires d'état-major et du recrutement, les frais de pose des attributs brodés sont au compte du service de l'habillement. Pour les autres dépenses au compte du service de l'habillement. (Voir pag. 69 et suivantes.)

Les réparations qui sont à la charge de la masse individuelle ou de la masse générale d'entretien, *sont faites et payées comme il est indiqué ci-dessus pages* 75 *et* 76.

Pour la mise en pratique du régime de clerc à maître on emploie les tarifs des réparations concernant la masse individuelle. Ils sont du 7 juillet 1881, pag. 11 (S) et du 22 novembre 1882, pag. 400 (S). Les commandants de compagnie et de section établissent, pour les réparations, des bulletins nominatifs décomptés, récapitulés dans un bordereau trimestriel dont le montant est porté en dépense aux fonds de la deuxième portion de la masse générale d'entretien, et qui est payé aux ouvriers sur acquit, ainsi qu'il est prescrit pour les réparations au compte de la masse individuelle. (Art. 12 de l'instr. du 21 avril 1879, pag. 686 et inst^on du 7 juillet 1881, pag. 59 (S).

Quant aux dépenses incombant aux fonds spéciaux de l'habillement, elles sont l'objet de factures établies dans la forme réglementaire. (Voir pag. 80 et suivantes.)

A l'armée, les pertes, mises hors de service ou détériorations d'effets sont considérées comme résultant de cas de force majeure donnant lieu à l'établissement de procès-verbaux mod. n° 15 annexé à l'inst^on du 1er mars 1880, rapportés par les sous-intendants militaires. Les conclusions de ces actes sont exécutoires quel que soit le montant de la dépense. (Inst^on du 24 avril 1884, pag. 505.)

Dispositions communes au régime de l'abonnement et à celui de clerc à maître

1° PERTES D'EFFETS APPARTENANT A L'ÉTAT MISES AU COMPTE DES OFFICIERS.)

(Voir au titre *Armement*, dépenses au compte des officiers comptables.)

Aux termes des articles 95 de l'ordonnance du 10 mai 1844, 81 (Inf^ie), 80 (Cav^ie), et 94 (Art^ie) des règlements du 28 décembre 1883, les capitaines sont responsables des effets et fournitures quelconques dont ils donnent récépissé, et des distributions de toute nature faites en excédant des droits des parties prenantes.

Une circulaire ministérielle en date du 6 février 1874, page 63, interprète ces dispositions en ce sens que les capitaines sont toujours responsables des pertes d'objets de casernement, de literie, de harnachement, d'habillement, etc., etc., confiés aux sous-officiers comptables ou autres. et que ces derniers n'ont d'autre responsabilité pécuniaire que celle qui est relative aux effets à leur usage personnel dans les cas déterminés par les art. 180 et 181 de l'ordonnance du 10 mai 1844, page 322 et 182 du décret du 1er mars 1880, page 373).

La circulaire du 5 avril 1876, page 682, maintient qu'aucune imputation ne doit être faite aux masses individuelles pour les pertes d'effets dont il s'agit, à moins qu'elles *ne résultent de la malveillance bien constatée des hommes*. Dans ce cas, les imputations sont autorisées au préalable par le sous-intendant militaire. (Circ. du 5 avril 1876, pag. 682, et instr. du 26 avril 1884, sur les *inspections administratives*.) Il va sans dire qu'il doit être fait exception pour les pertes par cas de force majeure, (Circ. du 5 avril 1876).

Le montant des imputations est remboursé par les officiers directement entre les mains du trésorier. L'établissement des bulletins d'imputation et le versement au Trésor se font conformément aux règles établies aux articles 182 et 249 du décret du 1er mars 1880. (Voir ci-dessus, pag. 72.) Toutefois, s'il s'agit d'un matériel appartenant à l'entreprise des lits militaires, le montant des retenues est versé à la caisse du préposé de ce service.

S'il y a lieu d'opérer des retenues sur la solde des officiers, elles s'opèrent comme il est dit à l'article 115 de l'ordonnance du 10 mai 1844, à raison d'un cinquième de la solde.

Ces dispositions sont applicables en cas de déficit. (Art. 182 de l'instr. du 1er mars 1880, pag. 403). Pour la constatation de ces déficits, se reporter au titre : *Recensements*, page 38 du présent ouvrage. Consulter aussi le renvoi 1 de la page 72 au sujet des imputations à faire aux conseils d'administration.

2e DÉPENSES AU COMPTE DES HOMMES (DENIERS PERSONNELS).

(Se reporter à la page 77).

3e DÉPENSES AU COMPTE DE LA MASSE GÉNÉRALE D'ENTRETIEN (*Suite*).

(Voir ci-dessus pag. 75.)

Indépendamment des dépenses ci-dessus indiquées, la masse générale d'entretien (2e portion) supporte également :

1° *Les frais de lavage et de lessivage* des effets en cours de durée réintégrés par les hommes en activité de service, lorsqu'il y a lieu. (Art. 4 de l'Abonnement annexé à la circ. du 15 octobre 1874, page 449.) C'est à la masse individuelle que la dépense est imputée lorsque les effets sont salis par la faute des hommes. (Art. 180 de l'ordonn. du 10 mai 1844 (applicable aux hommes de la deuxième portion du contingent. (Circ. du 28 octobre 1875, n° 7599.) Les tarifs du 7 juillet 1881, page 11 (S) complété le 22 novembre 1882, page 400 (S) fixent les prix maxima qu'on ne peut dépasser.

L'instruction du 18 juin 1877, page 538, rappelée par celle du 1er septembre 1879 (M), dispose en outre que toutes les fois qu'un effet est réintégré, il doit avoir préalablement été nettoyé et dégraissé avec soin. Indépendamment des battages et brossages, on peut faire usage des ingrédients indiqués ci-après :

1° L'eau tiède autant que possible;

2° Le savon blanc ordinaire pour les doublures;

3° L'ammoniaque liquide ou alcali volatil pour l'enlèvement des taches grasses sur les parties de drap qui ne sont pas doublées ou parementées;

4° Le savon à détacher pour les taches grasses des parties pliées ou parementées;

5° L'acide oxalique pour les taches anciennes qui résistent aux agents énoncés ci-dessus

Les achats sont faits dans le commerce et la dépense est imputable à la deuxième portion de la masse générale d'entretien. (18 juin 1877.) Il n'y a pas de frais de main-d'œuvre, l'opération étant faite dans les compagnies, escadrons ou batteries.

Nota. — Si les effets ont besoin de réparations, l'on procède comme il est indiqué ci-dessus, pag. 72 et suivantes.

Pour les réservistes et les hommes de l'armée territoriale, la dépense est au compte du service de l'habillement. (Voir page 89 et 90, les §§ 10e et 11e.)

2° *Les frais de réparation des effets en service* réintégré en magasin, *avant durée expirée ou réforme pour être versée à l'habillement d'instruction, sont* immédiatement remis en bon état d'entretien et la dépense qui en résulte est imputée, suivant le cas, aux masses individuelles ou à la masse générale d'entretien. (Art. 240 du décr. du 1er mars 1880, page 380). Il va sans dire que, dans les corps placés sous le régime de l'abonnement le premier ouvrier doit supporter les réparations qui lui incombent d'après son marché. Les effets spéciaux des conducteurs de caissons dans l'infie sont réparés au compte de la masse générale d'entretien des corps auxquels les hommes appartiennent en cas de réintégration après un stage, un appel de la réserve ou les grandes manœuvres (Note du 2 octobre 1884, page 548).

Les dépenses résultant de la mise en état, *après durée expirée* des effets versé à l'habillement d'instruction sont imputées au service de l'habillement (note du 30 juin 1880, pag. 420). Elles sont justifiées par de simples mémoires des chefs-ouvriers et sans procès-verbaux s'il n'y a pas cas de force majeure (même note).

Le tarif du 7 juillet 1881, page 11 (S) complété le 22 novembre 1882, page 400 (S) fixe le prix maximum des réparations.

Les effets en cours de durée réintégrés en cas de mobilisation pour être remis à des hommes restant sur le territoire sont également nettoyés et réparés au compte du service de l'habillement. (Circ. du 9 février 1883, page 106.)

3° *Les frais d'entretien des effets d'enfants de troupe* sont au compte de l'ouvrier tailleur abonnataire. (Art. 1er du marché d'abonnement, 1er sem. 1879, page 688), et à la charge de la masse d'entretien s'il n'y a pas d'abonnement. (14 août 1821 (M), 21 février 1830 et 15 mars 1872, page 54. Le prix des réparations ne doit pas dépasser les fixations du tarif du 7 juillet 1881, page 28 (S). Voir ci-après *Confections*,

4° *Le montant de la gratification accordée annuellement au garde-magasin.* (Voir *Gratifications diverses*).

5° *Valeur des pantalons n° 2 brûlés dans un incendie.*

Aux termes d'une circulaire du 9 février 1848 (M), les corps sont autorisés à verser de la masse générale d'entretien à la masse individuelle, le montant de la moins-value calculée à raison d'un trimestre, des pantalons d'ordonnance n° 2 brûlés par les militaires appelés à porter secours dans les incendies. Cette disposition a été rappelée par l'instruction du 15 mars 1872, page 54.

La circulaire du 25 juillet 1875, page 63, concernant les troupes à cheval, modifie celle du 9 février 1848, en ce qui concerne la dénomination de l'effet. Pour les sous-officiers comme pour les soldats, le pantalon n° 2 d'autrefois est aujourd'hui pantalon de 3e durée, c'est le pantalon dit de corvée. Il est abandonné en toute propriété aux détenteurs qui ne peuvent toutefois en disposer qu'avec l'autorisation de leur capitaine. (Art. 240 du décr. du 1er mars 1880.)

Ces pantalons sont classés comme il suit :

Sous-officiers. — Pantalon d'ordonnance. — Pantalon de 1re tenue.
— — de cheval n° 1. — — de 2e —
— — dit de corvée. — — de 3e —

Brigadiers et cavaliers. — Pantalon de cheval n° 1.
— — — — n° 2.
— — — de corvée n° 3.

Il résulte évidemment de ces dispositions que, dans les corps montés, le pantalon de cheval n° 2 n'étant (aujourd'hui) jamais abandonné à l'homme, s'il venait à être détruit par force majeure, il y aurait lieu de le remplacer au compte de l'Etat sans compensation d'aucune sorte pour la masse individuelle.

6° *Modifications aux effets apportés d'autres corps.*

Si, au moyen d'un simple changement dans les marques distinctives, ces effets peuvent être rendus conformes au type fixé pour le corps réceptionnaire, l'opération est faite immédiatement au compte de la masse générale d'entretien (1).

Dans le cas contraire, les effets sont versés à d'autres corps, ou aux sections VIII ou IX, sur la décision du sous-intendant militaire. En cas de passage dans ces deux sections, ces effets sont compris dans le certificat trimestriel (Mod. n° 10). (Art. 130 de l'instr. du 1er mars 1880, page 393.) On suit les fixations du tarif du 7 juillet 1881, page 11 (S) complété le 22 novembre 1882, page 400 (S).

7° *Frais de réparations des effets laissés aux hommes pour parcourir une 2e durée* (Se reporter à la page 70.)

DÉPENSES AU COMPTE DES ORDINAIRES

Frais d'achat d'ingrédients nécessaires pour l'entretien des effets en service. (Voir au titre : *Ordinaires.*)

DÉPENSES AU COMPTE DU SERVICE DE L'HABILLEMENT (BUDGET ORDINAIRE) (2)

Ces dépenses sont remboursées aux corps comme il est indiqué au titre : *Avances de fonds.*

(1) Aux termes de l'article 1er du modèle d'abonnement annexé à la circulaire du 21 avril 1879, page 688, le premier ouvrier tailleur doit transformer sans frais les effets apportés par les hommes venus *isolément* d'autres corps. Par suite, la disposition ci-dessus ne doit être appliquée, dans les corps pourvus d'un abonnement, que lorsqu'il s'agit d'hommes venus d'autres corps en détachement.

(1) Les dépenses qui incombent au budget sur ressources extraordinaires sont celles qui se rapportent à la formation des approvisionnements de réserve. Exemples : Achats de boutons à appliquer sur des effets de l'armée

1° *Frais d'essayage et d'ajustage, de retouches* des effets provenant des ateliers civils. — Aux termes de l'instr. du 9 mars 1879, page 272, qui résume en les complétant les dispositions des circulaires des 30 juin 1862, 15 décembre 1862, et 14 février 1863 (M), les corps doivent faire exécuter les retouches qui nécessitent l'essayage et l'ajustage à la taille des hommes, des effets neufs provenant des confections civiles, ainsi que des effets en cours de durée remis en service lorsque ces effets sont classés au service courant ou au service de réserve. (Art. 85.) Il est alloué aux ouvriers qui effectuent ces retouches les indemnités fixées ci-après. Elles ne sont pas dues pour les effets confectionnés par les corps ou par des tailleurs civils autres que les entrepreneurs, ni pour les effets en cours de durée appartenant au service d'instruction. (Art. 87 de l'instr. du 9 mars 1879.)

S'il s'agit de réparations ou de modifications importantes pour cause de malfaçon, les allocations sont réglées par des décisions ministérielles prises sur le vu de bulletins de vérification établis conformément aux articles 71 et 72 de l'instr. du 9 mars 1879 précitée. (Art. 89 de cette instr.) (Voir page 48 pour les diverses formalités à remplir et les retouches plus importantes.)

En outre, la circulaire du 12 novembre 1879, page 341 et celle du 22 mai 1880, p. 235 disposent que pour faciliter la distribution et le renouvellement de l'approvisionnement d'effets de sous-officiers, des retouches peuvent être opérées à ces effets en vue de les ajuster convenablement à la taille de ces militaires, jusqu'à concurrence des prix de main-d'œuvre indiqués ci-après :

Par tunique ou dolman...... 1,25. | Par pantalon...... 0,50

Ces allocations excluent celles des primes d'essayage et d'ajustage. Les retouches à effectuer sont consignées sur un bulletin de vérification modèle n° 4, qui est approuvé définitivement s'il y a lieu par le sous-intendant militaire.

Le montant de la dépense est imputable sur les fonds du service de l'habillement (budget ordinaire). (Circ. du 12 novembre 1879, page 341.)

Les dépenses d'essayage, d'ajustage et de retouches des différents effets sont au compte du service de l'habillement et payés sur mémoires des chefs ouvriers par les corps de troupes qui les comprennent dans leurs comptes d'avances remboursables, mod. n° 21 *bis*. Ces pièces sont soumises aux mêmes formalités que celles qu'ils établissent pour leurs confections. (Circ. du 30 juin 1862 (M), et instr. du 21 avril 1879, page 689.)

La vérification des indemnités accordées s'opère de la manière suivante : Les quantités d'effets comprises dans le mémoire du premier ouvrier tailleur sont comparées aux quantités distribuées pendant le trimestre, telles qu'elles résultent des inscriptions au chap. 2 du registre des entrées et des sorties du corps ; les différences entre les premières et les dernières de ces quantités doivent correspondre exactement au nombre d'effets confectionnés par le corps ou les tailleurs civils locaux. (Art. 88 de l'instr. du 9 mars 1879, 273.)

TAUX DES INDEMNITÉS	PRIX PAR EFFET	
Pour chaque effet neuf provenant de confections civiles mis en distribution, *ou* Pour chaque effet en cours de durée classé au service courant ou au service de réserve, et remis en service.	Capote	0.08
	Tunique ou dolman	0.14
	Veste (toutes armes)	0.07
	Pantalon, id.	0.05
	Gilet de zouaves ou de tirailleurs	0.05
	Guêtres pour zouaves ou tirailleurs	0.05

(Instr. du 9 mars 1879, art. 86, pag. 272, et circ. du 29 mai 1879 (M), laquelle dispose que ces fixations seront désormais seules applicables, et que celles qui font suite à la description de l'uniforme sont abrogées. — La note du 24 août 1882, page 175 (S) dispose en outre que l'indemnité d'essayage de 0 fr. 08 n'est pas due pour les capotes, manteaux à collet rabattu de quelque modèle qu'elles soient.

Les effets distribués aux hommes de la deuxième portion du contingent donnent droit aux mêmes indemnités que ceux distribués aux militaires des corps. (Circ. du 16 décembre 1863 et du 10 décembre 1877 M.) En ce qui concerne les réservistes, il n'est pas alloué d'indemnité d'essayage, mais s'il y a des frais de retouche, ils sont payés sur les fonds de l'habillement. (Circ. du 11 juillet 1878 M.) Se reporter à la circ. du 19 avril

territoriale (Dép. du 24 janvier 1880 M), confections ou achats d'effets pour la réserve de l'armée active, etc. Les tableaux d'approvisionnement du 31 décembre 1833 indiquent la nature et la quantité des effets compris au service courant et au service de réserve.

avril 1880 (M) pour l'exécution de ces retouches, et à celle du 15 avril 1880 (M) pour les retouches à faire aux effets des territoriaux.

1° *bis. Frais d'ajustage de la ceinture de l'étui de revolver des troupes à cheval*, à raison de 0,05 par effet.

Cette opération est confiée au maître-sellier. (Circ. du 12 août 1880 M).

2° *Frais de doublure d'épaulettes neuves et de fourniture de la bourre intérieure*, à raison de 0,12 centimes par paire. — Sont au compte du service de l'habillement. (Description de l'uniforme du 15 mars 1879. — Tableaux D.)

Cette garniture est faite par les ateliers de réparations. (Art. 51 de l'instr. du 9 mars 1879, page 266.)

Le *remplacement* de la doublure est au compte du premier ouvrier abonnataire. (Art. 2 de l'abonnement, 1er sem. 1879, page 688.) Dans les corps qui n'ont pas d'abonnement, cette dépense incombe à la masse générale d'entretien. (Art. 11 de l'instr. du 21 avril 1879, page 685.)

3° *Fourniture et pose des boutons* à placer sur les effets neufs de confection civile ou d'autre provenance. Sont à la charge du service de l'habillement. (Circ. des 5 octobre 1861 (M) et 29 juin 1865 (M); Art. 4 du mod. d'abonnement inséré 1er sem. 1879, p. 689.) Tous les effets doivent être garnis de leurs boutons. (Instr. du 1er mai 1883, page 784) (S).

Aujourd'hui, tous les effets délivrés aux corps par les magasins administratifs doivent être garnis de leurs boutons réglementaires. (Circ. des 2 octobre et 4 novembre 1874 M.) Les entrepreneurs de confections étant aussi chargés de la pose des boutons sur les effets qu'ils confectionnent, ce n'est donc qu'exceptionnellement que les corps peuvent recevoir des effets sans boutons.

Les frais de remplacement des boutons sur les effets en service sont au compte de l'abonnement de l'ouvrier tailleur. (Art. 2 de l'abonnement.) Dans les corps qui n'ont pas d'abonnement, ces remplacements (*considérés comme des réparations*) sont à la charge de la masse générale d'entretien. (Art. 11 de l'Instr. du 21 avril 1879, page 685.) Les boutons sont fournis par les corps aux ouvriers. (Art. 245 du décret du 1er mars 1880.)

On procède de la manière suivante pour l'habillement des hommes venus d'autres corps : Les frais d'enlèvement de boutons appliqués sur les effets apportés par des hommes venus *isolément d'autres corps* et leur remplacement sont à la charge du tailleur abonnataire (Art. 2 de l'abonnement), mais, s'il n'y a pas d'abonnement, il est alloué à cet ouvrier, sur les fonds de la masse générale d'entretien. (Art. 11 de l'instr. du 21 avril 1879, page 685, 0,05 cent. par habit, tunique ou veste pour l'enlèvement.) (Dép. du 4 août 1867 M), et pour les remplacements, il est fait les allocations prévues par le tarif du 7 juillet 1881, p. 14 (S). — Quant aux frais de pose, d'enlèvement et de fourniture des boutons pour les effets des hommes venus d'autres corps *en détachement*, ils incombent toujours à la masse générale d'entretien. (Art. 130 de l'instr. du 1er mars 1880.)

Les boutons sont conformes à la description de l'uniforme du 15 mars 1879, page 79.

Le tarif des frais de pose, annexé à la description précitée, alloue,

SAVOIR :

	Infanterie, Chasseurs à pied, Secrétaires d'état-major, Ouvriers d'administration et infirmiers, etc.	LÉGION ÉTRANGÈRE	GÉNIE	ARTILLERIE ET ÉQUIPAGES	CUIRASSIERS ET DRAGONS	CHASSEURS ET HUSSARDS	CHASSEURS D'AFRIQUE	CAVALIERS DE REMONTE
Tunique	0.15	0.13	0.19	»	0.17	»	»	»
Capote de sergent-major	0.12	0.12	0.12	»	»	»	»	»
— de troupe	0.18	0.18	0.18	»	»	»	»	»
Veste	0.07	0.07	0.07	0.08	0.10	0.10	0.10	0.10
Manteau	»	»	0.13	0.13	0.13	0.13	0.13	0.13
Dolman	»	»	»	0.20	»	0.20	0.17	0.16

La nomenclature du service de l'habillement du 30 décembre 1880, page 510, fixe comme il suit le prix des boutons :

En cuivre ou maillechort : gros, 0,05 c.; petits, 0,03 c.

En étain : gros, 0,05 c.; petits, 0,03 c.

En corne ou en os : 0,001.

Ces fixations doivent servir de prix-limites dans les achats, mais on doit s'efforcer de rester au-dessous. (Art. 49 de l'instr. du 9 mars 1879, page 266.) Pour les boutons de manteau en bois recouverts en drap, se reporter au devis du 28 novembre 1881, page 515 (S).

Les boutons nécessaires, soit pour les confections faites dans les ateliers des corps, soit pour les transformations, sont, en principe, achetés par les soins des conseils d'administration sur les fonds généraux de leur caisse. La dépense est imputée aux fonds divers (Chap. 3 du carnet), lesquels sont remboursés de la manière suivante :

La valeur des boutons employés se trouve comprise dans les frais de confection facturés par les premiers ouvriers tailleurs ou ajoutés aux frais de pose, s'il ne s'agit pas d'effets confectionnés. Le montant de ces factures est payé sur les fonds du service de l'habillement. D'autre part, il est dressé un état décompté des quantités de boutons remises, et le montant en est précompté sur les sommes revenant aux ouvriers et porté en recette aux fonds divers. (Décis. ministérielle du 1er août 1859, page 802.) S'il s'agit de remplacements au compte de l'abonnataire, le précompte est effectué sur le montant de son abonnement.

Les conseils d'administration remettent, autant que possible, aux premiers ouvriers, les boutons des effets hors de service qui peuvent être utilisés. Ils sont remboursés aux prix de la nomenclature du service de l'habillement. (Art. 54 de l'instr. du 9 mars 1879, et art. 245 du décret du 1er mars 1880, page 381.) Le produit de ces remboursements est versé au Trésor. (Auteur.)

Les boutons non hors de service qui ne peuvent être employés par les corps sont versés dans les magasins de l'Etat (art. 245 dudit décret) pour être remis aux entrepreneurs de confections (instons des 9 et 13 mars 1879, circ. du 30 janvier 1882 (M) et du 31 octobre 1882 (M). Cette dernière prescrit aux corps de prendre les boutons retirés des effets hors de service en recette aux sections II ou IX (suivant le cas) du registre des entrées et des sorties.

4° *La fourniture des galons de grade, de chevrons, de musiciens, tambours, clairons ou trompettes* est à la charge du service de l'habillement. (Décis. du 19 novembre 1871, page 405; circ. du 15 mars 1872, page 54, et tableaux C de la description de l'uniforme du 15 mars 1879.) Ils sont achetés par les soins des conseils d'administration au compte du service sus-indiqué. (Art. 49 de l'instr. du 9 mars 1879, page 266, et tableaux C de la description de l'uniforme.) Une feuille de vérification ministérielle du 16 juin 1883 rappelle que les corps doivent se les procurer dans l'industrie civile par voie de marché.

La circulaire du 30 janvier 1880 (M) prescrit de calculer l'approvisionnement de galons sur l'ensemble des besoins du corps à la mobilisation et non sur les besoins du temps de paix. L'achat est effectué au titre du budget ordinaire. Le même approvisionnement doit être constitué pour l'armée territoriale au titre du budget sur ressources extraordinaires. (Même circ.)

Les avances faites pour cet objet sont portées en dépense au fonds de l'habillement dans les centralisations trimestrielles et sont remboursées, comme les frais de confection, sur la production du relevé modèle n° 21 *bis* et des factures justificatives dûment acquittées. (Se reporter au titre : *Avances de fonds.*)

Les achats doivent être effectués dans les conditions fixées par l'article 39 de l'instruction du 9 mars 1879, c'est-à-dire qu'on ne doit pas dépasser les prix de la nomenclature du service de l'habillement ou ceux fixés par des décisions particulières, et qu'on doit s'efforcer de rester au-dessous. (Art. 49 de la même instr.)

Ces prix sont les suivants :

Galons d'or :

De grade, en 22 mill., 7 fr. 50 le mètre; en 12 mill., 4 fr. 35. (Nomencl. du 30 décembre 1880, page 511.)

De chevron, en 22 mill., 7 fr. 50. *Id.*

Pour manteau d'adjudant d'artillerie, 2 fr. 10. (31 mars 1877 M.)

Galons d'argent :

De grade, en 22 mill., 5 fr. 50 ; en 12 mill., 3 fr. 40 (Nomenclature.)
De chevron, en 22 mill., 5 fr. 50. *Id.*
Pour manteau d'adjudant du train d'artillerie, 1 fr. 90. (21 mars 1877 M.)

Galons de laine :

De grade et de chevron, en 22 mill.	0.35 c.	(Nomenclature précitée.)
De tambours, clairons et trompettes	0.60	*Id.*
Ecarlate en 12 mill.	0.22	*Id.*
De poil de chèvre et de fil blanc	0.20	*Id.*

Galons de musiciens ou de tambours-majors :

En or cul de dé, de 22 mill.	7.50	*Id.*
En argent	5.50	*Id.*
En or cul de dé, de 10 mill.	3.40	*Id.*
— de 5 mill.	2.25	*Id.*
En or, à lézardes, de 12 mill.	4.35	*Id.*
En argent de 10 mill.	3.00	*Id.*
— de 5 mill.	2.00	*Id.*

Les frais de pose sont à la charge du tailleur abonnataire, qu'il s'agisse d'effets neufs ou en cours de durée (Art. 1er de l'abonnement). Dans les corps non abonnés, cette dépense incombe à la masse générale d'entretien. (Art. 11 de l'instr. du 21 avril 1879, page 685 et diverses feuilles de vérifon ministérielles.) Quant aux frais de pose de galons sur les effets destinés aux réservistes, ils sont imputables au service de l'habillement. (Circ. du 11 juillet 1878.)

La description de l'uniforme en date du 15 mars 1879 fixe (Tableaux D) les allocations à faire pour cet objet ; et le tarif du 7 juillet 1881, page 13 (S) rappelle que ces allocations sont maintenues :

POSE DE CHEVRONS

Pour toutes les armes :	Par chevron en laine	0.05 c.
—	Par chevron en métal	0.07

POSE DE GALONS

RÉGIMENTS D'INFANTERIE ET BATAILLONS DE CHASSEURS ; SECTIONS DE SECRÉTAIRES D'ÉTAT-MAJOR, D'OUVRIERS D'ADMINISTRATION ET D'INFIRMIERS

Pose de galons :	Pour premier soldat (par effet)	0.04 c.
—	Pour caporal id.	0.08
—	Pour caporal-fourrier id.	0.14
—	Pour sergent id.	0.06
—	Pour sergent-fourrier id.	0.14
	Et 0.12 c. pour les bataillons de chasseurs et les sections.	
—	Pour les sergents-majors (par effet)	0.12
—	Pour musicien, par galon	0.04
—	Pour tambour et clairon : Sur la tunique	0.12
—	— Sur la capote et la veste	0.04

Pose des galons de grade et d'emploi et des brides d'épaulettes pour tambour-major :

Sur la tunique	0.35
Sur la capote	0.22

Pose d'insignes spéciaux aux sapeurs (par effet) (Voir page 86) 0.30

Nota. — La pose des galons sur des parements en pointe des chasseurs à pied est fixée à :

0.07 c. pour le premier soldat,	0.09 c. pour le sergent,
0.14 c. pour le caporal,	0.15 c. pour le sergent-fourrier,
0.20 c. pour le caporal-fourrier,	0.18 c. pour le sergent-major.

CUIRASSIERS ET DRAGONS

Pose de galons : Sur la tunique et la veste (1). — Comme ci-dessus pour l'infanterie ; toutefois, c'est 0.12 c. au lieu de 0.14 c. pour le maréchal des logis fourrier ;

Pose de galons : Sur le manteau et le bourgeron : Pour brigadier et maréchal des logis chef .... 0.10 c.

— Sur le manteau et le bourgeron : Pour maréchal des logis. 0.05

(1) Les prix sont à fixer pour les dolmans de dragons. (Description du 11 février 1884, page 181.) Les prix sont les mêmes pour la tunique ample et pour la tunique ajustée. (11 février 1884, pag. 194.)

Pose de gàlons : Trompette :	Sur le collet et les parements de la tunique.	0.16(1)
— —	Sur la veste.......................	0.04
— Maréchal des logis et brigadier-trompette :	Sur la tunique.	0.16(1)
— Maréchaux ferrants :	Pose de deux fers de bras (2)......	0.10

CHASSEURS ET HUSSARDS

Pose de galons :

Sur le dolman et sur la veste :	Pour le cavalier de 1re classe (par effet)..	0.07 c.
—	Pour brigadier id......	0.14
—	Pour brigadier-fourrier id. ..	0.20
—	Pour maréchal des logis id. ..	0.09
—	Pour maréchal des logis fourrr id. ..	0.15
—	Pour maréchal des logis chef id. ..	0.18
Sur le manteau et le bourgeron :	Pour brigadier et maréchal des logis chef	0.10
—	Pour maréchal des logis...............	0.05
Pour trompette et brigadier-trompette :	Sur le collet et les parements du dolman..................	0.15 c.
	Sur la veste..................	0.05
Pour le maréchal des logis trompette :	Sur le dolman..................	0.40
Pose de deux fers de bras (Voir le tableau ci-dessous.)...................		0.10

RÉGIMENTS D'ARTILLERIE ET BATAILLONS D'ARTILLERIE DE FORTERESSE

Pose de galons :

Sur le dolman et la veste : Comme ci-dessus pour les chasseurs et hussards.

Sur le manteau :	Pour brigader, brigader-fourrier et maréchl des logis chef	0.10
—	Pour maréchal des logis..........................	0.05
Sur le bourgeron :	Pour brigadier..................................	0.10
Trompette et brigadier-trompette :	Sur le collet et les parements du dolman	0.25
—	Sur le collet de la veste..............	0.04
Maréchal des logis trompette :	Sur le collet et les parements du dolman	0.40
Pour musicien, par galon..................................		0.15
Pose de deux fers de bras (Voir le tableau ci-dessous et le renvoi (2), page 87.)		0.10

NOTA. — Pour les autres corps de troupes, se reporter aux tableaux D qui font suite à la description de l'uniforme.

En ce qui concerne l'enlèvement des galons de grade apposés sur les effets reversés par les réservistes ou les hommes de l'armée territoriale, l'allocation est à 5 centimes par effet. (Note du 18 juillet 1878, page 120.) De plus, le tarif du 7 juillet 1881, page 14 (S) applique cette fixation à l'enlèvement des galons sur tous les effets en cours de durée.

Le devis des galons est donné par les tableaux D qui font suite à la description de l'uniforme du 15 mars 1879 et par la description du 11 février 1884, pages 189 et 194 pour le dolman de cavalerie et la tunique de cuirassier.

5° *Confection et pose des pattes de collet à numéro, des écussons à numéros, des numéros, attributs* (grenades et étoiles, cors de chasse), à appliquer sur les effets neufs d'habillement ou de coiffure.

Les corps ont la faculté de faire confectionner les pattes et écussons dans leurs ateliers, mais seulement dans le cas où ces objets ne peuvent être fournis par le magasin administratif du chef-lieu de la circonscription de confection. (Note du 18 septembre 1880, page 352), modifiant l'art. 51 de l'instr. du 9 mars 1879.)

Le sous-intendant militaire fait connaître aux entrepreneurs le nombre et la désignation des accessoires de cette nature qu'ils auront à fournir, il leur indique également s'ils doivent être livrés séparément ou posés sur les effets. (Art. 9 de l'instr. du 13 mars 1879). Ceux destinés aux corps de troupes qui ont un approvisionnement de réserve sont livrés sans être cousus ni faufillés sur les effets. Ceux livrés aux corps, qui n'ont pas d'approvisionnement de réserve (artificiers, ouvriers d'artillerie, cavaliers de remonte), sont posés sur les effets. (Art. 91 de l'instr. précitée et note du 18 septembre 1880, page 352.)

(1) 0.12 c. dans les régiments de dragons.

(2) La note du 7 juillet 1879, page 25, rappelle que les maréchaux des logis premiers maîtres-maréchaux et les brigadiers maîtres-maréchaux reçoivent les insignes prescrits par la description de l'uniforme du 15 mars 1879 et que les élèves et les aides-maréchaux doivent avoir les insignes indiqués par cette note qui fixe les allocations.

Les attributs brodés doivent être fournis en principe aux corps de troupes par les entrepreneurs. (Cahier des charges du 4 janvier 1884, page 367.) Mais par sa circulaire du 5 octobre 1880 (M) le ministre a décidé que les attributs en drap seraient découpés à l'avenir dans les corps eux-mêmes.

Ces attributs brodés sont désignés par le cahier des charges précité, savoir :

Grenades de tir ou autres, Cors de chasse — brodés en or ou en argent.
Ancres.................., Attributs de télégraphie.. — brodés en or et soie.
— d'arçonnerie, brodés en argent.
Fers de bras, brodés en or, argent ou soie.
Locomotives brodées en soie.
Ancres brodées en laine.
Attributs de télégraphie brodés en laine.
— d'arçonnerie, brodés en soie écarlate.
Caducées brodés en fil blanc.
Foudres brodés en —
Caducées brodés en laine.

La circulaire précitée du 5 octobre 1880 (M) autorise les corps à acheter des emporte-pièces sur les fonds de la masse générale d'entretien, savoir :

Pour	Cors de chasse......	10 fr. 00	Attributs de sapeur (chasseurs à pied)........................ 19 fr. 00
	Grenades...........	9 00	Fers de bras................... 10 00
	Attributs de sapeur (Infanterie).......	22 00	Colliers........................ 10 00

(Nota. — Pour les écussons à apposer sur les effets apportés par les réservistes. (Voir le § 10e ci-après.)

Les commandes sont adressées au sieur Devaux, 27, rue du Vert-Bois, à Paris, et le paiement peut en être effectué, soit en un mandat sur le Trésor, soit par traite.

Pour l'entretien et le remplacement de ces objets, voir le renvoi (1), page 65 ci-dessus.

L'achat des emporte-pièces nécessaires aux troupes de cavalerie est spécialement autorisé par la dépêche ministérielle du 17 juin 1884 (M). — La dépense est également imputable à la 2e portion de la masse générale d'entretien.

Les frais de confection et de pose des pattes et écussons à numéros, destinés à des effets neufs, sont au compte du service de l'habillement. (Art. 4 du mod. d'abonnement.)

Les frais de confection des attributs et insignes d'emploi de tir, etc., qui ne s'obtiennent pas à l'emporte-pièce (1) sont aussi à la charge du service de l'habillement, mais ceux de la pose incombent au tailleur abonnataire. (Art. 1er de l'abonnement.)

Les remplacements des pattes, écussons, numéros, etc., placés sur les effets en cours de durée, sont également à la charge de l'abonnataire. (Art 2.) Se reporter à la page ci-dessus.

Dans les corps qui n'ont pas d'abonnataire (voir page 78) les dépenses de cette nature incombent à la masse générale d'entretien. (Art. 11 de l'Instⁿ du 21 avril 1879, page 685). Toutefois, la note du 17 avril 1883, pag. 590 (S) fait exception pour les attributs brodés des sections de secrétaires d'état-major et du recrutement, lesquels sont apposés sur les effets aux frais du service de l'habillemt, voir le § 10° ci-après pour les pattes et écussons à poser sur les effets apportés par les réservistes.

Les prix de confection et de pose sont ceux fixés par la description de l'uniforme en date du 15 mars 1879, tableaux D.

Le tarif du 7 juillet 1881, pag. 13 (S) rappelle que ces allocations sont maintenues, savoir :

Patte à numéro (la paire).

Pour la confection de deux pattes :		A 1 chiffre.................	0.11 c.
—	—	A 2 chiffres................	0.21
—	—	A 3 chiffres................	0.31
—	—	A grenade..................	0.23

(1) Les tarifs ne font aucune allocation pour la confection des accessoires obtenus à l'emporte-pièce. Principe appelé par diverses feuilles de vérification ministérielles : 11 janvier 1882, etc.

Pour la pose de deux pattes (1) (2) : A 1 chiffre. .... 0.11 c.
— — A 2 chiffres.................. 0.11
— — A 3 chiffres.................. 0.11
— — A grenade..................... 0.11

Ecusson à numéro pour képi et manteau.

Pour la confection d'un écusson à numéro : A 1 chiffre.......... 0.05 c.
— — A 2 chiffres.......... 0.10
— — A 3 chiffres.......... 0.15
— — A grenade.......... 0.06

Pour la pose d'un écusson : A 1 chiffre.............................. 0.05
— — A 2 chiffres.............................. 0.05
— — A 3 chiffres.............................. 0.05
— — A grenade.............................. 0.05

Pour les objets obtenus à l'emporte-pièce, il n'est alloué aucun frais de confection.

NOTA. — Pour le génie et les compagnies d'artificiers, se reporter aux tableaux D.

Pour la pose des tombeaux sur les vestes de zouaves et de tirailleurs (par effet).. 0.08 c.

Pour l'enlèvement des tombeaux sur les vestes de zouaves et de tirailleurs (par effet.. 0.02 c.

(Circ. du 3 juillet 1880, page 5 S.) Les notes des 26 avril 1880, page 158, et 23 octobre même année, page 373, fixent les allocations de drap pour la confection des pattes et des numéros.

La capote-manteau des artificiers est pourvue d'un écusson sur lequel est appliquée une grenade.

Confection des écussons avec pose des attributs 0 fr. 23 } par paire.
Pose des écussons sur le collet................ 0 10 }
Drap bleu foncé 0^{m} 006.
— écarlate, 0^{m} 002. (Dép. du 21 juin 1882 M.)

DEVIS (DU 31 MARS 1881, P. 230) D'ALLOCATIONS D'ÉTOFFES ET TARIF DES FRAIS DE POSE DES INSIGNES ET ATTRIBUTS DÉCOUPÉS EN DRAP

DÉSIGNATION DES INSIGNES ET ATTRIBUTS.		DEVIS D'ALLOCATIONS D'ÉTOFFES. NATURE DU DRAP.	ALLOCATION par attribut.	Frais de pose sur l'effet. — Main-d'œuvre mil.	OBSERVATIONS.
			m. mm.	fr. c.	
Insignes de tir.	Grenade d'artillerie......	Ecarlate, 23 ains.....	0. 002	0.05	60mm sur 35mm.
	Cor de chasse...........	Ecarlate ou jonquille, 23 ains...........	0. 002	0.05	
Ornements et attributs découpés en drap.	Fer de bras d'élève maréchal-ferrant	Ecarlate ou garance, 23 ains	0. 002	0.05	
	Collier de bourrelier......	Ecarlate ou garance, 23 ains...............	0.0025	0.05	
	Etoile de l'école d'administration	Blanc blanchi, 23 ains.	0.0015	0.05	
	Locomotive — Attribut.........	Ecarlate, 23 ains......	0. 002	0.10	Pose de l'attribut sur l'écusson.
	Locomotive — Ecusson	Bleu foncé, 19 ains....	0. 004	0.05	Pose de l'écusson sur l'effet.
	Roue pour agents secondaires des sections de chemins de fer...........	Ecarlate, jonquille ou blanc blanchi, 21 ains.	0.0015	0.06	
	Grenade à numéro.......	Ecarlate, 23 ains......	0.0015	0.10	55mm sur 30mm.
	Attribut de sapeur — Régiments d'infanterie..........	Jonquille, 21 ains..... Garance, 23 ains... ..	0. 012	0.15	Y compris la grenade, laquelle figure pour 0,002 de drap et 0,05 de pose.
	Attribut de sapeur — Porteurs d'outils.. Chasseurs à pied..	Jonquille, 21 ains.....	0. 010	0.10	

(1) Les foudres des secrétaires d'état-major et du recrutement et les caducées des infirmiers de visite tenant lieu de pattes à numéros (voir la description du 15 mars 1879, §§ 9° et 10°) sont posées aux mêmes prix que ces

La circulaire du 5 janvier 1880 (M) rappelée par l'instruction du 1er septembre 1879 revisée le 1er septembre 1884, fixe pour tous les corps les prix à allouer aux chefs ouvriers sur les fonds du service de l'habillement (budget ordinaire) pour la pose des pattes ou écussons, tant sur les effets du service courant que sur ceux de réserve, savoir :

Pour faufiler une paire de pattes ou écussons à numéros sur les effets d'habillement (par effet)........ 0.02 c.

Pour consolider une paire de pattes ou écussons à numéros sur les effets d'habillement (par effet)........ 0.09 c.

Pour coudre une paire de pattes ou écussons à numéros sur les effets d'habillement (par effet)........ 0.11 c.

Pour coudre l'écusson à numéro sur le képi (par effet)........ 0.05 c.

Ces prix sont alloués toutes les fois que l'opération à laquelle ils se rapportent est effectuée. Il n'est pas fait d'allocations pour les travaux consistant à découdre ou à défaufiler les pattes ou écussons. De plus, en cas de mobilisation, ceux de ces accessoires qui sont seulement faufilés sont consolidés par les hommes qui reçoivent les effets. (Circ. du 5 janvier 1880.) — Cette même circulaire détermine les cas dans lesquels les pattes et écussons doivent être faufilés, cousus ou non posés, savoir :

1° Dans les corps de troupe qui ont la gestion d'approvisionnements destinés à un corps territorial *de même arme* et qui sont par conséquent dans l'obligation d'en assurer l'écoulement, les pattes ou écussons à numéros sont faufilés sur les effets d'habillement du service de réserve du corps actif ; ils sont *retirés* lorsque les effets passent au service de réserve du corps territorial ; enfin, ils sont *cousus* quand les effets sont versés au magasin du service courant. Les écussons à numéros sont cousus sur les képis du service de réserve du corps actif, décousus et retirés quand ces effets passent au service de réserve du corps territorial, et recousus lorsque les képis sont versés au magasin du service courant ;

2° Dans les régiments d'artillerie-pontonniers, les compagnies d'ouvriers d'artillerie et d'artificiers, les sections de secrétaires d'état-major, les 19e, 20e, 21e, 22e, 23e, 24e et 25e sections de commis et ouvriers d'administration et d'infirmiers militaires, et les 19e et 20e escadrons du train des équipages, corps qui n'ont pas la gestion d'approvisionnements affectés à un corps territorial de même arme et qui ne sont pas appelés à faire mouvement, les pattes et les écussons à numéros sont cousus en tout temps, sur les effets du service de réserve comme sur ceux du service courant. Toutefois, dans les 19e et 20e escadrons du train des équipages, ces accessoires sont seulement faufilés sur les effets du service de réserve qui ne sont pas à l'uniforme de l'arme ;

3° Dans tous les autres corps de troupe, c'est-à-dire ceux qui n'ont pas d'approvisionnements de réserve destinés à un corps territorial de même arme, mais qui peuvent être appelés à faire mouvement, les pattes ou écussons sont faufilés sur les effets du service de réserve et consolidés quand les effets sont versés au service courant : les écussons sont cousus en tout temps sur les képis du service de réserve comme sur ceux du service courant. (Circ. du 5 janvier 1880.)

En cas de changement de garnison, les pattes à numéros faufilées sur les effets de réserve sont enlevées et emportées dans la nouvelle garnison. (Art. 62 de l'instr. du 1er septembre 1879, revisée (M), et circ. du 22 mars 1883, page 520.)

La nomenclature du 30 décembre 1880, page 473, modifiée le 23 novembre 1882, page 387, fixe le prix de tous ces accessoires ;

6° Dépenses résultant de la *mise en état des effets en magasin* détériorés par cas de force majeure (principe rappelé par feuille de vérification ministérielle du 20 octobre 1882) ;

7° *Frais de fourniture et pose d'un crochet* en cuivre sur la tunique et la veste des corps de cavalerie qui en font usage. (Décis. du 30 novembre 1875.) Il est alloué pour ce travail 0,11 cent., dont 0,05 cent. pour la main-d'œuvre et 0,06 cent. pour la

dattes (0.11). En ce qui concerne les foudres, on trouve d'ailleurs cette fixation à la page 560 de la description de l'uniforme.

(2) Ces prix sont applicables aux effets des hommes des bataillons d'artillerie de forteresse. (Déc. du 1er septembre 1883, page 175, et errata inséré 2e 84, page 596.)

fourniture du crochet, y compris les frais de transport. (Instr. spéciale de décembre 1875.) Aujourd'hui cette dépense est comprise dans les frais de confection fixés par l'instruction du 15 mars 1879.

8° *Frais de pose des boutons de sous-pieds* sur les pantalons de cheval n° 2. (L'opération consiste à rendre les boutons apparents, pour distinguer le pantalon n° 2 du pantalon n° 1.) Prix : 0,05 c. par effet. (Instr. du 15 mars 1879, page 405 et suivantes ; 23 décembre 1874, page 792 et 24 juillet 1875, page 62.)

9° *Frais de fourniture et de pose de signes distinctifs* pour les vêtements de deuxième tenue. La note du 28 juin 1879, page 23 du 2e semestre, en donne la description et le devis :

Fourniture et pose de deux soutaches sur le collet des tuniques ou dolmans des sous-officiers de toutes armes, moins celles ci-après........................ 0,05 c.

Fourniture et pose de deux cercles ou soutaches à apposer sur les vestes de zouaves et de tirailleurs algériens.. 0,06

Fourniture et pose de deux tresses noires sur les écussons du collet du génie.. 0,06

La décision du 25 avril 1884, page 457, alloue 0 fr. 06 pour la fourniture et la pose d'une ganse-cordonnet distinctive des képis n° 2.

ENTRETIEN DES EFFETS APPARTENANT A L'HABILLEMENT D'INSTRUCTION

ET AFFECTÉS AUX RÉSERVISTES OU AUX HOMMES DE L'ARMÉE TERRITORIALE

Les sous-intendants militaires prononcent sur les réparations à faire aux effets dont il s'agit réintégrés par les compagnies, escadrons ou batteries. (Art. 244 de l'instr. du 1er mars 1880.) On opère comme il est indiqué ci-après, §§ 10° et 11° et § 2°, page 79.

10° *Frais de réparation et de nettoyage des effets d'habillement et de campement réintégrés par les réservistes; transformation d'effets; indemnités pour apport d'effets.*

Les réservistes appelés pour une période d'exercices reçoivent les effets énumérés dans les instructions annuelles (Circ. du 19 avril 1880, etc.), lesquels sont prélevés sur l'approvisionnement d'instruction ou, à défaut, sur le service courant, mais il n'est délivré d'effets neufs qu'en cas d'absolue nécessité; toutefois, il peut en être distribué à charge de remboursement.

L'ordre ministériel du 13 juillet 1880, page 17, dispose que, si les réservistes apportent des effets en état de servir, ils reçoivent une indemnité, et la décision du 26 mai 1884, page 658, la fixe comme il suit :

Pour le pantalon, la veste, le dolman, la tunique ou la capote par effet... 1.00
Pour le képi.................. » 85
Pour la ceinture en laine (zouaves et tirailleurs)................. 0.75
Pour le gilet (zouaves et tirailleurs)...................... 0.50
Pour les guêtres-jambières en drap (zouaves et tirailleurs)........ 0.40

Ces indemnités leur sont payées, au moment du départ, sur un état émargé conforme au modèle n° 1 (circ. du 19 avril 1880). (Voir *Petit équipement.*) Elles sont dues lors même que les effets rapportés ne sont pas à l'uniforme du corps par suite de changements imposés aux hommes (circ. du 16 juin 1880 (M). Ces effets sont versés dans un corps possédant un approvisionnement d'instruction, et dont l'uniforme a quelque analogie, s'ils sont susceptibles d'être mis en service pour une période d'instruction au moins. Il est délivré aux intéressés d'autres effets d'une valeur équivalente. (Circ. des 16 juin et 17 juillet 1880.) La circ. du 27 mars 1883 (M) dispose que ces effets doivent recevoir des pattes et écussons au numéro du corps.

Ces accessoires sont confectionnés à l'avance aux prix des tarifs. Ils sont posés par les soins des hommes qui reçoivent la somme nécessaire à l'achat des aiguilles et de la soie en à-compte sur l'indemnité à leur allouer. Les pattes et écussons sont laissés sur les effets jusqu'après le deuxième appel ; à ce moment, ils sont retirés pour être remis en service à nouveau.

Avant d'être remis en magasin, les guêtres de toile, les chemises, caleçons et, s'il y a lieu, l'étui-musette, doivent être lessivés.

Les souliers sont lavés et graissés.

Les effets d'habillement sont nettoyés et dégraissés par l'emploi des procédés décrits dans l'instruction du 18 juin 1877, page 588.

La dépense est limitée au chiffre moyen de 0,90 c. par réserviste (effets d'habillement et de linge, y compris la cravate.)

Pour les hommes qui reçoivent des vêtements en toile, cette allocation est portée à 1 fr. 10 c. (1).

Il est accordé, en outre, une indemnité spéciale de 0,10 c. pour le nettoyage des ceintures de flanelle.

Tous ces nettoyages et lessivages sont aux frais du budget de l'habillement. Ils font l'objet de marchés qui s'appliquent aux réservistes et à l'armée territoriale, excepté pour la dépense. (Circ. du 19 avril 1880.) (M). Ces marchés sont passés par place, par voie d'adjudication publique, dans les conditions indiquées par la dépêche ministérielle du 18 avril 1883 (M), et par le cahier des charges y annexé qui donne l'énumération des effets à comprendre dans les marchés. Le paiement des sommes dues est effectué par les corps sur la production d'une facture en double expédition, dont une timbrée aux frais de l'adjudicataire. (Art. 25 du cahier des charges.)

En ce qui concerne les réparations à effectuer aux effets, les caporaux ou brigadiers premiers ouvriers reçoivent une indemnité qui est fixée à la moitié de l'abonnement de ces ouvriers, pour les corps qui ont pris part aux manœuvres, et au tiers dans le cas contraire. Si les premiers ouvriers tailleurs n'acceptent pas ces maxima, il est traité de clerc à maître d'après les tarifs annexés à la description du 15 mars 1879, et ceux du 7 juillet 1881, page 11 (S), complétés le 22 novembre 1882, page 400 (S), feuille de vérification ministérielle du 20 octobre 1882, n° 13173).

Nota. — Pour les effets du grand équipement, l'on applique le tarif du 7 juillet 1881.

Les dépenses de cette nature sont également au compte de l'habillement, budget ordinaire. (Circ. du 19 avril 1880 (M) et art. 4 du mod. d'abonnement du 21 avril 1879, page 689, et note du 30 juin 1880, page 42).

Elles sont justifiées dans la forme usitée et comprises dans les relevés trimestriels modèle n° 21 *bis* du décret du 1er mars 1880.

Les pertes d'effets sont constatées au moyen de procès-verbaux. (Mod. n° 15). Elles restent au compte de l'Etat. (Circ. du 19 avril 1880.)

La circulaire du 30 juillet 1878 (M) autorisait la transformation en vestes des dolmans hors de service, mais cette disposition n'a pas été reproduite dans la circulaire du 19 avril 1880.

Pour les réparations des effets spéciaux des conducteurs de caissons dans l'infanterie, elles sont à la charge de la masse générale d'entretien. (Note du 2 octobre 1884. page 548).

11° *Frais de réparation et de nettoyage des effets reintégrés par les hommes de l'armée territoriale.* — Les effets à distribuer à ces hommes sont déterminés par des instructions annuelles. Il n'est plus délivré de pantalon de treillis. (Circ. du 19 mars 1883). Les effets sont réintégrés à l'expiration des périodes d'instruction, après avoir été remise n bon état d'entretien et de propreté.

Les pertes et dégradations sont constatées par des procès-verbaux établis et approuvés dans les conditions ordinaires. Elles sont à la charge de l'Etat, et les dépenses qu'elles occasionnent incombent au budget de l'habillement. (Instr. du 15 avril 1880 (M), art. 4 du mod. d'abonnement du 24 avril 1879, pag. 689, et note du 30 juin 1880, page 421.)

En ce qui concerne spécialement les effets d'habillement et de linge, la circulaire du 15 mars 1879 et l'instruction du 15 avril 1880 (M) disposent qu'ils doivent être dégraissés ou lessivés soigneusement sous la responsabilité des conseils d'administration des corps de l'armée active. (*Pour les marchés à passer, voir le* § *10° ci-dessus.*) Ces marchés doivent prévoir le nettoyage des enveloppes de paillasse ou de traversin et des

(1) Bon nombre de réservistes ou territoriaux apportant des effets dont ils font usage pendant leur période d'instruction qu'ils remportent dans leurs foyers et qui ne sont par conséquent pas nettoyés dans les corps, pour régler les frais de nettoyage, on ne doit pas se baser sur le nombre d'hommes appelés; mais bien sur le nombre de collections complètes d'effets distribués, chiffre qu'on obtient au moyen d'une conversion (usage).

sacs de couchage, s'il n'était pas possible, entre deux appels, d'assurer les échanges de sacs, et, au besoin, d'autres effets de couchage. (Voir le cahier des charges adressé en 1883, qui donne l'énumération des effets à comprendre dans les adjudications).

Les corps ne peuvent engager, pour ces nettoyages, des dépenses excédant la moyenne de 0,50 fixée par homme appelé. (Instr. du 15 avril 1880 M) (1). S'il devait y avoir un excédant, il ne serait remis d'effets à l'adjudicataire que dans la limite de l'allocation ; le nettoyage du surplus serait exécuté par des hommes employés au magasin ou par corvée.

L'allocation en question s'applique seulement aux effets d'habillement et de linge, à l'exclusion des effets de couchage. (Circ. du 15 mars 1879 et instr. du 15 avril 1880.)

La dépense acquittée par les corps à titre d'avance est comprise dans des relevés mod. n° 21 *bis*, ordonnancés sur les fonds du service de l'habillement (budget ordinaire), dans la forme prescrite par l'instruction du 1er mars 1881, page 358. On comprend dans ces relevés les étamages de petites gamelles, les achats d'effets, les frais de pose et d'enlèvement des galons, les indemnités pour prêt d'effets de pansage, d'apport et d'effets d'habillement. Quant aux frais de pose et d'enlèvement des éperons sur des chaussures apportées, ils sont imputés sur l'indemnité de 5 fr. à payer aux hommes (instruction du 15 avril 1880). Il en est de même des réparations à exécuter au moment de la réintégration. (Note du 31 mai 1884, pag. 672).

Nota. — Lorsque les corps ne peuvent arriver à traiter par concours pour ces nettoyages, ils peuvent assurer le service aux conditions et par les moyens qui leur paraissent les plus avantageux, en ayant soin de renfermer la dépense dans la limite fixée par le ministre. (Dép. du 3 avril 1879 (M.)

Lors des réintégrations en magasin, le sous-intendant militaire, de concert avec les conseils d'administration des corps de l'armée active, détermine la moins-value à assigner à chaque effet réintégré à la section II. Cette moins-value est exprimée en trimestres pour l'habillement y compris le pantalon de treillis, ainsi que pour le grand équipement et sur le pied de 30 0/0 pour les cravates et de 10 0/0 pour les gamelles. Ces moins-values sont décomptées pour servir de base aux évaluations budgétaires ultérieures. Elles sont établies d'après les bons de distributions et bulletins de versement, les états d'émargement des indemnités pour prêt d'effets de pansage et les procès-verbaux de pertes et dégradations, et sont ensuite résumées dans des états récapitulatifs (Mod. A) établis par corps de troupes, lesquels sont eux-mêmes centralisés par corps d'armée dans un état (Mod. B.)

Les états A et B sont adressés au ministre (Bureau de l'habillement), accompagnés des états C et D, comprenant les cessions d'effets neufs, faites à charge de remboursement aux hommes qui en ont demandé, ainsi que des récépissés constatant le versement au Trésor de la valeur de ces effets et d'une copie des factures. (Instruction du 15 avril 1880 (M.)

Les hommes qui apportent des effets en état de servir reçoivent des indemnités qui leur sont payées au départ sur états mod. E et F. (Instᵒⁿ du 15 avril 1880 (M.)

Ces indemnités sont fixées comme il suit :

Pour le pantalon de drap, la veste, le dolman, la tunique ou la capote, par effet	0 fr.	75 c.
Pour le képi	0	20
— la ceinture en laine	0	50
— les guêtres jambières	0	15
— le gilet	0	25
— la chéchia	0	35
— le gland de chéchia	0	15

(Déc. du 26 mai 1884, page 659.)

Lorsque les effets apportés ne sont pas à l'uniforme du corps, on procède comme il est indiqué pour les réservistes, page 89.

Voir le Nota placé à la page précédente.

Nota. — Consulter, en outre, les instructions annuelles.

12° *Frais de confection des calottes d'écurie* dans les corps à cheval, à raison de 0,30 c. l'une. On se sert de drap provenant de manteaux réformés. (26 août 1843 tableaux B et D annexés à la description de l'uniforme, du 15 mars 1879.)

(1) Se reporter au renvoi de la page précédente.

La toile à doublure est prélevée sur le service courant; il en est alloué 0m04 par calotte. (Description précitée.)

Le prix de cette calotte, fixé par la nomemclature du 30 décembre 1880, page 5 est de 0,35 c.

13° *Frais de confection de calottes de travail* pour les ouvriers d'artillerie et les artificiers. Elles sont confectionnées avec des débris de capotes ou de manteaux. Prix de confection : 0,30 c. Allocation de toile à doublure : 0,04 c. (Tableaux D annexés à la description de l'uniforme.)

Pour la calotte des ouvriers d'administration, voir *Vêtements de travail.*

14° *Frais de remplacement des coiffes intérieures* des képis réintégrés en magasin pour être remis en service. (Voir l'alinéa 2°, page 79.)

Aux termes de l'article 4 du modèle d'abonnement annexé à l'instruction du 21 avril 1879, page 689, le remplacement (fourniture et pose) des coiffes intérieures de képis réintégrés en magasin doit être laissé au compte du service de l'habillement.

Le prix de cette coiffe est de 0,56 c. (Nomencl. du 30 décembre 1880, page 526) et les frais de pose de 0,10 (Tarif du 7 juillet 1881, page 41 (S).

La circulaire du 10 mai 1875, page 657, dispose en outre que les coiffes doivent être le plus souvent lessivées et non changées. Par suite, les dispositions de la circulaire du 10 septembre 1874 (M) concernant les képis des hommes de la deuxième portion du contingent, ne doivent recevoir leur application que dans des cas exceptionnels où les fonctionnaires de l'intendance jugeraient ces coiffes en trop mauvais état pour être conservées après nettoyage. Cette circulaire du 10 septembre 1874 et celle du 10 décembre 1877 (M) portent que pour les hommes dont il s'agit, les remplacements en nature sont au compte de l'Etat. (*Service de l'habillement.*)

15° *Remplacement des bandes de pantalon.*

L'article 4 du mod. d'abonnement annexé à l'instruction du 21 avril 1879, page 689, met au compte du service de l'habillement le remplacement des bandes de pantalon. Le tarif du 7 juillet 1881, page 20 (S) alloue 0,60 pour changer ou retourner les bandes d'une jambe de pantalon d'ordonnance. La même opération est payée 0,45 lorsqu'il s'agit de retourner les bandes d'un pantalon de cheval (22 novembre 1882, page 400 (S).

16° *Frais de confection des effets d'habillement des sous-officiers et soldats.* (Description des uniformes du 15 mars 1879, tableaux B. — Circ. du 4 décembre 1834, page 585; 15 décembre 1846, page 710, etc.)

La loi du 13 mars 1875 relative à la constitution des cadres et des effectifs a eu pour effet de supprimer les ateliers de confection régimentaires.

Cette suppression a été prononcée définitivement par le ministre le 6 novembre 1875, à partir du 1er janvier 1876.)

Les confections que peuvent faire exceptionnellement les corps sont désignées à la page 67 du Recueil.

Les allocations d'étoffes et les prix de confection sont fixés par l'instruction du 15 mars 1879, pages 391 et suivantes. Par la description du 11 février 1884, pages 181 et 194 pour le dolman de cavalerie et la tunique de cuirassier.

Pour les effets de taille exceptionnelle, le conseil d'administration a à demander au sous-intendant militaire l'autorisation d'emploi des matières nécessaires en sus des devis; ces autorisations restent annexées au compte ouvert du premier ouvrier. Ces sorties sont comprises dans le certificat administratif, mod. n° 9. (Art. 131 de l'instr. du 1er mars 1880, page 399. Ces confections ne donnent pas lieu à marché, elles sont simplement autorisées par le conseil d'administration dans les conditions de prix indiquées par les tarifs. (Art. 21 du décr. du 1er mars 1880, page 362.)

MATIÈRES NÉCESSAIRES POUR LES CONFECTIONS OU RÉPARATIONS

Les matières premières (draps, velours, toiles, fausses-bottes et visières) nécessaires pour la confection des effets, sont fournies par les magasins administratifs. (Instr. du 9 mars 1879, page 256.) Cette fourniture est gratuite. Les corps justifient de l'emploi de ces matières dans le compte annuel de gestion. Les matières employées aux réparations incombent aux masses individuelles font l'objet de versements au Trésor. (Voir page 74).

Les demandes périodiques sont adressées dans la forme et aux époques indiquées par l'instruction précitée. (Voir pages 36 et 39 du présent Recueil.)

Les corps doivent, autant que possible, retirer aux pantalons de cheval classés hors de service, les fausses-bottes qui sont susceptibles d'être utilisées aux transformations et aux réparations. C'est seulement à défaut de cette ressource qu'ils demandent des fausses-bottes neuves. (Art. 38 de l'instr. précitée.) Les galons sont achetés par les corps. (Voir page 83.)

Les menues fournitures, telles que : fil, aiguilles, boutons ordinaires et boutons d'uniforme, sont comprises dans les prix de confections alloués aux ouvriers. (Tableaux faisant suite à la description des uniformes. — Voir page 82, pour la fourniture des boutons d'uniforme.

Les matières, les accessoires d'effets d'habillement et les galons nécessaires aux confections sont remis à l'atelier de réparations par le magasin du corps, conformément aux dispositions des articles 27 et 252 de l'ordonnance du 10 mai 1844, modifiés par le décret du 1er mars 1880, pages 362 et 384, c'est-à-dire au fur et à mesure des besoins et sur l'autorisation préalable du conseil d'administration. Les galons à distribuer par suite de promotions ou de mutations sont remis aux capitaines qui les font poser par les ouvriers du corps. (Art. 252.) Il est interdit d'en employer d'autres. (Art. 53 de l'inst. du 9 mars 1879 précitée.) (Pour les réparations, voir pages 69 à 75).

Dans les corps de l'artillerie et du génie, on doit employer du drap écarlate reteint pour les réparations. Des états de demande de ce drap doivent être produits, chaque année au mois de décembre (Circ. du 7 juillet 1883 (M).

Les intendants militaires fixent, en vue des besoins courants des corps de troupes, l'importance des approvisionnements en matières premières (draps, velours et toiles) et en accessoires d'effets d'habillement autres que les fausses-bottes, en accessoires d'effets de grand équipement et de coiffure, et généralement en effets de toute nature non désignés aux tableaux d'approvisionnement, tels que les effets de gymnase et de natation. Ces matières ou effets ne peuvent entrer dans la composition des approvisionnements de réserve. (Instr. du 1er septembre 1879 révisée le 1er septembre 1884 (M). Des états leur sont soumis périodiquement à cet effet.

(Voir page 85 pour les attributs et signes distinctifs.)

Fourniture d'effets divers au compte du service de l'habillement. (Voir plus loin au titre *Dépenses diverses*).

16° bis *Frais de confection des effets d'enfants de troupe.* Le décret du 19 juillet 1884, page 43, supprime en principe les enfants de troupe dans les corps ; mais la circ. du 14 octobre 1884 (M) ouvre aux conseils d'administration la faculté de maintenir *quelques* enfants sans famille ou dont la situation est particulièrement intéressante. Tous ceux maintenus dans les corps continuent à recevoir les allocations attribuées actuellement aux enfants de leur âge. (14 octobre 1884 (M).

Aux termes de l'article 253 de l'ordonnance du 10 mai 1884, modifié par le décret du 1er mars 1880, les corps doivent pourvoir à l'habillement des enfants de troupe au titre du service courant, suivant les instructions du ministre de la guerre.

Ces enfants de troupe ne sont habillés qu'à l'âge de dix ans et s'ils sont présents sous les drapeaux. (Décis. du 7 octobre 1853, page 798, du 6 octobre 1873, page 333.) De 10 à 15 ans, ils reçoivent des effets d'un modèle spécial qui est déterminé par la description de l'uniforme du 15 mars 1879, art. 150 et suivants. Au-dessus de l'âge de 15 ans, ils reçoivent l'uniforme de leur corps suivant l'emploi qu'ils y remplissent. (Renvoi 2 de l'art. 150 de l'instr. du 15 mars 1879 et décis. du 7 août 1877, page 171 (S).

Les corps doivent en principe confectionner les effets nécessaires aux enfants de troupe. (Art. 51 de l'instr. du 9 mars 1879, page 266), mais en cas d'impossibilité, ils peuvent avoir recours à l'entrepreneur régional des confections militaires. (Art. 23.)

La circulaire ministérielle du 7 août 1877, page 166 (S) prescrit aux corps de troupes de faire d'abord usage pour ces confections des effets hors de service, ensuite des économies de coupe, et de ne recourir au service courant qu'en cas d'insuffisance de ces ressources, et sur l'autorisation préalable du sous-intendant militaire qui constate la nécessité de prélèvements de cette nature. L'article 245 du décr. du 1er mars 1880 rappelle également que, le cas échéant, des effets hors de service peuvent être utilisés pour l'habillement de ces enfants, mais les économies de coupe sont employées par les ouvriers à tous les services indifféremment. (Art. 131 de l'instr. du 1er mars 1880, page 399.)

La valeur des étoffes prélevées sur le service courant n'est plus remboursée par la masse générale d'entretien. Les matières premières à acheter dans le commerce et les frais de confection des effets sont également à la charge du service de l'habillement. (Circ. précitée du 7 août 1877.)

La toile dite d'Armentières, nécessaire à la confection des vareuses et pantalons de toile, est achetée dans le commerce au prix de 1 fr. 30 c. par mètre, et la dépense est également imputable sur les fonds dudit service. (Décis. du 15 novembre 1878, page 630 (S), et description du 15 mars 1879, tableaux C.)

Les prix de confection sont : Tunique-vareuse en drap, y compris les fournitures, 2 fr. 50 c.; en toile, 1 fr. 50 c.; képi, y compris la fourniture de la coiffe inférieure, de la toile cirée, du passepoil, de la jugulaire, des boutons et ventouses, 1 fr. 27 c. et 0,05 c. pour la pose de la grenade. (Description du 15 mars 1879, page 235, qui donne également le devis). Pantalon en drap. 0,90 c., en toile, 0,85 c. (Note du 16 octobre 1882, page 292 (S) qui fixe le devis des matières à employer.)

L'article 1er du modèle d'abonnement du 21 avril 1879, page 688, oblige l'ouvrier tailleur abonnataire à entretenir les effets de ces enfants. (Voir page 69, et au titre *Petit équipement* pour les effets qui leur sont nécessaires.) Lorsqu'il n'y a pas d'abonnement, la dépense incombe à la masse générale d'entretien (2e portion). (Art. 11 de l'instruction du 21 avril 1879, 685 et état n° 105 de la nomenclature des dépenses au compte de la masse générale d'entretien. On applique le tarif du 7 juillet 1881, page 28 (S) complété le 22 novembre 1882, page 400 (S).

NOTA. — Chaque effet doit être marqué à la doublure du numéro du régiment, avec indication du millésime et du trimestre de sa distribution, ainsi que du numéro de l'enfant. (Description de l'uniforme du 15 mars 1879, page 235.) La notice du 13 mars 1880 (M) prescrit de laisser des excédents de drap pour agrandir les effets quand le besoin s'en fait sentir. La durée des effets est celle fixée par la description du 15 mars 1879, savoir :

Tunique-vareuse en drap,	2 ans (est conservée ensuite comme vêtement de 2e tenue pendant 2 ans, 7 août 1877, p. 171 (S).	
Pantalon en drap,	1 an	(*Idem.*)
Képi,	2 ans	»
Tunique-vareuse en toile,	1 an	»
Pantalon en toile,	1 an	»
Brodequins,	4 mois	»

(Tableaux B annexés à ladite description.)

17° *Remboursement d'effets de petit équipement du service courant versés au service de réserve ou d'instruction.* — Il a lieu chaque trimestre par les soins du sous-intendant militaire. (Instr. du 17 septembre 1878, page 352 (S), et art. 228 de l'instr. du 1er mars 1880, p. 404).

18° Paiement d'une indemnité aux hommes auxquels le pantalon en drap est retiré avant durée expirée pour être versé à l'habillement d'instruction. Cette indemnité est payée, sur état nominatif émargé, à tous ceux qui se sont pourvus d'un second pantalon sur leurs centimes de poche; la quotité en est déterminée par le conseil d'administration, en tenant compte de l'état de conservation du pantalon retiré. Elle ne peut dépasser toutefois 1.50 et doit être payée au titre du service de l'habillement comme pour les réservistes. (Cir. des 13 juillet et 21 août 1880, M.)

19°. — Frais de réparation des effets en service réintégrés après avoir parcouru leur durée et versés à l'habillement d'instruction. Sont au compte du service de l'habillement. (Note du 30 juin 1830, page 420.)

20° Frais de nettoyage et de réparation des effets réintégrés, en cas de mobilisation, par les hommes en partance, pour être distribués aux hommes restant sur le territoire. (Circ. du 9 février 1883, p. 106). — *Idem.* —

21° Dépense de transformation du pantalon n° 2 des soldats ordonnances, des officiers montés de troupes à pied et des conducteurs d'équipages réglementaires dans les corps d'infanterie. Il est alloué, au premier ouvrier tailleur, 0,65 c. par pantalon d'infanterie, 0,67 c. par pantalon de chasseur à pied et 0,75 par pantalon du génie, y compris la fourniture et la pose des quatre boutons de sous-pieds. Le drap est prélevé sur les effets hors de service. (Décision du 5 août 1884, page 138).

Dépenses au compte du budget des Écoles militaires.

Dans les écoles militaires, les dépenses d'entretien de l'habillement, de la coiffure, etc., sont imputées sur les fonds du matériel de chaque établissement. (Art. 33 du règlement du 15 décembre 1875, page 422.)

Dépenses au compte des officiers, adjudants, maîtres-ouvriers, etc., etc.

Les effets dont les officiers doivent être pourvus à l'intérieur sont énumérés et décrits dans l'instr. du 15 mars 1879 portant description de l'uniforme (1) et l'instruction du 1er décembre 1879, pages 443, 502 et 665, indique ceux qu'ils doivent emporter en campagne.

Tous les effets d'habillement, d'équipement, les armes, etc., etc., sont à la charge des officiers qui, en principe, doivent se les procurer dans l'industrie civile.

Les sous-officiers promus officiers ou à des emplois assimilés ont droit à une indemnité d'équipement: (Art. 143 du règlement du 8 juin 1883, page 592) ; au moment de leur promotion et s'ils changent de corps, cette indemnité leur est payée avant leur départ par mandat du sous-intendant militaire établi au titre du nouveau corps. (Art. 144.) Pour les fixations, se reporter au tarif n° 51 du 25 décembre 1875, page 912.

Les élèves de l'école militaire de Saint-Cyr, auxquels il est accordé des premières mises ou des demi-premières mises d'équipement, reçoivent les sommes qui leur sont a louées par les soins du conseil d'administration de ladite école. (Note du 1er mai 1884, page 1305 (S).

Les capitaines d'infanterie et du génie montés au frais de l'Etat ont droit à une première mise de harnachement. Cette indemnité ne peut être payée qu'une seule fois aux mêmes officiers. (Art. 145 du règlement précité.) Elle est fixée à 150 fr. par le tarif du 25 décembre 1875.

Cette allocation est due aux capitaines montés à leurs frais qui ont renoncé à la remonte à titre gratuit. (Circ. du 15 septembre 1881, page 198).

De plus, elle est attribuée aux capitaines du génie appartenant à l'état-major particulier, comme à ceux des corps, mais ce bénéfice n'est pas concédé aux lieutenants des compagnies de sapeurs-conducteurs promus capitaines. (Décision présidentielle de 18 mars 1883, page 288). Les officiers de santé n'y ont pas droit non plus. (Dép. du 8 janvier 1882 (M).

Un supplément de première mise de 250 francs est alloué aux sous-lieutenants et lieutenants d'artillerie provenant des sous-officiers qui passent d'une position non montée à une position montée. (Art. 146 du règlement et tarif précité).

Un supplément de 280 francs est alloué également dans les mêmes conditions aux sous-lieutenants des compagnies de mineurs et sapeurs qui passent dans les compagnies de sapeurs conducteurs. (Tarif précité).

NOTA. — Cette disposition n'a pas été rappelée par le règlement du 8 juin 1883, page 593.

La circulaire du 18 janvier 1876 (M), relative à la suppression des maîtres-ouvriers tailleurs et cordonniers, rappelle que les tarifs de première mise pour l'habillement et l'équipement des officiers ont toujours été calculés sur le taux de la main-d'œuvre civile et non sur celui de la main-d'œuvre militaire.

Toutefois, le ministre maintient, *provisoirement*, aux officiers de troupe la faveur de se faire habiller dans les ateliers de réparations régimentaires, lorsque les premiers ouvriers sont en état d'assurer le service sans occasionner de retard dans l'exécution des réparations des effets de troupe. Cependant, cette autorisation ne crée ni un droit pour les officiers ni une obligation pour les chefs d'ateliers.

(1) Cette instruction a été modifiée, savoir : Pour l'infanterie, par celles des 15 mars 1883, page 327 et 26 janvier 1884, page 127; pour le corps de santé, par celle du 24 juillet 1883, page 541 ; pour le personnel spécial de la justice, par celle de même date insérée, page 549. En outre, une note du 4 juillet 1877, page 24, autorise les officiers de troupes à pied à faire usage en route et en campagne d'une sacoche de couleur noire.

On doit avoir soin de stipuler dans les conventions que les abonnataires n'auront droit à aucun recours contre l'administration lorsque des pertes ou avaries viendront à se produire dans le matériel ou les matières propres à la confection des vêtements d'officiers, et cela, quelles que soient les raisons qui pourraient être invoquées.

Lorsque cette fourniture ne peut être assurée dans les ateliers militaires, les corps peuvent s'adresser aux entrepreneurs civils désignés pages 35 et 40. Si l'un de ces entrepreneurs refusait de s'en charger, ils auraient toujours la ressource de s'adresser à un autre.

Les adjudants et les sous-chefs de musique (1), recevant une première mise d'équipement supplémentaire au moment de leur promotion 250 fr. (déc. du 6 mai 1883, page 427), et une prime journalière d'entretien (aujourd'hui fondue avec la solde, décr. du 10 octobre 1874, page 375) doivent pourvoir, en principe, à toutes leurs dépenses d'habillement et d'équipement. (Circ. du 18 janvier 1876.) L'achat de l'étui de revolver est également à leur charge. (Note du 1er septembre 1877 page 279 (S). Toutefois, dans les corps de troupes à cheval, le manteau, le porte-manteau, le casque (cuirassiers et dragons), et la matelassure de cuirasse sont fournis au compte de l'Etat. (Descrip. de l'uniforme, tableau B). Les adjudants élèves d'administration sont traités comme les adjudants d'infanterie. (Déc. du 31 mars 1883, page 351).

Les chefs-armuriers et maîtres-selliers recevant également une première mise de 170 fr. (tarif n° 51 du 25 décembre 1875), et leur solde ayant été calculée comme celle des adjudants, c'est-à-dire en prévision des dépenses qu'ils ont à payer pour leur habillement et leur équipement (décr. du 10 octobre 1874), ils sont tenus de s'habiller à leurs frais. Ce principe est rappelé pour les maîtres-selliers par la description de l'uniforme en date du 15 mars 1879, page 238.

Les adjudants et sous-chefs de musique ont des effets confectionnés en drap fin. Leur armement est au compte de l'Etat. (Description de l'uniforme du 15 mars 1879.)

En ce qui concerne les maîtres-selliers, leurs effets étant confectionnés avec du drap mi-fin (23 ains), semblable à celui employé pour les autres sous-officiers, (Description du 15 mars 1879, art. 158), les conseils d'administration doivent faire délivrer les matières nécessaires et confectionner les effets.

La valeur des étoffes et des galons ainsi employés est versée au Trésor, au moyen des retenues faites sur les sommes revenant au débiteur ; il en est de même pour les effets de grand équipement; en ce qui concerne les effets de petit équipement, ils sont remboursés à la masse individuelle.

Quant aux chefs-armuriers des corps de toutes armes, ils sont habillés comme les ouvriers d'État de l'artillerie (Circ. du 11 avril 1873, page 461) : ils se procurent leurs effets dans l'industrie civile et ils reçoivent l'indemnité de première mise d'équipement fixée par le tarif du 25 décembre 1875, inséré au *Journal militaire*.

Les effets dont les adjudants, maîtres-ouvriers, etc., doivent être pourvus, sont indiqués par les tableaux qui font suite à la description de l'uniforme précitée et par la note du 4 mars 1884, page 223, qui autorise les adjudants des troupes à pied à faire usage d'une sacoche en route.

Habillement et équipement des officiers de réserve ou de l'armée territoriale appelés à l'activité.

Les circulaires des 11 août 1876, n° 5270, et 19 avril 1880 (M), portent qu'aucun crédit n'ayant encore était ouvert au budget de la guerre pour l'allocation d'une première mise aux officiers de réserve, ceux de ces officiers qui en font la demande peuvent recevoir des effets neufs d'habillement et d'équipement de sous-officiers.

Des galons de grade, brides d'épaulettes et numéros brodés, sont appliqués sur les effets d'habillement, et la valeur et la pose de ces accessoires incombent aux officiers.

(1) En cas d'appel, les adjudants réservistes et assimilés sont habillés avec des effets neufs. Ils reçoivent, dans les troupes à pied, une tunique, un pantalon et un képi de sous-officier et une capote de soldat; dans les troupes à cheval un dolman ou tunique et un képi de sous-officier, un manteau et un pantalon de cheval de soldat.
Ceinturon et dragonne du modèle affecté à leur grade.
Les galons de grade à apposer sur les effets sont achetés dans le commerce au compte du service de l'habillement. (Circ. du 19 avril 1880 (M).

Ces effets sont emportés après la période d'exercices, mais les officiers détenteurs doivent les conserver pendant tout le temps de service exigé par la loi. Ceux qui sont rayés par suite de démission, révocation ou condamnation sont astreints à les réintégrer. La réintégration a également lieu en cas de décès d'un officier avant l'expiration de son temps de service. (Circ. du 19 avril 1880) (M).

Une circulaire du 30 novembre 1876 dispose, en outre, que les officiers de réserve des régiments de cavalerie et ceux de l'armée territoriale pourront, en cas de mobilisation, prendre à titre remboursable des harnachements de troupes dans leur corps. La valeur en sera retenue sur le montant de la gratification d'entrée en campagne.

A l'égard des officiers de l'armée territoriale qui sont appelés pour une période d'instruction, l'instruction du 15 avril 1880 (M) dispose que des effets d'habillement neufs de sous-officiers (tunique ou dolman, pantalon d'ordonnance et képi), ainsi qu'un sabre et un ceinturon en cuir verni d'adjudant, avec dragonne en cuir, peuvent être délivrés aux officiers sur leur demande. Les galons de grade et les brides d'épaulettes sont apposés sur ces effets aux frais des officiers. Ces effets sont emportés et conservés par les détenteurs pendant tout le temps qu'ils sont assujettis au service. Si, pour une cause quelconque (démission, révocation, condamnation, décès) ce temps de service n'est pas atteint, les effets sont réintégrés à la diligence des capitaines-majors et par les soins de la gendarmerie (instr. précitée). Mais les officiers qui atteignent la limite d'âge extrême fixée par la loi les conservent (Instruction du 15 avril 1880 (M) et circ. du 24 décembre 1879 (M.)

Les effets délivrés aux officiers de l'armée territoriale doivent figurer dans les comptes du corps actif comme étant en service au titre de l'habillement d'instruction. (Dép. du 13 janvier 1882 (M).

Les sabres ou épées qui peuvent être délivrés à titre gratuit aux officiers de l'armée territoriale, sont distribués par les corps correspondants de l'armée active et continuent à figurer dans leurs comptes ; ils sont conservés par les détenteurs, sauf réintégration dans le cas de décès ou de démission (Circ. des 31 mars 1878 et 3 avril 1879 (M.)

Une circulaire du 16 avril 1883 (M), a attribué une indemnité de 250 fr. aux officiers de réserve de troupes à pied et une de 300 fr. pour ceux de troupes à cheval nommés en 1883, à l'exception de ceux provenant de l'armée active déjà pourvus d'un uniforme.

Pour les officiers de réserve du service de santé et des personnels administratifs, l'indemnité a été fixée à 300 fr. par la lettre collective du 18 mai 1883 (M).

Indemnités pour pertes d'effets (dépenses imputables au service de la solde).

L'indemnité pour pertes d'effets est due aux officiers qui, ayant été faits prisonniers de guerre autrement que par capitulation, et étant de retour des prisons de l'ennemi, reçoivent l'ordre de rentrer immédiatement en campagne.

Les pertes de cette nature éprouvées par les officiers dans d'autres circonstances dérivant d'un service commandé, et par suite d'événements de force majeure dûment constatés, n'ouvrent le droit à indemnité qu'en vertu d'une décision spéciale du ministre de la guerre rendue sur un rapport motivé.

Les spahis indigènes, qui dans un service commandé éprouvent des pertes d'effets, ont droit à une indemnité. (Art 148 du décret du 8 juin 1883, p. 593.)

JUSTIFICATION DES PERTES

Les indemnités pour pertes d'effets, en cas de captivité, ne peuvent être allouées aux officiers sans troupe que sur des extraits des contrôles délivrés par les officiers de l'intendance militaire, dépositaires de ces contrôles, constatant l'époque de la captivité, ainsi que l'affaire où chaque officier a été fait prisonnier de guerre. Si les contrôles ont été envoyés au ministère de la guerre, conformément aux dispositions de l'article 432, les indemnités ne peuvent être accordées que sur une autorisation du ministre.

Pour les officiers de troupe, les indemnités de perte ne peuvent être accordées que sur un certificat du conseil d'administration de leur corps constatant également l'époque de la captivité et l'affaire où elle a lieu. Ce certificat doit être visé par le sous-intendant militaire, après vérification.

Quant aux pertes éprouvées dans les conditions du 2e paragraphe de l'article 148 et à celles éprouvées par les spahis indigènes, elles sont justifiées par un procès-verbal du conseil d'administration ou du commandant de la troupe, ou, s'il s'agit d'officier sans troupe, par un procès-verbal du chef de service. Ces procès-verbaux relatent les circonstances de la perte et l'évaluation énumérative des objets perdus. Ils sont visés par le fonctionnaire de l'intendance (art. 149 du règlement du 8 juin 1883, page 593. (En cas de décès, les héritiers ont droit aux indemnités si elles étaient acquises au moment de la mort (art. 152).

Les indemnités à payer sont fixées par le tarif n° 53 annexé au décret du 25 décembre 1875, page 916.

Pour les officiers et militaires de la gendarmerie, les pertes d'effets sont constatées et payées conformément aux dépositions des articles 188, 198 à 201 du décret du 18 février 1863, pages 57 et 59.

ENTRETIEN DES EFFETS DE GRAND ÉQUIPEMENT ET DE COIFFURE EN SERVICE

Grand Equipement.

(Voir *Formation des approvisionnements*, pag. 31)

RÉGIME DE L'ABONNEMENT

Les dispositions générales insérées à la page 68 sont applicables à l'entretien du grand équipement.

Les frais d'entretien des effets de grand équipement sont au compte de la masse générale, que le corps soit sous le régime de l'abonnement ou sous celui de clerc à maître. Il n'y a d'exception à cette règle que dans les cas prévus par l'article 4 du mod. d'abonnement.

Dans l'infanterie, le premier ouvrier cordonnier est chargé de l'entretien de l'équipement ; dans les corps montés, c'est le maître sellier qui est chargé de ce soin.

Conformément au principe posé par la note ministérielle du 13 juin 1873, page 666, le régime de l'abonnement n'est pas applicable au temps de guerre. (Art. 9 de l'abonnement.)

Le modèle de marché en vigueur est celui annexé à la décision du 21 avril 1879, page 692; il doit être passé pour un an aux clauses et conditions suivantes :

EFFETS AUXQUELS S'APPLIQUE L'ABONNEMENT

ART. 1er. — Le sieur. . . . . s'engage :

1° A entretenir, réparer, faire entretenir ou réparer à son compte, et au fur et à mesure des besoins, les effets de grand équipement, y compris :

Les étuis de revolvers ;

Les étuis d'instruments de musique ;

Les étui d'outils (Voir *Outils fournis par le service du génie*) ;

Les porte-manteaux ;

Les courroies d'ustensiles de campement en service dans les corps ;

2° A fournir les pièces nécessaires pour mettre en bon état les effets ci-dessus spécifiés quand ces remplacements sont la conséquence d'un user ou d'une détérioration naturels ;

3° A remplacer les parties en drap de couleur distinctive des porte-manteaux ;

4° A ajuster à la taille des hommes les effets de grand équipement bons ou neufs en service ou délivrés du magasin ;

5° A marquer les effets reçus par les magasins du corps (Voir au titre : *Frais divers des magasins*, page 57);

6° A poser les D en cuivre dits porte-agrafes aux ceinturons neufs provenant des magasins de l'Etat.

MODE DE FOURNITURE DE DIVERSES MATIÈRES ET ACCESSOIRES NÉCESSAIRES POUR LES RÉPARATIONS

ART. 2. — Les effets et accessoires réformés seront remis à l'abonnataire dans une proportion que déterminera le conseil d'administration lorsqu'ils seront reconnus susceptibles d'être utilisés pour les réparations, il en sera de même du drap nécessaire pour les réparations à exécuter aux porte-manteaux. (Voir pages 72 et 75, pour les autorisations du sous-intendant et les pièces justificatives.)

QUALITÉ DES MATIÈRES A FOURNIR PAR L'ABONNATAIRE

ART. 3. — Les fournitures incombant à l'abonnataire ne comprendront que les matières de bonne qualité et conformes aux modèles-types.

NOTA. — Ces matières sont le fil, la cire, les pièces, etc. Quant aux outils et objets divers nécessaires pour l'exécution des réparations et remplacements, ils sont à la charge des abonnataires; mais lorsqu'un premier ouvrier ne possède pas les fonds nécessaires pour ces acquisitions, les corps doivent y pourvoir. (Circ. des 6 novembre 1875 et 21 février 1876, sur les fonds généraux de leur caisse (note du 2 janvier 1885, p. 43.) Les détenteurs sont tenus de les entretenir et de les remplacer à leurs frais. (Circ. des 6 novembre 1875 et 21 février 1876 M.) — Pour le remboursement de ces avances, voir au titre : *Matériel au compte des ouvriers tailleurs*, pag. 65. Pour les pertes de matériel par cas de force majeure, voir pag. 66.

RÉPARATIONS PAYABLES EN DEHORS DE L'ABONNEMENT

ART. 4. — Seront payées supplémentairement à l'abonnataire par imputation à qui de droit :

Au compte de la masse individuelle :

1° Les réparations qui deviendraient nécessaires par la faute ou la négligence des hommes.

NOTA. — Voir pages 72 à 77 pour la délivrance et le paiement des étoffes, ainsi que pour le remboursement des effets perdus. On doit se renfermer dans les fixations du tarif du 7 juillet 1881, page 43 (S).

Au compte de la masse générale d'entretien :

2° Les réparations provenant de cas de force majeure; le remplacement des grandes et petites bélières.

NOTA. — Voir page 75 pour le mode de constatation et de paiement; les prix des pièces séparées et les frais de pose ou de réparations sont fixés par le tarif du 7 juillet 1881, page 43 (S). Ces prix sont des maxima qu'on ne peut dépasser sans autorisation, mais qu'on doit s'efforcer de ne pas atteindre. (Note du 23 octobre 1883, page 508.) Quand il est possible, on doit confectionner les petites bélières avec les grandes qui sont hors de service. Cette opération a lieu sans frais. (Circ, du 2 décembre 1875 M.) (1). Les ceinturons de sabre nouveau modèle n'ont plus de grande bélière dans les régiments de cavalerie. (Circ. du 26 octobre 1882 (M) et description du 16 juillet 1884, pages 76 et 553 (S).

Au compte du service de l'habillement :

3° Les réparations que peuvent exiger les effets réintégrés par les réservistes ou les hommes de l'armée territoriale. (Voir *Habillement*, pages 89 et 90.)

Les trous à percer, le cas échéant, dans les courroies de havre-sacs et les bretelles de fusil doivent être pratiqués par le premier ouvrier cordonnier, lequel reçoit sur les fonds du service de l'habillem[t], 0.03 par havre-sac et un centime par bretelle de fusil. (Note du 1er septembre 1881, page 158, 12 mars 1882, page 80 et 2 août 1884, page 137). Le prix des courroies diverses est fixé par le tarif précité du 7 juillet 1881.

Les dépenses de tranformation des ceinturons de cavalerie ont été mises à la charge du même service. (Déc. du 2 décembre 1884, page 684 (S).

(1) Pour les effets remplacés par ordre avant durée expirée ou réforme et versés à l'approvisionnement d'instruction, on procède comme pour les effets de la première catégorie. (Voir ci-dessus, page 79, alinéa 2°.)

BULLETINS DE RÉPARATIONS

ART. 5. — Les réparations seront constatées par des bulletins établis et signés par le commandant de compagnie, escadron ou batterie, et visés par l'officier d'habillement.

En cas de doute sur l'imputation, il en est d'abord référé au major, et, en dernier ressort, au conseil d'administration qui statue définitivement après avoir entendu les parties intéressées. (*Se reporter au service de l'habillement pour tous autres renseignements.*

TAUX ET MODE DE PAIEMENT DE L'ABONNEMENT

ART. 6. — Il sera payé à l'abonnataire, pour le couvrir des dépenses que le présent abonnement lui impose, la somme de (1), par homme et par an, pour tous les hommes présents ou détachés sur le pied de paix.

Le décompte de l'abonnement sera réglé à la fin de chaque trimestre, en prenant pour base le nombre de toutes les journées de prime d'entretien de la masse individuelle allouées par les revues générales de liquidation.

Ce nombre sera multiplié par le taux annuel de l'abonnement et le produit sera divisé par 365 ou 366, selon le cas.

L'abonnataire recevra pour comptant, sur ce décompte, le montant des pièces justificatives qui auront été acquittées par le corps pour l'entretien des effets des hommes détachés compris dans l'abonnement.

NOTA. — Les effets des militaires détachés dans les écoles militaires étant entretenus sur les fonds du matériel de ces établissements (Art. 33 du règlement du 15 décembre 1875, inséré 1er sem. 1876, page 405), les journées de prime allouées à ces hommes ne doivent pas être comprises dans le décompte ci-dessus.

ENTRETIEN DU GRAND ÉQUIPEMENT DES PORTIONS DÉTACHÉES S'ADMINISTRANT ELLES-MÊMES

ART. 7. — Lorsqu'un détachement composé d'un ou de plusieurs bataillons, compagnies, escadrons ou batteries, aura une administration distincte, un ouvrier (sellier ou cordonnier) pourra être substitué à l'abonnataire pour tous les droits que comporte l'abonnement afférent à cette portion du corps. Ce mode de procéder commencera et finira aux époques que fixera le conseil d'administration.

Dans le but de donner des garanties réciproques aux parties intéressées, une revue des effets de grand équipement sera passée, lorsqu'il y aura lieu, afin de constater l'état dans lequel se trouveront les effets de la portion détachée. Les réparations reconnues nécessaires seront immédiatement exécutées au compte de qui de droit.

Il sera procédé de même à l'expiration ou en cas de résiliation, par l'effet d'une circonstance quelconque, du présent abonnement. Dans ce cas, toutes les parties du grand équipement seront mises en bon état par les soins de l'abonnataire ou à ses frais.

VÉRIFICATION DES RÉPARATIONS

ART. 8. — Les effets à réparer seront portés, quand il y aura lieu, à l'abonnataire qui effectuera dans les mêmes conditions le versement de ceux réparés.

Les réparations dont l'exécution ne sera pas reconnue satisfaisante seront refaites d'urgence par l'abonnataire. En cas de contestation, on en référera au major et, en dernier ressort, au conseil d'administration, comme le spécifie l'article 5.

(1) Les prix maxima auxquels on peut traiter sont les suivants :

Infanterie et chasseurs à pied	0.25 c.
Cuirassiers, dragons, chasseurs, hussards et cavaliers de remonte	0.55
Artillerie : hommes montés	0.55
— hommes non montés	0.25
Génie : sapeurs mineurs, y compris les sapeurs des Cies d'ouvriers de chemin de fer	0.30
— sapeurs conducteurs	0.55
Train des équipages militaires : escadrons, à l'exception des compagnies mixtes	0.55
— compagnies mixtes (quand il y a lieu)	0.25

(Art. 10 de l'instr. du 21 avril 1879, page 685.) — Pour les corps d'Afrique, ces taux sont augmentés de 0 fr. 07 c. (Art. 7 de l'instr. précitée), et pour les hommes non montés de l'artillerie, habillés et équipés en hommes montés, l'abonnement est payé sur le pied fixé pour ces derniers. (Circ. du 14 mars 1880, page 85). Le paiement a lieu sur état décompté conforme au mod. 2 annexé à l'instruction du 1er mars 1880.

Dans le cas où l'abonnataire n'exécuterait pas les réparations en temps utile, le conseil d'administration aurait le pouvoir de les faire exécuter par un tiers au compte de l'abonnement.

CESSATION DE L'ABONNEMENT PENDANT LA GUERRE

ART. 9. — L'abonnement cesserait de plein droit pendant toute la période de guerre pour les portions du corps qui seraient détachées à l'armée et dont les effets seraient alors entretenus et réparés par application du régime de clerc à maître. (Voir pages 72 à 77.)

JUGEMENT DES CONTESTATIONS AUXQUELLES PEUT DONNER LIEU L'ABONNEMENT

ART. 10. — Les contestations qui s'élèveraient sur la manière d'interpréter les conditions de l'abonnement seront jugées en premier ressort par le sous-intendant militaire et, s'il y a appel, par l'intendant militaire du corps d'armée qui prononcera définitivement.

(1)

Fait à , les jour, mois et an que dessus.

L'abonnataire, *Les membres du conseil d'administration,*

Vu et approuvé :

Le sous-intendant militaire.

RÉGIME DE CLERC A MAITRE

Dans les corps placés sous le régime de clerc à maître, toutes les réparations faites dans les autres corps par les abonnataires, en exécution de leur marché, tombent directement à la charge de la masse générale d'entretien ou des fonds spéciaux. Pour tous renseignements, voir page 77, *Entretien de l'habillement* sous ce régime. L'on se renferme dans les fixations du tarif du 7 juillet 1831, pag. 43 (S), lequel ne peut être dépassé sans autorisation, mais que l'on doit s'efforcer de ne pas atteindre. (Note du 23 octobre 1883, page 508.)

NUMÉROTAGE DES PLAQUES DE CEINTURON

La circulaire du 27 septembre 1879, n° 48, dispose que les plaques de ceinturon doivent, d'après le règlement du 15 mars 1879, être marquées d'un numéro de série apposé au moyen des poinçons qui servent à marquer les canons de fusil.

Il est alloué au chef-armurier pour cette opération 0,50 c. pour 100 plaques, quel que soit le nombre de chiffres que comporte le numérotage.

Cette circulaire n'indique pas sur quels fonds la dépense doit être imputée, mais, par analogie, on doit l'imputer sur les fonds de la masse générale d'entretien. (Voir *Petit équipement*, page 113.)

Entretien de la coiffure en service. (2)

(Voir *Formation des approvisionnements*, pag. 31.)

Les dispositions générales insérées à la page 68 sont applicables à l'entretien de la coiffure.

(1) Dans les corps où le maître-sellier est abonnataire pour l'entretien du grand équipement, il sera ajouté un article qui prendra le n° 11 et qui sera libellé comme il suit :

Cas de perte, par suite d'événements de guerre, d'effets et matières appartenant aux maîtres-ouvriers.

« Les maîtres-ouvriers doivent être considérés comme des fournisseurs civils traitant à leurs risques et périls » et soumis, en conséquence, à la réglementation commune à toutes les fournitures de la guerre.

» Il en résulte qu'en cas de perte, par suite d'événements de guerre, d'effets et matières leur appartenant, » l'administration de la guerre n'encourrait aucune responsabilité et ne leur devrait, le cas échéant, aucune » indemnité. »

(Mod. d'abonnement inséré 1er sem. 1879, page 694.)

(2) Les képis exceptés, ces effets étant compris dans l'abonnement du tailleur.

Les frais d'entretien de ces effets incombent à la deuxième portion de la masse générale d'entretien, que les corps soient placés sous le régime de l'abonnement ou sous celui de clerc à maître ; il n'y a d'exception que dans les cas prévus par l'article 3 du marché d'abonnement.

Dans les corps de troupes à pied, c'est le premier ouvrier cordonnier qui est chargé de cette partie du service ; dans les corps à cheval, c'est le maître-sellier, excepté lorsque les corps sont pourvus de casques ; dans ce cas, c'est le chef-armurier. (Art. 31 du règlem[t] du 30 août 1884, et 150 du règlement du 28 décembre 1883. (Cavalerie.)

RÉGIME DE L'ABONNEMENT

Le marché d'abonnement doit être passé pour un an aux clauses et conditions déterminées par le modèle qui fait suite à la décision du 21 avril 1879, page 695, savoir :

EFFETS AUXQUELS S'APPLIQUE L'ABONNEMENT

ARTICLE 1er. — Le sieur s'engage :

A effectuer la pose de toutes les pièces composant la coiffure dont le remplacement, par suite d'user ou de détérioration naturels, sera reconnu nécessaire aux effets en service, ainsi que les réparations utiles aux mêmes effets et ne nécessitant pas l'emploi de pièces, mais motivées par les mêmes cas.

MODE DE FOURNITURES DES MATIÈRES NÉCESSAIRES POUR LES RÉPARATIONS

ART. 2. — Toutes les pièces de coiffure nécessaires pour effectuer les réparations seront fournies gratuitement à l'abonnataire par le magasin du corps. (La remise de ces matières est faite comme il est dit ci-dessus, pages 70 et 75). Les prix maxima sont fixés par le tarif du 7 juillet 1881, page 33 (S).

FOURNITURES ET RÉPARATIONS PAYABLES EN DEHORS DE L'ABONNEMENT

ART. 3. — Seront payées supplémentairement à l'abonnataire par imputation à qui de droit :

Au compte de la masse individuelle :

Les pièces de coiffure et les frais de pose afférents à des réparations à exécuter à la coiffure par la faute ou la négligence des hommes.

NOTA. — La moins-value des effets perdus ou mis hors de service dans les mêmes conditions est également imputable au même fonds, et le montant en est versé au Trésor comme il est indiqué à la page 75. Quant aux prix des réparations, ils ne doivent pas dépasser les fixations du tarif du 7 juillet 1881, pag. 33 (S) complété le 22 novembre 1882, pag. 400 (S).

Au compte de la masse générale d'entretien (1) :

Les réparations résultant d'un cas de force majeure ;
Le vernissage des coiffes intérieures des effets réintégrés ;
Le peinturage des cocardes et des ventouses, quand il y a lieu.

NOTA. — Une circulaire du 27 août 1838 (M) dispose que les corps peuvent faire garnir d'une basane neuve, au compte de la masse générale d'entretien, les casques et shakos rentrés en magasin, lorsqu'il y a lieu de distribuer de nouveau ces effets et que les basanes en question se trouvent dans un état d'usure et de malpropreté tel qu'il soit impossible de les conserver. Dans ce cas particulier, les frais de main-d'œuvre et le prix des matières tombent à la charge de la masse générale d'entretien. (Se reporter à la page 75 pour la délivrance des matières et à l'alinéa 2, page 79). On applique le tarif du 7 juillet 1881 précité.

Les remplacements d'effets par anticipation ne donnent lieu à aucune opération en deniers dans les comptes des corps, lesquels font usage des procès-verbaux de perte

(1) Pour les effets réintégrés avant la durée expirée ou réforme et versés à l'habillement d'instruction, se reporter à la page 79, § 2°.

Dans les compagnies de cavaliers de remonte, lesquelles sont placées sous le régime de clerc à maître les n[os] en maillechort avec tenons à apposer sur les casquettes reçues des magasins centraux sont achetés sur les fonds de la masse générale d'entretien. (Inst[on] du 1er août 1859 et tarif du 7 juillet 1881, page 41 (S).

ou de mise hors de service pour justifier des sorties dans les comptes-matières. (Se reporter à la page 75.)

La valeur des pièces de coiffure neuves est remboursée aux fonds divers par la masse générale d'entretien ou par la masse individuelle, comme il est indiqué ci-après.

Au compte du service de l'habillement :

La réparation des effets de coiffure réintégrés par les réservistes ou les hommes de l'armée territoriale. (Art. 3 du mod. d'abonnement et circ. du 11 juillet 1878 (M.)

Pour l'entretien des casques en magasin, il est alloué annuellement au chef-armurier des régiments de cuirassiers et de dragons sur les fonds du service de l'habillement 0,10 c. par effet. (Note du 6 août 1882, pag. 68.)

Voir ci-après pour le mode d'achat et de remboursement des accessoires nécessaires.

Nota. — Une note du 13 mars 1862, insérée à la page 102 de l'ancien *Journal militaire*, disposait que, lorsque les corps reçoivent des magasins centraux des shakos ou casquettes avec des visières non cousues, les frais de main-d'œuvre à payer aux ouvriers pour la pose de ces visières sont imputées sur les fonds du service de l'habillement. Le tarif du 7 juillet 1881, pag. 40 (S) fixe les frais à 0,11 c. au maximum.

Bien que le journal refondu ne reproduise pas cette disposition, elle devrait être appliquée le cas échéant.

Une dépêche du 5 mai 1869, n° 2823, accorde, en outre, 0,03 c. pour la pose des plaques sur les shakos d'artillerie. La dépense est imputée sur les mêmes fonds.

Les articles 4, 5, 6, 7, 8 et 9 sont absolument les mêmes que les articles 5, 6, 7, 8, 9 et 10 de l'abonnement concernant le grand équipement. De plus, dans les corps où le chef-armurier est titulaire du marché d'abonnement pour l'entretien de la coiffure, on doit ajouter un article 10, correspondant à l'article 11 de l'abonnement du grand équipement.

Les prix maxima auxquels ont peut traiter sont les suivants :

Infanterie et chasseurs à pied	0.08 c.
Cuirassiers et dragons pourvus du casque nouveau modèle	0.55
— — ancien modèle	0.65
Chasseurs, hussards et cavaliers de remonte	0.15
Artillerie : hommes montés	0.12
— — non montés	0.08
Génie : sapeurs mineurs ou des compagnies d'ouvriers de chemins de fer	0.08
— sapeurs conducteurs	0.12
Train des équipages : escadrons à l'exception des compagnies mixtes	0.12
— compagnies mixtes	0.10

(Art. 10 de l'instr. du 21 avril 1879, pag. 685.)

Le paiement de l'abonnement a lieu sur état décompté conforme au mod. n° 2 annexé à l'instr. du 1er mars 1880.

Régime de clerc à maître (v. p. 77).

Fourniture des pièces et accesssoires d'Effets de coiffure et de grand équipement (y compris les havre-sacs).

1° Pièces de coiffure

D'après la circulaire du 1er août 1859, page 802, l'art. 8 de l'instructien du 9 mars 1879 et la note du 2 janvier 1885, p. 13, les pièces de coiffure nécessaires aux réparations sont achetées sur les fonds généraux de la caisse des corps, et la dépense est imputée provisoirement aux fondsdivers (Chap. II du carnet), lesquels sont remboursés, au fur et à mesure de leur emploi au moyen de versements effectués par les maîtres-ouvriers, d'après les factures de remise dont ils reconnaissent l'exactitude. Voir ci-dessus, pages 74 et 75.)

Ces ouvriers sont couverts de cette dépense dans les bordereaux ou mémoires de réparation dont le montant (matières et main-d'œuvre) est imputé, suivant le cas, à la masse individuelle, à la masse générale d'entretien ou, enfin, au fonds spécial de l'habillement, s'il s'agit de réparations aux effets de coiffure des réservistes ou des hommes de l'armée territoriale (Voir page 102), ou de crinières, houpettes, cimiers, bandeaux de casques. (Décis. du 20 novembre 1858 et du 15 mars 1879, pages 141 et 398, pour ce qui concerne ces derniers accessoires.)

Quant aux pièces de coiffure nécessaires aux réparations exécutées au compte de l'abonnement, comme elles doivent être délivrées à titre gratuit à l'abonnataire (Art. 2 du modèle de marché du 21 avril 1879), la valeur en est remboursée par la masse générale d'entretien aux fonds divers, par virement dans la centralisation. Cette opération est justifiée par la production d'un état d'emploi portant décompte en deniers, on peut aussi opérer de la sorte lorsqu'il s'agit d'accessoires employés au compte de la masse générale d'entretien.

Conformément aux dispositions du § 2 de l'article 1er du cahier des charges du 19 septembre 1878 (remplacé par celui du 4 janvier 1884, page 347) et de l'état faisant suite à l'article 8 de l'instruction ministérielle du 9 mars 1879, page 256, les *accessoires* nécessaires aux réparations des effets de coiffure (shakos, casquettes et képis) dont la fourniture est prévue audit cahier des charges doivent être demandés (*a charge de remboursement*), à l'entrepreneur de la circonscription de fourniture où est stationné le corps ou la fraction détachée ayant un magasin de réserve et se trouvant dans le corps d'armée dont elle fait partie (1).

L'article 1er du cahier des charges dispose en outre que l'entrepreneur est tenu d'effectuer cette fourniture. (Nota placé en tête du tarif du 7 juillet 1881, page 33 (S).

La désignation et les prix de ces accessoires, ainsi que des pièces diverses nécessaires aux réparations, sont donnés par le tarif sus indiqué.

Les *accessoires* que l'entrepreneur ne serait pas tenu de fournir devraient être demandés au magasin central de la circonscription. De ce nombre sont les visières de képi. (Solution du 25 juin 1879, page 105.)

En principe, les corps n'ont besoin de cet accessoire qu'à titre de pièce de coiffure. Toutefois, ils peuvent avoir à l'employer pour les confections de képis de pointures exceptionnelles (art. 38 de l'instruction du 9 mars 1879, p. 264).

Quant aux *pièces séparées* et aux menues fournitures qu'on ne pourrait se procurer par les moyens sus indiqués, elles devraient être achetées directement par les corps conformément aux indications du tableau qui fait suite à l'article 8 de l'instr. du 9 mars 1879, page 256).

Les pièces de casque sont demandées directement par les corps à M. Godillot, fournisseur à Paris. (Circ. du 24 novembre 1879 (M.)

Les pièces de coiffure expédiées par les magasins centraux donnent lieu à remboursement lorsqu'elles doivent être employées aux réparations. Elles sont prises en recette au registre des entrées du matériel (section 2, objets et accessoires payés par les corps), aux prix de la nomenclature. Celles achetées par les corps sont inscrites au même chapitre, mais elles sont décomptées d'après *les prix d'achat.*

Les intendants militaires fixent l'importance des approvisionnements que doivent posséder les corps ; ils appartiennent toujours au service courant. (Art. 3 de l'instr. du 1er septembre 1879 (M) révisée en 1884.)

2° ACCESSOIRES D'EFFETS DE GRAND ÉQUIPEMENT

En ce qui concerne les accessoires d'effets de grand équipement, ils doivent être acheté par les corps. (Instr. du 9 mars 1879, page 256.)

On opère comme pour les pièces de coiffure, bien que la circulaire du 1er août 1859, page 802, se taise à cet égard.

Cette interprétation résulte de ce que ces fournitures étaient soumises aux mêmes règles que les fournitures d'accessoires d'effets de coiffure avant la mise en vigueur de ladite circulaire. (Circ. du 12 avril 1847 (M), *qui prescrivait de faire les achats au compte de la masse d'entretien, sauf remboursement.*)

Conformément aux prescriptions de l'article 1er (§ 2) du cahier des charges du 19 septembre 1878, *aujourd'hui 4 janvier 1884, page 347*) et de l'état faisant suite à l'article 8 de l'instr. m^elle^ du 9 mars 1879, les accessoires indiqués dans le tableau du 7 juillet 1881, page 43 (S) doivent toujours être demandés, à charge de remboursement, à l'entrepreneur de la circonscription de fourniture où est stationné le corps ou la fraction détachée ayant un magasin de réserve et se trouvant en dehors du corps d'armée dont elle fait partie.

Ces dispositions sont rappelées par le nota placé en tête du tarif précité, lequel fixe le prix d'achat et ceux de pose des objets.

L'importance de l'approvisionnement à entretenir est fixé par l'intendant militaire ; il appartient toujours au service courant. (Instr. du 1er septembre 1879 (M) révisé en 1884.)

Le havre-sac étant passé au service de l'habillement, les accessoires, tels que *cour-*

(1) Une dépêche du 28 septembre 1863 (M) porte que les dépenses seront rejetées des comptes si cette disposition est mise en oubli.

roies, planchettes, etc., ont cessé de faire partie du petit équipement pour figurer à la section 2 du registre des entrées du matériel (objets payés par les corps), et dans la comptabilité en deniers, aux fonds divers.

Il ne doit exister au service de réserve aucun accessoire de havre-sac. (Dép. du 1er juin 1881 (M),

Une dépêche du 17 janvier 1880 (M) portant réforme de courroies de havre-sacs payées sur les fonds de la masse individuelle, a autorisé les corps détenteurs à comprendre la valeur de ces objets dans leur compte d'avances remboursables par le service de l'habillement.

PETIT EQUIPEMENT

Formation des Approvisionnements (1)

Le service du petit équipement comprend la fourniture des effets de chaussure (souliers, bottes, bottines), de linge (chemises, caleçons, cravates), des guêtres de toile et de cuir, des brosses, effets de pansage, etc. (Voir la nomenclature générale du 30 décembre 1880, page 541, pour la désignation complète de ces effets.) Le nombre et la nature des effets à délivrer aux militaires de toutes armes sont indiqués par la description de l'uniforme du 15 mars 1879 (M).

En ce qui concerne les corps de troupes à pied, les caporaux et soldats font usage de gants en coton et les sous-officiers de gants en peau du modèle attribué aux troupes à cheval (décision du 1er décembre 1882, pag. 444.) La description du gant de coton est déterminée par la décis. du 5 avril 1883, page 348.) L'époussette a été remplacée dans la collection d'effets de pansage par un torchon-serviette du prix de 0,60 (Décis. du 16 février 1884, page 203.) Les corps de cavalerie font en outre usage d'un sachet à cartouches du prix de 0 fr. 20 au compte de la masse individuelle. (Décis. du 26 octobre 1884, pag. 320).

L'importance des approvisionnement à entretenir (service courant et service de réserve) est déterminée par les tableaux de fixation arrêtés à la date du 31 décembre 1883. La circ. du 20 octobre 1879 révisée le 1er septembre 1884, rappelle que les fixations des tableaux d'approvisionnement pour les hommes non montés de toutes armes, représentent :

1° Pour la marche :

1 paire de brodequins.

2° Pour le repos :

1 paire de souliers;
1 — de guêtres de toile,
1 — de cuir;
1 — de sous-pieds de rechanges pour guêtre.

Pour les hommes non montés de la cavalerie, l'approvisionnement constitué est de 1 paire de brodequins par homme sans préjudice des 2 paires de bottines de la tenue de campagne.

La loi du 4 juillet 1881, page 3 a substitué le brodequin napolitain aux souliers et aux guêtres pour les troupes à pied.

Il ne doit exister que des effets neufs dans l'approvisionnement en magasin du service courant, les effets en cours de durée sont versés à l'habillement d'instruction. (Instr. du 1er mars 1880, pages 404 et 405 et art. 224 du décr. de même date, page 375.)

Les corps et les détachements sont pourvus d'effets de petit équipement, soit par les magasins de l'Etat, soit par les entrepreneurs, soit au moyen d'achats qu'ils effectuent directement selon les instructions du ministre, soit enfin par d'autre corps ou d'autres portions d'un même corps, sur l'autorisation des intendants militaires.

(1) Les effets de petit équipement distribués aux hommes de l'armée active sont imputés à la masse individuelle (voir ce titre.) Toutefois, en cas de modification, ces distributions sont soumises à des règles spéciales.

(Art. 189 de l'ordonn. du 10 mai 1844, modifié par le décret du 1er mars 1880, pag. 374.)

Le soin d'approvisionner les corps ou d'autoriser les achats appartient toujours à l'intendant du corps d'armée qui a dans sa circonscription administrative le dépôt du corps de troupes ou une fraction détachée se mobilisant sur place, *c'est-à-dire ayant un magasin de réserve.*

Toute portion de corps détachée en dehors de son corps d'armée est donc alimentée par les soins de l'intendant du corps d'armée sur le territoire duquel elle se trouve, si cette portion de corps a un magasin de réserve. Dans tout autre cas, les portions détachées sont alimentées par les soins de leur propre dépôt. Toutefois le ministre, sur la proposition des intendants militaires, peut autoriser les portions détachées dans la même région que leur dépôt à s'alimenter directement lorsqu'elles ont un magasin de réserve. Art. 8 de l'instr. du 9 mars 1879, page 254.)

Les souliers, les bottes, les bottines, ainsi que les guêtres de cuir, sont fournis aux corps par les magasins centraux ou par les entrepreneurs de confection avec lesquels l'administration de la guerre a traité.

Ces effets sont compris dans les demandes trimestrielles que les corps établissent pour les effets de grand équipement et de coiffure. Ces demandes sont accompagnées d'états de pointures en deux expéditions. (Art. 32 de l'instr. du 9 mars 1879, page 263.)

Les proportions dans lesquelles les pointures peuvent entrer dans les approvisionnements de chaussures sont déterminées dans chaque région, sur la proposition des intendants militaires, par les généraux commandant. (Circ. des 29 juillet 1879, 24 mars 1880 et 6 février 1884 (M.) Il n'existe pas de fixation par taille pour les guêtres, mais l'approvisionnement doit naturellement être constitué dans les mêmes conditions que pour la chaussure. La première taille des guêtres correspond aux pointures nos 31 à 33 de la chaussure, la 2e, aux pointures nos 28, 29 et 30, et la 3e, aux pointures nos 26 et 27. (Modèle d'état joint à la dép. du 5 novembre 1882, no 47.)

En ce qui concerne les caleçons, chemises et pantalons de treillis, les corps assortissent les tailles suivant leurs besoins.

Voir page 41 pour la production des états de demande, et pour la confection des chaussures de taille exceptionnelle ou celles des enfants de troupes se reporter au chapitre confection de chaussure.

Les effets de petit équipement *de toute nature* destinés à former l'approvisionnement de réserve (armée active et armée territoriale), sont fournis en principe par les soins de l'administration militaire. Ils ne peuvent être achetés par les corps qu'en vertu d'ordres spéciaux du ministre. (Art. 41 de l'instr. du 9 mars 1879, page 264.)

Lorsqu'il y a lieu, les effets de petit équipement (à l'exception des chaussures et guêtres de cuir) nécessaires pour maintenir, à hauteur de la fixation, l'approvisionnement du service courant, sont achetés directement par les corps (art. 39 et 40), dans les limites de prix fixées par la nomenclature du service de l'habillement ou par des décisions particulières. (Art. 39.) — Ces prix sont des maxima qui ne doivent pas être dépassés et au-dessous desquels on doit s'efforcer de traiter. (Circ. du 18 janvier 1879, pag. 30.) Lorsqu'il y a absolue nécessité de les dépasser, les achats ne doivent être effectués que sur l'autorisation préalable de l'autorité administrative. (Circ. du 13 novembre 1877) (M.)

La circulaire du 2 août 1879 (M) rappelle que les épaulettes doivent être délivrées exclusivement par les magasins de l'Etat.

La dernière nomenclature du service de l'habillement est du 30 décembre 1880 ; elle est insérée au *Journal militaire* page 540. (Voir page 31 pour les modifications qu'elle a subies.

Les corps doivent s'adresser autant que possible aux fabricants établis dans les lieux où ils se trouvent (Décr. du 3 avril 1869, page 484), et la circulaire du 10 août 1859, page 620, interdit aux conseils d'administration d'admettre des marchés signés en blanc par les fournisseurs et leur prescrit de débattre chaque fois les prix. — Enfin, la note du 29 novembre 1824, page 193, recommande de ne pas traiter avec les maîtres-ouvriers, excepté pour la chaussure et certains effets qu'il y a intérêt à leur faire confectionner. (Voir confection de la chaussure pour la désignation des effets de chaussure qu'ils peuvent confectionner.)

Les opérations relatives à la passation des marchés pour la fourniture des effets de petit équipement et à la réception (1) de ces effets, sont confiées au conseil d'administration. Il se conforme à cet égard aux dispositions des articles 21 § 1er, 27, 28, 39, 45 et 59 du règlement du 10 mai 1844, modifié par le décret du 1er mars 1880, insérés en tête du présent ouvrage. (Art. 190 du décr. précité, page 374.) Voir ces dispositions pages 15 et suivantes du présent ouvrage.

Les fractions de corps détachées peuvent passer des marchés pour assurer leurs besoins, mais elles ne doivent le faire qu'après entente préalable avec le conseil d'administration central. (Art. 42 de l'instr. du 9 mars 1879 et 21 du décr. du 1er mars 1880 (2), page 362. Si ce dernier juge que certains effets ne peuvent séjourner plus lontemps en magasin, il peut en effectuer l'envoi à ses détachements, en informant à l'avance les commandants des fractions détachées, de la nature et des quantités d'effets qui seront ainsi expédiées. Ces sortes d'envoi ne doivent avoir lieu qu'en cas de nécessité absolue. (Art. 42 de l'Instruction.)

Lorsqu'un détachement est dans la même région que son dépôt, celui-ci doit faire face aux besoins de sa portion détachée, par des envois d'effets prélevés sur son approvisionnement. (Art 43.)

Si les détachements se mobilisent sur place, qu'ils soient ou non stationnés dans la même région que la portion centrale, ils peuvent procéder directement à l'achat de leurs effets de petit équipement, puisqu'ils ont, comme le dépôt, un approvisionnement de réserve à écouler et à renouveler, mais toujours sous la réserve de l'entente préalable avec la portion centrale. (Art. 44.)

Si la portion centrale comprend dans ses marchés les effets nécessaires aux besoins de ses fractions détachées, elle doit stipuler l'obligation, pour les fournisseurs, d'effectuer leurs livraisons sur les divers points où les détachements se trouvent stationnés. (Art. 45.)

Les fractions de corps détachées en Algérie et dont la portion principale est en France doivent pourvoir directement à leurs besoins au moyen d'achats opérés dans la colonie. — Toutefois, en ce qui concerne les bataillons de chasseurs, les conseils éventuels doivent préalablement aux achats, demander aux conseils d'administration centraux s'il n'existe pas dans les approvisionnements de France des effets dont les dépôts ne trouvent pas l'écoulement et qu'il serait opportun de renouveler (Art. 46. de l'Instr. du 9 mars 1879 et circ. du 8 juin 1883 (M).

En ce qui concerne la brigade de cavalerie légère qui a son approvisionnement de réserve à Marseille, l'intendant militaire du 15e corps d'armée, après en avoir donné avis à ses collègues de l'Algérie, fait expédier aux régiments les effets qu'il y aurait danger à conserver plus longtemps au magasin de Marseille. (Art. 47.)

Les détachements en Tunisie sont approvisionnés par les portions centrales des corps auxquels ils appartiennent. (Circ. du 8 juin 1883 (M).

Lorsque des hommes de recrue sont dirigés de la portion centrale sur une des fractions détachées, ils doivent en principe recevoir, avant leur mise en route, tous les effets de linge et chaussure dont ils doivent être pourvus. Ce mode d'opérer dans la majeure partie des cas offre l'avantage d'assurer plus rapidement l'écoulement des effets de réserve de la portion centrale. Toutefois, il peut se présenter des cas, laissés à l'appréciation des conseils d'administration, où il conviendrait mieux de faire délivrer, par les magasins des portions détachées, tout ou partie des dits effets. Il doit alors y avoir entente préalable entre la portion principale et les fractions détachées. (Art. 48.)

Paiement des effets reçus à charge de remboursement

ET DES MATIÈRES ET EFFETS ACHETÉS OU CONFECTIONNÉS PAR LES CORPS

§ 1er. — *Effets de chaussure et guêtres de cuir livrés aux corps, à charge de remboursement au Trésor.*

La valeur des souliers, bottes ou bottines et des guêtres de cuir livrés aux corps

(1) Pour la réception des effets, se reporter à la page 47.

(2) Cette disposition est applicable, en cas de mobilisation, aux bataillons d'infanterie disponibles qui se séparent de leur dépôt. (Circ. du 22 juillet 1879 M.)

par les entrepreneurs civils, au *titre du service courant*, est versée au Trésor par imputation sur les fonds de la masse individuelle. Ce remboursement s'effectue d'après les tarifs fixés par la nomenclature du service de l'habillement ou par des décisions spéciales. (Art. 104 de l'instr. du 9 mars 1879, page 276.)

Ces dispositions sont applicables aux effets de même nature qui sont expédiés par les magasins administratifs au titre du service courant. La preuve du remboursement est portée sur les factures d'expédition. (Art. 105.) Dans le cas où la situation de la caisse du corps ne permet pas de faire ce remboursement à bref délai, la facture portant récépissé ne doit pas moins être renvoyée au magasin administratif, après que le sous-intendant militaire y a mentionné l'impossibilité où se trouve le corps de se libérer. — Ce fonctionnaire reste chargé de poursuivre le remboursement, qui doit être différé le moins possible. (Art. 106.)

Ce soin lui incombe également pour le remboursement de la valeur des chaussures et des guêtres provenant des confectionneurs civils lorsque le versement au Trésor ne peut être effectué au moment de la livraison. (Art. 107.)

Le versement au Trésor de la valeur des effets de chaussure et des guêtres de cuir n'a lieu que si les effets sont versés au titre du service courant. Dans le cas où ils seraient destinés à accroître un approvisionnement de réserve qui n'est pas au complet de fixation, ils doivent être pris directement en charge au titre du service de réserve, et dès lors le corps n'a rien à rembourser. (Art. 108.)

Si le corps reçoit des bottines au titre du service courant et que, conformément au principe du roulement des effets dans les magasins, il les échange contre des bottes (appartenant au service de réserve) dont le prix est supérieur, il verse au Trésor et au titre du buget *ordinaire*, aussitôt après la réception, le montant des bottines reçues directement, puis il verse au Trésor au titre du compte de liquidation ou, selon le cas, du budget sur ressources spéciales, la différence entre les deux prix, pour les bottes venant de la réserve. — Ce dernier versement peut se faire collectivement en fin de trimestre.

Si l'inverse a lieu, le corps verse au Trésor, au titre du budget ordinaire, la valeur des bottes reçues directement, et il se fait rembourser de la différence par le service de l'habillement aux époques et dans les conditions prescrites par le règlement du 10 mai 1844. Il justifie de sa créance par un certificat administratif décompté, signé du conseil d'administration et visé par le sous-intendant militaire.

Les règles prescrites par les deux paragraphes qui précèdent sont également applicables toutes les fois que les corps de troupes reçoivent des magasins administratifs, à charge de remboursement ou achètent dans le commerce des effets de petit équipement, et que par l'effet du roulement sus-indiqué, le corps doit prélever sur son approvisionnement de réserve, des effets similaires, mais ayant, d'après les tarifs ministériels, une valeur différente. (Art. 109.)

Dans les cas autres que ceux prévus par l'article 109 ci-dessus, les effets de petit équipement qui, par l'effet du roulement, sont prélevés sur la réserve et passent au service courant, y sont tarifés, dans les comptes de la masse individuelle, aux prix des effets de même nature récemment achetés, qui ont pris leur place dans la réserve. (Art. 117.)

Lorsque des effets de petit équipement sont prélevés sur les approvisionnements de réserve, dont le corps a la gestion, pour être *cédés au service courant* (Masse individuelle), on établit des factures de livraison (mod. n° 11) décomptées, dont le montant doit être versé au Trésor. Si ces effets proviennent d'autres corps, la livraison, l'expédition et la réception ont lieu au titre du service de réserve, et le reste de l'opération a lieu comme ci-dessus. Il est produit chaque trimestre un état de toutes les cessions faites à titre onéreux. (Note du 15 novembre 1883, page 751 qui donne le modèle de l'état.) (Art. 191 de l'instr. du 1er mars 1880, page 374).

Les récépissés de versement au Trésor, accompagnés d'ordre de versement, sont adressés au ministre à la fin de chaque mois. Ils sont renfermés dans un bordereau conforme au modèle annexé à la circulaire du 3 janvier 1880 (M).

(Voir page 71 pour les dispositions de détail relatives à ces envois).

§ 2. — N'est plus en usage.

§ 3. — *Effets de petit équipement achetés directement par les corps.*

Les effets de petit équipement, autres que les chaussures et les guêtres de cuir, achetés par les corps, sont payés aux fournisseurs sur la production de factures à talon revêtues de l'acquit des livranciers ou appuyées de traites acquittées. Lorsque les factures comprennent plusieurs livraisons dans le courant d'un mois, on y joint des récépissés à talon. (Art. 192 et 193 du décr. du 1er mars 1880, page 374.) Les factures sont conformes au mod. nº 3 joint à l'instruction du 1er mars 1880. (Art. 189, page 374.) Les récépissés sont du modèle nº 361 de la nomenclature générale des imprimés.

Les effets de petit équipement qui, par l'effet du roulement dans les magasins (Voir *Distributions*, page 109), sont prélevés sur la réserve et passent au service courant, sont tarifés dans les comptes de la masse individuelle *aux prix des effets de même nature récemment achetés qui ont pris leur place dans la réserve.*

Il n'est fait exception à cette règle que lorsque les effets prélevés ne sont pas de même nature ou du même type et que les tarifs ministériels assignent aux uns et aux autres une valeur différente. (Art. 117 de l'instr. du 9 mars 1879, page 278.)

Dans ce cas, on opère comme il est indiqué ci-dessus, page 107.

DISTRIBUTIONS

La nomenclature des effets de petit équipement dont les hommes de toutes armes doivent être pourvus à l'intérieur, est insérée à la suite de la description de l'uniforme du 15 mars 1879, et la note du 1er décembre 1879, page 443, énumère les effets de cette catégorie qui doivent être emportés en campagne. (Voir page 105, pour certains effets spéciaux.)

Les effets de petit équipement sont délivrés par l'officier d'habillement sur la présentation de bons nominatifs, mod. nº 39 annexé au décr. du 1er mars 1880 (art. 132 modifié et 203 de l'ordonn. du 10 mai 1844, page 327.) Dans l'intérieur des compagnies, escadrons ou batteries, la distribution en est faite par le sergent-major ou le maréchal des logis chef en présence du capitaine. (Art. 204.)

Les hommes sont constamment pourvus des effets que leur arme exige. (Art. 205 de l'ordonn. du 10 mai 1844.) Mais les hommes de recrue ne doivent en recevoir que lorsqu'ils ont été jugés propres au service. (Art. 204 du règlement du 8 juin 1883). De plus, l'article 206 de l'ordonn. du 10 mai 1884, modifié par le décr. du 1er mars 1880, page 375, dispose que les hommes qui, vu leur état de santé ou pour toute autre cause, sont présumés ne pas devoir rester au corps, ne reçoivent que les effets qui leur sont strictement nécessaires.

De plus, le décret du 9 décembre 1884, page 934, dispose que les militaires sur le point de passer dans la disponibilité ou la réserve ne doivent pas recevoir d'effets de petit équipement à dater du 1er avril qui précède leur renvoi, si leur masse est en débet. Mais ceux qui ont un avoir à la masse peuvent continuer à en recevoir.

Il est délivré aux hommes en débet, des effets de petit équipement du service d'instruction (décret précité).

La circulaire du 31 juillet 1874 (M) rend les conseils d'administration pécuniairement responsables des distributions abusives,

Nota. — Les hommes désignés pour assister aux grandes manœuvres doivent être pourvus des effets indispensables sur l'autorsatiion du commandement ou du ministre. Ceux dont la masse est insuffisante doivent recevoir des effets d'instruction et ce n'est qu'à défaut, qu'on peut leur donner des effets neufs, mais on peut les obliger à les reverser à la fin des manœuvres, ainsi que cela se pratique pour les réservistes. (Auteur.)

Les distributions d'effets de petit équipement sont résumées dans les cinq premiers jours de chaque trimestre, par l'officier d'habillement, dans un bordereau mod. nº 65 portant décompte. Une expédition en est remise au trésorier pour appuyer les feuilles de décompte de la masse individuelle. (Art. 208 de l'ordonn. du 10 mai 1844, page 328).

Le roulement des effets dans les magasins s'opère conformément aux principes énoncés dans l'instr. du 1er septembre 1879 (M) révisée en 1884. Se reporter à cet égard au titre : *Habillement*, page 41.

LES APPROVISIONNEMENTS RESTENT A DEMEURE

Les approvisionnements de réserve en effets de petit équipement appartenant à l'Etat restent à demeure lors des changements de garnison, à moins que le corps faisant mouvement ne doive pas être remplacé ou qu'il ne soit remplacé par un corps d'une autre arme ou subdivision d'arme. (Circ. du 22 mars 1883, page 320). Par suite, les effets de petit équipement du service courant qui sont payés sur les fonds de la masse individuelle sont seuls emportés. (Voir *Transports*, au *Tableau indiquant le matériel à laisser ou à emporter par les corps.)*

Versements d'effets de petit équipement d'un corps dans un autre

S'il s'agit d'effets appartenant au service de la masse individuelle, le corps cessionnaire envoie à l'autre le montant du prix de ces effets en un mandat sur une caisse du Trésor public. (Pour tous renseignements, voir pages 45 et 49.)

Lorsque dans le corps expéditeur les prélèvements sont faits sur le service de réserve, le corps destinataire fait recette au titre du même service, sauf, s'il y a lieu, à opérer ensuite un virement au service courant. (Art. 191 de l'instr. du 1er mars 1880, page 404). Ces versements donnent lieu à l'établissement d'une facture mod. n° 6 destinée au corps réceptionnaire et d'une facture mod. n° 11 qui justifie la sortie dans les comptes du corps expéditeur. L'une et l'autre sont revêtues d'un certificat de prise en charge. (Voir les mod. annexés à l'instᵒⁿ précitée.)

Versements d'effets de petit équipement dans les magasins de l'Etat

Les dispositions relatives à ces versements sont les mêmes que pour le service de l'habillement. Seulement, les corps doivent être remboursés si les effets leur appartiennent.

Versements d'effets du service courant au service de réserve. (Voir *Remboursement des avances.)*

Versements d'effets du service de réserve des corps actifs au service de réserve des corps territoriaux, et vice versa. — Sont justifiés par des pièces non décomptées. (Art. 90 de la circ. du 20 octobre 1879 (M) ancienne rédaction et art. 108 de l'instᵒⁿ du 9 mars 1879, page 277.)

Approvisionnement d'instruction

(Versements, etc.)

Les effets de petit équipement laissés au corps par les hommes qui cessent d'y appartenir (*y compris ceux de la deuxième portion du contingent*) ou par les hommes décédés, disparus, etc., sont versés au magasin d'habillement, au moyen d'un bulletin (Mod. n° 36) inscrit au registre-journal : *Réintégrations*, section VIII, habillement d'instruction. (Art. 224 du décr. du 1er mars 1880, page 375, portant modification de l'ordonn. du 10 mai 1844, et art. 228 de l'instr. de même date, page 104.) Cette reprise a lieu au moyen d'un certificat administratif trimestriel (Modèle n° 5) établi à la portion centrale. (Art. 224 de ladite instr.) Elle fait l'objet d'une inscription spéciale au registre des entrées. (*Idem.*)

Les effets à retirer aux hommes de la 2e portion du contingent sont les suivants :

Bretelles,	Cuillers,	Peignes à cheval.
Aigrettes et plumets,	Bouchons de fusil,	Musettes,
Pompons,	Quarts,	Epoussettes,
Gamelles individuelles,	Fouet de conducteur,	Corde à fourrages,
Guêtres de cuir,	Sac à avoine,	Ciseaux.

Pour les réparations, voir ci-dessous, § 2, page 111.

La reprise des objets de petit équipement emportés par les hommes décédés ou maintenus dans leurs foyers n'est pas prescrite par l'article 248 du décr. du 1er mars 1880, page 382. Par suite, ils sont abandonnés aux familles des détenteurs. Pour les hommes décédés dans les hôpitaux, leurs effets de petit équipement sont reversés dans les corps, délivrés aux établissements pénitentiaires ou vendus par le Domaine. (Art. 464 du règlement du 28 décembre 1883, page 404 sur le service de santé.)

La lettre collective du 19 mars 1883 (M) supprime les pantalons de treillis de l'approvisionnement d'instruction et en prescrit la cession à la masse individuelle, excepté dans les compagnies d'ouvriers d'artillerie et dans les régiments d'artillerie et du génie employés aux travaux de l'arme, mais ces corps ne doivent en être pourvus que dans la mesure de leurs besoins. (Circ. du 2 mai 1883 (M).

Lorsque des effets sont cédés par la masse individuelle à l'approvisionnement d'instruction, ces cessions ont lieu à charge de remboursement par le service de l'habillement. (Art. 228 de l'instr. du 1er mars 1880, qui recommande, en outre, aux conseils d'administration et aux sous-intendants militaires de veiller à ce que ces cessions soient limitées au strict nécessaire.) Ces cessions sont constatées par une facture mod. n° 11 dont le montant est ordonnancé sur les fonds du service de l'habillement au profit de la masse individuelle.

Les effets de l'approvisionnement d'instruction sont classés hors de service par le sous-intendant militaire, sur la proposition du conseil d'administration. (Art. 244 du décr. du 1er mars 1880.) (Voir *Réformes*.)

Les effets de l'approvisionnement d'instruction sont destinés aux réservistes et territoriaux, etc., voir page 36. Il peut, en outre, en être délivré, à partir du 1er avril qui précède l'époque de leur renvoi, aux militaires dont la masse est en débet qui sont sur le point de passer dans la disponibilité ou la réserve (décret du 9 décembre 1884, p. 934).

Les instructions annuelles du ministre règlent les distributions à faire à ces réservistes et territoriaux.

1° RESERVISTES DE L'ARMÉE ACTIVE Y COMPRIS LA GENDARMERIE

L'article 228 de l'instr. du 1er mars 1880, page 404 et l'ordre ministériel du 13 juillet 1880, page 17, disposent que les réservistes, appelés pour une période d'instruction, qui se présentent pourvus d'effets, reçoivent une indemnité. La décision du 26 mai 1884, page 658, en fixe la quotité de la manière suivante :

Pour une 2e chemise	1 fr.	00
— une paire de chaussures	3	
— un caleçon	0	50
— une paire de bretelles de pantalon	0	10
— un étuit musette	0	10
— une cravate	0	10

Pour une chéchia (zouaves et tirailleurs)		0 fr.	70
— un gland de chéchia (id.)		0	30
— une gamelle		0	15
— un sac de petite monture garni		0	40
Circul. du 21 février 1881 (M)	Bourgeron	1 fr.	pour les militaires qui en sont pourvus.
	Pantalon de treillis	1	
	Eperons posés	0.20	
	Eperons non posés	0.10	

La circulaire du 19 avril 1880 (M) porte que ces indemnités sont payées sur états d'émargement (mod. n° 1) récapitulés dans un état mod. 1 *bis* et que les paiements doivent être faits au départ.

Les réservistes qui sont dépourvus de ces effets les reçoivent de l'approvisionnement d'instruction (19 avril 1880.)

INDEMNITÉS A TITRE DE PRÊTS D'EFFETS.

Une indemnité est accordée à chaque soldat de l'armée active qui aura prêté ses effets de petite monture à des réservistes (Circ. du 19 avril 1880 (M). Cette indemnité est fixée à 0,40 c. par réserviste et on peut en associer deux à chaque homme de l'armée active.

Par analogie, il est payé une indemnité de 0,20 c. aux militaires des corps de troupes à cheval qui auront prêté leurs effets de pansage à un ou plusieurs réservistes pendant toute la période d'instruction.

Ces indemnités sont payées sur la production d'états, mod. n° 2 récapitulés dans un état mod. 2 *bis*. Elles sont versées à la masse individuelle (même circ.).

La circ. du 19 mai 1882 (M) rappelle que l'on ne doit prêter les effets de pansage des hommes de l'armée active aux réservistes, que lorsqu'il n'est pas possible de leur donner des effets de l'approvisionnement d'instruction.

FRAIS DE RÉPARATION ET DE MISE EN ÉTAT DES EFFETS DE PETIT ÉQUIPEMENT DE TOUTE NATURE RÉINTÉGRÉS PAR LES RÉSERVITES (Y COMPRIS LA GENDARMERIE)

Cette dépense est justifiée par les bulletins de réparations résumés dans les mémoires des chefs ouvriers, et comprend, au besoin, le graissage et l'étamage des gamelles, le graissage des chaussures, etc.

Les frais de réparation sont remboursés, comme toutes les autres dépenses, aux corps de troupes qui en ont fait l'avance ; ils sont compris dans les relevés trimestriels mod. n° 21 *bis* du décret du 1er mars 1880.

Ce travail est établi avant le 31 décembre. (Circ. du 19 avril 1880 (M) qui indique les divers états à produire.

Pour les dépenses occasionnées par les retardataires posterieurement au 31 décembre, elles sont comprises dans les états afférents à l'exercice suivant (11 juillet 1878).

Toutes ces dépenses incombent au *Service de l'habillement* (budget ordinaire).

La moins-value et les frais de pose des éperons adaptés sur les chaussures en bon état des réservistes des corps de troupes à cheval, sont également supportés par le service de l'habillement. (Circ. du 19 avril 1880, M).

Voir *Habillement*, page 89 pour le nettoyage des effets de linge (guêtres, chemises, caleçons, cravates, étuis-musettes).

NOTA. — Consulter les instructions annuelles.

2° HOMMES DE L'ARMÉE TERRITORIALE (Y COMPRIS LA GENDARMERIE.)

L'Instruction du 15 avril 1880 (M) porte que les hommes de l'armée territoriale appelés pour une période d'instruction ne doivent recevoir en effets de petit équipement, que la cravate de coton et la gamelle individuelle.

La gamelle ne reçoit aucune marque, elle est étamée au moment de sa réintégration définitive en magasin.

Les effets de pansage nécessaires aux hommes montés leur sont prêtés par des militaires de l'armée active, lesquels reçoivent en compensation une indemnité de 15 centimes pour toute la période d'instruction.

Chaque homme appelé reçoit pour le dédommager de l'usure des chemises, caleçons et chaussures qu'il a apportés, une indemnité de 4 fr. par homme à pied et de 5 fr. par homme monté. S'ils n'ont pas les effets nécessaires, ils sont tenus de s'en procurer d'occasion au moyen de l'indemnité qui leur est attribuée, et qui, pour ce cas particulier, est payée à l'avance. (Instruction du 15 avril 1880 (M) rappelant l'art. 29 de l'instr. du 12 février 1878.) Cette indemnité est en règle générale payée au départ au titre des fonds de la solde (Art. 29 de l'instr. du 12 février 1878, page 48), sur états émargés mod. E, lesquels sont récapitulés dans des états mod. F, qui sont adressés au ministre le 1er août au plus tard. (Instr. du 15 avril 1880, M)

Les frais de pose des éperons sur les chaussures et ceux d'enlèvement, sont prélevés sur l'indemnité dont il s'agit. (Instr. du 15 avril 1880 (M). Il en est de même des réparations à exécuter aux éperons lors de la réintégration en magasin. (Note du 31 mai 1884, page 672.)

Lorsqu'il y a impossibilité de pourvoir les hommes de chaussures ou de chemises d'occasion, il leur en est délivré en cours de durée par le magasin, mais elles leur sont retirées, et, de plus, l'indemnité de 4 ou de 5 francs est diminuée de la moins-value des effets ainsi distribués. (Instr. du 15 avril 1880 (M) modifiée par le bulletin du 20 février 1881.)

NOTA. — Consulter les instructions annuelles.

Pour la mise en état des effets réintégrés (Voir ci-dessus, page 90.)

Entretien des effets de petit équipement.

1° EFFETS EN MAGASIN

Les dispositions en vigueur pour les effets d'habillement sont applicables à ceux de petit équipement. (Voir au titre *Habillement*, pages 60 à 65.)

2° EFFETS EN SERVICE

Les effets de petit équipement, *en service*, étant distribués au compte de la masse individuelle, il en résulte nécessairement que cette masse doit en supporter la réparation quand il y a lieu.

Toutefois, comme ces réparations sont ordinairement peu importantes, elles restent le plus souvent au compte des hommes, qui les paient de leurs deniers de poche lorsqu'elles ne sont pas faites par leurs soins. (Voir art. 16 de la convention du 2 octobre 1865, page 250.)

Les ingrédients de toute nature nécessaires pour le nettoyage des effets, y compris le *cirage*, sont achetés sur les fonds de l'ordinaire, soit que ces ingrédients soient employés en commun, soit qu'on les distribue à chaque homme. (Art. 390 Infanterie, 384 Cavalerie, et 488 Artillerie des règlements du 28 décembre 1883, règlement du 14 décembre 1861, page 419.) Toutefois, la fourniture de la nourriture mironde pour l'entretien de la chaussure, est imputable à la masse générale d'entretien, deuxième portion. (Instr. du 21 février 1881, page 75.) En campagne, il est fait usage de graisse. (Circ. du 31 août 1874, M.)

L'art. 13 de l'instr. du 17 mars 1884, page 448 (S) rappelle que les compositions employées à lustrer la chaussure et toutes les parties en cuir de l'équipement ne doivent pas être corrosives.

Les frais de blanchissage du linge de corps (une chemise, un caleçon et un mouchoir par semaine) sont également au compte de l'ordinaire. (Règlement du 14 décembre 1861, page 419.) Voir *Ordinaires*.

3° EFFETS APPARTENANT A L'HABILLEMENT D'INSTRUCTION. (Voir ci-dessus, page 110.)

MARQUAGE DES EFFETS DE PETIT ÉQUIPEMENT

Les effets de petit équipement qui, par leur forme ou leur nature, peuvent recevoir une empreinte, sont marqués du numéro matricule des hommes qui en sont pourvus, au moyen de chiffres en métal que le conseil d'administration fait fournir aux capitaines et dont ces officiers sont dépositaires et responsables. (Art. 207 de l'ordonn. du 10 mai 1884, page 328.) Cette disposition est complétée par l'article 170 de l'instr. du 15 mars 1879, qui indique pour chaque espèce d'effets les marques dont ils doivent être revêtus. (Voir pages 53 et 54 pour le marquage des effets distribués aux réservistes et à l'armée territoriale.

La fourniture de ces marques est à la charge de la masse générale d'entretien (Voir page 53), mais celle des ingrédients est au compte des ordinaires. (Voir au titre *Ordinaires*, marquage des effets d'habillement.)

Lorsqu'on est obligé de recourir aux maîtres-ouvriers pour le marquage des objets en fer, la dépense incombe à la masse générale d'entretien. Ce principe est confirmé par la note ministérielle du 18 février 1879, page 254 (S), qui autorise les corps à faire marquer par le chef-armurier les cordes à fourrages, à raison de 0,50 c. pour 100 cordes. La dépense est imputée à la masse précitée. (Voir au titre *Ordinaires* pour le numérotage des gamelles individuelles et quarts.)

Indépendamment des marques sus-indiquées, les effets sont revêtus d'un timbre d'admission au moment de leur entrée en magasin. (Voir page 54.)

PERTES ET DÉTÉRIORATIONS D'EFFETS DE PETIT ÉQUIPEMENT PAR FORCE MAJEURE

(Service courant.)

Aux termes de l'article 251 du décr. du 1er mars 1880, page 384, les sous-intendants militaires peuvent décider la mise au compte de l'Etat des pertes, moins-values et détériorations, lorsque la somme ne dépasse pas 50 fr. La décision appartient aux intendants militaires lorsque la dépense supérieure à 50 fr. ne dépasse pas 100 fr. Dans tout autre cas, la décision est réservée au ministre (1).

Les procès-verbaux sont conformes au mod. n° 15 annexé page 408 à l'instr. du 1er mars 1880, complété suivant les besoins. (Art. 251 de ladite instr., page 408.)

(1) De plus, l'instruction du 24 avril 1884, page 503, dispose qu'en campagne les mises hors de service et détériorations, sont considérées comme provenant de cas de force majeure, et constatées par des procès-verbaux, (mod. n° 15) des sous-intendants militaires, immédiatement exécutoires quel que soit le montant de la dépense. (Voir *Habillement*, pages 75 et 76.)

Ils sont appuyés d'un rapport du conseil d'administration des corps. (Voir le mod. de procès-verbal.)

Ils sont fournis en simple expédition. Des extraits (mod. n° 16), signés par le sous-intendant militaire détenteur de la minute de l'acte, justifient les sorties dans les comptes-matières ainsi que les dépenses de réparations. (Art. 251.)

La note du 13 août 1884, page 177 prescrit d'imputer la moins-value desdits effets sur les fonds du service de l'habillement.

Une circulaire du 7 juin 1873 (M), adressée aux inspecteurs généraux d'armes, dispose ce qui suit au sujet de la réforme des effets de petit équipement : *Réforme d'effets.* — « Quant aux effets dont l'achat est réglementairement à la charge de la » masse individuelle, mais dont on propose exceptionnellement le remplacement au » compte de l'Etat par suite de détériorations ou de pertes provenant de cas de force » majeure, le ministre rappelle aux corps et aux généraux inspecteurs que les propo- » sitions de cette nature doivent toujours faire l'objet de procès-verbaux dressés par » le sous-intendant mliitaire. »

Une dépêche ministérielle du 18 mai 1876, n° 3216, concernant le 10e régiment de dragons, rappelle cette règle qui est absolue.

Les effets de petit équipement du service courant perdus ou détériorés étant en magasin, sont décomptés comme le prescrit l'article 249 du décret du 1er mars 1880 (Voir ci-dessus, page 63), c'est-à-dire au prix de l'objet neuf, mais sans aucune déduction, la vente des objets hors de service appartenant à la masse individuelle, n'étant pas faite à son profit.

S'il s'agit d'effets entre les mains des hommes, on doit tenir compte, dans la fixation des sommes à leur rembourser, de la moins-value des effets en se basant sur la durée parcourue et leur état d'entretien. (*Plusieurs dépêches ministérielles*, l'une en date du 23 juin 1874, concernant des effets brûlés dans un incendie à Mâcon.) Par analogie, cette moins-value peut être décomptée d'après les dispositions de l'article 169 de l'ordonnance du 10 mai 1844, c'est-à-dire aux prix d'achat si les effets ont été distribués dans le trimestre et sur le pied des deux tiers de ce prix, si la distribution est plus ancienne. (Voir aussi la circ. du 13 novembre 1877 (M) qui prescrit de rembourser les effets de petit équipement d'après les prix d'achat et non d'après ceux de la nomenclature.) L'état à fournir à l'appui du relevé mod. n° 21 *bis* fait ressortir le nombre et la nature des effets, leur valeur au moment de leur distribution et lors de leur détérioration ou réintégration, et la moins-value résultant de la différence entre les deux chiffres.

Une dépêche ministérielle du 12 mai 1866 a refusé une indemnité pour une perte d'effets de petit équipement brûlés dans un incendie qui avait éclaté dans la maison du père d'un militaire alors en congé, par la raison que cette perte ne s'était produite ni dans un service commandé, ni dans un service public quelconque.

SERVICES DE RÉSERVE ET D'INSTRUCTION

Les pertes par cas de force majeure sont constatées dans la forme usitée pour les effets d'habillement et autres. Elles ne donnent lieu à aucun remboursement.

NOTA. — Les pertes et dégradations d'effets confiés aux réservistes restent à la charge de l'Etat (Inst. du 19 avril 1880 (M.) Il en est de même pour les territoriaux (Inst. du 15 avril 1880 (M). Voir page 89 pour les réparations.

RÉDUCTION DU PRIX DES EFFETS DE CHAUSSURE OU DE PETIT ÉQUIPEMENT PROVENANT DES MAGASINS ADMINISTRATIFS

Les effets de petit équipement et de chaussure provenant des magasins administratifs et délivrés aux corps aux prix des tarifs ministériels peuvent, dans certains cas, donner lieu à des réductions de prix dont le montant est remboursé à la masse individuelle par le service de l'habillement. (Art. 95 de l'inst. du 9 mars 1879, page 274.)

Ces réductions sont accordées par les intendants militaires dans les conditions indiquées à la page 48 du présent Recueil, ou par le ministre dans tout autre cas. On procède alors comme il est dit ci-dessus pour les pertes et détériorations.

PERTES OU DÉTÉRIORATIONS PAR LA FAUTE DES HOMMES D'EFFETS DE PETIT ÉQUIPEMENT EN SERVICE

La mise hors de service des effets de petit équipement par la faute des hommes ne donne lieu à aucune écriture; on se borne à leur en délivrer de nouveaux au compte de leur masse individuelle, mais ces hommes sont passibles de peines disciplinaires.

Pour les pertes ou détériorations d'effets par la faute des réservistes et des territoriaux. Voir ci-dessus.

Effets de petit équipement mis hors de service par suite de modifications apportées à l'uniforme, en vertu d'ordres ministériels ou par suite de changements de corps, d'escadron, etc.

Lorsque des effets de petit équipement sont retirés aux hommes par suite de modifications à l'uniforme ou de changements de corps ou d'escadron *par suite d'organisation*, la valeur de ces effets est remboursée aux masses individuelles par imputation sur un fonds désigné par le ministre (c'est la masse générale d'entretien, le service de la solde ou celui de l'habillement.)

Une décision du 25 août 1874, page 174, met à la charge du service de l'habillement la valeur des couvre-shakos et couvre-nuque en service et en magasin supprimés pour les troupes de l'intérieur, mais, dans d'autres cas, le ministre a fait intervenir la masse générale d'entetien pour les effets en service : Ainsi, par dépêche du 26 février 1866, le 12e dragons fut autorisé à imputer à cette masse la valeur des olives des hommes provenant du 6e escadron supprimé, passés dans d'autres escadrons du même régiment. Une circulaire du 23 avril 1875, n° 2694, a mis à la charge de la masse générale d'entretien les frais de changement des numéros des pompons des 5e et 6e compagnies de chaque bataillon, et une distribution gratuite de pompons aux hommes pour lesquels ce changement n'a pu être effectué. Une dépêche du 8 mars 1876, n° 1491, met au compte du service de l'habillement la valeur de bretelles de sabres neuves en magasin, supprimées, qui avaient été imputées à la masse individuelle. Enfin, une lettre collective du 30 août 1883 (M) relative à la formation des bataillons d'artillerie de forteresse dispose que les effets de pansage et bottines retirés aux hommes seront imputés à la masse individuelle en cas de reprise par le service courant, et par le service de l'habillement en cas de versement au service d'instruction.

Les hommes changeant de corps isolément ou passant d'une portion de corps à une autre ne sont pas indemnisés des dépenses que leur occasionne ce changement, à moins qu'ils ne passent d'une arme à pied dans une arme à cheval, et réciproquement. Dans ce cas, ils reçoivent un supplément de première mise qui est fixé par le tarif n° 54 du 25 décembre 1875, page 918.

Les circulaires des 22 avril et 12 août 1864 (M) ont mis au compte de la masse générale d'entretien les frais de transformation des couvre-shakos d'infanterie, et, de plus, les frais de substitution d'un numéro à l'autre sur ces couvre-shakos transformés. Cette dernière disposition est rappelée par la circ. du 15 mars 1872, page 54. En outre, la circulaire du 12 août 1864 alloue 0,05 c. pour l'enlèvement et le placement du numéro du régiment. (Pour le surplus, se reporter au tarif du 7 juillet 1881, p. 33 (S) et suivantes.)

Effets de pansage ou d'habillement spéciaux distribués à des hommes des corps d'infanterie.

1° DÉTACHÉS POUR LE SERVICE DANS LE TRAIN DES ÉQUIPAGES MILITAIRES

Aux termes des dépêches ministérielles en dates du 22 octobre 1873, n° 11755, et du 19 septembre 1878, n° 8307, les effets de pansage distribués aux militaires de l'infanterie détachés en France comme auxiliaires dans les compagnies du train des équipages, pour suppléer à l'insuffisance de l'effectif, doivent être imputés sur les fonds de la masse générale d'entretien.

Ces hommes reçoivent, en outre, la solde et la prime journalière du train des équipages. (Dép. précitées et art. 9 du décr. du 19 novembre 1874, page 674.)

Les états nominatifs des auxiliaires désignés pour être employés dans ce cas particulier, sont approuvés par les sous-intendants militaires. (Circ. du 22 octobre 1873.)

Les dispositions rappelées ci-dessus sont applicables aux corps de troupes employés en Algérie et aux armées. (Décis. présidentielle du 21 octobre 1878, page 357.) Cette décision dispose en outre qu'au moment du départ des auxiliaires, leurs effets seront repris au profit de l'Etat, évalués et distribués aux hommes des corps.

2° DÉTACHÉS POUR UNE PÉRIODE D'INSTRUCTION DANS LE TRAIN DES ÉQUIPAGES OU APPELÉS COMME RÉSERVISTES; TENUE DES GRANDES MANŒUVRES

La circulaire du 11 janvier 1879, page 19, prescrit aux corps d'infanterie et aux bataillons de chasseurs à pied de désigner chaque année, pour faire une période d'instruction de deux mois dans un escadron du train, ou, à défaut, dans un régiment d'artillerie ou une compagnie du train d'artillerie, savoir :

Par régiment d'infanterie : 4 conducteurs de voitures régimentaires;
— 3 conducteurs de caissons de munitions;
— 1 caporal et 1 sous-officier.
Par bataillon de chasseurs : 2 conducteurs de voitures régimentaires;
— 2 conducteurs de caissons de munitions;
— 1 caporal et 1 sous-officier.

La circulaire ministérielle du 6 mars 1883, page 180, fixe la tenue des conducteurs de caissons, voitures ou mulets dans les corps de troupes à pied sur le pied de guerre. De plus, elle indique comment ils doivent être habillés dans les circonstances ci-après :

1° *Conducteurs de voitures et mulets.* — Les conducteurs de voitures et mulets envoyés dans les escadrons du train des équipages pour y accomplir un stage de deux mois, emportent tous leurs effets d'habillement, de coiffure et de petit équipement, ainsi que l'épée-bayonnette, le ceinturon, le porte-épée et le havre-sac. Ils déposent en magasin le fusil, la bretelle de fusil et les cartouchières.

Le corps instructeur ne délivre pas d'effets de pansage, mais il associe les conducteurs à des militaires du corps, dans les conditions prévues pour les réservistes. (Circ. du 6 mars 1883.) L'indemnité de 0,40 à payer aux militaires qui prêtent leurs effets est imputable au service de l'habillement. (Circ. du 7 juin 1881.) Voir ci-dessus, page 111.

Les sous-officiers et caporaux sont traités comme il est indiqué ci-après pour les conducteurs de caissons.

2° *Conducteurs de caissons.* — Outre les effets indiqués plus haut, les conducteurs de caissons laissent à leur corps leur pantalon d'ordonnance, la capote, l'épée et le porte-épée bayonnette. On leur distribue un pantalon de cheval, un manteau, un revolver avec étui et une paire de bottines éperonnées (1). Ils reçoivent à l'escadron du train un ceinturon d'homme monté et un sabre qu'ils reversent à leur départ.

Dispositions communes. — A leur retour, tous les conducteurs réintègrent (service courant) les effets spéciaux qu'ils ont reçus au départ et reprennent leur anciens effets mis en dépôt.

Réservistes. — En cas d'appel comme réservistes, les conducteurs de voitures et mulets reçoivent les mêmes effets et armes que les autres réservistes. Toutefois, les conducteurs de caissons qui doivent remplir effectivement leur emploi, reçoivent la tenue de guerre, moins les bottines et souliers. Des éperons sont adaptés à leurs chaussures; à la réintégration, les pantalons de cheval, etc... sont reversés au service courant.

Pendant les grandes manœuvres, les conducteurs reçoivent la tenue de guerre, ainsi que les effets de pansage réglementaires.

Tous les effets spéciaux aux conducteurs de caissons sont constitués au compte du service de l'habillement et classés au service courant. (Circ. du 6 mars 1883, page 180.) Par suite, les effets de petit équipement ne donnent pas lieu à remboursement au compte des masses individuelles et ils doivent être réintégrés après les manœuvres ou appels. (Circ. du 31 août 1880 M. et du 6 mars 1883, page 180.)

Les tableaux du 31 décembre 1883 fixent les approvisionnements à entretenir.

(1) Plus une paire de bretelles d'hommes montés et de sous-pieds. (Auteur.)

Les effets spéciaux de toute nature délivrés aux conducteurs de caissons dans l'infanterie réintégrés après un stage d'instruction, un appel de la réserve ou les grandes manœuvres, sont remis en état au compte de la masse générale d'entretien du corps auquel appartiennent ces conducteurs (Note du 2 octobre 1884, page 548.)

Ordonnances d'officiers montés d'infanterie.

Ces soldats, lorsqu'ils sont envoyés dans les régiments de cavalerie ou d'artillerie ou dans les escadron du train des équipages pour une période d'instruction, reçoivent pour le temps de cette période, un pantalon de cheval par les soins du corps instructeur et prélevé sur l'approvisionnement d'instruction.

Ce pantalon est reversé à l'expiration du stage. (Note du 16 juin 1883, page 548.) Ces dispositions ont été confirmées par la décis. du 26 novembre 1883, page 769.

Cette décision porte en outre que ces soldats recevront au compte du service de l'habillement, des éperons qui seront adaptés sur leurs souliers et versés à l'approvisionnement d'instruction à la fin du stage. Les frais de pose et d'enlèvement sont à la charge du service de l'habillement.

Pour les effets de pansage, ils sont prêtés par des hommes des corps instructeurs, lesquels reçoivent une indemnité égale à celle fixée pour les réservistes des corps de troupes à cheval.

Ces soldats emportent de leurs corps les mêmes effets que les conducteurs de voitures. (Décis. du 26 novembre 1883.)

Les soldats-ordonnances des bataillons d'artillerie de forteresse qui vont faire des stages sont traités de la même manière. (Circ. du 28 août 1884, pag. 340.)

Effets de pansage des chevaux des corps d'infanterie. (Voir *Equipages régimentaires.*)

Effets de petit équipement d'hommes absents, remis au domaine par erreur.

Une dépêche ministérielle du 10 mars 1866, n° 1282, autorise le 12e dragons à faire rembourser à la masse du nommé Martin, par la masse générale d'entretien, la valeur des effets de petit équipement qui avaient été, à tort, remis au domaine pendant que ce cavalier était en semestre.

Effets de petit équipement

A DÉLIVRER AUX MILITAIRES DÉTENUS OU CONDAMNÉS, ET AUX ISOLÉS

1° *Détenus en prison préventive.*

Aux termes de la circulaire du 1er décembre 1858, page 616, les militaires mis en jugement emportent la totalité de leurs effets de petit équipement.

S'ils sont trop éloignés de leurs corps pour qu'ils puisse recevoir les effets nécessaires, les intendants militaires leur en font délivrer dans les formes indiquées pour les hommes de passage.

Cette circulaire contient également diverses dispositions relatives aux effets d'habillement.

2° *Condamnés.*

La décision du 15 août 1858, page 552, dispose que tout militaire dirigé sur un établissement pénitentiaire, doit être pourvu au moins des effets de petit équipement ci-après :

Deux chemises, une cravate de coton bleu, un caleçon, une paire de bretelles, une paire de souliers, une paire de guêtres grises, un havre-sac (1.)

S'il ne les possède pas au moment de sa mise en route, ils sont délivrés sur l'ordre du sous-intendant militaire, à l'aide des ressources du magasin du corps auquel le

(1) Les hommes reçoivent en outre dans les pénitenciers de l'intérieur et de l'Algérie un sac spécial du prix de 0 fr. 60, pour renfermer les effets apportés par eux. Dépense au compte de la masse individuelle (Note du 7 juin 1884, page 683.)

condamné appartient; à défaut, par prélèvement sur l'approvisionnement du corps ou du magasin central le plus à proximité.

Les havre-sacs devaient, d'après cette décision, être pris, en cas de besoin, parmi ceux provenant des décédés; mais aujourd'hui que cet objet appartient à la catégorie des effets de grand équipement, il est choisi parmi les plus mauvais, et cette distribution ne donne pas lieu à remboursement. Les autres effets sont distribués à charge d'imputation à la masse individuelle.

Dans les places où il n'y a pas de magasin central, les corps dépositaires des effets de petit équipement à l'usage des condamnés, doivent en verser la valeur au Trésor dès leur réception. Ils sont remboursés au fur et à mesure des distributions au moyen de mandats délivrés par le sous-intendant militaire chargé du service de l'habillement. (Circ. du 12 octobre 1864 M.)

Cette disposition modifie l'instruction du 15 août 1858, qui mettait ces fournitures à la charge de la masse individuelle, les corps n'étant plus obligés de se faire rembourser sur ce fonds. Une circulaire du 16 janvier 1864 (M), n° 320, prescrit de mettre à la disposition des agents principaux des prisons pour être distribués aux prisonniers de passage des effets *d'habillement en toile* et des souliers provenant des hommes morts dans les hôpitaux, et celle du 2 février 1882 (M) dispose que les effets délivrés par les corps ou magasins doivent être facturés au titre de l'établissement sur lequel les militaires condamnés sont dirigés, établissement qui doit renvoyer une facture d'expédition revêtue de la prise en charge. La circ. du 28 mars 1882 complète celle du 2 février au sujet de la délivrance des effets et de la désignation des établissements.

Les militaires condamnés qui subissent leur peine dans les prisons militaires reçoivent des effets de petit équipement (chemises, souliers, cravates) prélevés sur l'approvisionnement d'instruction des corps de troupe. Les effets de cette catégorie n'étant pas classés hors de service doivent être remboursés directement au service de l'habillement, au compte de la masse de prison et au moyen de versement au Trésor à raison du cinquième de leur valeur au classement neuf, par analogie avec les dispositions de l'article 249 du décr. du 1er mars 1880.

Quant aux sabots, blouses, pantalons de travail et mouchoirs, ces effets doivent être achetés, comme par le passé, d'après un marché approuvé par le sous-intendant militaire conformément aux dispositions de l'article 47 du règlement du 6 février 1865. (Circ. ministérielle du 23 septembre 1881 (M).

Les détenus qui n'ont pas au moins 10 francs d'avoir à leur masse ne reçoivent pas d'effets neufs. (Règlemt du 6 février 1865, page 10.)

Dans les établissements pénitentiaires et les ateliers de travaux publics, les détenus sont pourvus des effets désignés par la décision du 15 août 1853, page 548.

3° *Militaires escortés ou voyageant isolément.*

Les sous-officiers et soldats en activité peuvent recevoir, à titre d'avances remboursables par leur masse individuelle, et en cas d'urgence, des effets de petit équipement :

1° Lorsqu'ils voyagent isolément, avec ou sans l'indemnité de route ;

2° Lorsque voyageant ou stationnant en détachement, ils ne sont pas à portée de recevoir des effets des magasins des corps auxquels ils appartiennent. (Art. 36 du règlemt du 12 juin 1867, page 686.)

Sont exceptés de cette mesure les sous-officiers et soldats rentrant dans leurs foyers par congé définitif, réforme ou retraite, et ceux qui, n'étant plus en activité, sont accidentellement appelés à faire un service militaire. (Art. 37 du même règlemt.)

Les effets de petit équipement, dont la distribution est autorisée en pareil cas, consistent en *chemises*, *souliers et guêtres*. Ils sont tirés des magasins centraux ou des magasins des corps stationnés dans la place. (Art. 38.) (Voir ci-après pour le mode de distribution et de remboursement).

DÉPENSES AU COMPTE DE L'ETAT

L'article 40 du règlement du 12 juin 1867, page 687, dispose que des effets de petit équipement peuvent aussi, dans les cas d'indispensable nécessité, être délivrés au compte de l'Etat :

Aux déserteurs condamnés marchant sous l'escorte de la gendarmerie : sur la demande motivée du chef de l'escorte ;

Aux déserteurs rayés des contrôles comme grâciés, réformés ou libérés : pour leur donner les moyens de rentrer dans leurs foyers ;

Aux individus arrêtés comme déserteurs et reconnus ne l'être pas : pour leur donner les moyens de rentrer dans leurs foyers ;

Aux prisonniers de guerre assimilés aux sous-officiers et soldats de l'armée française : pour leur donner les moyens de se transporter, soit de la frontière au dépôt ou à la résidence qui leur est assignée, soit aux hôpitaux.

Mode de distribution et de remboursement.

Les effets de petit équipement (dans les cas qui précèdent) sont délivrés d'après des ordres de fourniture du modèle n° 2 pour les isolés et du modèle n° 6 pour les détachements, annexés au décret du 12 juin 1867 portant au pied mandat de paiement au profit du distributeur. (Art. 77.) Cet ordre est établi par le sous-intendant et revêtu du récépissé de la partie prenante ; si elle ne sait pas signer, le sous-intendant le mentionne sur l'ordre. (Mod. d'ordre.)

Le montant du prix des effets est remboursé aux corps livranciers par les trésoriers-payeurs, receveurs ou percepteurs, sur acquit apposé au bas du mandat. (Art. 89.) Si les effets sont délivrés au compte de l'Etat, ce fait est mentionné sur l'ordre de fourniture ; mais le corps distributeur est remboursé de la même manière que si le prix des effets tombait à la charge de la masse individuelle.

Lorsque les effets sont distribués par les magasins centraux, comme les comptables ne peuvent percevoir le montant des fournitures, le sous-intendant militaire se borne à délivrer un ordre de distribution non décompté. (Art. 42 et 43 du règlem[t] du 11 juin 1811.) Le comptable envoie au corps une facture portant ordre de versement au Trésor. S'il s'agit de distributions *gratuites*, la sortie est justifiée dans les comptes du magasin par l'ordre de fourniture et la prise en change des parties prenantes. (Instr. du 15 mars 1872 M.)

(Voir au titre : *Frais de route*, pour le remboursement par les parties prenantes sur les fonds de leur masse individuelle.)

Militaires détachés isolément.

Les militaires isolés, éloignés de leur corps, reçoivent, dans la position de station, les effets de petit équipement qui leur sont nécessaires, des magasins de l'Etat ou de l'un des corps de troupes en garnison dans la place. S'ils sont placés en subsistance, c'est le corps qui les a reçus qui délivre ces effets.

Les bons sont établis en deux expéditions : une pour le magasin ou corps livrancier et une autre (timbrée duplicata) pour le corps auquel les parties prenantes appartiennent ; ce dernier verse au Trésor la valeur des effets tirés des magasins de l'Etat dès la réception des factures de livraison ; si les fournitures ont été faites par des corps de troupes, ils sont désintéressés par l'envoi de mandats sur la Trésorerie générale.

Lorsque les distributions sont fréquentes, elles sont résumées dans des relevés trimestriels. (Art. 35 du règlem[t] du 23 septembre 1874, page 277.) La circ. du 2 février 1884, page 201, rappelle que dans le cas de changement de garnison ou à la fin du trimestre, les corps distributeurs doivent envoyer aux corps d'origine, le compte des effets fournis dont le prix est à rembourser.

Nota. — Les effets distribués dans ces conditions sont pris en recette et en sortie par les corps auxquels les hommes appartiennent, absolument comme si ces corps avaient fait eux-mêmes les distributions.

Gamelles individuelles et Quarts. (Voir au titre *Ordinaires.*)

Effets de petit équipement et de chaussure nécessaires aux enfants de troupes au-dessous de 15 ans.

Le décret du 19 juillet 1884, page 43, supprime en principe les enfants de troupe dans les corps, mais la circ. du 14 octobre 1884 (M) donne aux conseils d'administration la faculté de maintenir quelques enfants sans famille ou dont la situation est particulièrement intéressante. Tous ceux maintenus continuent à recevoir les allocations attribuées actuellement aux enfants de leur âge. (Circ. du 14 octobre 1884.)

Aux termes des décisions du 7 octobre 1853, page 798, et du 6 octobre 1873, page 333, tout enfant de troupe âgé de plus de dix ans, et de moins de quinze (Circ. du 17 août 1878, page 247), quelle que soit sa position de famille, c'est-à-dire fils d'officier, de sous-officier, caporal ou brigadier en activité ou retraité, pourvu que cet enfant soit présent au corps dans lequel il a été immatriculé ou mis en subsistance, a droit annuellement à une indemnité destinée à faire face à la dépense occasionnée par la fourniture des effets de petit équipement et de chaussure. Cette indemnité a été fixée à 30 francs par la décision du 29 mars 1876, page 651.

Quant à l'enfant de troupe orphelin, cette prime de petit équipement lui est attribuée, quels que soient son âge et la classe (1re ou 2e) à laquelle il appartient. (6 octobre 1873, page 335.) Les enfants de dix ans et au-dessus sont de la deuxième classe, et ceux avant dix ans sont de la première. (7 octobre 1853, page 798, et décr. du 6 juillet 1878, page 5.)

L'emploi de cette somme est justifiée au moyen de bons de distributions et de bordereaux récapitulatifs trimestriels. La dépense est imputée sur les fonds de la deuxième portion de la masse générale d'entretien (7 octobre 1853, page 799, rappelant les décisions des 28 janvier 1828, 10 décembre 1844, et 15 mars 1872, page 54) par un virement de la masse individuelle, si elle a fait l'avance des effets distribués, ou directement dans le cas contraire.

Dans cette fixation de 30 francs sont compris les ressemelages et autres réparations à la chaussure.

NOTA. — Sont en dehors de ce chiffre : les achats de balais, cruches, gamelles, les dégradations à la literie et au casernement, les frais d'éclairage et les réparations aux effets d'habillement. (Etat n° 105 de la nomenclature générale des imprimés.)

(Voir Confection des chaussures et guêtres.)

L'enfant de troupe mis légalement en subsistance dans un corps, doit recevoir ses effets de petit équipement de ce corps. (6 octobre 1873.) Ces dépenses doivent figurer dans un article spécial du compte annuel des recettes et dépenses de la masse générale d'entretien de ce corps. (23 mai 1860 M.)

L'indemnité dont il s'agit doit être allouée individuellement et non en bloc, c'est-à-dire que l'économie qui pourrait exceptionnellement être réalisée sur l'équipement d'un enfant qui n'aurait pas dépensé le montant de l'allocation, ne saurait être reversée sur un autre qui aurait dépensé plus, ni être reportée sur l'année suivante. Tout boni sur ce point resterait acquis à la masse générale d'entretien. (Décis. du 6 octobre 1873, page 334, rappelant celle du 7 octobre 1853.)

Effets de petit équipement destinés aux tambours-majors et tambours.

(Voir ci-après : Effets dont l'achat est confié aux corps, page 126.)

Moins-value des effets de petit équipement

DÉTRUITS COMME AYANT SERVI A DES CHEVAUX ATTEINTS DE MALADIES CONTAGIEUSES

Les effets employés au pansage des chevaux atteints de maladies contagieuses doivent être détruits (28 février 1829, page 270, et note B annexée au règlemt du 26 décembre 1876, page 412).

Leur valeur est remboursée à la masse individuelle par la masse d'entretien du harnachement et ferrage (au moyen d'un virement dans la centralisation), au prix d'achat si les effets ont été distribués dans le trimestre et sur le pied des deux tiers de ce prix si leur distribution est plus ancienne. (Art. 169 de l'ordonn. du 10 mai 1884, page 318.)

Le virement dont il s'agit est effectué sur la production d'un décompte modèle n° 55 établi par le capitaine d'escadron, certifié par l'officier d'habillement et vérifié par le major. (Art. 169 de l'ordonn. précitée.)

Le règlement du 28 février 1883, page 219, concernant l'infanterie prévoit le cas de désinfection au compte de la masse d'entretien, de harnachement et ferrage. De plus, les articles 65, cavalerie, et 79, artillerie, des règlements du 28 décembre 1883 sur service intérieur, prescrivent aux vétérinaires de désinfecter les effets de pansage des chevaux atteints de maladies contagieuses.

EFFETS DE PANSAGE A REPRENDRE AUX SOUS-OFFICIERS D'ARTILLERIE ET DES TRAINS

La circulaire ministérielle du 24 février 1882 (M) dispose que les sous-officiers de l'artillerie et des trains ne recevront plus d'effets de pansage, mais seulement une éponge. De plus, la dépêche ministérielle du 19 mai même année autorise les corps à reprendre ceux de ces effets qui sont susceptibles encore de faire un bon service, moyennant un rabais de 60 pour cent sur les prix de la nomenclature.

La dépense est imputée au service de l'habillement (budget ordinaire) et les effets sont versés à l'approvisionnement d'instruction.

Ces dispositions sont applicables aux brigadiers qui viennent à être promus sous-officiers.

Sous-pieds pour pantalons de cheval.

Aux termes de la décision du 20 mai 1854, page 363, et de la description de l'uniforme du 15 mars 1879, les sous-pieds doivent, en principe, être payés sur les fonds de la masse individuelle; durée : six mois; le prix de la nomenclature du 30 décembre 1880 est de 0,25 c.

Toutefois, il doit en être délivré une paire à titre gratuit avec chaque pantalon de cheval distribué (décis. précitée), mais lorsque des pantalons sont expédiés des magasins centraux sans cet accessoire, les conseils d'administration sont autorisés à en acheter une paire. (Circ. des 31 juillet 1859 et 29 février 1860 M.) D'autre part, la circulaire du 25 juin 1879, page 1204 (S), dispose que les corps doivent se pourvoir de ces derniers accessoires sur les fonds du service de l'habillement et porter cette dépense dans leur compte d'avances remboursables (Relevé mod. n° 21 *bis*).

Cette même circulaire rappelle que les entrepreneurs de confections d'effets doivent fournir une paire de sous-pieds par pantalon de cheval. Dès lors, les corps n'ont pas de sous-pieds à acheter pour les pantalons de cette provenance. (Voir le cahier des charges du 4 janvier 1884, page 348.)

Si un pantalon de cheval est distribué successivement à plusieurs hommes, il doit être délivré une paire de sous-pieds à chaque distribution. (Dép. ministérielle du 21 janvier 1878 M.) La circ. du 30 août 1880 (M) confirme ce principe et maintient la fourniture au compte du service de l'habillement.

La décision du 19 avril 1879, page 656, attribue à chaque homme deux paires de sous-pieds de rechange et la circulaire du 9 octobre 1876, page 661 (S), en prescrit l'achat au compte de la masse individuelle. Les corps doivent être pourvus d'approvisionnements de service courant et de réserve en sous-pieds. (Voir les tableaux du 31 décembre 1883 M.)

Dans les corps de troupes à pied, les pantalons n°s 2 des soldats ordonnances d'officiers montés et des conducteurs d'équipages régimentaires sont pourvus de sous-pieds. Première mise au compte du service de l'habillement et remplacements à la charge de la masse individuelle, prix 0,25 c. la paire. (Décis. du 5 août 1884, page 138.)

Sous-pieds de guêtres en cuir ou en toile.

Les guêtres mises en distribution sont accompagnées d'une paire de sous-pieds en cuir qui est comprise dans le prix de l'effet. (23 et 26 octobre 1865, ancien *Journal militaire*). Les sous-pieds *de rechange* sont imputés, comme le prix des guêtres avec sous-pieds *de première mise*, à la masse individuelle. (Descript. du 15 mars 1879, tableaux B.)

La nomenclature du 30 décembre 1880, page 549, fixe à 0,35 c. le prix maximum de la paire de sous-pieds de guêtre en cuir avec lanière; quant aux sous-pieds en cuir de la guêtre de toile, ils sont tarifés 0,10 c. la paire par la décision ministérielle du 23 octobre 1865. (Ancien *Journal militaire*.)

La circulaire du 9 octobre 1876, page 662 (S), prescrit d'acheter sur les fonds de l'habillement les sous-pieds de rechange de supplément dont les corps doivent être pourvus pour les besoins de la mobilisation, et les tableaux du 31 décembre 1883 (M) fixent les approvisionnements à entretenir. De plus, la circulaire du 20 octobre 1879 (M) révisée le 1er septembre 1884, dispose que ces approvisionnements doivent être constitués entièrement en sous-pieds de guêtres de cuir, cet accessoire pouvant seul servir à la fois, aux deux modèles de guêtres. (Art. 56.) En outre, l'art. 46 indique que l'approvisionnement à entretenir d'après les tableaux est basé sur le pied d'une paire de sous-pieds par homme.

CONFECTION ET ENTRETIEN DE LA CHAUSSURE

(Voir formation des approvisionnements en effets de petit équipement, page 103.)

Ateliers régimentaires (bottiers ou cordonniers).

Ameublement au compte du génie.

Il est placé par les soins du génie, dans l'atelier des cordonniers ou bottiers, des porte-manteaux à chevilles et des tablettes en quantité suffisante.

Ces divers objets sont fournis, entretenus et remplacés par le service du génie. (Art. 48 du règlemt du 30 juin 1856.)

CHAUFFAGE DES ATELIERS.

En hiver, chaque atelier d'ouvriers reçoit généralement un tiers de la ration collective de chauffage. (Règlemt du 26 mai 1866, page 263.). Cette fourniture est faite par les magasins militaires sans dépense pour les corps. Pour les corps fractionnés se reporter au chapitre du chauffage. Cette allocation n'est pas faite dans les corps qui reçoivent des rations individuelles de chauffage d'hiver, lesquels prélèvent sur leurs distributions le combustible nécessaire aux ateliers. (Tarif n° 2 annexé au règlemt du 26 mai 1866, page 259.)

COMPOSITION ET ATTRIBUTIONS DES ATELIERS.

(Voir ci-dessus *Ateliers des tailleurs*, page 67.)

Aux termes de la circulaire du 6 novembre 1875, les ouvriers appartenant aux compagnies, escadrons ou batteries, sont réunis dans un atelier avec ceux de la section hors rang, sous la direction des caporaux ou brigadiers premiers ouvriers.

Ces ateliers, sous la dénomination d'*ateliers de réparations*, sont exclusivement affectés à l'exécution des travaux suivants :

1° *Réparation, ressemelage et remontage des chaussures en service.* (Ces réparations sont exécutées d'après un tarif arrêté par le conseil d'administration et approuvé par le sous-intendant militaire. (Art. 209 de l'ordonn. du 10 mai 1844.) Les réparations à la chaussure n'étant pas tarifiées par le ministre, il est recommandé aux intendants militaires d'établir l'uniformité dans la mesure du possible. (Art. 42 de l'instr. du 26 avril 1884, page 106 (S). Le salaire des ouvriers employés par les chefs-ouvriers est fixé par le conseil d'administration. (Note du 14 juillet 1876, page 9.) *Le remontage des souliers est interdit* d'une manière absolue par la circ. du 3 février 1880 (M) (1).

(1) Une circ. du 30 mai 1881 (M) rappelée par les instructions sur les inspections générales dispose : 1° que les réparations à la chaussure doivent être faites par les ateliers régimentaires, qu'on ne doit faire dans ces ateliers ni remontage de souliers, ni ressemelage à patins ; de plus, les paiements directs de la part des hommes sont interdits ;

2° Qu'il est interdit d'acheter des souliers réglementaires soit dans le commerce, soit au moment des libérations ;

3° Que les chaussures non réglementaires ne doivent pas être utilisées en dehors des casernes et que la faculté d'en porter est limitée aux jeunes soldats nouvellement arrivés, sans qu'elles puissent être ressemelées. Dans tous les cas, trois mois après leur arrivée, il ne doit plus y avoir une seule paire de souliers non réglementaires dans les casernes.

La loi du 4 juillet 1881, page 3, a substitué le brodequin napolitain au soulier et aux guêtres pour la chaussure des troupes à pied. La description est du 6 juillet 1881 (M). Il est interdit de distribuer des brodequins. (Note du 11 octobre 1883, page 383 (S) et circ. du 20 octobre 1879, révisée le 1er septembre 1884 (M).

2° *Réparation des effets de grand équipement et de coiffure*, en magasin et en service (dans les corps qui n'ont pas de maître-sellier.)

3° *Retouche et ajustage des objets en cuir* provenant des magasins centraux. (Voir au titre : *Entretien des effets de grand équipement en service*, page 98.)

La loi du 13 mars 1875, page 287, et la circulaire du 6 novembre 1875 (M) ayant supprimé les ateliers régimentaires de confections, les corps doivent tirer les effets de chaussure neufs des magasins centraux. (Art. 32 de l'instr. du 9 mars 1879, page 262.) — Voir page 105.

Les chaussures destinées aux hommes ayant une conformation vicieuse des pieds, les bottines de tambour-major, les chaussures pour les enfants de troupe ne pouvant être prélevées sur les approvisionnements des corps et toutes celles de pointures inférieures à 26 centimètres, sont confectionnées par les ateliers régimentaires. (Pour les enfants de troupe, voir ci-dessus, page 119).

Toutes les matières nécessaires à la confection de ces chaussures sont fournies par le premier ouvrier du corps. (Art. 57 de l'instr. du 9 mars 1879, modifié par la note du 9 mars 1881, page 204). Si ces chaussures ne peuvent être confectionnées par les ateliers des corps, ceux-ci peuvent être autorisés par le sous-intendant militaire à les faire confectionner à prix débattus, soit par l'entrepreneur, soit par un des cordonniers de la localité. (Art. 58.)

On doit évidemment procéder de la même manière pour les guêtres de cuir des enfants de troupe, la circulaire du 4 mai 1876 qui prescrivait de les acheter dans l'industrie civile étant aujourd'hui abrogée. Cette interprétation est conforme à l'article 116 de l'instr. du 9 mars 1879, qui prévoit les achats de guêtres de cuir par les corps.

Les approvisionnements en souliers, bottines et brodequins à constituer sont fixés par les tableaux arrêtés le 31 décembre 1883.

Les pointures doivent être assorties d'après les tableaux arrêtés pour chaque région par les généraux commandant les corps d'armée. (Circ. des 18 août 1879 et 6 février 1884 (M). Les pointures comprennent les n°s 26 et 33 et quatre subdivisions chacune.

Les distributions de chaussures sont faites conformément aux dispositions de l'instr. du 25 octobre 1878, page 352, qui prescrit d'emmagasiner ces effets autant que possible par pointures.

(Pour les ouvriers détachés, voir au titre : *Entretien des effets d'habillement*, pages 71 et 74.)

Matériel d'exploitation au compte des ouvriers.

Le matériel d'exploitation des ateliers de cordonniers (ou bottiers) est celui énuméré dans la circulaire du 21 février 1876 (M). (Voir les dispositions de cette circ. au titre : *Ateliers des tailleurs*, page 66).

D'après la circulaire du 6 novembre 1875 (M), les semelles, empeignes, talons et autres pièces nécessaires pour les remontages, les ressemelages et les diverses réparations à la chaussure et dont la valeur ne peut être avancée par les premiers ouvriers peuvent être achetés par les conseils d'administration au titre des fonds divers, ainsi que cela se pratique pour les accessoires de coiffure.

Le remboursement est effectué de la même manière. (Voir fonds divers.)

Par dépêche du 12 février 1876, le ministre a fait connaître que le sieur Godillot avait offert de fournir aux conseils d'administration ou aux caporaux premiers ouvriers, les pièces séparées nécessaires aux réparations des souliers, bottes et bottines.

Le ministre propose de faire participer tous les entrepreneurs d'effets de chaussure à cette fourniture.

Les corps ou les ouvriers ont à acquitter la valeur des objets fournis, entre les mains des entrepreneurs.

Pertes d'outils par cas de force majeure. — Comme ci-dessus pour les ouvriers tailleurs, page 66.

Tableau énumératif du matériel d'exploitation des premiers ouvriers.

DÉSIGNATION DU MATÉRIEL.	QUANTITÉS						MONTANT DE LA DÉPENSE					
	par régim. d'infanterie, de zouaves, de tirailleurs ou étrangers.	par bataill. de chasseurs ou d'infanterie légère d'Afrique.	PAR RÉGIMENT de cavalerie.	PAR RÉGIMENT d'artillerie.	PAR RÉGIMENT du génie.	par escadron du train des équipages militaires.	par régiment d'infanterie, de zouaves, de tirailleurs ou étrangers.	par bataill. de chasseurs ou d'infanterie légère d'Afrique.	PAR RÉGIMENT de cavalerie.	PAR RÉGIMENT d'artillerie.	PAR RÉGIMENT du génie.	par escadron du train des équipages militaires.
CORDONNIERS (ou BOTTIERS)												
							fr. c.	fr. c.	fr. c.	fr. c.	fr. c.	fr. c.
Emporte-pièce	4	2	2	3	4	2	8 »	4 »	4 »	6 »	8 »	4 »
Formes (Paires de)	60	18	25	50	80	15	120 »	36 »	50 »	100 »	160 »	30 »
Tranchets	60	18	25	50	80	15	60 »	18 »	25 »	50 »	80 »	15 »
Baquets	1	1	1	1	2	1	4 »	4 »	4 »	4 »	8 »	4 »
Pinces en bois (Paires de)	5	2	3	4	5	2	12 50	5 »	7 50	10 »	12 50	5 »
Planches à découper	2	1	1	1	2	1	4 »	2 »	2 »	2 »	4 »	2 »
Tabouret	20	8	9	17	27	6	20 »	8 »	9 »	17 »	27 »	6 »
Marteaux ordinaires	20	8	9	17	27	6	40 »	16 »	18 »	34 »	54 »	12 »
Marteaux à marquer	1	1	1	1	1	1	8 »	8 »	8 »	8 »	8 »	8 »
Pinces en fer (Paires de)	20	8	9	17	27	6	60 »	24 »	27 »	51 »	81 »	18 »
Tenailles (Paires de)	20	8	9	17	27	6	40 »	16 »	18 »	34 »	54 »	12 »
Compas	20	8	9	17	27	6	30 »	12 »	13 50	25 50	40 50	9 »
Serpette	2	1	1	2	2	1	5 »	2 50	2 50	5 »	5 »	2 50
Pieds en fer	5	3	4	5	5	3	20 »	12 »	16 »	20 »	20 »	12 »
Pierres à repasser	20	8	9	17	27	6	10 »	4 »	4 50	8 50	13 50	3 »
Broches avec manches	20	8	9	17	27	6	6 »	2 40	2 70	5 40	8 10	1 80
Alènes ordinaires	60	18	25	50	80	15	12 »	3 60	5 »	10 »	16 »	3 »
Alènes à joindre et à piquer	60	18	25	50	80	15	15 »	4 50	6 25	12 50	20 »	3 75
Manches d'alènes	60	18	25	50	80	15	6 »	1 80	2 50	5 »	8 »	1 50
Mailloches en bois	20	8	9	17	27	6	12 »	4 80	5 40	10 20	16 20	3 60
Maniques	20	8	9	17	27	6	10 »	4 »	4 50	8 50	13 50	3 »
Tire-pieds	20	8	9	17	27	6	20 »	8 »	9 »	17 »	27 »	6 »
Limes	20	8	9	17	27	6	40 »	16 »	18 »	34 »	54 »	12 »
Râpes (grandes)	20	8	9	17	27	6	30 »	12 »	13 50	25 50	40 50	9 »
Râpes (petites)	20	8	9	17	27	6	16 »	6 40	7 20	13 60	21 60	4 80
Tables-veilloires	6	3	4	5	7	3	30 »	15 »	20 »	25 »	35 »	15 »
Crochets	20	8	9	17	27	6	10 »	4 »	4 50	8 50	13 50	3 »
Machinoires	20	8	9	17	27	6	12 »	4 80	5 40	10 20	16 20	3 60
Lampes	6	3	4	5	8	3	36 »	18 »	24 »	30 »	48 »	18 »
Ebranchoirs	2	1	2	4	3	2	20 »	10 »	20 »	40 »	30 »	20 »
TOTAUX de la dépense							716 50	286 80	356 95	630 10	943 10	250 55

ENTRETIEN ORDINAIRE DE LA CHAUSSURE (RÉPARATIONS EXCEPTÉES)

(Voir entretien des effets de petit équipement, page 112.)

Fourniture et pose des éperons sur les bottes et les bottines.

L'article 31 du règlem[t] du 30 août 1884, sur le service de l'armement, charge le chef-armurier de la fourniture, de la pose et de la réparation des éperons.

Les réparations ont lieu au compte de la masse individuelle, d'après les marchés passés à cet effet par le conseil d'administration, on ne doit pas dépasser les tarifs ministériels. (Art. 31 dudit règlem[t] et 209 de l'ordonn. du 10 mai 1844, page 328.)

En principe, la valeur des éperons incombe au même fonds que celle des chaussures sur lesquelles ils sont posés ou à poser, c'est-à-dire au compte de la masse individuelle ou du service de l'habillement.

Le prix de la paire d'éperons est de 0.70 c. et celui de la pose (y compris les clous) de 0.10 c. (Circ. du 30 mars 1874, page 407, du 21 août 1877 (M) et nomencl. du 30 décembre 1880, page 544.) Ces fixations sont applicables aux effets en service comme à ceux en magasin. — La circulaire du 16 décembre 1878 (M) laisse aux corps le soin de se pourvoir des éperons nécessaires soit auprès de leur chef-armurier, soit dans l'industrie civile et dispose qu'à l'avenir les magasins de l'Etat expédieront les bottines non éperonnées.

Ce principe est rappelé par l'article 43 de l'instr. du 13 mars 1879, page 307, aux termes duquel les éperons ne doivent pas être fournis par les adjudicataires des effets de chaussures, attendu qu'ils sont achetés directement par les corps.

L'article 103 de l'instr. du 15 mars 1879 en donne la description.

La circulaire du 20 septembre 1875 (M) disposait que le tiers des bottes et bottines en magasin devait être éperonnées, et celle du 13 mai 1876 (M) ajoutait que les éperons nécessaires aux deux autres tiers devaient être entretenus dans les magasins des corps et que la valeur en serait avancée par les fonds divers. Mais la circulaire du 21 août 1877 (M) a modifié les précédentes en ce qu'elle prescrit d'éperonner toutes les bottines des approvisionnements.

Aux termes de la circulaire du 20 septembre 1875 (M), la dépense qui doit résulter de la fourniture et de la pose de ces éperons, est imputable au service de l'habillement. Mais la circulaire précitée du 21 août 1877 ajoute qu'en ce qui concerne les approvisionnements constitués ou à constituer, la dépense sera imputée au compte de liquidation (aujourd'hui budget sur ressources extraordinaires), et au service courant, lorsque les chaussures reçues non éperonnées seront destinées à l'entretien et au renouvellement des approvisionnements.

Des éperons doivent être adaptés aux chaussures apportées par les réservistes des troupes à cheval, et qui sont reconnues assez bonnes pour être utilisées pendant le séjour de ces militaires sous les drapeaux. — La moins-value de ces éperons et les frais de pose sont supportés par le service de l'habillement. (Circ. du 19 avril 1880 (M.)

Pour les hommes de l'armée territoriale, se reporter aux pages 89 et 90.

Voir page 117, *pour les frais de pose d'éperons sur les chaussures des conducteurs de voitures dans l'infanterie.*

Faux-éperons. — La décision du 5 août 1884, page 138, dispose qu'une des deux paires de souliers des soldats ordonnances d'officiers montés et des conducteurs d'équipages régimentaires dans les corps à pied, sera munie de faux-éperons. Première mise au compte de l'habillement et remplacement à la charge de la masse individuelle. Prix 0 fr. 20 dont 0 fr. 02 pour la pose.

Enlèvement des éperons des bottines des hommes prenant part aux exercices de la voltige.

La circulaire du 9 décembre 1842, page 137, dispose que lorsqu'il y a nécessité de dégarnir de leurs éperons les bottines des cavaliers (*recrues*) qui doivent prendre part aux exercices de la voltige, les frais qui résultent de l'enlèvement et, plus tard, du placement de ces objets, doivent être mis à la charge de la masse générale d'entretien (2e portion.)

Cette dépense est constatée par un état nominatif décompté signé par l'officier d'habillement, arrêté par le conseil d'administration, visé par le major et par le sous-intendant militaire.

Toutefois, la circulaire du 11 novembre 1874, page 592, autorise l'achat de souliers et de sandales pour cet exercice, en ce qui concerne seulement les régiments d'artillerie et les escadrons du train. (Voir au titre *Exercices et manœuvres*), car elle n'est pas applicable à la cavalerie. (Note du 5 novembre 1884, page 629.)

TRANSFORMATION DES SOULIERS DE GRANDES POINTURES EXISTANT EN MAGASIN EN SOULIERS PETITES POINTURES POUR EN FACILITER L'ÉCOULEMENT

Les transformations sont exécutées par les premiers ouvriers cordonniers sous la direction des officiers d'habillement. (Instr. du 4 avril 1882 (M) qui règle le mode de procéder.

Le ministre fixe les quantités de chaussures à transformer par pointures. (Lettre collective du 17 février 1883.)

PRIX :

1 fr. 17 c. par paire de souliers, des pointures 26 ou 27, obtenue par raccourcissement. (Système A.)

1 fr. 25 c. par paire de souliers de la pointure 28 obtenue par raccourcissement.

(Instr. du 4 avril 1882 (M) ce système est remplacé par le système Pontremoli. (Dépêche du 17 mars 1884.)

Prix : 1 fr. par paire.

La lettre collective du 18 septembre 1882 fixe le prix de transformation par le système B.

A 3 fr. 10 pour les pointures 26-1, 26-2 et 26-3 ;
A 3 25 — 27-1, 27-3 ;
A 3 45 — 28-1, 28-2 ;

La dépense incombe au service de l'habillement (budget ordinaire).

Les souliers transformés sont distribués au prix ordinaire. (Instr. du 4 avril 1882.

Les semelles provenant de la *transformation* des souliers de grandes pointures en souliers de petites pointures sont cédées aux ouvriers pour les réparations dans les conditions suivantes :

Bons-bouts 26-27...................... 0 fr. 25 la paire.
— 28-29...................... 0 30 —

Une réduction de prix peut être accordée dans certains cas.

(Dépêches des 21 juin et 7 août 1883 (M). Le montant en est déduit du mémoire des chefs ouvriers. (Dépêche précitée du 21 juin 1883.)

EFFETS D'HABILLEMENT ET OBJETS D'ÉQUIPEMENT

DONT L'ACHAT DIRECT EST CONFIÉ AUX CONSEILS D'ADMINISTRATION DES CORPS DE TROUPES

Service courant.

Les tableaux C, qui font suite à la description de l'uniforme du 15 mars 1879, énumèrent les effets et objets qui peuvent être achetés par les soins des conseils d'administration des corps de troupes ou des officiers commandant les compagnies ou sections formant corps.

Toutefois, les uns et les autres ne doivent user de cette faculté que lorsque le ministre n'en ordonne pas autrement. (Nota inséré page 311 de la description.) De plus ces dispositions ne s'appliquent qu'au service courant, car l'article 42 de l'instr. du 1er septembre 1879 (M) révisée, porte qu'il ne peut être fait parmi les approvisionnements du service de réserve aucun mouvement ayant pour effet d'en accroître ou d'en diminuer même momentanément le nombre, sans un ordre formel du ministre.

Les achats doivent être effectués dans les conditions de prix indiquées par la nomenclature du service de l'habillement, en date du 30 décembre 1880, page 473, ou par des décisions particulières. (Circ. des 29 avril 1874 et 21 janvier 1875 (M), et art. 49 de l'instr. du 9 mars 1879, page 266.) Les prix fixés par les tarifs qui font suite à la description de l'uniforme du 15 mars 1879, ne sont donnés que pour ordre et ne doivent être appliqués que pour les objets qui ne seraient pas tarifés par la nomenclature ou par des décisions spéciales. (Diverses dépêches.)

Pour la passation des marchés et les achats sur simple facture, les corps se conforment, en outre, aux dispositions de l'article 21 du décr. du 1er mars 1880, page 15 du présent ouvrage. On se conforme d'ailleurs aux prescriptions rappelées page 105.

Voir page 107 pour les Paiements.

Il est interdit en principe de traiter avec les maîtres-ouvriers. (Voir page 59.)

Les objets désignés par les tableaux C précités ne sont pas les seuls que les corps achètent directement ; les principaux sont indiqués dans le présent ouvrage, pages 110 et suivantes, etc., etc.

Pour les confections d'effets d'habillement, voir à ce titre.

Pour la fixation des quantités à entretenir en magasin, voir les tableaux du 31 décembre 1883.

TABLEAU (C) DE LA DESCRIPTION DE L'UNIFORME

PORTANT INDICATION DES EFFETS QUE LES CORPS PEUVENT, EN PRINCIPE, ACHETER DIRECTEMENT

1° CORPS DE TROUPES D'INFANTERIE ET ASSIMILÉS

DÉSIGNATION des EFFETS	INDICATION DES CORPS QUI FONT USAGE DES EFFETS											PRIX DE LA NOMENCLATURE MODIFIÉE en date du 30 décembre 1880, p. 473.	OBSERVATIONS
	Régiments d'infanterie.	Bataillons de chasseurs.	Zouaves.	Tirailleurs.	Légion étrangère.	Bataillons d'infanterie légère d'Afrique.	Compagnies de discipline.	Sections de secrétaires d'état-major.	Sections de commis et ouvriers d'administration.	Sections d'infirmiers.	Régiments du génie.		
Au compte du budget de l'habillement.													
Epaulettes de troupe (1).	1	1	»	»	1	1	1	1	1	1	1	2 82	
Toile d'Armentières p[r] enfants de troupe...	1	1	»	»	1	1	1	1	1	1	1	1 30	
Bourgeron d'écurie (A) ou de travail........	1	1	1	1	1	1	1	»	(C)	(C)	1	3 »	
Ruban de médaille (2).	1	1	1	1	1	1	1	1	1	1	1	» »	
Galons (3)............	1	1	1	1	1	1	1	1	1	1	1	» »	
Foudres (4)...........	»	»	»	»	»	»	»	»	»	»	»	» 55	
Tresse en laine.......	»	»	1	1	»	»	»	»	»	»	»	(B)	de laine jonquille. } Tableau C.
Soutache	»	»	»	1	»	»	»	»	»	»	»	(B)	de soie noire. } Tableau C.
Guêtres en drap (5)....	»	»	1	1	»	»	»	»	»	»	»	2 45	
Ceinture de laine.....	»	»	1	1	»	»	»	1	»	»	»	6 50	
Ceinturon pour sergent-major (6)..........	1	1	1	1	1	1	1	»	1	1	1	4 50	
Plaque pour sergent-major (7)..........	1	1	1	1	1	1	1	1	1	1	1	» 75 2 10	Zouaves, tirailleurs et chasseurs à pied.
Dragonne pour sergent-major (8)..........	1	1	1	1	1	1	1	1	1	1	»	1 »	
Ceinturon pour maréchal des logis chef du génie (9)...........	»	»	»	»	»	»	»	»	»	»	1	5 »	
Porte-épée de sous-officier et musicien du génie (10)...........	»	»	»	»	»	»	»	»	»	»	1	2 25	
Ceinturon porte-épée pour élève d'administration	»	»	»	»	»	»	»	»	1	1	»	4 50	
Plaque estampée non dorée	»	»	»	»	»	»	»	»	1	1	»	» 60	
TAMBOUR-MAJOR (11)													
Ceinturon en cuir verni (E)	1	»	»	»	1	»	»	»	»	»	1	4 50	
Plaque de ceinturon (E).	1	»	»	»	1	»	»	»	»	»	1	» 75 2 10	
Dragonne de sabre....	1	»	»	»	1	»	»	»	»	»	1	1 »	
Epaulettes	1	»	»	»	1	»	»	»	»	»	1	11 50	
Canne	1	»	»	»	1	»	»	»	»	»	1	200 »	
Bottines (durée 1 an) confectionnées par les corps. (Circ. du 9 mars 1879, p. 256.)......	1	»	»	»	1	»	»	»	»	»	1	18 »	
Gants de peau (au compte de la masse individuelle)	1	»	»	»	1	»	»	»	»	»	1	Tarif du 4 janvier 1884, p. 4. 1 85	
Shako (12)...........	1	»	»	»	1	»	»	»	»	»	1	22 50	
CAPORAL-TAMBOUR.													
Canne	1	»	1	1	1	»	»	»	»	»	1	50 »	
Cordon de canne......	1	»	1	1	1	»	»	»	»	»	1	2 60	

OBSERVATIONS.

(A) Les bourgerons de toile nécessaires aux corps de troupe qui en font usage au compte de l'Etat sont fournis par le magasin administratif de la région, sur demande réglementaire. (Circ. du 14 février 1882, p. 163 (S).

(B) Voir la nomenclature modifiée par la note du 14 novembre 1881, p. 131.

(C) Au compte de la masse individuelle, v. p. 131.

(1) Les épaulettes sont aujourd'hui tirées des magasins de l'Etat. (Circ. du 2 août 79 M.)

(2) Voir page 141.

(3) Voir page 83.

(4) Tirés des magasins de l'Etat. (Circ. du 31 mai 1875 et 6 décembre 1876 M.)

(5) Fournies par les entrepreneurs. (cahier descharges du 4 janvier 1884 p. 365.)

(6) Voir page 129.

(7) Voir page 129.

(8) Voir page 129.

(9) Voir page 129.

(10) Circulaire du 25 juin 1879, voir page 1206.

(11) La fourniture des effets particuliers aux tambours-majors, caporaux-tambours, tambours-clairons et trompettes en pied, a été rattachée au service de l'habillement par le décret du 19 novembre 1871, p. 405. L'instruction du 15 mars 1872, p. 54 ; la note du 23 juin 1880, p. 645, porte que l'uniforme des sergents-majors clairons est le même que celui des tambours-majors. Une feuille de vérification ministérielle du 23 janvier 1883 prescrit d'imputer à la masse du tambour major le remontage de ses bottines ainsi que les réparations ordinaires.

Pour les élèves, v. *Ecoles* (D).

(12) N'est pas compris au tabl. C. La circulaire du 20 février 1878 (M) fixe le prix de la coiffe seule à 2 fr. La coiffe neuve délivrée avec le shako est à la charge de l'habillement et les autres au compte de la masse individuelle jusqu'à l'époque du remplacement du shako.

(D) NOTA. — Un prélèvement de 0,05 c. par jour est opéré sur la solde des tambours et clairons dans les corps où cette solde excède de 0,10 c. au moins celle des soldats de 1re classe.

Le produit de ce prélèvement est versé à la masse des militaires en question, qui est alors chargée de l'entretien des caisses, baguettes et instruments. (Décis. du 13 décembre 1843, p. 217, et art. 210 du règlement du 8 juin 1883, p. 611.) On fait recette comme pour les versements volontaires (v. *masse individuelle.*)

Les réparations par cas de force majeure restent seules au compte de la masse générale d'entretien.

Les clairons et tambours réservistes subissent la même retenue, mais comme ils n'ont pas de masse individuelle et que les dépenses d'entretien de leurs instruments restent au compte de l'Etat, les sommes retenues sont reprises dans les revues au profit du Trésor. (Instruction du 15 juillet 1878, p, 162.)

(E) Semblables à ceux du sergent-major, zouaves, tirailleurs et chasseurs à pied.

DÉSIGNATION des EFFETS	INDICATION DES CORPS QUI FONT USAGE DES EFFETS: Régiments d'infanterie.	Bataillons de chasseurs.	Zouaves.	Tirailleurs.	Légion étrangère.	Bataillons d'infanterie légère d'Afrique.	Compagnies de discipline.	Sections de secrétaires d'état-major.	Sections de commis et ouvriers d'administration.	Sections d'infirmiers.	Régiments du génie.	PRIX DE LA NOMENCLATURE MODIFIÉE en date du 30 décembre 1880.	OBSERVATIONS
TAMBOURS EN PIED (Elèves exceptés.)													
Caisse complète avec cordages, peaux, timbres, tirants........	1	»	1	1	1	»	1	»	»	»	1	20 »	
Baguettes avec leur douille (paire)......	1	»	1	1	1	»	1	»	»	»	1	3 »	
Bretelle de caisse.....	1	»	1	1	1	»	1	»	»	»	1	3 25	
Collier de caisse......	1	»	1	1	1	»	1	»	»	»	1	6 50	
Ecusson-porte-baguettes	1	»	1	1	1	»	1	»	»	»	1	1 50	
Cuissière............	1	»	1	1	1	»	1	»	»	»	1	5 50	
Passant, en buffle.....	1	»	1	1	1	»	1	»	»	»	1	» 10	
Contre-sanglon (1).....	»	»	»	»	»	»	»	»	»	»	»	» 70	(1) Cet objet n'a pas été porté au tableau C, mais il est indispensable pour les réparations.
Fûts de caisse (1)......	»	»	»	»	»	»	»	»	»	»	»	20 »	
Cercles de caisse (1)...	»	»	»	»	»	»	»	»	»	»	»	» 80	
Cordages de caisse (1)..	»	»	»	»	»	»	»	»	»	»	»	» 65	
Peaux de timbre (1)...	»	»	»	»	»	»	»	»	»	»	»	1 75	
Peaux de batterie (1)..	»	»	»	»	»	»	»	»	»	»	»	2 50	
Timbres (1)..........	»	»	»	»	»	»	»	»	»	»	»	» 50	
Tirants ou coulants (1).	»	»	»	»	»	»	»	»	»	»	»	» 10	
Vis de timbre (1)......	»	»	»	»	»	»	»	»	»	»	»	» 10	
CAPORAUX ET CLAIRONS EN PIED (Elèves exceptés.)													(A) L'achat de ces objets est suspendu (Cir. du 14 novembre 1882 M.)
Clairon d'ordonnance (A)	1	1	1	1	1	1	1	1	1	1	1	20 »	(B) Dans les régiments de spahis, les trompettes sont au compte de la masse générale d'entretien et les cordons et courroies à la charge de la masse individuelle (1er décembre 1881, 376.)
Cordon de clairon (A)..	1	1	1	1	1	1	1	1	1	1	1	3 40	
Trompette (B).........	»	»	»	»	»	»	»	»	»	»	1	22 »	
Cordon de trompette (B).	»	»	»	»	»	»	»	»	»	»	1	3 70	Le cordon du sergent-major est du même modèle que celui du clairon en pied (cir. du 12 juillet 1880 M.)
Courroie de trompette ou de clairon (B).......	»	»	»	»	»	»	»	»	»	»	1	1 60	

Au compte de la masse générale d'entretien

(1re ou 2e PORTION.)

Giberne porte-musique.	1	1	1	1	1	»	»	»	»	»	1	6 75	Pour les détails, v. à ce titre
Banderole de giberne..	1	1	1	1	1	»	»	»	»	»	1	3 30	*id.*
Sac à distribution.....	1	1	1	1	1	1	1	1	1	1	1	3 50	*id.*
Bourgeron de cuisine..	1	1	1	1	1	1	1	1	1	1	1	3 »	*id.*
Pantalon de cuisine...	1	1	1	1	1	1	1	1	1	1	1	3 55	*id.*
Torchon de cuisine....	1	1	1	1	1	1	1	1	1	1	1	» 75	*id.*
Fanion d'alignement...	1	»	1	1	1	»	»	»	»	»	1	2 75	*id.*

Au compte de l'armement.

Etui de drapeau......} Banderole porte drapeau} Voir ci-après au titre Drapeaux, p. 139.

NOTA. — Le tarif du 7 juillet 1881, p. 49 (S) fixe le prix maximum des réparations aux clairons et trompettes.

2° CORPS DE TROUPES DE CAVALERIE, D'ARTILLERIE ET DU TRAIN DES ÉQUIPAGES

DÉSIGNATION des EFFETS	INDICATION DES CORPS QUI FONT USAGE DES EFFETS: Cuirassiers.	Dragons.	Chasseurs de France.	Hussards.	Chasseurs d'Afrique.	Cavaliers de remonte.	Régiments d'artillerie et train d'artillerie.	Compagnies d'ouvriers.	Compagnies d'artificiers.	Train des équipages.	PRIX DE LA NOMENCLATURE DE L'HABILLEMENT Modifiée en date du 30 déc. 1880.
Au compte du budget de l'habillement.											
Galons (1)	1	1	1	1	1	1	1	1	1	1	»
Tresse en laine	»	»	1	1	1	1	1	1	1	1	a »
Soutache	»	»	1	1	1	»	»	»	»	»	a »
Toile d'Armentières pour effets d'enfants de troupe (2)	1	1	1	1	1	1	1	1	1	1	1 30
Bourgeron d'écurie ou de travail (3)	1	1	1	1	1	1	1	1	1	1	3 »
Ruban de médaille (4)	1	1	1	1	1	1	1	1	1	1	»
Ceinturon en cuir noir pour maréchal des logis chef (5)	1	1	1	1	1	1	1	1	1	1	5 »
Trompette (*b*)	1	1	1	1	1	1	1	1	1	1	22 »
Cordon de trompette (*b*)	1	1	1	1	1	1	1	1	1	1	3 70
Courroie de trompette (*b*)	1	1	1	1	1	1	1	1	1	1	1 60
Dragonne de sabre (6)	1	1	1	1	1	1	1	1	1	1	1 25
Bretelle porte-effets en cuir neuf	(*d*)	(*d*)	(*d*)	(*d*)	(*d*)	»	1 (*c*)	»	»	(*d*)	»
Epaulettes (7)	1	1	»	»	»	»	»	»	»	»	2 82
Clairon d'ordonnance (8)	1	1	1	1	1	»	»	»	»	»	20 »
Au compte de la masse générale d'entretien (1re ou 2e portion).											
Giberne porte-musique (9)	»	»	»	»	»	»	1 (*c*)	»	»	»	6 90
Banderole de giberne (9)	»	»	»	»	»	»	1 (*c*)	»	»	»	3 30
Sac à distribution (9)	»	»	»	»	»	»	1	1	1	1	3 50
Bourgeron de cuisine (9)	1	1	1	1	1	1	1	1	1	1	3 »
Pantalon de cuisine (9)	1	1	1	1	1	1	1	1	1	1	3 55
Torchon de cuisine (9)	1	1	1	1	1	1	1	1	1	1	0 75
Etui d'étendard au compte de l'armement	1	1	1	1	1	»	1	»	»	»	»

OBSERVATIONS

(1) Voir page 83.

(2) Voir habillement des enfants de troupe.

(3) Voir page 132. — Dans les corps qui en font usage au compte de l'Etat, les bourgerons sont demandés au magasin administratif de la région (circ. du 14 février 1882, p. 163 S.)

(4) Voir page 141.

(5) Voir page 130.

(6) Voir page 180.

(7) Elles sont aujourd'hui tirées des magasins centraux. (Circ. du 2 août 1879 M.).

(8) Une décision du 13 août 1869, page 749, dispose que chaque régiment de cavalerie doit être pourvu de deux clairons d'ordonnance destinés à 2 trompettes exercés qui seront mis à la disposition des généraux pendant les manœuvres ou en campagne.

La dépense incombe au service de l'habillement comme pour les trompettes.

Les instructions sur les inspections générales et le règlement du 28 décembre 1883 sur le service intérieur rappellent que les trompettes doivent savoir les sonneries d'infanterie. Ces dispositions sont applicables aux corps de l'artillerie et du train des équipages (circ. du 3 mai 1884, p. 605), laquelle ordonne en outre aux intendants militaires de prescrire des prélèvements dans les régiments d'infanterie qui auraient des excédents en clairons. Frais de transport supportés par la masse générale d'entretien (2e portion).

(9) Pour les observations de détail, voir à ce titre.

Voir ci-après au titre Drapeaux, p. 139.

(*a*) Voir le détail des prix, 14 novembre 1881, p. 327.

(*b*) La fourniture des objets nécessaires aux trompettes en pied est au compte du service de l'habillement (Décr. du 19 novembre 1871, Instr. du 15 mars 1872, pag. 54, Décis. du 15 novembre 1878, pag. 631 (S), et tableau C), mais l'entretien est à la charge de la 2e portion de la masse générale d'entretien comme se rattachant au titre : *Entretien du grand équipement*. (Dép. minist. du 3 février 1873 (M) et état mod. n° 105 de la nomenclature.)

Pour les élèves-trompettes. — Voir chapitre des écoles.

(*c*) Les régiments de pontonniers n'en ont pas.

(*d*) Pour les détails, voir page 137.

Ceinturons de sergents-majors ou de maréchaux des logis chefs et porte-épée des sous-officiers du génie.

1° INFANTERIE ET GÉNIE

Aux termes du décret présidentiel du 28 décembre 1871, page 520, les sergents-majors d'infanterie doivent porter le sabre d'adjudant à fourreau en tôle d'acier, avec un ceinturon en cuir verni et une plaque non dorée du modèle en usage pour les officiers. — Cette disposition a été appliquée aux sergents-majors des troupes d'administration par une note ministérielle du 6 avril 1872. L'article 70 de la description de l'uniforme du 15 mars 1879, page 181, confirme ces dispositions, mais cet article a été modifié par la décision ministérielle du 26 janvier 1884, p. 128, concernant l'arme de l'infanterie; l'article 72 porte que la plaque des sergents-majors du génie est semblable à celle de la troupe.

Une décision ministérielle du 5 mars 1872 et l'article 78 de la description précitée ajoutent que ces sergents-majors (ceux du génie exceptés, art. 72 de la description de l'uniforme) feront usage d'une dragonne en poil de chèvre jaune du modèle de la dragonne des adjudants.

La description sus-indiquée fixe la durée des ceinturons à 2 ans et à 15 ans celle des plaques, et porte que ces effets doivent être abandonnés aux détenteurs après réforme.

La décision du 5 mars 1872 (M) et les tableaux C qui font suite à la description du 15 mars 1879 autorisent les corps à en faire l'achat dans le commerce sur les fonds du service de l'habillement.

Les prix sont les suivants :

Ceinturons sans plaque (Décis. du 26 janvier 1884, page 127)...	3.52	5.27
Plaque (30 décembre 1880, page 473)........................	» 75	
Dragonne (Id.)..	1 »	

Pour les chasseurs à pied, les zouaves et les tirailleurs, le prix de la plaque est de 2,10 c.

Une circulaire du 10 avril 1872 (M), allouait une somme de 6 fr. 60 pour les bataillons de chasseurs à pied, mais il y a lieu de se renfermer aujourd'hui dans la limite de 5 fr. 27.

Les tableaux du 31 décembre 1883 fixent la quantité de ceinturons de ce modèle que les corps de troupes à pied doivent posséder tant en service qu'en magasin.

Enfin, la circulaire du 25 juin 1879, page 1206, dispose que le porte-épée de sous-officier du génie doit être confectionné dans les ateliers régimentaires ou acheté dans le commerce par les conseils d'administration, ainsi que cela se pratique pour les ceinturons de sergent-major. Le tableau B annexé à la description de l'uniforme n'attribue cet effet qu'au sergent maître d'escrime et aux soldats musiciens.

2° CAVALERIE, ARTILLERIE ET TRAINS, COMPAGNIES DE SAPEURS CONDUCTEURS DU GÉNIE.

Une circulaire du 3 juin 1872 (ancien *Journal militaire*) et la description du 15 mars 1879, article 71, portent que les maréchaux des logis chefs doivent être pourvus d'un ceinturon en cuir verni, avec plaque réglementaire fournie par le corps.

La dragonne est celle d'ordonnance. (Circ. du 12 juillet 1872 et descript. du 15 mars 1879, page 188.)

Les dispositions relatives à la durée et au mode de remplacement sont les mêmes que pour les effets des sergents-majors. (14 février 1874, page 136.)

Le prix du ceinturon fixé par la nomenclature est de 5 francs pour toutes les armes (1).

Ces effets sont achetés dans le commerce et la dépense incombe au service de l'habillement. (Circ. du 5 mars 1872, ancien *Journal militaire*, et tableaux C annexés à la descript. du 15 mars 1879.)

Les tableaux du 31 décembre 1883 fixent l'importance des approvisionnements à constituer.

NOTA. — Il va sans dire que si des ceinturons étaient délivrés aux adjudants, ce ne pourrait être que contre remboursement, ces sous-officiers étant tenus de s'équiper à leurs frais.

Vêtements de travail ou de corvée.

DISPOSITIONS COMMUNES AUX CORPS DE TROUPES DE TOUTES ARMES

Les képis, les pantalons et les épaulettes remplacés après durée expirée sont abandonnés en toute propriété aux détenteurs, qui ne peuvent toutefois en disposer qu'avec l'autorisation de leur capitaine. (Art. 240 du décr. du 1er mars 1880, page 380). Les

(1) Ce prix est réduit à 4,40 c. pour les ceinturons sans grande bélière (Tarif du 4 janvier 1884, page 4.)

pantalons laissés entre les mains des sous-officiers nouvellement promus sont ceux indiqués d'effets, à l'article Distributions.

Les bourgerons en toile distribués aux militaires gradés de toutes armes à n'importe quel titre, sont pourvus d'insignes de grades semblables à ceux des manteaux de troupes à cheval et disposés de la même manière. La dépense est payée sur les fonds qui ont supporté la distribution de l'effet (Note du 18 janvier 1882, page 10.)

En ce qui concerne les hommes de nouvelle levée, les circulaires des 9 mars 1843, page 172 et 21 juin 1851, page 229, interdisent de leur délivrer des effets de supplément neufs à titre onéreux, mais elles leur laissent la latitude d'acheter des effets de corvée provenant notamment des pantalons de militaires libérés et prévoient même des imputations pour cet objet à la masse individuelle. Ces mêmes circulaires prévoient aussi le cas où des pantalons en cours de durée pourraient être délivrés par les magasins du corps. Le prix des effets ainsi distribués devrait être versé au Trésor et imputé aux masses individuelles. (Voir ci-après pour les vestes délivrées aux jeunes soldats de l'artillerie.)

En dehors de ces cas et de ceux indiqués ci-dessous, il est interdit d'abandonner aux hommes des effets par moins-value ou autrement (Circ. du 14 mai 1853, page 584.)

DISPOSITIONS PARTICULIÈRES A CHAQUE ARME

1° OUVRIERS MILITAIRES D'ADMINISTRATION

Les bourgerons en toile pour les caporaux, soldats et clairons, et les pantalons de treillis pour les sous-officiers, caporaux, soldats et clairons sont à la charge de la masse individuelle. (Descript. du 15 mars 1879, page 569, et décis. du 10 avril 1858.)

Les sous-officiers reçoivent une veste de travail en drap au compte du service de l'habillement en remplacement du bourgeron. (*Idem.*)

La veste de travail *en treillis* des caporaux et soldats a été remplacée par le bourgeron. (Décision du 6 mars 1874, page 186.)

Le bourgeron est acheté, comme tous les autres effets de petit équipement, par les soins des corps. — Durée : 4 trimestres (Circ. du 23 octobre 1874, page 486) ; le prix de la nomenclature du 30 décembre 1880 est de 3 francs.

La description en est donnée par la description de l'uniforme du 15 mars 1879.

Les ouvriers d'art de la 23e section font usage en remplacement du bourgeron et du pantalon en treillis, d'une veste et d'un pantalon en toile bleue.

Prix : 5 fr. 25 pour la veste et 3 fr. 95 pour le pantalon (Note du 31 mars 1883, page 359) et circ. du 28 août 1884, page 349, maintenant à 3,95 c. le prix du pantalon.

Les autres vêtements de travail des ouvriers sont, aux termes de l'instruction du 23 novembre 1857, page 389, achetés ou confectionnés et entretenus aux frais de chaque branche de service (Vivres ou Fourrages).

Les réparations ou les remplacements causés par la négligence manifeste des détenteurs sont à leur charge et, à ce titre, imputés à leur masse individuelle.

Les effets qui leur sont attribués sont indiqués par la nomenclature du 1er novembre 1879 (M) du service des subsistances, ce sont les suivants :

Blouse grise,
Bourgeron de chauffeur,
Brassières de botteleur,
Pantalon de chauffeur,
Pantalon-cotte de boulanger,
Tablier de tonnelier, boucher ou botteleur.

Les ouvriers font, en outre, usage d'une calotte de travail confectionnée avec des débris de vieille capote. (Art. 60 de la descript. du 15 mars 1879.) La dépense est au compte du service de l'habillement. Elle est fixée à 0,30 c. (Tableau D annexé à ladite description.)

2° INFIRMIERS MILITAIRES

Les infirmiers d'exploitation reçoivent un bourgeron du modèle général au compte de la masse individuelle. (Note du 12 juillet 1880, page 88.)

Tous les infirmiers font en outre usage du pantalon de treillis à raison d'un par homme sur le même fonds. (Note du 16 mai 1879, page 779.)

3° CORPS DE CAVALERIE

Par décision du 29 juillet 1875, page 470 (S), le bourgeron en toile a été mis en usage pour le service intérieur des troupes de cavalerie (brigadiers et cavaliers); les bourgerons des brigadiers sont pourvus de galons. Cet effet, qui est au compte du service de l'habillement, est remplacé après durée expirée. (Art. 231 du décr. du mars 1880.) Prix de la nomenclature : 3 francs. La circ. du 14 février 1882, page 163 (S) prescrit aux corps de s'approvisionner au magasin administratif de la région.

(*Par suite, les blouses d'écurie des corps en Algérie et des cavaliers de remonte se trouvent supprimées.*)

Ces dispositions ont été étendues aux sous-officiers, à l'exclusion des adjudants. (Décis. du 1er octobre 1877, page 391 (S), devis des galons.) De plus, cette même décision et celle du 1er décembre 1879, page 448, leur attribuent un pantalon de treillis destiné à remplacer le pantalon d'ordonnance en campagne.

Pour le service des écuries, les corvées, etc., la cavalerie reçoit en outre le pantalon de treillis, et il en est alloué deux à chaque homme, en première mise sur les fonds de la masse individuelle. (Mod. de livret individuel annexé au décr. du 7 août 1875, page 208.) Prix de la nomenclature : 4 fr. 10. — Voir les tableaux B qui sont annexés à la description de l'uniforme en date du 15 mars 1879, portant désignation des effets dont les militaires sont pourvus.

La circulaire du 3 août 1874 (M) abandonnait le dolman pour une troisième durée aux sous-officiers de cavalerie légère et cet effet était ensuite réintégré (Circ. du 10 décembre 1874 (M) et du 10 mai 1875, page 659), ces dispositions ont été maintenues par la note du 30 juin 1880, page 420, pour les sous-officiers de tous les corps de cavalerie pourvus de la tunique ou du dolman.

Calotte d'écurie. (Voir page 91.)

4° ARTILLERIE, GÉNIE, ÉQUIPAGES

Le bourgeron a été affecté aux brigadiers et soldats des régiments de pontonniers au compte du *Service de l'habillement.* (23 octobre 1874, page 436.) Cette mesure a été étendue à toutes les troupes d'artillerie, aux ouvriers d'artillerie, aux artificiers, sapeurs-conducteurs du génie et au train des équipages, pour les travaux de pansage, corvées, etc. Cet effet est distribué au compte du service de l'habillement à chaque homme de troupe, à l'exclusion des sous-officiers, brigadiers-fourriers et musiciens. Les sous-officiers et brigadiers-fourriers n'en font pas usage (description de l'uniforme du 15 mars 1879 (Tableaux B) et décision du 1er décembre 1879, page 449), qui disposent en outre que les sous-officiers emporteront en campagne une veste de troupe galonnée.

Les galons de grade sont placés comme il est indiqué pour le manteau et la dépense est la même. La durée est fixée à six trimestres; toutefois, elle est de quatre trimestres pour les pontonniers, les ouvriers d'artillerie et les artificiers. (Tableau faisant suite à la description de l'uniforme.) Ces effets sont tirés des magasins centraux, ou, à défaut, achetés par les soins des corps au compte du service de l'habillement. (Décis. ministlle du 8 juin 1877, page 545 et circ. du 14 février 1882, page 163 (S).

Les vestes de travail en drap, des sous-officiers des compagnies d'ouvriers d'artillerie sont aussi à la charge du service sus-indiqué (Descript. du 15 mars 1879, pag. 72.) mais celles des brigadiers et soldats ont été supprimées par la décision du 8 juin 1877, page 545, et par celle du 15 mars 1879, page 72.

Les sous-officiers des compagnies d'artificiers sont également pourvus d'une veste de travail semblable à celle en usage dans les compagnies d'ouvriers d'artillerie. (Note du 12 décembre 1879, page 616 (S.)

Aux termes d'une circulaire du 3 août 1874 (M), le dolman était abandonné pour une troisième durée aux sous-officiers de l'artillerie et des trains, et cet effet était ensuite réintégré (Circ. du 21 décembre 1874 (M) et du 10 mai 1875, page 659), ces dispositions ont été maintenues par la note 30 juin 1880, page 420.

Dans les corps de troupes de l'artillerie, du génie et du train des équipages, la veste remplacée peut être laissée à l'homme comme vêtement de corvée. Elle est reversée en magasin lorsque la veste de première tenue est à son tour remplacée ou lorsque l'homme quitte définitivement le corps. (Art. 240 de l'instr. du 1er mars 1880.)

Les soldats de ces armes peuvent recevoir à leur arrivée au corps une veste de corvée choisie parmi les effets hors de service. (Note du 30 juin 1880, page 420.)

La circulaire du 26 novembre 1873 dispose que ces effets ne sont jamais emportés en campagne.

De plus, les compagnies d'ouvriers d'artillerie et d'artificiers font usage d'une calotte de travail confectionnée avec des débris de vieux manteaux. (Art. 59 de la descript. du 15 mars 1879.) La dépense de confection est au compte du service de l'habillement. (Tableaux B.) Le prix de confection est de 0.30. (Tableaux D), celui de l'effet de 0 fr. 35. (Nomencl. du 30 décembre 1880.)

Calotte d'écurie pour les corps de troupes à cheval. (Voir page 91.)

Une dépêche ministérielle du 16 novembre 1864 (concernant le train des équipages) alloue aux chefs-ouvriers, sur la masse générale d'entretien, 0,10 c. par veste de deuxième durée pour l'enlèvement des pattes de collet et la pose de deux morceaux de drap du fond destinés à combler le vide laissé par l'enlèvement des pattes garance.

Le nouveau modèle d'abonnement n'a point abrogé cette décision, attendu qu'il n'oblige pas les premiers ouvriers tailleurs à réparer les effets de deuxième durée, dits effets de corvée.

Enfin, les troupes sus mentionnées font usage au compte de la masse individuelle du pantalon de treillis pour le service des écuries, les corvées, le travail, etc., et chaque homme en reçoit deux à titre de première mise. (Décis. du 5 mars 1877, page 276, et tableaux B annexés à la descript. de l'uniforme du 15 mars 1879.) Prix de la nomenclature : 3 fr. 95 (28 août 1884, page 349).

Aux termes de la circulaire du 29 janvier 1868 (M), les militaires employés par l'artillerie et le génie peuvent, quand le besoin en est reconnu, être pourvus d'une demi-blouse et d'un pantalon de toile destiné à préserver les effets d'habillement.

Ces effets sont achetés sur la prime de travail allouée à ces militaires par le service de l'artillerie ou celui du génie.

Lorsque ces hommes cessent d'être employés, ils peuvent continuer de faire usage de ces effets dans l'intérieur des casernes.

5° INFANTERIE ET CORPS SIMILAIRES

La note ministérielle du 16 mai 1879, page 779, porte que, par décision du même jour, le ministre a prescrit l'usage du pantalon de treillis, à raison d'un par homme, pour les régiments d'infanterie, bataillons de chasseurs, infirmiers militaires et secrétaires d'état-major. (Prix : 3 fr. 95. Circ. du 28 août 1884, page 349.)

Cet effet est au compte de la masse individuelle (16 mai 1879.)

De plus, la décision ministérielle du 24 mai 1882, page 293, dispose que les troupes d'infanterie seront pourvues au compte du service de l'habillement d'un bourgeron du modèle général pour les travaux intérieurs, les corvées et les exercices de détail. (Durée : 6 trimestres.) Pour les caporaux, ce vêtement recevra les marques distinctives adoptées pour les bourgerons des brigadiers. Galon écarlate. Les sous-officiers et caporaux-fourriers ne sont pas pourvus de cet effet.

Après durée expirée, les bourgerons seront affectés au service des cuisines si leur état de conservation le permet, ils seront aussi utilisés au raccommodage des effets similaires en service.

Les dispositions de la décision ci-dessus ne sont pas applicables aux corps dans lesquels le bourgeron est distribué au compte de la masse individuelle non plus qu'au génie à pied, aux secrétaires d'état-major et de recrutement et aux commis et ouvriers d'administration. (Décis. précitée.)

NOTA. — Pour la comptabilité des effets de corvée, voir Registre des entrées et des sorties de matériel.

Vêtements de travail des maréchaux ferrants.

Une décision du 26 janvier 1832 imputait à la masse générale d'entretien la valeur des vêtements de travail (veste, pantalon et bonnet), mais cette décision n'a pas été reprise au *Journal militaire* refondu, et, de plus, l'arrêté du 31 décembre 1875, page 702 portant organisation de l'école de maréchalerie, ne rappelle pas cette disposition ; cet arrêté prescrit seulement que les élèves-maîtres-maréchaux envoyés à Saumur doivent emporter leurs effets d'ordonnance et recevoir une prime de travail de 0.25 c. par jour sur les fonds de la masse d'entretien du harnachement et ferrage.

Il en résulte que les maréchaux ferrants des corps de troupes doivent se pourvoir à leur compte d'effets de travail, conformément à l'article 12 du modèle d'abonnement qui leur prescrit d'acheter tous les ustensiles nécessaires à l'exercice de leur profession. (Voir Ferrage.)

Une note en date du 2 juillet 1879, page 8, autorise les maréchaux ferrants des corps de troupes à faire usage pour leur service particulier, en remplacement d'un des deux pantalons de treillis, d'un pantalon en toile bleue, de mêmes forme et dimensions. Cet effet est acheté sur les fonds de la masse individuelle et son prix ne doit pas dépasser 5 fr. 20. (Nomencl. du 30 décembre 1880.)

Les ouvriers qui font usage de cet effet ne sont pourvus que d'un seul pantalon de treillis.

Ceintures de flanelle ou de laine.

1° CEINTURES DE FLANELLE

D'après la circulaire du 6 août 1866, page 371, des ceintures de flanelle sont distribuées par mesure hygiénique, à titre gratuit et au compte du service de l'habillement :

Aux troupes employées en Algérie (Voir ci-après) ;

Aux troupes en campagne ou réunies dans des camps d'instruction ;

Et, exceptionnellement, aux troupes stationnées en France, en temps d'épidémie.

Dans ce dernier cas, la distribution doit être autorisée par le ministre.

Ces effets sont délivrés aux sous-officiers et soldats.

Durée : un an. (6 août 1866.) Prix de la nomenclature du 30 décembre 1880 : 1 fr. 79.

Il n'est délivré qu'une ceinture aux hommes en campagne. (Décis. du 1er décembre 1879, page 443.)

Ces ceintures sont tirées des magasins centraux.

En principe, les ceintures sont abandonnées aux hommes en toute propriété. (Décis. du 2 juillet 1868, page 193, circ. du 21 octobre 1874, n° 7276, insérée au *Journal militaire*, page 568 (S.) Cette disposition a été modifiée par la circulaire du 29 octobre 1877, n° 8619, laquelle porte que les ceintures seront réintégrées dans les cas suivants : 1° par les militaires de l'armée qui prennent part aux grandes manœuvres ; 2° par les militaires de l'artillerie campés momentanément pour des écoles à feu ; 3° dans toutes les circonstances où les troupes sont accidentellement campées ou baraquées. Mais aux termes d'une dépêche du 17 juin 1882 (M) elles sont abandonnées aux hommes des de bataillon forteresses, ou des camps d'instruction lorsque cet effet est distribué à titre permanent.

En ce qui concerne les troupes envoyés de l'intérieur en Afrique pour y séjourner *temporairement*, la circ. ministérielle du 3 octobre 1882, page 328 (S) dispose ce qui suit :

Tous les hommes dirigés sur l'Afrique reçoivent une ceinture de flanelle au départ. Cette ceinture ne doit être remplacée que dans des cas tout à fait exceptionnels.

De plus, la déc. du 25 mai 1884, page 322, rappelée par la circ. du 1er septembre 1884 modificative de la circ. du 20 octobre 1879, dispose que les troupes détachées provisoirement ou stationnées en Algérie et en Tunisie doivent utiliser en temps de paix, la ceinture de flanelle, lorsqu'elles sont en colonne.

Il peut être délivré une ceinture de flanelle aux réservistes appelés à l'activité, lorsque la nécessité en est irrécusablement démontrée ; mais elle est retirée aux détenteurs au moment de leur départ, contrairement aux règles admises pour l'armée active. Elles doivent être nettoyées à fond par des moyens désinfectants. (Circ. du 27 juillet 1876 (M.) Cette disposition est applicable à la deuxième portion du contingent. (Circ. du 10 décembre 1877 (M.) Il est alloué 0 fr. 10 pour le nettoyage de chaque flanelle. (Circ. du 6 juillet 1880 (M).

La dépense incombe au service de l'habillement (budget ordinaire.) (Circ. précitées.)

Les ceintures réintégrées sont versées au service d'instruction et des prélèvements sont exercés sur le service de réserve lorsque les ressources sont insuffisantes pour en pourvoir les hommes, le cas échéant. (Circ. du 6 juillet 1880.)

Des ceintures peuvent être délivrées en temps d'épidémie aux enfants de troupe à l'intérieur, quand les régiments auxquels ils appartiennent en font usage. Dans ce cas, les corps confectionnent ces ceintures au moyen de flanelle tirée des magasins centraux. Le prix de confection, qui est de 0.60 c. par effet, est imputable sur les fonds du service de l'habillement. (Circ. du 25 septembre 1873 (M.)

Tout effet perdu ou mis hors de service par la faute des hommes est imputé à la masse des détenteurs en défaut. En cas de force majeure, la perte est supportée par l'Etat. (6 août 1866, page 372, et 2 juillet 1868, page 193.) Le décompte est opéré d'après le nombre de trimestres restant à parcourir, voir ci-dessus, page 72.

Ces effets doivent être marqués du timbre du régiment, du trimestre de mise en service et du numéro matricule de l'homme (6 août 1866), mais ils ne sont pas empreints d'un numéro de série. (Circ. du 10 mai 1875, page 657.) — Voir au titre *Frais divers des magasins*, page 52.

Les tableaux du 31 décembre 1883 (M) fixent les quantités de ceintures de flanelle qui doivent exister dans chaque corps, et la circulaire du 20 octobre 1879, modifiée par la décision du 1er septembre 1884 dispose que les approvisionnements doivent être constitués en entier dans les corps de l'armée active et les corps territoriaux dits de campagne. Ceux des autres corps territoriaux seront constitués à la mobilisation.

2° CEINTURES DE LAINE

Aux termes de la décision ministérielle du 25 mars 1884, page 322, tous les militaires des troupes d'Afrique doivent être pourvus d'une ceinture de laine bleue du modèle des zouaves. Elle est délivrée au compte du service de l'habillement pour la durée d'un an, puis abandonnée à l'homme qui doit la conserver une 2e année.

Les tirailleurs algériens et les chasseurs d'Afrique continuent à faire usage des modèles de ceinture rouge actuels, soit au compte du service de l'habillement (tirailleurs), soit au compte de la masse individuelle. Toutes les autres troupes ont la ceinture bleue au compte du service de l'habillement (25 mars 1884).

De plus, la circ. du 3 octobre 1882, page 328 (S) concernant les troupes envoyées de l'intérieur en Algérie, dispose que les militaires rentrant en France sont embarqués munis de la ceinture de flanelle ou de la ceinture de laine n° 2. La ceinture n° 1 doit être réintégrée avant le départ.

Chaussons et Sabots.

TROUPES A CHEVAL

Chaussons. — Une circulaire du 11 janvier 1858, page 411, dispose que les corps de troupes à cheval peuvent être exceptionnellement autorisés à pourvoir les hommes, pendant l'hiver, de chaussons de laine ou de lisière, ou de chaussons confectionnés avec des débris d'effets d'habillement réformés, destinés à être portés dans les sabots pour le service des écuries ou du pansage.

Les demandes formées par les corps en vue d'obtenir l'autorisation de distribuer des chaussons doivent être adressées aux généraux commandant les corps d'armée. (Circ. du 4 décembre 1869 (M) (1). Une dépêche ministérielle du 9 décembre 1874, rappelant les dispositions de cette circulaire, autorise les intendants militaires à faire droit aux demandes des corps lorsqu'elles sont approuvées au préalable par le commandement. Cette dépêche porte, en outre, que ces distributions ne peuvent avoir lieu qu'à charge de remboursement lorsque les effets sont tirés des magasins centraux et qu'il s'agit de troupes casernées. — Quant aux distributions faites aux corps campés ou baraqués, elles ont lieu à titre gratuit pour les chaussons de première mise et à charge de remboursement par la masse individuelle lorsqu'il s'agit de remplacement. (Dép. précitée, circ. du 31 décembre 1875, page 1050.)

De plus, la circulaire du 17 décembre 1879 (M) interprète celle du 31 décembre 1875 dans ce sens que les hommes n'ont droit qu'à une seule distribution gratuite, quel que soit le nombre des hivers passés dans cette position.

(1) Elles doivent être accompagnées d'un rapport du médecin-major faisant connaître les circonstances hygiéniques qui les motivent, et de l'avis du sous-intendant militaire. (Circ. du 11 janvier 1858, page 411.)

Elle ajoute que les corps achètent ces objets sur les fonds de la masse individuelle, et qu'ils sont remboursés dans les relevés mod. n° 21 *bis* de ceux distribués à titre gratuit.

Les factures sont appuyées d'un certificat du conseil d'administration constatant que les effets ont été délivrés à titre de première mise. Cette pièce est visée par le sous-intendant qui y porte la mention qu'il s'est assuré que les hommes habillés au compte de l'Etat ont seuls reçu des effets de cette nature. (Feuille de vérification ministérielle du 21 avril 1884 (M).

Toutefois, l'instruction du 9 mars 1879, page 266, prévoit le cas où ces effets pourraient être délivrés par les magasins centraux.

La circulaire du 11 janvier 1858, page 411, dispose qu'en principe on doit de préférence se servir de chaussons confectionnés avec des effets réformés. — Le prix de confection, à raison de 0,05 c. la paire, doit être imputé à la deuxième portion de la masse générale d'entretien.

Le prix des chaussons en laine est de 1 franc la paire et de 1 fr. 15 c. pour ceux en lisière. (Nomencl. de l'habillement et 31 décembre 1875, pag. 1050.)

Le prix des chaussons en drap provenant d'effets réformés est de 0,25 c. le paire. (Nomencl. de l'habillement et 31 décembre 1875, page 1050.)

Durée : chaussons en laine........ 6 mois. (Circ. du 20 décembre 1879 M.)
— — en drap......... 3 — Id.
— — en lisière........ 6. — Id.

Nota. — Le prix des chaussons en drap n'est donné que pour le cas de perte ou de détérioration volontaire, les frais de confection étant au compte de la masse générale d'entretien.

Sabots. — Dans les corps montés, les brigadiers et cavaliers sont pourvus d'une paire de sabots pour le service des écuries et du pansage. (Descript. de l'uniforme en date du 15 mars 1879, page 231.) On doit faire usage du sabot-galoche au lieu du sabot ordinaire. Ce sabot nouveau est utilisé pour le service des camps, des écuries, des cuisines et pour les corvées de quartier. Prix 2 fr. 50 c. la paire. (Note du 15 novembre 1883, page 749) et circ. du 28 août 1884, page 349 qui maintient le prix ci-dessus.

Cet effet est toujours au compte de la masse individuelle, excepté lorsque les troupes sont campées ou baraquées : dans ce cas, les corps les reçoivent à titre gratuit en première mise ; les remplacements seuls sont au compte des hommes. (Dép. ministérielles des 3 décembre et 26 novembre 1872 et instr, du 9 mars 1879, page 267). De plus, la circulaire du 17 décembre 1879 (M) dispose que les hommes ne doivent recevoir qu'une seule paire de sabots à titre gratuit pendant la durée de leur séjour continu dans les camps ou baraques.

Durée : 3 mois. (Circ. du 20 décembre 1879 M.)

Prix de la nomenclature : 1 fr. 10 la paire.

TROUPES A PIED

Chaussons et sabots. — Aux termes des dépêches ministérielles des 3 décembre et 26 novembre 1872 (M) et de la circulaire du 31 décembre 1875, page 1050, les troupes à pied, appelées à passer l'hiver dans les camps établis à l'intérieur, doivent être pourvues de sabots et de chaussons de laine.

La *première* distribution a lieu au compte de l'Etat, les remplacements sont à la charge de la masse individuelle. (Voir ci-dessus la circ. du 17 décembre 1879 M.)

Les généraux règlent les distributions comme il est indiqué ci-dessus pour les corps de troupes à cheval.

Ces effets sont achetés par les corps, lesquels sont remboursés du prix de ceux délivrés à titre gratuit. (Circ. du 17 décembre 1879, M.) Voir ci-dessus feuille de vérification ministérielle du 21 avril 1884 (M.)

L'instruction du 9 mars 1879, page 266, prévoit le cas où ils pourraient les recevoir des magasins centraux.

Les militaires de la deuxième portion du contingent sont traités de la même manière que les autres. (Circ. du 28 octobre 1875 (M) et du 10 décembre 1877 M.)

Les gardes d'écurie sont pourvus de sabots sur les fonds de la masse d'entretien du harnachement et ferrage. (Art. 3 du règlement du 28 février 1883, page 219.)

Les corps doivent faire usage du sabot-galoche en remplacement du sabot ordinaire ; prix 2 fr. 50 c. (Note du 15 novembre 1883, page 749.)

Gants moufles en laine.

La note du 23 décembre 1883, page 915, autorise les généraux commandant les corps d'armée à prescrire l'achat de gants moufles en laine pour les factionnaires. Ces gants sont déposés dans chaque corps de garde en même nombre que celui des capotes et remis en consigne. La dépense incombe au service de l'habillement.

En outre, les corps de troupe peuvent être autorisés par les commandants de corps d'armée à en pourvoir les hommes au compte de la masse individuelle dans les garnisons froides et pendant les hivers rigoureux. Toutefois, cette disposition n'est pas applicable aux troupes qui portent le gant de peau ni aux sous-officiers de troupes à pied qui font usage de ce gant.

Le prix maximum des gants moufles en laine est de 1 fr. 50 c. la paire. (Note du 23 décembre 1883, page 915).

Gilets de laine, tricots, etc.

Par décision du 15 février 1876, notifiée le 26 dudit, le ministre a arrêté que le gilet de laine ne serait pas admis au nombre des effets réglementaires et qu'il n'en sera formé aucun approvisionnement.

Toutefois, les hommes des corps de troupes à cheval, qui désirent en faire usage, ont la faculté de s'en pourvoir individuellement à leurs frais. Prix de la nomenclature : 7 francs.

Quant aux tricots, chemises et gilets de flanelle, chaussettes de laine ou de peau que les troupes avaient la faculté de prendre, à titre onéreux, dans les magasins centraux, en vertu des circulaires des 4 décembre 1871 et 3 octobre 1872, il va sans dire qu'il n'en peut être distribué à aucun titre, les approvisionnements provenant de la guerre étant épuisés. (Circ. précitée.)

Courroies de sautoir (pour manteau et capote).

Les corps de troupes de toutes armes (Voir la description de l'uniforme) font usage d'une petite courroie destinée à lier les extrémités du manteau ou de la capote, lorsqu'il y a lieu de les porter en sautoir.

La courroie de manteau est au compte de la masse individuelle, bien que la nomenclature portée sur le nouveau livret individuel la classe au nombre des effets de la deuxième catégorie ; la courroie de capote continue à figurer dans la catégorie des effets de petite monture. La circulaire du 8 février 1878 (M) et les tableaux qui font suite à la description du 15 mars 1879 confirment cette interprétation.

Le prix de ces courroies, *quand elles sont achetées seules*, est fixé comme il suit :

Infanterie et chasseurs à pied (cuir noir)............ 0.45 c.
Artillerie (buffle blanchi)...... .... 0.45
Cavalerie.. 0.45

(Nomenclature de l'habillement du 30 décembre 1880 et circ. du 26 décembre 1874 M.)

NOTA. — Les autres courroies font partie intégrante du havre-sac ou du harnachement. (Voir au titre *Entretien des effets*, page 98.)

L'approvisionnement à entretenir est fixé par les tableaux du 31 décembre 1883.

Courroies de porte-manteau et bretelles porte-effets.

Dans les corps de troupes à cheval, les hommes montés voyageant à pied reçoivent à l'intérieur, pour porter leur porte-manteau, une courroie confectionnée au moyen de cuirs provenant d'effets réformés. Les frais de main-d'œuvre, qui ne doivent pas dépasser 10 à 15 centimes par courroie, tombent à la charge de la deuxième portion de la masse générale d'entretien. (Diverses décis. minist[lles] M.)

Dans les corps de l'artillerie, les conducteurs et servants à cheval voyageant à pied sont pourvus en campagne, lorsqu'ils sont obligés de transporter à dos leurs effets, d'une bretelle porte-effets. (Instr. du 8 octobre 1877, page 188 et description de l'uniforme du 15 mars 1879, page 193.)

Une décision du 20 août 1879, page 301 (S), a appliqué cette mesure aux hommes à pied du train des équipages.

La circulaire du 20 octobre 1879 modifiée par la décision du 1er septembre 1884, fixe comme il suit les approvisionnements :

Artillerie....	Par batterie montée	18
	Par batterie à cheval	37
	Par batterie de dépôt	18
	Par section de munitions	15
	Par section de parc	21

Pour le train des équipages, chaque compagnie doit avoir en principe un approvisionnement de 10 bretelles (Décis. du 20 août 1879, page 301 (S), mais les tableaux du 31 décembre 1883 (M) fixent cet approvisionnement par escadron.

L'instruction du 22 juillet 1878, page 180 (S), le renvoi 1 du tableau C annexé à l'instruction du 15 mars 1879, page 479, et la circ. du 20 octobre 1879 précitée, disposent que les bretelles seront, autant que possible, confectionnées avec des effets de grand équipement hors de service, tels que courroies de havre-sac, bretelles de fusil, ceinturons et banderolles de giberne. La dépense est imputée au service de l'habillement.

Devis de la confection avec des effets hors de service :

	ATELIERS CIVILS	ATELIERS MILITAIRES
Fourniture de 5 boucles en fer étamé (1)	0,15	0,18 (2)
Couper et apprêter les cuirs	0,28	0,12
Façon de sellier pour coutures, fils, etc.	0,67	0,30
	1,10	0,60

Le prix de la nomenclature du 30 décembre 1880, page 473 est de 1 fr. 10 c. (Voir ci-après pour les bretelles des régim[ts] d'artillerie.)

Les observations portées au renvoi 1 du tableau C, qui fait suite à la description de l'uniforme, indiquent le mode de confection de ces bretelles avec des effets hors de service.

En cas d'insuffisance d'effets de grand équipement hors de service, ces bretelles sont confectionnées avec du cuir neuf (3), d'après le devis ci-après, et la dépense (matières et main-d'œuvre) est supportée par le service de l'habillement :

Cuir ciré pour courroies, traverses mobiles, bretelles, boucleteaux, enchappures, passants, pièces de renfort (0m 19), à 19 fr. 25 le mètre superficiel	3,66
5 boucles anglaises à rouleau en fer étamé	0,13
Coupe, apprêt du cuir, façon du sellier	0,78
	4,57
Frais généraux et bénéfices (15 %)	0,68
TOTAL	5,25

Ce prix est celui de la nomenclature du 30 décembre 1880. (Instr. des 22 juillet 1878, page 180 (S) et du 15 mars 1879, page 479, et nomencl. du 30 décembre 1880, page 473 ; pour les bretelles, porte-effets en usage dans les régiments d'artillerie, lesquelles ont été l'objet d'une modification, les prix ci-dessus 1 fr. 10 et 0,60 c. doivent être augmentés de 0,10 c. pour la main-d'œuvre et le prix de ces objets ainsi modifiés est fixé à 1 fr. 60 c. Quant aux bretelles neuves modifiées, le prix en est porté à 6 fr. 14 c. au lieu de 525 c. Il n'est rien changé aux bretelles porte-effets en usage dans les escadrons du train des équipages. (Note du 30 mars 1883, page 423 (S), et Tarif du 4 janvier 1884.) De plus, la circ. du 7 juillet 1883 (M) a prescrit de faire confectionner les bretelles destinées aux

(1) On doit s'efforcer d'utiliser les boucles provenant des grandes courroies hors de service, et la valeur de celles employées est déduite des prix ci-contre.

(2) Y compris les frais d'emballage et de transport.

(3) La circulaire du 20 octobre 1879 (M) révisée le 1er septembre 1884, dispose que la confection de ces effets ne doit avoir lieu qu'au fur et à mesure que les ressources en courroies, bretelles de fusil ou ceinturons réformés le permettront.

corps de l'artillerie avec des effets de grand équipement réformés et de *pourvoir de ces effets* les corps qui n'en auraient pas.

Nota. — Pour la description voir la décision du 8 octobre 1877, page 183, la description de l'uniforme du 15 mars 1879, page 193, et la note du 30 mars 1883, page 423 (S).

Sachets à vivres.

La circulaire du 18 mai 1876 (M) prescrit aux corps de troupes de toutes armes de se pourvoir de *sachets en toile* pour contenir les petits vivres de quatre jours (riz, sel, sucre et café). L'approvisionnement est calculé à raison de 2 par homme sur l'effectif de mobilisation. (Se reporter aux tableaux du 31 décembre 1883.)

Il est confectionné par les corps avec du vieux linge ou, à défaut, avec de la toile de coton neuve.

Prix de confection........	0,10 c.
— de la toile (neuve)....	0,10
	0,20 c.

(Ce prix est celui de la nomencl. du 30 décembre 1880).

La dépense est remboursée par ordonnancement du sous-intendant militaire (18 mai 1878 M) sur les fonds du service de l'habillement. (Circ. du 30 janvier 1879.) Enfin, la circulaire du 1er octobre 1878 (M) prescrit de compléter les approvisionnements par des achats au titre du compte de liquidation (aujourd'hui budget sur ressources extraordinaires.)

La circulaire du 9 juin 1876 (M) prescrit en outre de comprendre les sachets à vivres dans la comptabilité du service de l'habillement.

Drapeaux, étendards, étuis, banderoles.

Les drapeaux ou étendards sont ordinairement fournis aux régiments de toutes armes, à titre gratuit, par les soins du ministre de la guerre. Toutefois, en 1871, des décisions en date des 5 juillet, page 304, et 5 août, page 316, ont prescrit aux corps de s'en pourvoir à la charge de la masse générale d'entretien.

Celle du 5 juillet prescrivait de verser les anciens drapeaux aux directions d'artillerie qui étaient chargées d'en brûler les soies et de livrer les aigles, hampes et franges au service des domaines, sur la production d'un procès-verbal du sous-intendant militaire.

Une circulaire du 19 mars 1874 (M) a prescrit aux régiments de nouvelle formation d'acheter des drapeaux au prix maximum de 25 francs sur les crédits du service de l'armement. Enfin, le 14 juillet 1880, tous les corps de l'armée auxquels il en est attribué ont reçu des drapeaux par les soins et au compte de l'Etat.

De l'ensemble de ces dispositions, il résulte que l'initiative des dépenses de cette nature appartient au ministre, qui règle le mode de paiement.

Les parties flottantes ne peuvent d'ailleurs être remplacées que sur une décision ministérielle prise à l'instigation des inspecteurs généraux d'armes. (Instr. anciennes sur les inspections générales.)

Chaque drapeau ou étendard doit avoir un étui en coutil avec coiffe en cuir. Les corps de troupes à pied sont en outre pourvus d'une banderole porte-drapeau. (Descript. de l'uniforme du 15 mars 1879, pages 241, 321 et suiv.)

Les banderoles et les étuis des drapeaux ou étendards distribués aux corps depuis le 14 juillet 1880 doivent figurer sur l'inventaire du matériel d'artillerie mis à la disposition de ces corps et non sur l'inventaire de l'habillement.

Les frais d'entretien et de remplacement sont supportés par le budget de l'artillerie, et, à ce titre, compris comme dépenses accessoires dans les comptes qu'ils produisent pour le service de l'armement. Il en est justifié, par des factures quittancées, comme de toutes autres dépenses. (Note du 2 décembre 1881, page 376.)

Les prix de la nomenclature N du service de l'artillerie, sont :

Drapeaux des troupes à pied........................	372 fr.	00
Étendards des corps à cheval......................	327	00
Banderole ou baudrier.............................	12	50
Étui..	5	50

Hampe toute nue............... { pour étendard......... 4 fr. 00
{ pour drapeau.......... 5 00

Fanions de tir. (Voir *Ecole de tir.*)

Livrets matricules et individuels (Fourniture des)

BOITES OU CASIERS POUR LIVRETS MATRICULES (1).

Le livret matricule et le livret individuel de chaque homme sont au compte de l'Etat. (Décret du 7 août 1875, page 156.) Il en est de même du livret matricule des officiers et des chevaux.

Les livrets matricules et individuels des hommes de troupe sont fournis chaque année par le ministre au service du recrutement. (Instr. du 11 septembre 1875, page 267, et note du 5 juillet 1879, page 10.) Ceux nécessaires aux corps pour les officiers et les chevaux et pour les hommes qui perdent leurs livrets sont fournis par les soins du général commandant le corps d'armée, lequel les reçoit du ministre. (Notes du 6 août 1877, page 100, et du 5 juillet 1879, page 10.) (Voir *Livrets matricules.*)

En cas de perte, les livrets matricules (officiers, troupe et chevaux) sont établis à nouveau par les corps et certifiés conformes par le major. On opère de la même manière pour les livrets individuels. (Instr. du 11 septembre 1875, page 267.)

Les livrets distribués par les corps, en remplacement de ceux perdus ou détériorés par la faute des détenteurs, sont remboursés par voie de versement au Trésor, aux prix ci-après :

Livret matricule d'officier................ 0,07 c.
— de troupe.............. 0,07
— d'animal................ 0,06
Livret individuel....................... 0,25 (Nomencl. du 30 décembre 1880, page 473.)

Ces imputations ont lieu au moyen de bulletins de moins-values. (Note du 27 octobre 1877, page 206.)

Boîtes ou casiers. — Aux termes de l'article 138 du décret du 7 août 1875, page 142, les livrets matricules des hommes présents et ceux des réservistes et disponibles sont remis aux capitaines et placés dans deux boîtes séparées. Ces boîtes sont en bois de chêne et fournies à titre de première mise et gratuitement par les soins du ministre ; mais elles sont entretenues et remplacées sur les fonds de la masse générale d'entretien. (Circ. du 28 octobre 1875 M.) Elles comprennent également les livrets des officiers et ceux des chevaux. (Décr. du 7 août 1875, art. 138 et 139.)

Prix : boîte.... 11 50 (Tarif du 9 mars 1877, page 223, et nomencl. du 30 décembre 1880, p. 473.)
— 1/2 boîte 9 50 Id. Id.

Les compagnies, escadrons ou batteries possèdent dès le temps de paix deux boîtes, et les sections hors rang une demie. (6 mai 1876 M.) Toutefois, on peut faire usage des boîtes ou demi-boîtes du service de réserve si le nombre des réservistes l'exige du temps de paix, mais ces boîtes comptent toujours à la réserve. (Tableaux d'approvisionnement du 31 décembre 1883 M.) Ces tableaux d'approvisionnement fixent pour chaque corps le nombre de boîtes et de demi-boîtes qu'il doit avoir, soit en service, soit en magasin.

En cas de guerre, la boîte affectée aux réservistes dans chaque unité est laissée au dépôt sauf en ce qui concerne les boîtes du génie qui sont réparties entre les deux divisions de chaque corps d'armée. (Circ. du 21 juin 1877 (M) tableau D).

Plaques et coulants de ceinturons.

Sont au compte du service de l'habillement (*et fournis par les magasins centraux*). — (Descript. d'uniforme du 15 mars 1879, tableaux B.) Durée : 20 ans pour les ceinturons du modèle général, et 15 ans pour les ceinturons de sergent-major.

(1) Pour l'armée territoriale, voir la circ. du 26 février 1883 (M).

A défaut de ressources dans les magasins centraux, le ministre peut autoriser les corps à en acheter.

Prix de la nomenclature du 30 décembre 1880, p. 473..	Infanterie......	0.43
	Cavalerie.......	0.67
	Génie..........	0.62

Rubans de médailles.

Aux termes du décret du 19 novembre 1871, page 405 de la circulaire du 15 mars 1872, page 54, et de la description de l'uniforme du 15 mars 1879, tableaux C, la fourniture des rubans de médailles commémoratives est au compte du service de l'habillement. (Pour la gendarmerie, voir Masse d'entretien et de remonte).

Diverses décisions ont chargé les conseils d'administration de se les procurer directement dans le commerce, mais une circulaire du 14 septembre 1874 (M), rappelée par celle du 23 février 1879 (M), interdit d'en acheter à l'avenir, par la raison qu'il existe dans les corps des approvisionnements importants de ces rubans et que le nombre des médaillés est aujourd'hui fort restreint.

La nomenclature du service de l'habillement en date du 30 décembre 1880, page 473, fixe le prix de ces rubans à 3 francs le mètre, mais ce prix est tellement élevé que les anciennes fixations doivent être maintenues comme prix-limites en cas d'achats, savoir :

Rubans. —	Médailles	anglaise et de la Baltique.	1 f.	17 c.	le mèt.	(6 févr. 57, 27);
—	—	d'Italie..................	1	625	—	(24 févr. 60, 21);
—	—	de Chine..................	1	95	—	(31 janv. 62, 443);
—	—	du Mexique..............	2	85	—	(6 juin 64, 953).

Ces prix comprennent l'emballage et le transport.

Les décisions sus-indiquées prescrivent de renouveler les rubans tous les trois mois, à raison de 0m 10 par homme.

Le *ruban* de la médaille de la *Valeur militaire de Sardaigne* est à la charge des sous-officiers et soldats titulaires, comme cela a lieu pour les autres décorations étrangères. (Décis. du 19 avril 1860, page 80.)

Il en est de même pour le ruban de la médaille commémorative de l'expédition de Rome, en 1867. (Solution ministérielle du 20 juillet 1868 M.)

Les corps devaient rendre compte annuellement, à l'époque de l'inspection administrative, de l'emploi de ces rubans (Décis. du 24 février 1860 et du 31 janvier 1862), mais ils n'y sont plus astreints depuis que cette fourniture a été mise à la charge du service de l'habillement. (Instruct. annuelles sur les inspections.)

Insignes de tir. (Voir *Ecole de tir.*)

Désinfection des effets d'habillement des hommes qui ont soigné des chevaux morveux.

Aux termes de l'instruction du 28 février 1829, page 270, les effets de coiffure et d'habillement des hommes chargés de soigner les chevaux malades de la morve, doivent être lessivés à l'eau chlorurée, et, ensuite, passés à l'eau ordinaire. Les art. 253 Infie, 65, cavie, et 79 artie des règlements du 28 décembre 1883 sur le service intérieur, chargent les vétérinaires de faire désinfecter les effets.

Cette dépense, comme celle relative à la désinfection des effets de harnachement et des écuries (Circ. du 22 mai 1826, page 202), incombe à la masse d'entretien du harnachement et ferrage. — Ces dispositions sont applicables aux corps d'infanterie (Règt du 28 février 1883, page 219.)

(Voir au titre *Petit équipement*, pour les effets de pansage, et au titre *Harnachement*, pour la désinfection du harnachement.)

Caisses de fonds ou coffres-forts (1)

POUR LES TRÉSORIERS, OFFICIERS PAYEURS, CONSEILS D'ADMINISTRATION, COMMANDANTS DE COMPAGNIE FORMANT CORPS OU DE DÉTACHEMENT.

D'après les dispositions de l'article 97 de l'ordonnance du 10 mai 1844 page 287,

(1) Pour les corps de l'armée territoriale, se reporter à la Circ. du 26 février 1883 (M).

tous les fonds appartenant à un corps ou à une portion de corps ayant un conseil, sont déposés, savoir :

Dans la caisse du conseil :

1° Ceux que le trésorier est tenu d'y verser immédiatement après les avoir reçus. (Ces fonds sont ceux provenant du paiement des ordonnances ou mandats de paiement du remboursement des dépôts au Trésor, des versements effectués par les portions du corps, art. 72) ;

2° Les récépissés de dépôt au Trésor.

Dans la caisse du trésorier :

1° Les recettes d'autre origine que celles qui doivent entrer dans la caisse du conseil ;

2° Les sommes dont le conseil autorise la sortie de sa caisse pour être remises au trésorier.

La caisse du conseil a deux clefs. L'une est entre les mains du Président du conseil, et l'autre dans celles du major ou de l'officier qui en fait les fonctions (art. 98 de l'ordonn. du 10 mai 1844). Lorsque la présidence du conseil appartient au major, c'est le membre du conseil le plus élevé en grade ou le plus ancien à grade égal qui est dépositaire de la seconde clef. (Décis. du 15 décembre 1845, page 654). Ces officiers ne doivent jamais s'en dessaisir et être toujours présents lors des entrées et des sorties de fonds (art. 53 de l'instr. du 17 mars 1884, page 471 S).

Dans les compagnies ou sections formant corps, et dans les portions de corps qui n'ont pas de conseil, les fonds sont renfermés dans une seule caisse dont l'officier commandant est personnellement responsable. (Art. 103 de l'ordonn. précitée.) Elle n'a qu'une clef.

La décision du 8 juin 1818, page 17, rappelée par la circulaire du 15 mars 1872, page 54, accorde à chaque conseil une caisse à argent (ou coffre-fort) du prix de 120 francs au maximum, imputable à la masse générale d'entretien.

En outre, celle du 17 décembre 1834, page 607, alloue aux trésoriers et officiers payeurs, au compte de la même masse, une caisse ferrée du prix de 100 francs. L'achat est fait par les soins du conseil d'administration. Une dépêche du 15 septembre 1882 (M) a autorisé une dépense de 140 francs pour l'achat d'une caisse incombustible destinée à renfermer les fonds remis au trésorier du 1er régiment d'artillerie. Dépense imputable à la masse générale d'entretien du corps.

NOTA. — Lorsque la dépense dépasse la fixation (100 francs), elle doit être autorisée au préalable.

Une caisse de fonds et de comptabilité d'un modèle spécial a été adoptée pour les officiers payeurs (voir ci-après Caisse de fonds et de comptabilité), et une caisse de fonds a été également adoptée pour les conseils éventuels et les officiers commandants de sections ou compagnies formant corps et de portions de corps détachées. (Circ. du 21 juin 1877 (M) et descript. du 23 juillet 1877, page 103.) Mais les conseils d'administration des portions centrales doivent conserver les anciens coffres-forts. (Circ. du 21 juin précitée, qui rappelle que, conformément aux dispositions des décisions des 8 juin 1818, 17 décembre 1834 et 15 mars 1872 les frais de confection des caisses nouvelles incomberont à la masse générale d'entretien.) La description du 23 juillet 1877, page 103, donne le devis de ces caisses et fixe le prix à 32 fr. 55 c. pour celles affectées aux conseils d'administration et qui ont deux serrures, et à 27 fr. 80 c. pour les autres caisses qui n'ont qu'une serrure. Ces prix sont ceux de la nomenclature du 30 décembre 1880, page 473, modifiée précité par la note du 14 novembre 1881, page 325.

La circulaire du 5 novembre 1877 (M) prescrit aux corps de faire confectionner une caisse en sus du nombre nécessaire pour les besoins imprévus (2).

Ces caisses peuvent être mises en service dès le temps de paix, mais les officiers auxquels elles sont délivrées sont responsables de leur conservation et de leur entretien. (Circ. du 21 juin 1877 et du 5 novembre même année.)

(2) Les tableaux des approvisionnements, en date du 31 décembre 1883 (M), fixent pour chaque corps le nombre de caisses qu'il doit avoir pour les conseils d'administration éventuels et les commandants de portions détachées, savoir :

Régiments d'infanterie........... (service courant)..... 3 ;
Bataillons de chasseurs à pied..... — ..... 1 ;
Régiments de cavalerie.......... — ..... 1 ;
— d'artillerie divisionnaire — ..... 1 par batterie montée ou de place, de montagne ou de dépôt, section de munition ou de parc ;
— — de corps... — ..... 1 par batterie montée, à cheval ou de montagne et de dépôt, par section de munition ou de parc ;
— — du génie... (service de réserve)... (26 sauf déduction dans certains cas)
Escadron du train des équipages (service courant)........ 7 ;
Compagnies ou sections formant corps (service courant)... 1.

Aux termes de la circulaire du 8 septembre 1878, page 303, ces caisses sont marquées par les soins des corps. On porte sur la face où est apposée la serrure les désignations ci-après :

144. INF.
F.
N° 1.

On doit se servir des lettres et chiffres en usage pour les caisses à bagages et cantines. Il n'est pas alloué d'indemnité pour la main-d'œuvre ; les dépenses d'achat d'ingrédients sont imputées à la masse générale d'entretien.

Caisse de fonds et de comptabilité pour officier payeur de corps de troupe en campagne.

(Voir l'article ci-dessus pour les caisses de fonds des conseils et commandants d'unités s'administrant séparément.)

En campagne, les contrôles, registres, pièces de comptabilité et imprimés sont placés dans des caisses d'un modèle spécial, qui servent en même temps de caisses de fonds. (Instr. du 15 janvier 1867, page 501, décis. du 23 juillet 1877, page 106, et circ. du 21 juin 1877 (M).

La circulaire du 21 juin 1877 (M) dispose que les corps doivent les faire confectionner dès le temps de paix sur les fonds de la masse générale d'entretien et les tableaux d'approvisionnement du 31 décembre 1883 leur en attribuent (service courant) :

2 par régiment d'infanterie;
1 par bataillon de chasseurs;
1 par régiment de cavalerie.

Elles sont conformes au modèle donné par la circulaire du 23 juillet 1877, page 106, qui en a fixé le prix à 28 francs. (Cette fixation est aussi celle de la nomencl. de l'habill[t] en date du 30 décembre 1880.)

La circulaire du 5 novembre 1877 (M) a prescrit d'en faire confectionner une en sus du nombre fixé ci-dessus, pour subvenir à des besoins imprévus.

Les officiers payeurs auxquelles elles sont délivrés sont responsables de leur conservation et de leur entretien. (Circ. du 21 juin 1877 et du 5 novembre même année (M.) Ces caisses peuvent être mises à leur disposition dès le temps de paix. (Mêmes circ.)

Aux termes de la circ. du 8 septembre 1878, page 303, ces caisses sont marquées par les soins des corps. On porte sur la face où est apposée la serrure les désignations ci-après :

144. INF.
F. et C.
N° 2.

On doit se servir des lettres et chiffres en usage pour les caisses à bagages. Il n'est pas alloué d'indemnité pour la main-d'œuvre. Les dépenses d'achat d'ingrédients sont imputées à la masse générale d'entretien.

Caisse à archives à l'intérieur.

La décision du 11 avril 1869 (M), notifiée le 21 dudit, et celle du 3 juillet suivant, disposaient que les corps seraient pourvus, à la charge de les entretenir et de les remplacer sur les fonds de la masse générale d'entretien, savoir :

Les régiments d'infanterie : d'une caisse pour le conseil et d'une caisse pour comptabilité et archives ;

La cavalerie et les bataillons formant corps : d'une caisse à bagages pour le conseil.

Mais la circ. du 27 septembre 1875, page 490, fait connaître qu'il n'existe plus de caisses de cette catégorie dans les magasins de l'Etat, et que les corps qui en auraient besoin peuvent faire transformer des caisses provenant des fournisseurs de l'équipement. La dépense est imputable à la masse générale d'entretien.

La forme et la dimension de ces caisses sont calculées de façon à permettre le transport des archives indispensables, et à faciliter l'arrimage de ces récipients sur les voitures régimentaires. (Circ. précitée.)

Une dépêche ministérielle du 12 mars 1880, n° 2011, rappelle qu'aucune instruction n'attribue aux compagnies de caisse de comptabilité, et interdit toute dépense pour cet objet, mais cette disposition semble modifiée par les articles 409, 405 et 428 des règlem[ts] du 28 décembre 1883 sur le service intérieur, qui prévoient l'emploi de caisses pour renfermer les registres et papiers des compagnies, escadrons ou batteries à placer sur les voitures à bagages qui suivent les corps en marche.

Cordons de sabre.

Les cordons (ou dragonnes) de sabre des corps à cheval étaient à la charge de la masse générale d'entretien (Tableaux annexés aux descriptions de l'uniforme : 20 novembre 1858 (Cav[ie]), etc.), mais ce principe a été abrogé par la décision du 15 novembre 1878, page 631 (S), qui dispose que cette fourniture imcombera à l'avenir au service de l'habillement.

Les tableaux B et C, annexés à la description de l'uniforme du 15 mars 1879, confirment ce principe. Les approvisionnements à entretenir sont ceux fixés par les tableaux du 31 décembre 1883. D'après les tableaux C qui font suite à ladite description, les corps sont en principe autorisés à acheter ces effets.

Prix : 1 fr. 25 c. (Nomencl. de l'habill[t] en date du 30 décembre 1880.)

L'entretien est au compte de l'abonnataire du grand équipement. (Voir page 98.)

Frais de décatissage des draps.

Une décision du 14 janvier 1341 (page 21 de l'ancien *Journal militaire*), autorisait les corps à imputer à la deuxième portion de la masse générale d'entretien les frais de décatissage des draps, lorsque cette opération était faite par eux.

Mais ce principe est d'une application très rare, car le décatissage doit aujourd'hui être fait dans les magasins de l'Etat ou dans ceux des entrepreneurs. (Instr. du 18 juillet 1878, page 219 (S) et cahier des charges du 31 juillet 1883, page 85 du 1er semestre 1884.)

Frais de métrage des draps.

Une décision ministérielle en date du 1er mai 1833 dispose que toute pièce de drap provenant d'un magasin de l'Etat et ayant tête, floche ou queue, sera, à moins d'erreur, reçue par les corps destinataires pour le métrage indiqué par la facture d'expédition, et qu'en cas d'erreur, on devra faire procéder à une contre-vérification par des métreurs jurés.

Les frais de cette contre-vérification sont à la charge du comptable expéditeur, s'il est en défaut, ou, dans le cas contraire, imputés à la masse générale d'entretien.

NOTA. — Bien que la décision précitée n'ait pas été reprise au *Journal militaire* refondu, il y aurait lieu d'opérer dans ce sens, le cas échéant.

Le métrage des draps est fait d'après les indications du cahier des charges du 31 juillet 1883, 1er semestre 1884.

Achat et renouvellement des cachets.

A L'USAGE DES CONSEILS D'ADMINISTRATION

La note ministérielle du 31 octobre 1870, page 221, détermine le type des timbres et cachets des diverses autorités et la circ. du 11 juillet 1883, page 44, prescrit de s'y conformer.

Les demandes sont adressées au ministre (service intérieur) qui fait connaître aux intéressés le nom du fournisseur, ainsi que les prix et les renseignements pour faire établir les mandats de paiement au nom du fournisseur. (Notes minist. du 28 octobre 1878, page 361 et du 26 décembre 1883, page 872.) Ce fournisseur est M. Jaillon, rue Blaise, n° 1, à Paris.

La dépense est, en exécution de la note du 28 octobre 1878 et de la circulaire du 15 mars 1872, page 54, payée sur les fonds de la deuxième portion de la masse générale d'entretien (1).

Elle est payée par les établissements militaires sur leur budget particulier, et par les officiers généraux et fonctionnaires de l'intendance sur leurs frais de service.

Les prix du marché passé par l'administration centrale sont les suivants :

Timbre humide.................... 5 00
Cachet à la cire.................... 4 00
Timbre sec à ordonnancement........ 11 50 (n'est pas en usage dans les corps).
Boîte à tampon munie de ses accessoires 3 00 (Note du 26 décembre 1883, page 872).

Les circulaires des 23 décembre 1859 et 6 décembre 1865 (M) avaient mis à la charge du trésorier la fourniture du *tampon*, de l'encre et de la cire, mais la note du 26 décembre 1883 ayant confondu le prix de ce tampon avec celui de la boîte, il en résulte que cet accessoire n'est plus au compte de cet officier comptable, lequel n'a *plus à sa charge que l'encre et la cire.*

La circulaire du 5 février 1878 (M) dispose que les corps susceptibles de mobiliser des fractions administrées par un conseil d'administration devront se munir des timbres nécessaires, et qu'un timbre sera tenu en réserve pour chacun des 4es bataillons des régiments d'infanterie qui doivent quitter leurs dépôts en temps de guerre. Les demandes sont adressées au ministre comme il est dit ci-dessus. Dépense au compte de la masse générale d'entretien.

Pour les cachets spéciaux à apposer sur les livrets en cas de rectification, voir *Livrets individuels*, et pour les autres, se reporter au titre : *Mobilier des magasins d'habillement*, page 51.

Nota. — En ce qui concerne les corps de l'armée territoriale, se reporter à la circ. du 26 février 1883 (M) qui fixe le nombre de timbres à leur allouer.

Effets d'habillement et de chaussure.

NÉCESSAIRES AUX HOMMES NON MONTÉS DE L'ARTILLERIE QUI REÇOIVENT L'INSTRUCTION A CHEVAL

Aux termes de la circulaire du 2 juin 1869, page 735, chaque régiment d'artillerie doit avoir à sa disposition les effets tels que *pantalons de cheval*, *bottes éperonnées*, etc., nécessaires pour permettre de donner l'instruction à cheval à ceux des hommes non montés qui doivent la recevoir (y compris les élèves détachés à l'Ecole centrale de pyrotechnie).

Ces effets sont répartis entre les batteries d'après les ordres du chef de corps.

D'un autre côté, la décision du 14 février 1881, page 70, dispose que les pantalons de cheval seront prélevés sur l'approvisionnement d'instruction, mais les frais d'entretien, de nettoyage et de réparation de ces pantalons restent à la charge de la masse d'entretien du harnachement et ferrage. Par suite de ces dispositions, l'allocation annuelle attribuée aux chefs de corps, par la décision du 2 juin 1869, est réduite à 250 fr. pour les régiments d'artillerie et à 100 fr. pour ceux d'artillerie pontonniers (14 février 1881, page 70.) Cette indemnité est destinée à faire face à la dépense d'achat et d'entretien des effets autres que les pantalons et le montant en est imputable à la masse sus-indiquée. (Circ. du 2 juin 1869, page 735.)

L'emploi de cette somme est soumis à l'approbation des inspecteurs généraux, (2 juin 1869).

Si, pour la confection ou l'entretien de ces effets, des étoffes sont prélevées sur le service courant, la valeur doit en être versée au Trésor par le chef de corps au moyen des fonds qui lui sont alloués pour cet objet. (Circ. du 14 décembre 1864 M.)

(1) Dans les dépôts de remonte, c'est la masse d'entretien du harnachement et ferrage.

Sifflets.

Une décision du 14 mai 1873, page 636, prescrit dans les corps d'infanterie, l'emploi du sifflet modèle Baduel pour certaines sonneries de l'école des tirailleurs.

Cet emploi a été définitivement réglé par la circulaire du 31 août 1875, page 261, laquelle dispose que les commandants de compagnie en seront seuls pourvus :

18 sifflets par régiment d'infanterie,

5 par bataillon de chasseurs à pied,

17 par régiment de zouaves et de tirailleurs algériens,

16 pour la légion étrangère.

Lorsque le ministre n'en assure pas lui-même la fourniture, les corps sont autorisés par la circulaire du 9 juin 1873 (M) à en faire l'achat sur les fonds de la deuxième portion de la masse générale d'entretien, au prix de 1 franc ou 1 fr. 25 c. au maximum. D'après la nomenclature du service de l'habillement, ce prix n'est que de 0,90 c. ; c'est cette limite qu'il y a lieu d'observer dans les achats.

Dans la cavalerie, les capitaines-commandants, adjudants-majors et officiers de peloton sont également pourvus du sifflet Baduel. (Inst. du 16 août 1875, page 108.) Les corps se les procurent comme il est indiqué pour l'infanterie. De plus, une décision du 29 août 1883, page 174, porte que les sous-officiers de cavalerie feront usage de ce sifflet pour le commandement et les signaux à faire dans certains exercices. Il est porté à l'aide d'un cordon d'attache en coton noir passé autour du cou et le sifflet est placé entre deux tresses du dolman ou deux boutonnières de la tunique. Les cuirassiers le portent dans un étui en cuir placé sur la banderole du revolver. La dépense d'acquisition des sifflets, cordons et étuis à distribuer aux sous-officiers est imputable à la 2e portion de la masse générale d'entretien. (Décision précitée.) Le prix du cordon est de 0,18 c. et celui de l'étui de 0,47 c. (Tarif du 4 janvier 1884, page 4 et note du 28 décembre 1883, page 873 qui fixe à 5 ans la durée de l'étui et met au compte des sous-officiers les cordons de remplacement.)

Brassards.

1° Brassard de neutre

Aux termes de la convention de Genève, en date du 22 août 1864, insérée au *Journal militaire* le 14 juillet 1865, p. 49, le personnel des hôpitaux et celui des ambulances sont reconnus neutres en cas de guerre et, comme tels, protégés et respectés par les belligérants, aussi longtemps qu'il s'y trouve des malades ou des blessés.

Ce personnel comprend :

Les sous-intendants militaires attachés spécialement au service des hôpitaux en campagne,

Les officiers de santé (médecins des hôpitaux, ambulances des corps de troupe et pharmaciens),

Les officiers d'administration.

Les infirmiers militaires,

Le personnel du train affecté au service des ambulances,

Les brancardiers,

Les soldats chargés de porter, dans les corps, les sacs et sacoches d'ambulance,

Le personnel de la Société de secours aux blessés. (Dép. interprétative du 6 avril 1877.)

Les aumôniers des divers cultes. (Dép. du 18 avril 1877 et convention.)

Le personnel neutralisé en temps de guerre, doit être pourvu d'un brassard dont la délivrance est laissée à l'autorité militaire. (Art. 7 de ladite convention.)

Cet accessoire est conforme à la description du 15 mars 1879 et revêtu du numéro matricule du détenteur (description de l'uniforme du 15 mars 1879), du cachet du directeur du service de santé. (Décret du 3 juillet 1884, page 6). Toutefois celui des brancardiers doit être du mod. fixé par la décision du 24 avril 1883, page 609 S).

Tous les brassards de neutre sont fournis par le service de santé au compte du budget des hôpitaux. (Note du 12 janvier 1884, page 40.)

Deux brassards sont délivrés à chaque officier (6 avril 1877) et à chaque homme :

un pour la veste et un pour la capote. (Note du 28 mars 1878, page 265 S.) Pour les approvisionnements à entretenir, (Voir les tableaux du 31 décembre 1883 M.)

NOTA. — La neutralité du matériel roulant est assurée au moyen d'un fanion à croix rouge sur fond blanc et d'un fanion aux couleurs nationales. Il en est de même pour les ambulances qui, en outre, doivent être munies, pour indiquer leur emplacement pendant la nuit, de deux lanternes : l'une à verre blanc et l'autre à verre rouge. (Dép. du 20 décembre 1877 M.)

2° BRASSARD DE CONDUCTEUR DE CHEVAUX OU VOITURES, ETC...

Des brassards d'un modèle spécial seront portés, en cas de mobilisation, par les conducteurs de chevaux de réquisition. (Décis. du 27 novembre 1879, page 479.) La circ. du 2 juin 1880, p. 271, en donne la description.

Les hommes des services auxiliaires, employés à l'alimentation de l'armée reçoivent, lorsqu'ils ne sont pas habillés, un brassard de réquisition. (Note du 31 mars 1880, page 149). Il en est de même des secrétaires des commissions d'étape. (Circ. du 8 septembre 1880 M).

Les conducteurs des voitures régimentaires et d'état-major seront également pourvus de cet accessoire. (Circ. du 7 juin 1881 M). Ce brassard est décrit par l'art 41 § 1er de la description de l'uniforme du 15 mars 1879, page 111. Il est fourni au compte du service de l'habillement (même article). (Voir les tableaux d'approvisionnement du 31 décembre 1883) (M.)

NOTA. — Prix de la nomencl. du 30 décembre 1880, page 514, modifiée par la circ. du 23 novembre 1882, page 387.

Brassard de neutres			0 fr. 08
— de conducteurs régimentaires			0 38
— de réquisition	sous-officiers		0 69
	caporaux ou brigadiers		0 21
	soldats		0 17

Plaques d'identité, boîtes pour les renfermer, cordons pour les suspendre.

Dans le but de permettre de reconnaître les hommes tués ou grièvement blessés en campagne, le ministre de la Guerre a arrêté les dispositions suivantes :

Tout militaire est pourvu en temps de guerre d'une médaille dite plaque d'identité.

Cette plaque est en maillechort, 1er titre. Elle est de forme ovale ; ses dimensions sont de 35mm de longueur sur 25mm de largeur et 1mm d'épaisseur ; de chaque côté, la ligne du grand diamètre est indiquée par une légère rainure. La plaque est percée, sur cette ligne et à 2mm environ du bord, d'un trou de 3mm 1/2 de diamètre, destiné à recevoir le cordon de suspension.

Les bords de la plaque et du trou sont légèrement adoucis.

La plaque d'identité est fournie aux corps par les magasins centraux. (Prix de la nome 0 fr. 033. 14 novembre 1881, page 331.)

Le cordon de suspension est un lacet de coton noir plat, de 6mm de largeur et de 800mm de longueur.

Ce cordon est acheté directement par les corps, sur les fonds du service de l'habillement. (Prix de la nome 0 fr. 02 le mètre. 14 novembre 1881, page 331.)

Les plaques sont affectées aux hommes dès le temps de paix ; elles sont marquées par les soins du corps, au moment de l'immatriculation dans l'armée *active*. (Décis. minist. du 2 septembre 1881, page 173; circ. du 12 octobre 1883, page 325 et note du 26 septembre 1884, page 515.)

Les inscriptions à y graver sont les suivantes :

Sur le recto : l'indication du nom, du premier prénom (note du 16 janvier 1884, page 43), et de la classe à laquelle l'homme appartient.

Sur le verso : l'indication de la subdivision de région et du n° matricule du registre du recrutement.

Pour les engagés, le millésime de la classe est remplacé par l'indication de l'année de l'engagement que l'on fait précéder des lettres EV ou EC. Le numéro du registre matricule du recrutement est remplacé par le n° de la liste matricule. (Circ. du 12 octobre 1883, page 325.)

Le livret matricule doit porter le *fac-simile* de la plaque au bas de la couverture (même circ. et note du 16 janvier 1884, page 44.) Cette même note indique les inscriptions à graver sur les plaques des indigènes d'Afrique.

Le marquage des plaques s'exécute, ainsi qu'il est indiqué dans la décision du 2 septembre 1881, page 173.

Les ingrédients et récipients nécessaires aux corps de troupe pour le marquage des plaques sont achetés au compte de la masse générale d'entretien.

Pour procéder à l'opération du marquage des plaques, il est formé, dans chaque corps, un atelier composé de 3 hommes, dont le premier est chargé d'enduire les plaques de cire, le deuxième d'y tracer les inscriptions et le troisième d'en enlever l'acide et de les nettoyer.

Les plaques d'identité, après le marquage, sont placées et conservées dans une boîte à compartiments pouvant contenir 250 plaques (1).

La boîte à plaques d'identité est en bois de chêne de 12^{mm} d'épaisseur, elle a intérieurement 215^{mm} de longueur, 165^{mm} de largeur et 40^{mm} de profondeur.

Les emboîtages sont à queues. Elle est divisée en huit compartiments égaux au moyen de quatre séparations en chêne de 3^{mm} d'épaisseur dont trois dans le sens de la longueur et une dans le sens de la largeur.

Le couvercle est encadré des quatre côtés par une emboîture en chêne de 15^{mm} de largeur. Il est fixé à la boîte au moyen de deux charnières ordinaires en cuivre de 60^{mm} de longueur, assujetties chacune par 6 vis en fer, tête plate.

Une poignée en cuivre, entaillée au milieu du couvercle pivoté sur deux platines en cuivre fixées chacune par deux rivets en fer.

La boîte se ferme au moyen d'un loqueteau à poncier en cuivre, entaillé, fixé par 9 vis en fer tête plate.

Ce récipient est fourni par l'administration. (Prix 3 fr. 90. Note du 21 février 1883, page 133.)

Les plaques d'identité, munies de leur cordon, sont placées dans les compartiments et disposées dans le même ordre que les livrets.

Pour éviter l'oxydation du métal et assurer autant que possible l'état propre et brillant des plaques, on remplit à moitié les compartiments de son dans lequel les plaques sont placées.

D'un autre côté, les boîtes à plaques doivent être rangées dans des lieux exempts d'humidité, à côté des livrets matricules.

Lors du passage de l'homme dans la réserve de l'armée active, le bureau de recrutement adresse au nouveau corps la plaque d'identité qui est complétée par ses soins lors du passage dans l'armée territoriale, c'est le capitaine-major du corps nouveau qui est chargé de la mise à jour des inscriptions.

Lors des mutations, les plaques d'identité sont placées dans l'intérieur des livrets, lesquels sont entourés des cordons et expédiés sous pli cacheté.

Au moment de la mobilisation, la plaque est délivrée à l'homme qui la suspend à son cou au moyen du cordon. (Décis. ministér. du 2 septembre 1881, page 173.) Les plaques des hommes de l'armée territoriale libérés de tout service sont versées au magasin administratif pour être remises au Domaine. Il en est de même pour les plaques provenant des militaires décédés.

Quant à ceux qui passent dans la réserve de l'armée territoriale, les plaques sont mises en paquet par compagnie, escadron ou batterie, puis on en forme un petit ballot spécial à chaque corps. Les mêmes fournitures nécessaires pour cet objet sont imputées au service de l'habillement (budget ordinaire). (Circ. du 12 octobre 1883, page 327.)

Pour la gendarmerie, voir *Masse d'entretien et de remonte*.

Dépenses du service de l'habillement omises dans les comptes des corps.

En principe, ces dépenses donnent lieu à l'établissement de comptes supplémentaires, mais lorsqu'il s'agit de sommes peu importantes, il arrive souvent que le ministre en autorise l'imputation à la deuxième portion de la masse générale d'entretien. (*Plusieurs dépêches ministérielles*, entre autres celle du 6 février 1864 concernant le 19e régiment d'artillerie.) (Voir *Avances*.)

(1) Le nombre des boîtes est fixé par les tableaux du 31 décembre 1883 (M).

Indemnité pour changement d'uniforme.

(OFFICIERS OU ASSIMILÉS)

Dépense au compte du service de la solde.

Une dépêche ministérielle en date du 2 février 1867, n° 425, rappelle que les règlements n'autorisent pas en principe l'allocation pour changement d'uniforme et que les exceptions qui ont pu être faites à cet égard n'ont eu lieu que dans des circonstances particulières de formation de corps ou d'organisation présentant un caractère d'intérêt général, mais que, dans les cas ordinaires de changement d'arme, les frais d'habillement et d'équipement de l'officier doivent rester à sa charge.

Une autre dépêche en date du 2 novembre 1870, n° 584, dispose que des indemnités sont accordées d'ordinaire aux officiers des corps licenciés passés dans d'autres corps sans avancement, mais que, l'avancement pouvant être considéré comme une compensation suffisante, le ministre a décidé, le 28 octobre, que ceux passant d'un corps à un autre par suite *de promotion*, ne doivent pas recevoir cette indemnité. (2 novembre 1870.)

En outre, les officiers des grades inférieurs (capitaines, lieutenants et sous-lieutenants) changeant de corps *sans avancement* dans les cas sus-indiqués, sont seuls admis à recevoir une indemnité. L'exclusion des officiers supérieurs s'explique par les avantages pécuniaires attachés à leur grade. (Dép. ministér. du 17 mai 1872, n° 4691.) Ces dispositions ont été maintenues en principe par la décis. m[lle] du 28 janvier 1884, page 121.

Ainsi, par une dépêche du 29 mars 1879, n° 2208, le ministre a accordé une indemnité de 195 francs à M. ..... lieutenant, *passé* du 11° régiment de hussards à la 4° compagnie de cavaliers de remonte, *d'office, et dans un intérêt de service.*

La même mesure a été appliquée par dépêche du 14 mai 1879, à M. ..... capitaine *venu d'office et sans avancement* du 10° régiment de dragons à la même compagnie. L'indemnité accordée a été de 123 francs; une autre dépêche du 21 février 1881, n° 1380, a alloué une indemnité de 165 fr. à un capitaine passé du 4° de ligne au 5° bataillon de chasseurs à pied. Enfin, une dépêche du 27 juin 1884 a concédé également des indemnités aux officiers du train d'artillerie passés dans l'artillerie sans avancement immédiat.

En principe, il n'est accordé d'indemnité de cette nature qu'aux officiers et assimilés. (Dép. du 4 août 1873, n° 8291, concernant un sous-chef de musique.) Toutefois, le ministre en a accordé une en 1867 aux sous-chefs de musique passés de la cavalerie et de l'artillerie dans les régiments d'infanterie et du génie. (Circ. du 19 octobre 1867 M.)

Ces indemnités sont payées sur les fonds du service de la solde, sur l'autorisation préalable du ministre. Une copie de cette autorisation est jointe aux revues de liquidation qui comprennent l'allocation. (Diverses décisions et circulaires.)

Pour les indemnités aux officiers montés, voir page 95.

Modifications à l'uniforme des hommes de troupe.

(Pour les hommes *changeant de corps*, voir aux titres *Frais d'entretien des effets en service*, page 69, et *Réparations et remplacements*, page 72.)

Les frais occasionnés par les modifications prescrites par le ministre sont imputés soit à la masse générale d'entretien, soit sur les fonds du service de l'habillement. Les instructions données à ce sujet déterminent généralement le mode de régularisation de la dépense.

Ainsi, une décision du 10 août 1871, page 340, portant substitution des buffleteries noires aux buffleteries blanches, prescrit d'imputer les dépenses de noircissage sur les fonds de la masse générale d'entretien, et une autre du 31 juillet 1876, n° 5009, impute au service de l'habillement une transformation de képis au 29° de ligne; il a été procédé de la même manière pour la transformation des jugulaires de casques (25 mai 1877 M), et pour celle des courroies de havre-sacs affectées aux ustensiles de campement (22 août 1877, page 287, S), Pour les modifications apportées aux havre-sacs ancien modèle. (Circ. du 26 octobre 1883 (M), etc.

(Voir *Dépenses au compte de la masse générale d'entretien*, page 80 *et au compte du service de l'habillement*, page 81 et suivantes.

EMPLOI DU MATÉRIEL

§ 1er. — Emploi du matériel du service courant.

(Pour la composition de ce matériel, se reporter à la page 31.)

Le matériel du service courant se divise en deux catégories :

La première catégorie comprend les effets d'habillement et de coiffure auxquels on a assigné une durée à accomplir en service, savoir :

Bourgerons ;
Capotes ;
Collets à capuchon ;
Ceintures de zouaves et de tirailleurs ;
— de flanelle ;
Dolmans ;
Epaulettes ;
Gilets de zouaves et de tirailleurs ;
Manteaux ;
Matelassures de cuirasses ;
Pantalons d'ordonnance ;
Pantalons de cheval ;
— de toile de cuisine et d'infirmerie (1) ;
Tuniques ;
Vestes ;
Guêtres-jambières en drap pour zouaves et tirailleurs algériens ;
Effets à l'usage des enfants de troupe ;
Képis ;
Calottes d'écurie et de travail.
(*Tableau A annexé au décret du 1er mars 1880*, page 389.)

La deuxième catégorie comprend tous les autres objets auxquels on n'a pas assigné de durée fixe ou seulement une durée de convention.

Les effets d'habillement et de coiffure de *l'habillement d'instruction*, devant être employés jusqu'à usure complète, sans considération de durée, appartiennent à la deuxième catégorie. (Art. 229 du décr. du 1er mars 1880, page 376.)

DURÉE DES EFFETS

La durée des effets de la première catégorie (*ceux de l'habillt d'instr. exceptés*) est supputée par trimestre, depuis et y compris le trimestre où la distribution en est faite par le magasin d'habillement aux compagnies, escadrons ou batteries.

La durée des effets de première et de deuxième tenue est supputée d'une manière distincte pour chaque effet. (Art. 230 du décr. du 1er mars 1880, page 376.) Les tableaux B de la description de l'uniforme fixent le temps qu'ils doivent parcourir dans chaque tenue : c'est en principe la moitié de la durée totale. Mais des exceptions sont autorisées. (Voir page 153 et suivantes.)

Les effets devant parcourir la durée totale qui leur est assignée, s'ils n'ont pas accompli en 1re tenue tout le temps qu'ils avaient à parcourir, ils doivent être prolongés d'autant en 2e tenue. En un mot, les remplacements se font d'une manière indépendante pour les effets de 1re et pour ceux de 2e tenue, comme s'il s'agissait d'effets de nature distincte. (Note du 30 juin 1880, page 419.) Le sous-officier ayant à toucher un pantalon de cheval à remplacer avant l'époque fixée pour la transformation de son pantalon d'ordonnance, reçoit du magasin un pantalon de cheval transformé. Plus tard, le pantalon d'ordonnance est remplacé par un effet neuf. (Art. 230 de l'instr. du 1er mars 1880.) Le pantalon d'ordonnance réintégré avant d'avoir parcouru la durée légale d'un an doit être transformé en pantalon de cheval. (Dép. du 31 août 1881.)

Quand les effets rentrent en magasin avant d'avoir accompli leur durée réglementaire, elle est suspendue pendant le temps qu'ils y séjournent. Le trimestre dans lequel s'effectue la réintégration est considéré comme accompli, sauf dans le cas où l'effet est remis en service dans le même trimestre ou versé à l'habillement d'instruction. (Art. 230 du décret précité.)

La durée des effets n'est pas suspendue pour les effets déposés en magasin par les hommes entrant dans une position d'absence et qui reviennent au corps à l'expiration de leur congé. Lorsque l'homme est rayé étant absent, la réintégration est considérée comme définitive à partir de la date du dépôt provisoire. (Art. 230 du décret précité

(1) Les sacs à distribution et les torchons de cuisine sont considérés aussi comme matériel de la 1re catégorie. (Note du 30 juin 1880, page 422.)

modifié par la décis. présidentielle du 10 mars 1883, page 215.) La durée des effets de la première catégorie est fixée par le tableau qui fait suite à la description de l'uniforme du 15 mars 1879, page 585. Les effets du service courant portés par les réservistes sont réduits d'un trimestre au moment de leur réintégration ; cette réduction peut même être portée à deux trimestres (circ. du 19 avril 1880 M) en cas d'usure exceptionnelle. (Dép. du 4 novembre 1880 M.)

Pour les territoriaux, voir ci-dessus, page 91.

En ce qui concerne les effets des militaires sous les drapeaux, sujets à réparation au moment de leur réintégration, ils ne doivent donner lieu à aucune réduction de durée, à moins qu'ils ne soient reconnus hors de service, auquel cas l'imputation en est faite à la masse individuelle des détenteurs ; mais les effets ne peuvent donner lieu à une imputation *partielle* d'un ou de plusieurs trimestres ou années en raison de leur degré d'usure. L'on se borne à imputer le montant des réparations jugées nécessaires (dép. ministelle du 5 octobre 1882 (M), rappelant que les dispositions de la circ. ministelle du 14 mai 1853 concernant cet objet sont toujours en vigueur.)

Les effets de la deuxième catégorie n'ont pas de durée fixe, ils n'ont seulement qu'une durée de convention. (Art. 230 dudit décr., page 376.)

En campagne, les effets de la première catégorie n'ont pas de durée ; toutes les pertes, mises hors de service et détériorations, sont considérées comme provenant de cas de force majeure et constatées par des procès-verbaux, mod. n° 15 annexé à l'instr. du 1er mars 1880. (Instr. du 24 avril 1884, page 505.)

REMPLACEMENT DU MATÉRIEL EN SERVICE

Les effets de la première catégorie sont remplacés après avoir accompli, en service, la durée qui leur est assignée. (Art. 231 du décret du 1er mars 1880, page 377.) Toutefois, la note du 30 juin 1880, page 423, porte que le remplacement des manteaux et collets à capuchon, tout en ayant lieu après durée expirée, doit être réparti sur les quatre trimestres de l'année et en tenant compte de l'état de conservation des effets. Si l'approvisionnement du corps est complet, l'intendant militaire prescrit des versements sur d'autres corps.

Les objets de la deuxième catégorie ne sont remplacés qu'après avoir été réformés.

Toutefois, le ministre de la guerre peut prescrire le remplacement, avant durée expirée ou réforme, des objets de première et de deuxième catégorie, pour entretenir l'approvisionnement de l'habillement d'instruction. (Art. 231 du décr.) Les intendants militaires fixent l'importance des prélèvements en conformité des instructions du ministre. (Instr. du 1er mars 1880, art. 231, page 406.) Les corps leur fournissent un état modèle n° 22. (Instr. précitée, art. 233.) Les hommes dont le pantalon est versé avant durée expirée à l'approvisionnement d'instruction reçoivent, lorsqu'ils se sont pourvus d'un second effet sur leurs centimes de poche, une indemnité dont la quotité est fixée par le conseil d'administration en raison de l'état du pantalon remplacé mais qui ne peut dépasser 1 fr. 50. Cette indemnité est payée sur état émargé, par imputation sur les fonds du service de l'habillement. (Circ. des 13 juillet et 21 août 1880, M.)

En cas de mobilisation, pour les échanges d'effets en mauvais état, on procède comme il est indiqué page 153.

Le remplacement des objets de toute nature, perdus ou mis hors de service avant durée expirée ou réforme, s'opère dès que le fait a été constaté, sauf imputation, s'il y a lieu, de leur valeur à qui de droit. (Art. 231 du décr. du 1er mars 1880.) A l'armée, les mises hors de service et détérioration sont considérées comme résultant de cas de force majeure. (Instr. du 24 avril 1884, page 505.)

(Pour la constatation des faits, se reporter page 75.)

A l'intérieur et en Algérie, aucun remplacement d'effets n'a lieu dans le trimestre qui précède celui pendant lequel expire le temps de service actif auquel les hommes sont astreints.

Ceux qui sont désignés ou proposés pour quitter le corps avant cette époque, pour toute cause emportant radiation des contrôles du corps, ne reçoivent pas d'effets de remplacement à partir de la date de la notification au corps de l'ordre ou de la décision qui motive cette radiation. (Art. 234 du décret précité, page 378.)

Lorsqu'on présume qu'une classe sera renvoyée par anticipation et que le service d'instruction du corps est suffisamment pourvu, on doit distribuer autant que possible des effets en cours de durée. (Dép. du 7 mai 1880 M). De plus, la circ. du 24 août 1880 (M) dispose que, conformément à la note du 30 juin 1880, page 419, les remplacements d'effets doivent avoir lieu tant que l'ordre de renvoi n'est pas donné (lorsqu'il s'agit de classes dont le temps de service n'expire pas pendant l'année et dont le renvoi facultatif est probable.)

Ces dispositions ne sont pas applicables aux militaires qui font partie des troupes en campagne ou mobilisées, auxquels on peut remplacer, en tout temps, les effets ayant parcouru la durée fixée. (Art. 234 du décr. du 1er mars 1880, page 378.)

(Pour les justifications, se reporter à la page suivante.)

Les effets d'habillement, de coiffure et de grand équipement, délivrés par le magasin d'habillement, peuvent y être échangés dans les huit jours qui suivent la distribution, sur l'ordre du commandant du corps ou de la portion de corps.

Passé ce délai, l'échange ne peut plus avoir lieu qu'avec l'autorisation du sous-intendant militaire, sur la demande motivée du conseil d'administration. L'approbation du sous-intendant est constatée par l'apposition de son visa sur le bon de distribution. (Art. 236 dudit décret page 379.)

Les effets d'instruction abandonnés à titre d'échange aux hommes rayés des contrôles, sont distribués sur bon nominatif, modèle n° 36, établi par l'officier d'habillement. (Art. 132 de l'instr. du 1er mars 1880, page 401.)

Les galons, ornements et marques distinctives, en métal et en laine, réintégrés en magasin avec les effets qui les portent, reçoivent le même classement que ces effets, tant qu'ils y restent adhérents.

Dès que, pour quelque motif que ce soit, les galons et ornements réintégrés sont détachés des effets, le major décide, d'après leur état de conservation, quel classement leur sera définitivement attribué.

Les galons et ornements d'or ou d'argent peuvent être classés à l'une des sections II, VIII ou IX. Si c'est à la section IX, ils y sont portés en recette *au poids*.

Les galons et ornements de laine, séparés des effets qui les ont portés, sont toujours versés à l'une des sections VIII ou IX. (Art. 242 du décr. précité, page 381.)

D'après la nomenclature du 30 décembre 1880 sur le service de l'habillement, les galons et ornements de fil ou de laine sont également pris en recette au poids à la section IX (page 601 du *Journal Militaire*.)

DISPOSITIONS RELATIVES AU REMPLACEMENT DES EFFETS

D'HABILLEMENT QUI SE PORTENT EN 1re ET EN 2e TENUE

D'après les tableaux B de la description de l'uniforme du 15 mars 1879, les effets qui doivent être portés successivement en 1re et en 2e tenue, sont :

1° Les pantalons de cheval. — Dans les corps montés de toutes armes, les sous-officiers touchent un pantalon d'ordonnance en drap 23 ains et un pantalon de cheval provenant de la transformation du pantalon d'ordonnance. (Durée : un an comme pantalon d'ordonnance et un an comme pantalon de cheval.) Dans certains cas, il peut être distribué un pantalon de cheval neuf en drap 23 ains. (Tableaux B précités.)

Les sous-officiers conservent en outre leur pantalon de cheval lorsqu'il a atteint sa durée et qu'il est remplacé. (Art. 240 du décret du 1er mars 1880, page 380 et 230 de l'instr. de même date, page 405.) Pour les sous-officiers nouvellement promus, se reporter à la page 156.

Les hommes de troupe des régiments montés reçoivent deux pantalons de cheval, un pour la 1re et l'autre pour la seconde tenue. Chaque pantalon a une durée totale de 2 ans : un an pour la 1re tenue et un an pour la 2e. (Tableaux annexés à la description de l'uniforme.)

2° La tunique des sous-officiers d'infanterie (sergents-majors, sergents, sergents-fourriers et caporaux-fourriers, musiciens de 1re et de 2e cl.) des corps ci-après : régiments d'infanterie, bataillons de chasseurs, légion étrangère, bataillons d'infanterie légère d'Afrique, compagnies de discipline, régiments du génie (durée 3 ans : un an 6 mois pour chaque tenue), sections de secrétaires d'état-major et du recrutement, de commis et ouvriers d'administration et d'infirmiers militaires (durée : 3 ans 6 mois : un an 9 mois dans chaque tenue).

La tunique des sous-officiers des régiments de cuirassiers et de dragons (maréchaux des logis chefs, maréchaux des logis, fourriers et brigadiers-trompettes). Durée: 3 ans : un an 6 mois pour chaque tenue.

Le dolman des mêmes sous-officiers dans les corps ci-après : chasseurs à cheval, hussards, cavaliers de remonte, régiments d'artillerie et compagnies du train d'artillerie, compagnies d'ouvriers d'artillerie et d'artificiers, escadrons du train des équipages (description de l'uniforme tableaux B), durée comme ci-dessus.

Règles à suivre pour le remplacement des effets ci-dessus indiqués.

PANTALONS

La durée des effets de 1re et de 2e tenue est supputée d'une manière distincte pour chaque effet (art. 230 du décret du 1er mars 1880, page 376), absolument comme s'ils étaient de nature différente (note du 30 juin 1880, page 419) ; par suite, ils doivent parcourir la durée totale qui leur est assignée et s'ils n'ont pas accompli en 1re tenue tout le temps qu'ils avaient à parcourir, ils doivent être prolongés en 2e tenue. (Même note et art. 240 du décret du 1er mars 1880, page 380.)

D'après les dispositions rappelées ci-dessus, le pantalon d'ordonnance des sous-officiers est transformé en pantalon de cheval à l'expiration de sa durée (un an) (tableaux B) de la description de l'uniforme. Toutefois, lorsqu'un détenteur doit recevoir un pantalon de cheval avant l'époque fixée pour la transformation de son pantalon d'ordonnance, il reçoit du magasin du corps un pantalon de cheval tout transformé, et, plus tard, son pantalon d'ordonnance est réintégré et remplacé par un effet neuf. (Art. 230 de l'Instr. du 1er mars 1880, p. 405.)

Les pantalons d'ordonnance réintégrés avant d'avoir parcouru la durée légale d'un an, pour causes de radiations, etc..., doivent être transformés en pantalons de cheval. (Circ. du 31 août 1881 M).

Le pantalon de cheval des sous-officiers est remplacé au bout d'un an par suite de la transformation du pantalon d'ordonnance qui est entre leurs mains, ou exceptionnellement par la délivrance d'un effet provenant du magasin. (Tableaux B de ladite description.)

En ce qui concerne les brigadiers promus sous-officiers, lesquels conservent comme effet de 2e tenue (c'est-à-dire de corvée) (voir page 156), leur pantalon de cheval *en drap 19 ains de 1re tenue*, ce pantalon est réintégré, s'il n'a pas parcouru sa durée totale (calculée comme il est indiqué ci-après) au moment où le pantalon de cheval 23 ains est remplacé et qu'il devient lui-même effet de 2e tenue. Dans le cas contraire, lorsque ce pantalon en drap 19 ains a parcouru sa durée, il est abandonné conformément à l'article 240 du décret du 1er mars 1880. Enfin, si ce même pantalon venait à être réformé pour cause d'usure prématurée et avant que l'autre effet ne soit passé à la 2e tenue, il pourrait être remplacé par un effet bon en drap 23 ains (auteur), la circ. ministér. du 29 mars 1881 (M) attribuant 3 pantalons aux sous-officiers : un d'ordonnance et deux de cheval.

Les deux pantalons de cheval distribués aux brigadiers et cavaliers sont remplacés,

Savoir :

Le pantalon de 1re tenue, à l'expiration de sa durée dans cette tenue (un an), est versé en magasin pour être distribué en 2e tenue, si le 2e pantalon n'a pas atteint le terme de sa durée : dans tous les autres cas, le pantalon de 1re tenue passe entre les mains de l'homme à la 2e (note du 30 juin 1880, page 419), et celui de la 2e devient effet de corvée et est abandonné conformément à l'article 240 du décret du 1er mars 1880, page 380.

NOTA. — Il ne serait pas équitable de retirer, dans le premier cas, le pantalon de cheval n° 2 qui peut être sur le point de devenir la propriété de l'homme. D'ailleurs, il y a intérêt pour le Trésor à procéder ainsi, par la raison que la conservation de l'effet n° 1 peut être mieux surveillée que celle de l'effet de 2e tenue. Le pantalon qui passé à la 2e tenue est réintégré en écriture seulement et remis en service à nouveau comme effet en cours de durée.

Pour le *pantalon de 2e tenue*, on opère comme il suit :

La *circ. ministér. du 29 mars 1881* (M) assimile un pantalon de cheval, qui a parcouru sa durée de 4 trimestres en premiere tenue, à un effet de *seconde tenue* qui est en service depuis *un trimestre*, par la raison bien simple que les effets de 1re tenue ne sont portés que le dimanche, les jours de fête et de revue, soit en moyenne 60 ou 70 jours de service effectif par an. Il en résulte que :

1° Le pantalon de cheval distribué neuf pour la 2e tenue, doit être remplacé après avoir accompli une durée de cinq trimestres (un trimestre correspond à la durée légale (4 trimestres) de l'effet en première tenue et les quatre autres trimestres, à la durée normale du pantalon de 2e tenue ;

2° Le pantalon de cheval distribué pour la 2e tenue, après avoir accompli un trimestre en première tenue (soit 15 ou 18 jours de service effectif), est également remplacé après 5 trimestres parcourus en 2e tenue;

3° Le pantalon de cheval distribué pour la 2e tenue après avoir accompli 2, 3 ou 4 trimestres en 1re tenue (soit, 30, 45, 60 jours d'usage environ), est remplacé après 4 trimestres parcourus en 2e tenue.

NOTA. — Dans le 2e cas, on ne tient pas compte du peu de temps que l'effet a servi, et dans le 3e, on considère comme ayant parcouru le même temps (un trimestre environ) les pantalons de 1re tenue qui ont fait 30, 45 ou 60 jours de service, c'est-à-dire moins d'un trimestre.

4° Le pantalon de cheval, distribué neuf aux hommes de la 2e portion du contingent, est versé à l'habillement d'instruction après avoir accompli une durée de 4 trimestres.

(Circulaire ministlle du 29 mars 1881 M).

Lorsqu'un pantalon de cheval de 2e tenue a parcouru sa durée avant le n° 1 et qu'aucun effet en cours de durée ne convient à la taille d'un homme ou qu'il n'en existe pas en magasin, le pantalon n° 1 passe à la 2e tenue et est ensuite remplacé par un effet neuf. On décompte les durées comme il est prescrit par les §§ 2° et 3° ci-dessus.

Dans les corps de troupes à pied, le pantalon d'ordonnance de 2e tenue (c'est-à-dire de corvée) n'est pas remplacé par un effet du magasin ; il se trouve tout naturellement remplacé par le pantalon de 1re tenue lorsqu'il atteint le terme de sa durée (4 trimestres).

Les pantalons de cheval de 1re et de 2e tenue (sous-officiers et soldats), figurent distinctement dans les écritures des corps. (Voir le modèle du registre des entrées et des sorties de matériel). Les effets de 2e tenue sont, en outre, distingués comme il est indiqué ci-dessus, page 89 du présent ouvrage.

Tuniques ou dolmans de sous-officiers.

Les dispositions du décret et de l'Instruction du 1er mars 1880, rappelées pour les pantalons, sont applicables aux tuniques et dolmans des sous-officiers. (Troupes à pied et à cheval). De plus, une *dépêche ministlle du 9 mai 1881,* dispose que la circulaire du *29 mars même année* s'y applique également.

Par suite, le remplacement des dolmans et tuniques doit s'opérer de la même manière que pour les pantalons de cheval *dans les cas analogues,* avec cette différence, toutefois, que l'effet distribué en 2e tenue, *s'il n'a fait qu'un trimestre en 1re tenue*, est remis en service pour une durée de 7 trimestres, et si l'effet a parcouru une durée supérieure, il ne doit plus être distribué que pour 6 trimestres en 2e tenue.

Si, exceptionnellement, il était nécessaire de distribuer à un sous-officier nouvellement promu un vêtement de 2e *tenue neuf*, il serait mis en service pour une durée de 7 trimestres. (*Dép. ministlle du 9 mai 1881.*)

En résumé :

La tunique et le dolman de 1re tenue sont remplacés à l'expiration de leur durée dans cette tenue (7 trimestres pour les troupes d'administ., les sections de secrétaires d'état major et du recrutement et 6 trimestres pour les autres corps (1).

La tunique et le dolman de 2e tenue sont remplacés, savoir :

1° Ceux distribués neufs, après avoir parcouru 8 trimestres pour les troupes d'administ. et les sections de secrétaires d'état-major, et 7 trimestres pour les autres corps ;

2° Ceux qui ont fait un trimestre en 1re tenue, après avoir accompli 8 trimestres pour les premiers de ces corps et 7 trimestres pour tous les autres ;

(1) Pour les tuniques de cuirassiers et de dragons, consulter la circ. du 24 janvier 1884 (M).

3° Ceux qui ont parcouru plus d'un trimestre en 1re tenue, après avoir accompli 7 trimestres pour les premiers et 6 pour les autres.

Aux termes de la circ. du 29 mars 1881 (M), les dolmans de 1re tenue retirés aux sous-officiers passés dans la disponibilité doivent être réintégrés en magasin pour 6 trimestres *au plus,* quelle que soit la durée parcourue, pour être distribués ensuite pour la 2e tenue des sous-officiers nouvellement promus. Cette disposition est applicable aux tuniques des sous-officiers d'infanterie (dép. du 9 mai 1881), ainsi qu'aux tuniques des sous-officiers des régiments de cuirassiers et de dragons.

S'il arrive que les effets ne puissent pas parcourir les durées indiquées, ils sont proposés pour la réforme à l'inspection générale. (Cir. du 29 mars 1881 M).

Voir ci-dessus pour les réintégrations et distributions pour ordre des effets passant à la 2e tenue, page 155.

Képis dans les corps où les sous-officiers et hommes de troupe en possèdent deux. Se reporter à la Décision du 25 avril 1884, page 457.

Pour les remplacements anticipés au compte des détenteurs (moins-values), se reporter à la page 72 ci-dessus.

Pour les remplacements par cas de force majeure et les réformes, se reporter aux pages 75 et 152.

RÉFORME DES EFFETS

(Pour le harnachement, se reporter à ce titre et pour les effets de petit équipement, voir page 114.)

Les effets d'habillement de la première catégorie sont, en principe, remplacés après durée expirée, et ceux de la deuxième catégorie, après réforme. (Art. 231 du décr. du 1er mars 1880, page 377.)

Les uns et les autres sont réintégrés comme bons. (Art. 132 de l'instr. du 1er mars 1880, page 401.) Pour les effets à conserver par les détenteurs, voir ci-après, page 160.

Les effets d'habillement réintégrés à l'expiration de leur durée, sont ensuite classés à l'habillement d'instruction ou au matériel hors de service, sur la proposition du conseil d'administration et la décision du sous-intendant militaire.

Les effets de la deuxième catégorie *réformés* sont toujours classés hors de service. (Art. 240 du décr. du 1er mars 1880, page 380.)

On peut verser au service d'instruction, par anticipation, des effets d'habillement et de grand équipement dans les conditions indiquées pages 36 et 151.

Les effets appartenant à l'habillement d'instruction sont classés hors de service par le sous-intendant militaire, sur la proposition du conseil d'administration. (Art. 244 du décr. précité.)

Ces divers déclassements sont constatés par un certificat administratif trimestriel, modèle n° 10, établi à la portion centrale. (Art. 130 de l'instr. du 1er mars 1880, page 393.) Aux termes de la note du 30 juin 1880, page 418, la réforme des effets, pour cause d'usure prématurée, ne peut être prononcée qu'aux inspections générales annuelles. Il n'y a d'exception que pour les objets qui ont été distribués aux hommes de l'armée active, après avoir servi aux réservistes ou aux hommes de l'armée territoriale, à défaut d'effets de l'approvisionnement d'instruction. Ces effets sont compris dans des procès-verbaux (mod. n° 15) intitulés *mise hors de service par usure prématurée.* Pour le remplacement des effets détériorés par cas de force majeure, se reporter à la page 75.

La réforme des effets est prononcée dans les conditions indiquées par les instructions sur les inspections générales ou administratives, savoir :

L'intendant militaire inspecteur consigne son avis sur chacun des états de réforme, ainsi que son opinion sur l'époque à laquelle doit avoir lieu le remplacement des effets réformés ; il les laisse au conseil d'administration chargé de les soumettre à l'inspecteur général. — Il peut prononcer la réforme d'urgence des effets d'habillement dont le remplacement ne pourrait attendre le passage de l'inspecteur général. Ces effets sont désignés sur les états. L'intendant militaire inspecteur opère de même lorsqu'il est indispensable de rehausser l'approvisionnement de l'habillement d'instruction.

Ces opérations peuvent être faites par un sous-intendant militaire délégué s'il y a nécessité. (Art. 19 de l'instr. du 26 avril 1884, page 1013 S.)

L'inspecteur général prononce la réforme des effets et fixe l'époque du remplacement, lequel, à moins de circonstances extraordinaires, ne doit avoir lieu qu'après le 31 décembre de l'année courante, surtout pour les effets de la 2e catégorie. (Instructions sur les inspections générales, art. 14 de celle du 17 mars 1884, page 449 S.)

Les réformes d'effets sont à la charge de l'Etat, à moins que leur détérioration ne provienne de la faute des hommes, auquel cas la masse individuelle doit supporter la moins-value des effets à remplacer, par application de l'article 182 du décret du 1er mars 1880.

Les états de réforme font ressortir, dans une colonne *ad hoc*, les effets qui se trouvent dans ces conditions.

Les effets présentés pour la réforme donnent lieu à l'établissement des états ci-après :

Etat A pour les effets de la 2e catégorie proposés pour la réforme. (Même état pour le campement) (1).

Etat B pour les effets d'habillement qui n'ont pas atteint le terme de leur durée.

Les états sont établis en simple expédition, mais les intendants militaires régionaux adressent au ministre dans le courant du mois de mars de chaque année pour l'année précédente, accompagnés d'un tableau récapitulatif mod. B, des tableaux du mod. A annexé à la dép. ministelle du 10 juin 1881. (Dép. ministelle du 4 juillet 1884, n° 6154). Cette dépêche prescrit de comprendre les effets mis hors de service ou classés à l'habillemt d'instr., ainsi que les matières premières employées aux réparations qui n'incombent pas à la masse individuelle.

DISTRIBUTIONS D'EFFETS, D'OBJETS, ARMES, ETC.

Les hommes doivent être pourvus des effets, objets, armes, etc., indiqués par la description de l'uniforme en date du 15 mars 1879, et par les décisions qui l'ont suivie.

Les militaires de la 2e portion du contingent reçoivent l'habillement prescrit par les circ. des 8 mars, 10 et 27 décembre 1877, 26 février et 28 octobre 1878 et 4 janvier 1879. Pour les réservistes, on se conforme aux instructions des 15 juillet 1878 et 19 avril 1880 (M); quant aux territoriaux, on suit l'instruction du 15 avril 1880 (M) modifiée.

Les hommes des contingents sont habillés et équipés immédiatement après leur incorporation et la constatation de leur aptitude.

Les jeunes soldats de la première et de la deuxième portion du contingent ne reçoivent d'effets neufs qu'à défaut d'effets en cours de durée. Dans ce dernier cas, les effets neufs sont attribués de préférence aux hommes de la première portion (2). (Art. 233 du décr. du 1er mars 1880). Dans les corps de troupes à pied qui font usage de la tunique, cet effet n'est délivré aux jeunes soldats que dans le 2e trimestre de l'année qui suit l'incorporation. (Décis. du 24 mai 1882, page 293.)

Les hommes de la réserve et de l'armée territoriale, appelés pour des exercices ou des manœuvres, reçoivent des effets de l'habillement d'instruction. A défaut de ressources suffisantes, on prélève temporairement les quantités d'effets nécessaires sur les autres approvisionnements du corps. (Art. 233 du décr. du 1er mars 1880, page 378.) Voir pour le mode de prélèvement, page 35.

On distribue aux anciens soldats, à titre de remplacement, des effets d'habillement neufs, quand le nombre des effets en cours de durée, existant en magasin ou dont la réintégration est prochaine, n'excède pas les besoins prévus pour l'habillement des jeunes soldats et l'entretien de l'approvisionnement de l'habillement d'instruction.

Les caporaux ou brigadiers promus sous-officiers sont, au moment de leur promotion, complètement habillés en effets de sous-officiers. Leurs effets de première tenue sont, autant que possible, pris parmi les effets neufs, et ceux de deuxième tenue parmi les effets en cours de durée. (Art. 233 du décr. du 1er mars 1880.) La note ministérielle du 30 juin 1880, page 419, a modifié cette disposition, car elle porte : 1° que le caporal promu sous-officier, doit conserver le pantalon en drap 19 ains dont il est détenteur ; 2° que le brigadier promu sous-officiers doit conserver le pantalon de cheval de première tenue et reverser l'autre.

En outre, une dépêche du 3 novembre 1880, dispose que le pantalon de cheval conservé prend le n° 2 et qu'il doit être délivré un pantalon de cheval n° 1 et un

(1) Pour la réforme des effets de campement, il y a lieu de se reporter à la page 164.

(2) Il est interdit de délivrer des effets de supplément à charge de remboursement aux hommes de nouvelle levée, mais ils peuvent acheter des hommes libérés, à un prix minime des effets de corvée pour ménager les effets règlementaires. La circ. du 21 juin 1851, page 229) et celle du 19 mars 1843, page 172, prévoit même des imputations pour cet objet à la masse individuelle. (Voir page 181.)

pantalon d'ordonnance en drap de sous-officier. Cette disposition est rappelée par une dépêche du 17 novembre 1880 (M), laquelle ajoute que, dans les corps de troupes à pied, les caporaux promus doivent recevoir un pantalon en drap de sous-officier et que celui conservé doit être affecté à la 2e tenue.

Ces prescriptions sont résumées dans la circ. du 29 mars 1881 ainsi conçue :

Le brigadier ou caporal promu sous-officier conservera son pantalon en drap 19 ains pour la seconde tenue. Pour le brigadier, cet effet sera son pantalon de cheval nº 1 en drap 19 ains quelle que soit la durée restant à parcourir. Le pantalon de cheval nº 2 sera réintégré en magasin. Le maréchal des logis nouvellement promu se trouvera ainsi pourvu d'un pantalon d'ordonnance neuf, d'un pantalon de cheval neuf ou transformé en drap 23 ains et, enfin, d'un bon pantalon de cheval en drap 19 ains. (29 mars 1881.)

Enfin, une circ. du 30 décembre 1882 (M), dispose que les sous-officiers nouvellement promus venant des brigadiers à pied des batteries de montagne et des compagnies de sapeurs-conducteurs du génie, doivent recevoir un pantalon de cheval en cours de durée, en sus du pantalon d'ordonnance et du pantalon de cheval de 1re tenue. (Se reporter à la décis. du 25 avril 1884, page 451, pour le képi.)

Lorsque les promus appartiennent à une classe susceptible d'être prochainement renvoyée, ils sont traités comme il est dit ci-dessus; si la promotion a lieu dans le trimestre qui précède leur renvoi, si elle est faite dans le même trimestre que le renvoi, le pantalon de drap 19 ains (de 1re tenue dans les troupes à cheval) n'est abandonné que s'il a parcouru trois trimestres. (Note précitée du 30 juin 1880.)

Les engagés conditionnels d'un an ne reçoivent que des effets d'habillement neufs (1).

Lorsqu'on distribue des effets en cours de durée, on délivre d'abord, autant que possible, ceux qui sont le plus près d'atteindre le terme de leur durée.

Les hommes qu'on présume ne pas devoir être maintenus au corps, pour une cause quelconque, ne reçoivent que les effets rigoureusement nécessaires pris dans l'habillement d'instruction. (Art. 233 du décr. précité, page 378.)

Pour les distributions à titre de remplacement ou d'échange, se reporter à la page 150 ci-dessus.

Les hommes sont habillés et équipés, en cas de mobilisation, d'après des instructions spéciales. (Voir l'instruction du 1er septembre 1879, révisée par décis. du 1er septembre 1884 (M) et 21 juillet 1883 M.)

Cette instruction est applicable aux corps ou fractions de corps se rendant en Algérie ou en Tunisie (circ. du 17 septembre 1881 M), laquelle dispose, en outre, que pour les bataillons, escadrons ou batteries n'ayant pas d'approvisionnement de réserve et détachés à une trop grande distance de leur portion centrale pour en recevoir en temps voulu les effets nécessaires, doivent les recevoir du magasin régional ou d'un des corps de même arme stationnés dans la place. Les effets ainsi délivrés sont ensuite remplacés par des envois effectués par la portion centrale du corps auquel appartient le détachement.

Sur le pied de paix, on procède de la manière suivante à l'habillement, l'équipement et l'armement des jeunes soldats destinés à des fractions de corps séparées de leur dépôt (circ. du 31 janvier 1881 M) :

1° Les jeunes soldats envoyés directement par les bureaux de recrutement à des fractions détachées sont habillés, équipés et armés par ces fractions au moyen des ressources de leurs magasins ;

2° Ceux destinés aux bataillons de forteresse et aux batteries détachées et qui passent par le dépôt de leur corps, reçoivent de celui-ci les effets d'habillement et de petit équipement; mais ils sont pourvus, à leur arrivée aux bataillons ou batteries auxquels ils sont affectés, de l'armement, du grand équipement et des petits bidons laissés disponibles par le départ des hommes appartenant aux dernières classes renvoyées dans leurs foyers. Ces règles sont applicables aux éléments de toutes armes séparés de leur dépôt et, d'une manière générale, aux jeunes soldats destinés à toute fraction de corps détachée qui, ne recevant pas directement son contingent, renvoie directement dans leurs foyers les hommes libérés, congédiés, etc.

(1) Les engagés conditionnels promus sous-officiers au moment de leur renvoi doivent recevoir des galons en cours de durée ou hors de service, galons qui sont apposés sur leurs effets par les soins et au compte du tailleur abonnataire. Le képi est pourvu d'une fausse jugulaire en métal qui est achetée sur les fonds du service de l'habillement et placée par l'abonnataire. (Note du 6 mai 1884, page 607.)

Par suite, ces fractions détachées qui reçoivent les jeunes soldats *habillés* par les soins du dépôt, ont à expédier après chaque libération de classe, sur ce dépôt, les effets d'habillement en cours de durée réintégrés par les militaires renvoyés dans leurs foyers ;

3° En ce qui concerne la cavalerie, les cavaliers de recrue passant tous par le dépôt, ils y sont habillés, équipés et armés s'ils doivent y être maintenus ; s'ils doivent rejoindre une fraction détachée, ils ne reçoivent au dépôt que les effets d'habillement et de petit équipement, pour toucher ensuite le grand équipement et l'armement, soit à la portion principale du corps, soit dans les détachements fournis par cette portion principale.

Les fractions détachées qui renvoient directement dans leurs foyers les hommes congédiés ou libérés, expédient au dépôt, après chaque libération, les effets d'habillement laissés par ces hommes et conservent les effets d'équipement et les armes destinés aux cavaliers de recrue ;

4° Les compagnies du génie détachées en France, les compagnies de pontonniers, du génie et du train des équipages détachées en Algérie ne reçoivent des portions principales que des hommes instruits et pourvus de tous leurs effets.

Les bataillons d'infanterie détachés en Algérie sont traités comme les bataillons de forteresse et comme les bataillons actifs séparés de leur dépôt, dont les jeunes soldats passent préalablement par ce dernier.

Enfin, les batteries d'artillerie stationnées en Algérie sont chargées d'habiller, d'équiper et d'armer leurs jeunes soldats, ceux-ci étant envoyés directement dans la colonie par les soins des bureaux de recrutement. (Circ. du 31 janvier 1881 M.)

Les distributions doivent être faites de manière à assurer le renouvellement des effets en magasin, c'est-à-dire en distribuant autant que possible les effets de confection ancienne avant ceux de confection récente, et les effets en cours de durée avant les effets neufs. (Art. 22 de l'instr. du 26 avril 1884, page 1046 S.)

En temps ordinaire, les distributions d'effets, armes, etc., sont faites au magasin du corps par les soins de l'officier d'habillement, avec le concours des commandants de compagnie, escadron ou batterie, et sur la présentation de bons nominatifs de distribution. (Art. 232 du décr.) Ces bons sont du modèle n° 36 du décret, modifié suivant les besoins. (Art. 132 de l'instr. du 1er mars 1880 et du décr. de même date.) Ils sont signés par les capitaines ou autres détenteurs et approuvés par le major. (Même art. du décr.) (1). En campagne les bons de distribution sont numériques. (Instr. du 24 avril 1884, page 505.)

Voir, pour les certificats à établir, au titre : *Registre des entrées et des sorties.*

Au moment de l'appel des réservistes ou des hommes de l'armée territoriale, soit pour une mobilisation, soit pour une période d'instruction, l'officier d'habillement remet en bloc aux capitaines commandant les compagnies, escadrons ou batteries, les effets de toute nature présumés nécessaires pour habiller et équiper les hommes, y compris le supplément pour essayage fixé par les instructions.

(1) INSTRUCTION POUR L'ÉTABLISSEMENT DES BONS ET DES BULLETINS (MOD. N° 36).

Le format des bons et des bulletins est subordonné au nombre de colonnes nécessaires pour indiquer la nature des effets, objets ou armes à distribuer ou à réintégrer. L'ordre d'inscription est le même que pour celui qui est prescrit pour la tenue des registres de la comptabilité du matériel.

Les effets de la première catégorie sont portés sur les bons de distribution par le chiffre 1 pour les effets neufs, et, pour les effets en cours de durée, par le chiffre 1 suivi d'un chiffre indicatif du nombre de trimestres qu'ils ont encore à parcourir. (Ex. : 1. 7.)

Ces effets sont inscrits sur les bulletins de versement par l'indication du trimestre et de l'année de leur distribution (Ex. : 3. 80), et, quand il y a lieu, du chiffre indicatif du nombre de trimestres qu'ils avaient à parcourir au moment de leur distribution. (Ex. : 3. 80. 6.) Les effets qui sont réintégrés après avoir accompli leur durée, sont distingués par un petit trait au-dessous des chiffres indicatifs. Pour ceux qui *sont abandonnés aux hommes présents* au corps, ces chiffres sont suivis de la lettre A. (Ex. : 4. 75 A.) Quant aux effets abandonnés aux militaires quittant le corps pour rentrer dans leurs foyers, ils sont inscrits sur les bulletins par la lettre A suivie du chiffre indicatif du nombre de trimestres qu'ils avaient encore à parcourir. (Ex. : A. 2.) Enfin, pour ceux dont la valeur a donné lieu à imputation, ces chiffres sont suivis de la lettre I. (Ex. : 2 77 I.) (Voir page 171.)

Les effets et objets de la deuxième catégorie sont indiqués par le chiffre 1 ou par le numéro de série quand ils en ont un.

Ils est établi des bons et des bulletins séparés pour les effets et objets à inscrire séparément dans chacune des sections du livre de détail. En outre, pour la deuxième section, il est établi des bons et bulletins séparés pour le matériel de campement et les objets mobiliers.

Le modèle n° 36 sert pour toutes les catégories de matériel, y compris les effets ou objets employés en commun dans les compagnies, escadrons ou batteries, dans les infirmeries, écoles, etc.

Toutefois, les bons d'effets de petit équipement sont établis sur un modèle spécial, modèle n° 39.

(*Cette instruction fait suite au mod. n°* 36, *annexé au décr. du* 1er *mars* 1880.)

La remise de ces effets a lieu sur la production d'un bon numérique portant en caractères apparents le mot provisoire.

Dès que les hommes sont habillés et équipés, les effets sans emploi sont rendus au magasin et le *bon provisoire* est annulé et remplacé par *bon régulier*. (Art. 232 du décr. du 1er mars 1880, page 377.)

En cas de mobilisation, les bons sont établis conformément au modèle annexé à la circ. du 21 juillet 1883 (M). Ces bons comprennent les hommes du cadre actif comme les réservistes.

Si les distributions donnent lieu à des contestations entre l'officier d'habillement et les commandants de compagnie, d'escadron ou de batterie, le major prononce. (Art. 232 du décr. du 1er mars 1880, page 377.)

Lorsque les effets des hommes venant d'autres corps ne peuvent être utilisés comme effets de première ni de deuxième tenue, le conseil d'administration en rend compte au sous-intendant qui en prescrit, suivant le cas, le versement à un autre corps ou magasin ou leur passage à la section VIII ou IX. (Art. 241 du décr., page 380.)

NOTA. — Les bons comprennent les galons, insignes de tir, ornements, épinglettes, rubans de médaille, sans qu'il en soit passé écriture au livre de détail. (Art. 132 de l'instr. du 1er mars 1880.) On doit faire ressortir sur ces bons le nombre d'effets neufs. (Même art.)

MILITAIRES DÉTACHÉS.

Les militaires isolés ou groupés en petits détachements, lorsqu'ils s'administrent isolément, continuent à être habillés par les soins de leurs corps. (Art. 30 de l'instr. du 9 mars 1879, page 262.)

Toutefois, s'il s'agit d'effets de taille exceptionnelle, l'intendant du corps d'armée désigne un corps de la localité ou à proximité pour les confectionner, mais ce corps reçoit, de celui auquel les militaires appartiennent, les accessoires spéciaux que peut nécessiter la confection des effets. (Art. 30 et 31 de ladite instr.)

Ces dispositions ont été complétées par une dép. ministérielle du 1er octobre 1883, adressée à Lille, aux termes de laquelle les militaires détachés et placés en subsistance dans d'autres corps doivent être habillés par ces corps :

1° Par leur corps s'il est à proximité;

2° Si le subsistant est éloigné de son régiment, c'est le corps où il est en subsistance qui lui délivre les effets dont il a besoin, mais pour le compte du corps auquel le militaire appartient; on évite ainsi des frais de transport. Dans ce cas le corps distributeur adresse à l'autre des factures mod. 6 et 11 d'entrée et de sortie qui permettent aux deux corps de se porter distinctement en entrée et en sortie des effets distribués;

3° Si le subsistant appartient à une autre arme, c'est son corps qui pourvoit à son habillement. (Dép. du 1er octobre 1883 M).

Avant la notification de l'instr. du 9 mars 1879, ce principe était déjà appliqué :

1° Aux commis et ouvriers d'administration éloignés de la portion centrale de leur section. (Règlemt du 23 septembre 1874, art. 29, page 284) ;

2° Aux élèves qui vont suivre les cours des écoles de cavalerie, de tir, de gymnastique, etc..... (Art. 36 du règlemt du 15 décembre 1875.) En effet, cet article dispose qu'avant le départ des militaires de leurs corps, l'état de leurs effets d'habillement est examiné avec soin; ceux de ces effets qui seraient susceptibles d'être remplacés ou réformés dans le courant du trimestre sont remplacés immédiatement. Les effets qui seraient nécessaires aux hommes dans les trimestres suivants sont expédiés par les conseils d'administration des corps, d'après la demande qui en est faite par le conseil de l'école. S'il s'agit de remplacement de pantalons d'ordonnance de sous-officiers, le corps joint à l'envoi les matières nécessaires pour transformer en pantalon de cheval le pantalon d'ordonnance et le prix de la façon. Avant la mise en route des hommes, le corps fait prendre exactement leurs mesures. Les effets des militaires détachés sont remplacés par les soins des corps, dès que leur durée réglementaire est expirée ;

La note ministérielle du 28 décembre 1881, page 390, rappelle que ces dispositions sont applicables aux militaires dirigés sur l'Ecole de pyrotechnie.

Ils doivent emporter les théories utiles aux candidats du peloton n° 2 et les effets nécessaires pour recevoir l'instruction à cheval s'ils appartiennent à un corps monté. (Art. 41 de l'instruction du 10 mars 1884 de l'instr. du 10 mars 1884 sur les inspections générales de l'artillerie.)

Les militaires dirigés sur l'Ecole normale de gymnastique et d'escrime, le 1er février et le 1er août de chaque année, reçoivent, par anticipation avant leur départ, les effets d'habillement auxquels ils peuvent avoir droit pendant le 1er trimestre de leur séjour à l'Ecole. (Instr. du 30 août 1882, page 167.)

Pour les sous-officiers dirigés sur l'Ecole militaire d'infanterie, l'Ecole d'application de cavalerie, etc..., se reporter au tableau B, page 165 ci-après pour divers renseignements de détail ;

3° Aux cavaliers-ordonnances, lesquels reçoivent de l'escadron du train auquel ils appartiennent les effets qui leur sont nécessaires. (Cir. du 15 juillet 1875, page 31, S.)

Les détachements d'ouvriers organisés envoyés dans les manufactures sont soumis à la même règle, ainsi que les militaires qui y sont détachés comme candidats à l'emploi de chef-armurier (Cir. du 4 mai 1868 M); mais les militaires isolés détachés dans ces établissements pour les besoins de la fabrication, étant considérés comme étant en congé, n'ont droit au remplacement de leurs effets qu'à leur retour au corps. (Décis. du 21 février 1851, page 177, rappelée par la circ. du 4 mai 1868 précitée.)

Les soldats détachés à divers titres dans des établissements militaires tels que : manufactures d'armes, fonderies, forges, ateliers, etc..... doivent emporter avec eux leurs effets d'habillement, de grand et de petit équipement et d'armement, revolver compris, s'il y a lieu, sauf le fusil ou la carabine. Dans l'infanterie, les hommes sont armés du sabre ou épée-baïonnette série Z.

Les effets d'habillement ou autres, dont le remplacement doit être effectué dans le courant du trimestre, sont délivrés aux ordonnances avant de quitter le corps. Ils sont porteurs de leur livret arrêté. (Circ. du 25 janvier 1882 M). La circ. du 5 novembre 1882, page 369, applique cette mesure aux soldats ordonnances demandés par les officiers détachés à Paris. Ces dispositions sont également appliquées par la circ. du 6 mars 1878 (M) aux soldats ordonnances des officiers qui suivent les cours de l'Ecole supérieure de guerre.

Nota. — En cas de mutation, les effets sont réintégrés dans les corps auxquels les militaires appartiennent. (Art. 34 de l'instr. du 23 septembre 1874, pages 286, et 248 de l'ordonn. du 10 mai 1844, page 338.) Pour les exceptions, se reporter à l'article *Réintégrations*.

Les effets distribués aux militaires détachés, par des corps étrangers, sont pris en charge par les corps titulaires et portés en sortie, absolument comme si ces effets avaient été distribués par eux. (Dép. du 1er octobre 1883 M).

GRATIFICATIONS D'EFFETS A LA TROUPE.

Elles sont absolument interdites alors même que les effets seraient confectionnés avec des économies de coupe, le règlement ayant prévu tous les besoins des hommes et donné les moyens d'y pourvoir. (Art. 15 de l'instr. du 17 mars 1884, page 449 S).

Réintégrations d'effets, objets, armes, etc., en magasin.

EFFETS A LAISSER OU A EMPORTER PAR LES MILITAIRES FAISANT MUTATION

§ 1er. — *Effets à laisser au corps.*

Les effets à laisser par les militaires faisant mutation sont réintégrés au magasin du corps ou simplement déposés.

1° Les militaires qui doivent verser leurs effets sont ceux rayés des contrôles (libérés, passant dans la réserve ou la disponibilité, décédés, réformés, retraités, changés de corps, etc.), ceux promus, changés d'emploi, cassés de leur grade, etc. Ceux des trois dernières catégories ne réintègrent que les effets dont ils n'ont plus à faire usage. (Art. 132 du décr., pag. 368, et de l'instr. du 1er mars 1880, pag. 401.) Pour les effets inutilisables apportés d'autres corps, se reporter à l'article *Distributions*, et pour les effets des déserteurs, voir pag. 72, 162 et 166.

Les galons des militaires envoyés en congé, à la condition de faire abandon de leur grade, leur sont retirés et versés au magasin du corps. (Décis. ministérielle du 24 juin 1873, pag. 741.) Voir ci-dessus *Remplacement du matériel au service* pour la réintégration des galons.

Ces versements ont lieu au moyen de bulletins nominatifs. (Mod. n° 36 approprié (1).

(1) Ce modèle peut, avec de légères additions à la main, être employé comme bon de distribution, bulletin de versement, bulletin de dépôt, etc. Le mot *instruction* est substitué à l'indication de classement *bon* lorsqu'il s'agit

signés par les capitaines et approuvés par le major. Ils comprennent tous les galons, insignes et ornements brodés. (Art. 132 de l'instr. du 1er mars 1880.) En campagne, ces bulletins sont numériques. (Instr. du 24 avril 1884, pag. 505.)

Les effets abandonnés sont désignés sur les bulletins par la lettre A. et portés en recette pour ordre au registre-journal. (Art. 132 du décret.) Si des effets de l'approvisionnement d'instruction sont délivrés à titre d'échange, ils sont distribués sur bon nominatif réglementaire. Les effets abandonnés sont compris dans des certificats administratifs annuels. (Art. 132 de l'instr. du 1er mars 1880, pag. 401.) Voir ci-après le tableau B, portant désignation des effets abandonnés aux hommes, dans toutes les positions, y compris les engagés conditionnels. Pour les effets de corvée laissés en la possession des hommes, se reporter à la pag. 162.

Les effets sont toujours réintégrés au classement bon. Le classement ultérieur à l'habillement d'instruction ou la mise hors de service ont lieu comme il est indiqué ci-dessus à l'article *Réformes*. (Art. 132 de l'instr. du 1er mars 1880, pag. 401.)

Les effets emportés par les militaires changeant de corps sont versés effectivement au magasin en même temps que les effets qui leur sont retirés. (Art. 132 et 235 du décret du 1er mars 1880, pag. 368 et 379.)

Les effets de la première et de la deuxième catégorie en la possession des hommes qui décèdent à l'hôpital du lieu ou qui s'en évadent, sont compris sur un état dressé par l'officier comptable ou l'économe de l'établissement et réintégrés au magasin du corps, à la diligence du major chargé d'en donner avis aux compagnies, escadrons ou batteries (1).

Les objets laissés dans un hôpital externe et ceux des hommes décédés ou maintenus dans leurs foyers reçoivent la destination assignée par le sous-intendant militaire de la subdivision territoriale. (Art. 248 du décr. du 1er mars 1880, pag. 382) (2). Aux termes de la décision du 23 octobre 1862, pag. 893, rappelée par l'article 248 de l'instruction du 1er mars 1880, pag. 407, et par l'instruction du 31 décembre 1879, pag. 610, les effets des militaires décédés ou maintenus dans leurs foyers doivent être repris par la gendarmerie, au domicile de ces militaires, et transportés par elle jusqu'à l'hôpital militaire le plus voisin ou jusqu'à l'hospice le plus à proximité, pourvu que cet établissement reçoive des militaires malades.

Une fois versés dans les hôpitaux, ces effets sont pris par les soins des fonctionnaires de l'intendance et dirigés par les transports de la guerre sur le magasin du corps le plus rapproché appartenant à la même arme que les hommes qui en étaient détenteurs, à moins que les frais de transport ne doivent en excéder la valeur (23 octobre 1862.) Lorsque le transport ne peut être effectué sans frais du domicile des détenteurs à l'établissement hospitalier le plus voisin, la dépense incombe à la masse générale d'entretien (2e portion). Etat no 105 de la nomencl. générale des imprimés (2).

Si les effets laissés dans un hôpital externe et ceux qui y sont déposés par la gendarmerie doivent être expédiés au corps auquel ils appartiennent, le sous-intendant lui transmet les états dressés par le comptable de l'établissement; une expédition de cet état, revêtue du récépissé du corps, est renvoyée à ce dernier.

Si les effets doivent être versés à un autre corps ou établissement, le sous-intendant militaire fait connaître au conseil d'administration du corps auquel les objets appartiennent la destination qu'il leur a assignée, en lui transmettant, à titre d'avis, une expédition de l'état dressé par le comptable de l'hôpital.

Ce conseil adresse aussitôt au sous-intendant militaire qui a donné l'avis les factures (Mod. nos 6 et 11), dont l'une (Mod. no 11) est renvoyée audit conseil revêtue de la prise en charge du corps ou établissement réceptionnaire. Ce corps ou établissement donne également récépissé au comptable de l'hôpital, sur la deuxième expédition de l'état, en y indiquant que les objets ont été compris sur une facture, dont on rappellera la date et le numéro.

Dès que le corps auquel appartient l'homme rayé reçoit les effets ou la facture

de matériel appartenant à la section VIII. (Habillement d'instruction.) De plus, la désignation section VIII doit figurer en tête des bons ou bulletins. (Art. 132 de l'instr. du 1er mars 1880.)

(1) Voir les art. 463 à 465 du règlemt du 28 décembre 1883, sur le service de santé.

(2) Les armes saisies sur des déserteurs ou laissées dans les hôpitaux par des hommes isolés sont renvoyées aux corps, s'ils ne sont pas trop éloignés, par les soins des sous-intendants militaires. Dans le cas contraire, elles sont versées à l'établissement d'artillerie le plus voisin. Il en est de même pour les armes des sous-officiers morts en congé; mais si le corps est hors du territoire ou que l'envoi des armes ne soit pas possible, le versement en est fait à l'artillerie. Le sous-intendant informe le corps de ce versement et lui fait parvenir le récépissé de l'établissement réceptionnaire. (Art. 96 du règlemt du 30 août 1884, p. 31.)

portant récépissé d'un autre corps ou établissement, le major avise le commandant de la compagnie, de l'escadron ou de la batterie. Cet officier établit les bulletins de versement, qu'il remet à l'officier d'habillement, après avoir inscrit la réintégration au livre de détail (2e partie). Cette réintégration pour ordre est, comme toute autre, inscrite au registre-journal.

Les états établis par les comptables des établissements sont toujours joints aux bulletins de versement. (Art. 248 de l'instr. du 1er mars 1880, pag. 407.)

Les effets remplacés sont réintégrés au magasin. (Art. 240 du décret, pag. 380) au classement bon. (Art. 132 de l'instr. précitée.) Les képis, les pantalons et les épaulettes sont abandonnés en toute propriété aux détenteurs. Toutefois, ils ne peuvent en disposer qu'avec l'autorisation du capitaine. (Art. 240 du décret et 230 de l'instr., pag. 405.) Les pantalons qui n'auraient pas parcouru leur durée sont naturellement réintégrés.

De plus, l'article 240 de ladite instruction porte que, dans les corps de l'artillerie, du génie et des équipages, la veste peut être laissée à l'homme pour une deuxième durée ; elle est ensuite réintégrée. Enfin, la tunique ou le dolman peuvent être laissés aux sous-officiers des corps de cavalerie, d'artillerie, des trains et du génie, comme effets de 3e tenue ou de corvée. (Note du 30 juin 1880, p. 417.) Ils sont réintégrés en écritures (se reporter à la page 169, section IX, et page 172; pour les sous-officiers nouvellement promus, voir le titre *Distributions d'effets.*)

Nota. — A l'égard des effets des marins décédés dans *leurs foyers*, la circulaire du 6 juillet 1875 (M) dispose qu'ils sont abandonnés aux familles. Pour ceux qui meurent dans les hôpitaux, leurs effets doivent être dirigés, aux frais du département de la marine, sur la division d'immatriculation des hommes.

(Pour les effets de petit équipement, se reporter pag. 36 et au titre *Petit équipement*, pag. 110) ; pour les effets à échanger en cas de mobilisation, à l'article distribution, pag. 158 ; enfin, en ce qui concerne les militaires détachés, voir pag. 159.)

§ 2 — *Effets déposés dans les magasins du corps.*

Les objets que les hommes entrant dans une position d'absence ne doivent pas emporter avec eux (voir le tableau B ci-après), sont déposés au magasin d'habillement, avec un bulletin de dépôt (Mod. n° 36 approprié), qui en présente exactement la désignation et indique la valeur approximative des dégradations qui y sont reconnues. Cette indication est aussi inscrite, pour mémoire, aux livrets matricule et individuel de l'homme à la suite de l'arrêté provisoire de son compte (1).

Si les objets restent en dépôt dans les magasins de la compagnie, de l'escadron ou de la batterie, le capitaine conserve le bulletin, qui, dans ce cas, est revêtu du visa daté du major (1).

Ce bulletin de dépôt est rendu, avec les effets, à l'homme rentrant dans la position de présence.

Dans le cas où l'homme est rayé des contrôles du corps pendant son absence, ce bulletin est conservé par l'officier d'habillement, pour justifier les imputations au compte de la masse individuelle. (Art. 247 du décret du 1er mars 1880, pag. 382.)

La réintégration des effets des hommes qui viennent d'être rayés des contrôles est opérée comme il est indiqué au paragraphe précédent. (Art. 247 de l'instr. du 1er mars 1880, pag. 407.)

La durée des effets de la 1re catégorie n'est pas suspendue pendant le laps de temps qu'ils sont déposés en magasin. (Art. 230 du décret précité, pag. 376.) Cependant, si les hommes ne rentrent pas, cette durée est suspendue à partir de la date du dépôt. (Voir *Durée des effets*, pag. 150.)

§ 3. — *Effets qui peuvent être emportés par les hommes qui quittent le service actif, changent de corps, etc.*

Les effets que doivent emporter les hommes sont indiqués au tableau B ci-après. (Art. 235 du décr. du 1er mars 1880, page 379.)

(1) Les articles 84 Infie, 83 Cavie et 97 Artie, des règlements du 28 décembre 1883, prescrivent d'en fournir une expédition au major lorsque le dépôt est fait au magasin du corps.

De plus, les articles 140 Infie, 164 Cavie et 189 Artie, prescrivent d'établir cet inventaire en deux expéditions signées par l'homme et par le sergent-major ou maréchal des logis chef. Si l'homme ne peut signer, il est remplacé par le caporal ou brigadier et un homme de l'escouade : une expédition est mise dans le sac et l'autre est conservée par le sergent-major ou le maréchal des logis chef. Les effets emportés sont mentionnés sur les billets d'hôpital, titres de permissions, etc.

Les hommes qui s'absentent emportent leurs effets de linge et de chaussure.

On opère de la même manière pour les déserteurs et leurs effets sont versés définitivement au magasin le jour où l'absent est déclaré déserteur. (Mêmes articles.)

Dans le cas de changement de corps, les effets emportés par les hommes sont versés pour ordre au magasin, en même temps que les effets qui leur sont retirés y sont versés définitivement. (Même art. Voir page 172.)

Les effets ainsi emportés donnent lieu à l'établissement de factures. (Mod. n°s 6 et 11.) La facture n° 11 est renvoyée au corps revêtue d'un certificat de prise en charge. (Voir § 1er ci-dessus.)

Pour les militaires nommés élèves à l'Ecole d'administration, les commandants de sections (secrétaires d'état-major et du recrutement, commis et ouvriers, infirmiers militaires) doivent faire enlever sur les tuniques les pattes à numéros, foudres, caducées, etc., et y faire placer des boutons à l'uniforme de l'Ecole, s'il en existe en magasin. Les collets en drap garance des infirmiers sont remplacés par des collets en drap du fond; les galons en argent sont remplacés par des galons en or. (Art. 235 de l'instr. du 1er mars 1880, page 406.)

Les hommes de la deuxième portion du contingent et ceux de la disponibilité, de la réserve ou de l'armée territoriale, appelés pour une période d'instruction, retournent dans leurs foyers avec les effets dont ils étaient pourvus à leur arrivée au corps. (Art. 235 du décr. du 1er mars 1880.)

§ 4. — *Effets à réintégrer ou à laisser en dépôt en cas de mobilisation par les hommes appartenant aux unités mobilisées.*

HOMMES PRÉSENTS SOUS LES DRAPEAUX

La décision du 1er décembre 1879, pages 443, 502 et 665, modifiée par la circ. du 19 mai 1880 (M) porte énumération des effets à emporter en campagne. Tous les autres sont laissés au corps.

La circ. du 9 février 1883, pages 106, dispose que parmi les effets laissés, les effets d'habillement et de coiffure de 2e tenue doivent être versés effectivement au magasin du corps pour être distribués, après avoir été nettoyés et réparés, aux hommes restant sur le territoire; sont toutefois exceptés de cette mesure, les effets qui sont devenus la propriété des détenteurs après durée expirée. Les dépenses provenant des dégradations, réparations et nettoyages des effets réintégrés à remettre en service sont imputés sur les fonds du service de l'habillement (budget ordinaire).

Les effets autres que ceux d'habillement et de coiffure qui ne doivent pas être emportés sont déposés au magasin du corps, après avoir été placés dans une serviette ou mouchoir ou, s'il est possible, dans le sac de petite monture.

Les paquets ne sont pas cousus, ils sont liés avec une ficelle dans laquelle les hommes passent leur étiquette de planche à bagages. Ces paquets individuels sont ensuite remis dans des sacs à distribution, ou dans des ballots confectionnés avec de la toile d'emballage et sur lesquels on coud une étiquette en toile ou parchemin portant l'indication du régiment, du bataillon, de l'escadron, de la compagnie ou de la batterie, et, si le temps le permet, le numéro matricule et le nom des hommes.

HOMMES DE LA RÉSERVE ET DE L'ARMÉE TERRITORIALE.

Les ballots de ces hommes contiennent les effets d'habillement civils et ceux de linge et chaussure non maintenus au service.

Si les hommes ne peuvent envelopper leurs vêtements dans un mouchoir, une blouse ou tout autre effet, il leur est délivré un morceau de toile d'emballage.

Les paquets individuels et ballots sont confectionnés et étiquetés comme il est indiqué ci-dessus. Ils sont conservés dans les magasins jusqu'au moment où les hommes devront être remis en possession de ces effets.

La circ. précitée prescrit au corps d'acheter immédiatement par imputation sur les fonds de la masse générale d'entretien (2e portion) :

1° Des étiquettes en parchemin ou papier-toile, pour les hommes de la réserve ou de l'armée territoriale ;

2° De la ficelle et de la toile d'emballage pour les paquets individuels et les ballots collectifs.

3° Deux aiguilles d'emballage par compagnie, escadron ou batterie, pour confectionner les ballots contenant les paquets individuels. (Circ. du 9 février 1883, page 106.)

TABLEAU B

Effets à emporter par les sous-officiers, caporaux, brigadiers et soldats en cas de mutations.

(Annexé au décret du 1er mars 1880, inséré au *Journal Militaire*, 1er semestre 1880, p. 390.)

DÉSIGNATION DES MUTATIONS.	GRADES.	CAPOTE OU MANTEAU.	ÉPAULETTES.	PANTALON Ordonnance.	PANTALON de cheval. 1re tenue.	PANTALON de cheval. 2e tenue.	TUNIQUE ou DOLMAN. 1re tenue.	TUNIQUE ou DOLMAN. 2e tenue.	VESTE.	KÉPI.	CALOTTE D'ÉCURIE.
1	2	3	4	5	6	7	8	9	10	11	12
1° Sous-officiers promus officiers ou nommés à l'un des emplois indiqués au tarif n° 51 annexé au décret du 25 décembre 1875, ou nommés adjudants, chefs-armuriers, maîtres-selliers, militaires nommés sous-chefs de musique, militaires retraités.	Sous-officiers (4)	»	»	1	»	»	1	»	.	1	»
	Soldats.	»	»	1 (a) ou 1 (a)		»	1	»	»	1	»
2° Militaires de la 1re portion du contingent ou engagés volontaires : A. Renvoyés dans la disponibilité ou la réserve (d); B. Réformés ou renvoyés par annulation d'acte d'engagement; C. Passant à d'autres corps; D. En détention préventive (f); E. Dirigé à un titre quelconque sur l'Ecole polytechnique, ou spéciale militaire ou sur le Prytanée militaire, enfin sur l'Ecole de cavalerie comme faisant partie du cadre (g); F. Dirigé comme élève sur l'Ecole d'administration (g). (Voir ci-dessus, pag. 163, pour les transformations.)	Sous-officiers	»	»	1 (a) ou 1 (a)		»	1 (b)	1	»	1	»
	Soldats.	»	»	1 (a) ou 1 (a)			1 (c) ou 1 (c)			1	»
3° A. Militaires dirigés sur une école dans tous les autres cas. (Voir ci-après.)	Sous-officiers	1	1	1	1	»	1	1	»	1	»
B. Engagés conditionnels de 1re et de 2e année. (Dans les corps qui possèdent 2 képis, ils n'emportent que le képi n° 2. Décision du 25 avril 1884, p. 437.)	Soldats.	1	1	1 (a) ou 1 (a) et 1			1	»	1	1	1

OBSERVATIONS. (13)

Les sous-officiers conservent toujours les effets désignés ci-contre, qui se trouvent en leur possession au moment de la mutation. Il en est de même des caporaux, brigadiers et soldats qui ne quittent point l'armée active. (Pour les brigadiers ou caporaux promus, voir *Distribution d'effets*; pour les effets des adjudants fournis par l'Etat, à réintégrer, v. p. 95.)

Les sous-officiers promus adjudants doivent reverser leur étui de revolver. (Note du 1er septembre 1877, page 269) (5).

Les caporaux, brigadiers et soldats quittant l'armée active pour rentrer dans leurs foyers, conservent ceux des effets désignés ci-contre qui n'ont plus à parcourir, pour atteindre le terme de leur durée :

1° Les pantalons et les vestes, qu'un trimestre;

2° Les dolmans, tuniques et képis, que deux trimestres (tableau B).

On considère comme restant à accomplir le trimestre pendant lequel les détenteurs sont renvoyés. (Note du 30 juin 1880, p. 422.)

Dans tous les autres cas, ces derniers reçoivent des effets choisis dans l'habillement d'instruction étant le plus près du terme de leur durée.

On délivre des vestes à défaut de tuniques ou de dolmans réunissant ces conditions. (Tableau B.) A défaut d'effets d'instruction, on peut prendre par échange des effets en service dans les compagnies, escadrons ou batteries. (Instruction du 26 avril 1884, page 1059 (S). Les dispositions des six alinéas ci-dessus sont aux militaires passant dans la gendarmerie ou dans tout autre corps, qu'il soit d'uniforme différent ou non (décret du 9 décembre 1884, p. 234).

Dans toutes les positions, les sous-officiers et les soldats conservent en outre les effets dont l'achat et l'entretien sont au compte des masses individuelles. (25 janvier 1832, page 10.)

Ils conservent en outre le pantalon, le képi et les épaulettes hors de service. (Art 240 du décret du 1er mars 1880.) Ces dispositions sont applicables aux effets que possèdent en propre les adjudants ou maîtres-ouvriers. (25 janvier 1832.)

(1) Pour les militaires allant en congé ou permission, les dispositions actuellement en vigueur sont les suivantes : Instruction du 14 juin 1884, page 684, note du 7 février 1865, page 27, pour les convalescents.

Les engagés conditionnels qui sont renvoyés à l'année suivante laissent leurs effets au corps jusqu'à leur rentrée. (Note du 4 août 1879, page 62.)

Les effets d'habillement des engagés conditionnels décédés peuvent être abandonnés aux familles si elles le demandent. (Circ. du 29 août 1874.) Les volontaires réformés emportent tous leurs effets d'habillement. (Circ. du 10 mai 1873) (M).

(1 *bis*) Ils emportent leur serviette et le sac dans les conditions prescrites par la circ. du 28 février 1873. (Note du 13 novembre 1880, page 387) et circ. du 6 août 1881 (M) (Décis. du 30 novembre 1883, page 771 et 18 août 1884, page 178).

(2) Ils n'emportent aucun effet militaire; ils reprennent les effets civils [illegible] ...vent sous les effets militaires hors de service dans la [illegible]

ADDITIONS.

Hommes de la 2e portion du contingent et réservistes renvoyés dans leurs foyers (2).	Sous-officiers et soldats.	»	»	»	»	»	»	»	»	»	»
Militaires voyageant avec leur corps ou en détachement (3)	»	»	»	»	»	»	»	»	»	»	»
Conducteurs de voitures d'infanterie allant faire une période d'instruction (v. p. 116).											

passés de la 1re portion du contingent à la 2e, leurs effets civils n'ayant pas été conservés. De plus une décis. ministérielle du 29 juillet 1882 prescrit de faire suivre les effets civils lorsque les hommes sont dirigés sur des portions actives.

(3) La tenue en cas de changement de garnison ou de manœuvres est réglée par la décision du 22 janvier 1876, page 197, et la tenue de campagne, par la décision du 1er décembre 1879, pages 443, 503 et 665 et par la circ. du 12 mars 1884, page 238 et celle du 23 juillet 1884, page 145. Pour les hommes montés de l'artillerie voyageant à pied, voir 8 octobre 1877, page 187. Pour les troupes se rendant en Algérie, Circ. du 12 juin 1873, page 288, rappelée par celle du 18 juin 1884, page 690.

(4) Les élèves d'administration sont traités comme les adjudants d'infanterie. (Circ. du 31 mars 1883, p. 351.)

(*a*) L'un ou l'autre des effets, suivant qu'il s'agit de troupes à pied ou à cheval.

(*b*) Seulement pour les sous-officiers des régiments d'infanterie de ligne et des sections, nommés élèves à l'Ecole d'administration, qui n'emportent pas la tunique de 2e tenue.

(*c*) L'un de ces effets ayant la moindre durée à parcourir.

(*d*) Les militaires libérés qui se rendent en Alsace-Lorraine ont droit aux mêmes effets que tous les autres, mais il leur est interdit de passer la frontière en uniforme français. Par suite, ils doivent se procurer des effets civils pour se mettre en route. Ce principe est rappelé par une circulaire du 24 septembre 1879 (M), qui autorise les corps à échanger, s'il est possible, les effets réglementaires dus à ces hommes contre des vareuses et pantalons de mobiles dépourvus de leurs insignes. Les frais de transformation sont à la charge du service de l'habillement. Ces échanges n'ont lieu que sur la demande des intéressés. (24 septembre 1879.) Les militaires libérés sont tenus de représenter leurs effets et de les entretenir soigneusement jusqu'à leur passage dans l'armée territoriale. Ils reçoivent des indemnités pour les effets qu'ils rapportent. (Ordre ministériel du 13 juillet 1880, page 17.) Ceux qui perdent leurs effets ou les détériorent sont passibles de punitions. Mais ils ne supportent aucune moins-value pour ces pertes ou détériorations. (Circ. du 5 novembre 1882, page 369.)

(*e*) Les militaires allant en permission ou congé, soit en Alsace-Lorraine, soit dans tout autre pays étranger, ne doivent emporter que des effets bourgeois. (Circ. des 30 décembre 1873, 17 janvier 1874, 15 juillet 1875 (M) et 11 octobre 1881 (M).

(*f*) Les effets emportés doivent être ceux dont le militaire était détenteur au moment de son arrestation, à moins qu'ils ne soient de distribution récente, auquel cas ils doivent recevoir des effets pris dans l'habillement d'instruction. Les effets de petit équipement sont emportés en totalité. (Circ. du 1er décembre 1858, pag. 617.) Dans les prisons, les détenus condamnés sont vêtus d'effets prélevés sur l'approvisionnement d'instruction des corps de troupe. (Note du 4 août 1881, pag. 153.)

L'instruction du 15 août 1858, page 549, ajoute que les condamnés à l'emprisonnement emportent à l'établissement pénitentiaire des effets à l'uniforme de leur corps, mais dégarnis des insignes de grade, de classe, d'emploi ou d'arme. Ils sont pourvus, en outre, d'effets de petit équipement. Les militaires condamnés aux travaux publics reçoivent des effets d'un modèle spécial. (Même instr.) Les effets d'uniforme apportés à l'établissement sont renfermés dans un sac spécial (Note du 7 juin 1884, page 683.)

(*g*) Les militaires qui sont dirigés sur les écoles où il y a un uniforme spécial, pour faire partie des cadres n'emportent ni effets de grand équipement, ni armes ; toutefois, lorsque les cadres n'ont pas d'uniforme spécial, ils emportent, en outre des effets d'habillement mentionnés ci-dessus, la coiffure, le grand et le petit équipement. Ils sont armés à l'école. (Art. 36 du règlemt du 15 décembre 1875, inséré 1er 1876, pag. 405.)

Les élèves dirigés sur l'Ecole militaire d'infanterie n'emportent ni le grand équipement ni l'armement. (Circ. du 17 août 1881, page 109.) Ils reçoivent de leur corps les effets d'habillement indiqués ci-après. l'Ecole leur fournit tous les autres effets. A leur sortie, ils emportent le pantalon, la tunique et le képi de grande tenue. (Note du 9 mars 1883, page 187.)

Les sous-officiers élèves officiers, y compris les adjudants, reçoivent de leur corps, avant leur départ, 1 tunique et 1 pantalon neufs de grande tenue et 1 veste de soldat. La tunique est pourvue de galons de sergent, mais elle n'a pas d'écusson à numéro. Ces sous-officiers emportent également la tunique, le pantalon et le képi qu'ils avaient à la 1re tenue ; on enlève les écussons à numéro. Les anciens adjudants reçoivent en outre une cravate bleue. Les élèves des régiments de zouaves et de tirailleurs et des bataillons de chasseurs à pied reçoivent des effets d'un corps à proximité ; on les fait confectionner dans un atelier s'il n'en existe pas. (Note du 9 mars 1883, page 137.)

Les militaires admis comme élèves à l'Ecole militaire de Saint-Cyr et à l'Ecole polytechnique sont désarmés avant leur départ ; ils n'emportent que des effets d'habillement.

Les stagiaires nommés à l'Ecole d'administration emportent, outre les effets d'habillement énumérés ci-dessus, les effets de petit équipement.

Les militaires qui vont suivre les cours comme élèves aux écoles *de cavalerie et de tir*, doivent emporter, indépendamment des effets d'habillement, l'équipement et l'armement complets, excepté ceux venant d'Afrique ou de Corse, qui n'emportent que le sabre. Les cavaliers dirigés sur l'Ecole de cavalerie laissent leur carabine. (Art. 36 du règlemt du 15 décembre 1875, p. 405 du 1er semestre 1876.)

La circulaire du 25 septembre 1883 (M), règle l'habillement des élèves-officiers de l'Ecole de cavalerie. Ils emportent au départ de leur corps une tenue neuve en drap 23 ains et réintègrent les effets qui constituaient leur 2e tenue. Les anciens adjudants, même ceux de spahis, reçoivent une 2e tenue de sous-officier, autant que possible en cours de durée, et les effets de petit équipement nécessaires. Un seul képi est emporté. Les corps font poser les soutaches de grade sur les effets de 1re tenue, mais le képi d'adjudant est fourni à l'Ecole.

A leur sortie de l'Ecole, les élèves emportent la tunique, le dolman ou la veste et le pantalon de 1re tenue ainsi que le képi d'adjudant et une cravache qui leur est abandonnée. Les autres effets sont reversés. (25 septembre 1883).

En ce qui concerne les élèves de l'Ecole de sous-officiers de l'artillerie et du génie, ils emportent de leur corps ou reçoivent les effets désignés par la décision du 25 février 1884, pag. 212, laquelle dispose que l'Ecole délivre le grand équipement et les armes d'exercice ; à leur sortie, ces élèves emportent le pantalon d'ordonnance de 1re tenue, la tunique, le dolman à grenade et le képi d'adjudant (Même décision.)

En ce qui concerne l'école de gymnastique, les caporaux et soldats laissent à leur corps l'armement et le grand équipement ; ils emportent leur habillement, la coiffure, le havre-sac et le petit bidon, ainsi que les effets d'habillement dus pendant le trimestre de leur arrivée à l'Ecole. Les effets de petit équipement sont complétés et leurs cartouches retirées. (Circ. du 5 décembre 1884, p. 869.)

Les soldats-ordonnances des officiers élèves de l'Ecole supérieure de guerre doivent arriver munis de leurs effets d'habillement et d'équipement et de leurs armes, à l'exception du fusil. (Circ. du 6 mars 1878 rappelée le 8 janvier 1882.) Il en est de même des militaires détachés dans les manufactures, fonderies, etc. (Circ. du 25 janvier 1882 M).

Nota. — Se reporter à l'article *Distributions* pour le remplacement des effets des *militaires détachés*.

Les articles qui ne sont pas suivis de citations sont reproduits du tableau inséré au *Journal militaire*.

Pour les armes des militaires faisant mutation, etc... se reporter aux art. 90 et suivants du règlement du 30 août 1884, p. 30.

AVIS A DONNER A L'OFFICIER D'HABILLEMENT DES MUTATIONS ET PERTES DE MATÉRIEL

L'article 246 du décret du 1er mars 1880 dispose que l'officier d'habillement doit être informé par le major du passage des hommes et des chevaux à d'autres compagnies, escadrons ou batteries. Mais ce sont les capitaines commandant ces portions de corps qui lui font connaître directement, au moyen de bulletins de versement (Mod. n° 36), les objets emportés par les hommes qui ont déserté, disparu ou qui ont été faits prisonniers de guerre.

§ 2. — Emploi du matériel de réserve

(Pour tous renseignements, se reporter à la page 42.)

EMPLOI DES EFFETS HORS DE SERVICE (VENTES, VERSEMENTS A D'AUTRES SERVICES, REMISES AUX OUVRIERS)

Les ventes ont lieu par les soins des préposés des Domaines en présence des fonctionnaires de l'intendance militaire. Ces derniers en fixent le jour et peuvent faire diriger les effets sur une autre localité lorsqu'ils jugent que la vente pourra y être opérée dans des conditions plus avantageuses. (Art. 247 du règlemt du 3 avril 1869, page 366.) Dans ce dernier cas, la remise doit être faite au Domaine avant le déplacement. (Note du 10 octobre 1864, page 1006.) Le transport a lieu sur pièces délivrées par le sous-intendant militaire (service des transports généraux de la guerre), mais le montant en est versé au Trésor par l'administration des Domaines. (Circ. du 30 décembre 1864, page 1044.) Lorsque les ventes donnent lieu à des débats judiciaires, c'est à l'administration des Domaines et non au département de la guerre à prendre les mesures et à payer les frais de justice s'il y a lieu. (Circ. du 29 janvier 1844, page 225.)

A l'armée, les ventes sont faites par les payeurs. (Art. 252 du règlemt du 3 avril 1869, page 368. Il en est de même pendant les grandes manœuvres. (Instr. du 2 septembre 1880 M.)

Ces ventes sont constatées par des procès-verbaux signés par le préposé des Domaines et le sous-intendant militaire. (Art. 249 du règlemt précité.) Ce dernier en reçoit une expédition ou un extrait par service si la vente intéresse plusieurs services à la fois; il lui est remis, en outre, un certificat d'encaissement. (Art. 250.)

La sortie du matériel est justifiée, dans les écritures des corps, par un extrait (Mod. n° 17) des dits procès-verbaux de vente délivrés par le préposé chargé de la vente. (Art. 265 de l'ordonn. du 10 mai 1844, modifié par le décr. du 1er mars 1880, page 387.)

Les effets hors de service à remettre au Domaine sont ceux qui ne peuvent être utilisés :

1° Pour les réparations, la couverture des petits bidons, le confection des chaussons, des calottes de travail et d'écurie, et, le cas échéant, pour l'habillement des enfants de troupe. Sorties justifiées par des bons enregistrés et par des certificats administratifs (Mod. n° 9), art. 130 de l'instr. du 1er mars 1880, page 393).

2° Pour les services de l'artillerie, des prisons, des hôpitaux et des ambulances. (Art. 245 du décr. du 1er mars 1880, page 381.) Ces sorties sont justifiées par des factures modèles nos 6 ou 11. (Art. 130 et 245 de l'instr. précitée.)

Il n'est plus cédé d'effets de harnachement de cavalerie hors de service aux directions d'artillerie. (Note du 27 décembre 1884, page 923.)

3° Pour le service des écuries (manteaux), voir *Écuries*.

Les boutons sont retirés des effets hors de service; ceux qui ne peuvent être utilisés sont remis à l'administration du Domaine après avoir été brisés. Le reste est versé dans les magasins de l'Etat, à l'exception des quantités qui peuvent être nécessaires pour les réparations, et qui sont remises aux ouvriers.

Les armes hors de service sont versées dans les magasins de l'artillerie. (Art. 245 du décret du 1er mars 1880.)

Dans le courant du 1er mois de chaque trimestre, les conseils d'administration établissent les états d'emploi du matériel hors de service (Mod. n° 21), et les adressent en double expédition à l'intendant.

L'intendant militaire renvoie les deux expéditions de l'état, après l'avoir modifié s'il y a lieu, au sous-intendant qui en conserve une dans ses archives, et adresse l'autre au corps pour exécution.

Les corps livrent ou expédient les effets à verser sur d'autres corps ou établissements, et ils attendent les ordres du sous-intendant pour la vente des autres. (Art. 245 de l'instr. du 1er mars 1880, page 407.)

Pour les débris d'effets hors de service à céder aux chefs armuriers, voir au chapitre de l'armement, la note du 25 janvier 1884, page 88 (S) et pour la toile d'emballage hors de service cédée aux Ecoles de tir, se reporter au chapitre des Ecoles de tir.

COMPTABILITÉ DU SERVICE DE L'HABILLEMENT

(Pour le matériel prêté ou en dépôt : Voir *Campement*, page 189.)

La comptabilité est distincte pour le service courant et pour le service de réserve, conformément aux prescriptions de la loi du 23 août 1876. Ce principe est confirmé par le décret du 1er mars 1880, qui prescrit la tenue de registres et l'établissement de pièces et comptes distincts pour le matériel du service courant et pour celui de réserve. Ce décret et l'instruction ministérielle de même date fixent les règles à suivre pour la tenue des écritures et la production des comptes.

Les écritures du service de réserve sont uniques pour les approvisionnements du corps actif, les approvisionnements de l'armée territoriale et les approvisionnements spéciaux. Néanmoins, ces approvisionnements sont accusés distinctement, par catégorie, dans tous les documents de comptabilité. (Art. 65 de l'instr. du 1er septembre 1879 (M) révisée en 1884.)

Les comptables des magasins administratifs ayant la gestion d'approvisionnements spéciaux tiennent un registre de tous ces approvisionnements et produisent les documents de comptabilité prescrits pour les corps de troupe. (Art. 66.)

Lorsque les approvisionnements affectés à des fractions de corps de l'armée territoriale sont administrés par un corps de troupe de l'armée active qui n'a pas la gestion des approvisionnements de la portion centrale du corps territorial, ou par un officier ou un employé n'appartenant pas à ce dernier corps, le corps de troupe ou l'officier gérant sont considérés comme fraction détachée du corps de l'armée active chargé de la gestion des approvissonnements de la portion centrale du corps territorial.

Ils tiennent, distinctement des leurs propres, les écritures prescrites pour les fractions de corps détachées, et ils fournissent au corps gérant les approvisionnements de la portion centrale, les documents et les renseignements auxquels sont tenues les fractions de corps détachées, à l'égard de la portion centrale du corps dont elles font partie (Art. 67.)

Quant aux troupes en campagne, elles se conforment à l'instruction et au décret du 24 avril 1884, page 495 et suivantes.

Registres tenus pour le service de l'habillement.

(Voir pour les frais d'achat, le titre : *Indemnité pour les frais de bureau*.)

Les registres destinés à recevoir l'inscription des entrées et des sorties de matériel sont cotés et paraphés par le sous-intendant. (Art. 118 du décr. du 1er mars 1880, page 366.)

Le libellé des opérations dans les registres et comptes doit être conforme aux exemples donnés par les modèles, sans surcharges ni interlignes; les grattages sont formellement interdits ; les ratures ne sont autorisées que dans le cas d'erreurs matérielles et doivent toujours être faites de manière que les mots rayés restent parfaitement lisibles.

Lorsqu'il y a lieu de rectifier un arrêté en toutes lettres, la rectification s'opère par un renvoi, également en toutes lettres, signé des membres du conseil et visé par le sous-intendant militaire.

Les erreurs constatées après arrêté des comptes trimestriels se redressent par des certificats administratifs de prise en charge (Mod. n° 5) ou de sortie (Mod. n° 14). Il est interdit de recouvrir par des bandes collées les indications imprimées ou les inscriptions faites. Tout feuillet annulé ou non employé reste adhérent au registre. Les feuillets ou papillons ajoutés à un registre sont cotés et paraphés, et le fait de leur addition est constaté en tête du registre par le sous-intendant militaire. (Observations générales faisant suite à l'art. 258 de l'instr. du 1er mars 1880, non insérée.)

1° **Registre des entrées et des sorties de matériel** (*Service courant*). — Il est tenu dans les portions détachées comme à la portion centrale. (Art. 117 du décr. précité, page 364, et note du 30 juin 1880, page 417). Ce registre est le seul qui soit tenu par l'officier délégué à l'habillement dans les corps en campagne. (Décret du 24 avril 1884, page 499.) Par suite, l'on doit y inscrire dans cette position les bons et bulletins, qui, sur le pied de paix, figurent sur le registre journal. (Instr. du 24 avril 1884, page 505.)

L'article 130 du dit décret règle la tenue de ce registre :

Il est trimestriel et conforme au modèle 22 A.

Il est destiné à recevoir l'inscription des entrées en magasin et des sorties de magasin des matières, effets, armes, outils et objets de toute espèce, divisés et classés par section, dans l'ordre ci-après, savoir :

Section I. Hôpitaux. (*Nomenclature* G.) — Le matériel à porter à la première section ne comprend ni les médicaments, ni les objets d'exploitation de la pharmacie, ni les objets de pansement qui ne sont jamais en quantité supérieure aux besoins d'un trimestre, et dont le peu d'importance totale permet de ne pas les considérer comme constituant un approvisionnement. (Art. 130 de l'instr. du 1er mars 1880.) Mais on doit porter le matériel de pharmacie (mortiers, etc.) et les objets d'exploitation de l'infirmerie (bouilloires, baignoires, etc.). Les objets mobiliers (cuvettes, gobelets, etc.). La nomenclature applicable aux corps de troupe est du 23 janvier 1885, page 141.

Section II. Habillement et Campement. (*Nomenclature* H I.) — La section II du registre des entrées et des sorties de matériel courant est divisée en quatre parties :

1° Habillement ; 2° petit équipement au compte de la masse individuelle ; 3° campement, matériaux d'emballage et objets mobiliers ; 4° objets et accessoires divers payés par le corps et à rembourser.

Les modèles-types ne figurent pas sur ce registre, mais ils sont compris dans le compte de gestion.

Les effets apportés d'autres corps sont inscrits d'après les factures d'expédition ou de livraison. (Mod. n° 6.) S'ils peuvent être transformés, ils sont inscrits au numéro qui leur est propre. Dans le cas contraire, ils sont inscrits sous le titre *Divers*. Dans le courant du trimestre, ils sont versés à d'autres corps ou établissements, ou classés à la section VIII ou IX, suivant la décision du sous-intendant militaire, sur la demande du conseil d'administration. Les déclassements de cette nature sont compris dans le certificat trimestriel (mod. n° 10).

Les instruments de musique ne sont inscrits qu'en total et au classement bon. Les accessoires figurent dans les comptes comme instruments. (Art. 130 de l'instr. du 1er mars 1880, page 393.) Les totaux des colonnes affectées aux effets bons de première et de deuxième tenue, sont réunis, pour ordre, au-dessous des totaux de la section II du registre des entrées et des sorties de matériel du 4° trimestre. (Art. 253 *bis* de l'instr., page 409.)

Le matériel d'emballage provenant de la démolition des colis reçus ou employé dans la confection des colis expédiés est porté dans la colonne d'observations des factures (Mod. n° 6.) Art. 130 de l'instr. du 1er 1880, page 366) et pris en charge ou porté en sortie. Celui provenant de la démolition des colis expédiés au titre du service de réserve est facturé au titre du service courant par les comptables expéditeurs ; ces factures sont complétées à destination par l'indication dans la colonne d'observations des quantités provenant de la démolition des colis, lesquelles sont prises en recette au titre du service courant. (Note du 28 avril 1884, page 475.) On doit passer écriture au fur et à mesure des mouvements et éviter de faire entrée ou sortie en bloc en fin de trimestre ou d'exercice (feuille de vérification ministérielle du 5 juin 1883.)

Il ne doit exister à la section II que des effets d'habillement du modèle général et des effets de petit équipement neufs. (Instr. du 1er mars 1880, dispositions transitoires, page 411.)

Se reporter à la dépêche minist. du 19 mars 1884 (M) pour les dispositions relatives aux effets du service de réserve mis en distribution et que le service courant ne peut remplacer.

Section III. Remonte. (*Nomenclature* L.) — Les chevaux et mulets figurent à cette section avec tout le matériel de la remonte.

On ne doit porter à cette section que les mouvements de chevaux qui modifient l'existant au corps (gains, pertes, changements de classement, etc. (Instr. du 1er mars 1880, art. 130.)

Dans les corps de l'artillerie et du train des équipages, les ustensiles d'écurie, d'infirmerie vétérinaire, les effets de remonte, de manège, etc., payés sur les fonds de la masse d'entretien du harnachement et ferrage sont compris dans la nomenclature N. (Voir Section V ci-après où il est prescrit de répartir.)

Section IV. Harnachement. (*Nomenclature* M.) — L'exception faite ci-après pour les troupes de l'artillerie ne s'applique pas aux autres corps, et les harnachements des équipages, dont ces derniers corps sont détenteurs, figurent à la section V.

Les troupes d'infanterie n'ont donc pas à tenir la section IV. (Instr. précitée.)

Section V. Artillerie et Équipages militaires. (*Nomenclature* N.) — Cette section est destinée à remplacer dans tous les corps le registre-journal prescrit par l'instruction du 7 février 1875, lequel n'est plus tenu que dans les batteries détachées qui ont un matériel d'artillerie. (Voir armement comptes de gestion. Les pièces d'armes et accessoires qui ne doivent point figurer dans le compte annuel de gestion sont compris séparément.

Par dérogation au premier alinéa de l'article 130 du décret du 1er mars 1880, les corps de l'artillerie et des équipages ne réunissent pas dans la section V le matériel compris dans la nomenclature N; ils le répartissent suivant la nature des effets, objets ou ustensiles, entre les différentes sections du registre. Néanmoins, comme il n'y a qu'un seul compte de gestion pour tout le matériel compris dans ladite nomenclature, ces effets, etc., conservent les numéros de cette nomenclature (Instr. précitée.) Ces dispositions sont rappelées par la circ. du 11 février 1881, page 56, qui prescrit en outre deux séries de numéros : une pour les entrées et une pour les sorties. (Voir ci-après observations générales).

Section VI. Génie. (*Nomenclature* P.) — On ne comprend à cette section que les outils et autres objets que les corps doivent emporter en campagne. Le matériel de casernement doit rester en dehors de la comptabilité-matières du corps.

Les corps du génie opèrent pour le matériel de la nomenclature P, comme il est prescrit ci-dessus aux corps de l'artillerie, pour le matériel de la nomenclature N. (Art. 130 de l'inst. du 1er mars 1880, page 393.)

Section VII. Écoles. (*Nomenclature* QVII.) — Cette section comprend, dans l'ordre de la nomenclature QVII, tout le matériel des diverses écoles. Toutefois, on doit mentionner, en tête des tableaux, les titres des divers paragraphes de cette nomenclature. (Même instr.) Se reporter au chapitre des Ecoles (compte annuel de gestion.)

Nota. — Dans les corps de l'artillerie et du train des équipages, le matériel des écoles, de l'escrime, etc., est compris dans la nomenclature N. (Voir section 5 pour la répartition par section.)

Section VIII. Habillement d'instruction. (*Nomenclature* H I.) — On porte dans cette section les effets et objets d'habillement, de grand et de petit équipement, destinés aux réservistes et aux hommes de l'armée territoriale, appelés pour une période d instruction. (Même instr.) Les certificats trimestriels concernant les effets de petit équipement des hommes rayés, font l'objet d'une inscription spéciale. (Art. 224, page 404.) Cette catégorie d'effets comprend les effets hors type. (Instr. précitée, dispositions transitoires, page 411.)

Section IX. Matériel hors de service. (*Nomenclatures diverses.*) — Cette section réunit le matériel des différents services, mais il est inscrit séparément dans l'ordre des nomenclatures.

Les entrées sont justifiées par les sorties correspondantes figurant aux autres sections, et les sorties par des extraits des procès-verbaux de vente (Mod. n° 17), par les talons des factures d'expédition (Mod. n° 11) ou par les bons des ouvriers enregistrés au registre-journal. Les totaux de ces dernières sorties sont reportés, en fin de trimestre, sur les certificats administratifs (Mod. n° 9), établis au titre de chaque section, pour constater les emplois aux confections, transformations ou réparations. (Même instr., art. 130.) Les débris d'effets hors de service délivrés aux chefs armuriers font l'objet de versements au trésor. (Voir *Armement*).

Les dolmans, tuniques ou vestes laissés aux détenteurs comme effets de corvée doivent être réintégrés en écritures (section II), puis classés à la section IX. Les compagnies, escadrons ou batteries ne devant pas avoir d'écritures pour le matériel hors de service, ces effets sont considérés comme en dépôt provisoire et ne donnent lieu ni à des entrées ni à des sorties dans leurs comptes.

Les bons tiennent lieu, entre les mains de l'officier d'habillement, des effets qui continuent à figurer comme existant en magasin. (Note du 30 juin 1880, page 420.)

OBSERVATIONS GÉNÉRALES

Les objets destinés à être mis immédiatement en service, ce qui est indiqué sur les factures en caractères apparents, sont pris en charge et distribués au classement **Bon**. Par suite, ils ne sont pas compris dans les certificats de déclassement annuels constatant les mises en service.

Les ingrédients divers, achetés pour l'entretien du matériel, les balais, les brosses, qui, une fois mis en service, sont considérés comme consommés, ne figurent point dans les comptes. Il en est de même des denrées, objets, etc., qui ne forment pas approvisionnement : *Denrées pour les infirmeries, fournitures de bureau pour les écoles, pièces d'armes, etc.* (Voir section I, page 168.)

Les entrées et les sorties de matériel à réparer ne donnent lieu à aucune inscription. Seuls, les matières et effets employés aux réparations figurent sur les certificats administratifs.

Le matériel acheté sur les fonds des masses d'entretien des corps est classé, suivant sa nature, à l'une des nomenclatures du matériel. (Instr. du 1er mars 1880, art. 130, page 398.)

Dans chaque section, et pour les sections II et V, dans chaque partie, les matières, effets, ustensiles et objets divers sont toujours inscrits dans l'ordre des numéros de la classification sommaire et détaillée de la nomenclature à laquelle ils appartiennent.

Dans les corps qui ne comportent pas l'emploi de toutes les sections, chacune de celles qui sont à leur usage conserve néanmoins le numéro qui lui est affecté ci-dessus.

Les enregistrements se font par ordre de date, au fur et à mesure des entrées et des sorties. Toutefois, ne sont portées que par trimestre :

1° D'après les arrêtés des comptes ouverts avec les ouvriers : les sorties de matières employées aux confections, aux transformations ou aux réparations, et les entrées en magasin des effets confectionnés ou transformés ;

2° D'après les arrêtés des diverses sections du registre-journal (Art. 132), les distributions faites aux compagnies, escadrons ou batteries, aux infirmeries, écoles, musiques, etc., et les réintégrations en magasin.

Chaque article enregistré reçoit un numéro d'ordre qui est aussi inscrit sur la pièce justificative. Il y a pour chacune des sections *deux séries annuelles de numéros, l'une pour les entrées, l'autre pour les sorties.*

Dans les quinze premiers jours de chaque trimestre pour les portions centrales, et dans les cinq premiers jours pour les portions détachées ayant une administration distincte, la balance des entrées et des sorties du trimestre écoulé est faite par section, et ressort dans un arrêté en toutes lettres comprenant l'existant total tant en magasin qu'en service. L'ensemble de ces opérations est certifié en une seule fois, à la fin du registre, par l'officier d'habillement et vérifié par le major. Le conseil d'administration certifie de même, par un seul arrêté général, tous les arrêtés partiels en toutes lettres (1).

Dans les vingt premiers jours du mois de janvier, l'officier d'habillement fait le report, pour ordre, sur le registre de la portion centrale, à la suite de la balance du 4° trimestre, des quantités de matériel dont les portions détachées sont comptables. L'ensemble des existants à la portion centrale et aux portions détachées doit être égal aux résultats de l'inventaire figurant au compte annuel de gestion. (Art. 130 de l'ordonn. du 10 mai 1844, modifié par le décr. et l'instr. du 1er mars 1880, pages 366 et 393.)

Les registres des portions détachées, appuyés des pièces justificatives, sont adressés à la portion centrale immédiatement après la vérification du sous-intendant militaire. (Art. 254 du décr. précité.) Avant cet envoi, les restants en magasin sont reportés en tête du registre à ouvrir. Ces reports sont certifiés par le conseil d'administration éventuel et vérifiés par le sous-intendant militaire. (Art. 130 de l'instr. du 1er mars 1880, page 393.) Ces dispositions sont applicables aux corps en campagne. (Instr. du 24 avril 1884, page 505.)

2° **Registre des entrées et des sorties de matériel.** (*Service de réserve*). — Ce registre est tenu comme celui du service courant et d'après le même modèle ; seulement, il est annuel au lieu d'être trimestriel. (Art. 130 *bis* du décr. du 1er mars 1880, page 367.) Toutefois, il n'y a pas lieu d'établir, dans les sections II et IV, les divisions prescrites pour le service courant. Voir le spécimen de registre pour les cas où les corps ont plusieurs approvisionnements à gérer. (Art. 130 *bis* de l'instr. du 1er mars 1880, page 367.)

Il est tenu tant à la portion centrale que dans les détachements qui sont pourvus d'une réserve. (Art. 117 dudit décr., page 364.) Voir ci-dessus, service courant, la dépêche ministérielle du 19 mars 1884.

3° **Registre des comptes ouverts avec les ouvriers.** (*Un pour chacun d'eux.*) (Art. 117 du décr. du 1er mars 1880, page 364, lequel dispose qu'il est tenu dans les portions détachées, à moins qu'il ne s'agisse d'une compagnie seule.) — Il n'est pas tenu non plus dans les détachements en campagne. (Décret du 24 avril 1884, page 499.)

Ce registre est conforme au modèle n° 23. Il est destiné à recevoir l'inscription :

1° Des remises de matières qui leur sont faites par le magasin du corps, pour servir aux confections, aux transformations et aux réparations, et des remises d'effets à transformer ;

2° Des effets confectionnés ou transformés versés en magasin ;

3° Des consommations de matières résultant des confections, transformations ou réparations.

(1) Le report à faire au registre, comme premier article des entrées du trimestre, ne comprend que les quantités existant en magasin du dernier jour du trimestre précédent.

Les quantités de matériel en service n'y sont portées qu'en fin de trimestre ; elles représentent les existants au dernier jour du trimestre précédent, augmentés ou diminués des distributions ou réintégrations faites depuis, et doivent concorder avec les livres de détail des compagnies, les registres des infirmeries, écoles, musique, etc.

Les opérations d'entrée et de sortie sont justifiées dans chaque section par les pièces indiquées à la nomenclature annexée à l'instruction du 1er mars 1880. (Voir cette nomenclature, page 178 ci-après.) Toutefois, les distributions et les réintégrations ne sont justifiées, en fin de trimestre, que par les totaux figurant au registre-journal. Ces opérations sont, du reste, résumées en fin d'année, en ce qui concerne les mises en service d'effets ou d'objets neufs et les effets abandonnés aux détenteurs, dans des certificats administratifs mis à l'appui des comptes de gestion. (Ces certificats sont du mod. n° 14, art. 132.)

Les effets ou objets en service figurent invariablement au classement *bon*, dans les comptes tenus par les compagnies, escadrons ou batteries. Le classement à l'*habillement d'instruction* ou le classement hors de service doivent se faire matériellement au moment où les effets de la 1re catégorie sont réintégrés, mais l'opération n'est constatée que trimestriellement, par certificat administratif. (Mod. n° 10.) Pour les objets réformés, le déclassement n'a également lieu, en écritures, qu'en fin de trimestre, sur ce même certificat administratif. On mentionne, dans la colonne d'observations, les quantités d'effets ou objets réformés, en relatant les dates des états de réforme ou des procès-verbaux.

Les certificats administratifs, trimestriels ou annuels, sont toujours établis à la portion centrale du corps.

Pour les réceptions, se reporter à ce titre, page 47.

Le matériel versé ou expédié à d'autres corps ou établissements n'est porté en sortie qu'à la date du récépissé du destinataire. Les objets dont le récépissé porterait une date postérieure au 31 décembre sont compris dans l'existant à cette même date et ne sont portés en sortie que dans les comptes de l'année suivante. (Art. 130 de l'instr. du 1er mars 1880 et note du 27 janvier 1885, p. 123.)

Il est tenu en simple expédition.

La balance des remises et des consommations est faite au dernier jour de chaque trimestre ; elle est certifiée par l'ouvrier intéressé et l'officier d'habillement, vérifiée par le major et arrêtée par le conseil d'administration. (Art. 131 du décr. précité, page 399.)

Les étoffes destinées aux confections et aux réparations étant toujours prélevées sur les matières existant entre les mains des ouvriers, le compte ouvert comprend les consommations de toute espèce. Les économies de coupe sont inscrites comme dernier article des remises à chaque ouvrier. (Art. 131 de l'instr. du 1er mars 1880.)

Les matières nécessaires pour les confections ou réparations, y compris les galons de grade et de chevrons à poser sur les effets neufs, sont délivrés successivement aux ouvriers dans la proportion qu'indique le conseil.

Toutefois, les galons de grade et de chevrons à distribuer par suite de promotions ou de mutations sont remis aux capitaines, qui les font poser, par l'ouvrier tailleur du corps ou de la portion de corps, sur les vêtements des militaires auxquels ils sont destinés. (Art. 252 du décr. du 1er mars 1880, page 384.)

Pour les effets de taille exceptionnelle, le conseil d'administration demande au sous-intendant militaire les autorisations d'emploi de matières nécessaires en sus des devis. Ces autorisations restent annexées au compte ouvert.

On opère de même pour les matières neuves nécessaires aux *réparations au compte de l'Etat.* Les entrées et les sorties résultant des confections, transformations ou réparations, sont constatées par un certificat administratif trimestriel (Mod. n° 9), rappelant dans la colonne d'observations les dates des autorisations spéciales et des procès-verbaux de perte ou détérioration, ainsi que le nombre d'effets de taille exceptionnelle confectionnés. (Art. 131 de l'instr., page 399.)

Cet article dispose en outre que les inscriptions du 1er tableau doivent être faites comme il suit :

....	......	......	......	......	......	......
5 tuniques de soldat	1.63	»	0.02	8.15	»	»
Dont 5 de taille exceptionnelle..........	»	»	»	2.54		
....	......	......	......	......	......	......
Employé.... Aux confections et transformations..........				22.87	20.22	0.79
Employé.... Aux réparations au compte de l'État..........				»	»	0.14
Employé.... Totaux..........				22.87	20.22	0.93
Employé.... Aux réparations à charge de paiement par l'ouvrier....				0.06	»	0.16
Totaux généraux des quantités employées..........				22.93	20.22	1.09
Il reste entre les mains de l'ouvrier — En chiffres..........				3.52	6.08	0.45
Il reste entre les mains de l'ouvrier — En lettres..........				Trois mètres cinquante-deux centimètres.	Six mètres huit centimètres.	Quarante-cinq centimètres.

Lorsqu'il s'agit de réparations imputables aux masses individuelles, les matières neuves employées sont cédées aux ouvriers à charge de remboursement. La valeur en est comprise dans les bulletins de réparation. (Art. 253 du décr.) La sortie de ces matières est justifiée par des factures trimestrielles de livraison (Mod. n° 11), portant mention de la déclaration de versement au Trésor. Lorsque le premier ouvrier tailleur est chargé des réparations dans les portions détachées, il n'est établi qu'une seule facture. (Art. 131 de l'instr. du 1er mars 1880.)

Registre-Journal des distributions et des réintégrations en magasin (*Mod. 22 B.*). — Il est tenu à la portion centrale et dans les détachements qui ont une administration distincte. (Art. 117 du décr. du 1er mars 1880, page 364.) Il n'est pas tenu en campagne, les bons et bulletins sont inscrits sur le registre des entrées et des sorties. (Instr. du 24 avril 1884, page 505.) Il est trimestriel pour les portions détachées (1) et n'a pas de durée limitée pour les portions centrales.

Il est destiné à recevoir journellement l'inscription du nombre d'effets, armes, outils et objets de toute nature distribués aux compagnies, escadrons ou batteries, aux infirmeries, écoles, musiques, etc., et de ceux qui sont réintégrés en magasin, sur la présentation de bons ou de bulletins de versement signés par les capitaines ou autres détenteurs de matériel, et approuvés par le major.

Ces pièces (Mod. n°s 36 et 39), relatent notamment les mutations ou les causes qui donnent lieu aux distributions et aux réintégrations. (En campagne, les bons sont numériques. Instr. du 24 avril 1884, page 505.)

(1) Les détachements l'adressent chaque trimestre à la portion centrale avec les pièces justificatives. (Art. 254 du décr. du 1er mars 1880, page 385.) On y joint un bordereau (Mod. n° 65) des effets de petit équipement distribués. (Art. 208 de l'ordonn. du 10 mai 1844 et 254 du décr. précité.)

On inscrit au registre-journal, comme réintégrés *effectivement*, les effets et objets de toute nature.

1° Emportés par des hommes passant à d'autres corps;

2° Perdus;

3° Versés à d'autres corps ou établissements comme provenant d'hommes rayés des contrôles étant absents.

On y inscrit aussi, mais *pour ordre seulement*, tant à la section II qu'à la section VIII, les effets abandonnés aux hommes soit présents, soit rentrant dans leurs foyers (Art. 132 du décret; voir page 169, section IX.) Il en est de même pour les effets de corvée laissés aux détenteurs pour une 2e durée. (Note du 30 juin 1880, page 420.)

Ces inscriptions sont faites d'après les bulletins de versement établis par les capitaines ou autres détenteurs de matériel, comme pour les autres réintégrations.

Les distributions et les réintégrations sont totalisées par section, le dernier jour de chaque trimestre, et les totaux sont inscrits au registre des entrées et sorties de matériel du service courant.

La certification des opérations de chaque trimestre est signée par l'officier d'habillement et vérifiée par le major et le sous-intendant militaire. (Art. 132 de l'ordonn. du 10 mai 1844, modifié par le décret du 1er mars 1880, page 368.) Cette certification est portée à la dernière page du registre, s'il est trimestriel; dans le cas contraire, elle doit faire suite à l'arrêté de la section IX (*instruction sur la tenue de ce registre, placée en tête du modèle*).

L'arrêté de la section VIII est établi comme il suit :

	»	»		
Totaux	»	»	30	12
Laissé pour les hommes rayés	»	»	2	1
Reste comme réintégrations	»	»	28	11

Les effets sont inscrits dans l'ordre des nomenclatures indiquées au § 1° du présent chapitre.

Les effets de petit équipement en cours de durée, repris aux hommes de la 2e portion du contingent et aux militaires décédés, disparus, etc., y sont portés en recette à la section VIII (Art. 228 de l'instr. du 1er mars 1880), et compris sur des certificats trimestriels, modèle n° 5. Au registre des entrées, chaque certificat est inscrit séparément. (Art. 224 de l'instr., page 404.)

Pour les distributions et réintégrations, voir à ces titres.

Les divisions du registre-journal répondent exactement aux divisions du registre des entrées et des sorties et les inscriptions y sont faites dans le même ordre.

Les mouvements d'entrée et de sortie sont constatés en fin d'année par un certificat, modèle n° 14.

Les compagnies, escadrons ou batteries, tout en ne comprenant dans leurs comptes que des effets ou objets au classement bon, ont néanmoins à distinguer, sur leurs bons, le nombre d'effets neufs, distinction indispensable pour justifier le déclassement au compte annuel de gestion.

Les bons et bulletins comprennent les galons, insignes de tir, les ornements, les épinglettes et les rubans de médaille, sans qu'il en soit passé écriture au livre de détail.

Les insignes et épinglettes de tir et les rubans de médaille étant considérés, au moment de leur distribution, comme abandonnés définitivement aux hommes, sont inscrits comme tels au registre journal et au certificat modèle n° 14.

Pour les galons, insignes et ornements brodés, qui sont à comprendre aux existants en service, l'officier d'habillement n'ayant pas, dans les livres de détail des compagnies, les éléments de la situation, l'établit au moyen de l'existant en service à la fin du trimestre précédent, et en tenant compte des distributions et des réintégrations faites depuis.

Pour permettre de constater le nombre des effets de la première catégorie abandonnés aux détenteurs, on a aux réintégrations (section II) et aux distributions (section VIII), et pour chacun des effets, deux colonnes contiguës : la première réservée aux effets bons ou d'instruction; la seconde destinée aux effets abandonnés (A). Ces derniers effets étant distingués sur les bulletins par la lettre A, l'officier d'habillement a toutes facilités pour les inscriptions à la section II ou VIII.

Quant aux effets d'instruction délivrés en échange d'effets bons réintégrés, l'inscription en est faite au journal d'après un bon nominatif (Mod. n° 36 du décr.) établi par l'officier d'habillement.

Ces renseignements ne figurent au journal que pour mémoire, et dans le seul but de pouvoir facilement et sûrement établir les certificats annuels des effets abandonnés.

Les quantités d'épinglettes de tir et de rubans de médaille à comprendre sur ces certificats sont celles qui se trouvent inscrites aux distributions.

Pour le matériel hors de service, on n'a que des distributions à inscrire, tout le matériel étant réintégré en magasin au *classement bon*. (Art. 132 de l'instr. du 1er mars 1880, page 401.) Voir page 169, section IX.

5° Registre matricule des effets de la première catégorie en service. (N'est tenu qu'à la portion centrale, art. 117 du décr. du 1er mars 1880, page 364.) La tenue de ce registre est suspendue

(1) Il n'est pas tenu dans les compagnies ou sections formant corps (art. 117 dudit décret).

en cas de mobilisation. (Circ. du 21 juillet 1883 (M) et instr. du 24 avril 1884, page 505.) Par suite, pendant la période de guerre, il n'est pas attribué de durée réglementaire aux effets d'habillement. (Même instr.).

Il est conforme au modèle n° 26 et destiné à recevoir l'inscription nominative, dans l'ordre du registre-matricule de la troupe, de tous les sous-officiers, caporaux ou brigadiers soldats et enfants de troupe, ainsi que la désignation des effets de la première catégorie qui leur sont successivement fournis.

Ce registre est composé de feuillets mobiles, divisés par cases, dont une affectée à chaque homme.

Il est tenu un registre spécial pour la 2e portion du contingent.

Il n'en est pas ouvert pour les hommes de la réserve rappelés pour des exercices ou manœuvres.

Les distributions y sont enregistrées par l'inscription des chiffres indicatifs de l'année et du trimestre où elles ont eu lieu.

Les effets réintégrés en magasin ou abandonnés à l'homme qui cesse d'appartenir au corps, y sont indiqués par une unité au bas de leurs colonnes respectives.

Lorsqu'il est délivré des effets ayant parcouru une partie de leur durée, le nombre de trimestres pendant lequel ils doivent encore servir est inscrit sur le registre à la suite du chiffre indicatif du trimestre de la distribution. On y inscrit, en outre, le numéro matricule du précédent détenteur.

Lorsque toutes les cases d'un feuillet ont été rayées, ce feuillet est déposé aux archives. (Art. 133 du décr. du 1er mars 1880, page 369.) Quand un homme quitte le corps, sa case est rayée dans la colonne 1 par un trait tiré dans la diagonale.

Pour les effets apportés d'autres corps ou à reporter sur un nouveau registre, on indique le trimestre et l'année de la distribution, et s'ils ont été distribués en cours de durée, on indique le nombre de trimestres pour lequel ils avaient été distribués. Pour les effets apportés d'autres corps, les inscriptions sont faites d'après les indications du livret matricule. On souligne par un trait les effets versés à l'habillement d'instruction avant d'avoir accompli leur durée. (Instr. placée en tête du modèle du registre.)

Les feuillets sont signés par le major, après que la première inscription y a été faite. (Art. 119.)

Les effets de sous-officiers, ceinturons et dragonnes, délivrés gratuitement aux officiers de réserve et emportés par eux, doivent être inscrits sur des feuillets mobiles ajoutés au registre-matricule n° 26. (Circ. du 19 avril 1880 M.)

6° **Contrôle général** *des instruments de musique, clairons et trompettes.*
— *des effets de harnachement.*
— *des armes (dans les compagnies et sections formant corps, il comprend les clairons et trompettes)* (1).
— *des outils portatifs.*

Ces contrôles généraux ne sont tenus qu'à la portion centrale. (Art. 117 de l'ordonn. du 10 mai 1844, modifié par le décr. du 1er mars 1880, page 364) (2).

Ils sont conformes au modèle n° 28 annexé audit décret et destinés à recevoir les inscriptions suivantes :

1° Numéros de série empreints sur les instruments de musique, clairons, trompettes, effets de harnachement, armes et outils portatifs, lorsqu'ils sont mis en service pour la première fois ;

2° Année de la première mise en service ;

3° Numéros matricules des hommes et des chevaux auxquels ils sont affectés ;

4° Lettre indicatrice ou numéro de la compagnie, de l'escadron ou de la batterie ;

5° Cause et date de la perte pour le corps, des instruments, effets, armes et outils.

Quand un instrument, un effet de harnachement, une arme ou un outil est réintégré en magasin, cette rentrée est indiquée par la simple radiation du numéro matricule. (Art. 134 du décret du 1er mars 1880, page 369.)

Le contrôle général des effets de harnachement en service dans les corps de l'artillerie et du train des équipages est conforme au modèle ci-dessus avec cette différence toutefois que l'entête des colonnes 3 et 8 est remplacé par celui-ci : Indications particulières à chaque effet.

L'inscription à faire dans les colonnes 2 et 7 est le millésime de l'année de la mise en service.

Les inscriptions à faire dans les colonnes 3 et 8 sont celles qui résultent des observations qui font suite aux tableaux B, C, D, E annexés au règlement du 11 juin 1883, 918 à 923.

Les signes et abréviations à employer sont ceux indiqués dans le tableau F, page 924. Ils doivent être reproduits en tête du contrôle. (Art. 21 du règlement précité, page 859.)

Les harnais des voitures attelées, requis en cas de mobilisation, sont compris dans les états n° 8 *bis* établis par les commissions de réception et dont la réunion dans les corps forme contrôle. (Instr. du 1er août 1879, page 685, art. 20.)

7° **Contrôle général des équipages régimentaires et d'état-major.** — Dans les corps qui sont pourvus d'équipages régimentaires ou qui ont reçu en dépôt des équipages destinés aux états-majors, il est tenu un contrôle général des équipages (Mod. n° 30), sur lequel on inscrit, au moment de la réception, les marques et numéros qu'ils portent, et successivement les mutations indiquant leur entrée au corps, leur sortie ou leur passage d'une compagnie ou d'un escadron dans un autre. (Art. 135 du décret du 1er mars 1880, page 369.) Tenu comme les autres contrôles, à la portion centrale (voir ci-dessus.)

(1) Se reporter au chapitre de l'armement pour la tenue de ce contrôle.

(2) La tenue des contrôles généraux est suspendue en cas de mobilisation. (Circ. du 21 juillet 1883 (M) et Instr. du 24 avril 1884, page 505.)

Les voitures attelées, requises en cas de mobilisation, sont comprises dans les états n° 8 *bis* établis par les commissions de réception et dont la réunion dans les corps forme contrôle. (Art. 20 de l'instr. du 1er août 1879, page 685.)

8° Livret des échantillons et modèles-types. (N'est tenu qu'à la portion centrale, art. 117 de l'ordonn. du 10 mai 1844, modifié par le décr. du 1er mars 1880, page 364.)

Ce livret (Modèle n° 2 annexé à ladite ordonn.) est destiné à recevoir l'inscription, dans l'ordre des dates de leur réception, de tous les échantillons et modèles-types envoyés au corps par le ministre. Lorsqu'un échantillon ou modèle-type est substitué à un autre, la date de l'annulation de l'ancien est inscrite au livret où il est, en outre, fait mention de la destination qu'il reçoit. (Art. 137 de l'ordonn. du 10 mai 1844, page 304.) Ces effets ne figurent point au registre des entrées et des sorties, mais ils sont compris dans le compte annuel de gestion. (Art. 130 de l'instr. du 1er mars 1880, page 366.) Les modèles-types sont expédiés au corps dans les conditions indiquées par la note du 23 juillet 1884, page 150 (S).

9° Carnet des effets de sous-officiers *prélevés sur l'approvisionnement de réserve avant d'y avoir été remplacés par des effets de même nature et de même pointure.* — Il est visé par le sous-intendant militaire. (Circ. du 12 novembre 1879, page 341.) On doit comprendre, sur un carnet spécial semblable, les effets empruntés à l'approvisionnement de réserve pour l'habillement des réservistes, à défaut de ressources dans le service d'instruction. (Circ. du 13 juillet 1880 M).

10° Registre des procès-verbaux de réception de matériel. (Art. 117 du décr. du 1er mars 1880, page 364.) Il n'est pas tenu en campagne. (Décr. du 24 avril 1884, page 499.)

Ce registre est conforme au modèle B annexé à l'instruction du 3 avril 1879. (Art. 34 et 630, page 611). Mais la note du 30 juin 1880, page 417, prescrit de l'approprier suivant les besoins aux exigences du service général du matériel dans les corps de troupe.

Il résulte de ces dispositions que les diverses catégories d'effets (Habillement, équipement, grand et petit) doivent y figurer.

L'article 27 dudit décret dispose que les conseils d'administration procèdent, ou font procéder par les membres qu'ils délèguent, aux réceptions de matériel, et l'art. 130, que la passation des marchés et la réception des effets de grand et de petit équipement sont confiées à ces conseils.

Un relevé positif ou négatif de ce registre, en ce qui concerne les effets du service de l'habillement, est établi chaque trimestre et transmis à l'intendant du corps d'armée. Il est conforme au modèle C. Art. 35 de ladite instr.)

Les imprimés de registre et de relevé sont, ainsi que les procès-verbaux d'arbitrage, modèle E, fournis aux corps par les intendants militaires par imputation sur les fonds du service de l'habillement (Circ. du 25 juin 1879, page 1207 (S), qui dispose, en outre, que les corps n'ont pas à tenir, pour les draps, le registre mod. n° 5 annexé à l'instr. du 21 janvier 1864, page 790 (aujourd'hui 31 juillet 1883, inséré 1er semestre, p. 85), ni pour les toiles le registre mod. A faisant suite à l'instr. du 3 avril 1869).

10° *bis* Registre des récépissés comptables. V. page 49.

11° Carnet de pointures. (Mod. n° 3, annexé à l'instr. du 1er septembre 1879 modifiée par la décis. du 1er septembre 1884). — Il est distinct pour chacun des approvisionnements ci-après :

1° Approvisionnements de réserve du corps actif ;
2° — du corps territorial (1) ;
3° — des sections techniques d'ouvriers militaires de chemins de fer de campagne.

Il n'est pas tenu de carnets de pointures pour les autres approvisionnements spéciaux.

On n'inscrit au carnet de pointures que les entrées et les sorties modifiant les existants par tailles ou pointures.

Ce carnet est totalisé chaque trimestre et les quantités existantes sont comparées avec les quantités devant exister d'après les tableaux de pointures ministériels.

Ces totalisations sont certifiées, pour chaque espèce d'effets, par le conseil d'administration et par l'officier gestionnaire et visées par le sous-intendant militaire.

Le carnet est, en outre, totalisé au moment du recensement annuel (Instr. précitée, art. 70 et suiv.) Les effets à porter sur ce registre sont ceux indiqués par la circ. du 20 octobre 1879 (M), art. 32. Lorsque les effets passent d'un approvisionnement dans un autre, il n'est passé écriture au carnet que si l'échange n'est pas effectué pointure pour pointure (article 33).

La fourniture de ces carnets est à la charge des officiers d'habillement. (Circ. du 20 octobre 1879 M).

12° Registres des transports (Mod. H). — Tenus dans chaque détachement comme à la portion centrale. (Voir *Transports.*)

13° Registres de correspondance. — (Nomenclature annexée aux tarifs du 25 décembre 1875, page 898.) Voir page 23, le chapitre des registres à tenir dans les corps.

14° Carnets reconnus nécessaires pour l'inscription des objets divers qui ne figurent pas sur les registres indiqués ci-dessus.

(1) Si plusieurs corps de l'armée territoriale sont confiés à un même corps de l'armée active, il est tenu un carnet distinct pour chaque corps de l'armée territoriale. (Nota placé en tête du carnet.)

15° Etat trimestriel des cessions. — La note du 15 septembre 1880, page 750, prescrit de produire au ministre, au titre de chaque budget, un état de cessions conforme au modèle qui y est joint, comprenant : 1° Les sommes dues au service de l'habillement à recouvrer par voie de versement au Trésor; 2° Les sommes dues au service de l'habillement à recouvrer par voie de virement; 3° Les sommes dues par le service de l'habillement à rembourser par voie de virement.

COMPTES ANNUELS DE GESTION

PORTANT INVENTAIRE DU MATÉRIEL (1)

Pour *tout* le matériel dont le conseil d'administration est responsable (*en magasin ou en service*), il est produit des comptes annuels de gestion portant inventaire (Mod. n° 32 F), appuyés des pièces justificatives des entrées et des sorties.

Ces comptes sont distincts pour le service courant et pour le service de réserve, et, de plus, pour chaque catégorie de matériel appartenant à un même service de la guerre et ayant une nomenclature distincte. (Art. 253 *bis* et 253 *ter* de l'instr. et du décr. du 1er mars 1880, pages 384 et 410, et mod. du compte), c'est-à-dire :

Le matériel des hôpitaux. (Nomencl. G),
— de l'habillement et du campement. (Nomencl. H I),
— de la remonte générale. (Nomencl. L),
— du harnachement de la cavalerie. (Nomencl. M),
— de l'artillerie et des équipages. (Nomencl. N),
— du génie. (Outils portatifs seulement, pour tous les corps, et le matériel de harnachement pour les corps du génie). (Art. 130 de l'instr. du 1er mars 1880 et 25 de celle du 15 mars 1872.)
— des écoles. (Nomencl. Qvii).

Pour les comptes annuels de gestion autres que ceux de l'habillement et du campement dont il est parlé ci-après, il convient de se reporter à chaque service.

1° Compte annuel de Gestion (*Mod. n° 32 F*) (SERVICE COURANT) de l'Habillement et du Campement.

Ce compte de gestion comprend le matériel du service courant, ainsi que l'habillement d'instruction et les effets hors de service (2).

Il est tenu en simple expédition (modèle du compte).

Aux termes de l'article 253 *bis* de l'instruction ministérielle du 1er mars 1880, page 409, les opérations d'entrée et de sortie, figurant aux comptes de gestion du service courant, sont justifiées conformément aux indications de la nomenclature ci-annexée.

Les pièces justificatives reçoivent un numéro d'ordre spécial reproduit au compte et sur le bordereau modèle n° 20.

Ainsi que l'indique le modèle de compte de gestion, on ne distingue point les effets de première et de deuxième tenue : les totaux des colonnes affectées aux effets bons de première et de deuxième tenue sont réunis, pour ordre, au-dessous des totaux de la section II, du registre des entrées et des sorties du matériel du 4e trimestre.

(1) Se reporter, pour les renseignements de détail, au registre des entrées et des sorties de matériel, page 168.

(2) Aux termes de la circ. du 2 mai 1884, page 484, tous les effets ou objets délivrés aux corps par les magasins administratifs doivent être pris en compte par eux. Cette disposition a été rappelée par la note du 6 octobre 1884, page 549.

Les prix à attribuer aux objets compris dans les restants au 31 décembre sont ceux déterminés en tête de la nomenclature, pour chaque classement : *neuf*, *bon*, *à réparer*, *hors de service*. Les effets de l'habillement d'instruction ne correspondant à aucun de ces classements sont décomptés (dans ce cas *seulement*) au cinquième du prix de l'objet neuf.

Toutes les quantités fractionnaires sont exprimées en décimales, qui sont au nombre de trois pour les quantités évaluées au mètre cube, et au nombre de deux pour les autres unités réglementaires. (Art. 253 *bis* de l'instr. du 1er mars 1880.)

Les prix déterminés par la nomenclature du service de l'habillement comprennent :

1° Pour les effets d'habillement et les képis : Les chiffres découpés en drap, les pattes, les écussons cousus et faufilés sur les effets.

2° Pour les étuis de revolver : La banderole pour l'étui en cuir noir ; la banderole et la ceinture pour l'étui en cuir fauve;

3° Pour la bretelle de fusil : Le double bouton en cuivre adopté à cet effet (Dép. du 1er juin 1881 M). Il résulte de cette disposition que ces accessoires ne doivent pas figurer distinctement dans les comptes, à moins qu'ils ne soient isolés.

Les décomptes en deniers doivent être effectués pour tous les services, conformément aux exemples chiffrés figurant aux modèles annexés au décret et à l'instruction.

La fixation du prix des matières, effets, objets, etc... aux classements autres que le classement neuf, résulte du prix déterminé pour ce dernier classement, réduit du 0/0 déterminé pour le matériel de chaque service sans arrondir à 5 ou 10 centimes, et sans tenir compte des millimes. Toutefois, pour les imputations d'effets de campement, on applique les prix de base indiqués dans la deuxième annexe de la nomencl. (Note du 30 juin 1880, page 421).

Le prix du matériel hors de service, mais susceptible d'être utilisé ou transformé, au 10e de l'objet neuf; il n'est pas assigné de valeur à celui à remettre au domaine (Nomencl. du 30 décembre 1880, page 473.)

Le matériel, acheté sur les fonds des masses d'entretien, est rattaché, suivant sa nature et sa destination, à l'une des nomenclatures du matériel, sauf les ingrédients divers achetés pour l'entretien du matériel, les balais, les brosses, etc., qui, une fois mis en service, sont considérés comme consommés et ne figurent point dans les comptes des corps. (Instr. du 1er mars 1880, art. 130, page 393, et dispositions transitoires, page 411.) Ils sont portés à leur numéro de nomenclature et confondus avec les objets similaires achetés sur les fonds du budget de l'habillement. (Dép. du 20 décembre 1882, n° 15,084, et du 14 février 1,883, n° 1549.)

Pour les instruments de musique et pour les modèles-types, se reporter au registre des entrées et des sorties, page 168.

Le matériel reçu ou acheté par les corps et *mis en service immédiatement* est porté en entrée et en sortie au classement *bon*, tout en figurant sur les factures au classement *neuf*. Tels sont, par exemple, les instruments de musique, etc. On indique sur les factures, en caractères apparents : *Mis ou à mettre immédiatement en service*. Il n'y a donc pas lieu de comprendre ces effets et objets sur les certificats administratifs de déclassement constatant annuellement les mises en service.

Les entrées et sorties de matériel à réparer ne donnent lieu à aucune inscription dans les comptes-matières. Les matières et effets employés aux réparations figurent seuls au certificat administratif. (Art. 130 de l'instr. précitée, page 393). Pour le matériel d'emballage, se reporter à la page 168 ci-dessus.

Le libellé des opérations inscrites dans les comptes est conforme aux exemples donnés par les modèles, sans surcharges ni interlignes; les grattages sont formellement interdits; les ratures ne sont autorisées que dans le cas d'erreurs matérielles et doivent toujours être faites de manière que les mots rayés restent parfaitement lisibles.

La rectification d'un arrêté en toutes lettres s'opère par un renvoi également en toutes lettres, signé des membres du conseil et visé par le sous-intendant militaire.

Les erreurs constatées après arrêté des comptes trimestriels se redressent par des certificats administratifs de prise en charge. (Mod. n° 5) ou de sortie (Mod. n° 14.)

Il est interdit de recouvrir par des bandes collées les indications imprimées ou les inscriptions faites sur les comptes.

Tout feuillet annulé ou non employé doit rester adhérent. (Instr. du 1er mars 1880, dispositions générales)

La circulaire du 21 février 1881, page 184, donne la manière de clore les comptes de gestion en matières pour passer d'une nomenclature à une nouvelle en fin d'année ; on se conforme également aux instructions spéciales qui sont adressées à l'époque de chaque renouvellement. (21 février 1881.)

Les pièces de coiffure et de grand équipement et les boutons achetés au titre des fonds divers pour les réparations et à remettre contre remboursement aux ouvriers, ne figurent pas dans le compte annuel de gestion (Feuille de vérification ministlle du 5 juin 1883 (M), mais on doit y porter les boutons achetés sur les fonds du service de l'habillement et ceux retirés des effets hors de service, les effets de petit équipement des hommes disparus, les objets mobiliers permanents désignés dans les numéros 246 et suivants de la nomenclature ; en un mot tout le matériel prévu par cette nomenclature. (Feuille de vérification ministlle du 5 juin 1883, n° 5,633, rappelant les art. 224 et 245 du décr. du 1er mars 1880.)

Pour le couchage auxiliaire, etc., voir le chapitre du campement, et pour les effets de campement prélevés sur le service de réserve pour les exercices, se reporter au § 2e ci-après.

Les factures comprenant des matières neuves employées aux réparations au compte de la masse individuelle doivent mentionner la preuve du remboursement. (Art. 131 de l'instr. du 1er mars 1880.)

Les entrées et les sorties par suite de changement de classification sont motivées dans les colonnes 10 et 17 des comptes de gestion. Par suite, l'on ne doit pas se borner à porter la mention : Certificat administratif.

Lorsque des cantines à vivres sont mises en service à l'occasion des manœuvres, les corps doivent verser au Trésor la différence entre le prix des objets neufs et le prix des objets à l'état bon et joindre une déclaration de versement. (Feuille de vérification du 5 juin 1883 et circ. du 21 juin 1877 (M) en ce qui concerne les cantines à vivres.

Aux termes de la note du 27 janvier 1885, page 123, le matériel en cours d'expédition au 31 décembre doit être porté en sortie dans le compte de l'année *à laquelle se rapporte l'entrée faite par le réceptionnaire.*

Il s'ensuit que les corps doivent comprendre dans leur compte de gestion tous les récépissés jusqu'au 31 décembre, à moins que le compte n'ait été produit avant l'arrivée des récépissés. Les sous-intendants doivent tenir la main à ce que les corps envoient sans retard aux expéditeurs les factures de prise en charge. (Note du 27 janvier 1885, page 123.) Quant aux récépissés portant une date postérieure au 31 décembre, ils ne sont portés en sortie que dans le compte de l'année suivante. (Art. 130 de l'instr. du 1er mars 1880.)

Nomenclature des pièces à produire par les corps de troupes

A L'APPUI DES COMPTES ANNUELS DE GESTION PORTANT INVENTAIRE DES DIVERS MATÉRIELS

(Journal militaire, 1er semestre 1880, p. 413).

NATURE ET MOTIFS DES OPÉRATIONS.	PIÈCES A PRODUIRE.	ARTICLES de L'INSTRUCTION.	NUMÉROS des MODÈLES.
Pour l'établissement des pièces justificatives, se reporter à l'article : (REGISTRE DES ENTRÉES ET DES SORTIES DE MATÉRIEL.)			
ENTRÉES			
Reprises des existants au 31 décembre.	Compte annuel (1) de l'année précédente.	253 *bis*.	32 F du décr.
Achats donnant lieu à une seule livraison.	Talons des factures d'achat.	22, 130, 253 *bis*.	3
Achats donnant lieu à plusieurs livraisons.	Talons des factures d'achat, appuyés des certificats administratifs (2) de prise en charge.	22, 130, 253 *bis*.	3 et 5
Rachats d'animaux aux officiers et aux gendarmes.	Talons de la facture d'achat.	22, 130, 253 *bis*.	3
Livraisons des entrepreneurs.	Factures de livraison ou d'expédition.	23, 130, 253 *bis*.	3
Achats sur place.	Talons des bordereaux d'achats.	22, 130, 253 *bis*.	4
Matériel égaré rapporté par l'habitant.	Talons des bordereaux d'achats (3).	22, 130, 253 *bis*.	4
Appels ou réquisitions.	Factures d'expédition ou de livraison, revêtues de la prise en charge, et, s'il y a lieu, décomptées et portant la preuve du remboursement.	22, 253 *bis*.	5 ou 6 (*a*)
Versement ou cessions par d'autres corps ou établissements du département de la guerre ou par des corps ou établissements relevant d'autres ministères.	*Idem*.	130, 245, 248, 253 *bis*.	5 ou 6
Excédants constatés (*b*).	Extraits de procès-verbaux ou certificats administratifs portant déclaration de la prise en charge.	130, 258, 253 *bis*	5 ou 8
Réintégrations de matériel précédemment imputé.	Certificats administratifs de prise en charge.	130, 253 *bis*.	5
Vieilles matières recueillies, matières et matériaux d'emballage non compris dans les expéditions, résidus quelconques, matériel égaré rapporté par l'habitant, etc.	Certificats administratifs de prise en charge.	130, 253 *bis*.	5
Naissance de poulains.	Certificats administratifs de prise en charge.	130, 253 *bis*.	5
Produits des transformations, fabrications, confections et réparations.	Certificats administratifs (trimestriels).	130, 131, 253 *bis*	9
Déclassements et changements de numéro de classification (mise en service, classement à l'habillement d'instruction, classement hors de service, changement d'arme des animaux, etc.)	Certificats administratifs (trimestriels).	130, 253 *bis*.	10
Réintégrations par des tiers d'animaux ou d'objets appartenant à l'Etat, prêtés ou mis en dépôt.	Certificats administratifs de prise en charge.	130, 253 *bis*.	5

OBSERVATIONS

(1) Ce compte annuel se trouve à l'administration centrale.
(2) Les certificats administratifs constatent chaque livraison partielle.
(3) Si l'opération est à charge de paiement.
(*a*) Les factures nº 6 rappellent les quantités de matériel d'emballage à prendre en charge. De plus une note du 28 avril 1884, p. 475, prescrit aux comptables des services administratifs qui font des expéditions de matériel du service de l'habillement sur les corps, de facturer à part le matériel d'emballage.
(*b*) Les réintégrations en magasin ayant lieu sans déclassement, ne sont pas inscrites au compte annuel, par la raison qu'elles ne changent pas l'avoir total du corps.

NATURE ET MOTIFS DES OPÉRATIONS.	PIÈCES A PRODUIRE.	ARTICLES de L'INSTRUCTION.	NUMÉROS des MODÈLES.
	SORTIES		
Versements ou cessions à d'autres corps du département de la guerre ou à des corps ou établissements relevant d'autres ministères.	Factures d'expédition ou de livraison revêtues de la prise en charge, et, s'il y a lieu, portant la preuve du remboursement (1).	130, 245, 248 253 *bis*.	11 (*a*)
Versements ou cessions à des établissements du département de la guerre (magasins, arsenaux, etc)	Comme ci-dessus, quand les sorties sont à charge de paiement; récépissés comptables (2) dans le cas contraire.	130, 245, 248, 253 *bis*.	11
Manquants et déficits imputés. (Voir *Recensements et pertes au compte des officiers.*)	Extrait de procès-verbaux portant déclaration de versement au Trésor.	130, 253 *bis*, 258	13
Pertes, détériorations et moins-values imputées aux détenteurs de matériel. (Voir *Pertes et détériorations.*)	Talons des états des sommes imputées portant déclaration de versement au Trésor.	130, 182, 253 *bis*	18
Distributions et consommations définitives (effets et objets abandonnés aux détenteurs, emploi à l'entretien du matériel, consommations de munitions, etc.)	Certificats administratifs (3) (*annuels pour les distributions et les effets abandonnés, trimestriels pour l'emploi du matériel*). NOTA. — Le registre journal est appuyé de bons ou reçus délivrés par les parties prenantes.	130, 132, 253 *bis*	14
Destructions, pertes, détériorations ou mises hors de service par cas de force majeure, avaries, déchets ou déficits non remboursables. (Voir *Pertes et détériorations.*)	Extraits des procès-verbaux.	130, 251, 253 *bis*	16
Remises aux domaines. (Voir *Ventes.*)	Extraits des procès-verbaux de vente.	130, 245, 253 *bis*	17
Transformations, fabrications, confections.	Certificats administratifs (trimestriels) (4).	130, 131, 253 *bis*	9
Déclassements et changements de classification.	Certificats administratifs (trimestriels).	130, 253 *bis*.	10
Prêts ou dépôts divers.	Factures de livraisons décomptées.	130, 253 *bis*.	11
Abattage ou mort des animaux.	Extraits des procès-verbaux.	130, 253 *bis*.	16
	PIÈCES DIVERSES		
Relevé des quantités de matières employées. (Mod. n° 19.) (*b*).	....	253 *bis*.	19 *bis* (du décr.)
Relevés des dépenses (une expédition de chacun des). (*c*).	....	253 *bis*.	21 *bis* (du décr.)
Bordereau modèle n° 20, renfermant les pièces justificatives (5).	....	....	20

OBSERVATIONS

(1) Si les cessions sont faites à des militaires du corps, l'émargement dans la colonne d'observations tient lieu de prise en charge. Pour les chevaux cédés, les factures sont individuelles. Les factures sont trimestrielles lorsqu'il s'agit de matières cédées aux ouvriers pour les réparations. (Art. 131 de l'instr.)

Les effets prélevés en cas d'urgence à la réserve, pour les besoins du service courant, et qui, faute de ressources à ce dernier, ne peuvent être remplacés immédiatement, sont inscrits sur un carnet spécial sans cesser de compter au service de réserve. Mais si, en fin de trimestre, ce remplacement n'est pas effectué, on doit les porter en sortie au service de réserve et en entrée au service courant; au moment du remplacement, une opération inverse est faite. (Dép. minist. du 19 mars 1884 M).

(2) Modèle n° 361 de la nomenclature des imprimés de la guerre.

(3) Appuyés des ordres particuliers ordonnant les distributions ou les consommations.

(4) Appuyés des marchés ou conventions particulières, s'il y a lieu.

(5) Ce bordereau est distinct pour les entrées et pour les sorties.

(*a*) On porte sur ces factures les quantités de matériel d'emballage employées.

(*b*) Pour les services de l'habillement et du harnachement seulement.

(*c*) Pour les écoles, on ne doit fournir de relevés que lorsqu'ils comprennent des dépenses de matériel. (Circ. du 12 avril 1882 M).

Les diverses pièces à établir soit à la main, soit sur des formules imprimées devront toujours avoir les dimensions de : hauteur, 36 centimètres ; largeur, 23 centimètres.

Les mémoires ou quittances (Mod. n° 1), devant appuyer les relevés de dépenses, font seuls exception à cette règle et peuvent être réduits aux dimensions du papier soumis au timbre de 0,60 c.

Suivant les besoins, on emploiera des formules arrêtées au recto ou au verso.

Les additions ou suppressions nécessaires pour approprier certains modèles à certaines opérations seront faites à la main ; les mots à supprimer seront rayés de manière à toujours rester apparents. (Observations placées en tête des modèles annexés à l'instruction du 1er mars 1880.)

En outre, l'article 4 de l'instruction du 15 mars 1872 (M) dispose que les pièces justificatives sont fournies en simple expédition.

Le 1er mars de chaque année, au plus tard, pour l'année écoulée, les comptes annuels de gestion sont remis en simple expédition au sous-intendant militaire chargé, après vérification, de les adresser, avec pièces à l'appui, aux intendants militaires, pour être transmis au ministre dans le courant du mois de mai. (Art. 253 *bis* du décr. du 1er mars 1880, page 384.)

L'intendant militaire récapitule les comptes de gestion portant inventaire fournis par les corps (Art. 26 de l'instr. du 15 mars 1872 M), dans un état conforme au modèle annexé à la circulaire du 26 décembre 1867, page 1106. Il est produit en deux expéditions. (Circ. du 19 mars 1873, page 398 et du 19 juin 1880 M). On doit demander les imprimés nécessaires au ministre (Circ. du 13 avril 1881 M.)

2° Compte annuel de Gestion (*Mod. n° 52 F*) (SERVICE DE RÉSERVE) de l'Habillement et du Campement.

Toutes les dispositions générales indiquées au précédent article sont applicables au compte annuel du service de réserve. (Art. 253 *ter* du décr. page 385 et de l'instr. du 1er mars 1880, page 410.)

Il comprend l'ensemble des approvisionnements autres que celui du service courant dont le corps a la gestion. Par suite, les mouvements de matériel entre les approvisionnements spéciaux gérés par le même corps ne figurent point dans ce compte.

Quand il y a lieu, on complète l'entête de chaque compte conformément à l'exemple suivant :

112e d'infanterie et { 26e *bis* section de chasseurs forestiers,
115e régiment territorial d'infanterie,
145e régiment territorial d'infanterie.

De plus, l'instruction du 1er septembre 1879, modifiée par la décision du 1er septembre 1884 (M), dispose que les écritures du service de réserve sont uniques pour les approvisionnements de réserve du corps actif, ceux de l'armée territoriale et les approvisionnements spéciaux. Néanmoins, ces approvisionnements sont accusés distinctement par catégorie, dans tous les documents de comptabilité.

L'art. 84 de cette même instruction dispose que les effets de campement que les corps de troupes à l'intérieur sont autorisés à prélever sur le service de réserve pour les exercices ou manœuvres, ne doivent pas cesser de faire partie du service de réserve.

En outre, une feuille de vérification ministlle, en date du 1er août 1883, n° 8,130, rappelle que, dans le cas de mise hors de service des ustensiles prélevés par suite de l'emploi qui en est fait pendant les exercices ou manœuvres, des demandes doivent être produites au titre du service courant et, après réception, les effets sont versés au service de réserve sans remboursement par le budget extraordinaire.

Pour les comptes de gestion spéciaux à produire pour des approvisionnements en dépôt dans les magasins administratifs, se reporter à la page 167 ci-dessus.

Aux termes de la circ. du 2 mai 1884, page 484, tous les effets ou objets, quelle que soit leur nature (art. 253 *ter* de l'instr.) délivrés ou expédiés aux corps par les magasins administratifs, doivent être pris en charge par les corps réceptionnaires qui en font entrée dans leurs comptes. Cette disposition est rappelée par la note du 6 octobre 1884, page 549, relative aux képis et brassards de réquisition en dépôt dans les corps.

Quant aux képis et brassards en dépôt dans les brigades de gendarmerie, ils doivent figurer dans le compte de gestion de chaque compagnie (même note). Ce compte comprend en outre les approvisionnements constitués pour les gendarmes réservistes ou territoriaux. (Circ. du 16 juin 1883 M). Les képis et brassards en dépôt dans les gares sont compris dans les comptes des magasins administratifs. (Note du 6 octobre 1884, page 549). Quant à ceux déposés dans les bureaux de recrutement, ils font également l'objet d'un compte de gestion établi par le commandant de chaque bureau. (Auteur.)

NOTA. — Une note du 3 juin 1882, page 298, prescrit aux établissements du service de l'artillerie qui ont du matériel de l'habillement et du campement en réserve pour les besoins de la mobilisation, de produire un compte de gestion portant inventaire, au titre du service de l'habillement et du campement, et dans la forme prescrite par le décret et l'instruction du 1er mars 1880.

De plus, une circ. du 19 juillet 1882 (M) émanant de la Direction de l'artillerie, règle l'application de ladite note et rappelle que le compte dont il s'agit doit être produit même négatif; que, de plus, en cas de distribution, ces objets doivent être délivrés à titre gratuit aux agents ayant rang de sous-officier, et à charge de remboursement aux officiers. Ce remboursement a lieu par voie de versement au Trésor.

AVANCES DE FONDS

FAITES PAR LES CORPS DE TROUPES, AU COMPTE DE L'ÉTAT

POUR L'EXÉCUTION DE CERTAINS SERVICES

Dispositions générales applicables à tous les services.

L'article 22 de l'ordonnance du 10 mai 1844, modifiée par le décret du 1er mars 1880, page 362, prescrit aux conseils d'administration de poursuivre le remboursement des dépenses qu'ils ont été autorisés à acquitter, à titre d'avances, sur les fonds généraux de la caisse du corps, pour l'exécution des différents services. A cet effet, ils produisent au sous-intendant militaire des relevés (Mod. n° 21 *bis*) accompagnés de pièces justificatives. (Art. précité.) Ce modèle a été modifié par l'instr. du 1er mars 1881, page 364, en ce qui concerne le détail par nature de dépenses à présenter.

Les services pour lesquels les corps peuvent faire des avances sont :

1° Fourrages (nourriture de chevaux de remonte); — 2° Hôpitaux (infirmeries régimentaires); — 3° Service de marche (convois) ; — 4° Habillement et Campement ; — 5° Remonte et harnachement ; — 6° Génie (réparation des outils); — 7° Artillerie et Equipages (entretien et réparation des armes (1); — 8° Écoles; — 9° Chauffage et Éclairage (chauffage des bains au moyen de charbon de bois.) (Art 11 de l'instr. du 1er mars 1881, page 358.)

Ces remboursements ne s'appliquent qu'aux dépenses qui sont au compte de l'Etat.

Les relevés sont distincts par exercice (Art. 3 de la dite instr.), et l'on ne doit comprendre dans les comptes d'un exercice que des dépenses afférentes à des faits consommés réellement pendant la période du 1er janvier au 31 décembre. (Circ. du 17 septembre 1878, page 354 (S). En d'autres termes, il faut que, sur les pièces justificatives, le certifié du fournisseur et le certificat de prise en charge des objets soient toujours datés de l'exercice auquel le compte s'applique (15 décembre 1846, page 711), mais il n'est pas nécessaire que la dépense soit acquittée dans cette limite. La quittance des parties prenantes peut, ainsi que le compte du corps, porter sans inconvénient une date postérieure au 31 décembre (Voir *Armement*); mais, dans ce cas, le compte ne doit pas être arrêté à une date antérieure à celle des acquits.

Les relevés et pièces justificatives sont établis distinctement pour le budget ordinaire, et pour le budget sur ressources extraordinaires, et dans chaque budget, par chapitre, article, partie ou paragraphe. Exemple pour 1881 :

Pour l'Habillement et le Campement, les pièces sont établies sous le seul titre de chapitre XII, article unique ; — *Pour la Remonte* (chapitre XVII), elles sont distinctes pour l'article 1er (Remonte générale) et pour chacun des paragraphes de l'article 3 (Harnachement) ; — *Pour les Ecoles militaires*, elles sont distinctes pour chacune des parties des divers paragraphes de l'article 14 du chapitre XXI. Etc... (Art. 3 et 8 de l'instr. du 1er mars 1881, pages 356 et 357.)

Les relevés ne doivent comprendre que des factures ou mémoires présentés dans les délais fixés par les marchés ou conventions. Les autres sont rejetés. (Art. 7 qui dispose que les délais doivent être fixés de manière à permettre une prompte régularisation.) Les dépenses omises dans un relevé doivent être comprises dans le premier relevé à établir au titre du *même exercice*. Si elles concernent le 4e trimestre, il est établi, et dans ce cas seulement, un relevé supplémentaire au titre de l'exercice. (Art. 8.)

Le détail par nature de dépenses à porter sur ces relevés est conforme aux indications du tableau qui fait suite à l'instruction du 1er mars 1881, page 364. Ce tableau a été complété par une feuille de vérification ministérielle en date du 26 juin 1882.

Les factures, mémoires ou quittances reçoivent pour ordre, le cas échéant, un développement analogue faisant ressortir distinctement les sommes afférentes à chacune des divisions de détail indiquées par le tableau sus-mentionné. Ce dévoloppement est dressé sous forme récapitulative et à l'encre rouge. (Art. 9.)

Lorsqu'il s'agit de dépenses faites pour constituer, compléter ou accroître les approvisionnements de la réserve de l'armée active ou de l'armée territoriale, les pièces justificatives doivent indiquer la répartition des dépenses entre ces deux catégories d'approvisionnements. (Feuille de vérification minist^lle du 26 juin 1882 concernant le service de l'habillement.)

(1) Pour les dépenses du service de l'armement, se reporter à ce chapitre.

Les relevés (Mod. n° 21 *bis*) (1) sont envoyés au sous-intendant militaire dans le 1er mois de chaque trimestre ou de chaque année expirée, appuyés des pièces justificatives en original (factures, mémoires, quittances, traites, marchés, autorisations d'achats) (2), et d'une copie de chacun de ces documents préparée pour être certifiée conforme par le fonctionnaire. Les pièces originales vont à l'appui de l'ordonnancement et les copies sont destinées à la liquidation. Le sous-intendant militaire inscrit les relevés sur le registre des titres de créances. (Art. 10.) Dans le cas de dégradations par force majeure, les mémoires de réparation sont appuyés des procès-verbaux. (Feuille vérification ministér. du 18 août 1881.)

L'on doit produire copie des traites et, en cas d'impossibilité, les factures doivent être revêtues d'une déclaration mentionnant que les dites traites ont été mises à l'appui de l'ordonnancement. (Feuille de vérification ministér. du 22 février 1882).

Nota. — Les instructions ne prévoient l'établissement que d'un relevé original et d'une copie pour le sous-intendant militaire, mais l'instr. du 26 avril 1884 sur les inspections administratives (art. 32, page 1058 (S), prescrit aux corps de soumettre ces documents à l'examen de l'intendant militaire inspecteur, ce qui implique la nécessité de conserver une 3e expédition dans les archives.

Dispositions particulières à chaque service.

1° Habillement et Campement (3)

Les relevés des dépenses sont produits trimestriellement.

Le remboursement en est effectué par mandats des fonctionnaires de l'intendance.

Les intendants militaires établissent pour ces dépenses des rapports de liquidation (Mod. 205 de la nomencl.), qu'ils font parvenir au ministre, avec les copies des pièces justificatives, dans le courant du deuxième mois pour le trimestre expiré. (Art. 15 de l'instr. du 1er mars 1881, page 355.) Cette instruction est suivie d'un tableau indiquant le détail par nature de dépenses à présenter sur les relevés n° 21 *bis* et sur les rapports de liquidation (page 365 du *Journal militaire*).

Les sous-intendants militaires doivent adresser à l'intendant les relevés mod. n° 21 *bis* ordonnancés, le 1er jour du 2e mois du trimestre pour le trimestre écoulé.

Au fur et à mesure de la réception des relevés, l'intendant militaire les fait inscrire sur imprimé de rapport de liquidation mod. n° 205 de la momenclature générale. Après l'inscription du dernier, les diverses colonnes sont totalisées et l'état est arrêté au montant total de la colonne 30. Une expédition en est adressée au ministre le 5e jour du 2e mois du trimestre avec l'état des cessions à titre onéreux, lequel est produit positif ou négatif et sans pièces justificatives. (Note du 15 novembre 1883, page 750.)

Le rapport définitif est ensuite envoyé au ministre, appuyé de toutes les pièces prescrites.

Forme des pièces à produire à l'appui du relevé (Mod. n° 21 bis) des dépenses remboursables par le service de l'habillement, etc..., etc... (4).

1° Factures ou quittances des fournisseurs

Les factures de fournitures et travaux à produire pour la justification des dépenses du service de l'habillement dans les cas autres que ceux prévus aux §§ 2e et 3e

(1) Les relevés sont établis par le trésorier, les autres pièces (original et copie), par l'officier d'habillement (Art. 10 de l'instr. du 1er mars 1881, page 358.)

(2) Les récépissés de versement au Trésor devant être adressés mensuellement au ministre sont remplacés par une déclaration de versement lorsqu'il y a lieu d'en produire à l'appui des relevés 21 *bis*.

D'après le modèle du relevé n° 21 *bis* on doit produire, à défaut de marché, des autorisations d'achat; mais une dépêche ministér. du 19 mai 1883, n° 5,010, supprime la production de ces autorisations et prescrit aux sous-intendants de porter seulement sur les pièces justificatives une mention constatant que les autorisations ont été accordées en temps opportun.

Voir ci-après le titre *factures* pour les autorisations de dépenses.

(3) Les états approximatifs des dépenses du service d'habillement prescrits par la circ. du 6 février 1878 ne doivent plus être adressés au ministre (Circ. du 6 février 1882 (M), mais la circ. du 23 décembre 1884, p. 846 (S) prescrit de fournir chaque mois, pour le budget ordinaire et le budget sur ressources extraordinaires, un état des dépenses engagées et des dépenses prévues, faisant ressortir le montant des ordonnancements effectués ou à effectuer. Le modèle d'état y est joint.

(4) Le timbre humide des sous-intendants militaires apposé à côté de leur visa doit être celui du signataire. (Ordre ministér. du 27 décembre 1841, page 71, rappelé par une dépêche du 16 juin 1883 (M).

page 186 du présent ouvrage doivent être établies conformément au modèle n° 3 annexé à l'instruction du 1er mars 1880 (instr. du 1er mars 1881, page 355); pour les dépenses qui n'excèdent pas 10 francs dans leur totalité, il peut être suppléé à la facture par une quittance contenant le même détail. (Art. 21 des dispositions générales du règlem[t] du 3 avril 1869, page 403.) On suit le modèle de la facture, l'on se borne à substituer le mot *quittance* au mot *facture*. (Les expéditions de factures destinées à la liquidation sont conformes au modèle 3 *bis*. (Art. 22 de l'instr. du 1er mars 1880.)

Sur le pied de guerre, lorsqu'il n'est pas possible d'établir de facture pour chaque fournisseur, il est simplement produit un bordereau récapitulatif à talon, modèle n° 4, pour tous les achats effectués pendant le mois, sans marché ni facture. (Voir le modéle annexé à l'instr. du 1er mars 1880.)

Les factures à mettre au soutien des dépenses doivent toujours énoncer la date précise et distincte de chaque livraison. (Note du 8 octobre 1883, page 319, rappelant l'art. 8 des dispositions du règlem[t] du 3 avril 1869.)

Pour les dépenses sujettes à l'approbation préalable des sous-intendants militaires, les pièces justificatives (factures, mémoires ou quittances) doivent être revêtues d'une mention des fonctionnaires dispensant de la production de l'autorisation donnée sur pièce spéciale. (Dépêche du 19 mai 1883 M). Cette mention peut être libellée comme il suit : « Vu par nous, sous-intendant militaire, qui certifions avoir autorisé, en temps utile, la dépense de la somme de (en toutes lettres) portée au présent mémoire (facture ou quittance. » (Auteur).

Les dépenses autres que celles que le trésorier peut faire directement ou que l'intendance militaire ou le ministre doivent approuver, doivent être préalablement autorisées par une délibération du conseil d'administration. (Voir registre des délibérations et l'article 34 de l'instr. du 1er mai 1883, page 794 S). Afin qu'on puisse s'assurer que cette autorisation a été donnée en temps opportun, il importe que la date en soit rappelée sur les pièces justificatives. (Auteur).

Les diverses pièces à établir soit à la main, soit sur des formules imprimées, doivent avoir les dimensions suivantes : hauteur, 36 centimètres ; largeur, 23 centimètres. Il n'y a d'exception que pour les mémoires ou quittances modèle n° 1. (Voir page 152.) Suivant les besoins, les formules sont arrêtées soit au recto, soit au verso. Les additions ou suppressions nécessaires pour approprier certains modèles sont faites à la main; les mots supprimés doivent rester apparents. (Observations placées en tête des mod. annexés à l'instr. du 1er mars 1880, non insérée.)

Pour se conformer à l'article 85 de l'ordonnance du 10 mai 1844, on doit porter après le certifié et la signature du fournisseur, et avant le certifié du conseil d'administion, une mention ainsi conçue : *L'officier d'habillement certifie que la somme à payer est de* (mettre la somme en toutes lettres). Cet officier date et signe cette énonciation.

Une dépêche ministérielle du 14 octobre 1869 rappelle que les signatures des fournisseurs sur les factures n'ont pas besoin d'être légalisées, le règlement sur la comptabilité publique n'exigeant pas l'accomplissement de cette formalité. Mais ces factures doivent toujours être revêtues de l'arrêté du fournisseur et d'une déclaration d'admission en magasin signée par le conseil d'administration. (6 avril 1841, page 17, et art. 32 et 33 des dispositions générales du règlem[t] du 3 avril 1869, page 405 ; voir aussi le mod. de la facture n° 3).

D'après les dispositions générales qui font suite à l'instruction du 1er mars 1880, page 411, les grattages sont interdits en principe; il en est de même des surcharges ; quant aux ratures, elles doivent être faites de manière que les mots rayés restent parfaitement lisibles. Conformément à l'article 25 des observations générales du règlement du 3 avril 1869, page 403, l'approbation des rectifications doit être donnée dans la forme suivante :

Pour les ratures : *Approuvé la rature de* (nombre en toutes lettres) *mots* ;
Pour les altérations de sommes en lettres : *Bon pour la somme de* (en toutes lettres);
Pour les surcharges : *Approuvé les mots* (les écrire) *altérés ou surchargés*.

Ces renvois doivent être signés, selon le cas, par ceux qui ont arrêté les factures, états ou titres, ou par ceux qui ont souscrit les quittances, et par le fonctionnaire administratif qui a visé les pièces. (Art. 23 précité). Cet article dispose en outre que les pièces dont il s'agit ne peuvent être admises sans l'accomplissement de ces formalités.

Les signatures griffées sont interdites sur toute pièce justificative. (Art. 25.)

Les pièces doivent être acquittées (25 mars 1839, page 564, 7 décembre 1839, page 596, et nomenclature du 3 avril 1869, page 484) et les quittances doivent être datées et signées par les parties prenantes. (Art. 12 des dispositions générales du règlem[t] du 3 avril 1869, page 399, et mod. n° 3 annexé à l'instr. du 1er mars 1880). (Voir ci-dessus les dispositions communes aux divers services.)

Si la partie prenante est illettrée ou dans l'impossibilité de signer, la déclaration en est faite au comptable chargé du paiement, qui la transcrit sur la pièce, la signe et la fait signer par deux témoins présents au paiement, pour toutes les créances qui n'excèdent pas 150 francs. Pour toute dépense au-dessus de 150 francs, il est exigé une quittance notariée enregistrée gratis. (Art. 12 du règlem[t] du 3 avril 1869 ; dispositions générales.)

1° *Formule du certifié véritable des factures produites par des ouvriers ou des fournisseurs qui ne savent pas signer.*

« La présente facture est certifiée véritable par le sieur qui, en présence des deux » témoins soussignés, a déclaré ne savoir ni écrire ni signer. »

A le 188 .

(Signatures des deux témoins.)

2° *Formule de la déclaration servant de quittance.*

« Le sieur a reconnu avoir reçu la somme de montant de la pré- » sente facture, et a déclaré ne savoir ni écrire ni signer ; le tout en présence des deux témoins et du comptable » soussigné. »

A , le 188 .

(Signatures des deux témoins et de l'officier qui a effectué le paiement.)
(Circ. du 21 octobre 1843, pag. 207 et 208.)

Les chèques émis comme effets de commerce ne doivent pas être admis par les corps, attendu que, même timbrés à 10 centimes, ils ne peuvent tenir lieu de traites, c'est-à-dire d'un effet de commerce soumis au timbre proportionnel. Il est bien évident que les commerçants, en les substituant à la traite, n'ont d'autre but que de s'affranchir des droits de timbre proportionnel, manœuvre qui ne saurait être tolérée. (Circ. du 28 août 1872, pag. 591.)

La circulaire du 25 mars 1839, page 564, porte que, lorsque l'acquit ne peut pas être donné sur la facture (en dehors du cas concernant les illettrés), il doit y être suppléé par une quittance rédigée sur papier timbré, comme celui de la facture, ou bien sur une traite tirée sur papier empreint du timbre proportionnel. Cette disposition est rappelée par les circulaires du 6 avril 1841, renvoi 3, page 18, et du 21 octobre 1843, page 207, et par l'instruction du 15 décembre 1846, page 711. En outre, la circulaire du 7 décembre 1839, page 596, dispose *que les traites doivent elles-mêmes être acquittées par les porteurs qui les présentent au paiement.*

NOTA. — Les frais de timbre, de mise en circulation des traites et de correspondance sont au compte des fournisseurs.

Lorsqu'un créancier veut se faire représenter par un délégué, il doit fournir une procuration (16 octobre 1861, pag. 311, et art. 3 des dispositions générales du règlem[t] du 3 avril 1869, pag. 397) ; mais la circulaire du 19 mai 1873, page 637, n'oblige pas les conseils d'administration à se dessaisir de cette procuration ; il en est de même des extraits ou expéditions d'actes de société (1), si l'acquit est donné au nom d'une raison sociale ; dans ce cas, les corps sont responsables des quittances données par les fournisseurs.

Le renvoi 3 placé au bas du modèle annexé à la circulaire du 6 avril 1841 et la circulaire du 25 mars 1839 disposent que la quittance séparée ou la traite doit être soumise au visa du sous-intendant militaire, aussi bien que la facture elle-même. Ce fonctionnaire doit les revêtir de son cachet. (15 décembre 1846.) Toutes les pièces doivent être également revêtues de la signature du major ; mais cette signature remplace le visa qu'un délégué du conseil devait y apposer, d'après la circulaire précitée du 6 avril 1841. (Instruction du 15 décembre 1846, pag. 711, rappelant l'art. 58 de l'ordonn. du 10 mai 1844.)

Les pièces justificatives doivent, en principe, être produites en original. (Circ. du

(1) L'expédition ou l'extrait de l'acte de société, produit sous seing privé ou bien notarié, doit être certifié par le greffier du tribunal de commerce du lieu où la société est établie, contenir la raison de commerce ou la dénomination adoptée par la société et l'indication du siège social, la désignation de ceux des associés autorisés à gérer, administrer et signer pour la société, l'époque où la société a commencé, celle où elle doit finir et les changements ultérieurs qui ont pu survenir. (Loi du 24 juillet 1867, art. 57.)

4 décembre 1834, pag. 585.) Mais, à défaut de la minute ou de l'original de toute pièce justificative, il peut y être suppléé par des copies dûment certifiées par les agents administratifs compétents, et mentionnant, s'il y a lieu, l'accomplissement de la formalité de l'enregistrement. (Règlem[t] du 3 avril 1869, pag. 406.) Tout titre de créance énonçant des quantités en poids ou mesures doit être rejeté, si ces quantités sont exprimées autrement qu'en poids et mesures du système décimal. (Art. 27 des dipositions générales du règlem[t] du 3 avril 1869, pag. 404.) Les décomptes ne doivent présenter que deux décimales après les francs. On force d'une unité la seconde décimale lorsque la troisième est de 5 et au-dessus. (Art. 4 de l'instr. du 1er mars 1881, pag. 356.)

2° MÉMOIRES ET QUITTANCES DES CHEFS OUVRIERS, ETC...

Les mémoires ou quittances produits par les chefs-ouvriers, etc., pour toutes les dépenses d'entretien, de confections, de réparations, de menues fournitures, de blanchissage ou de nettoyage d'effets, etc., doivent être conformes au modèle n° 1 qui fait suite à l'instruction du 1er mars 1880. (Art. 2 de l'instr. du 1er mars 1881.) (*Pour les autres dispositions, voir le* § 1° *ci-dessus.*) Les dates précises de livraison doivent toujours être rappelées. (Note du 8 octobre 1883, pag. 319.) On doit établir des quittances chaque fois que la dépense n'excède pas 10 fr. (Voir ci-dessus, *Factures.*) La circulaire du 4 août 1879 (M) dispose que les dépenses de confections ou de réparations d'effets d'habillement qui ne résultent pas de marchés doivent être justifiées de la manière suivante :

1° Par un résumé des dépenses;

2° Par un relevé décompté des effets réparés ou confectionnés dans les ateliers des corps. Ce dernier est revêtu d'une mention indiquant que les confections ou réparations dont il s'agit n'ont pas donné lieu à la passation d'un marché et qu'elles ont été exécutées en prenant pour bases les tarifs ministériels.

Quant aux dépenses résultant de marchés, elles doivent être justifiées comme par le passé. (Circ. du 4 août 1879 M.)

NOTA. — Par résumé des dépenses, il faut entendre le relevé modèle n° 21 bis, et par relevé décompté le mémoire modèle n° 1, tous deux annexés à l'instruction du 1er mars 1880. On doit y joindre les autorisations du contrôle local concernant des dépenses extraordinaires. (Mod. de mémoire.) Mais cette formalité est remplacée aujourd'hui par la mention de cette autorisation qui doit être portée sur les pièces. (Voir *Factures.*)

3° ÉTATS ÉMARGÉS.

Le paiement des frais de gestion et de bureau revenant aux officiers chargés de gérer des approvisionnements du service de réserve, est effectué sur la production d'un état émargé modèle n° 2 annexé à l'instruction du 1er mars 1880, arrêté par le trésorier. (Mod. d'état.)

Cette formule est employée pour toutes les dépenses relatives au paiement des primes de travail, des gratifications et des indemnités. (Art. 2 de l'instr. du 1er mars 1881, pag. 356.)

L'énumération en est donnée aux § § B, C, D de la nomenclature annexée au règlem[t] du 3 avril 1869, pag. 413. (Dép. du 10 juin 1881.)

Timbre des pièces justificatives.

Les factures ou mémoires à produire au Trésor à l'appui des ordonnances ou mandats de paiement, sont seuls sujets à la formalité du timbre (Timbre de dimension) : Loi du 13 brumaire an VII, décision du 13 décembre 1837, page 173, circulaire du 17 janvier 1840, page 603, et instr. du 1er mars 1881, page 356 (1). Mais l'art. 16 de cette loi et le règlement du 3 avril 1869, art. 19, page 402, affranchissent de cette formalité les quittances dont le montant n'excède par 10 francs, quand il ne s'agit pas d'un à-compte ou d'une quittance finale sur une plus forte somme. Seulement, pour profiter de cette disposition, il est nécessaire que la pièce soit établie sous forme de quittance et non de facture. (Circ. du 20 juin 1851 du ministre des finances, règlem[t] du 3 avril 1869, pag. 403, et art. 192 du règlem[t] du 30 août 1884, page 57.) On se sert dans ce cas

(1) Les mémoires ou quittances modèle n° 1 peuvent être réduits aux dimensions du papier soumis au timbre de 0,60 c., mais les autres pièces doivent avoir les dimensions de : hauteur, 36 centimètres ; largeur, 23 centimètres (Observations placées en tête des modèles annexés à l'instr. du 1er mars 1880.)

du modèle de mémoire ou de facture approprié. Les factures, mémoires ou procès-verbaux sont toujours passibles du timbre, quel que soit leur montant. (16 octobre 1861, page 311, note du 11 juin 1874, page 649, et art. 192 du règlemt du 30 août 1884, page 57.)

Les états émargés (Mod. n° 2) ne sont pas assujettis au timbre de dimension (Dép. ministérielle du 10 juin 1881 (M) rappelant les dispositions du règlemt du 3 avril 1869, pag. 413. B, C, D.) Toutefois, une note du 1er mai 1882 prescrit de faire timbrer les états émargés produits pour justifier le paiement de la prime de travail des chefs armuriers. L'art. 192 du règlemt du 30 août 1884 rappelle ce principe. Toutefois, le renvoi (1) de la nomenclature XX annexée à ce règlement, page 152, dispense du timbre de dimension les états émargés concernant des gratifications.

Les talons des factures d'achat qui appuient les comptes-matières, sont exempts du timbre. (Voir le mod. n° 3 annexé à l'instr. du 1er mars 1880.) Il en est de même des bordereaux ou relevés, procès-verbaux, certificats administratifs, etc., établis à l'effet d'obtenir le remboursement de dépenses faites à titre d'avances par les corps de troupes. (Règlemt du 3 avril 1869, pag. 402, art. 18 des dispositions générales.)

Les quittances détachées sont soumises au timbre comme les factures qu'elles concernent (25 mars 1839, pag. 564; 6 avril 1841, pag. 18, renvoi 3), mais le droit de timbre n'est pas proportionnel à la dimension de la feuille; il est invariablement de 0,50 centimes. (Art. 16 des dispositions générales du décr. du 3 avril 1869, pag. 402.)

Il en est de même des traites tenant lieu de quittances, mais elles sont soumises au timbre proportionnel et non au timbre de dimension (1). (25 mars 1839, pag. 564.) Les traites ne doivent jamais être établies sur papier libre, lors même que les factures sont timbrées. (21 octobre 1843, pag. 207.) La circulaire du 25 mars 1839, page 564, et celle du 6 avril 1841 portent que la facture, et, s'il y a lieu, la quittance délivrée séparément ou la traite tenant lieu de quittance doivent *toutes* être timbrées, à moins que la dépense n'excède pas 10 francs.

Un payeur du Trésor public s'est cru autorisé à exiger, à l'appui des factures *timbrées* sur papier de dimension accompagnées de traites, des quittances timbrées au droit fixe de 0,50 c., en remplacement de traites timbrées au droit proportionnel. Cette prétention a été reconnue mal fondée par le ministre des finances.

Par suite, il convient de se conformer aux décisions ministérielles des 31 décembre 1833, 25 mars 1839 et 1er mars 1863, qui disposent que les traites au timbre proportionnel tiennent lieu de quittance et rendent ces dernières inutiles. (Dép. ministérielle du 19 janvier 1866, rédigée de concert avec le ministre des finances.)

Les timbres, tant à sec qu'en noir, des factures, procès-verbaux, mémoires, etc., doivent être conservés intacts et exempts de taches aussi bien que d'écritures, sous peine d'amendes. (Art. 21 de la loi du 13 brumaire an VII, rappelé par la circ. du 16 octobre 1861, page 311, et par l'instr. du 1er mars 1881, page 357. On doit faire timbrer à nouveau les pièces qui ne remplissent pas ces conditions. (Plusieurs renvois ministériels.)

Toutes les dispositions qui régissent l'impôt du timbre à l'intérieur sont applicables à l'Algérie; mais en ce qui concerne les armées actives opérant sur un territoire ennemi ou étranger, les pièces sont exemptes du timbre lorsqu'elles sont établies dans des localités où il n'existe pas d'autorité française pour remplir cette formalité. (Art. 20 des dispositions générales du règlemt du 3 avril 1869, page 403.)

Toutes les factures acquittées, mémoires, etc., s'élevant au-dessus de 10 francs, sont, en outre, passibles d'un timbre de 0,10 c., à moins qu'elles ne soient accompagnées de traites. (Loi du 23 août 1871.) Le décret du 27 novembre 1871 prescrit de coller le timbre au pied des factures et de l'oblitérer au moyen de la signature du créancier ou de celui qui donne reçu, ainsi que de la date de l'oblitération. Cette signature peut être remplacée par une griffe apposée à l'encre grasse, faisant connaître la résidence, le nom ou la raison sociale du créancier et la date de l'oblitération.

Une dépêche du 2 mai 1874 (M) porte que cette signature ne sert qu'à l'oblitération du timbre et qu'elle ne dispense pas le créancier d'en donner une deuxième à côté.

Le timbre des quittances fournies à l'Etat ou délivrées en son nom est toujours à la charge des particuliers qui les donnent ou les reçoivent. (Art. 29 de la loi du 13 brumaire an VII, et art. 180 du règlemt du 3 avril 1869, page 345.) — Les quittances don-

(1) Les frais de timbre, de mise en circulation des traites et de correspondance sont au compte des fournisseurs.

nées au pied des ordonnances ou mandats de paiement par les conseils d'administration des corps sont exemptes du timbre. (Nomencl. annexée au règlemt du 3 avril 1869, page 485.)

Pendant les grandes manœuvres d'automne, les timbres sont fournis par les payeurs du Trésor. (Instr. du 2 septembre 1880 M.)

Marchés ou autorisations d'achats.

Toutes les fois que les corps passent des marchés pour fournitures de matières ou d'effets, on doit joindre aux factures qui appuient les comptes deniers une copie de chaque acte établie sur papier libre et *écrite à la main*. Ces copies, certifiées conformes par le conseil d'administration et revêtues du visa du sous-intendant militaire, portent en tête la mention de la patente du fabricant ou du fournisseur avec l'énonciation de la classe, de la date et du numéro de cette patente et la désignation du lieu où elle a été délivrée. (Circ. du 18 septembre 1842, page 121, mod. du relevé n° 21 *bis*.) Sous aucun prétexte, on ne doit produire les marchés originaux. (Dép. du 15 septembre 1855 (M) et instruction du 1er mars 1881, page 358.) L'article 38 des dispositions générales du règlement du 3 avril 1869, page 46, rappelle qu'en principe les copies faites pour l'ordre de la comptabilité sont exemptes du timbre, mais qu'elles doivent contenir une mention expresse de leur destination. Ce principe est confirmé par une note du 15 avril 1870, page 50, et par l'instr. du 1er mars 1881, page 356, renvoi 2.

Les marchés passés par les corps avec les négociants sont considérés comme des actes privés et non passibles de la formalité de l'enregistrement. (Circ. du ministre des finances en date du 6 décembre 1844, solution du ministre de la guerre du 30 novembre 1865, n° 9353, et nomenclature faisant suite au règlement du 3 avril 1869, page 483.) Ils ne sont pas non plus soumis à la formalité du timbre. (3 avril 1869, page 483.)

A défaut de marché, il était exigé une copie de l'autorisation d'achat (Feuille de vérification ministérielle du 26 juin 1874 (M) et relevé mod. n° 21 *bis*); mais une dépêche ministlle du 19 mai 1883, n° 5010, dispense les corps de produire ces autorisations, lesquelles sont remplacées par la mention sur les pièces justificatives que ces autorisations ont été accordées en temps opportun.

Cette mention est signée par le fonctionnaire qui l'a accordée.

Pour les confections faites par les maîtres-ouvriers, se reporter à la page 186.

NOTA. — Les dispositions générales, rappelées ci-dessus, au sujet de la forme des pièces à produire, sont applicables aux autres services.

SERVICE DU CAMPEMENT

1° Corps à l'intérieur

Depuis 1874 (Circ. du 10 avril, n° 2525), tous les corps indistinctement sont pourvus des effets et ustensiles de campement affectés au service des troupes en campagne.

L'instruction du 9 mars 1879, page 251, et celle du 1er septembre 1879 (M) révisée en 1884, fixent le mode de formation des approvisionnements et l'emploi qui doit en être fait, et les tableaux publiés le 31 décembre 1883 déterminent les quantités d'effets de toute nature à entretenir soit en service, soit en magasin. (Voir *Habillement*, page 39, pour les états de demande, etc., à produire.)

Les objets qui entrent dans la composition des approvisionnements sont les suivants, et la décision du 1er décembre 1879, page 443, indique ceux que les troupes doivent emporter en campagne :

1° *Sacs-abris* avec accessoires.

1 par homme. (Circ. du 10 avril 1874 M.) La décision ministérielle du 15 juillet 1878, page 222, en supprime l'usage pour toutes les troupes faisant campagne en Europe. Toutefois, la circulaire ministérielle du 4 décembre 1878 (M) prescrit d'en réserver non seulement pour les besoins normaux de l'armée d'Algérie, mais encore pour certaines éventualités, qui, soit en temps de guerre, soit même en temps de paix, peuvent rendre nécessaire l'emploi momentané de cet effet de campement. (Voir les tableaux d'approvisionnement du 31 décembre 1883.)

Pour les corps d'armée de la frontière, l'approvisionnement peut être porté à la hauteur de l'effectif de guerre.

Pour les places fortes, l'approvisionnement est basé sur l'effectif des troupes destinées à la défense mobile (Circ. du 4 décembre 1878), mais des décisions ministérielles spéciales : 9 mai 1879, 10 mars 1884, etc., ont fixé pour chaque corps de troupe ou place forte l'importance de cet approvisionnement.

Les accessoires se composent de : 1 cordeau de tirage, 2 cordeaux de piquets, 3 petits piquets et 1 support brisé. (10 avril 1874 et nomencl. du 30 décembre 1880, page 608, qui donne la composition des tentes.)

2° *Gamelles de campement* (1).

4 par escouade dans les corps d'infanterie et les troupes à pied du génie ;

1 pour 4 hommes dans l'artillerie et le train des équipages, ainsi que pour les hommes montés du génie ;

1 pour 4 hommes dans les sections de commis et ouvriers d'administration, d'infirmiers militaires et de secrétaires d'état-major (les secrétaires montés exceptés). (Décis. ministérielle du 1er décembre 1879, page 443.)

3° *Marmites*. — Idem. La cavalerie n'en reçoit plus. (Décision du 23 juillet 1884, page 145.)

4° *Etuis de gamelles et de marmites*.

1 par ustensile. (Circ. du 10 avril 1874 M.) La décision du 1er décembre 1879 ne maintient l'emport des étuis que pour l'artillerie, le train des équipages et les hommes montés du génie.

5° *Courroies d'ustensiles* (cavalerie, artillerie et génie.)

1 par ustensile. (Circ. du 10 avril 1874 M); et tableaux d'approvisionnements du 31 décembre 1883 qui les attribuent aussi à certaines unités de l'artillerie et du génie.

6° *Hachettes ou serpes de campement*.

1 pour chaque brigadier ou cavalier de 1re classe dans la cavalerie ;

1 pour 8 hommes dans le train des équipages, les sections de commis et ouvriers d'administration, les infirmiers militaires. (Décis. du 1er décembre 1879 et tableaux du 31 décembre 1883.)

7° *Petits bidons individuels*.

1 pour chaque homme (2).

8° *Sacs à distributions*.

4 par escouade dans l'infanterie et les troupes à pied du génie;

1 sac dans l'artillerie par groupe de 12 à 15 hommes ou par pièce dans les batteries montées;

(1) La gamelle de campement pour quatre hommes est supprimée dans les corps de troupe de cavalerie de l'intérieur. (Décis. du 12 mars 1884, page 238.)

(2) En Algérie, les petits bidons de la cavalerie, de l'artillerie, du génie et du train peuvent être remplacés par des peaux de bouc. (Tableaux d'approvisionnement du 31 décembre 1883.)

1 pour 4 hommes dans les sections de commis et ouvriers d'administration, d'infirmiers et de secrétaires d'état-major (les secrétaires montés exceptés). (Instr. du 1er décembre 1879.)

NOTA. — Les tableaux d'approvisionnement du 31 décembre 1883 disposent que pour certaines troupes de l'artillerie et du génie, en Algérie, le sac à distribution est remplacé par le sac tente abri. Il en est de même pour les sections de secrétaires d'état-major et du recrutement, les commis et ouvriers d'administration et les infirmiers. (Voir *Ordinaires*.)

9° *Sachets à vivres.*

2 par homme pour toutes les armes.

10° *Seaux en toile.*

4 par escouade dans l'infanterie et les troupes à pied du génie ;

1 pour 2 hommes dans la cavalerie et pour chaque secrétaire d'état-major monté ;

1 pour 2 hommes montés de l'artillerie, pour 2 hommes des trains et du génie ;

1 pour 4 hommes non montés de l'artillerie, des sections d'ouvriers et d'infirmiers militaires et des sections de secrétaires d'état-major.

11° *Toiles ou couvertures imperméables* (1).

1 par homme (la cavalerie et les secrétaires d'état-major montés, exceptés.)

12° *Moulins à café.*

1 par escouade dans l'infanterie ;

1 pour 15 hommes dans l'artillerie, les trains, le génie, les sections de secrétaires, les commis et ouvriers d'administration et les infirmiers militaires. (Instr. du 1er décembre 1879). (La cavalerie n'en reçoit plus. Décis. du 23 juillet 1884, page 145.)

NOTA. — Les couvertures et demi-couvertures de campement sont supprimées en principe pour tout le monde. (Circ. du 31 août 1874, et décis. du 15 juillet 1878, page 222.) Des décisions spéciales en attribuent cependant à certains corps en cas de mobilisation. (Tableaux d'approvisionnement du 31 décembre 1883.) Par sa circulaire du 2 septembre 1874, le ministre a maintenu l'usage des demi-couvertures pour le service des corps de garde. (Circ. des 3 et 21 octobre 1874.) Le principe de la distribution des couvertures aux postes est consacré par la circulaire du 29 septembre 1871, page 365 ; l'entretien en est assuré comme celui des autres effets et donne lieu aux mêmes écritures.

Il est interdit de faire usage pour le service des ordinaires des effets de campement. Ils ne peuvent être distribués aux hommes que sur l'ordre de MM. les généraux commandant les corps d'armée. (Circ. du 7 août 1871, page 317, et du 5 juin 1874 M.) De plus, la circulaire du 7 août 1877 (M) porte qu'on ne doit pas faire usage de ce matériel en dehors des exercices ou manœuvres et que les tentes-abris et tous les ustensiles placés sur le sac, dans ces deux cas, doivent être prélevés sur l'approvisionnement de réserve et être entretenus avec soin.

Les instructions sur les inspections rappellent ce principe et ne font d'exception que pour les corps campés sous la tente.

Ceux de ces effets prélevés sur les approvisionnements du service de réserve, ne cessent pas de faire partie de ce service. (Art. 84 de l'instr. du 1er septembre 1879 révisée en 1884.)

Pour les cas de mise hors de service, voir ci-dessus, pages 194 et 198.

Les troupes changeant de garnison laissent à demeure l'approvisionnement de réserve, à l'exception des cantines à vivres garnies et non garnies qui sont emportées. Les objets du service courant, y compris les caisses à bagages destinées aux adjudants, sous-chefs de musique et chefs-armuriers, sont emportées, mais les caisses à bagages destinées aux officiers de réserve et celles sans emploi doivent être laissées. (Circ. du 22 mars 1883, page 320.)

Pour les caisses à bagages et cantines, voir pages 195 et 197.

Pour la formation des approvisionnements, voir *Habillement*, page 31.

Réceptions et vérifications des effets à leur arrivée.

Voir au titre *Habillement*, page 47, les dispositions relatives aux réceptions d'effets, lesquelles sont applicables aux effets de campement.

Les effets de campement de toute nature remis aux troupes appelées à faire campagne ou envoyées en expédition doivent être pris définitivement en charge par les corps et être inscrits à la section II du registre des entrées et des sorties et au livre de détail des compagnies, escadrons ou batteries. (Circ. du 5 avril 1882, page 162.)

(1) L'emploi en est réglé par des décisions spéciales. (Tableaux du 31 décembre 1883 fixant les approvisionnements à entretenir et circ. du 20 octobre 1879 révisée.

DISTRIBUTIONS ET RÉINTÉGRATIONS DANS LES CORPS

(Se reporter au chapitre de l'*Habillement.*)

Réintégrations dans les magasins centraux.

Les réintégrations d'effets sont justifiées par un récépissé qui est remis à la partie versante pour sa décharge. Le talon de ce récépissé est mis à l'appui de la comptabilité du comptable réceptionnaire. (Art. 35 du règlem[t] du 19 novembre 1871, et art. 7 de l'instr. du 15 mars 1872.)

Aux termes de l'article 21 du règlement du 11 juin 1811 et de l'article 2 de l'instruction du 15 mars 1872, le classement du matériel est fait conjointement par l'officier comptable et par l'officier ou le sous-officier délégué, soit par expertise contradictoire. Dans ce dernier cas, un procès-verbal est dressé par le sous-intendant militaire.

NOTA. — En campagne, le sous-intendant statue sur les contestations. (Instr. du 23 mai 1859, page 763.) Les objets à réparer sont toujours réintégrés au service du campement. (Circ. du 5 avril 1882, page 163.) Voir ci-après *Réforme*.

Ce classement a pour objet de faire connaître si la moins-value des effets perdus ou détériorés provient de force majeure, du long usage qu'on en a fait ou, enfin, de la négligence du corps. Dans les deux premiers cas, c'est l'Etat qui supporte la dépense; dans l'autre, ce sont les corps qui doivent la rembourser. (Art. 21 du règlem[t] du 11 juin 1811.) Une dépêche minist. du 18 juin 1870 (M), n° 7360, rappelle qu'il ne doit être procédé aux réparations ou échanges dans les magasins centraux qu'après constatation régulière de la nature et de l'importance des réparations. Cette constatation fait connaître, en outre, à qui doit être imputée la dépense.

De plus, s'il se trouve parmi ceux présentés pour être réintégrés, des effets qui ne soient pas des mêmes dimensions que celles annoncées par l'état de remise, ils doivent être refusés et mis à la charge des détenteurs. (Art. 22 du dit règlement).

L'instruction du 23 mai 1859, page 761, et la note ministérielle du 19 mai 1863, page 241, disposent formellement que les effets réintégrés doivent être en état de propreté convenable et que les frais auxquels donne lieu dans les magasins centraux la mise en oubli de cette recommandation, doivent être mis à la charge des conseils d'administration des corps expéditeurs.

Les imputations à faire aux corps pour pertes et dégradations sont calculées d'après le tarif du 30 décembre 1880, page 613, modifiée par la note du 15 avril 1881, page 247 et par celle du 14 novembre suivant, page 333. (Note du 30 juin 1880, page 421.)

Les couvertures dont les taches indélébiles ont déjà été payées reçoivent une marque également indélébile consistant en un P (Payé) de 27^{mm} de hauteur, destinée à faire connaître qu'elles ont déjà été constatées ou imputées. Cette marque est apposée dans les magasins administratifs. (Circ. du 21 septembre 1883, page 331).

Le comptable établit un état avec talon (Mod. n° 19 annexé à l'instr. du 15 mars 1872) des sommes mises au compte des corps. Les parties prenantes conservent cette pièce et renvoient le talon au comptable, revêtu d'une déclaration de versement au Trésor. (Art. 7 de cette instruction.)

Les conseils d'administration imputent eux-mêmes à qui de droit (officiers, sous-officiers ou soldats) le montant dudit état, ainsi qu'il est indiqué pour les effets de toute nature existant en service ou en magasin. Si ces conseils sont en défaut, ils supportent la dépense. (Art. 96 *bis* de l'Instr. du 1er mars 1880, page 393. Pour l'envoi des récépissés au ministre, voir *Habillement*, page 73.)

MATÉRIEL NÉCESSAIRE AUX OFFICIERS CAMPÉS SUR LE PIED DE PAIX

Les officiers, à l'intérieur, sur le pied de paix, reçoivent, à titre de prêt, les effets de campement lorsqu'ils sont campés. Par suite, ils ne sont responsables que des détériorations autres que celles qui proviennent de l'user naturel ou de cas de force majeure. Cette mesure est motivée sur ce que, dans ce cas particulier, les officiers ne reçoivent pas d'allocation qui leur permette de se pourvoir de ce matériel. (Circ. du 19 mai 1873 (M) rappelant la décision du 13 août 1868.)

La circulaire ci-dessus ne concerne, il est vrai, que les officiers sans troupe, mais celle du 2 mai 1884, page 490, prévoit d'une manière générale la délivrance de matériel de campement aux officiers obligés de camper, qui n'ont pas droit à l'indemnité d'entrée en campagne ou à l'allocation d'un mois de solde. Ce matériel est délivré à titre de prêt et les parties prenantes en sont personnellement et pécuniairement responsables.

2° Corps en campagne.

Les effets que possèdent dès le temps de paix les corps à l'intérieur peuvent suffire aux besoins des hommes de troupe, s'ils sont mis sur le pied de guerre. Lorsqu'il est fait usage de tentes, les fixations sont celles du tableau A annexé à l'instruction du 23 mai 1859, page 781, article 24. (Voir ce tableau d'autre part.) Pour les sacs-abris, voir ci-dessus, page 189.

Les officiers sont obligés de se procurer tous les effets et ustensiles à leur usage particulier, tels que tentes de marche, lits de campagne, couvertures et ustensiles de cuisine. (15 janvier 1867, page 513. — Voir ci-après, pages 195 et 197, pour les cantines à vivres, les caisses à bagages, etc)

Ils peuvent les acheter dans le commerce au moyen de la gratification qui leur est accordée sur les fonds du service de la solde.

Dans aucun cas, il ne peut être fourni aux officiers, même à charge de paiement, de lits, hamacs, couvertures, pliants, etc.

La fourniture des tentes par les magasins de l'Etat (lorsqu'il en est fait usage) n'est pas obligatoire non plus. (Règlemt du 15 janvier 1867, page 514, et circ. du 17 décembre 1867.) Les officiers doivent s'en procurer dans le commerce si les magasins de l'Etat n'en sont pas approvisionnés. Ces dispositions sont corroborées par une dépêche du 23 avril 1875, n° 2700, concernant des officiers du 15e bataillon de chasseurs à pied allant en Algérie, qui avaient demandé des tentes et des pliants à titre onéreux. Une exception a été faite toutefois en 1881 pour les officiers envoyés en Afrique, mais le ministre leur a imposé le remboursement immédiat. (Lettre collective du 20 juillet 1881, M.).

Quant aux adjudants et sous-chefs de musique des corps de toutes armes, auxquels une gratification d'entrée en campagne de 100 fr. a été attribuée par la décision présidentielle du 6 mai 1883, page 427, ils doivent se procurer tous les effets qui ne leur sont pas fournis gratuitement (voir ci-après caisses à bagages et havre-sac).

Nota. — Les prix de la nomenclature de l'habillement sont :

Lit à tréteaux		11 fr.	00
Hamac		9	00
Couverture grande	ordinaire	18	14
	caoutchoutée	20	00
Pliant		3	00
Sac tente-abri		7	90
Peau de mouton		5	00

Ces prix sont donnés pour servir d'indications dans les achats.

Base des allocations d'effets de campement à distribuer aux corps de troupes ou autres parties prenantes suivant leurs positions diverses (*25 mai 1859, page 781*).

NOTA. — La décision du 15 juillet 1878, page 222, ayant supprimé l'usage de la tente pour les troupes faisant campagne en Europe, les allocations prévues par ce tableau ne sont plus susceptibles d'être appliquées qu'aux corps sur le pied de guerre en dehors du territoire européen, ou à l'intérieur pour les troupes campées. (Voir page 189 pour tous autres renseignements.)

		BASE DES ALLOCATIONS.	CORPS DE TROUPES ET PARTIES PRENANTES.				OBSERVATIONS.
			Campés.	Cantonnés.	Baraqués.	Bivaqués.	
Cordeaux (pour bataillon)			2	»	»	»	»
	Pliants.	Par tente de conseil	8	»	»	»	»
		Par officier supérieur, comptable et de santé	2	»	2	»	»
		Par officier des autres grades	2	»	1	»	»
Tentes elliptiques ou coniques	État-major.	Par colonel ou chef de corps	3	»	»	»	»
		Par lieutenant-colonel	1	»	»	»	»
		Par chef de bataillon ou d'escadron	1	»	»	»	»
		Par adjudant-major	1	»	»	»	»
		Par porte-aigle	1	»	»	»	»
		Par officier-payeur	2 (1)	»	»	»	»
		Par officier d'armement	2 (1)	»	»	»	»
		Par officier d'état-major	1	»	»	»	»
		Par médecin-major ou aide	1	»	»	»	»
		Par vétérinaire ou aide	1	»	»	»	»
		Par chef de musique	1	»	»	»	»
Tentes elliptiques ou coniques.	Petit État-major.	Par adjud. s^s^-offic., sous-chef de musique	1	»	»	»	»
		Par chef-armurier	1	»	»	»	»
		Pour le vaguemestre et le tambour-major	1	»	»	»	»
		Pour dix musiciens	1	»	»	»	»
		Pour les secrétaires de l'état-major	1	»	»	»	»
		Pour les sapeurs	1	»	»	»	»
		Par cantinière brevetée	1	»	»	»	»
		Par blanchisseuse brevetée	1	»	»	»	»
		Pour le piquet	1	»	»	»	»
		Pour les ateliers et les magasins par régim.	6 (2)	»	»	»	»
		Pour les domestiques de l'ét.-maj. p^r^ régim.	1	»	»	»	»
		Pour la garde de police	1	»	»	»	»
		Pour les hommes punis (sous-officiers)	1	»	»	»	»
		— (soldats)	1	»	»	»	»
	Compagnies ou Escadrons.	Par capitaine	1	»	»	»	»
		Pour deux lieutenants ou sous-lieutenants	1	»	»	»	»
		Pour les s^s^-offic. (3) comptables par compag^e^.	1	»	»	»	»
		Pour les sous-officiers (3)	1	»	»	»	»
		Coniques : pour 16 hommes d'infanterie (3)	1	»	»	»	»
		— pour 8 hommes de cavalerie (3)	1	»	»	»	»
		Elliptiques : pour 12 hommes d'inf^ie^ (3)	1	»	»	»	»
		— pour 6 hommes de cav^ie^ (3)	1	»	»	»	»

La circulaire ministérielle du 16 juin 1864 (M) dispose en outre que pour chaque grande tente occupée par la troupe, les corps reçoivent :
1 hache,
2 pelles,
2 pioches,
2 serpes ou 2 hachettes.

NOTA. — Pour les ayants droit non prévus par le présent tableau, un nombre de tentes en rapport avec leur grade et leurs fonctions.

(1) 1 pour bureau.
(2) La moitié dans les bataillons formant corps.
(3) Pour les sous-officiers et soldats, les tentes elliptiques ou coniques ont été remplacées depuis par les sacs-abris. (Voir page 189.)

NOTA. — La nomenclature générale du 30 décembre 1880, page 557, prévoit en outre la fourniture de tables pour les tentes de conseil et de tablettes pour les autres tentes.

Matériel d'attache des chevaux. (Voir au titre *Harnachement*.)

ENTRETIEN DES EFFETS DE CAMPEMENT MIS EN LA POSSESSION DES CORPS

1° *Entretien des effets en magasin (service courant et service de réserve).* Voir *Habillement*, pages 60 et 64.

2° *Entretien des effets en service.* — Le règlement du 11 juin 1811 sur le service de l'habillement et du campement se tait sur le mode d'entretien du matériel qui est entre les mains des hommes, mais la circulaire du 28 septembre 1874, n° 6852, dispose que les dépenses de réparations d'ustensiles doivent être imputées à la masse générale d'entretien d'après le tarif du 22 septembre 1863, page 511, dont les dispositions sont étendues à tous les effets de campement en la possession des corps (1).

Toutefois la circulaire en date du 24 octobre 1874, page 500, relative au matériel de campement des corps qui prennent part aux manœuvres d'automne, prescrit ce qui suit :

« Immédiatement après les manœuvres, les ustensiles de campement doivent être
» soigneusement examinés et classés par les corps de troupes d'après les catégories
» suivantes :

» Bons;

» A réparer;

» A proposer pour la réforme.

» Ceux du classement bon sont nettoyés et graissés convenablement avant leur
» réintégration au magasin du corps.

» Ceux du deuxième classement seront réparés sur place, soit par les chefs-armu-
» riers, soit, à leur défaut, par des ouvriers civils, qui seront payés d'après les tarifs
» en vigueur. (L'instr. du 22 septembre 1863, page 511, dispose que les ustensiles réformés sont conservés pour les réparations, notamment les grands bidons; on ne doit employer de matières neuves *qu'en cas d'absolue nécessité.*)

» Les ustensiles classés hors de service seront examinés par le sous-intendant mili-
» taire, et, s'il y a lieu, réformés à la première inspection générale. Les ustensiles
» ainsi classés, pour être reformés, seront remplacés immédiatement par prélèvement
» sur les ressources du magasin central chargé d'approvisionner les corps auxquels
» appartiennent les ustensiles. (Voir *Réforme des effets de campement*, page 198.)

» Toutefois, les corps de troupes stationnés dans les places où il existe un magasin
» central ou dans des localités à proximité de ces places (2) se borneront à échanger,
» dans cet établissement, contre des effets neufs ou bons, tous les ustensiles à réparer
» ou à proposer pour la réforme.

» Les corps doivent faire l'avance, sur les fonds généraux de leur caisse, du mon-
» tant des réparations exécutées, et cette dépense leur est remboursée par le sous-
» intendant militaire sur les crédits du service de l'habillement, après production des
» pièces justificatives. »

L'entretien des courroies de bidons, gamelles, marmites et grands bidons est au compte de l'abonnataire du grand équipement. (Art. 1er du modèle d'abonnement, annexé à la décision du 21 avril 1879, page 692.)

Il est bien entendu qu'au cas où la responsabilité des hommes ou des corps serait engagée, la dépense (réparation ou moins-value) imcomberait à qui de droit et ferait l'objet d'une imputation à la masse individuelle des hommes ou sur la solde des officiers. En cas de réintégration dans un magasin central, le montant des dégradations est versé au Trésor comme les moins-values des effets perdus, et les estimations des unes et des autres doivent être faites d'après le tarif du 30 décembre 1880, page 613, modifié par les circ. des 15 avril 1881, page 247, et du 14 novembre suivant, page 333.

(1) Les moins-values d'objets perdus ou mis hors de service sont payées au prix du tarif du 30 décembre 1880, page 613 modifiée par la note du 30 juin 1880, page 421, rappelée par la note du 15 avril 1881, p. 241, et par celle du 14 novembre suivant, p. 333. (Voir ci-dessus *Réintégrations* et le chapitre de l'habillement, page 75.)

L'instruction du 22 septembre 1863, page 512, dispose que le décapage et l'étamage des ustensiles doivent avoir lieu au moyen de bains d'*étain pur* et fin dit Banca. Cette disposition est de rigueur et a été appliquée aux magasins centraux par la décision du 22 avril 1884, page 943.

Nota. — Il résulte de recherches faites que l'étain mélangé de plus de 5 % de plomb est nuisible à la santé lorsqu'il est employé à l'étamage des ustensiles.

(2) Dans le 8e corps d'armée, où il existe deux ateliers de réparations, l'Intendant militaire décide dans quels cas, les ustensiles des corps ne doivent être réparés sur place ou envoyés dans les ateliers de l'administration.

A l'intérieur, la constatation des pertes et détériorations, par cas de force majeure, a lieu conformément aux prescriptions du décret et de l'instruction du 1er mars 1880. (Voir *Habillement*, page 75.)

A l'armée, les pertes et détériorations sont toutes considérées comme provenant de cas de force majeure, et les conclusions des procès-verbaux dressés par les sous-intendants militaires sont immédiatement exécutoires. (Instr. du 24 avril 1884, page 506.) Pour les autres formalités à remplir, se reporter aux pages 75 et 76.

La réforme des effets délivrés aux corps en campagne ne doit être prononcée que si le comptable chargé du service du campement de la division ou de la colonne reconnaît et déclare que les objets proposés ne sont pas susceptibles d'être avantageusement réparés. Cette déclaration est annexée, dans tous les cas, au procès-verbal ou à l'état de réforme. Les objets reconnus réparables sont réintégrés au service du campement. (Circ. du 5 avril 1882, page 162). (Se reporter au sous-titre : *Réforme*, page 198.)

Il ne doit d'ailleurs être procédé aux réparations ou échanges (dans les magasins centraux) qu'après constatation régulière de la nature et de l'importance des réparations ; cette constatation fait connaître, en outre, à qui doit être imputée la dépense. (Dép. du 18 juin 1870, n° 7360.) (1).

Les pertes et dégradations sont imputées aux hommes qui en sont reconnus les auteurs (Art. 181 de l'ordonn. du 10 mai 1844, circ. du 7 août 1877 (M) et art. 182 du décr. du 1er mars 1880), excepté dans les corps en campagne. (Voir ci-dessus.)

RÉSERVISTES ET TERRITORIAUX

Les dégradations survenues aux objets de campement mis en la possession des réservistes appelés pour les manœuvres sont, dans tous les cas, supportées par le service de l'habillement et remboursées aux corps. (Circ. des 29 septembre 1875, 7 août 1877 (M), et 19 avril 1880 M.)

Il en est de même pour les hommes de l'armée territoriale appelés pour une période d'instruction. (Circ. du 15 avril 1880, M.)

En ce qui concerne le matériel de couchage auxiliaire, les dépenses sont remboursées aux corps par le comptable du magasin régional qui les impute sur ses frais d'exploitation. (Dép. du 6 décembre 1882 concernant le 8e corps d'armée.)

Cantines à vivres. — Ustensiles de cuisine et caisses à bagages.

1° CANTINES A VIVRES (2)

Les cantines à vivres, *sans ustensiles*, sont fournies aux corps par les magasins de l'Etat. (27 septembre 1875, page 489, et circ. du 21 juin 1877 M.) Mais, si au moment d'une mobilisation, le service du campement n'était pas en mesure de les fournir, il y aurait lieu de les faire fabriquer dans l'industrie civile sur les fonds du service de l'habillement. (Circ. du 8 juin 1875, 773, et du 21 juin 1877 M). Au moment de la distribution, les parties prenantes doivent en verser la valeur au Trésor. (Circ. du 21 juin 1877 M.)

Les corps sont pourvus de ce matériel dès le temps de paix. (27 septembre 1875, page 489), et il est déposé sur les points de mobilisation, soit dans les magasins des corps, soit dans ceux de l'Etat. (Circ. du 21 juin 1877, M.) Actuellement les corps doivent emporter, en cas de mouvement, les cantines à vivres garnies et non garnies. (Circ. du 22 mars 1883, page 320, et instr. du 1er septembre 1879 (M) révisée.)

La circulaire du 21 juin 1877 précitée, rappelée par celle du 1er juin 1883 (M), porte que les frais d'entretien des objets ainsi emmagasinés sont au compte de la masse générale d'entretien. Elle dispose, en outre, que, *sur l'autorisation préalable des généraux commandant les corps d'armée*, ils peuvent être mis en service, à *titre provisoire seulement*, soit à l'occasion des grandes manœuvres, soit dans toute autre circonstance particulière et exceptionnelle.

(1) Voir le renvoi 2 de la page précédente.

(2) En Algérie, les corps de cavalerie et d'artillerie, du génie et du train ne peuvent utiliser les cantines à vivres et caisses à bagages adoptées pour les campagnes en Europe. (Tableau d'approvisionnement du 31 décembre 1883.)

Dans ce cas, si le matériel est neuf, la somme représentant la différence entre le prix au classement neuf et le prix au classement bon doit être versée au Trésor, au moment de la distribution. En outre, lors de la réintégration, ces objets sont réparés ou remplacés, s'il y a lieu, par les soins des détenteurs, et si cette obligation n'est pas remplie, l'opération est faite d'office à leur compte. En cas de distribution définitive, le matériel ayant servi n'est remboursé qu'au prix bon. (Circ. du 21 juin 1877.) Toutefois, la circulaire du 1er juin 1883 (M) fixe invariablement à 10 francs par officier la somme à rembourser; par suite, la disposition qui précède se trouve modifiée.

Les officiers comptables et les conseils d'administration dépositaires de ces cantines sont responsables de leur conservation et de leur bon entretien. (Circ. des 27 septembre 1875, page 489, 29 septembre 1875 (M), et 21 juin 1877 M.)

Les cantines ancien modèle sont tarifées 14 fr. 30 c.; celles du nouveau modèle, 15 fr. 20 c. (Circ. du 21 juin 1877 (M), et nomencl. du 30 décembre 1880, page 562, modèle décrit par la circ. du 27 septembre 1875, page 485.

Les cantines à vivres sont distribuées à raison de :

Régiment d'infanterie : 2 par état-major; — 5 par bataillon.

Bataillon de chasseurs à pied : 1 par état-major; — 4 pour les quatre compagnies.

Régiment de cavalerie : 2 par état-major; — 5 par deux escadrons.

Artillerie : 1 par batterie.

(*Circ. du* 27 *septembre* 1875, *page* 485, *et tableau D annexé à la circ. du* 21 *juin* 1877.)

Génie : 1 par 1/2 compagnie. (*Tableau D annexé à la circ. du* 21 *juin* 1877.)

Les cantines sont pour 4 ou 5 officiers (même tableau).

Les tableaux du 31 décembre 1883 fixent les approvisionnements à entretenir.

Les cantines à vivres sont pourvues de cadenas dont le prix est fixé à 0,60 c. par la nomencl. du 31 décembre 1880, page 563.

Pour le marquage de ces cantines, voir ci-après, page 198.

Ustensiles de cuisine. — La circulaire du 21 juin 1877, n° 4439 (M), notifiant la décision du 19 du même mois, donne (tableau D), la nomenclature, le nombre et le poids des ustensiles de cuisine que doit contenir la cantine à vivres. La nomenclature du 30 décembre 1880, page 584, indique également la nature des objets à placer dans les cantines d'après les instructions en vigueur. Ces objets sont indiqués par un astérisque. Suit la désignation de ces objets (1) :

	PRIX DE L'UNITÉ d'après la NOMENCLATURE du 30 déc. 80, 564.		PRIX DE L'UNITÉ d'après la NOMENCLATURE du 30 déc. 80, 564.
1 lanterne	2 85	1 bouillotte	1 »
1 bougeoir	1 »	1 poêle à frire	» 80
1 moulin à café	2 »	1 écumoire	» 25
3 boîtes carrées (grandes)	1 55	1 cuiller à pot	» 50
3 bidons carrés	1 60	6 assiettes en fer battu	» 45
1 marmite (avec double fond)	3 90	6 fourchettes	» 15
1 gril en fer	» 50	2 couteaux de table	» 50
4 timbales	» 35	6 cuillers (grandes)	» 15
1 poivrière	» 30	1 couteau de cuisine avec gaîne.	1 50
1 salière ou boîte à sel	» 20	1 tire-bouchon	» 35

En principe, les officiers doivent se procurer à leurs frais, dans l'industrie civile, les ustensiles qui leur sont nécessaires, soit avant, soit au moment de leur entrée en campagne. (Circ. du 27 septembre 1875, page 488.) Cette circ. donne la description des ustensiles.

La circulaire du 21 juin 1877 (M) ajoute que les cantines doivent être garnies dès le temps de paix de tous les ustensiles d'un usage collectif, c'est-à-dire de tous ceux qu'elles doivent contenir, quel que soit le nombre d'officiers pour lequel elles sont distribuées (1).

A l'origine, les corps se sont pourvus de ce matériel soit dans les magasins centraux, soit directement dans le commerce. (21 juin 1877.) Mais la circulaire du 31 juillet

(1) Les objets d'un usage particulier dont les officiers doivent se pourvoir à leurs frais et directement sont : les timbales, les assiettes, les fourchettes, les cuillers et les couteaux. (Circ. des 1er juin 1883 (M), 21 juin 1877, 12 juin et 25 août 1880 M).

1878 (M) a fait connaître qu'il n'en serait plus fourni, et celle du 17 mai 1879 (M) a prescrit aux corps de troupes de compléter leurs collections sans le concours de l'administration. De plus, la circulaire du 11 juillet 1879, complétant la précédente, dispose que les prix d'achat ne pourront dépasser les fixations de la nomenclature du service de l'habillement et que les corps pourront faire les avances sur les fonds généraux de leur caisse. La dépense d'achat est supportée par le budget sur ressources extraordinaires. (Circ. du 10 février 1880 M.)

Le remboursement des cantines et de leur garniture doit être effectué par les parties prenantes, au moment même de la distribution, en un seul versement au Trésor. (Circ. du 21 juin 1877), à raison de 10 francs par officier ; cette quote-part est précomptée sur l'indemnité d'entrée en campagne. (Circ. du 1er juin 1883 M.)

2° CAISSES A BAGAGES (1)

La circulaire du 21 juin 1877 (M) dispose que chaque officier ou employé militaire que ses fonctions n'attachent pas au dépôt, doit, en tout temps, être détenteur des caisses à bagages nécessaires en cas de mobilisation ; il doit les entretenir constamment en bon état et les présenter chaque fois que l'ordre lui en est donné (2). La description de cette caisse est insérée à la date du 23 juillet 1877, page 108.

En exécution de cette même circulaire, les caisses existant dans les corps ont été réparties entre les officiers (3).

Les remboursements ont été effectués, soit en un paiement, soit par à-compte successifs répartis sur quatre mois. (Circ. du 21 juin 1877 et du 24 juillet 1878 M.) Ces prix sont maintenus pour les caisses nouveau modèle. (Circ. du 17 septembre 1878 (M) et nomencl. du 30 décembre 1880, 562.)

La circulaire du 17 mai 1879, n° 4179, a donné aux officiers la faculté d'acheter ces caisses dans l'industrie civile, mais elle rappelle que tous doivent en être pourvus dès le temps de paix. Les caisses à bagages étant devenues la propriété des détenteurs, ceux-ci peuvent les emporter en cas de mutation et en disposer lors de leur radiation des contrôles. (Circ. du 21 juin 1877 rappelée par celle du 24 juillet 1878 M.)

Les caisses à bagages destinées aux adjudants, chefs-armuriers et sous-chefs de musique sont délivrées à titre gratuit et au compte du service de l'habillement, mais elles doivent rester en dépôt dans les magasins et n'être distribuées que pour les grandes manœuvres ou en cas de mobilisation.

Après les grandes manœuvres, ces caisses sont retirées aux détenteurs, lesquels ont à supporter la valeur des dégradations qui ne résultent pas d'un cas de force majeure ou d'user naturel. (Cir. du 19 juin 1879 M.)

Ces dispositions ont été rendues applicables aux adjudants élèves d'administration, aux contrôleurs d'armes et aux ouvriers d'Etat.

Les caisses des élèves sont déposées dans les magasins de leur section, et les autres dans l'établissement auquel les employés appartiennent. (Dép. ministlle du 17 juillet 1879 (M), et tableaux du 31 décembre 1883, fixant l'approvisionnement des sections d'administration.)

Les caisses tenues en réserve dans les magasins des corps restent la propriété de l'Etat jusqu'à ce qu'elles soient distribuées à charge de remboursement. (Circ. du 21 juin 1877 M.)

Il doit exister dans chaque corps, pour satisfaire aux besoins des officiers et adjudants, au fur et à mesure qu'ils se produisent, un approvisionnement de réserve fixé par les tableaux du 31 décembre 1883 (M).

Ces approvisionnements, comme ceux destinés aux officiers et adjudants réservistes, sont placés dans les magasins des corps et entretenus au compte de la masse générale d'entretien. (Circ. du 21 juin 1877 M.) Les caisses à bagages destinées aux officiers de réserve et celles sans emploi dans les magasins restent à demeure ; celles affectées aux adjudants, etc., sont emportées en cas de mouvement. (Circ. du 22 mars 1883, page 320.)

(1) En Algérie, les corps de cavalerie d'artillerie du génie et du train ne peuvent utiliser les cantines à vivres et caisses à bagages adoptées pour les campagnes en Europe. (Tableaux d'approvisionnement du 31 décembre 1883.)

(2) Le tableau D annexé à cette circulaire indique les effets que peut contenir cette caisse, non compris la couverture.

(3) Le prix de la nomenclature actuelle est de 11 fr. 32 c.

Les caisses à bagages sont distribuées à raison de :

4 par colonel d'artillerie (3 dans l'infanterie et la cavalerie, tableau D annexé à la circ. du 21 juin 1877) ;
3 par lieutenant-colonel;
2 par chef de bataillon, d'escadron ou médecin-major de 1re classe ;
1 pour chacun des autres officiers et assimilés;
1 par adjudant sous-officier, sous-chef de musique et chef-armurier.

(*Circ. du* 8 *juin* 1875, *page* 773, *modifiée par le tableau D annexé à la circ. du* 21 *juin* 1877 M).

Toutefois, dans l'infanterie, il n'est alloué qu'une caisse pour deux adjudants de compagnie, pour le vaguemestre et le chef-armurier réunis. L'adjudant de bataillon et le sous-chef de musique ont chacun une caisse particulière.

Dans les bataillons de chasseurs à pied, l'adjudant de bataillon et le chef-armurier n'ont également qu'une seule caisse pour eux deux (1).

(*Circ. du* 21 *mars* 1879 M).

Les corps sont, en outre, pourvus de 6 caisses dont 5 à effets et 1 pour le matériel de réparations, destinées à être chargées sur la voiture dite d'équipement. (Circ. du 26 décembre 1874 (M) et tableaux d'approvisionnement du 31 décembre 1883 M.) Ces caisses sont fournies par le service de l'habillement. (Même circulaire). Chaque chef-armurier a, en outre, une caisse d'outils et pièces d'armes qui est chargée sur les voitures à bagages de l'état-major. Elle comprend en outre les pièces de rechange d'arçon de selle dans la cavalerie. (Circ. du 21 juin 1877, tableau D; circ. du 6 septembre 1878 (M) et du 21 mars 1879 M.) Voir *Equipages régimentaires* et *Armement*.

La caisse de réparations est chargée du matériel nécessaire à l'entretien de l'armement, de l'équipement et de la chaussure. (26 décembre 1874 M.)

La circulaire du 6 mars 1876, n° 1422, dispose que chacun de ces récipients (y compris les cantines à vivres) portera, sur la face où est apposée la serrure, les indications du corps, du bataillon et de la compagnie, et, de plus, un numéro de série qui donnera aux conseils d'administration les moyens de suivre ce matériel dans toutes ses mutations.

Exemple :

144. — INF.
4e B. 4e C.
N° 38.

Ces inscriptions sont faites en lettres et en chiffres blancs, peints à l'huile, 40 millimètres de hauteur pour les grandes lettres et 20 pour les petites.

Le marquage est effectué par les soins des corps sur les fonds de la masse générale d'entretien sans aucune indemnité de main-d'œuvre.

La dépense d'achat d'ingrédients ne doit pas dépasser :

Blanc de céruse,	500 grammes	» 50 c.
Essence,	125 —	» 16
Huile,	125 —	» 19
Total pour 40 caisses		» 85 c.

A ce chiffre, il faut ajouter les frais de premier achat des outils et ustensiles nécessaires au marquage de toutes les caisses :

2 pinceaux	» fr.	60 c.	2 fr. 50 c.
1 godet	»	40	
2 petits bidons ou flacons	1	»	
1 boîte en fer blanc	»	50	

(Circ. du 6 mars 1876.)

Réforme des effets.

(Voir le chapitre *Habillement*, page 155).

La décision ministérielle du 26 août 1876, page 97, porte qu'il doit être procédé, à

(1) Les adjudants, chefs armuriers et sous-chefs de musique des régiments d'infanterie et des bataillons de chasseurs emportent, en outre, en campagne, un havre-sac comprenant les effets d'un usage journalier. (Décis. du 19 avril 1879, page 653.)

l'égard de la réforme du matériel de campement dont les corps sont en possession, comme pour les effets de grand équipement, c'est-à-dire que les inspecteurs généraux et administratifs ont le pouvoir d'en prononcer la réforme d'après les règles adoptées pour les effets de la deuxième catégorie, les armes et les instruments de musique.

Dans les corps de troupes en campagne, les réformes ne peuvent toutefois être prononcées que si le comptable chargé du service du campement de la division ou de la colonne reconnaît et déclare que les objets proposés ne sont pas susceptibles d'être avantageusement réparés. Cette déclaration est annexée au procès-verbal ou à l'état de réforme.

Les objets reconnus réparables sont réintégrés au service du campement. (Circ. du 5 avril 1882, page 162.)

Les dispositions de la décision du 26 août 1876 ne sont pas applicables au matériel de couchage auxiliaire, lequel doit toujours être réintégré dans les magasins administratifs. (Circ. du 16 juillet 1880, page 344, et du 3 octobre 1884, page 348.) Il en est de même pour tout matériel remis aux corps pour des besoins exceptionnels, lequel doit être réintégré dès qu'il n'est plus nécessaire aux détenteurs ou reconnu hors de service. (Circ. du 2 mai 1884, page 487.)

Enveloppes de bidons individuels, courroies, etc.

Aux termes des circulaires du 3 décembre 1866, page 420, et 28 juillet 1871, page 312, les bidons individuels en usage dans l'armée doivent être recouverts d'enveloppes en drap.

Ces enveloppes sont confectionnées en drap bleu foncé, gris bleuté, ou gris de fer foncé, ou en drap blanc piqué de bleu provenant des effets réformés ou de chutes de drap. Toutefois, ces bidons sont recouverts en drap de même nuance par compagnie, escadron ou batterie. (3 décembre 1866.) En cas d'insuffisance de ressources, on peut aussi employer des couvertures hors de service; la demande en est faite à l'intendant militaire de la région. (Dép. ministér. du 30 août 1882 M.)

La dépense de confection doit être supportée :

1° Par la masse générale d'entretien (2ᵉ portion). — Circ. du 3 décembre 1866), si les bidons appartiennent au service courant;

2° Par la masse individuelle des détenteurs, si les enveloppes sont destinées à en remplacer d'autres détériorées par leur faute;

3° Par le budget sur ressources extraordinaires, si les bidons font partie de l'approvisionnement de réserve ou de l'armée territoriale;

4° Par le budget ordinaire (service de l'habillement), s'il s'agit du remplacement d'enveloppes détériorées par les hommes de la réserve ou de l'armée territoriale pendant les périodes d'instruction. (Feuille de vérification ministér. du 20 octobre 1882, n° 13173.)

Les enveloppes versées du service de réserve au service courant, en remplacement de pareil nombre d'effets à remplacer, sont imputables à ce dernier service. (Feuille de vérification minist. du 7 décembre 1883, n° 12978.)

Le prix est fixé à 0,21 c. pour le bidon de 2 litres (Circ. du 1er mai 1875, page 684, qui donne la description), et pour le bidon de 1 litre, à 0,28 c. pour les confectionneurs civils (Descript. du 30 septembre 1878, page 426 (S), et à 0,18 c. pour les ouvriers militaires. (Note ministér. du 29 novembre 1879, 595 S).

Ces enveloppes portent le numéro matricule de l'homme qui est apposé sur une pièce en toile de coton ; elles ne sont employées qu'au moment de la mise en service des bidons. Les bidons en magasin sont constamment découverts pour qu'on puisse les graisser. (Circ. du 1er mai 1875.)

Les bidons déjà couverts, à la date du 1er mai 1875, d'une enveloppe ancien modèle, ne doivent pas être pourvus de l'enveloppe mobile nouveau modèle. (Circ. du 14 juin 1875 M.)

Les courroies de petit bidon sont tarifées. { 0 fr. 70 pour les bidons de 1 litre.
0 95 pour ceux de 2 litres.

Les bouchons sont du prix de 0 fr. 10 (Nomencl. du 30 décembre 1880, page 560.)

Effets prêtés à l'entreprise des Lits militaires.

D'après les dispositions de la circulaire du 30 juillet 1874, n° 4305, et de la note du 9 juin 1875, page 906, les imputations à faire aux troupes (conformément aux tarifs du traité Laffite du 22 octobre 1865, page 91 à 99 du *Journal militaire*, tome XI), à raison des dégradations commises aux couvertures et demi-couvertures de campement prêtées à l'entreprise des lits militaires à défaut de matériel de ce service, doivent faire l'objet de versements par moitié, dans les caisses du Trésor public et entre les mains des préposés du service des lits militaires.

Ces versements au Trésor sont effectués comme il est dit ci-dessus, page 194.

Le prix des couvertures est fixé par la nomenclature du 30 décembre 1880 insérée au *Journal militaire*.

Matériel de couchage auxiliaire

APPARTENANT AU SERVICE DU CAMPEMENT, MIS A LA DISPOSITION DES CORPS, A DÉFAUT DE MATÉRIEL DE L'ENTREPRISE DES LITS MILITAIRES (1).

Ce matériel se compose de : *Sacs* de couchage en toile (ou sacs-tentes-abris en tenant lieu);
Sacs à paille (traversins) en toile ;
Paillasses en toile;
Couvertures de laine.

Ce matériel de couchage auxiliaire a été réuni au service du campement par décision du 29 juillet 1862 (M).

Une dépêche ministérielle du 27 décembre 1879 (M) dispose qu'il sera déposé dans les établissements administratifs (habillement, subsistances, hôpitaux) existant dans chaque région et considérés comme annexes du magasin régional (2).

Les officiers comptables de ces établissements sont chargés de la garde et de l'entretien de ce matériel et des expéditions (ou livraisons) à faire aux corps lors de l'appel des réservistes et de l'armée territoriale et en cas de mobilisation.

Lorsque, en temps ordinaire, dans certaines places de garnison, le nombre de fournitures de l'entreprise des lits militaires est insuffisant pour assurer le couchage des hommes de l'armée active, l'intendant militaire est autorisé à faire prélever sur ces approvisionnements les demi-fournitures nécessaires pour parer à cette insuffisance ainsi qu'aux éventualités momentanées qui peuvent survenir dans les corps.

Dans ces deux cas, il doit exister un nombre de paires de draps de lit double de celui des fournitures auxiliaires, afin de permettre les échanges (27 décembre 1879). Les distributions et réintégrations ont lieu dans les conditions indiquées à la page 201 et ci-après : *Troupes casernées et baraquées*.

La dépêche du 16 avril 1883 (M) fixe provisoirement les quantités de matériel affectées aux places fortes en cas de mobilisation. Aux termes de l'art. 1er du cahier des charges du 21 août 1884, page 235 (S), l'administration militaire peut exiger des entrepreneurs de fourrages à la ration, la fourniture de la paille de couchage. Mais une dépêche minist. du 10 décembre 1884 (M), dispose que, lorsqu'il est possible d'acheter cette paille à un prix inférieur à celui payé aux entrepreneurs, les fonctionnaires de l'intendance doivent traiter de gré à gré pour l'achat des quantités nécessaires.

Cette fourniture est, dans tous les cas, au compte du service du campement et, lorsqu'elle est assurée par le service des fourrages, il en est remboursé au moyen de virements effectués par les soins de l'administration centrale. (Art. 360 et suivants du règlement du 26 mai 1866, page 82 et dépêche précitée du 10 décembre 1884).

Les perceptions sont faites sur la production d'états d'effectif (formule n° 291 de la nomenclature générale des imprimés) établis par l'intendance militaire et revêtus de la prise en charge des parties prenantes.

(1) Se reporter au chapitre des lits militaires : *Réintégrations*, pour le couchage des hommes en cas de mobilisation.

(2) Les officiers d'administration du service des hôpitaux ne doivent être chargés de ces annexes qu'à défaut d'officiers du service des subsistances. (Lettre collective du 6 octobre 1883 M.)

Se reporter à la page 205, ci-après, pour divers renseignements de détail, au cahier des charges précité et à l'instr. du 15 mars 1872 (M) sur la comptabilité-matières des subsistances.

TROUPES CASERNÉES.

Aux termes de la note du 15 mars 1884, page 239, les réservistes et territoriaux ne doivent recevoir exclusivement que des fournitures auxiliaires de campement ; il ne peut être délivré de fournitures complètes des lits militaires qu'aux sous-officiers, caporaux et brigadiers et seulement dans la limite de celles restées disponibles après que tous les soldats de l'armée active en ont été pourvus et à l'exclusion absolue de tout dédoublement. Les fournitures du service des lits militaires et celles du campement ainsi employées sont placées sur les châlits non utilisés par l'armée active.

Après chaque période d'instruction, il est adressé au ministre un état spécial conforme à celui prescrit par la circ. du 22 août 1878 (M), moins les colonnes relatives au dédoublement (15 mars 1884).

Les fournitures auxiliaires de campement sont composées chacune de :

1 enveloppe de paillasse (marquée du mot *campement*, dép. du 23 novembre 1881 M),
1 enveloppe de traversin,
1 sac de couchage (ou 2 sacs tentes-abris en tenant lieu),
1 grande et 1 petite couverture (2 petites couvertures peuvent au besoin remplacer la grande. (Note du 22 août 1879, page 321 S). Les art. 350, 343 et 358 des règlements du 28 décembre 1883 sur le service intérieur autorisent les généraux commandant les corps d'armée à accorder des couvertures ou demi-couvertures de supplément pendant l'hiver.

De plus, la circulaire ministérielle du 15 novembre 1879, page 343, relative à tous *les corps qui font usage de fournitures auxiliaires*, porte qu'il est alloué chaque mois 10 kilogrammes de paille pour la paillasse et 2 kilogrammes pour le traversin, dans le cas où les enveloppes sont placées sur le sol, et 14 kilogrammes de paille de froment ou de seigle pour la paillasse et 2 kilogrammes de paille de même espèce pour le traversin, renouvelables tous les quatre mois, lorsque ces effets sont placés sur des châlits. (15 novembre 1879.) Les art. 350, 343 et 358 des règlements du 28 décembre 1883 prescrivent le remplacement tous les mois (Errata. — 1er sem. 1884, page 226) ; mais ces dispositions ne sont applicables évidemment que lorsque les demi-fournitures sont placées sur des châlits. En ce qui concerne les réservistes et les territoriaux, la paille est renouvelée après chaque série d'appel ou période d'instruction. (Circ. du 17 août 1879, page 92, qui fixe uniformément les allocations à 10 kilos pour la paillasse et 2 pour le traversin). (Voir ci-après, page 204.)

Pour constater les époques de renouvellement de la paille, l'officier de casernement doit tenir un carnet coté et paraphé par le sous-intendant militaire, où est portée, par l'officier de casernement, la mention du jour où la paille est renouvelée. Chaque mention est visée par ce fonctionnaire. (Instr. du 10 novembre 1840, page 494. Ancien *Journal militaire*). On se sert du modèle prescrit pour le service des lits militaires, modèle n° 4 annexé au règlement du 2 octobre 1865, page 135.

La circulaire du 13 janvier 1880 (M) rappelée par une dépêche du 16 novembre 1882 (M) dispose que la paille hors de service doit, en principe, être remise au Domaine pour être vendue, mais que si la quantité en est trop minime ou a trop peu de valeur, MM. les sous-intendants peuvent en autoriser le versement dans un corps de troupe qui a des chevaux.

Les échanges de fournitures doivent se faire aux époques suivantes :

Sacs de couchage ou draps de lit. — Du 1er mai au 30 septembre, tous les 20 jours ;
— — — Du 1er octobre au 30 avril, tous les 30 jours.

Enveloppes de paillasse et de traversin. — En même temps que le renouvellement de la paille, c'est-à-dire :

Tous les mois, lorsque ces effets sont placés sur le sol ;
Tous les quatre mois, lorsqu'ils sont placés sur des châlits ;

Couvertures. — Les couvertures sont lavées et foulonnées lorsque la nécessité en est reconnue. (Les petites couvertures servant de couvre-pieds pendant la saison froide doivent être réintégrées à l'expiration de cette saison, qu'il soit nécessaire ou non de les manutentionner.) (Circ. du 15 novembre 1879, p. 343.)

Les couvertures dont les taches indélébiles ont déjà été payées reçoivent une marque indélébile consistant en un P (payé) de 27 millimètres de hauteur, destinée à faire connaître qu'elles ont été déjà constatées ou imputées. Cette marque est apposée dans les magasins administratifs. (Circ. du 21 septembre 1883, page 331).

TROUPES BARAQUÉES

Par *dépêche du* 14 *février* 1873 (M), le ministre a décidé, en principe, que les troupes baraquées couchant sur des lits de camp et faisant usage de demi-fournitures, recevront 12 kilogrammes de paille de couchage (dont 2 kilogr. pour le traversin et 10 kilogr. pour la paillasse) (1), 2 sacs tentes-abris par homme pour tenir lieu de draps de lit, et, de plus, un paillasson de confection militaire destiné à former une sorte de deuxième paillasse; mais, à la date du 14 juin 1877 (M), le ministre a fait connaître que l'usage du paillasson était supprimé pour les troupes baraquées.

Par suite, chaque homme est mis en possession de :

1 enveloppe de paillasse comprenant 10 kilogrammes de paille,
1 — de traversin — 2 — —
2 sacs tentes-abris tenant lieu de draps ou 1 sac de couchage,
1 grande et 1 petite couverture.

Les couvertures ou demi-couvertures de supplément sont distribuées, pendant l'hiver, dans la proportion indiquée par le commandement. (Dép. du 9 décembre 1872 adressée au 8e corps d'armée et art. 350, 343 et 358 des règlements du 28 décembre 1883 sur le service intérieur.)

Ces couvertures (y compris les couvertures permanentes) sont lavées toutes les fois que la nécessité en est reconnue et constatée par le sous-intendant militaire. Les frais de lavage ne sont supportés par l'Etat qu'autant que la cause n'en peut être attribuée à un défaut de soin de la part de la troupe.

Au camp d'Avord (troupes baraquées), l'échange des enveloppes de paillasse a lieu chaque trimestre, et celui des traversins cinq fois par an : trois fois dans le semestre d'été et deux fois dans celui d'hiver. (Dép. du 2 mars 1875 M.) L'échange des sacs tentes-abris est fait tous les mois.

Toutes les dépenses occasionnées par l'entretien de ce matériel, celles incombant aux détenteurs exceptées, doivent être acquittées sur les fonds du service de l'habillement. (Dép. du 20 août 1862, n° 9659.)

Dans les places où il existe un magasin central, les réparations et les lavages sont exécutés par les soins de l'officier comptable de cet établissement. Dans les autres, ce sont les corps qui sont chargés des lavages et des réparations de peu d'importance.

Dans le 8e corps d'armée, l'entreprise des lits militaires exécute *les lessivages* sous la surveillance des corps de troupes, excepté au chef-lieu. La dépense qui en résulte est payée sur les frais d'exploitation du magasin central de la région, à Bourges. Les prix adoptés sont les mêmes que ceux accordés à l'entrepreneur du blanchissage des effets de cette nature en service au camp d'Avord, savoir :

Par couverture de campement (grand lavage)........	0,30 c.
— — (petit lavage).........	0,15
Par demi-couverture..............................	0,20
Par sac tente-abri...............................	0,12
Par enveloppe de paillasse.......................	0,20
— de traversin..........................	0,04

Dans les annexes où il n'existe pas de buanderie militaire, les corps assurent eux-mêmes le blanchissage, mais la dépense est toujours acquittée par les soins du comptable du magasin central. Une dépêche ministérielle du 3 décembre 1877 a approuvé ce mode d'opérer.

Une autre dépêche du 19 janvier 1880 (M) dispose que les marchés passés au sujet des manutentions du matériel de couchage doivent stipuler qu'ils prendront fin quinze jours après l'avis officiel de leur résiliation.

Pour les pertes et dégradations au compte des corps, voir pages 190 et 191.

(1) Renouvelable tous les mois et à chaque changement de position. (Circ. du 17 août 1879, page 92.) (Voir ci-après, pages 204 et 205.)

COMPTABILITÉ DU MATÉRIEL DE COUCHAGE AUXILIAIRE

ET DU MATÉRIEL PRÊTÉ OU MIS EN DÉPOT

La circ. du 2 mai 1884, page 487, supprime le registre modèle B des comptes courants avec les magasins centraux et prescrit aux corps de prendre en charge, et de faire entrée dans leurs comptes, du matériel de toute nature qui leur est délivré.

20 jours avant l'appel des hommes de la réserve et de l'armée territoriale pour une période d'instruction, les corps font parvenir à l'intendant militaire un état de demande du matériel qui leur est nécessaire (manchons, matériel de couchage auxiliaire, grandes tentes).

Ce matériel doit parvenir à destination 8 jours avant l'arrivée des hommes.

Le matériel de couchage auxiliaire employé par l'armée permanente est réintégré au magasin administratif le plus à proximité, dès qu'il n'est plus nécessaire; celui utilisé par les hommes de la réserve et de l'armée territoriale est reversé après la dernière période d'instruction. Toutefois, les réintégrations peuvent avoir lieu dans les magasins annexes lorsqu'ils sont compris dans les marchés passés pour les lavages et les réparations et que les prix stipulés par ces marchés sont inférieurs à ceux du magasin principal augmentés des frais de transport.

Pour la constatation des pertes et dégradations, se reporter à la page 191.

Le 1er de chaque mois, les corps remettent au sous-intendant, qui le fait parvenir à l'intendant militaire, un état de situation (Mod. joint à la circ.) indiquant tout le matériel qui leur a été délivré à titre temporaire (effets de couchage proprement dit et grandes tentes) qu'ils ont en service ou en magasin. L'intendant militaire prescrit ensuite les réintégrations qu'il juge à propos.

Ces situations ne comprennent pas le matériel des portions de corps détachées en Algérie ou en Tunisie, lesquelles fournissent des situations particulières. (Circ. du 2 mai 1884.)

On ne doit considérer comme *prêté ou mis en dépôt* que le matériel délivré, sur l'ordre du ministre, à des parties prenantes étrangères au département de la guerre et à d'autres services du département de la guerre et, dans des circonstances exceptionnelles, sur l'ordre de MM. les généraux commandant les corps d'armée qui rendent compte au ministre (se reporter à la circ. précitée, page 490.)

Le matériel de couchage auxiliaire ne peut être réformé dans les corps, les effets ou objets usés ou détériorés doivent être réintégrés dans les magasins administratifs. (Note du 3 octobre 1884, page 548.)

Paille de couchage et de baraquement.

Aux termes de l'article 697 du règlement du 26 mai 1866, sur le service des subsistances, page 146 du tome Ier, la paille de couchage et de baraquement est due aux troupes et aux autres parties prenantes campées, savoir :

1° *Paille de couchage.* — Pour les corps de garde n'ayant pas de lit de camp; pour le couchage des troupes sous la tente ou baraquées. (Dans certains cas dont le commandement est juge, on peut remplacer la paille de couchage par une ration supplémentaire de bois de chauffage. (Circ. du 10 janvier 1852, page 282. — Voir ci-après la circ. du 17 août 1879.)

2° *Pour les abri-vent de la garde du camp;*

3° *Pour la couverture et la réparation des baraques* des troupes, officiers sans troupe et autres parties prenantes.

Le tarif du 10 octobre 1881, page 363, fixe comme il suit les allocations :

5 kilog. de paille longue par homme tous les 15 jours, et à chaque changement de position, ou 7 kilog. de paille courte dépiquée sous les pieds des chevaux.

Corps de garde n'ayant pas de lit de camp :	1re classe,	tous les 15 jours,	20	bottes de 5 kil.
—	2° —	—	12	—
—	3° —	—	6	—

Abri-vent : 40 bottes de 5 kilog. par régiment ou bataillon.

La paille est toujours fournie en paille longue; elle peut être remplacée par des rations individuelles de chauffage. (Tarif précité.)

Pour la couverture des baraques, les quantités à distribuer sont fixées de concert, par le chef d'état-major du camp, le commandant du génie et le fonctionnaire de l'intendance, au moyen d'un état général arrêté par eux. (Art. 698 du règlem[t] du 26 mai 1866, page 147.) La circulaire du 17 août 1879, page 92. fixe de la manière suivante les allocations à faire aux troupes dans toutes les positions, savoir :

PARTIES PRENANTES.	QUANTITÉS DE PAILLE DE COUCHAGE ALLOUÉES.	OBSERVATIONS.
1° Hommes campés ou baraqués ne recevant pas de demi-fournitures auxiliaires.	5 kil. de paille longue ou 7 kil. de paille courte par homme (1).	Renouvelable tous les 15 jours. Dans ce cas, la paille est mise en commun sur le sol, sous la tente ou sur le lit de camp, dans la baraque.
2° Réservistes casernés, baraqués ou campés et couchés sur des demi-fournitures auxiliaires. (Voir pag. 201.)	10 kil. pour la paillasse et 2 kil. pour le sac à paille tenant lieu de traversin.	La quotité de cette ration est nécessaire pour permettre de garnir suffisamment la paillasse et le traversin. Cette paille doit servir pendant toute la durée de l'appel.
3° Hommes de l'armée territoriale casernés, baraqués ou campés et couchés sur des demi-fournitures auxiliaires. (Voir pag. 201).	10 kil. pour la paillasse et 2 kil. pour le sac à paille.	Cette paille est renouvelée après chaque série d'appel, soit après un laps de temps de 13 jours.
4° Hommes de l'armée active casernés, baraqués ou campés et couchés sur des demi-fournitures de campement. (Voir pag. 201 pour les allocations à faire lorsque les demi-fournitures sont placées sur des châlits.)	10 kil. pour la paillasse et 2 kil. pour le sac à paille.	La paille est renouvelée à l'expiration de chaque mois, ou à chaque changement de position.
5° Troupes bivouaquées.	Une demi-ration, soit 2 kil. 1/2.	Cette quantité a été déterminée par la circulaire du 25 avril 1879 sur les manœuvres d'automne (1).
6° Troupes de passage logées chez l'habitant pendant trois jours.	»	Ces troupes ont droit pendant trois nuits : au logement chez l'habitant, au combustible, aux ustensiles de cuisine pour la cuisson des aliments, enfin à la chandelle. Au delà de ce terme, l'habitant continue à fournir ces prestations, mais il a droit alors à l'indemnité stipulée par le décret du 2 août 1877.
7° Troupes de passage cantonnées chez l'habitant pendant trois jours.	A titre tout à fait exceptionnel : 5 kil. ou 2 kil. 1/2 (2).	L'habitant ne reçoit aucune indemnité pendant ces trois jours; mais aucune prestation ne peut lui être imposée, ni en combustible, ni en ustensiles de cuisine. (Pour la fourniture du combustible, se reporter au titre Chauffage.) Dans ce cas, les commandants de corps d'armée peuvent accorder des distributions quotidiennes de paille de couchage comportant une ration entière ou une demi-ration, mais seulement à titre tout à fait exceptionnel, lorsqu'ils en reconnaissent la nécessité absolue, eu égard à la situation du cantonnement, à la saison et à l'état des troupes. La comptabilité de ces distributions extraordinaires doit toujours être appuyée des ordres en vertu desquelles elles ont eu lieu. (Circulaire du 17 août 1879, pag. 92.) En outre, l'Instruction du 17 mars 1882, pag. 197 (art. 25, modifiée par la circulaire du 11 mai 1883), dispose que lorsque les troupes de passage doivent recevoir de la paille de couchage, elle doit être, en principe, fournie par l'habitant ou la commune à charge de paiement. Le tarif de remboursement est fixé en tenant compte de la valeur de la paille laissée sur les lieux.
8° Troupes cantonnées sur un même point pendant plus de trois jours.	5 kil. par homme.	Conformément à la circulaire du 25 avril 1879. Pour la fourniture de la paille, comme au § 7°.

(1) Cette circulaire du 25 avril 1879 est remplacée par les instructions annuelles sur les manœuvres, qui prescrivent de faire toujours abandon aux habitants de la paille de couchage.

(2) Les règlements du 28 décembre 1883 sur le service intérieur, disposent que la ration peut être diminuée de moitié lorsque le séjour ne doit pas dépasser trois jours. (Art. 352 Inf[ie], 345 Cav[ie] et 370 Art[ie].)

Au-delà du troisième jour du cantonnement, l'habitant a droit à l'indemnité de 0,05 c. par homme et par jour déterminée par l'article 33 du décret du 2 août 1877.

La paille est fournie par voie de réquisition. (Voir ci-dessus § § 7° et 8°).

La valeur en est remboursée aux municipalités, lorsqu'elles justifient qu'il y a eu réquisition ou ordre de fournir de la part de l'autorité militaire.

Ainsi que l'indique l'article 15 de la loi sur les réquisitions, le cantonnement des troupes qui manœuvrent, de même que le logement chez l'habitant ou le cantonnement des troupes rassemblées dans les lieux de mobilisation ou leurs dépendances pendant la période de mobilisation, ne confère à l'habitant le droit à aucune indemnité. (Circ. du 17 août 1879, p. 92).

En règle générale, la paille de couchage est fournie par le service des subsistances militaires, mais à charge de remboursement par le service de l'habillement et du campement. (Art. 360 et 362 du réglem^t du 26 mai 1866, p. 82, et circ. précitée du 17 août 1879.)

DISPOSITIONS SPÉCIALES A L'ALGÉRIE

Troupes en marche et devant coucher dans le même lieu sous la tente :

Plus de huit nuits : Une ration complète de cinq kilog. de paille longue ou 7 kilog. de paille courte par homme ;

De trois à huit nuits, une demi-ration ;

Une nuit ou deux, aucune allocation.

Hommes couchant dans les dépôts d'isolés :

Plus de huit nuits, une ration complète ;

Huit nuits et moins de huit nuits, une demi-ration.

(Note du 23 février 1880, pag. 64.)

PERCEPTION DE LA PAILLE DE COUCHAGE, ETC...

Les perceptions ont lieu sur la production : 1° D'un extrait de l'effectif (Mod. n° 290 de la nomenclature générale) pour les distributions aux corps de garde ; 2° D'un extrait de l'effectif (Mod. n° 291) pour la paille destinée au couchage des troupes ; 3° D'un extrait de l'effectif (Mod. n° 290) pour celle destinée aux abri-vent ; 4° D'un extrait de l'état général arrêté à cet effet pour la couverture des baraques.

Le premier est certifié par le sous-intendant et émargé par le commandant de chaque poste ;

Le second est dressé par le corps pour chaque quinzaine, arrêté par le sous-intendant et revêtu du reçu du conseil ;

Le troisième est établi dans la même forme que le premier ;

Le quatrième est revêtu de l'acquit du corps. (Art. 699 du réglem^t du 26 mai 1866, pag. 147.)

Les modèles d'états sont annexés à l'instruction du 15 mars 1872 (M), pages 355 et suivantes.

Les fournitures de paille de couchage ne sont pas comprises dans les bons totaux trimestriels des comptables ou entrepreneurs livranciers. (Art. 700 du réglem^t précité, pag. 14.) Comme conséquence, elles ne figurent pas dans les revues de liquidation des parties prenantes.

Lorsque la paille est fournie sur réquisition, on procède comme il est indiqué au titre *Réquisitions*, mais en ayant soin d'établir des pièces distinctes, afin de permettre les remboursements par le service du campement. (Art. 360, 362 et 701 du réglem^t du 26 mai 1866, pag. 82 et 147).

Compte annuel de gestion, avance de fonds, etc.

(Se reporter aux dispositions relatives au service de l'habillement.)

LOGEMENT DES TROUPES

1° Hommes de troupe et chevaux

Le logement est dû aux sous-officiers, caporaux ou brigadiers, soldats et enfants de troupe de toutes armes présents au corps, dans toutes les positions qui leur donnent droit à une solde de présence. (Art. 292 du règlem[t] du 8 juin 1883, pag. 630.) Les militaires marchant isolément, ou avec leur corps, et généralement tous militaires porteurs d'une feuille de route ont droit au logement fourni par les soins des autorités locales, avec place au feu et à la chandelle. (Art. 295). Voir *Logement et cantonnement chez l'habitant.*

Les militaires isolés, munis d'une feuille de route, y ont droit même lorsqu'ils ne reçoivent pas de solde. (Voir le mod. de la feuille de route, l'art 100 du règlem[t] du 20 juillet 1824, pag. 181, et l'art. 48 du règlem[t] du 12 juin 1867, pag. 690.)

Ces principes sont applicables au logement des chevaux, des voitures et des bagages. (Art. 102 du règlem[t] du 20 juillet 1824, page 181.)

Pour le logement des troupes en cas de mobilisation, voir la circul. du 8 juin 1883 (M).

2° Officiers.

(SUR LE PIED DE PAIX)

Sur le pied de paix, les généraux commandant les corps d'armée ont *seuls droit au logement.* Toutefois, ce droit ne les affranchit pas de la retenue sur leur solde. (Art. 294 du règlem[t] du 8 juin 1883, pag. 631.)

Les officiers marchant isolément ou avec leur corps ont droit au logement fourni par les soins des autorités locales, ainsi qu'à l'éclairage. (Art. 295.)

Lorsque, dans les places de garnison, il existe des logements d'officier dans les bâtiments militaires, ces logements doivent toujours être occupés (art. 12 de la loi du 10 juillet 1791); cependant, la décision ministérielle du 5 septembre 1876, pag. 103, et l'art. 411 du réglem[t] du 8 juin 1883, disposent que le logement militaire évacué du 1er au 15 d'un mois ne peut être imposé à un autre officier que le 1er du mois suivant au plus tôt et que si cette évacuation a eu lieu du 15 au 30, le logement ne peut être imposé que le 16 du mois suivant.

Les logements d'officiers sont remis aux intéressés comme il est indiqué pour le casernement de la troupe. (Règlem[t] du 30 juin 1856, art. 75 et suivants, pag. 254.)

Les logements sont meublés ou non meublés.

Lorsqu'il existe un ameublement, il est fourni, entretenu et renouvelé au compte de l'Etat. Toutefois, le service du génie fournit et renouvelle les glaces. (Art. 38 du réglem[t] du 30 juin 1856.) Il n'est jamais fourni d'ameublement de bureau aux officiers qui reçoivent une indemnité pour frais de bureau (même article). — Pour la composition des ameublements, voir *Lits militaires*, et, pour les pertes et dégradations, voir *Casernement.*

Les officiers, fonctionnaires et employés militaires qui sont campés, baraqués ou logés, soit dans les bâtiments de l'Etat, soit aux frais des communes ou d'un service quelconque, subissent sur leur solde la retenue déterminée par le tarif.

Les trésoriers, les officiers d'habillement et les officiers payeurs des corps de troupe subissent une retenue spéciale lorsque l'emplacement de leur bureau est dans les bâtiments militaires. La retenue est exercée à dater du commencement de la quinzaine qui suit celle pendant laquelle le logement ou le baraquement a été affecté à l'officier. (Art. 410 du réglem[t] du 8 juin 1883, pag. 661.)

Cette retenue varie suivant que l'officier jouit ou non de l'indemnité de résidence dans Paris et qu'il est :

1° Logé avec meubles ;

2° Logé sans meubles ;

3° Baraqué ou campé à l'intérieur, *lorsque le campement est fourni par l'Etat.* (Art. 412.)

Le tarif est réduit de moitié pour les officiers campés (art. 413) et pour ceux baraqués (Tarif).

Le tarif est du 22 février 1881, pag. 177, pour les officiers campés ou baraqués à l'intérieur avec campement fourni par l'Etat, et du 25 décembre 1875, pag. 924, pour ceux logés (1).

Sur le pied de paix, les officiers logés *sous la tente à leur frais* et ceux *en manœuvres*, sont exempts de la retenue.

Il en est de même de ceux qui, *logés à leur frais* dans leur résidence, s'absentent pour le service, et qui sont logés ou *baraqués aux frais de l'Etat* pendant la durée de ce service. (Art 415 du règlemt du 8 juin 1883.)

L'officier et l'employé militaire qui changent de résidence ne subissent aucune retenue sur leur solde pendant ce déplacement. S'ils étaient logés par l'Etat, avec ou sans meubles, au moment de leur départ, ils cessent de subir la retenue du jour où ils se mettent en route.

L'officier qui quitte momentanément sa résidence pour jouir d'une permission ou d'un congé avec solde de présence, sans faire la remise de son logement, continue à subir la retenue pendant son absence, mais il ne doit subir aucune retenue s'il ne reçoit que la solde d'absence. (Art. 414.) Celui qui va en mission subit également la retenue, si la remise du logement, du baraquement ou du campement n'a pas été faite. (Circ. du 12 février 1877, page 73.)

Les retenues à exercer sur la solde des officiers qui reçoivent le logement en nature sont effectuées sur le vu des états de logement produits par les Directeurs des services de l'artillerie et du génie. (Art. 419, 471 et 472 du règlement précité.) Le montant des retenues est porté en diminution dans les revues de liquidation. (Art. 419.)

Logement des chevaux d'officiers. (Voir *Ecuries.*)

3° Officiers.

(SUR LE PIED DE GUERRE ET EN MANŒUVRES.)

Sur le pied de guerre et en manœuvres, le logement est dû aux officiers de tout grade et de toutes armes, ainsi qu'aux employés militaires ; à défaut de bâtiments militaires, il y est pourvu par les soins des autorités locales. (Art. 293 du règlemt du 8 juin 1883, page 631.)

Il ne leur est imposé aucune retenue sur leur solde pour cet objet. (Art. 415.)

En Algérie et en Tunisie, les officiers baraqués, campés, en expédition, ou faisant colonne sont affranchis de toute retenue. Ceux logés aux frais de l'Etat, dans tous les autres cas, la subissent. (Circ. du 4 août 1883, page 149.)

Logement ou cantonnement chez l'habitant.

NOTA. — Les lois sur le logement des militaires chez l'habitant sont applicables à l'Algérie. (Arrêté du 19 décembre 1848, page 864). — (Voir *Campement*, page 204, pour les fournitures imposées à l'habitant envers les militaires qu'il loge.)

Le logement des troupes, en station et en marche, chez l'habitant, est l'installation, faute de casernement spécial, des hommes, des animaux et du matériel dans les parties des maisons, écuries, remises ou abris des particuliers reconnus, à la suite d'un recensement, comme pouvant être affectées à cet usage et fixées en proportion des ressources de chaque particulier ; les conditions d'installation afférentes aux militaires de chaque grade, aux animaux et au matériel sont déterminées par les règlements en vigueur. (Art. 8 de la loi du 3 juillet 1877, pag. 5.) Ces règlements sont ceux du 20 juillet 1824, page 181 et du 30 juin 1856, page 221. Le premier définit les droits des officiers et militaires de tous grades en ce qui concerne le logement et l'ameublement chez l'habitant.

(1) Les officiers généraux dont les appartements de réception sont seuls meublés aux frais de l'Etat subissent la retenue totale de 5 francs par jour. (Circ. du 5 avril 1876, pag. 549). La circ. du 30 octobre 1883, pag. 516, dispose que les sous-officiers de la justice militaire, les gardiens de batterie, ouvriers d'état, stagiaires du génie, etc., logés dans les bâtiments militaires, ne doivent subir que la retenue sans ameublement s'ils ne reçoivent qu'une fourniture des lits militaires.

(Art. 121, page 184.) (1). L'habitant leur prête les ustensiles de cuisine et de table et leur doit place au feu et à la chandelle. (Art. 124 du règlem[t] précité et 16 de la loi du 3 juillet 1877, page 7.)

Les officiers ont droit à l'éclairage. (Voir au titre *Chauffage.*)

Le cantonnement des troupes, en station ou en marche, est l'installation des hommes, des animaux et du matériel dans des maisons, établissements, écuries, bâtiments ou abris de toute nature sans qu'il soit tenu compte des conditions réglementaires et en utilisant, dans la mesure du nécessaire, la contenance des locaux, sous la réserve, toutefois, que les propriétaires ou détenteurs conservent toujours le logement qui leur est indispensable. (Art. 8 de la loi précitée.) On fait usage du cantonnement en cas de manœuvres ou de rassemblements de troupes. Dans ce cas, les hommes peuvent être couchés dans des hangars ou des granges, sur la paille. S'il est possible, des lits sont fournis aux officiers et aux sous-officiers les plus élevés en grade. (Auteur.) (Voir *Campement* pour la distribution de paille de couchage et les diverses obligations imposées à l'habitant.)

Dans les gîtes qui ne sont pas lieux de garnison, la garde de police est établie à la mairie ou dans un local à proximité, reconnu propre à servir de corps de garde et désigné par le maire qui y fait fournir le chauffage, la lumière et les ustensiles nécessaires. (Art. 125 du règlem[t] du 20 juillet 1824, page 186.) Il est fourni, en outre, un local pour le dépôt des bagages. (Art. 126.) Les fournitures de chauffage et d'éclairage des corps de garde sont au compte des communes. (Règlem[t] du 26 mai 1866, page 266.) (Voir *Chauffage et éclairage*).

(1) LOGEMENT ET AMEUBLEMENT DES OFFICIERS ET DE LA TROUPE.

Les logements et les objets d'ameublement à fournir aux officiers par les habitants doivent être composés, autant que possible, pour les différents grades, conformément aux dispositions des articles 14 et 17 de la loi du 23 mai 1792, ainsi qu'il suit :

1° Le logement d'un maréchal de France ou d'un général commandant en chef est composé du nombre de chambres dont il a besoin, tant pour lui que pour ses secrétaires et pour ses domestiques, d'une cuisine et des écuries nécessaires à ses chevaux ;

2° Celui d'un lieutenant-général, de quatre chambres et d'un cabinet garni, tant pour lui que pour ses secrétaires, d'une cuisine, des chambres et lits suffisants pour coucher de deux en deux six domestiques ;

3° Celui d'un maréchal de camp, de trois chambres et d'un cabinet garni, tant pour lui que pour son secrétaire, d'une cuisine, des chambres et lits suffisants pour coucher de deux en deux quatre domestiques;

4° Celui d'un colonel, de trois chambres garnies, d'une cuisine, de chambres et lits suffisants pour coucher trois domestiques ;

5° Celui d'un lieutenant-colonel, d'un chef de bataillon ou d'escadron, ou major, de deux chambres garnies, d'une cuisine et d'une chambre garnie d'un lit pour deux domestiques ;

6° Celui d'un trésorier ou d'un officier payeur, de deux chambres, dont une sans lit, et d'une autre chambre avec lit pour son domestique ;

7° Celui d'un capitaine, d'un adjudant-major, d'un chirurgien-major et d'un aumônier, d'une chambre avec un lit et d'une autre chambre avec lit pour son domestique ;

8° Les lieutenants et sous-lieutenants seront logés deux à deux dans des chambres à deux lits, en leur donnant une chambre avec un lit pour leurs domestiques;

9° Les colonels, lieutenants-colonels, chefs de bataillon et capitaines du génie, ainsi que les officiers de l'artillerie, non attachés aux régiments, ont, en sus du logement affecté à leur grade, une chambre claire garnie sans lit; quand aux lieutenants du corps du génie, ils ont le logement de capitaine ;

10° Le logement de l'intendant militaire en chef est composé du nombre de chambres garnies dont il a besoin, tant pour lui et ses secrétaires que pour ses domestiques et sa cuisine ;

11° Celui de chaque intendant militaire est de trois chambres et un cabinet garnis, tant pour lui que pour son secrétaire, d'une cuisine, de chambres et lits suffisants pour coucher de deux en deux quatre domestiques;

12° Celui de chaque sous-intendant militaire est de trois chambres garnies, d'une cuisine, des chambres et lits suffisants pour coucher trois domestiques ;

13° Celui de chaque sous-intendant militaire adjoint est de deux chambres garnies, d'une cuisine et d'une chambre garnie d'un lit pour deux domestiques;

14° Les écuries sont fournies à raison de 1 mètre 166 millimètres (3 pieds et demi) par cheval effectif; le nombre des chevaux n'excèdera pas celui qui est prescrit par les règlements. (Art. 121 du règlem[t] du 20 juillet 1824, page 184, complété par la décision ministérielle du 14 octobre 1824, page 193.)

Les lits fournis par les habitants aux officiers sont garnis d'une housse, d'une paillasse, de deux matelas ou d'un seul avec un lit de plume, d'un traversin, de deux couvertures et d'une paire de draps.

Chaque chambre à lit est meublée d'une table, de chaises, d'une armoire ou commode fermant à clef, d'un porte-manteau, d'un pot à eau avec sa cuvette, et de deux serviettes par semaine. Les autres chambres sont meublées de tables, chaises, chandeliers et autres ustensiles nécessaires (même article).

Il est dû pour deux caporaux, brigadiers ou soldats, autant que possible pour chaque sergent ou maréchal des logis, un lit garni d'une paillasse, d'un matelas ou d'un lit de plume, d'une couverture de laine, d'un traversin et d'une paire de draps propres. Chaque adjudant, sergent-major ou maréchal des logis chef et tambour-major a droit à un lit. (Règlem[t] du 28 décembre 1883 sur le service intérieur). De plus, le règlem[t] du 20 juillet 1824 (art. 104) dispose que, dans chaque chambre, il doit y avoir deux chaises ou un banc.

Tous les habitants sont astreints au logement et au cantonnement des troupes. Sont néanmoins dispensés de fournir de logement dans leur domicile, les détenteurs de caisses publiques déposées dans ledit domicile, les veuves et filles vivant seules et les communautés religieuses de femmes. Mais les uns et les autres sont tenus d'y suppléer en fournissant le logement en nature chez d'autres habitants, avec lesquels ils prennent des arrangements à cet effet ; à défaut de quoi, il y est pourvu à leurs frais par les soins de la municipalité. (Art. 12 de la loi précitée.) Cette dispense ne s'applique pas au cantonnement, lequel peut être requis dans toutes les dépendances des logements occupés par les personnes sus-indiquées, sous la condition de fermer les communications avec ces logements. (Note du 23 juin 1881, page 375, corroborée par un avis du conseil d'Etat.)

Les officiers et les fonctionnaires militaires, dans leur garnison ou résidence, ne logent pas les troupes dans le logement militaire qui leur est fourni en nature ; et lorsqu'ils sont logés en dehors des bâtiments militaires, ils ne sont tenus de fournir le logement aux troupes qu'autant que celui qu'ils occupent excède la proportion affectée à leur grade ou à leur emploi.

Les officiers en garnison dans le lieu de leur habitation ordinaire sont tenus de fournir le logement dans leur domicile propre, comme les autres habitants. (Art. 12 de la loi du 3 juillet 1877, page 6.) Pour déterminer si le logement occupé par les officiers excède la proportion affectée à leur grade, ou se sert de la cote d'imposition foncière ou du tarif de l'indemnité de logement. Ce tarif a été supprimé, mais on peut encore s'en servir pour ce cas particulier. (Arrêté du conseil d'Etat du 23 février 1877.)

Les habitants ne sont jamais délogés de la chambre et du lit où ils ont l'habitude de coucher ; ils ne peuvent néanmoins, sous ce prétexte, se soustraire à la charge du logement selon leurs facultés. Hors le cas de mobilisation, le maire ne peut envahir le domicile des absents ; il doit loger ailleurs à leurs frais. (Art. 13 de la loi.)

Le logement est fourni en nature chez l'habitant :

1° Aux militaires de tous grades et de toutes armes, et autres considérés comme tels, marchant en corps, en détachement ou isolément, ou allant en congé lorsqu'ils sont munis *de feuilles de route*. (Art. 100 du règlem[t] du 20 juillet 1824, page 181, art. 295 du règlem[t] du 8 juin 1883, page 631, art. 48 du décr. du 12 juin 1867, page 690, et art. 9 de la loi du 3 juillet 1877, page 5, modificative de celles du 10 juillet 1791 et du 23 mai 1792.)

2° Aux officiers hommes de troupe et sans troupe en station dans les places où il n'y a pas de bâtiments militaires, ou lorsque les bâtiments sont insuffisants ou se trouvent dépourvus de couchers. (Art. 100 du règlem[t] du 20 juillet 1824 et art. 8 et 9 de la loi du 3 juillet 1877, page 5.) On doit, dans ce cas, suppléer, dans la mesure du possible (art. 8 de la loi du 10 juillet 1791), à l'insuffisance des bâtiments militaires au moyen de maisons ou d'établissements loués par les municipalités, reconnus et acceptés par l'autorité militaire. Cette disposition est applicable à la fourniture des magasins et des écuries.

Le logement est fourni de la même manière dans les villes, villages, etc... où il n'existe pas de bâtiments militaires. (Art. 9 de la loi du 3 juillet 1877, page 5.)

La nécessité de réclamer le logement chez l'habitant est constatée, pour les troupes en station, par un certificat du commandant du génie attestant que les détachements (hommes ou chevaux) ne peuvent être placés dans les bâtiments militaires. Cette pièce est jointe aux états d'indemnités. (Note du 29 juin 1827, page 224.)

Aux termes de l'article 124 du règlement du 20 juillet 1824, page 186, les sous-intendants militaires doivent donner avis aux maires des passages de troupes et, en ce qui concerne les troupes en station, l'article 128 les oblige à demander, par écrit, au maire de la commune, leur logement chez l'habitant. Une note ministérielle du 10 juin 1882, page 321, prescrit d'adresser, au moins deux jours à l'avance, les avis en question et de faire connaître très exactement le nombre des militaires de tous grades et de chevaux à loger. Cette formalité est surtout applicable au cas de réquisition du logement.

En outre, la circ. du 15 juillet 1882, page 46, qui rappelle que le logement des troupes de passage et des isolés, *en temps ordinaire*, doit être assuré dans les conditions indiquées par le règlement du 20 juillet 1824, dispose que l'autorité militaire qui met une troupe en route doit en donner avis aux Préfets des départements où elle doit coucher et leur faire connaître les jours d'arrivée et de séjour dans chaque gîte ainsi que l'effectif à loger.

Le droit de *réquisition* appartient à l'autorité militaire (art. 3 de la loi du 3 juillet 1877), mais il ne s'exerce dans toute sa plénitude qu'en cas de mobilisation partielle ou totale, ou de rassemblement et dans les conditions déterminées à l'avance par le ministre de la guerre. (Art. 1er de ladite loi.) Les réquisitions sont toujours formulées par écrit et signées : elles mentionnent l'espèce et la quantité des prestations imposées et leur durée, s'il est possible. (Art. 3.) Les articles 3 et 4 du décret du 2 août 1877, page 54, investissent de ce droit les généraux commandant les armées, les corps d'armée, divisions ou rassemblements de troupe, et ce droit peut être délégué par eux aux fonctionnaires de l'intendance et aux officiers commandants de détachement. (Mêmes articles.)

Lorsqu'une troupe arrive dans une place pour y tenir garnison, elle est considérée comme étant encore en marche et logée chez l'habitant pour une nuit ou deux au plus. (Art. 101 du règlemt du 20 juillet 1824.) Le logement chez l'habitant en cas de passage, de rassemblement, de détachement ou de cantonnement, est gratuit, à raison de *trois nuits par habitant et par mois*. (Art. 15 de la loi du 3 juillet 1877.) Une circulaire du 4 juin 1877 (M) disposait que les officiers qui se déplacent isolément, en vertu de décisions leur donnant droit à des allocations en sus de leur solde réglementaire, ne devaient pas en principe réclamer le bénéfice du logement en nature dans les localités où ils ont à séjourner, à moins qu'il ne fût impossible de se procurer un logement de gré à gré ou au moyen de la somme allouée à cet effet. Toutefois, une dépêche du 8 décembre 1879, relative à des officiers en mission topographique, rappelle que c'est avec raison qu'ils ont requis leur logement chez l'habitant et, de plus, elle les a exemptés de toute retenue. (Voir page 206 pour les retenues à exercer.)

Les militaires chargés de la conduite des chevaux de remonte ont droit, comme toutes les troupes en marche, au logement chez l'habitant pour eux et les chevaux qu'ils conduisent. (Décret du 14 septembre 1854, page 435.)

Il est également dû :

Aux militaires de la gendarmerie (Diverses solutions ministérielles) ;

Lorsque les municipalités refusent le logement aux militaires de la gendarmerie détachés temporairement hors de leur résidence, le ministre peut leur accorder un secours pour les indemniser de leurs dépenses. (Dép. du 24 décembre 1879 M.)

Aux hommes appartenant à l'armée de mer (ils sont traités dans les mêmes conditions que les autres militaires) ;

Aux prisonniers de guerre de passage seulement (Arrêté du conseil d'Etat du 28 octobre 1829) ;

Aux blanchisseuses-vivandières attachées à l'armée (Circ. minist. du 6 novembre 1837, page 169) ;

Aux chevaux de troupe mis à la disposition des agriculteurs lorsqu'ils sont conduits par des militaires pour être remis à ces agriculteurs. (Dép. minist. du 31 octobre 1867).

En cas d'appel, les réservistes et territoriaux ont droit au logement dans les gîtes d'étapes sur la simple présentation au maire de leur ordre de route.

Enfin, l'instruction du 1er août 1879, page 672, ajoute que les officiers employés à la réquisition des chevaux ont droit au logement chez l'habitant.

Lorsqu'il y a nécessité de loger chez les habitants les troupes qui doivent tenir garnison, si leur séjour doit s'étendre à la durée d'un mois, les seuls logements des sous-officiers et soldats, et les écuries pour les chevaux, sont fournis en nature ; à l'égard des officiers, ils ne peuvent prétendre à des billets de logement pour plus de trois nuits, et, ce terme expiré, ils doivent se loger de gré à gré, et à leurs frais, chez les habitants. (Art. 5 de la loi du 10 juillet 1791, page 15 du tome Ier du *Journal militaire*, et art. 107 du règlemt du 20 juillet 1824.) Cette disposition a été modifiée par l'art. 9 de la loi du 3 juillet 1877, page 5, et par l'art. 33 du décret du 2 août 1877, page 59, lesquels prévoient que le logement des officiers peut être requis comme celui des hommes de troupe ; mais il est évident que cette disposition n'est en principe applicable qu'en cas de mobilisation ou de rassemblement. (Voir ci-dessus pour les officiers en mission topographique.)

Le logement ainsi que le cantonnement fournis par l'habitant aux troupes donnent lieu au paiement d'une indemnité qui est fixée comme il suit :

1° *Logement* (c'est-à-dire local et lit pour les hommes, ou local et ustensiles pour les chevaux) :

Par officier logé seul et par jour.............................. 1 50
Par deux officiers logés ensemble et par jour.......... 1 »
Par sous-officier et par jour.......................... » 15
Par soldat et par jour................................. » 10
Par cheval et par jour (plus le fumier)............... » 05

2° *Cantonnement* (c'est-à-dire le local, sans obligations autres pour les habitants) :

Par homme et par jour................................ » 05
Par cheval.. le fumier.

(Art. 33 du décr. du 2 août 1877, page 59.)

Il n'est accordé aucune indemnité dans les cas ci-après, savoir :

1° Pour le logement des troupes de passage chez l'habitant ou leur cantonnement pendant une durée maximum de trois nuits dans chaque mois, la dite durée s'appliquant indistinctement au séjour d'un seul corps ou de corps différents chez les mêmes habitants (au-delà de trois jours, l'indemnité est due).

2° Pour le cantonnement des troupes qui manœuvrent;

3° Pour le logement chez l'habitant ou le cantonnement des troupes rassemblées dans les lieux de mobilisation et leurs dépendances pendant la période de mobilisation. (Art. 15 de la loi du 3 juillet 1877, page 7.)

Dans ces trois cas, le fumier des animaux est abandonné à l'habitant (Voir *fumiers*), ainsi que la paille de couchage s'il en a été distribué. (Instr. annuelle sur les manœuvres.)

Ces indemnités sont payées par les soins de l'intendance sur la production d'états numériques trimestriels distincts pour le logement et le cantonnement (Mod. annexés à la circ. du 25 avril 1878 M) fournis par les corps, et d'états décomptés produits par les maires, modèle B annexé à la décision du 31 mars 1829. (Règlem[t] du 20 juillet 1824; décis. du 31 mars 1829, page 271; art. 30 et suiv. du décr. du 2 août 1877, page 58, et circ. du 25 avril 1878 M.) Lorsqu'il s'agit de troupes en station, on joint le certificat du commandant du génie prescrit par la note du 29 juin 1827, page 224. L'indemnité est due depuis le jour de l'arrivée jusqu'au jour du départ exclusivement. (Circ. du 6 novembre 1837, page 170.)

Pertes et dégradations (CHEZ L'HABITANT)

Les pertes et dégradations occasionnées par les troupes dans leurs logements ou cantonnements sont à leur charge. (Loi du 3 juillet 1877, pages 14 et 79.) Les dégâts sont constatés par un procès-verbal dressé contradictoirement par le maire et par l'officier délégué par le commandant de la troupe. S'il s'agit de passage de troupes en temps de paix, le procès-verbal est remis à l'habitant, qui adresse sa réclamation à l'autorité militaire. En cas de mobilisation, le procès-verbal sert à l'intéressé comme une réquisition ordinaire, et l'indemnité à allouer est réglée comme en matière de réquisition. (Art. 28 du décr. du 2 août 1877, page 53.) En temps de guerre et en cas de départ inopiné des troupes logées chez l'habitant, si aucun officier n'a été laissé en arrière pour recevoir les réclamations, tout individu qui n'a pu faire sa réclamation avant le départ de la troupe adresse sa plainte au juge de paix ou, à défaut, au maire. Ce fonctionnaire dresse un procès-verbal qui est remis à la personne intéressée pour faire valoir ses droits comme en matière de réquisition. (Art. 30 du dit décr.) La dépense est payée par la masse individuelle ou par les masses d'entretien, suivant le cas.

Toutefois, une dépêche minist. du 23 janvier 1882 dispose qu'on ne saurait laisser à la charge des corps la réparation des dégâts causés, lorsqu'il est démontré que ces dégâts ne proviennent point de la négligence des hommes ou d'un défaut de surveillance de la part de leurs chefs, mais bien des conditions mêmes du logement ou du cantonnement. Dans ce cas, les indemnités sont payées sur les crédits de la justice militaire comme cela est prescrit pour les dégâts d'autre nature. Ces dispositions ont été appliquées à des dégradations faites par des corps dans des écuries particulières, à leur retour des manœuvres. (Dép. du 9 décembre 1884.)

Pour les dégâts commis dans les propriétés à l'occasion des grandes manœuvres, se reporter à l'Instr. minist. du 20 avril 1884, page 1257 (S) qui en détermine le mode de paiement.

Indemnité de logement aux sous-officiers rengagés ou commissionnés, mariés ou veufs; aux adjudants-élèves d'administration et maîtres-ouvriers non logés.

Les sous-officiers rengagés ou commissionnés, mariés ou veufs avec enfants, et autorisés à loger en ville, les adjudants-élèves d'administration et les maîtres-ouvriers logés en ville faute de place dans les bâtiments militaires (1), reçoivent une indemnité de logement dont le taux est fixé par le tarif. (Art. 159 du règlement du 8 juin 1883, page 596.) Elle est fixée à 15 fr. par mois pour les premiers (loi du 23 juillet 1881, page 34) ainsi que pour les adjudants-élèves et maîtres-ouvriers. (Décis. présid[elle] du 28 juin 1881, insérée, 2e semestre 1882, page 23.)

Cette allocation est payée sur les fonds de la solde. (Art. 165 du règlem[t] précité.)

Elle est due en entier pour toute quinzaine commencée, à partir du 1er et du 16 de chaque mois; elle est payée par mois et à terme échu. (Art. 159.)

Cette indemnité est comprise sur l'état de solde et sur la feuille de journées des officiers. (Art. 165.)

Les sous-officiers rengagés ou commissionnés dont il s'agit, qui sont appelés à faire campagne, ainsi que ceux qui sont faits prisonniers, conservent pendant leur absence le droit à l'indemnité. S'ils devenaient veufs sans enfants, elle cesserait de leur être attribuée à partir de l'expiration de la quinzaine commencée lors du décès. (Art 160.)

Tout sous-officier autorisé à loger en ville et qui vient à quitter le corps par libération, retraite ou réforme, reçoit l'indemnité pour la quinzaine commencée. Il en est de même pour le sous-officier cassé ou rétrogradé et pour celui admis à nouveau dans les bâtiments militaires. (Art. 161.)

Les sous-officiers sus-mentionnés continuent à recevoir l'indemnité à l'hôpital, en conduite de recrues, aux eaux ou bains de mer, ainsi qu'en congé et en permission, pourvu qu'ils restent titulaires de leur résidence; dans le cas contraire, ils n'ont droit qu'à la quinzaine commencée. (Art. 162.)

Les sous-officiers non mariés (adjudants-élèves d'administration et maîtres-ouvriers), logés en ville faute de place dans les bâtiments militaires, n'ont droit dans les positions sus-indiquées qu'à la quinzaine commencée. Ils recouvrent le droit à cette allocation le lendemain de leur retour sans qu'elle puisse leur être faite deux fois pour la même période. (Art. 163.)

Ce principe est applicable à tous les sous-officiers et maîtres-ouvriers qui changent de garnison. (Art. 164.)

NOTA. — Une dépêche ministérielle du 12 février 1867 (M) avait accordé dans la place de Bourges, à une cantinière et à un adjudant non logés dans le casernement, une indemnité mensuelle de 10 francs. En pareil cas, l'on pourrait soumettre une demande au ministre qui fixerait le montant de l'allocation, ainsi que le mode d'imputation. Le cas ne peut se présenter que pour les militaires, etc., non spécifiés par le règlement du 8 juin 1883. On devrait joindre un procès-verbal de convenance.

(1) L'impossibilité de loger les adjudants-élèves d'administration et les maîtres-ouvriers doit être constatée par procès-verbal dressé par le sous-intendant militaire, de concert avec le service du génie. (Diverses dépêches : 14 mars 1859 (27e de ligne); 12 février 1867, adressée à Bourges; 26 mai 1876, etc...) Pour les sous-officiers rengagés, l'autorisation est donnée par le chef de corps ou de service. (Circ. du 7 novembre 1881 M).

CASERNEMENT

Le service du casernement a pour objet la fourniture du logement, dans les bâtiments militaires ou pris à loyer, aux troupes de toutes armes, y compris leurs chevaux.

Le casernement comprend, outre les établissements affectés au logement, ceux occupés pour le service et l'instruction des troupes, les divers services administratifs de la guerre et la justice militaire. (Art. 1er du règlemt du 30 juin 1856, page 227.) En principe, le logement n'est plus fourni aux officiers. (Art. 294 du règlemt du 8 juin 1883, page 631.)

L'ordonnance du 5 août 1818, page 21, réglant le mode d'exécution de l'article 46 de la loi de finances de 1818, dispose qu'une fois la dépense de premier établissement faite, l'État prendra à sa charge les dépenses de casernement, mais que les villes devant continuer à y participer, supporteront sur le produit de leurs octrois un prélèvement pour cet objet. Toutefois, ce prélèvement ne doit être exercé que lorsque les troupes sont placées dans des bâtiments militaires, à l'exclusion de celles qui occupent des locaux fournis par les municipalités.

Elle fixe en principe la quotité de ce prélèvement à 7 francs pour 365 journées d'homme, et à 3 francs pour 365 journées de cheval ; mais ces chiffres peuvent être diminués, le cas échéant, par un décret rendu sur la proposition du ministre de l'intérieur.

La perception de cet abonnement a lieu par les soins de la régie des contributions indirectes, sur la production d'un état trimestriel dressé pour chaque ville, indiquant le nombre des journées d'occupation de logement dans les *bâtiments* (1) militaires : 1° des officiers de tous grades et de toutes armes, avec ou sans troupe, des sous-officiers et soldats en garnison ou en résidence ; 2° des chevaux d'officiers et de troupe auxquels la ration de fourrages en nature est accordée (2).

Le modèle d'état est annexé à la circulaire du 8 octobre 1818, page 35.

On ne doit pas comprendre dans ce décompte :

1° Les militaires de la gendarmerie ni leurs chevaux qui sont logés aux frais des départements. (Circ. du 8 octobre 1818, page 29) ;

2° Les militaires voyageant isolément (*Idem*) ;

3° Ceux à l'hôpital ou en prison, même dans le lieu de garnison (Circ. du 7 juin 1833, page 204, et du 14 octobre 1836, page 819) ;

4° Ceux logés chez l'habitant.

Pour l'exécution de ces dispositions, les corps fournissent chaque trimestre, au sous-intendant militaire chargé de la surveillance administrative, des états de journées nominatifs qui sont récapitulés dans un relevé conforme au mod. annexé à la circulaire du 8 octobre 1818 précitée.

DISPOSITIONS RELATIVES AUX CORPS DE TROUPES

REMISES ET REPRISES DU MATÉRIEL ET DES LOCAUX. — COMPTABILITÉ

Le porte-drapeau dans l'infanterie, le porte-étendard dans la cavalerie et l'adjudant désigné dans l'artillerie sont chargés des détails du service du casernement, sous la direction du major. (Art. 65, 45 et 154 des règlements du 28 décembre 1883 sur le service intérieur.) Dans les détachements, c'est le chef de ces détachements qui dirige ce service, aidé d'un officier ou d'un sous-officier. (Art. 333, Infie, du règlement précité.)

Les corps prennent possession des bâtiments qui leur sont assignés par le comman-

(1) Y compris ceux loués par le département de la guerre. (Circ. du 14 octobre 1836, page 819.)

(2) L'abonnement est dû, pour les officiers logés en ville à leurs frais et pour les chevaux logés en dehors des bâtiments militaires aux frais de ces officiers. (Circ. du 5 juillet 1876, page 63.)

dant de place. (Art. 76 du règlement du 30 juin 1856, page 254.) Mais le nombre des chambres et autres locaux est réglé par le sous-intendant. (Art 77).

La reconnaissance de ces locaux est faite par l'officier de casernement, de concert avec un agent du génie, avec lequel il vérifie l'état des lieux et l'inventaire des objets mobiliers. (Art. 78 dudit règlement précité et 334, 327 et 352 des règlements du 28 décembre 1883 sur le service intérieur.)

Un état descriptif des lieux, détaillé par local et contenant l'inventaire des objets d'ameublement, est ensuite établi par le génie ; il est signé par l'officier de casernement et l'adjoint du génie et visé par le sous-intendant; une copie de ce document est remise à l'officier de casernement. (Art. 79 du règlement du 30 juin 1856 et règlements sur le service intérieur.)

Immédiatement après la signature de l'état des lieux et de l'inventaire, les clefs sont remises à cet officier qui en donne reçu. A partir de ce moment, les corps deviennent responsables des bâtiments et du mobilier. (Art. 82.)

Dès que le régiment est établi, l'officier de casernement remet au major un état général du logement. Celui-ci le vise et le remet au lieutenant-colonel qui le donne au colonel. (Art. 337 Inf[ie], 330 Cav[ie], 355 Art[ie] des règlements du 28 décembre 1883) (1).

Le major fait dresser par les capitaines et chefs de service l'état des objets que contiennent les chambres de leur compagnie ou escadron, ou qui ont été mis à leur disposition ; ces états sont remis à l'officier de casernement. (Art. 336 Inf[ie], 329 Cav[ie] et 354 Art[ie], des règlements du 28 décembre 1883.)

Les objets sont délivrés aux compagnies ou escadrons sur la production de bons signés par les capitaines. Il leur est donné décharge de ceux qu'ils réintègrent. (Voir *Lits militaires*.)

Lorsqu'un corps quitte un casernement ou un logement, l'officier de casernement et l'adjoint du génie vérifient, avec l'état descriptif des lieux et l'inventaire du mobilier, les dégradations et les pertes qui peuvent exister. (Art. 101 du règlement du 30 juin 1856, page 261.) Pour tous autres détails, voir *Pertes et dégradations*.

Un registre, destiné à l'inscription des objets reçus des magasins militaires et de ceux délivrés aux compagnies ou escadrons, est tenu par l'officier de casernement. (Art. 65 Inf[ie], 45 Cav[ie] et 154 Art[ie], des règlements du 28 décembre 1883.) — (Voir page 222 pour la fourniture de ce registre.)

L'article 96 *bis* de l'instruction du 1er mars 1880, page 393, maintient l'usage de ce registre et dispose qu'en cas de perte, de déficit ou de détérioration du matériel, le conseil établit des bulletins d'imputation individuels au nom des détenteurs responsables. (Mod. n° 61 du décr.)

Le matériel de casernement, à l'exception des outils ou autres objets que les corps doivent emporter en campagne, reste en dehors de leur comptabilité-matières proprement dite. (Art. 130 de l'instr. précitée, page 393.)

Dans les compagnies, escadrons ou batteries, les mouvements d'entrée et de sortie sont inscrits à la section X du livre de détail. (Art. 140 du décr. du 1er mars 1880, page 370.)

Matériel fourni, entretenu et remplacé au compte du service du génie

(Art. 40 et suiv. du règlem. du 30 juin 1856, page 242.)

Ce matériel est remis aux corps par les adjoints du génie, d'après un état descriptif dont copie est délivrée à chaque intéressé. (Art. 79 du règlem[t] du 30 juin 1856.)

La nomenclature P, modifiée par la circ. du 28 août 1884 (M) fixe le prix de ce matériel :

1° *Mobilier des chambrées, magasins, ateliers, écoles, infirmeries, cuisines, écuries, etc.*, tel qu'il est décrit par le règlement du 30 juin 1856, pages 240 et suivantes, par la circulaire du 31 décembre 1875 (M) et celle du 22 février 1877, page 80. (Voir aux titres *Magasins, Ateliers, Ecoles, Infirmeries, Cuisines et Ecuries*, pour l'énumération

(1) Les objets et ustensiles appartenant aux corps, mais qu'ils n'emportent pas avec eux, sont remis au génie sur inventaire dressé par le sous-intendant et repris, après vérification de cet inventaire, par l'officier de casernement du corps arrivant, qui signe l'inventaire et en reçoit une copie. L'inventaire reste déposé au bureau du sous-intendant. (Art. 80 du règlement du 30 juin 1856.)

des objets qui existent dans ces locaux ; se reporter au chapitre des ordinaires pour les ustensiles qui sont attribués aux chambrées.)

Chambres de soldats. (Art. 40 du règlem^t^) (1).

Le mobilier consiste en :

Planches à bagages,

Chevilles, crochets ou râteliers (2),

Une table de 1^{m} 50 de longueur par 16 hommes (3),

Deux bancs de 1^{m} 50 de longueur par 16 hommes (3),

Planche à pain d'une longueur calculée à raison de 0^{m} 12 par homme et de 0^{m} 60 de largeur.

Planchette destinée à recevoir l'état des lieux et l'inventaire du mobilier dressé par les soins des corps. (Art. 40 du règlem^t^ et décis. du 12 septembre 1872, page 596.)

Crachoirs remplis de sable. (Art. 355 Inf^ie^, 348 Cav^ie^ et 373 Art^ie^, des règlements du 23 décembre 1883 sur le service intérieur).

Les crachoirs et le sable sont achetés, entretenus et remplacés sur les fonds de la masse générale d'entretien (2e portion). (Circ. du 2 juillet 1884, page 13.) V. *Infirmeries.*

Poêles. (Voir *Chauffage.*)

Bassins à placer sur les poêles en hiver. (Art. 180 Inf^ie^, 204 Cav^ie^ et 230 Art^ie^, des règlements du 28 décembre 1883.)

Pour la fourniture des bassins nécessaires aux corps de garde de police, se reporter au titre *Corps de garde*, page 218.

Les casemates, logements des ouvrages de défense, sont pourvues des objets énumérés dans la circ. du 15 mai 1876 (M).

Chambres de musiciens.

Ces chambres reçoivent le même ameublement que ci-dessus. (Art. 40.)

Chambres des enfants de troupe et blanchisseuses.

Même ameublement que les chambres de soldats, à l'exception du mobilier destiné à l'armement. Le logement des blanchisseuses-vivandières n'est pourvu que d'une planche à bagages. (Art. 42 du règlem^t^ du 30 juin 1856.) Les balais, cruches et ustensiles divers à l'usage des enfants de troupe, ainsi que les chandelles nécessaires à leur éclairage, sont achetés sur les fonds de la masse générale d'entretien. (Décis. du 20 septembre 1837, page 165, circ. du 3 août 1874, page 117, et mod. d'état n° 105 de la nomenclature générale, portant énumération sommaire des dépenses à la charge de ladite masse.)

Chambres des sous-officiers. (Art. 41.) (1).

Ces chambres sont meublées comme celles de la troupe, seulement le développement des planches à bagages est double.

La circulaire du 31 décembre 1875 (M) attribue, en outre, à chaque sous-officier un tabouret individuel (remplacé par une chaise en bois, 22 février 1877, page 80), une armoire-étagère, et, pour deux sous-officiers, une table de toilette et une table à deux tiroirs.

Les cadenas sont au compte des sous-officiers.

Chambres des sergents-majors et maréchaux des logis chefs.

Aux termes de la circulaire du 31 décembre 1875 (M), chaque sergent-major ou maréchal des logis chef reçoit :

(1) Un carreau de chaque fenêtre est remplacé dans chaque chambre par une toile métallique (Instr. du 4 mai 1883, page 639 (S) rappelant l'ordre ministériel du 31 mars 1883.)

(2) Les porte-canons des râteliers d'armes sont garnis de drap ou de cuir par les soins du chef-armurier. Les matières sont prélevées sur les effets d'habillement ou d'équipement réformés. (Circ. du 28 novembre 1877, page 254.) La dépense incombe au service du génie à raison de 1 centime, par encastrement de canon, y compris l'élargissement des encastrements, quand il est nécessaire. (Circ. du 4 février 1878, page 37.) La circulaire du 5 avril 1880, page 139, alloue une somme de 0 fr. 008 pour chaque garniture remplacée au compte du service du génie.

(3) La circulaire du 31 décembre 1875 avait changé le modèle des tables et remplacé les bancs par des tabourets, mais on est revenu aux modèles anciens ; la dimension des tables est seulement réduite (22 février 1877, page 80.)

1° Pour la chambre qui lui sert de logement :

Une armoire-étagère, une tablette de toilette, une table à deux tiroirs,

Une chaise en bois (22 février 1877, page 80),

Et une chaise paillée.

2° Pour la pièce destinée à lui servir de bureau :

Une table de caserne à tréteaux en fer (remplacée par une table ancien modèle) (22 février 1877, page 80),

Deux chaises en bois (22 février 1877, page 80),

Un casier de un mètre de longueur pour les registres,

Un râtelier pour les armes,

Et six mètres de planches à bagages doubles.

(Circ. du 31 décembre 1875 M).

Les dispositions de cette circulaire ne devant être appliquées dans les anciens quartiers qu'au fur et à mesure des remplacements nécessités par l'usure du mobilier existant, il n'est pas inutile de rappeler que l'article 41 du règlement du 30 juin 1856, n'attribue à ces sous-officiers comptables, en sus du matériel accordé aux autres sous-officiers, que les objets ci-après :

Un râtelier pour six armes,

Des planches à bagages pour porter les bagages de 12 hommes,

Une table à tiroir fermant à clef.

Se reporter à la page 215 pour les crachoirs et les bassins à placer sur les poêles.

Pensions des sous-officiers. (Art. 46 du règlem^t du 30 juin 1856.)

Elles sont garnies de :

Tables en quantité suffisante,

Bancs en quantité suffisante,

Tablettes semblables aux planches à bagages. (Art. 46.)

La circulaire du 31 décembre 1875 prescrit de pourvoir ces pensions de :

Tables à tréteaux en fer (supprimées et remplacées par des tables ancien modèle (22 février 1877, page 80),

Chaises en bois (22 février 1877, page 80),

Porte-manteaux,

Casiers pour les serviettes,

Tablettes (supprimées, 31 décembre 1875 M),

Le tableau annexé à l'arrêté ministériel du 22 juillet 1875, page 59, modifié par l'arrêté du 10 janvier 1879, page 12, détermine le nombre de cantinières-vivandières affectées à chaque corps ou fraction de corps.

Bureau spécial de comptabilité pour les unités administratives des corps de troupe en campagne. (Décret du 24 avril 1884, page 496.)

Il n'en est pas créé dans les corps qui ont moins de 3 compagnies, escadrons ou batteries mobilisés. (Même décret).

Les locaux sont proportionnés au nombre des secrétaires et prélevés sur les ressources du casernement. Le matériel, qui est fourni par le service du génie, consiste en tables, bancs ou chaises du casernement. (Instr. du 24 avril 1884, page 504.)

2° *Tonneaux à eau.* (Voir au titre *Subsistances*, *Eau potable.*)

3° *Baquets de propreté.* — Des baquets de propreté sont placés dans les casernes, à raison de quatre par bataillon et de deux par escadron, ainsi que dans les infirmeries et locaux de punition, en nombre suffisant.

Ces objets sont fournis, entretenus et remplacés par le service du génie. (Art. 47 du règlem^t du 30 juin 1856.)

Les règlem^ts du 28 décembre 1883, sur le service intérieur (art. 356 Inf^ie, 349 Cav^ie et 374 Art^ie), prescrivent de corriger les odeurs qui se dégagent des baquets placés dans les salles de discipline avec de l'huile lourde de houille.

La fourniture de cette huile est au compte de la 2e portion de la masse générale d'entretien. (Circ. du 3 mai 1884, page 605.)

La circulaire du 24 avril 1855, page 592, rappelée par les instructions sur les inspections, prescrit de désinfecter chaque jour.

4° *Brancards* pour porter les hommes à l'hôpital. — Ils sont fournis par le service du génie en vertu d'une décision ministérielle prise sur la production d'un procès-verbal du sous-intendant militaire, dressé de concert avec le chef du génie, pour constater la nécessité de cette fourniture.

Ces brancards sont entretenus et remplacés par le même service et déposés dans les corps de garde de police des casernes. (Art. 65 du règlem[t] du 30 juin 1856.)

5° *Appareils de puits.* — Les puits des casernements doivent être munis de pompes ou de poulies avec chaînes ou cordes et seaux en bois.

Ces appareils sont établis, entretenus et remplacés par les soins et aux frais du service du génie. (Art. 62 du règlem[t] du 30 juin 1856.)

6° *Ifs pour les illuminations.* (Voir au titre *Éclairage*, illuminations.)

7° *Pompes à incendie.* — Lorsqu'il existe des pompes à incendie dans la place, elles doivent être entretenues par le génie. Elles sont remisées dans un hangar ou local couvert. (Art. 67 du règlem[t] précité.) Il est prescrit d'exercer les troupes à la manœuvre de la pompe. (Règlem[t] du 28 décembre 1883 sur le service intérieur.)

En outre, des appareils extincteurs du système Zapfle ont été envoyés à tous les corps de l'armée en 1882. L'envoi comprenait des bonbonnes remplies d'un liquide extincteur.

Ces appareils sont déposés dans les magasins d'habillement à terre ou sur une étagère peu élevée; ils sont revêtus de l'étiquette rouge (*incendie*). A côté sont les bonbonnes cachetées à la cire.

Le premier samedi de chaque mois, le sergent-magasin visite et fait manœuvrer les pompes à l'eau ordinaire. Ce matériel est pris en charge et mis en service comme objet de casernement. (Circ. et instr. du 30 septembre 1883 M).

D'après un placard envoyé aux corps, les prix de fourniture sont :

Pompe de 20 litres........................	45 francs.
— 25 —	50 —
Liquide extincteur........................	18 francs les 15 litres
Lance spéciale........................	3 fr. 75.

Les inventeurs sont MM. Zapfle et fils, rue Bertrand, 10, à Paris.

8° *Drapeaux ou pavillons* à placer sur les édifices. — Il est pourvu, par les soins et aux frais du service du génie, à la fourniture, à la pose et à l'entretien des drapeaux ou pavillons à placer sur les édifices militaires. (Art. 68 du règlem[t] et décis. du 12 décembre 1884, page 916.)

Les directeurs supérieurs du génie peuvent en autoriser le remplacement lorsque la nécessité en est constatée par procès-verbal. (Circ. du 21 juillet 1876 (M).

Il n'en est pas placé sur les établissements administratifs. (Décis. du 12 décembre 1884, page 916.)

9° *Planchettes*, à titre de première mise, pour le nettoyage des buffleteries. — Ces planchettes sont fournies par le service du génie aux troupes à pied, à raison de huit par compagnie dans l'infanterie et de douze par compagnie dans les bataillons de chasseurs à pied.

Elles sont entretenues et remplacées sur les fonds de la masse générale d'entretien des corps. (Art. 69 du règlem[t] du 30 juin 1856.) Voir page 220.

Cette disposition a été appliquée aux corps de cavalerie, d'artillerie et des équipages sur le pied de douze par batterie ou compagnie, et de deux par peloton de cavalerie. (Décis. ministérielle du 13 janvier 1877, page 9.)

En cas de changement de garnison, elles sont laissées au génie sur inventaire. (Art. 69 précité.)

9° *bis. Imprimés* d'extrait du règlem[t] du 30 juin 1856 sur la police et la propreté des établissements du casernement. — Sont fournis par le génie et affichés par les soins des chefs de corps ; si les corps demandent des planchettes pour cet affichage, ils doivent les payer. (Circ. du 18 février 1859, page 627.)

10° *Planchettes* pour recevoir l'état de casernement. — Fournies par le service du génie. (Art. 40 du règlem[t] du 30 juin 1856, page 243.) L'état est fourni au compte de la masse générale d'entretien. (Note du 12 septembre 1872, page 596.)

11° *Outils divers.* (Voir ci-après, page 230.)

12° *Poêles.* (Voir au titre *Chauffage.*)

13° *Guérites.* — Le département de la guerre ne fournit de guérite que pour les sentinelles placées dans un intérêt militaire.

Elles sont fournies, entretenues et remplacées par le service du génie. (Art. 60 du règlemt du 30 juin 1856, page 250.)

14° *Corps de garde.* — Les corps de garde qui ont exclusivement pour objet la police urbaine ou la garde des établissements civils ne font pas partie des bâtiments militaires. (Art. 1er du règlemt du 30 juin 1856, renvoi 2, page 227.) Par suite, l'administration militaire n'a aucune dépense à faire à cet égard. (Pour les troupes en marche, voir ci-dessus, page 208.)

§ 1er. — MATÉRIEL AU COMPTE DU SERVICE DU GÉNIE

Aux termes de l'article 59 du règlement du 30 juin 1856, page 250, les corps de garde établis *dans un intérêt militaire* sont pourvus de lits de camp, tables, bancs, planches à bagages et à pain, planchettes à consigne et râteliers d'armes.

On place des tables et porte-manteaux dans les corps de garde d'officiers. (Art. 59.)

Près des corps de garde de police, il est posé une boîte aux lettres dont le vaguemestre a la clef. (Même article et règlements du 28 décembre 1883, art. 205 Infie, 145 Cavie et 163 Artie.) Les heures des levées sont indiquées par une affiche. (Règlements du 28 décembre 1883.)

Tous ces objets sont établis, entretenus et renouvelés par les soins et à la charge du service du génie. (Art. 59 du règlement du 30 juin 1856.)

Les chefs de poste et, subsidiairement, les adjudants de place, sont responsables de ce matériel, sauf recours contre qui de droit. (Art. 85 du règlement du 30 juin 1856 et 137 du décr. du 23 octobre 1883, page 388. (Il en est établi un inventaire par l'adjudant de place. (Même article. — Voir ci-après : *Pertes et dégradations.*)

NOTA. — Lorsqu'exceptionnellement les corps de garde ne sont pas pourvus de lits de camp, les hommes doivent recevoir de la paille de couchage.

§ 2. — OBJETS FOURNIS PAR L'ENTREPRISE DES LITS MILITAIRES

Corps de garde d'officier.

Un fauteuil à bascule, une chaise garnie en paille, un poêle avec tuyaux (1), une lampe à pied, une burette à huile, un encrier en plomb, un pot à eau, une cuvette et un verre. (Devis annexé au traité du 2 octobre 1865, page 233.)

Corps de garde de soldat.

Un poêle avec tuyau (1), une lampe, une burette à huile, un godet de falot, un falot de ronde, un encrier, un bidon ou une cruche en grès, une brouette si l'on brûle du charbon, un brancard si l'on brûle du bois, une boîte de ronde, marrons de ronde, marrons de chauffage, un arrosoir, une hache ou un merlin, une scie et un chevalet si l'on brûle du bois, ou une caisse à charbon, une pelle, un balai par quinzaine. (Devis précité.)

Capotes de sentinelles suivant les besoins du service. (Art. 108 du règlement du 2 octobre 1865, page 108.)

Les chefs de poste ou les corps ou détachements sont responsables de ce matériel. (Art. 115 et 119 du règlement du 2 octobre 1865, pages 109 et 110, et 137 du règlement du 23 octobre 1883, page 388.) Il existe dans chaque corps de garde un cahier de reconnaissance du mobilier fourni par le service des lits militaires. Il est signé chaque jour par le chef de poste, qui devient dès lors responsable. (Art. 120 du règlement du 2 octobre 1865.) Il est dressé, en outre, un inventaire du mobilier dont il s'agit par l'adjudant de place. (Art. 137 du règlement du 23 octobre 1883, page 388.)

Les réparations et remplacements sont exécutés par l'entreprise des lits militaires, sur la réquisition de l'adjudant de place, au compte des chefs de poste ou des hommes en défaut, ou au compte de l'Etat si les pertes ou dégradations ont eu lieu par cas de force majeure. (Art. 118 et 120 du règlement du 2 octobre 1865. — Voir au titre : *Lits*

(1) Les règlements du 28 décembre 1883 (art. 356 Infie, 349 Cavie et 374 Artie) prescrivent de placer des bassins remplis d'eau sur les poêles, et la circ. du 2 juillet 1884, page 13, dispose que l'on doit se servir de gamelles individuelles prélevées sur le service d'instruction. Lorsque, en raison de la forme des poêles, l'on doit se servir d'un système spécial, la dépense est supportée par la 2e portion de la masse générale d'entretien.

militaires.) On applique le tarif du 26 avril 1869, modifié par la note du 11 octobre 1883, page 332.

Les remplacements par suite d'user naturel sont effectués au compte de l'entreprise des lits militaires. (Art. 40 du traité du 2 octobre 1865, page 208, et art. 137 du règlement du 23 octobre 1883, page 388.)

Les dégradations aux capotes de sentinelles sont imputées, quand elles incombent aux corps, à la deuxième portion de la masse générale d'entretien. La répartition de la dépense est faite entre les corps de la garnison, proportionnellement à leur effectif, par les adjudants de place. (Circ. du 29 septembre 1875 M.) Les manteaux réformés utilisés dans les corps de garde étaient entretenus au compte de l'abonnement du maître-tailleur (art. 1er du mod. d'abonnement du 15 octobre 1874, page 447), mais cette disposition n'a pas été maintenue par le mod. d'abonnement annexé à l'instr. du 21 avril 1879, page 688. Il en résulte que, si des dépenses sont faites pour cet objet, elles sont imputées à la masse générale d'entretien. (Voir page 69 du présent ouvrage.)

§ 3. — OBJETS DIVERS FOURNIS DIRECTEMENT PAR L'ADMINISTRATION MILITAIRE

Aux termes de la circulaire du 29 septembre 1871, page 365, les hommes doivent être munis dans les corps de garde de couvertures de campement. Elles sont délivrées aux corps de troupes qui les conservent pour ce service spécial. (Circ. du 21 octobre 1874 M.) Ces effets, qui sont choisis parmi ceux hors de service, sont marqués de la lettre P (postes) et des lettres H S (hors de service.) (Circ. du 23 novembre 1881 M.)

Les prix sont fixés par la nomenclature du 30 décembre 1880, insérée au *Journal militaire*.

Une dépêche ministérielle du 30 novembre 1861 (M) rappelle que, lorsque la location d'une pendule est reconnue indispensable pour les corps de garde de caserne, la dépense doit être supportée par les fonds éventuels des chefs de corps ; mais ces fonds ayant été supprimés par décision présidentielle du 25 juillet 1874, c'est à la masse générale d'entretien (2e portion) qu'elle doit être imputée, par extension des dispositions de la circulaire du 3 août 1874, page 117, portant notification de la décision précitée.

Gants moufles en laine. (Se reporter à ce titre.)

Chauffage et éclairage des corps de garde. (Voir à ce titre.)

Consigne des postes de police. (Voir page 220 ci-après.)

Il existe dans chaque corps de garde de police :

Un registre des punis. (Mod. XX) ;

Un registre des rentrées et sorties après l'appel du soir. (Mod. XIX Infie, XXI Cavie et Artie.)

L'état des logements des officiers du régiment et des médecins et vétérinaires. (Art. 238 Infie, 244 Cavie et 273 Artie des règlements du 28 décembre 1883.)

Ces registres sont fournis par les adjudants sur leur indemnité de frais de bureau (Circ. du 2 juillet 1884, page 12), excepté dans les escadrons du train des équipages où ils sont achetée au compte de la masse générale d'entretien. (Circ. du 16 janvier 1885, page 29.)

15° *Prisons disciplinaires* (des corps). — Les prisons et cellules de correction sont pourvues :

De lits de camp et de baquets de propreté à la charge du service du génie. (Art. 58 du règlement du 30 juin 1856, page 250) ;

De couvertures de campement à raison d'une par homme (Décr. du 10 août 1872, page 584, et art. 316 Infie, 309 Cavie et 331 Artie, des règlements du 28 décembre 1883) ; elles sont fournies par les magasins de l'Etat ;

En cas de température exceptionnelle et si le chef de corps le prescrit, on peut ajouter une demi-couverture de campement et de la paille de couchage. (Décr. précité et art. précité du règlement sur le service intérieur.) Ces demi-couvertures sont choisies parmi celles hors de service. (Circ. du 9 novembre 1872, page 657, et du 23 novembre 1881 (M) qui rappelle ce principe et qui prescrit de marquer ces effets de la lettre D (discipline), indépendamment de la marque H. S. Le modèle d'abonnement du 15 octobre 1874, page 448, mettait au compte du premier ouvrier tailleur l'entretien des effets en usage dans les salles de discipline; mais, cette disposition n'ayant pas été reproduite dans le modèle du 21 avril 1879, page 688, on doit en conclure que, s'il y a lieu à dépense, c'est la masse générale d'entretien ou la masse individuelle qui doit supporter les imputations.

La paille de couchage est achetée sur les fonds de la deuxième portion de la masse générale d'entretien. (Circ. du 3 août 1874, page 187.)

De cruches en nombre suffisant. (Circ. du 22 janvier 1827, page 222, rappelée le 22 juillet 1850, page 126.) La dépense est imputée à la masse générale d'entretien, les fonds éventuels alloués aux chefs de corps ayant été supprimés. (Circ. du 3 août 1874, page 117.)

16° *Salles de police.* — Les salles de polices sont pourvues :

De lits de camp et de baquets de propreté fournis, entretenus et renouvelés par le service du génie (Art. 58 du règlement du 30 juin 1856) ;

De demi-fournitures. (Art. 11 du règlement du 2 octobre 1865, page 81.) Les articles 316 Inf^ie^, 309 Cav^ie^ et 334 Art^ie^, du règlement du 28 décembre 1883 sur le service intérieur disposent que des demi-fournitures sont attribuées aux caporaux, brigadiers et soldats punis de salle de police; mais une note du 18 juillet 1884, page 78 (S) porte que, jusqu'au renouvellement du traité des lits militaires, il n'en sera fourni qu'aux gradés.

De cruches (comme pour les prisons).

Entretien des effets (comme au § 15°).

17° *Cuisines et ateliers, écuries,* etc. (Voir à ces titres).

18° *Sable et substances* nécessaires pour le nettoyage des planchers. — Sont délivrés par le génie. (Voir ci-après *Nettoyage*, page 225, et *Ordinaires*.)

19° Magasins à fourrages des escadrons, batteries ou compagnies. — Doivent être installés dans les conditions indiquées par la circ. du 29 mars 1861, page 217.

Matériel au compte des corps.

(MASSE GÉNÉRALE D'ENTRETIEN).

1° *Fourniture des ustensiles* nécessaires aux enfants de troupe. (Voir au § 1°, page 214.)

2° *Entretien et remplacement des planchettes* pour le nettoyage des buffleteries dans les corps à pied. (Art. 69 du règlem^t^ du 30 juin 1856, et circ. du 11 janvier 1862, page 436. — Voir § 9°, page 217.) Cette disposition a été étendue à la cavalerie, à l'artillerie et au train des équipages par la décision ministérielle du 13 janvier 1877, page 9. Les réparations et remplacements sont faits par les soins du service du génie à charge de remboursement. La dépense est payée à l'entrepreneur des travaux de ce service dans les mêmes conditions que les dépenses de dégradations au casernement.

3° *Achat, entretien et remplacement des planchettes,* en bois ou carton, destinées à recevoir les instructions, règlements, listes et consignes, étiquettes de lits et d'armes à l'exception de la planchette pour l'état de casernement. (Art. 40 du règlem^t^ du 30 juin 1856, page 243 ; circ. du 11 janvier 1862, page 436, et note du 12 septembre 1872, page 596.) Voir le § suivant.

4° *Instructions, règlements, listes et consignes à fixer sur ces planchettes,* savoir :

§ 1er. — ACHETÉS AU COMPTE DE LA MASSE GÉNÉRALE D'ENTRETIEN (2° PORTION)

L'état des objets de casernement (les planchettes sont fournies par le service du génie, voir page 217, § 10) ;

La liste d'appel (liste nominative des hommes de la chambrée) ;

L'étiquette de rateliers d'armes ;

L'étiquette de lit, indiquant, au-dessus du lit de chaque homme, son nom, son numéro matricule et celui de ses armes. (Règlem^t^ du 28 décembre 1883 sur le service intérieur. — Note minist. du 12 septembre 1872, page 596.)

La note du 12 septembre 1872 prescrit l'imputation à la masse générale d'entretien des frais d'achat de ces états, listes et étiquettes de lit. Quant aux étiquettes de râtelier d'armes, une dép. minist. du 28 novembre 1878 leur applique les dispositions de cette note.

NOTA. — L'art. 141 Inf^ie^, du règlement du 28 décembre 1883 prescrit en outre d'afficher dans les chambrées les classements de tir et les prix des denrées de l'ordinaire. Cette dernière disposition est imposée à tous les corps par l'art. 10 du règlement du 14 décembre 1861, page 397.

Les sergents-majors ou maréchaux des logis chefs doivent également faire placer par les fourriers, savoir :

1° Dans l'infanterie (art. 141), sur la porte de chaque chambre, à l'extérieur, une liste indiquant le régiment, le bataillon, la compagnie et le nom du capitaine, celui de l'officier et des sergents de peloton ; sur la face intérieure de la porte, la liste nominative des hommes de la chambrée. Il affiche sur la porte de sa chambre le nom des officiers de la compagnie, avec l'indication de leurs logements; il y ajoute également son nom et celui du fourrier;

2° Dans la cavalerie (art. 165), mêmes dispositions, les renseignements sont donnés pour le régiment, l'escadron et les capitaines, etc.;

3° Dans l'artillerie (art. 190), mêmes dispositions, les renseignements sont donnés pour le régiment, la batterie et le nom du capitaine-commandant, etc.

Aucune dépense prévue pour cet objet, ces listes devant être faites à la main par les fourriers.

§ 2. — FOURNIS AU COMPTE DU SERVICE DES ÉCOLES (Voir *Instruction militaire*).

Les règlements du 28 décembre 1883 sur le service intérieur (art. 141 Inf[ie], 165 Cav[ie] et 190 Art[ie]), fixent la nomenclature des listes et placards à afficher dans chaque peloton :

Les noms des batailles inscrits sur le drapeau du régiment;

Le nom des généraux commandant le corps d'armée, la division et la brigade; celui du colonel et des officiers supérieurs du régiment;

La liste des pointeurs de la batterie;

La nomenclature des crimes et délits militaires;

Les extraits du règlement sur les marques extérieures de respect, sur les devoirs du caporal ou brigadier de chambrée, sur la consigne générale pour la garde de police, sur l'hygiène des hommes, la consigne générale des postes (errata inséré 1er 1884, page 443);

L'indication des secours à donner aux noyés;

L'extrait du règlement concernant l'entretien des armes (les renseignements à donner sont ceux indiqués par l'art. 24 de l'instruction du 30 août 1884, et l'art. 109 du règlement de même date sur le service de l'armement prescrit de coller ce placard sur toile et de l'afficher dans les chambres à raison d'un par escouade ou subdivision correspondante);

L'instruction sur le paquetage;

L'instruction sur les obligations imposées par la loi aux réservistes et aux territoriaux;

Consignes relatives aux cuisines (à afficher dans chaque cuisine);

Consignes des gardes d'écurie et prescriptions relatives à l'hygiène des chevaux (à placer dans les écuries de la cav[ie] et de l'art[ie] à raison d'une par peloton ou section);

Consignes pour les infirmeries. (Voir *Infirmeries*.)

La note du 12 septembre 1872, page 596, impute les dépenses de cette nature au budget des écoles. Pour les demandes de placards, voir *Théories et ouvrages divers*.

Les placards fournis par le service des écoles doivent être collés sur les murs dans l'intérieur des casernes (1). Lorsque les hommes sont logés sous la tente, ou lorsque, dans les camps, les placards ne peuvent être collés dans l'intérieur des baraques, les corps ont la faculté, sur l'autorisation des fonctionnaires de l'intendance, d'acheter des cartons qui restent à demeure en cas de mouvement. La dépense est au compte du budget des écoles. (Note ministérielle du 7 mars 1874, page 179.) Par dép. du 12 août 1884, le ministre a rappelé que l'on devait continuer l'application de cette note, malgré les remplacements que pourrait nécessiter le blanchiment des murs, par la raison que la dépense de remplacement (2 ou 3 centimes par exemplaire), sera encore bien inférieure à la mise sur toile des placards.

La décision du 26 octobre 1881, page 280, porte que la loi du 2 juillet 1850, relative à la protection due aux animaux, doit être affichée dans tous les quartiers de cavalerie.

Les corps intéressés reçoivent les imprimés nécessaires à cet affichage et dans la proportion suivante :

Régiments	4	exemplaires.
Dépôts de remonte	2	—
Ecole d'application de cavalerie	4	—
Ecole spéciale militaire	2	—

§ 3. — DÉPENSES AU COMPTE DES TRÉSORIERS

Etats des jugements et arrêts. (Voir la nomenclature faisant suite au tarif n° 46 du 25 décembre 1875, page 890 du *Journal militaire*.)

5° *Poudre de pyrèthre et soufflets à entonnoir; acide sulfureux.* — L'instruction

(1) Excepté pour le placard sur l'instruction des armes, v. ci-dessus.

du 12 mars 1861, page 209, réglant l'emploi de la poudre de pyrèthre, prescrit de faire usage de cette poudre pour la destruction des punaises, puces, etc., dans les casernements.

Elle dispose qu'on doit faire deux insufflations par année (en mars et en juillet) pour la première année. Les années suivantes, on peut ne faire qu'une insufflation en mai ou juin (1).

La quantité de poudre à employer chaque fois est de 6 grammes par homme présent.

Chaque compagnie est pourvue d'un soufflet à entonnoir. Ces soufflets sont déposés au magasin des corps et achetés par eux (12 mars 1861).

Le prix de la poudre est de 2 fr. 25 le kilog. (Nomencl. de 1881 du service des hôpitaux, modifiée par la note du 28 septembre 1883, page 318.)

Elle est tirée des magasins des hôpitaux à charge de remboursement (Note du 23 janvier 1885, p. 168, qui prescrit d'adresser les récépissés de versement au ministre.) (*Bureau des hôpitaux.*)

La nomenclature fixe à 3 francs le prix des soufflets.

Les demandes sont du modèle annexé au règlement du 28 décembre 1883 sur le service de santé; elles sont produites, s'il est possible, avec les demandes de médicaments.

La dépense occasionnée par l'achat des soufflets et de la poudre est imputée sur la masse générale d'entretien des corps. (Instr. du 12 mars 1861, page 209, et circ. du 22 mai 1873, page 605.)

La note du 29 décembre 1883, page 873, prescrit d'employer l'acide sulfureux au lieu de la poudre de pyrèthre toutes les fois que les conditions locales le permettent. L'opération a lieu dans les conditions déterminées par la circ. du 8 juin 1880, page 312. (Voir ci-après page 225, *Désinfection des casernements et de la literie.*)

Cette mesure peut être appliquée au matériel des lits militaires, notamment aux couchettes et châlits, mais on prend les précautions suivantes :

1° Les locaux ne sont ouverts que 24 ou 36 heures après que le soufre y aura été allumé ;

2° Les effets de literie ne sont pas laissés dans les locaux, à l'exception des tissus de toile et de coton teints;

3° Les objets métalliques seront enduits d'un corps gras.

Le soufre est délivré par le service des hôpitaux à charge de remboursement. Dans les villes où il n'y a pas d'hôpital militaire, il est acheté dans le commerce. Le prix du soufre en canons est de 35 francs les 100 kilog. au maximum. La dépense est imputable à la masse générale d'entretien (2e portion).

6e *Huile de pétrole pour la destruction des insectes.* — Conformément aux articles 355 Infie, 348 Cavie, 373 Artie des règlements du 28 décembre 1883, au printemps et plusieurs fois en été, s'il est nécessaire, on doit laver le mobilier des chambres avec de l'huile de pétrole étendue d'eau dans la proportion d'un dixième pour détruire les insectes.

La circ. du 2 juillet 1884, page 13, impute cette dépense à la 2e portion de la masse générale d'entretien.

7° *Registre de l'officier de casernement.* — Aux termes de la circulaire du 21 mars 1876 (M), le registre tenu par le porte-drapeau des corps d'infanterie, en exécution de l'article 65 du règlement du 28 décembre 1883, sur le service intérieur, doit être fourni au compte de la 2e portion de la masse générale d'entretien.

Cette disposition a été étendue aux corps de troupes de toutes armes. (Note du 22 juin 1883, page 770).

PERTES ET DÉGRADATIONS

1° Bâtiments occupés par la troupe et mobilier à sa disposition.

Une visite générale des bâtiments occupés est faite par l'officier de casernement et

(1) Les art. 355 Infie, 348 Cavie et 373 Artie du règlemt du 28 décembre 1883, prescrivent deux insufflations.

par l'adjoint du génie, au moins une fois par trimestre, ainsi qu'à chaque évacuation d'un bâtiment ou d'une partie de bâtiment. (Art. 101 et 104 du règlem[t] du 30 juin 1856, pages 260 et 261.) Si un corps vient à partir avant la visite des locaux, le corps est représenté, sur l'invitation du sous-intendant militaire, par le commandant d'armes ou par un officier désigné par ce dernier, et à défaut d'officier par le maire de la localité ou par son délégué. (Art. 101 du règlem[t] précité, 339, 332 et 357 des règlements du 28 décembre 1883.) De plus, dans le courant du mois d'octobre, il est procédé à un inventaire de rigueur du mobilier, entre un adjoint du génie et un officier désigné par le corps détenteur. Il est dressé de l'opération un procès-verbal sur le vu duquel il est procédé aux réparations ou remplacements au compte du corps responsable. (Note du 30 août 1884, page 343.)

Les dégradations provenant du fait des occupants, ainsi que les détériorations et pertes d'objets de casernement, d'ustensiles et d'outils (voir ci-après pour les outils, page 229), sont à la charge des corps. (Art. 104 du règlem[t] précité.)

Les prix des objets mobiliers de casernement sont fixés par la nomenclature (P) du matériel du génie.

Pour certains objets appartenant aux corps, il arrive souvent que ceux-ci en demandent la réparation au service du génie; la dépense est comprise dans les états de dégradations et procès-verbaux comme s'il s'agissait de matériel appartenant au service du génie.

D'après la note du 23 avril 1870, page 58, on ne doit pas faire de distinction sur les procès-verbaux et états de dégradations pour les dépenses à la charge de la masse individuelle des hommes ou pour celles imputables à la masse d'entretien du harnachement et ferrage des corps ou à la masse générale d'entretien.

La répartition des dépenses entre ces masses doit être faite par les soins des conseils d'administration sur état séparé d'après les constatations de l'officier de casernement en conformité de l'article 181 de l'ordonnance du 10 mai 1844. (Pour les bulletins de dégradations à établir, voir pages 72 et 74.)

Aux termes de la circulaire du 4 juin 1866, page 356, les seules dépenses qui puissent incomber *aux masses générales d'entretien* sont celles qui ont pour objet la réparation ou le remplacement du matériel indiqué dans le règlem[t] du 30 juin 1859 (titre IX), quand les dégradations proviennent d'*un cas de force majeure.*

Quant aux dégradations constatées *aux bâtiments*, elles sont à la charge du service du génie en cas de force majeure ou de vétusté (instr. du 26 avril 1884, page 1063 (S), et au compte des hommes, si elles proviennent de leur fait. S'il n'est pas possible de découvrir les auteurs des dégradations, la dépense doit être supportée par tous les hommes présents, conformément à l'article 181 de l'ordonn. du 10 mai 1844. (Circ. du 4 juin 1866, rappelée par la note du 24 mai 1870, page 154, et par celle du 28 avril 1883, page 412.) *Toutefois, ces répartitions doivent être autorisées au préalable par le sous-intendant militaire.* (*Circ. du 5 avril 1876, page 682.*)

Par suite, *la masse générale d'entretien* ne doit jamais être grevée d'aucune imputation pour dégradations aux *bâtiments* ou au *logement des chevaux*. Elle ne doit non plus supporter aucune dépense pour pertes ou dégradations afférentes au matériel des écuries, lesquelles incombent à la masse d'entretien du harnachement et ferrage. (Note du 24 mai 1870 (1) page 154.) (Voir au titre *Écuries.*)

Il n'y a d'exception à ces règles que pour les pertes et dégradations commises par les enfants de troupe. Les sous-officiers surveillants supportent les imputations, sauf recours contre les parents, à moins qu'ils ne prouvent qu'ils n'ont pu empêcher les dégradations. Dans ce cas, c'est la masse générale d'entretien qui supporte la dépense. (Dép. du 9 novembre 1857 (M), et mod. d'état (n° 105) des recettes et dépenses de la masse générale d'entretien.) Pour les réservistes, voir ci-dessous.

D'un autre côté, la circulaire du 31 juillet 1874 (M) rappelle qu'on doit s'abstenir de mettre au compte des *Masses individuelles* celles des dégradations au casernement que le règlement met à la charge du génie (Voir *Masse individuelle*); de plus, une note du 28 avril 1883, page 412, dispose que les dégradations au casernement ne doivent pas être imputées aux masses individuelles par voie de répartition et que ce mode de procéder ne peut être employé que lorsque les auteurs des dégradations sont

(1) Ces dispositions sont applicables aux corps d'infanterie. (Règlement du 28 février 1883, page 219.)

inconnus. Dans ce cas, la dépense est supportée proportionnellement par tous les hommes présents au moment de la constatation des dégradations.

En toute autre circonstance, un bulletin nominatif d'imputation doit être établi.

Les imputations faites aux détenteurs responsables, en cas de perte, déficit ou de détérioration, sont constatées par des bulletins modèle n° 61 annexé au décret du 1er mars 1880. (Art. 182 du décret.) Pour les dégradations n'entraînant pas la mise hors de service on établit des bulletins de réparations comme pour l'habillement, pages 72 à 75.

Exécution et paiement des réparations ; pièces à établir.

(Voir ci-dessus pour les inventaires annuels.)

Le chef du génie établit un état détaillé des dégradations et pertes, en indiquant la dépense des réparations et des remplacements à la charge des corps. Il adresse cette pièce au sous-intendant, qui en dresse un procès-verbal, auquel il annexe l'état et fait présenter le tout à la signature de l'officier de casernement. (Art. 104 du règlemt du 30 juin 1856, page 261.) Ce procès-verbal ne comporte qu'une colonne de dépense, les conseils d'administration étant chargés de répartir les imputations entre les masses. (Circ. du 23 avril 1870, page 58.)

Si l'officier de casernement refuse de signer, le sous-intendant militaire, de concert avec le chef du génie et le major du corps, procède à une vérification sur les lieux, mentionne le résultat de cette opération sur ledit procès-verbal et *il est passé outre* (art. 105), c'est-à-dire que le sous-intendant militaire prononce définitivement sur le différend.

Les documents précités sont ensuite adressés par le sous-intendant militaire au chef du génie, qui fait exécuter les réparations et remplacements par l'entrepreneur des travaux militaires. (Art. 106 du règlemt précité.) Lorsque les réparations sont achevées et que tous les remplacements sont faits, le chef du génie le certifie au bas de l'expédition du procès-verbal remis à l'entrepreneur, et l'officier de casernement remplit la même formalité. En cas de refus ou d'absence de ce dernier, le sous-intendant militaire, après vérification faite de concert avec le chef du génie, le major ou tout autre officier délégué, signe d'office. (Art. 107.)

L'entrepreneur présente le procès-verbal, revêtu du certificat d'exécution, et une copie certifiée du règlement de compte au sous-intendant militaire, qui formule au dos du procès-verbal *un ordre de paiement* sur le corps.

En cas de refus de celui-ci, l'*ordre* de paiement est remis au trésorier-payeur général qui en paie le montant à l'entrepreneur et le remet en compte au corps (*comme argent comptant*), lors du premier paiement de la solde. Toutefois ces retenues sont faites par cinquième. (Art. 108 du règlemt, et circ. du 28 mai 1877, n° 8092, portant qu'on doit rembourser le montant des imputations mises à la charge des corps d'après le mode prescrit par le règlemt du 30 juin 1856 ; une dépêche du 24 août 1877, adressée au directeur du génie, à Bourges, ajoute que la circulaire du 28 mai précitée est applicable à tous les objets mobiliers, tels que pelles, tisonniers, poêles, etc., etc.)

La circulaire du 10 novembre 1877, page 224, qui prescrit de faire payer les dépenses par les trésoriers des corps, confirme celle du 28 mai 1877.

Par suite, les dispositions de la note du 21 juillet 1872, qui prescrivait de verser au Trésor le montant de certaines réparations, sont abrogées.

Si le corps est absent, le sous-intendant militaire envoie les pièces établies et signées, comme il est indiqué ci-dessus, à son collègue de la nouvelle garnison qui fait payer l'entrepreneur par le corps débiteur, au moyen d'un envoi de fonds par l'entremise de la Trésorerie générale. (Art. 109 du règlement du 30 juin 1856.)

Une dép. ministérielle du 21 juillet 1880 (M) rappelle que les dépenses d'entretien afférentes aux bâtiments militaires ne doivent jamais être ordonnancées par les fonctionnaires de l'intendance, et que ceux-ci n'ont à mandater que les loyers de bâtiments et de terrains.

DÉGRADATIONS CAUSÉES PAR LES RÉSERVISTES ET L'ARMÉE TERRITORIALE

Les dégradations résultant de l'occupation du casernement par les réservistes sont mises à la charge du budget du génie. Pour éviter les difficultés et abus, on doit constater l'état des locaux immédiatement avant leur occupation et aussitôt après leur évacuation, de manière à n'imputer au budget du génie que les dépenses provenant exclusivement du fait des réservistes. (Circ. du 18 juillet 1876 M.)

Ces dispositions sont applicables à l'armée territoriale (Instr. du 15 avril 1880 M) et les dépenses doivent toujours être ordonnancées par les directeurs du génie. (Dép. du 21 juillet 1880 M.)

DISPOSITIONS RELATIVES AU NETTOYAGE ET A LA DÉSINFECTION DES CASERNEMENTS

(Pour la ventilation des chambres, voir circ. du 12 juillet 1884, page 52.)

A chaque évacuation, les locaux doivent être remis propres et en ordre. (Art. 98 du règlem[t] du 30 juin 1856, page 260.) En cas de départ précipité, le chef de corps doit laisser des hommes de corvée sous le commandement d'un officier ou d'un sous-officier. (Art. 99.) Si le génie se trouve dans la nécessité de faire opérer le nettoyage, il en est rendu compte au commandant de place et au sous-intendant militaire, et la dépense résultant de cette opération est constatée et remboursée comme il est dit ci-dessus pour les dégradations. (Art. 100.)

De plus, les corps sont chargés de la propreté intérieure et extérieure des casernes qu'ils occupent. (Art. 90 du règlem[t] du 30 juin et règlem[t] du 28 décembre 1883, sur le service intérieur.) (Voir *Outils*, page 230.)

Les corps doivent entretenir, en outre, la plus grande propreté dans les latrines qui doivent être nettoyées chaque jour et lavées avec soin.

Lorsque l'emploi de matières désinfectantes est prescrit, ces matières sont fournies par le service du génie. (Art. 90 du règlem[t] du 30 juin 1856.)

La circulaire du 24 avril 1855, page 594, prescrit dans ce cas l'usage du sulfate de fer mélangé avec l'eau dans la proportion d'un centième du poids total.

Un lavage au sulfate de fer, tous les 3 ou 4 jours en hiver et tous les 2 jours en été, est suffisant. Les art. 356 Inf[ie], 349 Cav[ie] et 374 Art[ie], des règlements du 28 décembre 1883 disposent qu'on peut se servir de sulfate de fer ou d'eau phéniquée. De plus, la note du 22 juin 1883, page 241, prescrit l'emploi de l'huile lourde de houille pour la désinfection en temps ordinaire des latrines des établissements militaires. En temps d'épimie, on doit employer le liquide de saint Luc. En cas d'épidémie de choléra, l'on se conforme à l'instr. du 20 juillet 1883, page 27. (Voir *Baquets*, page 216.) Les instructions annuelles sur les inspections générales rappellent à l'exécution de cette circulaire et recommandent la bonne tenue du casernement (17 mars 1884, page 456 S).

Le ramonage des cheminées est exécuté par les soins et à la charge du service du génie. (Art. 338 Inf[ie], 331 Cav[ie] et 356 Art[ie] des règlements du 28 décembre 1883, et art. 134 du règlem[t] du 30 juin 1856, page 271).

Pour la destruction des insectes, le lavage des objets mobiliers, se reporter page 222.

La circulaire du 11 décembre 1876 (M) prescrivait l'emploi de la sciure de bois, et, à défaut, de sable pour le nettoyage des planchers des casernes ; mais celle du 11 avril 1877, page 456, dispose qu'il ne sera plus fait usage que de sable, lequel pourra être mélangé, le cas échéant, avec une petite quantité de soude, de potasse ou d'acide phénique. Ces substances, ainsi que le sable, sont délivrées par le service du génie. Les règlements du 28 décembre 1883 sur le service intérieur (Art. 355 Inf[ie], 348 Cav[ie] et 373 Art[ie], prescrivent ce nettoyage tous les samedis. La circulaire du 8 juin 1880, page 312, dispose en outre que lorsque le blanchissage annuel (Voir ci-après *Blanchissages*, page 226) n'assainit pas suffisamment les locaux, le service du génie doit les faire désinfecter au moyen de fumigations de soufre. En outre, la circ. du 27 août 1880 (M) ajoute que le plus souvent 100 grammes de soufre sont suffisants par mètre cube de la capacité de chaque pièce, et que ce procédé de désinfection ne doit être employé que lorsqu'on a lieu de craindre une maladie contagieuse, etc... La dépense est imputée sur les crédits mis à la disposition du service du génie. (Dép. du 8 juin 1880, M.) Toutefois, une circ. du 30 juillet 1883 (M) prescrit d'imputer cette dépense à la masse générale d'entretien lorsqu'il s'agit d'assainissement, à titre préventif, des locaux occupés par les troupes.

De plus, une dépêche du 14 avril 1881 (M) dispose qu'on doit enlever préalablement les fournitures des lits militaires, lesquelles doivent être désinfectées par le même procédé, mais dans un local hermétiquement clos, conformément aux indications du conseil de santé. (Voir *Lits militaires*.)

On doit également retirer les objets en or ou en argent ainsi que les effets de couleur tendre, comme les cravates. (Note du 29 avril 1884, page 477.)

Cette opération doit être autorisée au préalable par le ministre. (Circ. des 1er juillet et 23 décembre 1882 (M); se reporter à la notice n° 7 annexée au règlemt du 28 décembre 1883 sur le service de santé pour effectuer les désinfections.)

Pour l'achat des balais et baquets nécessaires, voir *Ordinaires*, 6e § du chapitre des dépenses au compte de la masse générale d'entretien.

Désinfection des écuries, voir ci-dessous et au chapitre *Ecuries*.

2° Bâtiments occupés par les officiers.

(Voir *Écuries.*)

Les logements occupés par les officiers sont visités en même temps et de la même manière que ceux de la troupe. (Art. 101 du règlemt du 30 juin 1856 et instr. du 8 juillet 1869, page 743) (1). (Voir ci-dessus, page 222.)

Cette dernière rappelle que les réparations locatives, telles qu'elles sont définies par le Code Napoléon ou déterminées par les usages locaux, que l'immeuble appartienne à l'État ou soit pris à loyer, sont en principe à la charge de l'officier ou du fonctionnaire pendant tout le temps que dure l'occupation. Il en est de même des ramonages. Mais en raison des déplacements fréquents des officiers logés aux frais de l'Etat, cette instruction dispose que ces réparations locatives seront imputées au budget du génie sous la réserve suivante : « Toute dégradation provenant du fait de l'occupant, c'est-à-dire résultant de négligence, de défaut de soin, d'abus de jouissance, doit être réparée à ses frais ».

Les vidanges sont à la charge du département de la guerre dans les immeubles appartenant à l'État ; il en est de même pour les immeubles pris à loyer, à moins que les usages locaux ne les mettent au compte du propriétaire.

Les tringles de rideaux, bourrelets de portes et de croisées, bancs et ustensiles de jardins, renouvellements de plantes, tuyaux d'arrosage, ustensiles d'arrosage mobiles, sont au compte des occupants. (Instr. du 8 juillet 1869, page 743.)

Les retenues à opérer, au profit du Trésor, sur la solde des officiers logés sont fixées par le tarif n° 57 du 25 décembre 1875, page 924. (Voir *Logement*, page 206.)

Blanchissage des bâtiments.

(Voir ci-dessus *Désinfection des casernements.*)

Aux termes de l'article 133 du règlement du 30 juin 1856, page 270, et de la circulaire du 28 mai 1864, page 951, les blanchissages dans l'intérieur des bâtiments habités sont effectués par la troupe, à laquelle le service du génie fournit les matériaux et outils nécessaires, ainsi que les vêtements de toile, et paie, en outre, la main-d'œuvre à raison de 1/4 de centime par mètre carré et par couche, et, de plus, 1/8e de centime par mètre carré pour le grattage, le brossage et le lavage préalables.

Ces blanchissages doivent avoir lieu tous les ans et au besoin tous les six mois avec de l'eau de chaux additionnée de colle. (Art. 355 Infie, 348 Cavie et 373 Artie des règlements du 28 décembre 1883 sur le service intérieur modifiés par l'*errata* inséré 1er 1884, page 443.

Dans les infirmeries régimentaires, les murs sont reblanchis aussi souvent que cela est jugé nécessaire et au moins une fois par an. Les boiseries sont repeintes aux mêmes époques. (Art. 53 du règlement du 28 décembre 1883 sur le service de santé.)

La circulaire du 27 août 1880 (M) dispose que c'est surtout avant l'appel des classes que le blanchissage doit être renouvelé ; et, lorsque cette opération est reconnue insuffisante pour assainir les locaux, on doit les désinfecter au moyen de fumigations de soufre (se reporter à la page précédente).

(1) Ce principe est applicable aux immeubles occupés par les bureaux d'état-major et de recrutement. (Circ. du 2 mars 1883, page 177.)

Dans les écuries, on doit passer à la chaux, tous les six mois, les murs, mangeoires, râteliers et pavés, et à chaque changement de garnison. (Art. 133 du règlement du 30 juin 1856.) La chaux et les ustensiles sont fournis par le génie. (Art. 133 précité et circ. du 22 juin 1874 M.)

En outre, l'instruction du 7 septembre 1874, pages 317 et 475, sur l'hygiène des chevaux de remonte, prescrit de faire laver et blanchir à la chaux la place des chevaux atteints de gourme et celle des chevaux voisins. Cette prescription est applicable aux autres chevaux. (Art. 253 Inf[ie], 65 Cav[ie] et 79 Art[ie], des règlements sur le service intérieur des troupes en date du 28 décembre 1883, et art. 18 du règlement du 26 décembre 1876, page 345.) De plus, la circ. du 2 mars 1883, page 177, prescrit de désinfecter les stalles lorsque les chevaux entrent à l'infirmerie. (Voir *Désinfection des écuries.*)

Outils divers fournis par le service du génie.

§ Ier. — CORPS DE TROUPE DE CAVALERIE

Aux termes de la note ministérielle du 22 juin 1883, page 105, modifiée par celle du 22 septembre 1883, page 260, chaque escadron de cavalerie doit recevoir, comme outils de campagne, quatre scies articulées du modèle en usage dans le génie et l'infanterie avec étuis et accessoires analogues à ceux employés par le génie. Ces outils seront confiés à des sous-officiers et placés sur le paquetage.

Le service du génie est chargé de la fabrication, de la fourniture et de l'entretien de ces outils.

Les capitaines d'artillerie inspecteurs d'armes les visitent annuellement.

Cette dernière disposition est rappelée par la circ. du 4 février 1884, page 148. Cette même circulaire applique à ces objets l'instr. et le tarif du 8 août 1880 en ce qui concerne les réparations et remplacements et prescrit de constituer dans les magasins du génie des chefs-lieux de corps d'armée, dans ceux d'Alger et de Tunis et dans les écoles du génie, un approvisionnement pour assurer les remplacements.

(Voir page 230 pour les remboursements et page 229 pour les remplacements.)

§ II. — CORPS DE TROUPE DU GÉNIE

Les outils portatifs et leurs étuis sont répartis d'après les bases arrêtées par les décisions ministérielles des 1er juin et 10 septembre 1875.

Ils doivent être en bon état.

(Voir l'instruction ministérielle du 23 décembre 1880 sur la mobilisation qui fixe les quantités.)

§ 3. — TROUPES A PIED (1).

Une décision du 21 juin 1871 a supprimé les haches de parade des sapeurs dans les régiments d'infanterie, et celle du 4 août suivant a prescrit de les remplacer par des pelles, pioches et haches en état de servir. De plus, la circulaire du 10 février 1876 (M) avait réglementé cette partie du service, mais elle a été remplacée par celle du 14 juillet 1879 (M) qui fixe comme il suit l'outillage des corps :

1° OUTILS PORTATIFS DE COMPAGNIE (2).

L'assortiment d'outils portatifs de compagnie comprend 48 outils pourvus de leurs manches et de leurs étuis, savoir :

Outils de destruction :	4 pics (Mod. de l'infanterie),
—	3 haches (*Idem*),
—	1 scie articulée (Mod. du génie),
Outils de terrassier :	8 pioches (Mod. de l'infanterie),
—	32 bêches (*Idem*).

Chaque escouade reçoit 3 outils, dont 1 outil de destruction ou 1 pioche, et 2 bêches.

(1) Voir *Equipages régimentaires* pour la fourniture des bâts, harnais, etc.

(2) La circ. du 24 juin 1880, page 343, modifiée par l'errata inséré 2e 80, page 139, indique le nombre et la nature des outils dont les corps peuvent se servir en temps de paix et cette circ. est applicable aux troupes envoyées en Tunisie ou en Algérie (Circ. du 12 septembre 1881.)

Les étuis sont disposés de manière que l'outil puisse être porté sur le sac ou au ceinturon.

Chacune des *compagnies actives* des 144 régiments d'infanterie de ligne, des 30 bataillons de chasseurs, des 4 régiments de zouaves, des 3 régiments de tirailleurs algériens, de la légion étrangère, des 3 bataillons d'infanterie légère d'Afrique, reçoit un assortiment d'outils portatifs (soit 16 par régiment d'infanterie, de tirailleurs algériens et la légion étrangère, 4 par bataillon de chasseurs, 20 par régiment de zouaves et 6 par bataillon d'infanterie légère d'Afrique.) (Instr. du 23 décembre 1880.)

Les compagnies de dépôt seules sont exceptées de cette mesure; mais, en temps de paix, on peut leur attribuer, pour l'instruction des hommes, un certain nombre d'outils prélevés sur les compagnies actives.

L'Ecole spéciale militaire de Saint-Cyr reçoit 8 assortiments de compagnie.

Les diverses compagnies des régiments territoriaux d'infanterie en sont aussi pourvues. Ceux de ces régiments qui ont reçu des assortiments ancien modèle doivent les conserver jusqu'à nouvel ordre.

2° OUTILS PORTATIFS DE SAPEURS HORS RANG

Les sapeurs ouvriers d'art ou hors rang reçoivent un assortiment de 13 outils, savoir :

1 scie articulée pour le caporal sapeur (Mod. du génie) ;
6 pics (Mod. de l'infanterie) ;
6 haches (Mod. du génie).

Les 144 régiments d'infanterie, les 4 régiments de zouaves, les 3 régiments de tirailleurs et la légion étrangère sont pourvus chacun d'un assortiment d'outils.

Il en sera de même ultérieurement des régiments territoriaux et ceux qui en sont déjà pourvus doivent les conserver.

3° OUTILS PORTÉS PAR DES ANIMAUX DE BAT

Le chargement de chaque mulet ou cheval de bât comporte :
12 pioches de parc emmanchées (Mod. des parcs du génie);
18 pelles rondes emmanchées (*Idem*);
Soit un total de 30 outils de terrassier.

Ces outils sont portés au moyen de deux ellipses du modèle en usage dans le service du génie.

Il est attribué un chargement d'outils par compagnie et pour 3 bataillons dans chaque régiment d'infanterie et de zouaves, pour les bataillons de chasseurs et pour deux bataillons dans les 3 régiments de tirailleurs algériens. (Néanmoins, pour ces derniers, l'instr. du 23 décembre 1880 (M) alloue 12 chargements.)

Tous ces outils sont distribués aux troupes dès le temps de paix.

L'Ecole militaire de Saint-Cyr est pourvue de 8 chargements.

4° OUTILS DE PIONNIERS PORTÉS PAR DES VOITURES

Le chargement de la voiture régimentaire d'outils, tel qu'il avait été déterminé par la décision ministérielle du 13 avril 1875, est modifié comme il suit et comprend les outils et objets ci-après spécifiés, savoir :

20 haches de bûcheron emmanchées ;
25 pioches emmanchées;
50 pelles rondes emmanchées ;
20 serpes emmanchées ;
4 scies passe-partout ;
2 pinces de 0m 60 ;
1 pince de 1 mètre ;
25 manches de rechange pour hache ou pioche ;
15 manches de rechange pour pelles rondes;
1 caisse d'outils d'art.

Tous ces outils sont du modèle adopté par les parcs du génie.

Il n'est attribué qu'une voiture d'outils avec chargement aux régiments d'infanterie actifs, de tirailleurs et à la légion étrangère (23 décembre 1880 M) et les bataillons de chasseurs ne doivent plus en posséder. (Circ. du 14 juillet 1879. (Voir *Equipages régimentaires*.)

En 1881, les corps ont reversé à l'artillerie les voitures en surnombre et leurs chargements au service du génie.

NOTA. — Pour les outils affectés aux voitures elles-mêmes, ils sont délivrés aux corps par le service des équipages militaires. (Voir ce titre).

En cas de changement de garnison, les corps laissent sur place les voitures d'outils (3 juillet 1884, p. 16) et emportent les outils portatifs. (Note du 24 juin 1880, p. 345.) Les voitures d'outils, bâts ellipses et outils doivent se trouver à la portion principale, lorsque les corps sont divisés. (Dép. du 10 juin 1881 M.)

Marquage des outils.

Les marques à apposer sur les outils de bât et sur ceux des voitures régimentaires (sauf ceux de la caisse d'outils d'art) reçoivent la marque du corps. Les outils portatifs reçoivent cette même marque et à la suite un numéro de série qui est inscrit également sur le livret de l'homme. Il y a six séries de numéros correspondant aux six espèces d'outils. (Instr. du 8 août 1880 (M) qui indique la manière d'apposer ces marques.)

Les frais qu'entraîne l'opération de la marque sont supportés par la *masse générale d'entretien*. (Instr. du 10 juillet 1876, pag. 32, et instr. du 8 août 1880 M.)

L'article 117 du décret du 1er mars 1880, pag. 364, prescrit de tenir un contrôle général des outils portatifs. (Se reporter au titre *Habillement*.)

Entretien et remplacement des outils portatifs ou de pionniers.

Les chefs de corps peuvent exercer les troupes à des travaux de fortification passagère; les dégradations et pertes d'outils constatées après chaque exercice sont à la charge de l'Etat (Budget du génie), à moins qu'elles ne proviennent de la faute des hommes, auquel cas elles tombent au compte de la masse individuelle. (Instr. du 10 juillet 1876, pag. 32.)

Lorsqu'un chef de corps ordonne de mettre à la disposition d'une compagnie une partie des outils dont le corps est dépositaire, l'officier chargé de la conservation de ces outils (porte-drapeau à la portion centrale, officier de détail dans les détachements), les livre en bon état au commandant de compagnie qui en devient responsable. Celui-ci établit, s'il y a lieu, à la fin des exercices, un état des réparations à exécuter, en distinguant celles qui sont imputables aux hommes. La fixation exacte des réparations est faite par le porte-drapeau assisté du chef armurier.

Si un outil ne peut être représenté, il est établi un procès-verbal de perte dans la forme ordinaire. (Instr. du 8 août 1880 M).

Les réparations doivent être faites immédiatement par le chef armurier, à la portion centrale, et dans les détachements, par l'industrie civile, *de préférence à l'entrepreneur du génie*. L'on suit le tarif annexé à la dite instruction. (Circ. du 4 février 1884, pag. 148.)

Ces dispositions sont applicables à tous les outils (portatifs ou non). (Instr. du 10 juillet 1876, pag. 34.) Pour les étuis, se reporter à la pag. 230.

L'on remplace immédiatement les outils perdus et ceux mis hors de service par la faute des hommes (1). A cet effet, le conseil d'administration adresse au général commandant le corps d'armée une demande accompagnée, soit du procès-verbal de perte, s'il y a eu perte par cas de force majeure, soit de la déclaration du versement au Trésor du montant de l'outil (montant diminué au besoin de la valeur de la partie de cet outil restée en bon état de service), si l'outil a été perdu ou mis hors de service par la faute de l'homme. Dans ce dernier cas, le récépissé de versement remis par le trésorier-payeur général au trésorier du corps est transmis immédiatement au ministre par l'intermédiaire de l'intendance. Le commandant de corps d'armée revêt la demande d'un vu bon à remplacer et la transmet au chef du génie du corps d'armée qui lui donne satisfaction. Les outils mis hors de service par cas de force majeure sont, en principe, proposés au ministre pour la réforme par le capitaine d'artillerie inspecteur, lequel lui adresse un procès-verbal indiquant les réparations à exécuter et les outils à réformer. Le ministre fait connaître ensuite sa décision. (Instr. du 8 août 1880 M.)

Toutefois, une circulaire du 29 juin 1883 (M), dispose qu'on doit pourvoir au remplacement *immédiat* des outils mis hors de service par cas de force majeure, qui se trouvent compris dans l'une des catégories suivantes (1) :

1° Les outils ou manches cassés en deux ou plusieurs morceaux;

2° Les manches d'outils fendus longitudinalement;

(1) Ces dispositions ont été modifiées par la circ. du 27 janvier 1885, page 122, qui prescrit, en règle générale, d'expédier aux corps, chaque année, et au mois de décembre seulement, les outils de remplacement; mais les généraux peuvent exceptionnellement, en cas de besoin, demander au ministre des remplacements dans le courant de l'année.

3° Les outils dont l'œil est fendu complètement;

4° Les pelles rondes cassées à la naissance de la pointe de la douille;

5° Les bêches portatives cassées à la planche ou au renfort;

6° Les scies passe-partout ou égohines qui ont la lame cassée;

7° Les limes dont la soie ou la pointe est cassée;

8° Les pinces à main et les tenailles qui ont un mors ou une branche cassée;

9° Les tarières torses et les vrilles, dont le point de centre de la tige est cassé.

Les prix des outils sont fixés par la nomenclature P. (12 février 1881, pag. 67.) Un seul prix est affecté aux objets neufs ou bons; les prix de ceux à réparer sont diminués de 30 0/0. (Art. 12 de l'instr. du 15 mars 1872 (M) sur la comptabilité-matières.)

Etuis d'outils.

D'après la circulaire du 25 septembre 1843 et celles des 9 août 1871, page 336, et 10 février 1872, page 32, les corps devaient fournir les étuis d'outils de sapeurs sur les fonds de la deuxième portion de leur masse générale d'entretien, et les frais d'entretien étaient imputables à ladite masse. Mais l'instruction du 10 juillet 1876, page 34, dispose que les frais d'entretien et de remplacement sont, en principe, imputables à l'Etat. (Budget du matériel du génie.) D'un autre côté, ce principe a été modifié par la décision du 21 avril 1879, page 692, car le modèle d'abonnement qui y est annexé dispose (art. 1er) que l'abonnataire du grand équipement est tenu d'entretenir et de réparer les étuis d'outils en service; par suite, les dégradations par cas de force majeure incombent seules au service du génie. De plus, celles provenant de la faute des hommes restent au compte de la masse individuelle (21 avril 1879). Tous les étuis sont pourvus de passants qui permettent de les porter au besoin au ceinturon. (Circ. du 3 octobre 1879 M.)

Les demandes d'étuis reçoivent la même destination que les demandes d'outils. Les étuis de première mise sont fournis directement par le service du génie en même temps que les outils. (Circ. du 10 février 1876 M.)

Un seul prix est affecté par la nomenclature aux objets neufs ou bons; il est réduit de 30 p. 0/0 pour les objets à réparer. (Art. 12 de l'instr. du 15 mars 1872.) Les prix fixés sont ceux déterminés par la nomenclature P, et pour les réparations ou remplacements par le tarif du 8 août 1880 (M).

PAIEMENT ET REMBOURSEMENT DES DÉPENSES D'ENTRETIEN DES OUTILS ET DE LEURS ÉTUIS.

Aux termes de la note ministérielle du 15 mai 1879, pag. 772, et de l'instr. du 8 août 1880 (M), les sommes à payer pour les réparations exécutées au compte de l'Etat doivent être prélevées sur les fonds généraux de la caisse des corps et payées aux ouvriers par les trésoriers de ces corps.

Cette note disposait que les conseils d'administration devaient être remboursés de leurs avances par ordonnance ministérielle directe, sur la production d'un compte des dépenses effectuées, produit en fin d'année, appuyé de pièces justificatives en deux expéditions; ces dispositions ont été maintenues par les articles 22 du décret et de l'instruction du 1er mars 1880, pag. 363 et 392, car ils rappellent que les remboursements de toute nature sont effectués sur la production, au sous-intendant militaire, de relevés (Mod. n° 21 *bis*) accompagnés de pièces justificatives. En outre, l'instruction du 1er mars 1881 ajoute que les relevés à produire sont établis annuellement et que les intendants les font parvenir au ministre avec les pièces justificatives à l'appui, dans le courant du deuxième mois qui suit l'année expirée.

L'ordonnancement de ces dépenses est réservé au ministre. (Art. 19 de l'instr. du 1er mars 1881, pag. 355.) Cette instruction est suivie d'un tableau qui indique le détail à porter sur les relevés n° 21 *bis*.

NOTA. — Se reporter au chapitre de l'habillement pour les renseignements de détail.

Dispositions particulières aux outils prêtés par le service du génie.

1° *Outils prêtés pour l'entretien des cours des casernes, délivrés par le service du génie.*

Aux termes de l'article 61 du règlement du 30 juin 1856, pag. 250, les corps sont chargés de l'entretien des parties non pavées des cours des établissements qu'ils occupent et doivent les laisser en bon état lorsqu'ils les évacuent.

Il est évident que cette obligation ne s'applique pas aux grosses réparations, rechargements généraux, etc. (Circ. du 9 juin 1851, pag. 1178 du 14e volume du journal.)

D'après l'article 30 du règlemt précité et la décision du 31 juillet 1863, pag. 478, les matériaux et les outils nécessaires (pelles, pioches et brouettes) doivent être fournis par le service du génie.

Les corps sont responsables de ce matériel, mais il est entretenu et remplacé par le service du génie et à son compte. (Art. 61 du règlemt du 30 juin 1856 et instr. du 10 juillet 1876, pag. 30.) Voir le § suivant pour les imputations à faire aux corps.

2° *Outils prêtés par le service du génie pour exercer les troupes aux tranchées-abris.*

Dans les garnisons qui ne possèdent pas d'outils de pionniers, le génie peut mettre à la disposition des corps les outils nécessaires pour les exercer aux travaux de tranchées-abris.

Le service du génie pourvoit, dans ce cas, au moyen de ses ressources, aux réparations et aux remplacements des outils prêtés, en mettant au compte de l'État (budget du matériel du génie) les dépenses qui ne proviennent pas de la négligence des travailleurs. Quant aux autres, elles lui sont remboursées par imputation sur les fonds de la masse individuelle. Les états de dégradations et les procès-verbaux de perte, dressés après chaque séance de travail, servent à régler ces dépenses. (Instr. du 10 juillet 1876, page 35, et du 8 août 1880 M.)

Comptes annuels de gestion.

Aux termes de l'article 25 de l'instruction du 15 mars 1872 (Génie), les outils portatifs existant dans les régiments du génie et d'infanterie, dans les bataillons de chasseurs à pied, ainsi que le harnachement en service dans les régiments du génie, doivent être compris dans le compte général du matériel de la guerre; on doit comprendre en outre, dans ce compte, les effets de manège, les ustensiles d'écurie et d'infirmerie vétérinaire achetés pour les corps de troupe du génie sur les fonds de la masse d'entretien du harnachement et ferrage. (Circ. du 28 août 1884 M.) L'article 24 de la même instruction dispose que les objets de casernement (mobilier des casernes, des écuries, des écoles, du génie, etc.), en service dans les corps, sont dans le même cas, *mais qu'ils doivent figurer dans les comptes du commandant du génie de chaque place.*

Ces dispositions ont été maintenues par l'instruction du 1er mars 1880, article 130, page 393, lequel porte que la section VI du registre des entrées et des sorties de matériel ne comprend que les outils ou autres objets que les corps *doivent emporter en campagne*, le matériel de casernement restant, pour les corps, en dehors de leur comptabilité-matières proprement dite. (Art. 130.)

Pour le matériel sus-indiqué, les corps doivent établir des comptes de gestion annuels conformes au modèle 32 F annexé au décret du 1er mars 1880. Ils sont distincts pour le service courant et pour le service de réserve. (Art. 253 *bis* et 253 *ter* du décr. et de l'instr. du 1er mars 1880, pages 384 et 409.)

Ces comptes sont tenus par l'officier d'habillement.

Pour les renseignements de détail, se reporter au chapitre de l'habillement. On se conforme à la nomenclature P du service du génie pour l'établissement de ces comptes (12 février 1881, page 67.) Cette nomenclature, qui est d'octobre 1875, a été modifiée par la circulaire du 28 août 1884 (M).

Outre les pièces indiquées par la nomenclature annexée à l'instruction du 1er mars 1880, on doit produire, dans les corps du génie, un relevé (Mod. n° 19) des quantités de matières employées pour le service du harnachement, et, dans tous les corps, une expédition de chacun des relevés des dépenses (Mod. n° 21 *bis* du décr.) dont le montant a été remboursé pendant l'année. (Art. 253 *bis* de l'instr. du 1er mars précitée.)

NOTA. — Les existants en fin d'année doivent être les mêmes, pour l'ensemble du corps, au compte de gestion et au registre des entrées et des sorties de matériel. (Art. 130 du décr. du 1er mars 1880.)

La circ. du 21 février 1881, page 184, donne la manière de clore les comptes de gestion pour passer d'une nomenclature à une nouvelle en fin d'année. On se conforme également aux instructions spéciales qui sont adressées à l'époque de chaque renouvellement.

LITS MILITAIRES

(Voir le chapitre du *Campement*.)

Dispositions générales.

Le porte-drapeau dans l'infanterie, le porte-étendard dans la cavalerie et l'adjudant de casernement dans l'artillerie sont chargés des détails du service du couchage. (Art. 65, 45 et 154 des règlements du 28 décembre 1883.)

Une entreprise est chargée de fournir et d'entretenir, à l'intérieur et en Algérie, les effets de couchage et d'ameublement nécessaires aux militaires logés dans les bâtiments de l'Etat, ainsi que les mobiliers de corps de garde et les capotes de sentinelle.

Le mobilier du service des lits militaires se subdivise comme il suit (art. 3 du règlem[t] du 2 octobre 1865, page 80) :

MOBILIER APPARTENANT AUX ENTREPRENEURS.

1° *Fournitures d'officier et d'employé militaire* (composées de : une paillasse, deux matelas, un traversin, 2 couvertures, draps ; Devis n° 1, page 227) ;

2° *Ameublement de chambre d'officier* (une paire de rideaux de lit, un rideau de fenêtre à chaque croisée, une commode, une table de nuit, une table-toilette, une table-bureau, un fauteuil et trois chaises, un encrier, un pot-à-eau avec sa cuvette et deux vases pour le savon, un verre, un vase de nuit, une paire de chenets, une pelle à feu et pincettes, un soufflet, un balai d'âtre, deux chandeliers, une paire de mouchettes, un éteignoir, une descente de lit, deux serviettes renouvelées chaque semaine ; Devis n° 2, page 228) ;

Les fournitures et ameublements d'officier sont destinés aux officiers logés dans des bâtiments militaires ou considérés comme tels, aux adjudants majors de semaine, aux officiers détenus par mesure de discipline et aux employés militaires qui ne sont pas officiers, mais qui ont droit néanmoins à l'indemnité d'ameublement. (Art. 6 et 7 du règlem.)

3° *Ameublement de chambre d'employé militaire et d'adjudant sous-officier* (une paire de rideaux, une commode, une table, trois chaises, un pot-à-eau et sa cuvette, un verre, un vase de nuit, une paire de chenets, une pelle à feu et pincettes, un soufflet, un chandelier, un éteignoir, un porte-manteau, un miroir, une paire de mouchettes, une serviette par semaine ; Devis n° 3). Aux termes de l'article 8 du règlement du 2 octobre 1865, page 81, ces ameublements, dont il n'est fait usage qu'en France, sont destinés : aux adjudants majors et aux officiers de semaine, lorsque les ameublements d'officiers font défaut, aux officiers détenus par mesure de discipline, aux adjudants et assimilés (les gardes d'art[ie] et adjoints du génie n'y ont plus droit).

Les adjudants, chefs armuriers de 1re classe, sous-chefs de musique et les agents principaux et greffiers des établissements pénitentiaires sont les seuls qui aient droit à cet ameublement. (Dép. du 6 décembre 1867 M). Les adjudants élèves d'administration y ont également droit (dép. du 12 décembre 1882), mais les portiers-consignes sont exclus (même dép.).

4° *Fournitures de soldat* (une paillasse, un matelas, un traversin, draps, une couverture, un couvre-pieds ; Devis n° 4). Aux termes de l'article 9 du règlement du 2 octobre 1863, les fournitures de soldat, les fournitures-hamacs et les demi-fournitures de soldat sont destinées aux sous-officiers (y compris les adjudants et assimilés), aux caporaux, brigadiers et soldats et aux vivandières patentées.

Les adjudants majors et officiers de semaine couchant au quartier et les officiers détenus peuvent faire usage de fournitures de soldat à défaut d'autres.

5° *Fournitures-hamacs de soldat* (en Algérie) ;

6° *Fournitures d'infirmerie régimentaire* (comme pour celles de soldat) ; les fournitures d'infirmerie sont distribuées à raison de 3 °/₀ du nombre de fournitures de soldat attribuées aux corps et détachements d'après leur effectif.

Les demi-fournitures affectées aux salles de police le sont à raison de 1 1/2 °/₀ en France et de 2 °/₀ en Algérie. (Art. 63 du règlem[t] du 2 octobre 1865, page 95.)

7° *Demi-fournitures de soldat* (une paillasse, un sac à paille, une couverture, un couvre-pieds, draps; Devis n° 5) ;

8° *Demi-fournitures de salle de police* (*Idem*, mais sans draps) (voir *Salles de police* ;

9° *Mobiliers de corps de garde d'officier* (voir la composition, au titre *Casernement*.)

10° *Capotes de sentinelles* (Idem);

MOBILIER APPARTENANT A L'ÉTAT

1° Couchettes d'officier ;
2° Couchettes de soldat ;
3° Châlits à tréteaux en fer ;
4° Châlits à tréteaux en bois.

(Art. 3 du règlem[t] précité.)

La seconde couverture de la fourniture d'officier doit être distribuée le 1er octobre et réintégrée le 1er mai. Les couvre-pieds doivent être mis en service du 15 octobre au 15 avril. Toutefois, on peut devancer ou dépasser ces dates sur l'ordre du sous-intendant militaire. (Art. 62.)

1° DISTRIBUTIONS AUX CORPS DE TROUPES (1)

Les troupes doivent recevoir les objets de literie qui leur sont alloués par le règlement du 2 octobre 1865, page 79.

Celles sous la tente ou celles en marche, qui ne doivent pas stationner plus de trois jours, n'ont droit à aucune distribution de fournitures. (Art. 60 du règlem[t].)

Les troupes baraquées reçoivent la paille de couchage, des couvertures de campement, une toile de tente, et, s'il est possible, des paillasses et traversins appartenant au service du campement. (Voir au titre *Campement*, page 200.) — Lorsque les baraques sont pourvues de lits de camp et que les ressources le permettent, on peut leur donner des fournitures de l'entreprise. Une dép. ministérielle du 21 juin 1872 (M) a autorisé cette mesure pour des troupes baraquées au polygone de Bourges et a accordé à l'entrepreneur une indemnité de 2 fr. 75 par fourniture et par année.

Par modification aux dispositions de l'article 76 du règlem[t] du 2 octobre 1865, des fournitures et châlits peuvent être occupés en ville par les ordonnances des officiers montés. (Lettre collective du 3 septembre 1883, pages 247 et 512.) Dans tous les autres cas, le déplacement des fournitures est interdit. (Art. 76.)

Les distributions sont faites à raison de l'effectif présent. (Art. 61.) Elles ont lieu sur la production d'états de demandes (Mod. n° 5, annexé au règlem[t]), revêtus d'un ordre de distribution signé par le sous-intendant militaire, et du récépissé de la partie prenante. (Art. 65.) Il est dressé des états supplémentaires lorsqu'il y a lieu. (Art. 66.)

Le premier jour de chaque trimestre, les états de demande délivrés dans le cours du trimestre précédent sont remplacés par un nouvel état comprenant la totalité du mobilier dont chaque corps est en possession. (Art. 67.) Pour les parties prenantes isolées, on doit indiquer les noms, grades et fonctions dans la colonne d'observations des états. (Dép. du 10 mars 1876 et mod. n° 5 annexé au règlem[t] du 2 octobre 1865.) Les anciens états restent entre les mains du préposé. (*Id.*) Les distributions se font dans les magasins du service, excepté dans les cas prévus par l'article 73 du règlement (Art. 72 ; voir *Réintégrations*, 8° alinéa), en présence de l'officier de casernement et de l'officier de semaine de chaque compagnie. (Art. 68.)

Les effets mis en distribution doivent être en bon état d'entretien. Lorsqu'il existe des taches indélébiles, elles doivent recevoir une marque apparente, afin d'éviter de nouvelles imputations.

Cette marque représente le mot *vu*. (Note du 28 juillet 1884, page 103.) Les planches de châlit réformées sont écornées. (Même note.)

Le matériel en châlits, couchettes et planches doit être aussi en bon état. (Art. 68.) Toutefois, les parties prenantes ne sauraient se refuser à recevoir le matériel marqué $\frac{\text{R. P. O.}}{\text{O. d. H.}}$ en raison de son état défectueux au moment où l'entrepreneur est entré

(1) (Voir ci-après *Comptabilité*, pour les distributions aux compagnies, etc.

en exercice. Pour cette raison, il n'est l'objet d'imputations que dans le cas d'emploi abusif dûment constaté.

Nota. — Les imprimés d'états de demande (mod. n° 5) sont fournis aux corps par l'intendance militaire.

2° RÉINTÉGRATIONS PAR LES CORPS DE TROUPE (1).

Tout corps ou détachement quittant un pavillon ou une caserne est tenu de réintégrer, avant son départ, dans le magasin des lits militaires, les fournitures qu'il a reçues du préposé de ce service. (Art. 80 du règlem[t] du 2 octobre 1865, page 100.)

Toutefois, la circ. du 11 octobre 1883, page 506, dispose que dans les cas autres que celui de changement de garnison, c'est-à-dire lorsqu'un corps de troupe ou détachement se rend aux manœuvres, aux écoles à feu, aux exercices de tir, et généralement dans tous les cas où il ne s'éloigne de son casernement que pour une durée limitée, les fournitures de literie ne sont pas réintégrées.

La literie est conservée dans les chambres, étiquetée au numéro matricule de chaque détenteur, sous la surveillance des fractions non détachées et, à défaut, du casernier. Elle est reprise ensuite par les hommes à leur retour.

Si, en cas de surélévation d'effectif, les fournitures des hommes absents deviennent indispensables, elles peuvent être réintégrées sur l'autorisation du général commandant la division provoquée par le sous-intendant militaire.

Pour les militaires isolés, faisant mutation, les réintégrations n'ont lieu que si les absences dépassent un mois, à moins de besoins urgents, auquel cas le sous-intendant autorise la réintégration sur la demande du corps. (Circ. du 11 octobre 1883, page 307.)

En cas de mobilisation, l'on se conforme aux dispositions des circ. des 16 mai 1881 et 8 juin 1883 (M) pour les réintégrations et distributions.

Les sous-intendants informent les préposés des mouvements de troupes qui doivent donner lieu à des réintégrations, et leur adressent un état (Mod. n° 6) des effets à réintégrer. (Art. 82.) Les imprimés d'état mod. n° 6 sont fournis par l'intendance militaire.

Les réintégrations dont il s'agit sont inscrites par les officiers de casernement sur les états produits à l'époque des distributions ou sur les états collectifs établis le premier jour de chaque trimestre. (Art. 83.)

Les rentrées d'effets en magasin sont toujours précédées du recensement ou de la reconnaissance de ces effets. (Art. 84.)

Le recensement et la reconnaissance du matériel à réintégrer ont lieu dans les magasins de l'entreprise soit la veille du départ de la troupe, soit le jour même du départ lorsque les chefs de corps ou de détachement ont laissé des officiers délégués pour procéder contradictoirement à ces opérations, régler et solder le compte des pertes et dégradations, et qu'ils ont laissé des hommes de corvée pour transporter les effets en magasin. (Art. 85.)

Quant au recensement et à la reconnaissance des meubles, couchettes, châlits, sommiers, paillasses, sacs à paille et autres objets qui restent à demeure dans les casernes, ils ont lieu le jour même du départ de la troupe et aussitôt que le corps ou le détachement est assemblé. (Art. 86.)

(Voir page 235 pour la constatation des dégradations.)

Les effets sont transportés par les corps au magasin du service, excepté dans les cas prévus par l'article 73 du règlem[t] (Art. 81), c'est-à-dire lorsque la caserne est éloignée de plus de deux kilomètres ou est séparée par un bras de mer ou rivière sans pont, lorsque le corps ne reçoit son ordre de départ que la veille; pour la place de Lyon, les corps partants ou arrivants sont également exempts du transport.

Les draps de lit et les sacs à coucher sont échangés, savoir :

Draps des fournitures d'officiers. — Du 1er mai au 30 septembre, tous les 15 jours.
— — Du 1er octobre au 30 avril, tous les 20 jours.

Draps des fournitures occupées par les adjudants-majors et les officiers de semaine couchant au quartier :

Toutes les semaines pendant toute l'année.

(1) Pour les réintégrations faites par les compagnies, voir ci-après *Comptabilité*.

Draps des fournitures de soldat servant au couchage des officiers détenus :

Aux mêmes époques que les draps de fournitures d'officiers.

Draps et sacs à coucher des fournitures de soldat et des fournitures de hamacs :

Du 1er au 30 septembre, tous les 20 jours.

Du 1er octobre au 30 avril, tous les 30 jours.

Les draps affectés aux fournitures d'infirmerie régimentaire sont échangés aux mêmes époques que pour les lits de soldat et à chaque mutation de malade, ou lorsque, en raison de la nature de la maladie, l'officier de santé juge nécessaire de les faire échanger plus fréquemment.

Les draps de la fourniture occupée à la caserne par un homme atteint de maladie psorique sont toujours échangés à sa sortie de l'infirmerie, quand bien même l'époque légale de rechange n'est pas atteinte.

Les draps et les sacs à coucher délivrés dans le courant du mois de septembre doivent rester en service 15 jours, si ce sont des draps d'officier, et 20 jours, si ce sont des sacs ou des draps de soldat, quand même l'époque des rechanges écherrait en octobre; par la même raison, ceux de même espèce délivrés en avril doivent rester 20 ou 30 jours en service, quoique la date de rechange arrive en mai. (Art. 47 du règlemt du 2 octobre 1865.)

Il est donné des draps blancs chaque fois qu'une fourniture passe d'un homme à un autre. (Art. 347, 340 et 365 des règlemts du 28 décembre 1883.)

Les serviettes d'officiers et adjudants sont échangées toutes les semaines. (Art. 48 du règlemt du 2 octobre 1865.)

Le renouvellement de la paille s'opère en entier tous les 6 mois pour les lits d'officier, de soldat et d'infirmerie et tous les 4 mois pour les demi-fournitures de soldat et de salle de police. La paille fraîche est transportée, du magasin des lits militaires à la caserne, par les soins de la troupe; la vieille est déposée dans un lieu désigné à l'avance par le sous-intendant militaire.

On peut conserver la vieille paille à raison de 2 kilogrammes pour 1 kilogramme de paille fraîche si le chef de la troupe l'autorise. (Art. 49 du règlemt.)

Cette disposition ne doit être appliquée que lorsque la paille en service est encore susceptible d'être utilisée sans inconvénient pour la propreté et l'hygiène. (Note du 28 juillet 1884, page 104.)

Chaque renouvellement est constaté sur un livret tenu par le préposé. L'officier de casernement y inscrit les dates des diverses opérations (Art. 50) en ayant soin de mentionner le nombre de paillasses remplies et la quantité de paille reçue. (Voir ci-après pour les remplacements de paille par anticipation.)

(Voir *Campement*, pour les fournitures auxiliaires.)

Nota. — Les meubles des chambres d'officier, d'employé militaire, d'adjudant, ainsi que les couchettes et châlits montés, restent à demeure dans les casernes pendant le temps que ces locaux ne sont point occupés. Ils sont placés sous la garde du casernier.

Lorsque les ressources le permettent, une chambre est mise à la disposition du préposé des lits militaires pour y placer les châlits inoccupés.

Dégradations à la literie.

1° AU COMPTE DE L'ÉTAT

Les pertes et dégradations qui surviennent par cas de force majeure parmi les effets en service ou en magasin, dans les bâtiments militaires, sont au compte de l'État. (Art. 98 du règlemt du 2 octobre 1865, page 104.)

La constatation a lieu par procès-verbal du sous-intendant militaire dressé avec le concours, soit du commandant de la place, soit du chef de la troupe ou d'un officier délégué par ce dernier, de l'officier de casernement et du préposé du service des lits militaires. Si les dégradations proviennent du mauvais état des bâtiments, le chef du génie concourt à l'établissement du procès-verbal. (Art. 100.)

S'il s'agit de dégradations commises par les rongeurs, le chef du génie doit également intervenir dans les constatations, et ses observations sont consignées au procès-verbal. Les corps sont responsables s'ils n'ont pas signalé, en temps utile, au sous-intendant militaire, la présence de ces animaux et demandé les moyens de les détruire. (Art. 103 du règlemt et circ. du 28 mars 1825, page 194.) L'entreprise est indemnisée des pertes et dégradations dans son compte trimestriel des avances remboursables par le ministère de la guerre. (Art. 106.)

Une note ministérielle du 9 mars 1875, page 175, autorise les intendants militaires à approuver tous les procès-verbaux dont la dépense ne dépasse pas 200 francs, et dont les conclusions ne donnent lieu à aucune contestation. Une expédition de ces actes est adressée au ministre.

2° AU COMPTE DES PARTIES PRENANTES

(Voir ci-dessus *Réintégrations*, page 234.)

Les recensements ou reconnaissances d'effets réintégrés en magasin ou laissés à demeure dans les casernes sont faits en présence du préposé, de l'officier de casernement, du capitaine de compagnie ou d'un officier délégué par lui. (Art. 87 du règlemt du 2 octobre 1865, page 101.) En cas de départ, le chef de corps délègue un ou plusieurs officiers pour cette opération. (Art. 88.) Lorsque le corps part sans faire la remise de son matériel, le commandant de place supplée l'officier absent. (Art. 89.) Dans ce cas, s'il y a des frais de transport, ils sont laissés à la charge de la partie en défaut. (Art. 90.)

Quand il le juge nécessaire, l'officier de casernement visite la literie. (Art. 349 Inf[ie], 342 Cav[ie] et 367 Art[ie], des règlem[ts] du 28 décembre 1883.) L'officier de casernement prescrit, au compte de qui de droit, les réparations ou le remplacement des effets détériorés ou perdus. S'il y a des réclamations, le major en décide.

Les fournitures des hommes qui font mutation, entrant aux hôpitaux, partant en congé, changeant de corps, etc..., sont également visitées.

Il est établi des bulletins de dégradations dans la forme indiquée pour les autres services (habillement, harnachement, etc.). Ces bulletins sont récapitulés dans un état spécial dont il est parlé ci-après. En cas de versement dans les magasins des lits militaires, ces bulletins ne peuvent être établis que lorsque ce versement a été effectué. Le décompte des imputations a lieu d'après les tarifs arrêtés par le ministre, lesquels sont annexés au traité du 2 octobre 1865, pages 238 et suivantes; pour les couchettes et châlits, le tarif est du 7 août 1871, page 319, et pour les objets appartenant à l'entreprise perdus par les détenteurs, il est du 26 avril 1869, page 694.

La note du 28 juillet 1884, page 105, rappelle qu'en ce qui concerne le lavage des paillasses et le peinturage des couchettes et des tréteaux de châlit en fer, l'on doit repousser toute demande d'imputation lorsque les manutentions sont nécessitées par l'usage normal du matériel et non par la négligence des hommes.

Les pertes et dégradations provenant du fait de la troupe sont récapitulées par les soins du préposé de l'entreprise dans un état spécial (1) indiquant l'espèce et le nombre des effets, la nature et l'importance des dégradations et le montant des pertes et dégradations évaluées d'après les tarifs annexés au traité, ou, à défaut, *sur estimation faite à l'amiable ou par expertise*. Enfin, cet état présente le montant des sommes que le corps doit payer entre les mains et sur l'acquit du préposé, lequel acquit doit être revêtu du visa du sous-intendant militaire.

Cet état est dressé par le préposé en deux expéditions qui sont soumises au visa du sous-intendant militaire. Une est remise au corps, et l'autre au préposé. (Art. 92 du règlem[t] du 2 octobre 1865.)

Le matériel revêtu de la marque $\frac{\text{n. p. o.}}{\text{o d u}}$ c'est-à-dire celui qui, lors de l'entrée en exercice de l'entrepreneur, a été reconnu défectueux, ne donne lieu à imputation qu'autant que les parties prenantes en auraient fait un emploi abusif. (Diverses solutions).

Lorsqu'il s'agit de réparations à faire à des effets en service, elles sont exécutées par le préposé sur l'invitation des corps. En cas de négligence de la part de cet agent, le sous-intendant militaire donne l'ordre de remplacer immédiatement les effets détériorés. (Art. 39.)

Lorsque le corps est parti sans avoir soldé au préposé le montant des pertes et dégradations à sa charge, le sous-intendant, sur la production de l'état mentionné

(1) Une décision ministérielle du 22 août 1867 (M) prescrit de faire mention sur cet état du timbre des matelas et traversins, de manière à pouvoir vérifier si, dans l'appréciation des dégradations, il a été fait une juste application des tarifs; et la note du 28 juillet 1884, page 106, prescrit en outre de rappeler la nature des imputations.

ci-dessus, dresse un procès-verbal qui constate ce fait et indique la somme à payer à l'entrepreneur. Une expédition de ce procès-verbal est annexée à l'état. (Art. 93.)

Le paiement est assuré, dans ce cas, par un ordonnancement du sous-intendant militaire, qui libelle, au bas des deux expéditions du procès-verbal, un mandat imputable sur les crédits ouverts pour la solde d'activité ; le montant de ce mandat est payé par la trésorerie générale sur l'acquit du préposé. (Art. 94.)

Ces dispositions réglementaires permettent, dans la plupart des cas, d'assurer les imputations. Toutefois, nous croyons utile de les faire suivre d'une solution ministérielle en date du 26 mai 1879 (émanant du Bureau de la solde et des revues) :

Quatre escadrons d'un régiment de chasseurs à cheval, détachés à......, rentrent à la portion centrale. La literie est passée en revue la veille du départ, comme le prescrit le règlement; mais le commandement ayant donné l'ordre de laisser le matériel dans les chambres et de le remettre, sans le déplacer, au corps successeur, les hommes passent la nuit qui précède leur départ sur leurs fournitures, lesquelles sont confiées ensuite à l'officier de casernement, assisté des fourriers, pour être livrées aux escadrons arrivants.

Des manquants sont constatés à la dernière heure. Qui doit les supporter ?

Le ministre, considérant que, postérieurement à la revue passée la veille du départ, les hommes ont couché sur leurs fournitures, a dégagé la responsabilité de l'officier de casernement qui ne pouvait, dans cette situation, empêcher les détournements, et a laissé la totalité des pertes au compte des capitaines commandants, qui auraient pu les constater avant d'évacuer le quartier et qui auraient dû, après le recensement des objets, en demander décharge à l'officier de casernement. La dépense, qui avait été répartie d'office entre les hommes, a été remboursée à ceux encore présents et reprise au profit du Trésor pour les autres (26 mai 1879).

Les dégradations à la literie provenant du fait de la troupe sont imputables à la masse individuelle. (Art. 182 du décret du 1er mars 1880, page 373.) Pour les officiers et adjudants qui n'ont pas de masse, ils versent entre les mains du trésorier le montant des sommes dues (Art. 250 dudit décret), lesquelles sont portées en recette à la masse individuelle si ce fonds en a fait l'avance.

Les sommes à payer par les hommes doivent être exactement celles dont ils sont débiteurs et le système de répartition par moyenne est absolument interdit. (Note du 28 juillet 1884, page 106.)

Epoques auxquelles doivent être faites les imputations.

Aux termes de la circulaire du 6 juillet 1867 (M), rappelée par celle du 5 juillet 1870, page 163, les visites que les préposés de l'entreprise sont autorisés à faire dans les casernes (Art. 38 du règlemt sur le couchage) ne doivent pas, en principe, être suivies d'imputations au compte des hommes. Les manutentions périodiques (Art. 42) et les manutentions accidentelles (Art. 53) fournissent à ces préposés, à des intervalles raisonnables et en dehors des revues trimestrielles des officiers de casernement et des réintégrations en magasin, l'occasion de signaler les dégradations provenant du fait des occupants et d'en poursuivre en temps utile l'imputation.

(Pour les effets prêtés par l'administration à l'entreprise des lits militaires, voir *Campement*, page 200.)

Literie des enfants de troupe.

Les dégradations à la literie des enfants de troupe au-dessous de quatorze ans (1) sont au compte de la masse générale d'entretien quand il est prouvé que leur surveillant n'a pu les empêcher ; un procès-verbal établit le fait.

Lorsque la responsabilité du surveillant est engagée, il supporte la dépense sur sa masse, sauf recours contre les parents. (Dép. minist. du 9 novembre 1857, adressée à Châlons.)

Pour les dégradations qui proviennent de faiblesses organiques (matelas pissés, etc.), un certificat du médecin est mis à l'appui de la pièce de dépense ; dans ce cas, on doit donner des demi-fournitures jusqu'à ce que les enfants soient guéris. (Dép. minist. du 13 novembre 1862, adressée à Bourges.)

(1) Quinze ans aujourd'hui, par la raison que les enfants de troupe n'ont de masse individuelle qu'à cet âge.

Le modèle (n° 105) de l'état des recettes et dépenses incombant à la masse générale d'entretien prévoit également ces dépenses.

Fournitures d'infirmerie ; désinfection et entretien de certains effets de literie en service.

L'article 78 du règlement du 2 octobre 1865, sur le couchage des troupes, et le règlemt du 28 décembre 1883 sur le service intérieur prescrivent aux officiers de santé de visiter, une fois par mois au moins, le matériel de literie des infirmeries et de requérir le remplacement de ceux imprégnés de miasmes dangereux. Ce remplacement a lieu sur l'ordre du sous-intendant militaire.

Indépendamment des rechanges ordonnés au moment de ces visites, les officiers de santé doivent provoquer le remplacement de tout ou partie des effets composant les fournitures d'infirmerie, lorsqu'à l'arrivée d'un malade ils reconnaissent qu'ils ont besoin d'être assainis. Les frais d'assainissement sont au compte de l'entrepreneur.

L'article 52 dudit règlement dispose, en outre, que les fournitures en service dans les infirmeries régimentaires sont désinfectées à chaque changement de garnison. Les enveloppes de sommiers, paillasses, matelas et traversins sont lavées.

Les frais occasionnés par cette opération, ainsi que par les manutentions accidentelles, sont au compte de l'entreprise des lits militaires. (Art. 53 et 57 du règlemt précité et note du 28 juillet 1884, page 103.) Toutefois, lorsque des fournitures ordinaires de soldat sont employées dans les infirmeries, en cas d'insuffisance des autres, elles peuvent être désinfectées au compte de l'Etat après autorisation du sous-intendant militaire. Il est alloué 3 francs par fourniture. (Art. 35 du traité du 2 octobre 1865, page 206.) Cette dépense est comprise dans le compte des avances remboursables de l'entreprise des lits militaires. La note du 28 juillet 1884, page 104, disposait que la désinfection de ces fournitures devait toujours être effectuée par les corps de troupe eux-mêmes, sans intervention des agents de l'entreprise et dans les conditions déterminées par la notice n° 7 annexée au règlemt du 28 décembre 1883 sur le service de santé; mais celle du 4 février 1885, page 177, a prescrit de revenir à l'application de l'article 35 du traité précité.

Il en est de même des fournitures de soldat occupées dans les chambres par des hommes malades lorsqu'il y a nécessité de les désinfecter d'après la déclaration du médecin. (Note précitée.)

Par dép. du 6 mai 1878, le ministre a fait connaître qu'en principe il suffit d'aérer les fournitures et de battre au grand air toutes les couvertures, et que ce n'est que dans des circonstances exceptionnelles qu'on doit procéder à une désinfection complète.

Lorsqu'à la suite d'épidémies, il y a nécessité de procéder au renouvellement complet de la paille des paillasses, les frais qui en résultent doivent être supportés par l'Etat. Toutefois, cette paille ayant déjà servi, l'entreprise des lits militaires subit sur le prix une réduction proportionnelle au temps de service accompli ; la dépense est comprise dans le compte trimestriel des avances remboursables. (Dép. minist. du 5 octobre 1878, n° 4628.)

La nécessité du remplacement est constatée par un procès-verbal qui est soumis à l'approbation du ministre.

Les lits des militaires atteints de gale ne doivent pas être désinfectés au moment de l'admission de ces hommes à l'infirmerie. Il suffit de faire laver leurs draps, de battre et de mettre à l'air les matelas et couvertures. (Circ. du 27 juin 1850 M.)

Les hommes en santé employés dans les infirmeries ne reçoivent que des fournitures de soldat. (Note du 28 juillet 1884, page 104.)

En principe, les fournitures en service à l'infirmerie sont entretenues comme celles des hommes en santé ; elles peuvent même servir à ces derniers dans des circonstances exceptionnelles (Art. 77 du règlemt), ou lorsqu'elles dépassent les besoins des infirmeries. (Dép. du 5 juillet 1879 M.)

Toutefois, les hommes ne sont pas responsables des dégradations qui résultent du traitement de leurs maladies. (Art. 63 du règlement du 28 décembre 1883 sur le service de santé.) Ces dépenses sont susceptibles d'être laissées au compte de la masse générale d'entretien. Le contrôle local est juge des cas où il y a lieu d'engager la responsabilité des détenteurs ou des surveillants.

Capotes de sentinelles et mobilier des corps de garde. (Voir au titre *Casernement.*)

Effets de campement prêtés à l'entreprise des lits militaires. (Voir *Campement.*)

Dégradations à la literie des réservistes et des territoriaux.

Aux termes de la circulaire du 11 juillet 1878 (M), les dégradations faites aux fournitures de literie (1) occupées par les réservistes, lesquels n'ont pas de masse individuelle, restent à la charge de l'Etat, lors même qu'elles ont pour cause un manque de soin bien constaté. Pour éviter les échanges d'effets, les effets sont timbrés d'une marque spéciale. (11 juillet 1878). Cette marque est celle déterminée par la note du 9 mai 1876 (page 73). Les dépenses sont comprises par l'entreprise des lits militaires dans son compte trimestriel d'avances remboursables. (Circ. du 30 novembre 1875.) Il ne peut être dérogé à cette règle que lorsqu'un défaut de surveillance de la part des cadres est constaté. Dans ce cas, les dégradations peuvent être laissées à la charge des commandants de compagnie, etc.

Chaque année, on doit adresser au ministre un relevé des dépenses occasionnées par l'appel des réservistes, comprenant les pertes et dégradations, ainsi que les frais de dédoublement. Cet envoi a lieu avant la fin de l'année. (Circ. du 22 août 1878 (M) qui donne le mod. d'état, et note du 15 mars 1884, page 239.)

Ces dispositions sont d'application exceptionnelle, les hommes de troupe (réservistes) ne devant recevoir que des fournitures de campement. Quant aux sous-officiers, brigadiers ou caporaux, ils peuvent recevoir des fournitures complètes si les ressources le permettent. (Note précitée du 15 mars 1884.)

Les dispositions ci-dessus sont applicables à l'armée territoriale. (Circ. du 15 avril 1880 (M) et du 15 mars 1884, page 239.)

Frais d'expertise du matériel de literie

Toutes les fois qu'on doit recourir à l'expertise, chacune des parties intéressées choisit un expert, et en cas de partage d'opinions, un tiers-expert est nommé par le sous-intendant, sur une liste de trois personnes au moins désignées par le Maire.

Les frais d'expertise sont toujours à la charge de la partie dont les prétentions ont été reconnues mal fondées. (Art. 97 du règlem[t] du 2 octobre 1865, page 104.)

La dépense, lorsqu'elle est mise au compte des corps, est imputable à la deuxième portion de la masse générale d'entretien, ainsi que cela se pratique pour les expertises en matière de transport ou de réception de denrées. (Voir aux titres *Transports* et *Fourrages*.

Dédoublement des fournitures de literie.

COUCHAGE DES RÉSERVISTES ET DES HOMMES DE L'ARMÉE TERRITORIALE APPELÉS POUR UNE PÉRIODE D'INSTRUCTION

Aux termes de la circulaire du 5 juillet 1879 (M), on ne doit plus recourir au dédoublement des fournitures de literie pour le couchage des troupes de l'armée active. De plus, la note du 22 août 1879, page 321 (S), ajoute que la présence des réservistes et des hommes de l'armée territoriale n'autorise pas de dérogation à ce principe, attendu qu'ils doivent recevoir des fournitures auxiliaires du campement. (Voir *Campement*.)

Ces dispositions sont résumées dans la note du 15 mars 1884, page 239, savoir : les réservistes et territoriaux ne reçoivent exclusivement que des fournitures de campement, et il ne peut être délivré de fournitures complètes de lits militaires qu'aux sous-officiers, brigadiers et caporaux, et seulement dans la limite des ressources disponibles, après que tous les soldats de l'armée active ont été pourvus et à l'exclusion absolue de tout dédoublement.

Les fournitures de lits militaires et les fournitures auxiliaires ainsi employées sont placées sur les châlits non utilisés par l'armée active.

Après chaque période, l'on doit fournir au ministre l'état spécial prescrit par la

(1) Pour les dégradations aux châlits, on opère de la même manière.

circ. du 22 août 1878, n° 4080, diminué des colonnes relatives au dédoublement. (Note précitée du 15 mars 1884.)

Pour le couchage des troupes, en cas de mobilisation, voir ci-dessus *Réintégrations*, page 234.

Lorsque les dédoublements sont autorisés, ils se font dans les conditions suivantes :

1	2
Le matelas,	Une paillasse du poids de 10 kilog.,
Un traversin en paille,	Une couverture de campement servant de matelas (1),
Un drap plié en deux et formant sac,	Un traversin en laine ou en varech,
Deux couvertures de campement.	Deux draps,
	Une couverture réglementaire,
	Un couvre-pied réglementaire.

Les fournitures dédoublées sont placées, autant que possible, sur des châlits. S'il y a lieu de dédoubler sur le sol, on doit s'abstenir de délivrer à la troupe des effets de campement destinés à isoler la partie de la fourniture en contact avec le sol, attendu que cette mesure n'amène aucune diminution de prix. (Instr. du 15 juillet 1878, p. 157.) C'est le coucher n° 2 qui est placé sur le sol quand il y a lieu. Un loyer supplémentaire de 0,50 c. par mois est accordé à l'entreprise pour la fourniture dédoublée. On l'indemnise, en outre, d'une somme de 0,25 c. pour chaque tache d'urine, d'encre ou de sang lorsqu'elles entraînent le lavage anticipé des paillasses. (Circ. du 25 avril 1878 M.)

Comptabilité du service des lits militaires dans les corps de troupes ; inventaires, etc.

L'officier de casernement (l'adjudant dans l'Art[ie]) tient le registre d'ameublement, de literie et de couchage, sous la direction et la surveillance du major. (Art. 65 Inf[ie], 45 Cav[ie], et 154 Art[ie], des règlements du 28 décembre 1883.) Voir page 214.

Dans les compagnies, escadrons ou batteries, les mouvements d'entrée et de sortie sont inscrits à la section X du livre de détail. (Art. 140 du décret du 1er mars 1880, page 370.)

L'article 142 du règlement du 2 octobre 1865, page 265 du 2e semestre 1866, prescrit de fournir par corps d'armée une situation du service. Les renseignements à fournir pour cet objet, par les corps de troupe au sous-intendant militaire, sont indiqués par une dép. minist. du 22 octobre 1883, page 746.

Chaque année, il est procédé à des inventaires du matériel, conformément aux dispositions de l'art. 23 du règlement du 2 octobre 1865 et de la note du 18 septembre 1884, page 350.

Couchage des troupes dans les forts.

DÉPENSES AU COMPTE DU SERVICE DU GÉNIE.

La circ. minist. du 15 mai 1876 (M), a substitué aux lits de camp en usage dans les casemates, logements des ouvrages de défense, des lits à deux étages et à quatre places. La description de ce lit est jointe à la circulaire.

On adapte sur les deux châssis de ce lit les planches de fond et tout le reste du matériel de literie réglementaire. Ces châssis sont fournis, entretenus et renouvelés par les soins du service du génie. (Même circ.)

(1) Ces couvertures de campement sont prises en charge en nombre par l'entreprise des lits militaires et réintégrées soit dans les magasins de l'entreprise, soit dans ceux de l'État lorsqu'il y a lieu ; les imputations sont réglées conformément à la décision du 9 juin 1875, page 906. (Note du 20 décembre 1875, page 662.) Voir *Campement*, page 200.

CUISINES ET ORDINAIRES

Dispositions générales (1).

En garnison, les caporaux, brigadiers et soldats d'une compagnie, batterie ou escadron logés dans le même quartier, vivent en commun et forment habituellement un seul ordinaire, dirigé par le capitaine-commandant qui fait surveiller les détails de ce service par le lieutenant dans les corps d'infanterie et d'artillerie et par le capitaine en second dans la cavalerie. (Art 387 Inf^ie, 381 Cav^ie et 405 Art^ie des règlem^ts du 28 décembre 1883.) Voir les dispositions ci-après insérées sous le titre : *Matériel au compte du génie*, au sujet de la réunion de plusieurs unités dans un même ordinaire.

Lorsquep lusieurs compagnies, escadrons ou batteries font ordinaire ensemble, une de ces unités est désignée pour les détails d'administration et de gestion, et celle-ci reçoit des autres les fonds de participation.

Les articles 187 Inf^ie, 216 Cav^ie et 242 Art^ie des règlements précités disposent qu'un caporal ou brigadier désigné par le capitaine est chargé de tous les détails du service de l'ordinaire. Il est renouvelé tous les mois.

Le sergent-major ou maréchal des logis chef a également droit de surveillance sur l'ordinaire. (Voir *Livrets d'ordinaire.*)

En principe, tous les caporaux, brigadiers et soldats vivent à l'ordinaire. La permission de n'y pas vivre est accordée par le capitaine qui en rend compte au rapport. (Art. 387 Inf^ie, 381 Cav^ie et 405 Art^ie des règlem^ts précités.) Les hommes mariés dont la femme est autorisée à résider au régiment jouissent toujours de cette permission (mêmes articles).

Les hommes font deux repas principaux par jour ; ils prennent le café avant le travail du matin.

Le pain, la viande, les légumes et le café constituent la base de l'alimentation du soldat. L'eau constitue la boisson habituelle, mais l'on doit distribuer du vin toutes les fois que les fonds de l'ordinaire le permettent. Pendant la saison des chaleurs, l'eau est assainie au moyen d'eau-de-vie ou remplacée par une boisson rafraîchissante et tonique. (Art. 358, 351 et 376 des règlem^ts précités.) Consulter l'instr. du 5 mars 1850, page 80, pour diverses recommandations relatives à l'alimentation des troupes. Une circ. minist. du 31 août 1879 (M) porte envoi d'une instr. qui donne aux chefs de corps la faculté de remplacer la soupe du soir par des repas variés consistant en ragoûts, hachis, salade, etc...

Les corps peuvent se procurer les denrées qui ne sont pas fournies par les magasins de l'Etat :

1° Par des achats effectués directement de gré à gré par chaque compagnie, à la diligence du capitaine et de ses agents ;

2° Par des achats effectués soit par adjudication, soit de gré à gré pour tout le corps ou détachement, par une commission dite commission des ordinaires ;

3° En recourant à la commission des ordinaires pour l'achat de toutes les denrées, à l'exception de la viande que chaque unité achète directement ou que fournit l'administration militaire. (Art. 394 Inf^ie, 389 Cav^ie et 413 Art^ie des règlem^ts du 28 décembre 1883.)

Le chef de corps détermine le mode de gestion à suivre d'après les instr. du commandement et les circonstances locales. (Art. 9 desdits règlem^ts.)

Les commissions sont composées et fonctionnent dans les conditions indiquées par les règlem^ts précités. (Art 395 à 397 Inf^ie, 390 à 392 Cav^ie et 414 à 416 Art^ie.) Il n'est pas constitué de commission dans les compagnies formant corps, ni dans les détachements ayant moins de trois officiers outre le chef de détachement. (Art. 395, 390 et 414.) Les achats restent alors confiés aux ordinaires. (Art. 19 du règlem^t du 14 décembre 1861, pag. 400.)

(1) Pour les corps de troupes de l'armée territoriale, se reporter aux dispositions de l'instruction du 15 avril 1880 (M).

La commission se réunit sur la convocation de son président. Lorsque le président est empêché, le plus ancien de grade le supplée. Elle peut délibérer au nombre de trois membres, y compris l'officier qui la préside ; en cas de partage des voix, celle du président est prépondérante.

Dans les bataillons ou escadrons formant corps, ainsi que dans les détachements, trois officiers, pris en dehors de l'officier commandant, peuvent constituer la commission : l'un d'eux la préside, et la présence de deux d'entre eux suffit pour rendre les délibérations valables. (Art. 19 du règlem^{t} du 14 décembre 1861, page 400.)

Les marchés sont passés par la commission soit par adjudication, soit de gré à gré. Elle peut aussi acheter directement sur facture en gros ou demi-gros. Les marchés sont soumis à l'approbation du colonel. Ils sont rédigés à la suite d'une formule du cahier des charges. (Règlem^{t} du 14 décembre 1861, page 397.) La note du 24 juillet 1884, page 114, recommande de procéder autant que possible par voie d'adjudication, et la circ. du 29 mars 1884 (M) dispose que les marchés de viande ne sont définitifs et exécutoires que lorsque le taux de l'indemnité de viande a été notifié ; une clause est insérée pour cet objet. Les adjudications ont lieu dans les conditions prescrites par la circ. du 6 octobre 1865, page 319, rappelée par la note du 24 juillet 1884, page 114. Les marchés ne sont pas soumis à la juridiction administrative, ni à la formalité du timbre et de l'enregistrement. (Observations placées en tête du registre des marchés annexé audit règlem^{t}, page 409.) On doit indiquer dans ces marchés les clauses suivantes prescrites par l'article 3 de l'instr. du 23 juillet 1883 sur le service d'alimentation en temps de guerre : *Engagement de fournir au corps mobilisé, quel que soit son effectif, et de continuer le marché avec le corps territorial.*

En cas de mobilisation, le marché est prorogé de droit pour un mois s'il est arrivé à son terme.

Dans les places fortes, le service devant être fait par la gestion directe, on doit insérer une clause résolutoire dans les marchés. Enfin, les corps qui se procurent la viande par des achats directs devront en cas de mobilisation passer des marchés d'urgence, pour assurer la fourniture de la viande aux troupes actives restant sur le territoire et aux troupes territoriales. (23 juillet 1883.)

Une dép. minist. du 22 décembre 1884 (M) prescrit de porter ces clauses spéciales non seulement dans les cahier des charges, *mais encore dans tous les marchés.*

Les livraisons des fournisseurs sont faites à la caserne en présence d'un membre délégué par le président. En cas de contestation, la commission prononce définitivement. Les denrées sont distribuées ensuite directement aux ordinaires par les soins des fournisseurs ou par la commission elle-même. (Règlem^{ts} précités du 14 décembre 1861 et du 28 décembre 1883.) Pour les paiements et les écritures à tenir, voir pages 250 et 251.

Dispositions particulières aux troupes en campagne, à celles campées ou en marche à l'intérieur.

A l'armée, les ordinaires sont gérés par compagnie, escadron ou batterie; la préparation des aliments est faite dans chaque escouade sous la surveillance du caporal ou du brigadier. (Art. 71 du règlem^{t} du 26 octobre 1883, page 617, sur le service en campagne.)

L'on se sert des gamelles et marmites de campement (voir *Campement*) et les hommes reçoivent la ration individuelle de chauffage fixée au tarif n° 1 annexé au règlem^{t} du 26 mai 1866, page 252.

A l'intérieur, les hommes campés sont traités de la même manière. En marche, ils sont logés chez l'habitant. Les articles 427 Inf^{ie}, 417 Cav^{ie} et 455 Art^{ie} des règlements du 28 décembre 1883 disposent que les ordinaires se font, autant que possible, par escouade ou par pièce, dans les logements des caporaux ou brigadiers. En cas d'impossibilité, les aliments sont préparés dans chaque logement. Les hôtes sont tenus de fournir, pour les hommes et les ordinaires, la place au feu et à la lumière et les ustensiles nécessaires pour faire cuire les aliments et pour les manger. (Mêmes articles. Voir *Campement*, page 204.)

Pendant les grandes manœuvres, les troupes sont cantonnées et considérées comme campées au point de vue des allocations. (Instr. annuelles. Voir *Chauffage*, pour la fourniture du combustible, et *Campement*.)

Quant aux troupes transportées en chemin de fer, elles reçoivent, avant le départ, le pain pour toute la durée du trajet, à moins que cette durée ne dépasse 48 heures ; dans ce cas, il est fait une nouvelle distribution en cours de route.

Les troupes, en s'embarquant, emportent un repas froid préparé par les ordinaires. Lorsque le trajet dure plus de 24 heures, le repas froid consommé dans la première journée est renouvelé par des achats directs au compte des ordinaires. (Art. 66 du règlem[t] du 1er juillet 1874, ancienne rédaction insérée au 2e semestre 1877, page 66.)

L'instr. du 9 mars 1883, insérée 2e semestre 1884, page 280, rappelle ces dispositions et ajoute que pendant les transports stratégiques, les troupes recevront (*gratuitement*) par 24 heures, à des stations-haltes prévues par les itinéraires, le café le matin et un repas chaud le soir; en outre, la circ. du 27 juillet 1877 (M) prescrit d'acheter, avant le départ, les denrées (fromages, charcuterie, etc...) nécessaires pour tous les repas froids à faire pendant le trajet.

ORDINAIRES DANS LES CORPS DE TROUPE CASERNÉS OU BARAQUÉS

Matériel au compte du service du génie; chauffage.

Dans les corps où les ordinaires sont gérés par une commission (Art. 3 du règlem[t] du 14 décembre 1861, page 396), des locaux sont fournis dans les casernements pour l'emmagasinement des denrées. (Art. 11, page 397.) Ces locaux sont désignés par la commission de casernement et appropriés à leur usage par le service du génie. (Circ. du 25 mars 1861, page 217.) De plus, l'article 30 du règlement du 30 juin 1856, page 241, attribue, autant que possible, aux corps une cuisine par bataillon et deux par régiment de cavalerie. Ces cuisines sont munies de fourneaux.

Les cuisines reçoivent l'ameublement suivant, qui est fourni, entretenu et remplacé par les soins et au compte du service du génie :

1° *Marmites, tables, tablettes* semblables aux planches à bagages, un *chevalet* pour scier le bois et un *billot* pour le fendre. (Art. 45 du règlem[t] du 30 juin 1856.) Par décision du 3 août 1882, page 71, le ministre a adopté un nouveau modèle de marmite, système Bernard, à laquelle peut être adaptée une cafetière tenant lieu du percolateur. La description et le tarif des différentes parties de cet appareil font suite à la décision précitée.

Les demandes doivent être soumises au préalable à l'autorisation du ministre.

2° Un *percolateur* (ou cafetière), à raison d'un par régiment. (Circ. du 26 février 1876 M.) — Les réparations résultant d'usure naturelle sont au compte du service du génie (matériel), mais les autres sont imputées sur les fonds de l'ordinaire. (Note du 22 octobre 1878, page 399.) Il reste à demeure. (Circ. du 18 août 1879, page 94.)

3° Un *moulin à café* pour les cuisines. Cet objet est fourni, comme les percolateurs, par le service du génie. (Circ. du 5 décembre 1877 M.) Il est entretenu et remplacé dans les mêmes conditions et, par suite, il doit rester à demeure lors des changements de garnison ou même de casernement dans une même place. (Circ. du 18 août 1879, page 94.)

Le nombre des *marmites* à allouer aux troupes d'un corps occupant le même casernement doit être réglé, non d'après l'effectif total de ce corps, mais de manière que les ordinaires par compagnie, escadron ou batterie, ne soient pas morcelés, ce qui offrirait des inconvénients pour le service intérieur. (Observations placées à la suite du tarif n° 1 annexé au règlem[t] du 26 mai 1866 et art. 281 du règlem[t] du 8 juin 1883, page 627.) Le règlem[t] du 28 décembre 1883 (art. 327 Inf[ie], 381 Cav[ie] et 405 Art[ie]) rappelle que chaque compagnie, escadron ou batterie forme habituellement un seul ordinaire.

Lorsqu'en raison de la capacité des marmites, l'effectif réduit des compagnies, escadrons ou batteries, permet d'en réunir deux ou plusieurs dans le même ordinaire, il n'est accordé que le nombre de marmites suffisant pour alimenter les hommes.

Le litre, pris pour unité de contenance de la marmite, correspond aux besoins d'un omme; cependant, quelques hommes (huit ou dix au maximum), n'empêchent pas de faire la soupe pour tous, moyennant addition à la ration collective de combustible de la ration individuelle d'ordinaire pour ces huit ou dix hommes. (Tarif n° 1 annexé au règlem[t] du 26 mai 1866 et art. 281 du règlem[t] du 8 juin 1883, page 627.)

Si des fractions de corps d'un effectif inférieur à la capacité des marmites sont logées isolément dans une caserne pourvue de fourneaux économiques, il est mis néanmoins un de ces fourneaux à leur disposition, si elles ne peuvent pas faire ordinaire autrement. Dans le cas contraire, la ration individuelle leur est accordée. (Observations faisant suite au tarif n° 1 annexé au règlem[t] du 26 mai 1866, page 253.)

Le nombre de marmites à accorder est déterminé par le sous-intendant militaire, de concert avec le commandant du génie et contradictoirement avec le major ou tout autre officier désigné par le conseil d'administration. Cette opération est constatée par un procès-verbal.

Lorsqu'il y a lieu de réduire le nombre des marmites en service ou de les retirer en totalité, le retrait est également constaté par un procès-verbal. (Art. 280 du règlem[t] du 8 juin 1883, page 627.) Aux termes d'une circulaire du 30 octobre 1880, page 375, c'est l'adjudant de casernement qui, dans les corps de l'artillerie, doit signer les procès-verbaux de remise ou de reprise de fourneaux. Dans les batteries détachées, cette formalité est remplie par le capitaine commandant.

Les procès-verbaux de délivrance et de reprise de fourneaux sont conformes aux modèles n°s 53 et 54 annexés à l'ordonn. du 25 décembre 1837 (aujourd'hui règlem[t] du 8 juin 1883).

La ration de combustible allouée aux divers modèles de fourneaux est fixée par le tarif n° 1 annexé au règlem[t] du 26 mai 1866.

Pour les fourneaux irréguliers, il est procédé à des expériences dont les résultats sont soumis au ministre. (Tarif n° 1 du 26 mai 1866, page 252.)

Dans les localités où il n'existe pas de foyers économiques, il est alloué pour l'ordinaire des rations individuelles. (Art. 281 du règlem[t] du 8 juin 1883.) Le tarif n° 1 en fixe la quotité. (Se reporter au chapitre du Chauffage pour tous autres détails.)

Les corps sont responsables des dégradations survenues aux fourneaux (y compris les marmites), lorsqu'il est reconnu qu'elles proviennent du fait des cuisiniers ou de la troupe. Celles qui résultent d'événements de force majeure sont constatées dans les vingt-quatre heures par procès-verbal du sous-intendant militaire ou de son suppléant. (Art. 6 du mod. de consigne pour les cuisines, annexé au règlem[t] du 26 mai 1866, page 255.)

De plus, les articles 392 Inf[ie], 386 Cav[ie] et 410 Art[ie] des règlem[ts] du 28 décembre 1883 rendent les cuisiniers responsables de l'entretien du matériel, des ustensiles et des effets de cuisine.

Nota. — A défaut des hommes, les officiers, sous-officiers et caporaux chargés de la surveillance de l'ordinaire peuvent être rendus responsables.

Dans tous les cas, c'est le service du génie qui fait exécuter les réparations, sauf remboursement s'il y a lieu. (Voir au titre *Casernement : Pertes et dégradations.*

4° Le sable et les ingrédients nécessaires au nettoyage des planchers des casernes sont fournis par le service du génie. (Circ. du 11 avril 1877, page 456.) Cette circulaire et les articles 355 Inf[ie], 348 Cav[ie] et 373 Art[ie] des règlem[ts] du 28 décembre 1883, prescrivent d'additionner au sable une petite quantité de potasse ou de soude, ou, s'il y a lieu, d'acide phénique et de faire ce nettoyage toutes les semaines.

Voir ci-après le § 6°, page 246, pour la fourniture des ustensiles nécessaires.

Les mêmes articles des règlements du 28 décembre 1883 prescrivent de laver avec de l'huile de pétrole, au printemps et plusieurs fois en été, le mobilier des chambres. (Voir *Casernement.*)

Matériel au compte des corps de troupes.

(MASSE GÉNÉRALE D'ENTRETIEN)

Nota. — Aux termes de l'instruction qui est annexée au modèle n° 36 (Décr. du 1er mars 1880), les bons de distribution ou bulletins de versement d'effets, objets ou ustensiles d'un usage commun dans les compagnies, escadrons ou batteries, doivent être conformes au modèle n° 36 sus-indiqué. Les ustensiles et objets autres que les pantalons, blouses et torchons, appartenant à la 2e catégorie sont soumis à la réforme. (Art. 231 du décr. précité.) Les ingrédients divers achetés pour l'entretien du matériel, les balais, les brosses, etc., et généralement les matières, denrées ou objets qui, une fois mis en service, sont considérés comme consommés, ne figurent point dans les comptes-matières des corps. (Art. 130 de l'instr. du 1er mars 1880.) Pour les réformes de matériel, voir *Habillement*, page 155.

Chaque cuisinier ou aide de cuisine (1) doit être pourvu de *deux blouses* (aujourd'hui bourgerons) et de *deux pantalons de toile de cuisine* sur les fonds de la deuxième portion de la masse générale d'entretien (15 avril 1831, page 377, et description de l'uniforme du 15 mars 1879). La décision du 21 octobre 1873, page 369, et la description précitée ont substitué le bourgeron à la blouse. Prix du bourgeron : 3 fr. (nom. du 30 décembre 1880, page 473), et celui du pantalon 3 fr. 95 c. (Circ. du 28 août 1884, page 349.) Ces effets ont une durée fixe d'une année (description du 15 mars 1879) et sont remplacés sans réforme préalable. (Art. 231 du décr. du 1er mars 1880 et note du 30 juin 1880, page 422.) Cette durée est réduite à 6 mois pour les effets confectionnés avec des sacs-tentes-abris hors de service. (Circ. du 13 janvier 1880 M.)

En outre, la décision du 24 mai 1882, page 293, autorise les corps d'infanterie à affecter au service des cuisines les bourgerons délivrés, comme effets de corvée, aux hommes de troupe dont la durée est expirée, à la condition que leur état de conservation le permette.

D'après le modèle d'abonnement annexé à l'instruction du 21 avril 1879, page 688 (Art. 1er), les maîtres-tailleurs abonnataires sont chargés de l'entretien gratuit des effets de cuisine. L'article 2 les oblige, en outre, à transformer gratuitement en torchons les effets de cette nature tombés hors de service, qui sont susceptibles de recevoir cette destination.

S'il n'y a pas d'abonnataire, les dépenses dont il s'agit tombent à la charge de la masse générale d'entretien. (Instr. du 15 mars 1872, page 54, qui met d'une manière générale les dépenses des cuisines au compte de la dite masse, et circ. du 21 avril 1879, page 685) (1).

Les corps sont autorisés à acheter également sur les fonds de la masse générale d'entretien :

1° *Des torchons de cuisine*, à raison de 6 par bourgeron (soit 24 par compagnie, destinés à essuyer les gamelles individuelles. (Décis. du 1er août 1854, page 393.) La description de l'uniforme du 15 mars 1879, page 32, en donne la description. Prix 0,75 c., y compris la façon. (Décis. précitée et nomencl. de l'habillement) (2).

Le remplacement a lieu de la même manière et à la même époque que pour les bourgerons et pantalons. (Note du 30 juin 1880, page 422.) Toutefois, la description de l'uniforme ne leur assigne pas de durée. (Tableau C.)

Nota. — La décision du 21 octobre 1873, page 369, prescrivant de substituer le bourgeron du prix de 3 francs à la blouse qui coûtait 5 fr. 15 c., dispose, en outre, que l'économie réalisée de ce chef sera employée à acheter des torchons dont le nombre réglementaire se trouve ainsi augmenté.

L'entretien est au compte du maître-tailleur abonnataire. (Art. 1er de l'abonnement.

2° *Les haches et scies nécessaires pour les cuisines.* — La dépense d'entretien, comme la fourniture, incombe également à la masse générale d'entretien. (Art. 45 du règlemt du 30 juin 1856, page 245.) L'article 1er de la consigne pour le service des cuisines dispose que chaque ordinaire doit être muni d'une scie et d'une hache. (Page 255 des annexes au règlemt du 26 mai 1866.)

Prix non fixés, à débattre. D'après la nomenclature P du matériel du génie, ces prix sont fixés à : haches, 5 fr. 50 ; scies, 5 fr.

Ces objets sont laissés sur place lors des changements de garnison. (Circ. du 27 novembre 1863, page 708.) Dans les places qui font usage de charbon, ces objets doivent être remis au Domaine pour être vendus. (12 février 1864 M.)

3° *Les sacs à distribution dans les corps de troupes à pied et l'artillerie achetés au compte de la masse générale d'entretien* (2e portion). Durée : Un an. (Tableaux C de la descript. de l'uniforme du 15 mars 1879). Remplacement sans réforme préalable. (Note du 30 juin 1880, page 422.) Ils sont distribués à raison d'un par escouade, soit huit par compagine, dans les régiments d'infanterie, et douze dans les bataillons de chasseurs à pied. — Prix de la nomenclature de l'habillement, 3 fr. 50 c.

Le ministre a décidé, le 12 mars 1879, que les hommes non montés de tous le corps de troupe appartenant à l'arme de l'artillerie seront pourvus également de sacs à dis-

(1) Le nombre des aides de cuisine doit toujours être en rapport avec l'effectif des compagnies; à certaines époques de l'année, ils peuvent être réduits à un homme par 2 compagnies ou même supprimés. (Circ. du 24 mars 1881 M.)

(2) Pour le marquage au coton rouge, voir le § 8° ci-après.

tribution, dans la proportion d'un par groupe de 12 à 15 hommes ou par pièce (1) dans les batteries montées. Dépense d'achat imputable à la deuxième portion de la masse générale d'entretien. (Note du 12 mars 1879, page 424.)

Les corps de cavalerie employés en Algérie font également usage du sac à distribution ; ils en sont pourvus, avant leur embarquement, lorsqu'il s'agit de corps dirigés de France sur l'Algérie ; toutefois, ils doivent se servir des sacs à avoine jusqu'à épuisement de l'approvisionnement entretenu. (Instr. du 15 mars 1879, page 231.) Voir *Campement*, page 192, pour les corps de troupes en campagne.

L'entretien est au compte du maître-tailleur abonnataire. (Art. 1er de l'abonnement.) Voir *Habillement*, page 69.

Voir les tableaux du 31 décembre 1883 (M) pour l'importance de l'approvisionnement à entretenir.

4° *Des balances à plateaux (ou bras égaux) pour peser les denrées*, à raison de :

3 par régiment d'infanterie, d'artillerie ou du génie,
2 — de cavalerie ou bataillon formant corps,
1 par escadron ou compagnie formant corps.

Les frais d'achat et de remplacement sont les seuls qui incombent à la masse générale d'entretien; les réparations sont à la charge des ordinaires. Elles restent à demeure en cas de changement de garnison. (Art. 70 du règlemt du 30 juin 1856, page 252 ; décis. du 19 février 1859, page 627, et circ. du 11 janvier 1862, page 438). On ne doit se servir que de balances à bras égaux (19 février 1859 et règlemt du 26 mai 1866 sur le service des subsistances, art. 244.)

5° *Des paniers destinés au transport du charbon lorsque les corps font usage de ce combustible*, à raison de quatre par compagnie, escadron ou batterie. — Ce nombre peut être porté à huit pour les compagnies ou P. H. R.

L'achat et le remplacement après durée expirée sont au compte de la masse générale d'entretien. — Les réparations, dans tous les cas, et les remplacements avant durée expirée sont au compte des ordinaires.

Durée des paniers : en osier brut, 1 an. — Prix : 3 francs.
— — en osier blanc, 1 an 6 mois. — Prix : 4 fr

Ces objets sont laissés à demeure lors des changements de garnison. (Décis. du 16 novembre 1863, page 706.)

5° bis *Des caisses mobiles placées dans les chambres pour recevoir le charbon de chauffage*. — Elles sont fournies en première mise par le génie, entretenues et remplacées au compte de la masse générale d'entretien. (Circ. du 23 avril 1861, page 253, et du 11 janvier 1862, page 436.) Prix : 5 fr. (Nomencl. du matériel du génie.)

Ces caisses sont remplacées, dans certains casernements, par des casiers fixes organisés et entretenus sur les fonds du service du génie. (Circ. du 23 avril 1861.)

6° *Des ustensiles de cuisine ou de chambrée :*

§ 1er. — Les ustensiles de cuisine ci-après sont achetés sur les fonds de la masse générale d'entretien et entretenus aux frais des ordinaires. (Mod. du livret d'ordinaire 14 décembre 1861, page 419, et 12 février 1878, page 257, et art. 390 Infie, 384 Cavie et 408 Artie des règlemts du 28 décembre 1883) (2).

Il est accordé par compagnie, escadron ou batterie (16 juin 1874, page 685) :

Une écumoire	2 10
Une cuillère à pot	1 86
Une grande fourchette en fer battu et étamé	1 90
Un couteau à découper	» 74
Une boîte à sel et à poivre	1 45
Une passoire à bouillon	1 45
Total	9 50 (3)

(Circ. du 28 février 1862, page 461, et 21 juin 1862 M.)

(1) Six pièces par batterie.

(2) En principe, les ustensiles de quelque importance sont soumis, avant remplacement, à la formalité de la réforme, car l'art. 231 du décret du 1er mars 1880 dispose que les objets de la 2e catégorie ne sont remplacés qu'après réforme. Or, ce matériel appartient à cette catégorie, la 1re catégorie ne comprenant que les effets d'habillement. (Voir le tableau A annexé au décret précité, et l'art. 229 de ce décret.)

(3) Les prix ci-dessus étaient ceux accordés au sieur Godillot par la circulaire du 21 juin 1862 (M), mais aujourd'hui ils ne sont donnés qu'à titre de simple renseignement, la circulaire du 27 août 1867 (M) ayant concédé

La note ministérielle du 16 juin 1874, page 685, reproduit cette nomenclature en y ajoutant *deux porte-gamelles* en fer avec poignées en bois. — Une instruction du 14 décembre 1861 (M) avait fixé le prix de cet ustensile à 0 fr. 60 c.

NOTA. — Les cessions, entre corps, d'objets de cette nature ne donnent pas lieu à remboursement : ce sont de simples échanges.

L'instruction du 7 août 1871, page 318, rappelée par la circulaire du 5 juin 1874, interdit au corps de se servir pour les ordinaires des ustensiles de campement.

§ 2. — La décision ministérielle du 26 décembre 1873, page 565, dispose en outre que les seaux et baquets en bois nécessaires pour le service des cuisines, comme l'indique le règlement du 14 décembre 1861, seront achetés, *entretenus* et renouvelés sur les fonds de la masse générale d'entretien et qu'il en sera de même pour les vases de poterie ou de grès (cruches, gamelles, terrines) nécessaires tant pour les cuisines que pour les chambrées.

La nomenclature des ustensiles à affecter pour ce service aux corps de troupes, est arrêtée par la circulaire du 26 mars 1874, page 384, savoir :

Service des cuisines.

Par ordinaire de 50 hommes et au-dessous : un seau en bois cerclé de fer;
— — — un baquet en bois cerclé de fer;
— — — une terrine en terre pour recevoir les légumes et la viande après cuisson.

Par ordinaire comptant plus de 50 hommes : un seau en bois cerclé de fer ;
— — — un baquet en bois cerclé de fer;
— — — deux terrines en terre.

Pour les ordinaires comptant plus de 100 hommes, un deuxième baquet et une troisième terrine peuvent être accordés sur l'autorisation du sous-intendant militaire. Ce matériel reste à demeure. (Circ. du 26 mars 1874 précitée.)

Une circulaire ministérielle du 31 octobre 1879 (M) porte envoi d'une instruction qui ouvre aux chefs de corps la faculté de remplacer la soupe du soir par des plats variés consistant en ragoûts, hachis, salades, etc.

D'après cette instruction, le matériel spécial nécessaire à chaque compagnie, en cas d'adoption de ce nouveau mode d'alimentation, est le suivant :

6 terrines en terre à 0 fr. 50 = 3 fr.	5 fr. 87 c.
2 cuillers en bois à 0 fr. 25 = 0 fr. 50	
2 bidons en grès (huile et vinaigre), à 0 fr. 50 = 1 fr.	
Part proportionnelle du prix d'un hachoir par bataillon, 1 fr. 37	

Cette dépense, comme celles ci-dessus, tombe naturellement à la charge de la masse générale d'entretien (auteur).

NOTA. — Les règlements du 28 décembre 1883 (Art. 183 Infie, 218 Cavie et 244 Artie) disposent en outre que le eaux et débris doivent être renfermés dans des récipients munis de couvercles.

Cuisines à vapeur.

La décision du 16 octobre 1877, page 196, porte que les objets mobiliers nécessaires aux corps de troupes pour le fonctionnement des cuisines à vapeur installées ou en voie d'installation dans certains casernements, seront achetés au compte de la masse générale d'entretien.

Ces ustensiles sont énumérés ci-après, avec les prix maxima auxquels ils pourront être payés :

aux corps la faculté de se procurer à leur convenance, et de la manière la plus fructueuse, les ustensiles dont il s'agit. — Comme conséquence de ce principe, les corps deviennent propriétaires de ces objets, et il leur est loisible de les emporter ou de s'entendre avec leurs successeurs pour en faire la cession. (27 août 1867 M.)

Une grande gamelle par compagnie, escadron ou batterie, 18 à 11 fr.....	198 »
Un grand égouttoir par corps (*Errata* 1er 1878, page 32), 1 à 25 fr........	25 »
Un grappin (fourchette), de 0m80 de longueur, par marmite, 5 à 1 fr. 50..	7 50
Une écumoire par marmite, 5 à 1 fr. 75..........................	8 75
Une poche à bouillon par marmite, 5 à 3 fr. 75..........................	18 75
Une poche à légumes (passoire) de 0m90 de longueur, 5 à 4 fr. 50.........	22 50
Une grande spatule en bois, 5 à 4 fr. 50..........................	22 50
Cuisine de sous-officier..........................	16 75
Total..........................	319 75

Les baquets en tôle (5 à 20 fr., soit 100 fr.), sont fournis et remplacés par le service du génie, mais pour les cuisines à vapeur seulement, et l'achat des seaux et baquets pour les cuisines ordinaires continue à incomber à la masse générale d'entretien. (*Errata* 1er 1878, page 32.)

Service des chambrées.

La circulaire du 26 mars 1874, page 384, autorise les corps à acheter sur les fonds de la masse générale d'entretien :

Par chambre de sous-officier ou soldat, occupée par 1 à 6 sous-officiers et 1 à 12 hommes de troupe, une cruche en grès, une gamelle en terre.

Il peut être ajouté à cette fixation une cruche et une gamelle pour chaque groupe ou fraction de groupe de 6 sous-officiers ou 12 hommes en sus.

Il n'y a pas lieu d'acheter de gamelles dans les casernements pourvus de lavabos.

Ce matériel reste à demeure. (Circ. du 26 mars 1874, page 384.)

§ 3. — La circulaire du 11 décembre 1876 (M) donne aux corps la faculté d'acheter, sur les fonds de la masse générale d'entretien, les balais, baquets, etc., nécessaires pour le nettoyage au sable des planchers des casernes.

La circulaire du 26 mars 1877, page 293, fixe la quantité et le prix de ces objets :

Par compagnie, escadron, batterie, section ou P. H. R. et infirmerie : un baquet du prix de 3 fr. 25 c. à 4 francs, deux brosses en jonc à long manche du prix de 3 fr. 25 c. à 4 francs l'une.

Ce matériel reste à demeure. (26 mars 1877. — Voir le § 6°, page 246.)

Pour les chambres d'infirmerie, voir *Infirmeries*.

7° *Des sacs à blanchissage*, dans les corps de cavalerie et d'artillerie où le sac à distribution n'est pas réglementaire, à raison de deux par escadron ou batterie, pour l'envoi au blanchissage du linge de la troupe.

La dépense est imputable à la masse générale d'entretien.

Chaque sac doit être marqué, au coton rouge : de l'indication du corps, de la lettre de l'escadron ou de la batterie, suivie du numéro de l'escouade, et du millésime de la mise en service. (Art. 171 de la description du 15 mars 1879, et circ. du 30 novembre 1866 M.)

Durée : 2 ans. — Prix : 3 fr. 50 c.

Circ. du 30 novembre 1866 (M), portant notification de la décis. du 12 du même mois.)

8° *Le coton rouge nécessaire* pour marquer le linge de la troupe ; la dépense, qui est à la charge de la masse générale d'entretien, ne doit pas excéder 0,10 c. par homme et par an, et les corps doivent s'approvisionner en bloc pour une année entière et par achat sur facture. (Circ. du 23 janvier 1867 M.) D'après cette circulaire, les effets doivent porter :

1° Le numéro du régiment avec la lettre de l'arme ;

2° La lettre de la compagnie, de l'escadron ou de la batterie ;

3° Le numéro matricule de l'homme.

Au moyen des marques en fer en usage dans les corps, on dessine sur les effets ces lettres et chiffres, lesquels sont remplis ensuite par les hommes avec du coton rouge.

9° *Le papier et les menues fournitures* nécessaires pour l'établissement de l'état hebdomadaire (Mod. B) des effets à remettre au blanchissage.

La dépense imputable à la masse générale ne doit pas dépasser 2 francs par année et par régiment. (Circ. du 9 janvier 1867, page 467.) Toutefois, une circulaire du 9 février 1867, page 522, étend cette disposition aux fractions de corps détachées, lesquelles peuvent faire la même dépense.

10° *Les frais de transport des chemises, etc.*, appartenant à des détachements ou à des militaires isolés, libérés, changeant de corps, etc., qui quittent leurs garnisons sans pouvoir retirer, avant leur départ, le linge mis au blanchissage, incombent à la masse générale d'entretien. Cette dépense comprend le transport jusqu'à la nouvelle résidence. (Dép. du 22 août 1867 M).

11° *Frais de numérotage des gamelles individuelles et quarts.* — Une dépêche ministérielle (M), du 11 octobre 1865, n° 7815, rappelée par l'instruction du 15 mars 1872, page 54, autorise les corps à imputer à la masse générale d'entretien, par analogie avec ce qui se pratique pour les effets d'habillement, de grand et de petit équipement, les frais de numérotage des gamelles individuelles et quarts, calculés à raison de :

Gamelles. — 1 fr. 50 c. pour 100 gamelles portant chacune trois numéros : le numéro du régiment sur le couvercle, numéro matricule de l'homme sur le couvercle et au fond de l'ustensile (1).

Quarts. — 1 franc pour 100 quarts portant chacun deux numéros : celui du régiment et le numéro matricule de l'homme.

L'achat et l'entretien des gamelles individuelles incombent à la masse individuelle (24 décembre 1852, page 529; description du 5 avril 1853, page 528), excepté lorsqu'il s'agit de gamelles distribuées à des réservistes ou territoriaux. (Voir *Habillement.*)

La gamelle d'infanterie contient 1 litre 3 décilitres environ, et celle des troupes à cheval, 1 litre 7 décilitres. (Circ. du 10 janvier 1854, page 2, et cahier des charges du 23 octobre 1875 concernant la fourniture de ces ustensiles pour 1876 et 1877.) — La description en est donnée par l'article 155 de l'instruction du 15 mars 1879.

Le prix maximum fixé par la nomenclature générale du 30 décembre 1880, page 545, est de 1 fr. 20 c. pour la gamelle d'infanterie et de 1 fr. 30 c. pour celle de la cavalerie.

L'étamage des gamelles doit être fait exclusivement au moyen de bains d'étain pur et fin dit Banca. (Instr. du 22 septembre 1863, page 511.) Le prix alloué est de 0 fr. 22 aux chefs-armuriers et de 0 fr. 245 à l'industrie civile. (Note du 4 juin 1873, page 640.)

L'usage des quarts ou gobelets qui, en principe, n'était autorisé que pour les corps en Algérie (Décis. du 2 mars 1865), a été étendu aux corps stationnés à l'intérieur par la circulaire du 12 avril 1875 ; cet objet est acheté directement dans le commerce en quantité suffisante pour en pourvoir tous les hommes et constituer un approvisionnement en rapport avec les besoins du service. Les tableaux du 31 décembre 1883 fixent cet approvisionnement. L'étamage des quarts (0 fr. 06 c.) et des cuillers (0 fr. 03 c.), est au compte de la masse individuelle, excepté lorsque ces objets appartiennent au service d'instruction, auquel cas la dépense incombe au service de l'habillement. (Note du 5 août 1884, page 140.)

Le quart et la cuiller sont des effets de petit équipement et, par suite, achetés et entretenus comme tels. Les prix fixés par la nomenclature sont : quart, 0 fr. 30, et cuiller, 0 fr. 10.

12° *Compositions pour l'entretien des parties d'effets en drap distinctif*, tresses, galons. (Voir page 63 ci-dessus.)

13° *Achat de tondeuses* pour la coupe des cheveux. (Voir *Dépenses* au compte des ordinaires, § 10°.)

Dépenses au compte des ordinaires.

Les fonds de l'ordinaire sont destinés :

1° A assurer, concurremment avec les denrées fournies par l'Etat, la subsistance des troupes, et à pourvoir aux diverses dépenses que cette partie de la solde doit supporter aux termes des règlements.

2° A alimenter un fonds de réserve, dit fonds d'économie, qui sert à améliorer l'ordinaire, soit aux jours de fêtes nationales, soit dans les circonstances exceptionnelles,

(1) Lorsqu'il y a nécessité de démarquer des gamelles réintégrées et de les remettre en service, on est dans l'habitude d'allouer, pour cette opération, le prix accordé pour le numérotage, par analogie avec ce qui se pratique pour les armes.

soit dans les époques de cherté. (Art. 1er du règlemt du 14 décembre 1861, page 395, et règlemt du 28 décembre 1883 sur le service intérieur des corps de troupe.)

Aux termes de la décision du 7 mai 1862, page 582, modifiée par les art. 397 Infie, 392 Cavie et 416 Artie des règlements du 28 décembre 1883, les paiements au compte des ordinaires doivent être effectués de la manière suivante, dans les corps pourvus d'une commission :

La veille de chaque jour de prêt, le secrétaire de la commission établit en deux expéditions, au moyen des notes indicatives des dépenses qui lui sont adressées par les capitaines, le bordereau des sommes dues aux fournisseurs des ordinaires. Il remet ces deux expéditions au trésorier, qui les fait émarger par les fournisseurs, le jour du prêt, en effectuant le paiement, conserve une des expéditions et rend l'autre au secrétaire qui l'adresse au président de la commission. (Art. précités). Le trésorier retient sur le montant des feuilles de prêt les sommes ainsi payées aux fournisseurs. (Décis. du 7 mai 1862, page 582, et art. 90 Infie, 89 Cavie et 103 Artie des règlemts du 28 décembre 1883.)

Lors des changements de garnison, toutes les dépenses sont réglées la veille du départ. (Art. 406, 403 et 426.)

Lorsque des fournisseurs ne se présentent pas le jour du prêt pour toucher ce qui leur est dû, le trésorier mentionne leurs noms sur l'expédition du bordereau à adresser au secrétaire de la commission ainsi que le montant de ce qui leur revenait pour le ou les prêts précédents.

Dans un délai de 15 jours, ces sommes sont versées à la caisse des Dépôts et Consignations sans avis préalable aux fournisseurs. Toutefois, afin d'éviter des déplacements aux trésoriers qui vont percevoir la solde en dehors de leur résidence, ce délai peut être porté à 20 ou 25 jours.

Ces dispositions doivent faire l'objet d'une clause au cahier des charges.

Lors des vérifications de caisse, les comptables doivent présenter au major, aux fonctionnaires de l'intendance et du contrôle, les bordereaux émargés des fournisseurs, ainsi que le montant, en argent, des sommes qui n'ont pu être payées. (Décis. du 17 octobre 1884, page 591, et *errata*, page 812.)

Dans le cas d'achats directs sur les marchés ou aux producteurs, le colonel peut autoriser la commission à prélever sur les fonds d'économie des ordinaires ou sur le prêt les fonds nécessaires aux achats. Ces prélèvements sont faits dans la proportion des besoins successifs et le montant en est remis au secrétaire qui en donne reçu (7 mai 1862, page 542.)

Pour les corps qui achètent directement par compagnie, voir ci-après *Livrets d'ordinaire.*

Les dépenses à la charge des ordinaires sont les suivantes :

1° *Le pain de soupe* à raison de 250 grammes par homme (Règlemt du 26 mai 1866) (1), et toutes denrées (autres que le pain de repas, la viande fraîche et le combustible) nécessaires à la nourriture des hommes. (Règlemt du 14 décembre 1861, page 395, et art. 390 Infie, 384 Cavie et 408 Artie des règlemts du 28 décembre 1883.)

Le pain de table est fourni gratuitement par l'Etat (art. 244 du règlemt du 8 juin 1883, page 619), ainsi que le chauffage pour la cuisson des aliments. (Art. 277 et suivants dudit règlemt).

Le sucre et le café sont délivrés, à l'intérieur, à raison d'un quart de ration à titre gratuit (art. 250 du règlemt précité) et d'un quart à titre onéreux par jour. (Circ. des 22 décembre 1875 (M) et 14 janvier 1876, page 49. — Pour la quotité des rations, se reporter au titre : *Vivres.*)

Les troupes en marche ne reçoivent gratuitement qu'un quart de ration entière, à l'exclusion de toute indemnité représentative. (Circulaire du 1er février 1876, page 97.)

Les troupes campées et autres auxquelles le ministre peut attribuer une ration de sucre et café entière à titre hygiénique doivent en rembourser un quart sur l'ordinaire ; par suite, les trois autres quarts sont délivrés à titre gratuit. (Circ. du 8 février 1876 (M) et dép. du 3 janvier 1876, concernant le camp d'Avord.)

(1) Le pain de soupe peut être tiré des manutentions militaires ou acheté dans l'industrie civile. Lorsque le prix du pain fourni par les boulangers est trop élevé, il est recommandé de faire usage du pain de manutention, lequel doit alors recevoir un plus grand degré de cuisson avant d'être distribué. (Art. 30 de l'Instr. du 17 mars 1884, page 458 S.)

Ces denrées (sucre et café) sont tirées des magasins militaires en totalité. (Circ. du 8 février 1876 M.) Les perceptions sont faites à raison de 1/4 de ration par jour à titre gratuit et 1/4 à titre remboursable. (Circ. du 14 janvier 1876 M.)

Les corps qui distribuent, en sus des allocations ci-dessus indiquées, un supplément de 1/2 ration par jour, sont autorisés à se pourvoir dans le commerce, mais seulement dans la limite de ce supplément, lequel est à la charge absolue des ordinaires. D'un autre côté, ces corps ont la faculté de percevoir ces denrées dans les magasins de l'Etat à titre remboursable. (Circ. du 8 février 1876 et dép. minist. du 1er juin 1881, n° 2141.)

Les enfants de troupe de tout âge ont droit aux rations de sucre et café. (Circ. du 21 février 1876, page 21, et art. 250 du règlemt du 8 juin 1883, page 620.)

Les militaires autorisés à ne pas vivre à l'ordinaire peuvent être dispensés de prendre part aux distributions de sucre et café à charge de remboursement, mais ils participent à celles qui sont faites à titre gratuit. (Circ. du 16 janvier 1876, page 26.) De plus, la circ. du 1er février 1876, page 97, prescrit formellement de n'allouer dans aucun cas l'indemnité représentative.

Le sucre et le café perçus à titre onéreux sont imputés à l'ordinaire (Art. 390 Infie, 384 Cavie et 408 Artie des règlements du 28 décembre 1883); se reporter au chapitre des subsistances pour les formalités du remboursement.

L'article 23 du décret du 25 décembre 1875, page 778, disposait que la viande serait fournie en nature aux corps de troupes sur le pied de paix; mais, par décision du 15 mai 1879, le ministre a arrêté que, du 1er juillet au 31 décembre 1879, les corps achèteraient directement la viande nécessaire à leur alimentation, soit par les soins des caporaux ou brigadiers d'ordinaire, soit par ceux des commissions d'ordinaire instituées par le règlement du 14 décembre 1861.

Ce nouveau mode de fourniture a été maintenu définitivement par la décision du 13 novembre 1880, page 383, qui contient diverses dispositions relatives à la passation des marchés par les commissions des ordinaires, à savoir qu'on doit opérer par voie d'adjudication publique ou de concours restreint, les traités de gré à gré n'étant autorisés qu'à titre exceptionnel. Entre les concurrents, il ne peut être exercé de préférence que lorsqu'il y a égalité d'offres parmi les concurrents admis.

La dépense d'achat de la viande par les corps est couverte par une indemnité représentative de la ration de viande qui est fixée invariablement à 300 grammes. Le taux de cette indemnité est fixé par le ministre. (Circ. du 15 mai 1879 M), et art. 171 du règlemt du 8 juin 1883, page 599.) A cet effet, le commandement lui adresse un état de renseignements et copie des marchés passés. (Circ. du 13 novembre 1880, page 383.) Cet état, qui est conforme au modèle annexé à la circ. du 29 mars 1884, est adressé au ministre le 10 juin et le 10 décembre de chaque année. (Circ. du 9 août 1884 M.)

Cette indemnité est due pour toutes les journées de présence. (Art. 171 du règlement précité.)

Pour les sous-officiers et parties prenantes qui ne vivent pas à l'ordinaire, le taux de l'indemnité est le même que pour les troupes de la place où ils sont stationnés. (Circ. du 8 juillet 1879 M). Quant aux troupes en marche, l'indemnité qui leur est attribuée est fixée par région. Mais, si elles viennent à sortir de leur région, elles conservent l'indemnité fixée pour la région du point de départ. (Art. 171 du règlement du 8 juin 1883.)

Lorsque les corps perçoivent des conserves de viande (voir ci-après) et que le nombre des rations à distribuer dans chaque escadron, compagnie ou batterie est moindre de cinq pour une portion de l'effectif, il est alloué pour cette portion une indemnité représentative de viande fraîche. Cette mesure est fondée sur ce que les boîtes de conserve comprennent cinq rations, et qu'il n'est pas possible de les diviser lorsque les effectifs ne sont pas un multiple exact de 5. (Circ. du 17 novembre 1882.) Cette indemnité doit être versée à l'ordinaire si les hommes auxquels elle est attribuée y vivent.

Les enfants de troupe âgés de moins ou de plus de dix ans ont droit à l'indemnité déterminée pour la garnison où se trouve leur corps ou l'unité administrative qui les a reçus en subsistance. Ceux de la gendarmerie qui sont chez leurs parents reçoivent l'indemnité attribuée à la garnison du chef-lieu de la compagnie à laquelle ils appartiennent. Les enfants qui jouissent d'une portion de bourse dans les collèges de l'Etat n'ont aucun droit à cette indemnité. (Circ. du 7 octobre 1879 M.) Il en est de même des sous-officiers rengagés qui jouissent de la solde de présence étant absents. (Dép. minist. du 27 février 1882 M.)

Les batteries détachées en dehors de leur région de corps d'armée sont payées de l'indemnité sur les crédits du corps d'armée dans lequel elles se trouvent stationnées. (Circ. du 17 novembre 1879, page 344.) Cette disposition est naturellement applicable à tous les détachements de faible importance; pour les autres, on doit se conformer à la circulaire du 24 novembre 1873 concernant l'ordonnancement de la solde. (Circ. du 27 août 1879 M.)

Cette indemnité est payée à titre d'avance d'après le mode usité pour les prestations du service et de la solde, sur les fonds de ce budget. (Note du 8 janvier 1885, page 35.) Ce principe s'applique aux sous-officiers et autres parties prenantes isolées autorisés à ne pas vivre à l'ordinaire. (Circ. du 27 août 1879 M.)

Des rations de viande de conserve et de lard salé continuent à être distribuées éventuellement, en remplacement de viande fraîche et avec suppression de l'indemnité représentative. (Circ. du 8 juillet 1879 (M) et art. 249 du règlemt du 8 juin 1883, pag. 620.) Les sous-officiers participent à ces distributions ; les conserves sont remises aux cantinières, et le prix de la pension est diminué d'autant. (Note du 23 mars 1884, p. 271.) Les sous-officiers mariés logés en ville, les hommes à l'infirmerie et les enfants de troupe sont dispensés d'y participer. (Déc. du 15 mai 1884, p. 628.)

(Pour la liquidation et la régularisation de ces perceptions, voir *Revues de liquidation.*)

Des rations de liquide peuvent être accordées aux troupes par le ministre ou par les généraux en chef aux armées. A l'intérieur, les généraux commandant les corps d'armée peuvent en cas d'urgence autoriser des distributions de cette nature, sauf à rendre compte au ministre. (Art. 253 du règlemt du 8 juin 1883, page 621.) A l'inspection générale, les généraux inspecteurs peuvent aussi accorder une ration de vin ou d'eau-de-vie aux sous-officiers, soldats et enfants de quinze ans présents à la revue d'honneur. Il en est de même des généraux commandants de corps d'armée qui prennent possession de leur commandement. (Art. 254.)

A l'intérieur, les rations de liquides sont remplacées par une indemnité représentative. (Art. 255.)

Pour l'indemnité d'eau-de-vie, voir ci-après, page 261.

Nota. — Une circ. du 8 février 1881 (M) signale les dangers que peuvent présenter, pour la santé des hommes, l'usage des lards salés de provenance étrangère, notamment d'Amérique, par suite de l'existence de trichines et prescrit de les faire examiner avec soin. (Se reporter au chapitre des subsistances pour la qualité des denrées.)

2° *Registres, au nombre de quatre*, tenus par la commission des ordinaires en exécution de l'article 15 du règlemt du 14 décembre 1861, page 398. Aux termes de la circulaire du 6 novembre 1862, page 898, et des art. 390 Infie, 384 Cavie et 408 Artie des règlemts du 28 décembre 1883, cette dépense doit être répartie par portions égales entre tous les ordinaires.

Ces registres sont :

Le registre des marchés et conventions (achats et ventes) contenant le résumé des principales dispositions et la date de l'approbation du colonel ;
— des distributions faites aux compagnies par les fournisseurs ou par la commission ;
— des recettes et dépenses (deniers) ;
— des entrées et des sorties (denrées ou objets divers), lorsque la commission distribue elle-même les denrées. (Art. 15 du règlemt du 14 décembre 1861.)

Ils sont conformes aux modèles annexés à ce règlement.

(Pour le registre du jardin potager, voir le § 16° ci-après).

Nota. — *Le registre des marchés et conventions* est tenu à la portion du corps que le colonel commande directement. — Les portions détachées envoient successivement à la portion du corps où se trouve le colonel les marchés et conventions qu'elles ont passés et dont elles conservent copie. Ils sont inscrits au registre à la date de leur réception.

Les cahiers des charges ne sont pas copiés au registre, mais les marchés et conventions sont transcrits textuellement.

Les transcriptions sont faites jour par jour sans lacune, grattage ou surcharge; les corrections sont approuvées en marge.

Le registre est précédé d'un répertoire ouvert par nature de denrées ou d'objets.

Ce registre est relié : il a une durée indéterminée ; il est coté et paraphé par le colonel qui l'arrête lorsqu'il est terminé. Il est ensuite déposé aux archives du corps. (Observations placées en tête du modèle, page 409 du 2e semestre 1861).

Le *registre des distributions* est tenu distinctement par compagnie, escadron ou batterie, de manière que le compte puisse suivre chaque portion détachée, si le corps se divise.

Les quantités de denrées ou objets nécessaires journellement à chaque ordinaire sont indiquées au livret d'ordinaire. Ces indications équivalent à un bon de distribution, et les denrées sont livrées sur l'exhibition de ce livret.

Toutes les distributions faites dans la même journée sont inscrites sur une seule ligne. On indique dans chaque colonne, *avant la quantité*, lors de la première inscription, le nom du livrancier. Les quantités inscrites sont totalisées, tous les cinq jours et décomptées d'après les prix fixés. Elles concordent avec celles portées au livret d'ordinaire.

Le compte de chaque compagnie est ouvert, coté et paraphé par le colonel (ou l'officier le représentant). A la fin de janvier, on réunit, sous une feuille de titre, tous les comptes séparés, et on forme ainsi le registre qui est déposé aux archives du corps. (Observations portées en tête du modèle, page 411.)

Le *registre des recettes et dépenses en deniers* reçoit l'inscription des recettes et dépenses de la commission, Savoir :

Recettes............ { Prélèvement sur le fonds d'économie ou sur la solde; Valeur des denrées distribuées par les fournisseurs ou la commission ;

Dépenses........... { Paiements faits aux fournisseurs ; Achats directs de la commission.

Ce registre est totalisé à la fin de chaque mois.

Il est relié; tous les feuillets sont paraphés par le colonel, qui l'arrête à la fin de janvier. Il est ensuite placé aux archives. (Observations portées en tête du modèle, page 415.)

Le *registre des entrées et des sorties* est tenu conformément aux règles ci-après :

Les entrées et les sorties ont une série distincte de numéros. On mentionne au moyen d'un seul article toutes les quantités reçues dans la journée d'un même fournisseur; on désigne chaque livrancier et on rappelle la date du marché.

Les quantités remises aux ordinaires sont inscrites mensuellement pour l'ensemble des compagnies, escadrons ou batteries. Elles sont récapitulées dans un état qui est joint à l'appui du compte rendu. (Voir ci-après.)

Ce registre est totalisé et balancé à la fin de chaque mois. Il est relié, coté et paraphé, etc., comme les précédents. (Observations portées en tête du modèle, page 417.)

Ces registres sont arrêtés par le secrétaire de la commission le dernier jour de chaque mois. Cet officier établit en même temps un compte rendu sommaire embrassant l'ensemble des opérations du mois (deniers et matières). Il est appuyé de toutes les pièces justificatives. (Art. 17 du règlem' du 14 décembre 1861.) Du 1er au 5 de chaque mois, le compte rendu, les registres, etc., sont vérifiés en séance par le président de la commission qui les vise. Le compte rendu est ensuite adressé, avec pièces à l'appui, au colonel qui le vise et le conserve pour être présenté aux inspecteurs généraux et administratifs. Les comptes sont déposés ensuite aux archives. (Art. 18.)

Ces dispositions sont rappelées par les règlements du 28 décembre 1883 sur le service intérieur.

En outre, le 1er juillet, les corps adressent au ministre par la voie hiérarchique le rapport annuel de gestion. (Art. 397, 392 et 416 des règlemts du 28 décembre 1883, modifiés par l'errata inséré 1er semestre 1884, page 227. — Mod. 20 juin 1874, page 671.) Il est accompagné d'un rapport d'ensemble. (Circ. du 31 mars 1884, page 335.)

Nota. — Les imprimés nécessaires à la commission sont au compte de l'officier secrétaire, qui perçoit pour cet objet une indemnité mensuelle de 6 francs. (Voir page 260.)

3° *Livrets d'ordinaire :* Un pour chaque compagnie, escadron ou batterie. Le prix en est imputable à l'ordinaire.

(Observations placées en tête du mod. du livret annexé au règlemt du 14 décembre 1861, page 419, et art. 390 Infie, 384 Cavie et 408 Artie des règlemts du 28 décembre 1883).

De plus, la circulaire du 28 septembre 1877 (M) prescrit aux commandants de compagnie, escadron ou batterie, d'avoir constamment un livret en réserve. La dépense est imputable à l'ordinaire.

Les recettes et dépenses sont inscrites au livret par le sergent-major ou maréchal des logis chef. Il établit chaque jour la note des denrées à prendre aux fournisseurs de la commission ou à acheter de gré à gré. (Art. 105 et 142 Infie, 101 et 167 Cavie et 192 Artie des règlemts du 28 décembre 1883.) Cette note est signée par le capitaine. (Art. 90 Infie, 89 Cavie et 103 Artie des règlements précités.)

Les achats de gré à gré sont faits par le caporal ou brigadier d'ordinaire, assisté d'hommes de corvée. Ceux-ci ont le droit de débattre les prix et d'aller chez d'autres fournisseurs. Il est interdit d'acheter à crédit ; les paiements sont faits en présence des hommes de corvée, et donnent lieu à émargement sur le livret. (Art. 188 Infie, 217 Cavie et 243 Artie des règlemts du 28 décembre 1883.)

Lorsqu'une commission d'achat est instituée, l'inscription des dépenses sur les livrets est l'objet de l'émargement du secrétaire de la commission (modèle de livret). Pour le blanchissage, voir *Lits militaires*.

L'officier directeur de l'ordinaire le vérifie et l'arrête les jours de prêt et fait reporter au nouveau prêt l'excédent de recette ou de dépense. (Art. 105 et 142 Infie, 101 et 167 Cavie, 123 et 192 Artie des règlemts précités.)

Les livrets servent pour douze mois, du 1er février d'une année jusqu'au 31 janvier de l'année suivante. (Mod. inséré au *Journal militaire*, 1er semestre 1878, page 258.)

La situation d'effectif placée en tête et à gauche de chaque tableau de recettes doit être établie d'après l'effectif constaté au premier jour du prêt. (Voir le mod. de livret, inséré au *Journal militaire* 1er semestre 1878, page 260.)

Pour les dépôts de fonds dans la caisse du trésorier et les retraits, voir *Bonis*.

4° *Eclairage des chambres et des cuisines*. (Mod. de livret, art. 71 du règlemt du 30 juin 1856, page 253, et art. 390 Infie, 384 Cavie et 408 Artie des règlemts du 28 décembre 1883.)

Les ordinaires bénéficient de l'éclairage fourni pour les écoles du soir lorsqu'elles se font dans les chambres (Circ. du 29 mai 1872, page 429), cet éclairage étant payé par le service des écoles ou par la masse d'entretien du harnachement et ferrage. (Voir *Ecoles régimentaires*.)

La circulaire du 20 novembre 1882, page 398, dispose que les corps ont la faculté de choisir le luminaire le plus économique.

En temps de siège, les forts sont éclairés à l'intérieur et à l'extérieur (y compris les chambres d'officiers et de troupe) au compte de l'Etat : en temps de paix, on suit la règle établie par l'article 71 du règlemt du 30 juin 1856, page 253. Lorsqu'il y a nécessité de renouveler les approvisionnements entretenus, les corps occupants reçoivent du service des subsistances l'huile et les mèches à titre onéreux; quant aux ustensiles, ils sont prélevés sur les approvisionnements de siège constitués par le service du génie, à charge par les détenteurs de les entretenir et de les remplacer à leur compte. (Instr. du 13 septembre 1884 (M), et circ. du 23 février 1882 (M) qui dispose qu'on se servira de bougie pendant toute la durée du siège pour les bureaux, les chambres de troupe et d'officiers.)

La circulaire du 13 septembre 1884 (M) porte qu'un procès-verbal de conférence, auquel doit prendre part le commandant d'armes, règle le nombre d'appareils à entretenir au compte de la masse d'entretien des corps et de ceux qui restent au compte du service du chauffage et de l'éclairage.

Les prix de la nomencl. du service des subsistances sont :
- 1 35 le kilog. pour l'huile végétale ;
- 1 10 id. pour l'huile minérale ;
- 6 00 id. pour les mèches de coton.

5° *Balais de propreté* pour le service des chambrées et des cuisines, fournis au compte des ordinaires.

(Observations placées en tête du mod. de livret inséré 2e semestre 1861, page 419, note du 21 avril 1882, page 261, et art. 390 Infie, 384 Cavie et 408 Artie des règlements du 28 décembre 1883.)

Toutefois, la circulaire du 11 décembre 1876 (M), relative au nettoyage par le sable des planchers des casernes, met au compte de la masse générale d'entretien la fourniture des balais nécessaires pour ce nettoyage. De plus, ces balais peuvent être remplacés par des brosses en jonc, à raison d'une par compagnie, escadron ou batterie. (Circ. du 26 mars 1877, page 293.)

La note du 21 avril 1882 précitée abroge les dispositions qui mettaient au compte de la masse d'entretien du harnachement et ferrage, la fourniture des balais de chambrée dans les corps de troupes à cheval.

Le prix maximum des balais est fixé comme il suit par la nomenclature du service des subsistances :

En bouleau ou bruyère..........	0 20.
En crin........................	4 00.
En paille de riz...............	1 60.

6° *Dépenses nécessitées par les soins de propreté corporelle*. (Art. 390 Infie, 384 Cavie et 403 Artie des règlemts du 28 décembre 1883.)

7° *Ingrédients pour le marquage* des effets d'habillement et de petit équipement. (Observations portées sur le livret d'ordinaire. — 14 décembre 1861, page 419.).

(Voir au titre *Frais divers des magasins*, page 56, pour fourniture des marques, et aux pages 113 et 248 pour le marquage de certains effets au compte de la masse général d'entretien.)

8° *Ingrédients nécessaires à l'entretien des armes et des effets de toute nature*. (Art. 390 Infie, 384 Cavie et 408 Artie, des règlemts du 28 décembre 1883, livret d'ordinaire inséré au *Journal militaire*, 14 décembre 1861, page 419, et note du

21 avril 1882, page 261.) Cette note abroge toutes les dispositions qui mettaient au compte de la masse d'entretien du harnachement et ferrage des corps de troupes à cheval les dépenses de cette nature. En outre, la circ. du 14 mars 1882 (M), relative à l'entretien des armes des réservistes et territoriaux, rappelle que la fourniture de la graisse incombe à l'ordinaire. D'après le règlement du 11 novembre 1882 sur le tir, et l'instruction du 30 août 1884 sur l'entretien des armes, les ingrédients nécessaires à l'entretien des armes sont : l'huile, la graisse mélangée de brique brûlée, pulvérisée et tamisée pour les pièces en fer ou acier non bronzées ; le tripoli, le vinaigre ou l'eau-de-vie pour les pièces en laiton. (Voir *Armement* pour les huiles et graisses à employer.)

(Voir, pour l'entretien de la chaussure et des cuirs, *Nourriture mironde*, page 62.) Les corps sont autorisés à faire usage, pour l'entretien de la chaussure, du cirage Collard, qui avait été mis en essai par la note du 27 mai 1876, page 535 (S). (Note du 29 mars 1879, page 414, S.) Prix 1 fr. 25 c. le litre, sans frais de transport. M. Collard reste à Paris, rue Sainte-Anne, n° 36. (Note du 27 mai 1876 précitée). En campagne, on doit se servir de graisse au lieu de cirage. (Circ. des 31 août 1874 et 11 août 1875.)

Prix de la nomenclature du service de l'artillerie :

Encaustique..........................	2 00
Graisse d'armes......................	2 00
Graisse verte........................	1 50
Huile d'olive pure...................	3 00
— de pied de bœuf....................	2 00

Baguettes en bois pour le nettoyage des canons de fusil (8 avril 1850 (M) et 7 octobre 1858 M.) Le règlem[t] du 11 octobre 1882 sur le tir, et les articles 25 et 26 de l'instruction du 30 août 1884 sur l'armement, disposent que ces baguettes doivent être en frêne, cornouiller ou jonc. On se sert en outre de curettes de bois tendre, de vieux linge etc... Ces dispositions sont rappelées par le règlem[t] du 17 août 1884 (Cav[ie]) et par l'instruction précitée.

Composition pour l'entretien des draps, tresses, galons. (Voir page 63.)

9° *Sabots nécessaires aux cuisiniers.* (Observations portées sur le mod. de livret annexé au règlem[t] du 14 décembre 1861, page 419.) On doit faire usage du sabot galoche du prix de 2 fr. 50 la paire. (Note du 15 novembre 1883, page 749, et circ. du 28 août 1884, page 349.)

10° *Frais de rasage des hommes*, à raison de 0,10 c. par homme et par mois. Le perruquier est tenu de couper les cheveux sans frais. Les hommes qui se rasent eux-mêmes reçoivent ces dix centimes. Les hommes qui, ne vivant pas à l'ordinaire, se font raser par le perruquier, lui paient 10 c. Le perruquier rase deux fois par semaine les hommes à l'infirmerie et les détenus, et leur coupe les cheveux. (Art. 91 Inf[ie], 90 Cav[ie] et 104 Art[ie] des règlem[ts] du 28 décembre 1883, et mod. de livret.) Au moyen de cette allocation, les perruquiers se pourvoient de tous les ustensiles et ingrédients nécessaires.

Le nombre d'hommes qui doit servir à fixer la somme revenant au perruquier est déterminé en additionnant toutes les journées d'ordinaire, en divisant le total par le nombre de jours que comporte le mois et en multipliant par 10 centimes. Du résultat, on déduit, s'il y a lieu, les hommes qui se rasent et auxquels on doit remettre les dix centimes alloués.

NOTA. — Les art. 280 Inf[ie], 272 Cav[ie] et 297 Art[ie] des règlements du 28 décembre 1883 indiquent comment se portent la barbe et les cheveux.

La circulaire du 21 juillet 1882 (M) et la décision minist. du 11 avril 1883, p. 364, disposent que les corps de troupe seront pourvus de tondeuses pour la coupe des cheveux des hommes.

Cette décision en fixe le nombre comme il suit :

Une tondeuse par compagnie, escadron ou batterie avec une réserve de quatre tondeuses par régiment d'infanterie, d'artillerie ou de génie et de deux tondeuses par régiment de cavalerie ou bataillon de chasseurs.

Deux tondeuses par escadron du train des équipages et par section d'administration.

Les régiments de tirailleurs algériens n'ont pas de réserve.

Les régiments de spahis, les compagnies d'ouvriers d'artillerie et d'artificiers et les sections de secrétaires d'état-major et de recrutement n'en sont pas pourvus.

Cette tondeuse est décrite au *Journal militaire* sous la date du 17 juillet 1882, page 50.

Les commandes sont adressées directement aux inventeurs : MM. Peugeot frères, de Valentigney (Doubs). Ces tondeuses doivent être accompagnées d'un ressort de rechange et d'une clef à écrous.

Le prix de chaque tondeuse est de 7 fr., gaîne et frais de port et d'emballage compris, est imputable à la 2e portion de la masse générale d'entretien et payable au moyen de traites tirées par les fabricants.

Ces tondeuses sont employées dès le temps de paix ; elles sont entretenues, réparées et remplacées au compte des perruquiers.

MM. Peugeot s'engagent à exécuter les réparations et remplacements de pièces aux conditions suivantes :

Lame inférieure	2 fr.	00	
Lame supérieure	0	80	
Manche de gauche	0	90	
Manche de droite	1	25	
Barrette de lame	0	20	
Grand boulon de manche, ressort de manche	0	15	(la pièce)
Petit boulon de lame, vis de renfort, écrou de boulon argenté, rondelle	0	10	(id.)
Repassage par tondeuse	0	50	

Les frais de port ne sont pas compris dans ces prix et sont à la charge des perruquiers.

(Décis. du 11 avril 1883, page 364).

NOTA. — Une note du 3 octobre 1884, page 374 (S) dispose que l'achat de ces tondeuses est suspendu et porte le prix de 7 à 8 francs.

11° *Frais de blanchissage du linge* (1) de la troupe et des effets de cuisine (une chemise, un caleçon et un mouchoir de poche par semaine, du linge de cuisine (deux blouses, deux pantalons par semaine et torchons en nombre suffisant), (mod. de livret) ; et pour les torchons, décis. minist. du 1er août 1854, page 393. Tous les lessivages d'effets réintégrés par les réservistes sont au compte du service de l'habillement. (Circ. du 19 avril 1880 M).

NOTA. — La convention du 2 octobre 1865, page 250, passée avec l'entreprise des lits militaires, ne comprend que le blanchissage des effets ci-après ; il paraît en résulter que les hommes doivent blanchir leurs mouchoirs eux-mêmes, ce marché étant applicable à toutes les places de fixation de literie. Les prix de la convention sont appliqués aux collections d'effets dont le détail suit :

Une chemise par semaine,
Un caleçon par quinzaine, } par homme à pied ou à cheval.

Deux blouses de cuisine par quinzaine,
Deux pantalons de cuisine par semaine,
Quatre torchons — —
Deux sacs à distribution par semaine, } par compagnie, escadron ou batterie.

(Art. 4 de la convention.)

Le nombre des chemises sert de base au décompte des collections. (Art. 19.) Prix 0,05 c. par homme et par semaine. (Art. 3 de la convention.) La dépense est imputable à l'ordinaire. (Art. 390 Infie, 384 Cavie et 408 Artie des règlemts du 28 décembre 1883.)

De plus, aux termes d'une convention en date du 8 mars 1881, page 202, chaque escadron, compagnie ou batterie peut faire blanchir supplémentairement chaque semaine, par l'entreprise des lits militaires, 2 blouses, 2 pantalons et 4 torchons. Ce nombre peut toutefois être augmenté en cas d'accroissement d'effectif.

Les corps sont tenus de faire blanchir, par le service des lits militaires, leurs effets supplémentaires ; toutefois, au delà des chiffres ci-dessus, ils peuvent faire exécuter le blanchissage en dehors de l'intervention de cette entreprise.

Le blanchissage des effets de cuisine supplémentaires est payé à raison de 0,05 c. par effet.

(1) L'officier ou l'adjudant de casernement est chargé des détails du blanchissage. (Art. 55, 45 et 154 des règlements du 28 décembre 1883.)

La dépense est acquittée sur les fonds des ordinaires comme il est indiqué ci-après. (Convention du 8 mars 1881).

Le blanchissage est facultatif pour les sous-officiers ne vivant pas à l'ordinaire. (Art. 17 de la convention du 2 octobre 1865.) S'ils se font blanchir, ils remboursent aux ordinaires le prix payé pour ce blanchissage. (Mod. de livret d'ordinaire pour l'armée territoriale, *Journal militaire*, 1er sem. 1878, page 257, et art. 389 Infie, 383 Cavie et 407 Artie des règlemts du 28 décembre 1883.) Il en est de même des caporaux et soldats ne vivant pas à l'ordinaire. (Mêmes articles.)

D'après une décision ministérielle du 24 décembre 1866 (M), les hommes faisant partie du petit état-major, sont astreints à faire blanchir leur linge par l'entreprise des lits militaires ; il n'est fait exception que pour les musiciens classés qui vivent à l'ordinaire. En principe, le décompte des sommes à imputer sur l'ordinaire pour le blanchissage ne saurait jamais avoir pour base une quantité de chemises supérieure à celle livrée au préposé ; mais, comme d'un autre côté il y aurait pour l'entreprise un préjudice réel s'il était permis aux corps de ne lui remettre qu'une partie de leur linge, les commandants de compagnie, etc..., doivent tenir la main à ce que tous les hommes qui, d'après les règlements, doivent vivre à l'ordinaire, ne puissent se soustraire à l'obligation de livrer leurs chemises au blanchissage des lits militaires. (Même décision.)

Les compagnies remettent à l'officier de casernement un état (mod. A) des effets à blanchir. (Art. 9 de la convention.) Cet officier les résume dans un état (mod. B) comprenant l'ensemble du corps. Cet état est dressé en deux expéditions, une pour le préposé des lits militaires et une pour l'officier de casernement. (Art. 11 de la convention du 2 octobre 1865.)

La remise du linge a lieu sur la présentation de cet état au préposé et après reconnaissance en présence de l'officier de casernement et des caporaux ou brigadiers.

L'expédition de l'état B, qui reste entre les mains de l'officier de casernement, est revêtue du récépissé du préposé (même article). Le linge ne peut rester plus de 7 jours entre les mains du préposé. (Art. 5 à 8 de la convention.) Le linge est remis dans des sacs à blanchissage fournis par les corps. (Art. 10.) (Voir ci dessus, page 248, pour l'achat de ces sacs et la fourniture des états mod. B.)

Le prix du blanchissage est versé par les commandants de compagnie, escadron ou batterie, entre les mains du trésorier qui émarge les livrets d'ordinaire. (Art. 13 de la convention.)

Le lendemain de la restitution du linge blanchi, le préposé doit se présenter au bureau du trésorier muni de l'expédition de l'état B, constatant la remise du linge ; il reçoit le prix du blanchissage dont il donne quittance sur l'état B, remis au trésorier par l'officier de casernement. (Art. 14 et 15.)

Voir ci-dessus, page 248, pour le marquage du linge.

Nota. — En cas de perte d'effets par le préposé, ils sont remboursés à la masse individuelle d'après les deux tiers de la valeur de l'effet neuf et par voie de déduction sur les sommes dues à l'entreprise. (Art. 18 de la convention précitée.) Les frais de réparation du linge de la troupe, dans des cas exceptionnels, incombent à la masse individuelle comme le prix des effets, et non à l'entrepreneur du blanchissage. En principe, le raccommodage, le marquage et les menus travaux d'entretien doivent être laissés aux soins de l'homme lui-même, appelé à se suffire en campagne. (Art. 16 de ladite convention, page 252.)

Les chemises de couleur peuvent être mises à la lessive comme les autres. (Dép. minist. du 10 février 1881, faisant connaître qu'il n'en résulte aucun inconvénient pour le linge blanc.)

12° *Frais d'entretien des percolateurs* provenant de la négligence ou de l'inexpérience des cuisiniers. (Art. 390 Infie, 384 Cavie et 408 Artie des règlemts du 28 décembre 1883), à l'exception de ceux concernant les dégradations résultant de l'usure naturelle, lesquels incombent au service du génie. (Note du 22 octobre 1878, page 399.)

13° *Fourniture, entretien et remplacement des paniers* pour la viande et *des brosses* pour le pain de soupe. (Mod. de livret d'ordinaire annexé au règlemt du 14 décembre 1861, page 419).

14° *Entretien des ustensiles de cuisine* désignés à l'alinéa 1° de la circulaire du 28 février 1862, page 451. (Voir alinéa 6° ci-dessus, § 1er, page 246, pour la désignation), *des balances à bras égaux*. (Circ. du 19 février 1859, page 627, et mod. de livret inséré à la date du 14 décembre 1861, page 419.)

15° *Remplacement anticipé des paniers à charbon et frais d'entretien de tous les paniers*. (Décis. du 16 novembre 1863, page 706.)

16° *Dépenses faites pour les jardins potagers*, quand le ministre en a autorisé la location. (Règlem[t] du 24 décembre 1863, page 716.) La dépense est répartie proportionnellement entre les compagnies ou escadrons. (Art. 390 Inf[ie], 384 Cav[ie] et 408 Art[ie] des règlem[ts] du 28 décembre 1883.)

Dans certains cas, le ministre peut délivrer gratuitement des terrains militaires. (Art. 1er du règlem[t] du 24 décembre 1863.)

Quand les terrains sont loués, le prix de location est imputé au fonds de l'ordinaire et versé au Trésor pour être rétabli au crédit du service du génie. (Art. 2.) Les récépissés sont adressés chaque trimestre au ministre, direction du génie. (Dép. du 20 septembre 1878 M.)

Les dépenses d'exploitation sont aussi à la charge de l'ordinaire. (Art. 3 du dit règlem[t] et 390 Inf[ie], 384 Cav[ie] et 408 Art[ie] des règlem[ts] du 28 décembre 1883.) Ces dépenses comprennent la fourniture des outils et ustensiles et celle des semences (Art. 11 du règlem[t] du 24 décembre 1863), ainsi que les gratifications aux sous-officiers, caporaux et soldats attachés à l'exploitation :

Sous-officiers............	0,23 c.	par jour.
Caporaux.......	0,18	—
Soldats.................	0,13	—

Au moyen de cette allocation, ils sont pourvus, à leurs frais, d'une paire de sabots, d'un sarrau, d'un pantalon de toile et d'un chapeau de paille. Ils reçoivent en outre du magasin d'habillement un habit et un bonnet hors de service. (Art. 5 du règlem[t] du 24 décembre 1863.)

Les fumiers pris dans les corps sont remboursés par les ordinaires au prix d'adjudication au profit des masses d'entretien (Art. 4 du même règlement.)

Il est tenu un registre de gestion des jardins (Mod. annexé au règlem[t], art. 9, page 718), par l'officier secrétaire de la commission. (Règlem[ts] du 28 décembre 1883 sur le service intérieur : art. 397 Inf[ie], 392 Cav[ie] et 416 Art[ie].)

17° *Indemnités attribuées aux cuisiniers en pied.* — Les cuisiniers en pied doivent toucher le prêt franc. (Déc. présid. du 22 mai 1873, page 635, et art. 392 Inf[ie], 386 Cav[ie] et 410 Art[ie] des règlem[ts] du 28 décembre 1883.)

Une circulaire minist. du 22 mars 1876, page 379, a autorisé les corps à payer à ces cuisiniers, sur les fonds de l'ordinaire, une indemnité journalière de 0,26 c. complémentaire de la solde fixée par le tarif du 25 décembre 1875, et, en outre, à percevoir pour ces cuisiniers une ration de viande en nature (22 mars 1876, page 379.) Une dépêche ministérielle en date du 21 juillet 1879, n° 2775, rappelle que l'allocation ci-dessus de 0,26 c. est indépendante de la valeur de la ration de viande que ces cuisiniers ne doivent pas cesser de percevoir. Mais une circulaire du 1er février 1882, page 65, dispose que l'indemnité de 0,26 doit être payée à l'avenir d'après le taux de l'indemnité représentative de viande fraîche, attribuée à chaque corps, et que cette allocation sera comprise dans les feuilles de journées, c'est-à-dire payée sur les fonds de la solde. Toutefois, lorsque les corps perçoivent la viande en nature, c'est sur les fonds de l'ordinaire que doit être imputée l'indemnité complémentaire du prêt franc.

On procède de la même manière pour les autres denrées ou liquides (vin, eau-de-vie, etc.), excepté lorsque les prestations ne comportent pas d'indemnité représentative, comme le sucre et le café par exemple, c'est-à-dire que les indemnités doivent être payées aux cuisiniers avec le prêt, et que lorsqu'elles sont remplacées par des distributions en nature, elles sont payées sur l'ordinaire, mais on n'en perçoit pas moins les rations en nature pour les militaires dont il s'agit (1er février 1882.)

De ces diverses dispositions, il résulte que les cuisiniers en pied doivent recevoir le prêt franc et vivre gratuitement sur l'ordinaire, c'est-à-dire que les indemnités représentatives de viande, de liquides, etc., doivent leur être payées avec le prêt. Mais lorsque les rations de viande, de liquides, etc., sont fournies en nature par l'administration militaire, c'est à l'ordinaire qu'on impute les indemnités représentatives correspondantes et complémentaires du prêt de ces cuisiniers.

Dans tous les cas, ces cuisiniers doivent recevoir au titre de l'ordinaire les mêmes rations que tous les autres hommes ; la dépense est imputée sur les fonds de cet ordinaire. (Auteur.)

Enfin, on ne doit jamais allouer dans les feuilles de journées qu'une seule journée d'indemnité. (Dép. minist. du 12 juillet 1883, n° 7688).

Nota. — Le règlement du 28 décembre 1883 (art. 384 Cav[ie] et 390 Inf[ie] modifié par l'errata inséré 1er sem. 1884, page 140) rappelle ces dispositions en ce qui concerne la ration de viande seulement.

Ces dispositions sont applicables aux mécaniciens chargés des cuisines à vapeur, mais non aux aides-mécaniciens (circ. du 8 février 1878, page 39), ni aux soldats chargés de la préparation du café, au moyen du percolateur. (Art. 392 Inf^{ie}, 386 Cav^{ie} et 408 Art^{ie} des règlem^{ts} du 28 décembre 1883.)

Les cuisiniers sont relevés tous les trois mois et les aides toutes les semaines. (Mêmes articles.)

18° *Dépenses pour pourvoir aux besoins des grands mangeurs.* — Une circulaire du 26 avril 1821, page 51, dispose qu'il est interdit d'allouer des suppléments de ration aux militaires faméliques, et que, pour ceux qui auraient besoin d'un supplément à la ration de pain, les capitaines sont chargés de le leur faire fournir, soit en les faisant travailler, soit en leur faisant faire un service extraordinaire qui puisse ajouter à leur solde, soit en imputant cette dépense, lorsque cela est praticable, sur les fonds de l'ordinaire, et même au besoin en y affectant une portion des sommes payées trimestriellement à titre d'excédent de masse.

19° *Machines à peler les pommes de terre.* — Une circ. ministér. du 19 avril 1882 (M) autorise les corps à faire l'acquisition d'une machine à peler les pommes de terre inventée par le sieur Dufour, demeurant à Paris, rue Vaneau, n° 81. Le prix d'achat, qui est imputable sur les fonds de l'ordinaire, est fixé comme il suit (non compris les frais de transport) :

Appareil	n° 1, 0m25 de diamètre,	40 fr. pelant	2 litres en	35 secondes.
—	n° 2, 0m32	— 60	3	—
—	n° 3, 0m40	— 100	5	—
—	n° 4, 0m50	— 125	8	—
—	n° 5, 0m70	— 250	30	—

Remplacement de l'enveloppe en tôle :

Pour appareil n° 1............	5 fr.	00
— n° 2............	7	00
— n° 3............	10	00
— n° 4............	12	50
— n° 5............	20	00

Une réduction de 15 0/0 peut être faite pour des commandes importantes.

20° *Dépenses faites pour la célébration de la fête de la Sainte-Barbe dans les régiments d'artillerie.* — La circ. minist. du 8 mai 1882, page 293, autorise l'imputation sur les fonds des ordinaires des menues dépenses, telles que location de vaisselle, achats de papiers de couleurs, de clous, de ficelle, etc... pour l'ornementation des chambres, qui sont faites habituellement dans les régiments d'artillerie à l'occasion de la fête de la Sainte-Barbe. Ces dépenses ne doivent pas dépasser la somme totale de 20 francs par batterie.

21° *Achat de cosmétique pour les marcheurs.* — La note ministér. du 26 février 1883, page 231 (S) autorise les corps de troupe d'infanterie à faire usage du cosmétique hygiénique du marcheur inventé par le sieur Ossola, chimiste à Grasse, et celle du 26 mai 1883, page 956 (S) autorise l'imputation de la dépense sur les fonds des ordinaires, mais sous la réserve que les bonis de ces ordinaires permettent de le faire sans aucun préjudice pour l'alimentation de la troupe. Toutefois, le règlem^{t} du 28 décembre 1883 ne recommande que l'usage du suif.

22° *Dépenses pour la célébration de la fête nationale.* — La circ. minist. du 19 décembre 1883, page 870, autorise l'imputation, sur les fonds des ordinaires, des menues dépenses, telles que location de vaisselle, de draps, achats de papier de couleur, etc... pour l'ornementation des chambres, qui sont faites par certains corps à l'occasion de la fête nationale du 14 juillet. Le montant de ces dépenses ne doit pas dépasser 20 fr. par compagnie, escadron ou batterie.

Ce principe est rappelé par l'article 384 du règlem^{t} du 28 décembre 1883 (Cav^{ie}) et 390 (Inf^{ie}) modifié par l'errata inséré, 1er semestre, page 140.)

23° *Prélèvements sur les fonds d'économie* des compagnies au profit de la masse d'ordinaire de l'infirmerie régimentaire lorsqu'elle est insuffisante. Ces prélèvements sont fixés par le chef de corps avec l'autorisation du général de brigade. (Art. 86 du règlem^{t} du 28 décembre 1883 sur le service de santé.)

24° *Prélèvements éventuels.* sur les bonis des sommes à distribuer directement aux hommes pour améliorer leur nourriture lorsqu'ils ne peuvent faire ordinaire (en route, en manœuvres, etc.)

Ces prélèvements sont autorisés par les chefs de corps, mais dans des circonstances exceptionnelles, et seulement lorsqu'il existe des excédents par rapport au boni maximum fixé par le règlem[t] du 14 décembre 1861 et dans la limite de ces excédents. L'argent peut être distribué directement aux hommes ou employé à des achats de vin, lard ou denrées diverses. (Décis. du 10 mars 1884, page 236.)

Dépenses au compte du budget des Ecoles.

Les consignes nécessaires aux cuisines sont au compte du budget des Ecoles. (Voir ci-dessus *Casernement*, page 221.)

Il est affiché dans chaque cuisine, par les soins du président de la commission des ordinaires, une consigne sur la manière de conduire le feu et de surveiller le chauffage des fourneaux, de préparer les aliments, et, dans le local du percolateur, une consigne sur la manière de préparer le café, d'entretenir et de nettoyer le percolateur et les ustensiles.

On affiche aussi chaque matin le nombre de gamelles que chaque cuisinier doit préparer. (Art. 393 Inf[ie], 387 Cav[ie] et 412 Art[ie] des règlem[ts] du 28 décembre 1883.) Il n'est pas prévu de dépense pour cet objet.

Dépenses au compte du service de la solde.

L'indemnité mensuelle de 6 francs attribuée à l'officier secrétaire de chaque commission est imputable sur les fonds de la solde et comprise dans les revues de liquidation des corps. (Règlem[t] du 14 décembre 1861, page 398, et 13 juin 1862, page 745.) Cette indemnité est due à chaque secrétaire, lors même qu'il y aurait plusieurs commissions dans un même régiment. (14 décembre 1861, page 398, renvoi 2.)

L'allocation est la même dans les bataillons d'artillerie de forteresse. (Décis. du 8 janvier 1884, page 22.)

Dépenses au compte des cuisiniers (MASSE INDIVIDUELLE)

Les articles 392 Inf[ie], 386 Cav[ie] et 410 Art[ie] des règlem[ts] du 28 décembre 1883 rendent les cuisiniers responsables de l'entretien du matériel des ustensiles et des effets de cuisine.

Voir *Habillement*, pages 72 et suivantes, pour les imputations, et page 257 pour les percolateurs.

Dépenses interdites.

La note du 22 juillet 1850, page 125, interdit d'imputer sur les fonds de l'ordinaire les dépenses suivantes :

Achat de cire jaune pour les tables et les bancs. — On doit les essuyer ou laver. (Voir *Casernement*.)

Transports d'effets. (Voir au titre *Transports*.)

Noir et huile pour les pied des chevaux. (Voir *Graissage des sabots*.)

Cruches pour les prisons. (Voir *Casernement*, page 220.)

Ustensiles d'infirmerie. (Voir *Infirmeries*.)

Dégradations à la literie et au casernement. (Voir à ces titres.)

La note ministérielle du 10 juin 1861 (M) ajoute à cette nomenclature :

Médailles commémoratives. — Incombent aux hommes.

Boîtes aux lettres. (Voir *Corps de garde*, page 218.)

Haches et hachettes pour fendre le bois. (Voir ci-dessus *Matériel au compte des corps*, alinéa 2°.)

Frais d'enterrement. (Voir *Inhumations*.)

Frais de bureau aux sous-officiers comptables. (Dépense abusive qui n'a pas d'imputation possible.)

Percaline pour couvrir les registres de compagnie et d'escadron.

Bougie, cahier de rapport, imprimés de comptabilité pour les sous-officiers comptables. (Dépense abusive qui n'a pas d'imputation possible.)

Achat de caisses de comptabilité. (Dép. minist. du 14 mars 1880.) Pour ces caisses, se reporter à la page 144 ci-dessus.

Trop perçus en denrées, constatés par les revues générales de liquidation des corps de troupes, sont remboursés par les officiers signataires des bons et non par les ordinaires. (Art. 151 de l'ordonn. du 10 mai 1844 et article 37 de l'instr. du 26 avril 1884 sur les inspections administratives. (Voir *Trop perçus en nature.*)

Imputations pour défaut de rendement, en viande distribuable, des bestiaux livrés sur pied aux corps de troupes pendant les manœuvres. (Dép. minist. du 16 juin 1879 M.)

RECETTES DE L'ORDINAIRE

Les recettes à faire au profit des ordinaires sont de deux sortes : les recettes ordinaires et les recettes additionnelles. (Art. 389 Inf^{ie}, 383 Cav^{ie} et 407 Art^{ie} des règlem^{ts} du 28 décembre 1883 sur le service intérieur.)

Recettes ordinaires.

Les recettes ordinaires sont :

1° *L'indemnité représentative totale de la ration de viande fraîche.* (Art. précités des règlem^{ts} du 28 décembre 1883.)

Voir page 251 du présent ouvrage.

Les moins perçus constatés par les revues trimestrielles de liquidation sont versés également à l'ordinaire (circ. du 17 février 1880 M) quand il n'a pas reçu tout ce qui lui revenait, et à la caisse du corps dans le cas contraire. (Dép. minist. du 27 mars 1880 M.)

2° *Le prélèvement sur la solde à verser à l'ordinaire par chacun des caporaux, brigadiers et soldats qui y vivent.* (Art. 389 Inf^{ie}, 383 Cav^{ie} et 407 Art^{ie} des règlem^{ts} du 28 décembre 1883.) Ceux qui n'y vivent pas par suite d'autorisation ne font aucun versement. (Art. 387, 381 et 405.)

L'importance de ce prélèvement est fixée par le colonel. (Art. 9 Inf^{ie}, Cav^{ie} et Art^{ie} des règlem^{ts} précités.) Il est fixé de manière que les hommes ne reçoivent jamais moins de 0 fr. 05 par jour.

NOTA. — Le prêt se divise en deux parties : la première est destinée aux dépenses de l'ordinaire ; la seconde est payée aux hommes qui y vivent. Le prêt complet est payé aux sous-officiers et aux hommes qui ne vivent pas à l'ordinaire (Art. 83 Inf^{ie}, 82 Cav^{ie} et 96 Art^{ie}.)

La circ. du 8 décembre 1873 (M) dispose que les enfants de troupe de la gendarmerie au-dessus de 14 ans doivent être astreints aux mêmes versements que les hommes des corps dans lesquels ils sont en subsistance. Quant aux enfants de moins de 14 ans, dont la solde est insuffisante, les versements sont de 20 centimes au maximum ; mais, s'il y a lieu, on réduit le nombre des rations de viande achetées pour eux, de manière que la dépense n'excède pas la recette.

3° *Le versement fait par les sous-officiers, les caporaux ou brigadiers et les hommes ne vivant pas à l'ordinaire* pour le sucre et le café perçus par eux, à titre remboursable, quand ils prennent le café à la compagnie. (Mêmes articles qu'aux §§ 1° et 2°.)

La quotité de ce versement est fixée dans les corps et il est en moyenne de 2 centimes par jour.

4° *L'indemnité représentative de la ration hygiénique d'eau-de-vie* (mêmes articles qu'aux §§ 1° et 2°); modèle de livret et instr. sur les inspections administratives.)

Toutefois, une exception est faite pour les cuisiniers en pied, lesquels doivent toucher cette indemnité avec leur prêt. (Note du 14 septembre 1880, page 340.) Voir ci-dessus page 258, alinéa 17°.

La décision présidentielle du 10 mars 1877, page 291, et l'article 256 du règlem^{t} du 8 juin 1883, page 622, fixent la durée de l'allocation de cette indemnité pour tous ces corps d'armée, savoir : du 15 juillet au 31 août pour les garnisons du nord et du centre, et du 15 juin au 31 août pour celles du midi. — Le tarif annuel indique les départements compris dans l'une ou l'autre de ces catégories, savoir : dans les 14e, 15e, 16e, 17e et 18e régions de corps d'armée, l'allocation est accordée du 15 juin au 31 août et dans les autres, à partir du 15 juillet. (Tarif annuel inséré à la partie supplémentaire du *Journal militaire.*)

Bien que la durée de l'allocation soit fixée en principe, elle ne peut cependant être attribuée aux troupes sans l'ordre du général commandant le corps d'armée, lequel peut en différer ou en abréger la durée sur l'avis du directeur du service de santé. (Art. 258 du règlemt précité.) Cette indemnité peut se cumuler avec les rations extraordinaires de liquides. (Art. 259.)

5° *Les indemnités accordées dans des circonstances particulières.* (Mêmes articles qu'aux §§ 1° et 2° ci-dessus).

De ce nombre sont la demi-journée de solde allouée à l'occasion de la fête nationale, les indemnités accordées les jours de revue, etc..... (Mod. de livret au règlemt du 14 décembre 1861, page 119.) Il va sans dire que les seuls militaires astreints à ce versement sont ceux qui vivent à l'ordinaire.

Le tarif du 25 décembre 1875, page 879, fixe comme il suit la quotité de la demi-journée de solde :

1 fr. 50 pour les adjudants et assimilés ; 0 fr. 70 pour les sous-officiers et assimilés, y compris les caporaux ou brigadiers-fourriers, caporaux-clairons et sapeurs, brigadiers-trompettes ; 0 fr. 30 pour les caporaux, brigadiers ou soldats, trompettes, clairons et enfants de troupe.

Pour les cuisiniers en pied, voir le § 17° ci-dessus.

Recettes additionnelles.

Les recettes additionnelles, sont :

1° *Les centimes de poche des caporaux ou brigadiers et soldats* punis de prison ou de cellule. (Art. 316 et 389 Infie, 309 et 383 Cavie, 334 et 407 Artie des règlemts du 28 décembre 1883.)

Les rations de vin, d'eau-de-vie, de sucre et de café perçues pour eux profitent également à l'ordinaire, l'usage en étant interdit à ces détenus. (Art. précités et décr. du 10 août 1872, page 584.)

Ces versements sont effectués à la compagnie à laquelle l'homme appartient. (Art. 316 Infie, 309 Cavie et 334 Artie.)

NOTA. — Ces dispositions sont applicables aux sections de secrétaires d'état-major, de commis et ouvriers d'administration et d'infirmiers militaires, mais elles ne s'appliquent pas aux primes de travail, lesquelles sont supprimées pendant la durée des punitions, non plus qu'aux retenues spéciales faites sur la solde des infirmiers, caporaux et soldats punis de salle de police, dont le montant est versé au Trésor. (Art. 11, 12 et 16 du règlement du 23 septembre 1874, pages 280 et 281.)

Les soldats punis de la cellule reçoivent pour nourriture le pain et deux soupes dont une sans viande (Art. 316 Infie, 309 Cavie et 334 Artie des règlemts du 28 décembre 1883.)

2° *Les centimes de poche des caporaux ou brigadiers et soldats* irrégulièrement absents le dernier jour du prêt. (Art. 83 et 389 Infie, 82 et 383 Cavie, 96 et 407 Artie des règlemts du 28 décembre 1883.)

2° *bis. Les centimes de poche des caporaux ou brigadiers et soldats* décédés dans le courant du prêt. (Art. 389 Infie, 383 Cavie et 407 Artie des règlemts précités.)

Les hommes qui décèdent dans le courant d'un prêt sont compris dans les feuilles de journées pour toutes les allocations réglementaires jusqu'au jour du décès inclus. (Art. 31 du règlemt du 8 juin 1883, page 564.)

Lorsqu'ils ne vivent pas à l'ordinaire, le versement s'applique à la totalité des allocations de solde qui leur sont dues et, de plus, cette règle est applicable aux hommes absents (travailleurs en ville, chez les cultivateurs, etc...), qui viennent à décéder avant d'avoir touché le montant de leur prêt.

Cette interprétation est conforme à l'esprit de l'article 31 du règlemt du 8 juin 1883, page 564, qui dispose que la solde due aux hommes décédés ne doit pas être payée aux héritiers. Ces dispositions sont applicables aux sous-officiers non rengagés ou commissionnés. (Art 31.)

3° *Le produit de la vente des issues diverses* provenant de l'ordinaire (os, eaux grasses, cendres, etc..., art. 389 Inf[ie], 383 Cav[ie] et 407 Art[ie] des règlem[ts] du 28 décembre 1883).

La vente en est faite par les soins de la commission des ordinaires lorsqu'il en existe une. (Art. 2 du règlem[t] du 14 décembre 1861, page 393.) Dans le cas contraire, c'est le capitaine qui traite pour cet objet.

4° *Le prix du blanchissage du linge* des sous-officiers, des caporaux ou brigadiers et soldats ne vivant pas à l'ordinaire, lorsqu'ils usent de la faculté de faire blanchir leur linge avec celui de la troupe. (Art. 389 Inf[ie], 383 Cav[ie] et 407 Art[ie] des règlem[ts] du 28 décembre 1883, et renvoi A placé au bas de l'état B inséré au *Journal militaire* sous la date du 2 octobre 1865, page 255.)

5° *La moitié du produit de chaque journée de travail* dans les compagnies de discipline et de pionniers. (Art. 8 de l'ordonn. du 7 février 1834, page 563.)

6° *Le produit* des versements effectués par prélèvement sur la prime de travail dans les sections de commis et ouvriers d'administration et d'infirmiers militaires. Ce prélèvement qui a pour objet exclusif l'amélioration de l'alimentation des hommes astreints à des fatigues corporelles doit être librement consenti par les intéressés. (Instr. du 1er mai 1883, page 440.)

Dispositions diverses concernant des militaires ne faisant pas leur service, etc.

1° *Travailleurs.* — Les militaires employés comme travailleurs dans des services étrangers au corps reçoivent (1) les mêmes indemnités que les ouvriers de ces services. Les travailleurs qui font un service payé remettent à leur capitaine la moitié de leur salaire, si leur masse est en débet, et le quart seulement si elle est incomplète. (Art. 276 Inf[ie], 268 Cav[ie] et 293 Art[ie] des règlem[ts] du 28 décembre 1883.)

Les hommes de la cavalerie et de l'artillerie ne peuvent être employés comme travailleurs en ville ni comme moissonneurs. (Mêmes articles). Les dispositions de ces articles n'imposent plus aux travailleurs de retenues au profit de l'ordinaire dans aucun cas.

Aux termes de la circulaire ministérielle du 24 mars 1881 (M), les militaires employés transitoirement dans les établissements militaires (génie, artillerie, services administratifs) pour l'entretien des approvisionnements constituant des réserves générales, sont payés sur les ressources de ces établissements. Ils rentrent à leur corps aussitôt qu'il est possible, et la mesure est autorisée par le commandement.

Dans les forts détachés ou isolés, l'artillerie, le génie et les services administratifs peuvent employer, pour les mouvements de matériel et les petits travaux à exécuter, des hommes de la garnison, après autorisation du commandement. Ces hommes sont payés à raison de 0 fr. 05 c. par heure, la journée de travail pouvant être dix heures.

Les corps de troupe, qui ont des armes en dépôt dans les magasins de l'artillerie, sont tenus de les faire entretenir par des hommes qui sont relevés tous les 3 mois ; il est désigné 2 hommes par 1,000 fusils. (Circ. du 24 mars 1881 M.)

La circulaire précitée accorde : 1° aux cercles et mess d'officiers, qu'ils soient gérés directement ou non, un cuisinier par groupe et un homme par 12 officiers mangeant ensemble ; 2° aux mess et cercles de sous-officiers organisés dans les casernes, 2 hommes par bataillon ou deux escadrons et demi ; 3° aux tables des sous-officiers gérées par les cantinières, un seul homme par cantine. (Cette dernière disposition est rappelée par les règlem[ts] du 28 décembre 1883, art. 399 Inf[ie], 394 Cav[ie] et 418 Art[ie].) Ces règlements n'imposent aucune retenue au profit de l'ordinaire.

2° *Militaires détachés pour la moisson chez les cultivateurs.* — Reçoivent la solde (circ. du 17 janvier 1877, page 12), mais ils ne touchent ni les rations en nature ni les indemnités représentatives. (Circ. du 22 août 1873 (M) et du 8 janvier 1880 M). La circulaire du 8 janvier 1880 (M) dispose formellement que l'indemnité représentative de viande ne saurait leur être allouée dans aucun cas ; par suite, la circulaire du 17 janvier 1877, page 12, se trouve modifiée dans ce sens.

(1) Indépendamment de leur solde. (Diverses décisions : 18 mai 1870, page 77, etc.)

L'indemnité à payer aux travailleurs, en sus de la nourriture en nature, par les cultivateurs, est fixée par le tableau annexé à la circulaire précitée du 5 juillet 1877, page 25, laquelle dispose, en outre, que les hommes ne peuvent rester absents plus de 15 jours et que les permissions doivent leur être délivrées par les chefs de corps. Les frais de déplacement sont aussi au compte des cultivateurs. (Voir les instr. annuelles.)

Quant aux militaires qui obtiennent des permissions pour prendre part aux travaux agricoles de leurs familles, ils ne doivent recevoir aucune solde. (Circ. du 24 juin 1878 M.)

3° *Militaires mis à la disposition des compagnies de chemins de fer.*

Aux termes de la circulaire du 15 février 1879, page 286 (S), le transport, le logement et la nourriture des détachements de troupes mis à la disposition des compagnies de chemins de fer pour exécuter des travaux de déblaiement, sont assurés par les soins et aux frais de ces compagnies, qui, en outre, ont à payer à ces militaires une indemnité journalière fixée à 1 fr. 50 par sous-officier, 1 fr. 25 par caporal et 1 franc par soldat.

Ces militaires reçoivent la solde proprement dite (17 janvier 1877, page 12), mais l'indemnité représentative de viande n'est pas allouée. (Circ. du 8 janvier 1880 (M) relative aux militaires détachés pour la moisson.)

Le règlement du 28 décembre 1883 sur le service intérieur n'impose plus de retenues d'aucune sorte aux militaires faisant des services payés. (Voir ci-dessus *Travailleurs*.)

4° *Soldats-ordonnances des officiers.* — La décision du 15 décembre 1881, page 384, accorde un soldat-ordonnance par 2 chevaux et un de plus pour chaque cheval en sus d'un nombre pair.

Les règlements du 28 décembre 1883, articles 277 Inf^ie, 269 Cav^ie et 294 Art^ie, rappellent cette disposition et ajoutent que les officiers non montés ont également droit à un soldat-ordonnance. (Art. 277 Inf^ie.)

Les officiers paient par mois à chaque soldat-ordonnance 5 fr. pour le service personnel et 4 fr. par cheval. Il n'est fait aucune retenue sur ce salaire. (Articles précités.)

NOTA. — La circulaire du 24 mars 1881 (M) accorde un soldat-ordonnance aux officiers détachés dans les bureaux de recrutement et de l'armée territoriale, ainsi qu'à ceux employés près des conseils de guerre et de révision. Il n'est fait aucun versement à l'ordinaire.

5° *Les versements* prescrits par les dispositions antérieures concernant : 1° les officiers en prison ou aux arrêts de rigueur ; 2° les sous-officiers vivant à l'ordinaire ; 3° les hommes faisant des corvées ou services payés ne sont plus imposés par les règlements du 28 décembre 1883.

Fonds d'économie (BONI).

Les fonds d'économie sont la réserve alimentée par les bénéfices faits sur les recettes ; ils servent à améliorer l'ordinaire dans des circonstances exceptionnelles. Il n'est jamais fait de décompte sur les fonds d'économie, excepté pour l'armée territoriale. Si, après une période d'instruction, une somme disponible reste à l'ordinaire, elle doit être partagée entre les hommes qui ont vécu à cet ordinaire. (Art. 388 Inf^ie, 382 Cav^ie et 406 Art^ie des règlem^ts du 28 décembre 1883.)

Le règlement du 14 décembre 1861, page 395, fixe le fonds d'économie de la manière suivante, par homme présent, pour les différentes armes :

	INFANTERIE	CAVALERIE	ART^ie ET GÉNIE
Intérieur	» 70	» 80	» 90
Algérie	1 50	1 75	2 »

Aux termes de la circulaire du 1er avril 1869 insérée au *Journal militaire*, page 285, cette fixation peut être dépassée, sur l'autorisation des chefs de corps, lorsque les hommes reçoivent 300 grammes de viande et 250 grammes de pain de soupe.

La somme excédant le maximum réglementaire doit être déposée dans la caisse du trésorier ou de l'officier-payeur, qui en passe écriture au titre des fonds divers.

Elle ne peut en être retirée que sur l'autorisation du chef de corps. (Circ. du 1er avril 1869 précitée et art. 9 et 90 Infie, 9 et 89 Cavie, 9 et 103 Artie des règlemts du 28 décembre 1883.) Ces dépôts et retraits sont faits le 1er de chaque mois par les capitaines. (Mêmes articles et circ. du 19 mars 1870.)

Aux termes de la circulaire du 19 mars 1870 (M), les dépôts sont effectués sur un bulletin établi par chaque capitaine. Le trésorier ou l'officier-payeur les récapitule dans un bordereau vérifié et signé par le major, et en fait recette en un seul article au registre-journal et à la centralisation ; mais, au carnet des fonds divers, il est ouvert un compte spécial par compagnie, indiquant les versements et les retraits.

Les retraits sont justifiés par des états quittancés par les capitaines et approuvés par les chefs de corps.

Les dépôts et retraits sont mentionnés sur les livrets d'ordinaire. (Art. 28 Infie, 22 Cavie et 25 Artie des règlemts du 28 décembre 1883 sur le service intérieur.)

Ces diverses dispositions sont applicables aux bonis de l'ordinaire des infirmeries. (Art. 86 du règlemt du 28 décembre 1883 sur le service de santé.)

Nota. — En cas de routes dans l'intérieur, les chefs de corps fixent le prélèvement que les capitaines peuvent faire sur les bonis pour l'amélioration de la nourriture pendant la route (Art. 406 Infie, 403 Cavie et 426 Artie des règlements du 28 décembre 1883) ; en outre, la décision minist. du 10 mars 1884, page 236, dispose que les chefs de corps ne doivent autoriser ces prélèvements que dans des cas exceptionnels et lorsqu'il existe des excédents par rapport au boni maximum fixé par le règlemt du 14 décembre 1861, mais seulement dans la limite de ces excédents.

Voir page 259, § 23, pour les prélèvements au profit des infirmeries.

Cautionnements des fournisseurs.

Le montant de ces cautionnements est déterminé par les marchés. (Note du 28 novembre 1877, page 255.)

Les cautionnements imposés aux fournisseurs sont déposés dans les caisses des corps, qui en passent écriture au titre des *Fonds divers*. (Circ. du 24 juin 1863 (M), et décis. du 27 octobre 1864, page 1008.) Les sommes ainsi déposées sont remboursées, à l'expiration de chaque marché, par le trésorier ou l'officier-payeur, sur l'invitation écrite du président de la commission et en présence du secrétaire. (Décis. du 27 octobre 1864.)

En cas de départ des corps, les cautionnements des fournisseurs leur sont remis la veille du départ. (Règlemts du 28 décembre 1883, art. 406 Infie, 403 Cavie et 426 Artie.)

PENSIONS (TABLES) DES SOUS-OFFICIERS ET ASSIMILÉS SUR LE PIED DE PAIX. CANTINES ET CANTINIÈRES

§ 1er. — PENSIONS DES SOUS-OFFICIERS SUR LE PIED DE PAIX

Les art. 399 Infe, 394 Cavie et 418 Artie des règlemts du 28 décembre 1883, disposent ce qui suit : les adjudants et le chef armurier vivent ensemble ; il en est de même des sergents-majors ou maréchaux des logis chefs.

En détachement, les adjudants peuvent vivre avec ceux-ci.

Les sergents ou maréchaux des logis et les fourriers vivent ensemble à une ou plusieurs tables et sont nourris par une ou plusieurs cantinières désignées par le colonel.

Il est affecté des locaux spéciaux par régiment pour ces pensions.

Un soldat peut être accordé à chaque cantinière chargée de nourrir des sous-officiers.

Le prix des pensions des sous-officiers est proportionné à leur solde et réglé par le lieutenant-colonel.

Les sous-officiers mariés peuvent être autorisés à manger chez eux.

En détachement, quand il n'y a pas de cantinière, on met à la disposition des sous-officiers un cavalier et les locaux nécessaires pour leur permettre de faire préparer leurs aliments et de vivre en pension. Ce n'est qu'en cas d'absolue nécessité qu'ils tirent leur subsistance des ordinaires des soldats.

Les capitaines adjudants majors dans l'infanterie et l'artillerie et les capitaines de semaine dans la cavalerie surveillent et dirigent tout ce qui regarde la table des sous-officiers. Ils exigent que les dépenses soient régulièrement payées. A cet effet, il est placé dans les pensions un cahier servant à recevoir, chaque jour de prêt, les quittances des cantinières.

L'adjudant-major ou le capitaine de semaine vise ce cahier tous les quinze jours au moins. (Articles précités.)

PAR QUI SONT TENUES LES PENSIONS DES SOUS-OFFICIERS

Les cantinières-vivandières sont tenues, par leur commission, d'assurer, aux prix fixés par le colonel, le service des tables des sous-officiers. (Arrêté du 22 juillet 1875 et art. 216 Inf^ie^, 158 Cav^ie^ et 174 Art^ie^ des règlem^ts^ du 28 décembre 1883.)

MATÉRIEL AU COMPTE DU GÉNIE

Les pensions des sous-officiers sont installées dans les casernements (Art. 24 du règlem^t^ du 30 juin 1856, page 235) et pourvues des objets mobiliers indiqués au chapitre du casernement, page 175.

MATÉRIEL AU COMPTE DES CANTINIÈRES

Tous les autres objets sont fournis par les soins et au compte des cantinières-vivandières.

PERSONNEL

Les chefs de corps peuvent accorder un soldat aux cantinières chargées de nourrir un certain nombre de sous-officiers. (Circulaires des 12 août 1880 et 24 mars 1881 (M) et art. 399 Inf^ie^, 394 Cav^ie^ et 418 Art^ie^ des règlem^ts^ du 28 décembre 1883.)

DÉPENSES AU COMPTE DU SERVICE DES SUBSISTANCES

La ration journalière de pain (750 gr., voir *Vivres*) et la ration individuelle de chauffage pour la cuisson des aliments (1 kil. 60 de bois ou 0 kil. 80 de charbon, voir *Chauffage*) sont remises à la cantinière ainsi que les autres denrées que le règlem^t^ accorde aux sous-officiers, telles que la viande fraîche, les conserves de viande, etc. Il peut être fait exception pour le sucre et le café, s'ils tirent leur café du percolateur. Si des conserves de viande sont distribuées en nature, elles sont remises à la cantinière et le prix de la pension est diminué de l'indemnité représentative de viande. (Note du 23 mars 1884, page 271, § 2.)

CANTINES

Les conseils d'administration des corps de troupe sont autorisés à délivrer des commissions de cantinières-vivandières aux femmes légitimes des musiciens (non gradés), des soldats ouvriers, des soldats conducteurs, des tambours, clairons et trompettes et des aides-maréchaux ferrants des corps (arrêté du 22 juillet 1875, page 59, art. 225 du règlem^t^ du 26 octobre 1883, page 699, et règlem^t^ du 28 décembre 1883, sur le service intérieur), des brigadiers et maréchaux des logis maréchaux ferrants. (Décision du 4 septembre 1875, page 484). Les femmes des autres sous-officiers sont exclues de cette faveur. (Circ. du 24 juillet 1881.) L'arrêté du 10 janvier 1879, page 12, donne aux corps d'infanterie la faculté de commissionner des cantiniers civils sur l'autorisation du général commandant le corps d'armée, et la note du 1er juillet 1881, page 17, a étendu cette faculté aux autres corps de troupe de l'armée. Aux termes de l'article 174 de l'ordonnance du 3 mai 1832, page 104 (aujourd'hui l'art. 225 du règlem^t^ du 26 octobre 1883), rappelé par l'arrêté du 22 juillet 1875, les commissions doivent, à l'armée, être visées par le prévôt de la division.

Les cantinières-vivandières reçoivent, en outre, une plaque portant l'exergue : *vivandière* ou *cantinière* et le numéro d'enregistrement de leur patente. Elles sont tenues de la porter d'une manière ostensible. (Art. précité et art. 224 du règlem^t^ du 26 octobre 1883, page 699.)

Les veuves des militaires, autres que les sous-officiers exclus, peuvent être autorisées à continuer de compter dans le nombre des cantinières-vivandières attribué au corps dont elles font partie.

Le nombre des cantinières-vivandières à affecter aux corps de troupe de toutes armes est fixé par le tableau ci-après annexé à l'arrêté du 22 juillet 1875 :

Corps	Détail		Nombre	Observations
Régiment d'infanterie de ligne, 4 réparties suivant les besoins				En cas de fractionnement, ce nombre peut être dépassé provisoirement. (Arrêté du 10 janvier 1879, page 12.)
Bataillons de chasseurs à pied.	4 compagnies	1	2	
	Comp^{ie} de dépôt et section hors rang	1		
Régiment de zouaves, de tirailleurs et légion étrangère.	4 bataillons	4	6	
	Cadre de dépôt	1		
	Section hors rang	1		
Bataillon d'infanterie légère d'Afrique			2	
Compagnies de fusiliers ou de pionniers de discipline			1	
Régiments de cuirassiers, de dragons, de chasseurs et de hussards.	4 escadrons	2	3	
	1 escadron de dépôt / 1 peloton hors rang	1		
Régiment de chasseurs d'Afrique.	4 escadrons	2	4	
	2 escadrons de dépôt et peloton hors rang.	2		
Compagnie de cavaliers de remonte			1	
Régiments d'artillerie et de pontonniers			4	
Batterie ou compagnie détachée			1	
Compagnie d'ouvriers d'artillerie et d'artificiers			1	
Régiment du génie	5 bataillons 5 / Cadre du dépôt 1 / Comp. hors rang 1	7	8	
	Compagnie détachée	1		
Escadron du train des équipages.	Escadron		1	
	Compagnie détachée		1	
Section de secrétaires d'état-major et du recrutement (Dépôt.)			1	
Section de commis et ouvriers d'administration.	Stationnée à Paris		3	au dép. dans les serv. de Paris.
	Pour les autres sections		1	au dépôt.
Section d'infirmiers			1	—

(*Arrêté du* 22 *juillet* 1875.)

Corps	Détail	Nombre	Observations
Bataillon d'artillerie de forteresse.	pour 3 batteries et le dépôt	1	Circ. du 18 déc. 1883, p. 823.
	pour 1 batterie ou 1 groupe de batteries détachées	1	

L'arrêté du 22 juillet 1875, page 60, dispose ce qui suit :

Les cantinières-vivandières sont autorisées à tenir, sous la surveillance de l'autorité militaire et en se conformant, d'ailleurs, aux lois et règlements *civils* et *militaires* qui régissent la matière, des cantines où elles vendent à la troupe des denrées alimentaires et des liquides. Les tarifs des cantines sont réglés par une décision du chef de corps. La qualité des denrées et des liquides est contrôlée par les officiers de santé du corps. (Arrêté précité, art. 226 du règlem^t du 26 octobre 1883, page 699, et règlem^t du 28 décembre 1883, art. 67 Inf^{ie}, 147 Cav^{ie} et 61 Art^{ie}.) Cet arrêté rappelle que les prescriptions de l'article 174 de l'ordonnance du 3 mai 1832 (aujourd'hui art. 224 et 226 du règlem^t du 26 octobre 1883, page 698) sont applicables en tout temps aux cantinières-vivandières et que les comestibles et les liquides doivent toujours être de bonne qualité, en quantité suffisante et au moindre prix possible.

Pendant la durée des grandes manœuvres annuelles, les vins et les cidres vendus par les cantinières doivent être frappés du droit de circulation et non du droit de détail. (Circ. du 11 mai 1878, page 237.) En garnison, le droit de détail est dû par les cantinières comme par tout autre débitant ; toutefois dans les camps, forts et citadelles, elles sont affranchies de la déclaration préalable, si elles ne reçoivent que des militaires. (Lois du 28 avril 1816 et du 2 août 1872.) Il en est de même du droit de circulation. (Loi du 28 avril 1876.) Pour les spiritueux, les droits de circulation et de détail sont remplacés par un droit dit de consommation. (Même loi.) Les liqueurs, fruits à l'eau-de-vie, les eaux-de-vie en bouteille et l'absinthe sont taxés comme les spiritueux en cercle, suivant la capacité réelle des bouteilles et la richesse alcoolique du liquide. (Loi du 26 mars 1872.) Toutes les boissons sont frappées en outre d'un droit d'entrée dans les villes de 4,000 habitants et au-dessus. (Lois du 28 avril 1816 et du 12 décembre 1830.) (Voir *Droits d'octroi*).

Les cantinières-vivandières sont placées sous la surveillance des chefs de bataillon, des adjudants-majors et des adjudants pour tout ce qui concerne leur profession. Elles ne doivent faire aucun crédit et les infractions à cette règle peuvent être suivies du retrait de la commission. Elle peut aussi être retirée en cas d'inconduite notoire ou de faute grave, sur l'avis conforme du conseil d'administration du corps. (Arrêté du 22 juillet 1875 précité, art. 225 du règlem[t] du 26 octobre 1883 et règlem[t] du 28 décembre 1883 sur le service intérieur.)

Elles tiennent un cahier de quittances pour les pensions des sous-officiers, caporaux ou brigadiers et soldats. (Règlem[t] du 28 décembre 1883, art. 216, 158 et 174.)

Logement, couchage, etc., des Cantinières.

Les cantinières-vivandières sont logées dans les casernes. Elles reçoivent une chambre à feu servant de cuisine, un cabinet et un petit magasin ou un caveau, indépendamment des chambres affectées aux pensions des sous-officiers. Celles qui ne tiennent ni pension ni cantine ne reçoivent qu'une chambre à feu et un cabinet. (Art. 24 du règlem[t] du 30 juin 1856, page 235.) Leurs chambres ne sont pourvues que de planches à bagages. (Art. 42.) Lorsque le logement ne peut leur être fourni en nature, une indemnité peut leur être accordée. (Voir *Logement*, page 212.) Toutefois, elles doivent, dans tous les cas, pourvoir par elles-mêmes et à leurs frais au remisage, en dehors des établissements de l'Etat, du matériel roulant qu'elles emploient. (Circ. du 6 décembre 1876, page 816 S.)

Comme moyen de couchage, il leur est attribué une fourniture complète du service des lits militaires. (Art. 9 du règlem[t] du 2 octobre 1865, page 81.)

Elles n'ont droit à aucune autre allocation. Toutefois, sur le pied de guerre, elles peuvent être admises à recevoir des rations en nature (ce mode de procéder est admis en Algérie).

Matériel au compte des Cantinières.

A la date du 28 juillet 1854, page 390, le ministre a décidé que le matériel réglementaire de chaque cantinière se composerait d'un cheval ou mulet et d'une voiture ; mais la circ. du 7 août 1883 (M) dispose qu'en temps de guerre cette voiture sera attelée de 2 chevaux. Ce matériel suit le corps dans ses mouvements, et si ce corps est embarqué ou voyage par le chemin de fer, ledit matériel est transporté par les mêmes voies au compte de l'administration de la guerre (28 juillet 1854) Les règlements du 28 décembre 1883 sur le service intérieur rappellent que chaque cantinière doit être pourvue d'une voiture du modèle réglementaire.

Aux termes de l'arrêté du 22 juillet 1875, page 60, ces vivandières sont tenues de se procurer à leurs frais le cheval et la voiture, ainsi que les harnais (circ. du 6 décembre 1876, page 815, et du 7 août 1883) ; toutefois, sur le pied de guerre deux chevaux de réquisition sont mis à leur disposition, pour leur permettre de suivre la fraction mobilisée du corps à laquelle elles sont attachées ; ces chevaux sont nourris par l'Etat. (22 juillet 1875.)

La voiture doit être du modèle déterminé par le service de l'artillerie (circ. du 6 décembre 1876, page 815 S) ; mais l'achat en est fait dans l'industrie civile au moment du besoin ; elle peut être à 2 ou à 4 roues, mais le poids, non compris le chargement, n'en doit pas dépasser 625 kilog. Les cantinières doivent se pourvoir de la voiture type lors du remplacement des voitures irrégulières (circ. du 27 janvier 1883 M) ; on peut demander au service de l'artillerie, à charge de remboursement, les roues et essieux. (Dép. minist. du 22 juin 1881 M.)

Les articles 224 et 226 du règlem[t] du 26 octobre 1883, page 698, disposent que cette voiture doit être revêtue d'une plaque indiquant le nom, le numéro de la patente et l'indication de la fraction à laquelle la cantinière propriétaire est attachée.

MUSIQUES & FANFARES

Dispositions générales.

Le chef de musique a, dans l'infanterie, la direction exclusive du corps de musique, personnel et matériel. Pour l'administration seulement, il relève de l'officier d'habillement, la section de musique étant rattachée, pour cet objet, au petit état-major ; mais il est responsable du matériel envers le conseil d'administration. (Art. 79 du règlemt du 28 décembre 1883.)

Dans les corps de cavalerie, un officier est chargé de la surveillance de la fanfare et de l'école des trompettes (art. 149) ; et, dans l'artillerie, un capitaine adjudant-major désigné par le colonel est chargé de la surveillance des trompettes (art. 157), la musique étant rattachée à l'école d'artillerie.

Le matériel des musiques ou fanfares figure à la section II du registre des entrées et des sorties de matériel, mais les instruments n'y sont inscrits qu'en total et au *classement bon*.

La nomenclature H I du service de l'habillement comprenant ces instruments sous un seul numéro sommaire, tous les accessoires tels que les diapasons, les métronomes, etc., doivent figurer dans les comptes comme *instruments*. Le contrôle général sur lequel sont inscrits ces accessoires donne à ce sujet les renseignements de détail nécessaires. (Art. 130 de l'instr. du 1er mars 1880, page 393.)

Les objets qui ne sont pas inscrits sur ce contrôle ou qui ne figurent pas dans la nomenclature H I, ne sont pas compris dans la comptabilité des corps ; ils sont considérés comme consommés dès qu'ils sont mis en service. (Dispositions finales de l'art. 130 de l'instr. précitée, page 393.)

Les chefs de musique, chefs de fanfare et trompettes-majors tiennent un compte courant du matériel établi dans la forme prescrite pour la deuxième partie du livre de détail (art. 96 *bis* de l'instr. et du décr. du 1er mars 1880, pages 366 et 393), ainsi qu'un catalogue des partitions et morceaux de musique. (Art. 40 de l'instr. du 26 avril 1884 sur les inspections administratives.)

En cas de perte, de déficit ou de détérioration, le conseil d'administration établit des bulletins d'imputation individuels au nom des détenteurs responsables. (Mod. n° 61 du décr. du 1er mars 1880 ; Art. 96 *bis* de l'instr. du 1er mars 1880.) Quant aux bulletins de réparations, ils sont conformes au mod. n° 66 annexé à l'ordonnance du 10 mai 1844. (Art. 210). V. page 74.

Dans chaque corps, il est tenu, par l'officier d'habillement, un contrôle général des instruments de musique, clairons ou trompettes. Dans les compagnies ou sections formant corps, les clairons ou trompettes sont compris sur le contrôle des armes. (Art. 117 du décr. du 1er mars 1880, page 364.) Voir, pour tous renseignements, au chapitre *Habillement*, page 173.

Les distributions et réintégrations ont lieu sur la production de bons ou bulletins (mod. n° 36) établis par les chefs de musique ou de fanfare et approuvés par le major. (Art. 96 *bis* et 132 du décr. et de l'instr. du 1er mars 1880.)

Nota. L'instruction du 17 mars 1884, page 470 (S) sur les inspections générales prévoit la tenue d'un registre des dépenses de la musique.

MUSIQUES

Musiques des Corps d'Infanterie (y compris les zouaves et la légion étrangère), du Génie et des Écoles d'Artillerie

PERSONNEL

Aux termes du décret du 5 octobre 1872, page 614 la section de musique de chaque régiment d'infanterie, du génie, ou de chaque école d'artillerie, est composée de la manière suivante :

	1	chef de musique (1),
	1	sous-chef de musique,
	38	soldats-musiciens.
Total...	40	(Art. 1er du décr. du 5 octobre 1872 ; Loi du 13 mars 1875, page 309 et suivantes, et loi du 24 juillet 1883, page 64, concernant les musiques des écoles d'artillerie.)

NOTA. — La hiérarchie des musiciens déterminée par le décret du 16 août 1854 est supprimée.

Les anciens musiciens *classés* peuvent être admis à rester comme commissionnés ou rengagés, mais ils doivent disparaître par extinction. (Art. 2 du décr. du 5 octobre 1872 et décr. du 7 mai 1874, page 529, S.)

La composition de la musique des régiments de zouaves et de la légion étrangère est la même que celle des régiments de ligne. (Loi du 13 mars 1875, page 316, 321.)

Allocations diverses.

§ 1er. — *Dépenses au compte du service de la solde.*

Les chefs de musique ont droit aux prestations en deniers et en nature attribuées aux sous-lieutenants dans les corps dont ils font partie. Après dix ans de fonctions, ils peuvent obtenir, par décision présidentielle, la solde accordée aux lieutenants de première classe.

Les sous-chefs reçoivent 2 fr. 57 c. par jour dans l'infanterie, et 3 fr. 77 dans l'artillerie et le génie.

Les élèves-musiciens reçoivent la solde de soldat de première classe (0,30 c.) ; pour les élèves des musiques d'artillerie, cette solde est celle des servants à pied de première classe (0,41 c.).

Les musiciens en état de faire leur partie jouissent de la solde attribuée aux tambours, clairons (0,40 c.) ou trompettes (0,65 c. dans l'artillerie), et après dix ans de fonctions, de la solde de caporal-tambour, caporal-clairon (0,67 c.) ou de brigadier-trompette (1 fr. 02 c. dans l'artillerie.) Mais cet avantage n'est jamais concédé à plus de la moitié de l'effectif.

(Observations qui précèdent les tarifs du 25 décembre 1876, page 783.)

§ 2. — *Recettes et dépenses au compte de la masse d'entretien* (1re *portion*).

RECETTES

Cette portion de la masse générale s'alimente au moyen d'une somme de 7,000 fr. qui est allouée annuellement pour l'entretien de la musique. (Décr. du 5 octobre 1872, page 615, art. 8, et tarif n° 55 du 25 décembre 1875, page 922.) Pour les musiques de nouvelle formation, il est, en outre, alloué une première mise fixée à 8,000 francs pour l'infanterie, le génie et l'artillerie, et à 4,800 francs pour les régiments de pontonniers. (Règlemt du 14 octobre 1872, page 622, et tarif n° 53 du 5 décembre 1840, page 778.)

Ces allocations sont prises en recette, pour les musiques des écoles d'artillerie, par les corps qui sont chargés de leur administration. (Dép. du 13 février 1873 M.)

L'instr. du 26 avril 1884, art. 40, page 1062 (S) dispose qu'aucune retenue ne doit être exercée sur la solde des officiers ou de la troupe pour accroître le fonds de la musique.

DÉPENSES

Les dépenses ne doivent jamais dépasser l'allocation annuelle. (Note du 14 juin 1873, p. 659.) Lorsqu'il y a nécessité de dépasser et par suite de faire un prélèvement sur l'avoir normal, on doit demander au préalable l'autorisation du ministre. (Note du 16 janvier 1885, p. 119.)

Les dépenses qui tombent à la charge de la première portion de la masse générale d'entretien sont celles mentionnées ci-après (2), savoir :

(1) Les médailles remportées dans les concours ne sont pas attribuées aux chefs de musique ; elles sont conservées dans les archives des corps. (Décis. du 12 décembre 1863, page 709.)

(2) Pour les pièces justificatives à produire, voir *Masse générale d'entretien*, dépenses.

1° *Primes mensuelles de fonctions au chef de musique, au sous-chef de musique et aux musiciens* (soldats ou commissionnés). Le chiffre en est fixé par le conseil d'administration. (Art. 8 du décr. du 5 octobre 1872, page 615; art. 12 du règlem[t] du 14 octobre 1872, page 622, et décis. du 18 octobre 1855, page 698.) La décis. du 6 avril 1883, page 360, fixe comme il suit les primes dont il s'agit :

	CHEFS de musique.		SOUS-CHEFS de musique.		CHEFS de fanfare.		MUSICIENS.	
	Minimum.	Maximum.	Minimum.	Maximum.	Minimum.	Maximum.	Minimum.	Maximum.
Pendant les 5 premières années de fonctions	50	60	25	30	15	20	6 suppr. (29 juin 1883, p. 845.)	40 francs. (Ce chiffre peut être dépassé et porté jusqu'à 75 francs dans des cas exceptionnels pour les instrumentistes possédant un talent réel.)
Pendant les 5 années suivantes		70		40		30		
Après 10 ans de fonctions		80		50		40		

Les fixations minima ne seront dépassées que lorsque la 1re portion de la masse générale d'entretien permettra la dépense (6 avril 1883.) D'un autre côté, la décis. du 29 juin 1883, page 845, dispose que les conseils d'administration sont libres, comme par le passé, de n'allouer de primes qu'aux soldats musiciens qui paraissent les mériter et d'en fixer le taux sans autre condition que celle de ne pas dépasser le maximum. Par suite, il n'y a plus de minimum obligatoire pour les soldats (29 juin 1883).

Les primes sont allouées aux musiciens d'après leur talent et les services qu'ils rendent, mais elles doivent être renfermées dans les fixations ci-dessus. (Décis. du 12 janvier 1875, page 61, S.)

La décision du 12 janvier 1875, page 61 (S) ajoute, d'ailleurs, que, sous les réserves exprimées ci-dessus, les conseils d'administration des régiments d'infanterie ont la libre disposition du crédit qui leur est alloué pour l'entretien de la musique.

Ces primes sont fixées chaque semestre par une délibération du conseil d'administration. (Décret du 16 août 1854, page 400.)

Dans les écoles d'artillerie, ces primes sont fixées par le général commandant l'école, sur la proposition du conseil d'administration du corps qui administre la musique. (Circ. du 7 avril 1873, page 269, et décis. présid[lle] du 12 janvier 1875, page 61, S.)

D'après la décision du 4 mars 1858, page 440, les chefs et sous-chefs de musique et musiciens cessent d'avoir droit à la prime dans les diverses positions d'absence autres que celles résultant d'un ordre.

Toutefois, les conseils d'administration peuvent, à leur retour au corps, leur allouer, à titre de secours, une somme équivalente au quart de celle qu'ils auraient touchée s'ils eussent été présents. Ce bénéfice ne peut être accordé à ceux qui se sont trouvés en position d'absence illégale. (4 mars 1858.) Une dépêche ministérielle du 12 décembre 1881 (M) rappelle que cette instruction du 4 mars 1858 est toujours en vigueur.

Les hommes punis de prison n'ont pas droit à la prime de fonctions. (Dép. minist. du 27 avril 1870 M.)

Les primes sont payées à la fin de chaque mois, à terme échu. (Cir. du 13 décembre 1827, page 228.) En cas de radiation ou d'absence, elles sont payées sur quittance individuelle le jour du départ des ayant-droit. Le décompte est établi par mois de 30 jours par la raison que ces primes sont fixées par mois. (Art. 5 du décr. du 16 août 1854, page 400.)

Aux termes de la circ. du 22 janvier 1827, page 220, le paiement des primes est justifié par des états émargés des parties prenantes. Ces états sont conformes au mod. n° 2 annexé à l'instruction du 1er mars 1880. (Art. 22 de cette instruction.)

D'après une dépêche du 31 janvier 1865 (M), il ne doit être accordé aucune gratification aux musiciens en dehors des primes, pour les travaux ou copies de musique qu'on est en droit d'exiger d'eux. Cette disposition est rappelée par les instructions annuelles sur les inspections générales.

2° *Frais d'entretien des élèves au Conservatoire de musique.* — Les cours du Conservatoire de musique ayant été supprimés, les corps n'ont plus à effectuer les versements au Trésor prescrits par les circulaires du 30 avril 1856 et du 27 mai 1868 (M). (Circ. du 14 février 1873 M.)

3° *Achat, entretien et remplacement des instruments de musique.* (Circ. du 13 décembre 1827, page 226, et art. 12 du règlem[t] du 14 octobre 1872, page 622.) — Les remplacements n'ont lieu qu'après réforme dûment prononcée. (Art. 231 du décr. du 1er mars 1880, page 377.)

La composition instrumentale est celle arrêtée par le décr. du 26 mars 1860, page 78 (Art 1er du décr. du 5 octobre 1872, page 614 (1),

Savoir :

Flûtes (une grande et une petite)	2
Petites clarinettes	2
Grandes clarinettes	4
Hautbois	2
Saxophones-sopranos	2
— altos	2
— ténors	2
— barytons	2
Cornets à pistons	2
Trompettes à cylindre	2
Trombones	3
Saxhorns-contraltos si-bémol	2
Saxo-trombas-altos mi-bémol	3
Saxhorns-barytons si-bémol	2
— basses si-bémol à quatre cylindres	3
— contre-basse mi-bémol	1
— contre-basse grave si-bémol	1
Caisse claire ou roulante	1
Grosse caisse	1
Cymbales (paire de)	1
Total	40

Les modèles-types sont déterminés par la note ministérielle du 11 août 1873, page 543.

Les corps sont, en outre, pourvus d'étuis (ou sacs en basane) pour les instruments les plus fragiles. (Description de l'uniforme du 15 mars 1879, art. 167.) Les instruments qui doivent être pourvus d'un sac sont indiqués par la note du 11 août 1873, page 543, et par celle du 30 mai 1884, page 664. (Voir ci-après.)

D'après la circulaire du 19 août 1845 et celle du 8 septembre 1847 (supprimées par la commission de refonte du *Journal militaire*) et le décret du 5 octobre 1872, page 614, la fourniture de ces étuis, comme celle des instruments, est à la charge de la première portion de la masse générale d'entretien. Mais l'entretien incombe à l'abonnataire du grand équipement. (Art. 1er du mod. d'abonnement annexé à la décis. du 21 avril 1879, page 692.)

(1) On ne doit pas se servir d'autres instruments. (Art. 40 de l'instr. du 26 avril 1884, sur les inspections administratives.)

Tableau indicatif du prix et de la durée réglementaire des instruments en usage.

(Note ministérielle du 11 août 1873, page 543.)

DÉSIGNATION DES INSTRUMENTS.	PRIX SANS SAC EN BASANE.	SAC EN BASANE.	DURÉE.	OBSERVATIONS.
	fr.	fr.	ans.	
Petite flûte en ré-bémol, Modèle 1861.	100	»	10	
Grande flûte en ut, —	250	»	10	
Petite clarinette mi-bémol, —	200	»	8	
Grande clarinette si-bémol, —	200	»	8	
Hautbois. — Système Boëhm, mais de préférence le système du Conservatoire de Paris ; bois de palissandre fin, garni de quinze clefs en maillechort, y compris la clef d'octave à bascule, ayant deux tiges s'opposant à l'obstruction des trous ; un levier à double effet fait correspondre les clefs de si-bémol et d'ut avec le pouce de la main gauche..........	200	«	7	(A) Les accessoires de cette caisse sont payés d'après les fixations applicables aux caisses de tambour. (Voir page 128.)
Saxophone-soprano, Modèle 1861.	175	6	6	
Saxophone-alto, —	200	22	6	
Saxophone-ténor, —	200	24	6	(1) Les cymbales ont subi une augmentation de 40 p. 0/0 en Turquie ; elles doivent être ramenées à 12 pouces, pour qu'on puisse les maintenir au prix de 110 francs.
Saxophone-baryton, —	225	25	6	
Cornet à pistons —	100	13	6	
Saxhorn-contralto si-bémol, —	85	13	6	
Trompette à trois pistons —	125	15	6	
Saxo-tromba-alto, —	100	15	6	
Saxhorn-baryton, —	110	22	6	
Trombone à quatre pistons, —	130	15	6	(2) L'emploi des trombones et des trompettes à six pistons sera obligatoire dans les musiques d'école d'artillerie à créer ; et d'autre part, l'emploi de tous les instruments à six pistons sera laissé facultatif pour les écoles d'artie comme pour les musiques d'infie qui fonctionnent déjà, ainsi que pour les fanfares de cavalerie.
Saxhorn-basse si-bémol, —	150	23	6	
Saxhorn-contre-basse mi-bémol, —	160	24	6	
Saxhorn-contre-basse grave si-bémol, —	250	30	6	
Grosse caisse, —	150	»	10	
Caisse claire (A), —	60	»	20	
Cymbales (1), —	110	12 (Note du 30 mai 1884, 664.)	6	
Instruments sax à six pistons (2).				
Trombone..................................	200	15	6	
Trompette..................................	195	15	6	
Cornet..................................	185	13	6	
Petit saxhorn-soprano mi-bémol..................	150	12	6	
Saxhorn-contralto si-bémol..................	165	15	6	
— alto..................................	200	15	6	
— baryton..................................	225	22	6	
— basse..................................	250	23	6	
— contre-basse mi-bémol..................	300	24	6	
— contre-basse si-bémol..................	350	30	6	

Les accessoires, tels que les anches de clarinettes, de saxophones, etc., sont remplacés quand il y a lieu ; le prix n'en est pas fixé. Les prix ordinaires sont :

Anches de saxophone soprano.... 5 fr.
— — alto....... 6
— — ténor...... 7
— — baryton.... 8
Anches pour hautbois, 1 fr. 50 la douzaine.
— de clarinette, 3 fr. —

4° *Frais de marquage et de numérotage des instruments.* (Art 134 de l'ordonn. du 10 mai 1844, modifiée par le décr. du 1er mars 1880, page 369.) Ils sont marqués de la marque du régiment, du millésime et du numéro d'ordre, dans chaque série d'instruments. (Descript. de l'uniforme du 15 mars 1879, page 171, et art. 238 du décr. du 1er mars 1880, page 379.)

5° *Achat de cahiers, papiers de musique et cartons.* (Décis. des 22 janvier 1827, page 220, et 13 décembre 1827, page 226.) — *Achat de partitions, de méthodes.* (Voir le mod. d'état n° 105 des recettes et dépenses de la masse générale d'entretien.)

La note ministérielle du 7 juillet 1879, page 27, autorise les corps à acheter dix exemplaires par musique et cinq par fanfare de la méthode d'ensemble pour instruments à vent de M. Stiéger. Prix : 3 fr. l'exemplaire ; on doit s'adresser à MM. Goumas, Lecomte, etc., fournisseurs à Paris. (Note du 20 février 1880, page 64. Voir § 9°.)

La fourniture de l'encre, des plumes, porte-plumes, etc., nécessaires pour copier la musique sur les cartons n'a pas fait l'objet de dispositions réglementaires, mais elle est de nature à être mise au compte de la masse générale d'entretien comme la fourniture des cartons.

Une dép. minist. du 31 janvier 1865 et les instructions annuelles sur les inspections disposent qu'aucune gratification ne doit être accordée aux musiciens pour les copies.

6° *Achat d'un métronome.* — Une décision du 13 mars 1848 autorisait les corps de *troupes à cheval* à acheter au prix de 20 fr. un métronome inventé par Buhl pour obtenir l'uniformité de mouvement dans l'exécution ; mais cette décision n'a pas été reproduite dans le *Journal militaire* refondu.

7° *Achat d'un diapason en si-bémol.* — En 1861, un diapason a été fourni aux corps par le magasin central de Paris. La valeur en a été versée au Trésor par prélèvement sur les fonds de la première portion de la masse générale d'entretien. (Circ. du 5 juin 1861 M.) — (Voir aussi l'état n° 105 des recettes et des dépenses.) Une décision du 19 août 1845, non reproduite au *Journal* refondu, avait antérieurement prescrit l'usage de cet instrument. (Prix ordinaire : 15 fr. 40 c.)

8° *Abonnements aux journaux de musique.* (Décis. du 13 décembre 1827, page 227, et circ. du 24 novembre 1854 M.)

Les publications principales sont :

Le journal *le Métronome*, abonnement annuel.................	55 »
— *Saxophones* —	5 »
Parties supplémentaires....................................	12 »
TOTAL..................	72 »

Le *Moniteur musical*, publié par Goumas et Cie, à Paris, 18, passage du Grand-Cerf. — Prix : 130 fr. par an.

9° *Dépenses de l'école de musique* dans l'infanterie, le génie et l'artillerie. — Le règlement du 14 octobre 1872, page 620, art. 8, dispose qu'afin d'assurer le recrutement des musiciens, l'école de musique régimentaire, créée dans chaque corps en vue de former des élèves, continuera de fonctionner dans les conditions indiquées par l'arrêté du 12 avril 1861, page 219.

Cet arrêté fixait le nombre des élèves à 15 pour les régiments de troupes à pied, et à 10 pour ceux de troupes à cheval ; mais la circ. du 29 juin 1880 (M) l'a réduit à 12 pour les premiers. (Les corps de cavalerie n'ayant plus de musiciens, cette disposition ne les concerne plus.) Dans l'artillerie, les élèves musiciens sont classés comme servants. (Circ. du 29 janvier 1883, page 88.)

Ces élèves sont instruits à solfier, à vocaliser (Voir *Ecole de chant*) et à jouer d'un instrument de musique militaire. (12 avril 1861, page 219.)

Aux termes de l'article 6 de l'article précité, les corps doivent organiser leurs écoles de musique en profitant des ressources que leur offrent les instruments réformés. — La note du 24 mai 1862, page 584, énumère les instruments à mettre entre les mains des élèves :

1 flute grande ou petite,
1 grande clarinette si-bémol,
1 saxophone soprano,
1 cornet à pistons.
1 trombone,
1 saxo-tromba-alto mi-bémol,
1 saxhorn-basse si-bémol 4 cylindres,
1 saxhorn-contre-basse grave si-bémol,
1 petite clarinette mi-bémol,
1 hautbois,
1 saxophone-ténor,
1 trompette,
1 saxhorn-contralto si-bémol,
1 saxhorn-baryton si-bémol,
1 saxhorn-contre-basse mi-bémol.

15

Les corps doivent composer cette collection au fur et à mesure des réformes (note du 24 mai 1862), et une dépêche (M) du 17 décembre 1861 interdit tout achat d'instrument pour les élèves des écoles de musique.

Les méthodes à adopter de préférence sont celles ci-après :

Méthode de flûte (Dorus),
— de hautbois (Brod),
— de clarinette (Klosé),
— de saxophone (G. Kastner),
— de cornet à piston (Forestier),
— de trompette (Dauverné),
— de saxhorn (Adolphe Sax),
— de trombone (Dieppo),
Grand traité d'instrumentation et d'orchestration (Berlioz).

Afin de rendre la dépense aussi peu sensible que possible, les corps doivent, pour se procurer ces méthodes, profiter des occasions avantageuses qu'ils peuvent rencontrer.

La dépense est imputable sur la première portion de la masse générale d'entretien. (Note du 24 mai 1862, page 585.) Une note du 8 août 1864, page 962, recommande l'adoption dans les musiques de l'armée, pour l'enseignement des instruments de cuivre, de la méthode de M. Arban. — Voir ci-dessus, § 5°, pour l'achat de la méthode Stiéger.

Nota. — Les frais d'entretien qu'occasionne cette école sont imputables sur les mêmes fonds.

9° bis *Fourniture des gibernes porte-musique et de leurs banderoles.* — La description des uniformes en date du 15 mars 1879, pages 319, 333, 344, 366, 476, 529, porte que, dans les corps d'infanterie, les bataillons de chasseurs, les régiments de zouaves, la légion étrangère, les régiments d'artillerie chargés d'administrer les musiques de l'arme, et les régiments du génie, la fourniture des gibernes porte-musique et de leurs banderoles est au compte de la première portion de la masse générale d'entretien, et l'état (n° 105) des recettes et dépenses en prévoit aussi l'imputation sur ce fonds.

La description du 15 mars 1879 en autorise l'achat direct.

Les prix de la nomenclature du service de l'habillement en date du 30 décembre 1880, page 473, sont les suivants :

Giberne :	Infanterie et génie........	6 75
—	Cavalerie et artillerie.....	6 90
Banderole :	Pour toutes les armes.....	3 30
Grenade :	Artillerie.................	0 17

Ces prix sont ceux à observer dans les achats ; bien que les objets de cette nature destinés aux musiques des écoles d'artillerie soient tarifés 9 fr. 25 et 3 fr. 25 par l'instruction du 15 mars 1879, ce sont les fixations ci-dessus qui leur sont applicables.

Cette interprétation est fondée sur ce que les prix de la nomenclature sont les seuls qui soient en rapport avec les cours des matières premières et que les tarifs qui font suite à la description de l'uniforme, lesquels ne sont modifiés que dans le cas de refonte de la description elle-même, n'ont dans ces conditions que le caractère de simple renseignement. (Voir *Achats des corps.*)

L'entretien des gibernes et banderoles est au compte de l'abonnataire du grand équipement. (Art. 1er du mod. d'abonnement qui fait suite à la décis. du 21 avril 1879, page 692.) Ces effets n'y sont pas spécialement mentionnés, mais ils y sont compris sous la dénomination d'effets de grand équipement. D'ailleurs, la rédaction du 15 octobre 1874, page 453, visait déjà cette obligation. — Lorsqu'il n'y a pas d'abonnataire, c'est la première portion de la masse générale d'entretien qui doit supporter les frais d'entretien, par la raison qu'elle supporte ceux d'achat. Dans ce cas, on applique le tarif du 7 juillet 1881, page 49 (S).

10° *Frais occasionnés par l'école de chant.* — La décision du 22 mars 1846, page 669, rend obligatoire l'étude du chant dans tous les corps d'infanterie et du génie, et celles du 31 décembre 1841, page 71, et du 31 mai 1843, page 182, en recommandent l'enseignement par la méthode Wilhelm. — La décision du 31 décembre 1841 donne la composition du matériel nécessaire à cet enseignement et prescrit d'en imputer le prix à la première portion de la masse générale d'entretien, savoir :

Manuel en 2 volumes in-8° brochés	9 50
Guide de la méthode	1 50
Diapason	1 50
Une série de tableaux brochés (1er et 2e cours)	12 50
L'indicateur vocal (tableau n° 42) collé sur une planche, de manière que les clés et notes soient mobiles	4 »
	29 »
Cartonnage des tableaux	17 50
TOTAL	46 50

11° *Achat de sourdines pour les cérémonies funèbres.* — Les instruments des clairons ou trompettes des détachements qui assistent aux cérémonies funèbres sont pourvus d'une sourdine dont la description est insérée au *Journal Militaire,* à la date du 11 octobre 1881, page 401 (S).

Les corps sont chargés d'acheter ces sourdines sur les fonds de leur masse générale d'entretien (1re portion.) Ils peuvent adresser leurs commandes, soit à leurs facteurs ordinaires, soit à la maison Besson, 92, rue d'Angoulême, à Paris, en donnant le nom du fabricant qui a établi les clairons ou trompettes. Prix : 0 fr. 50. (11 octobre 1881.)

12° *Excédents de recettes à virer chaque année à la deuxième portion de la masse générale d'entretien.* — Par sa circulaire du 14 janvier 1868, page 6, le ministre a prescrit de verser (par virement dans la centralisation du 4e trimestre) de la première à à la deuxième portion de la masse générale d'entretien, toute somme excédant l'avoir normal ci-après déterminé :

Régiments d'infanterie et du génie et régiment étranger	2,500 »
Régiment de pontonnier	2,000 »

Cette mesure a été étendue par la circulaire du 18 juin 1874 (M) aux autres corps pourvus de musiques ou de fanfares, savoir :

Régiments d'artillerie	2,000 »
— de cavalerie	400 »
Bataillons de chasseurs à pied	250 »

La circulaire du 14 janvier 1868 prescrit d'effectuer ce virement à l'époque du 1er janvier, ce qui revient à dire que chaque année, à la clôture de la centralisation des recettes et dépenses du 4e trimestre, la somme excédant la fixation ministérielle doit être passée par virement à la deuxième portion de la masse générale d'entretien.

Ce principe est rappelé par instructions annuelles sur les inspections administratives.

FANFARES

DISPOSITIONS GÉNÉRALES (VOIR CI-DESSUS, PAGE 269.)

Fanfares des bataillons de chasseurs à pied

La décision ministérielle du 18 juillet 1875, page 54, fixe comme il suit la composition des fanfares des bataillons de chasseurs à pied :

Sergent-major chef de fanfare	1
Caporal-clairon détaché d'une compagnie	1
Soldats-instrumentistes détachés des compagnies	15
Clairons	20

Soit 17 instrumentistes : le chef, le caporal et 15 soldats.

Aucun supplément de solde n'est accordé aux instrumentistes. (Décis. du 18 juillet 1875), mais ils touchent des primes de fonctions. (Arrêté du 18 février 1854, page 25.)

Une somme de 800 francs est accordée annuellement à titre de première portion de la masse générale d'entretien, pour les achats de musique, les achats et remplacements d'instruments et le paiement des primes accordées aux exécutants. (Arrêté du 18 février 1854, page 25, décis. du 27 mai 1854, page 367, et 18 juillet 1875, page 54.) Cette dernière décision et la note du 16 janvier 1885, p. 119, prescrivent de ne jamais dépasser les allocations sans autorisation ministérielle. (Pour la fixation et le décompte des primes, voir ci-dessus, page 270.)

Les instructions en vigueur ne prévoient pas de première mise.

COMPOSITION INSTRUMENTALE

Les instruments susceptibles d'être délivrés aux *instrumentistes* sont les suivants :

2 cornets à pistons;
3 trombones;
1 saxhorn-soprano mi-bémol;
2 saxhorns-contraltos si-bémol;
2 saxhorns-trombas-altos mi-bémol;
2 saxhorns-barytons si-bémol;
3 saxhorns-basses si-bémol;
1 contre-basse si-bémol grave;
1 instrument pour le chef de fanfare, à son choix.
17 (Décis. ministérielle du 18 juillet 1875, page 54.)

(Voir pour les prix, page 273.)

Excédent de l'avoir normal. (Voir page 276.)

Fourniture des gibernes et des banderoles. (Voir ci-dessus, page 275.)

Achat de la méthode d'ensemble pour instruments à vent, de M. Stiéger, à raison de 5 fr. par fanfare, imputable à la première portion de la masse générale d'entretien. (Note du 7 juillet 1879, page 27.) Prix : 3 francs l'exemplaire. (Note du 20 février 1880, page 64.)

DÉPENSES AU COMPTE DU SERVICE DE L'HABILLEMENT

Clairons et cordons d'ordonnance. Ces objets sont achetés sur les fonds du service de l'habillement. (Décr. du 19 novembre 1871, page 405, et circ. du 15 mars 1872, page 54.)

NOTA. — La dépense est comprise dans les relevés. (Mod. n° 21 *bis*) des dépenses remboursables par ce service.

Prix : Clairon, 20 fr. ; cordon, 3 fr. 40 c. (Nomencl. du service de l'habillement du 30 décembre 1880, modifiée.)

Le tarif du 7 juillet 1881, page 49 (S), fixe le prix maximum des réparations aux clairons.

Fanfares des régiments de tirailleurs algériens et des bataillons d'infanterie légère d'Afrique (1)

La loi du 13 mars 1875, page 287, sur les cadres de l'armée, fixe comme il suit la composition du personnel de ces fanfares :

RÉGIMENTS DE TIRAILLEURS ALGÉRIENS

Un sergent-major chef de fanfare (13 mars 1875, page 318.)
Deux caporaux-clairons, —
Vingt clairons-musiciens, —
Vingt-quatre clairons de compagnie. —

BATAILLONS D'INFANTERIE LÉGÈRE D'AFRIQUE

Un sergent-major chef de fanfare. (13 mars 1875, page 323) (1).
Un caporal-clairon, —
Trois clairons par compagnie. —

(1) Pour le carnet de compte courant, le contrôle, etc., à tenir, se reporter page 269.

Douze instrumentistes pris dans les compagnies. (9 janvier 1876, page 22.)

Le tarif du 25 décembre 1875, n° 55, fixe à 800 francs l'abonnement annuel d'entretien. — Pour la première mise, voir *Masse générale d'entretien.*

Les autres dispositions concernant les *fanfares des bataillons de chasseurs à pied* sont applicables à ces fanfares.

La solde du personnel est fixée par les tarifs nos 19 et 21 du 25 décembre 1875, pages 835 et 838.

Les clairons musiciens et les clairons pouvant jouer d'un instrument ont seuls droit à des primes. (Voir *Fanfares des bataillons de chasseurs.*)

Fourniture des gibernes et banderoles. — L'instruction du 15 mars 1879, pages 355 et 357, autorise les régiments de tirailleurs à acheter ces objets, mais la même autorisation n'est pas accordée aux bataillons d'infanterie légère d'Afrique, page 380. (Voir ci-dessus, page 275.)

Fourniture des sourdines. (Voir page 276, ci-dessus.)

DÉPENSES AU COMPTE DU SERVICE DE L'HABILLEMENT

Clairons d'ordonnance et cordons. (Voir ci-dessus, page 277.)

Excédent de l'avoir normal. (Voir page 276.)

Fanfare des régiments de cavalerie (1).

Le décret du 5 octobre 1872, article 9, page 614, dispose que chaque régiment de cuirassiers, de dragons, de chasseurs, de hussards et de chasseurs d'Afrique aura une fanfare composée de :

Un maréchal des logis trompette major,

Un brigadier-trompette,

Six soldats musiciens de bonne volonté pris dans les escadrons et y comptant (Instr. du 17 mars 1884, page 542 S),

Quatre trompettes par escadron et deux élèves.

Le règlement du 14 octobre 1872, article 12, page 622, accorde des primes de fonctions aux chefs de fanfare, aux brigadiers-trompettes et aux soldats musiciens.

Les soldats-musiciens titulaires supprimés par la loi du 13 mars 1875, qui sont rentrés dans le rang comme trompettes en pied ou à la suite, touchent la prime (circ. du 7 juillet 1875, page 13), c'est-à-dire que les trompettes jouant d'un instrument de musique peuvent recevoir des primes, ainsi que cela a lieu dans les corps de troupes à pied.

Ces primes sont fixées par les conseils d'administration d'après le talent des instrumentistes et imputées sur l'abonnement annuel. (Art. 12 du règlemt du 14 octobre 1872, page 622.) Pour ces fixations, se reporter à la page 271.

L'abonnement annuel est fixé à 1,000 francs par la décision du 25 août 1875, page 121, et le tarif n° 55 du 25 décembre 1875. Une première mise de 1,000 francs est accordée par les tarifs du 14 octobre 1872 et du 5 décembre 1840.

NOTA. — Il est interdit de donner des instruments de musique aux trompettes qui ne connaissent pas les sonneries réglementaires. (Circ. du 29 août 1882, page 101.)

COMPOSITION INSTRUMENTALE

La note ministérielle du 20 mai 1873, page 594, attribuait un instrument aux six soldats-musiciens, et aux trompettes, reconnus capables d'en jouer, un certain nombre d'instruments de musique supplémentaires.

Ces instruments sont choisis parmi ceux désignés dans la nomenclature du 26 mai 1861, page 262, et, autant que possible, dans les proportions indiquées par cette décision et la note du 11 août 1873. (Notes du 20 mai 1873, page 594, et du 11 août 1873, page 543.)

Les prix sont ceux fixés par la note du 11 août 1873, page 543 (voir p. 273.)

Ces instruments sont achetés, entretenus et remplacés sur l'allocation annuelle de 1,000 francs attribués à la première portion de la masse générale d'entretien. (Art. 12

(1) Pour le carnet de compte courant, le contrôle, etc., à tenir, se reporter à la page 269.

du règlemt du 14 octobre 1872, page 614 ; note du 20 mai 1873, page 594, et décis. du 25 août 1875, page 121.)

On ne doit jamais dépasser les allocations annuelles. (Note du 20 mai 1873, page 594, 14 juin 1873, page 659, et 16 janvier 1885, page 119.) Cette dernière prescrit de s'adresser au ministre pour les dépassements.

Achat d'une méthode d'ensemble pour instruments à vent, de M. Stieger. — La circulaire ministérielle du 7 juillet 1879, page 27, autorise l'achat de cette méthode à raison de 5 par fanfare, dépense imputable à la première portion de la masse générale d'entretien. La note du 20 février 1880, page 64, a porté le prix de cette méthode de 2 à 3 francs.

Achat d'un métronome. — Une décision du 13 mars 1848 autorisait les corps de troupes à cheval à acheter, au prix de 20 francs, un métronome inventé par Buhl, pour obtenir l'uniformité du mouvement dans l'exécution ; mais cette décision n'est pas reproduite dans le *Journal militaire* refondu.

Gibernes porte-musique et banderoles. — L'instruction du 15 mars 1879, pages 199, 399, etc., ne maintient pas l'usage de ces objets dans les corps de cavalerie.

Sourdines. (Voir page 276 ci-dessus.)

Excédent de l'avoir normal. (Voir page 276.)

DÉPENSES AU COMPTE DU SERVICE DE L'HABILLEMENT

Les trompettes d'ordonnance et leurs cordons sont achetés par les soins des corps sur les fonds du service de l'habillement. (Décr. du 19 novembre 1871, page 405 ; circ. du 15 mars 1872, page 54, et descript. du 15 mars 1879, tableaux B et C.)

Prix des trompettes...... 22 » (Nomencl. du service de l'habillement, en date du 30 décembre 1880, page 473.)

— des cordons......... 3 70 —

Les trompettes sont, en outre, pourvues d'une courroie du prix de 1 fr. 60. (Même nomencl.)

NOTA. — Dans les régiments de spahis, les trompettes sont achetées au compte de la masse générale d'entretien, mais les courroies et cordons sont au compte de la masse individuelle (Déc. du 1er décembre 1881, page 376.) Le tarif du 7 juillet 1881, page 49 (S) fixe le prix maximum des réparations aux trompettes.

TRANSPORT EN CHEMIN DE FER DES INSTRUMENTS DE MUSIQUE

La circulaire minist. du 26 juillet 1883 (M) dispose qu'en chemin de fer, les gros instruments de musique emportés par les troupes peuvent être transportés dans le fourgon de service du chef de train.

SOLDE ET REVUES

(En ce qui concerne l'armée territoriale, se reporter, pour tous renseignements, à l'instruction du 12 février 1878, pag. 73.)

DÉFINITION DU SERVICE DE LA SOLDE

Le service de la solde a pour objet de pourvoir à toutes les prestations qui entrent dans la composition du traitement en deniers, soit des militaires considérés individuellement, soit des corps de troupes et autres réunions considérées comme parties prenantes collectives du département de la guerre. (Art. 1er du règlemt du 8 juin 1883, page 559.)

Les prestations qui ressortissent au service de la solde sont :

La solde,
Les indemnités,
Les hautes-payes,
La masse individuelle,
Les masses d'entretien. (Art. 2.)

Les droits aux prestations de cette nature sont définis par le règlemt précité. Ils varient en raison des positions dans lesquelles les parties prenantes peuvent se trouver. (Art. 3 du règlemt), savoir :

POSITIONS GÉNÉRALES

Le pied de paix,
Le pied de guerre. (Art. 9.)

POSITIONS INDIVIDUELLES

L'activité, pour les militaires et les employés militaires de tout grade ;
La disponibilité, pour les officiers généraux et assimilés ;
Le cadre de réserve pour les officiers généraux et assimilés ;
La non-activité et la réforme, pour tous les officiers sans distinction d'armes ou de corps et pour les employés militaires. (Art. 10.)

Pour les militaires en activité de service, les positions individuelles se divisent en position de présence et en position d'absence. (Art. 11.)

La *position de présence* est celle de tout militaire ou employé militaire :

Présent au drapeau, soit en station, soit en route;
Présent au poste qui lui est assigné ou en route pour s'y rendre ;
En mission. (Art. 12.)

La *position d'absence* est celle du militaire :

En congé;
A l'hôpital;
En jugement ou en détention ;
En captivité à l'ennemi. (Art. 13.)

DÉSIGNATION DES DIFFÉRENTES ESPÈCES DE SOLDE

On distingue quatre espèces principales de solde :

La solde d'activité ;
La solde de non-activité ;
La solde de réserve ;
La solde de réforme. (Art. 14.)

La solde d'activité se divise en solde de présence, en solde d'absence et en solde de disponibilité. (Art. 15.) Les hommes de troupe qui reçoivent l'indemnité de route n'ont droit à aucune solde. (Décr. du 17 septembre 1871, page 357.) Toutefois, cette disposition n'est pas applicable aux sous-officiers rengagés ou commissionnés. (Décr. du 1er août 1881, page 104 ; art. 40 du règlemt du 8 juin 1883, page 567, et note du 22 décembre 1883, page 915.)

Sauf pour les officiers généraux assimilés, la solde sur le pied de guerre est la même que la solde sur le pied de paix. Toutefois, en Algérie, les officiers généraux et assimilés reçoivent la solde sur le pied de paix. (Art. 16.)

La position d'absence donne droit, dans tous les cas, à une solde unique. (Art. 17.) Elle n'est pas due aux sous-officiers et soldats (Décr. du 17 septembre 1871, page 357), mais les sous-officiers rengagés ou commissionnés y ont droit. (Décr. du 1er août 1881, page 104; déc. du 28 juin 1882, page 23 du 2e semest., et note du 22 décembre 1883, page 915.)

La solde de présence peut être concédée aux officiers et aux sous-officiers rengagés ou commissionnés qui s'absentent. Ils perdent les droits à cette solde s'ils obtiennent une prolongation ayant pour effet d'étendre l'absence au delà de 30 jours; dans ce cas, ils n'ont plus droit qu'à la solde d'absence pour toute la durée de l'absence. Lorsque la durée de l'absence ne dépasse pas 30 jours, les prolongations ne modifient pas le droit à la solde de présence conférée par le titre primitif. (Art. 63 du règlemt.) Des prolongations peuvent être accordées avec solde de présence lorsque l'absence totale ne dépasse pas 30 jours. (Déc. du 18 juin 1884, page 715) (1).

Les militaires qui obtiennent des permissions de 24 heures ne devant pas être portés en mutation (art. 447 du règlemt), il en résulte qu'ils ont droit à toutes les allocations de solde et de vivres.

Les militaires qui vont aux eaux à leurs frais jouissent également de la solde de présence. (Art 86.)

La solde de présence est également acquise, en temps de guerre, aux officiers ainsi qu'aux sous-officiers rengagés ou commissionnés atteints de blessures ou de maladies résultant de la campagne, pendant tout le temps qu'ils sont traités dans les hôpitaux ou ambulances. (Art. 83.) En Algérie, cette disposition n'est applicable qu'aux militaires faisant partie des colonnes expéditionnaires. (Note du 3 novembre 1881, page 383.)

Enfin, la solde de présence peut être accordée, par le ministre, aux officiers ainsi qu'aux sous-officiers rengagés qui obtiennent des congés de convalescence. (Art. 64 du règlemt.)

Nota. — Pour les indemnités diverses, les hautes-payes et masses, se reporter au règlement pour les règles d'allocation :

Indemnité aux troupes en marche (art. 119 à 123 et 298);
Indemnité à l'occasion de la fête nationale (art. 124);
Indemnité pour résidence dans Paris (art. 125 à 127);
Indemnité de fonctions (art 128 et 129);
Indemnité en rassemblement (art. 130);
Indemnité pour résidence en Algérie (art. 131);
Indemnité pour frais de service (art. 132 à 135). Se reporter à ce titre;
Indemnité pour frais de bureau (art. 136 à 138). Se reporter à ce titre;
Indemnité pour travaux topographiques (art. 139 et 140);
Indemnité pour nourriture de chevaux (art. 141 et 142);
Indemnité de première mise d'équipement (art. 143 à 146);
Indemnité pour pertes de chevaux et d'effets (art. 147 à 152). Voir *Habillement* et *Remonte*;
Indemnité d'entrée en campagne (art. 153 à 168);
Indemnité de logement (art. 159 à 165). Voir *Logement*, page 206;
Indemnités aux portiers-consignes et aux vaguemestres (art. 166 et 167);
Indemnités en remplacement de vivres (art. 168 à 171). Voir *Ordinaires*;
Indemnité de rengagement (art. 172 et suivants);
Haute-paye d'ancienneté (art. 125 et suivants).

Les militaires qui s'embarquent ou entrent à l'hôpital après avoir pris le repas du matin au corps, et ceux qui débarquent après l'avoir pris à bord, ont droit à une journée de solde proprement dite. Ceux qui s'embarquent ou entrent à l'hôpital après le repas du soir ont droit à toutes les allocations de solde. (Art. 291 du règlemt du 8 juin 1883.) (Voir *Vivres*.)

Ces dispositions sont évidemment applicables aux hommes nourris chez l'habitant. (Auteur.)

Les tarifs de solde du 25 décembre 1875, page 731, servent de base aux décomptes. Pour les officiers, le dernier tarif est du 31 décembre 1878, page 540. (Voir également

(1) L'art. 72 du règlement du 8 juin 1883, page 576, fixe les allocations dues aux officiers pendant la durée des permissions accordées à titre de sursis d'arrivée.

le décret du 20 janvier 1880, page 13, modifiant celui du 25 décembre 1875; la décis. présidentielle du 8 janvier 1884, page 19, pour les bataillons d'artillerie de forteresse.)

Ont droit à la solde des écoles, les officiers, employés et adjudants de l'école centrale de pyrotechnie, chargés de l'instruction des élèves. (Décret du 35 septembre 1884, page 589), ainsi que les officiers de la commission d'études pratiques du tir. (Décret de même date, page 590.)

Perception des fonds (1).

Les sommes revenant aux corps pour le traitement des officiers, la solde de la troupe, les allocations aux masses générales et individuelles sont perçues à la caisse du trésorier-payeur général, du receveur ou percepteur des finances.

Ces paiements s'effectuent sur la production d'états de solde distincts pour les officiers et pour la troupe (art. 308 à 310 du règlem^t du 8 juin 1883, page 635), certifiés et quittancés par les soins des conseils d'administration ou des officiers commandants (art. 313), et ordonnancés par les fonctionnaires de l'intendance militaire ou leurs suppléants légaux. (Art. 305.)

Les modèles d'états (officiers et troupes) sont annexés au décret du 25 décembre 1875, pages 991 et suivantes.

De plus, l'état de solde concernant les officiers a été modifié par la note du 5 août 1878, page 223, et par la circ. du 28 juin 1882, page 25.

La solde des officiers et les indemnités diverses (frais de service, de bureau et autres) sont perçues par mois et à terme échu. (Art. 296 et 297 du règlem^t du 8 juin 1883.)

Les officiers qui se rendent aux manœuvres ou en reviennent dans la 1re quinzaine d'un mois peuvent toucher la solde jusqu'au jour exclu de leur départ. (Décis. présidentielle du 10 août 1883, page 131.) Il en est de même lorsque les officiers se déplacent dans la 2e quinzaine. (Art. 366 du règlem^t du 8 juin 1883, page 651.)

Sont comprises avec le traitement des officiers :

Les premières mises de petit équipement,
La prime journalière d'entretien de la masse individuelle,
La masse générale d'entretien,
L'indemnité de première mise d'équipement aux sous-officiers promus officiers,
La masse d'entretien du harnachement et du ferrage,
Les indemnités d'entrée en campagne et pour pertes de chevaux et d'effets,
L'indemnité de logement,
Les premières mises d'entretien,
Les indemnités de rengagement et les intérêts de ces indemnités. (Art. 311.)

En cas de mobilisation, l'indemnité d'entrée en campagne est allouée et payée conformément à l'art. 216 de l'instruction du 1er décembre 1878 (M). Ce paiement est effectué d'après le tarif n° 52 annexé au décret du 25 décembre 1875 ; les officiers payeurs et d'approvisionnement des troupes à pied reçoivent l'indemnité de 550 francs attribuée aux officiers montés. (Décis. présidentielle du 21 octobre 1882, page 317.)

La solde de la troupe et les hautes-payes et indemnités sont touchées par quinzaine et à l'avance, les 1er et 16 de chaque mois. Par exception, la perception de la solde de la troupe a lieu tous les cinq jours pour les corps prenant part à des manœuvres dans les corps d'armée où le service de la Trésorerie est mobilisé. (Art. 300 du règlem^t.) Le décret du 25 février 1883, page 128, ajoute que les états de solde doivent être établis pour 5 jours à partir du 1er jour de la quinzaine pendant laquelle les corps se mettent en mouvement, et qu'à la dislocation, l'état à établir comprendra le complément de la quinzaine commencée. (Art. 300.) Aux armées, et lorsque les troupes reçoivent les vivres de campagne, la perception a lieu par quinzaine, mais à terme échu, à moins que

(1) La décision présidentielle du 20 novembre 1882, page 427, accorde l'indemnité de route aux officiers, sous-officiers et employés militaires, allant en dehors de leur résidence, percevoir leur solde, celle du corps, du détachement ou de l'établissement pénitentiaire, verser ou retirer des fonds aux caisses du Trésor, porter la solde aux portions détachées ; l'indemnité de route est allouée pour l'aller et le retour, celle du séjour n'est pas due. Quant à l'indemnité fixe, il n'en est alloué qu'une pour les voyages d'aller et retour, mais elle est due lors même que l'absence ne dure qu'un jour.

la situation de la caisse du corps ne permette pas de faire l'avance du prêt (1). (Art. 301.)

Lorsqu'un corps, en se mettant en route, reçoit l'ordre de suivre une direction sur laquelle il ne doit pas rencontrer de résidence de sous-intendant militaire avant l'expiration de la quinzaine, il peut établir par anticipation un état de paiement pour la solde de la troupe pendant la quinzaine suivante. (Art. 367 du règlemt du 8 juin 1883, page 651.)

En outre, les corps encaissent le montant des ordonnances délivrées à leur profit par le ministre de la guerre ou le grand chancelier de la Légion d'honneur, et les versements effectués par d'autres corps. (Art. 72 de l'ordonn. du 10 mai 1844, page 283.)

Dans l'intérieur des corps, il y a aussi des versements de fonds d'une portion de corps sur une autre. (Art. précité.)

Les sous-intendants militaires ordonnancent la solde des corps de troupe et celle des établissements considérés comme tels. Toutefois, lorsqu'une troupe en marche ou devant partir inopinément a besoin de fonds pour assurer la solde, et que le lieu de passage ou de départ n'est pas la résidence d'un fonctionnaire de l'intendance militaire, l'officier qui supplée le sous-intendant militaire peut ordonnancer le paiement à titre provisoire, à charge par lui d'adresser immédiatement une expédition de l'état de solde au sous-intendant militaire chargé de régulariser ce paiement. (Art. 305 du règlemt du 8 juin 1883, page 634.)

Celui-ci passe écriture de ces mandats comme s'ils avaient été délivrés par lui. (Décret du 3 avril 1879, page 452.) Ces dispositions sont applicables au cas de mobilisation. (Dép. du 4 avril 1884 M.)

Les officiers qui suppléent les sous-intendants *absents ou empêchés* (majors de place et de garnison, capitaines désignés dans les places où il n'y a ni major de place ni major de garnison) (art. 15 du décret du 16 janvier 1883, page 13) ne peuvent ordonnancer aucune dépense, si ce n'est à titre provisoire seulement, pour le paiement des frais de route des militaires isolés. De plus, ils ne visent aucune pièce de comptabilité. (Art. 16 dudit décret.)

Le maire, en sa qualité de suppléant, n'ordonnance aucune dépense. (Art. 17.)

La règle principale, commune à toutes les parties prenantes, est que nul ne peut jouir d'un traitement s'il n'est préalablement inscrit sur les contrôles de l'armée.

Le contrôle est la base invariable et certaine des droits attachés aux différentes positions de présence ou d'absence.

L'intendance militaire constate la situation des individus et l'espèce de traitement qui s'y applique ; elle délivre ensuite ses mandats de paiement et, à l'expiration de chaque trimestre, il est établi une revue générale de liquidation qui détermine les droits des parties prenantes ; ce document est, par conséquent, un régulateur certain de la dépense faite. (Décr. du 3 avril 1869, page 442, et art. 4 du règlemt du 8 juin 1883, page 560.) — Voir *Contrôles trimestriels.*

Nota. — Sur les états de solde des officiers on doit ouvrir une colonne spéciale dans laquelle figure, en regard du nom de chaque partie prenante, le montant des frais de timbre dus en vertu de la loi du 23 août 1871. Cette colonne est totalisée par l'ordonnateur, et le comptable du Trésor se charge en recette du montant. (Déc. du ministre des finances en date du 25 novembre 1871.) Cette disposition a été modifiée par la circ. du 13 juin 1881 (M) qui prescrit aux trésoriers des corps d'apposer et d'oblitérer eux-mêmes les timbres mobiles collectifs ou simples.

Aux termes de la circ. minist. du 24 novembre 1873, page 464, et de celle du 3 avril 1875, page 627, *la solde* des troupes détachées dans un autre corps d'armée (les batteries d'artillerie et détachements de faible importance exceptés) (circ. du 16 mai 1877, page 498), doit être ordonnancée sur les crédits délégués à l'intendant militaire du corps d'armée auquel elles appartiennent. A cet effet, ce fonctionnaire sous-délègue au sous-intendant chargé de la surveillance de ces troupes, la portion de crédit nécessaire. Les mandats sont délivrés par ce dernier sur le trésorier-payeur général du département titulaire des crédits, mais ils sont payés matériellement par celui du département où les corps sont stationnés, au moyen d'une réquisition générale énonçant la date de l'autorisation de principe donnée par le ministre des finances : 18 novem-

(1) A l'armée, les groupes de secrétaires d'état-major, de commis et ouvriers d'administration et d'infirmiers militaires perçoivent leur solde sur états collectifs indiquant le nom et le grade de chacun des ayants droit. (Voir page 10 du présent ouvrage.)

bre 1873. Cette réquisition n'est produite qu'une fois pendant toute la durée du séjour des troupes.

A l'expiration de chaque mois, le sous-intendant militaire ordonnateur fournit à l'intendant du corps d'armée titulaire des crédits un relevé de comptabilité et un bordereau de mandats délivrés (24 novembre 1873). Les bordereaux journaliers d'émission sont établis en deux expéditions : une (le primata) est adressée à l'intendant militaire sus-indiqué qui la transmet à la Trésorerie générale chargée de la régularisation des paiements, et l'autre (le duplicata), au trésorier payeur qui effectue le paiement matériel des mandats. (Note du 12 décembre 1873, page 501.)

Les dispositions ci-dessus ne s'appliquent qu'aux services sus-indiqués : la solde (circ. du 19 août 1876, page 499 du 1er semestre 1877), et les infirmeries et écoles régimentaires. (Circ. du 16 mai 1877, page 498.)

Nota. — On procède de la même manière pour les troupes en manœuvres lorsqu'elles sortent de la circonscription de corps d'armée (19 août 1876 précitée.)

Avances de fonds faites aux corps de troupes.

En principe, les corps ne reçoivent point d'avances de fonds, mais lorsque leur situation financière ne leur permet pas de faire face à leurs besoins, le ministre peut les autoriser à percevoir sur état de solde les sommes qui leur sont nécessaires.

Ces avances ressortent naturellement en trop perçu dans les revues et centralisations, et le remboursement en est effectué par déduction sur le montant des états de solde ultérieurement établis. (Diverses dép. ministérielle (M) : 17 août 1878, n° 7164 émanant du bureau de la solde et des revues, etc....). La note du 25 mars 1884, page 334, rappelle que les corps ne doivent jamais forcer le montant des états de solde.

Il est interdit aux agents de l'Etat d'effectuer des paiements avec leurs deniers personnels, ce mode de procéder faussant la régularité de ces paiements, dont la constatation par le registre-journal doit toujours être en concordance avec la situation de la caisse duement pourvue des fonds de l'Etat nécessaires pour les besoins courants du service. (Ce principe est rappelé par une circ. minist. du 3 mars 1879 (M), émanant du bureau de l'artillerie.)

Le décret du 30 juillet 1883, page 129, dispose que les conseils d'administration des corps de troupe se rendant aux manœuvres peuvent recevoir des avances de fonds dans la limite de 20,000 fr. lorsqu'ils n'ont pas en caisse une somme suffisante pour faire face aux achats nécessaires à l'alimentation des hommes et des chevaux pendant la route (vivres, fourrages ou chauffage). La circ. du 4 août 1883, page 140, porte en outre que ces avances doivent être justifiées conformément aux dispositions de l'art. 169 du règlemt du 3 avril 1869.

Avances de fonds faites par les corps de troupes.

L'art. 296 du règlemt du 8 juin 1883, page 631, interdit tout paiement, à titre d'avance, aux officiers, et l'article 146 de l'ordonn. du 10 mai 1844, page 312, dispose également que leur traitement n'est payable qu'à terme échu.

Toutefois, les officiers désignés par le ministre ou par les généraux commandant les corps d'armée pour être employés aux travaux topographiques ou géodésiques, ou pour être envoyés en reconnaissance, en manœuvre de brigade avec cadre ou en voyage d'état-major, ou chargés de réviser les états des logements et des cantonnements, lesquels ont droit à des indemnités spéciales pour toutes les journées passées sur le terrain, peuvent percevoir ces indemnités par avance, en totalité ou en partie, en vertu d'un ordre du général commandant le corps d'armée sur le territoire duquel s'effectue le service. (Art. 296 du règlemt précité.) L'indemnité de nourriture des hommes et des chevaux qui accompagnent ces officiers peut aussi être perçue à l'avance. (Art. 141.)

Ces indemnités devant, aux termes de la circ. minist. du 18 mars 1878, page 150, être régularisées dans les mêmes revues que la solde des officiers, il s'ensuit que pour les officiers des corps de troupe, elles doivent leur être payées par les soins des corps ou sur états de solde établis au titre de ces corps.

Les avances faites pour cet objet, par les soins des trésoriers, sont classées aux fonds divers et remboursées au retour des officiers, par précompte sur les sommes qui leur reviennent. (Auteur.)

Pour les officiers qui font partie des conseils de révision du recrutement, voir *Recrutement*.

Pour ceux chargés du recensement des chevaux de réquisition, voir à ce titre.

Pour les avances susceptibles d'être faites au titre des frais de route, voir *Frais de route.*

2° *Avances* aux maîtres-ouvriers, maréchaux ferrants. (Voir *Outils, habillement, harnachement, ferrage, etc.*)

3° *Avances aux détachements* envoyés en remonte. (Voir *Frais de route, fourrages ferrage.*)

A tous autres détachements, voir *Administration des corps*, pages 16, 28 et 294.

4° *Avances aux hommes de troupe.* (Voir *Frais de route, recrutement, recensement des chevaux.*)

5° *Avances de fonds* remboursables par les services du département de la guerre. (Voir *Habillement, harnachement, armement, écoles*, etc.)

Paiement de la solde des officiers et du prêt de la troupe.

1° PAIEMENT DE LA SOLDE DES OFFICIERS

Le traitement des officiers est payable par mois et à terme échu (art. 146 de l'ordonn. du 10 mai 1844 et 296 du règlemt du 8 juin 1883, page 630) dans les trois jours qui suivent la perception qui en a été faite par le trésorier. (Art. 146 de l'ordonn. du 10 mai 1844, page 312.) Les officiers qui se rendent aux manœuvres ou en reviennent dans la première quinzaine d'un mois peuvent être payés de leur solde jusqu'au jour exclu de leur départ. (Déc. présidentielle du 10 août 1883, page 131.) Il en est de même lorsque les mouvements s'effectuent dans la deuxième quinzaine. (Art. 366 du règlemt du 8 juin 1883, page 651.)

Ce traitement est payé sur une feuille d'émargement (mod. 46 A) certifiée par le trésorier et vérifiée par le major. Les quittances des officiers qui ne stationnent pas dans la résidence du conseil et qui, par suite, ne peuvent émarger la feuille sus-indiquée, sont jointes à ce document. (Art. 147 de ladite ordonn.) Dans les détachements éloignés, on peut envoyer les fonds nécessaires par des officiers ou sous-officiers (art. 164), ou en mandats sur la Trésorerie générale. (Décis. du 16 décembre 1879, page 477.) Voir page 288, *Prêt de la troupe.*

Les officiers isolés sont payés, soit par ordonnancement direct des fonctionnaires de l'intendance (art. 364 et 365 du règlemt du 8 juin 1883), soit au moyen de mandats envoyés par les corps, par l'entremise de la Trésorerie générale. (Voir *Paiement du prêt de la troupe.*)

L'officier présent qui effectue un mouvement (dans le courant du mois) est intégralement payé à l'époque de son départ (par exception à l'art. 146), du traitement qui lui est acquis, sur feuille d'émargement individuelle ; il lui est remis, en outre, un certificat de cessation de paiement (mod. n° 47) signé par le trésorier, vérifié par le major, revêtu du visa du président du conseil et de celui du sous-intendant militaire. Cette pièce relate les retenues dont l'officier peut rester passible soit au profit de l'Etat ou du corps, soit pour dettes contractées envers des particuliers, lorsque le ministre en a autorisé le remboursement direct aux créanciers. (Art. 148 de l'ordonn. du 10 mai 1844, page 312, et art. 71 et 296 du règlemt du 8 juin 1883, page 576.)

Pour le cas de décès, se reporter au titre *Successions.*

Pour les officiers en congé, ils peuvent recevoir également leur solde par mandat direct des fonctionnaires de l'intendance, excepté pendant le dernier mois de leur absence pour lequel ils sont rappelés au corps. (Art. 73 du règlemt du 8 juin 1883.) Toutefois, ces paiements ne doivent être faits que lorsque les corps ou chefs de classe auxquels appartiennent les officiers ont notifié au sous-intendant de la localité le congé obtenu par ceux-ci. En ce qui concerne les congés de convalescence ouvrant le droit à la solde entière, cette notification est faite par le ministre. (Art. 14 du règlemt du 8 juin 1883, page 576, et note du 18 août 1884, page 337.) Ces dispositions sont applicables aux militaires de la gendarmerie. (Note du 23 novembre 1882, page 430.)

La solde peut être également payée aux officiers en traitement dans les hôpitaux. (Déc. présidentielle du 26 avril 1882, page 257.)

NOTA. — Les officiers malades ou blessés qui ne peuvent signer soit les états de solde, soit la feuille d'émargement, peuvent se faire suppléer par deux témoins présents au paiement, si la créance n'excède pas 150 fr. Pour les paiements plus élevés, il est exigé une quittance authentique enregistrée gratis. (Art. 12 des dispositions générales faisant suite au décret du 3 avril 1869, page 397.)

S'il s'agit de militaires aliénés, deux cas se présentent : celui où ils sont recueillis par leur famille, et celui où ils sont admis dans des établissements. Dans le premier cas, les perceptions de solde, etc., ne peuvent être faites que par un tuteur ou un administrateur provisoire nommé par le tribunal de 1re instance. (Art. 505 et suivants du code civil.) Si les militaires sont placés dans un établissement public de l'Etat, leur traitement peut être payé sur l'acquit du receveur de l'établissement appuyé d'une quittance à souche et sur la production d'un certificat de vie du malade, délivré par le directeur de l'établissement et légalisé par le maire. Le mandat de paiement est en outre visé par un des membres de la commission administrative, qui remplit les fonctions d'administrateur provisoire. (Art. 29 du décret du 3 avril 1869, p. 404, dispositions générales.)

Pour les aliénés placés dans d'autres établissements, les paiements ne peuvent être faits qu'autant que les militaires sont pourvus d'un curateur ou tuteur.

Les conseils de famille et les commissions administratives règlent de concert avec les tuteurs ou administrateurs provisoires l'emploi des sommes perçues, apprécient dans quelle mesure on doit venir en aide aux femmes, aux enfants, etc... (Art. 510 et 511 du Code civil et loi du 30 juin 1838 insérée au *Bulletin des lois*, 1er semestre.)

Trop et moins payés aux officiers.

(Voir trop perçus au titre *Subsistances* et le renvoi 1, page 19, pour la responsabilité des ordonnateurs et chefs de service.)

A la fin de chaque trimestre, après la vérification des feuilles de journées par le sous-intendant militaire, le trésorier dresse un état comparatif des sommes auxquelles les officiers ont droit et des sommes qu'ils ont reçues pour cette période. Ceux qui ont touché plus ou moins que ce qui leur revenait y sont désignés nominativement avec la somme afférente à chacun d'eux. Les créanciers reçoivent le complément auquel ils ont droit (1) et les débiteurs versent dans la caisse du trésorier ce qu'ils ont reçu en trop. Les uns et les autres émargent l'état comparatif. (Art. 150 de l'ordonn. du 10 mai 1844, page 312.)

Pour les officiers éloignés de la résidence, on joint à cet état des extraits émargés par les intéressés.

En ce qui concerne les trop payés des officiers détachés qui touchent leur traitement isolément sur états de solde, on doit procéder comme il est dit ci-après pour les officiers en non-activité.

Les sommes envoyées, en paiement de moins perçus, à des officiers passés à d'autres corps, ne donnent pas lieu à écriture dans ces corps. (Circ. du 23 avril 1877 M.)

Une dépêche du 28 avril 1862 (M), concernant un vétérinaire d'un escadron du train des équipages qui avait été l'objet d'un rejet de 950 francs, dispose qu'en principe les trop payés doivent être remboursés intégralement sur le premier mois de traitement des débiteurs. (Voir les art. 562 et 580 du règlemt du 8 juin 1883, pages 698 et 703.) Mais, dans ce cas particulier, comme il y avait impossibilité matérielle d'opérer la retenue intégrale du débet, le ministre a autorisé le corps à passer cette somme du fonds de la solde aux fonds divers (chap. VI du Carnet), et à exercer des retenues mensuelles, à raison d'un cinquième de la solde due à l'officier. (28 avril 1862.) On doit opérer ainsi dans les cas analogues. (Voir les instr. sur les inspections administratives.)

NOTA. — Lorsque des corps ont des unités administratives en campagne, le conseil d'administration central fait parvenir au conseil éventuel un extrait de l'état comparatif établi par le Trésorier ; cet extrait est remis à l'officier payeur qui en poursuit le recouvrement. (Instr. du 24 avril 1884, page 506.) On opère de la même manière pour les trop perçus en nature. (Voir *Subsistances*.) Pour les plus ou moins payés, résultant de redressements opérés dans les comptes par les conseils d'administration centraux, ils sont régularisés au moyen d'états émargés par les capitaines. (Instr. précitée, page 506.)

(1) Aux termes de l'article 199 du règlement du 8 juin 1883, page 607, de l'art. 21 du règlement du 3 avril 1869, sont prescrites et définitivement éteintes au profit de l'Etat toutes créances de solde, accessoires de solde et indemnités quelconques qui, à défaut de justifications suffisantes, n'ont pu être liquidées, ordonnancées et payées, dans un délai qui est fixé à 5 années, pour les créanciers domiciliés en Europe ou en Algérie, et à 6 années pour les autres. Ce délai court du 1er janvier de l'année à laquelle les créances appartiennent.

Toutefois, cette disposition n'est pas applicable aux créances dont l'ordonnancement et le paiement auraient été différés au delà des délais déterminés par le fait de l'administration ou par suite de pourvois formés devant le conseil d'Etat. (Art. précité.)

Officiers en débet, admis à la retraite ou placés en non-activité.

Le recouvrement des sommes dues à l'Etat ou aux corps de troupes par les anciens militaires ou employés militaires mis en possession d'une pension de retraite ne doit s'opérer que par les soins du ministre de la guerre, qui doit être saisi en temps opportun. Les certificats de cessation de paiement mentionnent l'importance des débets quand ils sont connus. (Voir au titre *Pensions*.)

Le remboursement des sommes retenues, poursuivi par le ministre de la guerre auprès de son collègue des finances, donne lieu à la délivrance d'ordonnances de paiement au profit des corps intéressés. (Circ. du 18 avril 1874, page 422, et du 4 novembre 1874, page 587, rappelant que les corps ne doivent jamais s'adresser, pour ces remboursements, à l'administration des finances.)

La circulaire du 21 novembre 1876 (M) prescrit d'indiquer sur les certificats de cessation de paiement si les sommes à retenir sont dues *aux corps* ou *à l'Etat*.

Enfin, une dépêche ministérielle du 17 décembre 1881 (M) porte qu'avant de les faire constituer en débet, les officiers doivent être invités à verser les sommes dont ils sont débiteurs, et ce n'est qu'en cas de refus que le ministre doit être avisé.

En ce qui concerne les officiers en *non-activité* débiteurs envers la caisse des corps d'où ils sortent, les retenues doivent se faire par précompte, par les soins de la Trésorerie générale chargée du paiement de la solde de ces officiers. Le trésorier-payeur fait recette de ce précompte au titre de la Caisse des dépôts et consignations au nom du corps créancier et délivre un récépissé qui est adressé, par l'intermédiaire de l'intendance militaire, au corps intéressé, qui en touche le montant à la caisse de l'agent des finances de sa localité. (Dép. ministérielle du 13 novembre 1854 M.) (Voir au titre *Créances*, page 292.)

2° PAIEMENT DU PRÊT DE LA TROUPE (1)

La solde et les accessoires de solde revenant aux hommes de troupe sont payables à titre de prêt, par le trésorier, entre les mains des capitaines, les 1er, 6, 11, 16, 21 et 26 du mois, pour le nombre de jours formant l'intervalle de chacune de ces dates à la date suivante exclusivement. (Art. 153 de l'ordonn. du 10 mai 1844, page 514.)

Le capitaine touche lui-même le montant du prêt ou le fait toucher, sous sa responsabilité, par le sergent-major ou le maréchal des logis chef qui le lui remet immédiatement. (Art. 83 Infie, 82 Cavie et 96 Artie, des règlemts du 28 décembre 1883.)

Aux termes de la circulaire du 3 décembre 1874, page 758, le prêt doit être payé à terme échu aux troupes sur le pied de paix, excepté pour les troupes en marche et pour les corps qui font des achats directs pour les ordinaires.

Sur le pied de guerre, le prêt se paie également à terme échu. (Art. 154 de l'ordonn. du 10 mai 1844.) Dans les détachements de secrétaires, commis et ouvriers et infirmiers à l'armée, le prêt est payé tous les quinze jours à terme échu. (Note du 1er mars 1878, 64.)

Les feuilles de prêt sont établies d'après l'effectif des présents au dernier jour du prêt précédent, si le prêt est perçu à terme échu, et d'après l'effectif du premier jour du prêt courant, dans le cas contraire. On tient compte, toutefois, des mutations survenues *dans le courant de la période*, à moins qu'il n'y ait changement de trimestre, auquel cas il faut une feuille de prêt supplémentaire. (Art. 158 de l'ordonn. précitée.)

En cas d'incorporation, on peut, dans l'intervalle d'un prêt à un autre, produire une feuille de prêt spéciale. (Art. 159) (2).

NOTA. — Le capitaine signe la feuille de prêt après l'avoir rectifiée et arrêtée en toutes lettres. (Règlemts du 28 décembre 1883.)

Les sous-officiers rengagés ou commissionnés qui sont détachés isolément, en congé, à l'hôpital, etc., sont payés, comme les officiers, des sommes qui leur sont dues. (Voir ci-dessus, page 285, art. 71, 73, 74, 364, 365, etc., du règlemt du 8 juin 1883.) Pour les enfants de troupe qui sont chez leurs parents, l'on se conforme aux notes du 15 janvier 1885, p. 36 (S), et du 24 du même mois, p. 121; c'est-à-dire qu'on doit envoyer les fonds en un mandat sur la poste.

(1) Pour la répartition du prêt, voir *Ordinaires*, page 261.

(2) Sur le pied de guerre, les groupes d'isolés des quartiers généraux, lesquels sont administrés au titre de leurs corps respectifs par des officiers d'approvisionnement, sont payés selon les règles ordinaires. Chaque chef de groupe ou de sous-groupe établit une feuille de prêt, et les officiers font ensuite la répartition de la solde entre les hommes, comme le ferait un commandant de compagnie. (Circ. du 14 mars 1883 M.)

Lorsque les détachements qui se trouvent dans le ressort du conseil sont trop éloignés du lieu où il siège pour que les parties prenantes puissent venir en personne recevoir leur traitement ou percevoir le prêt chez le trésorier, les fonds nécessaires sont remis par ce comptable, soit aux officiers ou sous-officiers que les commandants de détachements ont envoyés pour les recevoir, soit à ceux que le président a désignés pour aller les porter. Dans l'un et l'autre cas, les dépositaires de ces fonds en donnent reçu au bas du titre constatant leur mission. Ce titre leur est rendu en échange des quittances des parties prenantes. (Art. 164 de l'ordonn. du 10 mai 1844, page 316, et note du 12 novembre 1846, page 699.)

Toutefois, la décision présidentielle du 16 décembre 1879, page 477, porte qu'à l'avenir les fonds qui seront nécessaires à ces détachements pourront être adressés, au moyen de mandats, aux officiers qui les commandent.

Lorsqu'il y a lieu d'envoyer des fonds par l'entremise de la trésorerie générale (1), le trésorier établit une demande de mandat qui est signée du conseil d'administration et visée par le sous-intendant militaire. (Circ. du 13 septembre 1833, page 206, qui renferme toutes les dispositions en vigueur.) Cette circulaire porte notamment qu'on ne peut employer ce moyen de transmission que pour la solde et les masses. Par analogie, on s'en sert pour ce qui a trait à la Légion d'honneur, la médaille militaire, les dégradations au casernement, etc., mais il est défendu d'appliquer ce principe aux fournisseurs, excepté pour les directeurs des manufactures d'armes. (Voir *Masse individuelle* et le modèle de demande n° 89 annexé au règlem^t du 18 février 1863.)

En ce qui concerne la gendarmerie, les envois de fonds du chef-lieu de la compagnie aux chefs-lieux d'arrondissement ont lieu en mandats des agents des finances. (Art. 686 du règlem^t du 18 février 1863.) Mais les envois des chef-lieux d'arrondissement aux brigades sont faits ordinairement par la correspondance ou par la poste, les receveurs particuliers n'étant pas obligés de se conformer à l'article 72 du règlement du 9 avril 1858. (Dép. ministérielle du 15 mars 1876, n° 2245.)

Les corps justifient des envois de fonds effectués par l'entremise de la trésorerie

(1) Les mandats sont tirés par les trésoriers-payeurs généraux sur la Caisse centrale du Trésor public, à Paris, à l'ordre des destinataires désignés sur les demandes des corps.

Les mandats sont remis aux corps qui effectuent les versements, lesquels les font parvenir aux titulaires. De leur côté, les trésoriers-payeurs généraux adressent un avis d'émission à leurs collègues des départements où le paiement doit avoir lieu, mais *par l'intermédiaire* du directeur du mouvement général des fonds qui les vise pour confirmation.

Aux termes de la circulaire du 21 janvier 1867 (M) de M. le Ministre des Finances, les délais d'échéance de ces mandats sont fixés comme il suit, savoir :

1° Au cinquième jour de la dizaine qui suit celle de l'émission pour les mandats payables, soit à la Caisse centrale ou à la recette générale de la Seine, soit dans un autre département ;

2° Au cinquième jour de la deuxième dizaine qui suit celle de l'émission pour les mandats tirés des départements sur l'Algérie ou d'Algérie sur les départements ;

3° A 45 jours de date pour les mandats tirés de France ou d'Algérie sur les colonies. (Circ. précitée.)

Cette règle est applicable aux envois de fonds concernant la solde des troupes, mais sous la réserve que le délai ne doit pas dépasser 10 jours dans aucun cas.

La circulaire du 21 janvier 1867 dispose en outre que, pour les transmissions de fonds destinés à la solde des troupes, aux services des remontes, des subsistances, de l'artillerie et du génie, les mandats peuvent être payés dans les délais ci-dessus lors même que l'avis de confirmation ne serait pas parvenu. Mais, pour les autres services, cet avis est toujours exigible.

En ce qui concerne les envois de fonds aux colonies, on doit procéder de la manière suivante :

Pour les colonies de la Martinique, la Guadeloupe, la Guyane française et la Réunion, soumises au régime financier de la loi du 25 juin 1841, les fonds sont versés au nom du trésorier de chaque colonie :

A Paris, à la Caisse centrale du Trésor public;

Dans les départements, chez les receveurs généraux et particuliers des finances ;

En Algérie, à la caisse des trésoriers-payeurs du Trésor.

Pour les établissements coloniaux soumis au régime de l'ordonnance du 17 décembre 1845, qui a créé le compte du service intermédiaire du département de la marine, les fonds sont versés par ledit service :

A Paris, à la Caisse centrale du Trésor public ;

Dans les départements, à celle des receveurs généraux et particuliers des finances;

En Algérie, à la Caisse des trésoriers-payeurs au crédit du caissier central du Trésor public.

Ces divers comptables délivrent à la partie versante un récépissé et une déclaration de versement; les conseils d'administration des corps d'où sortent les militaires conservent comme titre la déclaration et adressent le récépissé au ministre de la marine sous le timbre : *Direction des colonies.*

Ce récépissé est aujourd'hui remplacé par un mandat pour les envois de fonds de masse. (Note du 11 août 1884, page 143.)

Lorsque plusieurs militaires du même corps sont envoyés aux colonies, les conseils d'administration doivent, en versant les fonds de masse, indiquer les noms des hommes et la somme appartenant à chacun d'eux. (Art. 697 du règlement du 18 février 1863, page 176.)

générale au moyen de déclarations de versement délivrées par les agents des finances et par un accusé de réception des mandats. (Note du 27 août 1875, page 123.) Ces déclarations doivent toujours être revêtues d'un cachet du trésorier-payeur général, et de celui du préfet ou du sous-préfet. (Note du 8 mars 1873, page 214.)

Les versements de fonds en échange de mandats ou les fonds remis à l'officier ou au sous-officier chargé de les porter, sont inscrits immédiatement en dépense, soit d'après la déclaration délivrée par la trésorerie générale, soit d'après le reçu provisoire de l'officier ou du sous-officier. Toutefois, les pièces justificatives des dépenses ne doivent être visées par le sous-intendant militaire que sur le vu de la quittance ou du récépissé du destinataire. (Note du 14 janvier 1881, page 7.)

Lorsque les conseils d'administration ont à faire passer sans frais des mandats de paiement ou autres pièces à des militaires en congé ou dans la réserve, ils doivent recourir à l'intermédiaire des généraux commandant les subdivisions pour ceux en congé et à l'intermédiaire des commandants de recrutement pour les autres. (Note du 24 novembre 1862, page 900.)

Les envois de fonds par la poste sont faits dans la forme usitée pour la correspondance privée et après affranchissement préalable. (Avis du 27 juillet 1860, page 146 qui interdit d'insérer des mandats sur la poste dans des paquets circulant en franchise.) L'envoi est justifié par le talon du mandat et l'accusé de réception de cette pièce. (Note du 27 août 1875, page 123.)

Nota. — Voir au titre *Ordinaires*, pour la répartition du prêt entre les hommes et les ordinaires. Pour l'importance des sommes à envoyer, se reporter aux pages 15 et 299.

Le trésorier récapitule les feuilles de prêt dans un bordereau dont il porte le montant en dépense en un seul article. (Art. 161 de l'ordonn. du 10 mai 1844, page 315.)

Les hommes de recrues en détachement qui rejoignent leurs corps, sont payés de leur solde, à partir de leur départ, sur des états de paiement établis au titre des corps ; mais cette disposition n'est pas applicable au cas de mobilisation. (Art. 368 du règlemt du 8 juin 1883, page 652.) — (Voir *Frais de route.*)

Trop ou moins payés à titre de prêt.

Dès que les feuilles de journées trimestrielles ont été vérifiées par le sous-intendant militaire, chaque capitaine établit un état comparatif des allocations et des paiements faits à sa compagnie. Il touche les sommes perçues en moins et rembourse (au trésorier du corps) celles reçues en trop. (Art. 162 de l'ordonn. du 10 mai 1844, page 315.) Le trésorier récapitule ces états dans un bordereau dont le montant est porté en recette ou en dépense suivant le cas. (Art. 162.)

Pour les unités administratives qui sont en campagne, les états comparatifs sont établis à la portion centrale par le chef du bureau spécial de comptabilité ; ils sont remis au trésorier qui les récapitule dans un bordereau mod. n° 53 et les adresse au conseil d'administration éventuel par l'intermédiaire du conseil d'administration central. Les recouvrements sont ensuite poursuivis par l'officier payeur. (Instr. du 24 avril 1884, page 506.)

Trop perçus en nature. (Voir le chapitre des *Subsistances militaires.*)

REVUES DE LIQUIDATION, FEUILLES DE JOURNÉES, ETC.

Les états de paiement de la solde des officiers, de celle de la troupe et des masses, ne sont considérés que comme des liquidations provisoires. C'est par la revue trimestrielle de liquidation que les droits des corps sont définitivement fixés.

Cette revue est appuyée des feuilles de journées nominatives par compagnie, escadron ou batterie, indiquant les mutations survenues pendant le cours du trimestre, et présente la récapitulation de toutes les allocations faites au corps ; elle se termine par un tableau qui, sous le titre de *décompte de libération*, récapitule aussi tous les paiements effectués pendant le trimestre. Les trop ou moins perçus qui résultent de la balance de ces paiements avec le crédit, deviennent l'objet d'une augmentation ou d'une déduction, selon le cas, sur l'état de solde de la première quinzaine qui suit l'arrêté du décompte de libération, et sont ensuite reportés au crédit ou au débit de la revue subséquente. (Décr. du 3 avril 1869, page 452.)

Il n'est établi qu'une revue de liquidation par trimestre pour toutes les portions d'un même corps stationnées dans l'intérieur ; il en est de même pour toutes les portions d'un même corps employées à la même armée. (Art. 526 du règlem[t] du 8 juin 1883, page 690.)

On doit établir des revues distinctes pour l'intérieur et pour l'Algérie. (Dép. ministérielle du 7 juin 1878 concernant le 8e escadron du train des équipages.) Il en est de même pour la Tunisie. (Dép. du 14 mai 1881 M.)

Ces revues sont établies dans les conditions indiquées ci après :

Feuilles de journées. — Il est établi, par trimestre, pour servir à la confection des revues, des feuilles de journées distinctes pour les officiers, pour les hommes et pour les chevaux. (Art. 498 du règlem[t] du 8 juin 1883, page 683.) Elles sont établies en double expédition par compagnie, escadron ou batterie ou par établissement considéré comme corps de troupe ; une feuille spéciale est effectée à l'état-major et à la section ou peloton hors rang. (Art. 499.) Dans les détachements composés de fractions de compagnie, il n'est établi qu'une seule feuille de journées. (Art. 505.)

Les subsistants reçus d'autres corps sont compris dans une feuille spéciale dressée et certifiée par le trésorier. (Art. 687.) Les contrôles des détachements de recrues tiennent lieu de feuilles de journées. (Art. 514.)

Tous les officiers d'un même corps sont compris dans la même feuille de journées, bien qu'ils soient portés pour mémoire dans les feuilles de leur compagnie respective.

Toutes sont fournies en double expédition. (Art. 499.)

Les feuilles de journées présentent les renseignements prescrits par cet article et sont d'ailleurs conformes, savoir :

Celles des officiers, au modèle déterminé par l'instr. du 7 novembre 1879, page 358, et par celle du 28 juin 1882, page 26. L'instr. du 31 janvier 1884, page 197, prescrit de distinguer les journées de l'armée active, de la réserve et de l'armée territoriale ;

Celles des hommes, au mod. annexé à la note du 7 octobre 1884, page 573 ;

Celles des chevaux d'officiers et de troupe, au mod. annexé à la note du 7 octobre 1884, page 573 ; on doit inscrire les animaux selon leur espèce et le service auquel ils sont affectés :

Chevaux de selle provenant de la cavalerie de ligne ;
— — — légère ;
— de race arabe ;
— ayant droit à la ration d'état-major et chevaux de trait ;
Mulets de bât et de trait.

Dans les sections de secrétaires d'état-major et du recrutement, de commis et ouvriers d'administration et d'infirmiers militaires, les officiers qui commandent ne faisant pas partie intégrante de ces corps et percevant leurs allocations au titre des officiers sans troupe, il n'est pas produit de feuille de journées spéciale aux officiers pour la régularisation d'allocations qui sont du domaine proprement dit de l'administration des sections ou qui s'appliquent exclusivement aux hommes de troupe.

Ces allocations (frais de bureau attribués au commandant, indemnités de rengagement ou de logement, masse générale d'entretien), sont comprises sur un état spécial conforme au mod. faisant suite à l'instr. du 28 juin 1882, page 25, à mettre à l'appui des revues de liquidation. Cet état, qui remplace la feuille de journées, ne dispense pas de produire l'état nominatif des sous-officiers ayant droit aux indemnités de rengagement et de logement dont le modèle est également donné par l'instruction précitée (28 juin 1882, page 25).

Ces feuilles sont établies par les commandants d'unités (1) ; toutefois, la feuille de journées des officiers et celle du chauffage le sont par le trésorier. Elles sont ouvertes le 1er jour du trimestre pour les hommes et tenues conformément à l'art 501 du règlem[t].

Pour les unités en campagne, les feuilles de journées sont établies par le chef de bureau spécial de comptabilité. (Instr. du 24 avril 1884, page 502.)

(Voir *Trop perçus en denrées*).

(1) Les hommes ou les chevaux nourris chez l'habitant, en vertu de la loi du 3 juillet 1877, sont compris sur les feuilles de journées pour toutes les prestations en nature et en deniers (Circ. du 19 août 1878, page 248), mais les demi-journées de nourriture sont diminuées des allocations afférentes aux rations en nature ou aux indemnités représentatives. (Circ. du 8 avril 1880, page 145.)

En cas de passage du pied de paix au pied de guerre et *vice versa*, il est établi, pour le trimestre durant lequel ce passage a lieu, deux feuilles de journées pour les officiers, l'une comprenant les journées et les allocations du pied de paix, et l'autre les journées et les allocations du pied de guerre. (Art. 503.) Mais pour les hommes de troupe et les chevaux, il n'est établi qu'une seule feuille de journées pour le trimestre ; seulement les journées du pied de paix et du pied de guerre sont présentées et totalisées séparément pour permettre d'établir des revues spéciales à l'intérieur et à l'armée. (Art. 504.) Des extraits numériques comprenant les allocations du pied de guerre sont établis pour appuyer la revue de l'armée. (Art. 530) (1).

Les feuilles de journées sont remises au sous-intendant militaire pour être vérifiées, au plus tard dans les vingt premiers jours de chaque trimestre, et si le corps est en marche pendant ces vingt premiers jours, cette remise est faite aussitôt après l'arrivée du corps à destination. (Art. 521.) Elles sont au préalable vérifiées par le major et par le trésorier ou l'officier payeur. (Art. 513.) Avec les feuilles de journées, on envoie les pièces prescrites par l'art. 522.

Après vérification et rectification, s'il y a lieu, le sous-intendant renvoie les feuilles de journées au corps qui établit la 1re partie de la revue de liquidation qui constitue le crédit du corps. Ainsi préparée, cette revue est envoyée en minute au sous-intendant qui la vérifie et la rectifie, au besoin, de concert avec le conseil d'administration, la vise et dresse ensuite le décompte de libération en se conformant aux articles 553 à 556 du règlemt, et lorsqu'il a arrêté et visé le décompte (2) de concert avec le conseil d'administration, renvoie à celui-ci la minute de la revue définitivement close pour qu'il en fasse établir les expéditions. (Art. 528.)

En cas de passage du pied de paix au pied de guerre et *vice versa*, la revue de l'armée n'est appuyée que des extraits de feuilles de journées comprenant les allocations ; toutes les autres pièces suivent la revue de l'intérieur.

Les pièces afférentes aux trimestres passés entièrement sur le pied de guerre sont jointes aux revues établies au titre de l'armée. (Art. 530.)

La première expédition de la revue, servant de minute, est remise au corps avec les minutes des feuilles de journées ; la 2e et la 3e expéditions sont adressées, le 15 du 3e mois de chaque trimestre au plus tard, à l'intendant militaire qui les transmet au ministre après vérification ; la 4e reste entre les mains du sous-intendant, ainsi que les bons de distribution. (Art. 558.) Les revues adressées à l'intendant militaire sont appuyées des pièces prescrites par l'article 560.

La vérification et la rectification des revues, soit par les intendants militaires, soit par le ministre, s'opèrent suivant les règles établies par les articles 568 et suivants du règlemt, page 760.

Au sujet des dépenses éventuelles ou d'une nature spéciale, la circulaire ministérielle du 31 août 1882, page 117, prescrit d'indiquer, dans la colonne d'observations du tableau n° 11 des revues, les motifs qui ont donné lieu aux allocations. Lorsque des allocations de même nature ont été motivées par des positions différentes, le montant afférent à chacune de ces positions est indiqué distinctement.

Indemnité représentative de viande fraîche. — Cette indemnité est perçue et liquidée tantôt au titre du budget des vivres et tantôt à celui de la solde.

Une dépêche ministérielle du 30 décembre 1884 et la note du 8 janvier 1885, page 35 (S) ont fait connaître qu'en 1885 cette indemnité serait rattachée au service de la solde.

Aux termes de la circulaire du 27 décembre 1880, page 445, et de la note du 8 janvier 1885, page 35 (S), cette indemnité est, dans ce cas, comprise sur les mêmes états de paiement que la solde proprement dite.

(1) Pour divers renseignements, se reporter à l'instr. du 7 novembre 1879, page 358, rappelée par celle du 24 avril 1884, page 500, et celle du 31 janvier 1884, page 196, laquelle prescrit de distinguer les journées et les dépenses de l'armée active, de la réserve et de l'armée territoriale, et diverses autres dispositions.

Les journées ou demi-journées de nourriture dans les haltes-repas figurent distinctement dans les feuilles de journées. (Circ. du 26 janvier 1884 (M), à laquelle il y a lieu de se reporter pour le passage du pied de paix au pied de guerre.)

(2) Les sous-intendants militaires liquidateurs s'assurent de l'exactitude de l'imputation des états de solde dans les revues à l'aide des bordereaux de quittances fournis par les payeurs aux ordonnateurs en exécution de l'article 544 du règlement du 8 juin 1883 et des bordereaux de transmission des sous-intendants ordonnateurs qui n'ont pas charge de l'établissement des revues. (Circ. du 12 mars 1883, page 270.)

La régularisation en est opérée dans les feuilles de journées et dans les revues de liquidation d'après le mode ordinaire, ainsi que cela se pratique pour les indemnités représentatives de vin et d'eau-de-vie. Par suite, la circ. du 26 février 1883 est abrogée. (Note précitée.)

Trop et moins perçus. — Les moins perçus de viande en nature ne peuvent s'ajouter aux journées d'indemnité représentative, les rappels en nature étant interdits par le règlement sur la solde et les revues ; mais les trop perçus doivent être diminués des journées d'indemnité allouées au titre de la place où ces trop perçus ont eu lieu. (Circ. du 17 février 1880 M.)

Les moins perçus à titre d'indemnité sont versés à l'ordinaire (même circ.), quand il n'a pas reçu tout ce qui lui revenait, et à la caisse du corps dans le cas contraire. (Dép. min. du 27 mars 1880 M.) Enfin, le montant des trop perçus de viande de conserve doit être imputé aux officiers signataires des bons et non aux ordinaires. (Instr. du 26 avril 1884, page 1061 (S) sur les inspections administratives et art. 151 de l'ordonn. du 10 mai 1844). Voir *Ordinaires*, page 251, pour les perceptions.

CRÉANCES DES CORPS

(Voir ci-dessus *Trop payés*, page 286, et ci-après, *Pertes et déficits de fonds.*)

Moins perçus sur états de solde.

CRÉANCES DIVERSES

Si le décompte de libération d'une revue, soit de l'exercice courant, soit d'un exercice expiré, présente pour résultat un moins perçu en deniers, le montant en est porté en augmentation sur le premier état de paiement de la solde courante, et le corps en est crédité sur le décompte de libération de la revue correspondant à cet état de paiement. (Art. 561 du règlement du 8 juin 1883, page 698.)

En cas d'erreurs commises au détriment des corps dans les revues de liquidation, les sommes à rappeler font l'objet de feuilles de rectification établies par l'intendant militaire ou le ministre (art. 568 et 573) dont le montant est porté en augmentation dans les états de solde et les revues. (Art. 579.)

Une circulaire du 2 juin 1863 (M) dispose que les corps ne se préoccupent pas assez du remboursement des excédents de dépenses constatés par les centralisations, que les fonctionnaires du contrôle doivent apporter la plus sérieuse attention dans la vérification de ces centralisations et exiger les pièces justificatives des excédents, s'il y en a. Ces pièces sont adressées au ministre (bureau compétent) avec les observations que leur examen a suggérées.

S'il s'agit de dépenses qui peuvent être ordonnancées sur place, l'envoi des pièces dont il s'agit doit être fait à l'ordonnateur. (2 juin 1863 M.)

Les services principaux pour lesquels les corps font des avances sont :

L'*Habillement*,

Le *Harnachement*,

L'*Armement* et les *Equipages*,

Les *Ecoles*,

Les *Infirmeries régimentaires*,

La *Remonte*,

Les *Outils portatifs du génie*,

Le *Service de marche* (*Convois*).

(Voir *Carnet des fonds divers* pour les dépenses diverses que les corps peuvent payer, sauf remboursement ultérieur, et le chapitre des avances, page 182, pour les formalités du remboursement).

Les dispositions de la circulaire du 2 juin 1863 (M) s'appliquent évidemment aux créances des corps sur des particuliers. — Ainsi, par dép. minist. du 5 décembre 1872, n° 15289, le sieur L..., juge de paix, a été constitué débiteur envers le 1er régiment du train des équipages, d'une somme représentant le prix d'un lot de fumier dont il s'était rendu adjudicataire. — Le recouvrement a été effectué par l'agent judiciaire du Trésor et le corps a été désintéressé par l'envoi d'une ordonnance de paiement délivrée par le ministre des finances. (Dép. du 17 juin 1873 M). D'autres cas semblables se sont produits.

Restitution aux corps de sommes indûment versées au Trésor.

Le remboursement des sommes indûment versées au Trésor est effectué par les soins du ministre des finances.

Les demandes de restitution sont adressées au ministre de la guerre, appuyées des récépissés de versement ou de déclarations de versement si les récépissés ont déjà été transmis au ministre. (Circ. du 1er octobre 1855 et du 16 octobre 1861, page 313.)

On doit joindre une copie des feuilles de retenue ou de l'état détaillé qui a servi au versement. (Voir au titre *Subsistances*.)

Le ministre de la guerre se concerte alors avec son collègue des finances qui prescrit, s'il y a lieu, le remboursement.

Dans aucun cas, les sommes à restituer ne doivent être mandatées par les sous-intendants, ni portées au crédit des corps dans les revues de liquidation (Circ. du 30 septembre 1869 M), sans autorisation ministérielle préalable.

DETTES DES CORPS ET DES MILITAIRES LEUR APPARTENANT

Dispositions générales communes aux retenues à exercer (1).

Les retenues sur les fonds de la solde peuvent se diviser en deux classes :

1° Les retenues faites au profit du budget de la solde;

2° Celles qui ont lieu pour le compte d'autres services ou pour celui des particuliers.

Au nombre des premières sont : les retenues pour trop payés et pour pertes de fonds, les reprises de fonds de masse au profit du Trésor, etc., etc.

Elles s'opèrent par voie de déduction sur les crédits du corps constatés par les revues de liquidation, sur les états de solde et feuilles d'émargement.

Les retenues faites au profit d'autres services ont lieu par précompte, et le montant en est versé au Trésor au titre de chaque service créancier. Exemples :

Remboursement de sommes dues : pour prix de pensions dans les écoles (Note du 18 mai 1883, page 477.)

— — pour avances faites par le service de l'indemnité de route (règlemt du 12 juin 1867), etc., etc.

A l'égard de celles effectuées au profit de tierces personnes, elles sont faites par déduction, lorsqu'elles concernent des sommes dues pour aliments, dans les cas prévus par les articles 203, 205 et 214 du Code civil, et par précompte pour les dettes de toute nature. (Voir le § 4 ci-après).

1° DETTES DES CORPS DE TROUPES ENVERS L'ÉTAT.

Trop perçus sur états de solde.

Les trop perçus constatés par les revues générales de liquidation trimestrielles sont portés en déduction sur le premier état de paiement de la solde courante, et le

(1) Aucune retenue, irrégulière ou illicite, même consentie, ne doit être effectuée sur la solde des officiers ou de la troupe. (Instr. du 26 avril 1884, page 1062 S.)

corps est débité de la même somme sur le décompte de libération de la revue correspondant à cet état de paiement. (Art. 562 du règlem[1] du 8 juin 1883, page 698).

Lorsque les revues donnent lieu à rectification (art. 571), le montant intégral des retenues est porté en déduction sur le premier état de solde et sur la revue du trimestre correspondant. (Art. 580 et 581).

Les trop perçus sur états de solde sont interdits en principe. (Note du 25 mars 1884, page 334.)

Trop perçus de toute autre nature ou remboursement de matériel cédé à titre onéreux.

Pour tous les services autres que celui de la solde, les *sommes dues par les corps* sont reversées au Trésor dans la forme prescrite par le règlement du 3 avril 1869, articles 183 et 184, page 346, c'est-à-dire que ces reversements doivent être faits aux caisses des agents des finances, sur la production d'ordres de reversement délivrés par les fonctionnaires de l'intendance.

Toutefois, les dispositions du règlement précité sont complétées par la note du 27 octobre 1881, page 280, laquelle fixe comme il suit les règles à suivre en pareil cas :

PRODUITS DIVERS DU BUDGET.	DÉSIGNATION DES COMPTABLES QUI DOIVENT EFFECTUER LES RECETTES.	NATURE DES TITRES DE PERCEPTION.
Ecoles militaires. Polytechnique.... Saint-Cyr........ La Flèche........ Saumur.........	Receveur central de la Seine. Trésorier général de Seine-et-Oise. Trésorier général de la Sarthe. Trésorier général de Maine-et-Loire.	Etats nominatifs des produits à recouvrer.
Retenue de 5 p. 100 sur la solde des officiers des sapeurs-pompiers de la ville de Paris.	Caissier du Trésor.	Bordereau trimestriel établi par le Conseil d'administration et visé par l'intendant militaire.
Produit du travail des détenus dans les ateliers et pénitenciers militaires.	Trésoriers généraux et trésoriers-payeurs de l'Algérie.	Etats des produits arrêtés par les directeurs de ces établissements.
Reversement des fonds sur les dépenses du ministère.	Caissier du Trésor, payeur central de la Dette publique. Trésoriers-payeurs généraux. Trésoriers-payeurs de l'Algérie. Trésoriers coloniaux et payeurs d'armées.	Ordre de reversement émané de l'ordonnateur de la dépense.

(Note du 27 octobre 1881).

Les récépissés sont transmis au ministre accompagnés d'une expédition de l'ordre de reversement, et une déclaration de versement reste au corps pour sa justification. (Art. 183 et circ. des 17 mars 1873 (M) et 5 août 1873, page 139.) Pour les cachets à apposer sur ces déclarations, se reporter à la page 289. En ce qui concerne les versements concernant des perceptions de denrées à titre onéreux, voir *Subsistances, Fournitures, remboursables*.

Trop perçus pour fournitures en nature, voir *Subsistances militaires*.

2° DETTES DES CORPS ENVERS DES PARTICULIERS

Les sommes dues aux fournisseurs, etc., sont payées sur la production de factures quittancées, de quittances ou d'autres pièces justificatives dont l'énumération est donnée par chaque service.

Lorsqu'il y a contestation dans le règlement des dépenses, les fonctionnaires de l'intendance, le ministre ou le conseil d'Etat statuent sur les questions en litige. (Les différents cahiers des charges et règlem[ts] rappellent ce principe.)

Pour les créances prescrites, voir le renvoi 1 de la page 286.

3° DETTES DES MILITAIRES ENVERS L'ÉTAT (Pour les *Trop payés*, voir pages 286 et 289.

Le ministre peut ordonner des retenues sur le traitement des officiers, lorsqu'ils ont des sommes à rembourser au Trésor.

Ces retenues s'opèrent par voie de déduction sur les états de solde et sur les revues, de manière à ne faire payer à la partie prenante que la somme nette qu'elle doit recevoir. (Art. 416 du règlem[t] du 8 juin 1883, page 662.). Toutefois, dans certains cas, on doit verser le montant de ces retenues au Trésor. (Voir ci-dessus les dispositions communes aux diverses retenues.)

Ces retenues ne peuvent excéder le cinquième de la somme nette à payer aux officiers en activité ou en non-activité, à moins de décision contraire du ministre. Les indemnités diverses (frais de service et de bureau, celles de rassemblement, de vivres, de logement, la gratification d'entrée en campagne et les indemnités pour pertes d'effets et de chevaux), ne sont pas passibles de retenue. (Art. 405 du règlem[t] du 8 juin 1883, 115 de l'ordonn. du 10 mai 1844 et 190 du décr. du 3 avril 1869, modifiés par la décis. présidentielle du 26 février 1876, page 213.) Il en est de même pour le traitement de la Légion d'honneur et de la médaille militaire. (Art. 402 Inf[ie], 397 Cav[ie] et 421 Art[ie] des règlem[ts] du 28 décembre 1883.) Les retenues pour remboursement du prix des pensions dans les écoles sont fixées, savoir : au 1/5 pour les officiers supérieurs, au dixième pour les capitaines, au vingtième pour les lieutenants ; toute retenue est ajournée pour les sous-lieutenants jusqu'à leur promotion au grade supérieur. Le montant de ces retenues est versé au Trésor. (Note du 18 mai 1883, page 477.)

4° DETTES DES MILITAIRES ENVERS DES TIERS

§ 1er. — *Officiers des diverses armes et militaires de la gendarmerie.*

Les retenues pour dettes ont lieu en vertu d'oppositions juridiques ; elles peuvent être ordonnées d'office par le ministre. (Art. 422 du règlem[t] du 8 juin 1883, page 664.) Ces retenues ne peuvent excéder le cinquième de la solde (art. 427), après déduction de la retenue de 5 0/0 au profit du Trésor (décis. présidentielle du 26 février 1876, page 213), excepté dans le cas prévu par l'article 423. (Voir ci-après.)

Les oppositions sont faites entre les mains des trésoriers-payeurs généraux, sur la caisse desquels les mandats du corps sont payables. Néanmoins, à Paris, elles sont faites entre les mains du conservateur des oppositions au ministère des finances. (Art. 424 du règlem[t] du 8 juin 1883 et 187 du règlem[t] du 3 avril 1869, page 348.) Les conseils d'administration ne doivent donner aucune suite aux oppositions formées entre leurs mains. (Décis. du 7 mai 1838, ancien *Journal militaire*, laquelle dispose, en outre, que les certificats de cessation de paiement ne doivent faire mention que des sommes dues à l'Etat ou aux corps de troupes.)

Les officiers et juges militaires peuvent prendre connaissance des actions en recouvrement de créance à l'armée et hors du territoire ; dans tous les cas, ils ne peuvent apporter aucun obstacle aux poursuites et jugements. Les retenues sur la solde ont lieu de plein droit, quand elles sont ordonnées par le ministre ou requises en vertu d'oppositions ou de saisies judiciaires. Ces retenues *n'excluent pas l'action des créanciers sur les biens meubles et immeubles.*

Toutefois, les armes, chevaux, effets dont les officiers doivent être pourvus, ne peuvent être ni saisis ni vendus. (Art. 402 Inf[ie], 497 Cav[ie] et 421 Art[ie] des règlem[ts] du 28 décembre 1883.) (1)

Ces retenues sont opérées *par précompte*, c'est-à-dire qu'on prélève sur le montant de la solde due au débiteur la retenue dont il est passible, sans qu'il y ait lieu, pour cet objet, à déduction sur les états de solde et sur les revues. (Art 425 du règlem[t] précité.)

NOTA. — On ne doit non plus faire aucune diminution sur les feuilles mensuelles d'émargement, à moins qu'on n'ait porté en dépense à la solde le précompte exercé sur le montant de l'état de solde du corps. Si l'on n'a pas fait dépense pour cet objet, l'on se borne à retenir, *de la main à la main*, la somme prélevée par la Trésorerie générale.

L'art. 426 du règlem[t] du 8 juin 1883, page 664, dispose que les sommes provenant des retenues opérées par les trésoriers-payeurs généraux sont distribuées aux opposants suivant les formes prescrites par le Code de procédure civile. (Art. 426.)

Ces dispositions sont applicables aux militaires de tous grades de la gendarmerie. (Art. 430 à 435 du règlem[t] du 18 février 1883, page 108). Mais les retenues ne portent que sur la solde nette, prélèvement fait de la portion qui doit être versée à la masse individuelle. (Décis. présidentielle du 26 février 1876, page 213.)

(1) Ces dispositions sont reproduites de la loi du 10 juillet 1791. (Art. 65.)

Dans les corps de troupes, les dettes des officiers, particulièrement celles qui ont pour objet leur subsistance, leur logement, leur habillement ou d'autres fournitures relatives à leur état, peuvent aussi être payées au moyen d'une retenue sur leur traitement, ordonnée par le chef du corps, conformément à ce qui est prescrit par les règlements sur le service intérieur. (Art. 423 du règlem[t] du 8 juin 1883, page 664.)

Les articles 402 Inf[ie], 397 Cav[ie] et 421 Art[ie] des règlem[ts] du 28 décembre 1883 disposent, au sujet des dettes pour nourriture, logement et tenue, que les retenues sont faites de manière à ne laisser sur les appointements que la somme nécessaire pour les dépenses courantes. Elles sont exercées, par conséquent, sur toutes les sommes dues aux officiers. — Pour les dettes d'une autre nature, les retenues sont fixées au cinquième de la solde seulement (Art. 427 du règlem[t] du 8 juin 1883), à l'exclusion des indemnités et gratifications et du traitement de la Légion d'honneur et de la médaille militaire. Voir § 3° ci-dessus.)

Dans les cas de retenues faites dans les corps, on peut procéder pour les paiements et justifications suivant les dispositions de la décision du 4 février 1842, page 79.

§ 2. — *Troupe* (la gendarmerie exceptée).

Il est interdit aux sous-officiers, caporaux ou brigadiers et soldats de contracter des emprunts, dettes ou engagements.

Les créanciers sont sans recours sur leur solde. (Art. 403 Inf[ie], 399 Cav[ie] et 423 Art[ie] des règlem[ts] du 28 décembre 1883 et 182 du règlem[t] du 23 octobre 1883, page 403.) Les fonds de masse payables aux militaires rayés des contrôles peuvent être l'objet de saisies-arrêts de la part des créanciers. (Dép. du 24 août 1880 concernant un brigadier bottier du 21° d'artillerie.)

Les indemnités de rengagement sont incessibles et insaisissables, pendant la durée du service des sous-officiers rengagés sous l'empire de la loi du 22 juin 1878. (Art. 2 de cette loi, page 299.) Mais la loi du 23 juillet 1881, page 33, qui l'a remplacée, n'a pas maintenu cette disposition. Il faut en conclure que les indemnités dues aux titulaires peuvent être frappées d'oppositions au moment du paiement, quelle que soit l'époque à laquelle il ait lieu.

Pour la gendarmerie, voir ci-dessus.

5° RETENUES POUR ALIMENTS

Le ministre peut prescrire sur la solde des officiers des retenues pour aliments dans les cas prévus par les articles 203, 205 et 214 du Code civil. (Art. 420 du règlem[t] du 8 juin 1883, page 663.) Ces retenues sont opérées par déduction sur les états de solde, et les sommes retenues sont payées aux personnes intéressées sur états de solde au titre des corps. (Art. 421.)

Ces retenues peuvent être du tiers de la solde après déduction de la retenue de 5 p. 0/0. (Art. 19 du décr. du 3 avril 1869, modifié par la décis. présidentielle du 26 février 1876, page 213, et art. 427 du règlem[t] du 8 juin 1883.) Elles peuvent être indépendantes de toutes autres que subirait déjà l'officier. (Art. 420 du même règlem[t].)

(Voir *Pensions de retraite.*)

6° RETENUES DE 2 OU 5 POUR CENT AU PROFIT DU TRÉSOR

Les officiers et assimilés en position d'activité ou de disponibilité subissent, au profit du Trésor, une retenue de 5 0/0 sur le traitement que leur attribuent les lois de finances.

Le montant de cette retenue est ordonnancé au profit du Trésor, par l'administration centrale, d'après les résultats des revues de liquidation sur la production de relevés trimestriels produits par les intendants militaires.

Les indemnités diverses ne sont pas passibles de cette retenue qui ne s'exerce que sur la solde proprement dite. (Art. 405 du règlem[t] du 8 juin 1883, page 660.)

Cette retenue n'est que de 2 0/0 pour les officiers du cadre de réserve et ceux en non-activité, pour les gardiens de batteries, les portiers-consignes, les bateliers-aides-portiers et les ouvriers d'Etat. (Art. 406.)

La retenue de 5 ou de 2 0/0 est toujours exercée sur le montant intégral de la solde. (Art. 408.)

NOTA. — Les tarifs de solde en vigueur étant diminués du montant de la retenue, celle-ci ne figure plus au compte sur les états de paiement ni dans les revues de liquidation.

La solde des officiers de réserve est passible de la retenue de 5 0/0 ; celle des officiers de l'armée territoriale appelés pour des exercices en est exempte. (Note du 18 mars 1883, page 319, et art. 22 de l'instr. du 12 février 1878, page 46.) L'indemnité attribuée aux officiers retraités ou démissionnaires employés dans le service du recrutement ou à titre soldé dans l'armée territoriale est aussi exempte de retenue. (Tarif du 25 décembre 1875, page 801.)

Sur le pied de guerre, l'armée territoriale est traitée comme l'armée active. (Art. 93 de l'instr. du 12 février 1878, page 73.)

7° RETENUES INTERDITES

Aucune retenue irrégulière ou illicite, même consentie, ne doit être exercée sur la solde de la troupe ou des officiers. (Art. 38 de l'instr. du 26 avril 1884, page 1062 S.) De plus, l'art. 40 interdit les retenues au profit du fonds de la musique.

7° RETENUE POUR LE LOGEMENT FOURNI AUX OFFICIERS. (Voir *Logement des troupes.*)

Pertes et déficits de fonds.

1° PERTES DE FONDS ENTRE LES MAINS DES CONSEILS D'ADMINISTRATION, DES TRÉSORIERS OU OFFICIERS-PAYEURS ET DES COMMANDANTS DE COMPAGNIES OU SECTIONS FORMANT CORPS. — DÉFICITS.

Les pertes ou déficits de fonds sont constatés dans tous les cas par des procès-verbaux rapportés par les fonctionnaires de l'intendance.

L'article 116 de l'ordonn. du 10 mai 1844, modifié par la décision du 1er août 1859, page 803, dispose que le montant des pertes ou déficits de fonds qui pourront survenir dans les corps de troupes par suite d'événements de force majeure ou d'autres circonstances extraordinaires dûment constatées, sera désormais, sur l'autorisation préalable du sous-intendant militaire, porté en dépense aux fonds divers.

A cet effet, si la somme manquante appartient à la caisse du conseil, elle sera portée au carnet de caisse comme sortie pour ordre de cette caisse et remise au trésorier.

Le président du conseil ou le trésorier ne peut être rendu responsable qu'en vertu d'une décision du ministre; si le ministre met la perte ou le déficit à la charge de l'officier dépositaire de la caisse, il détermine le mode de remboursement à effectuer par celui-ci. Dans le cas contraire, il met la perte ou le déficit à la charge de la masse générale d'entretien, ou délivre, au profit du corps, une ordonnance d'une somme équivalente (ou, enfin, il autorise le conseil à se créditer dans ses revues trimestrielles, ce qui a lieu le plus souvent.)

Il opère de même si, sous la réserve des droits du Trésor, l'administration de la guerre est sans moyens de reprise contre l'officier constitué débiteur.

Les sommes ainsi encaissées sont prises en recette aux fonds divers. (Décis. du 1er août 1859.) De cette manière, ils se trouvent couverts de la dépense inscrite au moment de la constatation de la perte ou du déficit.

L'article 53 de l'ordonn. du 10 mai 1844, page 280, dispose que les intendants militaires déterminent, lors de leur vérification ou sur le rapport des sous-intendants, les sommes dont les conseils sont constitués débiteurs par suite de la responsabilité qu'ils ont encourue.

La répartition de ces sommes est faite entre les membres qui ont autorisé, commis ou confirmé l'illégalité, la contravention ou la négligence, au prorata de la solde du grade dont chacun d'eux était alors titulaire.

Les officiers peuvent appeler de la décision de l'intendant au ministre ou à l'inspecteur général.

Les retenues à faire aux officiers qui ont cessé de faire partie du corps ne peuvent être exercées qu'en vertu d'un ordre du ministre. (Art. 53 précité.)

Deux dépêches ministérielles, en date des 24 avril et 7 mai 1860 (M), rappellent que les officiers, auteurs des déficits, ne doivent pas figurer dans l'état de répartition des sommes à rembourser par les membres du conseil déclarés responsables des détournements.

Le président est personnellement responsable de la caisse déposée chez lui. (Art. 99 de l'ordonn. du 10 mai 1844) (1). Le trésorier a la même responsabilité en ce qui concerne sa caisse (2). (Art. 100 de l'ordonn. du 10 mai 1844 et décis. du 17 décembre 1834, page 607.) Mais il en est responsable envers le conseil d'administration (art. 22 de la loi du 16 mars 1882, page 91, et art. 96 *bis* de l'instruction du 1er mars 1880, p. 393.)

Le trésorier a droit à un planton garde-caisse. (Circ. du 24 mars 1881 M.)

Pour les troupes voyageant en chemin de fer, le règlemt du 1er juillet 1874 inséré 2e semestre 1884, pages 83, 91 et 110, dispose ce qui suit :

La caisse du corps est placée dans un des wagons contenant les bagages ; dans ce cas, ce wagon est plombé en présence du commandant de détachement ou fermé à clef. La clef est remise à cet officier.

La circ. du 25 juillet 1883 dispose aussi que les chefs de corps peuvent faire placer la caisse dans le wagon affecté à la garde de police.

Le transport de ladite caisse s'effectue sans responsabilité pour les compagnies de chemins de fer, mais sans donner lieu à la perception d'aucune taxe (24 mars 1881 (M) et dispositions du règlemt du 1er juillet 1874.)

Les imputations dont les officiers sont passibles, en pareil cas, sont exercées mensuellement, *par précompte*, jusqu'à concurrence du cinquième de leur solde, à moins que le ministre n'en ordonne autrement. Le produit de ces retenues est porté en recette aux fonds qui ont supporté la dépense des sommes rejetées, perdues ou détournées. (Art. 115 de l'ordonn. du 10 mai 1844.)

MESURES A PRENDRE POUR PRÉVENIR LES DÉTOURNEMENTS DE FONDS

La circulaire du 10 décembre 1857, n° 6135, prescrit les dispositions à prendre pour prévenir les pertes et déficits de fonds ; ces dispositions sont toutes renfermées dans l'ordonn. du 10 mai 1844, savoir :

« Les conseils d'administration ne doivent jamais perdre de vue qu'aucune sortie de » fonds de leur caisse ne peut avoir lieu sans une délibération préalable ; — que la » remise à faire au trésorier ou à l'officier-payeur du montant approximatif de deux ou » trois prêts (trois prêts quand il y a des détachements, art. 25), est une limite maxi- » mum qu'il leur est toujours loisible de ne pas atteindre, lorsque les besoins du service » ne l'exigent pas impérieusement ; — que cette remise ne doit s'effectuer qu'après la » justification de l'emploi des fonds que le comptable a précédemment reçus, et sous la » déduction de la somme restant entre ses mains (Art. 25 de l'ordonn.) ; — qu'ils ont à » faire apporter soigneusement à leur caisse toutes les sommes reçues par le comptable, » soit des caisses du Trésor, soit dans l'intérieur du corps (Art. 32) ; — qu'aucune » dépense, à l'exception de celles déterminées à l'article 75 de l'ordonnance (la solde, » les abonnements, les primes, indemnités fixes, l'avoir à la masse individuelle), ne » peut être faite sans leur autorisation (Art. 26) ; — qu'enfin, ils doivent s'assurer, » quand ils le jugent convenable, de l'existence effective des fonds que doit contenir la » caisse du trésorier. (Art. 24.)

» Les majors ou les officiers qui en remplissent les fonctions doivent bien se péné- » trer qu'ils sont chargés de la surveillance générale et permanente des officiers comp- » tables (Art. 56) ; — qu'ils ont notamment à veiller sur l'encaissement des recettes que » le trésorier opère sur ses propres quittances, afin d'en faire inscription au livret de » solde (Art. 57), et à s'assurer qu'il n'est apporté aucun délai au paiement des dépen- » ses pour lesquelles le comptable a reçu des fonds (Art. 58) ; — qu'ils doivent aussi » vérifier la situation matérielle de sa caisse chaque fois qu'une remise de numéraire » doit lui être faite (Art. 59) ; — qu'en un mot, ils ont le droit d'investigation et de » contrôle sur tous les actes administratifs du corps (Art. 56). »

(1) Ce principe est applicable aux chefs des établissements de l'artillerie. (Circ. du 23 décembre 1878 — émanant de la direction de l'artillerie — qui rappelle que la caisse doit être déposée dans leur domicile particulier, à moins d'impossibilité bien constatée.)

(2) Une dép. minist. du 14 octobre 1884 (M), concernant les officiers comptables du service des subsistances, rappelle également que les trésoriers des corps doivent avoir leur caisse dans leur chambre à coucher, et les circulaires du 14 mai 1877 (M) et du 16 septembre 1884, page 378 (S), disposent que ces officiers ne peuvent avoir leur bureau dans les casernes s'il n'y sont pas personnellement logés dans des chambres y attenant.

Cette circulaire ajoute que, de leur côté, les fonctionnaires de l'intendance doivent exercer leur contrôle avec vigilance, procéder eux-mêmes à la vérification des caisses *inopinément* et aux époques déterminées par le règlement.

Ces dispositions sont rappelées par les circulaires du 26 janvier 1863 (M) et du 13 janvier 1873 (M) et les instructions annuelles sur les inspections générales.

Les caisses ne doivent jamais recevoir, pas même à titre de simple dépôt, de fonds ayant une destination étrangère à l'administration du corps. (Art. 48 de l'instr. du 26 avril 1884, page 1070 (S), sur les inspections administratives, et note du 22 décembre 1884, p. 965.) De plus, la circ. du 14 juin 1884, page 689, rappelle que, dans aucune circonstance, les corps ne doivent posséder de fonds qui ne figurent pas dans la comptabilité ou qui concernent des besoins non reconnus par les règlements.

Il ne doit pas exister de pièces représentatives de fonds dans les caisses (Instr. du 17 mars 1884, art. 53, page 471 (S), excepté pour les versements de fonds à des portions détachées ne s'administrant pas séparément (voir *envois de fonds*), pour les réparations exécutées par des ouvriers civils (Art. 213 de l'ordonn. du 10 mai 1844, page 328), et pour les dépôts de fonds dans les caisses du Trésor. (Art. 105 de l'ordonn. du 10 mai 1844, page 289.)

Les envois de fonds dans les détachements qui ne s'administrent pas séparément doivent, en principe, être limités à un prêt. (Art. 164 de l'ordonn. du 10 mai 1844 et note ministérielle du 12 novembre 1846, page 699.) On ne peut déroger à cette règle que lorsque le service l'exige, et alors la mesure est soumise à l'approbation du contrôle local.

Pour les sommes restant dues aux fournisseurs des ordinaires, se reporter au chapitre des *Ordinaires*.

2° PERTES ET DÉFICITS CONCERNANT LES FONDS ENTRE LES MAINS DES CAPITAINES

Aux termes de l'article 95 de l'ordonn. du 10 mai 1844, page 287, les commandants de compagnie, d'escadron ou de batterie sont responsables des fonds dont ils donnent quittance.

De plus, une dépêche ministérielle du 9 avril 1875, n° 3127, concernant un vol de fonds au préjudice d'un capitaine du 56° de ligne, dispose que ces officiers doivent veiller, par tous les moyens, à la conservation de leurs fonds et que l'Etat n'a pas à intervenir lorsque, par suite d'une circonstance quelconque, ils viennent à les perdre. Il importe de maintenir rigoureusement ce principe, dans la crainte que les officiers dépositaires des deniers de leur compagnie (prêt, boni de l'ordinaire, versements volontaires, etc.) ne négligent les obligations qui leur incombent à cet égard.

Toutefois, le ministre a consenti à ne mettre à la charge dudit officier que le quart du déficit, le vol ayant été commis avec effraction. — Le surplus a été imputé sur les fonds de la solde. (9 avril 1875 M.)

Les capitaines sont également responsables des sommes qu'ils font toucher à la caisse du trésorier ou de l'officier payeur par le sergent-major ou le maréchal des logis chef. (Art. 157 de l'ordonn. du 10 mai 1844, rappelé par la circ. du 13 janvier 1873 (M), et règlem[t] du 28 décembre 1883, sur le service intérieur).

NOTA. — Les pertes de cette nature sont réglées comme celles prévues au § 1°.

SUCCESSIONS

Traitement

La solde due par l'Etat aux officiers et assimilés et aux employés militaires est acquise, jusqu'au jour inclus de leur décès, à leurs héritiers ou ayant-droit. (Art. 31 du règlem[t] du 8 juin 1883, page 564.)

Le traitement acquis aux officiers des corps décédés (1) est versé sous la déduction

(1) Pour les officiers sans troupe, le reliquat de solde est mandaté au nom des héritiers ou ayant-droit, par le sous-intendant militaire ; si ce mandat n'est pas touché avant la fin de l'exercice, il est encaissé par le trésorier-payeur, au titre de la caisse des dépôts et consignations, jusqu'à ce que les intéressés soient en mesure de justifier de leurs droits (Art. 307 du règlement du 8 juin 1883, page 635.) Les pièces d'hérédité sont fournies par les intéressés à la Trésorerie générale, l'ordonnateur n'a pas à les produire. (Note du 19 février 1878, page 95.)

de la somme qu'ils peuvent devoir à l'Etat ou aux corps, et, s'il y a lieu, des frais d'inhumation (Voir *Inhumations*) et de la dernière maladie, entre les mains des trésoriers-payeurs généraux ou des payeurs d'armée, au titre de la caisse des dépôts et consignations, qui en demeure comptable envers les héritiers.

Le décompte qui sert de base au versement et à l'appui duquel doit rester le récépissé délivré au trésorier, fait connaître, le cas échéant, la cause de la différence entre le traitement intégral porté en dépense au registre-journal et la somme mentionnée dans le récépissé de dépôt. (Art. 149 de l'ordonn. du 10 mai 1844.) Ce décompte est approuvé par le sous-intendant militaire. (Circ. du 9 juin 1863 M.)

Si la dette de l'officier décédé excède le montant de sa créance sur le corps, le conseil constate cette circonstance dans un décompte explicatif qu'il adresse au sous-intendant militaire et que celui-ci transmet, avec ses observations, à l'intendant du corps d'armée qui le fait parvenir au ministre avec son avis sur la légalité des imputations mises à la charge de la succession. Au bas de ce décompte doivent être indiqués le dernier domicile du défunt, et, autant que possible, celui de ses héritiers.

Un duplicata de cette pièce reste entre les mains du trésorier comme justification des dépenses payées en vertu de l'autorisation du conseil. (Art. 149 de l'ordonn. du 10 mai 1844, page 312, rappelé par l'article 307 du règlemt du 8 juin 1883, page 634.)

Les héritiers ne touchent le montant des successions que sur la production des pièces d'hérédité, à la trésorerie générale ou à la caisse des dépôts et consignations. (Note du 19 février 1878, page 95.)

VALEURS AUTRES QUE LE TRAITEMENT

Les valeurs provenant de la vente des effets, chevaux, équipages, etc., sont également versées à la Caisse des dépôts et consignations, mais elles doivent toujours *être intégralement versées*. Toutefois, ce versement ne doit être fait qu'en vertu d'une autorisation spéciale si les sommes dues à l'Etat ou au corps excèdent le montant du traitement acquis. (Instr. du 8 mars 1823, page 131, et circ. du 15 mai 1844 portant envoi de l'ordonn. du 10 mai, page 262.)

Cette disposition est rappelée par la circ. du 9 juin 1863, n° 1710.

Ces dépôts libèrent définitivement le Trésor, de même que si le paiement avait été fait entre les mains des ayant-droit. (Art. 193 du règlemt du 3 avril 1869, pag. 350.)

FORMALITÉS LÉGALES A REMPLIR APRÈS LE DÉCÈS

L'instruction du 8 mars 1823 (Titre III du décès des militaires), page 131, dispose que, lorsqu'un militaire vient à décéder sur le territoire français, le juge de paix de l'arrondissement en est aussitôt prévenu. Ce dernier met le scellé sur les effets du décédé; il est levé dans le plus bref délai, en présence d'un officier délégué par le conseil d'administration, qui signe le procès-verbal d'inventaire des effets. La vente en est faite (*administrativement*) et le produit, déduction faite des frais, est remis au conseil d'administration pour recevoir la destination sus-indiquée, si toutefois les héritiers ne demandent pas à les conserver.

Hors du territoire, le chef de corps ou l'officier le plus élevé en grade désigne un officier pour apposer le scellé, qui est levé de la même manière qu'à l'intérieur.

En ce qui concerne la vente des effets, cette prescription n'est observée qu'autant qu'il n'existe point de testament contenant des dispositions contraires, auquel cas on doit se conformer ponctuellement aux intentions du testateur.

Les objets appartenant à la succession d'un militaire décédé ne peuvent être remis qu'au porteur d'une procuration légale et authentique établie au nom de la totalité des héritiers. (Instr. du 8 mars 1823, page 131.)

DISPOSITIONS CONCERNANT LES MILITAIRES DÉCÉDÉS DANS LES HOPITAUX

A l'égard des militaires décédés dans les hôpitaux, la vente ou la remise des effets et valeurs aux héritiers a lieu par les soins du comptable, conformément aux articles 466 à 475 du règlement du 28 décembre 1833 sur le service de santé. Pour la portion de traitement qui reste due aux officiers, les corps se conforment aux dispostions rappelées ci-dessus.

Gratifications diverses allouées aux militaires des corps.

Le paiement des gratifications est justifié par des quittances séparées ou des états émargés et par l'état de concession ou un extrait de cet état. (Règlem[t] du 3 avril 1869, page 413.) Les états émargés sont conformes au modèle n° 2 annexé à l'instruction du 1er mars 1880. (Art. 22 de cette instr., page 392.) Lorsque les parties prenantes sont illettrées ou dans l'impossibilité de signer, on procède comme il est indiqué au titre *Avances remboursables*. (L'émargement *d'office* des officiers ou sous-officiers n'est pas valable, disposition rappelée par une dépêche du 26 mars 1867 M.) Pour le timbre, se reporter audit chapitre, page 186, et à *Masses d'entretien*.

1° *Gratifications au sous-officier garde-magasin* et au personnel permanent employé au service du magasin d'habillement. La circulaire du 20 octobre 1879 (M), article 9, met à la disposition des officiers d'habillement des corps de troupes, *en outre du garde-magasin*, un homme par mille collections d'effets à entretenir ou fraction de mille, en prenant pour base l'effet d'habillement dont le chiffre est le plus élevé.

Parmi ce personnel, celui ci-après indiqué est employé d'une façon permanente :

1 caporal et 3 hommes par régiment d'infanterie;

1 homme par bataillon de chasseurs à pied, compagnie ou section formant corps, ou ayant un magasin distinct. (Instr. annuelles sur les inspections générales.)

1 brigadier et 1 homme par régiment de cavalerie ou escadron du train des équipages, ayant la gestion des approvisionnements d'un corps territorial correspondant;

1 homme par régiment de cavalerie n'ayant pas la gestion des approvisionnements d'un corps territorial correspondant;

1 caporal ou brigadier et 2 hommes par régiment d'artillerie ou du génie; 1 homme en plus par régiment d'artillerie ayant la gestion des approvisionnements du régiment territorial d'artillerie.

Le surplus du personnel accordé n'est employé qu'*à titre auxiliaire* et est remplacé mensuellement. (Art. 10 de la circ. du 20 octobre 1879, modifiée le 1er septembre 1884.) Le personnel auxiliaire peut être augmenté si les nécessités du service l'exigent, sur l'ordre du chef de corps. (Art. 11, voir page 59 pour le personnel à détacher pour l'entretien des effets en dépôt.)

La lettre collective du ministre, en date du 13 octobre 1882 (M), crée un sergent garde-magasin dans les sections d'infirmiers militaires, et dispose que ce sous-officier ne sera aidé de l'homme accordé par la circ. du 20 octobre 1879, que lorsqu'il y aura plus de 700 collections d'effets à entretenir.

En ce qui concerne les sections de commis et ouvriers d'administration, la décision du 26 juin 1881, rappelée par la circ. du 12 novembre 1881, page 508 (S), les a également dotées de garde-magasins, et cette circ. prévoit l'allocation d'une prime journalière aux militaires employés à la garde du magasin (ces primes sont indépendantes des gratifications annuelles).

NOTA. — Il n'est pas alloué de gratifications aux maréchaux des logis adjoints, aux trésoriers des compagnies de gendarmerie chargés d'approvisionnements pour les gendarmes réservistes ou territoriaux. (Note du 25 octobre 1884, page 525 S.) Les magasins des régiments de zouaves donnent droit à ces allocations et, de plus, pour les petits dépôts organisés à Salon, il est accordé 80 fr. pour le sous-officier. (Instr. sur les inspections générales.)

Les militaires employés à l'habillement, soit à titre permanent, soit à titre auxiliaire, continuent de compter à l'effectif des compagnies, escadrons ou batteries. (Art. 12.)

Aux termes de la circulaire précitée du 20 octobre 1879, il pouvait être accordé chaque année (sur les fonds du service de l'habillement), à chacun des employés *à titre permanent*, une gratification variant de :

15 à 20 francs pour les caporaux ou brigadiers,
et de 10 à 15 francs pour les soldats (1).

Mais, par dépêche du 6 janvier 1885 (M), le ministre a fait connaître qu'il n'en sera plus accordé à partir de l'inspection générale de 1885.

Quant à la gratification attribuée au garde-magasin, l'on continue à la payer sur les fonds de la deuxième portion de la masse générale d'entretien, sans qu'elle puisse dépasser la fixation ci-après, y compris la part réservée au garde-magasin de la portion active en cas de fractionnement du corps, savoir :

Pour les corps composés de plusieurs bataillons, escadrons ou batteries...		100 fr.
—	d'un bataillon ou escadron........................	50
—	d'une compagnie ou section formant corps ou ayant un magasin distinct....................	25

(Art. 15 de la circ. du 20 octobre 1879 M.)

2° *Gratifications aux sous-officiers de cavalerie* attachés aux cours d'équitation suivis par les officiers d'infanterie. (Voir au titre *Exercices et manœuvres.*)

3° *Gratification et indemnité aux vaguemestres.* — L'article 18 du décret du 25 décembre 1875, page 777, dispose qu'il sera alloué aux vaguemestres, sur les fonds de la deuxième portion de la masse générale d'entretien, une indemnité journalière et, de plus, qu'une gratification pourra leur être accordée sur le même fonds à l'époque de l'inspection générale. Le rapport du 25 décembre 1875, qui précède ce décret, page 765, fixe comme il suit ces allocations :

INDEMNITÉ JOURNALIÈRE

Par compagnie, escadron ou batterie (l'état-major et la section ou peloton hors rang exceptés) :

0.03 c. dans les régiments d'infanterie, de zouaves, de tirailleurs, de la légion étrangère et du génie ;

0.05 c. dans les bataillons de chasseurs à pied et d'infanterie légère d'Afrique, les régiments de cavalerie, d'artillerie, les escadrons du train des équipages, compagnies ou sections formant corps, et les batteries d'artillerie de forteresse. (Décis. du 8 janvier 1885, page 22.)

Il n'est rien alloué pour les détachements moindres d'une compagnie, escadron ou batterie. (Rapport du 25 décembre 1875.)

GRATIFICATION ANNUELLE

La gratification annuelle est fixée par l'inspecteur général, de manière que la totalité de la dépense annuelle se rapportant à la gestion des vaguemestres (fournitures de registres, indemnité journalière et gratifications annuelles) n'excède en aucun cas les fixations suivantes :

Régiments d'infanterie, de zouaves, de tirailleurs algériens, de la légion étrangère..............................	280	»
Bataillons de chasseurs à pied et d'infanterie légère d'Afrique..	140	»
Régiments de cavalerie..............................	180	»
Régiments d'artillerie, de pontonniers, du génie..........	350	»
Escadrons du train des équipages (1)..................	110	»
Compagnies ou sections formant corps..................	40	»
(Rapport du 25 décembre 1875, page 765.)		
Bataillons d'artillerie de forteresse......................	230	»
(Décis. du 8 janvier 1884, page 22.)		

Par suite de ces dispositions nouvelles, *la fourniture du registre* prescrit par les règlem[ts] du 28 décembre 1883 sur le service intérieur reste à la charge de la masse générale d'entretien (2e portion). (Art. 18 du décr. du 25 décembre 1875, page 777.)

4° *Gratifications aux meilleurs instructeurs.* (Supprimées par l'art. 19 du décr. du 25 décembre 1875, page 768.) (Voir *Ecole de tir.*)

5° *Gratifications aux chefs-armuriers.* (Voir au titre *Armement.*)

6° *Gratifications aux sous-officiers et caporaux chargés de l'entretien du matériel des équipages régimentaires.* — L'inspecteur général propose, s'il y a lieu, ces militaires au ministre pour une gratification dont il fixe la quotité, mais qui ne peut excéder 30 francs par régiment d'infanterie et 20 francs par bataillon de chasseurs et par régiment de cavalerie. Ces gratifications ne sont acquises qu'après l'approbation du ministre.

(1) Les escadrons à 3 compagnies, qui ont en outre à administrer une compagnie mixte détachée en Afrique, ont droit en sus à une somme de 40 francs pour cette portion de corps. (Solution minist. du 18 janvier 1877, adressée à Oran, et instr. annuelles sur les inspections).

Les propositions ne sont accueillies qu'autant qu'elles sont adressées avant le 1er décembre. (Art 22 de l'instr. du 17 mars 1884, page 454 S.)

NOTA. — Le ministre indique sur quels fonds la dépense doit être imputée. Le service de l'artillerie envoie ordinairement aux corps les fonds nécessaires pour effectuer le paiement de ces gratifications.

7° *Gratifications aux cavaliers qui ont donné les meilleurs soins à leurs chevaux.* — L'instruction du 19 mars 1884, page 781 (S) a supprimé les dispositions qui attribuaient aux hommes de l'artillerie et du train des équipages des gratifications pour soins donnés aux chevaux.

8° *Gratifications pour la voltige, le dressage et l'équitation.* — La décision ministérielle du 14 juin 1876, page 795, autorisait les inspecteurs généraux des régiments de cavalerie à accorder des gratifications aux sous-officiers, brigadiers et cavaliers pour leur habileté dans les exercices d'équitation, de dressage et de voltige. La dépense, fixée à 150 francs par régiment, était imputable sur les fonds de la masse d'entretien du harnachement et ferrage. Mais ces dispositions ont été abrogées par la décis. du 13 février 1884, page 201.

9° *Gratifications aux ouvriers d'administration et aux infirmiers militaires les plus méritants.* — L'intendant militaire inspecteur général est autorisé à accorder aux sous-officiers, caporaux et soldats qui lui sont signalés pour leur bonne conduite, leur constance au travail et leur habileté professionnelle, des gratifications dont la somme totale (non compris la gratification aux sergents-concierges) est fixée d'après les bases ci-après :

100 francs pour une section de 100 hommes et au-dessous ;

50 francs pour chaque centaine d'hommes et chaque fraction de centaine en sus. (Instr. du 26 avril 1884 sur les inspections générales des sections d'ouvriers d'administration et d'infirmiers, page 1445 S.) Cette même instruction fixe les gratifications des sergents-concierges, lesquelles varient suivant l'importance des établissements.

La dépense est comprise dans les comptes des frais d'exploitation des comptables des services des subsistances et des hôpitaux.

10° *Gratifications aux moniteurs des gymnases régimentaires.* (Voir *Ecole de gymnastique).*

11° *Gratifications aux meilleurs tireurs.* (Voir *Ecole de tir.*)

12° *Gratifications aux maîtres d'escrime.* (Voir *Ecole d'escrime.*)

13° *Gratifications aux moniteurs des écoles régimentaires d'enseignement.* — Supprimées. (Circ. du 21 mars 1873, page 262.)

14° *Gratifications aux moniteurs et élèves de l'École de natation.* (Voir *École de natation.*)

15° *Gratifications aux militaires de la gendarmerie* (se reporter aux instructions annuelles sur les inspections générales). Elles sont payables sur le fonds spécial de l'arme.

16° *Prix de conduite de voitures.* — Une circ. ministérielle du 9 novembre 1881 (M) dispose que, tous les ans, un concours de voitures doit avoir lieu dans chaque escadron du train des équipages, à la suite duquel il est décerné trois prix : un de 15 fr., un de 10 fr. et un de 5 fr. La dépense est faite par les corps, lesquels sont remboursés de leurs avances par les soins de l'Ecole d'artillerie du corps d'armée.

ÉCRITURES INTÉRIEURES DES CORPS (1)

Les écritures de comptabilité tenues dans les corps de troupes sont vérifiées sur pièces, trimestriellement par les sous-intendants militaires, et annuellement par les intendants militaires. (Art. 259 de l'ordonn. du 10 mai 1844, modifié par le décr. du 1er mars 1880, page 386.) Il ne doit être admis que des registres et pièces conformes aux modèles réglementaires. (Art. 264, page 387.)

Indication des Registres qui sont tenus (2)

(Ordonn. du 10 mai 1844.)

Registres tenus par le trésorier ou l'officier en remplissant les fonctions

Registre-Journal. — Il est tenu à la portion centrale et dans tous les détachements, qu'ils aient ou non une administration distincte. (Art. 117 de l'ordonn. du 10 mai 1844, modifié par le décr. du 1er mars 1880, page 364, et la décis. présidentielle du 16 décembre 1879, page 477.) Il a les dimensions de : hauteur 0m,38 et largeur 0m,245. (Note du 1er juin 1880, page 270.)

Ce registre (conforme au mod. n° 17), modifié par la décis. précitée, est destiné à recevoir l'inscription, par ordre de date, de *toutes les recettes qui sont faites pour le compte du corps ou de la portion de corps que ce registre concerne*, des sommes qui sortent de la caisse du conseil pour être remises au trésorier ou à l'officier payeur, et des paiements que ce comptable effectue pour l'acquittement des dépenses (3).

Chaque article enregistré reçoit un numéro d'ordre, qui est aussi inscrit sur la pièce justificative. La série des numéros est annuelle et distincte pour les recettes et pour les dépenses.

A chaque vérification qui doit précéder l'autorisation de remettre des fonds au trésorier, le major appose son visa sur le registre-journal.

La balance des recettes et dépenses est faite le premier jour de chaque trimestre, ainsi qu'aux époques où la centralisation de la comptabilité en deniers est arrêtée par les officiers de l'intendance militaire. Elle est certifiée par le trésorier, vérifiée par le major et arrêtée par le conseil. Dans les portions de corps ayant une administration distincte, elle n'est établie que le jour de l'inscription du dernier article de recette ou de dépense afférent au trimestre précédent.

Le restant en caisse que présente la balance comprend les sommes qui existent dans la caisse du conseil et dans celle du trésorier ou de l'officier payeur.

La situation de la caisse est remise immédiatement au sous-intendant militaire qui la vérifie sur pièces, reconnait l'existence des valeurs qu'elle présente et la transmet au ministre. (Art. 125 de l'ordonn. du 10 mai 1844, page 297.) Il n'en est pas fourni pour les dépôts de remonte. (Note du 17 novembre 1880, page 387.)

Les versements de fonds aux portions détachées, par mandat sur la trésorerie générale, ou les fonds remis à l'officier ou au sous-officier chargé de les porter, sont inscrits immédiatement en dépense, soit d'après la déclaration délivrée par la trésorerie générale, soit d'après le reçu provisoire de l'officier ou du sous-officier. Toutefois, les pièces justificatives des dépenses ne doivent être visées par le sous-intendant que sur le vu de la quittance ou du récépissé des destinataires. (Note du 14 janvier 1881, page 7.) Il ne doit être apporté aucun retard dans l'envoi de ces quittances. (Art. 35 de l'instr. du 26 avril 1884, page 1060 S.)

Pour les pièces justificatives des recettes et dépenses inscrites au registre-journal, se reporter à chaque service.

Ce registre doit être tenu jour par jour, comme celui de centralisation. (Art. 35 de l'instr. du 26 avril 1884, page 1060 S.) Lorsqu'en conformité de la décis. présidentielle du 16 décembre 1879, page 477, les fonds sont adressés par mandat sur la trésorerie générale aux commandants des détachements qui n'ont pas d'administration distincte, ces derniers doivent tenir un registre-journal et un livret de solde. (Voir pages 288 et 289.)

(1) Le registre des délibérations et ceux qui sont destinés à recevoir l'inscription des recettes et dépenses en argent, ainsi que des entrées et des sorties de matériel, sont cotés et paraphés par le sous-intendant militaire. (Art. 118 du décr. du 1er mars 1880, page 366.) Les feuillets mobiles des registres matricules sont signés par le major après que la première inscription y a été faite. (Art. 119.)

(2) Se reporter au titre : *Indemnité pour frais de bureau*, pour l'indication des registres qui sont au compte des officiers comptables. — Les registres à emporter en campagne sont les mêmes qu'en temps de paix ; seulement le registre d'effectif est réuni avec celui des distributions, et l'officier d'habillement ne tient qu'un seul registre, celui des entrées et des sorties. (Art. 14 du décr. du 24 avril 1884, page 499.)

(3) Dans aucune circonstance, les corps ne doivent posséder de fonds ne figurant pas dans la comptabilité et concernant des besoins non reconnus par les règlements. (Circ. du 14 juin 1884, page 689.) Voir *Pertes et déficits de fonds*.

Le registre-journal présente les renseignements ci-après :

Dates,

Numéros d'ordre des recettes,

— — des dépenses

Trimestre auquel s'appliquent les recettes ou les dépenses,

Montant des recettes,

— des dépenses,

Sommes dont le trésorier ou l'officier payeur est comptable.

A l'expiration de chaque trimestre, un extrait de ce registre comprenant seulement les recettes et dépenses afférentes à ce trimestre doit être adressé par les portions détachées au conseil d'administration central.

Cet extrait est certifié par les membres du conseil éventuel ou l'officier qui en tient lieu, et vérifié par le sous-intendant militaire; il est appuyé des pièces justificatives des recettes et dépenses et des feuilles de décompte de la masse individuelle, des livres de détail, etc... (Art. 254 de l'ordonn. précitée, modifié par le décr. du 1er mars 1880, page 385.) Cet extrait est conforme au modèle annexé à la note du 14 avril 1880, page 151. La circ. du 24 avril 1884, page 506, concernant les corps en campagne, indique que cet extrait doit être conforme au modèle annexé à l'ordonn. du 10 mai 1844; c'est sans doute le résultat d'une erreur.

Le registre-journal est vérifié dans le délai de 15 jours, à compter de celui où la balance doit être établie par le conseil. (Décr. du 1er mars 1880, art. 256, page 386.)

A l'armée, un registre-journal est tenu par les officiers d'approvisionnement des quartiers généraux chargés de l'administration des militaires isolés. Ces officiers adressent aux corps desquels relèvent les groupes, des extraits de ce registre appuyés des pièces justificatives, et les relevés des distributions effectuées. (Circ. du 14 mars 1883 M.)

Registre de centralisation. — Ce registre n'est tenu qu'à la portion centrale du corps. (Art. 117. de l'ordonn. du 10 mai 1844, modifié par le décr. du 1er mars 1880, page 364.) Il est conforme au modèle n° 18 annexé à l'ordonnance précitée, modifié par la note du 14 avril 1880, page 151.

Aux termes de l'article 126 de l'ordonnance du 10 mai 1844, page 208, le registre de centralisation est destiné à recevoir l'inscription de *toutes les recettes et dépenses faites au titre du corps*, et à en présenter la classification par nature de fonds et *par trimestre d'exercice*, avec le résumé des opérations qui concernent l'ensemble de la comptabilité en deniers.

Les virements entre les différents fonds y forment un chapitre spécial.

Les recettes et dépenses sont inscrites au registre de centralisation en même temps et sous les mêmes numéros qu'au registre-journal, mais seulement par indication sommaire de leur objet.

Immédiatement après la clôture du décompte de libération des revues de liquidation, les inscriptions et opérations suivantes sont faites au registre de centralisation :

1° Les recettes et dépenses effectuées par les portions du corps (autres que la portion centrale) y sont portées *en un seul article pour chacune d'elles*, d'après les extraits du registre-journal arrêtés par les conseils éventuels ou par les officiers qui en tiennent lieu;

2° Les paiements faits, *pour solde et accessoires de solde*, aux jeunes soldats et aux militaires isolés du corps, sont portés en recette et en dépense, en un seul article pour chaque détachement et pour chaque partie prenante individuelle, avec désignation du corps auquel le paiement se rapporte ;

3° Toutes les recettes et dépenses afférentes au trimestre sont totalisées : *séparément*, pour la portion centrale ; *ensemble*, pour les autres portions, les détachements de jeunes soldats et les parties prenantes isolées, et récapitulées en masse pour tout le corps;

4° Les recettes effectuées à valoir sur les crédits (c'est-à-dire sur les allocations de la revue de liquidation et les augmentations qui peuvent y avoir été faites dans le décompte de libération) sont balancées avec ces crédits, et les trop perçus ou les moins perçus par les masses sont compensés au chapitre des virements, savoir : les premiers, par dépense aux masses et recette à la solde; les seconds, par dépense à la solde et recette aux masses ;

5° Les dépenses pour solde et accessoires de solde sont balancées avec les crédits, et les différences sont expliquées en regard du résultat ;

6° Les recettes effectives et les recettes par virement, de même que les dépenses des deux espèces, sont totalisées et balancées dans une *récapitulation comparative*, après laquelle sont expliqués les excédants des unes sur les autres (*sauf ceux dont il serait sans utilité de rappeler l'origine*); les imputations ou retenues prescrites non encore exercées, etc. L'explication de l'excédant particulier à la masse individuelle est appuyée, s'il y a lieu, d'un état certifié par le trésorier et visé par le major; des sommes restant à recevoir d'autres corps pour couvrir les débets des hommes qui y sont passés ;

7° La récapitulation comparative du 4e trimestre est suivie d'une seconde récapitulation, qui embrasse les recettes et dépenses de tout l'exercice ;

8° Les inscriptions faites au titre du trimestre sont closes et arrêtées par le conseil d'administration, dans les *dix* jours qui suivent l'arrêté du décompte de libération.

Le jour où le sous-intendant militaire procède à la vérification de la centralisation trimestrielle, le conseil établit sur le registre la *situation des fonds* (1), par l'addition de l'excédent de recette avec les

(1) Une note du 22 décembre 1884, p. 965, rappelle que la situation des fonds ne doit être établie qu'à la date où, vérification faite des inscriptions portées sur le registre, le sous-intendant militaire y appose sa signature.

recettes enregistrées au titre des trimestres postérieurs à celui que cette centralisation concerne, et la déduction, sur le produit de cette opération, des dépenses inscrites comme afférentes à ces mêmes trimestres.

Si le corps est divisé, la situation n'est faite que pour la portion centrale seulement, en partant de l'excédent de recette qui lui est particulier.

Dès que le sous-intendant militaire a opéré la vérification de la comptabilité d'un trimestre d'exercice, le conseil lui remet un relevé sommaire du registre de centralisation, où est reproduite la récapitulation comparative des recettes et dépenses, avec le détail des virements et la situation des fonds. Celui qui est dressé pour le 4e trimestre comprend en outre la récapitulation comparative d'exercice. (Art. 126 de l'ordonn. du 10 mai 1844, page 298.) Ce relevé est conforme au modèle n° 19, modifié par la note du 14 avril 1880, page 151. Pour les dépôts de remonte, le relevé est du modèle prescrit par la note du 29 mai 1883, page 495.

Les recettes et les dépenses sont classées au registre de centralisation en quatre catégories distinctes :

1° La solde et les masses,
2° Les fonds spéciaux,
3° Les fonds divers,
4° Les fonds versés d'une portion de corps à l'autre.

La *première catégorie*, comprend, chacun dans une colonne particulière, les fonds dont les crédits sont constatés par les revues de liquidation, savoir :

La solde et les accessoires de la solde,
La masse individuelle,
La masse générale d'entretien (1re portion),
La masse générale d'entretien (2e portion),
La masse d'entretien du harnachement et ferrage.

La *deuxième catégorie*, intitulée *Fonds spéciaux*, comprend, chacun dans une colonne particulière, tous les fonds gérés de clerc à maître et dont les avances sont remboursées aux corps, soit par des ordonnances du ministre, soit sur mandats des fonctionnaires de l'intendance, soit sur la présentation des pièces justificatives aux trésoreries générales, savoir :

Le service des *fourrages* (nourriture de chevaux de remonte en route),
Le service des *hôpitaux* (infirmeries régimentaires et frais de culte),
Le service de *marche* (convois),
Le service de l'*habillement* (achats et confections) (1),
Remonte générale,
Le service du *harnachement* (achats et confections),
Le service de *l'armement* (entretien des armes, achats de pièces d'armes). — Ces dernières sont remboursées par les chefs-armuriers au fur et à mesure que la remise leur en est faite,
Génie (outils portatifs),
Le service des *écoles régimentaires* (écoles d'enseignement primaire, de tir, de gymnastique, de natation, des tambours, clairons et trompettes) (2),
La Légion d'honneur et la médaille militaire (Note du 14 avril 1880, page 150),
L'indemnité représentative de viande payée sur le budget des vivres. (Circ. du 7 novembre 1879, page 317.) Lorsque cette indemnité est payée et perçue au titre du service de la solde, elle est confondue avec celle-ci dans les comptes.

La *troisième catégorie* comprend, dans une colonne intitulée *Fonds divers*, toutes les opérations de recettes et de dépenses qui ne sont pas classées dans les première, deuxième et quatrième catégories. — Ces recettes et ces dépenses sont en outre inscrites sur un carnet spécial intitulé : *Carnet des mouvements et de la situation des Fonds divers*. (Décis. du 1er août 1859, page 803.)

La *quatrième catégorie* comprend, dans une colonne unique, toutes les sommes versées par une portion quelconque d'un corps à une autre portion du même corps, pour quelque motif que ce soit.

(1) Applicable à la gendarmerie en ce qui concerne les dépenses d'achat d'effets destinés aux gendarmes réservistes et territoriaux; les avances sont remboursées sur la production de relevés modèle n° 21 *bis*. (Note du 31 mai 1884, page 672.)

(2) La circ. ministérielle du 22 août 1873, page 115, porte que les dépenses des écoles doivent figurer dans la centralisation sous la rubrique : *Fonds spéciaux*, et dans la colonne intitulée : *Écoles régimentaires*. Les excédents de dépenses sont expliqués dans la forme suivante au registre sus-indiqué :

Ecoles régimentaires.

		fr.	c.
1° Dépenses de la gymnastique	....		
2° — du tir	....		
3° — de la natation	....		
4° — des écoles de tambours, trompettes et clairons	....		
5° — des théories et placards	....		
6° — des écoles régimentaires des 1er, 2e ou 3e degrés	....		
7° — de l'escrime	....		
Total égal à l'excédent de dépenses	......		

Le registre de centralisation est vérifié par le sous-intendant militaire dans les dix jours qui suivent l'époque à laquelle les inscriptions doivent être arrêtées par le conseil. (Art. 256 du décret du 1er mars 1880.)

Carnet des mouvements de la situation et des fonds divers. — N'est tenu qu'à la portion centrale. (Art. 117 de l'ordonn. du 10 mai 1844 modifiée par le décret du 1er mars 1880.)

Le modèle de ce carnet est annexé à la note du 2 janvier 1885, page 39; toutefois, l'ancien modèle peut être maintenu jusqu'au 1er janvier 1886; les récapitulations trimestrielles doivent toujours être en concordance avec le registre de centralisation.

Les recettes et les dépenses y sont classées dans l'ordre suivant :

1er chap. Avances en route. — Frais de traversée des militaires allant en congé en Algérie ou en Corse. (Voir *Transports maritimes.*)

2e chap. Boutons d'uniforme. — Pièces de coiffure et pièces d'arçons. (Voir *Habillement* et *Harnachement.*)

3e chap. Approvisionnements de ferrure. — Avances aux maréchaux ferrants. (Voir *Ferrage.*)

4e — Avances aux chefs ouvriers. — Outillage et matières premières. (Voir *Habillement, Harnachement* et *Armement.*)

5e chap. Avances aux officiers. (Voir *Solde.*)

6e — Pertes et déficits de fonds. (Voir à ce titre). Les trop payés aux officiers doivent être virés aux fonds divers lorsqu'ils ne peuvent être remboursés sur le premier mois de traitement. (Dép. minist. du 28 avril 1862 M.)

7e chap. Ordinaires. — Bonis. (Voir *Ordinaires.*) On doit en outre ouvrir sur ce carnet un compte spécial indiquant, par compagnie, les versements et les retraits. (Circ. du 19 mars 1870 M.)

8e chap. Cautionnements des fournisseurs, des adjudicataires des fumiers et dépouilles de chevaux morts. (Voir *Ordinaires, Fumiers,* etc.)

9e chap. Service des subsistances. — Rations et denrées remboursables. (Voir *Subsistances.*)

10e — Imprimés de mobilisation. (Se reporter à ce titre).

11e — Avances à l'officier d'approvisionnement. (Voir *Subsistances,* 17 mars 1882, p. 187.)

On doit en outre porter aux fonds divers les recettes et les dépenses concernant :

1° La fourniture des accessoires de havresac nécessaires aux réparations (à porter au chap. 2). Circ. du 3 février 1873 (M).

2° Le montant des réparations imputées à la masse individuelle et non encore effectuées. (Art. 220 de l'ordonn. du 10 mai 1844 et circ. du 22 septembre 1874 M.)

En un mot, on doit ouvrir à ce carnet autant de chapitres que la clarté des comptes l'exige, sans se renfermer dans les limites du modèle où tous les cas n'ont pu être prévus. (Art. 35 de l'instr. du 26 avril 1884, page 1061 S.)

Les trésoriers des corps tiennent en outre :

Le Carnet de caisse (*lorsqu'il y a un conseil*).

Toutes les sommes qui sont versées dans la caisse du conseil et celles dont il autorise la remise au trésorier, sont inscrites par ce comptable, en présence des membres dépositaires des clefs, sur un carnet modèle n° 1. — Les dépôts au Trésor et les remboursements de ces dépôts y sont portés pour mémoire.

Ce carnet est renfermé dans la caisse du conseil, d'où il ne doit sortir que pour les inscriptions à y faire. (Art. 101 de l'ordonn. du 19 mai 1844, page 288.)

Le Livret de compte courant avec le Trésor. — N'est tenu que par les conseils d'administration. Ce livret sert à l'enregistrement des sommes que le conseil d'administration fait verser au Trésor à titre de dépôt et de celles qu'il en fait retirer. Il est conforme au modèle n° 5 annexé à l'ordonnance du 10 mai 1844. (Art. 112 de l'ordonn.) Il est déposé dans la caisse du conseil et n'en doit sortir que pour être mis à jour. (Même art.) — Les dépôts sont effectués dans les conditions indiquées par les articles 104 et suivants de l'ordonn. du 10 mai 1844, par l'article 245 du règlement du 3 avril 1869, la décision du 18 juillet 1829, page 281, et celle du 25 janvier 1845, page 543. Les avis des sommes à déposer sont donnés aux sous-intendants par les conseils d'administration. (Art. 30 de l'ordonn. précitée.) Lorsque les corps reçoivent des traites en échange de fonds déposés, ces traites ne sont valables que pendant cinq années. Ce délai expiré, ils doivent en demander le remboursement ou les faire renouveler. (Circ. du 14 mars 1878 M.)

Les dépôts de fonds dans les caisses du Trésor par les corps de troupe stationnés en Algérie sont effectués dans les mêmes conditions qu'à l'intérieur. (Décis. présid. du 7 juin 1882, page 319, modificative de l'art. 113 de l'ordonn. du 10 mai 1844.) Les corps de troupe de l'armée territoriale sont autorisés à verser en dépôt, à la fin des périodes d'exercices, les sommes qu'ils ont, au lieu des sommes rondes de 1,000 francs. (Décis. présid. du 18 mai 1883, page 474.)

Un bordereau des dépôts et retraits est adressé trimestriellement par les corps aux fonctionnaires de l'intendance. Les intendants militaires en établissent un récapitulatif qui est produit au ministre (décis. du 18 juillet 1829), en double expédition. On y mentionne tous les corps sans exception, ainsi que les remboursements effectués en mandats sur le Trésor, et le lieu de paiement de ces mandats. (Circ. du 30 mars 1875, page 343 S). Cet état est conforme au modèle annexé à la circulaire du 25 janvier 1845 et est envoyé dans les vingt premiers jours du trimestre. (Circ. du 14 décembre 1874, page 778.) Voir 29 novembre 1884, page 853, qui rappelle à l'exécution des instructions en vigueur.

Le Livret de solde. — L'aticle 315 du règlement du 8 juin 1883, page 636, dispose que les corps et détachements autorisés à percevoir directement leur solde à la caisse des trésoriers-payeurs généraux doivent être pourvus d'un livret de paiement. Les détachements qui ne s'administrent pas séparément ont également un livret sur lequel sont inscrites toutes les sommes qui leur sont adressées par le conseil d'administration. (Art. 315.)

Ce livret est destiné à recevoir l'inscription, par les trésoriers-payeurs généraux et les agents qui les suppléent, des sommes payées, à quelque titre que ce soit, sur l'acquit des conseils d'administration des corps, ou des officiers commandant les corps ou les portions de corps non pourvus d'un conseil d'administration.

Les officiers commandant des détachements administrés par la portion centrale, inscrivent sur leur livret de solde toutes les sommes qu'ils reçoivent du conseil d'administration à quelque titre que ce soit. (Art. 316.)

Ce livret est conforme au modèle n° 10 annexé à l'ordonn. du 25 décembre 1837. — Il n'y a qu'un livret pour toutes les parties d'un corps qui sont réunies sous la même administration, sauf les exceptions mentionnées à l'article 315 précité. (Art. 321.)

Les militaires absents par congé, mission, etc., qui sont autorisés à toucher leur solde, n'ont pas de livret ; leur titre d'absence est considéré comme livret de solde, et le payeur y inscrit les paiements. (Art. 322.) Ces dispositions sont rappelées par la circulaire du 23 avril 1877, qui porte en outre que les paiements de mandats sur le Trésor délivrés au profit d'officiers présents, pour moins perçu dans un autre régiment, ne doivent donner lieu à aucune inscription.

Quant aux recettes directes faites par le trésorier, conformément à l'article 73 de l'ordonn. du 10 mai 1844, elles sont inscrites par le major. (Art. 57 de l'ordonn. précitée.) Dans aucun cas, cette inscription ne doit être faite par le trésorier. (Art. 34 de l'instr. du 26 avril 1884.)

En campagne, un livret de solde est tenu par les officiers d'approvisionnement chargés de l'administration des isolés dans les quartiers généraux. (Circ. du 14 mars 1883 M.)

Lorsqu'un corps ou un détachement s'administrant séparément, passe d'un arrondissement de sous-intendant militaire dans un autre, il est tenu de faire arrêter son livret de solde par le sous-intendant. On mentionne dans cet arrêté les retenues au profit du Trésor public, dont le corps est passible. (Art. 323 du règlem[t] du 8 juin 1883.) Les livrets sont renouvelés tous les ans. (Art. 324.) En cas de perte, il en est délivré un duplicata par le sous-intendant militaire, sur la déclaration du conseil d'administration. (Art. 328.) Les livrets remplacés restent dans les archives des corps. (Art. 324.)

Le Registre des délibérations *du conseil*. — Tenu à la portion centrale et dans les portions détachées pourvues d'un conseil. (Art. 117 de l'ordonn. du 10 mai 1844 modifié par le décr. du 1er mars 1880, page 364.)

Le registre des délibérations (mod. n° 6) est destiné à recevoir l'inscription des actes qui déterminent la composition du conseil d'administration et de toutes ses opérations. (Art. 120 de l'ordonn. du 10 mai 1844.) On ne doit pas omettre d'y inscrire les marchés passés. (Instr. du 26 avril 1884, page 1062 (S), art. 39.)

L'instruction du 26 avril 1884, page 1059 (S), article 33, rappelant l'article 120 de l'ordonn. du 10 mai 1844, prescrit de faire figurer sur ce registre toutes les mesures qui doivent être délibérées ou constatées en conseil. (Voir pages 14 et suiv.) De plus, les fonctionnaires de l'intendance y consignent les résultats de leurs vérifications périodiques. (Art. 256 du décr. du 1er mars 1880, page 386.)

Ce registre a les dimensions de : hauteur, $0^{m}38$ et largeur $0^{m}245$. (Note du 1er juin 1880, page 270.)

Les conseils d'administration doivent être convoqués inopinément par leurs présidents et non à des jours fixes. (Circ. du 13 janvier 1873 M.)

Le Registre des avances en route. (Voir *Frais de route.*)

Registre de distributions de vivres, chauffage et fourrages. — Il est tenu dans les portions détachées, excepté lorsqu'il s'agit d'une compagnie seule ou d'une fraction de compagnie. (Art. 117 de l'ordonn. du 10 mai 1844, modifié par le décr. du 1er mars 1880, page 364.)

Ce registre (Mod. 21) est destiné à recevoir l'inscription, par ordre de date, des rations délivrées aux corps par les magasins de l'Etat, avec distinction des bataillons et compagnies, escadrons ou batteries ; pour les corps en campagne, ce registre est réuni au registre d'effectif mod. n° 2 annexé au décret du 24 avril 1884, page 499 et 551.)

Il est établi chaque trimestre, sur ce registre, une balance comparative des distributions avec les allocations que constatent les feuilles de journées. — En cas de division du corps, les distributions qui ont été faites à chaque détachement sont inscrites en une seule ligne pour tout le trimestre sur le registre tenu par le trésorier qui y établit une balance générale. (Art. 129 de l'ordonn. du 10 mai 1844, page 301.)

A l'expiration de chaque trimestre, les portions détachées établissent un extrait de leur registre, qu'ils adressent au conseil d'administration central. Il est certifié par le conseil éventuel ou l'officier qui en tient lieu et vérifié par le sous-intendant militaire. (Art. 254 de l'ordonn. du 10 mai 1844, modifié par le décr. du 1er mars 1880, inséré au *Journal militaire*, page 385.)

Le tarif du 13 février 1883, inséré au *Journal militaire*, prescrivant le remboursement des trop perçus d'après le prix fixé pour chaque denrée, et non plus au prix fixé pour les denrées similaires, il est nécessaire d'ouvrir une colonne pour chaque denrée, pain, biscuit, viande de conserve, lard, etc..

A l'armée, un registre de distributions divisé en trois parties, une pour chaque groupe, est tenu par les officiers d'approvisionnement des quartiers généraux chargés de l'administration des militaires isolés. Les relevés de ce registre sont adressés par ces officiers aux corps desquels relèvent les groupes. (Circ. du 14 mars 1883 M.)

Registre matricule des officiers (y compris les médecins et les vétérinaires) (1).

Tenu à la portion centrale seulement. (Art. 117 de l'ordonn. du 10 mai 1844, modifié par le décr. du 1er mars 1880, 364.)

Les feuilles de ce registre sont fournies par le ministre. (Nota placé au bas du mod. n° 8 du cahier annexé à l'ordonn. du 10 mai 1844.) Pour l'entretien de ce registre, voir *Archives*.

Ce registre est divisé en deux sections ayant chacune une série de numéros distincte : l'une pour les officiers, les médecins et les vétérinaires de l'armée active; l'autre, pour les officiers, les médecins et les vétérinaires de réserve. (Art. 121 de l'ordonn. du 10 mai 1844 modifié par la décis. présid. du 10 septembre 1883, page 215.)

Dans chaque section, les officiers sont inscrits au fur et à mesure de leur affectation au corps en distinguant les médecins par la lettre M, et les vétérinaires par la lettre V.

L'inscription commence à la première feuille pour les officiers de l'armée active et à la dernière pour ceux de la réserve. Lorsque les deux sections viennent à se rejoindre, le registre est remplacé.

Une table alphabétique est établie pour chaque section. (Circ. du 24 septembre 1883, page 253.)

Le *Registre matricule* des officiers (mod. n° 3 annexé à la circ. du 11 septembre 1875, page 289), est destiné à recevoir l'inscription détaillée des renseignements qui établissent leur état civil, leur signalement, le titre sous lequel ils sont incorporés, la relation successive de leurs services, le motif et la date de leur radiation des contrôles, ainsi que le lieu où ils se retirent, et, pour les décédés, le genre de mort et le lieu. (La note du 13 septembre 1866, page 373, prescrit de rappeler la commune ou l'arrondissement, le nom de l'hôpital, du navire, etc., où le décès a eu lieu.)

L'immatriculation s'effectue à la réception ou sur le vu des titres ou avis authentiques constatant qu'ils appartiennent au corps; néanmoins, tous les officiers compris, comme étant présents ou absents, dans le procès-verbal de formation d'un corps, sont immatriculés par ordre de grade. Il en est de même de ceux qui, après cette formation, sont incorporés sous la même date. (Art. 121 de l'ordonn. du 10 mai 1844, page 291.)

Les services antérieurs à l'incorporation doivent être justifiés, soit par le livret matricule du dernier corps dont l'officier faisait partie, soit par une attestation du conseil d'administration de ce corps, ou un certificat émané du ministère de la guerre. (Art. 121 de l'ordonn. du 10 mai 1844 et arrêté du 1er mai 1882, page 310.)

Il n'y a plus lieu, par suite, de demander au ministre de la guerre la vérification des services des officiers avant de les inscrire sur la matricule. Les conseils d'administration doivent s'adresser, pour la justification des services antérieurs, aux commandants des corps ou établissements auxquels les officiers ont appartenu. (Circ. du 11 septembre 1875, page 268.)

Un officier nommé dans un régiment et qui a reçu une autre destination avant de l'avoir rejoint, ne doit pas figurer sur les registres de ce corps. (Circ. du 12 mars 1824, page 168.)

En ce qui concerne les officiers détachés dans les établissements de l'artie, l'art. 16 de l'instr. du 19 mars 1884, page 786 (S) sur les inspections de l'artie, prescrit de porter les noms et prénoms sur la matricule jusqu'à ce qu'ils aient rejoint.

Le numéro sous lequel l'officier est immatriculé est conservé jusqu'au moment où il cesse de faire partie du corps, quelles que soient les promotions dont il puisse être l'objet. Mais si, après avoir quitté définitivement le corps, il y rentre, un nouveau numéro lui est donné.

Il n'est fait ni rature ni surcharge. Les rectifications sont opérées au moyen d'un simple trait passé sur les mots reconnus inexacts et de l'inscription interlinéaire de ceux qui doivent les remplacer.

Le nom de famille doit être écrit en bâtarde, sans aucun trait ni ornement quelconque; il doit être exactement conforme, ainsi que les prénoms, aux indications relatées dans l'acte de naissance. (Instr. placée en tête du registre) (2).

(1) Pour les mutations à communiquer au trésorier, voir *Contrôles trimestriels*.

(2) Les anciens officiers, etc., qui demandent l'état de leurs services doivent s'adresser au dernier corps dans lequel ils ont servi. (Note du 19 juillet 1877, page 91.)

État civil. — Les diverses indications relatives à l'état civil des officiers ne doivent être portées que d'après un extrait original et régulier des registres de l'état civil. Aucune copie n'est admise à moins qu'elle n'ait été délivrée par les bureaux du ministère de la guerre. Les erreurs ou omissions commises sur les registres de l'état civil, dans la rédaction des actes de naissance, ne peuvent être rectifiées que conformément aux dispositions des articles 99, 100 et 101 du Code civil, c'est-à-dire que la rectification doit être demandée aux tribunaux compétents ; elle est opérée par l'officier de l'état civil après notification du jugement ; si l'intéressé invoque un changement ou une addition de nom, il faut un décret rendu conformément aux articles 6 et 8 de la loi du 11 germinal an XI.

Les rectifications sur les matricules, etc., sont ensuite autorisées *par le ministre seul,* sur la production d'un nouvel extrait d'acte de naissance mentionnant le changement ou l'addition de nom ou d'une ampliation du décret rendu. (Arrêté ministériel du 1er mai 1882, page 307, qui contient diverses dispositions relatives à l'état civil, aux titres de noblesse, naturalisations, mariages, décorations, services et campagnes.) Pour les naissances survenues en pays étranger, on doit admettre les documents rédigés selon les formes usitées dans ce pays, mais ils doivent être : 1° visés par la légation française dans le pays ou par la légation du pays en France ; 2° légalisés par le ministère des affaires étrangères en France ; 3° accompagnés d'une traduction par un traducteur assermenté, dont la signature et la qualité sont certifiées par l'autorité compétente.

Les officiers généraux qui demandent qu'un titre soit inscrit sur leurs états de services doivent justifier de la légitime possession de ce titre et de sa transmission régulière ; s'ils ne peuvent produire les justifications exigées, ils doivent se pourvoir devant le garde des sceaux conformément aux articles 7 et 8 du décret du 8 janvier 1859.

La circ. du 23 décembre 1830, interdisant d'une manière absolue les appellations nobiliaires dans les relations de service ou dans la correspondance, est toujours en vigueur. (Arrêté précité.)

Naturalisations. — Les justifications pour les naturalisations se font par la production d'un extrait régulièrement établi du décret de naturalisation. Les naturalisations ont lieu dans les conditions indiquées par la note (A) placée en tête de l'arrêté ministériel du 1er mai 1882, page 309.

Mariages. — L'inscription des mariages a lieu d'après un extrait original du registre de l'état civil, lequel est conservé dans les archives. Il est adressé au ministre un certificat de célébration du mariage conformément à la note du 3 juillet 1840. (Arrêté du 1er mai 1882, page 310.)

Actions d'éclat, citations. — Les actions d'éclat et les citations à l'ordre de l'armée ou d'un corps expéditionnaire ne doivent être inscrites sur les livrets, les registres matricules et les états de services que sur le vu de l'original ou d'une copie de l'original d'un ordre établi dans les conditions du règlemt du 26 octobre 1883 (art. 201) sur le service en campagne ; la copie doit être certifiée par le chef d'état-major de l'armée ou du corps expéditionnaire, ou par le ministre de la Guerre. Les citations à l'ordre d'une des divisions de l'Algérie ne sont plus portées. (Décision présidentielle du 23 novembre 1874, page 728, rappelée par l'arrêté du 1er mai 1882, page 314.) Ces dispositions sont rappelées par la note du 5 juillet 1884, page 35.

Le fait d'avoir eu, en combattant, un cheval tué sous soi ne donne pas lieu à une mention. (Décision ministérielle du 7 septembre 1878, rappelée par l'arrêté précité.)

Les chefs de service ou les conseils d'administration des corps conservent dans leurs archives les copies d'ordres, afin de les représenter aux inspecteurs généraux. Lorsque les militaires que les ordres concernent ont été rayés des contrôles, ces documents sont adressés au ministre.

Décorations. — (La rédaction suivante est celle adoptée par décision ministérielle du 1er décembre 1884, page 857.)

Les décorations des divers grades dans la Légion d'honneur, ainsi que la médaille militaire et les palmes universitaires, sont inscrites sur les livrets, les registres matricules et les états de services, à la date du décret ou de l'arrêté de concession et sur le vu du brevet ou de la lettre ministérielle portant avis de la nomination. En cas de perte de ces documents, il pourra y être suppléé, soit par une copie authentique ou un extrait des documents officiels déposés à la grande chancellerie de la Légion d'honneur, au ministère de l'Instruction publique ou au ministère de la Guerre, soit par la production du *Bulletin des lois*, du *Journal militaire*, du *Journal officiel* ou du *Bulletin de l'Instruction publique*, dans lequel la nomination aura été insérée.

Les récompenses honorifiques accordées par le gouvernement aux officiers de santé et aux vétérinaires (médailles d'or, d'argent, de bronze, etc..., note du 27 mai 1878, page 262), les médailles commémoratives dont le port a été officiellement autorisé en France, ainsi que les médailles et diplômes d'honneur décernés par l'autorité compétente pour traits de courage et de dévouement (1), sont seuls inscrits sur les livrets, les registres matricules et états de services. (Arrêté ministériel du 1er mai 1882, modifié par la décisison du 1er décembre 1884, page 857.)

Les décorations étrangères ne peuvent être inscrites que si l'intéressé justifie qu'il a été autorisé, par décret du Président de la République, à accepter et à porter la décoration dont il demande la mention.

(1) La circ. du 26 février 1883, page 173, indique dans quel cas on doit demander un diplôme ou une médaille d'honneur.

L'inscription est faite à la date du décret d'autorisation. Ces décorations figurent après les décorations et médailles nationales.

Il est fait mention sur les livrets et registres matricules, et sur les états de services, du décret qui prive un militaire du droit de porter une décoration ou une médaille française ou étrangère. (Arrêté du 1er mai 1882, page 315).

Services. — On ne porte sur les livrets, les registres matricules et les états de services, que les services donnant droit à la pension de retraite ou à des récompenses militaires. Les services rendus avant l'âge fixé pour l'admission dans l'armée par la loi sur le recrutement sont relatés pour mémoire seulement.

Les services antérieurs à l'incorporation dans un corps sont justifiés par le livret matricule de l'intéressé, ou par une attestation du conseil d'administration du dernier corps dont le militaire faisait partie, ou par une pièce officielle émanant du ministère de la guerre.

En cas de perte ou de destruction des livrets et des registres matricules, il peut y être suppléé par une attestation du conseil d'administration du ou des corps dans lesquels a servi l'intéressé, et, s'il est impossible de se procurer cette attestation, par tous autres documents offrant un caractère suffisant d'authenticité, tels que lettres de service, extraits de feuilles de journées, feuilles de route, livrets de solde, contrôle, *Journal militaire officiel*, etc... enfin, déclaration sur l'honneur faite, par deux officiers au moins, devant un fonctionnaire de l'intendance militaire, qui dresse procès-verbal des faits déclarés.

L'entrée au service est indiquée de la manière suivante :

Pour les jeunes soldats appelés.	A la date de leur mise en route pour rejoindre leur corps ;
Pour les engagés volontaires.	A la date de la signature de leur acte d'engagement ;
Pour les élèves des Ecoles militaires (cavie, Saint-Cyr, polytechnique, médecine et pharmacie, vétérinaires).	L'entrée au service est inscrite comme pour les engagés et jeunes soldats, s'ils étaient liés au service avant leur admission. Pour les élèves admis comme civils à l'Ecole polytechnique, la date d'entrée au service est celle de l'arrivée à l'école. Pour les médecins et pharmaciens militaires, ainsi que pour les vétérinaires militaires, non liés au service avant leur admission dans le corps des officiers de santé ou dans le cadre des vétérinaires, leurs services sont inscrits à dater du jour de leur nomination au grade d'aide-major de 2e classe ou d'aide-vétérinaire. Pour les médecins, on doit indiquer dans la case d'observations la date d'admission des aides-majors de 2e classe comme élèves du service de santé, et les établissements auxquels ils ont été attachés.

Les dispositions de la loi du 11 avril 1831 (art. 5), du décret du 23 mars 1852 (art. 35), du décret du 30 avril 1875 (art. 3), continuent d'être appliquées, c'est-à-dire qu'il est compté, à titre d'études préliminaires, pour la pension de retraite et les récompenses, au moment où ils entrent dans l'armée comme sous-lieutenant, aide-major de 2e classe, aide-vétérinaire ou aide-vétérinaire stagiaire,

SAVOIR :

Aux sous-lieutenants provenant de l'Ecole polytechnique, *quatre années de service ;*

Aux médecins et pharmaciens militaires, *cinq années ;*

Aux vétérinaires militaires, *quatre années.*

Quelle que soit l'époque à laquelle les services effectifs ont été accomplis, s'ils sont antérieurs à la sortie de l'Ecole polytechnique comme sous-lieutenant, ou à la nomination au grade d'aide-major de 2e classe, ou à l'admission dans le cadre des vétérinaires, ces services doivent se confondre avec la période d'études préliminaires ; toutefois, si leur durée est supérieure à cette période, on compte en sus l'excédent. (Note du 4 septembre 1881.)

Quand, sur les livrets ou les registres matricules, il n'est point fait mention d'un grade ou d'un service, l'intéressé peut s'adresser, par la voie hiérarchique, au ministre de la guerre, qui prononce sur le vu des pièces qui lui sont soumises. (Arrêté du 1er mai 1882, page 310.)

Le temps passé sous les drapeaux par les militaires de la réserve ou de l'armée territoriale appelés pour des services ou manœuvres, n'entre pas dans la supputation des services militaires donnant droit à pension. (Loi du 1er juin 1878, page 251.) Mais le temps passé dans l'armée territoriale appelée à l'activité compte dans les services donnant droit à la retraite, et les officiers déjà retraités peuvent faire réviser leur pension. (Loi du 24 juillet 1873, page 44.) Le même principe est applicable aux officiers de réserve.

Pour les officiers de réserve, on doit mentionner sur les matricules (colonne Observations), les périodes d'instruction accomplies et les stages obligatoires ou volontaires. (Arrêté du 1er mai 1882, page 307.)

Le temps passé en captivité après l'expiration du temps de service imposé compte pour la retraite. (Circ. du 17 mai 1871 M.)

Blessures. — En principe, les blessures ne doivent être inscrites que sur le vu des certificats d'origine établis dans les conditions prescrites par l'instr. du 7 avril 1831. Toutefois, comme il est des cas où cette constatation réglementaire ne peut être faite, la déclaration sur l'honneur, verbale ou écrite (dans ce dernier cas, les signatures doivent être légalisées) de deux témoins bien famés et connus, militaires ou civils, ayant assisté à l'affaire ou ayant été traités avec le blessé, ou l'ayant relevé du champ de bataille et soigné, peut être admise. A défaut de cette déclaration, les blessures peuvent encore être mentionnées, après constatation de deux médecins militaires, et sur le vu de documents officiels, tels que feuilles de route, billets d'hôpital, etc., établissant d'une manière suffisamment précise l'époque et la nature de la blessure.

Les blessures résultant d'un accident, mais reçues dans un service commandé et constatées suivant les formes prescrites par l'ordonnance du 2 juillet 1831, doivent être inscrites sur les livrets, les registres matricules et les états de services, ainsi que les causes qui les ont produites. (Arrêté minist. du 1er mai 1882, page 307.)

Les blessures accidentelles sont inscrites dans la case et colonne d'observations pour les officiers, et à la suite des services et positions diverses pour les hommes de troupe. (Note du 16 novembre 1876, page 215.)

Campagnes. — Les blessures ou infirmités ouvrant droit à pension sont énumérées dans la circ. du 3 janvier 1879, page 3. L'arrêté ministériel du 1er mai 1882, page 307, rappelle que les campagnes doivent être inscrites sur les livrets, registres matricules ou états de services dans la forme suivante :

Afrique ou Tunisie	du	juillet 1881
	au	octobre 1882.

Les campagnes se décomptent par année (*c'est-à-dire par période de 12 mois*); chaque période de campagne inférieure à douze mois compte comme si l'année était accomplie. Néanmoins, il ne peut être compté plus d'une campagne simple dans une période de 12 mois. La fraction qui excède chaque période de campagne, dont la durée aura dépassé 12 mois consécutifs, est comptée comme une année entière. Le service hors d'Europe, en temps de guerre, est compté comme double en sus de sa durée effective, mais pour la retraite seulement.

Conformément à la loi du 25 juin 1861, article 3, le service fait en Algérie depuis le 1er janvier 1862 par les militaires envoyés de France, ne leur donne plus droit qu'au bénéfice d'une campagne par année de séjour. Toutefois, le bénéfice de la campagne double peut leur être concédé, en cas d'expédition par décret spécial rendu par application du principe posé dans le décret du 5 décembre 1851.

Les Français nés en Algérie, servant dans ce pays en vertu de la loi du 6 novembre 1875, n'ont pas droit à campagne pour le service qu'ils y font en vertu de cette loi (décis minist. du 5 décembre 1876); mais s'ils continuent à servir par voie de rengagement, ils comptent, dans ce cas, comme campagne tout le temps qu'ils ont passé et passent au service militaire en Algérie. (Décis. minist. du 10 décembre 1877.) Ils jouissent du bénéfice de la double campagne dans les conditions indiquées pour les militaires nés en France.

Les militaires indigènes ont droit au bénéfice d'une campagne simple en tout temps. (Décr. du 6 août 1883, page 148.)

Les militaires envoyés en conduite de détachement ou en mission officielle à une armée ou à un corps expéditionnaire occupant un territoire étranger, ceux envoyés en Algérie dans les mêmes conditions ou pour y exécuter des travaux topographiques, sont admis à compter, comme campagne, le temps passé dans ces conditions. L'inscription est faite dans cette forme :

Afrique ou Tunisie : En conduite de détachement, en mission, inspection, ou employé à des travaux topographiques.	du	1881
	au	1882.

Les campagnes doivent se compter du jour du passage de la frontière ou de l'embarquement, au jour de la rentrée sur le territoire français. (Décisions minist. du 11 décembre 1846 et du 26 juillet 1853.) Pour les cas spéciaux, des décisions particulières fixent les dates du commencement et de la fin de la campagne. (Voir ci-après.)

S'il y a eu omission ou erreur dans les livrets, registres matricules ou états de services, le militaire intéressé est admis à faire constater, sur la déclaration de deux témoins ayant fait partie du corps ou service auquel il appartenait durant la campagne, qu'il a droit au bénéfice de cette campagne.

Le fait d'avoir, dans une campagne, pris part à une bataille, à un combat, à un siège ou à une expédition particulière, ne donne lieu à aucune mention sur les registres. (*Toutes les dispositions qui précèdent sont contenues dans l'arrêté du 1er mai 1882, page* 307.)

Nota. — Les militaires en captivité continuent à être traités sur le même pied que les troupes de l'armée à laquelle ils appartenaient. (Jurisprudence.)

Ordinairement, le ministre indique la manière dont les campagnes doivent être inscrites. Exemples : (Décision du 11 mars 1870, page 34. Conduites de détachements à l'armée;)

Campagne de Rome : 28 décembre 1864, page 1044 ;
— 11 janvier 1868, page 6.
Campagne du Mexique : 12 septembre 1867, page 879 ;
Campagne de 1870-71 : 30 août 1871, page 344 ;
— 5 janvier 1872, page 54 ;
— 21 décembre 1872, page 899 ;
— 22 mai 1873, page 747.
Campagne en Algérie et en Tunisie en 1881 et 1882 : { 20 mai 1881, page 301 ; 12 juillet 1883, page 39.
Expédition du Tonkin : 20 septembre 1884, p. 508.

Cette campagne compte pour double aux Français qui sont allés en Tunisie ; elle est simple pour les indigènes qui ont fait partie de l'expédition de Tunisie et pour tous ceux qui ont concouru à la répression des troubles en Algérie. (Décret du 19 mai 1881, p. 298, et décis. minist. de même date, p. 301.) La circ. du 20 août 1881 (M) complète ces dispositions. Une déc. présidentielle du 14 février 1884, p. 195, porte qu'à partir du 1er avril 1884, p. 196, les militaires du corps d'occupation de Tunisie n'auront plus droit qu'à une campagne simple.

Le décr. du 2 octobre 1881, p. 205, dispose que les militaires envoyés d'Europe pour la répression des mouvements insurrectionnels en Algérie sont admis à compter comme double campagne le temps passé en expédition, et la décis. du 4 octobre 1881 indique les inscriptions à faire pour cet objet sur les registres matricules, etc...

Nota. — Les instructions sur les inspections générales rappellent que les militaires envoyés aux compagnies de discipline en Algérie ont droit à la campagne en cas de retraite.

Double de la matricule comprenant les nouveaux admis et *état mensuel des mutations*, supprimés. (Note du 23 décembre 1878, p. 435, et décis. présidentielle du 29 mars 1879, p. 429.)

Registre matricule de la Troupe.

(1re portion du contingent, engagés volontaires et conditionnels, rengagés et commissionnés.)

Il est tenu à la portion centrale seulement. (Art. 117 de l'ordonn. du 10 mai 1844, modifiée par le décr. du 1er mars 1880, page 364.) Les feuilles sont fournies par le ministre. (Note du 25 avril 1879, page 701.) Pour l'entretien des registres matricules, voir *Archives*.

Quant aux couvertures et barrettes avec écrous, elles sont achetées au compte de la masse générale d'entretien aux prix suivants :

Couvertures.. 1 fr. 75.
Barrette avec écrous.................................. 2 fr. 50 à 2 fr. 75.

(Note du 25 avril 1879, page 701.)

Les hommes sont immatriculés sur des feuillets mobiles conformes au modèle n° 1, annexé à la note du 6 mars 1883, page 265. Ces feuillets sont assemblés sous écrous par groupe de 250, et chaque groupe constitue un volume en tête duquel sont placés : une instruction imprimée (Mod. n° 3) sur la tenue des matricules et le nombre de feuilles (Mod. n° 4) nécessaires pour recevoir l'historique sommaire du corps. A la suite, et sous les mêmes écrous, sont placées quelques feuilles imprimées de table alphabétique conforme au mod. n° 5. (Note précitée). L'historique est seulement placé en tête du 1er volume. (Note du 19 août 1879, page 97) (1).

Chaque groupe (ou volume) reçoit au dos un numéro d'ordre.

Dans tous les corps de l'armée, les séries numériques d'immatriculation sont renouvelées par périodes décennales. (1er janvier 1890, 1900, 1910. — Note du 25 avril 1879, page 700.)

Le *registre matricule* des hommes de troupe est destiné à recevoir, outre l'historique des corps, l'inscription détaillée des renseignements qui établissent l'état civil des militaires de tous grades qui font partie du corps, leur signalement, le titre sous lequel ils sont incorporés, la relation successive de leurs services, les causes qui les maintiennent sous les drapeaux au delà du temps exigé par la loi, le motif et la date de leur radiation des contrôles, ainsi que le lieu sur lequel se dirigent ceux qui rentrent dans leurs foyers. (Art. 121 de l'ordonn. du 10 mai 1844, page 294.)

Ces registres matricules mentionnent en outre :

1° La délivrance ou le refus du certificat de bonne conduite aux militaires libérés (Note du 24 juillet 1841, page 45) ; pour ceux qui sont renvoyés avant d'avoir accompli une année de service effectif, on doit faire connaître qu'ils ne sont pas tenus de justifier d'un certificat. (Circ. du 21 mars 1870, rappelée par la décis. du 19 juin 1874, page 668.) Tous les militaires sortant de l'armée active (ceux retraités compris) doivent recevoir, s'ils s'en sont rendus dignes, un certificat de bonne conduite conformément aux

(1) On doit en outre annexer à chaque volume ou cahier un état nominatif alphabétique des militaires de tous grades honorablement cités dans le courant du volume. (Circ. du 3 juin 1872 rappelée par l'art. 18 de l'instr. du 17 mars 1884, sur les inspections générales.)

Des extraits de l'historique relatant les hauts faits individuels ou collectifs qui honorent le corps doivent être lus de temps en temps à la troupe. (Même instr.)

prescriptions de la note du 26 juillet 1853, page 643 ; il n'est fait d'exception à cette règle que pour les militaires qui ne comptent pas une année de présence effectuée sous les drapeaux au moment de leur départ de l'armée active. (Note du 8 mai 1881, page 299.)

Les punitions de prison et de cellule de correction sont mentionnées numériquement sur ces certificats. (Note du 7 novembre 1883, page 518.)

2° L'obtention des médailles d'honneur ou de sauvetage et diplômes d'honneur. — Cette mention figure dans les colonnes *Services et positions diverses*. (Décis. du 17 janvier 1845, page 541.) La circ. du 26 février 1883, page 173, rappelle les conditions dans lesquelles les propositions pour cette distinction doivent être produites.

3° Les cassations et rétrogradations et leur motif. (6 décembre 1866, page 424.) En ce qui concerne les militaires qui font l'abandon de leurs galons pour être envoyés ou maintenus en congé, la mutation est libellée comme il suit :

« Remis soldat de 2e classe, sur sa demande, le........, pour aller ou être maintenu en congé » jusqu'à sa libération. » (30 décembre 1854, page 176.)

4° L'obtention de la médaille militaire. L'inscription est formulée comme il suit :

« Décoré de la médaille militaire, le........ »

(Voir *Décorations*, page 310.)

5° La disparition des hommes. La mention *disparu pendant la guerre de.....* est portée à la place fixée pour relater la date de la cessation de service. — Un acte de disparition peut être délivré aux familles. (Note du 7 mai 1858, page 515.)

Les hommes qui ont été l'objet d'actes de disparition réguliers, peuvent être rayés ; quant aux hommes sur le sort desquels on n'a aucun renseignement, mais qui ne sont pas présumés décédés, ils sont considérés comme étant en état d'absence illégale, et, à ce titre, ils doivent rester inscrits sur les registres matricules. (Note du 19 août 1879, page 97.)

Un état des hommes tués, blessés ou disparus doit être transmis au ministre après chaque action, affaire ou événement de force majeure soit à l'armée, soit à l'intérieur. (Art. 17 de l'instr. ministérielle du 17 mars 1884, page 451 (S), sur les inspections générales, rappelant la décis. du 15 juillet 1870.

6° Les condamnations. (Note du 26 décembre 1884, page 949.)

Les jugements par contumace. Cette inscription est faite à titre provisoire. Plus tard, elle est rayée si le contumax est absous par un nouveau jugement ou s'il est décédé avant que les délais de prescription soient expirés ; elle devient définitive après l'expiration de ces délais ou lorsque le jugement a été confirmé par une nouvelle condamnation. (Note du 11 février 1865, page 28.)

Excepté pour les déserteurs et insoumis, les jugements d'acquittement, refus d'informer et ordonnances de non-lieu ne doivent pas être inscrits sur les matricules. (Notes du 11 février 1865, page 28, et du 5 avril 1873, page 374.)

On ne doit pas mentionner non plus la suspension de grade. (6 décembre 1866, page 424.)

Les mutations de décès doivent toujours rappeler le lieu du décès, c'est-à-dire le lieu où l'acte mortuaire a été établi. Elles doivent indiquer, en outre, le nom de l'hôpital, du navire, etc. (Note du 13 septembre 1866, page 373.)

Voir *Contrôles trimestriels* pour les mutations à communiquer au trésorier.

Chefs-Armuriers. — Les chefs-armuriers étant classés parmi les employés de l'artillerie et commissionnés par le ministre de la guerre, ne doivent pas figurer sur les registres matricules des corps de troupes auxquels ils sont attachés. (Décis. minist. du 9 décembre 1859, page 833.)

Déserteurs. — Les déserteurs ne doivent pas être rayés de la matricule, même lorsqu'ils ont plus de six mois d'absence. Ils peuvent être remplacés dans leurs fonctions (décis. du 25 mars 1838, page 462), mais ils continuent à figurer pour ordre avec leurs grades et avec l'indication de la position de prévenus sur les registres-matricules. (Circ. du 18 novembre 1879, page 345 et instr. annuelles sur les inspections générales. (Art. 55 de l'annexe de l'instr. du 17 mars 1884, page 547 S.)

Voir *Carnet des déserteurs*.

Insoumis. — La note du 28 octobre 1883, page 423 (S), prescrit de rayer des contrôles de l'insoumission, les insoumis (jeunes soldats et réservistes) des classes antérieures à celle de 1874, originaires de l'Alsace-Lorraine. De plus, celle du 29 avril 1884, page 1304 (S), dispose qu'il n'y a lieu de rétablir sur les contrôles de l'armée territoriale que ceux de ces hommes qui habitent en France et auxquels peut être remis le livret individuel portant ordre de route.

Condamnés. — Les militaires condamnés à une peine correctionnelle (8 avril 1833, page 195, et 6 février 1877, page 69), et ceux condamnés aux travaux publics (Décis. du 24 avril 1834, page 569, et du 6 février 1877, page 69), sont maintenus sur les matricules de leur corps pendant la durée de leur peine et jusqu'à ce qu'un changement de corps ait été ordonné. (Voir aussi l'art. 55 de l'annexe de l'instr. du 17 mars 1884, page 547 S.)

Aux termes des articles 189 et 190 du Code de justice militaire du 9 juin 1857, page 221, les condamnations aux travaux forcés, à la déportation, à la détention, à la réclusion, au bannissement et à la dégradation militaire, excluent à tout jamais ceux qui en sont l'objet, des rangs de l'armée ; elles entraînent par conséquent la radiation des matricules.

Les services des militaires condamnés doivent recommencer à courir du jour de l'expiration de leur peine ou de la date de leur grâce. (Décis. du 11 août 1883, page 151.)

Déserteurs ou condamnés amnistiés. — A l'égard des hommes qui ont bénéficié des lois d'amnistie du 3 mars 1879 et du 16 mars 1880, on a dû se conformer aux dispositions prescrites par la circ. du 19 janvier 1880 (M); l'instr. du 23 mars 1880, page 100; la circ. du 11 mai 1880, page 17.; celles du 2 juillet, page 9 (S), et du 18 novembre, page 198. (Note du 26 décembre 1884, page 949.)

Personnel de l'escrime. — On doit indiquer la délivrance des brevets de maître d'escrime et de maître-adjoint. (Note du 30 octobre 1873, page 370.)

Maréchaux-ferrants. — *Idem* pour les diplômes de maître maréchal ferrant délivrés par l'école de cavalerie. (Art. 8 de l'arrêté du 17 juillet 1875, page 52, et décis. du 25 février 1880, page 66.)

École militaire d'infanterie. — Pour les sous-officiers qui ont suivi les cours de ladite école, on doit porter une inscription ainsi conçue :

« A suivi les cours de l'école de sous-officiers d'infanterie en 188., sorti avec le n°.... sur.... » élèves. A obtenu un certificat d'aptitude au grade de sous-lieutenant. » (Circ. du 7 décembre 1875, page 657.)

Nota. — On procède de la même manière pour les élèves des autres écoles.

Musiciens. — Les musiciens sont immatriculés comme les autres hommes de troupe. Le registre spécial dont la tenue était prescrite par la circulaire du 16 mars 1856 est aujourd'hui supprimé. (Décr. du 5 octobre 1872, page 615.)

Élèves du service de santé militaire. — Sont immatriculés pour ordre dans le régiment d'infanterie de leur subdivision. (Circ. du 26 mars 1884, page 274.)

Commissionnés. — Les militaires maintenus dans l'armée comme commissionnés sont portés sur les registres des corps avec la mention de leur nouvelle situation. (Note ministérielle du 29 décembre 1874, page 794.)

Cavaliers de manège. — Sont immatriculés sur le même registre matricule que les hommes de troupe faisant partie des cadres des écoles militaires. (Note du 21 juillet 1884, page 113.)

Par suite, il n'est plus adressé au ministre d'état signalétique et de services. (Note du 28 octobre 1884, page 623.)

Campagnes. — Comme pour les officiers, voir page 312.

Les campagnes que peuvent faire les enfants de troupe sont inscrites pour mémoire. (Note du 16 mai 1877, page 491.)

Blessures et actions d'éclat. — Comme pour les officiers.

État-civil. — Comme pour les officiers (voir page 310), à l'exception que les rectifications sont autorisées par le général commandant le corps d'armée, sur la production des justifications émanant des autorités civiles ou judiciaires. (Instr. du 23 mars 1841, page 1128 du t. XIV du *Journal militaire*, et arrêté du 1er mai 1882, page 307.)

Rectifications (services). — Les services sont rectifiés, le cas échéant, par les conseils d'administration sur pièces probantes ; il est statué par le ministre lorsque ces conseils ne sont pas en mesure de prononcer. (Diverses dispositions : 16 mars 1870, page 35, et arrêté du 1er mai 1882, page 310.)

Voir *Matricule des officiers.*

Taille et signalement. — Une circulaire du 21 décembre 1827 prescrivait de mentionner les marques extérieures survenues aux hommes après leur arrivée au corps et de rectifier l'indication de la taille au besoin. Ces dispositions continuent à être appliquées, bien que cette circulaire n'ait pas été reproduite au *Journal militaire* refondu.

Punitions. — L'instruction du 11 septembre 1875, page 271, dispose que le total des punitions infligées à chaque homme doit être inscrit sur les matricules au moment où il quitte le corps.

Culte. — Le nouveau modèle de feuillet matricule ne comporte plus ce renseignement. Par conséquent la circulaire du 20 juin 1874 (M) peut être considérée comme abrogée.

Table alphabétique. — Chaque volume est suivi d'une table alphabétique. (Art. 121 de l'ordonn. du 10 mai 1844.) Elle est conforme au modèle n° 5 annexé à la note du 25 avril 1879, page 700.

Double de la matricule et états de mutations. — Supprimés. (Note du 23 décembre 1878, page 435, et décis. présidentielle du 20 mars 1879, page 429, rappelées par la note du 25 avril 1879, page 700.)

TENUE DU REGISTRE MATRICULE DE LA TROUPE (1). — DESTINATION QU'IL DOIT RECEVOIR

(Instr. annexée à la note du 25 avril 1879, page 699.)

§ 1er. — Dans tous les corps de l'armée, sauf la gendarmerie, l'immatriculation des militaires de la

(1) Pour les renseignements à donner au trésorier au sujet des mutations, voir *Contrôles ministériels.*

première portion du contingent, des engagés volontaires et des engagés conditionnels s'effectue sur des feuillets mobiles assemblés sous écrous par groupes de 250.

§ 2. — L'immatriculation des hommes de troupe s'effectue à la réception ou sur le vu des états, titres ou actes authentiques constatant qu'ils appartiennent au corps (1). Néanmoins, tous les sous-officiers, caporaux ou brigadiers, soldats, ouvriers militaires ou commissionnés et enfants de troupe, compris comme présents ou absents dans le procès-verbal de formation d'un corps, sont immatriculés par ordre de grade.

Le même ordre d'inscription est suivi pour ceux qui, après cette formation, sont incorporés sous la même date. La circ. du 15 septembre 1879, page 214, porte que ce n'est qu'en cas de formation de corps que les hommes doivent être placés par ordre de grade, et qu'en cas de renouvellement des matricules, les hommes doivent être inscrits dans l'ordre où ils se trouvaient sur les anciens registres. (V. ci-dessus, page 310, pour divers renseignements.)

§. 3. — L'incorporation prend date, savoir :

1° Pour les jeunes soldats (appelés ou substituants), pour les engagés conditionnels d'un an, et pour les hommes venus de la disponibilité et de la réserve, à compter du jour où ils ont été mis en route pour se rendre au corps;

2° Pour les engagés volontaires et pour les rengagés de la réserve, à compter du jour de l'engagement ou du rengagement;

3° Et pour les hommes venant d'un autre corps, à compter du jour où ils ont cessé d'appartenir à ce corps.

§ 4. — Les services antérieurs à l'incorporation doivent être justifiés, soit par le livret matricule du militaire, soit par une attestation du conseil d'administration du dernier corps dont le militaire faisait partie, ou une pièce émanée du ministère de la guerre. (Voir, page 310, les dispositions de l'arrêté du 1er mai 1882.)

§ 5. — La matricule forme autant de volumes que le complet d'organisation du corps l'exige.

§ 6. — Il n'y a qu'une seule série de numéros pour les hommes de troupe de tous grades. Elle est continuée pendant dix ans.

§ 7. — Le numéro sous lequel l'homme est immatriculé lui est conservé jusqu'au moment où il cesse de faire partie du corps, quelles que soient les promotions dont il puisse être l'objet, à moins qu'il ne passe du grade de sous-officier au grade d'officier. Mais, si après avoir quitté définitivement le corps il y rentre, un nouveau numéro lui est donné, et l'ancien est inscrit au-dessous.

§ 8. — Si le jeune soldat à immatriculer est passible de déduction sur la durée légale du service faute par lui d'avoir fait la déclaration exigée des dispensés par l'article 21 de la loi du 27 juillet 1872, ou par suite de condamnation (art. 64 de la même loi), mention sera faite, dans la case où s'inscrit le titre sous lequel a lieu l'incorporation, de l'époque à partir de laquelle son temps devra compter. Dans ce cas, la date de son passage dans la réserve de l'armée active ou dans l'armée territoriale sera mise en concordance avec l'époque dont il s'agit.

§ 9. — Il ne sera fait ni rature ni surcharge. Les rectifications seront opérées au moyen d'un simple trait passé sur les mots reconnus inexacts, et de l'inscription interlinéaire de ceux qui devront les remplacer.

§ 10. — Il est formellement prescrit de n'employer pour écrire l'initiale du nom de famille que des majuscules en bâtarde, sans aucun trait ni ornement quelconque. De plus, une décision ministérielle du 3 juillet 1883, page 16, interdit de se servir du K/ (K barré) pour remplacer la syllabe Ker, suivant une ancienne coutume.

§ 11. — Dans tous les corps de l'armée, sauf la gendarmerie, les séries numériques d'immatriculation seront renouvelées par périodes décennales, c'est-à-dire les 1er janvier 1890, 1900, 1910, etc.

§ 12. A chacune de ces dates, les corps retireront des écrous les feuillets des hommes encore présents sous les drapeaux et en formeront une matricule nouvelle. En même temps, ils enverront au ministère de la guerre (Bureau des archives) :

1° Les feuillets des hommes ayant cessé d'appartenir au corps ;

2° Pour chacun des hommes encore présents, une feuille de papier blanc de la même dimension que les feuillets matricules et portant, pour toute indication, la désignation du corps, le nom et les prénoms du militaire, son numéro matricule ancien (à l'encre noire) et son nouveau numéro (à l'encre rouge). Ces feuilles blanches seront intercalées parmi les feuillets matricules, à la place qu'occupaient les feuillets retirés et conservés par le corps;

3° Les tables alphabétiques;

4° Les feuilles mentionnant l'historique sommaire du corps en tête du volume après l'instr., pour la tenue de la matricule.) L'historique est seulement placé en tête du premier volume. (Note du 19 août 1879, page 97.)

(1) Pour les jeunes soldats des classes, le service du recrutement doit envoyer les livrets aux corps trois jours au moins avant la mise en route; quant aux engagés volontaires, qui partent le jour de leur engagement, les corps doivent les immatriculer sur le vu de la copie de l'acte d'engagement, sans attendre l'arrivée des livrets. (Circ. du 11 septembre 1879.)

§ 13. — Chaque volume de 250 feuillets, ainsi envoyé au ministère de la guerre, formera une liasse distincte, munie du même numéro d'ordre que le registre auquel elle correspondait.

§ 14. — Les conseils d'administration ne devront faire parvenir au ministère les groupes de feuillets mobiles qu'après les avoir mis à jour de mutations, les avoir convenablement numérotés et étiquetés et, enfin, avoir pris soin de clore et arrêter le dernier volume, qui sera visé par le fonctionnaire de l'intendance militaire chargé de la surveillance administrative du corps. (Note du 25 avril 1879, page 699.)

La note du 14 mars 1883, page 272, et l'article 33 de l'instruction du 28 décembre 1879 refondue, prescrivent en outre aux corps d'établir et d'envoyer au recrutement un feuillet matricule pour chaque soldat rayé des contrôles avant que la classe à laquelle il appartient passe dans la disponibilité ou la réserve.

Chaque année, le même envoi est fait pour tous les hommes de la 1re portion du contingent passant dans la réserve ou la disponibilité. (Décis. du 26 janvier 1883, page 99, et article 71 de l'instr. du 28 décembre 1879 refondue.)

Ce feuillet est indépendant du feuillet matricule, lequel reste au corps. (Voir *Disponibles et Réservistes.*)

Registres matricules.

(2e portion du contingent, disponibles et réservistes. — Armée territoriale.)

1° *Hommes de la 2e portion du contingent.* — Ces hommes sont immatriculés sur feuillets mobiles conformes au modèle n° 2, qui fait suite à la note du 25 avril 1879, page 702.

Le numéro matricule est précédé d'une lettre qui est la même pour tous les jeunes soldats de la même classe et pour tous les corps indistinctement.

La série de feuillets matricules des hommes de la deuxième portion est indépendante de celle de la première portion, afin qu'ils puissent, en cas de changement de garnison, être laissés au corps de remplacement.

Le tableau suivant indique les lettres affectées aux diverses classes à partir de 1872 jusqu'à 1896 :

2e portion, classe	1872, lettre	A	2e portion, classe	1885, lettre	N
—	1873, —	B	—	1886, —	O
—	1874, —	C	—	1887, —	P
—	1875, —	D	—	1888, —	Q
—	1876, —	E	—	1889, —	R
—	1877, —	F	—	1890, —	S
—	1878, —	G	—	1891, —	T
—	1879, —	H	—	1892, —	U
—	1880, —	I	—	1893, —	V
—	1881, —	J	—	1894, —	X
—	1882, —	K	—	1895, —	Y
—	1883, —	L	—	1896, —	Z
—	1884, —	M			

(Voir ci-après *Disponibles et Réservistes*, pour tous autres renseignements.)

2° *Disponibles et Réservistes.* — Il est tenu en tout temps, pour ces hommes, un feuillet matricule mobile et individuel. (Instr. du 11 septembre 1875, pages 275 et 277.) Il est conforme au modèle n° 2, annexé à la note du 25 avril 1879, page 703.

Pour les hommes provenant de la première portion du contingent qui passent dans la disponibilité ou la réserve de l'armée active, ces feuillets sont établis par les corps de l'armée active dans lesquels ils servent et adressés avec les livrets matricules au service du recrutement qui les transmet aux corps d'affectation. (Décis. présidentielle du 26 janvier 1883, page 99.)

Pour les hommes provenant de la deuxième portion du contingent, le feuillet mobile est envoyé par le corps instructeur au commandant du recrutement de la circonscription dans laquelle ils sont inscrits. Il est ensuite transmis au corps d'affectation qui l'introduit dans la matricule sous écrous des réservistes, d'après le rang que l'intéressé occupe au répertoire général. (25 avril 1879.)

La décision présidentielle du 26 janvier 1883, page 99, prescrit toutefois aux corps instructeurs d'établir un 2e feuillet qui est envoyé au service du recrutement lorsque ces hommes sont classés dans d'autres régiments à leur sortie du service actif.

Le numéro du répertoire général, précédé du chiffre zéro, constitue le numéro matricule de tout réserviste dans son nouveau corps. (Instr. du 11 septembre 1875, page 275, rappelée par la note du 25 avril 1879, page 703, et art. 52 de l'instr. refondue du 28 décembre 1879) (1).

(1) Lorsque les hommes doivent passer des corps de l'armée active dans la disponibilité ou la réserve, l'on procède comme il suit :

1° Chaque année, au 1er juillet, les corps adressent aux commandants des bureaux de recrutement, sur le registre matricule ou la liste matricule desquels les hommes sont inscrits, un état nominatif mod. n° 17 des militaires de la 1re portion, des engagés volontaires, etc... qui doivent être renvoyés dans leurs foyers par anticipation. Pour les hommes de la 2e portion du contingent et les engagés conditionnels, cet état est envoyé le 15 août, et pour ceux d'Algérie, il est produit deux mois à l'avance.

Le commandant du bureau de recrutement procède ensuite à l'affectation et fait connaître les résultats de sa répar-

Pour les militaires de la disponibilité ou de la réserve d'un corps rayés pour cause de décès, de désertion, etc..., le feuillet et le livret matricule sont adressés au bureau de recrutement (art. 138 du décret du 7 août 1875, page 148), avec le feuillet de punitions. (Note du 15 mars 1884, page 239.)

Les feuillets mobiles des hommes de la 2e portion du contingent et ceux des réservistes et disponibles, à établir par les corps, sont à la charge du trésorier. (Circ. du 11 septembre 1875, page 277, et tarif n° 46 du 25 décembre 1875, page 900.)

La circ. du 6 juillet 1874, page 8, porte que ces feuillets doivent être réunis sous écrous, ce qui implique naturellement l'achat de barrettes avec écrous et de couvertures. La dépense incombe à la masse générale d'entretien (2e portion). (Même circ. et note du 25 avril 1879, page 702). Les prix fixés par la note du 25 avril 1879, page 701, sont : 1 fr. 75 pour les couvertures de registre et de 2 fr. 50 à 2 fr. 75 pour les barrettes avec écrous.

Les feuillets matricules, ainsi réunis, sont remis, en cas de changement de garnison, aux corps arrivants. (Circ. du 6 juillet 1874, page 8, et décret du 7 août 1885, page 148.)

3° *Armée territoriale.* — Chaque année, du 1er au 10 janvier, les corps d'affectation de l'armée active adressent aux commandants de recrutement les *feuillets matricules* des réservistes devant passer, dans le courant de l'année, dans l'armée territoriale. Ces feuillets sont mis à jour au préalable. La mutation de passage est inscrite au livret matricule et au feuillet matricule par les soins des corps, mais la date du passage est laissée en blanc sur le feuillet et portée par les capitaines-majors subdivisionnaires. Au moment du passage effectif, ces corps envoient les autres pièces, accompagnées d'un bordereau mod. n° 15, au commandant du recrutement qui procède à la répartition et à l'affectation. (Art. 81 de l'instr. refondue du 28 décembre 1879.)

Chaque année, le 1er mars pour les classes antérieures à celle de 1867, et le 1er septembre pour les classes postérieures, les commandants des bureaux de recrutement adressent au ministre (bureau des archives) les feuillets matricules de la classe libérée dans le cours de l'année précédente. Cet envoi comprend tous les hommes de la classe (décédés, réformés, etc. à une date antérieure). Les conseils d'administration des corps doivent envoyer au recrutement un feuillet matricule pour les hommes rayés des contrôles avant leur passage dans la disponibilité ou la réserve. (Art. 33 de l'instr. précitée.) On y joint le feuillet de punitions si l'homme a eu des punitions de prison ou autres plus graves.

Les livrets, carnets, répertoires, listes, contrôles spéciaux, certificats de bonne conduite, de réforme, non réclamés, etc., sont versés au domaine après avoir été lacérés. (Même article.) Les corps adressent en outre au service du recrutement, à la suite des appels, des bulletins indiquant ceux des réservistes qui, devant passer dans l'armée territoriale le 1er juillet suivant, ont été jugés capables de faire des sous-officiers, caporaux ou brigadiers et comptables. (Art. 120.)

Pour les sous-officiers retraités dans les conditions de la loi du 23 juillet 1881, lesquels sont à la disposition du ministre pendant cinq ans, les feuillets matricules et bulletins de notes sont remis aux corps auxquels ils sont affectés, par le service du recrutement. (Circ. du 26 février 1883, page 216.) Ces dispositions sont applicables aux sous-chefs de musique. Quant aux adjudants, l'on se conforme aux circ. du 20 juillet 1882 (M), du 30 septembre 1882, page 188, et à l'instruction du 28 décembre 1879 revisée en 1884.

Catalogue *des archives.* (Voir *Archives.*)

tition aux *corps d'affectation*, lesquels portent les hommes sur leur répertoire et renvoient au bureau de recrutement l'état nominatif revêtu des numéros du répertoire et de ceux des bataillons, compagnies, escadrons ou batteries auxquels ils sont affectés.

Quant aux réservistes et disponibles de l'artillerie, le commandant du recrutement transmet, le 15 juillet pour la 1re portion et le 30 août pour la seconde, l'état nominatif n° 17, au général commandant l'artillerie, lequel procède à la répartition entre les corps en se conformant aux dispositions ci-dessus. (Art. 66 de l'instr. refondue du 28 décembre 1879.)

2° Après renvoi des états d'affectation par les corps d'affectation, le commandant du recrutement établit les fascicules (mod. n° 19), contenant : ordre de route pour le cas de mobilisation, récépissé de livret individuel et feuille spéciale aux appels pour les exercices ou manœuvres. Il envoie ces fascicules quinze jours au moins avant la date du passage ou du renvoi au corps dans lequel se trouve encore l'homme. Il y joint les procès-verbaux de remise de livret individuel et un bordereau numérique. (Art. 67.) Le corps fait coudre solidement le fascicule dans le livret. (Art. 68.) Lorsque ce fascicule est adapté au livret, l'on doit rayer les formules qui ne sont plus en usage. (Art. 69.) Ce livret est ensuite remis à l'intéressé, lequel signe avec le capitaine commandant le procès-verbal de remise, lequel est envoyé au recrutement lors du passage effectif. (Art. 70.)

Enfin, au départ des hommes, les livrets matricules, feuilles modèle A (engagés d'un an), feuillets de punitions et feuillets matricules (1re et 2e portion), procès-verbaux de remise des livrets individuels et les plaques d'identité, sont envoyés dans un délai maximum de 10 jours, accompagnés d'un bordereau sommaire en double expédition (mod. n° 14), au commandant de recrutement qui en renvoie une au corps avec son visa. Ces documents sont ensuite transmis aux corps d'affectation.

Pour les isolés, les corps établissent un état mod. n° 18 (art. 75), et ils envoient en outre le livret individuel et les autres pièces au service du recrutement qui procède à l'affectation, établit le fascicule, complète le livret individuel et le fait remettre à l'homme par la gendarmerie. (Art. 79 et note du 25 avril 1879.)

Pour tous autres renseignements, se reporter à l'instr. et pour les réservistes passant dans l'armée territoriale, au § 3e ci-dessus.

En ce qui concerne les militaires de la gendarmerie, se reporter aux articles 203 et suivants de l'instr. refondue du 28 décembre 1879.

Registre *de correspondance du conseil d'administration*, mod. n° 21. (Art. 68 de l'ordonn. du 10 mai 1844, page 282.)

Registre *des actes de l'état civil.* — Il est tenu, dans chaque corps hors du territoire français, un registre destiné à l'inscription des actes de l'état civil, relatif aux individus de ce corps. Ce registre est conservé comme les autres et, à leur rentrée sur le territoire, les corps en font l'envoi au ministre de la guerre. (Art. 90 de l'instr. du 8 mars 1823, page 117. Il est fourni par le corps. (Art. 91.)

Il est coté et paraphé par l'officier qui commande, et conforme au modèle annexé à ladite instruction. (Art. 91.) Il est tenu par le trésorier, l'officier-payeur ou l'officier commandant, etc. En cas de perte, il est dressé un procès-verbal en bonne forme dont copie est adressée au ministre ; il est en outre transcrit en tête du second registre. (Observations placées en tête du modèle.) Un extrait de ce registre est adressé tous les mois au ministre. Pour les isolés éloignés de l'officier militaire remplissant les fonctions d'officier de l'état civil, l'on a recours aux autorités locales et dans les formes usitées dans le pays. (Art. 91, page 118.) A cette instruction, se trouvent joints les modèles d'actes de mariage, de naissance et de décès, ainsi que les modèles d'extraits. (Se reporter à l'instr. pour tous autres renseignements et à la notice n° 4 annexée au règlemt du 25 août 1884, page 103, sur le service de santé en campagne. Pour les officiers sans troupe, c'est l'intendant ou le sous-intendant militaire qui rédige les actes. (Art. 89, instr. du 8 mars 23, page 116.)

Mémorial *des procurations, certificats de vie et testaments* — Chaque corps en campagne tient un mémorial des procurations, certificats de vie et testaments délivrés ou reçus par le conseil d'administration. L'enregistrement a lieu sans détail ; il énonce seulement que tel jour il a été fait une procuration ou un certificat de vie, ou qu'on a reçu le testament d'un tel. Ce registre est adressé au ministre à la rentrée sur le territoire. (Instr. du 8 mars 1823, page 143.) Les testaments sont reçus par un chef de bataillon ou d'escadron, ou par tout autre officier d'un grade supérieur en présence de deux témoins, ou par deux fonctionnaires de l'intendance, ou par un seul en présence de deux témoins ; si le testateur est malade ou blessé, le testament peut être reçu par l'officier de santé en chef assisté du commandant militaire chargé de la police de l'hospice. (Instr. précitée, page 138.) Pour toutes autres formalités, se reporter à l'instr. et à la notice n° 3 annexée au règlement du 25 août 1884, page 99, sur le service de santé en campagne.

Registre de l'effectif. — Le *Registre de l'effectif* (Mod. n° 16) est destiné à recevoir l'inscription journalière par bataillon et compagnie, escadron ou batterie, de la situation du corps, tant en hommes qu'en chevaux.

Le trésorier y enregistre les mutations, nominativement et avec leurs dates. (Art. 124 de l'ordonn. du 10 mai 1844, page 297.)

Ce registre est mis à jour au moyen de la seconde partie des situations des vingt-quatre heures produites par les capitaines et des états de mutations adressés par les détachements de dix en dix jours à l'intérieur et tous les mois à l'armée. (Voir *Contrôles trimestriels*, page 328 ci-après.)

Il est tenu à la portion centrale et dans les portions détachées qui ont un conseil (art. 117 de l'ordonn. du 10 mai 1844, modifié par le décr. du 1er mars 1880, page 364) ; mais, en campagne, il est réuni avec le registre des distributions, modèle n° 2 annexé au décret du 24 avril 1884, pages 499 et 537. Il a les dimensions de hauteur 0m38 et largeur 0m245. (Note du 1er juin 1880, page 270.)

En outre, à l'armée, un registre d'effectif du mod. n° 3 est tenu par le sous-intendant militaire chargé de la surveillance administrative (décr. du 24 avril 1884, page 497), au moyen des états journaliers mod. n° 5, prescrit par l'instruction du 24 avril 1884, page 507. Ces états sont ensuite transmis au sous-intendant militaire chargé de la surveillance administrative de la portion centrale. (Même instruction.)

Registre *spécial des militaires liés au service en vertu de la loi du 26 avril 1855.* N'est cité que pour ordre, la plupart des corps n'ayant plus de militaires dans cette situation.

Registre-Journal *des recettes et dépenses de la dotation de l'armée.* (Idem.)

Registre-Matricule *des chevaux d'officiers et de troupe appartenant à l'Etat.* Ce registre est au compte du trésorier. (Nomencl. annexée au tarif n° 46 du 25 décembre 1875, page 898.)

Il est tenu à la portion centrale. (Art. 117 de l'ordonn. du 10 mai 1844, modifié par le décr. du 1er mars 1880, page 364.)

Ce registre est conforme au modèle A annexé à la décision du 1er novembre 1879, page 307. Tous les chevaux d'officiers et de troupe appartenant à l'Etat y sont inscrits. Les chevaux d'officiers existant au 1er janvier 1880 ont été portés en tête de ce registre dans l'ordre où ils figuraient sur le registre remplacé. Les chevaux de troupe de selle et de trait ont été inscrits à la suite de ceux-ci et dans l'ordre où ils se trouvaient sur les anciens registres. (Note du 1er novembre 1879, page 305.)

Instruction pour la tenue de ce registre. — 1° Dans tous les corps ou établissements, les chevaux appartenant à l'Etat sont portés sur le présent registre et forment une seule série de numéros, quel que soit le service auquel ils sont affectés ;

2° Ils sont inscrits par ordre d'arrivée, sur le vu des pièces établissant qu'ils appartiennent au corps ;

3° Les signalements au jour de l'achat doivent toujours être inscrits en entier et sans aucun changement ; les modifications ou rectifications qui peuvent survenir successivement, sont faites à l'encre rouge au-dessous du premier signalement, et séparées entre elles par un trait horizontal (1).

4° Il ne doit être fait ni rature, ni surcharge. Les modifications sont opérées au moyen d'un simple trait passé sur les mots reconnus inexacts, et de l'inscription interlinéaire de ceux qui doivent les remplacer ;

5° Les registres matricules comprennent 200, 1,000 ou 1,500 cases, selon l'effectif des chevaux à y inscrire. Les chevaux du train d'artillerie figurent sur le registre du régiment d'artillerie auquel est rattachée leur compagnie, mais l'inscription du service auquel ils sont affectés est faite à l'encre rouge ;

6° Lorsque le premier registre est épuisé, on en ouvre un deuxième. Dans les corps dont l'effectif est peu considérable, on y reporte les chevaux figurant sur le premier.

Dans les autres corps, on continue la série des numéros ; à l'établissement du troisième registre, on recommence toujours la série des numéros matricules en reportant en tête les quelques chevaux qui se trouvent encore sur le premier, de telle sorte qu'il n'y a jamais plus de deux matricules en service et que les numéros matricules ne dépassent jamais 2,000 pour les régiments de cavalerie, et 3,600 pour l'artillerie. (Mod. du registre.)

Nota. — Le titre de la colonne 12 du registre doit être modifié comme suit : « Date de l'incorporation », au lieu de : « Date de l'arrivée ». (Décis. du 15 décembre 1879, page 484.)

Nota s'appliquant aux colonnes 9 et 11 du registre.

Colonne 9. — Lorsque le dépôt livrancier diffère du dépôt acheteur, le premier est indiqué à l'encre rouge au-dessous du deuxième. Pour les achats effectués par une commission régimentaire, indiquer le nom du vendeur.

Colonne 11. — Inscrire les différents corps ou établissements auxquels le cheval a appartenu, et les noms des officiers qui en ont été propriétaires jusqu'au jour de l'inscription au présent registre. Dans ce dernier cas, indiquer le régiment auquel appartenait la commission qui a effectué l'achat et mentionner le prix. (Instr. précitée sur la tenue du registre.)

Dans les dépôts de remonte, le registre-matricule des chevaux est conforme au modèle annexé à la décision du 1er décembre 1879, page 409. Ce modèle est précédé d'une instruction réglant la tenue de ce registre. De plus, une décision du 31 janvier 1883, page 89 (modification de celle ci-dessus) dispose que la série des numéros matricules ne sera plus renouvelée chaque année, mais seulement lorsque les commandants des dépôts le jugeront utile, sous la condition toutefois qu'on ne devra pas dépasser la série de 4 chiffres.

Immatriculation des chevaux de réquisition. — L'instruction du 1er août 1879, page 682, sur la réquisition des chevaux dispose (art. 15) que chaque animal doit être marqué immédiatement du numéro matricule d'achat porté sur le procès-verbal de réception établi par la commission.

Il est affecté à chaque commission une série distincte de numéros en nombre rond de centaines, par le général commandant le corps d'armée. Les séries de corps d'armée sont de 9,999 numéros. Chaque corps d'armée pourra employer une, deux ou trois séries de numéros. La lettre du corps d'armée sera placée comme il est indiqué au titre : *Marquage des Chevaux*. (Art. 15.)

L'article 20 prescrit à chaque président de commission d'établir par corps un état signalétique sommaire (Mod. no 8) des animaux qui lui sont destinés, lequel est remis au commandant du détachement.

Ces états doivent servir dans les corps de registre matricule. (Art. 20, renvoi 1.) Ils sont réunis de manière à recomposer la série à peu près continue de numéros (sauf quelques lacunes sans importance.) (Circ. du 1er août 1879 portant envoi d'instr. précitée.)

La couverture, avec barrettes et écrous nécessaires à la matricule des chevaux provenant de la réquisition, est achetée sur les fonds de la masse générale d'entretien (2e portion.) (Circ. du 19 mai 1880 M.)

Registre matricule des chevaux *appartenant aux officiers*. (Ce registre est au compte du trésorier.) (Nomencl. annexée au décr. du 25 décembre 1875, page 898.)

Les chevaux appartenant aux officiers sont inscrits sur un registre conforme au modèle B annexé à la décision du 1er novembre 1879, page 311. Il est tenu à la portion centrale du corps. (Art. 117 de l'ordonn. du 10 mai 1844, modifié par le décr. du 1er mars 1870, page 364.)

Instruction pour la tenue de ce registre. — 1° Dans tous les corps ou établissements, les chevaux appartenant aux officiers, soit en exécution des règlements, soit parce que leurs propriétaires ont renoncé aux bénéfices de la remonte à titre gratuit, sont portés sur le présent registre. Ils forment, pour ordre, une seule série de numéros matricules. Ces numéros ne sont pas apposés sur les sabots ;

2° Les chevaux sont inscrits par ordre d'arrivée, sur le vu des pièces établissant que les officiers en sont propriétaires et qu'ils ont droit à percevoir les rations. Les chevaux, pour lesquels les officiers sont autorisés à percevoir des rations à titre remboursable, ne figurent pas sur ce registre ; ils ne sont inscrits que sur les contrôles trimestriels ;

3° Les signalements, au jour de l'achat, doivent toujours être inscrits en entier et sans aucun chan-

(1) [Ces dispositions sont celles contenues dans la note du 25 septembre 1857, page 378, qui prescrit de conserver sans changement le signalement au moment de l'achat. Les modifications, s'il y a lieu, sont portées à la suite.

gement; les modifications ou rectifications qui peuvent survenir successivement sont faites à l'encre rouge au-dessous du premier signalement et séparées entre elles par un trait horizontal ;

4° Il ne doit être fait ni rature, ni surcharge. Les modifications sont opérées au moyen d'un simple trait passé sur les mots reconnus inexacts et de l'inscription interlinéaire de ceux qui doivent les remplacer ;

5° Ce registre contient 200 cases pour toutes les armes ; lorsqu'il est épuisé, on en ouvre un deuxième sur lequel on reporte tous les chevaux comptant encore à l'effectif et figurant sur le premier ;

6° Une table alphabétique est placée à la gauche du registre matricule.

Nota s'appliquant à la colonne 9 du registre.

Lorsque le dépôt livrancier diffère du dépôt acheteur, le premier est indiqué à l'encre rouge au-dessous du deuxième. Pour les achats effectués par une commission régimentaire, indiquer le nom du vendeur.

La décision du 15 décembre 1879, page 484, prescrit de modifier le titre de la colonne 14 : « Date de l'incorporation », au lieu de : « Date de l'arrivée au corps. »

Les livrets matricules sont établis comme pour les autres chevaux.

Registre *des militaires prisonniers de guerre.* — L'article 45 du décr. du 8 juin 1883, page 671, prescrit au trésorier de chaque corps de tenir un registre particulier pour ces militaires. Ces militaires sont rayés des contrôles (trimestriels), à compter du jour où ils sont tombés au pouvoir de l'ennemi. Art. 450.) A leur rentrée, ils sont rayés du registre et rétablis sur les contrôles précités. (Art. 451.)

Registre *des dépenses de la musique.* (Art. 52 de l'instr. du 17 mars 1884 sur les inspections générales, page 470 S.) — Tenu à la portion du corps où se trouve la musique.

Registre *spécial pour les hommes de troupe en congé illimité.* — N'est plus tenu, les hommes étant en principe payés de leur fonds de masse avant leur départ. (Voir le règlem^t du 8 juin 1883 (art. 452 qui ne le prescrit plus.)

Controle *des hommes en subsistance.* — Le trésorier tient, lorsqu'il y a lieu, un contrôle des hommes en subsistance. Toutefois, le règlem^t du 8 juin 1883 sur le service de la solde ne prescrit plus la tenue de ce contrôle, qui était prévue par l'art. 482 de l'ordonn. du 25 décembre 1837.

Livrets matricules *des officiers et des chevaux qui ne comptent pas dans une compagnie, escadron ou batterie.* (Voir ci-après.)

Registres des Compagnies, Escadrons ou Batteries.

(Voir *Solde*, page 266, pour la fourniture de ces registres.)

Registre *de comptabilité trimestrielle* comprenant le livre de détail, le cahier d'enregistrement, la feuille de journées des hommes et celle des chevaux, la feuille de décompte de la masse individuelle. (Mod. annexé au décr. du 1er mars 1880.) Dans l'arme de l'artillerie, le cadre du chapitre 3 est conforme au mod. prescrit par la note ministérielle du 15 juillet 1881, page 20.

Le modèle donne toutes les indications nécessaires à la tenue de ce registre. (Art. 140 du décr. du 1er mars 1880.) Les imprimés sont achetés au compte des trésoriers. (Nomencl. annexée au tarif n° 48 du 25 décembre 1875). Le prix de la couverture est également à leur charge. (Circ. du 28 octobre 1875 (M) qui en donne la description.

Dans les corps qui ne comportent pas l'emploi de tous les paragraphes et de toutes les sections, chacun de ceux qui sont à leur usage conserve néanmoins le numéro qui lui est affecté. Les effets, ustensiles et objets divers sont toujours inscrits dans l'ordre de la nomenclature de chaque service. Ce registre est renouvelé le premier jour de chaque trimestre. La première partie de ceux remplacés est remise au trésorier pour la vérification des feuilles de journées et de décompte, et la seconde, au capitaine d'habillement pour servir à l'arrêté de ses comptes.

Ces documents sont ensuite déposés aux archives. (Décret précité.) Sur le pied de guerre, les registres de comptabilité trimestrielle des unités mobilisées sont laissés au dépôt et tenus au courant par le chef du bureau spécial de comptabilité (Instr. du 24 avril 1884, page 502, et décr. de même date, page 497), au moyen des carnets de comptabilité ci-après.

Carnet d'enregistrement *journalier des diverses opérations de comptabilité.*

Dans les corps en campagne, chaque compagnie, escadron ou batterie tient un carnet qui est conforme au mod. n° 1 annexé au décr. du 24 avril 1884, pages 497 et 521.

Ce carnet est renouvelé tous les trois mois.

Les imprimés sont fournis par les soins des corps et payés sur les fonds de la masse générale d'entretien (2e portion).

Chaque corps doit être constamment pourvu d'un nombre de carnets double de celui correspondant aux fractions à mobiliser pour le service de guerre. Le renouvellement en est assuré par le conseil d'administration central. (Décret précité.) Les carnets distribués sont immédiatement remplacés dans l'approvisionnement de la portion centrale. (Instr. du 24 avril 1884, page 502.)

La marche à suivre pour la tenue de ce carnet est déterminée par l'instr. qui y est jointe. (Décret précité.)

Chaque unité reçoit un carnet avant son départ, et l'officier payeur un 2e exemplaire destiné à être distribué aux compagnies, etc., en cas de perte ou de retard dans la réception de celui adressé chaque trimestre par la portion centrale pour le trimestre suivant.

Ces carnets, certifiés à tous les chapitres par les commandants de compagnie, sont remis, dans les cinq premiers jours de chaque trimestre, à l'officier remplissant les fonctions de major à l'armée, qui les fait collationner par l'officier-payeur et l'officier d'habillement, et les adresse ensuite à la portion centrale.

Ces carnets, une fois vérifiés, sont remis par le major au chef du bureau spécial de comptabilité, qui, lorsqu'ils ne lui sont plus nécessaires, les dépose aux archives, annexés aux registres de comptabilité trimestrielle. (Instr. du 24 avril 1884, pages 501 à 503.)

Nota. — Les diverses pièces de recettes et dépenses, les bons partiels de distributions, les bulletins de réparations, de pertes, de dégradations et de moins-values sont adressés à la portion centrale dès qu'ils ne sont plus nécessaires à la portion mobilisée. (Même instruction, page 501.)

Livrets individuels *des hommes présents sous les drapeaux*. (Voir *Masse individuelle* pour la tenue des comptes courants.)

Ces livrets, conformes au mod. nº 5 annexé au décr. du 7 août 1875, page 185, sont ouverts et envoyés aux corps par les commandants des bureaux de recrutement. Les capitaines auxquels ils sont remis, les tiennent à jour en se conformant aux indications qu'ils contiennent. (Art. 141 du décr. précité, page 152.) Les commandants des bureaux de recrutement doivent y porter à l'encre les dates de passage dans la disponibilité, la réserve et l'armée territoriale. (Circ. du 8 juin 1882, page 1038 (S) et art. 58 de l'instr. du 28 décembre 1879 refondue.)

L'homme qui passe d'un corps à un autre emporte son livret. (Art. 142.) Ce livret doit être constamment entre les mains de l'homme; toutefois, il lui est momentanément retiré quand il rentre dans ses foyers comme disponible ou réserviste. Dans ce cas, ce document est envoyé au commandant du recrutement qui le fait parvenir à l'intéressé, après l'avoir mis à jour par l'indication du nouveau corps auquel le titulaire est affecté, etc. (Art. 145) (1).

Les sous-officiers retraités dans les conditions de la loi du 23 juillet 1881 doivent conserver leur livret pendant 5 ans. (Circ. du 26 février 1883, page 215.)

En cas de perte pendant que l'homme est au corps, il en est établi un duplicata qui est certifié par le major. (Circ. du 11 septembre 1875, page 273.) Les duplicatas sont délivrés gratuitement aux réservistes et disponibles (note du 10 février 1877, page 72) et à titre onéreux aux militaires en activité. (Note du 27 octobre 1877, page 206.)

Les imprimés de livrets sont fournis par le ministre et la demande en est adressée aux généraux commandant les corps d'armée. (Notes des 6 août 1877, page 100 et 5 juillet 1879, page 10.) Les états de demande à adresser par le commandement au ministre sont conformes au modèle annexé à la circ. du 8 juin 1882, page 1138 S.)

Les grattages, surcharges ou ratures qu'il y a lieu de faire subir aux livrets par suite de rectifications ou de modifications apportées à la situation de l'homme, doivent être visés par l'autorité qui autorise la mesure et ce visa est accompagné de l'apposition du timbre.

Si la rectification est faite pour des réservistes par le commandant de la brigade de gendarmerie qui ne possède pas de timbre, l'inscription doit être régularisée par le commandant du recrutement. (Note du 10 avril 1879, page 457, et art. 62 de l'instr. refondue du 28 décembre 1879, qui prescrit de se servir pour ces rectifications d'un cachet spécial de 0m 015 de diamètre fourni par l'administration centrale.) L'envoi de ce cachet a été fait aux chefs de corps et commandants de recrutement, par dépêche ministérielle du 13 février 1880 M.)

La circ. du 25 octobre 1880 (M) prescrit de mentionner à l'encre rouge, au bas des pages 14 ou 15, les effets emportés par les hommes passés dans la réserve; cette mention est faite de la manière suivante: a emporté une veste, un pantalon, etc.

Le commandant de la Compagnie,

Signé :

La même circ. autorise l'achat de papillons pour cet objet à raison de 0,75 le cent, sur les fonds de la masse générale d'entretien. Ces papillons sont appliqués sur les anciens livrets, les nouveaux comportent ces renseignements.

Les prix de tir obtenus par les jeunes soldats dans les concours de tir en France ou à l'étranger sont mentionnés sur les livrets individuels. (Circ. du 14 octobre 1881, page 114 S.)

De plus, la circ. du 16 avril 1874, page 412, prescrit d'inscrire les brevets, mentions et numéros des classement obtenus par les sous-officiers et soldats dans les cours régimentaires de tir, d'escrime ou

(1) Au moment du passage dans la réserve, un modèle de récépissé est collé par les soins du recrutement, à l'envers de la couverture. Chaque fois que le livret lui est retiré, l'homme reçoit en échange le récépissé du gendarme ou de l'employé de la mairie : il rend ce reçu lorsque son livret lui revient. (Instr. du 28 décembre 1879, refondue art. 60.)

Un feuillet professionnel est ajouté au livret individuel des militaires des sections d'état-major et du recrutement, de commis et ouvriers d'administration et d'infirmiers militaires. (Note du 12 décembre 1877, page 269.)

de gymnastique. Pour les prix de tir, cette disposition est rappelée par les circ. des 9 juin et 25 septembre 1879. (Voir *Ecole de tir.*)

Le brevet des maîtres maréchaux ferrants doit être intercalé dans leur livret individuel. (Décis. du 25 février 1880, page 66.)

Un feuillet individuel, conforme au modèle annexé à l'instr. du 19 novembre 1884, page 635 (S), doit être intercalé entre les pages 10 et 11 pour les élèves du peloton d'instruction dans l'infanterie. Les imprimés sont fournis par le ministre.

La circ. du 22 janvier 1883 (M) a supprimé les certificats de passage dans la disponibilité, la réserve de l'armée active, l'armée territoriale et sa réserve, qui existent dans les livrets et fascicules en service.

Les livrets individuels contenant les services, les dates de passage dans les diverses catégories, etc..., constituent titre de libération. (Art. 32 de l'instr. refondue du 28 décembre 1879.) En cas de passage dans la réserve ou la disponibilité, on reproduit sur la couverture du livret les indications suivantes : Corps d'affectation, bataillon, compagnie, etc., le numéro du répertoire de ce corps précédé d'un zéro; on passe un léger trait sur le régiment de l'armée active dans lequel l'homme sert. De plus, la classe de mobilisation est inscrite en tête de la couverture. Le livret est ensuite remis à l'homme qui signe un procès-verbal de remise. (Art. 70.) (Voir *Disponibles et Réservistes.*)

Livrets matricules des officiers. (Mod. nº 1 annexé au décr. du 7 août 1875, page 157.) — Ces livrets sont établis par le trésorier du corps au moment de l'arrivée des nouveaux officiers venant des écoles ou des sous-officiers. — Ces livrets sont soumis au visa du major et remis par cet officier supérieur au commandant de la compagnie. A compter de ce jour, c'est à ce dernier qu'incombe la tenue de ce document. Ils sont placés dans les boîtes avec les livrets de la troupe.

Les livrets des officiers qui ne comptent pas dans les compagnies sont tenus par le trésorier, l'officier payeur ou le commandant. — Les officiers changeant de corps ou de service sont suivis de leur livret; ceux des officiers mis en non-activité sont adressés au sous-intendant chargé de l'ordonnancement de leur solde. (Art. 138 du décr. du 7 août 1875, page 142, et art. 117 de celui du 1er mars 1880.) Ces livrets sont emportés en campagne. (Décret du 24 avril 1884, page 497.)

Les livrets des officiers retraités, réformés ou décédés, sont adressés immédiatement au ministre (bureau compétent). (Note du 26 mars 79, page 442.) Une circulaire du 21 décembre 1880, page 453, et l'art. 291 de l'instr. refondue du 28 décembre 1879 disposent qu'on doit procéder de la même manière pour les officiers de réserve et de l'armée territoriale rayés des contrôles, à moins qu'ils ne soient encore astreints au service militaire, auquel cas il y a lieu d'envoyer les livrets au recrutement qui les adresse ultérieurement au ministre. Les livrets et feuillets matricules d'hommes de troupe des officiers restent dans les bureaux de recrutement. (Même art.)

Livrets matricules des hommes de troupe (*hommes présents, réservistes et disponibles*). — Ils sont conformes au modèle nº 2 annexé au décret du 7 août 1875, page 163.

La circ. du 8 juin 1882, page 1135 (S), et l'art. 8 de l'instr. du 28 décembre 1879, prescrivent aux commandants de recrutement de porter à l'encre, sur les livrets, les dates de passage dans la disponibilité, la réserve et l'armée territoriale.

Ces livrets sont ouverts par le commandant du bureau de recrutement pour tout homme inscrit sur le registre matricule de son bureau. Il en est de même pour les engagés volontaires ou conditionnels. Pour les jeunes soldats des classes, ils sont adressés aux corps trois jours au moins avant leur mise en route. (Circ. du 18 octobre 1878 M.) A partir du jour de l'arrivée au corps, les capitaines auxquels ils sont remis les tiennent à jour. (Art. 138 du décr. du 7 août 1875, page 143.) En ce qui concerne le compte de la masse individuelle, se reporter au titre : *Masse individuelle*. Les livrets des hommes qui passent à un autre corps sont envoyés à ce corps; ceux des sous-officiers promus sous-lieutenants ou nommés à des emplois dans divers services, sont conservés dans les archives du corps, si les titulaires ne quittent pas ce corps, ou adressés au nouveau corps ou service dans le cas contraire. Au bout de trois ans, ils sont renvoyés au ministre.

Les livrets des hommes passant dans la disponibilité ou la réserve, des décédés ou désertés, sont envoyés au service du recrutement. (Art. 138 du décr. du 7 août 1875, pages 143 et suiv.) Ceux des hommes réformés reçoivent la même destination. (Instr. du 6 novembre 1875, page 579. Voir ci-dessus, page 317.) Les livrets des condamnés exclus de l'armée sont également adressés au recrutement; ceux des hommes condamnés non exclus sont conservés par les corps. (Circ. du 6 février 1877, page 69.) Les livrets des sous-officiers admis à la retraite à 15 ans de service sont envoyés aux bureaux de recrutement des subdivisions de région où ils se sont retirés. (Note du 26 mars 1879, page 442.) Ils sont conservés par les corps dans lesquels ils sont susceptibles d'être appelés pendant 5 ans. (Circ. du 26 février 1883, page 215, et art. 124 de l'instr. du 28 décembre 1879 refondue.) Ceux des hommes libérés de tout service militaire sont versés chaque année au domaine par le service du recrutement, après avoir été lacérés. (Décis. du 16 novembre 1882, page 397.)

Les commandants des bureaux de recrutement doivent indiquer, à l'encre rouge, en tête du livret matricule, établi pour chaque jeune soldat appartenant à la 2e portion du contingent, la mention :

2e portion du contingent. (Circ. du 14 octobre 1881, page 415 S.)

En outre, chaque livret doit porter au bas de la couverture le *fac-simile* de la plaque d'identité. (Circ. du 12 octobre 1883, page 326 et du 16 janvier 1884, page 44.) Un feuillet spécial conforme au modèle annexé à l'instr. du 19 novembre 1884, page 635 (S), est intercalé entre les pages 3 et 4, pour les élèves du peloton d'instr. dans l'infanterie. Les imprimés sont fournis par le ministre.

Voir *Registre matricule*. Il n'est pas établi de livret matricule pour les hommes des services auxiliaires non désignés pour une mission. (Circ. du 17 août 1881, page 120.)

En cas de perte au corps, il en est établi un duplicata. (Circ. du 11 septembre 1875, page 272.) Chaque capitaine possède également les livrets de ses réservistes et disponibles.

Les livrets de ces derniers, comme ceux des hommes présents, sont renfermés dans un casier. (Art. 138 précité.) — Voir *Habillement*, page 140, pour la fourniture des casiers.

En station, les livrets des sous-officiers sont entre les mains des capitaines. (Art. 56 de l'instr. du 28 décembre 1879 refondue.)

Les imprimés de livrets nécessaires aux corps sont fournis par le ministre et demandés aux généraux commandant les corps d'armée. (Notes des 6 août 1877, page 100, et 5 juillet 1879, page 10.)

Les états de demande à adresser au ministre par le commandement sont conformes au modèle n° 2 annexé à la circ. du 8 juin 1882, page 1138 (S). Cette circ. donne également le modèle du compte d'emploi à fournir par les commandants de recrutement.

Nota. — Pour les réservistes et disponibles, des notes sur chacun des sous-officiers, caporaux ou brigadiers, et soldats sont consignées par les *anciens régiments* dans le cadre ménagé à cet effet au verso de la couverture du livret matricule nouveau modèle. Sur le livret matricule ancien modèle, l'état de notes est collé sur la partie supérieure du verso de la couverture. On indique les fonctions diverses remplies par l'homme pendant son séjour au corps. (Art. 56 de l'instr. du 28 décembre 1879 refondue en 1884.)

Ces livrets sont emportés en campagne. (Décr. du 24 avril 1884, page 497.)

Livrets matricules *des chevaux d'officiers et de troupe et mulets de bât*. — Les livrets matricules des chevaux d'officiers et de troupe, conformes au modèle n° 4 annexé au décr. du 7 août 1875, sont établis par le trésorier au moment de l'arrivée au corps des jeunes chevaux venant de la remonte ou de l'achat dans le commerce par le conseil d'administration ou par les officiers tenus de se monter à leurs frais.

Ils sont soumis au visa du major et remis aux commandants des compagnies, escadrons ou batteries, lesquels sont chargés de les tenir au courant.

Ces livrets sont individuels et mobiles. — Ils suivent les chevaux qui changent de compagnie ou de corps. Ces livrets sont réunis dans le même casier que les livrets des hommes et classés par ordre de numéros. Ces numéros sont portés à la suite du nom des chevaux.

Ceux des chevaux réformés ou morts sont remis au trésorier qui les conserve pendant deux ans. (Art. 139 du décr. du 7 août 1875, page 148, modifié par la décis. présidentielle du 2 décembre 1879, page 429.) Les imprimés sont fournis par l'administration ; la demande en est faite au commandement conformément aux dispositions des notes des 6 août 1877, page 100, et 5 juillet 1879, page 10.

L'état à adresser au ministre est conforme au mod. qui fait suite à la circ. du 8 juin 1882, page 1138 (S).

Les livrets des chevaux qui ne comptent pas dans une compagnie, escadron ou batterie, sont tenus par le trésorier ou l'officier payeur, ou les commandants de détachements. (Art. 117 de l'ordonn. du 10 mai 1844, modifié par le décr. du 1er mars 1880, page 364.)

Pour les chevaux castrés dans les corps en établissements, l'opération et sa date sont inscrites sur les livrets matricules et sur ceux d'infirmerie. (Note du 30 janvier 1882, page 40.) Les livrets matricules sont emportés en campagne. (Décret du 24 avril 1884, page 497.)

Livret d'infirmerie *à tenir pour chaque cheval*. (Voir *Infirmerie vétérinaire*.)

Carnet de mobilisation *pour les batteries d'artillerie, compagnies ou escadrons*.

Une dép. ministérielle du 20 avril 1882 adressée aux généraux commandant l'artillerie prescrit de pourvoir tous les capitaines commandants de l'arme, tant pour les batteries sous leurs ordres que pour les unités auxquelles ces batteries peuvent donner naissance par dédoublement, d'un carnet contenant le détail des opérations de la mobilisation.

Ces carnets, tenus à jour dans chaque batterie, sont transmis, en cas de mutation, par les capitaines, aux officiers désignés pour les remplacer.

La circ. du 30 juillet 1883 (M) a étendu cette disposition à toutes les armes et la décis. ministérielle du 1er mai 1884, page 478, rappelle que la dépense doit être imputée à la 2e portion de la masse générale d'entretien. De plus, elle fixe comme il suit les allocations à faire aux corps :

	Première mise.	Remplacements annuels.
	Francs.	Francs.
Régiment d'infanterie actif, de zouaves et de tirailleurs algériens	60	10
— territorial d'infanterie	30	6
Bataillon de chasseurs, régiment de cavalerie actif	12	3
Régiment de chasseurs d'Afrique	14	4
Groupe de chasseurs ou de dragons des régiments territoriaux de cavalerie	10	3
Régiment d'artillerie actif	60	10
Régiment territorial d'artillerie / Bataillon d'artillerie de forteresse	30	5
Régiment du génie	75	12
Bataillon territorial du génie	12	3
Escadron du train des équipages militaires de l'armée active et de l'armée territoriale	12	3

La dépense afférente aux corps territoriaux est imputable à la masse générale d'entretien du corps actif chargé de l'approvisionnement.

Les carnets de mobilisation ne sont pas personnels aux commandants de compagnie, d'escadron ou de batterie, et doivent être transmis par eux, en cas de mutations, à leurs successeurs (1er mai 1884).

Liste par classe des réservistes et disponibles *à tenir dans les compagnies, escadrons ou batteries* (1).

Une circulaire du 16 juillet 1879 (M) avait prescrit l'établissement de cette liste, mais elle a été remplacée par l'instr. du 28 décembre 1879, revisée en 1884, qui dispose ce qui suit :

Les listes extraites du répertoire à tenir dans les compagnies, escadrons ou batteries, sont conformes au mod. n° 11 et établies par classe. Il en est établi également une pour la section hors rang des régiments d'infanterie.

Les *mutations-gains* reçues du recrutement sont envoyées à ces portions de corps par le major en même temps que le livret matricule, au moyen d'un carnet mod. n° 12, formant bordereau d'envoi.

Les *mutations-pertes* sont adressées à ces mêmes portions de corps au moyen d'un cahier mod. n° 13, présentant les mutations survenues pendant l'année.

Enfin, les mutations n'affectant pas l'effectif sont communiquées par le même cahier n° 13, et un trait est passé sur les mots : prière de rayer, etc.

Il est établi un cahier et un carnet pour chaque compagnie. (Art. 55 de ladite instruction.)

La circulaire du 7 novembre 1879 (M) dispose que les imprimés nécessaires (nos 12 et 13 ci-dessus) doivent être achetés au compte de la masse générale d'entretien; elle prévoit aussi la fourniture, au compte de ce même fonds, des états de notes individuelles. (Voir *Livrets matricules.*)

En 1879, ces imprimés portaient les nos 3, 4 et 5 (circ. du 16 juillet 1879 (M); aujourd'hui, ils portent les nos 12 et 13 et pour l'état de notes 5, il est conforme au nouveau modèle donné par le nouveau livret. (Instr. du 28 décembre 1879 refondue, art. 55 et 56.)

La dépense qui peut être faite pour cet objet est limitée comme il suit :

Régiments d'infanterie, d'artillerie et du génie....... 20 fr. par an. (Circ. du 7 novembre 1879 M.)
Cavalerie, escadrons du train et bataillons de chasseurs. 10 fr. — —
Compagnies et sections formant corps, et compagnies du train d'artillerie................................ 5 fr. — —

Registres d'ordres *des compagnies*. (Art. 16 Infie, 15 Cavie et 17 Artie, des règlemts du 28 décembre 1883.) Ils sont établis pour une année et conservés jusqu'à la fin de l'année suivante, puis brûlés en présence du lieutenant-colonel. (Mêmes articles.) Ils sont tenus par les fourriers (art. 165 Infie), ou les brigadiers-fourriers (art. 192 Cavie et 219 Artie).

Livret de l'officier de peloton ou de demi-batterie (mod. VIII Infie, XII Cavie et Artie annexés aux règlemts du 28 décembre 1883 sur le service intérieur des corps de troupe.)

Les officiers doivent se procurer ce livret à leurs frais; mais si en cas de vacance ou d'absence un livret venait à être épuisé, la valeur en serait supportée par la masse générale d'entretien (2e portion . (Circ. du 2 juillet 1884, page 13.)

Livret de l'adjudant de compagnie (mod. IX.) — Art. 129 du règlement du 28 décembre 1883. — Ce livret est acheté sur les fonds de la masse générale d'entretien (2e portion). (Circ. du 2 juillet 1884, page 11.)

Livret de l'adjudant de batterie présentant par pièce le contrôle des hommes et des chevaux. (Art. 176 Artie, du règlemt précité.) Comme ci-dessus pour la dépense.

Livret du sergent de section ou du maréchal des logis de peloton (mod. XI Infie, mod. XII Cavie et Artie). — Art. 148 Infie, 173 Cavie et 198 Artie des règlemts du 28 décembre 1883. Ces articles mettent la fourniture de ce livret au compte de la 2e portion de la masse générale d'entretien.

Livret du caporal d'escouade (mod. XII). — Art. 171 du règlement du 28 décembre 1883. La fourniture de ce livret est au compte de la 2e portion de la masse générale d'entretien. (Art. 171, modifié par l'errata inséré 1er semestre 1884, page 140.

Nota. — La circ. du 3 mai 1884, page 606, dispose en outre que les corps doivent constituer un approvisionnement de livrets pour les sous-lieutenants, sous-officiers et caporaux de réserve des cadres de compagnie, escadron ou batterie.

Ceux destinés aux sous-officiers et caporaux sont payés par la masse générale d'entretien (2e portion); quant aux livrets affectés aux officiers, ils doivent être achetés sur les fonds divers et être remboursés en cas de mobilisation par les destinataires.

Registres des punitions *à folios mobiles*. (Voir ci-après : *Registres tenus par divers.*)

Situation-rapport (mod. VII Infie, XI et XI *bis* Cavie, XI Artie). — Est établie par les capitaines commandant les compagnies, escadrons ou batteries. Dans les régiments d'infanterie, elles sont récapitulées par bataillon avant d'être remises à l'adjudant de semaine; les situations des sections hors rang

(1) Les imprimés de liste sont, comme le répertoire, au compte de la masse générale d'entretien, par la raison que la nomenclature du 25 décembre 1875, page 808, n'impose pas cette fourniture au trésorier.

et des compagnies de dépôt, sont remises directement sans être récapitulées. — Ces situations sont accompagnées des pièces justificatives des mutations. (Art. 217 Infie, 223 Cavie et 252 Artie des règlemts du 28 décembre 1883.) (Voir *Contrôles* pour les communications à faire au Trésorier.) Ces situations sont résumées dans une situation de régiment, mod. XXV Infie, XVI Cavie et Artie. (Mêmes articles).

Registres et contrôles à tenir par le major

(Voir pour l'achat de ces registres, page 337 et pour la tenue, voir *Matricules*).

Carnet des déserteurs. — Il est tenu dans chaque corps, par les soins du major, un carnet conforme au modèle annexé à la circulaire du 2 octobre 1847, page 775. Il est également tenu, aux portions actives, par les capitaines faisant fonctions de major.

D'après ce modèle et l'article 16 de l'instruction du 16 février 1847, page 734, on doit inscrire sur ce carnet tous les militaires en état de désertion ou en fuite au moment du dépôt des registres matricules au ministère. Cette dernière disposition est abrogée aujourd'hui, car les inscriptions se font immédiatement après la disparition des hommes. Les instructions sur les inspections générales annuelles rappellent qu'il importe que tout militaire soit inscrit sur les contrôles de la désertion.

Lorsque les délais de grâce sont expirés, le chef de corps adresse un signalement no 1 : au ministre, au préfet du département ou des départements où l'homme est né, où il était domicilié et où ses parents avaient leur domicile avant sont entrée au service, ainsi qu'au colonel de la légion ou des légions de gendarmerie dans la circonscription desquelles se trouvent ces départements. (Art. 5 de l'instr. du 16 février 1847, page 732.)

A la rentrée du déserteur, il est adressé aux mêmes autorités un signalement no 2. (Art. 17 de la dite instr.)

Chaque année, on doit renouveler les recherches. Des signalements sont envoyés dans les départements où l'on suppose que les déserteurs ont des intérêts et des relations. (Circ. du 11 juin 1854, page 367.)

De plus, du 1er au 15 janvier, les chefs de corps adressent directement au ministre un état numérique (Mod. F) de tous les militaires signalés pendant l'année précédente, soit comme déserteurs, soit comme rentrés. (Art. 25 de l'instr. du 16 février 1847, page 735.)

Ils envoient, en outre, un état récapitulatif trimestriel au général commandant le corps d'armée. (Décis. minist. du 6 juin 1879, page 810.)

Les insoumis et déserteurs doivent être rayés des contrôles de la désertion à l'âge de 50 ans. (Circ. du 18 mai 1868, page 139.)

Les signalements nos 1 et 2 doivent être conformes aux modèles annexés à l'instr. du 16 février 1847 ; ceux adressés au ministre sont intitulés : 2e Direction, Bureau de la justice militaire. (Note du 5 juin 1880, M.)

Registre *de correspondance avec les fournisseurs*. — L'art. 194 du décret du 16 février 1875, page 97, disposait que la correspondance avec les fournisseurs était signée par tous les membres de la commission d'achat. Le président de cette commission signait seul les lettres d'envoi ou de transmission des pièces et les accusés de réception.

Cette disposition n'a pas été reproduite par le décret du 1er mars 1880, page 362, qui abroge celui du 16 février 1875. Toutefois, ce décret dispose (art. 21) que le conseil d'administration passe tous les marchés ; il s'en suit naturellement que la correspondance est signée par tous ses membres, conformément à l'article 50 de l'ordonn. du 10 mai 1844. Cet article porte que le président du conseil signe seul les lettres qui ont pour objet l'envoi ou la transmission des pièces signées par le conseil et les accusés de réception.

Les instructions annuelles sur les inspections générales interdisent d'ailleurs au trésorier et à l'officier d'habillement toute correspondance directe ou particulière avec les fournisseurs.

Ce registre est conforme au modèle no 21 annexé à l'ordonn. du 10 mai 1844.

Répertoire par classe des réservistes et disponibles. — L'art. 138 du décret du 7 août 1875, page 148, prescrit, dans chaque corps de troupe, la tenue d'un répertoire général des disponibles et réservistes, contenant leurs noms, prénoms, grades, mutations, etc.

L'instruction du 28 décembre 1879 (refondue en 1884) prescrit de le tenir conformément au modèle X qui y est annexé. Les art. 37 Infie, 29 Cavie et 33 Artie des règlemts du 28 décembre 1883 sur le service intérieur, attribuent au major la tenue de ce répertoire.

Les hommes (disponibles ou réservistes) y sont inscrits par catégorie (adjudants, sous-officiers comptables, sous-officiers, caporaux ou brigadiers, engagés conditionnels ou assimilés non gradés, tambours, clairons ou trompettes, soldats, hommes à la disposition) ; on suit l'ordre naturel des nombres, mais on a soin de laisser entre chacune de ces catégories un nombre de lignes suffisant pour les hommes à inscrire ultérieurement. Les hommes à la disposition (leur nom précédé des lettres H D), sont inscrits à la fin, à partir du dernier numéro de la série réservée à chaque classe et en remontant vers le commencement de cette série. L'homme de la disponibilité et de la réserve de l'armée active a pour numéro matricule du corps le numéro du répertoire, précédé d'un zéro (article 52).

Les hommes qui, pour un motif quelconque, engagements, condamnations, etc., doivent passer dans l'armée territoriale à une date particulière, sont annotés à l'encre rouge dans la colonne d'observations du répertoire, avec mention de la date de leur passage. En conséquence, le répertoire d'une classe passant dans l'armée territoriale, n'est déposé aux archives du corps que lorsque tous les hommes en ont été rayés. (Art. 53.) Les hommes qui, depuis la formation des réserves et de l'armée territoriale n'ont pu être retrouvés, et auxquels, par suite, il n'a point été remis de livret portant ordre de route, sont rayés du répertoire des corps d'affectation et portés sur un contrôle spécial tenu dans chaque bureau de recrutement. (Circ. du 30 août 1879, page 195.)

Le répertoire de chaque classe comprend une série de numéros fixée comme il suit :

Infanterie de ligne	1.500	Pontonniers	600
Chasseurs à pied	500	Train des équipages	1.000
Zouaves	1.500	Régiments du génie	1.500
Tirailleurs	500	Sections de Cies et ouvriers d'adm^on^	600
Cavalerie	600	Sections d'infirmiers	500
Artillerie	1.500	Sections de secrétaire d'état-major et de recrutement	200
Bataillons d'artillerie de forteresse	800		

Ces séries peuvent être dépassées sur l'avis du général commandant le corps d'armée, si le nombre des réservistes l'exige. — Le répertoire, dans l'infanterie, par exemple, comporte 1,500 numéros pour chaque classe, et le nombre des classes étant de neuf, le premier carnet va de 1 à 1,500, le deuxième de 1,501 à 3,000, et le dernier de 12,001 à 13,500. Le carnet de la dernière classe appelée dans l'armée active doit être ouvert pour les hommes envoyés dans la disponibilité.

Cette série de 13,500 numéros épuisée, on doit en commencer une nouvelle dans les mêmes conditions. (Instr. du 28 décembre 1879, revisée en 1884.)

La circulaire du 23 août 1879 (M) dispose que, pour les hommes des classes antérieures à 1873, on devra donner immédiatement le nouveau numéro au répertoire qui doit leur être affecté, d'après la circulaire du 16 juillet 1879. Exemple : Infanterie, classe 1871, de 1 à 1,500 ; classe 1872, de 1,501 à 3,000, etc. Pour éviter le retrait des livrets pour l'inscription du nouveau numéro, on ouvrira sur le répertoire une colonne provisoire et supplémentaire, dans laquelle on inscrira l'ancien numéro. Le nouveau ne sera porté par les corps qu'au fur et à mesure du passage des livrets entre leurs mains (appels, etc.); l'ancien numéro sera rayé sur les livrets et sur le répertoire dès que le nouveau aura pu être porté sur lesdits livrets ; seulement alors le nouveau numéro deviendra numéro matricule. (Circ. du 23 août 1879 (M) et renvoi (2) de l'article 54 de l'instruction précitée.)

La fourniture du répertoire est à la charge de la masse générale d'entretien (2e portion.) (Circ. du 23 janvier 1875, page 43.) Toutefois, en 1879, le ministre a fait l'envoi aux corps des imprimés nécessaires pour l'établissement d'un répertoire par classe, au lieu d'un répertoire unique (circ. du 16 juillet 1879 (M) ; mais la circulaire du 7 novembre, même année, rappelle que cette mesure n'a été prise que pour exonérer, dans ce cas particulier de transformation, les masses générales d'entretien d'une dépense excessive ; il faut donc en conclure que l'achat annuel et périodique du carnet nécessaire à chaque corps est imputable à cette masse. L'état n° 105 de la nomencl. prévoit d'ailleurs cette dépense.

Les répertoires sont remis, en cas de changement de garnison, au corps arrivant. (Circ. du 6 juillet 1875, page 8, et décret du 7 août 1875, page 148.)

Tableau général par corps ou fraction de corps des réservistes et disponibles.

L'instruction revisée du 28 décembre 1879 prescrit l'établissement, dans chaque corps ou fraction de corps, d'un tableau général qui présente les catégories suivantes groupées par classe et par compagnie, escadron ou batterie : sous-officiers, caporaux ou brigadiers, tambours, clairons ou trompettes. Deux colonnes suffisent, une pour les noms, l'autre pour le numéro au répertoire. (Art. 52.)

Listes extraites du répertoire à tenir dans les compagnies. (Voir page 325.)

Nota. — Le répertoire des corps de l'armée territoriale est tenu comme il est indiqué ci-dessus; pour les dispositions particulières, voir l'instruction du 28 décembre 1879, art. 57 et suivants.

Controles trimestriels *des officiers, sous-officiers et soldats* (compagnies formant corps exceptées). Les imprimés de contrôles sont fournis par l'administration de la guerre. (Art. 461 du règlement du 8 juin 1883, page 674).

Les contrôles sont trimestriels. Tous les militaires comptant à l'effectif y sont inscrits.

Il en est tenu un pour l'état-major et la section ou le peloton hors rang, et un pour chaque compagnie, escadron ou batterie (art. 435 du règlement du 8 juin 1883, page 667). Dans les compagnies ou sections formant corps, la feuille de journées tient lieu de contrôle. (Art. 443.)

Les contrôles sont tenus par le major et, à défaut, par le capitaine chargé de le suppléer.

Lorsqu'un ou plusieurs bataillons ou escadrons détachés s'administrent séparément, les contrôles trimestriels sont remis par le major à l'officier désigné pour remplir les fonctions de major, s'il est constitué un conseil d'administration éventuel, et, dans le cas contraire, à l'officier commandant le détachement. (Art. 442.)

Si le détachement se compose de plusieurs compagnies et qu'il s'administre séparément, la remise des contrôles est faite à l'officier qui commande. S'il n'y a qu'une compagnie, le registre de comptabilité trimestrielle en tient lieu. (Art 438). Le contrôle est alors tenu par le major au dépôt du corps. (Art. 439.)

L'art. 438 dispose en outre que si le détachement n'est composé que d'une ou plusieurs fractions de compagnie, il en est formé un contrôle particulier qui est extrait du contrôle général de chaque compagnie.

Ces extraits sont délivrés par le major, certifiés par le conseil d'administration et visés par le sous-intendant militaire.

En fin de trimestre ou à la rentrée des troupes, ils sont remis au major qui les compare avec les contrôles tenus par ses soins (art. 439); ils sont ensuite annulés par le sous-intendant et déposés aux archives du corps. (Art. 440.)

Une instruction placée en tête de chaque contrôle indique la manière de le tenir.

Chaque matin, le major ou l'officier chargé de la tenue des contrôles reçoit des commandants d'unités, les états des mutations et mouvements et il les inscrit immédiatement. (Art 446.)

Ces états sont les situations-rapports des compagnies mod. VII Inf[ie], XI Cav[ie] et Art[ie] annexés aux règlements du 28 décembre 1883 ; ils lui sont remis par le fourrier de service et dans la cavalerie et l'artillerie par l'adjudant de semaine. (Art. 217 Inf[ie], 223 Cav[ie] et 252 Art[ie] des règlements du 28 décembre 1883.) Ces situations sont accompagnées des pièces justificatives des mutations.

Les articles 38 Inf[ie], 30 Cav[ie] et 33 Art[ie] prescrivent au major d'adresser chaque jour au sous-intendant militaire, s'il est dans la place, et tous les 5 jours s'il réside ailleurs, les talons de situations-rapports appuyés des pièces justificatives qui doivent les accompagner.

De plus, les articles 56, 38, 51 lui prescrivent de les communiquer au préalable au trésorier.

A l'armée, les situations journalières sont adressées tous les jours au conseil d'administration central pour servir de base à la tenue des contrôles. (Instr. du 24 avril 1884, page 505.)

Contrôles trimestriels des chevaux d'officiers et de troupe.

Dans les corps de troupe, les contrôles concernant les chevaux et les mulets sont tenus par le major ou l'officier en remplissant la fonction, ainsi qu'il est indiqué ci-dessus pour les hommes, et les états de mutations sont fournis dans les mêmes conditions. (Art. 456 du règlement du 8 juin 1883, page 673.)

Ils sont trimestriels. (Art. 460.)

On se conforme à l'instruction placée en tête de chaque contrôle pour les formalités à remplir.

L'article 456 dudit règlement dispose qu'il est tenu un contrôle pour l'état-major et le peloton hors rang et un pour chaque escadron, compagnie ou batterie. Dans les corps d'infanterie, il n'est tenu *qu'un seul contrôle* pour les chevaux d'officiers et les chevaux ou mulets des équipages régimentaires.

Les chevaux ou mulets des équipages sont portés à la suite des chevaux de l'état-major.

Dans l'artillerie, les chevaux de selle sont distingués des chevaux de trait. (Art. 456.)

Indépendamment de ces états, les détachements, qui se trouvent sous la surveillance d'un sous-intendant autre que celui du dépôt du corps, établissent tous les dix jours à l'intérieur, et tous les mois à l'armée, un état des mutations et mouvements qui est adressé au dépôt par l'intermédiaire du sous-intendant, pour servir à la tenue du registre d'effectif et du registre matricule. (Art. 446.)

Tous les militaires en permission de plus de 24 heures sont portés en mutations. (Art. 447, et note du 25 mars 1884, page 273.) Les militaires prévenus de désertion sont, s'il y a lieu, rayés après jugement; les absents sont rayés au bout de 6 mois. (Art. 450.)

Des contrôles trimestriels sont tenus dans chaque groupe de militaires isolés des quartiers généraux sur le pied de guerre, par les officiers d'approvisionnement chargés de leur administration. (Circ. du 14 mars 1883 M.)

Il en est tenu également pour les Ecoles militaires, les ateliers de condamnés, les pénitenciers, les prisonniers de guerre, les dépôts de convalescents et d'isolés. (Art. 444 du règlement précité.)

NOTA. — Un double des contrôles est tenu par les sous-intendants (art. 461 du règlement du 8 juin 1883), lesquels reçoivent des corps des états de mutations, tous les jours à l'intérieur pour ceux qui sont stationnés dans le lieu où réside le sous-intendant, et tous les cinq jours pour les corps stationnés hors de cette résidence ou faisant partie d'une armée. (Art. 462.)

Un contrôle est tenu pour les sections ou compagnies formant corps, bien qu'il n'en existe pas dans ces corps. (Auteur.)

Voir ci-dessus les dispositions du règlement du service intérieur, art. 38, 30 et 33.

Pour les corps en route, les mutations sont inscrites sommairement sur la feuille de route, et, à l'arrivée à destination, il en est remis un relevé au sous-intendant. (Art. 463.) Sur la route, des états de mutations sont remis aux sous-intendants ou à leurs suppléants légaux autres que les maires. (Art. 463.) Pour le surplus, se reporter au règlement du 8 juin 1883.

Les contrôles des compagnies, escadrons ou batteries, en campagne sont tenus par les sous-intendants militaires chargés de la surveillance administrative des portions centrales (décr. du 24 avril 1884, page 499), au moyen : 1° des talons des situations journalières qui lui sont expédiés par le conseil d'administration central; 2° des états-mod. n° 5 qui lui sont adressés tous les 10 jours par le sous-intendant militaire de la portion mobilisée. (Instr. du 24 avril 1884, page 507.)

Registres à tenir par le lieutenant-colonel

(Voir page 338 pour les dépenses d'achat.)

REGISTRE D'ORDRES DU RÉGIMENT. (Art. 16 Inf[ie], 15 Cav[ie] et 17 Art[ie] des règlements du 28 décembre 1883.) Ce registre est conservé aux archives du régiment (1).

REGISTRE DU PERSONNEL DES OFFICIERS. Ce registre (mod. IV Inf[ie], III Cav[ie] et Art[ie] des règlements du 28 décembre 1883) se compose de feuillets mobiles renfermés dans un portefeuille à serrure.

(1) Un registre d'ordres est également tenu à l'état-major de chaque bataillon et pour chaque compagnie.

Ces feuillets suivent les officiers dans toutes les circonstances; ils sont tenus conformément aux dispositions des articles 16 Inf[ie], 15 Cav[ie] et 17 Art[ie] des règlements précités.

Quand un officier est rayé des contrôles et dégagé de toute obligation militaire ou cesse, en raison de son grade, d'être noté sur le registre du personnel, son feuillet est adressé au ministre de la guerre. (Articles précités.) Si l'officier rayé des contrôles de l'armée active a encore des obligations militaires, le feuillet est adressé au général commandant la région dans laquelle l'officier s'est retiré. (Errata, 2° semestre 1884, page 115.)

Dans les bataillons, escadrons ou compagnies formant corps, c'est le chef de corps qui tient ce registre. (Art. 53 Inf[ie] et 22 Art[ie].)

Une note du 29 février 1884, page 219, prescrit d'ouvrir les nouveaux feuillets à partir du 1er avril 1884 et d'y reporter le total des punitions antérieures et le résumé succinct des notes et renseignements portés sur les anciens feuillets, lesquels seront conservés à part et suivront les officiers.

Consulter l'instr. du 7 mai 1884, page 480, pour les officiers détachés des corps dans les états-majors, écoles, etc...

Pour les officiers mis en non-activité, la décision du 16 janvier 1884, page 43, prescrit d'adresser un extrait du registre du personnel au général commandant le territoire sur lequel va résider l'officier. En cas de décès, de réforme ou d'admission à la retraite, cet extrait est envoyé au ministre; si l'officier est replacé, cet envoi est fait au nouveau chef de corps.

L'achat des porte-feuilles à serrure (2 par régiment dont une fraction est susceptible d'être commandée par le lieutenant-colonel) est effectué sur les fonds de la masse générale d'entretien.

Prix d'un porte-feuilles, 20 fr.

L'entretien et le remplacement sont également au compte de la même masse.

Quant aux feuillets mobiles, ceux nécessaires pour l'établissement des registres nouveau modèle ont été mis au compte de la 2e portion de la masse générale d'entretien; mais à l'avenir, ceux nécessaires à la suite d'une première promotion ou par suite d'épuisement des premiers feuillets, seront fournis par le trésorier et à son compte.

Quant aux feuillets nécessaires aux officiers sans troupe et assimilés, ils sont imputés à la masse générale d'entretien de la section de secrétaires d'état-major et du recrutement de chaque corps d'armée. (Circ. du 2 juillet 1884, pages 11 et 12.) Quant au porte-feuilles à serrure, il est au compte des chefs de service. (Circ. du 16 janvier 1885, page 29) (1).

Il est fait mention sur ce registre des encouragements adressés par le ministre aux officiers qui ont fourni des travaux d'études remarquables. (Lettre collective du 21 novembre 1882 (M) rappelée par les instr. sur les inspections.)

Les officiers de réserve ont un feuillet du personnel. (Art. 290 de l'instr. refondue du 28 décembre 1879 M.)

Registre des marches et opérations. (Art. 16 Inf[ie], 15 Cav[ie] et 17 Art[ie] des règlements du 28 décembre 1883.)

Il est conforme au modèle annexé à l'instr. du 5 décembre 1874, page 735, et indique :

L'effectif au départ; la mise en route; les camps, cantonnements; les reconnaissances; les combats; les pertes dans chaque affaire en tués, blessés, etc.; les récompenses; les actions d'éclat; les situations de l'effectif après chaque affaire.

Pour la cavalerie, voir la note du 20 septembre 1883, p. 249, relative à la production du journal de route.

Voir d'ailleurs les *Instructions annuelles sur les manœuvres.*

Registre des conférences *faites par les officiers supérieurs et capitaines, sur les questions militaires, la tactique, la législation, l'administration*, etc. (Art. 16 et 268 Inf[ie], 15 Cav[ie] et 17 Art[ie] des règlements du 28 décembre 1883.)

Ce registre est soumis au visa de l'inspecteur général. Il était acheté sur les fonds éventuels des chefs de corps (Circ. du 31 décembre 1844, page 539 et du 31 octobre 1862 (M); mais, depuis la suppression de ces fonds, cette dépense est au compte de la masse générale d'entretien (2e portion). (Circ. du 3 août 1874, page 117.)

Registres tenus par divers

Registre des ordres de mouvement rapide. — Les *chefs de corps* sont autorisés, en cas de mobilisation, à délivrer, sous leur responsabilité, pour tenir lieu de feuilles de route, des ordres de mouvement rapide, détachés d'un registre à souche, imprimés sur du papier de couleur distincte et contenant des bons de chemins de fer (2).

(1) Pour le service du recrutement, se reporter à la note du 7 janvier 1885, page 12, et pour les officiers de gendarmerie, à celle du 14 janvier 1885, page 14. Pour les officiers du recrutement, les feuillets sont fournis par la section de secrétaires ou le ministre, s'il s'agit d'officiers territoriaux. Dans la gendarmerie, les feuillets sont au compte des frais de bureau.

(2) Le ministre, par dép. du 21 février 1884 (M) a également autorisé les officiers et fonctionnaires ci-après à délivrer des ordres de mouvement rapide :

Généraux commandant les divisions de réserve;
Capitaines-majors régionaux et subdivisionnaires;
Les directeurs du génie et de santé;
Les intendants et sous-intendants;
Les commandants d'arrondissement de gendarmerie.

Ces ordres sont conformes aux modèles n° 1, pour les corps et détachements, et n° 2 pour les militaire isolés, annexés au décret du 18 juillet 1876, page 54, et au règlement du 1er juillet 1874, 2e semestre 1884, page 339. (Décr. du 29 janvier 1879, page 72, abrogeant le décret du 18 juillet 1876.)

La même faculté est accordée aux chefs de corps dans les circonstances urgentes de service, mais à la charge d'y joindre l'ordre du ministre ou du commandant du corps d'armée qui a prescrit le mouvement. (Mêmes décr.)

Ces registres sont fournis par le ministère de la guerre.

Les présidents des comités d'achat de chevaux de remonte peuvent aussi faire usage des ordres de mouvement rapide, lorsque les chevaux achetés se trouvent dans un lieu qui n'est pas la résidence d'un sous-intendant ou d'un sous-préfet. (Décis. minist. du 15 décembre 1879, page 436.) Chaque mois, ils adressent à l'intendant militaire un état des bons ainsi délivrés. (Note du 24 février 1885, page 210.)

Registre *des invitations de feuille de route.* (Voir *frais de route.*)

Livret *de la commission de remonte.* (Voir *Remonte.*)

Registre *des tours de service des officiers et fractions constituées.* (Art. 31 du règlem' du 28 décembre 1883, Infie.)

Registre *tenu par les ou le vaguemestre.* (Mod. XIV Infie, XV Cavie et Artie annexés aux règlemts du 28 décembre 1883.) Il est acheté au compte de la deuxième portion de la masse générale d'entretien. (Instr. ministérielle du 25 décembre 1875 ; voir ci-dessus, *Indemnités et gratifications.*)

Le vaguemestre tient un registre divisé en deux parties. La première sert à enregistrer les titres qui lui sont confiés pour retirer de la poste les lettres chargées ou reconnaissances et les mandats adressés aux officiers, aux sous-officiers, aux caporaux, brigadiers et soldats, et pour justifier de la remise qu'il en a faite. La signature du receveur des postes et des télégraphes constate la recette du vaguemestre et celle des militaires opère sa décharge. La seconde partie est destinée à constater les divers chargements de lettres ou envois de fonds qu'il fait de la part des militaires du régiment.

Ce registre coté et parafé par le major, qui le vérifie tous les lundis, et plus souvent s'il est nécessaire, est également vérifié tous les mois par le sous-intendant militaire.

Dans les fractions de corps ou détachements où ne se trouve pas le major, la vérification du registre du vaguemestre est faite par l'officier commandant. (Art. 204 Infie, 145 Artie et 162 Cavie des règlemts du 28 décembre 1883 sur le service intérieur.)

Boîte aux lettres. (Voir *Casernement*, page 218.)

Remise des lettres et de l'argent. — Le vaguemestre remet d'abord au colonel les lettres à son adresse et à celle du conseil d'administration. Il porte de même à tous les officiers les lettres qui leur sont adressées, l'argent qu'il a reçu pour eux et les paquets dont la remise exige une décharge par la signature du destinataire.

Il remet également aux sous-officiers, aux caporaux et aux soldats du petit état-major les lettres et l'argent qui leur sont adressés.

Il distribue, par l'intermédiaire de chaque sergent de semaine, les lettres ordinaires qu'il reçoit pour les sous-officiers, les caporaux ou brigadiers et les soldats des compagnies, escadrons ou batteries.

Il remet directement aux intéressés les lettres non affranchies ou frappées de surtaxe et il se fait rembourser des avances qu'il a faites pour cet objet.

Les lettres et paquets destinés aux sous-officiers, caporaux et soldats, dont la remise exige une décharge, sont remis directement par le vaguemestre en présence du sergent de semaine qui signe, avec les destinataires, au registre du vaguemestre. Les soldats qui ne savent pas écrire font une croix et l'officier de semaine signe au registre pour certifier la remise.

Le vaguemestre, en recevant un mandat pour en toucher le montant, doit exiger à l'appui la production de l'enveloppe de la lettre d'envoi. Il s'assure que le mandat et l'enveloppe appartiennent à celui qui les présente et que les deux pièces ont le même point de départ. Le vaguemestre inscrit sur le mandat le numéro matricule du titulaire, appose son parafe au-dessous et reproduit le numéro matricule sur son registre après le nom du titulaire.

Le vaguemestre exige, en outre, au moment du paiement, la production de l'enveloppe de la lettre et celle du livret individuel, afin de constater que le militaire est bien le véritable destinataire.

On opère de la même manière pour la remise des lettres et paquets exigeant la signature du destinataire.

Dans le cas où l'indication du corps est inexacte, la régularisation est faite sur le mandat même, mais sans altération de la désignation erronée, et cette régularisation est appuyée de la signature du major, ainsi que de l'apposition du timbre du conseil d'administration. On opère de même, quand la position du destinataire n'est pas suffisamment indiquée ou quand ses nom ou prénoms sont inscrits d'une manière incorrecte sur le mandat.

Le vaguemestre présente à la poste, tous les jours, ou au moins deux fois par semaine, les mandats à toucher pour les militaires du corps. Le colonel ou le chef de détachement se concerte à cet égard avec le receveur des postes (1).

(1) Lorsqu'il y a plus de 10 mandats, ils sont réunis dans un bordereau qui est fourni par la poste. (Note du 12 avril 1878, page 210.) Les mandats adressés aux militaires en France, en Europe ou en Algérie, sont valables pendant 3 mois, et ceux adressés dans toute autre contrée pendant 9. (Note du 13 novembre 1876, page 214.)

Lorsqu'un militaire reçoit un mandat télégraphique, il doit, pour en toucher le montant, le remettre au vaguemestre qui le présente, à la première distribution, au receveur des postes et télégraphes. Celui-ci remet immédiatement au vaguemestre la valeur du mandat télégraphique, qui est versée sans retard au destinataire dans les conditions ci-dessus.

Le vaguemestre donne à l'adjudant de semaine un état signé par le receveur des postes et des télégraphes, constatant les différentes sommes d'argent ainsi que les lettres chargées qu'il a reçues pour les sous-officiers et soldats. Cet état est annexé au rapport journalier. L'adjudant en donne lecture aux sergents-majors ou maréchaux des logis chefs qui en rendent compte aux capitaines et aux officiers.

Cet état est produit même négatif. (Art. 206 Inf^ie, 146 Cav^ie et 164 Art^ie des règlem^ts du 28 décembre 1883 sur le service intérieur.)

En ce qui concerne les versements et retraits de fonds à la caisse nationale d'épargne par des militaires en activité de service, ces militaires sont dispensés de recourir à l'intermédiaire des vaguemestres. (Note du 25 février 1884, page 217, et *errata* inséré 1er semestre 1884, page 226.)

Ces dispositions sont applicables aux dépôts dans d'autres caisses d'épargne. (Circ. du 11 août 1830, page 130.) (Voir les notes des 29 février 1836, page 778 et 28 juillet 1838, page 470, pour les militaires changeant de garnison.)

Lettres de rebut. — *Mandats adressés aux absents.* — Les lettres de rebut sont rendues par le vaguemestre à la poste, sans avoir été décachetées, après que le motif de refus a été inscrit au dos; le port en est remboursé, s'il y a lieu, par le receveur des postes.

Si la lettre est décachetée, le port reste à la charge de celui qui l'a ouverte, à moins qu'elle ne l'ait été par erreur provenant de conformité de nom.

Les lettres chargées ou recommandées et les mandats adressés à des militaires qui sont décédés, qui n'appartiennent plus au corps ou qui sont absents, doivent être rendus au receveur des postes et des télégraphes, qui, suivant le cas, les fait parvenir aux ayants droit ou les tient à leur disposition.

Les lettres adressées à des militaires inconnus sont communiquées au trésorier qui les rend au vaguemestre après avoir certifié par son *visa* que ces militaires ne figurent pas au registre matricule du corps.

La remise à la poste des lettres ordinaires, chargées ou recommandées et des mandats qui ont été distribués au vaguemestre doit être faite dans le délai de 8 jours. (Art. 207 Inf^ie, 147 Cav^ie et 165 Art^ie, des règlem^ts du 28 décembre 1883.) Les mandats adressés aux militaires envoyés par punition dans les compagnies de discipline, sont renvoyés aux familles. (Instr. sur les inspections générales.).

Commission. — Le vaguemestre est muni d'une commission du conseil d'administration (modèle annexé auxdits règlem^ts), établie en deux expéditions, dont l'une est déposée chez le receveur des postes (Art. 203, 143 et 161 des règlem^ts du 28 décembre 1883.) Cette dernière est rendue au chef de corps en cas de changement de garnison. (Note du 4 septembre 1880, page 332.) Elle est conservée dans les archives pendant 8 ans, terme après lequel les réclamations relatives aux envois postaux ne sont plus admises. (Circ. du 26 février 1883, page 174.)

Le vaguemestre d'un détachement est, comme celui du régiment, muni d'une commission et d'un registre semblables. (Art. 204, 144 et 162 des règlem^ts précités.)

Les vaguemestres sont autorisés à vendre des timbres-poste avec droit, en payant comptant, à la remise de 1 0/0 accordée aux agents des postes et débitants de tabac. (Décis. ministérielle du 16 décembre 1861 M). L'instr. du 2 septembre 1880 (M) sur le service des postes pendant les manœuvres, rappelle que les vaguemestres doivent vendre les timbres-poste aux militaires avec remise de 1 0/0. Ils s'approvisionnent dans les bureaux de la trésorerie pendant le cours des manœuvres. Enfin, une note du 13 novembre 1876, page 214, prescrit aux vaguemestres de s'approvisionner dans les bureaux de poste et leur interdit d'en reprendre des particuliers ou des militaires.

Une lettre ministérielle, en date du 28 février 1881, rappelle que les militaires qui font usage de timbres ayant déjà servi, sont passibles d'un conseil de guerre, et une autre en date du 31 mai suivant, leur prescrit de n'acheter de timbres que dans les débits officiels.

Une note ministérielle du 25 juillet 1879, page 38, dispose que les facteurs des postes sont admis à présenter et à recevoir directement, dans les casernes et établissements militaires, les effets de commerce, factures et autres valeurs commerciales, dont la loi du 7 avril 1879 attribue le recouvrement au service des postes et qui sont payables par des militaires.

La loi du 30 mai 1871, page 279, exempte des frais de timbre et de poste les mandats et les lettres destinés aux militaires des corps en campagne. Les lettres envoyées par ces militaires profitent également de cette franchise.

Journal *de l'officier d'approvisionnement*. (Mod. 338 de la nomenclature générale des imprimés, et mod. n° 6 annexé à l'instr. du 17 mars 1882, page 239). Les imprimés sont fournis par l'administration centrale.

L'officier d'approvisionnement gérant au titre d'un corps de troupe, tient un registre-journal trimestriel des entrées et des sorties, sur lequel il inscrit, au jour le jour, et à mesure qu'elles s'accomplissent, toutes les opérations de sa gestion. Les entrées et les sorties sont totalisées journellement, et leur balance donne la situation journalière des approvisionnements.

En fin de trimestre, le journal est arrêté, vérifié et déposé dans les bureaux du trésorier ou de l'officier payeur; l'officier d'approvisionnement y joint tous les bons du corps, les procès-verbaux et généralement toutes pièces justificatives de sa gestion. Mais les bons des parties prenantes étrangères au corps et tous ceux concernant des distributions remboursables, sont remis au comptable des subsistances en échange des denrées. (Art. 33 de l'instr. du 17 mars 1882, page 201.) On se conforme, pour la tenue de ce registre, à l'instr. qui est placée en tête.

Registre (mod. A.) *à feuillets individuels et mobiles pour les engagés conditionnels.* — Tenu par l'officier chargé des engagés.

Chaque folio, outre l'état signalétique et de services, relate les notes mensuelles et les résultats des examens.

A l'expiration de la période d'instruction, chaque folio est adressé au recrutement pour être transmis au corps d'affectation de l'engagé. (Règlem[t] du 14 octobre 1875, page 497.) Ce registre est fourni au compte de la masse générale d'entretien. (Circ. du 28 mars 1873, page 266.) Il en est de même des certificats d'instruction, mod. B (Même circ.).

Registre *des punitions à folios mobiles pour les sous-officiers, caporaux ou brigadiers et soldats.*

Dans l'infanterie, il est tenu dans chaque compagnie par le sergent-major, conformément au modèle X. (Art. 138 du règlem[t] du 28 décembre 1883.) Les feuillets sont visés par le major et revêtus du timbre du conseil d'administration. (Instr. placée en tête du registre.)

Les feuillets suivent les hommes dans leurs mouvements. (Idem.)

Dans la cavalerie et l'artillerie, le registre est tenu pour tout le corps par l'adjudant de semaine ; il est conforme au modèle XIII. (Art. 135 Cav[ie] et 144 Art[ie] des règlem[ts] du 28 décembre 1883 ; se reporter, pour la tenue de ce registre et la destination à lui donner, à l'instr. placée en tête du modèle.)

Dans les unités détachées des armes de l'infanterie et du génie, les registres sont tenus par les sergents-majors ; quant aux unités détachées appartenant à la cavalerie où à l'artillerie, les feuillets de punitions sont tenus à la portion centrale des corps. (Note du 15 décembre 1884, page 918.)

Il doit être établi des feuillets de punitions pour les hommes de la 1re et de la 2e portions du contingent. (Note du 7 décembre 1884, page 870.)

La note du 15 mars 1884, page 239, dispose que les feuillets de punitions sont conservés : 1° par le corps auquel appartient l'intéressé, jusqu'à son passage dans la réserve ; 2° par le corps auquel l'intéressé est affecté comme réserviste, jusqu'à son passage dans l'armée territoriale ; 3° par le bureau de recrutement, depuis son passage dans l'armée territoriale jusqu'à sa libération définitive du service. A cette époque, ils sont détruits, à l'exception de ceux qui comprennent des punitions de prison au moins, lesquels sont adressés au ministre avec les feuillets matricules. (15 mars 1884.)

Une note du 29 février 1884, page 219, prescrit d'ouvrir ces feuillets mobiles à partir du 1er avril 1884 et d'y reporter à cette date le total des journées de punitions figurant sur les livrets matricules, sur lesquels on doit continuer à les inscrire comme par le passé. Il ne doit être établi de feuillets qu'à partir de la classe 1880 et pour les engagés ou commissionnés des classes antérieures.

D'après la circ. du 2 juillet 1884, page 12, la masse générale d'entretien doit supporter la dépense d'achat (1re mise et remplacement) des folios, couvertures en carton et barrettes à écrous, destinés à constituer les registres de punitions.

Registre *des rentrées après l'appel du soir et des punis*, tenus par les adjudants de semaine, conformément aux articles 238 Inf[ie], 244 Cav[ie] et 273 Art[ie] des règlem[ts] du 28 décembre 1883.

Les adjudants achètent ces registres sur l'indemnité de frais de bureau qui leur est servie par le trésorier (Circ. du 2 juillet 1884, page 12), excepté dans le train des équipages où la dépense incombe au trésorier du corps. (Solution du 16 janvier 1885, p. 30.)

Registres des *Infirmeries*. (Voir *Infirmeries*.)
— des *Ecoles régimentaires*. (Voir *Ecoles*.)
— des *Ordinaires*. (Voir *Ordinaires*, page 252.)
— de l'*Officier de casernement*. (Voir page 222.)
— du *Service de l'Habillement*. (Voir *Habillement*, page 167.)
— de l'*Armement*. (Voir *Armement*.)

VÉRIFICATION DES ÉCRITURES

(Pour l'armée territoriale, il y a lieu de se reporter à l'instr. du 12 février 1878, pag. 37.)

Le tableau suivant indique le rapport qui existe entre les divers registres et documents tenus par les corps de troupes, y compris la gendarmerie :

1. Registre des délibérations........................ 11, 12, 13, 14, 18, 25, 26, 37, 38, 84, 85, 86.
2. — matricule des officiers..................... 8, 20, 48, 51, 59, 60, 74, 75.
3. — matricule de la troupe (1re portion du contingent, engagés, rengagés et commissionnés).................... 8, 16, 20, 21, 49, 50 *bis*, 51, 59, 60, 63, 65, [74, 75.
4. — matricule de la 2e portion du contingent, des réservistes et disponibles.......... 8, 20, 49, 50 *bis*, 51, 59, 60, 63, 65, 74, 75.
5. — matricule des chevaux et mulets appartenant à l'Etat...................... 20, 50, 50 *bis*, 51, 59, 68, 69, 86.
6. — matricule des chevaux appartenant aux officiers................................ 20, 50, 51, 59, 68, 69.
7. Contrôle des hommes en subsistance............ 20, 59.
8. — des prisonniers de guerre............. 2, 3, 4, 9, 20, 21, 48, 49, 50 *bis*, 51, 59.
9. Registre de l'effectif.............................. 2, 3, 4, 5, 6, 7, 8, 16, 17, 20, 21, 22, 48, 49, [50, 51, 52, 59.
10. —
11. Registre journal des recettes et dépenses........ 1, 12, 13, 14, 15, 17, 19, 22, 25 43, 51, 64, [68, 70, 84, 85.
12. Livret de solde.................................. 1, 11, 13, 14, 15, 22.
13. Carnet de caisse................................. 1, 11, 12, 14.
14. Registre de centralisation........................ 1, 11, 12, 13, 15, 18, 19, 21, 22, 25, 64, 68, [70, 84.
15. — des avances en route.................... 11, 14, 21, 49, 50 *bis*.
16. — des congés illimités..................... 3, 9, 20, 21, 49, 50 *bis*.
17. — des distributions de vivres, chauffage et fourrages.................................. 9, 11, 14, 20, 22, 51, 83, 84.
18. — des dépôts au Trésor.................... 1, 11, 13, 14.
19. Carnet des fonds divers......................... 11, 14, 15, 25, 28, 53, 72.
20. Feuilles de journées............................. 7, 8, 9, 16, 17, 21, 22, 49, 50, 51, 59, 60, 62, 65, 71, 76.
21. — de décompte............................. 7, 8, 14, 16, 20, 22, 43, 49, 50 *bis*, 51, 59, 84.
22. Revues de liquidation............................ 9, 11, 12, 14, 17, 20, 21, 59, 62, 71, 76.
23. Répertoires des réservistes....................... 4, 49, 50 *bis*.
24.
25. Registre des entrées et des sorties de matériel (service courant)........................... 1, 11, 14, 19, 27, 28, 35, 37 *bis* et 37 *ter*, [38, 39, 40, 51, 66, 85, 86.
26. Registre des entrées et des sorties de matériel (service de réserve)........................ 25, 36, 37 *bis* et 37 *ter*.
27. Registre-journal des distributions et réintégrations (*Habillement*)........................... 25, 35, 51. 85.
28. Registres des comptes ouverts avec les chefs-ouvriers... 1, 25, 86.
29. Contrôle des armes.............................. 35, 49, 50 *bis*.
30. Matricule des effets de la 1re catégorie en service. 35, 49, 50 *bis*.
31. Contrôle des outils portatifs.................... 35, 49, 50 *bis*, 85, 86.
32. — des effets de harnachement.............. 35, 49, 50 *bis*, 85, 86.
33. — des instruments de musique, clairons et trompettes.................................. 35, 49, 50 *bis*, 85, 86.
34. — général des équipages régimentaires et d'état-major............................ 35, 85, 86.
35. Bons de distributions ou bulletins de réintégration d'effets ou armes............................ 20 (1), 25, 27, 28, 29, 30, 31, 32, 33, 49, 50 *bis*.
36. Carnet des pointures............................ 26
36 *bis* — des effets de sous-officiers prélevés sur la réserve..................................... 25, 26.
37. Des effets de troupe prélevés sur l'approvisionnement de réserve.......................... 25, 26.
37 *bis*. Registre des procès-verbaux de réception du matériel....................................... 1, 25, 26, 58, 85.

(1) En ce que l'on ne doit distribuer d'effets qu'aux hommes présents.

37 *ter*.	Registre des récépissés comptables	25, 26, 86.
38.	Livret des échantillons et modèles-types	1, 25, 86.
39.		
40.	Registre des opérations à charge et à décharge (*Service de l'armement*)	25, 27, 42, 43, 84, 85.
41.	Livres auxiliaires id	25, 27, 42, 43, 84, 85.
42.	Carnet auxiliaire de munitions	35, 40, 86.
43.	Registres des réparations d'armes..............	11, 14, 21, 40, 46, 49, 50 *bis*, 59, 84, 86.
44.		
45.	— des décis. ministérielles concernant le service de l'armement	»
46.	— des procès-verbaux de visite d'armes	25, 43.
47.		
48.	Livret matricule des officiers..................	2, 8, 59, 61, 74, 75, 89.
49.	— des hommes de troupe	3, 4, 8, 15, 16, 20, 23, 43, 50 *bis*, 59, 60, 74,
50.	— des chevaux d'officiers et de troupe	5, 50 *bis*, 59. [75, 84.
50 *bis*	— individuel des hommes de troupe........	3, 4, 5, 15, 16, 20, 21, 23, 29, 30, 31, 32, 33,
51.	Livre de détail ou registre de comptabilité trimestrielle et carnet de comptabilité pour corps en campagne.............................	[35, 43, 51, 59, 60, 65, 74, 75, 84, 85, 87. 2, 3, 9, 11, 17, 20, 21, 27, 35, 43, 52, 55, 59,
52.	Livret d'ordinaire des compagnies	9, 51, 53, 54, 55, 56, 57, 59. [60, 65.
53.	Livre des marchés passés par la Comm^on^ des ordinaires	19, 52, 54, 55, 56.
54.	Registre des entrées et des sorties id.........	52, 55, 56, 57.
55.	— des distributions id.........	52, 54, 58.
56.	— des recettes et des dépenses id.........	52, 54, 55.
57.	— de gestion des jardins potagers..........	52, 54, 56.
58.	— de correspondance avec les fournisseurs..	37.
59.	Contrôles trimestriels (officiers, hommes et chevaux)................................	2, 3, 4, 5, 6 7, 8, 9, 20, 21, 22, 48, 49, 50, 50 *bis*, 51, 52, 60, 62, 65, 71, 76, 85 (1).
60.	Carnet des déserteurs........................	2, 3, 4, 20, 21, 48, 49, 50 *bis*, 51, 59.
61.	Registre du personnel des officiers............	2, 48.
62.	— des marches et opérations milit^res^.....	2, 3, 20, 21, 59.
63.	— du vaguemestre	2, 3, 4.
64.	— des médicam^ts^ (Infirmerie des hommes).	11, 14, 84, 85.
65.	Registres du service de santé (en campagne, il est tenu un carnet des malades ou blessés, instr. du 26 février 1883, p. 195, et règlem^t^ du 26 octobre 1883 sur le service en campagne, 2e 84, p. 802.)	3, 4, 20 (2), 49, 50 *bis*, 51, 59 (2)
66.	Registres (H) des transports de matériel........	25, 85.
67.	Carnet des économies de fourrages à l'infirmerie des chevaux	»
68.	Registres du service vétérinaire (N°s 1 et 2).......	5, 6, 11, 14, 50, 59.
69.	Livret d'infirmerie pour les chevaux.............	5, 6, 50, 59.
70.	Registre des dépenses de la musique...........	11, 14.
71.	— d'ordres du régiment et des compagnies, etc..................................	20, 21, 22, 59.
72.	Livret de la commission de remonte...........	5, 6, 19.
73.	Catalogue des archives des corps...............	»
74.	Registre des actes de l'état civil...............	2, 3, 4, 48, 49, 50 *bis*.
75.	Mémorial des procurations, testaments, etc......	2, 3, 4, 48, 49, 50 *bis*.
76.	Registre des ordres de mouvement rapide.......	20, 21, 22, 59.
77.	Registre des matières traitées dans les conférences sur les questions militaires, la tactique, la législation et l'administration, etc............	»
78.	Registre de l'officier directeur des écoles	25, 27.
79.	Catalogue des archives id................	»
79 *bis*.	— des partitions et morceaux de musique..	»
80.	Registre de l'officier de casernement............	27, 51.
81.	Carnets du chef de musique ou de fanfare, du maître d'escrime, etc..........................	25, 27.

(1) En ce que l'on ne doit distribuer d'effets qu'aux hommes présents.
(2) Pour les allocations aux convalescents.

82.	Carnet de renouvellement de la paille de couchage (*Campement*)	»
83.	Journal de l'officier d'approvisionnement (*Subsistances*)	17.
84.	Pièces de recettes et de dépenses	1, 11, 14, 21, 43, 49, 50 *bis*, 51, 64, 68, 85.
85.	— de recettes et de consommations (*Matières*).	1, 25, 26, 27, 28, 29, 30, 31, 32, 33, 34, 37 *bis*, 37 *ter*, 40 à 44, 47, 50 *bis*, 51, 66, 86.
86.	Comptes annuels de gestion (*Hôpitaux, habillement et campement, armement, harnachement, etc.*).	25, 26, 37 *bis*, 37 *ter*, 85.
87.	Registre (modèle A) des engagés conditionnels (règlement du 14 octobre 1875, page 497)	»
88.	Carnet de mobilisation des batteries d'artillerie	»
89.	Registres de punitions	»
90.	Livrets d'officiers de peloton, d'adjudants, sergents, etc	»

EXEMPLE

indiquant la manière de se servir du présent tableau :

Le registre des délibérations est en rapport avec :

11. Journal du trésorier
12. Livret de solde.
13. Carnet de caisse.
14. Registre de centralisation.
18. — des dépôts au trésor.
25. — des entrées et des sorties de matériel.
26. *Idem*
28. Registre des comptes ouverts avec les ouvriers.
37. Registre des procès-verbaux de réception du matériel.
38. Livret des échantillons et modèles-types.
84. Pièces de recettes et de dépenses.
85. — de recettes et consommations.
86. Comptes de gestion.

FRAIS DE BUREAU

1° Dépenses au compte du service de l'habillement

(SERVICE DE RÉSERVE)

Pour tous renseignements, se reporter au chapitre de l'*Habillement*, page 58 du présent recueil.

2° Dépenses au compte du service de la solde

(SERVICE COURANT).

D'après le tarif du 25 décembre 1875, page 891, des indemnités de frais de bureau sont personnellement accordées dans les corps de troupes aux majors, trésoriers, officiers d'habillement, officiers payeurs, aux commandants des compagnies formant corps (1), ainsi qu'aux commandants de détachements, etc. Elles sont destinées à subvenir à toutes les dépenses de bureau qui se rattachent à l'exercice de leurs fonctions. Elles sont allouées du jour de l'entrée en fonctions et elles cessent avec ces mêmes fonctions. (Art. 136 du règlem[t] du 8 juin 1883, page 591.) En cas d'absence légale, les titulaires conservent leurs droits à l'indemnité pendant le temps de leur absence, à charge par eux de pourvoir à la dépense de leurs bureaux. En cas de vacance d'emploi, l'indemnité est due à l'intérimaire. (Art. 137.)

Le tarif en vigueur est celui du 25 décembre 1875, page 891, modifié par la décis. présidentielle du 4 septembre 1883, page 171, pour les corps d'infanterie et les compa-

(1) Un supplément est accordé pour les escadrons de cavalerie territoriaux pendant la durée des appels (Arrêté ministériel du 30 mai 1884, page 664) : 0 fr. 40 par escadron et par jour. (Note du 10 février 1885, page 203.)

Le décret et l'instruction du 24 avril 1884, pages 498 et 503, accordent également une indemnité pour frais de bureau à l'officier chargé du bureau spécial de comptabilité dans les corps qui ont au moins trois compagnies, escadrons ou batteries en campagne. Cette indemnité est fixée par le ministre et payée sur les fonds du service de la solde.

Pour les commandants d'armes, voir décis. du 18 août 1884, page 336.

gnies formant corps, et par celle du 12 novembre 1883, page 762, pour la légion étrangère. Le commandant et l'officier payeur d'un bataillon d'infanterie mobilisé reçoivent le premier 306 francs et le second 810 francs par an. En cas de réunion de deux ou trois bataillons, l'indemnité de l'officier supérieur qui commande est de 1.206 fr. pour la même période. (Circ. du 22 juillet 1879 M.)

Dans les régiments d'artillerie-pontonniers, le major reçoit, pour le service de la mobilisation, une indemnité annuelle de 198 francs. (Décis. présidentielle du 4 février 1882, p. 52.) L'indemnité attribuée à l'officier supérieur commandant l'artillerie d'une division de cavalerie indépendante, est de 90 francs par an. (Note du 11 février 1885, page 206.)

Pour les bataillons d'artillerie de forteresse, le tarif est du 8 janvier 1884, page 21.

Au moyen de cette indemnité, ces officiers sont chargées de subvenir à toutes les dépenses énumérées dans la nomenclature qui suit :

Nomenclature des dépenses à la charge des abonnements pour frais de bureau alloués dans les corps de troupes

(Annexée au tarif n° 46 du 25 décembre 1875, page 898.)

DÉSIGNATION DES SERVICES.	DÉSIGNATION SOMMAIRE DES REGISTRES, IMPRIMÉS, ETC. à la charge des frais de bureau.	OBSERVATIONS.
	Dépenses à la charge des frais de bureau du major.	Nota. — Lorsque, par suite de changements apportés par le ministre dans la tenue des écritures, les officiers comptables sont obligés d'acheter de nouveaux registres, ils sont indemnisés sur les fonds de la masse générale d'entretien. (Diverses circ., les dernières en date du 10 mai 1875, pag. 659, relatives aux registres du service de l'habillement, et du 10 janvier 1877, concernant le contrôle des armes, etc. — Voir *Archives et Imprimés*.)
Justice militaire. Recrutement. Dépenses diverses.	Un registre des déserteurs. Les signalements des déserteurs et autres pièces exigées. Les pièces, tableaux et états de toute nature. Les honoraires d'un secrétaire. L'emplacement, le chauffage et l'éclairage du bureau. Achat des fournitures de bureau.	
	Dépenses à la charge de l'officier d'habillement (1). (SERVICE COURANT)	
Armement.	Un registre des réparations d'armes. Livret de munitions. Livret d'armement. (Supprimé) (2). Registre-contrôle des armes. — des équipages régimentaires. (Décret du 1er mars 1880.) Registre des bois marqués du poinçon E. (Supprimé) (2). Demandes d'armes et de munitions et pièces à l'appui. Demandes de versement d'armes. Procès-verbaux des imputations et de versements. Bordereau d'imputations et de réparations. Comptes de gestion de l'armement, etc. Les fournitures de bureau de l'officier d'armement.	(1) Les registres et imprimés nécessaires pour la tenue des écritures du service de réserve sont au compte de l'officier gestionnaire, qui reçoit une indemnité à cet effet. (Voir page 58.) (2) Règlement du 30 août 1884 sur l'armement.
Campement.	Contrôle des outils portatifs. (Décis. du 1er mars 1880.) Comptes de gestion du campement.	
Habillement.	Registre des recettes et consommations du service de l'habillement. (Remplacé par le registre des entrées et des sorties de matériel. (Décret du 1er mars 1880.) Registre des comptes ouverts avec les maîtres ouvriers. Registre-journal des effets de toute nature distribués aux compagnies, escadrons ou batteries et de ceux réintégrés par eux. Matricule des effets de la 1re catégorie (3). Registre-contrôle des effets de la 2e catégorie (4). — des instruments de musique. Registre de classement des effets de la 2e catégorie. (Supprimé) (4). Registre de correspondance. Livret des échantillons-modèles. Bordereaux d'imputations et bordereaux d'enregistrement journalier et états récapitulatifs de ces bordereaux. Compte de gestion et états à l'appui. — Inventaires. Demandes et situations d'habillement et pièces à l'appui. Etats des dépenses afférentes au service. Etats des effets proposés pour la réforme. Récépissés à talon des effets de petit équipement versés par les fournisseurs. Bulletins de réception des effets provenant des magasins de l'Etat et des fournisseurs. Etats des effets distribués ou réintégrés.	(3) Décret du 1er mars 1880. (4) Supprimé. (Décret du 1er mars 1880.) Les formules d'états de pointures sont fournies aux corps de troupes au compte du service de l'habillement (frais d'exploitation), par les soins de l'intendant militaire du chef-lieu de circonscription de confection. (Instr. du 13 mars 1879, p. 302, et circ. du 9 avril 1879.)
Harnachement.	Contrôle général des effets de harnachement. Comptes de gestion. Demandes d'effets, situations. Marchés, factures, mémoires. Etats des effets proposés pour la réforme.	

DÉSIGNATION DES SERVICES.	DÉSIGNATION SOMMAIRE DES REGISTRES, IMPRIMÉS, ETC. à la charge des frais de bureau.	OBSERVATIONS.
Dépenses diverses.	Les honoraires d'un secrétaire. Fournitures de bureau. Chauffage et éclairage des bureaux.	NOTA. — L'emplacement du bureau est également au compte de l'indemnité de frais de bureau, car le tarif n° 57 du 25 décembre 1875, p. 924, impose une retenue aux officiers, lorsqu'un local leur est fourni en nature.
	Dépenses à la charge du trésorier.	
Avancement.	Situations de fonds de masse à l'appui des propositions d'avancement, de changement de corps, etc. Bulletins des emplois d'officiers vacants. Tableaux d'avancement.	
Chauffage et éclairage.	Bons de distribution de chauffage. Feuilles de journées spéciales de chauffage. Pièces justificatives des allocations.	
Comptabilité intérieure des corps.	Registre des délibérations du conseil. Carnet de caisse. Registre matricule des chevaux et mulets. Registre-journal des recettes et dépenses. Carnet des fonds divers. Registre de centralisation. Registre d'effectif. Folios matricules mobiles. Bordereaux de pièces de recettes et de dépenses, états de paiements. Mandats de versements de fonds au Trésor, de retraits de fonds et états de mouvements des fonds. Demandes de mandats. Situations de caisse. Bordereaux des versements faits par les corps. Inventaires des papiers à verser aux domaines.	Voir *Archives* pour les autres registres matricules.
Fourrages.	Bons de fourrages.	
Hôpitaux.	Bulletins indicatifs des militaires rayés de l'effectif soldé. Certificats de visite pour les eaux. Billets d'entrée à l'hôpital. Etats des militaires désignés pour faire usage des eaux. Certificats d'origine de blessures, etc.	
Inspections génér. et revues trimestrielles.	Mémoires de propositions et états divers, pièces à l'appui et tous les imprimés qui ne sont pas fournis par le ministère.	Les feuillets individuels d'inspection des officiers de réserve sont fournis par le ministre de la Guerre. (règlement du 1er juillet 1881, p. 15.)
Instructions et manœuvres.	Registre du capitaine-instructeur. Situations et rapports divers.	
Justice militaire.	Registre des jugements des conseils de discipline et pièces exigées. Relevés du registre des punitions. Etats des jugements et arrêts. Etats des militaires susceptibles de remplir les fonctions judiciaires.	
Légion d'honneur.	Etats à produire en vue ou à l'appui des paiements à faire. Etats des légionnaires qui ont cessé de faire partie de l'ordre.	
Masse individuelle.	Bordereaux de versements volontaires, bulletins et états divers. Etats des hommes rayés qui doivent recevoir leur masse dans leurs foyers. Mandats payables sur la caisse des dépôts et consignations. Bordereaux d'envoi de mandats.	
Recrutement en ce qui concerne les corps.	Certificats d'acceptation et d'aptitude pour engagement et rengagement. Relevés et bordereaux d'envois, Pièces relatives aux engagé sconditionnels (1). Signalement d'un engagé volontaire, etc.	NOTA. — Certains imprimés concernant les réservistes, sont achetés sur les fonds de la masse générale d'entretien. (Circ. du 7 nov. 1879 (M.) voir p. 325. Il en est de même pour le répertoire, voir page 326.
Remonte.	Etats numériques, estimatifs et signalétiques des chevaux, demandes, procès-verbaux d'abatage, de réforme, de mort, d'autopsie, etc., pièces diverses.	(1) Pour les feuillets mobiles spéciaux et les certificats d'instruction, v. p. 332.

DÉSIGNATION DES SERVICES.	DÉSIGNATION SOMMAIRE DES REGISTRES, IMPRIMÉS, ETC. à la charge des frais de bureau.	OBSERVATIONS.
Remonte. (*Suite.*)	Etats de mutations des chevaux. Bordereau des sommes à payer pour frais de ferrure. Etats divers prescrits par le règlement du 3 juillet 1855. Livret de la Commission de remonte (dép. minist. du 16 juillet 1879, adressée au 1er régiment d'artillerie. Cette dépêche dispose en outre que les imprimés du procès-verbal mod. n° 3 annexé à la note du 1er juin 1879, p. 789, seront fournis par l'administration de la Guerre.	
Retraites, pensions et secours.	Etats des militaires proposés pour la retraite ou une gratification. Demandes, mémoires de propositions, pièces à l'appui.	
Revues d'effectifs.	Etats des mutations, hommes et chevaux. Contrôle des chevaux, pièces à l'appui.	
Revues générales de comptabilité.	Etats des officiers qui ont droit à l'indemnité d'entrée en campagne, à une indemnité pour pertes de chevaux, etc. Etats des enfants de troupe nouvellement admis, mémoire de proposition pour une place d'enfant de troupe. Etats des officiers logés dans les bâtiments militaires. Extraits des feuilles de journées relatifs aux appels afférents aux exercices antérieurs. Relevés des pièces à l'appui des feuilles de journées.	
Service intérieur des corps.	Registre-journal des marches et opérations et états A à D. Registres du personnel (1) et matricule des officiers, et autres registres et imprimés à l'usage du lieutenant-colonel. Permissions, congés, bulletins et demandes. Etats de services, officiers et troupe. Certificats de bonne conduite, de présence au corps et de mariage, et toutes pièces ayant trait à la condition civile des militaires. Situations diverses. Etats des mutations, officiers. Rapports et états divers.	(1) Les porte-feuilles à serrure (de première mise et de remplacement) sont achetés sur les fonds de la masse générale d'entretien. Quant aux feuillets à fournir lors d'une première promotion ou par suite d'épuisement des anciens, ils sont au compte des trésoriers. Ceux achetés pour le renouvellement des anciens registres ont été mis au compte de la masse précitée. (Circ. du 2 juillet 1884, p. 11.)
Situation intérieure des compagnies.	Carnet de comptabilité trimestrielle complet (2). Voir p. 321 pour les carnets des corps en campagne. Registres d'ordres. Situations journalières.	(2) Les trésoriers, officiers-payeurs et commandants de compagnie formant corps, sont tenus d'être constamment approvisionnés à leurs frais, et en sus de ceux en service, d'un registre de comptabilité trimestrielle pour chacune des unités administratives du corps. (Circ. du 23 mai 1877 M.) Le prix de la couverture du carnet est d'environ 1 fr. 50, et d'une durée approximative de deux années. — Cette couverture n'est renouvelée qu'après usure; dépense au compte des trésoriers. (Circ. du 28 octobre 1875 (M), qui en donne la description.)
Statistique médicale.	Registre médical d'incorporation. — des malades à la chambre. — des malades à l'infirmerie. — des malades à l'hôpital. — de vaccination et de revaccination. — des catégories. — des blessures de guerre et accidents survenus dans un service commandé. Etats A à D. (V. *Infirmerie*, reg. et imprimés. Pour les registres des médicaments et de la salle des convalescents, etc.)	
Service de marche.	Registre des avances en route, extraits et états pour paiements divers et feuilles de régularisation.	Les imprimés de listes pour le paiement de l'indemnité de route aux hommes de la réserve ou de l'armée territoriale sont fournis par le ministre. (26 janvier 1880, page 32 et instruction refondue du 28 décembre 1879.)
Subsistances.	Registre des distributions. Bons de vivres et de liquides. Extraits du registre des distributions.	
Solde.	Etats de solde, officiers et troupe. Déclarations de quittances. Etats de mutations. Feuilles d'émargement des officiers. Quittances individuelles. Feuilles de prêt. Bordereaux récapitulatifs de feuilles de prêt. Etats comparatifs des sommes payées avec celles allouées aux officiers.	

DÉSIGNATION DES SERVICES.	DÉSIGNATION SOMMAIRE DES REGISTRES, IMPRIMÉS, ETC. à la charge des frais de bureau.	OBSERVATIONS.
Solde (*Suite.*)	Etats comparatifs pour la troupe. Bordereaux récapitulatifs des états comparatifs. Feuilles d'émargement des musiciens. Etats de mutations des musiciens. Certificats de cessation de paiement. Livrets de solde.	
Indemnité de frais de bureaux aux adjudants et aux sergents-majors ou maréchaux des logis chefs (1).	Dans les régiments d'infanterie de ligne, de zouaves, de tirailleurs algériens, de cavalerie, la légion étrangère et les bataillons de chasseurs à pied, 3 francs par mois. Dans les régiments d'artillerie, de pontonniers et les compagnies du train d'artillerie, 4 francs par mois. Dans les régiments du génie, 4 fr. par mois. Dans les escadrons du train des équipages militaires, 4 fr. par mois.	(1) Il n'est pas attribué d'indemnité de frais de bureau aux adjudants des compagnies d'infanterie. Les adjudants de bataillon y ont seuls droit. (Auteur.) Les adjudants des batteries d'artillerie, compagnies de pontonniers, des compagnies du train d'artillerie et du train des équipages, ne participent pas à cette allocation.
Dépenses diverses (2).	Chauffage et éclairage des bureaux. Honoraires des secrétaires. Fournitures et ustensiles de bureaux et toutes autres dépenses qu'entraîne la gestion du trésorier, de quelque valeur qu'elles soient.	
Officiers d'approvisionnement.	Les imprimés spéciaux nécessaires leurs sont fournis par l'administration de la guerre (Circ. du 24 mai 1883 (M) qui donne l'indication des formules.)	

NOTA. — En cas de décès ou de changement de destination d'un trésorier ou d'un officier-payeur, le nouveau titulaire doit tenir compte à son prédécesseur, ou à sa succession, de la valeur relative des carnets de comptabilité trimestrielle en service, eu égard à la durée qu'ils ont à parcourir. Il doit aussi rembourser la valeur des imprimés qui lui sont remis, s'il peut les utiliser pour son service.

D'après le même principe, lorsqu'une portion de corps destinée à s'administrer séparément se détache de la portion principale ou que les deux portions se réunissent, le trésorier et l'officier-payeur se tiennent également compte entre eux de la valeur des carnets de comptabilité en service.

(2) L'emplacement du bureau est également au compte de l'indemnité de frais de bureau, car le tarif n° 57 du 25 décembre 1875, p. 925, impose une retenue aux officiers lorsqu'un local leur est fourni en nature.
Le bureau du trésorier ne peut être placé à la caserne si cet officier n'y a pas son logement personnel (Circ. du 16 septembre 1884, pag. 373 S), par la raison que leur caisse doit être placée dans leur chambre à coucher. (Cette prescription est rappelée par une dép. ministérielle du 14 octobre 1884 qui applique ce principe aux officiers comptables des services administratifs.)

Presses autographiques.

Par décision du 4 mars 1879 (Circ. du 12 dudit), le ministre a autorisé les corps de troupes de cavalerie et les établissements de remonte à faire l'acquisition d'une presse autographique et à en imputer la dépense, jusqu'à concurrence d'une somme de 170 fr. sur leur masse d'entretien du harnachement et ferrage. (Circ. du 12 mars 1879.)

Cette presse doit être classée dans la nomenclature Q VII du matériel des écoles, sous le n° 26. (Dép. minist. du 15 mai 1879 (M) et circ. du 21 septembre 1880 (M) qui donne le prix.

Des dispositions analogues ont été prises pour les régiments d'artillerie et les escadrons du train des équipages. (Circ. du 27 décembre 1879, qui fixe la dépense d'achat à 150 francs.)

De plus, la note du 22 février 1884, p. 270 (S), autorise les bataillons d'artillerie de forteresse à acheter une presse au compte de la masse générale d'entretien, dans les conditions déterminées par la note du 13 septembre 1879. (V. ci-après.)

Les dépenses de mise en place et d'entretien sont supportées par le service des écoles régimentaires.

Une décision du 26 avril 1879, notifiée par la note du 13 septembre suivant, page 331 (S), a également autorisé les régiments d'infanterie à se pourvoir d'une presse autographique Teilhac. — Prix : 130 francs, imputable sur les fonds de la masse générale d'entretien (2e portion). Cette note donne la composition d'une presse et le moyen d'en faire usage. Les demandes sont adressées à M. Teilhac, fabricant à Paris, boulevard de Strasbourg, n° 68. (Note du 13 septembre précitée.) Les dépenses résultant de la mise en place et de l'entretien des presses Teilhac sont supportées par le service des écoles régimentaires sur les fonds mis à la disposition de ce service. (Chap. 21, art. 16, § 1er, circ. du 3 novembre 1879 M.)

La circulaire du 24 février 1880 (M) portant notification de la décision du 13 dudit, autorise les bataillons de chasseurs à pied, les bataillons d'infanterie légère d'Afrique, les sections de secrétaires d'état-major et celles d'ouvriers d'administration et d'infirmiers militaires à se procurer une presse autographique dans les conditions déterminées par la note ministérielle du 13 septembre 1879. Toutefois, cet achat ne peut être effectué qu'autant que la situation financière de la deuxième portion de la masse générale d'entretien le permet.

Les dépenses résultant de la mise en place et de l'entretien de l'appareil sont supportées, dans les sections, par la masse générale d'entretien, et, dans les bataillons sus-indiqués, par le service des écoles régimentaires. (Circ. du 24 février 1880.)

Délégations.

CAS OU LES DÉLÉGATIONS SONT AUTORISÉES ET FORMES A SUIVRE

(Règlement du 8 juin 1883, p. 583 et suivantes.)

Art. 112. — Les officiers et employés militaires qui font partie d'une armée ont la faculté de déléguer en faveur de leurs familles ou d'un tiers, jusqu'à concurrence du quart de la solde du grade dont ils sont pourvus au moment de leur départ. Toutefois, cette proportion peut être dépassée lorsque, sur la demande motivée des officiers, le ministre de la guerre juge convenable d'autoriser une exception.

Ceux qui veulent souscrire des délégations doivent en faire, avant leur départ, la déclaration au sous-intendant militaire de l'arrondissement. Cette déclaration porte énonciation des noms, prénoms, grades ou emplois des déléguants ; du montant de leur solde ; de la portion déléguée ; de l'époque à commencer de laquelle elle doit être payée ; des noms, prénoms et demeures des personnes autorisées à la toucher, et de celles qui doivent être substituées en cas de mort ou de refus.

Art. 113. — Le sous-intendant militaire fait mention des délégations et de leur montant d'une manière détaillée sur les livrets des officiers sans troupe et employés militaires qui ont délégué ou sur le livret du corps ou détachement dont le déléguant fait partie. Cette mention doit être répétée au dos des lettres de service ou commissions desdits militaires.

Lorsque les livrets sont renouvelés, conformément à l'article 324, ou lorsque les déléguants obtiennent de nouvelles commissions ou lettres de services, la mention est répétée sur les nouveaux livrets et sur les nouvelles commissions ou lettres de service.

Art. 114. — Les déclarations de délégation sont visées par les sous-intendants militaires, qui énoncent sur cette pièce avoir fait, sur les livrets, lettres de service ou commissions, les mentions ci-dessus prescrites ; elles sont ensuite envoyées par ces fonctionnaires au ministre de la guerre, qui donne les ordres nécessaires pour le paiement des sommes déléguées.

DURÉE ET RENOUVELLEMENT DES DÉLÉGATIONS

Art. 115. — Les délégations ne peuvent avoir d'effet que pour une année. Néanmoins, si l'absence des déléguants se prolonge au delà de ce terme, la délégation peut être renouvelée pour une autre année par devant le sous-intendant militaire sous la surveillance administrative duquel les officiers ou employés se trouvent placés. Si la déclaration de délégation n'est pas renouvelée, il ne doit plus être fait aucun paiement après l'année révolue.

DÉCLARATIONS DE DÉLÉGATION APRÈS DÉPART

Art. 116. — Les officiers ou employés partis sans faire de déclaration de délégation, peuvent user ensuite de cette faculté, en remplissant, à leur arrivée à destination, les formalités prescrites par les articles précédents.

Art. 117. — Toute délégation cesse de plein droit un mois après la cessation de la situation de guerre.

Art. 118. — Hors les cas énoncés ci-dessus, nulle délégation ne peut être autorisée que par une décision spéciale du ministre de la guerre.

PAIEMENT DES DÉLÉGATIONS ET AVANCES

Art. 299. — Les délégataires sont payés par mois des sommes qui leur ont été déléguées.

Les avances accordées, conformément à l'article 98, sur la solde de captivité des militaires prisonniers de guerre, sont payées aux ayants droit par mois et à terme échu.

Ces paiements ne donnent pas lieu à la production préalable du certificat d'existence.

ÉTATS INDIVIDUELS POUR LES DÉLÉGATAIRES

Art. 309. — Les délégataires et les personnes au profit desquelles il est exercé des retenues pour aliments, sur la solde d'officiers et d'employés militaires, ainsi que celles auxquelles il est accordé des avances sur la solde des prisonniers de guerre, sont payés sur des mandats individuels.

Ces mandats sont établis au titre de la classe dont l'officier ou l'employé militaire fait partie, ou au titre du corps, quand il s'agit d'un officier de troupe.

LIVRETS DES DÉLÉGATAIRES

Art. 317. — Les délégataires des officiers sans troupe, des employés militaires, des officiers de troupe, dans les cas prévus par l'article 112 du présent décret, et les individus qui, conformément à l'article 98, ont été autorisés à recevoir des avances sur la solde desdits militaires, reçoivent des livrets pour servir à l'inscription des sommes qu'ils reçoivent des trésoriers-payeurs généraux et des agents qui les suppléent.

Ces livrets font mention desdits ordres ou délégations, des noms et résidences des délégataires, et des noms, grades, emplois et résidences des déléguants. (Décr. du 8 juin 1883, sur le service de la solde et des revues.)

Indemnités de service.

Les officiers généraux, supérieurs et autres, et les assimilés en activité de service, pourvus de commandements ou remplissant des fonctions à l'exercice desquels est attribuée l'indemnité pour frais de service, y ont droit pour le temps de présence à leur poste, et pendant les deux premiers mois de leur absence si le déplacement est occasionné par le service (1); dans le cas où l'absence est motivée pour toute autre cause, elle est allouée pour un mois seulement. Toutefois, le rappel n'en a lieu qu'au retour des officiers ou assimilés à leur poste.

L'indemnité affectée à un emploi est acquise à l'officier qui est chargé de remplir cet emploi, soit comme titulaire, soit en qualité d'intérimaire, quel que soit son grade. Dans le cas où le titulaire a conservé la jouissance de l'indemnité dans la limite spécifiée

(1) Si l'officier entre à l'hôpital ou obtient un congé avant l'expiration des deux premiers mois, l'indemnité lui est due néanmoins pour deux mois, sous la réserve bien entendu qu'il rentrera à son poste. Si, au contraire, l'officier interrompt un congé ou sort de l'hôpital pour remplir une mission avant de rentrer à son poste, il n'a droit à l'indemnité que pendant un mois à dater du jour où il avait quitté son corps ou son poste.

L'officier à l'hôpital, qui obtient un congé ou une permission, a droit à un mois d'indemnité à compter du jour de son entrée à l'hôpital s'il ne rentre pas à son corps; s'il rentre et qu'il reprenne son service, il a droit à un autre mois à partir de son départ en congé ou en permission. (Circ. du 28 août 1880, page 322.) Cette circulaire dispose, en outre, que cette indemnité peut se cumuler avec celle de route, l'indemnité pour travaux topographiques, etc...

au paragraphe précédent, *elle n'est due à l'intérimaire qu'à l'expiration de ces délais.* (Art. 132 du décret du 8 juin 1883, page 590.)

L'officier remplissant, à quelque titre que ce soit, plusieurs fonctions distinctes, cumule les indemnités pour frais de service affectées à ces fonctions. Toutefois, si les fonctions exercées par intérim sont celles d'officiers généraux ou assimilés, de colonels ou lieutenants-colonels chefs de corps, l'officier reçoit l'indemnité pour frais de service la plus élevée et seulement le cinquième des autres. (Art. 135 du règlem[t] précité.)

L'officier nommé à un emploi n'a droit à l'indemnité pour frais de service que cet emploi comporte, qu'à partir du jour où il prend possession de celui-ci. En attendant, s'il reste provisoirement chargé des fonctions qu'il remplissait précédemment, l'indemnité affectée à ces fonctions continue à lui être allouée. (Art. 134.)

L'indemnité pour frais de service attribuée aux chefs de corps leur est allouée lorsqu'ils commandent une partie quelconque de leur corps. (Art. 133 du règlem[t] du 8 juin 1883, page 590.)

Les dépenses éventuelles qu'il n'est pas possible de soumettre aux formalités administratives (gratifications, secours, etc.), sont acquittées par les chefs de corps sur leurs frais de service, qui ont été augmentés à cet effet, savoir :

De 60 francs par bataillon ou escadron formant corps,
De 96 — par régiment de cavalerie et de spahis,
De 156 — pour autre régiment.

Aucune allocation de ce genre n'a été faite pour les compagnies ou sections formant corps. (Circ. du 3 août 1874, page 115.)

L'indemnité de service est fixée par le tarif n° 45 annexé au décret du 25 décembre 1875, page 884.

Pour le commandant de l'Ecole militaire d'infanterie, le tarif est du 8 septembre 1881, page 171, et pour les lieutenants-colonels commandant les groupes de bataillons détachés, l'indemnité est fixée par la décision ministérielle du 27 août 1881, page 149 ; une décision de même date, page 147, a arrêté l'allocation à faire aux inspecteurs permanents de cavalerie, et la circulaire du 20 septembre 1881, page 208, en règle l'application.

Le tarif concernant les officiers supérieurs commandant les bataillons d'artillerie de forteresse est du 8 janvier 1884, page 21.

Pour la Tunisie, le dernier tarif est du 17 mars 1884, page 267.

Pour l'Ecole des sous-officiers de l'artillerie et du génie, voir la décision du 12 mai 1884, page 623.

EXERCICES ET MANŒUVRES

OBSERVATIONS GÉNÉRALES

Le matériel acheté sur les fonds des masses d'entretien des corps doit être classé, suivant sa nature et sa destination, à l'une des nomenclatures du matériel (art. 130 de l'instr. du 1er mars 1880, page 393), tant au registre des entrées et des sorties que dans les comptes annuels de gestion.

Les ingrédients divers achetés pour l'entretien du matériel et les balais, brosses, etc., qui, une fois mis en service, sont considérés comme consommés, ne figurent pas dans les comptes-matières des corps. (Même art.)

Les objets achetés sur les fonds du service des écoles sont classés à la section affectée à ce service au registre des entrées et des sorties.

La mise en service et la réintégration du matériel donnent lieu à l'établissement de bons de distribution ou de bulletins de versement signés par les chefs de service et approuvés par le major. (Art. 96 *bis* et 132 du décr. et de l'instr. du 1er mars 1880, pages 363, 368, 393 et 401.) Pour les dépenses à la charge du service des écoles, le remboursement en est fait aux corps dans les conditions indiquées au chapitre intitulé : *Ecole de gymnastique*.

INSTRUCTION MILITAIRE, THÉORIES, OUVRAGES DIVERS, ARCHIVES

Dépenses au compte du budget des Écoles régimentaires

§ Ier. — RÉGIMENTS DE CAVALERIE

1re *Catégorie. — Quartiers de cavalerie.*

Aux termes de la décision du 23 décembre 1876, page 560, il doit être établi dans chaque quartier, partout où cette installation est possible, savoir :

Une barrière avec lisses formée de madriers ayant 5 mètres de longueur et 0m12 d'équarissage et de lisses ayant 1 m. 60 de hauteur et 12 m. de longueur.

Un fossé de saut avec lisses. Le fossé a 1 m. de largeur et 5 de longueur.

Barres parallèles. (Voir *Voltige*, partie fixe, page 349.)

Cheval de bois, *Id.*

Barrières mobiles avec hausses, pics, pelles, râteaux, arrosoirs, têtes-de-loup. (Voir *Manèges*.)

Ce matériel est établi par les soins du service du génie.

Aux termes de la décis. minist. du 3 novembre 1882, page 395, les dépenses de cette nature incombent aux écoles régimentaires de l'arme.

2e *Catégorie. — Champs de manœuvres des corps de cavalerie.*

La décision sus-visée du 23 décembre 1876, pages 560 et 564, prescrit aux corps d'établir eux-mêmes, dans chaque terrain de manœuvres, quatre obstacles : la *barrière*, le *fossé*, la *pente roide* et le *défilé*.

(La dépense est à la charge des écoles régimentaires. (Décis. minist. du 3 octobre 1882, page 395.)

PRIX :

Une barrière formée d'arbres placés horizontalement sur des chevalets. 60 »

Un fossé composé d'une simple tranchée (sans frais, main-d'œuvre

	PRIX.
militaire). S'il y a lieu de le garnir en planches pour fixer le sol, il est alloué..	60 »
Une pente roide pour exercer les troupes à gravir et à descendre des pentes rapides (main-d'œuvre militaire)......................	» »
Un défilé formé par des murs en terre de 30 à 40 m. de long. (*Id.*)...	» »

3e *Catégorie. — Objets divers.*

La décision précitée du 23 décembre 1876 dispose que les corps de cavalerie sont tenus de se *procurer eux-mêmes*, soit en les achetant dans le commerce, soit en les faisant confectionner dans leurs ateliers régimentaires, soit en cas d'impossibilité de se les procurer directement, en les demandant au ministre, savoir :

	PRIX DE L'UNITÉ.
Trente-deux jalons par escadron (bâtons en bois dur de 1 m. de haut et de 0 m. 03 de diamètre, peints à la tête et ferrés au pied)..........	1 75
Quatre fanions par escadron. (Les lances sont fournies gratuitement par l'artillerie ; les flammes sont achetées par les corps à raison de.....	» 75
Deux mannequins par escadron. (Mod. décrit par l'art. 73 du décr. du 17 juillet 1876. Prix : 23 décembre 1876, dép. du 25 mai 1877 et 24 décembre 1877, page 283). On peut employer, pour recouvrir les mannequins dont il est fait usage dans les exercices du sabre à pied, de la toile d'emballage hors de service au prix de 0 fr. 04 cent. le kilogr. Le remboursement au service de l'habillement est fait par voie de versement au Trésor. (Note du 17 juillet 1884, page 149 S.)......	4 75
Chandeliers avec têtes mobiles établis d'après les indications données par l'instr. min. du 8 avril 1862 (travail des lanciers) ; deux par escadron. (Prix : *Erratum* 1er 1877, page 82, et 11 juillet 1878, page 57 S).	18 50

Sabres de bois, gants de contre-pointe et masques, à raison de quinze par escadron. (Voir ci-après *Escrime à cheval*, page 350.)

Selles de voltige, surfaix, brides caveçon, longes à trotter, chambrières. (Voir *Voltige*, page 349.)

Les dépenses, à l'exception de celles se rapportant aux selles, surfaix, brides de voltige, caveçons, longes à trotter et chambrières, lesquelles incombent à la masse d'entretien du harnachement et du ferrage, sont au compte du budget des écoles régimentaires. (Décis. minist. du 3 novembre 1882, page 395.)

La circ. du 9 février 1884 (M), prescrit de comprendre ces dépenses dans les états de prévision annuels à produire pour les écoles régimentaires et accorde en principe une somme de 60 fr. par an pour l'entretien de ce matériel.

Si les réparations ou remplacements, pour lesquels les corps doivent recourir autant que possible à la main-d'œuvre militaire, nécessitent une dépense supérieure à cette allocation, l'état de prévision doit être accompagné d'une demande spéciale et motivée énumérant les objets à réparer ou à remplacer et spécifiant la nature et le prix de chaque réparation ou remplacement.

S'il s'agit du matériel fixe (1re et 2e catégories), la demande doit être accompagnée d'un procès-verbal du sous-intendant militaire, constatant la nécessité des réparations ou remplacements, et un devis estimatif et détaillé. Ces dépenses ne peuvent être engagées sans autorisation ministérielle. (9 février 1884.) Voir *Ecoles* pour toutes autres dispositions.

4e *Catégorie.*

Chevalets de pointage, cordeaux, fanions, etc. (Décis. du 23 décembre 1876, page 561.) Pour tous renseignements, voir *Ecoles de tir*.

§ II. — RÉGIMENTS D'ARTILLERIE ET ESCADRONS DU TRAIN DES ÉQUIPAGES MILITAIRES

La décision du 23 juin 1877, page 541, a appliqué celle du 23 décembre 1876 aux régiments d'artillerie et aux escadrons du train des équipages avec les modifications suivantes :

Les obstacles compris dans la deuxième catégorie sont réservés aux chevaux de selle. Il n'est pas construit de défilé, mais, pour compléter l'instruction des canonniersconducteurs et des cavaliers du train, on doit établir d'autres obstacles susceptibles d'être traversés par des voitures de campagne munies de leur chargement complet. Le nombre et la nature de ces obstacles sont déterminés par les chefs de corps.

En ce qui concerne la troisième catégorie, il n'est alloué ni fanions, ni objets nécessaires pour l'exercice du sabre. Le nombre des jalons est fixé à :

180 par régiment d'artillerie divisionnaire,	Tableau A annexé au règlem[t] du 11 juin 1883, page 917.
250 — de corps,	
70 par escadron du train des équipages,	

Les dispositions en vigueur, relatives au tir à la cible et à l'instruction, sont maintenues. (23 juin 1877, page 541. — Voir *Ecole de tir.*)

Jusqu'à ce que la décision du 3 novembre 1882, page 395, concernant les régiments de cavalerie, ait été appliquée à l'artillerie et au train des équipages, toutes les dépenses doivent rester au compte de la masse d'entretien du harnachement et ferrage dans les corps de ces armes. (Décis. du 23 décembre 1876, page 561.)

Exercices pratiques de la Cavalerie.

L'instruction complémentaire du 15 décembre 1878 (M) (tirage de 1879), sur les exercices pratiques de la cavalerie, dispose ce qui suit :

Conformément aux prescriptions de l'instruction pratique du 17 février 1875 sur le service de la cavalerie en campagne (cette instruction a été remplacée par celle du 10 juillet 1884), les troupes de cette arme pourront, dans certaines circonstances, être appelées en temps de guerre à exécuter elles-mêmes quelques travaux de destruction ou de défense, tels que mise hors de service d'une voie ferrée, destruction d'une ligne télégraphique, d'ouvrages d'art, etc.

Il importe, dès lors, d'enseigner, dès le temps de paix, à la troupe, les procédés qu'elle devra employer en campagne dans ces circonstances et, par conséquent, de munir les régiments de cavalerie du matériel d'instruction propre à les familiariser avec les opérations qu'ils auront à exécuter. (Voir la nomenclature Q[vii] de novembre 1882, page 456, et la nomenclature P, modifiée par la circ. du 28 août 1884) et ci-après page 347 pour la fixation des dépenses.

Ce matériel est décrit ci-après :

1° MATÉRIEL DE QUARTIER

(A installer d'une manière permanente dans les cours de quartier.)

POUR LES VOIES FERRÉES

2 rails à double champignon, avec coussinets, coins, éclisses, boulons et tire-fonds;
2 rails à patins avec éclisses, boulons et tire-fonds ;
16 traverses;
2 clefs à fourche ou clefs anglaises pour les éclisses ;
2 clefs à douille pour les tire-fonds ;
2 tarières ou vilebrequins pour les tire-fonds ;
2 pinces à riper ;
2 marteaux chasse-coins.

POUR LES LIGNES TÉLÉGRAPHIQUES

2 poteaux isolateurs;
2 consoles en fonte avec isolateurs fixés au mur et destinés à supporter le fil télégraphique;
200 mètres de fil de fer télégraphique;
100 mètres de fil dérivateur;
1 boussole simple (galvanomètre);
2 éléments Léclanché;
8 serre-fils;
10 mètres de fil recouvert;
2 pinces à main;
2 cisailles.

NOTA. — Si les chefs de corps le jugent utile, ce matériel peut être augmenté de certains objets, tels que poteaux et disques indicateurs de voies ferrées, ponts, rampes, paliers, pinces à pied de biche, récepteur et manipulateur télégraphiques, téléphone. (Instr. du 15 décembre 1878.)

La circ. du 20 février 1879 (M) ajoute que les corps peuvent s'adresser aux directeurs des services des diverses régions pour demander le matériel télégraphique dont ils doivent être pourvus. Cette circulaire donne les prix des objets, et celle du 1er mai 1879 (M) prescrit d'en verser le montant au Trésor et d'adresser directement les récépissés au ministre (Bureau de la cavalerie). Ceux qui ne profitent pas de cette faculté ont à le faire connaître dans une note adressée comme les récépissés.

2° MATÉRIEL DE TERRAIN DE MANŒUVRES

(Ne doit être installé que sur l'ordre spécial du ministre.)

POUR LES VOIES FERRÉES

12 mètres de voie ferrée avec ballast comprenant :

2 rails à double champignon, 2 rails Vignole, 16 traverses, 4 pioches portatives pour enlever les ballasts.

POUR LES LIGNES TÉLÉGRAPHIQUES

8 poteaux télégraphiques sans isolateurs, ou rondins de 0m16 à 0m22 de diamètre et de 6 à 8 mètres de hauteur, destinés à être coupés à la scie articulée, ou abattus au moyen de la dynamite.

2 scies articulées avec 4 commandes de 4 mètres de longueur.

POUR LES TRAVAUX DE DÉFENSE

Un mur de 8 mètres de longueur, 0m50 d'épaisseur et 2m50 de hauteur en moellons et mortier ordinaire.

Les expériences à faire devant les cavaliers consisteront à établir des créneaux, soit avec la pioche portative, soit avec la dynamite. On exécutera aussi quelques brèches de 2 mètres de largeur avec charges allongées de dynamite posées au pied du mur (2,500 grammes par mètre courant).

3° EXERCICES DE MISE DU FEU

(APPROVISIONNEMENT NÉCESSAIRE PAR ESCADRON)

La circ. du 19 décembre 1884, page 717 (S), a autorisé les corps à demander à l'artillerie en 1885 :

100 pétards de dynamite chargés;
12 faux pétards de dynamite;
100 mètres de mèche imperméable;
200 amorces pour dynamite;
1 marteau;
1 pince à amorçage;
10 feuilles d'amadou;
1 pelote de ficelle;
20 mètres de corde moyenne;
20 mètres de tringles en bois.

En 1878, chaque corps (spahis exceptés) a été autorisé à faire une dépense de 500 francs, pour l'achat de tout ou partie du matériel de quartier. Cette dépense a été imputée par moitié *aux fonds des écoles régimentaires* (exercice 1878) *et pour l'autre moitié, à la masse d'entretien du harnachement et ferrage de chacun d'eux*. (Instr. du 15 décembre 1878 (1er tirage), et circ. du 12 février 1879 M.)

La même instruction (tirage de 1879) porte que, chaque année, des allocations spéciales seront accordées pour l'achat et l'entretien du matériel, dans la limite des ressources budgétaires, et la circ. du 7 juin 1880, page 825 (S) prescrit l'installation du matériel de terrain de manœuvres dans tous les corps qui n'en sont pas encore pourvus; dépense maximum 350 francs, imputable au budget des écoles.

En outre, la circ. du 11 mars 1881, page 205, attribue une allocation annuelle de 50 francs à chaque corps de cavalerie pour l'entretien de ce matériel. Cette allocation est faite sur les fonds des écoles régimentaires.

La circ. du 9 février 1884 (M) dispose que cette allocation ne doit pas être dépassée. Les dépenses à faire pour cet objet sont comprises dans l'état de prévision annuel à produire pour toutes les dépenses au compte du service des écoles. (Voir le *modèle d'état.*)

Pour l'achat des rails, coussinets, etc., et en général du matériel de chemin de fer, les conseils d'administration peuvent s'adresser aux Compagnies qui ont fait connaître qu'elles étaient disposées à le leur céder au prix de 100 à 110 francs la tonne. Ce matériel, pris parmi les objets hors de service, sera parfaitement utilisable pour l'instruction de la troupe, c'est-à-dire pour exercer les cavaliers à la nomenclature de la voie, ainsi qu'au démontage et au transport des rails.

En outre, les débris de fer, conservant une valeur marchande, peuvent, même après les expériences de rupture par la dynamite, être rendus aux Compagnies qui se sont engagées à les reprendre au prix de livraison, de telle sorte que les corps n'ont à supporter comme dépense que la différence entre le poids du matériel livré par ces compagnies et celui qui leur a été remis en échange.

Quant aux exercices de mise du feu, le service de l'artillerie fournit gratuitement, à tous les régiments et dans les mêmes conditions que les munitions de guerre, les engins et objets compris dans la troisième partie de la nomenclature, nécessaires pour exécuter de simples simulacres de destruction, les exercices de destruction réelle ne devant être entrepris que sur les ordres du ministre.

Dans les quartiers occupés par plusieurs régiments de cavalerie, les chefs de corps doivent se concerter pour mettre en commun le matériel fixe et réaliser ainsi des économies qui profiteront au développement de ce matériel.

En cas de changement de garnison, les corps doivent laisser sur place le matériel posé à demeure sur le sol ou contre les murs et en faire la remise, contre inventaire, aux corps qui les remplacent; ils emportent les instruments ou objets portatifs. Si une partie du matériel était mise en commun entre plusieurs corps, le chef de corps le moins ancien opérerait pour l'ensemble des corps intéressés. (Instr. du 15 décembre 1878.)

Remboursement des dépenses. — (Voir *École de gymnastique.*)

Matériel de télégraphie régimentaire du temps de guerre (1)

Les régiments de cavalerie possèdent dès le temps de paix le matériel de télégraphie légère dont la composition est déterminée par le tableau A annexé au règlement du 6 mai 1884, page 614.

Ce matériel est pris en charge par les corps auxquels il est attribué. Ils en sont responsables et en fournissent l'inventaire annuel au ministre (Etat-major général, 4e bureau) et au directeur-ingénieur des télégraphes de la région.

La 1re portion du matériel régimentaire indiquée au tableau (§ 1) est entretenue par les soins de l'administration des télégraphes, sauf remboursement ultérieur par le département de la guerre. La 2me portion (§ 2 dudit tableau) est entretenue dans les corps au moyen d'un abonnement passé avec les maîtres-ouvriers (selliers et armuriers), au compte du service de la télégraphie militaire. Les avances sont faites par les corps sur les fonds généraux de leur caisse.

Le matériel régimentaire est spécialement confié à l'officier d'armement qui veille à ce qu'il soit tenu dans un local clos. Les objets en cuir ou en fer et les lances sont placés sur des châssis ou des râteliers et suspendus à des porte-manteaux. Les bobines de câbles sont posées sur des étagères ou, s'il est possible, dans un endroit frais et humide, à l'abri des animaux rongeurs.

On assure l'entretien de ce matériel avec la graisse Dubbing pour les objets en cuir et la graisse d'armes pour les parties en fer recouvertes de peinture. A défaut de graisse d'armes, l'on peut aussi se servir de graisse Dubbing ou d'huile de pied de bœuf.

En cas de mobilisation, le matériel régimentaire est réparti en deux ateliers et transporté dans chaque brigade, sur une voiture à un cheval d'un modèle spécial. (Réglemt du 6 mai 1884, page 614; consulter ce règlement pour les dispositions particulières au matériel des divisions de cavalerie, lequel reste sous la surveillance de l'administration des télégraphes et pour l'organisation du personnel dans les régiments.)

(1) Pour le fonctionnement de la télégraphie aux armées, voir les articles 22 et suivants du règlemt du 26 octobre 1883, 2e sem. 1884, page 803.

Les dépenses de la télégraphie militaire incombent au *Budget des Ecoles* et sont comprises dans les état de prévision annuels. (Voir la circ. du 9 février 1884 et le modèle d'état qui y est joint.)

Service des signaleurs dans certains corps d'infanterie

(TÉLÉGRAPHIE OPTIQUE)

Une lettre collective du 12 février 1884 (Etat-major général, bureau de la télégraphie militaire) a constitué un service des signaleurs dans un certain nombre de bataillons d'infanterie des 6°, 7°, 14° et 15° corps et pourvu ces bataillons d'un matériel spécial à ce service.

De plus, une dép. ministérielle du 3 mai 1884 (M) alloue 20 fr. par bataillon pour l'entretien de ce matériel et l'achat des bougies pour l'éclairage des lanternes-signaux, soit 5 fr. par jeu. (Dépense au compte du budget des Ecoles régimentaires.) Des relevés (modèle n° 21 *bis*) et des bordereaux récapitulatifs distincts sont établis pour ces dépenses.

Voltige.

(Voir *Remonte* ou *Harnachement*, pour l'établissement du compte annuel de gestion.)

PARTIE FIXE

Il est établi, dans les casernes de troupes à cheval, un cheval de bois et des barres parallèles. Ces objets sont fournis, entretenus et remplacés aux frais des corps (masse d'entretien du harnachement et ferrage) par les soins du service du génie. (Art. 54 du règlem[t] du 30 juin 1856, circ. du 11 janvier 1862, page 436, et déc. du 23 décembre 1876, page 560, appliquée à l'artillerie par la décis. du 23 juin 1877, page 345.)

Toutefois, ces dispositions ont été modifiées de la manière suivante en ce qui concerne les corps de cavalerie : Il n'est plus fait usage du cheval de bois (décis. du 9 janvier 1884, page 32) et les dépenses de matériel fixe ont été mises au compte du budget des Ecoles régimentaires de l'armée. (Décis. du 3 novembre 1882, page 396.) Les réparations et remplacements sont compris dans les états de prévision annuels. (Circ. du 9 février 1884 (M). Voir *Ecoles de cavalerie* et ci-dessus, page 345.)

La nomenclature Q[VII] de novembre 1882, page 448, fixe comme il suit le prix du matériel fixe :

Cheval de bois.................... 75 fr.
Barres parallèles................ 50 —

Le matériel est remis au génie sur inventaire lors des changements de garnison. (Appendice D3 à la lettre de voiture du service des transports.)

On peut faire charger de sable une partie de la cour du quartier, de manière à utiliser cet emplacement pour les exercices. Si le régiment est à proximité d'une rivière, le chargement peut être fait avec les attelages du corps et n'occasionner aucune dépense. Dans le cas où il y aurait lieu de faire des dépenses, les chefs de corps devraient prendre préalablement les ordres du ministre. (Art. 20 de l'instr. du 1er mai 1879, page 533 (S), sur les inspections des corps de cavalerie.)

PARTIE MOBILE

La décision du 23 décembre 1876, pages 561 et 565, détermine comme il suit le nombre et le prix des objets dont chaque corps doit être pourvu : les dépenses de cette nature incombent à la masse d'entretien du harnachement et ferrage. (Décis. minist. du 3 novembre 1882, page 395, concernant la cavalerie, et du 23 juin 1877, page 541, relative à l'artillerie et au train des équipages.)

Savoir :

	PRIX de L'UNITÉ. (Décis. du 23 décembre 1876.)	Les prix fixés par la nomenclature (M) du 2 octobre 1882, sont ceux ci-après :		Prix de la nomenclature (L) de la remonte.
Selles de voltige (1 par escadron)...............	100 »	101 »		» »
Surfaix de voltige —	28 »	24 65	pour les selles à poignées et 7 fr. pour les autres.	» »
Brides complètes de voltige (2 par escadron)....	11 »	12 10		» »
Caveçons munis de longe en corde (2 par escadron)	13 50	13 »		8 75
Longes à trotter (4 par escadron)...............	6 »	7 »		6 »
Chambrières —	4 10	» »		8 »

En outre, la nomenclature (L) de la remonte prévoit l'usage de cravaches de manège du prix de 8 fr. 50.

Une dépêche du 23 septembre 1865 (M) a autorisé la fourniture des selles de voltige, à titre de remplacement, nécessaires au 12e dragons, par l'atelier d'arçonnerie de Saumur. La valeur en a été versée au Trésor par voie de prélèvement sur les fonds de la masse d'entretien du harnachement et ferrage, et le récépissé a été transmis au ministre (Bureau de la Cavie et des remontes). Mais, à la date du 9 février 1882, le ministre a autorisé le 10e dragons et le 16e chasseurs à faire confectionner par leurs maîtres-selliers des selles et surfaix de voltige aux prix fixés par la décision du 23 décembre 1876. La demande doit en être faite au ministre après réforme des effets. (23 septembre 1865 M.) Les autres effets sont confectionnés par les maîtres-selliers.

La décision du 11 novembre 1874, page 592, dispose que le règlement sur les exercices de la cavalerie sera, en ce qui concerne la voltige, applicable à l'artillerie et au train des équipages, et celle du 23 juin 1877, page 541, fixe le nombre de collections complètes de voltige (comprenant 1 selle, 1 surfaix, 2 brides, 2 caveçons, 4 longes à trotter et 4 chambrières), à :

5 par régiment d'artillerie divisionnaire et 7 par régiment de corps;

2 par escadron du train des équipages.

Ces fixations sont reproduites dans le tableau A annexé au règlement du 11 juin 1883, page 917, sur le service du harnachement de l'artillerie et du train des équipages.

La décision du 11 novembre 1874 dispose en outre que les hommes des régiments d'artillerie et des trains sont munis de souliers et de sandales sur les fonds de la masse d'entretien du harnachement et ferrage. Le nombre en est fixé par le conseil d'administration. Cette circulaire n'est pas applicable à la cavalerie (note du 5 novembre 1884, page 629); dans cette arme, l'on applique la circulaire du 9 décembre 1842, page 137, d'après laquelle les cavaliers doivent assister à ces exercices en bottines non éperonnées, pendant les trois premières leçons, et, le cas échéant, ces bottines sont dégarnies de leurs éperons. La dépense de déplacement et de placement est imputable à la masse générale d'entretien.

L'entretien des selles et effets de voltige est au compte du maître-sellier abonnataire. (Voir *Harnachement*.)

(Voir gratification, au titre *Gratifications diverses*.)

Remboursement des dépenses au compte des écoles. (Voir *Ecole de gymnastique*.)

Escrime à cheval.

L'escrime à cheval avait été mise en pratique dans tous les régiments de cavalerie, à l'intérieur, par la décision du 23 février 1867, page 528, et rendue obligatoire par celle du 26 janvier 1868, page 13; mais la décision du 27 juillet 1883, page 137, en a prescrit la suppression. Le matériel a été versé dans les salles d'escrime.

Salle d'hippiatrique. (Voir *Harnachement*.)

Travaux de campagne dans les corps d'infanterie.

Aux termes de l'instruction du 23 mars 1878, page 167, les corps d'infanterie doivent être exercés aux travaux de campagne dont l'énumération est donnée par le programme inséré page 170.

Les commissions de casernement font, par la voie hiérarchique, des propositions concernant les terrains qu'il convient d'affecter à ces exercices, en choisissant, de préférence, les champs de manœuvres appartenant à l'Etat ou les glacis de la fortification.

Les outils à mettre en œuvre sont les outils portatifs et ceux des voitures régimentaires. On se conforme pour leur emploi, leur entretien et leur renouvellement, aux prescriptions de l'instruction ministérielle du 31 juillet 1876. (Voir *Casernement*, p. 230.) Une dépêche ministérielle du 9 juin 1884 (M) rappelle cette disposition et qu'on ne doit faire aucune dépense pour achats d'outils.

Les corps se procurent eux-mêmes le matériel nécessaire (lattes, pointes, piquets, jalons, cordes à tracer, mètres, etc.). Il leur est alloué, à cet effet, sur les fonds du budget des Ecoles, un crédit de 150 francs pour la première année, et de 100 francs pour les années suivantes. (Instr. du 23 mars 1878, page 170 et du 19 février 1883, page 140.) Pour le remboursement des dépenses, les états de réforme et de prévision, voir *Ecole de gymnastique*.

Mannequins destinés aux corps de troupe d'infanterie pour l'escrime à la baïonnette.

Une dépêche ministérielle du 27 novembre 1884 (M) fait connaître que les mannequins dont les corps de troupe d'infanterie font usage, pour les exercices d'escrime à la baïonnette conformément au règlem[t] du 29 juillet 1884, doivent être confectionnés par ces corps à l'aide de matériaux réformés appartenant aux écoles régimentaires ou provenant d'autres services auxquels la valeur en serait, dans ce cas, remboursée d'après les tarifs spéciaux aux objets de cette catégorie.

Sauf quelques remboursements qui peuvent ainsi se produire et qu'on doit éviter autant que possible, la confection de ces mannequins ne donne lieu, en principe, à aucune allocation.

Cours d'équitation des officiers d'infanterie.

Une décision du 20 août 1852 et une circulaire de même date, page 468, ainsi que les instructions sur les inspections générales, prescrivent aux officiers d'infanterie de s'exercer à l'équitation dans les corps à cheval les plus à proximité, qui doivent leur fournir les moyens d'instruction.

Cette disposition a été rendue applicable aux officiers de gendarmerie par la circulaire du 29 octobre 1878, page 363.

Les cours suivis par les capitaines sont professés par les capitaines-instructeurs. (Circ. du 20 janvier 1883, page 78.) Ils sont suspendus du 1er avril au 1er octobre. (Circ. du 16 avril 1874, page 685.)

Une circulaire du 12 février 1873 (M) avait mis à la disposition des corps de cavalerie, pour ces cours spéciaux, un certain nombre de selles dites Lorrenzale qui leur ont été retirées par dépêche ministérielle du 9 novembre 1880 (M) comme étant inutiles. Les cours sont assurés avec les selles de troupe des corps qui en sont chargés. (Même dépêche.) Des comptes rendus trimestriels sur ces cours sont adressés aux commandants de corps d'armée et les inspecteurs généraux consignent leur avis sur les progrès faits en équitation dans le rapport d'ensemble de chaque corps. (Circ. du 13 septembre 1881, page 198.)

Une circulaire du 20 avril 1859 (M) dispose que des récompenses peuvent être accordées aux sous-officiers instructeurs des corps à cheval chargés des cours d'équitation dont il s'agit, qui s'en sont montrés dignes ; les gratifications sont accordées par le ministre sur la proposition du commandement ; la masse générale d'entretien des corps d'infanterie supporte l'imputation de cette dépense. (Circ. du 20 avril 1859 et instr. du 15 mars 1872, ancien *Journal*, rappelant la déc. du 20 décembre 1868.)

Nota. — L'instruction du 15 mars 1872 sur les dépenses des masses générales d'entretien, insérée au *Journal* refondu, page 54, ne reproduit pas cette disposition qui paraît cependant toujours en vigueur.

Officiers, sous-officiers et cavaliers envoyés à l'école de cavalerie.

Aux termes de l'article 49 du règlement du 30 août 1873, page 171, et du règlement du 15 décembre 1875, *Journal militaire*, 1er 1876, page 440, les corps de troupes à cheval devaient verser au Trésor, pour l'entretien, à l'école de cavalerie de Saumur, de leurs sous-officiers élèves, une somme de 250 francs pour chacun d'eux et cette somme devait être prélevée sur les fonds de la masse d'entretien du harnachement et ferrage (art. 44 du règlem[t] du 26 mai 1881, page 330); mais la note du 14 février 1882, page 56, a supprimé définitivement ces versements.

Les officiers d'instruction de cavalerie et d'artillerie, les sous-officiers élèves officiers et les élèves télégraphistes sont envoyés montés, sauf ceux appartenant à des régiments pourvus de chevaux entiers et à des compagnies de cavaliers de remonte, lesquels reçoivent, à titre provisoire, un cheval d'armes de l'Ecole.

Le transport des chevaux a lieu par les voies ferrées (aller et retour).

Les officiers d'instruction emmènent, en outre, un soldat-ordonnance démonté qui conserve la tenue de son arme et reçoit la solde de l'Ecole. (Art. 41 du règlemt du 25 mai 1883, page 760.)

Nota. — Les chefs de corps adressent directement au conseil d'administration de l'école les pièces ci-après :
1° *Officiers d'instruction* : Le livret matricule;
— Extrait du registre du personnel;
— Livret matricule du cheval.
2° *Sous-officiers élèves officiers* : Le livret matricule du sous-officier (remplaçant le feuillet matricule);
— Le livret matricule du cheval. (2 mars 1875, 171.)
3° *Cavaliers* : Livret matricule.

La mise en route a lieu sur l'ordre du commandement. (Décis. du 7 septembre 1874, page 268.) Voir le tableau B, page 164, pour les effets à emporter.

Le harnachement des chevaux des sous-officiers élèves et des élèves télégraphistes doit être mis en bon état avant le départ. On ne doit pas emporter les bridons, licols et surfaix d'écurie, lesquels sont fournis par l'Ecole. (Note du 24 septembre 1883, page 253.)

Ouvrages divers

AU COMPTE DE LA MASSE D'ENTRETIEN DU HARNACHEMENT ET FERRAGE

(Voir *Remonte*, pour l'établissement du compte annuel de gestion.)

Cours d'iconographie fourragère, de Naudin et Gourdon. — Par dépêche du 19 novembre 1866, le ministre a prescrit aux corps de cavalerie de l'intérieur et aux établissements chefs-lieux de circonscription de remonte, de souscrire pour un exemplaire à l'ouvrage de MM. Naudin et Gourdon intitulé : *Iconographie fourragère, suivie d'un traité de l'alimentation du cheval.*

L'ouvrage se compose de cinq fascicules du prix de 17 francs l'un. (19 novembre 1866 (M) et 29 décembre 1871, concernant la cavalerie.)

Dépense d'achat et de transport imputable à la masse d'entretien du harnachement et ferrage, acquittée au moyen d'un mandat à l'ordre de M. Asselin, libraire-éditeur, place de l'Ecole-de-Médecine, n° 4. (19 novembre 1866 M.)

Les corps d'artillerie et du train ont été autorisés à acheter les deux premiers fascicules au prix de 17 francs (Dép. du 15 décembre 1866 M); le troisième, au prix de 18 francs, port compris (23 juillet 1867 M); le quatrième, au prix de 18 francs, également port compris (15 décembre 1868 M).

Une dépêche du 14 avril 1874 (M) a autorisé le 37e d'artillerie à acheter chez M. Asselin l'ouvrage entier intitulé : *Nouvelle Iconographie fourragère*, au prix de 85 francs.

Une note du 30 juillet 1883 rappelle que tous les corps à cheval, écoles et établissements de remonte doivent être pourvus de cet ouvrage et dispose que le prix des 5 fascicules (85 fr.) doit être acquitté directement au profit des éditeurs sur les fonds de la masse d'entretien du harnachement et ferrage.

Revue militaire française (de technologie, d'art et d'histoire militaire), dirigée par M. Noblet. — Les dépôts de remonte avaient été autorisés, par décision du 17 décembre 1869 (M), à s'abonner à cette revue au prix de 27 francs, imputable à la masse de harnachement et ferrage, mais le ministre a retiré cette autorisation par dépêche du 6 juin 1874.

Les chefs de corps et de légion de gendarmerie continuent seuls à s'abonner à cette revue; la dépense est imputable à la masse d'entretien et de remonte. (Circ. du 21 janvier 1870 M.)

Recueil d'hygiène et de médecine vétérinaires militaires. — Les corps de troupes à cheval et les établissements de remonte reçoivent, par les soins du ministre de la guerre, l'ouvrage intitulé : *Recueil d'hygiène et de médecine vétérinaires militaires*, publié par la commission d'hygiène hippique et édité par Dumaine, imprimeur-libraire à Paris.

Cet ouvrage forme deux séries :

La 1re série se compose de vingt volumes environ, de différents prix; le dix-neuvième volume a été payé 20 francs. (18 février 1873 M.)

Le deuxième volume de la 2e série a été payé au prix de 9 francs; le troisième 8 fr. 25 c., le quatrième 10 francs, le cinquième 10 fr. 75 c., le sixième 9 fr. 60 c., le septième 9 fr. 40 c., le huitième 7 fr. 50 c., le neuvième 8 fr. 95 c., imputables sur la masse d'entretien du harnachement et ferrage. Les corps et établissements versent cette somme au Trésor et les récépissés sont transmis au ministre (Bureau des remontes). (Diverses dépêches.) Cet ouvrage étant adressé au dépôt des corps, c'est au dépôt que le versement au Trésor doit être fait. (Note du 6 avril 1883, page 349.)

Manuel hippique sommaire. — Les établissements de remonte sont autorisés à souscrire pour deux exemplaires au livre intitulé : *Manuel hippique sommaire*, publié par M. Goin, éditeur à Paris, rue des Écoles, n° 62.

Le prix (1 franc par exemplaire) est payé sur les fonds de la masse d'entretien du harnachement et ferrage de chaque dépôt.

*Journal l'*Argus *des haras et des remontes* (Supprimé). — Par décision du 1er janvier 1873 (Circ. du 8 dudit), le ministre a supprimé cet abonnement dans les corps de cavalerie, établissements de remonte et militaires.

Journal des haras, publié par M. Houel. — Les dépôts de remonte, seuls, doivent recevoir ce Recueil. La dépense incombe à la masse d'entretien du harnachement et ferrage. (Circ. du 18 mars 1874.) Prix : 35 francs. Dép. minist. du 1er décembre 1883 M.) S'adresser au propriétaire-gérant du journal, 4, rue Chalgrin, à Paris.

Traité sur la conformation du cheval. — Tous les corps à cheval et établissements militaires avaient été autorisés, par une dépêche du 26 novembre 1856, à souscrire à un ouvrage de M. Richard, intitulé : *De la conformation du cheval.* Prix : 8 francs. Dépense imputable à la masse d'entretien du harnachement et ferrage.

Nota. — Cette disposition parait être tombée en désuétude.

Observations sur le service de la cavalerie en campagne. — Une dépêche, en date du 10 octobre 1858 (M) dispose que les corps de cavalerie sont autorisés à acheter, sur les fonds de la masse d'entretien du harnachement et ferrage, l'ouvrage intitulé : *Observations sur le service de la cavalerie en campagne*, et à s'adresser directement à Dumaine afin de se procurer le nombre d'exemplaires nécessaire pour en pourvoir tous les sous-officiers et brigadiers.

Programme élémentaire d'un cours d'art et d'histoire appliqué à la cavalerie. — La décision du 11 juillet 1866 (M) autorise les corps de cavalerie à faire l'achat pour leur bibliothèque, de l'ouvrage publié par M. le commandant Humbert, sous le titre de : *Programme élémentaire d'un cours d'art et d'histoire appliqué à la cavalerie.* — Le prix de cet ouvrage, chez M. Javaux, libraire-éditeur à Saumur, est de 9 francs, y compris l'atlas, la reliure et le port de l'exemplaire. (Dépense imputable à la masse d'entretien du harnachement et ferrage.)

Principes généraux du cavalier arabe. — La décision du 26 juillet 1854, page 389, dispose que les corps de cavalerie et compagnies de cavaliers de remonte recevront : les premiers, 160 exemplaires, et les autres, 44 exemplaires de l'ouvrage intitulé : *Principes généraux du cavalier arabe*, par le général Daumas. — Prix : 0,50 c. le volume.

La dépense est imputable à la masse d'entretien du harnachement et ferrage et est payée en un mandat à l'ordre de M. Hachette, éditeur à Paris.

Le 9 octobre 1854, le ministre a autorisé les régiments d'artillerie à acheter cet ouvrage sur le même fonds et au même prix que ci-dessus :

70 exemplaires pour chaque régiment à pied,
50 — pour les pontonniers,
160 — pour les régiments montés,
90 — pour ceux à cheval.

Leçons de pathologie comparée. — Une dép. minist. du 14 mars 1882 (M) a prescrit la fourniture aux corps de troupes à cheval, écoles militaires et dépôts de remonte de l'ouvrage intitulé : *Leçons de pathologie comparée* par M. Bouley. Prix : 9 fr. 25 c. imputable à la masse d'entretien du harnachement et ferrage. Paiement par versement au Trésor et récépissé adressé au ministre (Bureau des remontes).

Cours complet d'hippologie, de M. Vallon. — L'école de cavalerie, l'école de Saint-Cyr et les corps de troupes à cheval doivent faire l'acquisition, pour leur bibliothèque, de deux exemplaires du *Cours complet d'hippologie*, de M. Vallon, vétérinaire principal. Le prix de ces deux exemplaires est de 12 francs, imputable à la masse d'entretien du harnachement et ferrage.

Les demandes et les mandats de paiement sont adressée à M. Javaud, libraire-éditeur à Saumur. (Note minist. du 11 juin 1863, page 247.) Cette note est applicable aux dépôts de remonte qui peuvent, en outre, acheter cinq exemplaires de l'abrégé du même ouvrage. (12 septembre 1863, page 493.) Les frais de port et de cartonnage sont payés sur le même fonds.

La note du 11 juin 1863 autorisait les corps et les écoles de cavalerie et de Saint-Cyr à acheter l'abrégé de ce cours au prix de 3 francs sur les fonds de la masse générale d'entretien, mais cette dépense incombe aujourd'hui au service des écoles. (Renvoi 1 de la page 247 du tome X du *Journal militaire* refondu.) — (Voir *Théories et ouvrages divers*, pour l'abrégé du cours d'hippologie.)

Recueil de médecine vétérinaire, édité par M. Labé. — La circulaire du 29 novembre 1853, page 853, dispose que les régiments de cavalerie, d'artillerie et du génie, les escadrons du train des équipages, la garde de Paris, l'école de cavalerie, l'école de Saint-Cyr, ainsi que les établissements de remonte, sont tenus de prendre un abonnement au *Recueil de médecine vétérinaire* publié par les soins de M. Labé, libraire-éditeur, place de l'Ecole-de-Médecine, 4, à Paris. Aujourd'hui, c'est à M. Asselin, place de l'Ecole-de-Médecine, 4, que les demandes et mandats doivent être adressés. (12 février 1875, page 197 S.)

Le prix de cet abonnement est de 14 fr. 50 c. à Paris, et de 16 francs pour les départements. (Décis. du 12 février 1875, page 197 S.)

La dépense est imputable sur la masse d'entretien du harnachement et ferrage. (29 novembre 1853, page 853.)

Chaque corps doit envoyer cette somme à l'éditeur, dans les quinze premiers jours de janvier, en un mandat à l'ordre de ce libraire. (22 juin 1854, page 380.)

Dictionnaire pratique de médecine, de chirurgie et d'hygiène vétérinaires, de MM. Boulay et Raynal. — Par décision du 11 mars 1864, page 829, le ministre a autorisé les corps de cavalerie, les escadrons du train des équipages et les établissements de remonte à souscrire, pour un exemplaire, au *Dictionnaire de médecine, de chirurgie et d'hygiène vétérinaires*, publié par MM. Bouley et Raynal.

Prix de chaque volume : 7 fr. 50 c.; 12 ou 13 volumes, mandat adressé à M. Asselin, libraire-éditeur à Paris, place de l'Ecole-de-Médecine.

Dépense au compte de la masse d'entretien du harnachement et ferrage.

Une dép. du 15 novembre 1879 a fait connaître que la publication de cet ouvrage était interrompue ; mais une note du 17 février 1881, page 71, porte qu'elle a été reprise et que les corps de troupes à cheval et établissements de remonte déjà possesseurs des premiers volumes de cet ouvrage continueront, en vertu de la décision du 11 mars 1864, à recevoir, au fur et à mesure de leur publication, les volumes de ce dictionnaire.

Ouvrage de M. Gayot, intitulé : La Connaissance du Cheval. — Les établissements de remonte et l'école de cavalerie sont autorisés à souscrire, chacun pour un exemplaire, à l'ouvrage de M. Gayot, intitulé : *La Connaissance du Cheval.* (Grand in-8° avec atlas de 163 figures.)

Les demandes doivent être adressées à M. Firmin Didot, éditeur, rue Jacob, n° 56, à Paris.

La dépense, qui est de 15 francs, est imputable à la masse d'entretien du harnachement et ferrage. (Décis. du 18 septembre 1863, page 510.)

Hygiène des animaux domestiques. — Une dépêche du 4 juin 1870 (M) autorise les corps de cavalerie et les dépôts de remonte à s'abonner à l'ouvrage de M. Sanson, intitulé : *Hygiène des animaux domestiques.*

Prix : 4 francs, imputable à la masse d'entretien du harnachement et ferrage.

Nota. — Le ministre a, en outre, envoyé aux dépôts de remonte un ouvrage intitulé : *Des origines du Cheval domestique*, et un autre intitulé : *La Botte de foin.*

Traité de l'extérieur du cheval, de MM. Goubaux et Barrier. — La note du 11 février 1885, p. 184, autorise les corps de troupe à cheval, les Ecoles militaires et les établissements de remonte à souscrire pour un exemplaire au compte de la masse d'entretien du harnachement et ferrage.

Prix : 14 fr. 63. Editeurs : MM. Asselin et Houzeaux, place de l'Ecole-de-Médecine, à Paris.

Revue des haras, de l'agriculture et du commerce. — Une note ministérielle du 4 février 1875, page 180 (S), autorise les commandants de circonscriptions et dépôts de remonte à prendre un abonnement à cette Revue, dont M. Alphonse Morin, à Neuilly, est le directeur et le rédacteur en chef.

Le prix de l'abonnement, fixé à 30 francs par an, doit être acquitté par la masse d'entretien du harnachement et ferrage des établissements.

Journal La France chevaline. — Les commandants des circonscriptions de remonte et les dépôts de remonte en France sont autorisés à prendre un abonnement à ce journal, dont le prix est de 33 fr. à Paris et de 36 fr. pour les départements. Dépense imputable à la masse d'entretien du harnachement et ferrage de chaque établissement. — M. Jules Cauchois, directeur, 11, rue Moncey, à Paris. (Dép. du 28 mars 1878 M.)

Dictionnaire vétérinaire d'Hurtrel d'Arboval, revu par Zundel.

Cet ouvrage, qui comprend 3 volumes, a été adressé aux corps de cavalerie en 1879. Prix 46 fr. 20, imputable à la masse d'entretien du harnachement et ferrage et versé au Trésor. Le récépissé a été adressé, à l'administ. centrale (Bureau des remontes). (Dép. du 15 novembre 1879 adressée au 10e régt de dragons.)

Ordonnance du 10 mai 1844 annotée par M. Durand, pour les dépôts de remonte. (V. page 358.)

Traité des désinfectants et de la désinfection, de M. Vallin, médecin principal, professeur au Val-de-Grâce. La note du 9 juillet 1883, page 91 (S), autorise les corps à cheval, écoles et établissements de remonte à acheter cet ouvrage au prix de 9 fr. 25 imputable sur la masse d'entretien du harnachement et ferrage. Editeur : M. Masson.

Traité pratique de maréchalerie, de M. Goyau, vétérinaire principal. — Les corps à cheval, écoles et établissements de remonte peuvent, s'ils le jugent utile, se procurer ce traité au prix de 10 fr. imputable à la masse d'entretien du harnachement et ferrage. Editeurs : MM. Baillière, rue Hautefeuille, 19, à Paris. (Note du 20 juillet 1883, page 95 S.)

Etude de pathologie comparée. — La fièvre typhoïde chez le cheval et chez l'homme, de M. Servoles, vétérinaire en premier. Prix 8 fr., imputable à la masse d'entretien du harnachement et ferrage. Editeurs : MM. Asselin et Cie, place de l'Ecole-de-Médecine, à Paris.

Tous les corps à cheval, écoles militaires et établissements de remonte doivent y souscrire pour un exemplaire. (Note du 30 juillet 1883, page 258.)

Tous ces ouvrages sont laissés à demeure lors des changements de garnison. (Tarif du 30 novembre 1855, page 798, appendice D 3 et note du 6 mai 1870, page 66.) (Voir *Transports*.)

Nota. La note du 2 mai 1882, page 263, autorise les corps de troupe à cheval, les Ecoles et les établissements militaires à faire relier au compte de leur masse d'entretien du harnachement et ferrage, les ouvrages dont ils sont pourvus pour leur bibliothèque vétérinaire.

Prix :	2 fr. 50	par volume	in 4° ;
	1 fr. 50	id.	in 8°
	0 fr. 90	id.	in 12 et au-dessous.

Dépenses au compte de la deuxième portion de la masse générale d'entretien.

(Dans la comptabilité, les objets énumérés ci-après sont rattachés au service de l'habillement, étant compris dans la nomenclature de ce service.)

1° *Fanions d'alignement.* — Les régiments d'infanterie font usage de fanions d'alignement à raison de un par bataillon. Cet objet, du modèle désigné par la description de l'uniforme, est acheté au compte de la deuxième portion de la masse générale d'entretien. (Description du 15 mars 1879, pages 240 et 321.)

Le prix de la nomenclature du service de l'habillement, en date du 31 décembre 1878, est de 2 fr. 75.

Pour les fanions de tir, voir *Ecole de tir*.

2° *Cordeaux pour l'Ecole des sous-officiers.* — L'article 67 de l'instr. du 23 juin 1857 (M) disposait que les corps devaient être pourvus de cordeaux pour l'école des sous-officiers, sur les fonds de la deuxième portion de la masse générale d'entretien ; mais cette disposition n'a pas été maintenue par les nouveaux règlements sur les exercices. Si les corps désirent en faire usage, ils doivent demander une autorisation de dépense.

OUVRAGES DIVERS ET PUBLICATIONS PÉRIODIQUES (1)

3° *Annuaire militaire.* — Une circulaire du 12 octobre 1837 (M), rappelée par l'instr. du 15 mars 1872, page 54, autorise les conseils d'administration des corps de troupes de toutes armes à se procurer l'*Annuaire militaire* au prix de 7 francs, frais de transport et de reliure compris, imputable sur les fonds de la deuxième portion de la masse générale d'entretien.

Cet ouvrage n'est pas attribué aux corps d'une seule compagnie (Dép. du 1er décembre 1845 (M), et il n'en est alloué qu'un exemplaire, même aux corps susceptibles de se fractionner en portion active et dépôt. (Solution ministlle du 22 septembre 1853.)

Les établissements de remonte (chefs-lieux, annexes ou succursales) et les écoles de dressage sont autorisés, par une décision du 10 juillet 1857, page 341, à souscrire à cet ouvrage sur les fonds de la masse d'entretien du harnachement et ferrage.

Il n'en est pas attribué aux compagnies de gendarmerie. (Dép. du 29 avril 1865 M.)

Depuis plusieurs années, des circulaires annuelles du ministre fixent le prix de cet annuaire.

La note du 30 juin 1884, page 1450 (S) autorise les corps à en faire l'achat en 1884 aux conditions suivantes :

Prix de l'ouvrage proprement dit, broché, pris à Paris........			6 fr. 50
Reliure en basane pour les corps qui la demandent...........			2 fr. 50
Port......	En France, dans les localités desservies par des chemins de fer (broché ou relié).....................		0 fr. 85
	Pour l'Algérie, la Tunisie et toutes les localités non desservies par des chemins de fer................	broché	1 fr. 30
		relié..	1 fr. 40

(On peut s'adresser à Berger-Levrault, éditeur à Paris ou à Nancy).

4° *Journal militaire officiel.* — La circulaire ministérielle du 25 juin 1818, page 18, prescrit la publication d'un journal militaire officiel, et celles des 22 janvier 1827, page 222, et 31 janvier 1832, page 12, disposent qu'il sera envoyé aux corps et aux frais de l'Etat.

Le tableau du 15 janvier 1846, page 658, fixe le nombre d'exemplaires alloués, savoir :

A tout corps de troupe composé de plusieurs bataillons ou escadrons, et aux bataillons de chasseurs (Instr. du 17 mars 1884, art. 43, page 467 (S).. dont un pour le chef de corps.	2	exempl.,
Aux autres corps..	1	—
Compagnies de gendarmerie..	1	—
Dépôts de remonte...	1	—
Succursales, *id*...	1	—
Écoles militaires...	2	—
Pénitenciers militaires et ateliers de condamnés....................	1	—
Chefs de corps de l'armée territoriale. (Circ. du 21 janvier 1879 (M) et art. 334 de l'instr. du 28 décembre 1879, refondue)...........	1	—

La décision du 7 août 1873, page 106, ajoute que le *Journal militaire* sera divisé en deux parties : *partie réglementaire* et *partie supplémentaire* ; que la première sera seule collectionnée et que l'autre sera conservée pendant cinq ans.

Les détenteurs sont personnellement responsables de la conservation de cet ouvrage. Ils en font la remise à leurs successeurs en cas de mutations. Les lacunes, s'il y en a, sont comblées aux frais des officiers en défaut. (Décision du 15 novembre 1840, page 654.)

La circulaire du 12 octobre 1837 (M), rappelée par l'instr. du 15 mars 1872, page 54, autorise les corps à faire relier ce journal et à imputer la dépense sur les fonds de la deuxième portion de la masse générale d'entretien (2). Mais la décision du 16 février 1874, page 136, porte que la partie réglementaire sera seule reliée et que l'autre sera brochée, et celle du 2 février même année, page 58, fixe à 1 fr. 50 c. par

(1) Voir *Transports*, pour les ouvrages à laisser sur place. Tous, moins le *Journal militaire*, sont laissés à demeure. (Tarif du 30 novembre 1855, page 798, appendice D), notes du 6 août 1868, page 201 et du 6 mai 1870, page 66.)

(2) Dans les dépôts de remonte, c'est la masse d'entretien du harnachement et ferrage qui supporte la dépense ; pour les écoles militaires, ce sont les fonds du matériel de chaque établissement, etc.

volume le prix de la reliure. En Algérie, le prix de la reliure est de 1 fr. 75. (Dépêche ministérielle du 1er mars 1875, adressée à Constantine.) Le prix de la brochure n'est pas fixé, il est ordinairement de 0,50 c. au plus. Toutefois, une dépêche ministérielle du 26 septembre 1882 (M) invite les corps à se renfermer dans cette limite. Les frais de reliure et de brochage du journal des chefs de corps de l'armée territoriale, de même que ceux de l'abonnement, sont imputés sur le budget des réserves et de l'armée territoriale. (21 janvier 1879 M.)

Nota. — Lorsque la reliure a besoin d'être renouvelée, la nécessité en est constatée par le sous-intendant militaire et la dépense est imputée de la même manière.

La note du 31 juillet 1874, page 66, a prescrit de faire relier le *Journal militaire* refondu et d'imputer la dépense sur les fonds de la masse générale d'entretien.

La dépêche ministérielle du 18 janvier 1861 (M) dispose qu'on doit indiquer le nombre de volumes reliés, sur l'état annuel des recettes et dépenses de la masse générale d'entretien, afin qu'il soit possible de constater si la dépense a été renfermée dans la limite réglementaire, et une note du 21 avril 1884, page 1031 (S) a prescrit de faire relier *à part* :

1° En un volume, les trois règlements du 28 décembre 1883 sur le service intérieur; 2° le règlement de même date sur le service de santé.

Les corps changeant de garnison doivent emporter la collection du *Journal militaire*. (Notes du 6 août 1868, page 201, et du 6 mai 1870, page 66.)

On doit réclamer au ministre (Bureau des archives) les numéros non parvenus. (Avis du 10 avril 1861, page 219.)

La table générale des dispositions insérées au *Journal militaire*, distribuée brochée aux détenteurs du *Journal militaire*, n'est pas reliée. (Note du 9 juillet 1884, page 26 S).

5° *Guide à l'usage des militaires et marins voyageant isolément sur les chemins de fer*, par de Bellefonds. — Les différents corps de l'armée sont autorisés à acheter cet ouvrage sur les fonds de la masse générale d'entretien. (Notes ministlles du 6 août 1862, page 867, et du 5 août 1879, page 271 S.)

La note du 5 août 1879 en fixe le prix à 3 francs, broché. Il n'y a pas lieu de le faire relier. Les régiments, bataillons ou escadrons formant corps peuvent être pourvus de trois exemplaires (un pour la bibliothèque du corps, un pour le bureau du major et un pour le bureau du trésorier). Les compagnies et sections formant corps ont droit à un exemplaire, ainsi que les compagnies de gendarmerie.

6° *Cartes des étapes*, *livret des étapes*, *règlement sur les transports* (fournis par le ministre). — La circulaire du 5 novembre 1874 (M) autorise les corps à imputer sur les fonds de la deuxième portion de la masse générale d'entretien les dépenses suivantes :

Pour le collage sur toile, le vernissage et le montage de la carte des étapes.	4 »
Pour la reliure ou le cartonnage du livret des étapes....................	» 75
Pour la reliure ou le cartonnage du règlement sur les transports..........	1 75

7° *Description de l'uniforme et cahiers des charges*. — Les frais de reliure de la description de l'uniforme du 15 mars 1879 (prix : 2 fr. 50) et du cahier des charges des fournitures d'effets d'habillement et d'équipement avec les instructions des 9 et 13 mars et 3 avril 1879, le tout compris dans le même volume (prix maximum : 2 fr. 50), sont au compte de la deuxième portion de la masse générale d'entretien. (Note du 26 mai 1879, page 1126 (S), et circ. du 25 juin 1879, page 1207 S.) Pour les fonctionnaires de l'intendance et autres, cette dépense est à leur compte. (25 juin 1879.)

8° *Placards*. (Voir *Casernement*, page 220, et ci-après page 364.)

9° *Théorie sur la manœuvre de la pompe à incendie*. (Voir ci-après la nomenclature des théories.) — Les théories sur la manœuvre de la pompe à incendie, nécessaires aux sections de commis et ouvriers d'administration, doivent continuer à être achetées sur les fonds de la masse générale d'entretien. (Dép. du 11 décembre 1874 (M) concernant la 8e section de commis et ouvriers d'administration.)

Prix de la nomencl. du service des subsistances : 0 fr. 60 ; celui de la nomencl. des écoles n'est que de 0 fr. 09.

Les règlements du 28 décembre 1883 sur le service intérieur prescrivent d'exercer les troupes à la manœuvre de la pompe à incendie.

10° *Instruction ministérielle du 8 mars* 1823 (insérée au *Journal militaire*, page 115) concernant les actes de l'état civil, imprimée en une petite brochure annotée.

L'article 219 de l'ordonnance du 3 mai 1832, page 115, sur le service en campagne, faisait une obligation à chaque conseil d'administration d'emporter cette instruction pour la consulter au besoin : bien que cette disposition n'ait pas été reproduite dans le règlement du 26 octobre 1883, elle doit toujours être observée.

Il en résulte nécessairement que les conseils doivent en faire l'achat.

La dépense est imputable à la masse générale d'entretien. (Voir *Imprimés*, page 368.)

11° *Manuel des circonscriptions militaires de la France.* — Prix : 2 fr. 30 c. le volume lorsqu'il est livré dans les bureaux des éditeurs, MM. Berger-Levrault et Cie, à Nancy et à Paris, et 2 fr. 60 c. dans le cas contraire. Il est alloué un exemplaire par corps ou fraction de corps détachée. Dépense imputable à la masse générale d'entretien. (Note du 24 septembre 1877, page 302 S.)

12° *Recueil administratif à l'usage des corps de troupes de toutes armes*, par M. Charbonneau, officier d'administration des bureaux de l'intendance militaire. Prix : 12 fr., non compris le port qui est fixé à 1 fr. 50. (Décis. minist. du 7 octobre 1878, page 445 S.)

Cette mesure est applicable aux corps de troupes de l'armée de mer. (Décis. du ministre de la Marine en date du 2 décembre 1878 M.)

13° *Répertoire général alphabétique du* Journal militaire *officiel*, par M. Blochet, officier d'administration en retraite. Prix : 16 francs, port compris. Les demandes sont adressées à l'auteur, à Paris, 15, rue de la Vieille-Estrapade. Dépense imputable à la deuxième portion de la masse générale d'entretien. (Décis. du 22 janvier 1879, page 138, S.)

Les dépôts de remonte peuvent l'acheter sur les fonds de la masse d'entretien du harnachement et ferrage. (Dép. du 2 décembre 1880, n° 6041.)

Les corps sont autorisés à le faire relier au prix maximum de 2 fr. 50, sur les fonds de la 2e portion de la masse d'entretien. (Note du 4 mars 1881, page 218 S.)

Mais cette autorisation ne s'étend pas aux compagnies de gendarmerie. (Dép. du 29 décembre 1883 M.)

14° *Questionnaire* sur les obligations militaires des disponibles, des réservistes, des hommes de l'armée territoriale et de sa réserve, par M. le commandant Poirot. Prix : 0 fr. 30, frais de transport et de recouvrement compris. Un exemplaire pour chacun des gradés (sous-officiers, caporaux ou brigadiers) des corps de toutes armes, y compris la gendarmerie, la garde républicaine et la légion mobile. La dépense est imputable à la masse générale d'entretien, ou à celle d'entretien et de remonte pour les corps ou compagnies de gendarmerie. L'éditeur est M. Baudoin (successeur de M. Dumaine), à Paris, rue et passage Dauphine, 30. (Note minist. du 2 février 1881, page 90 S.)

La note du 2 décembre 1882, page 422, autorise, en outre, les corps de troupe d'infanterie à pourvoir de ce Questionnaire les élèves du peloton d'instruction. La dépense est imputable à la masse générale d'entretien.

La note du 14 janvier 1884, page 28 (S) prescrit aux corps de se pourvoir de la dernière édition (la 10e) et de rectifier la 9e ; les autres seront réformées.

Les remplacements sont opérés dans les conditions indiquées par cette note, laquelle prescrit de délivrer ce Questionnaire aux engagés conditionnels et en fixe le prix à 0 fr. 35 c.

15° *Manuel de l'officier de police judiciaire militaire* par MM. Champoudry et Daniel, un volume par corps. Prix : 4 fr. 20 c. Les demandes sont adressées affranchies à MM. Laroze et Forcel, éditeurs, 22, rue Soufflot, à Paris.

La dépense incombe à la 2e portion de la masse générale d'entretien.

Cet ouvrage ne doit pas être relié. (Note minist. du 30 mars 1881, page 406 S.)

16° *Ordonnance du* 10 *mai* 1844 portant règlement sur l'administration et la comptabilité des corps de troupe, modifiée d'après les décrets des 7 août 1875 et 1er mars 1880, par M. Durand, officier d'administration des bureaux de l'intendance militaire ; un volume par corps, excepté dans la gendarmerie qui n'est pas autorisée à faire cet achat.

Les demandes sont adressées à MM. Baudoin et Cie, éditeurs (successeurs de M. Dumaine), passage Dauphine. Prix de l'ouvrage broché : 3 fr. 60, et 4 fr. rendu *franco*, imputable à la masse générale d'entretien. Le cartonnage peut être effectué aux frais de la masse générale d'entretien dans la limite de 1 franc. (Décis. minist. du 15 mars 1882, page 332 S.)

La décision ministérielle du 6 mai 1882, page 264, autorise l'achat de cet ouvrage par les dépôts de remonte sur les fonds de la masse d'entretien du harnachement et ferrage.

17° Ouvrage de M. le commandant Rau, intitulé : *L'état militaire des principales puissances étrangères au printemps de* 1883. La note du 21 juillet 1883, page 187 (S) en autorise l'achat d'un exemplaire par corps de troupe sur les fonds de la masse générale d'entretien. Prix : 4 fr. 25 port compris. Editeurs : Berger-Levrault et Cie, rue des Beaux-Arts, n° 5, à Paris.

18° *Guide pratique pour servir à la tenue des registres matricules et des livrets*, par M. le capitaine Desvoyes. Prix : 2 fr. broché, y compris tous autres frais ; imputable à la masse générale d'entretien (2° portion). Cet achat peut être fait à raison de : 5 exemplaires pour les régiments d'infanterie et de cavalerie ; 6 pour les régiments de chasseurs d'Afrique, de spahis, d'artillerie et de pontonniers, du génie ; 1 pour les bataillons, escadrons, compagnies ou sections formant corps.

Cette disposition n'est pas applicable à la gendarmerie.

Les demandes sont adressées à MM. Berger-Levrault, éditeurs, à Paris, rue des Beaux-Art, n° 5. (Décis. du 15 mai 1884, page 629.)

19° *Abrégé du Manuel de législation, d'administration et de comptabilité militaires* de M. le major Beaugé. Dépense d'achat et de reliure d'un volume au compte de la 2° portion de la masse générale d'entretien. Cette autorisation n'est pas applicable à la gendarmerie. 4 exemplaires pour les écoles d'enfants de troupe. (Note du 16 septembre 1884, page 374 S.)

Ouvrages au compte de la masse individuelle.

Une note ministérielle du 5 octobre 1882, page 290 (S) autorise les militaires de l'armée active, avant leur départ du corps, ainsi que les réservistes et les hommes de l'armée territoriale, lors des convocations annuelles, à acheter l'ouvrage intitulé : *Guide pratique du soldat dans ses foyers*, au prix de 0 fr. 16 l'exemplaire.

Les demandes doivent être adressées par les corps à M. Ph. Boyer, libraire-éditeur à Romans (Drôme).

La dépense est imputée à la masse individuelle, pour les militaires de l'armée active, et sur l'indemnité de linge et chaussure, pour les réservistes et territoriaux.

Dépenses au compte des officiers.

1° *Journal officiel*. — Aux termes des décisions des 10 juillet 1852, page 428, et 10 août même année, page 463, les colonels des régiments d'infanterie, de cavalerie, d'artillerie et du génie doivent recevoir un exemplaire du *Moniteur universel* (aujourd'hui *Journal officiel*).

La première de ces décisions dispose que le montant de l'abonnement, fixé à 40 francs par an, sera imputé sur les indemnités de frais de bureau (aujourd'hui indemnités pour frais de service). D'après le rapport qui précède le décret du 25 décembre 1875, page 755, cet abonnement est déduit des allocations attribuées par les tarifs ; de telle sorte que les sommes nettes à payer pour frais de service figurent seules dans les comptes des ordonnateurs et dans ceux des corps, l'administration centrale restant chargée d'effectuer et de régulariser les opérations relatives au remboursement.

La décision du 12 novembre 1862, page 899, ajoute que la conservation de cette collection n'est obligatoire que pour l'année courante et les deux années antérieures, et que le surplus doit être versé annuellement au domaine pour être vendu.

Les chefs de corps sont responsables de sa conservation. (Décis. du 10 août 1852, page 462, qui prescrit en outre de réclamer au ministre (bureau des lois et archives) les numéros non parvenus.) Il est laissé sur place lors des changements de garnison. (Note du 6 mai 1870, page 66.)

(Pour les documents au compte des comptables, voir *Solde*, page 337.)

2° *Bulletin des lois* (Reliure). — Les écoles militaires, les chefs de légion de gendarmerie, les établissements de l'artillerie et du génie sont, en dehors des officiers généraux et fonctionnaires de l'intendance, etc., les seuls qui reçoivent gratuitement un exemplaire du *Bulletin des lois*. (Arrêté du 6 janvier 1842, page 72.) Toutefois, par décision du 31 mars 1884, le ministre en a attribué un exemplaire à certains commandants d'armes et a réduit à un le nombre d'exemplaires accordés lorsque deux ou plusieurs sous-intendances se trouvent réunies.

Les livraisons de ce Recueil, demeurant la propriété de l'Etat, sont conservées par les officiers dépositaires, et remises à leurs successeurs en cas de mutations. Ils en sont responsables, et, à ce titre, tenus de faire combler à leurs frais les lacunes qui viendraient à se produire par leur faute. (Arrêté du 6 janvier 1842, page 72.) Cet arrêté et la note du 28 juin 1866 fixent à un le nombre d'exemplaires accordé. La décision du 5 novembre 1863, page 704, dispose que cette collection doit être reliée au compte des officiers qui la reçoivent lorsqu'ils touchent des frais de bureau. Dans le cas contraire, c'est le service qui paie sur les fonds du matériel d'exploitation.

L'arrêté du 6 janvier 1842 précité prescrit d'adresser directement au directeur de l'Imprimerie nationale les demandes relatives aux numéros non parvenus ou à remplacer.

3° *Cours de l'Ecole d'application de l'artillerie et du génie.* — Les parties prenantes doivent verser directement au Trésor le montant de la valeur des cours qui peuvent leur être cédés, et le récépissé doit accompagner la demande qui est adressée au Conseil d'administration de l'Ecole. (Avis du 19 mars 1881, page 226.) Ces dispositions ont été modifiées en ce qui concerne les parties prenantes étrangères à l'Ecole, par l'avis du 15 mars 1882, page 84, aux termes duquel les demandes doivent être adressées au général commandant l'Ecole. Celui-ci fait connaître au sous-intendant militaire chargé de la surveillance administrative de cette Ecole les cours qui peuvent être cédés, et ce fonctionnaire délivre ensuite à la partie prenante un ordre de reversement au Trésor.

4° Les officiers peuvent acquérir à prix réduits *les cartes provenant du Service géographique de l'armée.*

Ils doivent s'adresser directement aux libraires dûment autorisés à les vendre soit à Paris, soit en province. (Circ. du 11 novembre 1883, page 563.)

Publications ne donnant lieu à aucune dépense dans les corps.

Revue militaire de l'Etranger. — Moniteur de l'armée.

Par décision du 10 novembre 1875, page 635, le ministre a prescrit qu'un exemplaire du recueil intitulé : *La Revue militaire de l'Etranger*, publié par les soins de l'état-major général, serait envoyé gratuitement aux chef de corps :

Des régiments d'infanterie de ligne (y compris les corps spéciaux de l'Algérie),
Des bataillons de chasseurs à pied,
Des bataillons d'infanterie légère d'Afrique,
Des régiments de cavalerie,
— d'artillerie,
— du génie,
Des escadrons du train des équipages.

Cet envoi est affecté à l'emploi et non à la personne. (Décis. du 10 novembre 1875, page 635), c'est-à-dire que les officiers sont responsables de la conservation de cette collection et qu'ils doivent la remettre à leurs successeurs.

La décision précitée ajoute que le journal le *Moniteur de l'Armée* sera également envoyé gratuitement à ces corps de troupes.

Les chefs de corps de l'armée territoriale reçoivent aussi la *Revue de l'Etranger* (10 novembre 1875), à l'exception de ceux de la cavalerie territoriale. (Circ. du 12 juillet 1884, page 76 (S), ainsi que les chefs de légion de gendarmerie et les écoles militaires.

Ouvrages divers.

En 1881, le ministre a envoyé aux corps de cavalerie un exemplaire des ouvrages ci-après :

1° *Conduite d'un escadron de contact*, par M. de Biensan, capitaine au 3e régiment de cuirassiers;

2° *Cours pratique des chemins de fer*, par M. Leroy.

Ces ouvrages doivent être placés dans les Écoles régimentaires. (Circ. du 16 juillet 1881, page 187 S.)

Dépenses au compte du budget des écoles.

En exécution de la décision présidentielle du 19 novembre 1871, page 405, interprétée par l'instr. du 15 mars 1872, page 54, la fourniture des théories, règlements et placards nécessaires aux corps de troupes de toutes armes a été mise à la charge du budget des écoles.

La circulaire du 6 mars 1873, page 208, dispose, en outre, que ces ouvrages seront désormais fournis (*gratuitement*) par les soins du ministre, et, par suite, que les corps de troupes n'auront plus à faire de dépenses pour des achats de cette nature. — Elle ajoute que les chefs de corps qui ne se conformeront pas à cette disposition auront à payer la dépense sur leur solde. (Cette recommandation est renouvelée par la circ. du 12 avril 1873, page 375, concernant les engagés volontaires.)

Les exemplaires attribués et envoyés à chaque corps restent la propriété de l'Etat et sont considérés comme en dépôt dans les mains des sous-officiers, brigadiers ou caporaux auxquels ils sont confiés et qui en sont responsables.

Pour assurer cette responsabilité, chaque exemplaire doit porter les indications suivantes :

Le numéro et la désignation du corps;

Le numéro du bataillon, escadron, batterie ou compagnie;

Le numéro matricule du militaire à qui il est confié. (6 mars 1873 et instr. du 30 décembre 1883, page 890.)

La circulaire du 12 juin 1882 (M) émanant de la Direction de l'artillerie, ajoute que pour les cadres, les théories doivent suivre le gradé dans tous les changements, comme le suivent ses effets, de telle façon qu'un seul et même exemplaire de chacune d'elles suffise à un militaire pendant toute la durée de sa présence sous les drapeaux.

En dehors de celles attribuées aux cadres ou aux batteries ou compagnies, les théories sont conservées en magasin et celles des pelotons d'instruction y sont réintégrées en temps utile; celles dégradées ou perdues doivent donner lieu à des imputations au compte des détenteurs.

En cas de réintégration, les théories perdues ou dégradées par la faute des détenteurs leur sont imputées. (Instr. précitée du 30 décembre 1883.)

Les corps qui ont à remplacer une publication hors de service doivent se conformer aux dispositions suivantes :

L'instruction du 19 février 1883, page 144, porte que dans les corps de troupe d'infanterie, les objets à remplacer doivent être réformés au préalable. Un état n° 5, approuvé par l'inspecteur, est adressé au ministre aux inspections trimestrielles ou générales; sur le vu de cet état, le ministre prescrit les remplacements.

Des prescriptions analogues existent pour les corps de troupe de l'artillerie et du train des équipages dans l'instruction du 30 décembre 1883, page 891; seulement, l'état à fournir est conforme au n° 1 de cette instruction et le remplacement des théories réformées ou perdues ne doit être effectué qu'une fois par an sur la production dudit état. (30 décembre 1883.)

Pour les corps de cavalerie, la circulaire du 9 février 1884 (M) dispose que les états de prévision annuels prescrits par cette circulaire doivent être établis de manière que la dépense calculée d'après les prix de la nomenclature Q VII, ne dépasse pas 250 fr. par régiment et 100 fr. par compagnie de cavaliers de remonte.

Les remplacements ne sont effectués qu'une fois par an, sur la production d'une demande accompagnée de l'état de réforme, pour les théories réformées pendant l'année et des récépissés de versement au Trésor, pour celles imputées aux détenteurs comme ayant été perdues ou mises hors de service avant le terme de quatre années, assigné à toutes les théories en usage dans la cavalerie; cette demande est adressée au ministre dans la première quinzaine de décembre. (9 février 1884.)

La décision ministérielle du 3 juin 1883, page 764, et la note du 17 août 1884, page 177, fixe le mode de répartition des théories et placards à mettre en service dans les corps de troupe de cavalerie.

En ce qui concerne les corps de troupe de l'artillerie et du train des équipages, le tableau du 6 janvier 1884 (M) donne la nomenclature complète des théories qu'ils peuvent demander au ministre et en fixe la quantité par corps et la répartition.

Les théories en sus des besoins des cadres, sont déposées au magasin d'habillement, et les portions principales doivent approvisionner les portions détachées en France ou en Algérie. (Instr. du 30 décembre 1883, page 890.)

La nomenclature Q VII, dont l'envoi a été fait en 1882 (*Journal Militaire*, page 450), indique les théories, règlements et placards en usage, et les prix qui leur sont assignés. Ces prix servent à décompter les moins-values et les inventaires. Les objets non tarifés sont évalués au prix d'achat, quand ils *sont neufs*; le prix de ceux classés *bons* subit une réduction de 30 p. 0/0 et celui des objets à réparer est diminué de 60 p. 0/0. (Observations placées en tête de ladite nomenclature.)

Les corps de cavalerie de l'armée territoriale appelés pour des exercices reçoivent, des régiments de cavalerie de l'armée active, les théories qui leur sont nécessaires. Ils les réintègrent à la fin de la période d'exercices et ils sont responsables pécuniairement des pertes et dégradations constatées à leur charge. (Note du 4 août 1883, page 142.)

Quant aux corps territoriaux d'infanterie, la circulaire du 15 mai 1883 (M) leur en attribue un nombre suffisant pour l'instruction des cadres.

DISPOSITIONS PARTICULIÈRES AUX THÉORIES DES ENGAGÉS CONDITIONNELS D'UN AN

La circulaire du 12 avril 1873, page 375, porte que les volontaires seront traités comme les sous-officiers des corps en ce qui concerne la fourniture des théories.

Ils les reçoivent gratuitement, mais ils doivent les réintégrer à leur départ et payer la moins-value provenant d'une usure anticipée.

Ces théories reçoivent les numéros prescrits par la circulaire du 6 mars 1873, page 208 (voir ci-dessus, page 361), et, en outre, la lettre V après le numéro matricule. Lorsqu'après une année de service elles passent d'un volontaire à un autre, le numéro matricule du premier est remplacé par le numéro matricule du second, et ainsi de suite jusqu'à la mise hors de service régulière.

Les demandes sont adressées *directement* au ministre dans la forme prescrite. (Circ. du 12 avril 1873.)

(Voir le tableau ci-contre.)

Extrait de la Nomenclature Q^VI en ce qui concerne les théories, etc.

Insérée au *Journal militaire*, 2e semestre 1882, p. 450.

Nos d'ordre de la Nomenclature par unité principale simple ou collective	DÉSIGNATION DES OBJETS	Nos d'ordre de la Nomenclature par unité détaillée	Unité réglementaire	Prix ministériel à affecter aux objets neufs
				fr. c.
	CHAPITRE Ier. — § 5.			
8	**Instructions ou théories concernant toutes les armes.**			
	Ordonnance sur le service intérieur	1	Nombre	» 48
	Ordonnance sur le service des armées en campagne	2	Id.	» 23
	Décret sur le service des places	3	Id.	» 39
	Instruction pour l'enseignement de la gymnastique	4	Id.	» 50
	Manuel de gymnastique	5	Id.	» 49
	Manuel d'escrime	6	Id.	» 26
	Règlement sur l'entretien et la conservation des armes	7	Id.	» 80
	Manuel de l'instructeur de tir	8	Id.	» 75
	Règlement sur l'administration et la comptabilité des corps de troupes	9	Id.	» 22
	Instruction sur l'emploi du tube à tir	10	Id.	» 06
	Instruction sur la manœuvre de la pompe à incendie (voir p. 357)	11	Id.	» 09
	Instruction pratique des cadres	12	Id.	» 05
	Instruction sur les manœuvres de brigade avec cadres	13	Id.	» 09
	Instruction pour l'embarquement et le débarquement des trains militaires	14	Id.	» 07
	Manuel du droit international	15	Id.	» 97
	Instruction relative à la confection et au mode d'emploi des cartouches de tir réduit	16	Id.	» 32
9	**Instructions ou théories concernant l'infanterie et le génie.**			
	Règlement sur les manœuvres de l'infanterie. Titres I et II. Bases de l'instruction — École du soldat	1	Id.	» 36
	Titre III. Ecole de compagnie	2	Id.	» 21
	Titre IV. Ecole de bataillon	3	Id.	» 21
	Titre V. Ecole de brigade	4	Id.	» 67
	Ordonnance sur le service intérieur (infanterie)	5	Id.	» 48
	Extrait de l'ordonnance sur le service intérieur (infanterie)	6	Id.	» 38
	Extrait du décret sur le service des places	7	Id.	» 24
	Cours élémentaire de fortification passagère	8	Id.	» 08
	Instruction pratique sur le service de l'infanterie en campagne	9	Id.	» 41
	Instruction pour le transport des troupes d'infanterie par voies ferrées	10	Id.	» 15
	NOTA. — La circulaire du 6 avril 1883, p. 407, attribue aux corps d'infanterie : 1° 6 exemplaires de l'instruction du 6 février 1875 sur la conduite des voitures en guides pour les troupes du train des équipages ; 2° 6 exemplaires du règlement du 2 mai 1865 sur la conduite des voitures et mulets de bât ; 3° 6 exemplaires du *Manuel de maréchalerie* en date du 12 décembre 1875.			
10	**Théories ou règlements concernant la cavalerie.**			
	Règlement sur les exercices de cavalerie. (Décret du 31 mai 1882.)	1	Id.	1 20
	Extrait de l'ordonnance sur le service intérieur des troupes à cheval	2	Id.	» 38
	Extrait du décret sur le service des places (troupes à cheval)	3	Id.	» 23
	Cours élémentaire de fortification	4	Id.	» 07
	Cours abrégé d'hippologie	5	Id.	» 43
	Instruction pratique sur le service de la cavalerie en campagne	6	Id.	» 28
	Instruction pour le transport des troupes de cavalerie par voies ferrées	7	Id.	» 16
	Manuel de maréchalerie	8	Id.	» 34

N° d'ordre de la Nomenclature par unité principale simple ou collective	DÉSIGNATION DES OBJETS	N° d'ordre de la Nomenclature par unité détaillée	Unité réglementaire	Prix ministériel à affecter aux objets neufs
				fr. c.
11	**Théories ou règlements concernant l'artillerie et le train des équipages militaires** (1).			
	Extrait de l'ordonnance sur le service intérieur des troupes à cheval	1	Nombre	» 38
	Règlement sur l'instruction à pied de l'artillerie	2	Id.	» 46
	Règlement sur l'instruction à cheval de l'artillerie	3	Id.	» 30
	Manœuvres et évolutions des batteries attelées	4	Id.	» 50
	Extrait des manœuvres et évolutions des batteries attelées Ecole du canonnier conducteur et de section	5	Id.	» 18
	Règlement sur le service des bouches à feu. — Canons de 5 et de 7	6	Id.	» 28
	Règlement sur le service des bouches à feu. — Canons à balles	7	Id.	» 23
	Règlement sur le service des bouches à feu. — Titres III, IV, V et VI	8	Id.	» 35
	Règlement sur le service des bouches à feu. — Addition au Titre V, canons de 16 et de 19	9	Id.	» 46
	Règlement sur le service des bouches à feu. — Titre VII	10	Id.	» 65
	Règlement sur le service de l'artillerie de montagne	11	Id.	» 76
	Règlement sur l'organisation des pelotons d'instruction	12	Id.	» 08
	Règlement sur la conduite des voitures et mulets de bât	13	Id.	» 72
	Règlement sur la conduite des voitures et mulets en guides	14	Id.	» 21
	Cours spécial à l'usage des pelotons d'instruction	15	Id.	» 25
	Cours sur les ponts et le passage des rivières	16	Id.	» 61
	Extrait du cours sur les ponts et le passage des rivières	17	Id.	» 39
	Instruction relative à la conduite du caisson léger	18	Id.	» 08
	Instruction spéciale pour le transport des troupes d'artillerie et du train des équipages par voies ferrées	19	Id.	» 24
	Instruction sur les manœuvres de la chèvre de place, n° 1 (Mod. 1876)	20	Id.	» 38
	Instruction spéciale pour l'embarquement et le débarquement des batteries de 95 m/m	21	Id.	» 08
	Service et manœuvre des pontonniers	22	Id.	2 50
	Cours abrégé d'hippologie	23	Id.	» 43
	Manuel de maréchalerie	24	Id.	» 34
	Règlement sur les instructions à pied dans les escadrons du train des équipages militaires	25	Id.	» 48
	Règlement sur les instructions à cheval dans les escadrons du train des équipages militaires	26	Id.	» 30
	Règlement sur l'organisation des pelotons d'instruction dans les escadrons du train des équipages militaires	27	Id.	» 09
	Placards.			
12	Crimes et délits militaires	1	Id.	» 03
	Consigne des cuisines	2	Id.	» 03
	Consigne des postes de police	3	Id.	» 02
	Consigne des gardes d'écurie	4	Id.	» 02
	Devoirs du caporal ou brigadier de chambrée	5	Id.	» 03
	Entretien du fusil (Mod. 1874)	6	Id.	» 04
	Notes complémentaires	7	Id.	» 03
	Entretien de la carabine (Mod. 1866-1874)	8	Id.	» 03
	Entretien du mousqueton d'artillerie (Mod. 1866-1874)	9	Id.	» 03
	Entretien et conservation du canon de 7	10	Id.	» 03
	Entretien de la carabine de gendarmerie (Mod. 1874)	11	Id.	» 04
	Entretien du revolver (Mod. 1873)	12	Id.	» 03
	Marques extérieures de respect	13	Id.	» 02
	Nomenclature du tube à tir	14	Id.	» 03
	Consigne pour les infirmeries régimentaires	15	Id.	» 03
	Extrait de la loi sur l'ivresse	16	Id.	» 03
	Secours aux noyés	17	Id.	» 03
	Manière de marquer les effets	18	Id.	» 04
	Nettoyage et entretien des effets	19	Id.	» 06
	Instruction sur le paquetage dans la cavalerie. (Décis. du 3 juin 1883, page 765.)			

(1) Un tableau approuvé le 6 janvier 1884 donne la nomenclature complète des théories que les corps de troupes de l'artillerie et des trains peuvent demander au ministre, et en fixe les quantités par corps ainsi que la répartition.

Cours d'équitation, de M. D'AURE. — La décision du 7 août 1853, page 643, porte que le *Cours d'équitation* de M. D'AURE (format in-18) sera mis à la disposition des sous-officiers et brigadiers des corps de troupes à cheval, et la note du 12 juillet 1866, page 370, en a fixé le prix à 0,90 c.

D'après le renvoi 1 placé à la suite de la décision du 7 août 1853 précitée, cette fourniture incombe au budget des écoles.

On doit adresser les demandes à M. Dumaine, libraire à Paris, et un double de ces demandes au ministre (Bureau des remontes).

Le paiement a lieu en un mandat sur le Trésor adressé directement au libraire. (Note du 12 juillet 1866, page 369.)

Ouvrage intitulé : *Législation de l'armée française et Jurisprudence militaire*, par M. Dislère, conseiller d'Etat. — La note du 24 octobre 1884, page 524 (S), autorise les corps de cavalerie à faire l'acquisition de cet ouvrage au moyen des économies réalisées sur les fonds mis à leur disposition pour le service des écoles régimentaires. Prix 20 francs, avec remise de 23 p. 0/0. Editeur : Paul Dupont, 41, rue Jean-Jacques-Rousseau, à Paris : Envoi *franco*.

Cours de Vauchelle. — La décision du 14 août 1861, page 307, autorise les corps à faire l'achat de ce *Cours* (4e édition) au prix de 24 francs. — Le renvoi 2, placé à la suite de cette décision, met aujourd'hui la dépense au compte des écoles.

Dictionnaire de législation et d'administration militaires, publié par M. Saussine. — La décision du 2 février 1868, page 16, autorisait les corps à acheter cet ouvrage au prix de 70 francs ; mais, d'après le renvoi 1 qui suit cette décision, cette dépense étant aujourd'hui au compte du service des écoles, la demande de cet ouvrage doit être adressée au ministre.

Toutefois, cette disposition ne s'applique pas à la gendarmerie, qui peut toujours en faire l'acquisition sur les fonds de la masse d'entretien et de remonte. (1er avril 1868, page 128, et circ. du 11 janvier 1881 M.) L'éditeur est Mme Berger-Levrault et fils, rue des Beaux-Arts, 5, à Paris.

Les corps et compagnies de gendarmerie peuvent le faire relier. Prix, 2 fr. par volume, imputables à la masse d'entretien et de remonte. (Note du 21 juin 1880, page 1022 S.)

Ouvrage intitulé : *Origines de la Tactique française*, par M. Hardy, major du 85e d'infanterie. La note du 20 mars 1881, page 392 (S) autorise les corps qui peuvent disposer de fonds à cet effet, à acheter tout ou partie de cet ouvrage qui se compose de 8 volumes de différents prix. — Editeurs : MM. Baudoin et Cie, à Paris, rue et passage Dauphine, 30.

Remboursements d'avances. — Si, dans des cas exceptionnels, les corps étaient spécialement autorisés à faire des achats, ils auraient à demander le remboursement de leurs avances, ainsi qu'il est indiqué au titre *Ecoles régimentaires*, pour le remboursement des dépenses.

Comptes-matières. (Voir *Ecoles.*)

Bibliothèques d'officiers et de troupe.

(Pour le chauffage et l'éclairage, voir ce titre.)

1° Bibliothèques d'officiers de garnison.

L'instruction du 1er juin 1872, page 441, dispose ce qui suit :

Les bibliothèques de garnison sont des centres d'étude et de réunion pour les officiers ; elles peuvent recevoir des livres en grand nombre, posséder des ouvrages volumineux ou de prix, être beaucoup mieux pourvues que les bibliothèques régimentaires qui ont à supporter tous les frais et les inconvénients des transports et qui sont difficiles à installer convenablement.

Les bibliothèques de garnison se divisent en bibliothèques principales établies dans de grands centres et bibliothèques temporaires. Ces dernières ont pour objet de fournir des ressources à des corps détachés, à des bibliothèques régimentaires, etc.

Nota. — Les bibliothèques de régiment sont laissées à l'entière initiative des officiers (§ 2 de l'instr.)

LOCAUX, AMEUBLEMENT ET ENTRETIEN

Les locaux doivent être convenables et spacieux et être placés en dehors des casernes. Ils sont choisis par les commissions de casernement de concert avec les commissions des bibliothèques (§ 4 de l'instr.), comprennent un logement non meublé pour le gardien et l'on réserve une salle, tout au moins des tablettes, où les régiments de la garnison classent, s'ils le veulent, leurs bibliothèques particulières (§ 11 et § 12). Ces locaux sont fournis par les administrations militaires ou civiles (§ 61).

L'ameublement consiste en tablettes de sapin verni, en tablettes recouvertes de serge verte, en trois ou quatre fauteuils de cuir, en chaises cannées, lampes à huile ou becs de gaz, pupitres et encriers. Chaque commission de bibliothèque achète ce mobilier et la dépense est payée par mandats du sous-intendant militaire (§ 13).

Les livraisons de mobilier une fois effectuées, le département de la guerre n'a plus à intervenir dans les mesures à prendre pour l'entretien ou le remplacement des objets. Les établissements pourvoient à ces sortes de dépenses et, en cas de restitution des mobiliers, remboursent la moins-value si elle provient de négligence ou d'un défaut de soins. (Circ. du 10 mars 1874, 2e sem. 1874, page 496.)

Les allocations faites aux six premières bibliothèques principales sont les suivantes : (Instr. du 1er juin 1872, page 455.)

Pour frais de premier établissement.................... 500 »
Supplément de solde au gardien......................... 15 » par mois.
Gratifications aux secrétaires ou plantons, ustensiles de propreté, emballages et autres menues dépenses........ 25 » —

(Lorsque la commission juge nécessaire d'employer des secrétaires ou plantons, les gratifications à leur accorder sur ces fonds sont de 10 fr. pour le secrétaire et de 5 fr. pour le planton.)

Des allocations de moitié sont accordées aux bibliothèques temporaires suivant l'importance des ressources disponibles.

Ces allocations sont mises à la disposition des bibliothèques sur les crédits du chap. III, art. 3 du budget (bibliothèques militaires). La dép. minist. du 29 février 1880 (M), rappelée par celle du 11 février 1882, dispose que les sommes allouées sont mandatées au nom des présidents de commission sans autre formalité que l'acquit donné au pied de chaque mandat. De plus, une dépêche de M. le ministre des finances, en date du 28 mars 1881, porte que ces mandats étant émis à titre de subvention, ne doivent être appuyés que d'une copie de la décis. minist. Mais la dépêche du ministre de la guerre, du 29 février 1880, prescrit de lui adresser, avec le dernier bordereau de mandats de chaque service, un état des dépenses faites accompagné des factures, reçus, etc., exigés par le règlemt du 3 avril 1869. Cet état ne doit comprendre que des dépenses effectuées du 1er janvier au 31 décembre, et, dans le cas où il ressortirait à cette dernière époque un restant libre, il serait versé au Trésor et le récépissé de versement adressé sans délai au ministre.

PERTES ET DÉGRADATIONS

En cas de perte ou de dégradation d'un ou de plusieurs volumes, la commission fait inviter le corps ou le dépôt responsable à remplacer le livre perdu ou à rembourser le prix de l'ouvrage neuf ou relié. Dans ce dernier cas, la commission se charge directement du remplacement. Les ouvrages manquants sont mis à la charge de la commission. (Art. 5, § 81 de l'instr. du 1er juin 1872, page 451.)

ÉCRITURES

1° Bibliothèques principales :

Un registre inventaire (mod. n° 1). — Sur ce registre, on inscrit par ordre d'arrivée tous les ouvrages qui entrent dans la bibliothèque et tous les prêts qu'elle fait aux bibliothèques temporaires ou aux bibliothèques des corps ;

Un catalogue méthodique (mod. n° 2), sur lequel tous les ouvrages sont inscrits ;

Un jeu de fiches (mod. n° 5) classées par ordre alphabétique ;

Un registre à souche (mod. n° 6) pour les envois ;

Un registre de prêts (mod. n° 7) ;

Un registre à souche (mod. n° 8) pour les rapports trimestriels à adresser le dernier jour de chaque trimestre au ministre. (Art. 6, § 82 de l'instr. du 1er juin 1872.)

Une dépêche ministérielle du 24 septembre 1884 (M) émanant du service géographique (dépôt de la guerre), prescrit de fournir chaque année, avant le 1er mars, un inventaire des livres, cartes ou objets mobiliers dont les bibliothèques de garnison sont responsables et provenant d'envois de l'administration centrale, de dons ou d'achats. Le modèle d'inventaire est joint. Cet envoi est fait par l'intendance militaire.

2° Bibliothèques temporaires :

Il est tenu un catalogue (mod. n° 2), un registre à souche (mod. n° 6), un registre de prêts (mod. n° 7) et un registre à souche (mod. n° 8). (§ 98 de l'instr. du 1er juin 1872.)

3° Dépôts de livres dans les camps. — On tient les mêmes documents que dans les bibliothèques temporaires, moins le registre n° 6 (§ 118).

ADMINISTRATION

Toutes les bibliothèques fonctionnent par les soins et sous la responsabilité de commissions spéciales, sous la surveillance du commandement. (§ 7 de l'instr. du 1er juin 1872.) Pour les bibliothèques principales, ces commissions se composent de : un officier supérieur d'état-major et de 4 officiers de différentes armes (§ 63). Un gardien (on peut choisir un sous-officier) est mis à leur disposition (§ 64). Les membres des commissions sont désignés par le général commandant la division (§ 63).

Les §§ 92 et 103 fixent la composition des autres commissions. Les demandes de livres sont adressées hiérarchiquement à la commission centrale des bibliothèques instituée au ministère de la guerre (§ 66). Les cartes et plans sont délivrés à titre gratuit aux bibliothèques de garnison et à moitié prix aux bibliothèques régimentaires (Décis. du 7 juin 1877, page 511.)

Les bibliothèques temporaires et dépôts de livres relèvent des bibliothèques principales auxquelles ils adressent leurs demandes et rapports. (Instr. du 1er juin 1872.)

2° Bibliothèques de troupe (V. *Salles de lecture.*)

Les bibliothèques de troupe sont destinées à donner aux sous-officiers et soldats le moyen d'employer leurs heures de loisir en développant leur instruction et en leur faisant contracter des habitudes d'étude et de travail. (Instr. du 18 janvier 1875, p. 176 S.) Elles se divisent en :

Bibliothèques	de caserne,	Les quatre premières sont seules favorisées par le ministre. (Art. 5 de la dite instruction.)
—	d'hôpital,	
—	de prison,	
—	de corps de garde,	
—	de régiment.	

La création en est demandée au ministre et les locaux sont pris dans les casernements ou établissements. (Art. 7.) Les livres et le matériel sont généralement fournis par des sociétés donatrices et demandés au ministre. (Art. 13.) — Il doit exister dans chaque bibliothèque de caserne un catalogue et un registre de prêts (art. 18 et 19), ainsi qu'un registre d'inventaire du matériel et des livres, qui sert à en faire la remise au service du génie en cas de départ. (Art. 27.) Aucun objet ne doit être emporté. (Art. 26.)

La garde de la bibliothèque est confiée à un sous-officier ou soldat intelligent. (Art. 21.)

Pour le chauffage et l'éclairage (voir à ce titre).

ARCHIVES ET IMPRIMÉS

(Voir *Solde*, page 337, pour les registres et documents à la charge des majors et officiers comptables.)

Dépenses au compte de la masse générale d'entretien ou des fonds divers.

1° *Registres matricules.* — Des registres à tenir dans les corps, en exécution de l'article 117 de l'ordonnance du 10 mai 1844, modifié par le décret du 1er mars 1880, page 364, les registres matricules des officiers et de la troupe sont les seuls qui ne soient pas à la charge des officiers comptables. (Nomencl. du 25 décembre 1875, page 898.)

Les registres matricules pour officiers sont envoyés gratuitement par le ministre de la guerre. (Voir le mod. n° 8 annexé à l'ordonn. du 10 mai 1844.) Les feuillets matricules pour les hommes de troupe sont également fournis par ses soins. (Note du 25 avril 1879, page 701.)

Voir *Registres matricules*, page 317, pour les *Exceptions*.

Les frais d'entretien de la reliure sont imputables à la deuxième portion de la masse générale d'entretien.

En ce qui concerne les matricules des hommes de troupe, les corps se procurent directement les couvertures et les barrettes avec écrous nécessaires pour opérer l'assemblage des feuillets.

La dépense est imputable à la masse générale d'entretien et ne doit pas excéder :

Par couverture.. 1.75
Par barrette avec écrous.............................. 2.75

(Note du 25 avril 1879, page 701.)

(Voir *Registres à tenir par les trésoriers*, page 338, pour les registres matricules des chevaux qui sont au compte de ces officiers comptables.)

2° *Imprimés nécessaires aux portions détachées, mobilisées ou non.* — Sur le pied de paix, il n'est jamais fait d'avances pour des fournitures d'imprimés sur les fonds de la masse générale d'entretien, à moins de décisions spéciales. Ces fournitures sont toujours à la charge des commandants de détachements. (Dép. du 29 juin 1861 M.) Voir *Frais de bureau*, page 335.

Les Trésoriers, officiers payeurs et commandants de compagnies formant corps, sont tenus d'être constamment approvisionnés, à *leurs frais* et en sus de ceux en service, d'un registre de comptabilité trimestrielle pour chacune des unités administratives.

Pour le cas de mobilisation, les corps sont autorisés à se procurer dès le temps de paix sur les fonds de leur caisse (fonds divers), la totalité des registres et imprimés nécessaires aux bataillons, compagnies, escadrons, batteries et détachements appelés à s'administrer séparément.

La dépense sera remboursée par les officiers comptables et chefs de détachements qui recevront ces registres et imprimés. (Circ. du 23 mai 1877 M.) Cet achat doit comprendre des imprimés de livrets de peloton ou de section pour les sous-lieutenants, sous-officiers et caporaux de réserve. (Circ. du 3 mai 1884, 606.)

Ce matériel est déposé au magasin du corps avec un inventaire décompté et détaillé, arrêté par le conseil d'administration. (Circ. du 23 mai 1877 M.) Cette circulaire est applicable aux sections d'ouvriers d'administration et d'infirmiers militaires. (Circ. du 15 juin 1880, M.)

Une collection de registres et imprimés doit être également tenue en réserve pour chacun des quatrièmes bataillons, à l'exception de ceux qui doivent rester au dépôt en temps de guerre. Dans le cas où un bataillon pourvu de cette réserve serait ultérieurement désigné pour rester auprès de son dépôt, en cas de guerre, les registres et imprimés seraient mis en service contre remboursement. L'approvisionnement doit être constitué pour une période de trois mois. (Circ. du 28 septembre 1877 M.) Pour les livrets d'ordinaires, voir ci-dessus page 253, et, pour les carnets de comptabilité, voir à ce titre.

De plus, les régiments d'artillerie et les escadrons du train des équipages doivent acheter dès le temps de paix, sur les fonds divers, les imprimés ci-après concernant l'entretien du harnachement en campagne, tel qu'il a été réglé par la note du 22 janvier 1879, page 39 (aujourd'hui règlem[t] du 11 juin 1883, page 873) :

Par bat[rie] ou comp[ie] : 2 marchés modèle A (mod. n° 6 annexé au règlem[t]) avec tarif.
— — 52 bulletins B (mod. n° 9 annexé au règlem[t] précité).
— — 12 — C (mod. n° 10 — — —).
— — 12 — D (mod. n° 8 — — —).
— — 52 — E (mod. n° 7 — — —).
— — 3 — F (mod. n° 12 — — —).

Nota. — Le règlement précité ajoute un état des réparations, mod. n° 11.

Ces imprimés sont conservés dans les magasins du corps pour les batteries ou compagnies qui se mobilisent à la portion centrale ; pour celles qui se mobilisent isolément, cet approvisionnement est confié au capitaine-commandant. (Cir. du 22 novembre 1879 M.) De plus, l'art. 59 du règlem[t] du 11 juin 1883, page 876, prescrit de préparer à l'avance les marchés d'abonnement et de les déposer dans les caisses de fonds et de comptabilité.

La circ. du 15 juin 1880 (M) a prescrit de remettre au domaine et de remplacer au compte de la masse générale d'entretien les imprimés hors modèle, et de renouveler à l'avenir chaque trimestre ou chaque année, selon que les documents sont trimestriels ou annuels, tous les approvisionnements d'imprimés et de les remplacer par des formules du plus récent tirage.

Les frais de renouvellement, s'il s'agit de formules devenues inutilisables, incombent à la masse générale d'entretien, qu'elles soient achetées sur les fonds divers ou directement par les officiers. (Circ. du 15 juin 1880 M.)

Quant aux formules versées aux officiers comptables pour leur service, elles sont remplacées à leur compte nombre pour nombre. (Dép. du 25 janvier 1883 (M) et circ. du 3 mai 1884, page 605, concernant les imprimés, dont le règlem[t] du 28 décembre 1883 sur le service intérieur a nécessité le remplacement.)

NOTA. — Les corps de troupe possèdent en outre un approvisionnement d'imprimés spéciaux destinés aux officiers d'approvisionnement en cas de mobilisation.

Les quantités ont été fixées par la circ. minist. du 24 mai 1883 (M), et les imprimés sont fournis par le ministre pour les besoins présumés d'une période de trois mois. On peut prélever sur cette réserve les imprimés nécessaires pendant les manœuvres annuelles, sauf à en demander le remplacement au ministre. (Même circulaire.)

3° *Actes de naissance.* — Les instructions annuelles sur les inspections générales (art. 5 de l'instr. du 30 mai 1883) prescrivent le dépôt aux archives du corps, au fur et à mesure des promotions, de l'acte de naissance des sous-officiers nouvellement promus, et portent que cette pièce pourra être établie sur papier libre.

De plus, la note du 17 décembre 1866, page 434, dispose que les actes de naissance des militaires sous les drapeaux, dans les circonstances où ils sont exigés par les règlements (promotions au grade de sous-officier, propositions d'admission à la retraite, à la gratification renouvelable, etc.), doivent être demandés aux maires des lieux de naissance, lesquels sont autorisés par la loi à les délivrer *sur papier libre, et, par conséquent, sans frais.*

Cette disposition est rappelée par la circulaire du 3 octobre 1867 (M), laquelle ajoute que la légalisation de la signature des maires par les préfets ou sous-préfets suffit, et que les corps, dans leurs demandes, devront spécifier que ce mode de légalisation doit être employé.

Conséquemment, la délivrance de ces actes ne doit donner lieu à aucune dépense. Si, exceptionnellement, les corps avaient à payer des frais de timbre ou de légalisation par les tribunaux, l'imputation en pourrait être faite, sur l'autorisation du contrôle local, à la deuxième portion de la masse générale d'entretien, ainsi que le prescrivait la circulaire du 9 septembre 1846, non reproduite au *Journal militaire* refondu.

Catalogue des archives, ventes, conservation, etc.

Aux termes de la circulaire du 14 mai 1852, page 391, chaque corps doit tenir un catalogue indiquant les divers documents dont se composent ses archives. Il est conforme aux tableaux qui font suite à la circulaire du 20 juillet 1829, page 283, et aux prescriptions de cette circulaire.

Les instructions annuelles sur les inspections générales (Art. 43 de l'instr. du 17 mars 1884, page 466 S), disposent que les archives doivent être constamment en bon état de conservation et classées avec soin. La circulaire du 3 septembre 1878 (M) ajoute qu'elles doivent toujours être au complet.

Le catalogue doit être tenu constamment à jour.

Les cartes y sont enregistrées avec soin et conservées dans un local ou meuble à l'abri de l'humidité et maintenues intactes dans des paquets cachetés et numérotés. S'il existe des lacunes dans les collections, l'inspecteur général ordonne que les parties manquantes soient remplacées au compte de qui de droit. (Art. 21 de l'annexe de l'instr. précitée.)

Aux termes de la note ministérielle du 1er novembre 1863, page 703, les sous-intendants militaires prononcent définitivement sur la destination à donner aux archives des corps en se conformant à l'art. 265 de l'ordonn. du 10 mai 1844 modifiée par le décret du 1er mars 1880, page 387, et aux dispositions des art. 21 et 247 à 251 du règlem[t] du 3 avril 1869, pages 301 et 366, concernant les ventes d'objets mobiliers.

Il ne doit être remis au domaine pour être vendus que les papiers de comptabilité susceptibles d'être livrés intacts au commerce, tels que revues de liquidation, feuilles de journées et de décompte, etc. Quant aux registres et papiers qui ne pourraient, sans inconvénient, être mis en circulation, ils doivent être livrés au service de l'artillerie pour la confection des cartouches, notamment les registres des délibérations, les registres et pièces de correspondance, les registres des vaguemestres, les feuilles de route et autres documents analogues. Lorsque ces papiers ne peuvent être utilisés par l'artillerie, ils sont livrés au domaine après avoir été lacérés avec soin. (Note du 1er novembre 1863, page 703.) En cas de changement de garnison, les corps doivent remettre les archives hors de service au domaine. (Observations placées en tête de l'appendice D³) (1).

Les registres et pièces de comptabilité sont versés, sur inventaire, à l'administration du domaine.

Cet inventaire (mod. n° 74), dressé en double expédition, relate les intitulés des registres, leur nombre, celui des pièces contenues dans chaque liasse et l'année du dépôt aux archives. Il est certifié par le conseil d'administration et visé par le sous-intendant militaire.

La pesée des papiers est faite en présence du trésorier, par les soins de l'agent du domaine qui en mentionne le résultat dans le récépissé qu'il inscrit au bas de l'expédition de l'inventaire que conserve le conseil pour sa décharge. (Art. 265 du décr. du 1er mars 1880.)

La vente est faite dans les conditions prévues ci-dessus par les articles 247 à 251 du règlemt du 3 avril 1869, en présence du sous-intendant militaire.

Durée de conservation des archives.

L'article 265 de l'ordonnance du 10 mai 1844, modifiée par le décret du 1er mars 1880, page 387, dispose que les registres et les feuillets mobiles de registres sur lesquels il ne doit plus être fait d'inscription, faute d'espace ou pour toute autre cause, les revues de liquidation, les feuilles de journées et les pièces qui s'y rattachent, ainsi que celles qui ont été soumises à la vérification définitive de l'intendant militaire et à l'approbation de l'inspecteur général, sont déposés aux archives du corps.

Ces documents sont versés, sur inventaire, à l'administration du domaine, aux époques fixées par le ministre dans ses instructions annuelles sur les inspections administratives. (Art. 265 de l'ordonn. précitée.)

Livres de détail trimestriels (1re et 2e parties). — Déposés aux archives en fin de trimestre. (Art. 140 de l'ordonn. du 10 mai 1844, modifié par le décret du 1er mars 1880, page 372.) Les carnets de comptabilité des unités en campagne y sont annexés. (Instruction du 24 avril 1884, page 503.)

Feuilles de prêt. — Déposées aux archives en fin de trimestre. Aux armées elles sont remises à l'artillerie. (Art. 163. de l'ordonn. du 10 mai 1844, page 316.)

Bulletins de réparations. — Déposés aux archives en fin de trimestre. Aux armées ils sont remis à l'artillerie. (Art. 214, *id.*, page 330.)

Revues générales de liquidation. — Déposées aux archives. (Art. 558 du règlemt du 8 juin 1883, page 697.)

Déclarations de quittances. — Déposées aux archives. (Art. 572, *id.*, page 701.)

Feuilles de journées (minutes). (*Idem.*) Art. 558.

Relevé général des journées (minute). (*Idem.*)

Pièces de mutations. — Déposées aux archives. (Art. 572.)

Bons totaux. (*Idem.*) (*Idem.*)

Mandats d'avances en route (argent ou effets). — Restent dans les archives des corps. (Art. 116 du décret du 12 juin 1867.)

Feuilles de décompte. — Déposées aux archives. (Art. 265 de l'ordonn. du 10 mai 1844.)

Registres des délibérations du conseil. (*Idem.*)

Registres et pièces diverses. (*Idem.*)

(1) Une note du 20 juin 1879, page 1191 (S) dispose qu'afin de faciliter les opérations de la commission de liquidation des comptes arriérés, les registres et papiers des corps seront conservés jusqu'à nouvel ordre dans les archives.

Livret de solde conservé dans les archives. — (Art. 324 du règlem[t] du 8 juin 1883, page 639.)

Mandats d'indemnité de route et relevés sommaires. — Remis au sous-intendant militaire. (Art. 120 du règlem[t] du 12 juin 1867.)

Carnets de tir et rapports. — Sont conservés pendant trois ans. (Art. 273 et 279 du règlem[t] du 11 novembre 1882 sur l'instr. du tir.)

Registres de l'infirmerie. — (Voir *Infirmerie régimentaire.*)

Livrets d'ordinaire et pièces diverses. — Les registres sont conservés pendant cinq ans et les pièces pendant deux ans. (Circ. du 14 mars 1866 M) (1).

Pièces produites pour les rengagements. — Sont conservées pendant toute la durée des actes souscrits. Elles sont ensuite détruites. (17 avril 1840, page 622) (1).

Registres d'ordres. — Celui tenu par le lieutenant-colonel est conservé dans les archives du corps, les autres sont brûlés après une année de conservation. (Art. 16 Inf[ie], 15 Cav[ie] et 17 Art[ie], des règlem[ts] du 28 décembre 1883.)

Registre H des transports. — Conservé pendant quatre ans. (12 septembre 1861, ancien *Journal militaire*) (1).

Journal militaire (partie supplémentaire). — Conservé pendant cinq ans. (16 février 1874, page 136) (1).

Moniteur universel (aujourd'hui *Journal officiel*). — Conservé pendant deux ans, sans compter l'année courante, et vendu ensuite. (Décis. du 12 novembre 1862, page 899.)

Feuilles de régularisation des frais de route (minutes). — Conservées pendant quatre ans après l'expiration de l'exercice. (Circ. du 30 novembre 1878, page 407) (1).

Contrôles trimestriels. — Restent dans les archives des corps. (Art. 440 et 446 du règlem[t] du 8 juin 1883); sans limites de durée.

Feuillets de punitions. — (Voir *Registres des punitions.*)

Livrets matricules :

Les livrets matricules des chevaux réformés ou morts sont conservés pendant deux ans. (Art. 139 du décr. du 7 août 1875, page 149.)

Les livrets matricules des hommes décédés, rayés pour longue absence, etc., sont renvoyés au commandant du bureau de recrutement de la circonscription dans laquelle ils ont été inscrits sur le registre matricule (Art. 138 du décr. précité, page 148), avec le feuillet de punitions. (Note du 15 mars 1884, page 239.)

Ceux des sous-officiers admis à la retraite à 15 ans de service sont adressés aux bureaux de recrutement des subdivisions de région où ils se sont retirés (note du 26 mars 1879, page 442), et conservés pendant 5 ans par les corps d'affectation. (Circ. du 26 février 1883, page 215, et instr. du 28 décembre 1879, art. 124.)

Les livrets matricules des officiers retraités, réformés ou décédés, sont adressés immédiatement au ministre (Bureau de l'arme). (Note du 26 mars 1879, page 442.) Pour les officiers de réserve et de l'armée territoriale, voir ci-dessus, page 323. Ceux des officiers mis en non activité sont adressés au sous-intendant militaire chargé de l'ordonnancement de leur solde. (Art. 138 du décr. du 7 août 1875, page 143.)

Feuillets matricules des réservistes. — Sont adressés au service du recrutement en cas de radiation. (Art. 138 du décr. précité.) Voir à ce titre.

NOTA. — Les feuillets matricules des hommes des classes libérées de *tout service militaire* sont envoyés au ministre par le service du recrutement dans les conditions indiquées par la circ. du 16 novembre 1882, page 397, et l'art. 33 de l'instr. du 28 décembre 1879. Les autres pièces (livrets matricules, carnets, répertoires, listes extraites de ces carnets, contrôles spéciaux, etc...) sont remises au domaine après avoir été lacérées. (Mêmes instructions.)

Documents à adresser au ministre ou aux intéressés.

(Voir ci-dessus *Livrets matricules* et au titre *Solde*, pour les registres de l'état civil.)

Les actes et titres authentiques concernant l'état civil ou les services des militaires rayés des contrôles par suite de désertion, disparition ou captivité, sont envoyés au ministre. Ceux qui appartiennent aux décédés sont remis au sous-intendant militaire, qui les fait parvenir à leurs familles par l'intermédiaire des maires des communes

(1) Voir le renvoi 1 de la page précédente.

qu'elles habitent. (Art. 266 de l'ordonn. du 10 mai 1844, page 344.) Au nombre de ces derniers se trouve compris le livret individuel, propriété de l'homme.

Les registres matricules reçoivent la destination indiquée page 317.

Archives concernant la mobilisation de l'armée.

La conservation des documents confidentiels doit être entourée des plus grandes précautions.

Tout détenteur d'instructions doit, en cas de mutation, les remettre, contre reçu, à son successeur, et ce dernier doit les réclamer à son prédécesseur, dès son entrée en fonction.

En cas de changement de garnison d'un corps, le chef de ce corps doit remettre au chef du corps arrivant dans la garnison toutes les instructions qu'il a reçues. (Dép. du 12 novembre 1879 M.)

Archives de l'armée territoriale.

Aux termes de l'article 80 de l'instruction du 12 février 1878, page 68, les registres et documents concernant les périodes de réunion sont remis ou envoyés, après avoir été arrêtés, savoir :

Les registres et pièces à l'appui, au capitaine-major subdivisionnaire (1), pour les régiments d'infanterie, et au capitaine-major régional, pour les autres armes.

Toutefois, en ce qui concerne les batteries d'artillerie, leurs archives sont prises en charge par les unités de l'armée active qui ont concouru à leur instruction, chaque fois que le lieu de mobilisation est le même que celui désigné pour les réunions d'exercices en temps de paix. (Circ. du 28 novembre 1878 M.) Cette mesure a été appliquée aux compagnies du train d'artillerie et du train des équipages et aux escadrons de cavalerie qui se trouvent dans les mêmes conditions. (Circ. du 26 juillet 1879 M.)

Quant aux feuilles de journées et pièces à l'appui, elles reçoivent les destinations suivantes :

Une expédition et les pièces à l'appui sont jointes à la revue générale de liquidation envoyée en double à l'intendant du corps d'armée.

L'autre expédition (minute) est conservée dans ses archives par le sous-intendant militaire ; il y joint les pièces à l'appui lorsqu'elles lui sont renvoyées par l'intendant du corps d'armée. (Art. 80 de l'instr. du 12 février 1878.)

Les registres à tenir sont ceux indiqués par les articles 75, 76 et 106 de l'instruction précitée.

Ils sont achetés sur les crédits du chapitre 15 (art. 2), réserves et armée territoriale. (Dép. du 17 octobre 1882.)

(1) Ces officiers sont également dépositaires du *Journal militaire*, de la *Revue de l'Etranger*, etc. (Note du 25 août 1884, page 347.)

REMONTE

Dispositions générales.

LIVRAISONS DE CHEVAUX AUX CORPS DE TROUPES

L'article 45 du règlem^t du 23 mars 1837, page 26, dispose que les chevaux achetés par les dépôts de remonte sont remis aux détachements envoyés dans ces dépôts par les régiments destinataires, en vertu d'ordres ministériels.

Les départs pour les corps ont lieu, sur le rapport du commandant du dépôt, par ordre du ministre de la guerre ou des inspecteurs généraux délégués à cet effet. (Art. 45 du règlem^t précité.) Toutefois, la circ. de répartition du 24 décembre 1883, page 875, prescrit aux commandants des dépôts de remonte d'aviser les corps du nombre de chevaux qu'ils ont de disponibles. Ces corps doivent envoyer dans le plus bref délai les détachements de conduite nécessaires. Consulter également la circ. du 31 décembre 1884, page 791 (S) et l'errata 1er semestre 1885, page 42 (S).

Les formalités à remplir au départ des chevaux sont les suivantes :

1° Etablissement d'un état signalétique (mod. n° 15) en trois expéditions : une pour le corps destinataire, qui est remise au chef du détachement ; une pour le ministre ; une pour le dépôt. (Art. 47 du règlem^t du 23 mars 1837, page 26.)

2° A l'expédition du corps, on joint la feuille mobile d'infirmerie de chaque cheval. (Décis. du 26 avril 1853, page 579, et note annexée au décr. du 26 décembre 1876.) Cette feuille a été remplacée par un livret d'infirmerie. (Décis. du 1er décembre 1879, page 405.)

3° Facture rose de livraison (mod. n° 10 annexé à l'instr. du 15 mars 1872, et n° 360 de la nomencl. générale) revêtue d'un certificat de prise en charge (pour le dépôt). Le renvoi 1 de l'art. 50 du règlem^t du 23 mars 1837, page 28, dispose que le récépissé de livraison doit être donné au dépôt de remonte par le commandant de chaque détachement régimentaire.

4° Facture blanche (mod. n° 5, annexé à l'instr. du 15 mars 1872, et n° 365 de la nomencl. générale), pour le corps destinataire. (Art. 18 et suiv. de l'instr. du 15 mars 1872, sur la comptabilité-matières.)

Pour les autres mesures à prendre au sujet des hommes composant les détachements et de la nourriture des chevaux pendant la route, voir le titre *Fourrages*.

Les chevaux sont divisés, dans chaque arme, en chevaux de troupe et chevaux d'officiers, savoir :

	PRIX DE LA NOMENCLATURE du 2 octobre 1882, page 527, modifiée par la note du 24 juin 1883, page 842.
Chevaux de selle pour la troupe :	
Chevaux de cavalerie de réserve	1,160 fr.
— — de ligne	1,030
— — légère	910
— de race d'Afrique (quelle que soit l'arme)	600
— pour l'artillerie, le génie et les équipages, (à l'exception des chevaux de race d'Afrique)	1,000
Chevaux de trait pour toutes les armes	1,000
Chevaux pour les écoles : de manège	1,200
Chevaux pour les écoles : de carrière	1,800
Chevaux pour les écoles : d'armes	1,030
Chevaux de selle pour les officiers (1) :	
— de cavalerie de réserve	1,400
— — de ligne	1,260

(1) Dans les régiments, la catégorie des chevaux de tête a été supprimée par l'arrêté du 17 décembre 1874, page 784. Tous les chevaux qui ne sont pas entre les mains des officiers sont immatriculés à la troupe ; mais le même arrêté a prescrit aux inspecteurs généraux de désigner, dans chaque corps à cheval, un certain nombre de chevaux destinés à la remonte des officiers sans troupe. Ces chevaux restent immatriculés à la troupe. (Arrêté précité et décis. du 11 mai 1878, page 244.)

		PRIX DE LA NOMENCLATURE
Chevaux de cavalerie légère		1,140
— de race d'Afrique (quelle que soit l'arme)		750
— pour l'artillerie, le génie, les équipages, l'Inf[ie], la Gend[ie] et les officiers sans troupe (à l'exception des chevaux de race d'Afrique)		1,260
Mulets : Intérieur	quelle que soit l'arme ou le service	870
— de race d'Afrique		650
Etalons, poulinières et poulains — Etalons	Syriens	5,000
	Arabes	2,000
id. — Baudets étalons		3,000
id. — Poulinières	Syriennes	5,000
	Arabes	3,000
id. — Poulains et pouliches	Syriens	1,500
	Arabes	1,000
	(nés dans les corps et établissements de remonte (Intérieur)	300

La décis. du 31 août 1880, page 324, modifiée par la note du 12 décembre 1883, page 819, règle le mode de remonte des écoles militaires. Pour l'achat des chevaux de pur sang, se reporter à l'art. 39 du décr. du 26 mai 1881, modifié par la décis. présidentielle du 31 mars 1882, page 161, et à la décis. du 12 mai 1882, page 271, qui dispose que les chevaux achetés par les dépôts de remonte pour l'école de cavalerie seront dirigés sur le dépôt de remonte d'Angers.

Résumé des principales instructions sur la remonte des corps et des états-majors.

Nomenclature des officiers ayant droit à la remonte : Articles 2 et suivants du règlem[t] du 3 juillet 1855, page 625; loi du 13 mars 1875, page 310; tarif du 30 juillet 1875, page 73; note du 1er mai 1879, page 770, relative aux stagiaires d'état-major; les officiers brevetés passant du service d'état-major dans l'infanterie, sont montés à leur corps : les capitaines pour un cheval, les chefs de bataillon pour deux (circ. du 26 avril 1880 (M); loi du 8 juillet 1881, page 4, concernant les capitaines commandants les compagnies d'infanterie; circ. du 28 février 1883, page 185, relative aux capitaines du génie; décis. du 15 septembre 1884, page 500, officiers d'ordonn.; décis. du 30 avril 1878, page 231, chefs d'escadrons de gendarmerie et officiers employés en Algérie; décis. du 15 juin 1882, page 324, adjoints à l'intendance ; note du 15 janvier 1883, page 7, officiers de l'armée de mer stagiaires d'état-major.

Décret du 24 octobre 1871, page 373, et circ. du 16 novembre 1871, page 402, concernant la remonte à titre gratuit des capitaines de corps de troupes à cheval, des capitaines d'état-major et des capitaines adjudants-majors des troupes à pied. Décis. présidentielle du 16 octobre 1884, page 500, accordant une ration de fourrages aux médecins-majors de 1re classe attachés au service des hôpitaux.

Les officiers de réserve de tous grades et ceux de l'armée territoriale auxquels il est attribué des chevaux, sont remontés à titre gratuit en cas de mobilisation, mais les officiers maintenus à l'intérieur ne reçoivent qu'un cheval. Les chevaux de trait leur sont également délivrés à titre gratuit. (Dép. ministérielle du 22 mai 1878 adressée au 8e corps d'armée.)

Les chevaux et mulets de trait ou de bât sont délivrés sur le pied de guerre, à titre gratuit, par le service de la remonte, aux officiers de l'armée active. (Art. 144 du règlem[t] du 15 janvier 1867, page 475.)

Le nombre de chevaux accordés est fixé par les tableaux de mobilisation.

Remonte des officiers sans troupe et d'infanterie : arrêté du 17 décembre 1878, page 784; instr. du 18 janvier 1875, page 27; décis. du 17 mars 1877, page 292; décis. du 15 septembre 1878, page 233; circ. du 15 novembre 1878, page 411; circ. du 15 décembre 1878 (M); loi du 8 juillet 1881, page 4, capitaines d'infanterie; circ. du 1er septembre 1881, page 210; circ. du 5 août 1881, page 69; notes du 29 janvier 1882, page 45 et du 15 mars 1882, page 107; 25 août 1881, page 155, etc. Pour tous renseignements, voir page 380 ci-après.

Les capitaines commandant les établissements pénitentiaires et les officiers d'administration employés dans ces établissements ne doivent pas être montés. (Note du 3 novembre 1882, page 343.)

Nombre de chevaux alloués à tous les officiers : Articles 2 et 3 du règlement du 3 juillet 1855 et tarif du 30 juillet 1875, page 73, approuvé par le président de la République. Loi du 8 juillet 1881, page 4; décis. du 15 septembre 1884; page 500, circ. du 26 avril 1880 (M); note du 20 septembre 1885, page 545, qui dispose que les sous-intendants de 3e classe n'ont droit qu'à un cheval.

Remplacement des chevaux perdus, responsabilité des détenteurs, pièces à produire : Article 10 du règlement du 3 juillet 1855, page 628. (Se reporter au titre *Responsabilités.*)

Officiers changeant de corps ou se rendant en congé : Articles 12 et 13 du règlement du 3 juillet 1855 et décision du 18 janvier 1875, pages 27 et 29; décision du 23 décembre 1883, page 871.

Officiers changeant de résidence : Circulaires du 7 septembre 1875, page 347, et du 31 décembre 1877, page 284. Décis. du 23 décembre 1883, page 871.

Officiers se rendant en Algérie ou en revenant. — Peuvent emmener à leurs frais les chevaux qu'ils possèdent en propre, mais ils doivent réintégrer ceux appartenant à l'Etat. (Note du 29 août 1883, page 158.)

Voir ci-après, *Conduite et Transport des chevaux.*

Etats de mutations : Note ministérielle du 20 octobre 1856, page 827; note du 1er novembre 1879, page 315, supprimant 5 états périodiques.

Prescription de conserver, dans toutes les mutations qu'ils subissent, le signalement des chevaux : Note du 25 septembre 1857, page 378, et décision du 18 octobre 1862, page 879.

Demandes de chevaux à titre gratuit : Article 8 du règlement du 3 juillet 1855, modèles n° 1 et 2, pages 637, 639; note du 20 août 1869, page 763; décision du 1er septembre 1878, page 233; circulaire du 15 novembre 1878, page 412, concernant les officiers sans troupe et d'infanterie; circ. du 5 août 1881, page 70; note du 21 mai 1883, page 478.

Les demandes ne sont plus accompagnées de la notice n° 11 qui devait être produite lorsque les officiers n'étaient pas dans l'intention de se déplacer pour exercer eux-mêmes leur choix. (Note du 1er juin 1879, page 790.) On doit en conclure que les intéressés doivent aujourd'hui choisir eux-mêmes leurs chevaux.

Les officiers de cavalerie peuvent se remonter, à titre de première mise ou de remplacement, sans demande préalable du chef de corps à l'autorité militaire. (Note du 15 septembre 1878, page 304.)

Echanges de chevaux entre les officiers. (Voir à ce titre.)

Demandes de chevaux à titre onéreux : 12 mars 1860, page 67; 28 octobre 1867, page 901; décision du 1er septembre 1878, page 233; circulaire du 15 novembre 1878, page 412, Infie. Note du 5 août 1881, page 70; note du 21 mai 1883, page 478.

Rétrocession de chevaux à titre onéreux. (Voir ci-après, page 389.)

Les généraux prononcent sur les demandes, à moins qu'il ne s'agisse de chevaux à prendre dans les dépôts de remonte : Arrêté du 17 décembre 1874, page 785; instr. du 18 janvier 1875, page 28; décision du 1er septembre 1878, page 233; circulaire du 15 novembre 1878, page 412.

En cas de mobilisation, les généraux commandants de corps d'armée peuvent déléguer aux officiers généraux, employés dans l'étendue de leur région, les pouvoirs nécessaires pour autoriser directement la remonte, à titre gratuit ou onéreux, de tous les officiers sous leurs ordres ayant droit à des rations de fourrages.

S'il s'agit toutefois de chevaux à prendre ou à réintégrer dans les dépôts de remonte, on doit demander l'autorisation du ministre. (Note du 7 janvier 1876, page 12.)

Prises de chevaux sur l'ennemi. Se reporter à ce chapitre.

Les officiers de tous grades des corps de troupes à cheval doivent se remonter exclusivement dans leur régiment : Arrêté du 6 mai 1864, page 946, et note du 3 janvier 1865, page 1; instruction du 18 janvier 1875, page 31; décisions du 11 mai 1878, page 244, et du 4 juillet 1878, page 11. — Etat signalétique (Mod. n° 6) des chevaux livrés à adresser au ministre, supprimé par la note du 1er juin 1879, page 790.

Ceux qui ne trouvent pas de monture à leur convenance dans leur corps ont la faculté de s'adresser au commerce. (18 janvier 1875, page 31.) Pour les achats de chevaux de cette provenance on se conforme à la décision du 1er septembre 1878, page 235, modifiée par la note du 19 novembre 1884, page 791. (Voir ci-dessus : *Demandes de chevaux.*)

Prêts de chevaux de troupe à des officiers. — Art. 22 du règlement du 3 juillet 1855, page 633, et circ. du 8 avril 1882, page 164.

Pertes de chevaux : Voir à ce titre.

Les chevaux livrés à titre gratuit doivent avoir au moins cinq ans : Article 3 de l'arrêté du 6 mai 1864. Exceptionnellement, la gendarmerie peut prendre des chevaux de 4 ans. (Décis. minist. du 23 avril 1883, page 408.) La circ. du 24 décembre 1883, page 875, et celle du 31 décembre 1884, page 792 (S) prévoient des livraisons de chevaux aux corps avant l'âge de 5 ans. De plus, la note du 19 novembre 1884, page 790, autorise les commissions régimentaires à acheter pour les officiers des chevaux pur sang dès l'âge de 4 ans.

Dans les corps de cavalerie, la queue des chevaux doit être coupée à 4 travers de doigt au-dessus de la pointe du jarret. (Circ. du 26 juillet 1880, page 89.)

Le droit accordé par l'article 7 du règlement du 3 juillet 1855, *aux officiers remontés à titre gratuit, de devenir propriétaires de leurs chevaux après sept ans de service, est supprimé depuis le 1er juillet* 1872 : Décret du 24 octobre 1871, page 371, et circulaire du 16 novembre 1871, page 402.

Réintégration de chevaux détenus à titre gratuit. (Voir à ce titre.) Articles 10 à 12 du règlement du 3 juillet 1855; circulaires des 10 mai 1872, page 407; 23 décembre 1872, page 900; 17 décembre 1874, page 785; 18 janvier 1875, page 28; décision du 1er septembre 1878, page 234; et note du 15 septembre 1878, page 304. Officiers sans troupe et d'infanterie, 15 novembre 1878, page 412; circ. des 1er août et 15 décembre 1879 (M); 15 mars 1879, page 383; note du 1er juin 1879, page 78; note du 15 mars 1882, page 83.

Modèle de demande de réintégration : 23 décembre 1872, page 902, officiers sans troupe; pour ceux de troupe, on produit l'état mod. n° 2 annexé à la note du 25 décembre 1883, page 839.

Procès-verbal de réintégration à établir : 18 janvier 1875, page 28.

La répartition annuelle des chevaux est supprimée dans les régiments de cavalerie. (Décis. du 11 mai 1878, page 244.)

Changements d'arme, passage dans le rang, etc. Se reporter à ce titre.

Réforme des chevaux : Se reporter à ce titre.

Situations : Une situation numérique des chevaux des officiers des divers états-majors, des officiers d'infanterie et des membres de l'intendance, est fournie mensuellement au ministre par l'intendant militaire; elle est conforme au modèle A² qui fait suite à la décision du 1er décembre 1879, page 405, et remplace les états qui devaient être fournis en exécution des circulaires des 27 février 1875 et 15 février 1879. Cette situation est établie selon les prescriptions de la circ. du 27 mars 1880, page 132.

Un état trimestriel des chevaux livrés par les corps de cavalerie et d'artillerie et des réformes (mod. C.), est adressé au ministre par les commandants de corps d'armée (Circ. du 24 décembre 1883, page 875) applicable aux troupes de l'artillerie. (Note du 20 mars 1884, page 265.) Modèle annexé à la circ. du 31 décembre 1864, page 806 (S).

Les corps fournissent également un état trimestriel des chevaux livrés aux officiers d'état-major d'infanterie et sans troupe. Il est remis au général chargé de passer la revue trimestrielle. (Note du 29 novembre 1884, page 848.)

Un état trimestriel (mod. D) des ventes de chevaux réformés est produit au ministre par l'intendant militaire; celui du quatrième trimestre est suivi d'une récapitulation annuelle. (Décis. du 1er décembre 1879, page 405.)

Il est adressé au ministre, par l'intermédiaire du commandement, à la date du 1er janvier et du 1er juillet, des états de situation des chevaux appartenant à l'Etat :

Modèle B pour les corps de troupes à cheval ;

— B[1] pour les dépôts de remonte ;

— B[2] pour les officiers sans troupe, l'infanterie et la gendarmerie (établi par l'intendant militaire). La situation B[2] est établie selon les prescriptions de la circulaire du 27 mars 1880, page 132. Cet envoi est fait avant le 10 janvier et le 10 juillet. (Note du 1er novembre 1879, page 315.)

Il est fourni, en outre, une situation mensuelle modèle A pour les corps et A[1] pour les dépôts de remonte (Instr. du 27 mars 1867, page 532), modèle annexé à la note du 30 janvier 1880, page 44. On doit comprendre comme pouvant faire un service actif les chevaux non dressés qui ont cinq ans et au-dessus. (Notes du 25 mai 1882, page 289, et du 26 juin 1882, page 332.) La note du 7 septembre 1882, page 103, modifie le cadre de cette situation.

La circ. du 27 juillet 1882, page 65, dispose en outre que le complet réglementaire des chevaux de trait dans la cavalerie est de 12 et que c'est ce chiffre qui doit figurer sur les situations.

Transport et conduite des chevaux : La décision du 7 septembre 1875, page 347, dispose que les officiers changeant de résidence en vertu d'un ordre de service ont droit au transport gratuit de leurs chevaux par la voie ferrée. Cette même circulaire rappelle que cette disposition a été accordée précédemment aux officiers allant aux manœuvres, se rendant dans les camps, allant faire partie de commissions d'expériences.

Elle a été étendue aux chevaux des officiers détachés dans les arsenaux, manufactures, à l'Ecole de tir, à l'Ecole des travaux de campagne (circ. du 9 février 1883, page 109); à ceux détachés dans les parquets militaires (circ. du 7 mars 1883, page 227), à l'école de cavalerie. (Art. 41 du règlem[t] du 25 mai 1883, page 760.)

Toutefois, la décision du 14 janvier 1885, page 25, dispose que les chevaux ne peuvent être transportés au compte de l'Etat par les voies ferrées que si le trajet à effectuer atteint au minimum 60 kilomètres.

Pour les chevaux de remonte cédés aux officiers, voir ci-après *Cessions*.

La décis. minist. du 23 décembre 1883, page 871, modificative de celle du 7 septembre 1875, dispose que les chevaux des officiers ne sont pas transportés au compte de l'Etat dans les cas ci-après :

1° Lorsque le déplacement résulte d'une permission, de permutation ou de motifs de convenance personnelle ;

2° Pour les officiers allant en Algérie ou en Tunisie ou en revenant, attendu qu'ils peuvent se remonter en Algérie ou en Tunisie ou à leur rentrée en France, dans les dépôts de remonte les plus voisins ;

3° Pour les officiers allant en mission ou exécutant un ordre de service qui ne comporte pas la nécessité d'être monté, cette nécessité étant d'ailleurs déterminée par les commandants de corps d'armée ;

4° Pour tout déplacement inférieur à 60 kilomètres à parcourir sur les routes de terre (ou de fer. — Décis. du 14 janvier 1885, page 27);

5° Enfin, toutes les fois qu'un officier se déplaçant reçoit à cette occasion une indemnité calculée sur des bases telles que le prix du transport éventuel de ses chevaux y est compris. (Inspections générales, etc., 23 décembre 1883.)

Lorsque les officiers n'ont pas droit au transport gratuit de leurs chevaux, ils peuvent les faire transporter au même prix que l'Etat, mais cette faculté n'est accordée que pour le nombre de chevaux qu'ils possèdent réglementairement. (Arrêté du 15 juin 1866, page 362.) L'état C annexé à l'arrêté du 14 août 1884, page 537, indique le nombre de chevaux que les officiers peuvent faire transporter à prix réduit.

Pour obtenir le transport au tarif réduit, il faut que chaque cheval de troupe soit accompagné d'un cavalier. Toutefois, pour ceux de l'artillerie, du génie et du train, on n'exige qu'un conducteur pour 2 chevaux (1). Quant aux chevaux d'officiers, un seul conducteur suffit pour plusieurs chevaux. (Circ. du 28 septembre 1880 M.) Pour les chevaux de remonte il faut un cavalier par cheval. (Circ. du 18 mai 1880, page 224, qui dispose que dans ce nombre sont compris les officiers, sous-officiers et brigadiers des cadres de conduite.) Les chevaux et les conducteurs doivent être portés sur les mêmes bons de chemins de fer (circ. du 17 décembre 1872, page 864) et, lorsqu'il s'agit de che-

(1) Mais il faut que les militaires conducteurs appartiennent à ces armes. (Note du 29 décembre 1884, p. 963, qui prescrit, dans ce cas, de ne plus employer de cavaliers de remonte.)

vaux d'officiers, l'on doit rappeler sur ces bons le nom, le grade et l'arme des officiers. (Circ. du 28 septembre 1880.)

Les chevaux que possèdent régulièrement les officiers en sus des fixations ne peuvent être transportés au compte de l'Etat que lorsque les officiers voyagent pour le service. (Même circulaire.)

Conduite des chevaux (suite). Les chevaux des officiers de toutes armes changeant de position en vertu d'un ordre ministériel, sont conduits à destination par un soldat de confiance désigné par le général de division ou de brigade (art. 26 du règlem[t] du 3 juillet 1855, page 635), lorsqu'il y a au moins 60 kilomètres à parcourir par la voie de terre. (Circ. du 23 décembre 1883, page 871.)

Si les officiers changent de corps sur leur demande ou obtiennent un changement de destination dans la position de congé, les frais de conduite sont à leur charge. (Art. 26 du règlem[t] précité.) Ce principe est applicable aux officiers qui ne se remontent pas dans le corps ou le dépôt de remonte le plus voisin (circ. du 31 décembre 1877, page 284), mais cette circulaire accorde un cavalier conducteur sans condition de distance à franchir.

Pour l'armée territoriale, les chevaux amenés par les officiers montés sont transportés par les voies ferrées à la charge de l'Etat en cas de manœuvres ou de revues, et si le déplacement est d'au moins 50 kilomètres (ce chiffre a été porté à 60 kilomètres par la décision du 23 décembre 1883 ci-dessus et par la décision du 14 janvier 1885, page 27). En cas de mobilisation, ce transport est également au compte de l'Etat.

Ces dispositions sont applicables aux officiers de réserve. (Circ. du 25 avril 1878, page 211.) Le transport des chevaux de remonte des lieux d'achats au dépôt de remonte est assuré conformément aux dispositions des circulaires du 16 janvier 1875, page 20; 6 juillet 1875, page 11, et 15 décembre 1879, page 436.

Une circ. du 6 octobre 1880 (M) porte que, lorsque le transport des chevaux en chemin de fer donne lieu à des accidents qui ont pour conséquence la perte ou la dépréciation des animaux, les accidents doivent être constatés par une déclaration écrite du chef de convoi au chef de la gare la plus voisine. Cette déclaration mentionne les circonstances et les causes présumées de l'événement, l'indication que l'administration militaire se réserve de faire valoir ses droits à une indemnité. Il est rendu compte hiérarchiquement au ministre qui reçoit en même temps copie de la déclaration.

Remonte des militaires de la gendarmerie. Voir page 387 du présent Recueil.

Transport des chevaux de gendarmes changeant de résidence : Circ. du 26 août 1878, page 251, et décision du 14 janvier 1885, page 27.

Revues trimestrielles : Note minist. du 25 décembre 1883, page 827, modifiée par celle du 29 novembre 1884, page 848, indiquant les modèles d'états à fournir ; instruction du 17 mars 1884 sur les inspections des corps de troupe.

Imprimés et registres au compte des trésoriers. Voir *Solde.*

Comptes annuels de gestion : Décret et instruction du 1er mars 1880.

Achats des chevaux par les dépôts de remonte : Instr. du 15 novembre 1866, page 408. Une dép. du 13 novembre 1880 interprète les art. 14, 15 et 16 et dispose qu'il y a lieu de payer les chevaux au delà du prix demandé par les vendeurs, si le prix d'estimation de la commission d'achat est supérieur. Pour la Corse, il existe un comité spécial d'achat. (Circ. du 12 mars 1881, page 206, qui porte répartition des départements entre les dépôts de remonte de l'intérieur.) Pour les comités éventuels, se reporter au règlem[t] du 15 août 1879, page 90.

Juments poulinières mises en dépôt chez les éleveurs par la remonte. (Circ. du 2 mars 1883, page 221; note du 4 avril 1883, page 345; circ. du 7 mai 1883, page 430, et circ. du 24 octobre 1884, page 609.)

Commissions de remonte régimentaires.

LIVRET DES COMMISSIONS

Aux termes de l'art. 7 de la décision ministérielle du 1er septembre 1878, page 235, les commissions de remonte des corps de troupes à cheval sont permanentes et composées, comme les comités d'achat des dépôts de remonte, de trois officiers désignés par le chef de corps, savoir :

Un officier supérieur, président;

Le capitaine instructeur ou son suppléant ;

Un capitaine d'escadron.

Le vétérinaire, chef de service, assiste la commission avec voix consultative.

Dans le cas où un membre de la commission aurait personnellement à rétrocéder un cheval, il serait remplacé dans la commission. (Art. 7.)

Les corps de troupes à cheval, dont le dépôt est séparé de la portion principale, peuvent former deux commissions régimentaires constituées dans les conditions ci-dessus. (Note du 15 septembre 1878, page 304.)

La note ministérielle du 1er juin 1879, page 789, prescrit la tenue d'un registre dit : *Livret de la commission de remonte*, pour servir à l'inscription, soit des livraisons des chevaux, soit des réceptions.

Le modèle de ce livret fait suite à cette note.

Des instructions placées en tête de ce modèle, il résulte ce qui suit :

La commission se réunit toutes les fois qu'il y a lieu :

1° De livrer un cheval soit à titre onéreux, soit à titre gratuit, à un officier d'état-major d'infanterie, sans troupe, ou à un gendarme ;

2° De recevoir un cheval précédemment livré dans les conditions ci-dessus, ou d'acheter un cheval présenté par un officier du corps ayant droit à un cheval de l'Etat.

Les décisions relatives à la livraison d'un cheval sont portées sur la première partie du livret ; celles qui concernent la réception d'un cheval figurent à la deuxième partie.

Le prix de cession est toujours le même que le prix d'achat, sauf pour les officiers supérieurs nouvellement promus, les gendarmes et spahis.

La commission doit, en cas de livraison, signaler avec soin les tares et autres causes de dépréciation de l'animal, et, en cas de reprise, toutes celles qui n'auraient pas été mentionnées sur le procès-verbal remis à l'officier à l'époque de la livraison, lequel procès-verbal doit, autant que possible, être représenté par lui.

Après chaque séance, tous les membres de la commission signent le livret pour les opérations effectuées.

Le livret est soumis au contrôle des inspecteurs généraux et trimestriels. (Mod. de livret, *Journal militaire*, 1er sem. 1879, page 791.)

Il résulte d'une dépêche minist. du 16 juillet 1879, adressée au 1er régimt d'artillerie, que la fourniture du livret des commissions est au compte des trésoriers.

Livraisons aux officiers, de chevaux à titre gratuit

DISPOSITIONS GÉNÉRALES

Les officiers de toutes armes, remontés à titre gratuit, sont désignés par le règlement du 3 juillet 1855, articles 2 et 3, page 625, par la loi du 13 mars 1875, pages 310 et suivantes, et le tarif du 30 juillet 1875, page 73.

Ces mêmes documents fixent le nombre de chevaux accordés à chacun d'eux.

Toutefois, les capitaines des corps de troupes à cheval, les capitaines d'état-major sont remontés à titre gratuit pour deux chevaux, et les capitaines adjudants-majors des corps de troupes à pied pour un cheval. (Décr. du 24 octobre 1871, page 373, et circ. du 16 novembre 1871, page 402.) Les capitaines commandant les compagnies d'infanterie sont remontés aussi pour un cheval. (Loi du 8 juillet 1881, page 4.) Il en est de même pour les capitaines commandant les compagnies du génie (circ. du 28 février 1883, page 185) et pour les adjoints à l'intendance. (Décis. minist. du 15 juin 1882, page 324.)

Les officiers stagiaires dans les états-majors ont droit également à un cheval à titre gratuit. (Note du 1er mai 1879, page 770.) Les officiers brevetés pour le service d'état-major sont montés dans les corps de troupes à pied pour un cheval et les chefs de bataillon pour deux. (Circ. du 26 avril 1880.) Les capitaines de troupes à pied et les lieutenants de toutes armes, officiers d'ordonnance, n'ont droit qu'à un cheval. (Décis. du 15 septembre 1884, page 500.)

Les officiers de réserve de tous grades et ceux de l'armée territoriale seront remontés à titre gratuit, en cas de mobilisation, mais ceux d'entre eux qui seront maintenus à l'intérieur ne recevront qu'un cheval. Les chevaux de trait leur seront également délivrés dans les mêmes conditions. (Dép. minist. du 22 mai 1878, adresse au général commandant le 8e corps d'armée.) Par suite, ces officiers ne sont plus exempts de la réquisition des chevaux. (Décr. du 25 février 1879, page 223.) Pendant les périodes d'instruction, les officiers supérieurs ou adjudants-majors d'infanterie (réserve et armée territoriale) peuvent recevoir des chevaux de troupe à titre de prêt. (Circ. du 8 avril 1882, page 164.)

Les officiers territoriaux de gendarmerie sont, en cas d'appel, remontés en chevaux de réquisition et gratuitement. (Lettre collective du 16 juin 1883 M.)

Il est prescrit aux officiers démontés ou qui n'ont pas le nombre de chevaux réglementaire, de se remonter dans un délai qui ne doit pas dépasser trois mois. (Art. 23 du règlemt du 3 juillet 1855 et instructions annuelles sur les inspections générales.)

§ 1er. — DISPOSITIONS PARTICULIÈRES AUX OFFICIERS DES CORPS DE TROUPES A CHEVAL.

L'instruction du 18 janvier 1875, page 31, dispose que les officiers de tous grades des corps de troupes à cheval doivent toujours se remonter dans leur régiment ; ceux qui ne trouvent pas au corps de monture à leur convenance ont la faculté de s'adresser au commerce. (Pour l'achat des chevaux de cette provenance, voir page 392.)

La décision ministérielle du 11 mai 1878, page 244, concernant les corps de cavalerie, et celle du 4 juillet suivant, page 11, relative aux régiments d'artillerie et aux escadrons du train des équipages, rappellent que les officiers de ces armes doivent continuer à se remonter parmi les chevaux disponibles de leur régiment ou escadron, à l'exclusion de ceux réservés à la remonte des officiers sans troupe, etc.

Ces officiers prennent possession de leur monture, soit par échange, à l'époque d'une revue trimestrielle ou générale (décis. du 15 avril 1879, page 753), soit à titre de premier ou de second remplacement au moment même où s'ouvrent leurs droits et sans demande préalable à l'autorité militaire de la part des chefs de corps. (Décis. précitée et note du 15 septembre 1878, page 304.)

Ces opérations s'effectuent sans autre formalité que celle des inscriptions des animaux sur le registre-contrôle des chevaux d'officiers (ce principe est rappelé par la note du 15 septembre 1878, page 216).

Toutefois, les corps adressent au ministre, à la fin de chaque mois, un extrait (mod. no 4) de ce contrôle pour les chevaux reçus, et un état (mod. no 5) des pertes survenues pendant le mois. (Art. 8 du règlemt du 3 juillet 1855, page 628, et instr. du 18 janvier 1875, page 32.)

La note du 1er juin 1879, page 789, ne modifie en rien ces dispositions et supprime la production de l'état signalétique no 6, annexé au règlement du 3 juillet 1855. Cette suppression est rappelée par la circulaire du 15 septembre 1879, page 215.

Les capitaines d'artillerie détachés dans les établissements ou manufactures se remontent dans leurs régiments. (Note du 17 juillet 1882, page 49.)

NOTA. — En campagne, les corps de troupes à cheval sont remontés par leurs dépôts à l'intérieur et exceptionnellement par les dépôts de remonte mobiles des corps d'armée, sur l'ordre du commandement.

§ 2. — DISPOSITIONS PARTICULIÈRES AUX OFFICIERS GÉNÉRAUX, DES ÉTATS-MAJORS, D'INFANTERIE, DU GÉNIE, DE GENDARMERIE, AUX FONCTIONNAIRES DE L'INTENDANCE, AUX OFFICIERS DE SANTÉ ET AUX AGENTS DES SERVICES ADMINISTRATIFS.

En principe, chaque corps d'armée ayant une brigade de cavalerie et une d'artillerie, doit pourvoir par lui-même aux besoins de la remonte à titre gratuit ou onéreux des officiers sus-indiqués.

Les régiments de cavalerie formant des divisions ou brigades indépendantes contribuent, en outre, à cette remonte (1).

A cet effet, chaque régiment de cavalerie et d'artillerie est tenu de réserver, pour cette remonte spéciale, un nombre de chevaux déterminé annuellement par le ministre et suffisant pour permettre un choix convenable pendant toute la période annuelle. (Arrêté du 17 décembre 1874, page 784.)

Toutefois, la circulaire ministérielle du 23 avril 1883, page 408, recommande aux officiers de gendarmerie, qui se remontent à titre gratuit dans les corps, d'user, aussi

(1) Toutefois, la circ. du 24 décembre 1883, page 876, prescrit aux généraux commandant les corps d'armée de les affranchir de cette remonte, s'il est possible de le faire sans imposer une charge trop lourde aux régiments de cavalerie de corps; mais celle du 31 décembre 1884, page 793 (S), ne les exempte que de la remonte des officiers sans troupe, d'infanterie ou de gendarmerie.

largement que possible, de la faculté qui leur est concédée de présenter à une commission de troupes à cheval les montures qu'ils auraient pu trouver dans le commerce. (Décision ministérielle du 1er septembre 1878, page 235, et circ. des 5 et 25 août 1881.)

Les chevaux sont désignés aux revues trimestrielles et compris dans des états modèle n° 4 (note du 25 décembre 1883, page 827), et un état des chevaux livrés est adressé chaque trimestre au ministre, par les commandants de corps d'armée. (Circ. du 24 décembre 1883, page 875, du 29 novembre 1884, page 848, et du 31 décembre 1884, page 806 S.)

La circ. du 5 août 1881, page 69, classe ces officiers en deux catégories :

1re CATÉGORIE

Officiers brevetés du service d'état-major :

Les officiers brevetés de l'infanterie et du génie qui sont à leur corps, doivent être remontés en chevaux de cavalerie légère (Circ. du 29 mai 1880) et exceptionnellement lorsqu'ils sont de grande taille ou d'un poids élevé, en chevaux de dragons. (Note du 14 juin 1880 M.) Ces officiers appartiennent par conséquent à la 2e catégorie (voir ci-après la note du 21 mai 1883) ;

Officiers des états-majors particuliers de l'artillerie et du génie, y compris ceux des sapeurs-conducteurs du génie en France (Note du 7 juin 1884, page 678);

Officiers de gendarmerie.

2e CATÉGORIE

Officiers d'infanterie ;

Officiers des troupes du génie (voir ci-dessus pour les compagnies de sapeurs-conducteurs) ;

Fonctionnaires de l'intendance ;

Médecins militaires ;

Employés et agents des services administratifs.

Chacune de ces catégories comprend des officiers à remonter à titre onéreux et des officiers à remonter à titre gratuit.

Les chevaux destinés à la remonte des officiers de la 1re catégorie sont désignés par les généraux de brigade, à raison de 10 par chaque trimestre, dans les 26 régiments de dragons et les 12 de cuirassiers, et dans les régiments d'artillerie (pour les officiers de cette arme). (Note du 5 août 1881, page 69, et circ. du 31 décembre 1884, page 793 (S).

NOTA. — Cette dernière disposition a été modifiée par la note du 29 janvier 1882, page 45, laquelle ouvre aux officiers de cette catégorie la faculté de se remonter dans les régiments d'artillerie comme dans ceux de cavalerie, lorsque les besoins des officiers d'artillerie n'absorbent pas tous les chevaux désignés.

De plus, la note du 17 juillet 1882, page 49, porte que les capitaines d'artillerie détachés dans les établissements d'artillerie ou les manufactures d'armes, sont remontés par les soins des régiments dans lesquels ils comptent.

La 2e catégorie est remontée autant que possible avec des chevaux de race barbe castrés et, au besoin, avec des chevaux de troupe de cavalerie légère ou d'une taille légèrement inférieure à celle de cette subdivision d'arme. (5 août 1881.) Toutefois, la note du 21 mai 1883, page 478, donne le pouvoir aux généraux commandant les corps d'armée, d'autoriser les officiers de la 2e catégorie à choisir des chevaux de 1re catégorie, à l'exception des chevaux de cuirassiers, lorsque le poids des officiers atteint 90 kilog.

Tous les régiments de cavalerie légère contribuent indistinctement à la remonte des officiers de la 2e catégorie. (Note du 15 mars 1882, page 107.) Néanmoins, les régiments de cavalerie indépendante doivent en être affranchis, s'il y a possibilité. (Instr. du 24 décembre 1883, page 876, et 31 décembre 1884, page 793 S.) Ils doivent recevoir chaque année le nombre de chevaux suffisant pour assurer les besoins probables de l'armée dans la région du corps d'armée. Ces chevaux comptent à l'effectif, ils sont répartis entre les escadrons et utilisés pour les besoins du service et de l'instruction.

Les officiers généraux, s'ils n'achètent pas leurs chevaux dans le commerce ou dans les dépôts de remonte, peuvent se remonter dans les écoles de cavalerie et supérieure de guerre, dans une catégorie spéciale de chevaux, dits d'officiers généraux, que l'inspecteur général de cavalerie de ces écoles désigne chaque année. Ils peuvent, s'ils le désirent, prendre également leurs chevaux parmi ceux destinés à la 1re catégorie ci-dessus indiquée.

Les officiers supérieurs que leur arme ferait rentrer dans la 2e catégorie, peuvent être autorisés à choisir leurs chevaux parmi ceux de la 1re (1). Ils peuvent également être autorisés à prendre leurs montures dans les dépôts de remonte.

Les médecins qui servent dans les corps de cavalerie ou d'artillerie peuvent être remontés dans leur régiment, s'ils ne l'ont été précédemment avec des chevaux de la 2e catégorie, qu'ils désireraient conserver, mais leur choix doit se faire parmi les chevaux de robe claire.

Les officiers des grades inférieurs qui renonceraient à choisir leurs montures parmi les chevaux désignés, peuvent les prendre dans le commerce et les présenter, pour être achetés par l'Etat, aux commissions de remonte des régiments de cavalerie ou d'artillerie les plus à proximité, mais sous la réserve que le prix ne dépasse pas la valeur budgétaire moyenne du cheval de l'arme dans laquelle ils devraient normalement se remonter, savoir :

1re catégorie. 1,200 fr.
2e — 900 fr.

(Circulaire du 5 août 1881, page 68, modifiée, en ce qui concerne cette disposition, par la note du 25 août 1881, page 155.)

La circ. du 1er septembre 1881, page 210, dispose que tous les chevaux reçus par les corps d'infanterie doivent être âgés de cinq ans au moins et prescrit aux généraux commandant les corps d'armée d'adresser, chaque trimestre, au ministre, un état numérique des chevaux nécessaires à la remonte des capitaines d'infanterie.

Les chevaux mis en réserve dans les corps pour les capitaines d'infanterie sont versés, lorsqu'ils sont reconnus impropres au service de l'infanterie, soit dans le corps qui les entretient, soit dans un régiment de cavalerie légère s'il s'agit de chevaux arabes. (Note du 28 août 1882, page 100.) Les officiers et médecins d'infanterie remontés gratuitement, ne doivent pas recevoir de chevaux entiers. (Note du 4 janvier 1883, page 5.) (Voir ci-après *Achats directs de chevaux par les corps.*)

Algérie. — En Algérie, les officiers sans troupe et d'infanterie ou assimilés peuvent, selon que le commandant du corps d'armée le juge nécessaire pour le bien du service, se remonter à titre onéreux ou gratuit, soit dans les régiments de cavalerie, soit dans les dépôts de remonte. Dans les deux cas, l'autorisation est donnée directement par le commandant du corps d'armée. (Note du 15 mars 1882, page 107.)

Si les corps livranciers sont en dehors de la région, les demandes sont soumises à l'approbation du ministre. (Décision du 1er septembre 1878, page 233.)

Les demandes de chevaux à titre gratuit doivent être adressées au général commandant le corps d'armée. (Circ. du 15 novembre 1878, page 412.) Il statue sur toutes les demandes, excepté lorsqu'il s'agit de la remonte à titre onéreux dans les écoles et dans les dépôts de remonte ; dans ce cas, elles sont adressées au Ministre. (Circ. du 5 août 1881, page 70.)

Le général commandant le corps d'armée prononce également sur les demandes des officiers de la 2e catégorie qui désirent se remonter dans la 1re. (Note du 21 mai 1883, page 478.) En cas de mobilisation, les officiers reçoivent des corps désignés les chevaux de réquisition et autres, dans les conditions indiquées par la note du 7 janvier 1876, page 16. (V. ci-dessus.)

Ces demandes sont conformes aux modèles nos 1 et 2 annexés au règlemt du 3 juillet 1855, page 637, et à la note du 20 août 1869, page 673, qui prescrit que ces demandes doivent rappeler dans la colonne : choix à exprimer par l'officier, le numéro matricule du cheval au corps, son signalement complet et son âge, sa provenance et le numéro matricule du dépôt de remonte ou du corps livrancier.

Elles ne sont plus accompagnées de la notice modèle n° 11 qui devait être produite lorsque les officiers n'étaient pas dans l'intention de se déplacer pour exercer leur choix. (Note du 1er juin 1879, page 790, qui en prononce la suppression.) Elles sont valables pendant deux mois à compter de leur date. (Dép. du 14 février 1868 M.) Toutefois, une circulaire ministérielle du 9 mai 1868 porte ce délai jusqu'au 31 mars de l'année qui suit l'autorisation, lorsqu'il s'agit de chevaux à tirer des dépôts de remonte.

La dépêche précitée du 14 février 1868 disposait, en outre, que les demandes qui ne portaient pas désignation des animaux étaient valables indéfiniment; mais cette disposition se trouve abrogée implicitement par la note du 20 août 1869, qui prescrit de toujours fournir le signalement des chevaux sur les états de demande.

(1) Cette disposition est rappelée par la note du 25 janvier 1884, page 127.

Les livraisons de chevaux à titre gratuit par les corps de troupe aux officiers désignés ci-dessus, ont lieu dans les conditions suivantes :

Les chevaux sont présentés à la commission de remonte qui mentionne le résultat de son examen sur son livret ; elle doit signaler avec soin les tares et autres causes de dépréciation. (Instr. placées en tête du modèle du livret, qui fait suite à la note du 1er juin 1879, page 791.)

Un procès-verbal de livraison (mod. n° 1 annexé à cette note) est ensuite rapporté, sur le vu de l'autorisation de délivrance accordée par l'autorité militaire ou le ministre et de l'avis de la commission de remonte. Il est signé par le chef de corps et par la partie prenante. La note du 1er juin 1879, rappelée par celle du 15 septembre 1879, page 216, supprime l'envoi de l'état signalétique n° 6 au ministre, et la circulaire du 28 février 1883, page 185, dispose que les procès-verbaux doivent être établis individuellement au nom de chaque partie prenante.

L'état signalétique d'un cheval, pris dans un dépôt de remonte à titre gratuit ou onéreux, est établi au verso de l'autorisation de remonte envoyée du ministère, autorisation qui est retournée au ministre après livraison ou cession, conformément au nota dont elle est revêtue. Le talon de cette même autorisation, adressé à la partie prenante par le ministre, est remis par elle au dépôt de remonte livrancier qui conserve ce document dans ses archives.

La circulaire ministérielle du 8 avril 1882, page 164, rappelle que les officiers montés des corps de troupe d'infanterie ne doivent pas être admis à prendre des chevaux de troupe à titre de prêt lorsque leurs montures sont indisponibles.

En campagne, les chevaux de remplacement sont fournis aux officiers sus-indiqués par le dépôt de remonte mobile de chaque corps d'armée.

Etats de livraisons, voir ci-dessus.

§ 3. CHEVAUX DES ÉQUIPAGES RÉGIMENTAIRES

Les chevaux des corps de cavalerie proposés pour passer aux équipages régimentaires d'infanterie, doivent être versés au train des équipages en attendant que des besoins se produisent. (Note du 16 octobre 1883, page 333.) Les passages de la cavalerie dans le train des équipages et ensuite dans l'infanterie sont prononcés par les généraux commandant les corps d'armée sur la proposition des inspecteurs généraux. (Décis. du 22 mars 1883, page 296, et circ. du 24 décembre 1883, page 876.)

Cessions de chevaux à titre onéreux

§ 1er. Sont remontés à titre onéreux, c'est-à-dire moyennant remboursement du prix d'achat :

Les officiers généraux et les officiers supérieurs de toutes armes ;

Les fonctionnaires de toute classe de l'intendance militaire (les adjoints exceptés. — Décis. du 15 juin 1882, page 324), les inspecteurs du service de santé et les médecins en chef (médecins principaux) (Art. 17 du règlemt du 3 juillet 1855, page 631) ;

Les médecins-majors de 1re classe (5 mars 1861, page 199) ;

Les hommes de troupe de la gendarmerie. (Décis. du 15 juin 1860, page 108, et art. 722 du règlemt du 18 février 1863, page 182) (1).

Peuvent aussi être autorisés à recevoir des chevaux à titre onéreux :

Les officiers qui ont renoncé par déclaration écrite (art. 15) au bénéfice de la remonte, ou les officiers de tous grades qui veulent posséder des chevaux en sus du nombre réglementaire. (Art. 17 du règlemt du 3 juillet 1855, page 631.) Le tarif du 30 juillet 1875, page 73, fixe le nombre de chevaux que les officiers doivent posséder. Toutefois, une décision présidentielle du 30 avril 1878 donne aux chefs d'escadrons de gendarmerie la faculté de se pourvoir de deux chevaux au lieu d'un. Quant aux sous-intendants militaires de 3e classe, ils n'ont droit qu'à un cheval. (Note du 20 septembre 1884, page 515.)

Les officiers de troupes à cheval, d'infanterie et sans troupe, montés, ne peuvent

(1) Les gendarmes réservistes et territoriaux appelés pour un service temporaire sont montés au compte de l'Etat. (Décret du 24 juillet 1875, page 452.)

percevoir qu'une ration de fourrages, à titre remboursable, en sus du nombre réglementaire. (Décis. du 29 décembre 1874, page 798.)

Les officiers de tous grades des corps de troupes à cheval doivent toujours se monter dans leur régiment; ceux qui n'y trouvent pas de montures à leur convenance ont la faculté de s'adresser au commerce. (Instr. du 18 janvier 1875, page 31, et décis. du 1er septembre 1878, page 233.)

Aux termes de l'arrêté du 17 décembre 1874, page 784, les officiers d'état-major, d'infanterie, du génie, de gendarmerie, les fonctionnaires de l'intendance et les officiers de santé peuvent se remonter dans les corps de troupes à cheval; ceux qui se remontent à titre onéreux conservent la faculté de se pourvoir dans les dépôts de remonte, mais les autres doivent prendre leur monture dans les corps de troupe désignés à cet effet.

Ces dispositions ont été modifiées par la circ. du 5 août 1881, page 69, laquelle ajoute les officiers des états-majors particuliers de l'artillerie et du génie et les employés et agents des services administratifs. En ce qui concerne les officiers généraux, elle porte que, s'ils n'achètent pas leurs chevaux dans le commerce ou dans les dépôts de remonte, ils peuvent se remonter dans les écoles de cavalerie et supérieure de guerre. Ils peuvent, s'ils le désirent, prendre également leurs chevaux dans les corps de troupe, parmi ceux de la 1re catégorie désignée dans la circ. du 5 août 1881; quant aux officiers supérieurs de la 2e catégorie, ils ont la faculté de choisir leurs chevaux parmi ceux de la première ou dans les dépôts de remonte. (5 août 1881, page 69.) Voir page 380, pour tous autres renseignements à cet égard.

Les officiers ne doivent pas rester plus de trois mois sans être remontés. (Art. 23 du règlemt du 3 juillet 1855, et instr. sur les inspections.)

Les demandes de chevaux à titre onéreux sont établies dans la forme indiquée par la note du 12 mars 1860, page 67, et, le cas échéant, à l'époque prescrite par la décis. du 28 octobre 1867, page 901. Elles sont adressées au général commandant le corps d'armée qui statue, s'il s'agit de chevaux à prendre dans les corps de la région; on saisit le ministre si les chevaux doivent être tirés des dépôts de remonte ou d'un autre corps d'armée (art. 7 de l'arrêté du 17 décembre 1874, page 784, et décis. du 1er septembre 1878, page 233) ou des écoles. (Circ. du 5 août 1881, page 70.)

L'article 24 du règlemt du 3 juillet 1855, page 634, prescrivait de joindre, dans le cas où l'officier ne devait pas choisir son cheval lui-même, une notice modèle n° 11, indiquant les conditions que l'animal devait réunir; mais la note du 1er juin 1879, page 790, en ayant supprimé la production, on doit en conclure que les parties prenantes doivent exercer elles-mêmes leur choix.

La cession d'un cheval à titre onéreux est constatée au moyen d'un procès-verbal dressé par le sous-intendant militaire ayant la surveillance administrative du corps ou de l'établissement dans lequel se trouve le cheval. (Art. 17 du règlemt du 3 juillet 1855.)

Il est établi en quatre expéditions : une pour l'officier cessionnaire, une pour le corps livrancier, une pour le ministre et une pour le sous-intendant militaire. (Note du 1er juin 1879, page 797.) Ce procès-verbal est individuel. (Note du 15 septembre 1879, page 215, et modèle n° 2 inséré 1er semestre 1879, page 797.)

L'expédition destinée au ministre est adressée, accompagnée du récépissé de versement au Trésor de tout ou partie de la valeur de l'animal, par l'intermédiaire du général commandant le corps d'armée; quant à celle du sous-intendant, elle est conservée par lui, à moins que le cessionnaire ne change de résidence avant d'avoir remboursé. (Note du 15 septembre 1879, page 215.)

Ce procès-verbal, qui est conforme au modèle n° 2 annexé à la note du 1er juin 1879, est rapporté sur le vu de l'autorisation de cession délivrée par l'autorité militaire et sur celui de l'avis que la commission régimentaire a consigné sur son livret. (Voir le mod. de ce livret qui est annexé à la note précitée.) Toutefois, la commission n'ayant pas à examiner les chevaux livrés aux officiers du corps, son avis ne doit être exigé que pour les livraisons à faire à des officiers étrangers à ce corps.

Cette dernière note supprime la production du bulletin indiquant la marche à suivre pour le versement au Trésor du prix des chevaux (Mod. donné par la décis. du 7 mai 1856), ainsi que l'état signalétique mod. n° 6 annexé au décr. du 3 juillet 1855. (Voir page 383.)

De plus, dans les dépôts de remonte, il est établi une facture de livraison en deux expéditions: l'une, sur papier blanc mod. n° 5, est conservée par la partie prenante, et l'autre sur papier rose (mod. n° 10), revêtue du certificat de prise en charge et de la déclaration de versement au Trésor (pour la première moitié du prix), est remise au comptable du dépôt. (Art. 20 de l'instr. du 15 mars 1872 sur la comptabilité-matières.)

Dans les corps, ces factures sont conformes aux modèles n°s 6 et 11 qui font suite à l'instruction du 1er mars 1880. (Voir *Compte de gestion.*)

L'officier reçoit, en outre, le livret d'infirmerie. (Décis. du 1er décembre 1879, page 405.)

Pour les états de livraisons à produire par les corps et le commandement, voir page 376.

§ 2° PAIEMENT DU PRIX DES CHEVAUX CÉDÉS AUX OFFICIERS

Le prix de cession est toujours le même que le prix d'achat, excepté lorsqu'il s'agit de chevaux cédés aux capitaines promus au grade supérieur. (Note minist. du 1er juin 1879, page 791.)

D'après l'article 17 du règlem^{t} du 3 juillet 1855, le prix des chevaux est payé comptant ou par portions. L'article 6 de l'arrêté du 6 mai 1864, page 946, dispose que le paiement pourra être effectué en deux versements égaux, et la décision du 27 octobre 1867, page 900, ajoute que les officiers de tous grades qui prennent, soit dans les corps de troupes à cheval, soit dans les dépôts de remonte, des chevaux à titre onéreux et qui usent de la faculté accordée par l'arrêté du 6 mai 1864, d'en rembourser la valeur en deux paiements égaux, doivent opérer le premier au moment de la prise de possession et le second dans les six mois suivants, sans se préoccuper s'ils portent ou non sur le même exercice. Cette disposition est rappelée par la circulaire du 18 janvier 1875, page 29 ; mais en ce qui concerne les officiers sans troupe et d'infanterie, la première moitié est payée directement par l'officier intéressé, à la caisse du corps ou dépôt livrancier, lequel en verse le montant au Trésor contre un récépissé établi au nom de l'officier cessionnaire. (Circ. du 15 novembre 1878, page 412.)

Les versements se font en chiffres ronds et sans fractions. (Art. 17 du règlem^{t} du 3 juillet 1855.)

Aux termes de la note du 15 septembre 1879, page 215, le récépissé de versement au Trésor de la totalité du prix d'un cheval ou de la première moitié de ce prix doit être joint au procès-verbal de cession adressé au ministre par l'intermédiaire du général commandant le corps d'armée. Quant au récépissé se rapportant au versement de la deuxième moitié, il est adressé à l'intendant militaire qui le transmet de suite au ministre. On doit indiquer sur les récépissés s'il s'agit d'un premier paiement ou d'un versement complémentaire. (Circ. du 21 février 1874 M.)

L'instruction du 18 janvier 1875, page 29, dispose que les intendants militaires doivent recevoir avis des cessions.

Lorsqu'un officier change de résidence avant d'avoir soldé intégralement le prix du cheval cédé, l'intendant militaire adresse à son collègue du corps d'armée où passe l'officier une expédition du procès-verbal de cession avec un bordereau faisant connaître le montant des sommes dues et les époques d'échéance.

Il en est de même si la cession s'opère dans un lieu autre que celui où réside l'officier. (Art. 19 du décret du 3 juillet 1855, page 632, rappelé par la note du 15 septembre 1879, page 216.)

Les versements ont lieu sur la production d'un simple ordre de reversement délivré par le sous-intendant militaire. (Circ. du 17 mars 1873, rappelant l'art. 183 du décr. du 3 avril 1869.) Les trésoriers-payeurs ne peuvent exiger de procès-verbal de cession. (22 janvier 1869 M.)

§ 3° FRAIS DE CONDUITE ET DE TRANSPORT DES CHEVAUX CÉDÉS AUX OFFICIERS

Lorsque les chevaux sont livrés par un dépôt de remonte ou tout autre établissement qui n'est pas dans la localité, les frais de conduite et de transport, s'il y a lieu, sont au compte de l'Etat si l'officier exerce son choix dans le dépôt ou le corps le plus voisin (1). Le transport a lieu en chemin de fer, que le cheval soit livré à titre gratuit

(1) Par exception, cette disposition est applicable aux officiers sans troupe et d'infanterie qui veulent se remonter en chevaux arabes dans un régiment situé en dehors du corps d'armée. (Décis. du 1er septembre 1878, page 233.)

Lorsque la cession s'opère dans un lieu autre que celui où réside l'officier, la propriété du cheval est transférée à l'acquéreur, du jour de la cession, et tous les accidents qui peuvent lui survenir sont aux risques et périls de l'officier destinataire. (Art. 19 du décr. du 3 juillet 1855, p. 632.)

ou onéreux. (Circ. du 31 décembre 1877, page 284.) Toutefois, on emploie la voie de terre pour tout trajet inférieur à 60 kilomètres. (Circ. du 23 décembre 1883, page 871, et décision du 14 janvier 1885, p. 27.) L'officier qui se déplace a droit à l'indemnité de route, ainsi que le cavalier chargé de conduire le cheval.

Tous les frais de conduite et de transport sont au compte de l'officier, s'il n'exerce pas son choix dans le corps ou dépôt le plus rapproché.

Lorsque l'officier n'a pas de cavalier-ordonnance, il peut en faire désigner un du dépôt de remonte ou du corps livrancier, par le général commandant la subdivision. (Circ. du 31 décembre 1877, page 284.

Ces dispositions sont applicables aux officiers qui voulant se remonter avec des chevaux arabes, vont exercer leurs choix dans un régiment situé en dehors de leur région. (Décis. du 1er septembre 1878, page 233.)

(Voir *Fourrages*, pour les frais de nourriture en route.)

Pour les transports ordinaires de chevaux, se reporter à ce titre.

§ 4° Cessions de chevaux à prix réduits.

Les capitaines de toutes armes et assimilés (note du 15 novembre 1879, page 329) promus au grade supérieur, peuvent être admis à conserver en toute propriété les chevaux qu'ils tiennent de l'Etat, à titre gratuit, sous la condition de verser au Trésor une somme équivalente à autant de fois la septième partie du prix d'achat qu'il reste encore d'années à parcourir pour atteindre le terme de la durée légale fixée par l'article 8 (7 années). (Art. 14 du règlemt du 3 juillet 1855, page 630.) Lorsque, par le fait d'une promotion, l'officier se trouve privé d'emmener son cheval, il peut néanmoins profiter du bénéfice de cette disposition. A cet effet, il doit présenter le cheval qu'il abandonne à la commission de remonte de son régiment ou du corps le plus voisin, et, s'il est reconnu apte à faire un bon et durable service, l'officier est admis à reporter sur un autre cheval les annuités de possession décomptées sur le prix du cheval abandonné.

Pour la justification de ce report d'annuités, il est établi par le corps ou le dépôt de remonte où le cheval a été versé, un procès-verbal du modèle n° 3 annexé à la décision du 1er juin 1879. Cette pièce, établie en simple expédition, est remise à l'intéressé pour en faire usage à son nouveau corps. Ces dispositions ne sont pas applicables si le cheval réintégré n'est pas reconnu propre au service. (Note du 15 novembre 1879, page 329.)

Le temps de possession se décompte par annuité et par demi-annuité du jour de la remise au jour du décret de promotion. (Instr. du 18 janvier 1875, page 31.) Il n'est dû qu'une demi-annuité pour l'année courante de possession, lorsque les droits s'ouvrent dans les six derniers mois de l'année. (Décis. du 28 octobre 1867, page 901.)

Toutefois, il doit être déduit du prix d'achat du cheval par la remonte, autant de septièmes que le cheval est resté d'années aux mains de l'officier, sans cependant que la somme à rembourser puisse être inférieure aux trois septièmes du prix de l'animal, c'est-à-dire que la déduction ne doit pas excéder les quatre septièmes du prix. (Circ. du 16 novembre 1871, page 403, et instr. du 18 janvier 1875, page 31.)

Le paiement de la somme due peut s'opérer en deux versements, comme pour les cessions ordinaires, et les pièces à produire sont les mêmes. (Instr. du 18 janvier 1875, page 31.)

La demande d'un cheval à prix réduit doit être produite dans les trois mois qui suivent la promotion. (Décis. du 28 octobre 1867, page 902, et note du 15 novembre 1879, page 329.) Elle est conforme au modèle donné le 12 mars 1860, page 67. C'est le général commandant le corps d'armée qui autorise la cession. (18 janvier 1875, page 27.)

NOTA. — Les capitaines étant montés à titre gratuit pour deux chevaux (décr. du 24 octobre 1871), les dispositions qui précèdent ne sont plus applicables aux lieutenants promus ni aux capitaines qui perdent accidentellement leurs chevaux.

§ 5 Dispositions particulières aux cessions de chevaux

AUX MILITAIRES DE LA GENDARMERIE (SOUS-OFFICIERS, BRIGADIERS ET GENDARMES) (1).

(Voir ci-après : *Réintégrations*, page 395.)

1° Aux termes de la décision du 28 mars 1883, page 323, les corps de cavalerie ne doivent plus fournir de chevaux aux sous-officiers, brigadiers et gendarmes.

Cette même décision porte que la remonte de ces mêmes militaires doit être assurée au moyen d'achats directs effectués dans le commerce. Transitoirement, ils peuvent toutefois s'adresser aux dépôts de remonte.

(Se reporter à la page suivante pour les achats dans le commerce).

Lorsque les achats effectués dans le commerce sont insuffisants pour la remonte des militaires de la gendarmerie, un état nominatif de ceux qui doivent être remontés par les dépôts est adressé pour chaque compagnie au ministre (Bureau des remontes), lequel donne des ordres en conséquence.

En Algérie, cet état est envoyé au général commandant le 19e corps d'armée, et pour la Corse et la Tunisie, des dispositions spéciales sont prises chaque fois. (Circ. du 16 juin 1883, page 766.)

Les gendarmes qui vont exercer leur choix dans un dépôt sont assistés par un officier, désigné par le chef de légion, qui doit les éclairer et les guider. Cet officier rend compte du résultat de l'opération dans un rapport succinct adressé au chef de légion.

Les militaires intéressés choisissent librement leurs chevaux, lesquels sont cédés au prix d'achat par la remonte. Les animaux doivent être âgés de 4 ans au moins et de 8 ans au plus, et avoir la taille de 1m52 à 1m60, sans distinction de robe ni de sexe. Toutefois (sauf en Corse et en Algérie), les chevaux entiers sont rigoureusement exclus.

La livraison est constatée par un procès-verbal (modèle n° 2 annexé à la note du 1er juin 1879, page 797). (Même circ.)

Le versement du prix des chevaux est opéré au moment de leur arrivée à la compagnie. Le récépissé constatant ce versement est adressé, sans retard, au commandant de l'établissement livrancier qui le fait parvenir au ministre (Bureau des remontes) par l'intermédiaire du service de l'intendance. Ce récépissé est appuyé d'une expédition du procès-verbal de cession signé de l'officier ayant guidé le choix du gendarme.

Une déclaration de versement délivrée par le receveur des finances est conservée par la compagnie et mise à l'appui de sa comptabilité.

Le transport (aller et retour) des militaires de la gendarmerie et des chevaux livrés s'effectue par les voies ferrées toutes les fois que cela est possible. S'il n'existe pas de voies ferrées sur le parcours et si la distance à franchir par étape est de plus de 60 kilomètres, le commandant du dépôt se charge de faire conduire le cheval à destination. (Circ. du 16 juin 1883, page 767, et décision du 14 janvier 1885, page 27.)

Les militaires se déplaçant pour se rendre au chef-lieu de la légion ont droit à l'indemnité ordinaire de route. (Note du 14 août 1883, page 151.)

Il en est de même lorsqu'ils se rendent dans les dépôts de remonte. (Note du 30 septembre 1882, page 189.)

Pour la nourriture des chevaux, se reporter au chapitre des *fourrages*.

Les dépenses provenant de pertes ou de dépréciations des chevaux pendant la route sont supportées par la masse d'entretien et de remonte de la gendarmerie. (Circ. du 15 juin 1860, page 111, et art. 261 et 727 du règlemt du 18 février 1863.)

D'après les dispositions de l'arrêté du 2 mai 1870, page 65, et de la circ. du 16 juin 1883, page 766, tout militaire des corps de troupe à cheval passant dans la gendarmerie, peut emmener le cheval immatriculé à son nom ou tout autre cheval disponible au corps, lorsqu'il est propre au service de l'arme (2 mai 1870), ce qui est constaté par un officier de gendarmerie de la localité. (Art. 603 du règlemt du 1er mars 1854, page 148, et circ. du 24 octobre 1871, page 371.) Cet officier ne fournit plus le rapport prescrit par la circ. du 15 juin 1860 (Note du 1er juillet 1879, page 7.)

(1) Les gendarmes réservistes et territoriaux appelés pour un service temporaire sont remontés au compte de l'Etat. (Décr. du 24 juillet 1875, page 452.)

Pour les chevaux que possédaient les militaires au moment de leur admission dans le corps de la gendarmerie, on doit tenir compte, dans le remboursement du prix d'achat, des annuités de possession. (Note du 15 février 1879, page 226, et instr. du 17 mars 1884, page 534 S.) Voir ci-dessus, page 386, pour le décompte de ces annuités, et, pour les pièces à établir, page 384.

Le récépissé de versement au Trésor est adressé au ministre (Bureau des remontes), avec une expédition du procès-verbal de livraison ; une déclaration de versement est en outre adressée au corps livrancier. (Art. 723 du règlem[t] du 18 février 1863.)

Au moment de leur arrivée au chef-lieu de la compagnie, les chevaux provenant des établissements de remonte ou des corps de cavalerie sont examinés par le conseil assisté d'un vétérinaire. Le résultat de cet examen est constaté par une délibération et par un procès-verbal d'examen que l'acquéreur et le vétérinaire signent avec le conseil. (Art. 722 du décr. du 18 février 1863.) Néanmoins, les chevaux ne peuvent être refusés que pour cause de vices rédhibitoires. (Circ. du 16 juin 1883, page 767.)

2° ACHATS DE CHEVAUX PAR LES MILITAIRES DE LA GENDARMERIE

Aux termes de l'article 722 du décret du 18 février 1863, page 182, les hommes de troupe de la gendarmerie se remontent à leurs frais. De plus, la décision ministérielle du 28 mars 1883, page 323, dispose que les corps de cavalerie ne fourniront plus de chevaux aux sous-officiers, brigadiers et gendarmes, et que la remonte de ces militaires sera désormais assurée au moyen d'achats directs effectués dans le commerce.

En cas d'insuffisance de ressources, ils peuvent se remonter dans les dépôts de remonte.

Les sous-officiers, brigadiers et gendarmes débattent le prix des chevaux qu'ils achètent ; néanmoins, le conseil peut en refuser la réception, si le prix est exagéré. (Art. 723 du décr. précité.) Lorsque le conseil conserve pour la remonte des militaires démontés les chevaux de ceux rayés des contrôles, le prix de ces chevaux est réglé à l'amiable et à dire d'experts. (Art. 724.) Une dépêche ministérielle du 4 juin 1880 (M) contient diverses dispositions à consulter pour la reprise de ceux-ci.

L'admission des chevaux achetés est constatée par le conseil d'administration dans une délibération indiquant le nom, le signalement et le prix d'achat du cheval, ainsi que le nom du vendeur. (Art. 722 du règlem[t] du 18 février 1863.) Le conseil est assisté dans son examen d'un vétérinaire civil ou militaire. (Art. 601 du décr. du 1er mars 1854, page 147.) Il est établi en outre un procès-verbal de réception que l'acquéreur, le vétérinaire et le vendeur signent avec le conseil. (Art. 722 du décr. du 18 février 1863.)

Ces dispositions sont complétées comme il suit par la circ. minist. du 23 avril 1883, page 408, et la note du 26 mai 1883, page 478 :

Les gendarmes doivent se pourvoir eux-mêmes chez les éleveurs chaque fois qu'il est possible. Lorsqu'ils ne peuvent trouver à se remonter dans ces conditions, ils sont appelés à choisir devant la commission d'achat instituée au chef-lieu de légion.

La présentation et la réception des chevaux (*qui ne sont pas achetés directement par les parties prenantes*) ont lieu au chef-lieu de la légion et non plus au chef-lieu de compagnie, devant une commission composée de la manière suivante :

Le chef de légion, *président ;*
Le commandant de la compagnie du chef-lieu ;
Un capitaine désigné par le chef de légion ;
Et un vétérinaire choisi par le commandant de corps d'armée.

Cette commission se réunit au commencement de chaque trimestre, après avoir fait connaître aux marchands et éleveurs, par la voie de la presse locale, les dates de réunion. S'il y a des frais de publicité, ils sont supportés par les fonds de la masse d'entretien et de remonte.

Tout cheval âgé de 4 ans au moins et de 8 ans au plus, de la taille de 1[m] 52 à 1[m] 60, peut être admis sans distinction d'origine (23 avril 1883, page 408).

Achat de chevaux par les officiers de gendarmerie remontés à titre gratuit

(Voir ci-dessus, page 380.)

Cessions de gré à gré entre les officiers

Tout officier qui possède un cheval à titre onéreux peut le vendre à un autre officier. (Art. 21 du règlem[t] du 3 juillet 1855, page 633.)

Ces cessions sont autorisées par les généraux commandant les corps d'armée. Lorsque l'officier qui cède sa monture est encore débiteur envers l'Etat d'une portion du prix de cession, il reste seul responsable du remboursement de la valeur du cheval qui lui a été livré.

Ces cessions sont constatées par un état indiquant le signalement et la mutation. (Instr. du 18 janvier 1875, page 31.)

Les chevaux cédés aux officiers généraux par les écoles de cavalerie et supérieure de guerre, ne peuvent être cédés de gré à gré qu'entre officiers généraux. (Note du 14 octobre 1884, page 570.)

Échanges de chevaux entre les officiers.

Les échanges de chevaux demandés par les officiers sont soumis aux inspecteurs généraux et trimestriels qui les autorisent directement. (Décis. du 15 avril 1879, page 753.) Ces demandes ne sont approuvées que si elles sont véritablement basées sur des considérations de service et sur l'aptitude particulière des officiers au point de vue de l'équitation. (Instr. du 18 janvier 1875, page 27, et instr. sur les inspections générales.)

Tout officier acceptant une monture dans l'état où elle se trouve devient responsable des dépréciations qui n'ont pas été constatées en temps utile. (Instr. du 18 janvier 1875, page 29.) Le modèle d'état de proposition est annexé à la note du 25 décembre 1883, page 839, et à l'instr. du 17 mars 1884 sur les inspections générales.)

Rétrocessions de chevaux appartenant en propre aux officiers de toutes armes ou aux militaires de la gendarmerie (1)

§ 1er. — Les demandes de rétrocessions sont soumises aux généraux commandant les corps d'armée, qui donnent les ordres nécessaires, à moins que la reprise ne doive avoir lieu par la remonte ou qu'il ne s'agisse d'un cheval tiré directement d'un dépôt de remonte ou d'un cheval arabe à rendre à un régiment en dehors du corps d'armée. Dans ces cas, le ministre se réserve de statuer sur les demandes. (Arrêté du 17 décembre 1874, page 785; décis. du 1er septembre 1878, page 234; circ. du 15 novembre 1878, page 412, concernant les officiers sans troupe et d'infanterie, et instr. annuelles sur les inspections.)

L'opération a lieu, en principe, dans le corps qui a livré le cheval ou au corps à cheval le plus à proximité, si le corps livrancier a quitté le corps d'armée. (Arrêté du 17 décembre 1874.)

S'il s'agit de chevaux arabes, ils ne peuvent être acceptés que par les commissions des régiments montés en chevaux de cette race, ou, à défaut, par le dépôt de remonte le plus à proximité. (Décis. du 1er septembre 1878, page 233.)

Les chevaux provenant du commerce ne peuvent être rétrocédés. (12 mars 1860, page 67.) Mais cette disposition n'est pas applicable aux chevaux choisis dans le commerce par les officiers sans troupe des grades inférieurs et achetés, sur leur demande, par les commissions régimentaires conformément à la note du 25 août 1881, page 155. De plus, les officiers considérés comme de simples propriétaires ou éleveurs, peuvent, comme tels, vendre leurs chevaux aux comités de remonte, s'ils réunissent les conditions exigées.

D'après l'instruction du 18 janvier 1875, page 29, les corps de troupes à cheval ont la faculté de racheter les chevaux des officiers qui désirent, pour des causes quelconques, les rétrocéder à l'Etat.

En principe, tout officier possesseur d'un cheval provenant de la remonte, acquis à titre onéreux (même à prix réduit), ne peut s'en défaire sans l'autorisation préalable du général commandant le corps d'armée ou du ministre. (Règlem[t] du 3 juillet 1855.)

(1) Voir pages 375 et 377 pour les officiers se rendant en Algérie ou en revenant.

La rétrocession d'un cheval tiré directement d'un dépôt de remonte est prononcée par le ministre seul. (Décis. du 1er septembre 1878, page 234, art. 4.)

L'article 5 de la décision précitée porte à douze ans la limite de l'âge auquel les chevaux provenant de la remonte peuvent être rachetés. En outre, tout cheval de la remonte ayant dépassé cet âge, mais dont l'officier serait en possession depuis moins de trois ans, ne peut être vendu par celui-ci dans le commerce sans avoir été au préalable présenté à une commission de remonte, qui peut en opérer le rachat à prix d'estimation, si elle le juge encore apte au service de l'armée.

En ce qui concerne les officiers admis à la retraite, l'article 6 de la décision ci-dessus dispose qu'ils ne peuvent emmener les chevaux acquis par eux à la remonte qu'en justifiant que ces animaux sont en leur possession depuis au moins un an.

Lorsque ce temps de possession n'est pas atteint, ces officiers sont tenus de présenter leurs montures à une commission de remonte qui en opère le rachat, s'il y a lieu. (Art. 6.)

La même règle est appliquée aux officiers démissionnaires ou réformés. Quant aux officiers mis en non-activité, ils peuvent emmener leurs chevaux, mais ils ne peuvent les vendre sans les avoir présentés à une commission de remonte chargée de procéder à leur rachat, s'il y a lieu. (Note du 30 juillet 1883, page 121.)

La commission de remonte des corps, composée conformément à l'article 7 de la décision du 1er septembre 1878, page 235, juge si la monture est propre à faire un bon service, et, s'il y a lieu, en opère le rachat à prix d'estimation; dans ce cas, l'officier est tenu d'accepter ce prix, quel qu'il soit, à moins qu'il ne préfère conserver son cheval. (18 janvier 1875, page 30.) — D'après les règles appliquées dans les dépôts de remonte, le prix est formé par la moyenne des évaluations proposées par chacun des membres de la commission. (Art. 20 du règlemt du 3 juillet 1855.)

La fixation de ce prix peut être égale ou supérieure au prix d'achat suivant l'état dans lequel se trouve l'animal présenté. En un mot, la commission ne doit se préoccuper que de la valeur réelle de l'animal qu'elle est appelée à juger. (Instr. du 18 janvier 1875, page 30.) S'il s'agit d'un cheval cédé à prix réduit à un capitaine ou assimilé, promu à un grade supérieur, l'on opère de la même manière. (Note du 6 mai 1884, page 480.)

Si le prix de cession de l'animal racheté n'a pas été intégralement acquitté, l'officier est invité à se libérer immédiatement envers le Trésor. (Instr. précitée.)

Le procès-verbal remis à l'officier à l'époque de la livraison doit, autant que possible, être représenté par lui à la commission. (Voir les observations placées en tête du livret de ladite commission, 1er sem. 1879, page 791.)

La décision prise est mentionnée sur le livret de la commission, qui est signé par tous ses membres. (Voir le mod. de ce livret, 1er sem. 1879, page 795.) Un procès-verbal individuel, conforme au modèle n° 3 annexé à la note du 1er juin 1879, page 799, est dressé par le sous-intendant militaire de concert avec le président du conseil d'administration.

D'après l'indication portée en tête du modèle, ce procès-verbal est établi en trois expéditions :

Une pour le corps réceptionnaire,
Une pour le ministre,
Une pour le sous-intendant qui constate la réception.

L'entrée est constatée au registre des entrées et des sorties et au compte de gestion par le talon des factures d'achat. (Nomencl. annexée à l'instr. du 1er mars 1880, page 178 du présent Recueil.)

Les refus de rachat sont constatés dans des procès-verbaux conformes au modèle annexé à la circ. du 8 octobre 1856, page 825.

En ce qui concerne les chevaux cédés aux militaires de la gendarmerie, qui proviennent de la remonte et qui sont âgés de moins de douze ans au moment où les détenteurs veulent s'en défaire, ils ne peuvent en disposer à leur gré lorsqu'ils viennent à quitter leur arme; si les compagnies de gendarmerie refusent de les reprendre, il y a lieu de les faire présenter à une commission de remonte. (Note du 1er juillet 1879, page 8, et art. 628 du règlemt du 1er mars 1854, modifié par le décret du 24 juillet 1875, page 426.)

Les généraux commandant les corps d'armée autorisent les présentations, et, en cas de refus d'achat par les commissions, les détenteurs sont autorisés par ces mêmes officiers généraux, à vendre leurs chevaux dans le commerce. (Note du 4 avril 1883, page 348, et du 16 juin 1883, page 768.) Quant aux chevaux qui ne proviennent pas de la remonte, les gendarmes partant ou les héritiers de ceux décédés ne peuvent en disposer non plus qu'avec l'agrément du conseil d'administration de leur compagnie, laquelle peut en autoriser la cession contre remboursement à d'autres militaires du corps. (Art. 628 du règlem[t] du 1er mars 1854. — Modifié par le décr. du 24 juillet 1875, page 426.) Consulter, pour diverses dispositions, une dépêche ministérielle du 4 juin 1880 concernant les cessions de cette nature.

Pour les sous-officiers de gendarmerie promus sous-lieutenants, ils sont remboursés à prix d'estimation de leurs chevaux, s'ils sont d'origine française et susceptibles de servir de monture d'officier (art. 610 du décr. du 24 juillet 1875, page 423); cette estimation est faite par une commission régimentaire de cavalerie ou d'artillerie. (Note du 25 août 1881, page 155.)

§ 2° Paiement des chevaux rétrocédés a l'État par les officiers et remboursement aux corps des avances faites pour cet objet

Le mode de paiement des chevaux dont il s'agit est défini par les articles 20 et 21 du règlement du 3 juillet 1855; il y a lieu de s'y conformer rigoureusement. (Instr. du 18 janvier 1875, page 30.) L'article 20 dudit règlement dispose que les paiements doivent avoir lieu sur-le-champ, excepté lorsque le prix excède 1,200 francs, auquel cas il faut demander l'autorisation du ministre. Mais cette dernière disposition est abrogée aujourd'hui, car une dépêche ministérielle du 31 juillet 1878 rappelle que, conformément à l'article 7 de l'arrêté du 6 mai 1864 et à l'instruction du 18 janvier 1875, § 7, les commissions d'achat fixent les prix *sous leur responsabilité*, ce qui les dispense dès lors de recourir à l'intervention ministérielle.

Le paiement des chevaux rétrocédés a ordinairement lieu par mandat direct du sous-intendant militaire, et les corps ne peuvent faire d'avance pour cet objet qu'après y avoir été autorisés. (Instr. du 1er mars 1881, page 360.)

La décision du 1er août 1859, page 802, leur prescrivait d'imputer provisoirement les avances de cette nature aux fonds divers, pour en être ensuite remboursés au moyen d'un mandat délivré par l'intendance au titre du service de la remonte; mais la note du 14 avril 1880, page 150, prescrit d'effectuer ces paiements au titre du service de la remonte au lieu des fonds divers, et d'ouvrir à cet effet une colonne spéciale de recette et de dépense au registre de centralisation.

L'ordonnancement par le sous-intendant militaire des sommes dues aux corps est effectué sur la production de factures d'achat (Mod. n° 3 annexé à l'instr. du 1er mars 1880), réunies dans des relevés mod. n° 21 *bis*. (Instr. du 1er mars 1881, page 360.) Chaque facture est timbrée. Les factures étant revêtues d'une quittance, la quittance séparée prescrite par l'article 20 du règlem[t] du 3 juillet 1855 et par la note du 1er juin 1879, n'a plus d'objet. (Voir la nomencl. annexée au règlem[t] du 3 avril 1869.)

Des copies de relevés et de factures sont produites en même temps que les originaux au sous-intendant militaire. (Pour tous renseignements, se reporter au chap. des *Avances de fonds*, pages 182 et suivantes.) Les procès-verbaux de réception ne sont plus produits au payeur. (Art. 19 de l'instr. du 15 mars 1872 sur la comptabilité-matières du service de la remonte.)

Les intendants militaires établissent, pour ces dépenses, des rapports de liquidation (mod. n° 2 annexé à la décis. minist. du 3 mars 1860), et les font parvenir au ministre, avec les copies des pièces justificatives à l'appui, dans le courant du deuxième mois qui suit le trimestre expiré.

Le modèle n° 2 doit être complété, s'il y a lieu, de manière à présenter les détails indiqués aux modèles n°s 1 et 3 joints à la décision ministérielle précitée du 3 mars 1860. (Instr. du 1er mars 1881, page 355.)

Le tableau qui y fait suite, page 367, indique le détail par nature de dépenses à présenter sur les relevés mod. n° 21 *bis* et sur les rapports de liquidation.

Tous les frais accessoires qu'entraîne la rétrocession sont à la charge de l'officier, tant pour l'envoi au lieu d'achat du cheval rétrocédé, que pour la conduite de celui qui pourrait être demandé en remplacement. (Art. 21 du règlem[t] du 3 juillet 1855.)

Nota. — Les sommes dues aux officiers sans troupe leur sont toujours payées directement sur mandat du sous-intendant militaire. Il en est de même pour les officiers de troupe détachés isolément. (Instr. du 1er mars 1881, page 360.)

§ 3° Responsabilité des officiers et des commissions au sujet des rétrocessions de chevaux

L'application du principe de rachat par les corps des chevaux cédés aux officiers crée à ceux-ci une sérieuse responsabilité.

L'inspecteur général rend responsables les membres des commissions qui n'ont pas sauvegardé les intérêts du Trésor, et fixe la quotité de la somme à leur imputer. Il examine, en outre, si la responsabilité des officiers détenteurs des chevaux n'était pas engagée; il adresse son avis au ministre. (Instr. du 17 mars 1884, page 551 S.)

Le montant des retenues faites sur les appointements des officiers est versé dans une caisse publique. (Art. 26 de ladite instr.)

Achats directs de chevaux par les corps de troupe.

Les régiments peuvent être chargés, dans des circonstances exceptionnelles, d'acheter directement les chevaux dont ils ont besoin. (Décr. du 3 avril 1869, page 510.)

De plus, les officiers des corps de troupes à cheval, montés à titre gratuit, qui ne trouvent pas de monture à leur convenance, ont la faculté de s'adresser au commerce. (Instr. du 18 janvier 1875, page 21.) Les chevaux sont présentés à la commission de remonte du régiment qui peut en opérer l'achat à prix d'estimation, selon la valeur réelle des animaux. Ils doivent être propres à faire un bon service, être âgés de 5 à 8 ans, avoir la taille exigée, et leur prix ne doit pas dépasser le prix budgétaire de l'année. (Décis. ministérielle du 1er septembre 1878, page 235.)

Les chevaux de pur sang peuvent être achetés dès l'âge de 4 ans, au prix budgétaire de l'arme. (Note du 19 novembre 1884, page 791.) Se reporter à la page 381 pour tous autres renseignements.

L'admission est mentionnée au livret de la commission, et la réception et le paiement sont justifiés comme il est indiqué *ci-dessus pour les rachats de chevaux appartenant aux officiers*.

La remise de ces chevaux aux officiers a lieu dans les conditions mentionnées à l'article *Livraisons à titre gratuit*.

Nota. — Une circ. ministérielle du 10 novembre 1882, page 437 (S) rappelle que les corps doivent être familiarisés avec les procédés de l'achat direct qui est toujours facile et qui, de plus, est utile et économique.

Les officiers des grades inférieurs (sans troupe, de l'infanterie, de la gendarmerie, de l'intendance), peuvent aussi présenter des chevaux du commerce aux commissions de régiment pour être achetés par l'État. (Voir ci-dessus, page 381.)

Les chevaux de pur sang peuvent être achetés dès l'âge de 4 ans aux prix maxima ci-après { 1re catégorie, 1.200 ; 2e — 900 } (Note du 19 novembre 1884, page 790.)

Vente de chevaux dans le commerce.

L'art. 21 du règlemt du 3 juillet 1855, page 633, dispose que les officiers qui possèdent en toute propriété des chevaux provenant de la remonte, ne peuvent les vendre dans le commerce qu'autant que les commissions de remonte des corps ou des établissements les déclarent impropres au service de l'armée.

La déclaration d'impropriété au service est consignée dans un procès-verbal dont le modèle est annexé à la décis. du 8 octobre 1856, page 825.

Ce procès-verbal est dressé en quatre expéditions : une pour le corps, une pour l'intendance et deux pour le ministre, qui en reçoit une immédiatement après l'opération et l'autre à l'appui de l'état trimestriel des mutations. (Même décis.)

Les chevaux provenant de la remonte ayant plus de douze ans (1er septembre 1878, page 234) sont vendus dans le commerce, même lorsque la position de l'officier change en vertu d'ordre supérieur. (Décis. du 27 janvier 1860, page 13.) Toutefois, la décis. du 1er septembre 1878, page 233, ouvre aux commissions de remonte la faculté de les acheter au delà de cet âge, s'il peuvent encore faire un bon service.

Si l'animal est refusé comme impropre au service, l'officier est libre de s'en défaire à son gré. (Décis. ministérielle du 8 octobre 1856, page 825, rappelée par l'instr. du 18 janvier 1875, page 30.)

Ces dispositions sont applicables aux officiers de gendarmerie remontés à titre onéreux. (Instr. sur les inspections générales : 22 avril 1884, page 1241 (S), etc...)

Les chevaux d'officiers et autres, provenant du commerce, ne sont pas reçus par la remonte (12 mars 1860, page 67, et instr. du 18 janvier 1875, page 30), à moins qu'ils n'aient été achetés par les commissions régimentaires. (Note du 25 août 1881, page 155.) Toutefois, les officiers, *considérés comme de simples propriétaires ou éleveurs*, peuvent, comme tels, vendre leurs chevaux aux comités de remonte s'ils réunissent les conditions exigées.

La radiation de ces chevaux est autorisée par les chefs de corps ou de service. (Décis. du 1er septembre 1878, page 233.)

En ce qui concerne les chevaux des hommes de troupe de la gendarmerie, voir ci-dessus, page 391 : *Rétrocession*, et ci-après, page 394.)

Vente de dépouilles de chevaux morts. (Voir au titre *Fumiers*.)

Vente à des éleveurs de juments poulinières. (Voir l'instr. du 15 août 1878 M.) Voir *Chevaux en dépôt*.

Réforme des chevaux.

La réforme des chevaux d'officiers appartenant à l'Etat est prononcée définitivement par les inspecteurs généraux ou trimestriels. (Décis. ministérielle du 15 avril 1879, page 753, et instr. sur les inspections générales.)

Toutefois, la décis. du 5 août 1881, page 70, dispose que les chevaux des officiers sans troupe et autres désignés dans cette décision ne peuvent être réformés que par l'inspecteur général, après examen et avis écrit du vétérinaire chargé des soins à donner à ces chevaux.

L'état de proposition (mod. n° 1 annexé à la note du 25 décembre 1883, page 829) est appuyé d'un procès-verbal dressé par le vétérinaire, visé par le sous-intendant militaire et faisant connaître les causes de la réforme et l'avis motivé du chef de corps, afin qu'on puisse apprécier si la responsabilité de l'officier est engagée. (Art. 10 du règlemt du 3 juillet 1855, page 629, et instr. du 18 janvier 1875, page 29.) Ce procès-verbal est joint à l'état des chevaux réformés qui est adressé au ministre. (Art. 10 de l'annexe de l'instr. du 17 mars 1884, sur les inspections générales, page 517 S.) L'état à fournir est conforme au mod. n° 6 inséré au *Journal militaire*, 2e semestre 1883, page 865.

Si la responsabilité du détenteur est engagée, le prix de la vente du cheval est déduit de la somme laissée à sa charge. (Art. 10 du règlemt précité.)

La réforme des chevaux de troupe peut être prononcée aux inspections trimestrielles (Instr. du 20 janvier 1876, page 277), ou à l'époque des inspections générales. (Art. 64 de l'annexe de l'instr. du 17 mars 1884, page 552 S.)

La circ. du 24 décembre 1883, page 876, et celle du 31 décembre 1884, page 795 (S), prescrivent de régler dans les corps de cavalerie les réformes de chevaux d'après les allocations annuelles fixées par ces circulaires, et aux généraux commandant les corps d'armée, de fournir un état trimestriel (mod. C) de ces réformes.

Les chevaux de remonte reçus depuis moins de 12 mois peuvent, contrairement aux dispositions de l'instr. du 18 janvier 1875, page 28, être réformés dans les mêmes conditions que les autres : mais on adresse pour eux, au ministre, à l'appui de l'état n° 6, un rapport détaillé indiquant les causes de la réforme anticipée, les accidents ou la maladie qui l'ont motivée, la nature et la durée du traitement, etc. (Observations placées en tête de l'état n° 1 annexé à la note du 25 décembre 1883, page 827, et instruction sur les inspections) (1).

Les chevaux d'officiers dans l'arme de la gendarmerie, appartenant à l'Etat, sont réformés dans les mêmes conditions que les chevaux d'officiers des corps de troupe. Seulement le procès-verbal d'examen est dressé par le sous-intendant assisté d'un vétérinaire militaire ou civil.

Les chevaux des gendarmes sont réformés en cas d'urgence par le chef de légion, et par l'inspecteur général dans les autres cas. (Instr. sur les inspections générales.)

(1) Dans les dépôts de remonte, les réformes sont prononcées par l'inspecteur général permanent des remontes ou par le sous-inspecteur de ce service délégué ; exceptionnellement, l'inspecteur général peut déléguer les commandants de circonscription. (Note du 30 décembre 1884, page 974.)

Vente de chevaux réformés.

Les chevaux réformés appartenant à l'Etat sont vendus par les préposés des Domaines, en présence du sous-intendant militaire qui fixe le jour de la vente. (Art. 247 du décr. du 3 avril 1869, page 366.)

Un extrait de l'état des chevaux réformés est adressé en triple expédition (modèle d'état), dans les vingt-quatre heures qui suivent le prononcé de la réforme, au sous-intendant militaire chargé de la surveillance administrative. Cet extrait ne contient ni le signalement, ni les motifs de la réforme. (Circ. du 15 décembre 1878 M); il est conforme au modèle n° 1 annexé à la note ministérielle du 25 décembre 1883, page 831, auquel on supprime les colonnes 7, 8 et 9. Les livrets matricules sont présentés sur le terrain de la vente au sous-intendant, afin que ce fonctionnaire puisse constater l'identité des animaux. (Circ. du 15 décembre 1878 (M) et observations placées en tête de l'état n° 1 annexé à la note précitée, page 831.)

Ces ventes sont constatées par des procès-verbaux dressés par le préposé des Domaines et signés par le fonctionnaire de l'intendance. (Art. 248 et 249 du décr. du 3 avril 1869.) Le produit de la vente est versé dans les caisses de l'administration des Domaines, laquelle délivre au sous-intendant qui a dirigé l'opération un double du certificat d'encaissement et une expédition du procès-verbal. (Art. 250.)

Les remises au Domaine sont justifiées par des extraits des procès-verbaux de vente, mod. n° 17. (Art. 245 de l'instr. du 1er mars 1880, page 407.) Voir la nomencl. annexée à l'instr. du 1er mars 1880, page 413.)

Les chevaux mis en vente ne doivent pas être morveux (1). L'intendance militaire doit prévenir le préfet de police, à Paris, ou le préfet du département, des ventes projetées, afin que l'état sanitaire des animaux soit constaté, contradictoirement avec le vétérinaire du corps, par un vétérinaire civil. (Décis. du 5 mai 1847, page 30.) Si ces deux vétérinaires sont en désaccord, un troisième vétérinaire, délégué par l'autorité civile, prononce. (4 novembre 1841, page 52.) Un rapport dressé par le fonctionnaire de l'intendance, présent à cette visite, en constate le résultat; ce document appuie le procès-verbal de vente. (27 novembre 1846, page 705.) Les honoraires des vétérinaires civils sont payés par l'administration des Domaines. (Note du 23 avril 1842, page 86.) Les acheteurs n'ont aucun recours contre les vices rédhibitoires. (9 juin 1843, page 182.)

Lorsque des difficultés s'élèvent au sujet des ventes de chevaux, c'est contre l'administration des domaines que les réclamations doivent être formées, et les frais de justice sont, le cas échéant, payés par cette administration. (29 janv. 1844, page 225.)

Une circulaire ministérielle du 24 juillet 1875 (M) dispose que les chevaux réformés doivent être vendus immédiatement; mais celle du 15 décembre 1878 (M) recommande pourtant de ne pas négliger les conditions de publicité, ni le choix des jours de vente résultant des habitudes locales ou de la périodicité des foires ou marchés, et l'instr. du 17 mars 1884, art. 13 de l'annexe, page 520 (S), ajoute que cette vente doit avoir lieu au plus tard dans les quinze jours qui suivent le prononcé de la réforme.

Il est accordé à tout cavalier chargé de conduire les chevaux sur le lieu de vente et de les essayer devant les acheteurs : 1 franc pour un, deux ou trois chevaux, et 2 francs pour six chevaux. Cette somme est prélevée sur le produit de la vente. (10 janvier 1835, page 610.)

Dans les compagnies de gendarmerie, les chevaux réformés sont conduits au chef-lieu de l'arrondissement ou de la compagnie, les jours de foires ou de marchés, pour y être vendus à la criée par le ministère des commissaires-priseurs, en présence du sous-intendant militaire ou de son suppléant et du commandant d'arrondissement. Le sous-officier, brigadier ou gendarme possesseur du cheval ou, à son défaut, un gendarme en résidence au chef-lieu, désigné par le commandant de l'arrondissement, assiste à la vente.

L'officier ministériel qui a présidé cette opération remet au conseil d'administration un extrait du procès-verbal de vente mentionnant que la minute a été soumise à la formalité de l'enregistrement. Cet extrait, délivré sur papier timbré, est annexé aux propositions d'indemnités qui peuvent être produites en faveur des militaires dépossédés. (Art. 728 du règlemt du 18 février 1863, page 183, et instructions sur les inspections générales.)

(1) Ni atteints de gale ou farcin. (Art. 13 de l'annexe de l'instr. du 17 mars 1884, page 520 S.)

Le produit de la vente des chevaux appartenant aux hommes est versé à leur masse individuelle. (Art. 726 dudit règlem[t].)

Réintégrations de chevaux d'officiers délivrés à titre gratuit, passage dans le rang, changements d'armes, etc.

DÉPRÉCIATIONS, MALADIES, ACCIDENTS

(Pour les accidents de chemins de fer, se reporter à ce titre).

Les demandes de réintégration de chevaux appartenant à l'Etat sont établies dans la forme indiquée par la circ. du 23 décembre 1872, page 900. Dans les corps de troupe, l'état est conforme au mod. n° 2 annexé à la note du 25 décembre 1883, page 839. (Voir également les instr. sur les inspections générales.)

La circulaire du 23 décembre 1872 rappelle que les livraisons de chevaux étant faites au nom personnel des officiers, ces derniers doivent, pour dégager leur responsabilité, demander la réintégration de leur monture, lorsqu'elle cesse de leur être utile. Si cette monture convient à d'autres officiers, ces derniers doivent en faire la demande.

La circulaire du 10 mai 1872, page 407, dispose que les réintégrations pour convenance personnelle ne doivent pas être accordées avec une trop grande facilité ; de plus, celles du 1er août et du 15 décembre 1879 (M) prescrivent de limiter les autorisations de réintégration à celles qui sont basées sur un changement de position ou sur des considérations de service bien avérées et de repousser les demandes pour convenance personnelle. (Voir pages 375 et 377 pour les officiers se rendant en Algérie ou en revenant.)

Les inspecteurs généraux et trimestriels statuent directement sur le passage des chevaux d'officier dans les rangs de la troupe. Toutefois, s'il s'agit de chevaux appartenant aux états-majors ou à des corps d'infanterie, la décision de l'inspecteur doit être notifiée au général commandant le corps d'armée qui fait verser les chevaux dans un des corps de troupes à cheval de la région. (Décis. du 15 avril 1879, page 753.) Cette décision est applicable à la gendarmerie. (Instr. du 22 avril 1884, page 1241 S) (1).

Lorsque la réintégration doit avoir lieu soit dans un régiment stationné en dehors du corps d'armée où réside l'officier, soit dans un établissement de remonte, il en est référé au ministre. (Décis. du 1er septembre 1878, page 234.) On procède de la même manière pour les chevaux tirés directement d'un dépôt de remonte. (Art. 4 de la même décis. rappelée par les instr. sur les inspections.)

Les chevaux sont présentés au corps qui les a livrés ou au corps à cheval le plus à proximité, si le premier a fait mouvement. (Arrêté précité du 17 décembre 1874.)

Les réintégrations ne peuvent être autorisées d'urgence qu'en cas de changement de position ou de résidence. Les officiers doivent profiter des inspections générales et revues trimestrielles pour soumettre, lorsqu'il y a lieu, leurs demandes aux inspecteurs généraux. (18 janvier 1875, page 28, et décis. des 1er septembre 1878, page 234, et 15 mars 1879, page 383.) Lorsque les officiers trouvent à acheter des chevaux dans le commerce, la substitution peut se faire à toute époque. (Décis. du 1er septembre 1878, page 235, art. 9.)

La commission de remonte doit examiner avec le plus grand soin l'état de l'animal, afin de constater si la responsabilité de l'officier est ou non engagée, et, dans le premier cas, elle fixe la somme qu'il y a lieu d'imputer pour la dépréciation subie par l'animal. (18 janvier 1875, page 28.) Elle formule sa décision sur le livret dont la tenue est prescrite et dont le modèle est donné par la note du 1er juin 1879, page 789.

(1) De plus, la décis. minist. du 22 mars 1883, page 296, rappelée par celle du 24 décembre 1883, page 876, dispose que les généraux gouverneurs militaires ou commandant les corps d'armée prononcent directement sur la proposition des généraux inspecteurs :

1° Les passages de chevaux dans une autre subdivision d'arme ;

2° Les changements d'armes, passages de la cavalerie dans l'artillerie, le train des équipages ou l'infanterie

3° Le passage des chevaux des batteries à cheval détachées dans les batteries montées.

Toutefois, ces mutations doivent être soumises au ministre si les chevaux doivent changer de région. Il en est de même pour les mutations entre les corps et l'Ecole de cavalerie.

Les généraux commandant les corps d'armée mentionnent la suite donnée sur les états à transmettre au ministre.

De plus, la note du 3 janvier 1884, page 31, rappelle que les changements d'armes de chevaux entre les écoles militaires et les corps de troupe et *vice versa* sont soumis à l'approbation du ministre.

Les états à fournir sont les n°s 3 et 3 *bis*, annexés à la note du 25 décembre 1883, page 827, et aux instr. annuelles sur les inspections.

A la suite de cette opération, un procès-verbal conforme au modèle n° 1 annexé à la note précitée, est signé par le chef de corps et l'officier intéressé. (Note du 1er juin 1879.)

Cet acte doit indiquer si la responsabilité du détenteur est ou non engagée, et, s'il y a lieu, dans quelle proportion il peut être rendu responsable des dépréciations survenues depuis la livraison, par rapport à la durée et à la nature du service auquel l'animal était astreint. (Note du 15 mars 1882, page 83.)

Une expédition de ce procès-verbal doit être envoyée sans état signalétique (Note du 1er juin 1879, page 790) au ministre, qui se réserve de prononcer les imputations et d'indiquer les moyens à employer pour en faire verser le montant au Trésor. (18 janvier 1875, page 28.) Si le cheval doit être réformé ou abattu, le produit de la vente de l'animal ou de sa dépouille est déduit de la somme mise à la charge du détenteur. (Art. 10 du règlemt du 3 juillet 1855, page 629.)

Il y a lieu de remarquer qu'aux termes des instructions placées en tête du livret de la commission, l'intervention de cette commission n'est prescrite que pour les chevaux des officiers étrangers au corps (*officiers sans troupe et d'infanterie*), à l'exclusion de ceux des officiers du corps. C'est évidemment une omission, autrement l'instruction du 18 janvier 1875 serait abrogée.

L'article 10 du règlement du 3 juillet 1855, page 628, dispose que l'officier est responsable de la perte du cheval fourni par l'État lorsqu'elle peut lui être imputée, ainsi que de tout accident ou de toute tare qui, dans le même cas, en déprécie la valeur. Il subit, à cet effet, des retenues équivalant à autant de fois la septième partie du prix d'achat qu'il reste d'années à parcourir pour arriver au terme de la durée légale du cheval.

L'officier est responsable de droit des tares dont il n'a pas fait constater l'existence au moment de la prise de possession, ou pour lesquelles il n'a pas fait constater, au moment de leur apparition, que la cause ne peut lui en être attribuée, au moyen d'un procès-verbal du vétérinaire visé par le sous-intendant. (Art. 10 du même règlemt.)

Ces dispositions sont rappelées par l'article 250 du règlement sur le service intérieur des troupes d'infanterie, en date du 28 décembre 1883, et par la circulaire ministérielle du 14 mars 1883, page 272, laquelle porte que les détenteurs doivent faire constater immédiatement, dans la forme prescrite, les tares et accidents survenus dans le service et qui sont de nature à déprécier leurs montures sans engager leur responsabilité. Ces constatations doivent être soumises aux commissions de remonte chargées d'examiner les animaux réintégrés, ces commissions ayant seules qualité pour apprécier, sans appel, si la responsabilité des officiers est ou non engagée et pour fixer les imputations, s'il y a lieu.

Si les officiers négligent de fournir les justifications au moment de la réintégration, ils ne peuvent être exonérés des sommes mises à leur charge.

PERTES DE CHEVAUX

Constatation de la mort ou de l'abatage des chevaux (1) :

(Voir les articles ci-dessus pour les responsabilités.)

1° La mort est constatée par un procès-verbal rédigé dans les vingt-quatres heures par le sous-intendant militaire, assisté du vétérinaire et du major.

A ce procès-verbal, est joint un rapport d'autopsie. (Art. 20 et 21 du règlemt du 26 décembre 1876, page 346.) Ce procès-verbal est conforme au modèle IX annexé aux règlements du 28 décembre 1883 (Art. 68 Cavie et 82 Artie) ; le rapport est du modèle X. (Art. 60 et 83). Pour l'infanterie, le rapport est du modèle XXIV, et le procès-verbal du modèle XXIII. (Art. 254).

2° L'abatage d'un cheval est autorisé :

Par le chef de corps ou de détachement sur le vu d'un rapport (mod. n° VII Cavie

(1) Voir les notices C et D annexées au règlement du 26 décembre 1876, page 413, pour les mesures à prendre à l'égard des chevaux atteints de la morve ou de la gale, et les règlements du 28 décembre 1883 sur le service intérieur des corps.

et Art[le], XXI pour l'Inf[ie]), établi par la commission d'abatage. (Art. 254 Inf[ie], 66 Cav[ie] et 80 Art[ie] des règlements précités.)

L'abatage est constaté par un procès-verbal mod. n° VIII Cav[ie] et Art[ie], et XXIII pour l'Inf[ie], dressé par le sous-intendant militaire, assisté du major et du vétérinaire (mêmes articles du règlem[t] du 28 décembre 1883 et art. 19 du règlem[t] du 26 décembre 1876); un rapport d'autopsie est joint comme il est indiqué ci-dessus.

Une expédition des procès-verbaux de mort et d'abatage est adressée au ministre avec le rapport annuel du vétérinaire. (Note du 1er novembre 1879, page 315.)

Dans la comptabilité-matières des corps, les sorties sont justifiées par des extraits (mod. n° 16) des procès-verbaux. (Voir la nomencl. à la page 178 du présent ouvrage.

NOTA. — Pour les établissements militaires et les officiers sans troupe, se reporter au règlement du 26 décembre 1876.

Indemnités pour pertes de chevaux

1° OFFICIERS DE TOUTES ARMES (GENDARMERIE EXCEPTÉE)

Les officiers montés à leurs frais, et qui ont été faits prisonniers de guerre, autrement que par capitulation, reçoivent à leur retour des prisons de l'ennemi, pour la perte des chevaux dont ils étaient régulièrement pourvus, l'indemnité déterminée par le tarif. (Art. 147 du règlem[t] du 8 juin 1833, page 593.)

Les indemnités pour pertes de chevaux, en cas de captivité, ne peuvent être allouées aux officiers sans troupe que sur des extraits des contrôles délivrés par les fonctionnaires de l'intendance militaire, dépositaires de ces contrôles, constatant l'époque de la captivité, ainsi que l'affaire où chaque officier a été fait prisonnier de guerre.

Si les contrôles ont été envoyés au ministre de la guerre, conformément aux dispositions de l'article 456, les indemnités ne peuvent être accordées que sur une autorisation du ministre.

Pour les officiers de troupe, les indemnités de pertes ne peuvent être accordées que sur un certificat du conseil d'administration de leur corps, constatant également l'époque de la captivité et l'affaire où elle a eu lieu. Ce certificat doit être visé par le sous-intendant militaire après vérification.

Les officiers qui, dans une affaire contre l'ennemi, ont eu des chevaux tués, reçoivent, pour chaque cheval, l'indemnité fixée par le tarif. La perte est constatée par des certificats qui en précisent la date et indiquent où l'affaire a eu lieu. Les certificats sont délivrés, savoir :

Pour les officiers sans troupe, par les chefs d'état-major ;

Pour les officiers des corps, par les conseils d'administration de ces corps ou, à défaut de conseil, par le commandant de la troupe.

Ces certificats sont visés par les généraux commandant l'armée ou le corps d'armée. Ils doivent, sous peine de déchéance, être remis dans les quinze jours qui suivent l'événement, à l'intendant ou au sous-intendant militaire chargé d'ordonnancer le paiement de la solde des officiers qui ont éprouvé les pertes. (Art. 150.)

Les sommes dues à chaque officier sont fixées par le tarif n° 53, annexé au décret du 25 décembre 1875, page 916.

Les officiers remontés à titre onéreux peuvent obtenir des indemnités pour les chevaux qu'ils perdent, en temps de paix comme en temps de guerre, par suite de causes extraordinaires dont l'appréciation est réservée au ministre, sur la demande qui lui en est adressée par les conseils d'administration ou les chefs du service. En aucun cas, ces indemnités ne peuvent dépasser les deux tiers du prix de la remonte de l'arme.

Les demandes doivent être fournies dans les deux mois qui suivent la perte, et appuyées :

1° D'un état de proposition ;

2° D'un extrait du contrôle des chevaux, constatant la date de l'achat et l'estimation qui en a été faite à la dernière inspection ;

3° Des procès-verbaux dressés par les sous-intendants militaires, pour constater, en présence du chef de corps ou de service, et d'après la déclaration d'un vétérinaire, les causes des pertes ainsi que la valeur des chevaux au moment où ces pertes ont eu lieu. (Art. 151 du règlem[t] du 8 juin 1883.)

2° OFFICIERS ET HOMMES DE TROUPE DE LA GENDARMERIE

Les pertes de chevaux par les officiers, tant à l'intérieur qu'à l'armée, sont réglées par les articles 175 et 182 à 186 du décret du 18 février 1863, pages 55 et 57.

Celles concernant les hommes de troupe font l'objet des dispositions contenues dans les articles 176, 190 et 191 dudit décret modifiés par celui du 21 avril 1882, page 171, et dans l'article 189 du décret du 18 février 1863, page 57. Le tarif est annexé à ce décret pour les pertes faites à l'armée par les officiers.

Pour les cavaliers indigènes employés en Tunisie, voir décis. présid. du 13 octobre 1882, page 306.)

COMPTES DE GESTION ET INVENTAIRES ANNUELS

Aux termes de l'article 26 de l'instr. du 15 mars 1872 (M) sur la comptabilité-matières, il doit être dressé, à la date du 31 décembre de chaque année, un état récapitulatif par corps d'armée de tout le matériel en la possession des corps de troupes, y compris les dépôts de remonte.

Le matériel à comprendre dans cet état est déterminé par la nomenclature L du 2 octobre 1882, page 527, modifiée par la note du 15 janvier 1883, page 8 : ce sont les chevaux et mulets, les ustensiles d'écurie, d'infirmerie vétérinaire et de manège ou de voltige, les objets divers, les ouvrages achetés sur les fonds de la masse d'entretien du harnachement ou reçus de l'administration centrale. (Nomencl. sus-indiquée.)

Les chevaux appartenant à l'État, existant dans les compagnies de gendarmerie et les états-majors, sont compris dans ce travail, qui est établi au moyen des comptes annuels de gestion ou des inventaires ci-après, savoir :

1° Aux termes des articles 253 *bis* et 253 *ter* du décret du 1er mars 1880, page 384, tout le matériel dont le conseil d'administration d'un corps est responsable, donne lieu à l'établissement, par l'officier d'habillement, de comptes annuels de gestion (mod. n° 32 F), distincts pour le service courant et pour le service de réserve. Les chevaux étant tous en service, ils sont tous classés au service courant. (Art. 130 de l'instr. du 1er mars 1880.) Il en est de même pour le matériel, excepté pour les cantines vétérinaires en dépôt pour les besoins de l'armée territoriale. Mais les autres cantines sont classées au service courant. (Dép. minist. du 24 mai 1883 M.) De plus, une circulaire du 10 novembre 1879 (M) dispose que les chevaux des portions détachées en Algérie doivent figurer dans l'inventaire de la portion centrale de chaque corps, et cette prescription est confirmée par l'instruction du 1er mars 1880 (1).

Les objets qui ne forment pas approvisionnement et qui, une fois mis en service, sont considérés comme consommés, tels que les balais, brosses, denrées, médicaments, ne sont pas compris dans ce compte. (Art. 130 de l'instr. du 1er mars 1880.)

Dans les corps de troupes de l'artillerie et du train des équipages, les ustensiles d'écurie, de l'infirmerie vétérinaire, de la remonte, les effets de manège, etc., payés sur les fonds de la masse d'entretien du harnachement et ferrage, sont classés dans la nomenclature N et, à ce titre, ils doivent figurer dans le compte de gestion du service de l'artillerie. (Cir. du 13 décembre 1878, n° 79 M.) Dès lors, le compte de gestion du service de la remonte ne comprend, pour les corps de l'artillerie, *que les chevaux et mulets*. On opère de la même manière pour les régiments du génie, c'est-à-dire que le matériel sus-indiqué doit être compris dans le compte de gestion du matériel du génie par la raison qu'il figure dans la nomenclature P de ce service. (Cir. du 28 août 1884 M.)

Dans les corps de troupe d'infanterie, les ustensiles d'écurie ou de service vétérinaire dont l'entretien et la fourniture incombent à la masse d'entretien du harnachement et ferrage sont compris dans un compte de gestion inventaire spécial (mod. 32 F), établi d'après la nomenclature L. Ces comptes spéciaux sont récapitulés par corps d armée dans un relevé mod. n° 4 de l'instr. du 19 février 1883 sur le service des écoles de l'infanterie et adressés au ministre (1re direction, bureau de l'instr. et du matériel). (Cir. du 17 novembre 1883, page 754.)

Les comptes annuels appuyés des pièces justificatives d'entrée et de sortie et des

(1) Les existants au 31 décembre, pour l'ensemble du corps, doivent être les mêmes au registre des entrées et des sorties de matériel tenu à la portion centrale et au compte de gestion. (Art. 130 du décr. du 1er mars 1880, page 393.)

relevés modèle n° 21 *bis* (voir pour les pièces à produire, *Service de l'Habillement*, page 178), sont remis le 1er mars au sous-intendant militaire qui, après vérification, les adresse en simple expédition à l'intendant militaire. (Art. 253 *bis* du décr. du 1er mars 1880.)

Les existants au 31 décembre sont décomptés d'après les indications portées en tête de la nomenclature. (Art. 253 *bis* de l'instr. du 1er mars 1880, page 409.)

Toutefois, les chevaux sont décomptés aux prix de la nomenclature et sans réduction. (Dép. du 28 juillet 1881 (M) qui prescrit de se conformer, dans les évaluations, à la solution n° 16 du 30 juin 1880, page 421.)

2° Les chevaux des officiers sans troupe appartenant à l'État donnent lieu à l'établissement d'un compte de gestion établi par chaque officier détenteur qui l'adresse avec les pièces justificatives à l'intendant militaire. (Circ. du 12 mars 1883, page 269.)

3° En fin d'année, les commandants des bureaux de recrutement doivent produire également un compte du matériel de la remonte (ciseaux, boules numérotées, sacs, etc.), destiné à la réquisition des chevaux en cas de mobilisation. (Cir. du 15 mars 1880 (M) et du 7 février 1881, page 48.)

L'intendant militaire récapitule ces comptes ou états portant inventaire dans l'état général destiné au ministre. (Art. 26 de l'instr. du 15 mars 1872.) Ce document est conforme au modèle annexé à la circulaire du 7 février 1881, page 48, et fourni en double expédition. (Même circulaire.)

L'envoi de tous ces documents au ministre doit avoir lieu dans le courant du mois de mai (Art. 253 *bis* du décr. du 1er mars 1880) et le 1er juin au plus tard. (Circ. du 7 février 1881, page 48.)

La circ. du 21 février 1881, page 184, donne la manière de clore les comptes de gestion en fin d'année pour passer d'une nomenclature à une nouvelle.

CHEVAUX DE RÉQUISITION ET VOITURES

Résumé analytique des dispositions principales

Instr. du 1er octobre 1884, page 417 (S), etc. Chaque année des instructions sont adressées par le ministre de la guerre au sujet du recensement des chevaux ou voitures. Celle rappelée ci-contre, concernant les opérations de recensement des chevaux en 1885, prescrit aux préfets de faire insérer dans le Recueil des actes administratifs les prescriptions ministérielles qui intéressent les municipalités et de faire publier, dans les communes par voie d'affiches, un avis invitant les propriétaires à faire leurs déclarations. Un avis particulier ou collectif peut leur être également adressé par les maires, mais ils n'y sont pas astreints. Les maires tiennent un registre de déclaration (mod. A), établissent une liste de recensement (mod. B), un relevé numérique (mod. C) : un pour le bureau de recrutement et un pour le sous-préfet. Ils délivrent aux intéressés un certificat de déclaration (mod. E).

Les imprimés A, B, C et E sont fournis par les soins des préfets et envoyés aux maires en nombre suffisant. Les dépenses résultant de cette fourniture et de celle des affiches sont à la charge du ministère de la guerre (service de recensement des chevaux et mulets.) Les factures sont transmises par les préfets aux fonctionnaires de l'intendance qui en mandatent le montant. Les insertions, dans le Recueil des actes administratifs, sont au compte des préfets.

Chaque bureau de recrutement établit un relevé numérique général (mod. D) en double expédition : un pour le général commandant le corps et l'autre pour le ministre. (Circ. du 31 octobre 1881 (M) et du 1er octobre 1884, page 417 S.)

Les imprimés nécessaires aux commissions de recensement sont fournis par l'administration centrale. (Instr. annuelles.)

Décrets du 23 *octobre* 1874, page 464, *et du* 23 *novembre* 1874, page 583, relatifs à l'exécution de l'article 1er de la loi du 1er août 1874, pour le classement des chevaux susceptibles d'être requis pour le service de l'armée en cas de mobilisation.

Loi du 3 *juillet* 1877, page 3, *et décret du* 2 *août* 1877, page 53, sur les réquisitions en général.

Circulaire du 23 *novembre* 1874, page 593, sur l'application du décret de même date.

Instructions pour le classement des chevaux. Elles sont annuelles. Chaque commission est pourvue d'une canne-toise, dont le prix et les réparations sont payés sur le service du recensement des chevaux. (14 janvier 1876 M.) Une dépêche du 4 mars 1881 autorise l'achat de cannes hippomètres au lieu de toises potences en bois.

Prix de la nomenclature de la remonte { grandes, 30 fr. / petites, 20 fr.

Décret du 30 *janvier* 1876, page 63, *et loi du* 3 *juillet* 1877, page 12, exemptant de la réquisition les chevaux des officiers supérieurs et assimilés de l'armée territoriale, etc. Cette disposition est abrogée (Dép. du 22 mai 1878 (M) et décr. du 25 février 1879, page 223), ces officiers devant être remontés à titre gratuit en cas de guerre.

Circulaire du 4 *février* 1876 (M), ayant le même objet.

Instruction du 1er *août* 1879, page 667, modifiée par la circ. du 5 juillet 1884 (M) réglant le fonctionnement des commissions de réception en cas de mobilisation, le mode de paiement des réquisitions.

Décret du 9 *avril* 1878, page 173, désignant les catégories d'exemption à établir en exécution de la loi du 3 juillet 1877, relative aux réquisitions. (Modifié par le décr. du 25 février 1879, page 223, et celui du 27 octobre 1883, page 505.) Un tableau récapitulatif de ces exemptions est inséré à la suite des instructions annuelles sur les recensements.

Circulaire du 24 *octobre* 1877 (M) et instruction du 24 octobre 1883, page 389 (S), relatives au recensement des voitures attelées.

Composition des commissions de recensement des chevaux et voitures

Les commissions sont, aux termes de l'article 38 de la loi du 3 juillet 1877, composées, savoir :

1° D'un officier de l'armée active, de réserve ou de l'armée territoriale (cavalerie, artillerie, train ou gendarmerie à cheval), *président*;

2° D'un membre civil, choisi dans la commune.

Ces deux membres ont voix délibérative ; en cas de partage des voix, celle du président est prépondérante.

Chaque commission est assistée d'un vétérinaire militaire ou d'un vétérinaire civil ou, à défaut, d'une personne compétente habitant la commune, désignée par le maire.

Le vétérinaire ou son suppléant n'a que voix consultative.

Les officiers sont désignés par le général commandant le corps d'armée, ainsi que les vétérinaires militaires ; les préfets désignent les membres et les vétérinaires civils. (Loi du 3 juillet 1877, page 12, et instruc. du 22 mars 1883, page 479 S.)

A chaque commission est attaché un sous-officier ou brigadier de corps de troupes à cheval de l'armée active, qui remplit les fonctions de secrétaire. Il est pris autant que possible dans le corps auquel appartient l'officier président, quand celui-ci fait partie de l'armée active.

Enfin, deux militaires de la gendarmerie, au moins, assistent aux opérations et maintiennent l'ordre. (Instr. précitée.)

INDEMNITÉS DUES AUX MEMBRES DES COMMISSIONS, ETC.

1° DÉPENSES AU COMPTE DU SERVICE DES FRAIS DE ROUTE

Les officiers de l'armée active, les vétérinaires militaires et les sous-officiers ou brigadiers secrétaires qui opèrent dans le lieu de leur garnison n'ont droit à aucune indemnité. Ceux qui opèrent hors de leur résidence ont droit à l'indemnité ordinaire de route pour se rendre de leur résidence à la localité où commencent les opérations de classement. A la fin des opérations, la même indemnité leur est due pour se rendre de la dernière localité où ils ont opéré à leur résidence.

Si les officiers de l'armée active, présidents de commission, sont convoqués par le général commandant le corps d'armée pour recevoir des instructions spéciales, ils ont également droit à l'indemnité de route s'ils ont à se déplacer. (Instr. du 22 mars 1883, page 480 S.)

Les militaires de la gendarmerie reçoivent l'indemnité journalière de route fixée par la décision présidentielle du 1er août 1879, page 87, soit :

5 » pour les adjudants,
3 50 pour les autres sous-officiers,
2 50 pour les gendarmes.

Cette indemnité se cumule avec les autres allocations et leur sert à pourvoir à toutes leurs dépenses personnelles et de transport. (Décis. précitée et instr. du 22 mars 1883.)

2° DÉPENSES AU COMPTE DU SERVICE DE LA REMONTE (RECENSEMENT DES CHEVAUX)

§ 1er. — Les officiers de l'armée active, les vétérinaires militaires et les sous-officiers ou brigadiers secrétaires qui opèrent hors de leur résidence ont droit à une indemnité journalière pour chaque journée comprise entre le premier et le dernier jour des opérations de classement. Cette indemnité est fixée, savoir :

Pour les officiers de l'armée active et les vétérinaires militaires, à..... 15 »
Pour les sous-officiers ou brigadiers secrétaires, à.................. 6 »

Ces indemnités sont dues pour les jours de repos, à moins que les parties prenantes ne puissent rentrer à leur corps sans perte de temps et sans dépense appréciable.

Ces indemnités journalières ne peuvent se cumuler avec l'indemnité de route. (Instr. du 22 mars 1883, page 481 S.)

Les sous-officiers ou brigadiers secrétaires reçoivent, en outre, la solde et la haute-paie, à l'exclusion des prestations en nature. (Circ. du 19 juin 1876, page 801, et du 8 février 1877 M.) Ils n'ont pas droit non plus à l'indemnité représentative de viande. (Circ. du 16 décembre 1879, page 497.)

Les officiers, vétérinaires militaires et sous-officiers ou brigadiers n'ont pas droit, dans cette position, au logement chez l'habitant. (22 mars 1883, page 481 S.)

§ 2. — Les officiers de réserve ou de l'armée territoriale présidents et les vétérinaires civils reçoivent les indemnités ci-après exclusives de toute allocation de solde et de toute indemnité de route ou autre :

10 francs par journée d'opération au lieu de leur résidence ;

25 francs par journée de déplacement hors du lieu de leur résidence.

Ces mêmes indemnités sont dues à ces officiers présidents de commission lorsqu'ils sont convoqués par le général commandant le corps d'armée pour recevoir des instructions spéciales et qu'ils doivent se déplacer pour l'exécution des ordres qu'ils reçoivent à ce sujet.

Le suppléant du vétérinaire qui habite la localité reçoit une indemnité de 10 francs pour chaque journée d'opération. Dans le cas où la commission visiterait plusieurs communes dans la même journée, cette indemnité serait réglée au prorata du temps passé dans chaque commune, sans toutefois que la somme à payer puisse être inférieure à 3 francs, sans comporter de fractions de franc. (Instr. du 22 mars 1883, page 481 S.)

§ 3. — Les membres civils des commissions n'ont droit à aucune indemnité. (Art. 38 de la loi du 3 juillet 1877, page 12, rappelé par l'instr. précitée.)

§ 4. — Les officiers de l'armée active peuvent être autorisés à emmener un ou deux chevaux de trait du corps pour être attelés à une voiture de louage. Cette disposition est applicable aux officiers de réserve et de l'armée territoriale. La nourriture de ces animaux est à leur charge.

Ils peuvent emmener, en outre, un cavalier pour être chargé du soin de ces animaux.

Ces cavaliers ont droit à une indemnité journalière de 2 fr. 50 c., payable sur les fonds du recensement des chevaux ; cette indemnité est exclusive de toute autre prestation en deniers ou en nature. (Inst. du 22 mars 1883, page 482 S.)

Les commandants des dépôts de remonte chargés de contrôler les opérations du classement des chevaux et mulets, ont droit sur les fonds du chapitre XVII, article 2, comme les officiers présidents de la commission, à l'indemnité de 15 francs pendant le cours de leur inspection et seulement à l'indemnitée de route, pour se rendre du dépôt de remonte au lieu d'opération de la première commission à inspecter et pour retourner au dépôt.

Aucune autre indemnité que celles prévues dans la présente instruction n'est due aux parties prenantes y désignées. (Instr. précitée.)

PAIEMENT DES INDEMNITÉS. — AVANCES QUI PEUVENT ÊTRE FAITES AU DÉPART

L'instruction du 22 mars 1883, page 481 (S), dispose ce qui suit :

Les indemnités sont payées à la fin des opérations, au moyen de mandats délivrés par les sous-intendants militaires sur le vu des feuilles itinéraires (mod. n° 1), transmises par les présidents des commissions opérant dans leur ressort et émargées chaque jour par les ayants droit.

Pour les suppléances de vétérinaire, le nombre des heures de présence des suppléants doit être indiqué par le président au-dessus de l'émargement des intéressés. — L'itinéraire doit, en outre, indiquer le nombre de jours passés en route, soit pour l'aller, soit pour le retour, par les vétérinaires civils.

L'indemnité de 2 fr. 50 c., due aux cavaliers ordonnances, est payée de la même manière.

La dépense est imputée sur le budget de la remonte (recensement des chevaux).

Des avances peuvent être faites successivement par les soins des fonctionnaires de l'intendance, jusqu'à concurrence de la moitié du service probable ou restant à faire, aux officiers de réserve ou de l'armée territoriale et aux vétérinaires civils.

Quant aux officiers de l'armée active et aux vétérinaires militaires, ils peuvent recevoir, des corps auxquels ils appartiennent, des avances pouvant s'élever à la moitié du service probable. — D'autres avances peuvent leur être faites, au cours des opérations, par les fonctionnaires de l'intendance, dans la limite de la moitié du service restant à faire.

Les avances faites par les corps sont portées en dépense aux fonds divers et le remboursement en est effectué intégralement par les débiteurs aussitôt après paiement du montant ou du solde des indemnités dues.

Ce solde est payé aux intéressés par le fonctionnaire de l'intendance dans le ressort duquel se trouve le corps auquel ils appartiennent et qu'ils doivent rejoindre aussitôt après les opérations de classement terminées.

En ce qui concerne les sous-officiers ou brigadiers secrétaires et les cavaliers ordonnances, la totalité des indemnités dues est remise dès le début des opérations par les corps aux officiers de l'armée active, présidents de commission, qui leur délivrent au jour le jour les sommes auxquelles ils ont droit.

Si le président est officier de réserve ou de l'armée territoriale, il reçoit, au départ, du sous-intendant, un mandat de paiement de la totalité des sommes dues pour cet objet. Les paiements journaliers faits à ces militaires sont certifiés au bas de l'itinéraire modèle n° 1. (Instr. du 22 mars 1883.)

Commissions de réception des chevaux et voitures en cas de mobilisation.

COMPOSITION DES COMMISSIONS

L'instruction du 1er août 1879, page 667, fixe comme il suit la composition de ces commissions et en règle le fonctionnement :

1° Un officier de l'armée active, de réserve ou de l'armée territoriale (ou, en cas de nécessité, un officier de gendarmerie), *président ;*

2° Un membre civil idoine, habitant, autant que possible, la localité où opère la commission.

Ces deux membres ont voix délibérative ; en cas de partage des voix, celle du président est prépondérante.

Chaque commission est assistée d'un vétérinaire militaire (armée active, réserve ou armée territoriale) ou d'un vétérinaire civil, ou, à défaut, d'une personne compétente prise, autant que possible, dans la localité où opère la commission.

Le vétérinaire ou son suppléant n'a que voix consultative.

Les membres militaires et civils, ainsi que les vétérinaires, sont nommés, dès le temps de paix, par le général commandant le corps d'armée, les membres civils et les vétérinaires civils étant préalablement désignés par le préfet.

Il est nommé dans les mêmes conditions un suppléant au membre civil et un suppléant au vétérinaire.

A chaque commission sont attachés :

1° Un sous-officier ou brigadier de corps de troupe à cheval appartenant à l'armée active, à la réserve ou à l'armée territoriale, *secrétaire ;*

2° Deux secrétaires civils pris parmi les personnes de la localité ou des environs ayant des notions suffisantes d'écriture, etc. (instituteur, secrétaire de mairie, etc.). Dans les commissions de corps ou de fractions de corps, les deux secrétaires civils sont remplacés par des militaires ;

3° Un ou plusieurs maréchaux ferrants de l'armée active, de la réserve ou de l'armée territoriale, ou, à défaut, un ou plusieurs maréchaux ferrants civils requis à cet effet, par application de l'article 5 de la loi du 3 juillet 1877. — Le nombre de ces maréchaux est fixé par les généraux commandant les corps d'armée.

(Ces secrétaires et maréchaux sont désignés dès le temps de paix.)

4° Des militaires de la gendarmerie, en nombre suffisant, pour assurer le service d'ordre.

INDEMNITÉS DUES AUX MEMBRES DES COMMISSIONS, AUX VÉTÉRINAIRES, ETC.

L'article 2 de l'instr. du 1er août 1879, page 671, fixe comme il suit les indemnités dues aux membres des commissions et aux autres personnes.

§ 1er. — PERSONNEL MILITAIRE

En cas de non déplacement.

Les officiers, les vétérinaires, les sous-officiers ou brigadiers secrétaires et les maréchaux ferrants appartenant à l'armée active, à la réserve ou à l'armée territoriale, qui opèrent *dans le lieu de leur garnison*, n'ont droit à aucune indemnité.

Les officiers et les vétérinaires de réserve ou de l'armée territoriale, qui opèrent *dans le lieu de leur domicile* et qui ne sont pas entrés en solde, reçoivent une indemnité journalière de 6 francs, quel que soit leur grade.

Les sous-officiers ou brigadiers secrétaires ou les maréchaux ferrants appartenant à la réserve ou à l'armée territoriale, qui opèrent *dans le lieu de leur domicile* et qui, comme il est dit ci-dessus, ne sont pas entrés en solde, reçoivent une indemnité journalière de 1 fr. 25, quel que soit leur grade.

En cas de déplacement.

Les officiers, les vétérinaires, les sous-officiers ou brigadiers secrétaires et les maréchaux ferrants de l'armée active, qui opèrent *hors de leur garnison*, ont droit, savoir :

1° A l'indemnité ordinaire de route pour se rendre de leur garnison au chef-lieu de la circonscription de réquisition, et *vice versa ;*

2° A une indemnité de séjour pour chaque journée effectivement consacrée à la réquisition des chevaux et voitures. Cette indemnité, qui ne peut se cumuler avec *l'indemnité de route*, est fixée, savoir :

Pour les officiers et les vétérinaires, à 10 francs ;

Pour les sous-officiers ou brigadiers secrétaires, à 5 francs ;

Pour les maréchaux ferrants, à 3 francs.

Les officiers et les vétérinaires de réserve et de l'armée territoriale, qui opèrent *hors de leur domicile*, et qui ne sont pas entrés en solde comme n'ayant pas rejoint leur corps, ont droit :

1° Aux indemnités kilométriques et fixes de transport pour se rendre de leur domicile au chef-lieu de la circonscription de réquisition, et de là à leur destination de mobilisation ;

2° Et à une indemnité journalière de 16 francs pour chaque journée de voyage ou de présence au chef-lieu de réquisition.

Les sous-officiers ou brigadiers secrétaires et les maréchaux ferrants appartenant à la réserve ou à l'armée territoriale, opérant *hors de leur domicile* et qui ne sont pas entrés en solde, comme n'ayant pas rejoint leur corps, ont droit pour chaque journée d'opérations au chef-lieu de réquisition, savoir :

Les sous-officiers ou brigadiers secrétaires, à 6 francs ;

Les maréchaux ferrants, à 4 francs.

Pour se rendre de leur domicile au chef-lieu de réquisition, et de là à leur destination de mobilisation, ils doivent recevoir l'indemnité journalière de 1 fr. 25 c. et l'indemnité kilométrique sur les voies ferrées.

Le logement chez l'habitant est dû pour tous.

§ 2. — PERSONNEL CIVIL

Les membres civils, les vétérinaires civils et leurs suppléants reçoivent les indemnités ci-après :

10 francs par journée *d'opérations* au lieu de leur résidence ;

20 francs par journée *de déplacement* hors du lieu de leur résidence.

Les secrétaires civils et les maréchaux ferrants reçoivent les indemnités ci-après :

5 francs par journée d'*opérations* au lieu de leur résidence ;

8 francs par journée *de déplacement* hors du lieu de leur résidence.

Ces diverses indemnités sont payées chaque jour aux ayants droit par le président de la commission, qui perçoit pour cet objet un mandat destiné à y pourvoir. (Art. 2 de l'instr. du 1er août 1879, page 671.)

DÉPENSES DIVERSES

L'article 24 de l'instr. du 1er août 1879, page 688, dispose qu'indépendamment des indemnités ci-dessus, les présidents de commission doivent assurer le paiement :

1° Des indemnités dues aux conducteurs de chevaux n'appartenant pas à l'armée active pour se rendre du lieu de leur domicile au chef-lieu de réquisition, pour leur séjour à ce chef-lieu et pour les journées employées, soit à conduire au corps les animaux et voitures requis, soit aussi à rentrer dans leurs foyers s'ils ne sont pas utilisés ;

2° Du matériel (perches, planchettes, pancartes, guidons, etc.) qu'on peut éventuellement acheter pour le groupement des animaux par commune (Art. 3 de l'instr.);

3° Des frais de location de forges, d'achat de charbon et de composition pour le marquage des animaux et voitures ;

4° Des frais occasionnés par le remplacement éventuel des ferrures, licols, bridons, etc. (Voir *Ferrage.*)

Aux termes de l'article 45 de la loi du 3 juillet 1877, les animaux doivent avoir leur ferrure en bon état, un licol pourvu d'une longe et un bridon. Ce n'est donc qu'exceptionnellement que des dépenses peuvent être faites pour cet objet. D'ailleurs, les chefs de détachements peuvent recevoir des corps un certain nombre de licols ou bridons pour remplacer ceux qui seraient livrés en mauvais état par les propriétaires. (Art. 25 de l'instr. du 1er août 1879.)

5° Des avances pour dépenses imprévues à faire aux commandants de détachements, à raison de 0,50 c. par cheval lorsque le trajet est de plus d'une étape. (Art. 24 et 26.)

Les présidents de commission appartenant à l'armée active, autres que les officiers de gendarmerie, reçoivent en outre de leur corps, au moment de leur départ, une avance dont l'importance est fixée par le général commandant le corps d'armée et qui ne doit pas dépasser 2,000 francs. Cette avance, destinée à faire face aux premiers besoins, est restituée en totalité à la fin des opérations. (Art. 25 modifié par la circ. du 5 juillet 1884 M.)

Cette avance ne doit pas être faite aux officiers de gendarmerie, présidents de commission, non plus qu'aux officiers de l'armée territoriale. (Note du 19 janvier 1880, page 29.)

Chaque commission est, en outre, pourvue :

1° D'une toise pour vérifier la taille des animaux (une dép. du 4 mars 1881 autorise l'achat de cannes hippomètres au lieu de toises potences en bois, et une note du 1er août 1883, page 126, rappelle ce principe et dispose que les toises seront remplacées par des cannes au fur et à mesure de leur réforme par les inspecteurs généraux des bureaux de recrutement, soit en dehors de la période des inspections, par le général commandant le corps d'armée);

2° D'un jeu de 10 chiffres arabes, pour le marquage à chaud des voitures et des chevaux;

3° De la lettre indicative du corps d'armée à appliquer à chaud sur le sabot des chevaux;

4° D'un jeu de boules numérotées à l'encre en chiffres arabes, pour le tirage au sort des animaux lorsque le contingent d'un canton est supérieur par catégorie au chiffre des animaux présents propres au service.

Les objets énumérés aux paragraphes 1, 2 et 3 sont achetés par les bureaux de recrutement, et les autres par le service de l'intendance. Ils sont adressés, dès le temps de paix, aux corps de troupes pour les commissions de corps ou de fraction de corps, et aux brigades de gendarmerie pour les autres. (Art. 33.)

La dépense qui résulte de cet achat est imputée sur le budget de la remonte (recensement des chevaux). (Note du 19 janvier 1880, page 29.)

JUSTIFICATION DES DÉPENSES DES COMMISSIONS

L'article 26 de l'instruction du 1er août 1879, page 690, prescrit au président de commission d'adresser au commandant du bureau de recrutement, qui le transmet au sous-intendant militaire, un relevé (mod. n° 11) des sommes payées par lui et d'y joindre :

1° L'état d'émargement (mod. n° 1) des indemnités payées aux membres de la commission et à ses auxiliaires;

2° La liste émargée des conducteurs appuyée des ordres d'appel;

3° La liste émargée des conducteurs qui ont été requis sur place;

4° Les reçus individuels des officiers, sous-officiers ou brigadiers secrétaires, et des maréchaux ferrants pour le paiement des indemnités de route ou de voyage (on joint les ordres d'appel;

5° Les reçus (mod. n° 10) signés par les chefs de détachements;

6° Les factures ou mémoires acquittés (non timbrés, loi du 18 décembre 1878) concernant les dépenses diverses;

7° Un récépissé de versement au Trésor de la somme restée sans emploi.

Paiement des chevaux et voitures.

Le paiement des chevaux et voitures donne lieu à l'accomplissement des formalités ci-après :

Procès-verbal de réception (n° 5 pour les chevaux et n° 5 *bis* pour les voitures attelées) adressé au bureau de recrutement;

Bulletin individuel de réquisition (n° 6) délivré au propriétaire;

Extraits par commune (mod. nos 7 et 7 *bis*) des procès-verbaux nos 5 et 5 *bis*, établis par le commandant du bureau de recrutement et adressés par lui aux maires;

Etat de paiement, modèle n° 14 *bis* (Mod. D du décr.) établi par le maire pour les voitures requises;

Etat de paiement pour les harnais requis, établi par le maire sur le même modèle;

Etat de paiement (mod. n° 14) pour les animaux requis;

(Ces trois états sont établis en deux expéditions et adressés, avec les extraits nos 7 et 7 *bis*, au sous-intendant militaire qui en donne récépissé);

Mandats de paiement délivrés par ce fonctionnaire au nom des receveurs municipaux qui les reçoivent par l'intermédiaire des trésoriers-payeurs généraux, accompagnés d'une expédition des états de paiement nos 14 et 14 *bis*;

Paiement par le receveur municipal, qui fait émarger les états de paiement et retire les bulletins individuels d'achat.

(Art. 18 et 19 de l'instr. du 1er août 1879, page 683.)

Détachements chargés de la conduite des chevaux de réquisition.

Les cadres de conduite envoyés par les corps au chef-lieu de réquisition pour y prendre les animaux requis, ont droit à l'indemnité journalière de route à l'exclusion de la solde, de la viande et du pain. (Décr. du 29 janvier 1879, page 72.) Cette indemnité est l'indemnité journalière exceptionnelle allouée par la décis. présidentielle du 4 novembre 1881, page 320. Ils ont droit à l'indemnité kilométrique sur les chemins de fer. Quant aux officiers des cadres de conduite, ils sont traités conformément aux dispositions générales prescrites pour les officiers qui se déplacent pour le service. (Art. 22 de l'instr. du 1er août 1879, page 687.)

Les conducteurs qui n'appartiennent pas à l'armée active désignés pour recevoir les chevaux dans les centres de réquisition ont droit, pour se rendre de leur domicile au lieu de convocation, à l'indemnité journalière de 1 fr. 25 c., sans distinction de grade, et à l'indemnité kilométrique. L'indemnité de 1 fr. 25 c. leur est continuée pendant la durée de leur mission et pendant la route qu'ils ont à parcourir pour conduire les chevaux aux lieux de garnison des corps.

Les avances de fonds sont faites par les présidents de commission de réception, comme il est dit ci-dessus à l'article *Dépenses diverses*. (Art. 24 et 26.)

Toutefois, les corps remettent aux cadres de conduite qu'ils fournissent, les avances qui leur sont nécessaires pour se rendre au chef-lieu de réquisition et conduire les animaux à destination. Il est justifié de l'emploi de ces avances suivant le mode ordinaire. (Art. 25 modifié par la circ. du 5 juillet 1881.)

Quant aux avances faites par les présidents de commission, chaque chef de détachement en justifie à son arrivée au corps destinataire en remettant au trésorier l'ordre de mouvement portant la liste nominative du détachement, ainsi que le décompte des sommes reçues et employées. A ce document sont joints les factures ou mémoires acquittés et visés par les maires.

Le reliquat est immédiatement versé au Trésor, à la diligence du trésorier du corps qui, après en avoir pris copie, envoie l'ordre de mouvement, avec les factures ou mémoires, et le récépissé de versement au commandant du bureau de recrutement de la subdivision d'où est venu le détachement. (Art. 26 de l'instr. précitée.)

Nourriture des chevaux requis avant leur arrivée au corps. (Voir *Subsistances.*)

CHEVAUX EN DÉPOT CHEZ LES CULTIVATEURS (1)

Inspections annuelles.

Ces dispositions ont lieu conformément aux dispositions de l'instr. du 3 juillet 1867, page 814.

Mais, depuis 1876, cette inspection a été confiée au président de la commission de classement des chevaux de réquisition, assisté du vétérinaire. (Instr. du 23 février 1876 M.)

Indemnités.

Lorsque les officiers et vétérinaires *chargés du classement des chevaux de réquisition* inspectent les chevaux en dépôt, aucune indemnité n'est à leur payer pour ce service spécial.

Dans le cas contraire, ils reçoivent une indemnité journalière sur les fonds du service de la remonte, à l'exclusion de tout autre supplément de solde. (Tarif n° 14 du 25 décembre 1875, page 824.)

Ce principe est applicable aux vétérinaires militaires désignés pour visiter des chevaux en dehors des inspections. (Art. 45 de l'instr. du 3 juillet 1867, page 821.)

L'article précité alloue 10 francs par jour et le cinquième en sus de leur solde aux officiers en inspection; mais, ce supplément de solde étant supprimé aujourd'hui, l'indemnité seule est maintenue. (Observations placées sur le tarif n° 14 annexé au décr. du 25 décembre 1875, page 825.)

L'indemnité de route est due, à l'exclusion de toute autre, aux officiers qui se déplacent pour le trajet du lieu de garnison au point où doit commencer l'inspection. Il en est de même pour le retour. (Instr. du 11 février 1874 et instr. annuelles.)

Si un maréchal ferrant accompagne les officiers, il reçoit une indemnité de 5 francs

(1) Les instructions du 2 mars 1883, page 221, modifiées par les circ. des 4 avril 1883, page 345, et 7 mai 1883, page 430, règlent la mise en dépôt des juments poulinières.

par jour, et, de plus, il est remboursé des dépenses de location de forge et d'achat de charbon qu'il peut avoir à faire pour la marque des animaux. (Art. 43 de l'instr. du 3 juillet 1867.) Les maréchaux qui accompagnent les commissions de réquisition de chevaux reçoivent 5 francs par jour au lieu de leur résidence et 8 francs hors de cette résidence. (Instr. du 1er août 1879, page 672.) Ces dépenses sont imputables au service de la remonte. (Art. 44.)

Les vétérinaires civils appelés éventuellement, à défaut de vétérinaires militaires, pour la visite des chevaux en dépôt, reçoivent les indemnités suivantes :

1° *Pour chaque visite et rapport*, y compris le premier pansement, s'il y a lieu :

A Paris	6 »
Dans les villes de 40,000 habitants et au-dessus	5 »
Dans les autres villes et communes	3 »

2° *Pour les ouvertures de cadavres et toutes opérations autres que le simple pansement, en sus des droits ci-dessus :*

A Paris	9 »
Dans les villes de 40,000 habitants et au-dessus	7 »
Dans les autres villes et communes	5 »

3° *Pour frais de déplacement à plus de 2 kilomètres* (en sus des vacations ci-dessus) :

A une indemnité fixe pour chaque myriamètre parcouru, tant pour l'aller que pour le retour	2 50

Toute fraction de 2 kilomètres et au-dessous n'est pas comptée ; de 3 à 7, elle est payée comme un demi-myriamètre, elle compte pour un myriamètre lorsqu'elle est de 8 ou 9 kilomètres. (Circ. du 17 avril 1861 (M), rappelant l'art. 16 du décr. du 18 juin 1811, concernant les médecins, qu'elle applique aux vétérinaires; art. 46 de l'instr. du 3 juillet 1867, page 821.)

Ces visites doivent être faites sur la réquisition des fonctionnaires de l'intendance, et la dépense n'incombe à l'Etat que lorsque la responsabilité des détenteurs n'est pas engagée. Dans tous les cas, la fourniture des médicaments est à la charge de ces derniers. (Circ. du 17 avril 1862 M.)

Les frais de visite sont remboursés (*par voie de versement au Trésor*) par les détenteurs lorsqu'ils sont reconnus en défaut. (Art. 47 de l'instr. du 3 juillet 1867, p. 821.)

Les indemnités et dépenses diverses sont justifiées selon leur nature, soit par des décomptes émargés, soit par des factures régulièrement acquittées, appuyées, s'il y a lieu, de réquisitions. (Art. 22 de l'instr. du 11 février 1874.)

Les ordonnancements sont effectués par les fonctionnaires de l'intendance sur le budget de la remonte (Dépenses accessoires).

Frais de nourriture des chevaux repris à l'agriculture. (V. au titre *Subsistances*.)

Détachements chargés de la reprise des chevaux.

Les officiers chargés de la reprise des animaux en dépôt sont traités selon la règle générale, c'est-à-dire qu'ils ne reçoivent, en sus de leur solde, que l'indemnité de route et de transport. (Tarif n° 14 du 25 décembre 1875, page 824, et art. 48 de l'instr. du 3 juillet 1867, page 821.)

Il en est de même des détachements chargés de la conduite de ces chevaux, c'est-à-dire qu'ils ne reçoivent que l'indemnité de transport et de route pour l'aller et l'indemnité de route seule pour le retour. (Tarif précité qui rappelle que les militaires employés pour un service de remonte doivent être traités selon la règle générale.) Ils ne reçoivent pas de solde. (Décr. du 17 septembre 1871, page 357, et du 19 novembre 1874, page 672.)

L'indemnité de route allouée est celle fixée par la décis. présidentielle du 4 novembre 1881, page 320.

En cas de mobilisation, les militaires chargés de ramener des chevaux en dépôt sont traités comme il est indiqué à la page 405 du présent Recueil. Ces chevaux devant d'ailleurs être conduits par les cultivateurs aux chefs-lieux de réquisition, les mêmes cadres ramènent les chevaux de réquisition et ceux dont il s'agit. (Instr. du 23 février 1876 M.) Ces dispositions sont toujours en vigueur.

RECRUTEMENT ET RÉSERVE

ARMÉE TERRITORIALE (1)

1° *Dépenses diverses au compte des officiers comptables des corps.* (Voir au titre *Solde.*)

2° *Répertoire des réservistes.* (Voir *Solde.*)

3° *Indemnités dues aux membres des conseils de revision, aux officiers, fonctionnaires de l'intendance militaire, médecins et sous-officiers attachés à ces conseils.* (Instr. du 28 avril 1873, page 504.)

Les conseils de revision sont composés :

Du préfet, ou, à son défaut, du secrétaire général ou d'un conseiller de préfecture, *président ;*

D'un conseiller de préfecture, *membre;*

D'un membre du conseil général, désigné par le conseil général, *membre ;*

D'un membre du conseil d'arrondissement, désigné par le conseil général, *membre;*

D'un officier général ou supérieur, désigné par l'autorité militaire, *membre.*

Chaque conseil est assisté :

D'un membre de l'intendance (sous-intendant ou adjoint de 1re classe) (28 avril 1873, page 506) ;

Du commandant de recrutement ;

D'un médecin militaire (major de 1re ou de 2e classe) ou civil désigné par l'autorité militaire. (Art. 27 de la loi du 27 juillet 1872, page 553.) On peut en désigner deux dans certains cas (28 avril 1873, page 507) ;

D'un sous-officier de recrutement pour prendre les signalements (art. 18 de l'instr. du 28 avril 1873, page 507) ;

D'un officier de gendarmerie et de gendarmes en nombre déterminé par le préfet. (Art. 34 de l'instr. précitée.)

Les indemnités aux membres des conseils de revision (le préfet excepté) sont fixées comme il suit par la circulaire du 30 avril 1860, insérée au tome XIV du *Journal militaire*, page 1197, savoir :

En dehors des chefs-lieux de département :

Membres du conseil.......... 15 francs (2) par journée effective de déplacement. (30 avril 1860.)

Membres de l'intendance..... — — —

Officiers de recrutement...... — — —

Médecins militaires ou civils .. — — —

Sous-officiers............... 6 francs par journée effective de déplacement. (Circ. des 23 juillet 1868 (M) et 25 mars 1877, page 264 S.) 8 francs sont alloués en Corse et en Algérie. (Circ. du 23 février 1884.) Cette indemnité n'est pas due pour se rendre de la résidence habituelle au chef-lieu et *vice versa*, excepté pour les sous-officiers, lesquels ont droit à l'indemnité de 6 francs pour toutes les journées d'absence hors de leur résidence. (Circ. du 23 février 1884, page 207 S.) Ils ont droit en outre à la solde, à la haute-paie et à la prime (19 juin 1876, page 801, et 8 février 1877 M), mais non à l'indemnité représentative de viande. (Circ. du 16 décembre 1877, page 497.)

Au chef-lieu de département :

Officiers généraux ou supérieurs et fonctionnaires de l'intendance. — Une indem-

(1) L'administration des hommes de tout grade de la disponibilité, de la réserve et de l'armée territoriale dans leurs foyers est réglementée par l'instruction du 28 décembre 1879, refondue en 1884.

(2) 20 francs sont alloués en Corse ou en Algérie. (Circ. du 23 février 1884, page 207 S.)

nité de 6 fr. 66 c. par journée passée au chef-lieu départemental est acquise à ces officiers lorsqu'ils se sont déplacés. (30 avril 1860, page 1197, tome XIV.)

Officiers de recrutement. — *Idem.* (Circ. du 25 mars 1877, page 264 S.)

Médecins militaires. — *Idem.* *Idem.*

Cette indemnité est due, qu'il y ait séance ou non. (Voir le mod. d'état n° 3 annexé à la circ. précitée.) Lorsque le conseil de revision demeure plusieurs jours consécutifs sans se réunir, ces officiers, fonctionnaires ou médecins doivent rentrer à leur poste chaque fois que le montant des journées à 6 fr. 66 s'élève à une somme supérieure à celle qui résulterait des frais de route (aller et retour) et indemnités que pourrait occasionner leur rentrée.

Pour la séance de clôture et celle où l'on statue sur les soutiens de famille et les sursis d'appel, le membre militaire et le médecin doivent être pris parmi les officiers en résidence au chef-lieu. (Circ. du 6 mars 1882, page 185 S.)

NOTA. — MÉDECINS CIVILS. Lorsque les médecins civils opèrent dans le lieu de leur résidence, ils sont payés par vacation, dont la quotité doit être réglée d'après le tarif établi par le décret du 18 juin 1811.

Ces vacations sont fixées à 10 francs par journée entièrement employée à la visite des jeunes gens, à 3 francs pour chaque séance d'une heure et moins d'une heure, et à 2 francs par heure ou fraction de l'heure pour les séances dont la durée a été de plus d'une heure.

Toutefois, dans des circonstances exceptionnelles, les préfets peuvent demander une diminution ou une augmentation. (30 avril 1860, page 1199 du tome XIV, et circ. du 23 février 1884, page 207 S.)

Les officiers qui se déplacent pour se rendre de leur résidence habituelle au chef-lieu où ils sont convoqués par le conseil, ont droit à l'indemnité de transport et de route, tant pour l'aller que pour le retour. (Circ. du 30 avril 1860, page 1197 du tome XIV, et circ. du 23 février 1884, page 207 S.) Quant aux sous-officiers du recrutement, l'indemnité de 6 ou 8 francs leur est allouée pour ces trajets (circ. du 23 février 1884) ; ces militaires n'ont, par suite, pas droit à l'indemnité de route.

Les sous-officiers de gendarmerie et les gendarmes faisant le service auprès des conseils de revision ont droit à l'indemnité journalière spéciale fixée par la décision présidentielle du 1er août 1879, page 87, mais à l'exclusion de l'indemnité de service extraordinaire.

Cette allocation est payée sur les fonds de l'indemnité de route.

Les officiers de gendarmerie qui se déplacent pour assister aux opérations du tirage au sort ou aux séances des conseils de revision ont droit à une indemnité de 6 fr. 50 c. pour chaque journée employée à ce service, hors de leur résidence. (Circ. du 16 décembre 1879, page 496, notifiant la décis. présidentielle du 10 du même mois.) Cette indemnité est payée sur le service de la solde de la gendarmerie, comme les frais de tournée. (Même circ.)

PAIEMENTS DES INDEMNITÉS. — AVANCES

Les membres des conseils de revision, les fonctionnaires de l'intendance, les officiers et sous-officiers de recrutement et les médecins militaires peuvent, sur leur demande, toucher, à l'avance, la moitié de l'indemnité à laquelle ils ont droit d'après l'itinéraire arrêté par le préfet.

Cette avance est mandatée par les fonctionnaires de l'intendance sur les fonds du service du recrutement.

Le complément ne peut être payé qu'après liquidation ministérielle. (Circ. du 13 mars 1876, page 361 (S), et du 25 mars 1877, page 264 S.) Les mandats de paiement des indemnités sont nominatifs et spéciaux à chaque partie prenante. (Circ. du 6 mars 1882, page 186 S.)

L'indemnité de séjour au chef-lieu ne doit être payée aux ayants droit qu'après liquidation ministérielle. (Circ. du 25 mars 1877, page 264 S.) Elle est comprise dans les états de présence, lesquels doivent rappeler dans la colonne d'observations les dates des journées donnant droit à l'indemnité de 6 fr. 66. (Circ. du 6 mars 1882, page 186 S.)

Les états de présence : Modèle n° 1, pour les membres des conseils, fonctionnaires, etc. ; modèle n° 2, pour les médecins militaires ou civils, etc., sont adressés par les préfets au ministre, en double expédition, dans la forme prescrite par la circulaire du 25 mars 1877, page 264 S.) Ils sont accompagnés d'une copie de l'itinéraire et d'un décompte général modèle n° 3. (Circ. précitée et du 23 février 1884, page 207 S.) Cette dernière prescrit en outre aux préfets de porter dans la colonne d'observations des états, les dates de toutes les journées pour lesquelles des indemnités sont demandées.

NOTA. — Si, dans des cas exceptionnels, des avances étaient faites par les corps au profit de leurs officiers, la dépense serait inscrite et remboursée au titre des fonds divers. Le remboursement doit avoir lieu dès que les officiers ont reçu le montant de leur indemnité. (Voir la circ. du 28 février 1868 qui autorisait le paiement d'avances aux officiers, médecins et sous-officiers faisant partie des conseils de revision de la garde mobile.)

4° *Revues d'appel de l'armée territoriale; officiers et hommes de troupe qui se déplacent pour l'instruction de l'armée territoriale ou des réservistes.* — Les officiers de l'armée active qui se déplacent pour assister aux revues sont traités d'après le décret du 12 juin 1867 sur les frais de route. (Circ. du 15 mars 1876 M.) Les sous-officiers et, à défaut, les caporaux ou brigadiers de l'armée active appelés pour ces mêmes revues, reçoivent une indemnité journalière de 6 francs, exclusive de tous frais de route.

Les corps peuvent en faire l'avance.

La dépense est imputée sur les crédits affectés au service des réserves et de l'armée territoriale. (Art. 156 de l'instr. du 28 décembre 1879, page 967.)

NOTA. — L'édition de cette instruction refondue en 1884 ne prévoit plus de dépenses de cette nature.

Les officiers de l'armée territoriale qui se déplacent pour ces revues reçoivent l'indemnité de route et une indemnité fixe pour l'aller seulement. (Art. 3 de l'instr. du 12 février 1878, page 38.)

Les officiers, sous-officiers et soldats de l'armée active, qui se déplacent *pour concourir à l'instruction des différentes unités* de l'armée territoriale, reçoivent l'indemnité de route pour l'aller et le retour. Les officiers reçoivent, en outre, l'indemnité de séjour, mais les sous-officiers et soldats sont placés en subsistance. (Circ. du 21 mai 1878 M.)

Ces dispositions sont applicables aux officiers, etc., qui se déplacent pour l'instruction des réservistes. (Circ. du 4 octobre 1878 M.)

Conseils de régiment

APPELÉS A DONNER LEUR AVIS SUR LE RENGAGEMENT DES SOUS-OFFICIERS

Ces conseils sont composés comme l'indiquent le tableau annexé aux décrets du 28 décembre 1883, sur le service intérieur des corps, et l'*errata* inséré au *Journal militaire*, 2ᵉ semestre 1884, page 812. Pour les sous-officiers de la justice militaire, consulter la décision du 6 janvier 1885, p. 11.

Aux termes de la circulaire ministérielle du 25 novembre 1878, page 402, les conseils de régiment appelés à donner leur avis sur la rétrogradation ou la cassation des sous-officiers rengagés, en conformité de la note du 16 août 1878, page 228, doivent être pourvus des objets ci-après :

Boîte en fer blanc munie d'un couvercle à charnière, fermant au moyen d'un cadenas, et pourvue à sa partie supérieure d'un petit appareil pour faciliter l'introduction des boules	5 »
Cadenas	» 60
Boules en bois dur portant le mot *oui* ou le mot *non* en nombre égal à celui des membres du conseil	2 40
TOTAL	8 »

Pour les conseils des bataillons, compagnies ou sections formant corps, qui n'ont que 4 membres au lieu de 8, la fourniture des boules ne coûte que 1 fr. 20 c., soit une dépense totale de 6 fr. 80 c. Cet achat est effectué au compte de la masse générale d'entretien. (Circ. du 25 novembre 1878, page 402.)

Rengagements ou commissions des sous-officiers. — Indemnités qui leur sont dues.

DISPOSITIONS GÉNÉRALES

Aux termes de l'article 1ᵉʳ de la loi du 23 juillet 1881, page 33, les sous-officiers peuvent contracter, pour 2 ans au moins et 5 ans au plus, des rengagements renouvelables d'une durée totale de 10 ans.

Après 10 ans de rengagement, les sous-officiers peuvent être maintenus sous les drapeaux en qualité de commissionnés jusqu'à l'âge de 47 ans accomplis. (Art. 1er.) Passé cette limite, ils ne peuvent plus se rengager. (Circ. du 15 septembre 1881, page 183.)

Les rengagements de 5 ans donnent seuls droit à indemnités; ceux de 2, 3 et 4 ans ne donnent droit qu'à la haute-paie. (Même circ.) Pour les rengagements complémentaires d'une période de 5 années, voir ci-après.

L'article 2 de la loi du 23 juillet 1881 dispose que les sous-officiers peuvent contracter un premier rengagement dans l'année qui précède le renvoi de leur classe et dans celle qui suit.

Ils peuvent être autorisés à contracter des rengagements ultérieurs dans leur dernière année de service et pendant les 6 mois qui suivent leur rentrée dans leurs foyers.

Ces dispositions sont complétées comme il suit par la circ. du 15 septembre 1881, page 182 :

Peuvent être autorisés à contracter un premier rengagement de 5 ans, dans les conditions de la loi précitée :

1° Les sous-officiers présents dans les corps, à partir du jour où ils comptent 3 ans de service effectif;

2° Les sous-officiers rentrés dans leurs foyers depuis une année au plus, comptée du jour même du renvoi de leur classe. (Circ. précitée.)

Les sous-officiers sont rengagés ou commissionnés pour le corps dans lequel ils servent. Toutefois, des exceptions peuvent être autorisées par le ministre. (Art. 5 de la loi.) La circ. du 15 septembre 1881 autorise également les généraux commandant les corps d'armée à approuver des rengagements par changement de corps dans leur région, lorsque des corps n'ont pas assez de rengagés. Lorsque les sous-officiers doivent passer dans un corps stationné dans une autre région, c'est le ministre qui statue.

Peuvent contracter un second rengagement de 5 ans dans les conditions ci-dessus indiquées :

1° Les sous-officiers présents au corps, lorsqu'ils sont entrés dans la dernière année de service d'un premier rengagement de 5 ans, ou d'un rengagement complémentaire, souscrit en vertu de l'article 9 de la loi;

2° Les anciens sous-officiers ayant déjà servi 5 ans comme rengagés avec prime, pendant les six mois qui suivent leur rentrée dans leurs foyers.

Enfin, les sous-officiers présents dans les corps, rengagés pour moins de 5 années, peuvent, lorsqu'ils sont entrés dans la dernière année de ce rengagement, en contracter un second destiné à compléter la durée de 5 ans, et donnant droit, sur l'indemnité de 2,000 fr., à une part proportionnelle à la durée de ce nouveau rengagement, dans la dernière année duquel il leur est loisible de réclamer l'autorisation de contracter un rengagement de 5 ans. (Circ. précitée du 15 septembre 1881, page 183.)

Le nombre total des sous-officiers rengagés ou commissionnés ne peut dépasser, pour l'ensemble de l'armée, les deux tiers de l'effectif normal des sous-officiers. Sous cette réserve, le ministre en détermine le nombre chaque année. (Art. 3 de la loi.) Les sous-officiers des cadres des écoles militaires, des compagnies de cavaliers de remonte, des sections de secrétaires d'état-major et du recrutement, des compagnies de discipline et des bataillons d'infanterie légère d'Afrique, sont tous susceptibles d'être admis au rengagement avec prime, sans limitation de nombre. (Circ. du 15 septembre 1881, page 187.) Il en est de même pour les élèves d'administration qui comptent en sus du nombre de rengagés, attribué aux sections d'administration (circ. du 25 janvier 1883, page 66 S), pour les sous-officiers concierges (note du 9 avril 1883, page 357), et pour les stagiaires de l'école d'administration (note du 23 juin 1883, page 1451 S). En ce qui concerne les anciens sous-officiers, on peut autoriser autant de rengagements qu'il y a de vacances du grade dans le corps d'armée. Les rengagements sont contractés au titre des corps d'origine et les rengagés qui se trouvent ainsi en excédent de l'effectif normal sont immatriculés pour ordre dans des régiments qui n'ont pas leur complet. Ils restent toutefois en subsistance à leur corps jusqu'à ce qu'une vacance s'y produise et qu'ils puissent y être réintégrés définitivement. (Circ. du 28 septembre 1882, page 138.)

Les demandes de rengagement ou de commission sont soumises à l'examen préalable d'un conseil de régiment. (Art. 4 de la loi.) Voir page 410 pour la composition.

Les autorisations de rengagement ne peuvent être refusées qu'en cas d'avis défavorable de ce conseil, à moins que le nombre des demandes ne dépasse le chiffre fixé. (Même article.) Le conseil siège à la portion principale du corps. (Circ. du 15 septembre 1881, page 184.) Pour les portions détachées hors du territoire, voir page 410.

Les demandes doivent être écrites et signées par les pétitionnaires. Celles des sous-officiers *présents dans les corps* sont remises par eux à leur commandant de compagnie, qui, après les avoir revêtues de son avis, les adresse accompagnées de l'état des services de l'intéressé, du relevé de ses punitions, d'un état de situation de sa masse et d'un certificat d'aptitude au service délivré par le médecin du corps, au commandant du bataillon, qui y inscrit également son avis et fait parvenir le tout au chef de corps.

Les demandes *des anciens sous-officiers* qui se trouvent dans leurs foyers, sont reçues par le commandant du bureau de recrutement de la subdivision, qui les transmet au chef du corps au titre duquel les rengagements peuvent être contractés, accompagnées d'un certificat d'aptitude, de l'état signalétique et de service, du relevé des punitions et d'un certificat de bonne conduite (mod. n° 8 annexé à l'instr. du 30 novembre 1872). Si le sous-officier a quitté le corps depuis plus de trois mois, le tout est renfermé dans un bordereau d'envoi en double expédition, dont une, revêtue du récépissé du chef de corps, est renvoyée au commandant du bureau de recrutement. (Circ. du 15 septembre 1881, page 184.)

Chaque demande de rengagement est l'objet d'une délibération spéciale du conseil de régiment. Le résultat de cette délibération est consigné sur un mémoire de proposition (mod. n° 1 annexé à la circ. du 15 septembre 1881), qui est transmis avec les pièces justificatives, *hiérarchiquement*, au général commandant le corps d'armée auquel appartient la portion principale du corps, lors même que cette portion serait stationnée en dehors de la région. Ce général statue définitivement.

Les généraux de brigade et de division transmettent purement et simplement les dossiers ; toutefois, en cas d'avis défavorable du conseil, ils émettent, sur le mémoire de proposition, leur avis sur le refus de ce conseil ; le général commandant le corps d'armée prononce en dernier ressort.

Les mémoires revêtus de la décision du général sont renvoyés aux corps pour être conservés. (Circ. du 15 septembre 1881, page 181.)

Les sous-officiers stagiaires du génie ne peuvent être admis à contracter des rengagements avec prime. Ceux de la justice militaire, rengagés avec prime avant leur entrée dans ce service, conservent le bénéfice de ces rengagements pendant 6 mois. (Même circ.)

Les sous-officiers proposés pour l'avancement peuvent concourir aux rengagements avec prime. (Circ. du 8 septembre 1882, page 138.) Il en est de même pour les élèves d'administration. (Circ. du 25 janvier 1883, page 65 S.) Ceux d'entre ces derniers qui avaient cessé de jouir des avantages pécuniaires de leur rengagement, en conformité de la circulaire du 15 septembre 1881, sont rentrés en jouissance de ces avantages le 8 septembre 1882. (Circ. du 10 février 1883, page 115.)

Enfin, les soldats, caporaux ou brigadiers rengagés qui sont parvenus sous-officiers ensuite, ont droit, à partir du jour de leur nomination à ce grade, à la haute-paye de rengagement prévue par l'article 6 de la loi et à une part proportionnelle à l'indemnité de rengagement. Pour les rengagements ultérieurs, ils sont traités selon la règle commune. (Circ. du 8 septembre 1882, page 140.)

Le sous-officier autorisé à se rengager se présente devant le sous-intendant militaire muni d'une attestation du chef de corps indiquant la date de la décision du général commandant le corps d'armée.

Les actes de rengagement de 2, 3 et 4 ans sont reçus conformément au modèle annexé au décret du 30 novembre 1872, avec mention indiquant qu'il a été donné lecture au rengagé des articles 6 et 9 de la loi du 23 juillet 1881.

Pour les rengagements de 5 ans avec indemnité, le modèle d'acte doit être modifié conformément aux indications données par la circulaire du 15 septembre 1881, page 185.

Aussitôt après que le rengagement a été contracté, le chef de corps en informe le général commandant le corps d'armée qui établit, au nom du sous-officier rengagé, un titre conforme au modèle n° 2 (annexé à la circ. précitée) constatant que le titulaire ne peut être dépossédé de son grade que dans les conditions déterminées à l'article 4 de la loi du 23 juillet 1881. Ce titre est remis immédiatement à l'intéressé. (Circ. du 15 septembre 1881, page 185.)

Ce brevet est délivré à tous les sous-officiers indistinctement, rengagés pour 2, 3, 4 ou 5 ans. (Note du 27 janvier 1882, page 44.)

La rétrogradation ou la cassation du sous-officier rengagé, ou la mise à la retraite d'office du commissionné, ne peuvent être prononcées que par le commandant de corps d'armée, sur l'avis du conseil d'enquête, prévu au tableau annexé à la loi. (Art. 4 de la loi, page 34.) Il en est de même pour les rétrogradations volontaires. (Note du 20 octobre 1881, page 275.)

ALLOCATIONS ATTRIBUÉES AUX SOUS-OFFICIERS RENGAGÉS DANS LES CONDITIONS DE LA LOI DU 22 JUIN 1878

Il est alloué, pour un premier rengagement de cinq ans, une première mise d'entretien de 600 francs et une indemnité de rengagement de 2,000 francs. (Art. 1er de la loi.) Pour un deuxième rengagement de cinq ans, il n'est payé qu'une deuxième mise de 500 francs, mais les titulaires ont droit, à l'expiration de leur temps de service, à une pension de retraite proportionnelle, qui peut se cumuler avec un emploi civil. (Art. 6.)

Ils ont droit, en outre, à partir du jour où compte leur rengagement effectif, à une haute-paye journalière de 0,30 c. qui est portée à 0,50 après 10 ans de service. (Art. 10 de la loi et 186 du règlemt du 8 juin 1875, page 603.) Cette haute-paye est payée avec et comme la solde.

La première mise d'entretien est payée aux sous-officiers immédiatement après la signature de l'acte de rengagement. Si elle n'est réclamée que partiellement, le restant de la somme est placé à la caisse d'épargne et le livret est remis au sous-officier.

L'indemnité de 2,000 francs est conservée par l'Etat tant que le sous-officier reste sous les drapeaux. L'intérêt à 5 pour 100, soit 100 francs par an, lui est payé à la fin de chaque trimestre, à partir du jour où commence le rengagement effectif. Cette indemnité est incessible et insaisissable *pendant la durée du service du sous-officier rengagé*. (Art. 2 de la loi du 22 juin 1878.)

Le sous-officier rengagé, nommé officier, passant dans la gendarmerie ou appelé à un emploi militaire, reçoit sur l'indemnité de 2,000 francs une part proportionnelle au temps de service accompli depuis le jour où compte son rengagement effectif. (Art. 3.) Celui qui est retraité ou réformé par congé n° 1, soit pour blessures reçues dans un service commandé, soit pour infirmités contractées dans l'armée, pendant la durée de son rengagement, reçoit intégralement l'indemnité de 2,000 francs, et, en cas de décès sous les drapeaux, pour blessures reçues ou infirmités contractées dans les mêmes conditions, cette somme est attribuée à la veuve et, à défaut, aux héritiers. (Art. 4.)

Tout sous-officier rengagé, réformé par congé n° 2, c'est-à-dire pour blessures reçues hors du service ou pour infirmités contractées hors de l'armée, reçoit, en quittant le corps, une partie de l'indemnité de 2,000 francs, proportionnelle au temps de service accompli depuis le jour où compte le rengagement. — Il en est de même pour celui qui renonce à son grade ou le perd par cassation, rétrogradation ou jugement. En cas de décès, cette part proportionnelle revient à la veuve, ou, à défaut, aux héritiers.

La veuve séparée de corps sur la demande du mari ou dont le mariage n'a pas été autorisé suivant les prescriptions réglementaires, n'a pas droit à l'indemnité dans les cas prévus ci-dessus. (Art. 5. de ladite loi.)

Allocations attribuées aux sous-officiers rengagés dans les conditions de la loi du 23 juillet 1881.

Le sous-officier rengagé a droit à une haute-paye de 0 fr. 30 à partir du jour du rengagement si cette date est postérieure à celle du renvoi de la classe. (Art. 6 de la loi précitée, 185 et 186 du règlemt du 8 juin 1883, page 603.) Pour les rengagements contractés avant le départ de la classe, le ministre fixe une date unique qui est insérée chaque année au *Journal militaire officiel*. (Note du 9 mai 1882, page 271.) Cette haute-paye est portée à 0 fr. 50 après cinq ans de rengagement et à 0 fr. 70 après dix ans. (Art. 6.) Elle est due dans toutes les positions donnant droit à une solde d'action et même en cas de congé sans solde (Décr. du 1er août 1881, page 105), ainsi qu'à l'hôpital (solution du 1er mai 1882).

Pour l'indemnité de logement, voir *Logements*.

Il est alloué aux sous-officiers, pour un premier rengagement de 5 ans, une première mise d'entretien de 600 fr. et une indemnité de 2,000 fr. (Art. 7 de la loi du 23 juillet et 172 du règlem[t] du 8 juin 1883.) La première mise d'entretien est payée immédiatement après la signature de l'acte de rengagement. Si le sous-officier ne la réclame que partiellement, le restant est placé à la caisse d'épargne et le livret est remis à l'intéressé. (Art. 8 de la loi et 175 du règlem[t].) L'indemnité de 2,000 fr. est conservée par l'Etat tant que le sous-officier reste sous les drapeaux.

L'intérêt à 5 °/₀, soit 100 fr. par an, lui est payé à la fin de chaque trimestre, à partir du jour où commence le rengagement effectif.

Toutefois, si ce sous-officier est autorisé à se marier, l'indemnité de rengagement est mise à sa disposition après l'expiration du premier rengagement de cinq ans. (Art. 8 de la loi et 176 du règlem[t].) Les intérêts cessent, dans ce cas, d'être dus à partir du jour du paiement. (Circ. du 8 septembre 1881, page 178.)

Pour un deuxième rengagement de cinq ans, il est alloué une deuxième mise d'entretien de 500 fr. qui est payée comme il est indiqué ci-dessus pour la première mise. (Art. 13 de la loi et 183 du règlem[t].)

Les rengagements de moins de cinq ans n'ont droit, en dehors de la haute-paye, à aucune indemnité. Toutefois, les sous-officiers qui, après avoir contracté un rengagement de moins de cinq ans, en contractent un second destiné à compléter la durée de cinq ans, ont droit sur l'indemnité de 2,000 fr. à une part proportionnelle à la durée de ce second rengagement (art. 9 de la loi et 173 du règlem[t]) et aux intérêts de cette part proportionnelle, mais ils n'ont pas droit à une première mise. (Circ. du 8 septembre 1881, page 178.)

Le sous-officier rengagé passant dans la gendarmerie, pendant la durée de son premier rengagement, ou appelé à l'un des emplois militaires prévus par les lois ou règlements, reçoit sur l'indemnité de 2,000 fr. une part proportionnelle au temps de service qu'il a accompli depuis le jour où compte son rengagement effectif. (Art. 10 de la loi du 23 juillet 1881 et 177 du règlem[t] du 8 juin 1883.)

Les sous-officiers promus officiers ou à un grade assimilé, n'ont pas droit à cette part proportionnelle s'ils sont rengagés dans les conditions de la loi du 23 juillet 1881. (Art. 10 de cette loi et art. 182 du règlem[t].)

Cette disposition est applicable à ceux qui sont nommés gardes d'artillerie ou adjoints du génie (note du 15 mars 1883, page 265), ainsi qu'à ceux nommés archivistes des bureaux d'état-major. (Note du 20 décembre 1883, page 914.)

Toutefois, lorsque les sous-officiers sont promus après l'expiration du premier rengagement de cinq ans, l'indemnité doit leur être payée intégralement. (Note du 3 juin 1883, page 535.)

Les sous-officiers du génie rengagés avec prime, et qui sont nommés à la position de stagiaires, reçoivent sur l'indemnité de 2,000 fr. une part proportionnelle, et les effets pécuniaires de leur rengagement cessent à partir de leur nomination. (Circ. du 15 septembre 1881, page 188.)

Les sous-officiers nommés dans le service de la justice militaire cessent également de jouir des bénéfices de leur rengagement au bout de 6 mois de stage. (Même circulaire.)

Le sous-officier rengagé qui est retraité ou réformé, soit pour blessures reçues dans un service commandé, soit pour infirmités contractées dans l'armée (congé de réforme n° 1), à une époque quelconque de son rengagement, reçoit intégralement l'indemnité de 2,000 fr.

En cas de décès sous les drapeaux, dans les circonstances indiquées à l'article 19 de la loi du 19 avril 1831 (voir ci-après *Pensions de veuves*), cette somme est attribuée à sa veuve non séparée de corps, et, à défaut de sa veuve, aux héritiers. (Art. 11 de la loi du 23 juillet 1881 et 178 du règlem[t] du 8 juin 1883, page 601.)

En cas de réforme pour blessures reçues hors du service ou pour infirmités contractées hors de l'armée (congé de réforme n° 2), le sous-officier n'a droit qu'à une part proportionnelle. Il en est de même pour le sous-officier rengagé qui renonce volontairement à son grade ou le perd par rétrogradation, cassation (1) ou jugement. Si celui-ci redevient sous-officier avant sa libération, il a droit à une nouvelle part

(1) Le sous-officier cassé pendant son second rengagement a droit à l'indemnité entière de 2,000 francs et aux intérêts de 5 0/0 jusqu'à sa libération. (Circ. du 31 janvier 1880, p. 47.)

proportionnelle au temps de service accompli depuis sa dernière nomination. (Art. 12 de la loi et 179 du règlem[t] précité.)

Si le sous-officier cassé par jugement est exclu de l'armée, il a droit au paiement de la part proportionnelle acquise au jour de sa radiation. Cette part est envoyée à l'établissement où il est détenu. S'il est maintenu au service ou envoyé dans un pénitencier militaire, les intérêts de la part proportionnelle lui sont payés trimestriellement par les soins de son corps. (Art. 179 du règlem[t].)

En cas de décès, les sommes dues sont attribuée à la veuve non séparée de corps et, à défaut de veuve, aux héritiers. (Art. 12 de la loi et 179 du règlem[t].)

En ce qui concerne les sous-officiers qui désertent, ils ont droit à une part proportionnelle de l'indemnité de 2,000 fr. depuis le jour du rengagement jusqu'au jour de la déclaration de désertion.

Quant aux intérêts de cette part proportionnelle, ils sont dus, en cas de retour, depuis le jour de la déclaration de désertion jusqu'à la libération.

En cas de décès, ils sont acquis aux héritiers jusqu'au jour du paiement de la part proportionnelle. (Art. 180 du règlem[t].) La créance du déserteur ou des héritiers se prescrit dans les conditions indiquées à l'art. 199 du règlem[t] précité. (Voir ci-dessus, page 226, renvoi 1.)

Nota. — Pour les demandes d'emplois civils, se reporter à la circulaire du 27 novembre 1884, page 842, et aux instructions sur les inspections générales.

Perception et paiement des indemnités et intérêts. — La décision présidentielle du 3 août 1878, page 128, dispose ce qui suit :

Les mises d'entretien et indemnités de rengagement sont perçues et payées au titre du service de la solde. Elles sont comprises sur l'état de solde des officiers, savoir : Mensuellement pour la première ou la seconde mise d'entretien et pour l'indemnité de rengagement ; trimestriellement, pour l'intérêt de cette dernière indemnité.

Le paiement des mises d'entretien est fait aux intéressés par le trésorier du corps sur état d'émargement. Lorsque la totalité ou une partie de ces allocations doit être placée à la caisse d'épargne, les parties prenantes indiquent sur l'état d'émargement la somme qu'elles destinent à cet emploi ; le trésorier effectue immédiatement le placement et remet le livret à chaque intéressé qui en donne reçu sur le même état (1).

L'intérêt de l'indemnité de 2,000 francs est payé de la même manière à raison de 25 francs par trimestre d'année. Lorsque l'intérêt est dû pour moins d'un trimestre, le décompte se fait sur le pied de 365 ou 366 jours, si l'année est bissextile.

Si un sous-officier change de corps pendant le cours d'un trimestre, c'est son nouveau corps qui est chargé de lui payer l'intérêt du trimestre tout entier.

L'indemnité de rengagement est payée également par les soins du trésorier sur état émargé. En cas de décès du sous-officier rengagé, le paiement est constaté par un récépissé de la caisse des dépôts et consignations à laquelle le trésorier verse l'argent.

La part proportionnelle en est décomptée : 1° sur le nombre réel de jours dont se composent les cinq années de rengagement ; 2° sur le nombre de jours de service fait depuis le jour où le rengagement a effectivement commencé jusqu'au jour exclu de la radiation des contrôles. (Décis. du 3 août 1878, page 128.)

La plupart de ces dispositions sont rappelées par les art. 176 et suivants du règlem[t] du 8 juin 1883, page 600.)

Les sous-officiers détachés dans les écoles de tir et de gymnastique sont payés de leurs intérêts par ces établissements (circ. du 3 mars 1883, page 186) ; il en est de même pour les autres écoles (note du 5 avril 1883, page 378), et des sous-officiers rengagés en surnombre placés en subsistance dans leur ancien corps, c'est-à-dire que celui-ci est chargé des paiements. (Circ. du 17 février 1883, page 132.)

Justification des paiements. — Ces différents paiements sont justifiés par un état trimestriel mis à l'appui de la revue générale de liquidation et dont un modèle est joint à la décision présidentielle du 3 août 1878, page 128. Pour les sections de secrétaires d'état-major, d'ouvriers d'administration et d'infirmiers, voir ci-dessus : *Revues de liquidation.*

(1) Pour les retenues à faire au profit de la masse individuelle des rengagés venant de la réserve, voir *masse individuelle, 1res mises de petit équipement* et *débets à rembourser.*)

Nota. — Les autres rengagements sont régis par la loi du 27 juillet 1872, page 560, et par le décret du 30 novembre 1872, page 769. Les sous-officiers qui les contractent sont renvoyés dans leurs foyers à l'âge de 35 ans ; ceux rengagés dans les conditions de la loi du 23 juillet 1881 doivent rester sous les drapeaux jusqu'à la fin de leur rengagement sans condition d'âge. (Circ. du 8 septembre 1882, page 141.)

Militaires commissionnés (sous-officiers et autres)

L'article 35 de la loi du 13 mars 1875 modifiée par celle du 15 décembre 1875, page 1026, indique quels sont les militaires qui peuvent être conservés ou réadmis sous les drapeaux comme commissionnés au delà de la limite d'âge fixée par la loi du 27 juillet 1872 (29 ans pour les soldats, caporaux ou brigadiers et 35 pour les sous-officiers). De plus, la loi du 23 juillet 1881, page 33, dispose qu'après 10 ans de rengagement les sous-officiers peuvent être maintenus en qualité de commissionnés jusqu'à l'âge de 47 ans accomplis (1) (voir ci-dessus). Les conditions à remplir sont celles indiquées par la note du 9 janvier 1879, page 17.

Les commissions sont délivrées, au nom du ministre, par les gouverneurs militaires ou commandants de corps d'armée. Toutefois, pour les sous-chefs de musique, militaires de la gendarmerie, cavaliers de manège, portiers-consignes et agents du service de la justice militaire, le ministre se réserve de les délivrer directement. (Note du 25 septembre 1874, page 347.) Le modèle de la commission est annexé à la note du 28 avril 1877, page 468.

En ce qui concerne les sous-officiers, les commissions ne sont délivrées que sur l'avis favorable des conseils de régiment. Les demandes sont transmises au général, hiérarchiquement, comme il est indiqué ci-dessus pour les demandes de rengagement. (Art. 4 de la loi du 23 juillet 1881, page 34.)

Les militaires retraités peuvent être réadmis sous les drapeaux comme commissionnés, mais alors ils cessent de toucher leur pension, qui ne peut se cumuler avec une solde d'activité. (Note du 4 avril 1877, page 447.)

L'effet des commissions peut être suspendu et les commissionnés peuvent même être révoqués, en cas d'inconduite. Le ministre statue sur l'avis d'un conseil de discipline. (Art. 35 de la loi du 13 mars 1875, modifié par celle du 15 décembre 1875, p. 1026.) On procède comme il est indiqué par la note du 7 août 1875, page 891. La suspension n'a pas pour effet de faire rentrer le commissionné dans la vie civile, mais seulement de le priver momentanément de tout ou partie de la prime ou du salaire qui lui est attribué en raison de son emploi. (Circ. du 4 août 1876 M.)

Les généraux commandant les corps d'armée peuvent en outre faire admettre les sous-officiers d'office à la retraite, sur l'avis d'un conseil d'enquête. (Art. 4 de la loi du 23 juillet 1881, page 34.)

Ces officiers généraux statuent sur les offres de démission des militaires commissionnés. (Note du 16 décembre 1875, page 700.) Les démissionnaires peuvent être réadmis dans les conditions de la note du 18 septembre 1876, page 115. Les commissions dont les titulaires n'ont pas droit à la pension ou à la gratification de réforme, peuvent être annulées par les commandants de corps d'armée, lorsque ces hommes sont hors d'état de continuer leur service. (Note du 20 mars 1878, page 150.)

Allocations attribuées aux commissionnés : Tout militaire commissionné a droit, après 15 années de service, à une retraite proportionnelle. Ceux qui ont été commissionnés après avoir quitté les drapeaux ne peuvent réclamer de pension proportionnelle avant d'avoir servi 5 ans en cette qualité. A partir de 25 ans, campagnes comprises, ils ont droit au minimum de la pension complète. (Art. 35 de la loi du 13 mars 1875, modifiée par la loi du 15 décembre, page 1026.)

Se reporter au titre *Pensions* pour tous autres renseignements.

Les commissonnés ont droit en outre à la haute-paye d'ancienneté et à la solde d'activité suivant leur grade et leur emploi.

(1) Le décret du 3 juin 1882, page 291, permet de conserver au delà de l'âge de 47 ans certaines catégories de sous-officiers commissionnés.

TRANSPORTS

CONVOIS ET FRAIS DE ROUTE

SERVICE DES TRANSPORTS (MATÉRIEL SANS TROUPE)

Les six grandes compagnies de chemin de fer et l'administration des chemins de fer de l'Etat se sont engagées, le 22 décembre 1879, à transporter la totalité du matériel de la guerre. Le traité est inséré au *Journal militaire*, page 555, et il est suivi d'une instruction, datée du 31 décembre 1879 qui en règle l'application. Cette dernière a été complétée et modifiée par une circ. minist. du 15 juillet 1881, page 25, concernant les munitions et le matériel roulant, et par celle du 19 mars 1884, page 241, qui notifie la prorogation dudit traité jusqu'au 31 décembre 1885 et les prix applicables jusqu'à cette date. Il existe un traité spécial pour le transport des pièces de cuirassement et les locomotives routières ; il est daté du 26 décembre 1879. Pour les dispositions particulières au pied de guerre, se reporter au règlem[t] du 1er juillet 1874 revisé par décret du 29 octobre 1884 et inséré au 2e semestre 1884, pagination spéciale.

Les formalités à remplir pour faire exécuter un transport dans les conditions ordinaires du temps de paix, sont les suivantes :

1° **Au départ**, l'expéditeur est tenu d'adresser au sous-intendant chargé du service des transports, une demande d'imprimés distincte pour le service courant et celui de réserve, visée par le fonctionnaire chargé de la surveillance administrative du corps ou de l'établissement. (Mod. n° 162 *ter* de la nomenclature pour le service courant et 162 *ter* X pour le service de réserve.)

Sur la production de cette demande, le sous-intendant militaire chargé du service des transports détache du registre des transports et délivre *adhérents* l'avis d'expédition, ainsi que l'ordre de transport et la lettre de voiture (mod. n° 161 service courant et 161 X service de réserve) à remplir (sans les séparer) par l'expéditeur, qui y laisse les dates en blanc et les renvoie à ce fonctionnaire lorsque les colis sont prêts à être enlevés (1).

Le sous-intendant militaire vérifie les pièces d'exécution précitées, les dates sans tenir compte des dimanches et jours fériés, autrement que pour les heures réglementaires de fermeture des bureaux des magasins militaires et des gares, en fait inscription au talon et au registre H (mod. n° 164 *ter*), les signe, puis les remet également adhérents, et le jour même de la date de l'ordre, au préposé des transports sur reçu donné à la souche (mod. C). Cet agent se concerte alors avec l'expéditeur pour la reconnaissance et l'enlèvement du matériel. (Instr. du 31 décembre 1879, page 615, et du 19 mars 1884, page 213.)

Après la remise du matériel, la lettre de voiture est signée par l'expéditeur et le préposé. Ce dernier prend charge du matériel et en donne récépissé au bas de l'avis d'expédition qui est alors détaché de l'ordre de transport et remis à l'expéditeur. (Art. 14 du traité, page 562, et instr. du 31 décembre 1879, page 616.) Cet avis est renvoyé sans retard au sous-intendant militaire, qui le transmet d'urgence à son collègue du lieu de destination. (Instr. précitée, page 620.)

NOTA. — En cas d'insuffisance du cadre de la lettre de voiture et de l'avis d'expédition, on complète ces deux pièces par un appendice, modèle D2, pour le matériel ordinaire, et modèle D3, pour les excédents de bagages et les magasins des corps qui voyagent par les transports généraux de la guerre. La lettre de voiture et l'avis n'en mentionnent pas moins le nombre de colis, la désignation sommaire du matériel et le poids total, tout en renvoyant à l'appendice. (Instr. précitée, page 620.) L'expédition de l'appendice, jointe à la lettre de voiture, est retirée à l'arrivée et mise à l'appui de l'avis d'expédition. (Voir registre H.) Ces appendices sont établis en quatre expéditions : une pour le sous-intendant, une pour l'expéditeur, deux pour la liquidation.

(1) Pour le service spécial des forges, les maires peuvent délivrer des ordres de transport. (Circ. du 28 septembre 1888, page 228.)

Le préposé des transports peut refuser de prendre en charge les colis qui ne seraient pas bien conditionnés et demander que l'emballage soit retouché de manière à assurer en route la conservation du matériel expédié.

En cas de contestation, le fonctionnaire qui a délivré l'ordre de transport fait procéder à une expertise dont il dresse procès-verbal. Si les conclusions de cet acte sont en faveur de l'entreprise des transports, l'expéditeur doit faire modifier l'emballage et faire changer la date de l'ordre de transport, qui est alors daté du jour de la remise des colis réparés. Dans le cas contraire, le préposé procèdera à l'enlèvement des colis (1). Les frais d'expertise sont à la charge de la partie dont les prétentions ont été reconnues mal fondées. (Art. 13 du traité.) L'instruction du 31 décembre 1879, page 616, ajoute que ces frais, lorsqu'il s'agit de corps de troupes, sont, avec l'autorisation du sous-intendant militaire, mis à la charge de la masse générale d'entretien (2e portion).

Dans les cas d'urgence, le fonctionnaire qui a délivré l'ordre peut requérir le préposé de passer outre à l'enlèvement immédiat des colis; mais cette réquisition, inscrite sur la lettre de voiture, fait cesser la responsabilité des compagnies en ce qui concerne le mauvais conditionnement. (Art. 13 du traité.)

Les corps expéditeurs établissent, indépendamment des pièces ci-dessus, qui servent toutes à la liquidation des frais de transport, des factures détaillées du matériel expédié (mod. nos 6 et 11), qui sont adressées directement aux destinataires. La facture no 11 leur est envoyée revêtue d'un certificat de prise en charge pour justifier la sortie dans les comptes-matières. Une des deux factures d'expédition doit rappeler le contenu de chaque colis. De plus, les expéditeurs doivent indiquer sur les colis : la nature, le classement et le nombre des effets. (Circ. du 13 octobre 1881 M.) (Voir page 48 pour la reconnaissance du matériel par les destinataires.)

En outre, la circulaire du 31 décembre 1879, page 618, dispose que, lorsqu'il s'agit d'une expédition outre-mer ou devant passer la frontière, une ampliation de cette facture doit être jointe à l'avis d'expédition qui est adressé à la place de transit. Ces deux pièces sont mises à l'appui du registre H du comptable transitaire.

Vitesses. — Les transports sont exécutés, suivant les ordres, en vitesse accélérée ou en petite vitesse; la grande vitesse ne peut être ordonnée que dans des cas exceptionnels. (Art. 6 du traité.) Les expéditions de 10 kilogr. et au-dessous sont toujours transportées en vitesse accélérée et comptées pour 10 kilogr. Toutefois, les poids de 5 kilogr. et au-dessous sont décomptés d'après un tarif spécial. De 10 à 40 kilogr., les expéditions peuvent être transportées en vitesse accélérée ou en petite vitesse et sont décomptées pour le poids de 40 kilogr. (Art. 51.) Les intendants peuvent prescrire l'emploi de la vitesse accélérée, sauf à rendre compte au ministre. (Instr. du 31 décembre 1879, page 614.)

2° **A l'arrivée**, si le matériel doit être pris en gare par le destinataire, le préposé des transports avise les fonctionnaires de l'intendance de l'arrivée de ce matériel. La date de cet avis est mentionnée au dos de la lettre de voiture. (Art. 32 du traité.) Dans le cas où le camionnage est ordinairement effectué par la compagnie, cet avis n'est pas exigé. (Art. 32 de l'instr. du 31 décembre 1879 modifié par la note du 14 septembre 1880, page 340, qui prescrit aux sous-intendants militaires de faire connaître au préposé les corps qui doivent recevoir ou livrer le matériel en gare. Il est accusé réception de cet avis au sous-intendant, qui en joint une copie, appuyée des accusés de réception, au relevé du registre H. Se reporter à la note précitée pour certains cas où le matériel doit être laissé en gare ou camionné par les compagnies à titre exceptionnel, etc.

Dès que le matériel est arrivé à destination, la reconnaissance en est faite sans désemparer par le destinataire, qui délivre au préposé un récépissé provisoire (mod. D^4). La vérification terminée, le destinataire signe la lettre de voiture et l'avis d'expédition, et adresse ces deux pièces au sous-intendant militaire qui remet au préposé la lettre de voiture en échange du récépissé provisoire sus-indiqué (Art. 32 du

(1) Le matériel est livré dans les conditions indiquées par les usages commerciaux. Les emballages, encaissements, ensachements sont au compte de l'expéditeur, ainsi que la pesée dans les magasins ; en gare, cette pesée a lieu sans frais.

Le matériel d'ambulance et des hôpitaux, la literie militaire, les effets d'habillement de grand et de petit équipement, de harnachement et de campement, peuvent être transportés en vrac par wagons complets taxés pour 4,000 kilogr. au minimum et expédiés plombés. (Art. 12 du traité.)

traité et instr. du 31 décembre 1870), et renvoie au corps l'avis d'expédition revêtu de son visa. (Voir ci-après les pièces à fournir par les corps à l'appui de l'extrait mensuel du registre H.)

En cas d'avarie ou de perte, il est procédé, au moment de la livraison ou dans un délai de quatre jours au maximum, à la vérification du matériel en présence du préposé ou de son représentant, et en son absence s'il ne se présente pas au jour indiqué.

Cette opération est constatée par un procès-verbal (mod. E) dressé par le sous-intendant militaire ; il est signé par ce fonctionnaire, le destinataire, le préposé et les experts, s'il en a été appelé. Ce procès-verbal est établi en quatre expéditions : une pour le sous-intendant militaire, une pour le destinataire, et deux sont jointes à l'avis d'expédition. (Art. 32 du traité et instr. du 31 décembre 1879, page 573 et 626.)

On procède de la même manière pour constater la réintégration d'objets retrouvés. (Art. 39 du traité.)

Lorsque la responsabilité de l'expéditeur est engagée, le réceptionnaire ne prend charge que des quantités reçues ; dans tous les autres cas, il fait entrée de la totalité de l'expédition, d'après la facture, sauf à porter en sortie les quantités manquantes constatées par le procès-verbal. (Art. 16 du règlem[t] modifié du 19 novembre 1871 et instr. du 9 mars 1879, page 269.)

Registres H ; extraits de ces registres.

Les corps et établissements tiennent un registre (mod. H et n° 164 *ter* de la nomenclature) des expéditions mises en mouvement (1re partie) et de celles arrivées à destination (2e partie).

La série du numéro d'enregistrement est annuelle pour chacune des deux parties dont se compose ce registre. *(Le numéro porté sur les pièces est celui indiqué par le registre du sous-intendant militaire.)* Les expéditions mises en mouvement ou arrivées à destination sont inscrites journellement au registre avec indication exacte de la date réelle de la transmission des avis à qui de droit (1re et 2e parties).

Tous les cas exceptionnels sont signalés en regard de l'article correspondant, conformément aux indications portées en tête de la colonne 16.

Ces registres sont soumis au visa du sous-intendant militaire chargé de la surveillance administrative du corps, à la fin de chaque mois ou, en cas de départ, dans le courant d'un mois. (Instr. minist. du 31 décembre 1879, page 645.)

Il est tenu un registre distinct pour le service courant et pour le service de réserve (même instr., page 645) (1).

Le 1er de chaque mois, les chefs de corps, de détachements ou d'établissements adressent pour le mois précédent, au sous-intendant militaire chargé de la surveillance administrative, un extrait, positif ou négatif, de chacun de leurs registres. Ces extraits (1) sont établis sur la formule n° 164 *quater* de la nomenclature et appuyés :

(1) Il est établi des pièces de transport distinctes pour le matériel du service courant et pour celui appartenant au service de réserve. (Circ. du 4 janvier 1877 (M) et du 16 du même mois (M) concernant le matériel d'artillerie.) En outre, une circulaire ministérielle du 16 décembre 1884, page 919, dispose que les frais de transport du matériel de la guerre, par chemins de fer (*service courant*) seront supportés par chacun des services intéressés. A cet effet, des pièces distinctes sont établies par service. On indique en gros caractères, en tête des demandes d'ordres de transport, lettres de voitures, avis d'expédition, etc... le service appelé à supporter la dépense. Ces services sont au nombre de 13, savoir : service intérieur, section géographique, télégraphie, vivres, fourrages, hôpitaux, habillement et campement moins le matériel des corps changeant de garnison ou expédié à des détachements, lits militaires, transports spéciaux (matériel d'habillement et de campement des corps changeant de garnison ou expédié sur des détachements), harnachement (remontes), artillerie, poudres et salpêtres, génie. (Voir pièce E jointe à la circulaire précitée.)

Chaque mois, les sous-intendants militaires établissent *par service*, pour les expéditions du service courant arrivées à destination, un extrait décompté du registre H qui est adressé à l'intendant militaire de corps d'armée ; ces extraits sont résumés dans un relevé mod. F qui est adressé au ministre ; quant aux extraits, ils sont envoyés au directeur du service de l'intendance du gouvernement de Paris en simple expédition, le 15 du mois au plus tard à l'intérieur et le 25 pour l'Algérie. (Circ. du 16 décembre 1884).

Nota. — Pour les transports de matériel de réserve, il n'est rien changé aux dispositions de l'instr. du 31 décembre 1879 (voir ci-dessus), mais la liquidation préparatoire doit faire pour ordre la décomposition des dépenses par service. (Circ. du 16 décembre 1884.)

Une circulaire du 10 juillet 1877 (M), relative au service de l'habillement et du campement, dispose que lorsque le même ordre d'expédition comprend des effets appartenant à ces deux catégories, l'envoi doit en être fait au titre du service dont le matériel représente le poids le plus élevé, à moins que les effets de l'autre service soient suffisants pour composer un colis spécial excédant 10 kilogr.

1° De tous les avis d'expédition classés dans l'ordre d'inscription à la deuxième partie ;

2° Des appendices D² ou D³ (suivant le cas) en double expédition (mod n° 161 *ter* et *quater* pour le service courant et 161 *ter* X pour le service de réserve);

3° Des procès-verbaux de pertes, etc., en double expédition (mod. n° 162 pour le service courant et 162 X pour le service de réserve) ;

4° Des récépissés provisoires (mod. n° 161 *quinquies* et 161 *quinquies* X). Ces récépissés sont remis par le préposé au sous-intendant militaire chargé du service des transports en échange des lettres de voiture;

5° De l'ampliation de la réquisition B¹ délivrée pour les changements de direction en cours de transport (*cette pièce est fournie par le sous-intendant militaire qui l'a délivrée*) (Instr. du 31 décembre 1879, page 645) ;

6° D'une copie des ordres qui ont prescrit l'emploi de la vitesse accélérée. (Circ. du 28 avril 1879 M.)

Ces extraits certifiés par le conseil d'administration, le commandant de détachement ou le comptable de l'établissement, sont visés dans les annexes par le suppléant légal qui n'a pas d'autres formalités à remplir.

Après vérification de ces documents, chaque sous-intendant militaire établit pour sa circonscription, et distinctement pour le service courant et pour celui de la réserve, un relevé *en deux expéditions*. Il est scindé lorsqu'il comprend des transports à liquider par l'intendant militaire de Paris et par celui de Bordeaux (Bordeaux liquide toutes les expéditions à destination de la ligne du Midi).

Ces relevés sont adressés à l'intendant militaire de la région accompagnés des pièces ci-dessus indiquées, et l'on a soin de fixer par un fil les pièces jointes aux avis. Les extraits restent dans les archives des sous-intendants militaires.

L'envoi des relevés est fait aux intendants liquidateurs avant le 20 de chaque mois. (Instr. du 31 décembre 1879, pages 645 et 646.) Sur ces relevés les expéditions arrivées à destination doivent être décomptées. (Instr. placée en tête du registre H.)

Nota. — Lorsque, dans une place, il se trouve plusieurs sous-intendants militaires, celui chargé du service des transports reçoit les relevés de ses collègues et il établit le relevé général qui est adressé à l'intendant de la région. (Même instr.)

Pour les transports de matériel à la suite des troupes voyageant par étape ou en chemin de fer, voir ci-après *Convois*.

Allocations de poids ; excédents de bagages.

Le tarif du 30 novembre 1855, page 782, fixe les poids maxima à allouer pour le transport des bagages des corps, suivant que les objets sont mis en caisse ou en ballot. Les effets de toute nature, dont le poids en ballot est indiqué aux tarifs en vigueur, doivent toujours être expédiés sous toile. (Notes portées sur l'appendice D³ à la lettre de voiture.) Si, conformément à l'article 12 du traité, des effets sont transportés en vrac dans les wagons, chaque wagon est compté pour 4,000 kilogrammes au minimum.

Le tarif précité a été modifié ou complété par :

La décision du 12 décembre 1860, page 187.
La note du 2 mars 1864, page 828.
— 18 avril 1864, page 943.
— 16 novembre 1864, page 1012.
— 18 mars 1865, page 35.
Les notes des 23 et 6 mai 1870, pages 14 et 66.
La note du 6 avril 1882, page 163 (archives).
La décision du 29 août 1872, page 592.
— 18 avril 1875, page 595.
— 22 septembre 1876, page 116.

Les droits des corps sont établis au moyen des tarifs sus-indiqués.

Lorsque des appendices D² et D³ sont produits pour cause d'insuffisance des lettres de voiture et avis d'expédition, ils font ressortir, d'une part, le poids des colis expédiés, et, d'autre part, le poids auquel les corps ont droit, et, s'il y a lieu, la différence en plus ou en moins.

En principe, les corps ne doivent pas avoir d'excédents de bagages (1).

(1) Par dép. du 8 octobre 1881, le ministre a exonéré le 4e de ligne d'un excédent de poids résultant de l'insuffisance des allocations fixées par le tarif du 30 novembre 1855, mais seulement pour des effets strictement réglementaires.

L'instruction du 31 décembre 1879, pages 643 et 644, rappelle qu'on ne doit pas perdre de vue :

1° Que si le poids résultant de la pesée est égal ou inférieur à celui qu'aura produit le tarif en vigueur, le poids de la pesée est alloué intégralement ;

2° Que s'il est supérieur à cette évaluation, le sous-intendant militaire, après avoir reconnu la cause de l'excédent, conjointement avec le corps, règle définitivement le poids à allouer. Toutefois, le supplément à allouer ne peut avoir pour objet que les excédents qui proviennent soit des différences en plus existant entre le poids réel de certains effets pris au hasard et le poids des tarifs à rectifier ;

3° Que le système de compensation n'étant pas admis, le liquidateur doit rejeter et laisser définitivement au compte du corps :

« Toute différence en moins pouvant exister entre le poids réel de certains effets et le poids du tarif :

» Tout excédent occasionné par les caisses ou emballages employés sans nécessité et qui, par leur nature, offriraient un poids supérieur à celui du tarif dont le poids en ballot doit être appliqué de préférence à tous les objets susceptibles d'être expédiés sans toile, à moins qu'il ne s'agisse d'expédition outre-mer ;

» Les objets compris dans la pesée nonobstant les exclusions réglementaires. »

5° Que les causes d'allocation et de rejet doivent être signalées à la colonne d'observations de la récapitulation générale de l'appendice (ou de la lettre de voiture, s'il n'y a pas d'appendice), par une mention spéciale signée du sous-intendant ayant la surveillance administrative ;

6° Que la dite mention doit, en outre, indiquer si le corps a été autorisé par mesure économique à employer les caisses disponibles au lieu de toile d'emballage. (Instr. du 31 décembre 1879.)

Nota. — Les corps peuvent être autorisés, par mesure économique, à employer les caisses disponibles au lieu de toile d'emballage, sauf imputation à la masse générale d'entretien de l'excédent résultant de cette combinaison. Exemple :

Il faudrait, pour se conformer aux instructions et mettre les effets en ballots, acheter pour..	150 »	de toile d'emballage.
Les frais de transport de l'excédent résultant de l'emploi des caisses coûterait..	76 60	
Il y aurait donc avantage de..	73 40	

pour la masse générale d'entretien qui doit, en principe, supporter tous les frais d'emballage. (Extrait d'un rapport de l'intendant militaire de la 1re division, en date du 7 octobre 1865.)

Dans ce cas, la dépense de 76 fr. 60 c. pourrait rester à la charge de cette masse. (Instr. du 10 mars 1868, page 114.)

Une circulaire du 27 février 1867 (M) prescrit aux sous-intendants militaires de s'entendre avec les conseils d'administration pour supprimer les objets non réglementaires, réduire autant que possible le poids du matériel et éviter les excédents provenant en général :

1° De l'emploi des caisses au lieu de toile;

2° De l'emploi des caisses trop lourdes pour les objets à encaisser ;

3° De la remise aux transports de caisses vides emportées comme matériel.

(Voir *Habillement*, page 52, pour la réexpédition des caisses sur les magasins centraux.)

Nota. — Les versements au Trésor pour excédents de bagages, etc., ne doivent être effectués qu'après la liquidation ministérielle. Ils sont distincts pour chaque expédition. (Instr. du 31 décembre 1879, page 620.)

Bascules pour le pesage des colis.

La note ministérielle du 21 décembre 1861 (non reproduite au *Journal* refondu) autorisait les corps à se procurer, par voie de location, les instruments de pesage nécessaires pour peser les colis qu'ils ont à expédier ; mais cette disposition ayant été reconnue insuffisante, le ministre a décidé, sous la date du 7 février 1879, que chaque corps de troupe pourra faire l'achat, sur les fonds de la deuxième portion de sa masse générale d'entretien, d'une bascule avec accessoires de la force de 150 kilogrammes au maximum.

Il n'est accordé qu'une seule bascule par corps dans la même ville, quel que soit le nombre des casernements, et la dépense ne doit pas dépasser 70 francs par bascule, accessoires compris.

Cette disposition ne concerne ni les portions détachées au-dessous d'un bataillon dans l'infanterie, ni les batteries, compagnies, etc.

En cas de changement de garnison, la bascule et ses accessoires restent à demeure. (Note minist. du 7 février 1879, page 224.)

Les dispositions de cette note ont été étendues aux corps et compagnies de gendarmerie par la note ministérielle du 31 mars 1879, page 442. La dépense est imputable à la masse d'entretien et de remonte.

Transport des modèles types.

Aux termes des instructions ministérielles des 30 décembre 1843 (non reproduites au *Journal* refondu) et 15 mars 1872, page 54, les corps de troupes doivent acquitter, sur les fonds de la masse générale d'entretien, les frais de port des modèles-types qui leur sont adressés par l'ordre du ministre.

Ces frais doivent toujours être payés à la réception des colis lorsqu'ils portent comme suscription : *Envoi du ministre de la guerre.* (Circ. du 6 septembre 1872, insérée 2e sem. 1873, page 462.)

Ces dispositions ne s'appliquent plus qu'aux envois accidentels ou spéciaux et isolés, car, aux termes de la circulaire ministérielle du 18 septembre 1879 (M), les modèles-types à expédier aux corps doivent être envoyés par groupe aux magasins régionaux qui les répartissent ensuite entre les corps destinataires. Ceux de ces modèles qui sont à réexpédier sont compris, autant que possible, par ces magasins dans les expéditions à faire périodiquement aux intéressés.

Des armes et des munitions. (Voir *Armement.*)

Des chevaux. (Voir *Remonte.*)

Des outils des chefs-armuriers. (*Idem.*)

Du linge au blanchissage. (Voir *Ordinaires.*)

Des flacons à médicaments. (Voir *Infirmeries.*)

Des effets et munitions de la gendarmerie. A moins que le nombre, le volume ou le poids n'exigent le recours aux transports généraux de la guerre, les correspondances restent chargées de la transmission des objets de toute nature et des munitions de la gendarmerie en provenance ou en destination des chefs-lieux d'arrondissement, sauf à utiliser les voitures à collier employées au transport des prisonniers voyageant sous escorte.

Les renvois d'effets aux fournisseurs, pour cause de mal-aller, ont lieu par les transports de la guerre à charge de remboursement. (Instr. du 31 décembre 1879, page 611.)

Reliure du règlement sur les transports. (Voir *Ouvrages divers.*)

Transport des petits paquets, lettres, etc. (VOIR VAGUEMESTRE)

Le droit de franchise postale est défini par le *Manuel des postes* inséré par extrait au *Journal militaire* sous la date du 20 décembre 1878, page 437, et modifié par la note du 30 décembre 1882, page 589. La circulaire du 7 août 1883, page 143, indique dans quelles conditions la franchise est due pour les dépêches officielles à destination de l'étranger. De plus, la loi du 30 mai 1871, page 279, concède la franchise aux lettres destinées aux militaires des corps en campagne ou envoyées par eux.

La voie de la poste est utilisée aussi souvent que possible pour les envois d'imprimés, de comptabilité et d'archives. On se conforme, quant au poids et au volume, aux lois et arrêtés régissant le service des postes. (Instr. du 31 décembre 1879, page 611.) La note du 20 août 1879, page 98, et celle du 30 octobre suivant, page 297, rappellent que ces transports doivent être effectués dans les conditions de l'ordonnance du 17 novembre 1844, page 397. Le maximum du poids des paquets est fixé à 5 kilogrammes. (Ordonn. précitée et note du 20 août 1879.)

On peut faire usage des transports généraux de la guerre pour l'expédition des petits paquets dits colis non postaux (note du 4 août 1881, page 59) de toute composition (à l'exception des munitions et matières explosibles) : draps, souliers, échantillons, etc., envoyés au chef-lieu du corps d'armée, accidentellement ou périodiquement, à la condition qu'ils n'excèdent pas le poids de 5 kilogrammes. (Instr. du 31 décembre 1879, page 611.)

Les prix à payer par l'administration de la guerre sont les suivants (déduction faite des frais de timbre 0 fr. 35, dont sont exemptes les lettres de voiture administratives) :

De gare à gare et quelle que soit la distance	Colis de 0 à 3 kilog., enregistrement compris.....	0 fr. 65
	— de 3 à 5 kilog............................	0 85

Il y a lieu d'ajouter une taxe de 0 fr. 25 par colis, en cas de remise à domicile, dans les localités desservies par un service de factage ou de correspondance. Dans le cas où ce service n'existerait pas, l'enlèvement, de même que la livraison, doivent être effectués par les soins des expéditeurs et des destinataires. (Note du 4 août 1881, page 59, et instr. du 19 mars 1884, page 250.)

Télégraphe (TRANSMISSION DES CORRESPONDANCES)

L'arrêté ministériel du 1er juillet 1875, notifié et inséré au *Journal militaire* sous la date du 27 septembre de la même année, page 457, est suivi d'une instruction qui dispose que le droit de franchise télégraphique ne s'applique qu'aux *dépêches officielles urgentes*, c'est-à-dire aux communications relatives au service et que la poste ne pourrait transmettre en temps utile; le tableau (B) désigne les fonctionnaires ayant droit à cette franchise, ainsi que sa nature et son étendue, mais il a été modifié par :

1° La note du 8 février 1876, page 100, pour les fonctionnaires de l'intendance, leurs suppléants légaux, ainsi que pour les chefs d'établissements militaires ;

2° La note du 16 mai 1881, page 300, en ce qui concerne les chefs de corps en garnison à Paris ;

3° Celle du 14 avril 1882, page 166, relative aux inspecteurs généraux des poudres et salpêtres;

4° Celle du 3 mai 1882, page 269, concernant les commandants d'armes des ports d'embarquement de la division de Constantine;

5° La note du 30 décembre 1882, page 589, relative aux contrôleurs de l'administration de l'armée;

6° Les notes des 17 et 18 janvier 1883, pages 46 et 49, concernant le corps d'occupation de Tunisie ;

7° La note du 27 janvier 1883, page 61, pour les établissements hippiques de Suippes ;

8° La note du 17 février 1883, page 119, concernant les directeurs du service de santé des corps d'armée ;

9° La note du 15 février 1883, page 131, au sujet des officiers (gouverneurs, commandants de place, etc.) chargés de la mise en route des jeunes soldats;

10° La note du 26 juillet 1883, page 118, concernant les télégrammes à envoyer de France en Algérie ou en Tunisie.

Diverses circulaires ministérielles : 30 avril 1878, page 363 (S), 27 octobre 1880, page 655 (S), rappellent qu'on ne doit faire usage du télégraphe que pour des dépêches officielles extrêmement urgentes. La circ. du 27 octobre 1880 prescrit d'adresser au général copie des dépêches expédiées par cette voie.

Tout destinataire d'une dépêche officielle impliquant réponse est admis, sur la présentation de la dépêche, à user du droit de franchise pour la transmission de cette réponse. (Art. 8 de l'instr. du 1er juillet 1875, page 458.) Les fonctionnaires désignés au tableau B ont droit à la franchise directe, c'est-à-dire que leurs dépêches ne sont pas soumises au visa d'une autorité supérieure ; les fonctionnaires non désignés peuvent avoir droit à la franchise en faisant viser leurs dépêches par leurs chefs hiérarchiques ou, à défaut, par toute autre autorité qui jouit de ce droit. (Instr. précitée.)

TABLEAU

Indiquant le matériel que les corps doivent laisser ou emporter en cas de changement de garnison.

(Pour les détails, se reporter à chaque service. — Voir aussi la décis. ministérielle du 22 janvier 1876, page 183, pour les effets et objets divers que les hommes doivent porter en route, et celle du 1er décembre 1879, page 443, portant indication de ceux qu'ils emportent en campagne.)

Aux termes de l'article 80 du règlemt du 30 juin 1856, page 255, des circulaires des 15 et 19 novembre 1847, pages 788 et 791, les corps qui font mouvement remettent en dépôt au service du génie (ou au corps successeur) tous les objets de casernement qui ne sont pas entretenus par ce service.

Cette remise a lieu sur la production d'un inventaire établi en deux expéditions. Le corps arrivant donne décharge, sur l'une d'elles, soit au corps livrancier, soit au service du génie dépositaire.

En ce qui concerne le matériel appartenant au génie, il est remis à ce service après vérification contradictoire. (Art. 79 et 101 du règlemt du 30 juin 1856.)

Habillement. — (Y compris les matières premières, les effets de grand et de petit équipement, la coiffure, etc.).

La circulaire ministérielle du 22 mars 1883, page 320, dispose ce qui suit :

1° *Approvisionnement d'instruction.* — On doit emporter tout l'approvisionnement, à l'exception des havresacs et de tous les autres effets de grand équipement qui sont laissés sur place.

2° *Approvisionnement du service courant.* — Les matières premières et les havresacs de modèles réguliers sont laissés, tout le reste de l'approvisionnement doit être emporté. Dans cet emport, sont comprises les caisses à bagages affectées aux adjudants, sous-chefs de musique et chefs-armuriers, ainsi que les képis dont les numéros sont cousus (1) et les pattes et écussons au numéro du corps.

Nota. — Dans les matières premières à laisser, il ne faut pas comprendre les accessoires de coiffure, d'équipement, etc. achetés par les corps et qui doivent être emportés comme leur appartenant en propre.

3° *Approvisionnement du service de réserve.* — Sont emportés : Les képis sur lesquels les numéros sont cousus, les cantines à vivres garnies ou non garnies, les pattes et écussons au numéro du corps (y compris celles faufilées qui doivent être enlevées. (Instr. du 1er septembre 1879 (M) revisée en 1884, art. 63.)

Sont laissés tous les autres effets de n'importe quel modèle, ainsi que les caisses à bagages destinées aux officiers de réserve, et celles sans emploi au magasin. (Circ. du 22 mars 1883, page 320.)

Pour la remise du matériel, voir *Habillement*, page 45.

Les effets réformés et les modèles types inutiles sont remis au domaine. Ceux à réformer sont également laissés ; appendice D3 à la lettre de voiture portant le n° 161 *quater* de la nomenclature des imprimés, à l'exception de ceux conservés pour les réparations.

Les dolmans de troisième durée des sous-officiers dans la cavalerie légère, l'artillerie et les trains, ne sont pas emportés. (Circ. du 3 août 1874 M.) — (Voir *Habillement*, pages 70 et 132.) Aux termes de la décision du 18 février 1850, page 79, et de la note complémentaire du 27 novembre 1852, page 508, les hommes des corps de troupes à cheval, voyageant à pied, à la suite de leur corps, ou isolément pour affaires de service, sont autorisés à faire transporter aux frais du département de la guerre les effets indiqués par cette décision.

Les pantalons de corvée des hommes des corps changeant de garnison sont versés en magasin et mis en ballot pour être transportés avec les bagages du corps. (Circ. du 25 janvier 1832, page 47, renvoi D.) Il en est de même des tuni-

(1) Se reporter à la page 88 pour la désignation des corps qui doivent coudre les numéros.

ques de deuxième tenue des sous-officiers et de la veste des hommes dans les régiments d'infanterie. (Circ. du 22 avril 1868, page 134.)

Le bénéfice de ces dispositions paraît devoir être étendu au pantalon de cheval de deuxième tenue et aux effets de corvée (képis, vestes, etc.) qui sont laissés pour parcourir une nouvelle durée à ce titre.

Cette interprétation est corroborée par les notes placées en tête de l'appendice D³, § IV, qui prescrivent de comprendre les effets n° 2 au chapitre XI. (Objets divers.)

Les règlements du 28 décembre 1883, sur le service intérieur (art. 409, 405 et 428) disposent d'une manière générale que les effets des hommes qui ne peuvent être placés sur le sac ou compris dans le paquetage et ceux appartenant aux compagnies ou escadrons, etc., doivent être mis en ballot au n° de la compagnie, et déposés au magasin d'habillement. Il en résulte nécessairement qu'ils doivent être remis aux transports de la guerre.

Il est bien entendu que les effets des hommes absents déposés dans les magasins doivent être remis également aux transports de la guerre. (Appendice D³ § IV.)

Enfin, une circulaire du 27 février 1836, non reproduite dans le *Journal militaire* refondu, disposait que les armes et bagages des hommes voyageant à pied et jugés hors d'état de les porter tous, mais pouvant néanmoins marcher, devaient, avant le départ, être remis aux transports de la guerre.

Au moment des libérations de classe, les portions détachées doivent expédier au dépôt du corps les effets d'habillement en cours de durée versés par les militaires renvoyés dans leurs foyers ; quant au grand équipement et aux armes, ils sont conservés sur place pour être délivrés aux jeunes soldats, lesquels ne doivent recevoir dans les dépôts, quand ils y passent, que des effets d'habillement. (Circ. du 31 janvier 1881 M.) En cas de mobilisation, les effets non utilisés dans les détachements sont expédiés à la portion centrale. (Circ. du 19 novembre 1878), rappelée par l'instr. du 1er septembre 1879, revisée en 1884).

Grand équipement et coiffure. — Voir ci-dessus *Habillement* et *Campement*.

Outils de pionniers chargés sur les voitures (3 juillet 1884, page 56).

Outils *portatifs de sapeur* que possèdent les corps. — Emportés. (Circ. du 24 juin 1880, page 344.)

Outils *prêtés au corps* pour l'entretien des cours des casernes. — Remis au génie avant le départ. (Art. 79 et 101 du règlemt du 30 juin 1856 et appendice D³.)

Outils *des ouvriers*. (Voir ci-après *Ameublements des ateliers*.)

Effets *de tambours, clairons ou trompettes*. — Emportés en totalité (30 novembre 1855), à l'exception de ceux compris dans l'approvisionnement de réserve. (Circ du 22 mars 1883, page 320.)

Instruments de musique *et tous autres objets servant aux musiciens*. — Emportés en totalité. (30 novembre 1855 et 16 novembre 1864, page 1013.)

Les instruments ne sont transportés qu'autant que les musiciens ne peuvent les porter. (Tarif précité.) Allocations : 30 novembre 1855 et 16 novembre 1864, page 1013.

Effets *de sapeurs*. — Emportés (Tarif du 30 novembre 1855), à l'exception de ceux appartenant à la réserve. (Circ. du 22 mars 1883, page 320.)

Effets *de harnachement*. — L'approvisionnement *de réserve* est laissé ; celui du service courant est emporté en totalité. (Circ. du 27 avril 1875 M.) Voir, pour tous renseignements, au titre *Harnachement*.

Les pièces de rechange, arçons et accessoires, les marques pour les chevaux sont emportés également.

Les bridons d'abreuvoir sont emportés au compte de l'Etat. En cas d'entrée en campagne, ils sont laissés au dépôt. (Note du 23 février 1870, page 14.)

Le harnachement des chevaux de main est remis aux transports de la guerre. (Appendice D³.) Les chevaux trop jeunes, trop faibles ou maladifs n'ont que la couverture ; leur harnachement est remis aux gros bagages.

Effets *de petit équipement*. — La réserve reste à demeure, à moins que le corps ne doive pas être remplacé ou qu'il doive l'être par un corps d'une autre arme ou d'une autre subdivision d'arme, auquel cas il est pris des mesures spéciales.

(Circ. du 22 mars 1883, page 320.) Par suite, les effets de petit équipement du service courant appartenant à la masse individuelle sont seuls emportés. (Même circ.) (Voir *Petit équipement*, page 109.)

Effets *de campement*. — La réserve reste à demeure (circ. du 30 mars 1874 (M), appendice D³, et circ. du 22 mars 1883, page 320), à l'exception toutefois des cantines à vivres garnies et non garnies qui sont emportées ; mais les caisses à bagages destinées aux officiers de réserve et celles sans emploi doivent être laissées. (Circ. du 22 mars 1883.)

Les objets du service courant, y compris les caisses à bagages destinées aux adjudants, sous-chefs de musique et chefs-armuriers, sont emportés. (Même circ.)

Armement *et pièces d'armes*. — Deux corps se remplaçant mutuellement dans leurs garnisons peuvent exceptionnellement être autorisés par le ministre à échanger leurs armes. Si le matériel est en dépôt dans les magasins de l'artillerie, la désaffectation est faite par l'établissement sur l'autorisation du ministre. Dans tous les cas, l'armement des corps territoriaux reste sur place. (Art. 76 du règlem[t] du 30 août 1884.) Lorsque le ministre refuse ces échanges, les corps emportent leurs armes. Les caisses d'armes sont versées d'un corps à un autre sur l'autorisation des commandants de corps d'armée. (Art. 80.) Les pièces d'armes sont emportées également, à l'exception de celles hors de service, qui doivent être versées à l'artillerie avant le départ. (Appendice D³ à la lettre de voiture du service des transports.) (Voir à l'art. *Effets d'habillement*, les dispositions de la circ. du 31 janvier 1881 (M) relative aux portions détachées de leur corps.)

Munitions. — Sont remises aux transports de la guerre; les cartouches du sac et de sûreté restent entre les mains des hommes. (Art. 255 du règlement du 30 août 1884, p. 73). Cependant les corps peuvent demander au commandement à les verser à l'artillerie ou à les laisser aux corps arrivants. (Art. 232 et 235.)

Les barils à poudre, sacs à capsules, débris de plomb, etc. (Voir *Munitions*) doivent être versés au service de l'artillerie. (Art. 23 du règlem[t] du 30 août 1884 et appendice.)

Les munitions de réserve ou d'un corps territorial sont versées sans autorisation chaque fois que l'approvisionnement d'armes correspondant est versé à ce corps. (Art. 237 dudit règlement).

S'il existe des outils pour la confection des cartouches de tir réduit, ils sont également emportés. (Tarif du 30 novembre 1855 et circ. du 19 février 1883, page 138.)

Accessoires *d'effets d'habillement, de grand équipement, de coiffure et de harnachement*. — Emportés. (30 novembre 1855.) Voir ci-dessus : *Matières premières*.

Effets *hors de service* (inutilisables). — Doivent être versés aux Domaines avant le départ; ceux nécessaires aux réparations sont emportés. Ceux à réformer sont laissés également. (Appendice D³ à la lettre de voiture.) Cette mesure est peu appliquée, attendu que la responsabilité des détenteurs peut être engagée et que les effets reconnus susceptibles d'être réformés peuvent ne pas l'être tous. (Voir ci-dessus : *Effets d'habillement confectionnés*.)

Economies *de coupe*. — Elles sont confondues aujourd'hui avec les étoffes du service courant. (Voir *Comptes ouverts* avec les maîtres-ouvriers, page 170, et ci-dessus : *Matières premières*.

Infirmerie régimentaire. — *Mobilier* appartenant au génie, remis à ce service. (Art. 79 et 101 du règlem[t] du 30 juin 1856.)

Médicaments, ustensiles, ouvrages divers et objets mobiliers autres que ceux ci-dessus, laissés sur inventaire au corps arrivant ou au service du génie. Le corps partant n'emporte que les médicaments nécessaires pour la route (Art. 16 et 17 de la note du 1er janvier 1881, page 81; art. 85 du règlem[t] sur le service de santé et appendice D³) et les registres.

Sacs et sacoches d'ambulance, emportés par les voitures à la suite des corps. (22 décembre 1839, page 599, et 8 juillet 1842, page 112; règlem[t] du 28 décembre 1883 sur le service intérieur, et appendice D³.)

Matériel de campagne (*Bâts et cantines médicales, etc.*) emportés. (Circ. du 28 juillet 1875 (M), appendice D³ et note précitée du 1er janvier 1881, page 82.)

Matériel des bains chauds reste à demeure. (Circ. du 4 août 1880 M). La bibliothèque est laissée également. (Art. 83 du règlem[t] du 28 décembre 1883 sur le service de santé.)

Voir *Infirmeries* pour la désignation des documents qui ne sont pas laissés.

Infirmerie vétérinaire. — *Mobilier* appartenant au génie, remis à ce service. (Art. 79 et 101 du règlem[t] du 30 juin 1856.)

Médicaments laissés sur inventaire au nouveau corps ou au génie. — Il n'est emporté que les articles indispensables pour la route. (1er janvier 1881, page 81.)

Matériel. — Les cantines, bâts, objets de pansement et de contention, les caisses d'instruments de chirurgie et les registres sont emportés; mais les objets mobiliers et ustensiles, tels que vases, balances, mesures, moulins, mortiers, bassines, chaudières, ouvrages divers, etc., sont laissés. (Circ. du 10 octobre 1873 (M) et du 1er décembre 1874, page 755, note du 1er janvier 1881 précitée et appendice D[3].)

Écoles régimentaires *d'enseignement primaire.*

Le *mobilier* appartenant au génie est remis avant le départ. (Art. 79 et et 101 du règlem[t] du 30 juin 1856.)

Le *matériel fixe* appartenant au service des écoles est laissé sur inventaire au corps arrivant ou au génie. (Art. 30 du règlem[t] du 31 juillet 1879, page 109; art. 34 du règlem[t] du 18 avril 1875, page 927 Cav[ie], et art. 29 du règlem[t] du 19 septembre 1881, page 219 Art[ie].)

Le *matériel mobile* est emporté. Il comprend les livres, règles, équerres, etc. (Règlem[t] du 18 avril 1875. page 929 Cav[ie], et du 31 juillet 1879, page 109 Inf[ie], et art. 30 du règlem[t] du 19 septembre 1881, page 219.) Les allocations sont fixées par la note du 18 avril 1864, page 943.)

Le *matériel d'éclairage* est laissé en entier. (Règlem[t] du 18 avril 1875, page 929, renvoi 2 de l'art. 34 et renvoi 1 de l'art. 27 du règlem[t] du 19 septembre 1881 et de l'art. 28 du règlem[t] du 31 juillet 1879.

École d'escrime. — Matériel emporté en totalité. (30 novembre 1855.) Les ustensiles d'éclairage sont laissés. (Art. 71 du règlem[t] du 30 juin 1856.)

Escrime à cheval. — Le matériel est laissé. (23 février 1867, page 528, et appendice D[3].) L'escrime à cheval a été supprimée. (Décis. du 27 juillet 1883, page 137.)

Ecole de tir. — Le matériel de garnison est laissé, le surplus est emporté. (Voir *Ecole de tir.*)

Le matériel de tir réduit est emporté. (Instr. du 19 février 1883, page 138.)

Théories. — Emportées. (30 novembre 1855, page 798.)

Ouvrages divers. — (Voir ci-après *Archives.*)

Gymnases. — Tout est laissé, moins les vestes, pantalons (1) et ceintures. (Circ. du 12 mars 1852 (M); tarif du 30 novembre 1855 et circ. du 3 octobre 1873, page 338, portant que les collections mobiles doivent rester à demeure et être remises soit au génie, soit au corps arrivant.)

NOTA. — L'appendice D3 nouveau modèle ne prescrit de laisser à demeure que les collections des corps de troupes de l'artillerie. Il y a contradiction avec les dispositions ci-dessus, lesquelles sont toujours applicables.

Natation. — Ce matériel est laissé en totalité. Les caleçons, sangles, ceintures, bouées de sauvetage sont seuls emportés. (30 novembre 1855 et appendice D[3] à la lettre de voiture.)

Manège. — Matériel laissé en totalité. (Art. 53 du règlem[t] du 30 juin 1856 et appendice D[3].)

Voltige. — Machines fixes remises au génie. (Appendice D[3].) Selles, caveçons, surfaix, etc., emportés. (Tarif du 30 novembre 1865.)

Matériel *d'instruction équestre.* — Laissé sur inventaire. (Art. 80 du règlem[t] du 30 juin 1856 et instr. du 23 décembre 1876, page 560, pour la désignation des objets.)

Matériel d'escrime à cheval. — Voir ci-dessus *Escrime.*

Salle d'hippiatrique. — Le squelette de cheval est laissé. (Circ. du 11 juin 1874,

(1) Les pantalons sont supprimés. (Note du 1er juillet 1884, page 49.)

page 418, du 2e 1876.) Les autres objets, tels que tares, pieds, mâchoires, sont emportés. (Circ. du 11 juin 1874, page 418, du 2e 1876.)

Equipages régimentaires. — Lorsque deux corps d'infanterie changent de garnison, ils laissent sur place le matériel de mobilisation (fourgons, voitures médicales, voitures d'outils, caissons de munitions, etc., harnachements et accessoires afférents), à l'exclusion du matériel de corvée (voitures régimentaires avec harnais et accessoires), qui est emmené avec eux. (Voir *Equipages régimentaires pour le nombre de voitures accordées.*)

Il en est de même pour les corps de cavalerie, lesquels n'emmènent que le fourgon de service journalier avec harnais et accessoires. Lorsqu'ils voyagent par étape, ils sont suivis en outre de la forge à 4 roues.

Lorsque le corps changeant de garnison ne doit pas être remplacé, il emporte tout son matériel.

Dans les cas particuliers, le ministre décide des mesures à prendre, etc. (Note du 3 juillet 1834, page 16.)

Les *chariots-fourragères* et leurs accessoires (chèvres, câbles, etc.) sont laissés. (20 avril 1847, page 754, et art. 64 du règlemt du 30 juin 1856.) Les harnais sont emportés. (7 mars 1857, page 69.)

La circ. du 15 juillet 1881, page 30, rappelée le 7 septembre 1883, détermine les cas suivant lesquels les voitures doivent voyager démontées ou sur roues. Elles doivent être démontées lorsqu'il n'y en a qu'une; s'il y en a plusieurs, elles sont expédiées sur roues. (Voir 19 mars 1884, 253, au sujet des taxes, et ci-après *Convois sur les voies ferrées.*)

Ordinaires et cuisines. — *Mobilier* appartenant au service du génie (tables, chevalets, billots) sont remis à ce service. (Art. 79 et 101 du règlemt du 30 juin 1856.) Cette mesure est applicable aux percolateurs et moulins à café. (Circ. du 18 août 1879, page 94.)

Les *seaux, baquets, terrines, cruches, gamelles, balais*, etc., existant dans les chambrées et les cuisines sont laissés. (26 mars 1874, page 385, et art. 80 du règlemt du 30 juin 1856.)

Balances à bras égaux. — *Idem.* (Art. 70 dudit règlemt et appendice D3.)

Haches et scies. — *Idem.* (27 novembre 1863, page 108, et appendice D3.)

Paniers à charbon. — *Idem.* (16 novembre 1863, page 706, et appendice D3.)

Ustensiles de cuisine (couteaux, cuillers, fourchettes, etc.) — Sont emportés ou laissés au nouveau corps. (Circ. des 27 août 1867 (M) et 2 septembre 1878, 259.)

Ustensiles d'éclairage des chambrées, cuisines, corridors, écuries. — Sont laissés en totalité (Art. 71 du règlemt du 30 juin 1856 et appendice D3.)

Registres des ordinaires. — Sont emportés.

Objets *à l'usage des conseils d'administration* tels que tapis, cachets, échantillons, modèles types, instructions, manuels, etc. — Sont emportés. (30 novembre 1855.)

Objets *à l'usage des compagnies, escadrons ou batteries.* (Voir ci-dessus *Ordinaires.*) Imprimés, placards, effets des cuisiniers, boîtes à marques, marques, compositions, consignes, étiquettes, gamelles excédant l'effectif (les autres gamelles sont portées par les hommes). — Emportés en totalité. (Renvoi 1, page 798 du 30 novembre 1855.) Allocation : Tarif précité et 16 novembre 1864, page 1012. Ces objets sont remis en ballot au magasin d'habillement du corps. (Art. 409, 405 et 428 des règlemts du 28 décembre 1883.) Les registres, papiers renfermés dans une caisse sont placés sur les voitures à bagages qui suivent le corps, ainsi que les boîtes de livrets matricules. Les sous-officiers comptables ne conservent que leurs carnets de comptabilité trimestrielle. (Mêmes articles.) Pour les effets de cuisine à charger sur les voitures à bagages, voir *Convois.*

Mobilier *des chambrées*, pensions de sous-officiers, prisons, salles de police, etc., etc., appartenant au service du génie. — Remis à ce service. Il en est de même pour les baquets, brancards, appareils de puits, pompes, drapeaux, poêles, guérites, etc. (Art. 79 et 101 du règlemt du 30 juin 1856 ; circ. du 2 septembre 1878, page 258 et appendice D3.)

Planchettes *à buffleteries.* — Laissées. (Art. 69 dudit règlemt et appendice D3 à la lettre de voiture du service de transports.)

Ameublement *des magasins* (tables, bancs, échelles, rouleaux pour vérifier les étoffes, etc., etc.) appartenant au génie. — Laissé. (Art. 79 et 101 dudit règlem^t et appendice D³.)

Matériaux *d'emballage et objets divers en service dans les magasins.* — Les caisses vides (voir *Caisses*, page 52), toile d'emballage, corde, ficelle, etc., restés disponibles après la confection des colis, sont laissés sur inventaire. (Appendice D³.) Les matériaux d'emballage qui ne peuvent être ni renvoyés aux magasins administratifs ni utilisés par les corps, sont versés aux Domaines après autorisation du sous-intendant militaire. (Art. 69 de l'instr. du 9 mars 1879, page 269.)

D'après le tarif du 30 novembre 1855, page 799, renvoi 2, les objets suivants sont emportés : *mètres, emporte-pièces, toises, règles à pointure, formes de coiffure, matrices, moules, clefs pour plomber, etc.*

Ameublement *des ateliers.* — *Les objets appartenant au génie* sont laissés. (Art. 79 et 101 du règlem^t.) Le reste est emporté.

Outils *des maîtres-ouvriers.* — Les outils des maîtres-ouvriers sont emportés; les allocations sont fixées par le tarif du 30 novembre 1855, et en ce qui concerne les tailleurs et cordonniers, par la note du 22 septembre 1876, page 116; les machines à coudre ne sont transportées au compte de l'Etat que si le ministre en a autorisé l'usage. (21 février 1876 (M) et 1er avril 1869, page 284.)

Matériel *des forges et hangars appartenant au génie.* — Laissé. (Art. 79 et 101 dudit règlem^t.)

La forge de campagne est emportée par les corps à cheval lorsqu'ils voyagent par étape. (27 octobre 1874 et note du 3 juillet 1884, page 16.) Les maréchaux ferrants font transporter leurs outils et approvisionnements de toute nature jusqu'à concurrence de l'allocation fixée par le tarif du 30 novembre 1855.

Les outils de réserve destinés à l'armée territoriale restent à demeure. (Circ. du 15 mai 1877 M.)

Les fers à cheval de réserve appartenant à l'Etat doivent être laissés si le corps arrivant est de même arme, et emportés dans le cas contraire.

Mobilier *des écuries.* — Laissé en totalité. (Art. 71 du règlem^t du 30 juin 1856 et appendice D³.)

Balances *ou bascules* pour le pesage des colis. — Sont laissées. (Appendice D³ et note du 7 février 1879, page 224.)

Poudre *de pyrèthre et soufflets.* — Laissés en totalité. (Appendice D³.)

Appareils *d'éclairage* pour les chambres, corridors, escaliers, écuries, infirmeries, écoles, etc. — Restent à demeure. (Appendice D³ et art. 71 du règlem^t du 30 juin 1856.)

Mobilier *des lits militaires.* — Repris par l'entreprise, conformément au règlem^t du 2 octobre 1865.

Mobilier *des corps de garde.* — Repris par l'entreprise des lits militaires pour les objets qui lui appartiennent, et par le génie pour les autres. (Voir *Casernement.*)

Matériel *des jardins potagers.* — Laissé au corps arrivant contre remboursement. (Règlem^t du 24 décembre 1863, art. 11, page 718, et appendice D³.)

Archives *ne servant pas à l'établissement des comptabilités* :

Journaux militaires,
Journal officiel,
Annuaire militaire,
Recueil de médecine et de pharmacie,
Ouvrage de Durat-Lasalle.
Ouvrage de Berryat,
Dictionnaire de Bardin,
Œuvres de Napoléon III,
Cours d'équitation,
Traité d'équitation,
Dictionnaire d'hippiatrique,
Recueil de médecine vétérinaire,
Autres livres.

De tous ces ouvrages, le *Journal militaire* doit seul être emporté. (30 novembre 1855, page 798, appendice D³, 6 août 1868, page 201, et 6 mai 1870, page 66); pour les ouvrages des infirmeries, se reporter aux pages 428 et 429.

Bibliothèques des infirmeries. — Voir ci-dessus *Infirmeries.*

des médecins-majors et aides-majors,

des vétérinaires et aides-vétérinaires,

des officiers (en général),

des officiers des compagnies,

Emportées. Le tarif du 30 novembre 1855 fixe les allocations à faire pour cet objet.

En ce qui concerne les bibliothèques régimentaires de troupe, l'Etat ne prend à sa charge aucun frais de transport. (Instr. du 18 janvier 1875, page 176 S.)

Archives des officiers : Chefs de corps,

Lieutenants-colonels,

Majors,

Capitaines d'habillement et trésoriers,

Officiers, sous-officiers chargés des compagnies centralisant.

Emportées. (Tarif précité.) On laisse les archives inutiles à remettre au Domaine. (Appendice D^3 à la lettre de voiture et tarif du 30 novembre 1855.)

Ces allocations sont fixées par la note du 6 avril 1882, page 163.

Officiers de détail des portions détachées.

Officiers-payeurs, *id.*

Capitaines faisant fonction de major, *id.*

Leurs archives sont emportées. (Allocations, 2 mars 1864, page 828.)

Registres et papiers *des compagnies*. — (Voir ci-dessus, page 430.)

Mobilisation. Les instructions sur la mobilisation ne doivent pas être emportées par les corps ; en cas de changement de garnison, elles sont remises aux corps successeurs. (Dép. du 12 novembre 1879 M.)

Documents *concernant les réservistes*. — Restent à demeure. (6 juillet 1874, page 8, et décret du 7 août 1875, page 148.)

Deuxième portion du contingent. — Le même principe est appliqué pour les hommes de la deuxième portion du contingent. (Appendice D^3 et circ. du 22 septembre 1874 M.) Toutefois, cette portion du contingent n'étant plus, aux termes de la décision présidentielle du 29 avril 1875, page 663, administrée séparément de la première portion, les documents de comptabilité des services de la solde et de l'habillement sont nécessairement emportés en cas de mouvement.

Transport du personnel.

Voir ci-après : *Convois ou frais de route.*

Exercices d'embarquement et de débarquement sur les voies ferrées.

Le règlement du 1er juillet 1874, article 4, page 2, du 2e semestre 1884, et les règlements du 28 décembre 1883 prescrivent d'exercer les troupes à l'embarquement et au débarquement sur les voies ferrées. L'on se conforme aux diverses instructions qui sont insérées en tête du règlement du 1er juillet 1874, revisé en 1884 (2e semestre).

(Voir la désignation du matériel nécessaire au chapitre *Equipages régimentaires.*)

Les corps ont droit, pour les exercices dont il s'agit, à de la paille dans la proportion suivante :

Cavalerie, infanterie et génie : 500 grammes de paille par cheval et par séance, tant pour la litière que pour les botillons porte-selles. (En plus, pour l'embarquement des voitures : 35 kilog. par régiment d'infanterie ou de cavalerie, et 17 kil. 500 pour les bataillons d'infanterie isolés pourvus de leur matériel roulant, les bataillons formant corps et les bataillons du génie.) (Circ. du 10 mars 1884 (M) rappelée 2e sem. 1884, page XXVIII.)

Artillerie : 400 grammes de paille par cheval et 35 kilog. par batterie pour l'embarquement du matériel.

Train des équipages : 400 grammes par cheval et 70 kilog. par séance pour l'embarquement du matériel complet d'une compagnie.

Cette paille est délivrée par les magasins militaires, et, dans le cas où les exercices n'auraient pas lieu, elle doit être restituée par voie de déduction sur la première distribution à faire au corps.

On doit indiquer sur les bons la destination à donner à cette denrée. (Circ. du 19 avril 1877, page 458 rappelée, 2e sem. 1884, page XXVII.) — La circulaire du 10 mars 1884, ci-dessus, indique le nombre et la composition des botillons à distribuer aux exercices, lesquels correspondent approximativement aux poids ci-dessus.

Pour les transports réels, voir *Fourrages*.

NOTA. — Les perceptions de cette nature ne donnent pas lieu à imputation dans les revues de liquidation des corps; elles sont régularisées dans des bordereaux spéciaux adressés au ministre.

TRANSPORTS PARTICULIERS

Les officiers employés militaires de l'armée, sous-officiers mariés, ouvriers militaires des corps de l'armée active, ainsi que les gendarmes, jouissent de la faculté de faire transporter aux prix et conditions du traité, ceux de leurs bagages qui ne sont pas compris dans les bagages des corps.

Le transport doit être la conséquence d'un ordre de service ou tout au moins d'une autorisation, telle que l'obtention d'un congé ou la rentrée d'un militaire dans ses foyers. En cas de décès, il est accordé un délai de trois mois pendant lequel l'on peut faire effectuer les transports des mobiliers des décédés.

La faculté concédée ci-dessus est limitée aux objets mobiliers et aux voitures des officiers, à l'exception des denrées alimentaires, bijoux, matières d'or et d'argent, tableaux et autres objets.

Les expéditeurs ont la facilité d'assurer eux-mêmes le camionnage, soit au départ, soit à l'arrivée, d'expédier leur mobilier en vrac par wagons complets.

Chaque wagon est compté pour 4,000 kilog., mais le décompte du transport n'est effectué sur cette base que lorsqu'il a été fait une demande de wagon complet. Dans le cas contraire, l'on applique les prix du traité aux objets emballés, et les tarifs commerciaux aux objets non emballés.

Lorsque les objets sont expédiés en vrac, les intéressés sont obligés d'assurer à leurs frais les camionnages, le chargement et le déchargement, et la responsabilité des compagnies, en cas de pertes ou avaries, est déchargée dès que ces compagnies représentent les wagons avec les plombs intacts.

Enfin, l'on peut faire transporter le mobilier chargé dans des voitures de déménagement ou fourgons, aux prix et conditions suivantes :

Les voitures de déménagement ou fourgons, lorsqu'ils contiennent un chargement, sont taxés à 9 centimes par tonne et par kilomètre sur le poids cumulé du contenant et du contenu, avec un minimum de 4,000 kilog. par voiture.

Le transport de la voiture vide au retour se fait toujours au tarif commercial, soit à 20 centimes par pièce et par kilomètre, et sous la forme commerciale.

Les manutentions, au départ et à l'arrivée, restent aux soins, risques et périls des expéditeurs et des destinataires.

Les expéditions de cette nature ne peuvent être acceptées qu'en provenance et à destination des gares ouvertes à la réception des voitures.

La responsabilité des compagnies, en ce qui concerne les pertes et avaries, est déterminée par les règles commerciales.

Les gendarmes n'ont droit au bénéfice du traité des transports de la guerre qu'en ce qui concerne : 1° la voie de fer; 2° le camionnage dans les villes desservies par un service de correspondance.

Le montant des transports effectués est acquitté directement par les expéditeurs sur la production de la preuve de l'arrivée à destination du matériel transporté.

En cas de retard, les compagnies s'adressent au ministre qui avise.

S'il s'agit de difficultés au sujet des paiements, il peut en être référé au ministre, mais les pertes et avaries sont constatées selon les règles de droit commun sans l'intervention de l'administration. (Instr. du 19 mars 1884, page 243.)

Les militaires qui veulent faire usage des transports généraux de la guerre s'adressent aux sous-intendants militaires, qui leur remettent, après leur avoir fait signer une demande (mod. I, 162 *bis* de la nomencl.), des imprimés d'ordre de transport, de lettre de voiture et d'avis d'expédition sur papier jaune. (Mod. A, 161 *bis* de la nomencl.)

Ces pièces, établies par les expéditeurs, indiquent le numéro et la nature de chaque colis, sa contenance sommaire ; les dates sont laissées en blanc pour être remplies par le sous-intendant militaire au moment de la remise par ce fonctionnaire desdites pièces au préposé, c'est-à-dire lorsque les colis seront prêts à être enlevés.

L'ordre de transport indique le mode d'expédition et la vitesse à employer. Lors de l'enlèvement des colis, l'avis d'*expédition est remis à l'expéditeur*, qui y signe préalablement la prise en charge du matériel.

Chaque colis est revêtu d'une adresse portant le nom du propriétaire, ainsi que le lieu de destination. Indépendamment de l'adresse, les colis portent les mêmes numéros d'ordre que les pièces d'exécution.

Toute fausse déclaration dans la nature des objets expédiés exposerait les militaires à des dommages et intérêts envers les compagnies. (Instr. du 31 décembre 1879, page 609.)

NOTA. — Le prix du traité est pour la petite vitesse de 0 fr. 09 c. par 1,000 kilos et par kilomètre, 0 fr. 60 c. par roulage ; 0 fr. 09 c. par eau, et 0 fr. 70 c. à dos de mulet.

Pour la vitesse accélérée, les prix sont : 0 fr. 22 c. par chemin de fer, 0 fr. 90 c. par roulage, et 0 fr. 22 c. par eau. (19 mars 1884, page 250.)

Draps et fournitures.

Les draps et fournitures à renvoyer en fabrique continuent à être expédiés sur formules jaunes. On ne doit pas perdre de vue les recommandations relatives à la réexpédition des matières ou effets d'habillement reçus dans un magasin autre que celui auquel ils sont affectés (renvoi 1), c'est-à-dire qu'ils doivent être remis au fabricant, lequel les fait parvenir au magasin destinataire. (Art. 2 du traité et instr. du 31 décembre 1879, page 608, et prorogation du 19 mars 1884, page 241.)

SERVICE DES CONVOIS MILITAIRES A L'INTÉRIEUR

(Voir le règlement du 1er juillet 1874, édition insérée au *Journal militaire*, 2e semestre 1884.)

1° Sur les voies ferrées.

Le transport des troupes par les chemins de fer et du matériel qu'elles emportent est à la charge du service des convois ; il en est de même des militaires isolés qui, voyageant pour le service, ne reçoivent pas l'indemnité kilométrique de transport.

Les corps ou détachements ne voyagent en chemin de fer que sur l'ordre du ministre ou des généraux commandant les corps d'armée. (Art. 6 du règlemt du 1er juillet 1874, inséré au 2e sem. 1884, page 5.) Toutefois, la circulaire du 29 mai 1789 avait interdit aux généraux d'ordonner les mouvements de cette nature ; mais celle du 19 février 1880, page 63, leur a rendu la faculté d'ordonner ceux qui concernent les cadres de conduite à diriger des dépôts sur des portions détachées et *vice versa*, pour aller chercher des chevaux, ou faisant retour à leur point de départ, leur mission terminée, ainsi que les détachements de six hommes au plus, ayant à faire mouvement entre les diverses fractions d'un même corps.

La circulaire du 14 septembre 1881 (M) a complété celle du 19 février 1880 en ce sens, que les militaires envoyés en témoignage qui sont en nombre égal ou inférieur à six doivent voyager par voies ferrées.

Lorsque les ordres de mouvement sont donnés par les généraux soit directement, soit au nom du ministre, la notification en est faite aux compagnies de la manière suivante :

Si le transport doit être effectué par train spécial, l'officier de l'état-major du corps d'armée chargé du service des transports de troupe par voie ferrée, établit, d'après l'ordre de l'officier général, une demande de train, modèle n° 1, et remet cette pièce à l'agent supérieur de la compagnie résidant au chef-lieu de corps d'armée ; cet agent lui remet en échange l'itinéraire modèle n° 2, lequel est envoyé immédiatement aux troupes avec l'ordre de mouvement, et adresse une copie de l'itinéraire au directeur du service de l'intendance. (Art. 14 du règlemt inséré 2e sem. 1884, page 8.)

Si le transport à exécuter ne comporte pas la demande d'un train spécial et s'il peut être effectué par les trains ordinaires de l'exploitation, le soin de prévenir la gare de départ incombe au chef de corps ou de service qui a reçu l'ordre de mouvement. A cet effet, il envoie au chef de gare un avis de transport modèle n° 4 qui lui est retourné immédiatement avec la mention du train qui emmènera le détachement. Après réception de cet avis, le chef de corps informe immédiatement l'autorité militaire supérieure qui a ordonné le mouvement, afin que celle-ci puisse prévenir les autorités militaires intéressées.

Le service de l'intendance est avisé comme il est dit ci-dessus. (Art. 15 du règlem[t] précité.)

Des bons de chemin de fer (mod. n° 3) sont délivrés, sur le vu de l'ordre de mouvement, par les fonctionnaires de l'intendance, qui constatent, au préalable, l'effectif des hommes, des chevaux et des voitures. Il est délivré autant de bons qu'il y a de réseaux différents ; ils sont remis, *avec la feuille de route*, au chef de la troupe. (Art. 13, 15 et 25.) Voir ci-après *Ordres de mouvement rapide*, page 446.

Aux termes de l'article 59 dudit règlement, page 33, tout chef de détachement doit remettre à son arrivée le bon de chemin de fer qui a été délivré, et il reçoit en échange, de la compagnie du chemin de fer, un billet collectif qui lui assure le transport de son détachement jusqu'à destination.

Cet échange du bon de chemin de fer contre le billet collectif a lieu à chaque changement de réseau, et en outre, sur le même réseau, chaque fois que les arrêts effectués par la troupe donnent lieu à des bons distincts. Les observations ou mutations consignées sur le bon de chemin de fer sont inscrites au verso du billet collectif et signées contradictoirement par le commandant du détachement et par l'agent de la compagnie où la mutation a eu lieu. A son arrivée à destination, le commandant du détachement joint les billets collectifs au bulletin de renseignements modèle n° 5 prescrit par l'article 17 du règlement. (Art. 59, page 33.)

Le chef de détachement ne doit point se dessaisir des billets qui lui sont successivement délivrés, attendu qu'il est tenu de les joindre au bulletin de renseignements n° 5 à produire par le chef de corps, en exécution de l'article 17 du règlement. (Note du 4 décembre 1874, page 730.)

Si l'absence, au point de départ, d'un fonctionnaire chargé du service de marche autre qu'un maire et l'urgence de l'embarquement ne permettent pas l'établissement d'un bon de chemin de fer, le chef de détachement produit au chef de la gare de départ l'ordre de mouvement dont il est porteur et remet au chef de la gare d'arrivée, pour chaque réseau, une copie dudit ordre avec un bon de chemin de fer signé de lui. (Art. 16 dudit règlem[t].) Cette disposition n'est plus que rarement applicable, car le décret du 29 janvier 1879, page 72, autorise, en cas de mobilisation (ou d'urgence), les chefs de corps, les commandants des dépôts, les commandants des écoles et les commandants des bureaux de recrutement, à délivrer des bons de chemin de fer et des ordres de mouvement rapide.

On opère de la même manière pour les militaires isolés lorsqu'il y a lieu de leur délivrer des bons de chemin de fer en remplacement de l'indemnité de transport. (Voir ci-après *Service des frais de route*.) Les chevaux des officiers et autres ne doivent être transportés au compte de l'État ou à prix réduit que dans les cas indiqués au chapitre de la remonte.

Les officiers supérieurs voyagent en première classe, les officiers inférieurs en deuxième, la troupe en troisième classe. Toutefois, lorsqu'un détachement de troupe voyage par les trains ordinaires de l'exploitation et que les officiers inférieurs ne sont pas en nombre suffisant pour occuper un compartiment de deuxième classe, il leur est attribué sur le bon des places de première classe. (Art. 13 du règlem[t] du 1er juillet 1874 inséré 2e sem. 1884, page 7, pagination spéciale.)

Le nombre des places à allouer sur les bons est indiqué par le renvoi 10 porté au bas de ce bon (1). (Voir le mod. n° 3 annexé au règlem[t] du 1er juillet 1874, inséré 2e sem. 1884, page 345.)

(1) Les soldats de toutes armes non équipés occupent, dans les compartiments des wagons, le même nombre de places que les voyageurs civils.

Quant ils voyagent équipés et armés, il est accordé 10 places pour 8 hommes à la gendarmerie, à la cavalerie de réserve, à l'artillerie, au génie et au train des équipages ; 10 places pour 9 hommes à l'infanterie et à la cavalerie légère et de ligne.

Toutefois, dans les trajets supérieurs à 150 kilomètres, il est également accordé à ces trois dernières armes 10 places pour 8 hommes.

Les places laissées vides sont utilisées pour le rangement des sacs, etc.

Dans les wagons à marchandises aménagés pour les hommes, le chiffre de contenance inscrit sur les parois des wagons est applicable sans réduction aux troupes de toutes armes. (Mod. de bon et appendices I, II et III.)

La circulaire du 3 février 1879, page 76, rappelle qu'il ne doit être alloué de places inoccupées que lorsque

Les bons indiquent :

Le nombre des officiers, sous-officiers et soldats (on doit les classer par catégorie : première, deuxième et troisième classes) ;

Celui des chevaux ou voitures ;

Le poids du matériel et des bagages. (Art. 13 du règlem[t], inséré 2e sem. 1884, page 8) (1).

Les militaires voyageant en corps ont droit, comme ceux isolés, au transport gratuit de 30 kilogrammes de bagages, par homme, en dehors des havresacs et des armes placés avec eux dans les compartiments de voyageurs. Ces effets et armes pour lesquels il est payé un certain nombre de places non occupées, rentrent dans la catégorie des objets non taxés pour le public.

En conséquence, toutes les fois qu'un corps, dépôt ou détachement quelconque voyage par les voies ferrées et qu'il emporte à sa suite des effets de rechange, des outils ou des objets de première nécessité, qui ne sont autres que des effets de magasin, il est invariablement déduit du poids total du matériel transporté la franchise de 30 kilogrammes par homme, aussi bien sur les bagages proprement dits que sur les effets de magasin qui devront être confondus avec les bagages, au lieu d'être portés distinctement sur le bon de chemin de fer, afin de parfaire la limite de 30 kilogrammes francs par homme (sous-officiers, soldats, cantinières, enfants de troupe au-dessus de 3 ans, y compris les places inoccupées.)

En principe, les quantités en excédent et les magasins des corps ne voyagent pas avec eux ; **ils doivent, à moins d'ordres formels, être expédiés par les transports généraux de la guerre.** (Instr. du 31 décembre 1879, page 612.)

Aux termes d'une circulaire du 6 janvier 1873 (M) rappelée par celle du 7 septembre 1883, page 231, les corps ou détachements transportés par chemin de fer doivent emporter avec eux les bagages comprenant les effets de rechange et les objets de première nécessité, en limitant le poids de ces bagages au chiffre obtenu en multipliant par 30 le nombre des officiers, sous-officiers, soldats, cantinières, enfants de troupe et places réservées à l'équipement, portés sur la réquisition.

Le reste des bagages, ainsi que les magasins, sont, à moins d'*ordres formels contraires*, confiés à l'entreprise des transports de la guerre. (6 janvier 1873.) Cette dernière disposition est applicable aux voitures. (Circ. du 18 avril 1875, page 595 et du 7 septembre 1883, page 231.)

Celle-ci dispose, en outre, qu'aucune voiture appartenant à un corps de troupe voyageant par chemins de fer ne peut être transportée par grande vitesse sans une décision ministérielle spéciale.

Les voitures des cantinières sont transportées au compte de l'Etat (note du 23 mars 1880, page 127) dans les conditions indiquées ci-dessus.

Les bagages des officiers voyageant par ordre avec une troupe en chemin de fer peuvent figurer sur le bon de chemin de fer, afin d'assurer à ces officiers la jouissance du quart du tarif de la grande vitesse, à la condition qu'il ne doive résulter de cette mesure aucune dépense pour le Trésor. A cet effet, les excédents de bagages appartenant aux officiers doivent être indiqués d'une manière distincte au § 2 du bon de chemin de fer. (Instr. du 31 décembre 1879, page 612.)

Le camionnage des bagages à la suite s'effectue soit au départ, soit à l'arrivée, à l'aide de moyens militaires ou au titre du service des convois. (Même instr.)

L'appendice D[3], établi comme il est indiqué page 330, est adressé en double expédition à l'intendant militaire qui le transmet à son collègue de Paris ou de Bordeaux, en même temps que les relevés H.

La circulaire du 16 décembre 1884, page 919, prescrit aux sous-intendants de produire chaque mois un état décompté modèle B des bons de chemin de fer délivrés

l'effectif des hommes armés et équipés est suffisant pour garnir un compartiment, c'est-à-dire 8 ou 9 hommes selon l'arme ou la distance à franchir. En outre, elle recommande d'indiquer exactement la destination finale des troupes et de baser l'arrêté en toutes lettres sur l'effectif réel transporté.

(1) La circulaire du 24 septembre 1883, page 254, rappelle qu'on doit indiquer sur les bons : l'arme, le corps, le grade et la fonction des officiers propriétaires des chevaux transportés ;

La destination définitive et l'itinéraire à prescrire lorsque, sur la même ligne, on peut suivre plusieurs itinéraires ;

Si les approvisionnements transportés avec la troupe sont des effets de magasin destinés au corps qui les emporte et dont le poids doit être cumulé avec celui des bagages.

Par contre, on ne doit pas porter à l'arrêté en toutes lettres le nombre des places inoccupées.

pendant le mois au titre du service des convois. Ces relevés sont adressés à l'intendant militaire qui les transmet au directeur du service de l'intendance du gouvernement de Paris, après en avoir établi un relevé modèle F qui est adressé au ministre le 15 au plus tard de chaque mois à l'intérieur et le 25 en Algérie.

2° Service des convois sur la voie de terre.

Le service des convois (en dehors des voies ferrées) consiste à fournir :

1° *Des voitures non suspendues* pour le transport :

De la caisse, des papiers et des effets d'un usage journalier à la suite des corps ou détachements voyageant par étape, de militaires éclopés, femmes et enfants de troupe qui suivent ces corps ou détachements (1);

Des militaires et marins voyageant sous l'escorte de la gendarmerie (en dehors des voies ferrées), lorsque le besoin d'une voiture est contaté ;

2° *Des voitures suspendues* aux militaires ou marins isolés voyageant librement et dont l'état de maladie est constaté dans les formes prescrites (2). (Voir *Infirmeries* pour le transport des militaires impotents des hôpitaux et casernes aux gares.)

3° *Des chevaux de trait*, lorsque les corps ont des voitures (deux chevaux équivalent à une voiture à 1 collier) ;

4° *Des chevaux ou mulets de bât* sur les routes inaccessibles aux voitures. (Art. 1er du cahier des charges du 17 avril 1874, page 619 (S), rappelé par l'instr. du 1er mai 1883, page 847 (S) et règlemt du 31 décembre 1823, page 153.)

Les fournitures sont faites sur la production d'un bon de convoi. — En principe, ces bons sont délivrés par les fonctionnaires de l'intendance et leurs suppléants autres que les maires, jusqu'à la plus prochaine résidence du sous-intendant, sur la route à parcourir ou jusqu'à destination. Les maires ne peuvent délivrer de bons que pour une seule étape, lorsqu'il s'agit de détachements ou jusqu'à la résidence du sous-intendant ou du suppléant militaire pour les isolés. (Décis. présidentielle du 30 octobre 1883, page 513, et art. 10 du cahier des charges.)

Les bons de convoi sont délivrés sur une formule unique n° 122 de la nomenclature des imprimés. (Mod. annexé à la circ. du 7 septembre 1883, page 233.)

Le besoin d'une voiture suspendue est constaté par le certificat d'un médecin militaire ou civil; il en est de même pour les voitures non suspendues délivrées aux escortés. (Art. 10 du cahier des charges, page 623 (S), du 1er semestre 1874.)

Les bons de convoi sont certifiés pour exécution. Le vu arriver peut être signé par un membre du conseil municipal, l'officier ou le brigadier de gendarmerie à défaut du sous-intendant ou d'un suppléant légal ou par deux notables de la localité. (Mod. de bon, inséré 2e sem. 1883, page 233.)

NOTA. — Les officiers isolés jouissant de l'indemnité en diligence dans tous les cas (art. 14 du règlemt du 12 juin 1867), il n'y a pas lieu de leur fournir de moyens de transport en nature, à moins qu'étant hospitalisés, on ne doive les évacuer d'un établissement sur un autre.

L'allocation des voitures est calculée de la manière suivante :

CORPS OU DÉTACHEMENTS :

De 1 à 24 hommes, sous le commandement d'un officier : une voiture à un collier;
De 25 à 160 hommes, avec ou sans officier : une voiture à un collier ;
De 161 à 320 hommes : deux voitures à un collier;

(1) Tout corps ou détachement mis en marche sur l'ordre du ministre est porteur de cet ordre (art. 34 du règlemt du 31 décembre 1823, page 154), qui est enregistré comme feuille de route par le sous-intendant militaire auquel il est présenté. Ce fonctionnaire y porte le numéro et la date de son inscription, ainsi que la mention des mandats de convoi qu'il délivre à cette troupe. (Art. 35.) Le modèle de l'ordre de mouvement est joint au règlemt précité. Lorsque le mouvement a lieu en vertu d'un ordre n'émanant pas du ministre de la guerre, la troupe reçoit une feuille de route collective qui est délivrée par le sous-intendant sur l'ordre du commandement. (Art. 35.) Le modèle de cette feuille fait suite audit règlement, mais il a été complété par un extrait des instructions sur le service de marche et sur celui de la solde et des revues. — Les militaires voyageant en détachement pour le service de la remonte ou du recrutement reçoivent néanmoins des feuilles de route individuelles. (Tableaux A annexés au règlemt du 12 juin 1867 qui allouent l'indemnité de route.)

(2) Les isolés sont pourvus d'une feuille de route individuelle. (Voir pages 446 et 447.)

En campagne, les malades et éclopés sont, en cas de besoin, transportés sur des voitures de réquisition si les moyens dont disposent les ambulances sont insuffisants ou se trouvent éloignés. (Circ. du 21 juin 1877. M.)

Et ainsi de suite, en ajoutant une voiture par 160 hommes.

Tout corps ou détachement, ayant au moins 12 officiers, a droit, au minimum, à deux voitures à un collier. — Une voiture supplémentaire est accordée, pour le transport de la caisse et des archives, à tout corps ou portion de corps ayant une administration distincte (1).

Lorsqu'il y a beaucoup d'écloppés, le sous-intendant peut accorder également une voiture supplémentaire.

Si le corps possède des voitures régimentaires attelées, il est déduit sur les allocations sus-indiquées un collier pour deux voitures; pour trois voitures, il n'est déduit qu'un collier; il n'est rien diminué pour une voiture. (Art. 8 du cahier des charges précité.)

Pour chaque fourgon de cavalerie à quatre roues et à deux chevaux, il est déduit un collier. (Circ. du 7 septembre 1876 M.) Se reporter à la page 428 ci-dessus et au chapitre *Equipages* pour le nombre de voitures de l'Etat que les corps peuvent emmener à leur suite.

Depuis le 1er janvier 1877, le service des convois est assuré à l'intérieur dans les conditions déterminées par la circulaire du 19 décembre 1876 (M), savoir :

La fourniture des voitures est faite par les soins des sous-intendants militaires ou de leurs suppléants légaux, au fur et à mesure des besoins, au moyen d'une entente verbale avec les voituriers.

Les prix convenus sont certifiés sur les bons de convoi par les autorités qui les ont consentis. (Circ. du 7 septembre 1883, page 231.)

Lorsque des fournitures sont faites à des corps de troupe ou détachements, les voituriers sont payés par eux sur les fonds généraux de leur caisse (circ. du 19 décembre 1876), et ils sont ensuite remboursés de leurs avances dans les conditions mentionnées par l'instr. ministérielle du 1er mars 1881, page 355, modifiée par la circ. du 7 septembre 1883, page 231,

Savoir :

Les dépenses sont justifiées par les bons de convoi portant reçus des convoyeurs. Ces bons, qui remplacent les mémoires antérieurement fournis, sont soumis à la formalité du timbre s'ils dépassent 10 fr. et réunis dans un relevé trimestriel. (Mod. n° 21 *bis*.) Ces bons et ces relevés sont produits au trésorier-payeur à l'appui du mandat de remboursement délivré par le sous-intendant militaire.

Pour la liquidation, on produit une copie conforme de ces bons et relevés, ainsi que de chaque ordre de mouvement ou de chaque feuille de route de détachement.

MILITAIRES ISOLÉS

S'il s'agit de fournitures faites à des isolés dont le montant doit être payé par mandat direct aux voituriers, on procède comme il suit :

Le reçu du convoyeur n'est pas exigé sur le bon de convoi, mais le sous-intendant militaire remplit la mention de dépôt au registre des créances et la formule d'ordonnancement.

Le bon de convoi ainsi complété est mis à l'appui du mandat de paiement de la dépense. Toutefois, si elle ne s'élève pas à plus de 10 fr., le bon est conservé et l'on se borne à donner, dans le mandat de paiement, le détail du service fait, conformément aux dispositions de l'art. 179 du règlemt du 3 avril 1869.

Un duplicata des bons doit être joint aux rapports de liquidation (mod. 128 *bis*) établis par l'intendance militaire et destinés au ministre. (Circ. du 7 septembre 1883, page 231.)

NOTA. — En Algérie, le service est exécuté au moyen de marchés divisionnaires. (1er mai 1883, page 847 S.)

(1) Ces voitures sont destinées à recevoir : 1° la caisse du conseil, celle du trésorier, celles contenant les registres et pièces de comptabilité, les cantines médicales, la caisse contenant les souliers et les guêtres, les cantines à bagages des officiers; 2° les caisses de comptabilité des compagnies, les caisses d'armes, les havresacs des hommes malades; 3° ceux des infirmiers, des conducteurs des équipages, de mulets et de chevaux de main; les ustensiles de pansage, les couvertures de chevaux d'officier, les fourrages nécessaires à la grande halte; enfin, un ballot par compagnie des effets de cuisine indispensables à l'arrivée. Ces ballots ne doivent pas peser plus de 10 kilog. chacun. (Art. 436 du règlemt du 28 décembre 1883 sur le service des corps d'infanterie et errata 1er semestre 1884, page 140.) Dans la cavalerie et l'artillerie, le chef de corps règle le chargement des voitures.

Les hommes autorisés à placer leur sac sur les voitures ou à monter sur ces voitures doivent produire une autorisation écrite du médecin. (Art. 429 Infie, 418 Cavie et 456 Artie des règlemts du 28 décembre 1883.)

FOURNITURES ILLÉGALEMENT FAITES

Les fournitures faites sur bons réguliers sont toujours admises en compte, les fonctionnaires civils ou militaires signataires des bons ou les parties prenantes, selon le cas, étant seuls responsables des allocations contraires au règlement.

La circulaire du 14 juin 1835 et celle du 8 janvier 1840 (non reproduites au *Journal* refondu) disposent que les fonctionnaires de l'intendance et leurs *suppléants légaux militaires* sont seuls responsables des fournitures illégalement faites, que les fonctionnaires civils (maires) ne sont pas responsables, attendu qu'ils ne doivent délivrer de bons que sur l'invitation *écrite* des chefs de corps ou de détachement spécifiant la nature et la quantité des moyens de transport nécessaires. Dans ce cas, les parties prenantes sont seules responsables.

Ces fonctionnaires seraient cependant tenus de rembourser le prix des fournitures illégalement faites s'ils ne se conformaient pas aux demandes des corps ou s'ils n'exigeaient pas la production de ces demandes. (8 janvier 1840.)

Ces remboursements ont lieu au moyen de versements au Trésor effectués sur l'ordre des sous-intendants militaires. L'imputation de la dépense est faite aux signataires des bons ou des demandes de bons, suivant le cas.

Transport des militaires impotents des hôpitaux ou casernes aux gares de chemins de fer. (Voir *Hôpitaux*.)

3° Transports par mer (1).

PERSONNEL

§ 1er. — *Passages militaires entre la France, la Corse, l'Algérie et sur le littoral algérien.*

La note ministérielle du 13 avril 1881, page 233, résume comme il suit les dispositions réglementaires concernant ces passages :

Ils se divisent en passages de droit et en passages de faveur.

Il existe, pour les lignes de l'Algérie seulement, une troisième catégorie de passages à prix réduits, c'est-à-dire que les militaires de tous grades, les employés militaires et leur famille n'ayant pas droit au passage gratuit, ou ne l'ayant pas demandé ou obtenu à temps, peuvent, au moyen d'une réquisition délivrée par le fonctionnaire de l'intendance du port d'embarquement, profiter, pour eux et les domestiques qui les accompagnent, pour leurs chevaux, d'une réduction sur les tarifs commerciaux de l'entreprise et ne payer à celle-ci que les prix stipulés par le département de la guerre. (Art. 68, 71, 72, 75 et 76 du cahier des charges du 10 septembre 1879, insérés au *Journal militaire*, 2e semestre 1880, page 21.)

Cette disposition existe également pour les transports entre le continent et la Corse. (Art. 63 du cahier des charges du 10 août 1882, inséré 2e semestre 1883, page 101.)

PASSAGES GRATUITS DE DROIT AVEC VIVRES

Les passages gratuits de droit (aller ou aller et retour, selon les nécessités du service) sont acquis et par suite accordés sans l'intervention du ministre :

1° Aux inspecteurs en tournée d'inspection ;

2° Aux militaires et employés militaires de l'armée active en activité ou non-activité (de la réserve ou de l'armée territoriale) voyageant en vertu d'un ordre de service délivré par l'autorité militaire supérieure ou permutant d'office, qu'ils aient droit ou non à l'indemnité de route ;

3° Aux militaires envoyés en congé à titre de soutien de famille ou de convalescence, ainsi qu'à ceux qui ont obtenu un congé comme récompense de tir (2) ;

(1) Les militaires isolés ou en détachement, les chevaux et le matériel à diriger sur les divisions d'Alger et d'Oran sont embarqués à Port-Vendres lorsqu'ils proviennent des 9e (pour partie), 10e, 11e, 12e, 16e, 17e et 18e corps d'armée. Dans tous les autres cas, les embarquements pour l'Algérie ont lieu à Marseille. (Circ. du 28 juin 1880 (M) et note du 28 janvier 1881, page 32.)

Les militaires dirigés de la province de Constantine sur la Corse sont embarqués à Bône et débarqués à Ajaccio; ceux malades peuvent être dirigés sur Marseille et ensuite sur Bastia. (Note du 18 janvier 1881, page 30.)

(2) La durée des congés et permissions est indépendante de la traversée et des quarantaines. (Décis. présidentielle du 12 janvier 1883, page 76.)

4° Aux militaires permutant en vertu des articles 9 et 10 du décret du 13 février 1852, après 6 ans de séjour en Algérie, pour les officiers, et après 8 ans pour les sous-officiers, etc.;

5° Aux officiers membres du Sénat, des conseils généraux ou d'arrondissement, se rendant aux sessions desdits conseils ou du Sénat;

6° Aux militaires passant dans la réserve ou la disponibilité, réformés ou retraités, employés en France, en Corse et en Algérie, qui rentrent sur le continent ou se retirent en Corse et en Algérie (ce droit subsiste pendant 2 ans);

7° Aux femmes et enfants des militaires compris dans les paragraphes précédents, voyageant avec eux ou qui s'embarquent à une date ultérieure pour les rejoindre.

Les veuves et les enfants de militaires décédés en activité de service ont également droit au passage gratuit, pendant l'année qui suit le décès du chef de la famille;

8° Aux militaires (sous-officiers, brigadiers, caporaux et soldats) allant en permission ou en congé par application de la décision ministérielle du 14 décembre 1880.

Les passagers militaires et leurs familles ayant droit au transport gratuit sont embarqués directement, et sans frais, par les soins des fonctionnaires de l'intendance militaire, sur le vu des pièces constatant leur droit au passage gratuit. (Note du 13 avril 1881, page 233.)

Nota. — Les membres du corps de contrôle de l'administration de l'armée sont admis au passage gratuit avec vivres sur la présentation de leur commission au fonctionnaire de l'intendance. (Note du 29 novembre 1882, page 402.)

PASSAGES GRATUITS DE FAVEUR

Les passages gratuits sont, en principe, accordés *sans vivres*, sauf pour la quatrième classe, qui comprend les caporaux, brigadiers ou soldats.

La note du 13 avril 1881, page 234, dispose que les passages gratuits de faveur (aller ou aller et retour) peuvent être accordés :

1° Aux militaires de tous grades de l'armée active allant en permission ou en congé pour affaires personnelles, ou changeant de corps par permutation volontaire;

2° Aux officiers et sous-officiers de l'armée territoriale pourvus d'un emploi permanent et soldé, voyageant en vertu d'une permission régulière;

3° Au personnel de l'administration centrale de la guerre, voyageant en vertu d'une permission régulière;

4° Aux ingénieurs des poudres et salpêtres, voyageant en vertu d'une permission régulière.

Des passages gratuits de faveur pourront également être accordés aux familles des personnes désignées dans les quatre paragraphes ci-dessus;

5° Aux élèves des écoles ci-après :

Ecole polytechnique;
Ecole spéciale militaire;
Ecole de médecine et de pharmacie militaires;
Ecole d'administration de Vincennes;
Ecole des enfants de troupe;
Prytanée militaire (avec vivres);
Aux élèves militaires des Ecoles vétérinaires;
Aux élèves des maisons d'éducation de la Légion d'honneur, filles de militaires en activité de service, allant en vacances dans leurs familles.

Deux ans après leur rentrée dans la vie civile, les militaires réformés ou retraités et leurs familles, ne peuvent plus obtenir de passages gratuits à titre militaire.

Cette faveur peut leur être accordée, s'il y a lieu, par M. le ministre de l'intérieur (service de l'Algérie) à titre civil.

Le passage gratuit n'est pas accordé aux gens de service, même lorsqu'ils accompagnent leurs maîtres; mais ils sont admis à jouir d'une réduction de prix sur les tarifs commerciaux, conformément aux dispositions du § 2 de la présente réglementation.

Les passagers qui ont obtenu le transport gratuit de faveur sont, sur le vu de l'autorisation spéciale qui leur a été délivrée, embarqués par les soins des fonctionnaires de l'intendance.

Demandes de passage gratuit de faveur.

Les passages de faveur sont accordés :

1° Par le ministre de la guerre entre la France, la Corse et l'Algérie, et sur le littoral algérien;

2° Par le général commandant le 19e corps d'armée d'Algérie, en France et en Corse (avec retour), et sur le littoral algérien, mais seulement aux militaires des corps de troupe ou des services sous ses ordres, et sans vivres pour les 1re, 2e et 3e classes, le passage avec vivres étant limité à la 4e classe.

Une note ministérielle du 14 février 1868, insérée au *Journal Militaire officiel* (édition refondue, tome XIII, page 62), indique que les demandes de passages gratuits de faveur doivent, sous peine d'être considérées comme non avenues, être faites par le militaire lui-même, qu'il soit présent à son poste ou en congé, qu'il s'agisse de lui ou de sa famille, et adressées au ministre par la voie hiérarchique, avec avis favorable du commandant supérieur.

Les demandes de passage gratuit de faveur, d'Algérie en France et sur le littoral algérien, formées par les militaires des corps de troupe ou des services stationnés en Algérie, qu'il s'agisse d'eux ou de leur famille, doivent satisfaire aux mêmes conditions et être adressées à M. le général commandant le 19e corps d'armée, appuyées de l'avis favorable des généraux commandant les divisions militaires ou des chefs de service sous ses ordres.

Il n'est donné aucune suite aux demandes de passage de faveur qui ne rempliraient pas toutes les conditions qui précèdent.

Les passagers qui s'embarquent avant d'avoir demandé l'autorisation de passage gratuit, ne peuvent l'obtenir ultérieurement; ceux qui, l'ayant demandée, s'embarquent avant de l'avoir reçue, ne peuvent ensuite en faire usage, ni réclamer le remboursement ou l'exonération de leurs frais de passage ou de nourriture. (Note du 13 avril 1881, page 224.)

Par décisions des 11-16 mai 1872, rappelées le 18 dudit, page 417, il a été recommandé de n'accorder des passages de faveur que pour des motifs très sérieux, et en nombre aussi restreint que possible, et une dépêche ministérielle du 12 mai 1882 (M) rappelle que les demandes doivent être adressées au général commandant le 19e corps d'armée par les militaires des corps ou services placés sous ses ordres, pour aller d'Algérie en France ou en Corse (avec retour).

PAIEMENT DES FRAIS DE TRAVERSÉE. — REMBOURSEMENT (DANS CERTAINS CAS) DES SOMMES VERSÉES

Les prix de nourriture et de transport (personnel et chevaux) sont fixés par le tarif du 2 mars 1883, page 275, pour les services entre la France, l'Algérie, la Tunisie et le littoral algérien, et par les articles 32, 45 et 47 du cahier des charges du 10 août 1882 (2e semestre 1883, page 72, pour les lignes de Corse).

Les officiers et assimilés, admis au passage gratuit de faveur, doivent acquitter le prix de leur nourriture entre les mains des agents de la Compagnie, et ne sont compris sur les états d'embarquement qu'après avoir produit au fonctionnaire de l'intendance la quittance du paiement fait à l'entreprise.

Les enfants âgés de moins de trois ans, voyageant avec leurs parents (2 mars 1883), sont transportés gratuitement; ceux de trois à cinq ans payent la moitié de la nourriture, et ceux de cinq à quinze ans payent la moitié du transport et de la nourriture. (Note du 13 avril 1881, page 236, tarif du 2 mars 1883, 279, et art. 74 du cahier des charges du 10 septembre 1879, inséré 2e semestre 1880, page 52.) — Pour les lignes de Corse, les prix sont fixés par l'article 46 du cahier des charges du 10 août 1882 (2e semestre 1883, page 93).

A l'égard des sous-officiers, caporaux, brigadiers et soldats, qui n'ont pas obtenu, avant leur départ, soit le passage gratuit de droit, soit le passage gratuit de faveur, ils sont astreints au paiement des frais de traversée. (Art. 71 du cahier des charges du 10 décembre 1879 et note du 13 avril 1881, page 236.)

La circulaire du 10 avril 1877, page 455, rappelée par la note du 5 février 1882, page 48, dispose que ces militaires doivent verser, avant leur départ du corps, le prix de leur traversée (aller et retour, suivant le cas) entre les mains du conseil d'administration qui leur délivre en échange un certificat constatant ce versement. Sur la présentation de ce certificat, le sous-intendant du port d'embarquement les fait embarquer au compte de l'Etat.

De plus, la circulaire du 21 avril 1879 (M), spéciale au mode de versement des frais de nourriture dus par les sous-officiers qui obtiennent des passages gratuits de faveur, ajoute que les conseils d'administration ou commandants de compagnie doivent délivrer aux intéressés un récépissé distinct pour l'aller et pour le retour. Mention de ce versement est faite en outre sur le titre de permission. (21 avril 1879.)

A la fin de chaque trimestre, le montant des sommes ainsi déposées dans les caisses des corps de troupe, est versé au Trésor par les conseils d'administration ; ces versements donnent lieu à la délivrance de récépissés qui sont adressés à l'administration centrale, dans le courant du mois qui suit le trimestre écoulé, par les soins de l'intendant de chaque corps d'armée. Chaque récépissé est accompagné d'un état nominatif des hommes qui ont effectué le versement. (Circ. du 10 avril 1877, page 455.) Ces versements sont effectués au titre du budget des convois militaires. (Circ. du 24 mai 1878, page 258.)

Les sous-intendants militaires chargés du service des embarquements adressent, en outre, au ministre, un état trimestriel des militaires embarqués. (Circ. du 10 avril 1877, page 455.)

La circulaire du 24 mai 1878, page 258, spécifie les cas dans lesquels les militaires peuvent être remboursés de leurs versements et indique les renseignements à porter sur les permissions ou congés.

Au moment de l'embarquement, les passagers formant détachement et les chevaux sont inscrits sur des états de filiation établis par les chefs de corps ou de détachements ; ces états sont récapitulés dans un état d'embarquement par le sous-intendant militaire. Les isolés ne figurent que sur ce dernier document. (Cahiers des charges du 20 mai 1870, pages 90 et 128, et du 10 septembre 1879, page 42 du 2e semestre 1880, qui donnent les mod. d'états.)

Au moment de leur mise en route, les corps qui envoient des détachements en Afrique emportant du matériel, doivent rendre compte au ministre des effectifs (officiers, troupe, animaux et voitures), ainsi que de la nature du poids et de la destination du matériel envoyé. Ces renseignements ont pour but de permettre la préparation des moyens de transport et le règlement du chargement des bateaux. (Circ. du 20 septembre 1881 M.)

MATÉRIEL

Le matériel à transporter par mer est compris sur des connaissements établis conformément aux articles 38 et 51 des cahiers des charges précités, lesquels indiquent, en outre, le mode de constatation des pertes, avaries, etc.

Les prix à payer sont ceux du tarif du 2 mars 1883, page 275, lequel fixe le poids des bagages qui peuvent être transportés gratuitement. Pour les lignes de Corse, les fixations sont arrêtées par le cahier des charges du 10 août 1882 (2e sem. 1883, page 94.)

§ 2. — *Passages aux colonies.*

Les passages gratuits de droit ou de faveur, comme ceux à prix réduits, doivent faire l'objet de demandes au ministre de la guerre.

Les listes des passagers sont arrêtées quinze jours avant le départ des bâtiments ; les demandes doivent parvenir au ministre de la guerre assez à temps pour qu'il puisse se concerter avec son collègue de la marine au sujet du nombre de places dont il peut disposer en faveur des passagers de la guerre. (Décr. du 7 mai 1879 et circ. du 8 septembre 1879 M.)

Les intéressés sont prévenus par le commandement de la suite donnée à leur demande.

En ce qui concerne les militaires libérés du service, les dispositions qui les concernent sont résumées dans les circulaires des 30 septembre 1875, 11 octobre 1877 et 14 février 1879 (M). Ces militaires ne sont plus admis sur la simple présentation de leur feuille de route. La circulaire du 15 avril 1881 (M) rappelle que les militaires libérés et ceux envoyés en congé de convalescence ou renouvelable, ont droit au transport gratuit sur les bâtiments de l'Etat.

Les conditions du transport des militaires allant aux colonies françaises ou dans les pays étrangers d'outre-mer, en vertu de congés de convalescence ou à titre de soutiens de famille, sont fixées par la note du 4 novembre 1880, page 380.

Le rapatriement, par la voie de mer, des militaires à l'étranger a lieu dans les conditions indiquées par le décret du 12 juin 1867, modifié par la décision présidentielle du 2 décembre 1881, page 372.

Nota. — Le classement des passagers à bord des bâtiments est fixé par la circulaire du 22 avril 1880, page 384. Voir note du 12 septembre 1881, page 208, qui crée une table pour les sergents assimilés à ce grade.) La circulaire du 15 avril 1881 (M) fixe les dates et lieux de départ.

SERVICE DES FRAIS DE ROUTE DES MILITAIRES ISOLÉS

A L'INTÉRIEUR

Ce service a pour objet de pourvoir aux dépenses occasionnées par les déplacements des militaires de tous grades voyageant *isolément* pour cause de service ou de santé. Il est régi par le décret du 12 juin 1867, inséré au *Journal militaire*. Pour les dispositions spéciales au pied de guerre, se reporter au règlement du 1er juillet 1874, revisé par décret du 29 octobre 1884 et inséré au 2e semestre 1884, pagination spéciale.

Les dépenses sont de deux sortes : 1° Frais de nourriture (*indemnité journalière de route*) ; 2° Frais de transport (*indemnité kilométrique en chemin de fer ou en diligence et indemnité fixe de 5 francs*).

L'indemnité journalière est allouée aux officiers, sous-officiers et soldats pour chaque journée passée en route, quel que soit le mode de transport ou de locomotion employé. (Art. 15 du règlemt du 12 juin 1867.) Elle ne peut se cumuler avec aucune allocation de voyage payable sur les frais de route ou sur des fonds étrangers à ce service. (Art. 23 et 25 du règlemt et note du 30 janvier 1884, page 133.)

L'indemnité kilométrique *est allouée quelle que soit la distance :*

1° Aux officiers, à raison du nombre de kilomètres à parcourir du point de départ jusqu'à destination, tant sur les chemins de fer que sur les routes ordinaires (1);

2° Aux sous-officiers et soldats, comme ci-dessus, mais sur *les chemins de fer seulement.*

L'indemnité fixe de 5 francs pourvoit au transport de l'officier et de son bagage, de son domicile à la gare et *vice versa.*

Elle est allouée par chaque déplacement, excepté dans les cas prévus au tableau A, faisant suite au règlement. (Art. 14.) La circulaire du 26 avril 1877, page 466, interprétative de l'article 19 du règlement, n'accordait cette indemnité que lorsque l'absence était de 48 heures au moins, non compris les journées d'aller et retour, mais cette disposition a été annulée par la décision du 13 novembre 1879, page 328, de sorte qu'en principe cette indemnité n'est refusée que lorsque, dans un voyage, l'aller et le retour ont eu lieu dans la même journée. Elle est également refusée aux officiers qui, en raison du peu d'étendue du parcours, devaient rentrer à leur résidence le jour même de leur départ et en ont été empêchés par les exigences du service ou par toute autre circonstance. (13 novembre 1879.)

Nota. — En cas de mobilisation, les réservistes et disponibles sont transportés gratuitement; par suite, ils ne touchent que l'indemnité journalière de route. (Circ. du 6 février 1878, page 41.) Quant aux territoriaux, ils doivent rejoindre à pied, et dès lors ils n'ont droit non plus qu'à l'indemnité journalière. (Décr. du 29 janvier 1879, page 71.)

L'indemnité de transport sur les routes ordinaires (*indemnité en diligence*), n'est allouée en principe qu'aux officiers. (Art. 5 et 14 du règlemt du 12 juin 1867.) Toutefois, les sous-officiers et soldats sont, par exception, transportés en diligence dans les cas ci-après :

1° Lorsqu'ils voyagent d'urgence d'après un ordre de l'autorité militaire ;

2° Lorsqu'ils sont appelés devant un tribunal civil ou militaire comme témoins ou accusés, ou convoqués comme juges d'un tribunal militaire, si le sous-intendant juge qu'il y a nécessité d'employer ce mode de transport (art. 8) ; les détachements en nombre égal ou inférieur à 6, envoyés en témoignage, voyagent toujours par voies ferrées (Circ. du 14 septembre 1881 M) ;

3° Lorsqu'en état de maladie, ils ne peuvent voyager à pied et qu'une voiture suspendue spéciale n'est pas nécessaire. Dans ce cas, l'officier de santé doit porter sur le billet d'hôpital ou sur le certificat de visite la mention : *Transport en diligence.* (Art. 10 du règlemt et instr. du 26 juin 1874, page 1167 S.) (Voir *Convois.*)

Dans les cas ordinaires, les sous-officiers et soldats voyagent à pied, lorsque ce

(1) Cependant l'article 5 dispose que les officiers peuvent voyager par étape dans certains cas.

mode de locomotion présente une économie sur les voies ferrées et que le trajet ne dépasse pas quatre distances légales. Cette disposition n'est pas applicable dans le cas de mobilisation ni dans le cas de convocation des hommes que l'autorité militaire peut appeler momentanément en temps de paix. (Art. 7 du règlem^t du 12 juin 1867, modifié par le décret du 9 janvier 1878, page 20.)

Les indemnités de transport et journalières sont allouées cumulativement (art. 16), excepté pour les fins de parcours, lesquelles ne donnent droit qu'à l'indemnité de transport lorsqu'elles n'excèdent pas 40 kilomètres en chemin de fer ou 12 kilomètres en diligence sur les routes ordinaires. (Art. 17.) De plus, l'indemnité journalière est allouée seule dans les cas suivants :

1° Toutes les fois que le transport est assuré, soit au moyen de bons de chemin de fer, soit au moyen de mandats de convoi ;

2° Pour chaque distance d'étape franchie à pied ;

3° Dans le cas de transport par bateaux, navires, et lorsque la subsistance n'est pas assurée par les soins du bord. (Art. 18.)

En route, chaque journée de séjour obligé dans une localité donne également droit à l'indemnité journalière de route. (Art. 24.)

Les tableaux qui font suite au règlem^t indiquent les positions qui donnent ou ne donnent pas droit aux frais de route.

DÉCOMPTE DES INDEMNITÉS

L'indemnité kilométrique de transport en chemin de fer ou en diligence est décomptée d'après la distance à parcourir, quelle qu'elle soit. (Art. 14 du règlem^t du 12 juin 1867.)

L'indemnité journalière est allouée pour tout déplacement (art. 26), et quelle que soit la distance franchie en chemin de fer ou en diligence. (Circ. du 7 août 1867, insérée en tête du règlem^t.) Toutefois, en ce qui concerne les sous-officiers et soldats qui voyagent par étapes sur les routes ordinaires, ils n'ont droit à cette indemnité que lorsque le trajet est supérieur à 24 kilomètres. Cette allocation est répétée autant de fois que ce nombre est compris dans la distance à parcourir ; s'il y a un excédent, il ne donne droit à une journée supplémentaire que lorsqu'il dépasse 12 kilomètres. (Art. 29 modifié par le décr. du 9 janvier 1878, page 20.)

Sur les voies ferrées, une distance de 360 kilomètres correspond à une journée, et, en diligence, il faut 120 kilomètres. (Art. 27 du règlem^t du 12 juin 1867.) Les fins de parcours doivent être supérieures à 40 kilomètres sur les voies ferrées et à 12 kilomètres en diligence pour donner droit à une journée supplémentaire. (Art. 28.)

Le décret du 9 janvier 1878, page 20, et la circulaire du 10 dudit fixent le mode de décompter les indemnités dans les circonstances du service courant; mais le décret du 29 janvier 1879, page 69, et la circulaire de même date, qui l'interprète, disposent que:

Les jeunes soldats de la première et de la deuxième portion du contingent appelés à l'activité, — les hommes de troupe de l'armée active renvoyés dans leurs foyers, — les disponibles et réservistes de l'armée active, les hommes de troupe de l'armée territoriale, les hommes à la disposition de l'autorité militaire et les hommes classés dans les services auxiliaires, qu'ils soient appelés à l'activité ou renvoyés dans leurs foyers, n'ont droit à l'indemnité de route qu'autant que la distance comprise entre le chef-lieu de canton de leur domicile et le point de réunion, et *vice versa*, est supérieure à 24 kilomètres parcourus, tant sur les routes ordinaires que sur les chemins de fer. (Art. 1er dudit décr.) Toutefois, une indemnité journalière spéciale de 1 fr. 25 est allouée à ceux de ces militaires isolés qui n'ont pas droit à l'indemnité de route et qui *rejoignent directement* leur corps, pour le jour de l'*arrivée* à ces corps. Elle est payée sur les fonds de l'indemnité de route et est exclusive de la solde, du pain et de la viande. (Art. 3 de ce décret.)

En cas de mobilisation, l'indemnité de route ou spéciale est due lors même que les hommes sont formés en détachement. (Art. 4 dudit décr.) — Voir les articles 5 et 6 qui déterminent les cas dans lesquels l'indemnité kilométrique n'est pas due, et les allocations à faire aux cadres de conduite. D'après la décision présidentielle du 11 décembre 1879, page 479, les engagés conditionnels doivent être traités comme les jeunes soldats, c'est-à-dire qu'ils doivent être indemnisés pour le trajet effectué entre leur chef-lieu de canton et leur destination (qu'ils soient appelés sous les drapeaux ou renvoyés dans leurs foyers).

Enfin, il est compté une journée de route pour tout trajet inférieur à une distance légale, lorsque ce trajet se rapporte à une évacuation de malades ou de blessés, ou à la conduite des chevaux de remonte, si l'état de santé des hommes ou des chevaux ou l'état des routes s'opposent à ce que les détachements atteignent le gîte désigné dans l'itinéraire. (Art. 30 du règlemt du 12 juin 1867.) Les gendarmes appelés en témoignage devant les tribunaux civils ou revenant d'escorte de civils en dehors de leur département de résidence, reçoivent les indemnités qui leur sont dues des receveurs de l'enregistrement. (Note du 9 décembre 1884, page 871.) Cette note indique dans quels cas les gendarmes ont droit à l'indemnité de route.

Les prix que font payer les différentes lignes de chemins de fer sont indiqués par le tarif annexé au règlemt sur les transports inséré 2e sem. 84, page 162 (S).

Voir également les notes des 1er février 1884, page 134 ; 7 mars 1884, page 356 (S); 7 mai 1884, page 1307 (S); 18 juillet 1884, page 78 (S); 22 novembre 1884, page 648(S). En cas de mobilisation, les prix sont payés conformément aux stipulations du cahier des charges, et s'il n'en existe pas, le prix est fixé à la moitié du tarif normal. (Décr. du 2 août 1877, page 63, et circ. du 6 février 1878, page 43.) — Voir d'ailleurs la note n° 1 annexée au règlemt revisé du 1er juillet 1874, insérée 2e sem. 1884, page 162 (S).

Sur le réseau des chemins de fer de l'État, les militaires et marins ne sont assujettis qu'au quart du tarif fixé à l'article 42 du cahier des charges de concession. (Note du 2 avril 1879, page 415, qui désigne les lignes composant ce réseau, et tarif précité.)

Les différentes catégories de personnel qui jouissent de la réduction des prix sont énumérées dans le tableau annexé à l'arrêté du 14 août 1884, page 528.

FORMALITÉS

Feuilles de route. — La feuille de route est indispensable à tout militaire qui se déplace étant en possession du droit à l'indemnité de route (art. 47 du décr. du 12 juin 1867, page 689) et à tous ceux qui veulent profiter de la réduction du prix des places sur les chemins de fer. (Art. 1er de l'arrêté du 15 juin 1866, page 359.) Elle peut, toutefois, dans ce dernier cas, être remplacée par les saufs-conduits, congés, permissions ou ordres de service (art. 3 de cet arrêté) (1). Les titres périmés ne donnent pas droit à la réduction. (Art. 6, page 360.)

La feuille de route est valable pour toute la durée d'un voyage (aller et retour) ; elle ne peut servir pour un nouveau voyage qu'après avoir reçu le visa d'un sous-intendant militaire ou d'un suppléant légal. (Art. 47 du décr. du 12 juin 1867.)

Les officiers de corps de troupe qui précèdent les colonnes en marche ne doivent pas avoir de feuille de route individuelle, mais bien un extrait de la feuille de route du détachement, n'ayant pas droit à des frais de route, mais à l'indemnité en marche. (Dép. minist. du 6 octobre 1882 rappelant le règlemt du 31 décembre 1823.)

Les feuilles de route sont délivrées par les fonctionnaires de l'intendance ou, en cas d'absence de ceux-ci, par leurs suppléants. (Art. 45 du décr.) Les maires ne peuvent délivrer que des saufs-conduits. (Art. 17 du décret du 16 janvier 1883 modifié par la décis. présidentielle du 30 octobre 1883, page 513.)

Un militaire qui réclame une feuille de route ne peut l'obtenir que s'il produit l'un des titres énumérés ci-dessous :

- Une lettre de service ou un ordre de mouvement émanant du ministre ;
- Un ordre émanant d'un officier général ;
- Une commission ;
- Un ordre d'appel sous les drapeaux ;
- Un acte d'engagement ou de rengagement ;
- Un congé ou une permission (2) ;
- Un billet d'hôpital ;
- Une cédule ou un ordre de comparution ;
- Un ordre de transfèrement de prisonniers.

Pour les militaires des corps de troupe, il est généralement produit une invitation

(1) Les ordres de convocation adressés aux officiers de réserve et de l'armée territoriale peuvent tenir lieu de feuilles de route ; pour le retour, le vu bon pour rentrer doit être apposé sur ces ordres si des frais de route sont dus. (Note du 28 juillet 1884, page 114, et du 18 juin 1884, page 755.)

(2) Les permissions revêtues du visa du sous-intendant militaire tiennent lieu de feuilles de route. (Voir les modèles annexés aux décrets du 28 décembre 1883 sur le service intérieur des corps de troupe.)

de feuille de route signée par le chef de corps, contenant tous les renseignements nécessaires. (Art. 49 du décret précité.)

Sur le vu de l'invitation et des pièces jointes, le sous-intendant ou son suppléant établit la feuille de route et, s'il y a lieu, un mandat d'indemnité. (Voir ci-après le titre : *Paiement*.

Nota. — Les feuilles de route et mandats sont remis aux corps ou services aussitôt après leur délivrance. (Auteur.)

Les feuilles de route des militaires dirigés sur les hôpitaux thermaux portent la désignation des effets emportés. (Note du 30 novembre 1884, page 771.)

Consulter également la note du 18 juin 1884, page 752.

En ce qui concerne les appels et renvois de classe, l'on se conforme aux dispositions spéciales de la circulaire du 5 mai 1877, page 474, et pour les permissionnaires, à celles de la lettre collective du 15 octobre 1883 M.)

Pour les officiers qui se déplacent isolément, en vertu de décisions leur donnant droit à des allocations en sus de leur solde, les sous-intendants doivent mentionner sur les feuilles de route qu'ils n'ont pas droit au logement chez l'habitant, à moins qu'ils ne puissent trouver à se loger de gré à gré. (Circ. du 4 juin 1877 M.)

Nota. — En cas de guerre, les disponibles et réservistes sont transportés gratuitement par les voies ferrées sur le vu de l'ordre de route annexé à leur livret individuel. Quant aux militaires de l'armée active qui ont à se déplacer, ils sont pourvus de titres réguliers (feuilles de route, lettres de service, ordres de mouvement rapide, etc., et reçoivent des billets contre paiement ou en échange de bons de chemins de fer (circ. du 6 février 1878, page 42); sur le pied de paix, les réservistes, territoriaux appelés sont admis à prix réduit sur les chemins de fer sur le vu de la feuille spéciale du livret individuel ou de leur ordre d'appel individuel. (Art. 163 de l'instr. refondue du 28 décembre 1879.)

Ordres de mouvement rapide. — Aux termes de l'article 8 du décret du 29 janvier 1879, page 72, les chefs de corps, les commandants des dépôts, les commandants des diverses écoles militaires et les commandants des bureaux de recrutement, ainsi que les autres autorités militaires auxquelles le ministre croit devoir concéder la même faculté, sont autorisés, en cas de mobilisation, à délivrer sous leur responsabilité, pour tenir lieu de feuilles de route, des ordres de mouvement rapide contenant des bons de chemins de fer. — La même faculté leur est accordée dans les circonstances urgentes du service, mais à la charge d'y joindre l'ordre du ministre ou du commandant du corps d'armée qui a prescrit le mouvement.

Le modèle des ordres de mouvement est annexé au règlemt du 1er juillet 1874, sur les transports, page 339 du 2e semestre 1884.

Les présidents des comités d'achat peuvent aussi en faire usage pour des chevaux de remonte achetés dans une résidence qui n'est pas celle d'un sous-intendant militaire ou d'un suppléant. (Décis. du 15 décembre 1879, page 436.) Cette disposition a été étendue au cas où des dépôts de remonte situés dans des localités où ne réside ni sous-intendant militaire ni suppléant légal, ont à mettre en route des détachements conduisant des chevaux aux corps. (Décis. du 3 août 1882, page 67.)

Paiement et régularisation des frais de route.

Les indemnités de route et de transport sont payées aux parties prenantes sur la production de mandats délivrés par les sous-intendants militaires ou leurs suppléants autres que les maires. (Art. 73 du décr. du 12 juin 1867, page 697.)

Ces mandats sont payés par les trésoriers-payeurs des départements, les receveurs particuliers ou les percepteurs. (Art. 87 du décr.) (1).

Les mandats ainsi payés sont adressés chaque trimestre aux corps de troupes qu'ils concernent, lesquels les comprennent dans des feuilles de régularisation destinées au ministre. (Art. 112 et suiv. du décr.)

Les mandats des réservistes sont classés, inscrits et totalisés séparément de ceux de l'armée active sur les feuilles de régularisation, mais ils sont reportés à la récapitulation pour former le total de la feuille. (Instr. du 7 octobre 1878, page 340.) Ces feuilles sont adressées aux fonctionnaires de l'intendance qui les transmettent à l'intendant du corps d'armée. L'envoi en est fait au ministre en une seule fois chaque

(1) Pour les précautions à prendre contre la présentation de faux mandats, le modèle de mandat et le délai de paiement, voir note ministérielle du 24 février 1885, page 208.

trimestre, au moyen d'un bordereau conforme au modèle n° 1 annexé à la circ. du 27 avril 1878, page 220, modifié par l'instruction du 7 octobre 1878 précitée.

Les corps de troupe ou fractions de corps sont chargés d'assurer le paiement des indemnités de route revenant aux hommes de la réserve *qui rejoignent directement* en cas de mobilisation ou d'exercices. (Art. 325 et 326 de l'instr. refondue du 28 décembre 1879, et circ. du 26 janvier 1880, page 31.)

A cet effet, ils reçoivent des commandants du recrutement un exemplaire des barêmes n° 1 portant décompte des indemnités à payer d'après les distances parcourues (art. 325 de l'instr. précitée) et un exemplaire du tableau n° 1 portant indication des itinéraires, etc. (Art. 326.) Les modèles de barême et de tableau sont annexés à ladite instruction.

Le service du recrutement leur donne, en outre, avis de toutes les mutations. (Art. 55.)

Avec ces divers renseignements, les corps ou portions de corps établissent en double expédition (art. 81 du décr. du 12 juin 1867, page 699), une liste nominative, modèle n° 139 A de la nomenclature générale des imprimés, portant décompte des sommes à payer. (Circ. du 26 janvier 1880, page 31.) Des extraits du même modèle sont remis aux commandants de compagnie, d'escadron ou de batterie. (Note du 26 avril 1880, page 165.)

Le montant de chaque liste est perçu, à la trésorerie générale, après l'ordonnancement du sous-intendant militaire (art. 81 du décr. du 12 juin 1867) et est ensuite réparti entre les intéressés. La formalité de l'émargement de la liste restée entre les mains du corps ou du chef de détachement n'est plus exigée, les capitaines ou chefs de détachements certifient le paiement au pied de chaque liste. (Note du 12 mars 1882, page 81.)

Tarif des allocations.

(Décr. du 12 octobre 1871, page 368.)

	Indemnité kilométrique de transport.	Indemnité journalière de route.	Indemnité fixe de transport.	Indemnité en diligence.	OBSERVATIONS.
Colonels. Lieutenants-colonels. Chefs de bataillon ou d'escadron.	0.031	5 »	5 »	» 16	
Capitaines. Lieutenants et sous-lieutenants.	0.031	3 »	5 »	» 14	
Adjudants (y compris les adjudants élèves d'administration, décision du 30 mars 1883, p. 338)	0.023	3 » (1)	»	» 14	(1) Décret du 25 décembre 1875, page 768.
Autres sous-officiers	0.017	1 75 (1)	»	» 135	
Caporaux et soldats	0.017	1 25	»	» 135	

Lorsque le parcours a lieu sur des voies ferrées où les militaires paient demi-place, le taux de l'indemnité kilométrique de transport fixé par le présent tarif est doublé (décr. du 12 juin 1867, page 745); il est quadruplé, s'ils paient place entière. (Décr. du 19 mai 1869, page 722) (2). En outre, les mandats sont augmentés de 0 fr. 10 c. pour le timbre, s'il s'agit de sous-officiers et soldats, mais seulement lorsque le prix de leur billet dépasse 10 francs. (Note du 21 juin 1872, page 486.)

Les hommes de troupe renvoyés dans leurs foyers et les réservistes disponibles, etc..... appelés à l'activité ou renvoyés ont droit, *quel que soit leur grade*, à l'indemnité kilométrique de 0,017 (transport au quart du tarif) et à l'indemnité journalière de 1 fr. 25. (Décr. du 29 janvier 1879, page 70.)

Le taux de l'indemnité journalière a été modifié par la décision présidentielle du 1er août 1879, page 87, en ce qui concerne les sous-officiers, caporaux ou brigadiers et soldats qui se déplacent dans les cas ci-après :

(2) Voir les tarifs annexés au règlement sur les transports, insérés 2e sem. 1884, page 162 (S).

1° Militaires faisant le service de correspondance ou d'ordonnance auprès des officiers qui prennent part aux manœuvres de brigade avec cadres ;

2° Militaires faisant partie des pelotons de cavalerie attachés aux voyages d'état-major ;

3° Militaires accompagnant les officiers en mission (revision du cantonnement ou de la carte de France, travaux topographiques ou reconnaissances militaires). (Voir la 7e position pour les ordonnances) ;

4° Les militaires montés accompagnant, aux grandes manœuvres, les arbitres, les officiers du quartier général et les officiers étrangers. La circ. du 1er mai 1880, page 171, rappelle cette disposition et complète la rédaction de la décis. présidentielle en ce qu'elle attribue l'indemnité aux hommes montés qui suivent les officiers attachés aux quartiers généraux de corps d'armée, de division et de brigade, les arbitres et les officiers étrangers. Cette mesure a été étendue aux commis, secrétaires et ordonnances isolés des officiers sans troupe pendant les manœuvres de brigade. (Note du 22 août 1882, page 97.) Mais une décis. minist. du 17 septembre 1882 (M) dispose que cette note ne s'applique qu'aux brigades manœuvrant isolément et non aux brigades endivisionnées ;

5° Cavaliers de remonte et autres militaires chargés de la conduite des chevaux de remonte, qu'ils soient isolés ou formés en détachement. (La note du 3 décembre 1879, page 441, fait connaître que cette indemnité est due pour toutes les journées d'aller, de retour et de séjour (1). La décision présidentielle du 4 novembre 1881, page 320, applique ces dispositions aux détachements régimentaires envoyés dans les dépôts de remonte, aux conducteurs de chevaux prélevés dans les corps de troupes à cheval pour être livrés à des officiers, à des corps d'infanterie, à la gendarmerie, ou réintégrés dans les corps ou dépôts, aux conducteurs de juments poulinières ; enfin, d'une manière générale, à tous les militaires, isolés ou en détachement, qui accompagnent des chevaux affectés à la remonte, mais à l'exception de ceux provenant d'achats faits dans le commerce par les officiers se remontant à titre onéreux.

Elles sont applicables aux hommes conduisant des chevaux de troupe (au lieu de chevaux de remonte), que ces chevaux soient affectés ou non à des officiers, mais seulement quand ils sont moins de six. A partir de ce chiffre, ils reçoivent la solde et l'indemnité en marche. (Décis. précitée du 4 novembre 1881.)

Une note du 30 septembre 1882, page 189, interprétative de cette décision, dispose que par *chevaux de troupe*, il faut entendre non seulement les chevaux affectés à des hommes de troupe, mais encore ceux qui sont affectés ou qui appartiennent aux officiers de troupe et sans troupe, de tous grades et de toutes armes.

Les conducteurs de ces chevaux ont droit à l'indemnité exceptionnelle même pendant les séjours obligés, à moins qu'ils ne soient placés en subsistance.

Quant aux hommes de troupe de la gendarmerie, lesquels conservent leur solde dans cette position, ils n'ont droit qu'à l'indemnité de route ordinaire. (Note du 30 septembre 1882, page 189.)

(A l'exclusion de la solde et de toute autre prestation en deniers ou en nature.)

6° Cavaliers de remonte qui accompagnent les officiers acheteurs dans leurs tournée (1) ;

(A l'exclusion de la solde, de toute autre prestation en deniers ou en nature et notamment de l'indemnité de découcher.)

7° Ordonnances et aides des officiers du génie employés à des travaux topographiques ou de défense. (La circ. du 29 septembre 1879 n'accorde cette indemnité qu'aux ordonnances des officiers du génie employés spécialement aux travaux de défense des côtes dans la direction de Bordeaux ; elle est refusée dans tous les autres cas (travaux topographiques, etc.)

(A l'exclusion de la solde, de toute autre prestation en deniers ou en nature et notamment de l'indemnité qu'ils reçoivent sur les fonds du matériel du génie.)

8° Militaires de la gendarmerie accompagnant les commissions de classement des chevaux.

(Cumulativement avec leurs autres allocations.)

9° Militaires de la gendarmerie déplacés pour faire le service d'ordre près les conseils de recrutement ou de revision.

(Cumulativement avec les autres allocations, mais à l'exclusion de l'indemnité de service extraordinaire.)

TARIF DE CETTE INDEMNITÉ :

Adjudant	5 »
Sous-officiers autres que l'adjudant	3.50
Caporal, brigadier, soldat	2.50

(Circ. du 13 août 1879, page 86, portant notification de la décis. présidentielle du 1er dudit.)

Cette indemnité est due pour toutes les journées passées hors de la résidence. (Circ. du 28 juillet 1877, page 92, qui allouait la double indemnité ordinaire dans les cas ci-dessus.)

(1) Ces dispositions ne sont pas applicables à l'Algérie. (Décis. présid. du 18 juin 1880, page 333.)

Trop payés.

Aux termes de l'article 100 du décret du 12 juin 1867, modifié par celui du 19 mai 1869, page 719, le ministre statue sur l'imputation des sommes indûment payées qui peuvent engager la responsabilité des ordonnateurs et des officiers signataires des invitations de feuille de route sur la production d'un état qui lui est adressé par l'intendant militaire.

Les ordonnateurs ou officiers mis en cause versent immédiatement au Trésor les sommes mises à leur charge; pour ces derniers, le versement est fait par les soins du trésorier. (Art. 101, 1er sem. 1869, page 719.) Le ministre peut également prononcer des rejets au compte des parties prenantes. (Art. 101.)

En ce qui concerne les trop payés de nature à être laissés à la charge des officiers parties prenantes et aux militaires de tous grades de la gendarmerie, l'intendant militaire en ordonne le remboursement et adresse à qui de droit un ordre de reversement appuyé des mandats rejetés et d'un extrait de la feuille de rectification. (Art. 99 du décr. du 12 juin 1867, modifié par le décr. du 19 mai 1869, page 720.)

La circulaire du 8 août 1873, n° 2167, dispose que, dans un but de simplification des écritures de l'administration des finances, les ordres de reversement individuels concernant un même trimestre doivent être réunis par les conseils d'administration et récapitulés par leurs soins, à la fin de chaque trimestre, dans un bordereau nominatif dont le montant est versé au Trésor en une seule fois.

L'agent des finances ne délivre donc qu'un seul récépissé, mais il en mentionne le numéro, la date et le montant en marge de chaque ordre de reversement individuel. Ces ordres sont renvoyés, avec les extraits des feuilles de rectification et les mandats, aux sous-intendants militaires qui les font parvenir aux intendants des corps d'armée où les ordonnancements ont eu lieu.

Quant aux récépissés, ils doivent être immédiatement adressés au ministre, par les soins des intendants militaires, accompagnés des bordereaux nominatifs qui rappellent sommairement, en regard de chaque partie versante, les causes et le montant des ordres de reversement et la division dans laquelle ont été renvoyées les pièces indiquées au paragraphe précédent. (8 août 1873 M.)

Avances en argent et en effets de petit équipement.

1° *Avances en argent.*

Aux termes de l'article 34 du décret du 12 juin 1867, page 686, les militaires de tous grades, en activité, voyageant isolément dans une position ne donnant pas droit à l'indemnité de route, peuvent recevoir, dans des cas d'urgence, une avance en argent pour subvenir aux frais de leur voyage jusqu'à destination.

L'avance en argent ne doit pas dépasser le montant de l'indemnité de route correspondant au trajet pour lequel elle est réclamée. (Art. 34.) La circulaire du 21 juin 1879, page 827, rappelle à l'exécution de ces dispositions et interdit formellement de délivrer aux officiers des avances excédant le montant de l'indemnité de route correspondant au trajet à effectuer.

Les militaires qui ont dissipé leur indemnité peuvent recevoir une avance. (Art. 51 du décr.) Les hommes changeant de corps pour convenance personnelle n'y ont pas droit. (Note du 21 mars 1872, page 376.)

2° *Avances en effets de petit équipement.*

Les sous-officiers et soldats, en route, peuvent recevoir des effets de petit équipement. (Voir *Petit équipement*, page 118.)

Remboursement des avances par les parties prenantes.

Il est tenu dans chaque corps, à la portion centrale (art. 117 de l'ordonn. du 10 mai 1844, modifiée par le décr. du 1er mars 1880) un registre des avances faites, qui est mis à jour au fur et à mesure que les paiements viennent à la connaissauce du corps, soit par la feuille de route des militaires, soit par les relevés sommaires adressés par les sous-intendants. Ce registre est arrêté trimestriellement. (Art. 121 du décr. du 12 juin 1867, page 709, et 127 de l'ordonn. du 10 mai 1844, page 300.)

Immédiatement après leur inscription, les avances aux sous-officiers et soldats sont portées au débit du compte courant de leur masse individuelle. (Art. 122 du décr. et 127 de l'ordonn. précités.) Le conseil central envoie dans les détachements l'état des avances dont l'imputation est à opérer. (Art. 127 de l'ordonn.)

Les avances concernant les officiers et autres militaires qui n'ont pas de masse individuelle sont versées par eux entre les mains du trésorier, qui demeure chargé d'en faire le versement au Trésor. (Art. 123 du décr. du 12 juin 1867.)

Les sommes dont la masse invidiuelle est débitée, aussi bien que les avances faites aux officiers et militaires qui n'ont pas de masse, sont versées trimestriellement au Trésor d'après un extrait du registre des avances établi en double expédition et arrêté par le conseil. (Art. 124.) Dans la colonne d'observations de l'état récapitulatif trimestriel, on doit indiquer le nom, le grade et la mutation de l'officier, du sous-officier ou soldat, le montant de l'avance et le nombre de kilomètres parcourus pour se rendre à destination. (Circ. du 21 juin 1879, page 827.) Une expédition de l'extrait, le récépissé de versement, ainsi qu'un état récapitulatif des mandats d'avances *admis* ou *refusés* (mod. n° 16) sont remis ensuite au sous-intendant militaire dans les quinze premiers jours du deuxième mois de chaque trimestre. (Art. 128.) Ils sont transmis au ministre par l'intendant militaire dans un bordereau modèle n° 2. (Circ. des 27 avril 1878, page 220, et 7 octobre 1878, page 340.)

Le receveur délivre au trésorier, pour sa justification, une déclaration de versement de la somme qu'il reçoit. Cette pièce appuie la dépense portée au registre-journal. (Art. 179 de l'ordonn. du 10 mai 1844, page 321.)

Le conseil d'administration, avant l'arrêté de la centralisation trimestrielle, verse au Trésor, à titre de remboursement, le montant des avances dont les mandats lui sont parvenus et dont il a opéré la retenue.

Les avances enregistrées sont versées aux fonds divers par virement si les pièces d'imputation ne parviennent pas dans le trimestre. (Art. 127 de l'ordonn. du 10 mai 1844.)

L'article 36 de l'instruction du 26 avril 1884, page 1061 (S), et l'article précité de l'ordonnance du 10 mai 1844, disposent que l'intendant militaire inspecteur prescrit de verser au Trésor, avant le 1er octobre, les avances concernant un exercice expiré qui figureraient encore aux fonds divers.

NOTA. — Dans ce cas, les sommes prélevées sur la masse individuelle sont prises en recette par virement aux fonds divers et le montant des versements au Trésor y est porté en dépense.

DÉPENSES AU COMPTE DE LA MASSE GÉNÉRALE D'ENTRETIEN

Les avances dont la masse individuelle ne peut supporter l'imputation, vu l'insuffisance de l'avoir des hommes morts, désertés ou disparus, à qui elles sont faites, ou par suite du versement de cet avoir à la masse générale d'entretien, sont remboursées par cette dernière à la masse individuelle. (Art. 126 du décr. du 12 juin 1867.)

DÉPENSES AU COMPTE DES CONSEILS D'ADMINISTRATION

Les avances faites à des militaires contre lesquels il n'est plus possible d'exercer de reprise, faute de la part du conseil d'administration d'avoir veillé à ce que le prélèvement en fût fait sur leur solde ou sur leur avoir à la masse, avant leur radiation des contrôles, restent à la charge de ce conseil, qui est tenu d'en verser le montant au Trésor comme il est indiqué ci-dessus. (Art. 125 du décr. du 12 juin 1867.)

L'article 127 de l'ordonnance du 10 mai 1844, page 300, prescrit aux corps d'adresser, en temps utile, aux portions détachées, l'état des avances à imputer.

Sommes avancées par les corps pour le paiement de l'indemnité de route.

La circulaire du 14 mai 1868 (M) a remis en vigueur la circulaire du 8 juillet 1861 (M) prescrivant aux chefs de détachements de faire l'avance de l'indemnité de route aux militaires isolés, sans ressources, éloignés de deux, trois et même quatre étapes d'une résidence de sous-intendant militaire ou de suppléant légal.

Ces dépenses sont remboursées, chaque trimestre, par les soins du sous-intendant militaire sur la production des quittances individuelles.

Le montant des mandats de remboursement est encaissé par les trésoriers au titre des fonds divers, qui supportent les avances.

Cette disposition a été étendue, même dans les résidences de sous-intendant militaire, aux hommes chargés d'escorter des convois de poudres (1). La dépêche ministérielle du 21 décembre 1875, n° 3456, autorise, en effet, les trésoriers des corps, toutes les fois que les départs des détachements d'escorte ont lieu trop précipitamment pour qu'il soit possible de leur mandater l'indemnité journalière à laquelle ils ont droit, à faire l'avance de cette indemnité calculée sur le temps probable de l'absence des hommes.

Les fonds doivent être remis au chef de détachement qui, à son retour, justifie de leur emploi et réintègre, s'il y a lieu, la somme non employée.

Le remboursement au corps est effectué comme il est indiqué ci-dessus.

La circ. du 22 octobre 1882, page 361, modifiée par la note du 13 septembre 1883, page 248, qui règle toutes les dispositions concernant les escortes, dispose que, pour l'aller, les soldats d'escorte ont droit seulement à l'indemnité journalière de 1 fr. 25 ; pour le retour, il leur est alloué en plus l'indemnité kilométrique s'ils voyagent par la voie ferrée.

Le gendarme chef d'escorte touche l'indemnité extraordinaire de 1 fr. 25 si l'absence dure au moins 10 heures, et pour le retour, il est traité comme les soldats.

En ce qui concerne la garde des convois de dynamite, qui séjournent plus de trois heures dans les gares d'arrivée, des hommes de garde doivent être demandés à l'autorité militaire. (Même circulaire.) A cet égard, la circulaire du 31 juillet 1879 (M) dispose ce qui suit :

1° S'il s'agit d'un convoi de l'Etat, les hommes de garde ont droit à l'indemnité de route journalière de séjour et de transport. Le capitaine de la compagnie, de l'escadron ou de la batterie, qui fournit les hommes de garde (1 caporal ou brigadier et 2 ou 3 hommes), avance la somme nécessaire au chef de détachement et est remboursé comme il est indiqué ci-dessus ;

2° S'il s'agit d'un convoi provenant de l'industrie privée, les hommes ont droit à l'indemnité journalière de route de 1 fr. 25 c., à l'indemnité de transport de 0.017 et à une indemnité de garde fixée à 1 fr. 25 c. pour les caporaux ou brigadiers et 1 franc pour les soldats.

Ces indemnités, moins celle de garde, qui est payée directement à la troupe par le chef de gare, sont avancées comme dans le premier cas, mais le montant en est remboursé par le chef de gare au chef de détachement qui en tient compte à son capitaine.

Ces allocations sont acquises aux hommes par le fait seul de leur mise en route et alors même que, pendant le trajet, l'enlèvement de la dynamite aurait rendu leur déplacement inutile. (Circ. du 31 juillet 1879 M.)

Les dispositions de la circulaire ministérielle du 31 juillet 1879 sont applicables aux militaires requis pour veiller sur les wagons de poudres dans les gares. (Circ. du 22 avril 1880 M.)

Les corps qui envoient des hommes chercher des chevaux, dans des dépôts de remonte situés dans des localités où il ne réside ni sous-intendant ni suppléant, doivent toujours faire au départ l'avance de l'indemnité journalière de route pour le retour, afin de permettre à ces militaires de rentrer plus promptement. (Décis. du 3 août 1882, page 67.)

(1) D'après les règlements du 30 mars 1877 (inséré 2e semestre 1877, page 139), et du 10 janvier 1879. p. 231, les convois de poudres, de munitions de guerre, de dynamite et autres explosifs, les escortes militaires sont supprimées *en cours de route* sur les voies ferrées. Ces escortes ne sont plus nécessaires que pour les convois directs par roulage (terre ou eau), ou lorsque les convois quittent la voie ferrée et sont réexpédiés par voie de roulage pour parvenir à destination. Les escortes ou gardes sont fournies dans les conditions indiquées par la circ. du 22 octobre 1882, page 362, modifiée par celle du 2 novembre suivant, page 367. Le modèle de réquisition est joint à la première.

La note du 15 septembre 1879, page 244, rappelle que l'administration militaire n'est plus tenue de faire surveiller en cours de route, dans les gares où ils séjournent, les convois de poudres, de dynamite, etc.

ARMÉE TERRITORIALE

L'instruction du 12 février 1878, pages 38 à 43, renferme les dispositions relatives aux allocations de route à payer aux hommes appelés de l'armée territoriale; elle détermine le mode de paiement et de régularisation des sommes dues.

Pour l'établissement des barêmes et tableaux décomptés, il convient de se reporter à l'instruction du 28 décembre 1879, refondue, relative à l'administration de l'armée territoriale dans ses foyers.

SERVICE DU HARNACHEMENT

INFANTERIE

En dehors du harnachement destiné aux chevaux de trait des équipages régimentaires (voir au titre *Équipages*), il n'existe généralement, dans les corps de troupe à pied, aucun matériel de cette nature au compte de l'État.

Les officiers de tous grades, montés à titre *gratuit* ou *onéreux*, se procurent à leurs frais les effets de harnachement réglementaires, absolument comme les officiers des régiments à cheval. Ce principe est rappelé par le règlem[t]. du 28 février 1883, pages 218 et 219.)

Les officiers nommés adjudants-majors reçoivent une indemnité de 150 francs sur les fonds de la solde. (Tarif n° 51 du 25 décembre 1875, page 912.) Cette allocation est due aux officiers brevetés pour le service d'état-major s'ils ne l'ont déjà touchée à un autre titre (circ. du 6 juillet 1880, page 260 (S) et dépêche du 18 août 1880 M), ainsi qu'aux capitaines des compagnies d'infanterie montés à titre gratuit ou onéreux. (Décis. présidentielle du 14 septembre 1881, page 172.) Cette indemnité ne peut être perçue qu'une seule fois. (Circ. du 15 septembre 1881, page 198.)

Aux termes de la loi du 13 mars 1875, page 310, et du tarif du 30 juillet 1875, page 73, les officiers montés dans les corps d'infanterie sont les suivants :

	SUR LE PIED de PAIX	SUR LE PIED de GUERRE	
Les colonels	2	2	Ces montures sont aux frais des officiers. Art. 17 du règlem[t] du 3 juillet 1855, pour les médecins, 5 mars 1861, page 199, et pour les officiers brevetés. (Circ. du 26 avril 1880.)
Les lieutenants-colonels	2	2	
Les chefs de bataillon	1	2	
— brevetés pour le service d'état-major	2	2	
Les majors	1	1	
Les médecins-majors de 1re classe	1	2	
Les adjudants-majors	1	1	Ces chevaux sont au compte de l'Etat. (Art. 2 dudit règlem[t] et loi du 8 juillet 1881, page 4.)
Les capitaines brevetés pour le service d'état-major	1	1	
Les officiers-payeurs	1 (Algérie.)	1	
Les médecins-majors de 2° classe	1	2	
Les médecins aides-majors	1	1	
Les capitaines de compagnie (Loi du 8 juillet 1881, page 4)	1	1	

En outre, sur le pied de guerre, les officiers d'infanterie âgés de plus de 50 ans ont droit à une ration de fourrages, s'ils justifient de la possession d'un cheval à leurs frais. (Tarif du 30 juillet 1875, page 74.)

(Voir *Infirmeries vétérinaires* pour les médicaments et soins à donner aux chevaux ; — *Ecuries*, pour les dépenses diverses d'entretien ; — et *Ferrage*.)

Désinfection des effets de harnachement. (Voir à ce titre.)

Harnachement de l'artillerie mis à la disposition des corps de l'infanterie pour les besoins de la mobilisation. — Ce matériel est entretenu comme celui des équipages régimentaires. (Circ. du 11 avril 1878, page 210.) Voir le chapitre *Équipages régimentaires.*

Sellerie. Chaque corps doit être pourvu d'une sellerie pour le placement des selles en service. Elle est pourvue d'un nombre de poteaux porte-selles et de crochets porte-brides égal à celui des animaux que l'écurie attenante peut contenir. (Circ. du 22 août 1882.) Ces objets sont fournis, entretenus et remplacés par le service du génie. (Art. 44 du règlem[t] du 30 juin 1856, page 245.)

Dispositions communes à toutes les Troupes à cheval (cavalerie, artillerie, etc.).

Magasins.

DÉPENSES AU COMPTE DU GÉNIE

Les magasins du harnachement sont pourvus des objets ci-après :

Une *table*, — des *tablettes*, — et des *râteliers* disposés pour recevoir les divers objets de harnachement. Ce matériel est fourni, entretenu et remplacé par le service du génie.

Tous les autres meubles et ustensiles sont à la charge des corps. (Art. 50 du règlem[t] du 30 juin 1856, page 246.)

DÉPENSES AU COMPTE DES MASSES D'ENTRETIEN D'HABILLEMENT ET DE HARNACHEMENT

Frais divers des magasins.

Tous les meubles et ustensiles autres que ceux mentionnés ci-dessus sont fournis, entretenus et remplacés au compte de la masse générale d'entretien. (Circ. du 11 janvier 1862, page 436, et art. 50 du règlem[t] du 30 juin 1856.) Il en est de même des frais divers d'entretien et de propreté. (Circ. du 15 mars 1872, page 54.)

Pour les frais de marquage des effets, voir *Marquage*, pour tous renseignements.

L'emballage des effets est fait sans frais de main-d'œuvre par le maître-sellier. (Voir ci-après *Abonnement* quant au matériel d'emballage (bois, toile, caisses, tonneaux, corde, foin, paille, papier gris, plomb, pointes, clous, etc).

Une dépêche ministérielle du 22 juin 1882 (M) dispose que lorsque les ressources du magasin de harnachement sont insuffisantes, on peut faire des prélèvements sur l'approvisionnement d'un autre service, mais à titre de cession remboursable. Des factures décomptées mod. n° 11 (sorties) et mod. n° 6 (entrées) appuient les comptes annuels de gestion. Les remboursements sont effectués par voie de virement de fonds à l'administration centrale (dép. ministér. du 22 juin 1882); il en résulte que si des objets doivent être achetés par les corps dans le commerce, la dépense doit être imputée à la masse d'entretien du harnachement et ferrage puisque le service du harnachement doit avoir son matériel d'emballage distinct de celui des autres services. (Auteur.)

Ateliers des maîtres-selliers.

La loi des cadres du 13 mars 1875, page 287, modifiée par celle du 15 décembre 1875, page 1029, fixe la composition du personnel affecté à l'entretien du harnachement, savoir :

Pour la cavalerie : 1 maréchal des logis maître-sellier, 1 brigadier, 1 cavalier ouvrier ;

Pour l'artillerie : 1 maréchal des logis maître-sellier, 1 brigadier premier ouvrier du peloton hors rang, 2 bourreliers par batterie (1).

(1) Loi du 26 juillet 1883, pages 62 et 63.

Pour les escadrons du train des équipages : 1 brigadier, 3 bourreliers par compagnie, etc.

Le règlem[t] du 30 juin 1856, page 239, alloue des locaux pour l'atelier des ouvriers, pour la salle de coupe et pour le magasin aux cuirs.

L'atelier des selliers doit être pourvu de porte-manteaux à chevilles et de tablettes, en quantité suffisante, par les soins et au compte du génie. (Art. 48 du règlem[t] précité.)

En hiver, cet atelier reçoit ordinairement 1/3 de la ration collective de chauffage. (Règlem[t] du 26 mai 1866, page 263.) Cette fourniture est faite par les magasins militaires sans dépense pour les corps.

Les outils principaux nécessaires aux ouvriers selliers sont énumérés dans la nomenclature du harnachement de la cavalerie (2 octobre 1882, page 567) ; les prix y sont également indiqués.

Tous ces outils sont au compte des maîtres-selliers ;

Pour tous autres détails, se reporter au chapitre de l'habillement, pages 66 et 98 et ci-après, pages 473, 475.

Le salaire à payer par les maîtres-selliers aux brigadiers et ouvriers est fixé par le conseil d'administration.

Dans les corps de l'artillerie et du train des équipages, il est renfermé entre les limites de 0 fr. 08 à 0 fr. 10 par heure pour les premiers et de 0 fr. 04 à 0 fr. 07 pour les autres. (Art. 15 du règlem[t] du 11 juin 1883, page 856.)

Selleries.

Les selles et les autres objets de harnachement en service dans les escadrons, batteries ou compagnies sont placés sur des porte-selles dont la fourniture, l'entretien et le remplacement incombent au service du génie. (Art. 44 du règlem[t] du 30 juin 1856, page 245.) Les effets à placer dans les selleries, les chambres ou les écuries sont indiqués par l'article 25 du règlem[t] du 11 juin 1883, page 861.

Cet article prescrit de pourvoir les porte-selles d'étiquettes indiquant les numéros des effets principaux, le numéro matricule du cheval et le nom de l'homme.

Les effets placés dans les chambres sont étiquetés au nom de l'homme s'ils sont placés à un râtelier.

Dispositions particulières à chaque arme.

CAVALERIE

Formation des approvisionnements.

La nomenclature complète du matériel du service du harnachement de la cavalerie est insérée au *Journal militaire* sous la date du 2 octobre 1882, page 537 ; elle a été complétée par une note du 29 avril 1884, page 475 et par celle du 20 octobre 1884, page 500. La décis. du 1er décembre 1879, page 448, modifiée par celle du 23 juillet 1884, page 145, énumère les effets de harnachement à emporter en campagne.

Les effets et matières premières nécessaires aux corps de cavalerie sont fournis, sur l'ordre du ministre, soit par les magasins centraux de l'habillement, soit par les fabricants. Il n'est pas produit de demandes à cet effet ; des situations faisant ressortir les besoins sont établies chaque trimestre, d'après les prescriptions de la circulaire ministérielle du 29 septembre 1877 (M), et conformément au modèle annexé à la circulaire du 14 décembre 1876 (M). Elles sont fournies en deux expéditions. (Instr. du 15 décembre 1846, page 709.)

(Voir au titre *Habillement*, page 49, pour les formalités à remplir au moment de la réception.)

La circulaire du 8 octobre 1883 (M) a fixé l'importance des approvisionnements dont les corps doivent être pourvus, tant en service qu'en magasin (armée active et armée territoriale), et celle du 25 mars 1884 (M) en détermine la composition suivant les modèles.

Nota. — Le matériel d'attache est passé du service du campement à celui du harnachement. (6 novembre 1874, page 589.) La circulaire du 1er décembre 1879, page 443, désigne les objets que chaque homme doit emporter. Voir aussi l'instr. du 20 février 1878, page 53.)

Prix des entraves	à tourillon en cuir noir	2 10
	à feutre simple, en cuir de Hongrie	3 25
	simples en boyau de coton	3 60
	doubles —	4 85
— des piquets de cavalerie non ferrés		0 50

(Nomenclature du 2 octobre 1882, page 551.)

Une collection permet d'attacher quatre chevaux; elle comprend :

1 corde d'attache de 5m50;
4 piquets, dont 1 de rechange;
4 entraves;
Et 1 masse en fer. (Instr. du 23 décembre 1880 et note du 6 août 1882 M.)

Par décision du 11 février 1885, le ministre a supprimé l'usage de l'entrave et du piquet dans tous les régiments de cavalerie de l'intérieur et proscrit l'emploi d'un anneau de bivouac fait avec les cordes à fourrage.

Tous les effets, à l'exception des surfaix simples, sont fournis en principe par les magasins centraux. Les surfaix sont confectionnés par les maîtres-selliers des régiments sur les fonds de la masse d'entretien du harnachement et ferrage. (Circ. du 1er avril 1876 (M) et 7 juillet 1877 M.) La dépense ne doit pas dépasser 1 fr. 25 c. (7 juillet 1877 M.) Une dépêche du 20 janvier 1872 (M) rappelle que les musettes-mangeoires, et généralement tous les effets de harnachement, de quelque nature qu'ils soient, provenant des magasins *centraux*, ne doivent donner lieu à aucun remboursement.

Les corps de l'artillerie et des équipages qui reçoivent de ces effets, doivent seuls en verser la valeur au Trésor; mais, par une circulaire du 20 novembre 1872, le ministre a prescrit à ces corps de tirer leurs approvisionnements des magasins de l'arme. Les effets de cette origine sont alors délivrés gratuitement.

La circulaire du 29 janvier 1883, page 103, complète comme il suit les dispositions relatives aux cessions de matériel de harnachement de la cavalerie:

Lorsque des cessions sont faites par le service du harnachement à d'autres services et que la valeur du matériel cédé aux prix déterminés par la nomenclature M est immédiatement versée au Trésor par le cessionnaire, les récépissés constatant ces versements sont adressés au ministre par les intendants militaires, dans les cinq premiers jours de chaque trimestre.

Si le remboursement du matériel est assuré par l'administration centrale, il est produit par les corps livranciers deux expéditions de chaque facture décomptée qui sont adressées au ministre comme les récépissés de versement au Trésor.

D'autre part, si des cessions sont faites au service du harnachement de la cavalerie par d'autres services du département de la guerre, la valeur du matériel est versée au Trésor par les corps réceptionnaires et les récépissés sont adressés au ministère (services livranciers). Les corps prélèvent le montant de ces cessions sur les fonds généraux dont ils disposent et sont remboursés trimestriellement conformément aux règles établies par l'instruction du 1er mars 1881 (29 janvier 1883). Voir page 454 ci-après.

Nota. — Il est bien entendu que ces dernières dispositions ne sont pas applicables s'il s'agit de dépenses incombant à la masse d'entretien du harnachement et ferrage et qui, par suite, ne doivent pas être suivies de remboursement. (Auteur.)

La circ. précitée du 29 janvier 1883 dispose en outre que ces versements doivent être effectués au titre des *recettes accidentelles à différents titres*, pour les cessions de matériel hors de service; et au titre *des versements de fonds sur les dépenses des ministères*, pour les cessions de matériel neuf, bon ou à réparer.

Aux termes de la circulaire du 27 avril 1875 (M), rappelée par celle du 7 juillet 1877, les approvisionnements sont divisés en deux parties distinctes : 700 collections sont affectées aux régiments et marquées à leur numéro (900 collections pour les chasseurs d'Afrique). Le reste est conservé non marqué dans les magasins. Les effets réservés sont pris parmi les neufs ou ceux en bon état ayant le plus de durée à parcourir; ils restent à demeure en cas de changement de garnison et sont remis au nouvel occupant, qui en prend charge.

Toutefois, il doit être fait exception à cette règle dans les deux cas suivants:

1° Lorsqu'un dépôt désigné pour changer de localité n'y est pas remplacé et ne doit pas trouver dans la nouvelle garnison un approvisionnement tout constitué, il doit emporter tous les effets de harnachement sans exception ;

2° Lorsqu'un dépôt pourvu de harnachement modèle 1861 ou 1854 est remplacé par un autre dépôt d'une autre subdivision d'arme, quel que soit le modèle de harnachement dont ce dernier soit pourvu, ou par un dépôt de même subdivision d'arme harnaché en selles anglaises, le régiment emporte tous les effets de service et de réserve, à l'exception de ceux ci-après qui excèdent le nombre de 700 : bissacs, filets à fourrages, entraves, musettes-mangeoires, couvertures.

Lorsqu'un régiment harnaché en selles du modèle anglais est remplacé par un autre harnaché en selles du même modèle, la règle générale leur est appliquée, que ces régiments appartiennent ou non à la même subdivision d'arme.

Cette circulaire (27 avril 1875) recommande de distribuer les effets les plus anciens en magasin, de manière à en prévenir la détérioration.

Les collections de la réserve passent au service courant au fur et à mesure des besoins et sont recomplétées par des confections ou des envois des magasins centraux. Enfin, la note du 8 septembre 1884, page 496, prescrit d'ajuster tous les ans les effets de réserve en les plaçant sur le dos des chevaux.

DISPOSITIONS RELATIVES A L'APPROVISIONNEMENT DE SANGLES, ÉTRIERS ET MORS

La décision du 1er août 1879, page 76, prescrivait aux corps de cavalerie d'entretenir un approvisionnement supplémentaire de sangles, étriers et mors, mais cet approvisionnement se trouve compris aujourd'hui dans ceux que le corps doit posséder. (Circ. du 8 octobre 1883 M.) Par suite, il n'y a plus lieu de produire de demandes spéciales pour cet objet.

D'après la décision précitée du 1er août 1879, page 76, les mors et étriers de supplément sont destinés soit à remplacer ceux hors de service et réformés, soit à compléter les harnachements provenant des magasins de l'Etat qui en seraient dépourvus.

Quant aux sangles, elles doivent servir : d'une part, à remplacer celles hors de service, contre remboursement au titre de l'abonnement du maître-sellier; d'autre part, à compléter les harnachements neufs.

Si ces sangles sont envoyées sans enchapures ni boucles, elles sont complétées par les maîtres-selliers auxquels il est alloué à cet effet 0,80 c. pour les 4 enchapures et 0,72 c. pour les 4 boucles. — La dépense, imputée provisoirement à la masse d'entretien du harnachement et ferrage, est remboursée sur le budget du harnachement de la cavalerie, par les soins du fonctionnaire de l'intendance chargé de la surveillance administrative du corps. Il n'est plus fait de cessions à la gendarmerie. (Note du 24 octobre 1881, page 322.)

Confections d'effets dans les corps de cavalerie ; paiement des dépenses.

Les maîtres-selliers des régiments de cavalerie peuvent être appelés à confectionner des effets de harnachement lorsque le ministre en donne l'ordre. Ces confections sont faites aux prix des tarifs. Ces prix sont toujours rappelés par les commandes ministérielles.

Les tarifs en vigueur actuellement sont :

Pour les selles, modèle 1854 : celui du 2 mars 1854, page 308.
— — 1861 : celui du 1er octobre 1864, page 992.
— — 1874 : celui du 26 novembre 1874 (2e sem. 1875, page 310), modifié par la circulaire du 28 juillet 1875 (2e sem. 1876, page 21) et par celle du 4 avril 1878, page 186.
— — 1884 : celui du 11 juin 1884, inséré 2e sem. 1884, page 375.

Les effets ainsi confectionnés peuvent être versés dans les magasins centraux à titre d'approvisionnements ; ils y sont reçus par une commission spéciale. (Voir *Habillement*, page 46.) Ceux de ces effets qui sont reconnus s'écarter du type ministériel, soit comme dimensions, soit comme qualité des matières employées, soit enfin comme main-d'œuvre, sont réparés ou remplacés aux frais du maître-sellier qui les a fournis.

Les conseils d'administration doivent surveiller avec le plus grand soin ces confections. (Diverses dépêches ministérielles.)

Les selles, ainsi confectionnées, doivent être marquées d'un timbre à froid apposé par la commission spéciale de réception. Ce timbre est de la même forme et de la même dimension que le timbre humide d'admission prescrit par l'article 628 de l'instruction du 3 avril 1879. (Voir page 49 pour la réception des effets d'habillement et de campement.)

Lorsque les effets confectionnés doivent rester dans les corps, ils y sont reçus par une commission régimentaire qui procède comme il est indiqué ci-dessus.

La dépense d'achat du timbre d'admission et des accessoires nécessaires ne doit pas dépasser 10 francs au maximum et est imputable à la masse d'entretien du harnachement et ferrage. (Circ. du 1er juillet 1879 M.)

Les frais de confection sont payés à titre *d'avances* sur le fonds spécial du harnachement aux prix des tarifs, déduction faite des accessoires non fournis, tels que mors de bride, mors de filet, étriers, gourmettes, etc.

Aux termes de l'article 22 du décret du 1er mars 1880, page 363, et de l'article 17 de l'instr. du 1er mars 1881, page 355, ces avances sont remboursées par les soins du sous-intendant militaire sur la production de relevés de dépenses (Mod. n° 21 *bis* annexé audit décret), appuyés des pièces justificatives. Ces relevés sont produits trimestriellement.

Les intendants militaires établissent, pour ces dépenses, des rapports de liquidation (mod. n° 205 de la nomencl.), et les font parvenir au ministre avec les copies des pièces justificatives à l'appui, dans le courant du 2e mois qui suit le trimestre expiré. (Art. 17 de l'instr. du 1er mars 1881, page 355.)

Le tableau qui suit cette instruction indique le détail par nature de dépenses à présenter sur les relevés n° 21 *bis* et sur les rapports de liquidation.

Les pièces justificatives sont établies conformément aux modèles joints à l'instruction du 1er mars 1880 et aux dispositions du règlement du 3 avril 1869. (Instr. précitée.)

Pour les mesures de détail, se reporter au chapitre intitulé : *Avances de fonds*, page 182.

Entretien du harnachement en service et en magasin.

1° RÉGIME DE L'ABONNEMENT

Les effets de harnachement, dans les corps de cavalerie (Circ. du 4 mars 1857 M) stationnés à l'intérieur, sont entretenus par abonnement par les maîtres-selliers, et ce principe est applicable à tous les modèles de harnachement. (Note du 13 août 1881, page 71.)

Les marchés sont passés aux clauses et conditions déterminées par la circulaire du 30 novembre 1867, page 906, et par le modèle qui y est joint, savoir :

ARTICLE 1er. — Le maître-sellier est tenu :

1° D'entretenir constamment en bon état les effets de harnachement des chevaux de troupe à la disposition du corps (en service et en magasin) et dont la réforme n'a pas été prononcée;

NOTA. — Les harnachements de réserve doivent être vérifiés chaque année au mois d'octobre et être mis en service pendant quelques jours sur les chevaux des corps. (Note du 6 décembre 1884, page 870.)

2° A réparer et à remplacer les pièces et courroies reconnues hors de service pendant la durée des selles dont ils dépendent, tels que : sacoches, chapelets, poches à fer, têtières de brides, frontails, rênes de brides et de filets, montants de brides et de filets, sous-gorges, muserolles, sangles, croupières, poitrails, étrivières, courroies de toute espèce.

NOTA. — Les sangles sont fournies au maître-sellier par les magasins de l'Etat, à charge de remboursement (Décis. du 1er août 1879, page 76, qui dispose que les sangles de cette provenance doivent être complétées par les soins des maîtres-selliers à raison de 1 fr. 52 c. par sangle.) Dépense avancée par la masse d'entretien du harnachement et ferrage, et remboursée sur le budget du harnachement par ordonnancement du sous-intendant militaire (Voir ci-dessus, page 454);

3° A réparer les bridons d'abreuvoir, les licols et les surfaix d'écurie ; à remplacer, à ses frais, par des effets neufs, tous ceux de ces effets reconnus hors de service et réformés par les généraux inspecteurs ; enfin, à entretenir au magasin du régiment un approvisionnement de ces effets dans la proportion du quart de l'effectif des chevaux ;

Nota. — Ce paragraphe, qui est reproduit de la rédaction de 1858, doit, aux termes des circulaires des 25 août 1859 et 12 janvier 1867, page 438, toujours en vigueur, être interprété dans ce sens, que les maîtres-selliers doivent fournir et entretenir à leurs frais les licols, bridons et surfaix d'écurie ; qu'en cas d'augmentation d'effectif, ils doivent fournir les effets de première mise, soit au moyen d'objets bons entre leurs mains, soit au moyen d'effets neufs prélevés sur l'approvisionnement qui est immédiatement remis à hauteur.

En cas de réduction d'effectif, ces effets d'écurie sont remis au maître-sellier. (Circ. précitées.)

Lorsqu'un corps change de maître-sellier, celui qui sort reçoit de son successeur la valeur des effets neufs déposés en magasin. (Note du 12 janvier 1867, page 438.)

La fourniture des surfaix d'écurie que les corps doivent avoir en réserve pour les besoins de la mobilisation et de l'armée territoriale est à la charge de la masse d'entretien du harnachement et ferrage. (Circ. du 22 juillet 1876 M.)

Les corps n'ont nullement à tenir compte, dans leurs écritures et dans leurs inventaires, des effets d'écurie en service ou en magasin. (Note du 12 janvier 1867, page 438.)

4° A blanchir annuellement les couvertures en service jusqu'à concurrence du tiers de l'effectif moyen des chevaux déterminé par le nombre de journées constatées par les revues; ces couvertures sont, autant que possible, foulonnées ou au moins lavées au savon noir, sans employer les brosses dures qui détériorent promptement ;

5° A réparer les chabraques, les couvertures et les bissacs de campagne; à fournir les matières nécessaires à ces réparations, autres que la toile et le drap, qui sont prélevés sur les économies de coupe ou sur les vieux bissacs. *A défaut de l'un et de l'autre, on fait ces prélèvements sur le service courant ;*

6° A graisser semestriellement tous les harnachements tant en service qu'en magasin; il doit être mis à la disposition du maître-sellier le nombre d'hommes nécessaires à cette opération. — *Les matières nécessaires au graissage sont au compte de l'abonnataire.* (Art. 2 de l'abonnement.) *On doit employer la graisse Dubbing.* (Instr. du 5 juillet 1873, qui prescrit les graissages tous les deux mois), ou la graisse Bourgeois. (Note du 19 août 1880, page 307, qui fixe le prix de cet ingrédient),

Savoir :

Graisse prise à l'usine de Saint-Denis, nue.................. 1 fr. 40 le kilog.

Graisse livrable à toute distance, en France ou en Algérie, *franco* de logement, de transport et de tous droits, par fût de 150 kilog. ou par tonne de 90 kilog., 1 fr. 55 le kilog

Le mode d'emploi est le même que pour la graisse Dubbing.

Enfin une note du 14 juin 1884, page 690, autorise, comme moins coûteux que les autres produits similaires, le graisse brune animale Winter ;

7° A remplacer les bandes en vache et à modifier les bandes qui blesseraient les chevaux pour lesquels on ne pourrait trouver de pointures convenables ;

8° A remettre en état et à compléter, avant leur versement en magasin, les harnachements cessant momentanément d'être en service, à l'exception de ceux qui seraient détériorés, soit par force majeure, soit par l'user naturel au point d'être susceptibles de réforme, auquel cas la réparation serait ajournée jusqu'à ce qu'il ait été prononcé sur la proposition de réforme ;

9° A ajuster, en ce qui concerne sa partie, les brides ou les selles pour tout ou partie des chevaux toutes les fois que l'ordre en sera donné ;

10° A démonter et à graisser, après la purification, et à remonter les harnachements ayant servi à des chevaux atteints de maladies contagieuses, et à fournir les ingrédients nécessaires à cette opération ;

Nota. — Les frais de désinfection des harnais (voir à ce titre) sont au compte de la masse d'entretien du harnachement et ferrage. (22 mai 1826, page 202, et 28 février 1829, page 268.) La toile de doublure des panneaux et du petit coussinet des selles désinfectées est remplacée au compte de la même masse. (22 mai 1826, page 202.) Pour la désinfection des écuries, se reporter à ce titre.

11° A réparer et entretenir les surfaix de remonte et d'infirmerie, les colliers de force pour les chevaux vicieux, les selles de voltige avec leurs accessoires, les effets de manège et de voltige et les têtes pour les courses, et à remplacer et à entretenir les chambrières, cravaches, caveçons, longes de fer, entraves et lunettes nécessaires à la forge, au manège et à l'infirmerie. Les pièces cassées de ces effets doivent toujours être représentées ;

12° A entretenir et à graisser les harnais des chevaux de fourgon (chariots-fourragères) ; à mettre au noir les ferrures et les diverses parties de ces harnais deux fois par an ; à fournir les œillères aux bridons de ces chevaux et à graisser les roues de ces fourgons toutes les fois qu'il sera utile de le faire et que l'ordre en sera donné par le major. — (*Les ingrédients et matières nécessaires sont au compte de l'abonnataire* (art. 2) ;

13° A fournir, le cas échéant, des longes en corde pour les chevaux casernés dans des écuries non pourvues de chaînes et d'attaches, s'il y a insuffisance de longes de cuir et de licols de parade hors de service ;

14° A emballer les effets de harnachement en magasin, lors des changements de garnison ; à déballer et à placer ces effets dans les magasins de la nouvelle garnison. Le nombre d'hommes nécessaires à cette opération sera mis à la disposition du maître-sellier ;

15° A marquer et à numéroter tous les effets de harnachement, à l'exception des mors et étriers, de quelque provenance qu'ils soient, et chaque fois qu'un ordre en sera donné par le chef de corps.

Nota. — Les matières et ingrédients sont au compte de l'abonnataire. (Art. 2.) Cette disposition s'applique aux effets de harnachement provenant des magasins de l'Etat. (Dép. du 25 février 1861 M.) Une circulaire du 8 mai 1866 (M) dispose que les corps de cavalerie ne doivent pas exciper de la circulaire du 9 décembre 1841 (M) pour acheter au compte de la masse d'entretien du harnachement et ferrage les matières employées par les maîtres-selliers pour marquer les couvertures de cheval, attendu que, depuis 1858, les marchés d'abonnement mettent à leur charge les objets, matières ou ingrédients de toute nature nécessaires à ces opérations. Les plaques en cuivre sont aussi à leur compte. (Voir, pour les autres marques, au titre *Abonnement du chef-armurier pour l'entretien des mors de bride, etc.*) Le marquage est pratiqué conformément à l'instruction du 19 janvier 1876, page 50.

16° A fournir : 1° des genouillères ; 2° des bottines pour les chevaux qui se coupent, des masques pour ceux qui mordent ;

17° Dispositions particulières à chaque corps.

Art. 2. — Par entretien, on entend non seulement la main-d'œuvre, mais encore toutes les fournitures nécessaires aux réparations.

Les matières et ingrédients nécessaires au graissage, à la marque et au numérotage des effets de harnachement et autres objets décrits dans l'article qui précède, sont également à la charge de l'abonnataire.

Les effets mal confectionnés ou non conformes aux types sont rejetés.

Art. 3. — Réparations faites de manière qu'il n'y ait qu'une couture d'assemblage, etc.

Art. 4. — Les accessoires de selles réformées et les parties des chabraques réformées peuvent être remis au maître-sellier pour les réparations ou remplacements, sur la proposition du capitaine d'habillement, approuvée par le major.

Nota. — L'emploi de ces matières est justifié comme il est indiqué pour le service de l'habillement.

Art. 5. — Le maître-sellier s'engage à se soumettre aux instructions nouvelles.

Art. 6. — Les effets sont portés à réparer et retirés après réparations, conformément à l'article 66 du règlement du 2 novembre 1833. En cas de plaintes pour réparations mal faites, il y sera pourvu d'urgence au compte du maître-sellier, sur la proposition du capitaine d'habillement et l'ordre du major, sauf recours au conseil.

En cas de récidive, le conseil se réserve la faculté de résilier l'abonnement, en prévenant le maître-sellier trois mois à l'avance, et réciproquement.

L'article 66 de l'ordonnance du 2 novembre 1833 est aujourd'hui l'article 43 du règlement du 28 décembre 1883, lequel est ainsi conçu :

« Les réparations sont faites d'après les bons signés par les capitaines commandants qui spécifient » au compte de qui elles doivent être imputées. Un fourrier ou un brigadier, porteur du bon, accom- » pagne au magasin d'habillement le cavalier muni de l'effet à réparer. L'officier d'habillement vise le » bon après avoir reconnu que la réparation est exprimée comme elle doit l'être et imputable sur la masse » désignée ; s'il y a contestation, le différend est jugé par le major, et, au besoin, par le conseil d'admi- » nistration.

» L'officier d'habillement, avant de rendre les effets, s'assure que la réparation a été bien faite. »

Réparations ou remplacements en dehors de l'abonnement.

Art. 7. — Les remplacements et réparations nécessités par des pertes ou dégradations provenant de la faute ou de la négligence des hommes, sont imputés à leur masse individuelle, selon le mode et la forme déterminés par les articles 182 et 210 de l'ordonnance du 10 mai 1844, modifiés par le décret du 1er mars 1880 (*c'est-à-dire sur la production de bulletins nominatifs établis par les capitaines-commandants*). (Voir *Habillement*, pages 74 et 76, pour les corps de troupe en campagne.)

En cas de contestations relatives à l'imputation, le major, auquel il en sera référé, prononcera, sauf révision par le conseil. (Art. 62 de l'ordonn. du 10 mai 1844.)

Les remplacements d'accessoires de selles ou de certaines parties d'effets, ou les réparations résultant d'événements de force majeure dûment constatés, sont imputables à la masse d'entretien du harnachement et ferrage. (Art. 7.) Voir ci-après, page 462, pour tous renseignements.

NOTA. — Les bulletins de moins-value sont conformes au modèle n° 61 annexé au décret du 1er mars 1880, et les bulletins de réparations, au modèle n° 66 prescrit par l'article 210 de l'ordonnance du 10 mai 1844, page 329. Ils sont décomptés d'après les prix indiqués par la nomenclature. (Voir *Habillement*, pages 73 et 74.) La dernière nomenclature est du 2 octobre 1882, page 537.

La valeur des étoffes neuves employées aux réparations est versée au Trésor si ces réparations sont au compte de la masse individuelle; dans les autres cas, ces matières ne donnent pas lieu à remboursement par les masses générales d'entretien (Art. 253 de l'instr. du 1er mars 1880, page 409), à moins qu'elles ne proviennent de cessions par d'autres services.

PRIX DES RÉPARATIONS

Ces réparations sont décomptées aux prix fixés par les tarifs ministériels; le dernier est du 18 juillet 1872, page 517, pour les selles modèles 1854 et 1861.

Le tarif applicable aux selles modèle 1874 est celui du 29 novembre 1874, inséré 2e sem. 1875, page 310, modifié par la circulaire du 28 juillet 1875, 2e sem. 1876, page 21, et par celles des 4 avril 1878, page 186 ; 1er septembre 1881, page 168; 29 avril 1882, page 176.

Pour la selle modèle 1884, le tarif est du 11 juin 1884, inséré 2e sem. 1884, pages 375 et suivantes.

Pour les entraves, filets à fourrages et musettes-mangeoires, le tarif est du 10 janvier 1882, page 8.

Equipages régimentaires. (Voir à ce titre.)

Fixation du taux de l'abonnement et mode de décompte.

ART. 8. — La décision du 18 juillet 1872, page 515, fixe le taux de l'abonnement à 10 fr. 50 c. par cheval et par an, pour les régiments de l'intérieur, et à 14 fr. 25 c. pour ceux de l'Algérie. (18 juillet) (1).

Ces prix sont augmentés de 0,50 centimes pour les fractions des régiments faisant le service à Paris. (Art. 8 du mod. d'abonnement.)

Le montant de cet abonnement est payé sur les fonds de la masse d'entretien du harnachement et ferrage.

Pour l'entretien des harnachements en réserve, dans les magasins régimentaires, tant pour l'armée active que pour l'armée territoriale, il est alloué 0,75 centimes par harnachement et par an (Décis. du 21 juillet 1876, page 16; circ. des 28 dudit et 7 juillet 1877 M), mais la dépense est imputable au budget ordinaire du harnachement des chevaux de la cavalerie et non à la masse d'entretien. (Note du 14 février 1882, page 55.)

D'après cette circulaire du 28 juillet 1876, l'abonnement doit être décompté en prenant pour base le nombre de trois cents harnachements pour l'armée territoriale. Pour l'approvisionnement de réserve de l'armée active, ce sont les quantités de collections de harnachement excédant le nombre de sept cents pour tous les régiments de cavalerie et de neuf cents pour les régiments de chasseurs d'Afrique, qui doivent servir de base à ce décompte. (Circ. du 7 juillet 1877 M.)

Pour l'entretien des harnachements en service, le décompte de l'abonnement est réglé à la fin de chaque trimestre d'après l'effectif moyen des chevaux de troupe, résultant de la division par 365 ou 366 (*ce mode de décompte a été rappelé par la dép. du 9 octobre* 1869 M), selon que l'année est ou non bissextile, du nombre des journées allouées par les revues sans aucune déduction des journées de chevaux de remonte, avant leur arrivée au corps (circ. des 30 novembre 1867 et 2 juillet 1870 M), et en multipliant cet effectif moyen par le taux annuel de l'abonnement. (Art. 8 du mod. d'abonnement.)

(1) Ces fixations sont applicables à l'entretien de tous les modèles de harnachement actuellement en service dans les régiments de cavalerie, et les marchés d'abonnement doivent être passés aux clauses et conditions déterminées par la circulaire du 30 novembre 1867, page 906, et conformément au modèle qui y est joint. (Note du 13 août 1884, page 71.)

NOTA. — Il résulte de cette disposition que les frais d'entretien des effets des chevaux de remonte avant leur arrivée au corps doivent être remboursés par les abonnataires; ils reçoivent alors pour comptant le montant des pièces de dépense, et, à l'arrivée, ils sont de plus chargés de l'exécution des réparations reconnues nécessaires.

Une circulaire du 28 juin 1876, page 817 et l'article 235 du règlement du 8 juin 1883, page 617, disposent que la prime d'entretien de harnachement et ferrage des chevaux placés en subsistance dans d'autres corps doit être perçue par ces corps, mais que les dépenses d'entretien sont à leur charge.

Il en résulte que les régiments auxquels appartiennent les chevaux ne doivent plus percevoir cette prime, et que la solution du 4 septembre 1838 (M) qui en prescrivait le rappel se trouve abrogée.

Par suite, ces chevaux se trouvent placés en dehors de l'abonnement et leurs journées ne doivent pas être comprises dans les décomptes trimestriels des abonnataires.

Le montant des dépenses de réparations faites à défaut des maîtres-selliers (art. 6) et de celles résultant des dispositions de l'article 9 (mise en bon état et au complet de tout le matériel à fournir ou à entretenir par les abonnataires en cas de résiliation, au moment du passage du pied de paix au pied de guerre, ou en cas de licenciement), est précompté sur les sommes qui leur reviennent. (Art. 8 du mod. d'abonnement.) Les paiements ont lieu sur état d'émargement conforme au mod. n° 2 annexé à l'instr. du 1er mars 1880.

Il en est de même des dépenses occasionnées par les chevaux détachés qui ne sont pas mis en subsistance.

ART. 9. — Mise en état du matériel en cas de résiliation, du passage au pied de guerre, de licenciement.

NOTA. — Une dépêche ministérielle du 30 septembre 1881, n° 5239, concernant le harnachement anglais et le harnachement mod. 1874, à faire passer du régime de clerc à maître à celui de l'abonnement, prescrit de faire visiter le matériel contradictoirement en présence du sous-intendant militaire, du major, de l'officier d'habillement et du maître-sellier abonnataire et d'établir un procès-verbal constatant les diverses réparations à exécuter et le montant de la dépense à la charge de l'Etat ou au compte des hommes; une expédition de ce document a été adressée au ministre.

ART. 10. — Les coutures d'attache ou réparations quelconques, nécessitées par l'abonnement du maître-armurier, pour les mors de bridons, etc., ne donneront lieu à aucune rétribution de la part de ce dernier et seront à la charge du maître-sellier.

ART. 11. — Le présent abonnement, exécutoire durant une année, sera soumis à l'approbation du sous-intendant militaire, et les contestations que soulèverait ultérieurement son interprétation seront jugées administrativement et en dernier ressort par l'intendant militaire du corps d'armée.

Fait à , le 18 .

Le maître-sellier, *Les membres du conseil d'administration*,

VU ET APPROUVÉ :

Le sous-intendant militaire,

2° RÉGIME DE CLERC A MAITRE

Sur le pied de guerre, le matériel de harnachement des corps est entretenu de clerc à maître. (Art. 9 du mod. d'abonnement du 30 novembre 1867, page 906.)

Sous ce régime, les dépenses sont imputées directement à la masse d'entretien du harnachement et ferrage, ou à la masse individuelle si les détenteurs sont en défaut.

En cas de passage d'un régime à l'autre, on procède comme il est indiqué (ci-dessus) à l'article 9 du modèle d'abonnement. Le harnachement modèle anglais et celui modèle 1874 ne sont plus entretenus, du temps de paix, sous le régime de clerc à maître. (Note du 13 août 1881, page 71.)

Dans les établissements de remonte, les dépenses résultant de l'entretien du harnachement doivent toujours être réglées de clerc à maître. (Instr. du 16 janvier 1858 (M) rappelée par une dép. du 23 novembre 1881 M.)

Dans les corps de troupe placés sous ce régime, les réparations et remplacements font l'objet de procès-verbaux détaillés. (Décision ministérielle du 18 juillet 1872, page 515). Ces procès-verbaux sont revêtus de la quittance des maîtres-ouvriers. Les bulletins de réparations sont néanmoins établis comme sous le régime de l'abonnement, mais ceux imputables à la masse d'entretien du harnachement sont résumés dans les procès-verbaux sus-indiqués. On applique les tarifs ministériels. (Voir *Habillement*, pages 72 à 75, pour divers renseignements.)

Entretien des mors et étriers (cavalerie seulement).

DÉPENSES AU COMPTE DE LA MASSE D'ENTRETIEN DU HARNACHEMENT ET FERRAGE

L'abonnement consiste à entretenir en bon état les effets ci-après, tant en service qu'en magasin (Art. 1er du mod. d'abonnemt annexé à la circ. du 9 juin 1863, page 243) :

1° Les mors de bride complets, c'est-à-dire avec gourmettes (celles de rechange comprises), S, crochets et bossettes (1);

2° Les mors de filets, de bridons d'abreuvoir et les étriers de tous les harnachements tant en service qu'en magasin; sont ajournées jusqu'à prononcé définitif, s'il y a lieu, de leur maintien en service, les réparations aux effets de cette nature proposés pour la réforme (1).

NOTA. — La note du 23 avril 1882, page 174, porte qu'il n'y a pas lieu de réformer les mors de bride en fer forgé lorsque le trou du sabot d'anneau de rênes et l'anneau lui-même sont usés complètement; si les autres parties sont encore en état de faire un bon service, ils doivent être réparés, et la dépense est imputée, quand il y a lieu, sur la masse d'entretien du harnachement et ferrage, en dehors de l'abonnement. La note du 12 juin 1882, page 305, fixe cette dépense à 0 fr. 40 par anneau réparé.

ART. 2. — Cet entretien comprend non seulement le maintien permanent de toutes les parties de ces effets dans de bonnes conditions de réparations, mais encore :

1° Le *numérotage* au poinçon des mors de toute espèce et des étriers, ainsi que le numérotage des fleurons adaptés aux divers effets de harnachement, chaque fois que cette réparation est jugée nécessaire;

2° Le *maintien* en bon état d'usage et le remplacement, s'il y a lieu, des divers jeux de marques en fonte ou en autre métal existant au corps, affectés soit au numérotage des effets d'habillement, de grand et de petit équipement et de harnachement, soit à la marque des chevaux à l'encolure (2) (les marques au sabot exceptées, circ. du 2 juillet 1870). Voir *Harnachement et Ferrage*.

3° L'*emballage* des effets abonnés existant en magasin, lors des changements de garnison, leur déballage et leur replacement dans les magasins de la nouvelle garnison. Le nombre d'hommes nécessaires à cette opération est mis à la disposition de l'abonnataire;

4° La *fourniture* (*au prix de 0,70 c., convenu dans l'abonnement*) des mors de bridons au maître-sellier (contre remboursement par ce dernier, qui doit fournir des bridons complets).

ART. 3. — Par entretien, on entend non seulement la main-d'œuvre, mais encore toutes les fournitures nécessaires aux réparations.

Toutefois, les mors et les étriers hors de service, par suite de réforme, lorsqu'ils sont susceptibles d'être utilement employés aux réparations, sont délivrés à l'abonnataire, au fur et à mesure des besoins, sur la proposition du capitaine d'habillement approuvée par le major.

Les vieux fers provenant d'effets réparés ou remplacés par l'abonnataire deviennent sa propriété, y compris, bien entendu, les mors de bridons hors de service.

ART. 4. — L'abonnataire est tenu de se conformer aux décisions nouvelles.

ART. 5. — Les effets à réparer sont portés journellement au magasin, etc. En cas de plaintes, il est pourvu d'urgence aux réparations au compte de l'abonnataire.

ART. 6. — Les remplacements et les réparations nécessités par des pertes ou dégradations provenant de la faute ou de la négligence des hommes sont imputés à

(1) Les mors et étriers fournis par les magasins de l'Etat aux corps de troupe, en exécution de la décis. du 1er août 1879, page 77, sont destinés soit à remplacer ceux hors de service et réformés, soit à compléter les harnachements provenant des magasins de l'Etat qui en seraient dépourvus. Pour diverses autres dispositions, relatives à la fourniture des attelles, mors, étriers, etc..., se reporter à l'art. 31 du règlemt du 30 août 1884.

La note du 23 avril 1882, page 175, autorise les corps à faire ajouter aux gourmettes de mors de bride actuellement en usage le nombre de maillons qui sera reconnu nécessaire pour permettre de les utiliser avec tous les chevaux. On doit employer pour cette opération les maillons des gourmettes réformées. Il n'est accordé aucune indemnité pour cet objet au chef-armurier.

(2) La marque à l'encolure a été supprimée. — De plus, la note du 11 février 1885, page 205, porte que les dispositions de l'abonnement ne visent que les marques de magasin et non celles des compagnies, escadrons ou batteries.

leur masse individuelle, selon le mode et la forme déterminés par l'article 210 de l'ordonnance du 10 mai 1844 et d'après le tarif spécial arrêté par le conseil d'administration, contradictoirement avec l'abonnataire. (Art. 209 de la même ordonn.)

En cas de contestation relative à l'imputation, le major, auquel il en est référé, prononce, sauf révision par le conseil d'administration. (Art. 62 de l'ordonn. précitée.)

Art. 7. — Sont également exceptées de l'abonnement, sur justifications régulières, les réparations nécessitées par des pertes ou dégradations provenant d'accidents de force majeure dûment constatés.

Dans ces cas spéciaux, la valeur des mors de bride et de filet, des étriers et des gourmettes remplacés, *est acquittée sur les fonds généraux de service du harnachement*, c'est-à-dire qu'elle est remboursable dans le compte de gestion (1), et celle des mors de bridon d'abreuvoir, sur les *fonds de la masse d'entretien du harnachement et ferrage*.

Nota. — Pour les mors de bride, se reporter à l'article 1er.

Art. 8. — Il est alloué à l'abonnataire, pour le couvrir des frais mis à sa charge, la somme de 0,60 c. par cheval et par période de 365 ou 366 jours selon le cas; en Algérie, celle de 0,70 c., payables :

1° Par des à-compte mensuels s'élevant approximativement aux cinq sixièmes du service exécuté pendant le mois précédent;

2° Par un paiement pour solde (déduction faite des à-compte mensuels), à la fin de chaque trimestre, d'après le nombre de journées de prime d'entretien constaté par la revue générale de liquidation, y compris celle des chevaux de remonte avant leur arrivée au corps; ce paiement s'effectue sur état émargé certifié par le trésorier, et visé par le sous-intendant militaire.

De plus, pour l'entretien des accessoires en fer, des harnachements de réserve en magasin, tant pour l'armée active que pour l'armée territoriale, il est alloué au chef armurier 0,10 c. par harnachement complet et par an. (Circ. des 28 juillet 1876 (M) et 7 juillet 1877 M.) — (Voir, pour le décompte, page 458.) La dépense d'entretien des harnachements de réserve destinés à l'armée active ou à l'armée territoriale est imputable au budget ordinaire du harnachement des chevaux de la cavalerie. (Note du 14 février 1882, page 55.) Toutes les dépenses concernant le harnachement classé au service courant tombent à la charge de la masse d'entretien. (Art. 8 du modèle d'abonnement du harnachement, page 458.)

Nota. — Les chevaux *placés en subsistance* dans d'autres corps sont entretenus par ces corps, lesquels perçoivent la prime d'entretien du harnachement et ferrage (Circ. du 28 juin 1876, page 817), ainsi que le produit des fumiers et des dépouilles. (Note du 29 décembre 1884, page 962.)

Art. 9. — Sur le paiement de ce décompte, l'abonnataire reçoit pour comptant :

1° Le montant des pièces justificatives des dépenses acquittées pour l'entretien des mors et étriers faisant partie du harnachement des chevaux composant les divers détachements du corps à l'intérieur (*quand ces chevaux ne sont pas placés en subsistance*);

2° Le montant des réparations faites à son défaut, en cas de mauvaise exécution (art. 5), et de celles reconnues nécessaires en cas de résiliation de marché. (Art. 10.)

Art. 10. — A l'expiration, ou en cas de résiliation de cet abonnement, par suite d'une circonstance quelconque, toutes les parties des effets mentionnés dans l'article 1er sont mises en bon état d'entretien par les soins de l'abonnataire ou à ses frais.

Art. 11. — Le présent engagement, exécutoire durant années, sera soumis à l'approbation du contrôle administratif, et les contestations que soulèverait ultérieurement son interprétation seront jugées administrativement et en dernier ressort par l'intendant militaire du corps d'armée.

Fait à , en séance du conseil, les jour, mois et an que d'autre part.

Les membres du conseil d'administration,

Le chef armurier abonnataire,

Vu et approuvé par nous, sous-intendant militaire.

(1) Ce compte est remplacé aujourd'hui par le relevé modèle n° 21 *bis*. (Voir page 455.)

Dispositions spéciales aux effets de harnachement et de bivouac déposés dans les corps pour les gendarmes prévôtaux.

L'entretien de ce matériel (graissages et manutentions), est assuré soit par les maîtres-selliers dans les corps à cheval, soit par un des maîtres ouvriers dans les régiments d'infanterie. La dépense est imputée sur les fonds du budget ordinaire (Harnachement des chevaux de la cavalerie). (Circ. du 26 mars 1884 M.)

Distributions et réintégrations d'effets.

Les effets de harnachement sont mis en service ou réintégrés sur la production de bons de distribution ou de bulletins de versement nominatifs (mod. n° 36) établis comme il est indiqué pour les effets d'habillement ou d'équipement. (Art. 132 du décr. et de l'instr. du 1er mars 1880, pages 368 et 401.) Se reporter pour cet objet, au service de l'*Habillement*, pages 156 et 160.)

En campagne, les corps font usage de bons et bulletins numériques. (Instr. du 24 avril 1884, page 505.)

Réforme des effets.

REMPLACEMENT DES EFFETS RÉFORMÉS, PERDUS, ETC.

Les effets de harnachement ne sont remplacés qu'après avoir été réformés suivant les règles tracées par les instructions ministérielles.

Toutefois, le remplacement de ceux perdus ou mis hors de service avant réforme s'opère dès que le fait a été dûment constaté, sauf imputation, *s'il y a lieu*, de leur valeur à qui de droit. (Art. 231 du décr. du 1er mars 1880, page 377.)

Les réformes sont prononcées par les inspecteurs généraux à l'époque et dans les conditions indiquées par les instructions annuelles sur les inspections générales.

Les effets sont examinés au préalable par l'intendant militaire inspecteur ou son délégué. (Voir *Habillement*, page 155.)

Il est établi pour cet objet, en simple expédition pour les corps de cavalerie, et en double pour les autres, un état A[1] pour les effets ayant atteint le terme de la durée de convention, et un état B[1] pour ceux qui ne l'ont pas parcourue et qui sont cependant proposés pour la réforme. (Instr. du 26 avril 1884, art. 19, sur les inspections administratives, et du 17 mars, art. 14, sur les inspections générales, page 449 S.)

L'instruction du 26 avril 1884 (art. 19) sur les inspections administratives, rappelle que les effets de harnachement doivent subir, avant d'être proposés pour la réforme, toutes les réparations susceptibles d'en prolonger la durée.

La réforme des selles n'entraîne pas celle de leurs accessoires, tels que mors, étriers, brides. Le bris d'un arçon, quand les accessoires de la selle sont bons, ne doit pas non plus entraîner la réforme de la selle. L'arçon brisé est remplacé au compte de la masse d'entretien du harnachement et ferrage. (Instr. sur les inspections générales.) Une note du 23 avril 1882, page 174, dispose en outre qu'il n'y a pas lieu de réformer les mors de bride des régiments de cavalerie lorsque le trou du sabot d'anneau de rênes et l'anneau lui-même sont usés complètement, si les autres parties sont encore en état de faire un bon service. Ils doivent être réparés. — Prix : 0,40 par mors. Dépense imputable à la masse d'entretien. — Toute réparation aux filets à fourrages dépassant le tiers de la valeur de ces objets entraîne leur réforme. (Note du 10 janvier 1882, page 8.)

La décision ministérielle du 15 mai 1879, page 771, dispose qu'il ne sera plus réformé d'effets qu'à l'inspection générale, à moins d'urgence bien constatée. Dans ce cas, on doit saisir l'occasion d'une revue trimestrielle pour présenter les effets à réformer. Pour cette opération, on se sert des mêmes états qu'à l'inspection générale et un extrait est à transmettre au ministre (Bureau des remontes).

En dehors des cas d'urgence, les effets hors de service sont réintégrés en magasin, en attendant l'inspection générale, et remplacés par des effets prélevés sur le service courant ou, à défaut, sur celui de la réserve. (Décis. du 15 mai 1879, page 771.)

On se borne dès lors à constater les dégradations par cas de force majeure dans un procès-verbal qui est présenté avec le matériel à l'inspecteur général. C'est ainsi que l'on procède pour le harnachement de l'artillerie (1).

NOTA. — Lorsque la détérioration qui nécessite la réforme provient manifestement de la faute du détenteur, la moins-value de l'effet réformé peut être laissée à la charge de ce dernier, conformément au principe posé dans l'article 182 de l'ordonnance du 10 mai 1844, modifiée par le décret du 1er mars 1880, page 373.

Les remplacements sont justifiés par les pièces indiquées à la page précédente.

Il y a lieu de se reporter au service de l'habillement pour l'emploi et la vente des effets hors de service.

Modifications au harnachement.

Les modifications à apporter aux effets de harnachement, en exécution des ordres du ministre, sont réglées par des instructions spéciales, et la dépense qui en résulte est imputée à la masse d'entretien du harnachement et ferrage. (Diverses décis. : 24 octobre 1871, page 375, substitution du cuir noir au cuir fauve; 20 janvier 1875, modification aux sacoches; 6 avril 1876, concernant la croupière; 31 mars 1877, relative à la modification de la sangle en cuir; circ. du 19 mars 1877, relative aux modifications à apporter à la selle mod. 1874, etc.) Pour les sangles à compléter, voir ci-dessus, page 455.

Versements d'effets de harnachement à d'autres corps ou dans les magasins centraux.

Les corps doivent avoir soin, avant tout envoi sur un autre régiment ou sur un magasin de l'Etat, de retirer les accessoires des selles ou des brides ou mors de bride portant le numéro du régiment. (Dép. du 7 mars 1874 M.)

Les frais de dépose, ainsi que la fourniture des accessoires manquants, sont payés sur les fonds de la masse d'entretien du harnachement et ferrage, à moins que la perte n'en soit attribuée aux détenteurs.

Les harnachements doivent être remis en bon état et complétés dans tous leurs accessoires.

On doit procéder, pour les versements à d'autres corps, comme il est indiqué pour les remises et reprises de service en cas de changement de maître-sellier. (Voir *le Marché d'abonnement.*) — (Dép. du 7 mars 1874 M.)

Quant aux harnachements reversés dans les magasins centraux, les comptables doivent, sous leur responsabilité, s'assurer que les effets sont en bon état. Le maître-sellier abonnataire est tenu de verser au Trésor le montant des réparations reconnues nécessaires; à défaut, c'est la masse d'entretien du harnachement et ferrage qui supporte les imputations. (Principes rappelés par les dép. minist. du 7 mars 1874 (M) et du 25 mars 1884 M.)

Les versements d'un corps à un autre sont justifiés par des factures modèles n° 6 (entrées) et n° 11 (sorties). Il en est de même pour les versements faits dans les magasins de la guerre; toutefois, les factures sont remplacées dans ce dernier cas par un récépissé, si les opérations ont lieu sans remboursement. (Nomencl. annexée à l'instr. du 1er mars 1880.)

Un état des sommes à payer pour pertes et dégradations (mod. n° 19 faisant suite à l'instruction du 15 mars 1872), est établi quand il y a lieu. Le talon de cet état, revêtu de la déclaration de versement au Trésor, est renvoyé à l'établissement. (Art. 7 de l'instr. du 15 mars 1872, sur la comptabilité-matières.)

Se reporter au titre *Comptes annuels* de gestion, pour certains renseignements concernant les expéditions.

Harnachement des chevaux des officiers de réserve. (Voir *Habillement,* page 96.)

Harnachement de l'artillerie mis à la disposition des corps de cavalerie.

Ce matériel est entretenu comme celui des équipages régimentaires. (Circ. du 11 avril 1878, page 210.)

(1) Pour les dispositions spéciales au harnachement de l'artillerie, voir ci-après, page 467.

Cessions d'effets hors de service aux directions d'artillerie.

Une note du 17 décembre 1884, page 923, interdit de céder à l'avenir des effets de harnachement de cavalerie hors de service, aux directions d'artillerie pour l'entretien du matériel et des armes.

HARNACHEMENT (Suite du)

ARTILLERIE ET TRAIN DES ÉQUIPAGES MILITAIRES

(Voir pour les effets accessoires à emporter en campagne, la décis. du 1er décembre 1879, page 451.)

Formation des approvisionnements.

Chaque corps reçoit d'abord les harnais (de selle, de devant, de derrière, à grandes guides, de bât) qui sont nécessaires pour le service en raison du nombre et de l'affectation des chevaux ou mulets qui figurent à l'effectif déterminé du pied de paix. Ces harnais constituent le *harnachement de service*.

Le harnachement de service, tel qu'il vient d'être défini, comprend une certaine quantité de harnachements spécialement affectés à l'instruction des recrues, au service de l'infirmerie vétérinaire et de la remonte, aux corvées, etc... Cette catégorie pourra comporter des effets des modèles anciens ou étrangers, des effets plus ou moins défectueux ou usés, mais susceptibles d'être utilisés pour le service du temps de paix. Cette catégorie prend la dénomination de *harnachement de paix*.

Chaque corps reçoit, en outre, un excédent qui forme le *harnachement supplémentaire de service*. Dans un régiment d'artillerie, cet excédent se compose de 20 harnais pour chevaux de selle, de 80 harnais pour chevaux de trait. Dans un escadron du train des équipages, il se compose de 8 harnais pour chevaux de selle et de 22 harnais pour chevaux de trait.

Le harnachement de *réserve* est conservé dans les établissements. Il est calculé de manière à former, avec le harnachement de service, un total égal à l'effectif de guerre de toutes les fractions du corps, augmenté du tiers du nombre des animaux de l'effectif de paix. Indépendamment de ces harnais qui forment le harnachement complémentaire de réserve, il est en outre entretenu dans les établissements pour chaque régiment d'artillerie, et, dans quelques cas, pour des batteries détachées, une réserve désignée sous le nom de *harnachement supplémentaire de réserve*.

Dans ces diverses catégories, les harnais de trait pour la conduite à la Daumont figurent dans la proportion d'environ un tiers de harnais de devant et deux tiers de harnais de derrière. (Art. 17 du règlemt du 11 juin 1883, page 857.)

L'annexe n° 5 de l'instruction spéciale du 15 décembre 1878 (M) fixe l'importance des approvisionnements à entretenir soit dans les corps, soit dans les établissements de l'artillerie en vue des besoins d'une mobilisation.

De plus, la circulaire du 17 juin 1875 (M) dispose que les surfaix doivent être alignés sur le nombre des couvertures existantes, et les bridons et licols sur l'effectif de paix augmenté de 100; bissacs autant que de selles; musettes-mangeoires en nombre égal à l'effectif de paix.

L'espèce et le nombre des effets de manège, de forge et d'infirmerie que les corps sont autorisés à acheter sur la masse d'entretien du harnachement et ferrage, sont indiqués dans le tableau B faisant suite au règlemt. (Art. 18 de ce règlemt.)

Les effets nécessaires aux corps ne peuvent leur être délivrés que sur la production d'une demande conforme au mod. n° 1, adressée au ministre par l'intermédiaire du général commandant l'artillerie. Le ministre fait connaître la suite donnée à cette demande (1).

(1) Ces demandes sont produites en double expédition (diverses dép. minist. : 16 décembre 1872, etc.) Elles indiquent si les effets sont destinés au service courant ou au service de réserve (24 mai 1878 M).

En cas d'augmentation notable d'effectif, le général commandant l'artillerie autorise un prélèvement d'effets sur l'approvisionnement de réserve. Ces effets sont réintégrés lorsqu'ils ne sont plus nécessaires. (Art. 5.)

Les corps sont tenus de prendre livraison du harnachement, lorsqu'ils ne sont pas éloignés des magasins de plus de 12 kilomètres. Les effets sont visités contradictoirement par le maître-sellier du corps ou par son représentant, et par l'ouvrier d'Etat du service du harnachement, ou par un sellier désigné par le directeur de l'établissement en présence de l'officier d'habillement et de l'un des officiers de l'établissement.

Si les effets sont neufs ou en bon état de service et s'ils ont reçu toutes les modifications prescrites, ils ne peuvent être refusés. Si les effets ne remplissent pas ces conditions, le conseil d'administration, sur le rapport de l'officier d'habillement, peut refuser provisoirement de les recevoir. Dans ce cas, l'avis du conseil d'administration est soumis au général commandant l'artillerie qui prononce et rend compte au ministre.

Lorsque la livraison nécessite un transport, les effets sont visités à l'arrivée et le conseil d'administration peut les refuser en se conformant aux dispositions ci-dessus. Dans ce cas, le général commandant l'artillerie, avant de prononcer sur le sujet de la contestation, fait constater, s'il y a lieu, l'état des effets par un expert pris, autant que possible, parmi les militaires idoines de la garnison. L'établissement livrancier peut se faire représenter à cette constatation par un officier ou par un employé. Si l'expertise nécessite des frais, ils sont supportés par la masse d'entretien du harnachement et ferrage du corps.

Les pièces de comptabilité justifiant la sortie des effets des établissements et leur entrée dans les corps sont établies conformément à l'instruction du 15 mars 1872 sur la comptabilité-matières. Si les effets sont prélevés sur le harnachement de réserve, le corps reçoit en outre un état indiquant les numéros apposés sur ces harnais.

En cas de pertes ou de déficits, on procède également selon les prescriptions de cette instruction. (Art. 6 du règlemt.)

Les effets délivrés par les établissements sont pris parmi les plus anciens de l'approvisionnement de réserve (art. 8) et les traits confectionnés dans les corps doivent être échangés contre des effets anciens entretenus dans les établissements. (Art. 9.)

Les effets de toute nature doivent être tirés des magasins de l'arme; quand ils sont fournis exceptionnellement par les *magasins centraux*, la valeur doit en être versée au Trésor. (Circ. des 20 janvier et 20 novembre 1872 M.)

Nota. — Les dispositions ci-dessus sont applicables aux bataillons d'artillerie de forteresse. (Note du 23 janvier 1884, page 124.)

Matériel d'attache. — Le matériel d'attache des chevaux est passé du service du campement à celui du harnachement de l'artillerie. (19 septembre 1874, page 323.)

La circulaire du 13 août 1875 et l'instruction du 23 décembre 1880 (M) fixent la composition et le nombre des collections par corps, et celle du 1er décembre 1879, page 443, désigne les objets que chaque homme doit emporter en campagne.

Une collection comprend : une corde de seize mètres, deux grands piquets, deux petits et une masse en fer. (Voir *Equipages régimentaires.*)

Situation trimestrielle.

A la fin de chaque trimestre, chaque corps adresse au ministre, par l'intermédiaire du général commandant l'artillerie du corps d'armée, une situation du harnachement conforme au modèle envoyé par le ministre. (Art. 24 du règlemt du 11 juin 1883, page 860.) On joint les situations produites par les batteries ou compagnies détachées. (Art. 47.)

Nota. — Ces dispositions sont applicables aux bataillons d'artillerie de forteresse. (Note du 23 janvier 1884 page 124.)

Confections dans les corps.

Les confections d'effets au compte de la masse d'entretien du harnachement et ferrage ont lieu après approbation ministérielle. (Art. 34 et 40 du règlemt du 11 juin 1883, page 870.)

L'ordre ministériel prescrivant la confection fait connaître les conditions dans lesquelles sera effectué le remboursement de la somme due au maître-sellier. (Art. 40.)

En ce qui concerne les objets qui, en principe, sont à la charge du service du harnachement de l'artillerie, lorsque le ministre fait des commandes aux corps, les frais de confection sont remboursés ordinairement par ses soins sur la production des factures des maîtres-ouvriers, des récépissés de livraisons délivrés par les établissements de l'artillerie, et de la preuve de la réalisation des cautionnements imposés par les marchés. Mais l'article 22 du décret du 1er mars 1880 modifie ce mode d'opérer, car il prescrit aux corps de se faire rembourser de toutes leurs avances de fonds par le sous-intendant militaire au moyen d'un relevé de dépenses (mod. n° 21 *bis*) accompagné des pièces justificatives. (Voir page 454, *Harnachement de la cavalerie.*)

Les effets sont reçus par le conseil d'administration ou une commission désignée à cet effet qui doit constater la bonne qualité des matières et la conformité des effets avec les modèles types. (Art. 40 dudit règlement.)

Les commissions sont ordinairement composées d'un chef d'escadron, du capitaine instructeur et d'un vétérinaire. (Dép. du 28 février 1869.)

Emporte-pièces.

Une dépêche du 14 août 1873 (M) autorise le 16e d'artillerie à acheter, au compte de sa masse d'entretien du harnachement et ferrage, l'emporte-pièces pour grenade de chabraque. (Voir *Habillement*, renvoi 1, page 65.)

Distributions des effets aux batteries ou compagnies, à l'infirmerie, etc.

Les effets sont distribués aux batteries et compagnies à raison de l'effectif des chevaux fixé pour chacune d'elles pour le pied de paix.

Elles conservent constamment en compte la totalité de ces effets, mais ceux qui ne sont pas utilisés sont déposés dans un magasin dit *magasin de dépôt du harnachement.* Ce magasin est placé sous la surveillance de l'officier d'habillement, et un emplacement y est réservé pour chaque batterie ou compagnie.

Les dépôts d'effets y sont faits sur un bulletin établi en double expédition par le capitaine et visé par l'officier d'habillement. Chacun de ces officiers en conserve une expédition. Les reprises ont lieu d'une manière analogue.

Le premier jour du trimestre, ces bulletins sont annulés et remplacés par un état présentant la totalité des effets déposés et certifié par le capitaine commandant et par l'officier d'habillement.

On y place les bissacs et musettes-mangeoires en paquets pourvus d'étiquettes indiquant leur nombre et le n° de la batterie ou compagnie. (Art. 22 du règlemt du 11 juin 1883, page 859.)

Les effets nécessaires au service de l'infirmerie ou de la remonte sont délivrés au vétérinaire ou au capitaine instructeur qui en est responsable. (Art. 23.)

Les batteries ou compagnies détachées à l'intérieur reçoivent au départ tous les effets nécessaires, y compris une part proportionnelle dans le harnachement supplémentaire, dans les effets de manège, de forge et d'infirmerie et dans le harnachement déclassé. Celles qui ne s'administrent pas séparément reçoivent les effets ultérieurement nécessaires de la portion centrale et ils y versent les effets d'excédent. Les unités s'administrant séparément reçoivent ces effets des établissements et y font leurs versements. (Art. 45.)

NOTA. — Toutes les dispositions ci-dessus sont applicables aux bataillons d'artillerie de forteresse. (Note du 23 janvier 1884, page 124.)

Entretien du harnachement (1).

Les chefs de corps et conseils d'administration sont responsables envers l'Etat du harnachement remis aux corps. Les conseils d'administration prononcent en dernier

(1) Pour les bataillons d'artillerie de forteresse, voir ci-après, page 477.

ressort sur l'imputation des dépenses d'entretien, à moins qu'elles n'incombent à l'Etat, aux membres des conseils ou aux chefs de corps. (Art. 10 du règlem[t] du 11 juin 1883, page 854.) Les commandants d'unités sont responsables envers le conseil d'administration et, s'ils s'administrent séparément, envers l'Etat. (Art. 12.) Les contestations sont soumises au major, qui les porte, s'il y a lieu, devant le conseil d'administration. (Art. 11.)

L'entretien du harnachement a lieu (à l'intérieur) au moyen d'un abonnement passé avec le maître-sellier au compte de la masse d'entretien du harnachement et ferrage. (Art. 31 du règlem[t] du 11 juin 1883, page 863.) Pour tous les effets de harnachement, quel que soit leur modèle (renvoi 2).

Le modèle du marché d'abonnement est inséré à la suite de ce règlement, page 897. Les clauses et conditions en sont reproduites ci-après :

Aujourd'hui....... les membres du conseil d'administration du....... et le sieur....... maître-sellier (ou brigadier-sellier) ont conclu le présent marché d'abonnement à compter du....... jusqu'au.......

Article 1er. — Le sieur....... s'engage pour le terme fixé ci-dessus et pour toutes les portions du corps tant qu'elles ne seront pas pourvues d'une administration distincte de celle de la portion centrale :

1° A entretenir constamment en bon état tous les effets qui seront à la disposition du corps en service ou en magasin, tant que la réforme n'en aura pas été prononcée.

Le harnachement en service est visité mensuellement par les capitaines qui prescrivent les réparations au compte de qui de droit. (Art. 27 du règlem[t].) Les harnais en magasin sont visités quatre fois par an; à chaque visite, les parties en cuir ou en tissu et les cordages sont brossés ; les panneaux des selles et des bâts sont battus et brossés, et les manches de fouets éprouvés. (Art. 30 et 61.)

Pour le graissage, etc., voir § 6° ;

2° A remplacer les parties accessoires de ces mêmes effets dans tous les cas où ce remplacement est indiqué au tarif des réparations, et lorsque ces parties sont reconnues hors de service par le conseil d'administration ou par ses délégués. Les parties accessoires sont celles qui sont définies par l'article 19 du règlement du 11 juin 1883, sur le service et l'entretien du harnachement.

On entend par partie accessoire toute pièce distincte d'un harnais, qu'elle soit indépendante ou fixée à une autre pièce, lorsqu'elle ne constitue ni un effet principal, ni un effet partiel. Ci-après les tableaux B, C, D, E, annexés au règlement, indiquant quels sont les effets principaux et les effets partiels. (Art. 19 du règlem[t].)

Nota. — Comme on le voit, il ne s'agit ici que du remplacement des parties accessoires d'effets ; si les effets principaux et les effets partiels désignés dans les tableaux ci-dessus et qui ne sont pas compris dans l'abonnement, ne sont pas susceptibles d'être maintenus plus longtemps en service, ils peuvent être réformés par l'inspecteur général (1). Les effets principaux ne doivent être réformés que lorsqu'il ne sont plus susceptibles de rendre aucun service; les effets partiels ne peuvent l'être isolément que dans des circonstances exceptionnelles, d'abord, parce que la plupart d'entre eux se trouvent hors de service en même temps que les autres éléments des effets principaux dont ils font partie; ensuite, parce que dans l'ensemble du harnachement à la disposition d'un corps, il est généralement possible de grouper les effets partiels hors de service, de manière à constituer des effets principaux susceptibles d'être réformés. (Art. 36 du règlem[t].)

Les états de proposition sont conformes au modèle n° 5 annexé au règlement. (Art. 37.) A moins d'urgence, les effets réformés ne sont remplacés que le 1er janvier de l'année suivante. (Art. 40.)

Voir ci-après, page 472, pour les effets dégradés accidentellement.

En cas de réforme, les effets de remplacement sont délivrés sur la production d'états de demande adressés au ministre, en temps utile.

Lorsque le ministre en donne l'ordre, les effets de harnachement sont confectionnés par le maître-sellier du corps et reçus par le conseil d'administration ou une commission désignée à cet effet, qui doit constater la bonne qualité des matières et la conformité des effets avec les modèles types. L'ordre ministériel prescrivant la confection fait connaître les conditions dans lesquelles doit être effectué le remboursement de la somme due au maître-sellier. (Art. 40 du règlem[t] du 11 juin 1883 précité.)

Les demandes d'effets de remplacement doivent être accompagnées d'un état cer-

(1) Les surfaix de couvertures, les étriers et les étrivières sont remplacés au compte de l'abonnement. (Art. 34 du règlement[t]).

tifié par le conseil d'administration et proposant les destinations à donner aux effets réformés : effets à conserver pour les réparations ; effets à verser dans un établissement de l'artillerie pour être démolis dans le cas où les produits seraient utilisables ; effets à livrer à l'administration des domaines pour être vendus au profit du Trésor. Le ministre fait connaître sa décision sur ces demandes et propositions. (Art. 41.)

Quant aux ferrures et à la bouclerie en bon état, provenant des effets réformés, elles doivent être employées dans la confection des objets de remplacement, et leur valeur être déduite du montant de la fourniture à payer au maître-sellier. (Dép. du 22 janvier 1879, du 27 janvier 1880, etc.)

TABLEAU B faisant connaître la décomposition des effets principaux de harnachement communs à l'artillerie et aux équipages militaires.

DÉSIGNATION des EFFETS PRINCIPAUX.	DÉCOMPOSITION de L'EFFET PRINCIPAL EN EFFETS PARTIELS	OBSERVATIONS.
Garniture de tête de porteur.	Garnitures modèle 1874. { Bride de porteur..... Collier d'attache.....	
	Garnitures modèle 1861. { Bride de porteur..... Bridon-licol de porteur	
Garniture de tête de sous-verge.	Bride de sous-verge..............	La garniture de tête de sous-verge, modèle 1861, ne se décompose pas.
	Collier d'attache..................	
Selle garnie..........	Paire de sacoches..................	Toute selle garnie comprend : la paire de sacoches, les courroies de manteau, de sacoches et de portemanteau, la paire d'étriers et d'étrivières, la paire de sangles, le surfaix de selle et la croupière ; *la selle de cadre* comprend en outre le poitrail avec ses traits, et *la selle d'attelage*, la courroie trousse-traits qui est attachée à la croupière. *La selle nue* comprend les panneaux, même lorsqu'ils sont mobiles.
	Etriers avec étrivières	
	Poitrail............................	
	Surfaix de selle....................	
	Croupière..........................	
	Selle nue..........................	
	Arçon de selle.....................	
Harnais à bricole......	Corps de bricole...................	S'il y a lieu.
	Dessus de cou......................	
	Colleron...........................	
	Paire de traits....................	
	Croupière..........................	Pour le harnais de sous-verge seulement, la croupière du porteur faisant partie de la selle garnie, ou surfaix de sous-verge.
	Sellette de sous-verge	
	Arçon de sellette..................	
	Avaloire...........................	
	Plate-longe........................	
Harnais à collier......	Collier	Avec tous ses accessoires.
	Paire de traits....................	Pour le harnais de sous-verge seulement, la croupière du porteur faisant partie de la selle garnie.
	Croupière..........................	
	Surfaix de sous-verge..............	
	Avaloire...........................	
	Plate-longe	
Licol d'écurie	»	
Bridon d'abreuvoir....	»	Le dernier modèle est bleu pour l'artillerie et gris de fer pour les équipages militaires.
Couverture...........	»	
Surfaix de couverture..	»	
Bissac..............	»	
Musette-mangeoire	»	

TABLEAU C, faisant connaître la décomposition des effets principaux de harnachement spéciaux au service des équipages militaires (Harnais pour la conduite en guide).

DÉSIGNATION DES EFFETS PRINCIPAUX.	DÉCOMPOSITION DE L'EFFET PRINCIPAL EN EFFETS PARTIELS.	OBSERVATIONS.
Harnais à bricole pour la conduite en guides à 2 chevaux.	Bride Collier d'attache Corps de bricole Dessus de cou Panneau de porteur Paire de traits Croupière Avaloire Plate-longe	Lorsque la garniture de tête est une bride-licol, elle ne forme qu'un seul effet partiel.
Harnais à collier pour la conduite en guides à 2 chevaux.	Bride-licol Collier Paire de traits Croupière Avaloire Plate-longe	 Avec tous ses accessoires.
Guide de main pour la conduite à 2 chevaux.	»	
Harnais de limonière.	Bride Collier d'attache Guide de main Bricole Sellette Arçon de sellette Dossière Avaloire	Ou bridon. S'il y a lieu. Ou collier.
Botte porte-carabine garnie (1).	Botte porte-carabine Courroie de botte porte-carabine Courroie de crosse	(1) Cette dénomination s'applique à l'ensemble de la botte et de ses courroies.
Fouet.	»	

TABLEAU D, faisant connaître la décomposition des effets principaux du harnachement des mulets de l'artillerie.

DÉSIGNATION DES EFFETS PRINCIPAUX.	DÉCOMPOSITION DE L'EFFET PRINCIPAL EN EFFETS PARTIELS.	OBSERVATIONS.
Garniture de tête de mulet de bât.	Collier d'attache Bridon à œillères	
Bât garni.	Arçon de bât	
Harnais de bât.	Poitrail Avaloire (avec coussinet) Croupière Surfaix simple Surfaix dossière Courroies-supports de limonière Traits	Conformément aux indications des tables de construction, les courroies et cordes pour le chargement, bien qu'elles soient habituellement remises au bât, seront comprises dans le harnais dont elles constitueront des parties accessoires.
Poches à fers.	»	

TABLEAU E, faisant connaître la décomposition des effets principaux du harnachement des mulets et des chevaux de bât des équipages militaires.

DÉSIGNATION DES EFFETS PRINCIPAUX.	DÉCOMPOSITION DE L'EFFET PRINCIPAL EN EFFETS PARTIELS.	OBSERVATIONS.
Garnitures de tête de mulet de bât.	Collier d'attache................. Bridon à œillères..................	
Garnitures de tête de cheval de bât.	Collier d'attache................. Bridon à œillères................	
Bât de mulet garni. Bât de cheval garni	Arçon de bât....................	
Harnais de bât de mulet.	Poitrail .... Fessière........................ Croupière....................... Surfaix de bât..................	Conformément aux indications des tables de construction, les courroies de charge, bien qu'elles soient habituellement réunies au bât, seront comprises dans le harnais dont elles constitueront des parties accessoires.
Harnais de bât de cheval.	Poitrail......................... Fessière........................ Croupière....................... Surfaix de bât..................	
Poche à fers. Surfaix de charge. Bâche de bât avec cordes. Cordes de charge.	» » » »	Compris dans la dénomination commune d'accessoires.

3° A remplacer les surfaix de couverture, les étriers et les étrivières hors de service (Les premières mises sont au compte de la masse d'entretien du harnachement).

Nota. Aux termes de la décis. du 7 septembre 1852, page 473, les licols d'écurie et bridons d'abreuvoir sont fournis et remplacés au compte de ladite masse. De plus, une dépêche du 9 avril 1870 (M) dispose que, lorsque le service du génie ne délivre pas de chaînes en fer pour attacher les chevaux au râtelier, la fourniture et l'entretien des longes et des licols d'écurie fait l'objet d'une convention particulière.

4° A effectuer le débourrage et le rembourrage des panneaux des selles et sellettes (et des bâts, s'il y a lieu), toutes les fois que cette opération sera reconnue nécessaire par le conseil d'administration, ou par ses délégués ;

5° A faire blanchir et foulonner à ses frais, chaque année, le tiers des couvertures en service ou en magasin, ainsi que les couvertures réintégrées dans les magasins de l'Etat ; à faire blanchir les bissacs et les musettes-mangeoires toutes les fois que cela sera nécessaire, et spécialement lorsque ces effets seront déposés au magasin d'habillement ou au magasin de dépôt du harnachement, à la suite des grandes manœuvres ou des écoles à feu, ou réintégrées dans les magasins de l'Etat ; (*Les couvertures et panneaux de selle ou de sellette en magasin entretenues par l'un des moyens indiqués dans l'article* 62 *du règlement, les frais d'achat des ingrédients tels que camphre, essence de térébenthine, objets divers, etc... sont au compte de la masse d'entretien du harnachement et ferrage* (*Auteur*) ;

6° A fournir toutes les matières et tous les objets nécessaires pour effectuer le graissage du harnachement, y compris les pièces grasses destinées aux soins hebdomadaires ; (*Les harnais sont graissés aussi souvent que l'exige leur état ; quatre graissages par an sont généralement suffisants ; deux ont lieu avant le* 1er *mars et le* 1er *septembre ou avant le départ pour les grandes manœuvres. On emploie la graisse Dubbing pour les harnachements en cuir fauve ; au préalable on lave les cuirs à l'eau pure ou au savon noir, s'il est nécessaire* (*Art.* 29 *du règlement*) ;

Le harnachement en magasin est graissé une fois par an ; pour les cuirs neufs, le premier graissage n'a généralement lieu qu'après 3 *ans de séjour en magasin. Des graissages plus fréquents sont faits, s'il en est besoin* (*Art.* 30 *et* 61) ;

7° A faire apposer à ses frais, sur les effets remplaçant les effets réformés, les marques et numéros prescrits par les instructions ministérielles, et sur les effets réformés, la marque d'oblitération HS, sous la condition, toutefois, que le jeu de marques nécessaire pour cette opération lui sera fourni par l'administration du corps ; immédiatement après la réforme des effets, le sous-intendant fait apposer en sa présence la marque HS en tous les points où il le juge utile, de manière que les effets ne soient pas proposés de nouveau pour la réforme comme effets de service. Les marques nécessaires pour faire cette opération sur les cuirs et les tissus sont achetées sur la masse d'entretien du harnachement et ferrage; la main-d'œuvre et la fourniture de l'encre indélébile sont à la charge de l'abonnataire (Art. 39 du règlement) ;

8° A effectuer les mêmes réparations aux effets de voltige, de manège et de forge indiqués au tableau A joint au règlement sur le service et l'entretien du harnachement, ainsi qu'aux objets du matériel de l'infirmerie vétérinaire dont la confection rentre dans l'art du sellier et aux effets réformés ou irréguliers qui pourront être employés au service de ladite infirmerie ou de la remonte ou aux corvées; les mêmes réparations ne doivent pas nécessiter de matières neuves autres que le fil, mais elles peuvent être faites au moyen de matières prises sur les harnais réformés;

9° A renouveler quatre fois par an, aux époques fixées par le conseil d'administration, la peinture ou le vernis noir appliqué sur les ferrures et sur la bouclerie du harnachement, et à teindre en noir, aux mêmes époques, les traits des harnais en cuir noir ;

10° A démonter, désinfecter, graisser et remonter les harnais ayant servi à des animaux atteints de maladies réputées contagieuses; les ingrédients nécessaires à la désinfection sont au compte de la masse d'entretien du harnachement et ferrage (Instr. du 28 février 1829, page 268);

11° A effectuer toutes les opérations nécessaires pour ajuster le harnachement conformément aux indications des règlements en vigueur sur l'instruction à cheval et sur les manœuvres des batteries attelées, tant que ces opérations restent dans les limites fixées par l'article 28 du règlement sur le service et l'entretien du harnachement; si le percement de nouveaux trous ne suffit pas pour l'ajustage de certaines pièces, on peut changer les harnais entre les chevaux ou faire des échanges contre des effets pris dans le harnachement supplémentaire (Art. 28).

Art. 2. — Le sieur... s'engage à exécuter les réparations ou les remplacements avec des cuirs ou autres matières de bonne qualité, et de manière que les harnais remis en état soient conformes aux modèles types, sauf les exceptions spécifiées dans les tables de construction, tarifs ou autres documents approuvés par le ministre; il s'engage, en outre, à suivre exactement les prescriptions du tarif en vigueur en ce qui concerne les réparations dont chaque objet est susceptible, et celles qui ne doivent pas être exécutées.

Les tarifs en vigueur sont :

1° *Artillerie.*

Harnachement modèle 1845 : 3 mars 1874, page 533, modifié par 9 juillet 1879, page 14.

— — 1861 : 30 juin 1878, 2e sem. 78, page 47, modifié par 16 mai 1879, page 817; 26 juillet 1879, page 58.

2° *Train des équipages.*

3 mars 1874, page 941; 30 juin 1878, 2e sem. 1878, page 75; 6 janvier 1879, page 10.

En ce qui concerne les colliers modèle 1854, encore existants, on observe le tarif approuvé le 6 juillet 1858. (Cir. du 21 janvier 1878 M.)

Art. 3. — L'abonnement ne comprend que les réparations rendues nécessaires par le service ordinaire des objets et le remplacement des pièces usées ou cassées par l'effet de leur usage naturel, mais le sieur... s'engage à exécuter les réparations ou remplacements qui seront rendus nécessaires par d'autres causes moyennant les prix stipulés aux tarifs en vigueur.

Les réparations et remplacements en dehors de l'abonnement sont ceux nécessités par la faute ou par la négligence des hommes ou par des évènements de force majeure. Dans le premier cas, le montant de la dépense est mis au compte de la masse individuelle sur le vu d'un bulletin conforme au modèle prescrit par les règlements sur l'administration des corps ; lorsqu'il s'agit de remplacements ou de réparations nécessités par la faute ou par la négligence des hommes de la réserve ou de l'armée territoriale, lesquels n'ont pas de masse individuelle, la dépense est imputée à la masse d'entretien du harnachement et ferrage sur la production d'un procès-verbal établi par le sous-intendant militaire.

Dans les cas de force majeure, la dépense est supportée par l'Etat. En principe, le remplacement des effets principaux est mis au compte du budget de l'artillerie, et le remplacement des effets partiels, ainsi que les réparations de toute nature, sont imputés sur la masse d'entretien du harnachement et ferrage des corps. Dans les deux cas, les pièces remplacées sont remises au Domaine en même temps que les effets réformés. D'une manière générale, les réparations et le remplacement des parties accessoires sont effectués immédiatement par les soins de l'abonnataire. Les effets principaux et partiels de remplacement sont demandés au ministre qui en prescrit l'envoi ou la confection dans les corps. (Art. 34 du règlem[t] (1).

NOTA. — Les pertes et dégradations par la faute des hommes sont constatées, comme dans les autres corps, d'après les dispositions des articles 209 et 210 de l'ordonn. du 10 mai 1844, et 182 du décret du 1er mars 1880, page 373. (Voir au titre *Habillement*, pages 72 et 73.) Consulter la circulaire du 6 décembre 1877 (M) pour le remplacement ou la réparation de certains accessoires, et la note du 26 juillet 1879, page 58, relative à la réparation des traits cassés.

Les versements au Trésor ont lieu d'après les règles ordinaires. (Voir *Habillement*.)

Les pertes et dégradations par force majeure sont constatées par des procès-verbaux. (Art. 31 du règlem[t] du 11 juin 1883, page 866.)

Une lettre collective, en date du 21 juillet 1881, rappelle qu'une expédition des procès-verbaux approuvés directement par les fonctionnaires de l'intendance pour des pertes, moins-values ou détériorations, doit être adressée immédiatement au ministre, et que les procès-verbaux soumis à son approbation doivent lui être adrsssés en double expédition.

Lorsque les dégradations entraînent la mise hors de service des effets, l'accident est constaté par procès-verbal, mais on conserve les débris des objets détériorés pour être présentés à l'inspecteur général, qui en prononce la réforme. En cas d'urgence, la réforme peut être demandée au ministre. (Circ. du 22 novembre 1876 M.)

La réforme des effets de harnachement a lieu à l'époque des inspections, comme il est indiqué ci-dessus, page 462 et page 467, et les effets réformés reçoivent la destination prescrite par le ministre. (Voir ci-dessus, page 468.)

Les pertes totales par force majeure ne donnent lieu à aucune opération dans la comptabilité-deniers des corps ; on se borne à remplacer les effets perdus au moyen du prélèvement sur les approvisionnements. Aux termes de la circulaire du 14 mars 1853, page 585, et de l'article 253 de l'instruction du 1er mars 1880, la valeur des étoffes neuves employées, quand il y a lieu, aux réparations, doit être versée au Trésor, si les réparations sont imputables sur les fonds de la masse individuelle ; mais, dans le cas contraire, ces matières ne donnent pas lieu à remboursement par les masses générales d'entretien (art. 253 de l'instr. précitée, page 409), à moins qu'elles ne proviennent de cessions par d'autres services.

ART. 4. — Les objets remplacés au compte de l'abonnement sont la propriété de l'abonnataire. Les effets réformés pourront servir aux réparations, mais seulement dans les conditions qui seront déterminées par le major, après autorisation ministérielle. (Art. 41 du règlem[t].)

ART. 5. — La fourniture et les réparations de toutes les parties du harnachement en fer et en cuivre, autres que la bouclerie, seront faites par le chef-armurier du corps et à lui payées par le maître-sellier aux prix des tarifs en vigueur. (Voir le règlem[t] du 30 août 1884, art. 31.)

(A cet effet, le chef-armurier signe également le marché d'abonnement.)

L'article 32 du règlement dispose que le chef-armurier est chargé de l'entretien et du remplacement des mors de brides et de bridons, des étriers, etc..., et en général de toutes les parties en fer ou en cuivre autres que la bouclerie. Cet entretien étant compris dans l'abonnement, les dépenses qui en résultent doivent être remboursées au chef-armurier par le maître-sellier abonnataire. Toute contestation entre ces maîtres-ouvriers est réglée par le major, et en dernier ressort par le conseil d'administration, sur la base suivante : les réparations et remplacements sont payés au prix du tarif, mais les pièces remplacées restent la propriété du maître-sellier. Lorsque les réparations n'incombent pas à l'abonnement, elles sont exécutées par le chef-armurier sans l'intervention du maître-sellier. Dans ce cas, les objets remplacés sont versés au Domaine. (Art. 32.)

ART. 6. — Pour couvrir le sieur... des dépenses mises à sa charge par le présent abonnement, il lui sera alloué une prime journalière de... (elle ne peut dépasser 0,033, art. 31 du règlem[t])... par cheval de selle ou de trait et par cheval ou mulet de bât,

(1) Pour les batteries et compagnies détachées en Algérie et en Tunisie, elles restent sous le régime de l'abonnement du temps de paix, même en expédition ; mais la prime journalière peut être portée à 0,045 par jour, et pour les réparations en dehors de l'abonnement, les prix du tarif sont augmentés de 25 0/0 ; lorsque la réparation est au compte de l'homme, le prix du tarif est seul imputé à sa masse, l'augmentation de 25 0/0 est supportée par la masse du harnachement. (Art. 48.)

s'il y a lieu, comptant à l'effectif du corps, les chevaux d'officiers exceptés, et en outre, une prime mensuelle de *dix centimes* par harnachement complet de selle ou de trait existant au corps, en service ou en magasin. La moitié de cette prime sera allouée pour chaque garniture de tête ou pour chaque selle en excédent du nombre des harnais complets. Le paiement de ces primes aura lieu chaque trimestre, après la revue de liquidation, sur un état conforme au modèle n° 4 du règlement.

Toutefois, la prime journalière ne sera pas payée pour les chevaux qui seront en excédent du nombre de harnais existant au corps.

On doit comprendre dans ce décompte les journées des chevaux de remonte depuis leur prise en charge dans les établissements jusqu'à leur arrivée au corps. (Dép. du 24 mai 1867, n° 1023, qui applique à l'artillerie les dispositions concernant la cavalerie.) Comme conséquence, l'abonnataire supporte les dépenses de réparation des effets de harnachement pendant le trajet du dépôt de remonte au corps.

Quant aux chevaux placés en subsistance dans d'autres corps, ils sont entretenus par ceux-ci, lesquels perçoivent dès lors la prime d'entretien du harnachement et ferrage. (Circ. du 28 juin 1876, page 817, et art. 235 du règlemt du 8 juin 1883, page 617.)

Les harnais de selle, de trait, de porteur ou de sous-verge, de devant ou de derrière, de mulet de bât, etc... sont comptés indistinctement pour une unité. Les harnais qui n'ont pas existé au corps pendant 15 jours pleins dans le mois ne donnent pas droit à la prime. Les garnitures de tête et les selles en excédent des harnais complets donnent droit chacune à la moitié de la prime, mais les autres effets isolés ne donnent droit à aucune rémunération. (Art. 31 du règlemt.) Pour les batteries détachées en Algérie ou en Tunisie, la prime journalière peut être portée à 0,045 par jour. (Art. 48.)

Art. 7. — Le sieur... sera tenu d'avoir toujours un approvisionnement de matières et d'objets de remplacement suffisant pour assurer le service. Cet approvisionnement pourra être fixé par le conseil d'administration, sous la condition que sa valeur ne dépassera pas le montant d'un trimestre de l'abonnement. L'approvisionnement en rallonges de trait sera au moins du dixième du nombre des harnais en service.

Art. 8. — Le sieur... sera tenu de remettre immédiatement en état les effets de harnachement qui seront versés en magasin, à moins qu'ils ne soient reconnus, par le major, susceptibles d'être proposés pour la réforme. Les effets provenant du magasin du corps et délivrés aux batteries ou compagnies devront toujours être entièrement réparés.

Art. 9. — Lorsqu'une fraction du corps quittera la portion centrale pour s'administrer séparément, le sieur... aura droit aux allocations de l'abonnement pour les chevaux et les harnais de cette fraction, jusqu'à la veille incluse du jour où commencera l'administration distincte, ou à partir du lendemain de la visite contradictoire. Il sera tenu de mettre le harnachement complètement en état à cette même date, ou de verser entre les mains du commandant du détachement le montant des réparations non exécutées.

Lorsqu'une fraction du corps rejoindra la portion centrale, elle sera soumise aux conditions du présent marché d'abonnement à compter du lendemain de la visite contradictoire. Le montant des réparations qui ne seraient pas exécutées par l'ancien abonnataire sera payé au sieur... au prix du tarif en vigueur.

L'état du harnachement au départ ou à la rentrée d'un détachement sera constaté par une visite contradictoire passée conformément aux prescriptions du règlement. Toutefois, dans le cas de la rentrée, le conseil d'administration pourra accorder à l'ancien abonnataire un certain délai pour l'exécution des réparations, et décider que la visite n'aura lieu qu'après ce délai.

Le sieur... sera tenu de recevoir en compte les matières et objets d'approvisionnement rapportés par la batterie, pourvu qu'ils soient dans les conditions requises pour être employés aux réparations ou remplacements. Le prix en sera fixé par le conseil d'administration suivant l'état dans lequel ils se trouveront.

Lorsqu'une batterie ou compagnie détachée à l'intérieur, en Algérie ou en Tunisie, s'administre séparément, l'entretien du harnachement, à compter du jour où commence l'administration distincte, est confiée à un abonnataire avec lequel l'officier commandant passe un marché suivant le modèle indiqué pour les corps, mais convenablement modifié. L'abonnataire est autant que possible un ouvrier bourrelier de la batterie ou compagnie, auquel on accorde un aide s'il y a lieu. Tout changement d'abonnataire donne lieu à une visite contradictoire en présence du capitaine et au besoin d'un ouvrier d'état appelé comme expert. Le capitaine commandant est juge des contestations, sauf recours auprès du conseil d'administration. (Art. 43 du règlemt.) Des avances jusqu'au chiffre de 300 francs peuvent être faites aux commandants de détachements sur les fonds de la masse d'entretien du harnachement et ferrage.

Elles sont employées, pour le compte de l'abonnataire, à solder les achats d'outils et de matières premières nécessaires au début des opérations. Les retenues à faire pour remboursement de ces avances peuvent porter sur la totalité des sommes dues à l'abonnataire, sauf déduction du salaire qui est alloué à lui et à son aide. (Art. 44.)

Art. 10. — Le sieur...... prendra les dispositions nécessaires pour assurer, conformément au marché d'abonnement, l'entretien du harnachement dans les détachements du corps qui ne sont pas pourvus d'une administration distincte ; sinon, il sera tenu de recevoir pour comptant le montant des factures acquittées par le corps pour cet entretien.

Art. 11. — A l'expiration, ou en cas de résiliation du présent abonnement par l'effet d'une circonstance quelconque, toutes les parties du harnachement seront mises en bon état par l'abonnataire ou à ses frais.

Art. 12. — Le sieur...... déclare avoir pris connaissance des règlements et tarifs en vigueur concernant l'entretien du harnachement, et s'engage à se conformer strictement à toutes les dispositions qui y sont contenues.

Art. 13. — Le major notifiera à l'abonnataire les décisions ministérielles qui porteraient addition ou modification au tarif en vigueur. Ce dernier sera tenu de s'y conformer immédiatement ; mais, pendant un délai de 8 jours à compter de la notification, il pourra présenter des observations à ce sujet au conseil d'administration, qui en réfèrera au ministre, s'il y a lieu.

Art. 14. — Le présent marché d'abonnement sera soumis à l'approbation du sous-intendant militaire, et les contestations qui s'élèveraient sur la manière d'interpréter les conditions qui y sont énoncées, seront jugées en premier ressort par ce fonctionnaire et définitivement, s'il y a appel, par l'intendant militaire du corps d'armée.

Le conseil d'administration se réserve le droit de résiliation en cas de non-exécution des conditions stipulées dans ce marché.

Fait à , le 18 .

Les membres du Conseil d'administration,

Le maître-sellier (ou brigadier-sellier),

Accepté en ce qui concerne l'article 5 :

Le chef-armurier (ou brigadier-armurier),

Vu et approuvé :

Le sous-intendant militaire,

Nota. — Une copie est adressée au ministre par le sous-intendant. (Règlemt du 11 juin 1883, page 865.)

Régime mixte de campagne (1).

Aux termes du règlement du 11 juin 1883, page 873, l'entretien du harnachement en campagne a lieu sous un régime qui tient à la fois du régime de l'abonnement et du régime de clerc à maître (2). Il est confié à un ouvrier bourrelier avec lequel le capitaine-commandant passe un marché conforme au mod. n° 6.

L'abonnement est conservé pour les mêmes réparations journalières qui n'exigent que de la main-d'œuvre ou des fournitures de peu de valeur ; les autres réparations et les remplacements sont faits sous le régime de clerc à maître, au compte de la masse individuelle lorsqu'ils résultent de la faute des hommes, et au compte de la masse d'entretien du harnachement et ferrage lorsqu'ils sont nécessités par l'usure naturelle

(1) Pour l'achat des imprimés nécessaires, voir *Imprimés*.

(2) Les batteries et compagnies, détachées en Algérie et en Tunisie, conservent le régime de l'abonnement du temps de paix, même en expédition. (Art. 48 du règlement.)

des effets. Les réparations et les remplacements effectués sous le régime de clerc à maître sont payés aux tarifs augmentés de 25 %.

Les matières nécessaires au graissage des harnais sont achetées au compte de la masse d'entretien du harnachement et ferrage. (Art. 49.)

Les réparations qui ne peuvent être attribuées à l'usure naturelle des effets ou à la négligence des détenteurs font l'objet de procès-verbaux établis par le sous-intendant militaire, sur la production d'un rapport du capitaine commandant la batterie ou la compagnie. Ce rapport est accompagné d'un bulletin n° 7 portant décompte du montant des réparations augmenté d'une prime de 25 %. On opère de la même manière pour les pertes par cas de force majeure. (Art. 50.)

La prime journalière de 0 fr. 017 est payée chaque mois d'après un état conforme au mod. n° 8. Les réparations au compte de la masse individuelle donnent lieu à l'établissement d'un bulletin mod. n° 9 sur lequel le prix du tarif est porté sans augmentation. Celles qui sont à la charge d'entretien du harnachement et ferrage sont décomptées sur un bulletin mod. n° 10, au prix du tarif, mais le total est augmenté de 25 %. Ce bulletin est établi chaque mois, et, sur celui du dernier mois de chaque trimestre, on ajoute la prime de 25 % allouée pendant le trimestre, pour les réparations au compte de la masse individuelle. (Art. 51.)

NOTA. — Ces dispositions sont modifiées par l'instruction du 24 avril 1884, page 505, qui dispose qu'en campagne toutes les pertes et détériorations sont considérées comme provenant de cas de force majeure et font l'objet de procès-verbaux (modèle n° 15, annexé à l'instruction du 1er mars 1880).

RÈGLES A SUIVRE
pour le passage du régime de l'abonnement du temps de paix au régime mixte de campagne et VICE VERSA.

Lorsque les délais fixés pour le départ de la batterie ou de la compagnie le permettent, le harnachement est mis en bon état de service. Une visite contradictoire est ensuite passée par l'ancien abonnataire et par un ouvrier d'état appelé à titre d'expert, en présence du sous-intendant militaire, du capitaine-commandant et de l'officier d'habillement. Les résultats de cette visite font l'objet d'un état mod. n° 11, et le décompte des réparations est porté dans la colonne 5 de cet état.

Le sous-intendant relève, parmi les dégradations signalées, celles qui, sous le régime de campagne, doivent être mises au compte de la masse d'entretien du harnachement et ferrage; il en fait le décompte et il établit en conséquence un procès-verbal faisant ressortir la somme que l'ancien abonnataire devra rembourser à cette masse.

L'officier d'habillement relève les dégradations qui, sous le régime de campagne, sont imputables à l'abonnement et il en fait le décompte, qui doit représenter la somme à payer par l'ancien abonnataire au nouveau. Le capitaine-commandant est chargé de défendre les intérêts du nouvel abonnataire; les contestations qui s'élèveraient à ce sujet seront portées devant le major, et, au besoin, devant le conseil d'administration.

Enfin, le capitaine-commandant prend note des dégradations qui résultent de la faute des hommes pour les imputer ou les faire imputer à qui de droit.

Le changement de régime a lieu à compter du lendemain de la visite. (Art. 52.)

Dans le cas où les délais fixés pour le départ de la compagnie ne permettraient pas d'exécuter au harnachement les réparations reconnues nécessaires, le capitaine-commandant, après avoir fait établir l'état mod. n° 11, le remet au major qui fait faire le décompte des réparations et en répartit le montant dans les colonnes 6, 7 et 8.

Le maître-sellier reçoit une copie de cet état; il est admis à vérifier *de visu* les réparations qui lui sont imputées et à porter ses réclamations devant le major pendant un délai de deux jours pleins à compter du moment où il aura reçu communication de l'état mod. n° 11, si toutefois ce délai n'est pas incompatible avec les ordres donnés pour le départ.

Le changement de régime a lieu à partir du jour où la batterie ou compagnie s'administre séparément. (Art. 52.)

Dans le cas d'une mobilisation générale, l'état mod. n° 11 est établi dès le premier jour de la mobilisation, soit d'après une visite sommaire, soit d'après les résultats constatés dans une revue récente et rapidement vérifiés.

Le changement de régime commence avec l'administration séparée. (Art. 54.)

A l'aide de l'état mod. n° 11, le major établira ultérieurement un bordereau récapitulatif qu'il adressera au sous-intendant militaire chargé de la surveillance administrative de la portion centrale du corps, pour servir à l'établissement du procès-verbal prescrit par l'art. 52.

Ce bordereau est appuyé d'extraits mod. n° 12, comprenant seulement les réparations qui, sous le régime mixte de campagne, n'incombent pas à l'abonnement ou à la masse individuelle.

La somme à payer par l'ancien abonnataire au nouveau pourra être réglée à l'amiable, avec l'assentiment du capitaine-commandant. Sinon, cet officier la fixera après constatation sommaire de l'état du harnachement; en cas de contestation, le major prononcera en dernier ressort. Dans tous les cas, cette somme sera versée entre les mains du capitaine-commandant qui la conservera au moins jusqu'à l'exécution des réparations auxquelles elle se rapporte. Cette somme sera portée en recette au livre-journa . (Fonds divers, art. 55.)

Pour mettre l'abonnataire en mesure de solder les achats d'outils et de matières dont il aurait besoin au début de ses opérations, une avance de 300 fr. au maximum pourra être prélevée sur la masse d'entretien du harnachement et ferrage et remise à l'officier commandant la batterie ou la compagnie.

Les retenues ou remboursement des avances faites pourront s'élever à la totalité des sommes dues à l'abonnataire, sauf déduction du salaire alloué à l'abonnataire et à son aide. (Art. 56.)

Dans le cas où une batterie ou compagnie détachée est placée sous le régime de campagne sans changer d'abonnataire, la seule formalité à remplir consiste dans la passation d'un nouveau marché. Seulement, l'abonnataire doit exécuter de suite les réparations mises à son compte par le capitaine-commandant. (Art. 57.)

Après la campagne, lorsque la batterie ou compagnie est rentrée en station, il est passé une visite contradictoire par un ouvrier d'état et par l'abonnataire de campagne, en présence du sous-intendant militaire, du capitaine-commandant et de l'officier d'habillement. Le maître-sellier y assiste s'il doit prendre l'abonnement du temps de paix.

(On procède comme il est indiqué dans le cas inverse.)

Le régime de campagne est toujours poursuivi jusqu'au jour inclus de cette visite; mais, à compter du jour où la campagne prend fin, les réparations en dehors de l'abonnement sont payées au prix du tarif, sans augmentation. (Art. 58.)

Les marchés pour l'abonnement du régime de campagne sont préparés à l'avance pour chaque élément mobilisable et placés dans les caisses de fonds et de comptabilité. (Art. 59.)

e CORPS D'ARMÉE

MODÈLE N° 6

(Annexé au réglemt du 11 juin 1883, page 908.)

DÉSIGNER LE CORPS
et
LA FRACTION DE CORPS.

Abonnement pour l'entretient du harnachement

(RÉGIME MIXTE DE CAMPAGNE)

Aujourd'hui, mil huit cent , le capitaine commandant la et le sieur , bourrelier, ont conclu le présent marché à compter du

ARTICLE PREMIER. — Le sieur s'engage à exécuter, moyennant un abonnement dont les conditions sont spécifiées ci-après, les réparations suivantes :

HARNACHEMENT DE SELLE ET DE TRAIT

1° Remplacement de la bouclerie, réparation des mors de bride, étriers et, en général, de toutes les parties en fer et en cuivre qui entrent dans le harnachement;

2° Toutes les coutures et piqûres à refaire au harnachement proprement dit, aux bissacs et aux musettes-mangeoires;

3° Le débourrage et le rembourrage des panneaux;

4° Toutes les pièces à mettre ou reprises à faire aux couvertures (les morceaux nécessaires aux réparations seront pris sur les couvertures réformées);

5° Le remplacement des lanières et de tous les passants coulants ou fixes;

6° La désinfection des harnais ayant servi aux chevaux atteints de maladies contagieuses;

7° L'ajustage des harnais sur les chevaux et toutes les opérations que comporte cet ajustage;

8° La main-d'œuvre pour le numérotage et le graissage du harnachement.

HARNACHEMENT DES MULETS

1° La fourniture de la bouclerie et les réparations des mors de bridons (les autres parties en fer ne font pas partie de l'abonnement);

2° Toutes les coutures et piqûres à refaire au harnachement proprement dit et aux musettes-mangeoires;

3° Le bourrage et le rembourrage des panneaux de bâts;

4° Toutes les pièces à mettre ou reprises à faire aux couvertures (les morceaux nécessaires aux réparations seront pris sur des couvertures réformées);

5° Le remplacement des passants coulants ou fixes, des courroies servant à assujettir le chargement, et de toutes les lanières, à l'exception de la grande lanière de surfaix;

6° Les ganses et épissures aux cordes de charges;

7° La désinfection des harnais ayant servi aux mulets atteints de maladies contagieuses ;

8° L'ajustage des harnais sur les mulets et toutes les opérations que comporte cet ajustage ;

9° La main-d'œuvre pour le numérotage et le graissage.

Art. 2. — L'abonnement ne s'étend qu'aux réparations rendues nécessaires par le service naturel des objets ; il comprend, non seulement la main-d'œuvre, mais encore les fournitures nécessaires pour les réparations : ces fournitures devront être de première qualité et reçues par le capitaine-commandant.

Art. 3. — Pour couvrir le sieur des dépenses mises à sa charge par le présent abonnement, il lui sera alloué une prime journalière de 0 fr. 017 par harnachement complet en service ou en magasin.

Les harnais de cheval de selle, de porteur ou de sous-verge, de derrière ou de devant, ainsi que les harnais de mulet ou de cheval de bât, seront comptés indistinctement chacun pour une unité.

Art. 4. — Le sieur s'engage à exécuter, sans autre indemnité que celle qui lui est allouée par l'article précédent, les réparations indiquées ci-après aux bâches, aux prélarts et en général aux couvertures de toute espèce qui pourront être mises à la disposition de la batterie ou compagnie, pour préserver certaines parties du chargement, ainsi qu'aux couvre-bouches, aux couvre-culasses et aux autres objets analogues afférents au service des bouches à feu, savoir :

1° Toutes les reprises, coutures et piqûres à faire ;

2° Le remplacement de la bouclerie. Il s'engage de même à refaire les coutures aux courroies des poignées de coffre, modifiées pour le transport des effets.

Art. 5. — Le sieur s'engage enfin à exécuter toutes les réparations ou remplacements autorisés par les règlements, moyennant les prix mentionnés au tarif ci-annexé. Toutefois, ces prix seront augmentés de 25 % tant que la batterie (ou compagnie) restera en campagne.

Art. 6. — Le sieur consent à subir les retenues nécessaires pour le remboursement de l'avance qui aura pu lui être faite au début de son abonnement en vue de lui permettre d'effectuer le paiement des matières et outils dont l'achat lui incombe.

Art. 7. — A l'expiration du présent marché ou en cas de résiliation, les réparations incombant à l'abonnement seront faites par l'abonnataire ou à ses frais.

Art. 8. — Le présent marché restera exécutoire, sauf le cas de force majeure, jusqu'à ce que, la batterie ou la compagnie étant rentrée en station, les circonstances aient permis de passer une visite contradictoire du harnachement.

Il sera soumis à l'approbation du sous-intendant militaire.

Les contestations que soulèverait son interprétation seront jugées administrativement.

Le capitaine commandant se réserve le droit de résiliation en cas de non-exécution des conditions stipulées ou de mauvaise conduite du bourrelier abonnataire,

A , le 18

Le bourrelier abonnataire, *Le capitaine commandant,*

APPROUVÉ :

A le 18

Le sous-intendant militaire,

Entretien du harnachement dans les bataillons d'artillerie de forteresse.

Ces bataillons peuvent disposer, pour le service journalier, d'une voiture régimentaire à deux roues qui est entretenue au compte du budget de l'artillerie, par les soins de la place d'artillerie, lieu de garnison de la portion principale du bataillon.

Quant au harnachement de cette voiture et aux effets de harnachement destinés à des chevaux mis en subsistance dans ces bataillons, ils doivent être entretenus, comme dans les régiments d'artillerie et les escadrons du train, au compte de la masse d'entretien du harnachement et ferrage.

Ces effets sont entretenus, s'il est possible, par un abonnataire pris dans un corps de la garnison et conformément au règlem[t] du 11 juin 1883. A défaut, les réparations sont faites, à charge de remboursement, par l'établissement d'artillerie de la garnison ou par les soins de l'industrie locale. (Note du 23 janvier 1884, page 124.)

Numérotage du harnachement.

Ce numérotage est pratiqué comme l'indique la note du 17 octobre 1883 (M).

Les principaux effets de harnachement sont numérotés de manière à former autant de séries qu'il y a d'espèces d'effets, sans distinction des divers modèles d'une même espèce.

Chaque série commence au n° 1, et se continue sans interruption jusqu'au numéro représentant le nombre d'effets de la même espèce existant au corps contenus en réserve au dépôt pour les besoins de la mobilisation.

Ainsi, quels que soient leur modèle ou leur affectation, les selles, bâts, harnais de trait, couvertures ne forment qu'une seule série par espèce.

Les effets du harnachement de paix et ceux qui composent les harnais des chevaux de taille exceptionnelle, étant compris dans la série générale des effets de même espèce, sont respectivement distingués de ces derniers par les marques spéciales P et EX apposées conformément aux prescriptions contenues dans la note précitée.

La liste des numéros à apposer sur les effets de chaque espèce est arrêtée par le major, qui se concerte à ce sujet avec le directeur de l'établissement chargé de conserver le harnachement de réserve, afin d'éviter les doubles emplois.

Parmi les effets délivrés à un corps, ceux qui ont été prélevés sur le harnachement de réserve conservent leurs anciens numéros. Les effets du harnachement disponible mis en réserve reçoivent les numéros vacants dans la série qui comprend à la fois les effets en service et les effets en réserve attribués au corps. (Art. 20 du règlem[t] du 11 juin 1883, page 859.)

Les effets délivrés des magasins de l'Etat aux batteries détachées prennent les numéros des effets qu'ils remplacent. Lorsque cette disposition ne peut être appliquée, ils ne sont numérotés qu'après que le conseil d'administration a envoyé la liste des numéros à apposer. (Art. 46.)

(Voir ci-après : *Jeux de marques*, pour les frais de toute nature.)

Contrôle des effets de harnachement. (Voir *Habillement*, page 173.)

Versement d'effets de harnachement dans les magasins de l'artillerie, etc.

Les corps ne peuvent verser d'effets dans les magasins de l'artillerie que sur la production d'un état de demande (1) (Mod. n° 1 annexé au règlem[t] du 11 juin 1883), revêtu de l'approbation du ministre.

Toutefois, les généraux commandant l'artillerie peuvent autoriser la réintégration des effets de harnachement de réserve distribués à la suite d'augmentation d'effectif, lorsque ce matériel n'est plus nécessaire. Il doit être en parfait état. (Art. 5 du règlem[t] du 11 juin 1883, page 851.)

Les effets à verser doivent être choisis parmi ceux en très bon état. Toutefois, dans le choix des effets à verser par les corps, on doit éviter de séparer ceux qui portent le même numéro, tels que la garniture de tête et la selle correspondante. On a égard à l'état de conservation de la selle plutôt qu'à celui de la garniture de tête.

Les effets sont visités contradictoirement, comme il est dit pour la délivrance. (Voir ci-dessus, page 465.)

Les dégradations constatées sont imputées à qui de droit. Toutefois, si les circonstances le permettent, un certain délai est accordé avant la remise des effets, afin que le maître-sellier puisse exécuter les réparations incombant à son abonnement.

Le général commandant l'artillerie prononce sur les contestations et rend compte au ministre. (Art. 7 du règlem[t].)

Les versements à charge de paiement sont justifiés par des factures (mod. n° 11 annexé à l'instr. du 1er mars 1880); ceux à titre gratuit donnent lieu à la délivrance d'un récépissé comptable (mod. n° 1 annexé à l'instr. du 15 mars 1872 et n° 361 de la nomenclature générale) et, le cas échéant, d'un état (n° 19) des sommes à payer pour pertes et dégradations. (Art. 8 de l'instr. du 15 mars 1872 et nomenclature annexée à l'instr. du 1er mars 1880, page 413.) Il n'est plus établi de procès-verbal de versement. (Circ. du 18 juin 1872.)

Les sommes mises à la charge des corps ou des abonnataires sont versées au Trésor. La preuve du versement est fournie par la déclaration apposée au bas du talon de l'état modèle n° 19, qui est à renvoyer par le corps à la direction d'artillerie. (Art. 8 de l'instr. du 15 mars 1872.) Le récépissé de versement au Trésor est adressé au ministre par la voie de l'intendance, accompagné d'un ordre de reversement. (Art. 192 du règlem[t] du 1er mars 1854, page 206; art. 24 et 183 du décr. du 3 avril 1869.)

(1) En double expédition. (Diverses dépêches.)

Les récépissés de versement au Trésor, concernant des cessions ou travaux faits à titre remboursable, sont seuls adressés aux directeurs d'artillerie avec une expédition de la déclaration de versement au Trésor. (Art. 198 du règlemt du 30 août 1884 et circ. du 18 janvier 1872, page 23.)

NOTA. — Pour les versements d'effets d'un corps à un autre, on procède comme pour les remises et reprises de service en cas de changement d'abonnataire. (Voir ci-dessus, page 473.)

Effets de modèles divers délivrés aux corps de l'artillerie pour l'instruction des recrues, etc.

CACOLETS ET LITIÈRES

Une circulaire du 14 novembre 1873 (M) disposait que l'entretien de ce matériel devait être assuré de clerc à maître, c'est-à-dire que les dégradations provenant de la faute des hommes étaient imputables à leur masse et celles provenant de force majeure ou d'un défaut de confection, mises à la charge de la masse d'entretien du harnachement sur la production de procès-verbaux dressés par les sous-intendants et approuvés par les intendants militaires; mais l'article 31 du règlement du 11 juin 1883, page 863, prescrit d'entretenir sous le régime de l'abonnement tous les effets de harnachement à disposition des corps, quel que soit leur modèle.

Modifications au harnachement.

Si les corps viennent à recevoir des magasins de l'État des effets qui n'ont pas reçu les modifications prescrites par le ministre, autres que celles qui ne doivent s'effectuer qu'à mesure des réparations, mention en est faite dans la prise en charge et ces modifications sont exécutées par le maître-sellier du corps au compte de la masse d'entretien du harnachement et ferrage. (Art. 21 du règlemt du 9 avril 1848, page 817.)

Le règlement nouveau du 11 juin 1883 (art. 6, page 851) dispose que les corps peuvent refuser les effets s'ils n'ont pas subi les modifications voulues.

On opère de la même manière pour les modifications prescrites aux effets en service. (Diverses décis. : 10 mai 1869 (M), etc.)

Harnachement des chevaux des officiers de réserve. (Voir *Habillement*, page 96.)

HARNACHEMENT DU GÉNIE

Les dispositions du règlement concernant les corps de l'artillerie sont applicables aux corps du génie. (Décis. minist. du 21 août 1858 (M) rappelée dans la table générale du *Journal militaire* et art. 46 de l'instr. du 20 mars 1884, page 863 (S) sur les inspections générales du génie.)

Pour les indemnités de harnachement à payer aux officiers, se reporter à la page 95.

DISPOSITIONS DIVERSES CONCERNANT LE SERVICE DE HARNACHEMENT

Jeux de marques. — Marquage.

1° MARQUES POUR LES EFFETS DE HARNACHEMENT ET FRAIS DE MARQUAGE

INFANTERIE

La note du 27 mai 1884, page 659, accorde 10 jeux de marques par régiment d'infanterie (6 de lettres et 4 de chiffres) pour le marquage des effets de harnachement. Dépense maximum : 45 francs.

Le marquage est effectué par le chef-armurier, auquel il est alloué pour cette opération (y compris les fournitures d'ingrédients divers), savoir :

Par harnais de porteur..................... » 35
Par harnais de sous-verge ou d'animal de bât. » 25
Par fleuron de remplacement, étampé......... » 28
— — uni............. » 20

Ces diverses dépenses sont imputables à la masse d'entretien du harnachement et ferrage. (27 mai 1884.)

Le numérotage s'opère comme il est indiqué, pages 477 et 478.

CAVALERIE

Les marques nécessaires pour marquer et numéroter les effets sont entretenues et remplacées au compte de l'abonnement du chef-armurier, mais la fourniture à titre de première mise est à la charge de la masse d'entretien du harnachement et ferrage. (Art. 2 de l'abonnement, mod. annexé à la circ. du 9 juin 1863, page 243, et note du 11 février 1885, page 205.)

Les frais occasionnés par le marquage (main-d'œuvre et ingrédients) sont à la charge du maître-sellier (art. 1er et 2 de l'abonnement du 30 novembre 1867), excepté en ce qui concerne les accessoires en fer (étriers, mors et fleurons) pour lesquels il existe un abonnement avec le chef-armurier. (Voir le mod. d'abonnement du 9 juin 1863, page 243.)

L'instruction du 19 janvier 1876, page 50, indique la manière de marquer.

Les effets réformés reçoivent la marque H S. (Art. 243 du décr. du 1er mars 1880.)

ARTILLERIE ET ÉQUIPAGES

Les jeux de marques sont achetés et entretenus sur les fonds de la masse d'entretien du harnachement et ferrage.

Lors du numérotage des effets remplaçant les effets réformés, les frais de main-d'œuvre, combustible, etc., sont à la charge de l'abonnement ; dans les autres circonstances, ces frais sont supportés par la masse d'entretien du harnachement et ferrage. (Art. 20 du règlemt du 11 juin 1883, page 858.)

Une dépêche du 25 juin 1859 (M), concernant le 5e escadron du train des équipages, a autorisé l'achat de fleurons et plaques nécessaires au marquage, et une autre du 9 décembre 1862 alloue au maître-sellier du 19e d'artillerie 0,10 c. par courroie de manteau, de porte-manteau et lanière de pistolet marquée par ses soins. Cette dépense a été mise à la charge de la masse d'entretien du harnachement et ferrage.

De plus, dans les escadrons du train des équipages, les frais occasionnés par la marque des voitures sont au compte de ladite masse. (14 juillet 1854 (M) et 25 juin 1859 M.)

(Voir pages 477 et 478 pour les marques à apposer.)

La marque d'oblitération H S à apposer sur les effets réformés est également achetée sur les fonds de la masse d'entretien du harnachement et ferrage, mais la main-d'œuvre et l'encre indélébile sont à la charge de l'abonnataire. (Art. 39 du règlemt du 11 juin 1883.)

2° MARQUES POUR LES CHEVAUX ET FRAIS DE MARQUAGE

Marques à l'encolure.

(Supprimées. — Décis. du 6 juin 1878, page 285.)

Marques au sabot.

INFANTERIE

Aux termes de l'instruction du 20 mars 1875, page 453, reproduite 2e sem. 1876, page 458, les chevaux ou mulets appartenant à l'Etat qui se trouvent dans les corps d'infanterie, soit entre les main des officiers, soit comme animaux de trait, ne sont pas marqués à l'encolure, mais ils reçoivent :

1° Sur le sabot antérieur droit et du côté externe (art. 250 du règlemt sur le service intérieur, en date du 28 décembre 1883), le numéro du corps suivi de la lettre I pour les régiments d'infanterie, et de la lettre B pour les bataillons de chasseurs à pied ;

2° Sur le sabot antérieur gauche, le numéro matricule de l'animal au corps.

Ces deux empreintes doivent être renouvelées tous les six mois, et l'opération est confiée, soit aux chefs-armuriers des corps, soit aux maréchaux-ferrants militaires ou civils chargés de l'entretien de la ferrure. (20 mars 1875, page 453, et art. 250 du règlem[t] du 28 décembre 1883.)

Ces empreintes doivent avoir 15 millimètres de hauteur pour les chevaux de race française et 12 millimètres pour les chevaux de race arabe. (Décis. du 1er octobre 1879, page 281.)

L'achat des marques et les frais de marquage sont au compte de la *masse d'entretien du harnachement et ferrage*. (Règlem[t] du 28 février 1883, page 219.)

CAVALERIE, ARTILLERIE, ÉQUIPAGES, ETC.

Les chevaux d'officiers appartenant à l'Etat sont marqués du numéro matricule sur le sabot antérieur gauche. (Circ. du 25 mai 1838, non reproduite au *Journal* refondu, et art. 94 Cav[ie] et 107 Art[ie], des règlem[ts] du 28 décembre 1883.)

Les chevaux appartenant en propre aux officiers ne sont pas marqués au sabot. (Décis. du 1er novembre 1879, page 311.)

Les chevaux de troupe sont marqués comme les chevaux d'officiers appartenant à l'Etat. (Art. 94 Cav[ie] et 107 Art[ie], des règlem[ts] du 23 décembre 1883; arrêté du 6 mai 1864, page 946, qui rappelle que la marque au sabot n'est pas modifiée, et art. 24 du règlem[t] du 26 décembre 1876, page 348.)

En outre, dans l'artillerie et le train des équipages, les chevaux doivent être marqués au sabot antérieur droit du numéro de la batterie ou de la compagnie à laquelle ils appartiennent.

En cas de mutation, le numéro est barré. (Circ. du 23 mars 1876, M.)

Ce numéro est apposé sur la face interne et à 0 m. 03 c. de la marque de régiment. (Décis. du 30 septembre 1878, page 308.)

Les chiffres à appliquer ont 15 millimètres de dimension pour les chevaux de race française et 12 millimètres pour ceux de race arabe. (Décis. minist. du 1er octobre 1879, page 281.)

La décision ministérielle du 6 juin 1878, page 285, et les articles 94 Cav[ie] et 107 Art[ie], des règlements du 28 décembre 1883, disposent que dans les corps de troupe et Ecoles, *une marque de régiment* doit être apposée sur le sabot hors montoir antérieur.

Cette marque est la même comme composition que celle adoptée par l'instruction du 24 avril 1865 (1). Elle est appliquée aux chevaux d'officiers appartenant à l'Etat comme aux chevaux de troupe. (Instr. annuelles sur les inspections.)

L'empreinte doit être renouvelée par les maréchaux-ferrants chargés de l'entretien de la ferrure, à mesure que la pousse de la corne fait disparaître la marque précédente.

L'achat des marques nécessaires est effectué au compte de la masse d'entretien du harnachement et ferrage. (Décis. du 6 juin 1878, page 285.) Voir ci-après.

La décision du 1er octobre 1879, page 281, dispose que la marque de régiment composée de trois ou quatre caractères *portés sur une même tige*, n'étant pas pratique pour le sabot, sera formée à l'aide de lettres ou de chiffres séparés pouvant être successive-

(1) C'est-à-dire la suivante :

Cuirassiers	C 1	à	C 12
Dragons	D 1		D 26, au lieu de 12. (Loi du 13 mars 1875.)
Chasseurs	C 1		C 20
Hussards	H 1		H 12
Chasseurs d'Afrique	A 1		A 4
Artillerie	A 1		A 38
Génie	G 1		G 4, au lieu de 3. (Loi du 13 mars 1875.)
Train des équipages	T E 1		T E 20, au lieu de 4. Il y a 20 escadrons au lieu de 4 régiments. (Loi du 13 mars 1875.)
Ecoles militaires	E		(Décis. du 15 mars 1869, reproduite 2e sem. 1876, page 458, et note du 1er mai 1884, page 468).
Bataillons d'artillerie de forteresse	A F 1		A F 16. (Note du 11 octobre 1883, page 320, qui dispose que le numéro du bataillon doit être suivi des lettres.)

ment appliqués. On continuera cependant à faire usage des marques actuelles jusqu'à leur réforme.

Les lettres ou chiffres ont les dimensions indiquées ci-dessus. (Décis. du 1er octobre 1879.)

Les dispositions de la décision du 6 juin 1878 ont été appliquées à l'artillerie et au train. (Décis. minist. du 30 septembre 1878, page 308.) Cette décision prescrit d'apposer cette marque sur la face externe du sabot antérieur hors montoir, à 0 m.03 c. du numéro de la batterie ou compagnie.

Les frais de marquage du sabot sont à la charge des maréchaux-ferrants. Quant aux frais de remplacement des jeux de marques, ils sont supportés par la masse d'entretien du harnachement et ferrage, lorsque ce remplacement est nécessité par l'usure résultant du service. Ils restent à la charge des maréchaux-ferrants ou de la masse individuelle selon le cas, lorsque l'usure provient de maladresse ou de négligence. (Notes du 12 avril 1882, page 216, concernant la Cavie, et du 3 juillet 1883, page 8, étendant ces dispositions aux autres armes.)

Elles sont également applicables aux dépôts de remonte et aux écoles militaires (Note du 22 août 1883, page 152) et aux bataillons d'artillerie de forteresse. (Note du 11 octobre 1883, page 320.)

NOTA. — Les premières mises sont au compte de ladite masse.

Enfin, les corps de troupe de l'artillerie et du train des équipages doivent avoir en réserve un jeu de marques par batterie, section ou compagnie. (Circ. du 14 janvier 1876 M.)

GENDARMERIE

L'instruction du 22 octobre 1875, page 517, reproduite 2e sem. 1875, page 459, prescrit de marquer les chevaux d'officiers appartenant à l'Etat de la manière suivante :

Sur le sabot antérieur droit (du côté externe), le numéro de la légion suivi de la lettre G;

Sur le sabot antérieur gauche, le numéro matricule de l'animal.

De plus, dans les légions *bis* et *ter*, on doit intercaler un *b* ou un *t* minuscule entre le numéro de la légion et la lettre G. (Note du 15 mai 1880, page 216.)

L'achat des marques est au compte de la masse d'entretien et de remonte. Le marquage a lieu sans frais. (22 octobre 1875.)

La hauteur des caractères doit être de 15mm pour les chevaux de race française et de 12mm pour les chevaux arabes. (Décis. du 1er octobre 1879, page 281.)

Dépôts de remonte.

Les chevaux achetés par chaque dépôt sont marqués, sur le sabot antérieur droit, du numéro matricule qu'ils reçoivent à l'établissement. (Instr. qui précède le modèle de registre matricule inséré au *Journal militaire* le 1er décembre 1879, page 409, et règlemt du 15 août 1879, page 91.)

Quant aux chevaux entre les mains des officiers, ils sont marqués comme ceux des corps de troupe auxquels ils appartiennent.

Les marques sont au compte de la masse d'entretien du harnachement et ferrage, et les frais de marquage, à la charge des maréchaux abonnataires. (Note du 22 août 1883, page 152.)

Chevaux de réquisition.

Aux termes de l'article 15 de l'instruction du 1er août 1879, page 682, relative à la réquisition des chevaux, modifiée par la circulaire du 1er décembre 1879 (M), les chevaux requis sont immédiatement marqués, par les soins de la commission de réception, du numéro matricule d'achat qui, d'après l'article 20, constitue le numéro matricule du corps.

Ce numéro est appliqué sur le sabot antérieur gauche, au fer chaud, à deux centimètres au-dessous de la couronne. Cette empreinte est faite au moyen d'un jeu de chiffres arabes de 25 millimètres de hauteur. Sur la même ligne et à droite du numéro, pour la première série, on doit appliquer également, au fer chaud, la lettre du corps d'armée. Elle est appliquée à gauche du numéro lorsqu'il y a nécessité d'ouvrir une deuxième série de numéros, c'est-à-dire lorsqu'il y en a plus de 9,999. Pour la troisième série, la lettre est placée au-dessous.

LETTRES AFFECTÉES AUX CORPS D'ARMÉE

1er corps	A	11e corps	N
2e —	B	12e —	P
3e —	C	13e —	R
4e —	D	14e corps et gouvernement	
5e —	E	de Lyon	S
6e —	F	15e corps	T
7e —	G	16e —	U
8e —	H	17e —	V
9e —	L	18e —	X
10e —	M	Gouvernement de Paris......	Z

(Art. 15 de l'instr. du 1er août 1879, page 682.)

Les jeux de chiffres et la lettre indicative du corps d'armée sont achetés par les bureaux de recrutement dès le temps de paix. (Art. 33 de ladite instr.) La dépense est imputée sur les crédits affectés au recensement des chevaux. (Note du 19 janvier 1880, page 28.)

Arçons, pièces de rechange, etc.

Les arçons *neufs entiers* sont délivrés par l'atelier d'arçonnerie de Saumur à titre gratuit. (Dép. du 20 janvier 1872 (M) et tarif de réparations au harnachement.) Toutefois, si ces objets sont délivrés à des armes étrangères à la cavalerie, telles que l'artillerie, les équipages, etc., la valeur doit en être versée au Trésor. (20 janvier et 20 novembre 1872 M.)

Les demandes sont adressées au ministre. (*Voir ci-après B.*) Ces demandes doivent faire connaître les pointures.

Dans les corps de l'artillerie et du train, les arçons de selle constituant des effets partiels doivent être compris dans les états de demande adressés au ministre (voir ci-dessus, pages 464 et 467), lequel en prescrit l'envoi ou ordonne de les faire confectionner dans les corps.

Lorsque les maîtres-selliers font emploi de ces objets, ils ne sont payés que des frais de pose fixés par les tarifs.

Les pièces d'arçons (1) sont délivrées à titre onéreux. Elles sont fournies par l'atelier d'arçonnerie sur la demande *directe* des conseils d'administration, approuvée par les fonctionnaires de l'intendance. (Circ. du 14 janvier 1868 (M), rappelée par une dép. du 1er août 1873 concernant le 10e cuirassiers.

La valeur de ces pièces d'arçons est remboursée par le maître-sellier abonnataire aux prix indiqués sur la facture d'expédition. Le récépissé de versement au Trésor est transmis au ministre (bureau des remontes). (Dép. du 1er août 1873 précitée.) La nomenclature M du harnachement de la cavalerie fixe les prix. (Voir également les tarifs de réparations.)

NOTA. — Le chef-ouvrier est remboursé dans le prix des réparations au fur et à mesure qu'elles s'exécutent.

Une circulaire du 29 juin 1864 (M) prescrit de réparer et non de remplacer les arçons brisés en se conformant, pour l'imputation de la dépense, aux tarifs en vigueur.

(*B*) Le 8e régiment de cuirassiers ayant eu l'intention de constituer un approvisionnement d'arçons dans ses magasins, afin de pouvoir remplacer, le cas échéant, un arçon entier, complètement hors de service, avait demandé 10 de ces objets; mais le ministre, par dépêche du 26 août 1873, a fait connaître que les corps ne devaient lui adresser de demande que lorsque la nécessité des remplacements est constatée.

Mors, étriers, etc.

Les mors, étriers, etc., sont en principe achetés par le chef-armurier abonnataire dans la cavalerie (voir page 460) et par les maîtres-selliers dans l'artillerie et les

(1) Les pièces à demander à l'atelier d'arçonnerie sont indiquées par les tarifs des 20 novembre 1874, page 308 du 2e semestre 1875, et 11 juin 1884, page 376 du 2e semestre 1884.

équipages; ces derniers s'entendent à ce sujet avec les chefs-armuriers. (Voir *Abonnement*, page 472.) Toutefois, dans les corps de cavalerie, ces objets sont fournis par les magasins centraux depuis 1879. (Décis. du 1er août 1879, page 76.)

Ces objets sont compris dans le prix des réparations et, par suite, remboursés aux chefs-ouvriers au fur et à mesure de leur emploi, s'ils ont été achetés.

(Voir *Réforme des effets de harnachement*, page 462.)

Effets de harnachement nécessaires aux chevaux de remonte.

La circulaire du 20 septembre 1856, n° 1154, résumant celles des 9 avril, 28 mai et 14 juillet de la même année, disposait que tous les effets de harnachement (couvertures, licols d'écurie, bridons d'abreuvoir et surfaix d'écurie) nécessaires à la *conduite des chevaux de remonte en route* pour rejoindre leur corps, devaient être fournis par les établissements de remonte et renvoyés par les corps, auxdits dépôts, par la petite vitesse des chemins de fer après avoir été nettoyés et réparés. (Note du 13 mai 1863, page 241.)

De plus, aux termes de la circulaire du 4 juillet 1874, insérée 2e sem. 1876, page 473, les dépôts de remonte devaient être pourvus d'un certain nombre de camails confectionnés avec de vieilles couvertures, destinés aux chevaux malades au moment de la mise en route des convois. Frais de confection au compte de la masse d'entretien du harnachement et ferrage.

Mais ces diverses dispositions se trouvent abrogées par la décision du 3 avril 1877, page 455 (rappelée par la note du 17 décembre 1884, page 923), qui prescrit aux corps de fournir ces effets.

Il en est de même pour les corps de l'artillerie. (Dép. minist. du 24 mai 1877, n° 1023, qui soumet ces corps à la règle commune.)

La nomenclature L de la remonte fixe à 15 fr. le prix d'un camail.

Les frais d'entretien restent à la charge des maîtres-selliers des corps de cavalerie qui perçoivent la prime pour le temps de la route. (Circ. du 30 novembre 1867 M.) Il en est de même pour l'artillerie et les équipages. (Voir *Abonnement*, page 472.)

Dans les corps de l'artillerie, les chevaux de remonte reçoivent des harnais de modèles divers. (Voir *Formation des approvisionnements*, page 464.) Les capitaines instructeurs sont responsables de ces effets. (Art. 23 du règlemt du 11 juin 1883, page 860.)

Hippiatrique.

Appareils classiques du docteur Auzoux, squelettes et mâchoires (1).

La circulaire du 11 juin 1874, page 661, reproduite au 2e sem. 1876, page 418, porte que les seuls appareils du docteur Auzoux qui soient maintenus pour l'instruction des officiers, sous-officiers et maréchaux-ferrants, sont les suivants :

1° Une collection de tares composée de trois jambes (Prix : 200 francs);

2° Un pied de cheval (anatomie complète).

Chaque école d'artillerie, dépôt de remonte, corps de cavalerie et du train des équipages doit posséder ces objets.

En outre, chaque régiment à cheval (cavalerie, artillerie, etc.) doit avoir :

Un squelette de cheval naturel;

Une collection de mâchoires avec une série de dents divisées transversalement et longitudinalement.

Ces squelettes et mâchoires sont établis par les vétérinaires des corps sur les fonds de la masse d'entretien du harnachement et ferrage, au prix de 100 francs pour chaque squelette monté sur plateau et verni, de 2 fr. 50 c. pour chaque paire de mâchoires, également montée.

(1) Ce matériel est classé dans la nomenclature L du service de la Remonte.

Dans le cas où l'on serait obligé d'acheter les os, la dépense ne devrait pas dépasser la moitié du prix de vente des animaux.

Les appareils clastiques existants (chevaux. — Prix : 4,050 francs l'un (1) ; mâchoires : 200 francs la collection), sont à réserver pour les écoles et les dépôts de remonte, mais il ne doit plus en être acheté.

En cas de changement de garnison, les collections de tares, le pied de cheval et les mâchoires, sont emportés par les corps.

Le squelette de cheval reste à demeure. (Art. 52 du règlem[t] du 30 juin 1856 et circ. du 11 juin 1874.) — La circulaire du 18 septembre 1863 (M) prescrit l'établissement d'un procès-verbal de remise par le sous-intendant militaire et le service du génie. Ce procès-verbal constate l'état de conservation du matériel et l'importance des réparations au compte de la masse d'entretien du corps partant.

Le matériel de la salle d'hippiatrique est fourni sur les fonds de la masse d'entretien du harnachement et ferrage, par les soins du ministre de la guerre, quand il s'agit d'appareils Auzoux (art. 52 du règlem[t] du 30 juin 1856), ou confectionné par les corps pour les autres objets. (11 juin 1874, page 661.)

Désinfection du harnachement des chevaux atteints de maladies contagieuses.

Les règlements du 28 décembre 1883 (art. 253 Inf[ie], 65 Cav[ie] et 79 Art[ie]) imposent aux corps l'obligation de faire désinfecter les effets de harnachement et de pansage des chevaux atteints de maladies contagieuses.

Les ingrédients nécessaires pour la purification des effets de harnachement sont fournis au compte de la masse d'entretien du harnachement et ferrage (décis. des 22 mai 1826, page 202 ; 28 février 1829, page 268, et règlem[t] du 28 février 1883, page 219, concernant l'infanterie), mais la main-d'œuvre est au compte de l'abonnement du maître-sellier dans les corps qui en ont un. (Voir *Abonnement*, pages 456 et 471.) La désinfection a lieu par les moyens indiqués dans la note B annexée au règlem[t] du 26 décembre 1876, page 412, dont les dispositions ont été modifiées, en ce qui concerne les corps de l'artillerie et du train, par le renvoi 1 de l'article 31 du règlement du 11 juin 1883, page 864.

Les effets hors de service, non désinfectés, sont détruits par incinération et non remis au Domaine. (22 mai 1826.) Dans certains cas, les effets de harnachement en cours de durée sont également détruits ; ainsi, par dépêches des 23 avril et 11 mai 1877 (M), le 8e escadron du train des équipages a été autorisé à brûler divers effets de harnachement ayant servi à des chevaux morveux.

(Voir, pour les objets de pansage, au titre *Petit Equipement*, page 120.)

Tonte des chevaux ; Tondeuses.

Une dépêche en date du 22 janvier 1872 (M) autorisait les corps à faire tondre tous les animaux atteints de maladies cutanées et à acheter sur la masse d'entretien du harnachement et ferrage le nombre de tondeuses nécessaires.

La circulaire du 8 novembre 1872, page 655, reproduite au *Journal militaire*, 2e sem. 1876, page 463, avait étendu cette mesure à tous les chevaux et mulets de l'armée, dans tous les corps et positions. Mais celle du 21 octobre 1873, insérée 2e sem. 1876, page 463, prescrit de ne pas tondre les chevaux qui ont le poil court.

De plus, la circulaire du 15 novembre 1878, page 414, et les notes des 20 octobre 1880, page 373, et 12 octobre 1881, page 258, disposent que la tonte ne doit être autorisée par les chefs de corps que dans une sage mesure et à titre exceptionnel. Les poils de l'emplacement de la selle sont conservés, et, de plus, la tonte doit s'arrêter aux articulations du jarret et du genou, dans le but de protéger les membres, d'éviter les crevasses et les accidents qui peuvent résulter des chocs.

(1) La nomenclature L de la remonte fixe ce prix à 2,000 francs, celui des tares à 300 francs et celui du squelette de cheval à 400 francs.

Ces dispositions sont rappelées par les règlements du 28 décembre 1883 (art. 376 Inf[ie], 369 Cav[ie] et 394 Art[ie]), lesquels ajoutent que l'avis du vétérinaire doit être demandé et que la tonte a lieu sous sa surveillance.

La circulaire du 8 novembre 1872 précitée autorise l'achat de tondeuses système Clarke ou autres analogues du prix de 20 francs ; celle du 28 avril 1873, insérée 2° 76, page 465, porte que les corps doivent être pourvus d'une tondeuse pour 30 chevaux et d'une par fraction excédant 15 chevaux.

Il est alloué en plus une tondeuse pour l'infirmerie vétérinaire dans les corps à cheval, écoles et dépôts de remonte. (Circ. du 7 janvier 1875, insérée 2° 76, page 467.)

Les frais de remplacement des tondeuses sont à la charge de la masse d'entretien du harnachement et ferrage (circ. du 21 août 1874, insérée 2° 76, page 456), ainsi que ceux de réparation, de graissage et de repassage. (Circ. du 5 mai 1876.) Cette dernière alloue, en outre, sur ce même fonds, une indemnité de 0,25 c. par cheval au profit des cavaliers tondeurs.

La consommation de l'huile de colza, employée pour le graissage des tondeuses, doit être limitée à 3 kilog. par 100 chevaux dans la cavalerie, et à 4 kilog. dans l'artillerie et le train des équipages.

Aux termes des circulaires du 19 décembre 1872, page 867, et reproduite au 2° 76, page 464, et du 5 janvier 1874, page 22, et reproduite au 2° 76, page 465, les chevaux des officiers d'état-major, sans troupe ou assimilés (appartenant à l'Etat ou non), sont tondus par le corps à cheval le plus à proximité. Les frais de toute nature sont à la charge de la masse d'entretien de ce corps.

La circulaire du 19 décembre précitée dispose, en outre, que la faculté qui est accordée aux officiers de faire tondre leurs chevaux ne constitue pas un droit absolu, c'est-à-dire qu'à défaut de corps à cheval à proximité de leur résidence, si ces officiers désirent faire tondre leurs chevaux, la dépense est à leur compte.

En ce qui concerne les corps de troupe d'infanterie, la circulaire du 10 janvier 1883, page 6, les autorise à se pourvoir de tondeuses à raison d'une par régiment et d'une par chaque fraction détachée, comptant au moins 15 chevaux.

Prix et modèle des tondeuses comme ci-dessus.

L'aide maréchal-ferrant de ces corps est chargé de la tonte et reçoit l'indemnité de 0,25 c. par cheval fixée par la circulaire du 5 mai 1876 ; cette dépense et celle résultant du remplacement des peignes, du graissage et du repassage des tondeuses, ainsi que de l'acquisition des tondeuses, sont imputées à la masse des équipages régimentaires.

La consommation de l'huile de colza est limitée à 1 kilog. par tondeuse. (Circ. du 10 janvier 1883, page 6.)

En outre, le règlement du 28 février 1883, page 219, dispose que les frais de toute nature incombent à la masse d'entretien du harnachement et ferrage pour les chevaux et mulets appartenant à l'Etat, ainsi que pour les chevaux des officiers montés à titre onéreux.

Dans la gendarmerie départementale, la tonte des chevaux est facultative. (Inspections générales.)

Gabarits et Vastringues.

Par décision du 8 février 1868, page 27, le ministre a prescrit l'envoi à chaque corps de cavalerie de trois gabarits en fer (un par pointure) pour vérifier l'écartement des bandes de selle et leur aplomb, et d'un intrument dit vastringue, fournis par l'atelier d'arçonnerie de Saumur.

La valeur de ces objets a été versée au Trésor par imputation sur les fonds de la masse d'entretien du harnachement et ferrage.

Gabarit en fer (prix de la nomenclature)........................ 5 » l'un.
Vastringue (id.) .... 1 »

Une dépêche du 8 juin 1877 (M) a annoncé l'envoi de gabarits (pointures n°s 1 et 2) pour les arçons modèle 1874. Cet envoi a été fait gratuitement par l'atelier de Saumur.

Hache-Paille.

(Voir *Ecuries*.)

Harnachement et ferrage des bœufs employés pour le service des transports.

Une dépêche en date du 1er mars 1845, n° 1698, disposait ce qui suit :

« Les compagnies du 1er escadron du train des équipages employées en Algérie font usage de bœufs pour le service des transports.

» Les dépenses résultant du ferrage et du harnachement de ces animaux seront payés sur les fonds de la masse d'entretien du harnachement et ferrage. »

Le cas échéant, on pourrait opérer ainsi.

Avances aux maîtres-selliers, etc.

Une dépêche du 8 décembre 1873 (M) autorise les corps de nouvelle formation à faire, sur les fonds de la masse d'entretien du harnachement et ferrage, les avances, aux brigadiers-selliers, reconnues nécessaires pour leur permettre de fonctionner.

Ces avances sont remboursées au moyen de retenues sur les sommes dues à titre d'abonnement.

(En ce qui concerne spécialement l'artillerie, voir *Entretien du Harnachement*, page 473.)

Pertes de matériel appartenant aux ouvriers. (Voir page 66.)

Comptes annuels de gestion portant inventaire.

(Pour les ustensiles d'écurie, de l'infirmerie vétérinaire, etc., voir *Remonte*).

1° HARNACHEMENT DE LA CAVALERIE

Aux termes des articles 253 *bis* et 253 *ter* du décret du 1er mars 1880, page 384, les corps doivent établir des comptes annuels de gestion (mod. 32 F) de tout le matériel de harnachement en magasin ou en service compris dans la nomenclature M du 2 octobre 1882, page 537.

Elle a été complétée par une note du 29 avril 1884, page 475. Ces comptes sont produits en simple expédition, mais distinctement pour le service courant et pour le service de réserve (1). (Art. 130 de l'instr. du 1er mars 1880.)

Le service de réserve comprend, indépendamment du matériel classé sous ce titre, les approvisionnements spéciaux destinés à l'armée territoriale, aux gendarmes réservistes, prévôtaux, etc.

Le matériel payé sur les fonds du budget ordinaire et celui payé sur les fonds des masses d'entretien, doivent être inscrits sans distinction de provenance sous les numéros qui leur ont été affectés par la nomenclature.

Les mouvements de matériel entre les régiments ou entre les établissements et ces corps sont faits au titre du service courant, à l'aide d'un versement préalable du service de la réserve au service courant pour les sorties, et par la prise en charge au titre du service courant, suivie, s'il y a lieu, d'un passage au service de la réserve pour les entrées. Il n'y a d'exception à cette règle que pour les approvisionnements spéciaux, mais seulement lorsque les corps ne possèdent pas de matériel de harnachement au titre du service courant. (Circ. du 7 février 1881, page 48.)

Le harnachement des équipages régimentaires, appartenant au service de l'artillerie, doit figurer sur le compte du matériel d'armement. (Art. 130 de l'instr. du 1er mars 1880, page 393.)

Les comptes sont accompagnés des pièces justificatives indiquées dans la nomenclature annexée à l'instruction précitée (voir cette nomenclature au service de l'*Habillement*, page 178), d'un relevé des quantités de matières employées (mod. n° 19) et, s'il y a lieu, d'une expédition des relevés (mod. n° 21 *bis*) des dépenses remboursées pendant l'année. (Art. 253 *bis*, page 409.)

(1) Ils comprennent le matériel de la portion centrale et des portions détachées.

Le compte afférent au service de réserve comprend l'*ensemble des approvisionnements dont chaque corps a la gestion.* Par suite, les mouvements de matériel entre les approvisionnements spéciaux gérés par le même corps ne figurent point dans ce compte. Toutefois, on doit en compléter l'en-tête de la manière suivante :

18e régiment de chasseurs à cheval et { 8e régiment territorial de cavalerie, etc.

(Art. 253 *ter* de ladite instr.)

Les ingrédients divers achetés pour l'entretien du matériel, les balais, les brosses, etc., qui, une fois mis en service, sont considérés comme consommés, ne figurent point dans les comptes des corps. De plus, les entrées et les sorties de matériel à réparer ne donnent lieu à aucune inscription, mais les matières employées figurent sur le certificat administratif de sortie. (Art. 130 de ladite instr.)

Les effets restant au 31 décembre sont décomptés conformément aux indications portées en tête de la nomenclature M. (Art. 253 *bis.*)

Ces documents sont remis le 1er mars au sous-intendant militaire, qui les vérifie et les adresse à l'intendant militaire, qui les transmet au ministre dans le courant du mois de mai et au plus tard le 1er juin, après les avoir récapitulés dans les conditions indiquées pour le service de l'*Habillement.*

Le matériel d'emballage (Chap. V de la nomencl.) doit être compris dans le compte, et les expéditions ou réceptions d'effets de harnachement doivent donner lieu chaque fois à des sorties ou à des entrées de matériel de cette nature.

Lorsque les ressources du service de harnachement font défaut pour les expéditions, les matériaux d'emballage peuvent être prélevés sur un autre service avec l'autorisation du sous-intendant militaire.

Il est établi deux factures décomptées. (Mod. n° 11 de l'instr. du 1er mars 1880 pour justifier la sortie au service livrancier, et mod. n° 6 pour l'entrée au service cessionnaire. Ces cessions donnent lieu ensuite à des virement de fonds par les soins de l'administration centrale. (Dép. ministlle du 22 juin 1882 M.)

La note du 24 décembre 1883, page 823, prescrit de comprendre dans les comptes de gestion des régiments de cavalerie (service courant) tous les surfaix d'écurie, bridons et licols en service.

Les mouvements d'entrée et de sortie sont justifiés par des certificats trimestriels modèles nos 5 et 14.

Toutefois, il ne doit pas être passé écriture des remplacements par suite de réforme ou de mise hors de service, sauf les cas de force majeure.

Les états récapitulatifs sont conformes au modèle annexé à la circulaire du 7 février 1881 et produits en double expédition tant pour le service courant que pour celui de réserve. (Même circ.)

Nota. — Les existants en fin d'année, dans l'ensemble du corps, doivent être les mêmes sur le compte annuel de gestion et sur le registre des entrées et des sorties de matériel. (Art. 130 du décr. du 1er mars 1880, page 366.)

La circulaire du 21 février 1881, page 184, donne la manière de clore les comptes de gestion et de passer d'une nomenclature à une nouvelle en fin d'année.

Les décomptes en deniers pour les matières, effets, objets, etc., doivent être effectués pour tous les services, conformément aux exemples chiffrés, figurant aux modèles annexés au décret et à l'instruction.

La fixation du prix des matières, effets, objets, etc., aux classements autres que le classement neuf, résulte du prix déterminé pour ce dernier classement, réduit du pour 0/0 déterminé pour le matériel de chaque service, sans arrondir à 5 ou 10 centimes, et sans tenir compte des millimes. (Note du 30 juin 1880, page 421.)

2° HARNACHEMENT DE L'ARTILLERIE, DU TRAIN DES ÉQUIPAGES MILITAIRES ET DES ÉQUIPAGES DES RÉGIMENTS D'INFANTERIE

Ce matériel, qui est compris dans la nomenclature N, figure dans le compte du matériel de l'artillerie. (Art. 130 de l'instr. du 1er mars 1880, page 393.) Se reporter au titre *Armement.*

3° HARNACHEMENT DU GÉNIE

Ce matériel est compris dans le compte des outils à emporter en campagne. (Se reporter au chapitre du *Casernement*, page 231.)

Contrôle des effets de harnachement. (Voir *Habillement*, page 173.)

FERRAGE DES CHEVAUX

Dispositions générales.

Les vétérinaires ont la surveillance du ferrage des chevaux (règlem[ts] du 28 décembre 1883), mais ils ne sont pas responsables de l'entretien de la ferrure.

Les frais de ferrage des chevaux fournis par l'Etat, à titre gratuit, aux officiers de toutes armes sont supportés, comme ceux des chevaux de troupe, par la masse d'entretien du harnachement et ferrage. (Art. 7 du règlem[t] du 3 juillet 1855, page 627. — Voir, pour les prix, le tableau page 497.)

Il en est de même du ferrage du deuxième cheval que les capitaines montés peuvent posséder à titre onéreux. (Note du 9 janvier 1872, page 18.) Ce même principe est applicable à tout officier qui renonce à la remonte à titre gratuit (décis. du 1er septembre 1878, page 236), mais pour les chevaux qui lui sont attribués seulement.

Les chevaux de l'Etat emmenés par les officiers se rendant en congé sont ferrés au compte de ces officiers. (Art. 13 du décr. du 3 juillet 1855, page 630.)

Chevaux placés en subsistance.

Aux termes de la circulaire du 28 juin 1876, page 817, et de l'article 235 du règlement du 8 juin 1883, page 617, les chevaux qui sont placés en subsistance dans d'autres corps sont entretenus par ces corps, lesquels perçoivent la prime d'entretien du harnachement et ferrage, au taux fixé pour leurs propres chevaux.

Cette disposition est applicable aux chevaux placés en subsistance dans les corps de troupe à pied, lesquels ont droit à la prime d'entretien de ces animaux au taux fixé pour leurs propres chevaux. (Dép. du 15 janvier 1881, n° 327, et art. 235 du règlem[t] du 8 juin 1883.) (Voir ci-après pour les *Chevaux d'officiers sans troupe.*)

D'un autre côté, d'après la circulaire ministérielle du 17 février 1876, § 6°, page 117, les officiers régulièrement détachés dans un service d'état-major ou autre, étant payés par ce service, doivent percevoir leurs fourrages au même titre. De plus, en ce qui concerne le ferrage et le traitement des chevaux dont ils sont régulièrement pourvus, on doit procéder comme s'il s'agissait d'officiers appartenant au service même, sans que les corps d'où ils sont détachés aient à intervenir pour le paiement des dépenses.

Par suite de cette disposition, qui s'applique aux chevaux des officiers détachés dans les dépôts de remonte (1), on doit considérer comme abrogée la note du 16 novembre 1863, page 705, reproduite 2e sem. 1876, page 446, qui prescrivait aux corps de verser, à la fin de chaque mois, le montant de la prime d'entretien du harnachement et ferrage aux établissements dont il s'agit. Dès lors, les établissements reçoivent les chevaux en subsistance pour le ferrage et il se créditent dans leurs revues des journées de prime d'entretien; mais les fourrages sont perçus et régularisés comme ceux des chevaux des officiers sans troupe. (17 février 1876, page 117.)

Ferrage des chevaux d'officiers sans troupe ou d'officiers détachés de leurs corps appartenant à l'État ou à ces officiers.

Pour les chevaux fournis gratuitement aux officiers des états-majors ou autres n'appartenant pas à des corps de troupe, les frais de ferrage sont mis à la charge de

(1) La décision présidentielle du 23 février 1885, gage 215, ayant prescrit de payer les officiers détachés dans les remontes au titre de leur corps, on doit attendre des instructions pour les dépenses des chevaux, confirmatives ou modificatives de celles antérieures.

la masse d'entretien du harnachement et ferrage du corps de troupe à cheval ou de l'établissement le plus à proximité (art. 7 du règlem[t] du 3 juillet 1855), ou du corps d'infanterie s'il n'y en a pas d'autre dans la garnison. (Note du 19 mars 1884, page 263.) Cette note est applicable aux chevaux des officiers régulièrement détachés de leur corps à un titre quelconque et aux assimilés. D'après la circulaire du 17 février 1876, page 117, les officiers détachés dans un état-major ou service doivent être assimilés, pour le ferrage de leurs chevaux, aux officiers de cet état-major ou service sans que les corps d'où ils sont détachés aient à intervenir pour le paiement des dépenses.

Ces dépenses sont réglées d'après le tarif d'abonnement, s'il y a un corps à cheval dans la place, ou à prix débattu dans le cas contraire. La circulaire du 13 janvier 1880, page 18, ajoute que la prime d'entretien du harnachement et ferrage n'est pas allouée pour les chevaux des officiers sans troupe, et que les corps de troupe chargés de leur ferrage doivent supporter les frais de ferrage, sans compensation d'aucune sorte ; mais les chevaux appartenant à des corps donnent droit à cette prime. (Voir *Chevaux placés en subsistance.*)

Les capitaines qui ont un deuxième cheval à titre onéreux jouissent, pour ce cheval, comme pour celui appartenant à l'Etat, du bénéfice indiqué ci-dessus pour les chevaux fournis à titre gratuit. (Note du 9 janvier 1872, page 18, et décis. du 1er septembre 1878, page 236.)

Ferrage des chevaux dans les corps d'infanterie.

L'article 3 du règlement du 28 février 1883, page 217, dispose que les frais de ferrure des chevaux et mulets appartenant à l'Etat sont à la charge de la masse d'entretien du harnachement et ferrage des corps.

Les maréchaux-ferrants des corps de troupes à cheval sont astreints par leurs abonnements à ferrer, dans la place où ils sont stationnés, les chevaux détenus à titre gratuit ou onéreux, ainsi que les animaux de trait ou de bât des corps d'infanterie, aux prix fixés par le tarif du 2 mai 1878, page 233. (Voir ci-après page 497.)

Cet abonnement n'est pas obligatoire pour les officiers montés à titre onéreux (1); ceux qui en profitent en paient directement le prix aux maréchaux-ferrants.

A défaut de maréchaux-ferrants de corps de troupes à cheval, les conseils d'administration doivent passer un marché d'abonnement avec un maréchal-ferrant civil pour tous les chevaux du corps, sans exception, aux prix fixés par le tarif précité; s'ils ne pouvaient traiter dans les limites de ce tarif, le contrôle local aurait la faculté d'en autoriser le dépassement.

A défaut de maréchal-ferrant abonnataire (militaire ou civil), la ferrure des chevaux délivrés à titre gratuit est assurée par les officiers détenteurs, qui reçoivent alors directement les indemnités fixées par le tarif précité. Dans le même cas, la ferrure des animaux de trait ou de bât est assurée de la même manière, par les officiers qui ont la surveillance des équipages régimentaires.

Si les fixations du tarif étaient insuffisantes, le supplément de dépense serait payé, avec l'autorisation du sous-intendant, par la masse d'entretien du harnachement et ferrage, sur la production de factures signées des maréchaux-ferrants et des officiers intéressés. (Art. 3 du règlem[t] précité.)

Le ferrage des chevaux d'infanterie est assuré par les batteries montées de l'artillerie divisionnaire en campagne ou de corps. (Circ. du 20 décembre 1878, page 433.)

Pour les chevaux placés en subsistance, voir ci-dessus, page 489.

1° DISPOSITIONS PARTICULIÈRES AUX CHEVAUX D'OFFICIERS DES CORPS D'INFANTERIE

Aux termes de l'article 7 du règlement du 3 juillet 1855, page 627, l'Etat prend à sa charge les frais de ferrure des chevaux d'officiers des corps d'infanterie délivrés à titre gratuit.

De plus, la circulaire du 6 avril 1880 (M) accorde aux capitaines et lieutenants de l'ancien corps d'état-major, placés dans l'infanterie, le bénéfice de l'article 7 dudit règlement.

(1) Ces dispositions sont rappelées par l'article 255 du règlement du 8 décembre 1883 sur le service intérieur.

Sont également au compte de l'État les frais de ferrure des chevaux que possèdent en propre les officiers *montés* lorsqu'ils ont renoncé à la remonte gratuite ou qu'ils n'ont pu être montés. (Note du 9 janvier 1872, page 18, pour les adjudants-majors et du 7 septembre 1881, page 176, rappelée le 28 septembre 1883, page 290, pour les capitaines de compagnie). (Voir aussi la décis. du 1er septembre 1878, page 236.)

Il en est de même pour les officiers d'ordonnance. (Décis. du 20 octobre 1873, page 369, reproduite au *Journal militaire*, 2e sem. 1876, page 451.)

La décis. présidentielle du 12 janvier 1883, page 42, et le règlement du 28 février 1883, page 217, allouent à la masse d'entretien pour la couvrir de ses dépenses 29 fr. 20 par cheval et par an.

Le tarif du 2 mai 1878, page 233, fixe à 2 fr. par mois en station et à 4 fr. en route ou en manœuvres, le prix du ferrage des chevaux d'officiers.

2° DISPOSITIONS SPÉCIALES AUX CHEVAUX DES ÉQUIPAGES RÉGIMENTAIRES

La décision présidentielle du 12 janvier 1883, p. 42 et le règlement du 28 février 1883, page 217, allouent par an, aux régiments d'infanterie et bataillons de chasseurs, 29 fr. 20 c. par cheval ou mulet de trait ou de bât, pour l'entretien du harnachement et de la ferrure de ces animaux. Cette allocation est faite au profit de la masse d'entretien du harnachement et ferrage qui supporte les dépenses. (Voir *Equipages*.) Dans les corps à cheval, l'allocation est la même que pour les chevaux de l'arme. (17 avril 1880, page 401 S.)

La décision du 2 mai 1878, page 235, fixe la dépense d'entretien de la ferrure à 1 fr. 70 c. par mois et par cheval ou mulet en station, et à 3 fr. 40 c. sur le pied de guerre ou pendant les manœuvres.

Aux termes d'une circulaire ministérielle du 20 décembre 1878, page 433, chaque corps de troupe d'infanterie doit avoir un aide maréchal-ferrant chargé, pendant les marches, de faire les réparations à la ferrure des chevaux. Cette circulaire rappelle qu'en campagne le ferrage sera assuré par les batteries montées de l'artillerie divisionnaire ou de corps.

Les corps d'infanterie sont autorisés à faire l'achat d'une sacoche de maréchal-ferrant (mod. du 19 août 1853, page 728) et des outils ci-après : 1 boutoir, 1 brochoir, 1 rogne-pied, 1 râpe, 1 paire de tricoises et 1 repoussoir. — Prix total de la sacoche et des outils : 32 francs. Le maréchal doit avoir un bottillon de clous et six fers. (20 décembre 1878, page 483, et règlemt du 28 février 1883, page 219.) La dépense incombe à la masse d'entretien du harnachement et ferrage. (Règlement précité.)

Dans les marches, cette sacoche est placée dans un porte-sacoche appliqué à l'extérieur de la voiture d'outils dans les régiments d'infanterie ; dans les bataillons de chasseurs, elle est placée avec les ferrures de rechange des animaux de bât. (Note du 6 août 1882 M.) Ce porte-sacoche et les accessoires ont été fournis par le service de l'artillerie, mais les frais de pose ont été mis au compte de la masse d'entretien des équipages régimentaires. (Dép. minist. du 27 février 1879 M.)

Il est fourni à chaque aide-maréchal un tablier en peau de mouton tannée. — Prix : 6 francs ; durée : 4 ans. (Note descriptive du 24 mars 1879, page 316 S.) Cette dépense est à la charge de la masse d'entretien du harnachement et ferrage. (Règlemt du 28 février 1883, page 219.)

Ferrage des chevaux de la gendarmerie.

(Voir : *Masse d'entretien et de remonte.*)

Ferrage des chevaux des bataillons d'artillerie de forteresse.

La note du 23 janvier 1884, page 124, dispose que le ferrage des chevaux de ces bataillons est assuré par les soins d'un abonnataire pris dans l'un des corps de troupe de la garnison, et, à défaut, par un maréchal-ferrant civil avec lequel, s'il est nécessaire, il est passé un marché au mieux des intérêts de l'Etat. Ce marché est approuvé par le sous-intendant militaire.

Les dépenses sont supportées par la masse d'entretien du harnachement et ferrage, laquelle est alimentée par une allocation annuelle fixée à 29 fr. 20 c. et par le produit des fumiers et des dépouilles de chevaux morts. (23 janvier 1884.) Voir ci-après page 497, le tarif des frais de ferrage.

Ferrage des chevaux dans les corps de troupe à cheval.

(Voir ci-dessus : *Dispositions générales.*)

Le ferrage des chevaux de troupe et de ceux d'officiers appartenant à l'Etat est confié à des ouvriers militaires.

Les corps à cheval passent avec leurs maréchaux-ferrants des marchés d'abonnement dont les dispositions sont conformes au modèle inséré à la page 494 ci-après.

Sur le pied de guerre, des abonnements doivent également être passés avec les aides-maréchaux chargés d'assurer le service dans les cas ci-après, savoir :

1° Avec le plus ancien des aides-maréchaux des détachements du train des équipages affectés aux divisions de cavalerie indépendantes ;

2° Avec l'aide-maréchal du détachement du train chargé de la conduite de l'ambulance d'une division d'infanterie, lorsque cette ambulance se trouve éloignée du convoi des subsistances de la division.

On fait à ces aides les avances de fonds nécessaires. (Circ. du 1er août 1879 M.)

Le matériel nécessaire à l'exécution de ce service peut se diviser en trois catégories, savoir :

1° Le matériel fourni par l'Etat (service du génie) ;
2° — par les abonnataires ;
3° — par les corps.

1° MATÉRIEL FOURNI PAR L'ÉTAT

Le service du génie fournit gratuitement :

Les forges (1) comprenant le foyer, l'auge en pierre, la fosse au charbon et le soufflet (*Manuel de Maréchalerie*) ;
Les bigornes du poids de 50 kilog. environ, à raison d'une par feu;
Les enclumes, pesant de 75 à 80 kilog., à raison d'une par feu ;
Les étaux, à raison d'un pour deux feux, et de deux pour trois feux ;
Les billots pour le percement des fers, un par feu ;
Les porte-manteaux à chevilles pour suspendre les vestes et les bonnets des ouvriers ;
Les tablettes pour les fers préparés ;
Les anneaux d'attache dans les hangars au ferrage (18 environ par régiment).

Ces divers objets sont fournis, entretenus et remplacés par le service du génie. (Art. 49 du règlemt du 30 juin 1856.)

Les calibres nécessaires pour la vérification des fers confectionnés sont fournis par le ministre. (Circ. du 27 avril 1870, page 61.)

Le *Manuel de Maréchalerie*, à raison d'un exemplaire par ouvrier, est également envoyé par le ministre. (Note du 12 décembre 1875, page 1278, S.) Pour le prix, voir *Théories*, page 364.

Les modèles types. (*Idem.* — Diverses dépêches : 4 août 1876, page 51, etc.)

Traité de Maréchalerie. (Voir *Ouvrages divers.*)

Forges de campagne. — La décision ministérielle du 14 septembre 1871, page 352, et reproduite 2e sem. 1876, page 449, dispose que tous les régiments de *cavalerie* doivent être pourvus, en permanence, d'une forge de campagne avec harnais d'attelage. Elle est montée sur roues et comprend un coffret de devant et un coffret de derrière. Elle est accompagnée des accessoires désignés ci-dessous et d'une bigorne. (*Manuel de Maréchalerie.*)

Une dépêche du 9 novembre 1871 (M) ajoute que la forge et les harnais seront fournis par le service de l'artillerie, la forge à titre gratuit et les harnais à charge de remboursement sur les fonds de la masse d'entretien du harnachement et ferrage. (Récépissé de versement adressé au ministre (bureau de l'artillerie).

Les frais d'entretien de la forge sont aussi au compte de la masse d'entretien du

(1) Dans les cantonnements et lorsque le génie ne peut en fournir, les corps peuvent, sur une autorisation spéciale du sous-intendant militaire, louer des forges. — La dépense est imputable à la masse d'entretien du harnachement et ferrage. (Diverses dépêches ministérielles.)

harnachement et ferrage. (Dép. du 9 novembre 1871 (M), rappelée par la note du 28 avril 1882, page 175.) Il en est de même des harnais. (Note du 28 août 1882, page 101.)

La forge et les harnais sont emmenés en cas de mouvement par étape. (Note du 3 juillet 1884, page 16.) — (Voir *Transports*.)

Chaque forge est munie des accessoires ci-après:

Un seau du modèle français, fourni par le service de l'artillerie.
Une chaine d'enrayage, — —

Une pelle à feu.............	2 25	Achetés sur les fonds de la masse d'entretien du harnachement.
Un tisonnier...............	2 25	
Un tisonnier crochu.......	2 25	

(Circ. du 14 janvier 1872, page 19, reproduite 2e sem. 1876, page 450.)

La circulaire du 14 mars 1874 (M) et celle du 27 octobre même année, page 486, disposent formellement qu'on ne doit pas se servir de ce matériel en temps de paix.

Les officiers d'artillerie inspecteurs d'armes sont chargés de le visiter (14 mars 1874). Les réparations prescrites par ces officiers sont exécutées sur l'ordre du ministre (art. 22 de l'instr. du 17 mars 1884, page 453 S), d'après le tarif du 21 mars 1874, et la dépense est imputée d'après les indications données ci-dessus.

La voiture ou les parties de la voiture (roues, coffre, corps d'avant-train, etc.) qui ne sont pas susceptibles de réparations, sont réformées et remplacées par le service de l'artillerie sur la production des états de réforme. (Circ. du 14 mars 1874.)

Nota. — Le régiment de dragons de chaque corps d'armée a, en outre, en dépôt, pour le quartier général du corps d'armée mobilisé, une forge de campagne à 4 chevaux. (Circ. du 27 juin 1879 M.)

(Voir *Manèges* et *Infirmeries vétérinaires*.)

2° MATÉRIEL AU COMPTE DES OUVRIERS, ET OBLIGATIONS DIVERSES

(Pour les effets de travail, voir *Habillement*, page 130, et ci-après page 498, pour les outils de réserve.)

Les maréchaux-ferrants sont tenus de se pourvoir à leurs frais du charbon, du fer, des outils ou ustensiles nécessaires à l'exercice de leur profession, à l'exception seulement des objets que le département de la guerre doit fournir en vertu de l'article 49 du règlement du 30 juin 1856, sur le service du casernement, et qui sont énumérés à la page 492 ci-dessus. (Art. 12 du mod. d'abonnement.)

Par conséquent, en adoptant comme base le *Manuel de Maréchalerie*, en date du 12 décembre 1875, les outils au compte des ouvriers sont les suivants :

PAR FORGE :

2 Tisonniers, l'un droit, l'autre crochu ;
Ecouvette (ou balai) pour asperger d'eau le charbon dans l'âtre ;
Tenailles à mettre au feu ;
2 Tenailles à main, l'une goulue, l'autre juste ;
2 Ferretiers, l'un pour forger, l'autre pour ajuster ;
2 Marteaux, l'un pour frapper devant, et l'autre, plus petit, pour faire les lopins ;
1 Étampe, pour étamper les fers ;
2 Tranches, pour couper le fer ;
Poinçon, pour contrepercer le fer ;
Affiloir, pour les clous ;
Seau, pour refroidir les fers.

La nomenclature du 2 octobre 1882, page 565, donne le prix de plusieurs de ces outils.

Chaque maréchal en pied doit, en outre, se pourvoir des instruments de ferrure indiqués par le *Manuel de Maréchalerie*, savoir :

1 Brochoir,
1 Boutoir,
1 Rogne-pied,
1 Paire de tricoises,
1 Râpe,
1 Repoussoir,
1 Tablier de forge,
1 Boîte à ferrer,
1 Paire de sacoches en cuir. (Prix : 16 fr. vide, 19 août 1853, 728, et 40 fr. complète. — Décis. du 22 janvier 1879, 32, et nomencl. du 2 octobre 1882.)

Le modèle d'abonnement inséré ci-après énumère les diverses obligations qui sont imposées aux ouvriers abonnataires et les oblige à se pourvoir d'un calibre pour vérifier les dimensions des fers.

Le prix des objets sus-indiqués est fixé par la nomenclature du 2 octobre 1882, page 537.

Une note du 30 juin 1883, page 846, oblige chaque maréchal-ferrant abonnataire à tenir, sous la direction du vétérinaire, un carnet spécial indiquant le numéro de l'escadron, de la batterie et de la compagnie; le numéro matricule et le nom de chaque cheval; l'état des pieds, les ferrures pathologiques appliquées, ainsi que les motifs de cette application.

Système de ferrure. — La décis. du 30 juillet 1845, page 583, prescrivait l'adoption de la ferrure à froid, mais elle a été modifiée par celle du 22 mars 1854, page 320 (reproduite 2e sem. 1876, page 446), qui ordonne de revenir à la ferrure à chaud dans la cavalerie de réserve, l'artillerie et les trains, et, dans les autres régiments, pour les chevaux à pied volumineux.

Le système de ferrure à froid devient donc l'exception et non la règle à l'intérieur; toutefois, les maréchaux-ferrants doivent être mis en état de la pratiquer en campagne.

3° MATÉRIEL A LA CHARGE DES CORPS

(Voir au titre *Manèges.*)

Pour l'exécution de la décision du 30 juillet 1845, relative à la ferrure à froid, une dépêche ministérielle du 23 juillet 1846, n° 7426, exige que les corps pourvoient les maréchaux-ferrants, sur les fonds de la masse d'entretien du harnachement et ferrage, de :

Un registre à folios mobiles. (Prix selon le nombre de feuilles.)
Deux balances avec leurs poids...................... 20 fr. l'une.

Nota. — Ces balances ne sont plus indispensables, les fers n'étant plus fabriqués au poids.

Deux poinçons en fer.............................. 6 fr. l'un.
Un jeu de marques par escadron, batterie ou compagnie 14 » —

Ces dispositions ont été reproduites par l'article 12 du modèle d'abonnement du train des équipages qui était annexé à la dépêche du 8 juillet 1875, lequel portait que les instruments et objets ci-après énoncés devaient être fournis au compte de la masse d'entretien du harnachement et ferrage, lorsqu'il y a lieu de faire application *de la ferrure à froid* :

Podomètres, — râpes, — repoussoirs, — numéros pour marquer les fers, — registre de forge, — papier pour prendre mesure des pieds, — *Manuel* de M. Riquet.

Circulaire du 18 octobre 1877, page 197, adoptant un Modèle unique d'abonnement (1).

Le ministre, après avoir pris l'avis de la commission d'hygiène hippique, a décidé, le 10 octobre 1877, qu'à l'avenir, les conseils d'administration des corps de troupe à cheval devront passer les marchés d'abonnement avec les maréchaux-ferrants, aux clauses et conditions du modèle unique d'abonnement dont la teneur suit :

° RÉGIMENT D

ou

° ESCADRON DU TRAIN DES ÉQUIPAGES MILITAIRES

Abonnement pour l'entretien de la ferrure des chevaux de troupe et des chevaux d'officiers appartenant à l'État, en station et en marche.

Cejourd'hui (en toutes lettres) les membres du conseil d'administration et les sieurs , maréchaux-ferrants, sont convenus de passer le présent abonnement pour ans, à dater du jusqu'au aux clauses et conditions déterminées par les articles suivants :

Article premier. — Les sieurs s'engagent à ferrer et à faire ferrer à leur compte les chevaux des officiers appartenant à l'État, ceux des officiers du corps d'état-major et des autres officiers n'appartenant pas à des corps de troupe, dans les cas prévus par le règlement ministériel du 3 juillet 1855 (art. 7), les chevaux et mulets de troupe comptant à l'effectif du corps.

(1) Ce modèle d'abonnement a été reproduit à la suite du règlement du 11 juin 1883, page 890, concernant les troupes de l'artillerie et du train des équipages.

Art. 2. — Ils s'engagent à fournir des fers d'une forme particulière pour les chevaux auxquels il sera reconnu nécessaire d'en adapter.

Art. 3. — Les maréchaux-ferrants se soumettent aux obligations suivantes :

1° Maintenir les dimensions d'épaisseur et de largeur dans les limites ci-après, fixées par la circulaire du 27 avril 1870 :

	FERS DE DEVANT		FERS DE DERRIÈRE	
	LARGEUR.	ÉPAISSEUR.	LARGEUR.	ÉPAISSEUR.
	millim.	millim.	millim.	millim.
Chevaux de cavalerie de réserve	0.022	0.012	0.025	0.0125
Chevaux de cavalerie de ligne et d'artillerie (selle)	0.021	0.011	0.024	0.012
Chevaux de cavalerie légère (français)	0.020	0.010	0.023	0.011
Chevaux de cavalerie légère (arabes)	0.018	0.009	0.021	0.010
Chevaux de trait de l'artillerie et du train	0.0235	0.013	0.027	0.014

	FERS DE DEVANT						FERS DE DERRIÈRE						Décision ministérielle du 5 juin 1882, p. 298.
	COUVERTURE.			ÉPAISSEUR.			COUVERTURE.			ÉPAISSEUR.			
	Pinces et Mamelles.	Branches.	Eponges.	Pinces et Mamelles.	Branches.	Eponges.	Pinces et Mamelles.	Branches.	Eponges.	Pinces et Mamelles.	Branches.	Eponges.	
	millim.	millim.	millim.	millim.	millim.	millim.	millim.	millim.	millim.	millim.	millim.	millim.	
Mulets de trait	0.026	0.024	0.020	0.011	0.008	0.008	0.034	0.025	0.015	0.013	0.010	0.010	
Mulets de bât	0.022	0.020	0.015	0.010	0.008	0.008	0.025	0.019	0.012	0.012	0.010	0.010	

Ces dimensions seront contrôlées au moyen d'un calibre dont chaque maréchal-ferrant abonnataire sera toujours pourvu.

Les fers de derrière seront munis de crampons permanents toute l'année. Ces appendices seront levés droit et carrément à l'extrémité de chaque branche. Ils auront une épaisseur et une largeur égales à celles des branches elles-mêmes et une hauteur égale à l'épaisseur du fer. (*Cette dernière prescription n'est applicable qu'aux régiments de cavalerie.*)

Nota. — La note ministérielle du 16 juillet 1881, page 24, laisse toute latitude aux chefs de corps pour prescrire ou supprimer les crampons dans la ferrure courante d'été, selon la nature du terrain et le genre de travail à exécuter.

Toutefois, la ferrure d'été de l'approvisionnement de réserve doit être maintenue telle qu'elle est, c'est-à-dire avec crampons aux fers de derrière.

2° Renouveler complètement la ferrure de chaque cheval ou mulet tous les trente jours, sans qu'on puisse exiger d'eux qu'ils ferrent toujours les quatre pieds à la fois, mais toujours les deux pieds de devant ou les deux pieds de derrière ;

3° S'abstenir de faire servir les vieux fers sans les avoir forgés de nouveau ;

4° Être pourvus de l'approvisionnement d'une ferrure complète par cheval, en fers ajustés et numérotés (décis. du 27 avril 1870) (1) ;

5° En hiver, fournir des fers à crampons et des clous à glace pour tous les chevaux, lorsque le chef de corps ou, dans les batteries ou compagnies détachées, le chef de détachement le juge nécessaire. (*Ce paragraphe n'est pas applicable aux régiments de cavalerie, qui devront se conformer, pour l'application de la ferrure à glace, aux prescriptions de la décision ministérielle du 28 juin 1876, modifiée le 4 août suivant et portant que, dans la saison d'hiver — 15 novembre au 15 février — les fers de devant sont pourvus de crampons comme ceux de derrière.*) Dans les corps de troupe de l'artillerie et du train, lorsque les chefs de corps ou de détachement le jugent nécessaire, les maréchaux-ferrants doivent munir les chevaux de trait de fers à crampons fixes et grappes en pince, conformément à la circ. du 29 juillet 1878.

6° Appliquer la ferrure à chaud ou à froid, suivant les besoins prévus par la circulaire du 22 mars 1854. (*Ce paragraphe n'est applicable qu'aux régiments de cavalerie*) ;

7° Poinçonner et numéroter les fers ;

8° Les frais de marquage du sabot seront à la charge des maréchaux ferrants.

Quant aux frais de remplacement des jeux de marques, ils seront supportés par la masse d'entretien

(1) Ils sont tenus de recevoir, à charge de remboursement, les fers et clous provenant des magasins de l'Etat (circ. du 4 août 1876, page 50, et art. 13 de l'abonnement), et d'avoir une quantité suffisante de clous, de fers forgés et de lopins pour les besoins imprévus. (Instr. annuelles sur les inspections générales.) En cas de mobilisation, les ferrures de réserve sont remises aux maréchaux-ferrants au fur et à mesure des besoins et contre remboursement. (Voir art. 70 du règlement du 11 juin 1883, page 883.)

du harnachement et ferrage, lorsque ce remplacement sera nécessité par l'usure résultant du service; ils resteront à la charge des maréchaux-ferrants ou de la masse individuelle, selon le cas, lorsque l'usure proviendra de maladresse ou de négligence. (Note du 3 juillet 1883, page 8.) Voir *Marques*.

Art. 4. — Les maréchaux-ferrants sont tenus de payer à leurs aides une rétribution mensuelle dont la quotité sera réglée par le conseil d'administration, d'après l'avis du vétérinaire en premier.

Art. 5. — L'entretien de la ferrure des chevaux de l'état-major, du peloton hors rang et des escadrons, batteries, compagnies ou portions de corps qui, accidentellement, n'auraient pas de maréchal-ferrant, sera confié au maréchal des logis premier maître.

Art. 6. — La ferrure des chevaux venus d'autres corps est à la charge des maréchaux-ferrants, à partir du jour où ces chevaux se mettent en route pour rejoindre le corps, et celle des chevaux de remonte (1), à partir du jour où ils quittent le dépôt (2).

La ferrure des chevaux qui cesseront, à quelque titre que ce soit, de faire partie de l'abonnement, sera mise en bon état jusqu'au jour du départ exclusivement.

Art. 7. — Il est loisible aux officiers de faire entretenir la ferrure des chevaux qui sont leur propriété, par les maréchaux-ferrants du corps, soit par voie d'abonnement au taux fixé à l'article 13, soit au prix de 3 francs par ferrure complète. Les maréchaux-ferrants seront payés directement par les officiers propriétaires des chevaux.

Art. 8. — Quand un maréchal-ferrant abonnataire quitte le corps ou change d'emploi, il doit mettre la ferrure en bon état, et le prix de son approvisionnement d'une ferrure complète lui est remboursé par son successeur. Ce dernier sera tenu de prendre le présent abonnement aux mêmes conditions, et, dans le cas où il n'y aurait pas d'argent pour rembourser l'approvisionnement, ce remboursement aura lieu, selon les dispositions de la circulaire ministérielle du 9 janvier 1846, à l'aide d'une avance faite par le conseil d'administration; alors il sera retenu tous les mois, jusqu'à acquittement, *un sixième* de la somme avancée.

En cas de contestation sur la valeur des objets à remettre par le maréchal-ferrant sortant au maréchal-ferrant entrant, le différend sera réglé par le major.

Art. 9. — Dans le cas de départ d'un escadron, d'une batterie ou compagnie pour l'armée, l'excédent d'approvisionnement sera réparti, proportionnellement au prix fixé par le conseil d'administration, entre les maréchaux-ferrants abonnataires des autres escadrons, batteries ou compagnies.

Art. 10. — Les maréchaux-ferrants abonnataires ne pourront, sans l'autorisation du conseil d'administration, employer pour leurs travaux des maréchaux-ferrants étrangers au corps. Il leur est interdit de faire aucune espèce de travaux concernant l'éperonnerie et d'avoir une clientèle civile.

Art. 11. — Pour les clauses et conditions stipulées au présent abonnement, les maréchaux-ferrants sont et demeurent responsables, envers le conseil d'administration, du bon état de la ferrure des chevaux de troupe et des chevaux d'officiers fournis par l'Etat. Le conseil d'administration se réserve le droit de résiliation du présent abonnement, en cas de non-exécution des conditions qui y sont stipulées.

Art. 12. — Les maréchaux-ferrants sont tenus de se pourvoir, à leurs frais, du charbon, du fer, des outils ou ustensiles nécessaires à l'exercice de leur profession, à l'exception seulement des objets que le

(1) La circulaire du 6 octobre 1831, insérée à la page 105 du tome III du *Journal Militaire*, met au compte des corps destinataires les frais de ferrage, d'achats de médicaments, de transports d'effets, ainsi que les frais d'attache des chevaux dans les auberges.

Ces dépenses sont justifiées par des quittances du modèle n° 31 annexé à l'instruction du 10 avril 1852, page 374.

Pour l'exécution de l'article 6 du marché d'abonnement, les maréchaux-ferrants abonnataires reçoivent, pour comptant sur les sommes qui leur sont dues, le montant de celles de ces pièces de dépense qui se rapportent au ferrage.

S'il n'y a pas d'abonnataire, on se conforme à la circulaire du 6 octobre 1831, qui prescrit d'en faire l'imputation à la masse d'entretien du harnachement et ferrage. Cette masse supporte, dans tous les cas, les frais de médicaments, de transport d'effets et d'attache des chevaux.

Dans les revues de liquidation trimestrielles, les corps sont crédités de la masse d'entretien du harnachement pour les chevaux appartenant à l'Etat, à partir du jour où ils ont été livrés aux officiers chargés de les recevoir. (Même circ. et circ. du 27 avril 1870, page 61.)

Lorsqu'il s'agit de chevaux livrés à titre onéreux à des gendarmes, etc., les dépenses de médicaments et de ferrage sont remboursés par les destinataires sur le vu des quittances. (Dép. du 10 novembre 1852 M.) Les chevaux d'officiers ont toujours droit aux médicaments. (Voir à ce titre.) Les fonds peuvent être avancés par les dépôts ou corps livranciers.

(2) En ce qui concerne les chevaux de réquisition, l'article 70 du règlemt du 11 juin 1883, page 883, dispose qu'en cas de mobilisation, les commandants de batteries ou compagnies du train doivent remettre, par prélèvement sur leur approvisionnement de réserve, les fers et clous nécessaires pour ferrer les chevaux de réquisition dont la ferrure est insuffisante. Ces fers et clous sont délivrés gratuitement au maréchal qui doit assurer la main-d'œuvre en prenant au besoin des ouvriers civils, sans rétribution autre que la prime d'abonnement.

département de la guerre doit fournir en nature ou par location, en vertu de l'article 49 du règlement du 30 juin 1856, sur le service du casernement.

Pour les outils de réserve, voir à la page 498.

Art. 13. — Il sera payé aux maréchaux-ferrants, pour les couvrir des dépenses mises à leur charge par le présent abonnement, par cheval et par mois, les prix fixés dans les différentes positions par la circulaire ministérielle du 2 mai 1878, page 235, savoir :

	INTÉRIEUR.	
	En station (1). — Pied de paix ou de rassemblement. — Camps baraqués.	En marche. — Routes, grandes manœuvres, reconnaissances de brigade, troupes en campagne.
	F. C.	F. C.
Chevaux d'officiers de toutes armes	2 »	4 »
Cavalerie. Y compris les animaux de trait ou de bât.		
Réserve	1.65	3.30
Ligne	1.60	3.20
Légère (français ou arabe)	1.55	3.10
Artillerie.		
Chevaux de selle / — de trait / Mulets de trait / — de bât	1.70	3.40
Génie et Train des Équipages militaires.		
Chevaux de selle / — de trait / Mulets de trait / — de bât	1.75	3.50
Remonte, quelle que soit l'arme	1.60	»
Ecoles militaires	1.65	»
Infanterie (chevaux de trait ou mulets)	1.70	3.40

	ALGÉRIE (2).	
	En station. — Dans toutes les positions, celle d'expédition exceptée.	En marche. — Expédition.
	F. C.	F. C.
Chevaux d'officiers de toutes armes	2.20	3.30
Chevaux de race arabe.		
Chasseurs d'Afrique / Chasseurs / Hussards / Artillerie / Génie / Train	1.75	2.65
Chevaux de race française et mulets de toute provenance.		
Artillerie	1.90	2.85
Génie / Train des équipages militaires	1.95	2.90
Dépôts de remonte et d'étalons	1.70	»

Les maréchaux devront ferrer les chevaux de la gendarmerie dans les villes de garnison, à raison de 1 fr. 65 c. par cheval, prix de la cavalerie de réserve. (Décis. ministérielle du 26 mai 1876.)

Le montant de l'abonnement sera payé mensuellement aux maréchaux-ferrants, et à titre provisoire par le trésorier, dans les premiers jours du mois pour le mois écoulé, sur un état établi par le commandant de l'escadron, de la batterie ou compagnie, certifié par lui et vérifié par le major, constatant :

1° Le nombre de journées à payer et le décompte en argent de ces journées ;

2° Que la ferrure des chevaux est en bon état ;

3° Qu'il n'est rien dû aux marchands pour fournitures faites aux maréchaux-ferrants pendant le mois écoulé ou antérieurement ;

4° Que les aides-maréchaux ont été régulièrement payés.

Le décompte de l'abonnement sera réglé définitivement à la fin de chaque trimestre, d'après le nombre de journées légalement constatées par les revues (3).

Les maréchaux-ferrants recevront, pour comptant sur ce décompte, le montant des pièces justificatives des dépenses, qui auront été acquittées pour le ferrage des chevaux détachés ou ayant

(1) Pour les corps ou détachements en garnison à Paris ou à Lyon, ces prix sont augmentés de 0,15 centimes.

(2) Il est alloué dans tous les régiments montés en chevaux arabes, lorsqu'ils reçoivent des chevaux non ferrés (ce qui doit être constaté par procès-verbal), un franc par cheval pour une demi-ferrure de première mise. (Circ. du 2 mai 1878, page 235.)

(3) Une circulaire ministérielle du 9 octobre 1869 (M) dispose que l'abonnement des maréchaux-ferrants doit être décompté sur le pied de 365 ou de 366 jours par an.

Si les chevaux mis au vert à la prairie sont complètement déferrés (note K annexée au règlemt du 26 décembre 1876, page 463), il convient de défalquer leurs journées de l'abonnement. (Auteur.)

marché isolément dans l'intérieur, quand ces chevaux seront compris dans l'effectif du corps. (Pour les chevaux placés en subsistance, voir à ce titre.)

Les maréchaux-ferrants seront également tenus de recevoir et de prendre, aux prix fixés par le ministre de la guerre, les fers et les clous provenant des magasins de l'Etat, qui, sur son ordre, pourront être délivrés au corps. (Voir *Approvisionnements de réserve de ferrures pour les échanges.*)

Art. 14. — Aux grandes manœuvres ou en cas de mobilisation, les maréchaux qui auront reçu l'ordre de ferrer les chevaux des officiers attachés à l'état-major de leur corps d'armée, ainsi que les chevaux ou mulets des divisions d'infanterie (que ces derniers soient immatriculés ou simplement requis), seront tenus d'exiger ou de présenter, à titre de pièces justificatives, un bon signé, dans le premier cas, par les officiers possesseurs des animaux ferrés et visés par le chef d'état-major, et, dans le second cas, par le capitaine faisant fonctions de major ou par l'officier-payeur.

Ces bons, pour le remboursement, seront envoyés par le trésorier du corps dont les maréchaux font partie, aux conseils d'administration des régiments auxquels appartenaient les chevaux ferrés.

Art. 15. — Le présent abonnement sera soumis à l'approbation du sous-intendant militaire, et les contestations qui s'élèveraient sur la manière d'interpréter les conditions qui y sont énoncées seront jugées en premier ressort par ce fonctionnaire, et, s'il y a appel, par l'intendant militaire du corps d'armée qui statuera définitivement.

Fait à , les jour, mois et an que dessus.

Les membres du Conseil d'administration,

Les Abonnataires,

Approuvé
Par nous, sous-intendant militaire.

Outils de réserve.

1° cavalerie

Par dépêche du 15 mai 1877 (M), le ministre a prescrit que les régiments de cavalerie passeraient un marché avec leurs maîtres-ouvriers pour l'achat d'un nombre de collections d'outils de maréchaux-ferrants, savoir :

	NOMBRE DE COLLECTIONS	
	Pour le régiment.	Pour deux escadrons de l'armée territoriale.
10e régiment de dragons	4	6
18e chasseurs à cheval	3	6

Chaque collection se compose de : une paire de tricoises, un boutoir, un brochoir, un rogne-pied, une râpe, un repoussoir, le tout renfermé dans une sacoche double en cuir, du modèle réglementaire.

La dépense, imputable à la masse d'entretien du harnachement et ferrage, est remboursable par les ouvriers qui recevront les outils.

Ces objets doivent être mis en réserve dans les magasins régimentaires et de l'armée territoriale.

2° artillerie et train des équipages

Dans l'artillerie et le train des équipages, les maréchaux-ferrants doivent, conformément à la circulaire du 10 mars 1877 et au renvoi 1 de l'article 12 du modèle d'abonnement inséré au *Journal Militaire*, 1er semestre 1883, page 819, être munis, pour chacun des aides qui leur sont donnés sur le pied de guerre, d'une collection d'outils comprenant : 1 boutoir, 1 mailloche, 1 rogne-pied, 1 râpe, 1 repoussoir et 1 paire de tricoises. Pour les aides montés, cette collection doit être renfermée dans une sacoche double en cuir.

Indépendamment des outils achetés par les maréchaux en pied pour leurs aides, il est entretenu dans les établissements un approvisionnement de collections d'outils destinées aux maréchaux-ferrants de la réserve et de l'armée territoriale.

Le remboursement de ces outils, y compris celui de la double sacoche qui les renferme, s'il y a lieu, est effectué au prix de la nomenclature au moyen de retenues mensuelles sur l'abonnement, retenues dont le montant doit être versé au Trésor au titre du budget de l'artillerie. (Art. 68 du règlement du 11 juin 1883, page 882.)

3° INFANTERIE

(Voir ci-dessus, page 491.)

Approvisionnements de ferrures de réserve et confections.

La nomenclature M du harnachement de la cavalerie fixe le prix des fers à cheval et des clous.

1° CAVALERIE

La circ. du 8 octobre 1883 fixe l'importance des approvisionnements à entretenir dans les corps de cavalerie.

Dans ces fixations ne sont pas compris les approvisionnements que doivent avoir les maréchaux-ferrants. (Circ. du 2 septembre 1876.)

Une dépêche du 3 juillet 1875 (M) a prescrit de faire confectionner des ferrures de réserve dans les corps de troupe de cavalerie.

La dépense a été imputée à la masse d'entretion du harnachement et ferrage, mais la circulaire du 2 septembre 1876 en a prescrit le remboursement. L'ordonnancement a eu lieu par les soins du ministre sur la production des factures des maréchaux-ferrants en trois expéditions, dont une sur timbre.

La fabrication est exécutée sous la surveillance du conseil d'administration, et la réception est confiée à une commission composée de :

Un chef d'escadron, *président* ;
Un capitaine-instructeur ;
Un officier ;
Un vétérinaire en premier.

Les fers sont marqués au moyen d'un poinçon, sur l'une des faces, de la lettre et du numéro du régiment.

Cette réserve doit être placée dans le local où se trouve le harnachement de réserve et être conservée à titre d'approvisionnement.

On doit prendre les dispositions suivantes pour en assurer la conservation :

1° Elles sont enduites d'une légère couche d'huile de lin cuite ;

2° Les quatre fers composant une même ferrure sont réunis ensemble au moyen d'un fil de fer recuit ;

3° Elles sont placées dans des caisses prélevées sur les ressources du corps ;

4° La dépense qui résulte de ces opérations est imputable à la masse d'entretien du harnachement et ferrage. (Dép. du 3 juillet 1875 et circ. du 2 septembre 1876.)

La circulaire du 5 novembre 1877 rappelle que toutes les ferrures de réserve, sans exception, doivent être enduites d'huile de lin et que, le cas échéant, les frais de désoxydation sont imputables à la masse d'entretien du harnachement et ferrage.

En ce qui concerne le renouvellement des approvisionnements, une dépêche ministérielle du 11 décembre 1884, n° 5794, rappelle que les dispositions relatives au remplacement annuel par sixième, adoptées pour les corps de troupe de l'artillerie et de l'infanterie, ne sont pas applicables à la cavalerie.

Par conséquent, les remplacements de cette nature sont prescrits par le ministre lorsqu'ils sont reconnus nécessaires.

Les caisses à plein nécessaires pour renfermer les ferrures de réserve, sont au compte du budget ordinaire du harnachement de la cavalerie (chap. 26, § 1er). Dép. du 16 mai 1884 et du 16 juillet suivant. Cette dernière autorisait une dépense de 3 fr. 25 c. par caisse fabriquée par la main-d'œuvre militaire.

2° ARTILLERIE ET ÉQUIPAGES

L'approvisionnement de ferrures de réserve est déposé dans les établissements de l'artillerie avec le harnachement de réserve.

Il comprend : 1° une ferrure par cheval ou mulet présent au corps en temps de paix ; 2° deux ferrures par cheval ou mulet à verser au corps au moment de la mobilisation (1).

Chaque collection de quatre fers formant la ferrure d'un cheval est réunie par un fil de fer recuit de un millimètre environ de diamètre ; les fers et les clous sont recouverts d'une légère couche d'huile de lin cuite. Cette préparation, qui a pour but d'empêcher l'oxydation, peut être remplacée par toute autre susceptible de produire le même résultat dans des conditions aussi économiques.

Ces ferrures sont réparties en lots comme les objets de harnachement. Les lots étiquetés sont conservés dans des caisses irrégulières ou dans des chapes de barils à poudre. (Art. 67 du règlem[t] du 11 juin 1883, p. 882.)

Les ferrures de réserve sont mises annuellement en service par sixième ; elles sont remplacées par des ferrures neuves livrées par les corps et préalablement reçues par une commission nommée dans le corps.

Cet échange de ferrures et de clous entre les établissements et les corps ne donne lieu à aucune indemnité pour les maréchaux-ferrants. (Art. 69.)

La circ. du 6 juillet 1875, n° 17, prescrit de faire cette opération le 1er août de chaque année.

Cette circulaire prévoyait des différences de prix entre les ferrures provenant du service des forges et les ferrures de remplacement confectionnées dans les corps, mais cette disposition paraît abrogée par l'art. 67 du règlement du 11 juin 1883.

En cas de mobilisation, le commandant de chaque unité prend possession de son approvisionnement et remet au maréchal abonnataire les fers et les clous nécessaires pour ferrer les chevaux de réquisition qui arrivent avec une ferrure insuffisante. Ces ferrures et clous sont fournis gratuitement au maréchal-ferrant qui doit assurer la main-d'œuvre en prenant, au besoin, des ouvriers civils, sans rétribution autre que la prime d'abonnement.

Les autres ferrures sont prises en charge par le capitaine-commandant qui les délivre au maréchal au fur et à mesure des besoins, en faisant retenue de leur valeur au prix de la nomenclature. (Art. 70.)

3° RÉGIMENTS D'INFANTERIE, BATAILLONS DE CHASSEURS, GÉNIE

Aux termes des instructions ministérielles, il doit exister dans ces corps un approvisionnement de ferrures de réserve pour les chevaux d'équipages et mulets de bât qu'ils doivent conduire en campagne. Il est constitué à raison de 2 (2) ferrures complètes par animal, y compris les chevaux haut le pied et ceux de cantinière. Il doit permettre de ferrer à neuf tous les chevaux et mulets qui en auraient besoin et d'emporter une ferrure par cheval. (Circ. du 12 juillet 1876, instr. du 1er mai 1878, et note du 6 août 1882 (M) sur le matériel des équipages régimentaires.)

Des instructions spéciales fixent les approvisionnements dans chaque corps, suivant son affectation.

Les ferrures de rechange à emporter sont placées dans le coffret des voitures régimentaires pour les bataillons de chasseurs, dans les voitures d'outils pour les régiments d'infanterie ou dans les poches à fers des bâts d'ambulance. (Note du 6 août 1882 M.)

La circulaire du 14 octobre 1880 (M) rappelant celle du 24 juillet 1874 (M) prescrit d'enduire ces fers d'une couche d'huile de lin et de réunir au moyen d'un fil de fer recuit les quatre fers composant une même ferrure. L'approvisionnement doit être remplacé annuellement par sixième au compte de la masse d'entretien du harnachement et ferrage des corps. Les fers remplacés seront affectés au ferrage des chevaux de troupe entretenus par ces corps.

Cessions et avances aux maréchaux-ferrants.

Une décision du 9 janvier 1846, page 655, porte que la dépense que nécessite dans les corps de troupe à cheval l'approvisionnement d'une ferrure complète par cheval, doit être acquittée par les maréchaux-ferrants qui, dès lors, en sont les uniques propriétaires, bien qu'ils ne puissent en disposer que pour les chevaux des escadrons auxquels ils appartiennent.

(1) Y compris les chevaux d'officiers et de cantinières. (Instr. du 23 décembre 1880 M.)
(2) Note du 6 août 1882 modifiée.

Mais, lorsqu'un maréchal-ferrant est dans l'impossibilité de payer de ses deniers le montant dudit approvisionnement, la valeur en est payée au titre des *Fonds divers* (chap. 3 du carnet). (Décis. du 1er août 1859, page 802, et note du 2 janvier 1885, page 39.)

Le remboursement de cette avance a lieu par sixième, payable de mois en mois au moyen de retenues opérées sur l'abonnement des maréchaux-ferrants débiteurs.

En cas de changement de maréchal-ferrant, le remplaçant doit rembourser au remplacé la valeur de l'approvisionnement. En cas d'impossibilité, on a recours au mode indiqué ci-dessus. (9 janvier 1846, page 655, et art. 8 du modèle d'abonnement, voir page 496.)

NOTA. — Lorsque les approvisionnements proviennent des magasins de l'État, la valeur en est versée au Trésor et le remboursement aux fonds divers est effectué de mois en mois.

Une décision du 4 août 1876, page 50, prescrit au corps d'introduire dans les marchés d'abonnement une clause spéciale stipulant que les titulaires sont tenus de recevoir et de prendre, aux prix fixés par le ministre, les fers et clous provenant des magasins de l'État, qui peuvent être délivrés sur son ordre. Cette disposition est rappelée par l'article 16 du règlement du 11 juin 1883, page 856, concernant le service du harnachement dans les corps de troupe de l'artillerie et du train des équipages. Si les maréchaux ne peuvent payer immédiatement les fers et clous livrés dans ces conditions, les conseils d'administration sont autorisés à leur faire l'avance de la somme nécessaire, par prélèvement sur les fonds dont les corps disposent. Ces mêmes conseils fixent le montant des retenues à faire aux ouvriers jusqu'à complet remboursement des avances. (Art. 16.)

Cours de ferrure.

Aux termes de l'article 23 du règlemt du 26 décembre 1876, page 347, et du règlemt du 28 décembre 1883, art. 71 Cavie et 85 Artie, un des vétérinaires doit faire aux maréchaux-ferrants et aux élèves-maréchaux un cours théorique de ferrure. Il leur est fait, en outre, un cours sur celles des pratiques usuelles de la médecine vétérinaire qui peuvent leur être utiles pour servir d'aides dans les infirmeries régimentaires et en route. Ces cours sont conformes au *Manuel de Maréchalerie* du 21 décembre 1875. (Instr. sur les inspections annuelles.)

NOTA. — Il n'est fait aucune allocation pour cet objet ; si des dépenses devaient être faites, elles incomberaient à la masse d'entretien du harnachement et ferrage, mais elles devraient être autorisées au préalable.

Graissage des sabots des chevaux.

La circulaire du 22 juillet 1850 (non reproduite dans le *Journal* refondu) rappelle que, lorsque le graissage des pieds des chevaux est reconnu indispensable, la dépense incombe à la masse d'entretien du harnachement et ferrage. En outre, l'instruction du 7 septembre 1874, page 318, et les articles 372 Infie, 365 Cavie et 390 Artie des règlemts du 28 décembre 1883, disposent que les sabots dérobés, cerclés ou fendillés doivent être soigneusement graissés avec de l'onguent de pied. Les art. 368 et 393 prescrivent en outre de graisser les pieds lorsque les chevaux vont à la baignade.

Concours des aides-maréchaux-ferrants pour l'obtention du brevet de maître-maréchal.

Une dépêche ministérielle du 12 septembre 1881, adressée à Châlons-sur-Marne, dispose que la dépense de fourniture de matériaux nécessaires aux aides-maréchaux qui sont envoyés dans les chefs-lieux de ressorts vétérinaires pour subir les épreuves pratiques de forge et de ferrure en vue d'obtenir le brevet de maître-maréchal, doit être payée aux intéressés, immédiatement après le concours, sur les fonds de la masse d'entretien du harnachement et ferrage du corps auxquels ils appartiennent.

Cette même dépêche fixe cette indemnité à 1 fr. 50 c. par candidat.

ÉCURIES ET MANÈGES

ÉCURIES

Dispositions générales.

Le logement est dû aux chevaux dans toutes les positions. (Art. 102 du règlem^t du 20 juillet 1824, page 181, et règlem^t du 30 juin 1856, page 227.) Voir *Logement chez l'habitant* et *Fumiers*.

Aux termes de l'article 26 du règlem^t du 30 juin 1856, page 240, les officiers montés, lors même qu'ils n'ont pas de logement dans des bâtiments militaires, peuvent placer leurs chevaux dans les écuries disponibles des casernes jusqu'à concurrence d'un nombre égal à celui des rations de fourrages auxquelles ils ont droit d'après les règlements.

En cas d'insuffisance d'écuries dans les quartiers, la préférence est accordée et doit être assurée aux chevaux des officiers le moins élevés en grade, et, dans tous les cas, à ceux des officiers dont la troupe occupe la caserne, avant ceux des autres corps ou fractions de corps. (Art. 26.) La décision du 20 mars 1868, page 125, rappelle que le département de la guerre ne prend pas à sa charge le logement des chevaux appartenant à des officiers qui ne sont pas tenus de les posséder en tout temps. Ce logement est dû cependant aux officiers qui ont renoncé à la remonte à titre gratuit. (Déc. du 1er septembre 1878, page 236.)

Les officiers supérieurs peuvent jouir de la faculté de loger leurs chevaux au quartier quand il y a de la place. (Instr. sur les *Inspections générales*.)

En outre, l'art. 251 du règlem^t du 28 décembre 1883 sur le service intérieur des troupes d'infanterie, est ainsi conçu :

« Tous les chevaux du corps et ceux des officiers et assimilés montés à n'importe » quel titre, sont logés dans les bâtiments militaires.

« Les officiers et assimilés montés à titre onéreux sont autorisés néanmoins à loger »leurs chevaux en ville à leurs frais.

« En cas d'insuffisance d'écuries dans les bâtiments militaires, le logement est » assuré d'abord aux animaux des équipages régimentaires, puis aux chevaux à titre » gratuit des officiers les moins élevés en grade, en ayant soin de loger d'abord ceux » des officiers dont la troupe occupe la caserne avant ceux des autres fractions de corps » ou d'autres corps, puis les chevaux à titre onéreux, en commençant par celui de » l'officier le moins élevé en grade. Lorsqu'il n'y a pas de place pour ces derniers, ils » sont logés en ville aux frais de leurs propriétaires.

» Dans tous les cas, l'état doit pourvoir au logement des chevaux qui lui appartiennent. »

Dégradations aux bâtiments. Se reporter au chapitre du *Casernement*, page 222, pour la constatation et les imputations, et ci-après, page 504.

Le porte-drapeau dans l'infanterie, le porte-étendard dans la cavalerie et l'adjudant de casernement dans l'artillerie sont chargés des détails de l'éclairage des écuries, et, dans ces deux dernières armes, de l'achat des objets d'écurie. (Art. 65 Inf^ie, 45 Cav^ie et 154 Art^ie des règlem^ts du 28 décembre 1883.)

Mobilier fixe.

1° ÉCURIES DES CORPS DE TROUPES À CHEVAL

Le mobilier fixe se compose de :

Râteliers, — *Mangeoires*, — *Chaînes d'attache* munies de leurs tiges ou anneaux fixés aux mangeoires, — *Cuves-abreuvoirs* d'une contenance totale calculée à raison de 20 litres par cheval. Supprimées (circ. du 15 juillet 1864, page 958), — *Coffres à avoine* établis sur des dés en pierre et munis de cadenas, à raison d'un coffre par escadron, — *Anneaux de pansage* fixés à l'extérieur dans les murs des écuries et scellés dans des dés en pierre, — *Porte-selles* (voir *Selleries*).

Ce mobilier est fourni, entretenu et remplacé à la charge du génie (art. 43 et 44 du règlem[t] du 30 juin 1856), excepté en cas de dégradation par le fait des chevaux ou des hommes. (Circ. du 26 janvier 1844 M.) Cette circulaire dispose en outre que lorsque les dégradations ne proviennent ni du fait de la troupe, ni d'un défaut d'entretien, mais d'une mesure obligée, la dépense incombe à l'État (service du génie).

2° ÉCURIES DES CORPS D'INFANTERIE

Sont pourvues du matériel énuméré au § précédent et dans les mêmes conditions. Toutefois, la circulaire du 10 janvier 1882, page 7, portant application des dispositions ci-dessus aux écuries des casernes d'infanterie, prescrit de ne fournir pour chacune d'elles qu'un coffre à avoine; cependant il peut en être accordé deux, lorsque la caserne comporte deux écuries et que la moins spacieuse renferme au moins cinq chevaux.

Mobilier mobile.

1° ÉCURIES DES CORPS DE TROUPE A CHEVAL

Ce mobilier est fourni et remplacé par le service du génie et à son compte, et entretenu à la charge de la masse d'entretien du harnachement et ferrage; mais les réparations sont exécutées par les soins du génie à titre remboursable. (Art. 43 du règlem[t] du 30 juin 1856 et circ. du 11 janvier 1862, page 436.) Ces dispositions sont applicables aux bataillons d'artillerie de forteresse. (Note du 8 avril 1884, page 433.) (Voir au titre *Casernement*, pour la constatation des dégradations et le paiement des dépenses, page 222.)

Ce mobilier se compose, savoir :

Bat-flancs avec leurs chaînes de suspension pour la séparation des chevaux par un ;

Mesures à avoine..........	2 par escadron;
Vannettes à avoine.........	2 —
Hache-Paille (1)...........	1 par corps de troupe à cheval;
Civières, à raison de.......	4 par escadron et, en outre, de 5 par régiment, dont 2 pour les jeunes chevaux, 2 pour l'infirmerie et 1 pour l'état-major;
Seaux.....................	8 par escadron,
Baquets...................	2 —
Planchettes à consigne.....	1 — (Pour les consignes à appliquer, voir ci-dessus, page 221.)
Planchettes pour inscrire le nom des chevaux.............	1 pour chaque cheval;
Augets....................	2 par escadron. (Ils ne sont fournis que lorsque les mangeoires ne sont pas à cuvette.) (Art. 43 du règlement du 30 juin 1856.)

2° ÉCURIES DES CORPS D'INFANTERIE

La circulaire du 10 janvier 1882, page 7, et le règlement du 28 février 1883, page 219, appliquent aux écuries des casernes d'infanterie les dispositions de l'article 43 du règlem[t] du 30 juin 1856 ; toutefois, cette circulaire n'accorde pour chacune d'elles qu'une mesure à avoine, une vannette à avoine, une civière, trois seaux et un baquet. Le nombre de ces objets peut être doublé lorsque la caserne comporte deux écuries dont la moins spacieuse renferme au moins cinq chevaux. (10 janvier 1882.) Mais une circulaire minist. du 22 août 1882 (M) a modifié ces fixations de la manière suivante :

Bat-flancs,
Une mesure à avoine,
Une vannette à avoine,
Un hache-paille,
Deux civières,
Deux seaux,
Un baquet,
Deux planchettes à consigne,
Une planchette par cheval pour inscrire son nom,
Un auget quand les mangeoires ne sont pas à cuvette.

Une dépêche ministérielle du 20 septembre 1882 (M) dispose que le hache-paille ne pourra être acheté que sur l'autorisation du ministre provoquée par l'inspecteur

(1) Une dépêche ministérielle du 16 mars 1885 a refusé l'achat d'un coupe-racines au dépôt de remonte de Mâcon comme n'étant pas un objet réglementaire.

général (20 septembre 1882.) Ce matériel est fourni par le service du génie et entretenu au compte de la masse d'entretien du harnachement et ferrage. (Règlem[t] du 28 février 1883, page 219.)

Ces divers objets ne peuvent être renouvelés par le service du génie qu'en vertu d'une décision du ministre prise sur la production d'un procès-verbal dressé par le sous-intendant militaire, de concert avec le commandant du génie, pour constater la nécessité de leur remplacement. (Art. 43 du règlem[t] du 30 juin 1856 et circ. du 17 mai 1868, p. 518).

Une dépêche du 16 décembre 1868, de M. l'intendant militaire de la 19e division, porte que le remplacement de la totalité, soit du bois, soit de la ferrure, soit de la chaîne de suspension des bat-flancs, ne peut être considéré comme une simple réparation, et qu'il constitue le renouvellement prévu par l'article 43 du règlement précité et qu'il ne doit être effectué qu'après décision ministérielle.

Barres de séparations et bat-flancs. — Dans certaines écuries, il existe encore des barres suspendues tenant lieu de bat-flancs. Les frais d'empaillage de ces barres (ficelle et paille) sont à la charge de la masse d'entretien du harnachement et ferrage. (Circ. du 23 septembre 1840, page 642, et du 4 août 1841 M.) Une dépêche du 30 avril 1860 (M) prescrit de surveiller les dépenses faites pour cet objet, lesquelles sont souvent exagérées.

De plus, une note du 15 novembre 1878, page 382, autorise le rempaillage des bat-flancs, mais elle recommande de n'appliquer en principe la mesure qu'aux emplacements occupés par les jeunes chevaux. (Voir le règlem[t] du 28 décembre 1883, sur le service intérieur.)

Tout ce mobilier reste à demeure. (Art. 79 et 101 du règlem[t] du 30 juin 1856.)

IMPUTATION DES DÉPENSES DE RÉPARATIONS, ETC.

(Voir *Casernement*, page 222.)

La note ministérielle du 24 février 1883, page 134, fait remarquer que certains conseils négligent de contrôler l'imputation des dépenses de réparations aux objets de casernement qui doivent être acquittées, tantôt sur les fonds du service du génie, tantôt sur ceux de la masse d'entretien du harnachement et ferrage.

Le ministre invite les conseils d'administration à s'assurer, sous leur responsabilité, si la réparation ou le remplacement des objets composant le mobilier des écuries ont lieu à la charge du service auquel ils incombent d'après les articles 43, 104, 110 et 135 du règlem[t] du 30 juin 1856.

Ce principe avait été rappelé déjà par la circulaire du 31 juillet 1874 (M) et par l'article 20 de l'instr. du 1er mai 1879 sur les inspections générales des corps de cavalerie. Cet article est ainsi conçu : « Aux termes du règlement du 30 juin 1856 et de la circulaire du 11 janvier 1862, page 435, certains objets du matériel des écuries doivent être entretenus par les corps, mais remplacés par le service du génie. Il importe que chaque service supporte la part de dépenses qui lui incombe et que le remplacement successif de toutes les parties constitutives d'un objet n'ait pas pour but de substituer une imputation d'entretien courant à une dépense de remplacement. En conséquence, l'inspecteur général doit constater l'état du matériel et se faire présenter les procès-verbaux de réforme qui, aux termes de l'article 43 du règlement précité, auraient pu avoir été établis de concert avec le sous-intendant militaire et l'officier du génie, soit pendant l'année courante, soit antérieurement. »

En outre, une lettre collective du ministre en date du 3 avril 1882 dispose, en ce qui concerne les corps de l'artillerie et du train des équipages, que les réclamations que ces corps pourraient avoir à adresser contre les imputations faites par le service du génie, ne seront plus admises passé un délai de six mois. Par suite, les dépenses rejetées par les intendants militaires resteront à la charge du conseil d'administration qui aura négligé de se pourvoir en temps opportun. (Voir *Casernement*, page 222.)

En cas de faute ou de négligence, les gardes d'écurie sont responsables de tous les effets placés dans les écuries ; au moment où ils sont relevés, ils en transmettent la consigne à leurs remplaçants en présence du brigadier de semaine. (Art. 25 du règlem[t] du 11 juin 1883, page 861, concernant le harnachement de l'artillerie et du train des équipages et art. 258 Inf[ie], 254 Cav[ie] et 284 Art[ie] des règlem[ts] du 28 décembre 1883 sur le service intérieur.)

Effets réformés ou d'instruction employés dans les écuries.

A la date du 6 avril 1883, page 360, le ministre a arrêté qu'à défaut de manteaux réformés, les corps de troupe à cheval seraient autorisés à prélever des manteaux de l'approvisionnement d'instruction pour le service des gardes d'écurie. Le nombre de ces effets ne doit pas dépasser 4 par escadron et 3 par batterie et leur entretien est à la charge de l'ouvrier tailleur abonnataire.

En ce qui concerne les troupes à pied, l'article 269 du règlement du 28 décembre 1883 sur le service intérieur dispose qu'il est donné, pendant l'hiver, aux gardes d'écurie, des capotes de corvée prises dans les effets réformés ou d'instruction et que les hommes sont en képi, veste, pantalon de treillis, galoches ou souliers.

NOTA. — Dans certains cas, les corps peuvent être autorisés aussi à faire usage de couvertures réformées, mais alors les manteaux ne sont plus nécessaires.

Ustensiles d'écurie (1).

(Voir *Remonte*, page 398, pour les comptes annuels.)

1° CORPS DE TROUPE A CHEVAL

Les ustensiles et outils non compris dans les deux catégories précédentes, tels que fourches en fer ou en bois, pelles, paniers à crottin ou vannettes (2), balais, etc., sont fournis, entretenus et renouvelés par les corps sur les fonds de la masse d'entretien du harnachement et ferrage. (26 décembre 1826, page 212, et art. 43 du règlem[t] du 30 juin 1856.)

Ces dispositions sont applicables aux bataillons d'artillerie de forteresse. (Note du 8 avril 1884, page 433.)

Ce matériel reste à demeure en cas de changement de garnison. (Appendice D[3] à la lettre de voiture et art. 71 du règlem[t] du 30 juin 1856.) La transmission en est faite par le corps partant au corps arrivant, sur inventaire et sans remboursement.

L'achat de ces objets a lieu sous le contrôle du sous-intendant militaire. (Voir *Masse d'entretien du harnachement et ferrage*.

La circulaire du 26 décembre 1826, page 212, rappelée par celle du 13 décembre 1827, page 229, et par l'instruction du 26 avril 1884, page 1064 (S), article 41, sur les inspections administratives, recommande aux corps d'entretenir les ustensiles d'écurie par abonnement. La première porte qu'il est possible de traiter à raison de 0,25 c. par cheval et par mois, ou cinq sixièmes de centime par journée.

Un modèle d'abonnement a été adressé le 22 septembre 1875 pour les escadrons du train des équipages militaires. (Voir ci-dessous le modèle.)

Les gardes d'écurie et les sous-officiers de ronde doivent être pourvus d'une lanterne sourde portative (ou falot de ronde) achetée sur les fonds de la masse d'entretien du harnachement et ferrage. (Circ. du 22 juillet 1841, page 41.)

Le prix de cet objet, fixé par la nomenclature du service de la remonte, est de 5 fr.

Responsabilité des gardes d'écurie. (Voir à la page précédente.)

Ustensiles d'écurie lorsque les chevaux sont logés chez l'habitant. (Voir *Fumiers*.)

(1) Ils sont distribués sur la production de bons signés par les capitaines. (Voir *Casernement*.)

(2) Une décision du 16 mars 1858 (M) a fixé à six par escadron, soit à trente-six par régiment (à six escadrons) le nombre de vannettes dont chaque corps de cavalerie doit être pourvu, et le montant de la dépense annuelle à 72 francs.

En conséquence, la dépense à imputer pour cet objet à la masse d'entretien ne doit pas dépasser annuellement 60 francs dans les régiments à cinq escadrons. (Note du 2 juin 1868, page 144.)

Ces dispositions sont applicables au train des équipages. (Dép. du 16 avril 1867 M.)

Prix des vannettes, 2 francs. (8 novembre 1847, page 787, et nomenclature du service de la remonte ; durée, trois ans, 8 novembre 1847.)

Prix des fourches	en bois........	» 75	(Nomenclature L du service de la Remonte.)
	en fer..........	3 00	—
— pelles en fer.............		2 00	—
— pelles en bois.............		1 50	—

USTENSILES NÉCESSAIRES AUX CHEVAUX DES OFFICIERS MONTÉS, FUMIERS.

Les corps fournissent les ustensiles d'écurie et d'éclairage aux chevaux d'officiers logés dans les casernes comme aux chevaux de troupe, mais ils bénéficient des fumiers, que ces chevaux appartiennent ou non à l'État. (Décis. du 31 mai 1823, page 153, et instr. sur les inspections générales.)

Ces dispositions sont complétées par l'article 255 du règlement du 28 décembre 1883 sur le service intérieur des troupes d'infanterie qui est ainsi conçu :

« Les officiers dont les chevaux sont logés en ville versent à la masse d'entretien du harnachement et ferrage le prix des fumiers fixé par l'abonnement avec l'entrepreneur, excepté lorsque le cheval est possédé à titre onéreux. » (Voir *Fumiers.*)

e DIVISION MILITAIRE

—

DÉPARTEMENT

d

—

PLACE

d

MODÈLE D'ABONNEMENT

(Voir les observations ci-dessus.)

e RÉGIMENT d

Abonnement relatif aux Ustensiles d'écurie

Du *au* *18* .

Entre le conseil d'administration du o régiment d

Et M. (*nom, prénoms, profession*), demeurant à , rue , n°

Il a été convenu ce qui suit :

Article premier. — Le sieur s'engage à fournir et à entretenir constamment en bon état de service, du au 18 , les ustensiles : pelles, fourches en bois et balais nécessaires pour le service des écuries, dans la proportion de :

1 pelle par garde d'écurie,
1 fourche —
1 balai —
2 pelles pour chacune des écuries, infirmeries.
2 fourches — —

Il devra également fournir et entretenir au corps de garde de police vingt balais pour balayer le devant des écuries après le pansage. Ces vingt balais seront remplacés par moitié, chaque semaine.

Art. 2. — L'abonnataire demeure chargé de l'entretien en bon état du service des tonnes, seaux, baquets, augets, civières, vannettes, ainsi que des lanternes et autres objets fournis par le corps ou par le génie. La première mise et le remplacement de ces objets reconnus hors de service, ne sont point à la charge de l'abonnataire, mais le remplacement des objets nécessaires à l'enlèvement du crottin (balais, fourches, pelles, vannettes), incombe à sa charge.

Art. 3. — Le présent abonnement est résilié de plein droit au moment du départ du corps.

Le conseil d'administration se réserve, en outre, la faculté de pouvoir le résilier dans le cas où l'abonnataire ne remplirait pas ses engagements.

Art. 4. — A l'expiration ou en cas de résiliation du présent, par suite du départ du corps ou d'une circonstance quelconque, le matériel énuméré dans la première partie de l'article 2 ci-dessus devra être mis en bon état par l'abonnataire, et, faute par lui de le faire, il y sera pourvu à ses frais. Quant aux objets désignés à l'article 1er, ils deviennent la propriété de l'abonnataire à l'expiration de l'abonnement ou lors de sa résiliation pour cause de départ du corps.

Art. 5. — A la fin de chaque trimestre, il sera payé à l'abonnataire, sur état portant décompte certifié par l'officier de casernement, vérifié par le trésorier et approuvé par le major, une somme de par journée de cheval d'officier et de troupe logés dans les diverses écuries affectées au régiment.

Art. 6. — Le présent abonnement sera soumis à l'approbation du sous-intendant militaire chargé du contrôle administratif du corps, et les contestations qui pourront s'élever sur l'exécution des clauses et conditions du présent marché seront jugées administrativement en premier ressort par ce fonctionnaire et, s'il y a appel, par M. l'intendant militaire du corps d'armée, qui prononcera définitivement.

Fait à , le 18

L'Abonnataire, *Les Membres du conseil d'administration,*

Approuvé

Par nous, sous-intendant militaire.

Ustensiles d'écurie (SUITE)

2° CORPS DE TROUPE (RÉGIMENTS D'INFANTERIE ET BATAILLONS DE CHASSEURS A PIED)

Aux termes de l'art. 3 du règlement du 28 février 1883, page 219, l'achat, l'entretien et le renouvellement des outils et des ustensiles dont la fourniture et le remplacement ne sont pas à la charge du service du génie d'après l'article 43 du règlement du 30 juin 1856, sont au compte de la masse d'entretien du harnachement et ferrage. Les achats sont réglés sur les prix de la nomenclature de la remonte.

La circulaire du 10 janvier 1882, page 7, applique également aux écuries des casernes d'infanterie les dispositions de l'article 43 du règlement du 30 juin 1856. De plus, une circulaire ministérielle du 22 août 1882 (M) fixe comme il suit la composition de ce matériel,

Savoir :

2 pelles
2 fourches
2 balais
1 vannette à crottin
1 falot de ronde

} par garde d'écurie.

On place 2 gardes par écurie, à moins que l'effectif des chevaux soit restreint.

Pour les dispositions spéciales aux chevaux d'officiers, voir page 506.

Ce matériel reste à demeure. (Règlem[t] précité du 28 février 1883.) Voir *Remonte*, page 398 pour le compte à fournir au sujets de ces ustensiles.

GENDARMERIE

Dans la gendarmerie, le prix des ustensiles nécessaires aux gendarmes pour le service des écuries, est prélevé sur le produit de la vente des fumiers. (Art. 152 du règlem[t] du 9 avril 1858, page 480.) S'il y a un excédent, il est réparti entre les ayants droit.

Les frais de cette nature concernant les chevaux d'officiers appartenant à l'Etat sont imputés sur la masse d'entretien et de remonte, laquelle profite du produit des fumiers. (Art. 258 du reglem[t] du 18 février 1863, page 70, et 20 octobre 1860, ancien *Journal militaire.*) Voir pour le mode de paiement, la note du 1er décembre 1882, page 466, au chapitre *Masse d'entretien et de remonte.*

Eclairage des écuries. (Voir au titre *Eclairage.*)

Licols et surfaix d'écurie, bridons d'abreuvoir. (Voir *Harnachement*, pages 453, 455 et 479.)

Blanchissage des écuries. (Voir *Casernement*, page 226.)

Désinfection des écuries ou infirmeries vétérinaires et des ustensiles.

Les écuries occupées par des chevaux atteints de maladies contagieuses et les objets qu'elles renferment doivent être désinfectés. (Art. 18 du règlem[t] du 26 décembre 1876 et note B annexée à ce règlem[t], page 411.)

Cette obligation est rappelée par les règlements du 28 décembre 1883 sur le service intérieur. (Art. 253 Inf[ie], 65 Cav[ie] et 79 Art[ie].)

La dépense incombe à la masse d'entretien du harnachement et ferrage. (Décis. du 22 mai 1826, page 202, et règlem[t] du 28 février 1883, page 219.)

Ces dispositions sont complétées par la circ. minist. du 2 mars 1883, page 176, qui prescrit de désinfecter périodiquement les écuries des corps de troupe à cheval ou établissements militaires, savoir :

Les écuries, infirmeries, tous les trois mois ;

Les écuries ordinaires, une fois chaque année, à l'époque des manœuvres.

La désinfection comprend les opérations suivantes :

L'enlèvement de la litière et des débris alimentaires ;

Lavage à grande eau et balayage du sol des écuries ;

Les murs, mangeoires, râteliers, et bat-flancs sont lavés à l'eau de potasse et frottés ensuite avec des brosses en chiendent ou des bouchons de paille;

On passe ensuite, à l'aide d'un pinceau, de l'eau phéniquée (10 gr. d'acide phénique liquide pour 1,000 gr. d'eau) sur les murs, mangeoires, râteliers, bat-flancs et sur le sol.

Toute l'écurie et le matériel qu'elle contient sont blanchis à l'eau de chaux mélangée d'un dixième de chlorure de chaux sec.

Enfin, la désinfection est complétée par un dégagement d'acide sulfureux pendant 24 heures au moins dans chaque écurie close. On place de la fleur de soufre sur un réchaud rempli de charbons ardents (200 gr. par écurie de 10 chevaux).

Tous les travaux sont exécutés gratuitement par la main-d'œuvre militaire et tous les ingrédients et désinfectants sont payés sur les fonds de la masse d'entretien du harnachement et ferrage. Le service du génie fournit seulement le lait de chaux et les pinceaux à blanchir.

Toutes les fois qu'un cheval entre à l'infirmerie pour n'importe quelle cause, sa stalle et celle de ses deux voisins sont désinfectées comme il est indiqué ci-dessus. (Circ. du 2 mars 1883, page 176.)

Les dispositions qui précèdent sont applicables aux écuries et infirmeries vétérinaires des corps d'infanterie. Toutefois, dans le cas où une infirmerie aurait cessé d'être occupée pendant une période de trois mois, on ne devrait procéder à une nouvelle désinfection qu'à l'expiration d'une nouvelle période de trois mois. (Circ. du 14 avril 1883, page 392.)

Pour le renouvellement de la litière, voir *Paille de litière.*

Compte annuel de gestion. (Se reporter au chap. de la *Remonte.*)

MANÈGES

1° Matériel des manèges; outils pour leur entretien.

(Voir *Matériel d'Instruction*, pages 344 et 349.)

Le matériel dont chaque manège doit être pourvu est déterminé par l'article 53 du règlement du 30 juin 1856 et la décision du 23 décembre 1876, page 561 :

Barrières mobiles avec hausse (une par manège),

Piliers (non mentionnés dans l'instr. du 23 décembre 1876, page 561),

Chandeliers (voir *Exercices*, page 345),

Têtes de loup (une par manège),

Arrosoirs (deux par manége). La circ. du 8 juin 1881 (M) a substitué à ces arrosoirs un tonneau d'arrosage monté sur roues et attelé à un cheval; entretien au compte des corps et remplacement aux frais du service du génie. (Voir le titre *Equipages.*)

Pics à hoyaux (deux par manège),

Pelles (une par manège),

Râteaux (un par manège).

De plus, une dépêche ministérielle du 4 juin 1880 a autorisé le 2e régiment de chasseurs, à Tours, à acheter au prix de 30 fr. une herse pour labourer le sol du manège.

Le prix de la nomenclature de la remonte est de 25 fr.

La décision du 20 mars 1851, page 195, et celle du 23 décembre 1876, page 561, concernant les régiments de cavalerie, disposaient que ces objets devaient être fournis, entretenus et remplacés *aux frais des corps* par les soins du service du génie. Mais une décision du 3 novembre 1882, page 395, concernant la cavalerie, a mis ces dépenses au compte des Ecoles. — Dans les corps de troupe de l'artillerie et du train des équipages, on continue à appliquer la décision du 23 décembre 1876 (Décis. du 23 juin 1877, page 541), c'est-à-dire à imputer les dépenses à la masse d'entretien du harnachement et ferrage.

Le renouvellement total ou partiel de ces objets a lieu en vertu d'une décision ministérielle prise sur la production d'un procès-verbal dressé, de concert avec le chef du génie, par le sous-intendant militaire.

Lors des changements de garnison, ce matériel est laissé au service du génie sur inventaire ou au corps arrivant. (Art. 53 du règlem[t] du 30 juin 1856.)

La décision du 20 mars 1851, page 195, ajoute que la transmission en est faite par le corps partant au corps arrivant de la même manière que pour les ustensiles d'écurie et sans aucun remboursement du corps arrivant. Lorsque le corps partant n'est pas remplacé immédiatement, la remise en est faite au service du génie.

Pour les autres objets en usage, voir : *Instruction militaire*, page 344; *Voltige*, page 349; *Infirmerie vétérinaire* et ci-dessous.

Pour l'établissement du compte annuel de gestion, voir *Remonte*, page 398.

2° Ingrédients nécessaires pour l'entretien des manèges couverts.

Aux termes de l'article 53 du règlement du 30 juin 1856, les corps occupants sont chargés de l'entretien du sol des manèges couverts.

La décision ministérielle du 20 mars 1851, page 195, dispose que les matières premières destinées à composer le sol des manèges sont celles indiquées ci-après, savoir :

Sable jaune de jardin extrait de la terre et connu sous le nom de sable végétal	2/4
Crottin de cheval	1/4
Sciure de bois (provenant de sciure de long.)	1/4

La couche doit avoir une épaisseur de 15 centimètres.

Dans les localités où l'on ne pourrait acheter facilement le sable végétal ou la sciure de bois, les chefs de corps peuvent se procurer la composition de ce mélange au moyen des productions du pays qui se rapprocheront le plus des substances mentionnées ci-dessus, à l'exclusion du sable siliceux, de celui de rivière et de la poussière de tan. On ne peut, toutefois, ni augmenter ni diminuer la proportion dans laquelle la sciure de bois doit figurer dans la composition et qui doit invariablement rester fixée au quart.

Les dépenses d'achat de ces matières sont payées sur les fonds de la masse d'entretien du harnachement et ferrage. (Décis. du 20 mars 1851, page 195.) Toutefois, dans les corps de cavalerie, elles ont été mises au compte du budget des Ecoles par la note du 3 novembre 1882, page 395.

3° Eclairage des manèges.

Par dépêche du 16 juillet 1873, le ministre a fait connaître qu'il a décidé, le 13 mai, que les manèges seraient pourvus des appareils nécessaires pour leur éclairage au gaz pendant l'hiver.

A défaut de fonds disponibles au budget du service du génie pour l'exécution de ces travaux, cette dépêche prescrit d'acquitter le montant de la dépense résultant de la fourniture et de la pose des appareils, sur la masse d'entretien du harnachement et ferrage. Ce principe a été appliqué, depuis, par la dépêche du 30 juin 1877, relative à l'éclairage du manège du 10° dragons. (Voir *Eclairage*, pour la fourniture et la pose des conduits.)

Le paiement a lieu sur la production des devis et des pièces justificatives, ainsi que cela se pratique journellement pour les réparations opérées au casernement et au matériel des écuries.

Pour les autres dispositions, voir *Eclairage*.

SERVICE DE SANTÉ

Dispositions générales.

Les devoirs et attributions des médecins dans les corps, sont définis par les règlements du 28 décembre 1883 sur le service intérieur et sur le service de santé, les instructions du 7 novembre 1882, page 349; 26 février 1883, page 195 (voir *Cantines*). La circulaire du 21 juillet 1883, page 109, fixe la répartition du personnel.

Chaque matin, le sergent-major ou maréchal des logis chef inscrit les noms des malades sur le registre de visite médicale. (Mod. V ou IV). (Art. 143 Inf^ie, 168 Cav^ie et 193 Art^ie, des règlements du 28 décembre 1883 et mod. n° 14 du règlem^t sur le service de santé.) Les militaires sont conduits à la salle de visite par le sergent ou le brigadier de semaine; ceux qui ne peuvent se lever sont visités dans leur chambre.

Le médecin inscrit de sa main sur le cahier de visite, en regard du nom des hommes, ceux qui doivent entrer à l'hôpital, à l'infirmerie ou à la salle des convalescents, ceux qui sont reconnus malades à la chambre et le nombre des jours d'exemption de service qui leur sont accordés, enfin ceux qui n'ont pas été reconnus malades. (Art. 67 Inf^ie, 47 Cav^ie et 61 Art^ie des réglem^ts précités.)

Les malades en traitement à l'infirmerie sont visités chaque matin. (Art. 49 du règlem^t sur le service de santé.) Les prescriptions alimentaires et médicamenteuses sont inscrites sur un cahier du mod. n° 60. (Art. 50 du règlem^t sur le service de santé.)

Les officiers malades ont le droit de se faire soigner chez eux; mais, dans des circonstances spéciales, sur l'avis du médecin-major, le colonel peut ordonner leur entrée à l'hôpital.

Ceux qui se font soigner chez eux sont tenus de se fournir de médicaments. (Art. 405 Inf^ie, 400 Cav^ie et 424 Art^ie des réglem^ts du 28 décembre 1883.)

Nota. — Pour le service de santé en campagne, se reporter au règlem^t du 25 août 1884, pagination spéciale.

1° INFIRMERIES RÉGIMENTAIRES (1)

Le médecin-major a la direction de l'infirmerie et de la salle des convalescents. Il propose au lieutenant-colonel toutes les mesures d'organisation, d'entretien et de police. (Art. 68 Inf^ie, 48 Cav^ie et 62 Art^ie des règlem^ts du 28 décembre 1883 sur le service intérieur, et 40 du règlem^t de même date sur le service de santé.)

Il relève du conseil d'administration pour tout ce qui ne concerne pas l'hygiène et la science médicale. (Art. 66, 46 et 60 des mêmes règlements.) De plus, l'art. 77 du règlement sur le service de santé dispose que la gestion appartient au conseil d'administration et que le médecin n'est que l'agent du conseil sous la surveillance du major.

Les infirmeries régimentaires sont instituées pour permettre de traiter au corps les militaires atteints d'affections dont la gravité n'exige pas l'envoi à l'hôpital. Elles peuvent recevoir également des militaires convalescents sortant des hôpitaux. (Art. 37 du règlem^t du 28 décembre 1883 sur le service de santé, page 19.) En principe, il n'est formé qu'une infirmerie par régiment, bataillon ou escadron formant corps, quel que soit le nombre des casernements occupés dans la même localité. Tout détachement fort d'un bataillon ou de deux escadrons, isolé dans une place, a droit à une infirmerie.

Les détachements d'un effectif moindre et les services formant corps n'en ont pas. (Art. 37.) Leurs malades sont reçus à l'infirmerie régimentaire désignée par le général commandant la subdivision. (Art. 100.)

(1) Les dispositions relatives aux infirmeries régimentaires ne sont pas applicables aux infirmeries des prisons et établissements pénitentiaires. (Note du 4 octobre 1884, page 565.)

Dans les places où il se trouve des détachements de divers corps, il peut être créé, avec l'autorisation du général commandant le corps d'armée, une infirmerie dite de garnison. Les dépenses aux comptes des masses sont réparties entre eux. Le général commandant la subdivision désigne le détachement chargé de l'administrer. (Art. 101.)

Les maladies qui peuvent être traitées dans les infirmeries des corps sont celles désignées dans la note du 10 mars 1884, page 237.

Les hommes atteints d'autres maladies doivent être dirigés sur les hôpitaux.

L'art. 40 du règlem[t] du 28 décembre 1883 sur le service de santé, page 19, dispose que le médecin-major est seul responsable du matériel de l'infirmerie et qu'il signe tous les bons et les fait viser par le major. Cet article et l'art. 96 *bis* de l'instr. du 1er mars 1880, page 393, disposent en outre qu'il n'est responsable qu'envers le conseil d'administration. Cette responsabilité s'étend au matériel en dépôt. (Art. 68, 48 et 62 des règlem[ts] sur le service intérieur.) Pour les imputations, voir ci-dessus page 72.

Cette responsabilité est la même que celle imposée aux commandants d'unités administratives. (Décis. du 25 juin 1845, page 575, et rapport qui précède le règlem[t] du 28 décembre 1883 sur le service de santé.) Dans les détachements, le médecin détaché a les mêmes devoirs et attributions que le médecin chef de service. (Art. 42 du règlem[t].)

La décis. du 25 décembre 1845, précitée, dispose que cette responsabilité ne s'étend pas aux dégradations de matériel provenant du fait des hommes et d'événements de force majeure dûment constatés, et l'art. 63 du règlem[t] sur le service de santé ajoute que tout militaire traité à l'infirmerie est responsable des dégradations qu'il commet ; il n'est fait exception que pour les dégradations à la literie qui résultent du traitement de la maladie. (Art. 63.)

Pour les états de mouvements dans l'infirmerie, rapports, etc., à produire par les médecins, voir ci-après : *Registres et imprimés*.

Locaux des infirmeries.

L'article 74 du règlem[t] du 28 décembre 1883 sur le service de santé, page 30, fixe comme il suit le nombre et la composition des locaux :

1° Des salles pour les malades fiévreux, blessés et vénériens (les galeux ne sont plus mis à part ; circ. du 17 mars 1882 et instr. sur les inspections générales);

2° Une salle de convalescents (voir ci-après, page 528) ;

3° Une salle de visite pouvant servir en même temps de logement au sous-officier, caporal ou brigadier d'infirmerie;

4° Une salle servant de réfectoire et de lieu de réunions aux malades et aux convalescents ;

5° Une chambre à usage de magasin pour les effets des malades, les ustensiles et les approvisionnements de l'infirmerie ;

6° Une chambre pour la tisanerie et le chauffage des bains ;

7° Un cabinet attenant à cette chambre pouvant recevoir deux baignoires et des lavabos ;

8° Des latrines indépendantes de celles de la troupe et spéciales à l'infirmerie ;

9° Un local suffisant pour y installer les bains chauds à l'usage de la troupe ;

10° Et autant que possible, une cour servant de promenoir. (Art. 74.)

Les salles de malades sont situées au premier étage; celle des fiévreux ne communique pas avec les autres ; la salle des convalescents doit être indépendante.

Les sous-officiers sont traités dans une chambre particulière.

La salle de visite, la tisanerie et le cabinet des bains sont au rez-de-chaussée; la salle de visite est précédée d'une salle d'attente et le local pour les bains chauds doit comprendre un vestiaire. (Art. 75). La circ. du 4 juillet 1884, page 34, contient diverses dispositions complémentaires au sujet de l'organisation des locaux.

Pour le nettoyage des planchers, voir ci-dessus page 225.

NOTA. — Aux termes d'une circulaire ministérielle du 17 mars 1882 (M), il n'y a plus lieu de se préoccuper de l'isolement des galeux dans les infirmeries et, par suite, de créer une installation spéciale pour eux. (Salle de galeux, cabinets de bains et d'aisance.)

Personnel.

La loi du 13 mars 1875 sur les cadres, p. 310 et suivantes, celle du 24 juillet 1883, page 62, portant réorganisation de l'artillerie, et les règlements du 28 décembre 1883 (art. 68 Inf^ie^, 48 Cav^ie^ et 62 Art^ie^) disposent qu'un caporal ou brigadier est chargé des détails de l'infirmerie dans les corps de troupe d'infanterie et de cavalerie; c'est un maréchal des logis dans les corps de troupe de l'artillerie. De plus, un des infirmiers régimentaires, renouvelé chaque semaine, est affecté au service de l'infirmerie et y couche. (Art. 73 Inf^ie^, 53 Cav^ie^ et 67 Art^ie^ des règlem^ts^ du 28 décembre 1883, et art. 44 du règlem^t^ de même date sur le service de santé.)

Il y a un infirmier par bataillon. (Art. 73.)

Dans les détachements, le chef de détachement désigne un caporal ou brigadier pour faire le service de l'infirmerie. (Art. 43 du règlem^t^ du 28 décembre 1883 sur le service de santé.)

En campagne, le personnel des corps mobilisés est celui fixé par la lettre collective ministérielle du 23 juin 1883 (M), et le tableau A annexé au règlem^t^ du 25 août 1884, sur le service de santé en campagne, savoir :

DÉSIGNATION des CORPS.	MÉDECINS du cadre. Majors.	MÉDECINS du cadre. Aides-majors.	MÉDECINS de réserve. Aides-majors.	MÉDECINS de réserve. Auxiliaires.	INFIRMIERS. Caporaux ou brigadiers.	INFIRMIERS. Soldats.	BRANCARDIERS. Sous-officiers.	BRANCARDIERS. Caporaux ou brigadiers	BRANCARDIERS. Soldats.	CONDUCTEURS.	OBSERVATIONS.
Partie mobile de chaque régiment d'inf^ie^, de zouaves et de tirailleurs..........	1	1	1	3	3	9	1	3	48	3	
Partie mobile du bataillon de chasseurs à pied...........................	1	»	1	»	1	3	»	1	16	1	
Partie mobile des régiments de cavalerie de France et de chasseurs d'Afrique..	1	»	»	»	1	3	»	»	»	3	
Groupe de 4 batteries divisionnaires d'artillerie...........................	»	1	»	1	1	3	»	1	16	1	
1er groupe de batteries de corps........	1	»	»	1	1	3	»	1	16	1	
2e — —	»	1	»	1	1	3	»	1	8	2	
Groupe de 3 b^ies^ de division de cavalerie.	»	1	»	1	1	2	»	»	»	3	
1er échelon de parc...................	»	1	»	»	»	1	»	»	»	»	
2e — grand parc d'art^ie^ et	»	1	»	»	»	1	»	»	»	»	
équipage de pont d'armée...........	»	»	»	»	»	»	»	»	»	»	

La notice n° 6 annexée au règlem^t^ du 28 décembre 1883 sur le service de santé résume toutes les dispositions relatives au recrutement et à l'instruction des infirmiers et des brancardiers régimentaires :

Sur le pied de guerre, les corps d'infanterie, les régiments de cavalerie, les régiments et bataillons d'artillerie, doivent avoir un infirmier par compagnie, escadron ou batterie, et, dans chaque bataillon ou groupe de batteries, un de ces infirmiers a le grade de caporal ou de brigadier. Dans les régiments de cavalerie, ce brigadier est le brigadier chargé en temps de paix de l'infirmerie des hommes.

Chaque compagnie d'infanterie et chaque batterie montée ont également en campagne quatre brancardiers; chaque bataillon et chaque groupe de batteries montées ont de plus un caporal ou un brigadier. La portion mobile d'un régiment d'infanterie compte en outre un sergent brancardier.

Les infirmiers comptent parmi les réservistes, excepté les porte-sacs ou sacoches. Ils reçoivent l'instruction prescrite par le Manuel de l'infirmier régimentaire.

Les brancardiers de l'infanterie sont fournis par les musiciens et ouvriers réservistes, ceux de l'artillerie par les musiciens des écoles d'artillerie; leur nombre est complété par des réservistes musiciens d'artillerie.

Les sous-officiers brancardiers de l'infanterie sont pris parmi les sous-officiers réservistes, et les caporaux et brigadiers parmi les musiciens ou ouvriers réservistes.

Les brancardiers reçoivent l'instruction prescrite par le Manuel du brancardier militaire.

L'enseignement est donné par les médecins. — Il est mentionné sur les bulletins de notes modèle n° 7 (1re annexe à l'instr. du 28 décembre 1879, art. 17, 5e alinéa). Voir l'art. 56 de cette instruction refondue en 1884, page 257 ci-dessus.

Les corps inscrivent à la colonne *Fonctions diverses* : Infirmier ou brancardier exercé en....... Ils ajouteront, s'il y a lieu : Apte à être caporal ou brigadier (infirmier ou brancardier.)

Les mêmes inscriptions sont faites sur l'état modèle n° 9 *bis*. (Notice précité.)

La note du 21 septembre 1883, page 316, prescrit de comprendre le Manuel de l'infirmier et celui du brancardier dans la nomenclature du matériel des hôpitaux, aux prix de 1 fr. 75 pour le premier et de 1 fr. 15 pour le second.

Une dépêche du 10 novembre 1883 (M) dispose que les brancardiers d'artillerie venant des musiciens recevront l'armement, l'habillement et l'équipement des servants à pied des batteries montées.

Objets mobiliers fournis par le génie.

Les infirmeries sont garnies du mobilier conformément aux dispositions du règlement sur le service du casernement. (Art. 76 du règlemt du 28 décembre 1883 sur le service de santé.)

Aux termes de l'art. 57 du règlemt du 30 juin 1856 et de la circ. du 22 février 1877, page 80, les salles des infirmeries régimentaires sont garnies de tables, de bancs, de planches à pain et d'un rang de planches à bagages dans la proportion du nombre des malades qu'elles peuvent contenir.

On y place également des chaises, à raison d'une par malade. (Art. 57.)

La circ. du 17 mai 1858, page 518, ajourne toutefois la fourniture de ces chaises et porte que les infirmeries continueront à être meublées comme les chambres de la troupe. (Voir *Casernement*, pages 218 et 219.)

La salle de visite reçoit une ou deux armoires et une table à tiroir fermant à clef. Il est fourni, en outre, un poêle en fonte à deux trous pour les tisanes, ainsi que deux marmites, l'une pour la tisanerie et l'autre pour les bains. (Art. 57.) On place dans les armoires aux médicaments les substances toxiques indiquées par le tableau annexé à la note du 23 janvier 1885, page 140.

Tout cet ameublement est établi, entretenu et renouvelé par les soins et à la charge du service du génie. (Art. 57.) Il ne peut être remplacé qu'après autorisation ministérielle prise sur la production d'un procès-verbal. (Voir *Casernement*, pages 218 et 222, pour les distributions et la constatation des dégradations et des pertes.)

Nettoyage des planchers. (Voir *Casernement*, page 225.)

Matériel fourni par le service des lits militaires. (Voir ci-après page 519.)

Effets fournis aux malades. — Descentes de lit.

Les malades emportent à l'infirmerie leurs effets d'habillement et de petit équipement. Les autres restent à la compagnie, etc. (Art. 46 du règlemt du 28 décembre 1883 sur le service de santé.)

En principe, les hommes ne font usage que du bourgeron et du pantalon de coutil. Dans la saison froide, on leur délivre des pantalons de drap et des capotes hors de service : on délivre autant de collections de ces effets qu'il y a de lits. Elles sont fournies sur bon du médecin visé par le major.

Le service de l'intendance autorise la remise à l'infirmerie de couvertures de campement qui sont transformées en tapis ou descentes de lit, par les soins du corps et au compte du service des hôpitaux. (Art. 80.) Il est remis à chaque malade une paire de pantoufles à son arrivée. (Art. 47.)

Ces couvertures sont choisies parmi celles hors de service et sont décomptées au vingtième du prix de l'effet neuf. Les corps reçoivent, par ordonnancement au titre du service des hôpitaux, le montant de ces effets et effectuent ensuite un versement au Trésor au profit du service de l'habillement. (Note du 28 août 1884, page 348.)

Quant aux pantoufles, la fourniture en a été ajournée par la note du 23 janvier 1885, page 139.

Objets mobiliers ou d'exploitation fournis par le service des hôpitaux.

(Voir ci-après pour la *Production des états de demande.*)

Tous ces objets sont pris en compte par l'officier d'habillement, section I du registre des entrées et des sorties du matériel. (Art. 130 du décr. du 1er mars 1880, page 366.)

Ils sont mis en service et réintégrés en magasin sur la production de bons de distribution ou de bulletins (mod. nº 36) signés par le médecin chef de service. (Art. 96 *bis* et 132 dudit décr. et de l'instr. de même date.) Se reporter à ce sujet au chapitre de l'*Habillement*, page 171.

L'article 57 du règlement du 30 juin 1856 dispose que les infirmeries sont pourvues, sur les fonds du service des hôpitaux, de :

Baignoires de corps, de siège, de bras et de pieds, — Pots à tisane en fer battu, — Gobelets, — Cuillers à distributions, — Passoires pour les tisanes, — Mémoires de médecine, de chirurgie et de pharmacie, — Instructions diverses (voir ci-après).

Mais l'article 78 du règlement du 28 décembre 1883 sur le service de santé porte que ces infirmeries sont pourvues du matériel, des médicaments et objets d'exploitation compris dans la nomenclature spéciale arrêtée par le ministre.

La nomenclature en vigueur est celle du 23 janvier 1885, page 141. Suit un extrait de cette nomenclature en ce qui concerne le gros matériel :

		Prix ministériel. fr. c.	Quantités fixes, constituant l'approvisionnement d'une infirmerie.
	OBJETS MOBILIERS (INFIRMERIE)		
	Chemises de molleton	13. »	Suivant les besoins.
A. P. (1)	Grande cuvette à pansement en fer battu étamé	1.45	2
	Gobelets de 30 centil. en fer battu étamé	0.50	Suivant le nombre de lits.
	Pots à tisane de 1 litre dº dº	0.85	Suivant le nombre de lits.
A. P.	Cruches en grès et en terre	1.25	Une par salle de malades.
A. P.	Cruchons, dº	0.60	2
	Sarrau de médecin en coton teint, couleur bronzé cendré	7.50	2
	Serviettes de toile pour la toilette	1.20	12
	Daviers pour l'avulsion des dents (1 droit et 1 courbe), non compris dans les boîtes réglementaires	3.50	2
	Seringue de Pravaz, avec trois aiguilles, non comprise dans les boîtes réglementres	25.00	1
	Disque optométrique	35.00	1
	Echelle typographique	4.00	1
	Gouttières en fil de fer pour le bras et l'avant-bras	2.50	1
	Gouttières en fil de fer pour la jambe	4.00	1
	Gouttières en fil de fer pour la cuisse et la jambe	6.00	1
	Irrigateur Éguisier, de 1 litre	15.00	1
A. P.	Seringues à piston, en étain, à double parachute, petites, pour injections	1.25	2
A. P.	Tubes à vaccin, le cent	1.20	50
	MATÉRIEL DE PHARMACIE		
	Mortier en porcelaine émaillée, de 50 centilitres		
	Pilon en porcelaine émaillée, avec manche en bois	4.50	1
	Pots de pharmacie, dits canons, en porcelaine, avec couvercles, de 1 litre	2.50	2

(1) Les objets précédés des lettres A P peuvent être achetés sur place.

		Prix ministériel. fr. c.	Observations.
	Pots de pharmacie, dits canons, en faïence, non ouverts, de 50 centilitres.........	1.75	1
	Pots de pharmacie, dits canon, en porcelaine, avec couvercles, de 50 centilitres.	1.75	2
	Compte-gouttes ordinaires.............	1.10	5
	Eprouvette graduée pour distribuer la solution de sulfate de quinine...........	1.50	1
A. P.	Flacons, ouverture ordinaire ou large ouverture, en verre blanc, non bouchés, de 1 litre et au-dessous..................	0.30	de 1 litre.................... 2 de 50 centilitres............ 11 de 25 id...................... 17 de 6 id........................ 2 } 32
	Flacons, ouverture ordinaire ou large ouverture, en verre blanc, bouchés à l'émeri, de 1 litre et au-dessous..........	0.60	de 1 litre.................... 15 de 50 centilitres............ 3 de 25 id...................... 10 de 6 id........................ 2 } 30
	Verres gradués pour eau distillée........	2.50	2
	Bouteilles en verre noir, de 6 litres......	1.50	1
	d° d° de 5 litres......	1.25	1
	d° d° de 2 litres......	0.50	1
	Pots cylindriques à médicaments, de 10 litres, en grès, vernissés intérieurement et extérieurement.....................	3.50	2 2
	Les mêmes, de 5 litres................	1.75	5
	d° de 3 litres................	1.00	4
	d° de 2 litres................	0.70	2
	d° de 1 litre.................	0.35	2
	d° de 50 centilitres............	0.30	1
	Boîte pour sulfate de quinine, de 1 kilog., en fer-blanc...........................	1.50	3
	Boîte avec couvercle, fermant à touret, longue, en fer-blanc.................	5.00	7
	Boîte avec couvercle, fermant à touret, carrée, grande, en fer-blanc..........	7.00	1
	Boîte avec couvercle, fermant à touret, petite, en fer-blanc..................	2.00	1
	Capsule vernie, vert clair, pour flacons, ouverture ordinaire ou large ouverture, de toutes dimensions................	0.25	40
A. P.	Couteau de pharmacie, en fer forgé......	1.45	1
	Spatules diverses (1 de 30 et 1 de 16 centim.)	2.50	2
	d° en os, de 165 millim.....	1.00	2

OBJETS D'EXPLOITATION (INFIRMERIE)

	Bouilloire de 1 litre en cuivre rouge, jaune et fonte de cuivre......................	12.00	1
A. P.	Baignoires de bras, en zinc...........	12.00	1
A. P.	d° de corps, d°	70.00	1
A. P.	d° de pieds, d°	7.00	1
A. P.	d° de siège, d°	16.00	1
A. P.	Boîte pour allumettes, d°	1.50	1
A. P.	Seau sans couvercle, de 15 litres, en zinc..	3.50	1
A. P.	Cafetières à filtrer, de 6 tasses, en fer-blanc	1.75	1
A. P.	Entonnoir ordin^re, de 1 litre, d°	1.00	1
A. P.	Main à denrée, petite, d°	1.50	1
A. P.	Passoire petite, en fer-blanc...........	1.10	1
A. P.	Paire de ciseaux moyens en fer..........	3.00	1
A. P.	Couteau de cuisine à émincer, moyen, en fer.......................................	2.50	1
A. P.	Réchaud ordinaire, en tôle..............	4.00	1
A. P.	Tire-bouchon..........................	1.25	1

		Prix ministériel. fr. c.	Observations.
A. P.	Passoire creuse, de 3 litres, en fer battu étamé	2.50	1
A. P.	Baignoire en bois, cerclée en fer, peinte à l'huile	60.00	1
A. P.	Crachoir en bois, doublé en zinc, petit	1.50	A raison de 1 pour 2 lits.
A. P.	Soufflet de cheminée, en bois	2.50	»
	Balance dite Roberval, de la portée de 2 kilog	16.00	1
	Trébuchet à bascule et à colonne, avec série de poids de 30 grammes divisés, avec dessus de marbre	25.00	1
	Boîte de 2 kil., 001, en cuivre	16.00	1
	Mesure en étain, de 1 litre	4.50	1
	d° d° de 50 centilitres	3.25	1
	d° d° de 20 d°	2.00	1
A. P.	Cuiller à bouillon, en fer battu étamé, de 50 centilitres	1.25	1
	Thermomètre médical	6.00	3
A. P.	Tubes à essai (droits ou courbes), dits tubes fermés d'un bout	0.10	6
	Lampe à alcool, en cristal	1.50	1
	Manuel de l'infirmier de visite	1.75	»
	Manuel du brancardier	1.15	»
	Formulaire pharmaceutique	8.00	1
A. P.	Epingles (le cent)	0.10	Suivant les besoins.
A. P.	Eponges ordinaires	15.00	
A. P.	Fil à coudre	10.00	
A. P.	Ruban de fil	10.00	
A. P.	Seringues à injections en verre	0.10	
A. P.	Ventouses en verre	0.25	

Cantines médicales d'ambulance. (Voir ci-après, page 525.)
Sacs et sacoches d'ambulance. (Voir ci-après, pages 524 et 525.)

Médicaments et objets de pansement. — Vaccin.

Les médicaments et objets divers dont les infirmeries doivent être pourvues, sont compris dans une nomenclature spéciale arrêtée par le ministre. (Art. 78 du règlemt du 28 décembre 1883 sur le service de santé.) La nomenclature actuelle est du 23 janvier 1885, page 137. Les quantités fixées par cette nomenclature peuvent ne pas être atteintes et ne sont dépassées qu'en cas de besoin, mais on doit fournir des explications sur les demandes de dépassement. Dans le cas où cette formalité ne serait pas remplie, le directeur du service de santé fixerait la quantité à allouer. (Note du 23 janvier 1885, page 138.)

1° DEMANDES DE VACCIN

Aux termes de la notice n° 3 annexée au règlemt du 28 décembre 1883, sur le service de santé, les médecins doivent se procurer du vaccin en utilisant : 1° Les enfants âgés au moins de 4 mois et d'une bonne santé ; 2° les adultes sains non vaccinés ; 3° les adultes sains vaccinés, et enfin les animaux.

En cas d'insuffisance de ces ressources, les médecins peuvent s'adresser aux commissions de vaccine départementales, aux médecins vaccinateurs, aux sages-femmes.

Enfin, ils peuvent demander à l'académie de médecine du vaccin en tubes. Le prix en est acquitté par les trésoriers des corps au compte des dépenses du service des hôpitaux.

Il peut être alloué aux mères qui prêtent leurs enfants vaccinifères une indemnité qui peut atteindre 15 fr. (Notice n° 3.) Elle est payée par le trésorier du corps sur le vu d'un bon du médecin chef de service (art. 88 du règlemt), au titre du budget des hôpitaux (art. 87). Ces dépenses sont remboursées annuellement. (Voir ci-après, page 522.)

2° DEMANDES OU ACHATS DE MÉDICAMENTS ET D'OBJETS DIVERS FOURNIS PAR LE SERVICE DES HOPITAUX

L'art. 79 du règlement du 28 décembre 1883 sur le service de santé, rappelé par la note du 23 janvier 1885, page 137, dispose que tous les trois mois et dans les cinq premiers jours du dernier mois du trimestre, le médecin chef de service établit des demandes spéciales (mod. n° 19), l'une pour le matériel et l'autre pour les médicaments nécessaires au service de l'infirmerie ; ces demandes, établies en double expédition, font ressortir, pour les objets ou médicaments susceptibles d'être achetés sur place, les prix d'achat proposés ; elles sont transmises par le conseil d'administration au sous-intendant militaire chargé de la surveillance administrative du corps, qui les vise et les renvoie au corps après vérification.

Le chef de corps les adresse ensuite au directeur du service de santé du corps d'armée qui transmet : l'une au médecin chef de l'hôpital militaire désigné dans la notice n° 8 annexée au règlement, pour le matériel et les médicaments dont la fourniture incombe à cet hôpital ; la seconde, au chef de corps, pour avis en ce qui concerne les envois à provenir de l'hôpital militaire et pour exécution en ce qui concerne les achats sur place.

Lorsque l'hôpital livrancier est situé en dehors du corps d'armée, les demandes sont adressées au médecin-chef de cet hôpital, par l'intermédiaire du directeur de santé du corps d'armée auquel l'établissement appartient. (Art. 79.)

Dans le but de diminuer autant que possible les frais de transport, les corps de troupe stationnés dans les garnisons dépourvues d'hôpital militaire, sont autorisés à se procurer directement, par voie d'achat, sur place, les médicaments et objets alloués par la note du 23 janvier 1885 et précédés des lettres A. P. — Toutes les fois cependant que le prix d'achat sur place est supérieur de plus d'un tiers au prix ministériel, les objets et médicaments ainsi désignés doivent, à moins de circonstances urgentes et exceptionnelles dont l'appréciation incombe aux directeurs du service de santé, être tirés des établissements du service de santé. De même, quand le prix d'achat ne dépasse pas d'un tiers le prix de la nomenclature, il y a lieu, surtout lorsque les corps sont stationnés dans un lieu voisin d'un hôpital, de n'autoriser les achats directs que dans le cas où les frais de transport augmenteraient d'un tiers la valeur des médicaments et du matériel décomptés d'après la nomenclature.

Les quantités prévues par la note précitée comprennent les objets et accessoires de pansement qui entrent dans la composition des sacs, sacoches, cantines ou paniers de réserve. Ce matériel doit être renouvelé au moyen d'échanges avec le service courant.

Chaque médicament est placé dans un récipient indiqué par la nomenclature. (Note du 23 janvier 1885, page 188.) Les récipients inutiles et qui ne peuvent être renvoyés aux établissements pour éviter des frais de transport, sont remis au Domaine. (Même note et art. 82 du règlem[t] sur le service de santé.) Les substances toxiques désignées dans le tableau annexé à la note sus-indiquée, sont placées dans les armoires fermant à clef. (23 janvier 1885, page 139.)

Les alcools expédiés par le service des hôpitaux sur les infirmeries des corps ne sont pas passibles du droit de consommation, que maintes fois les préposés des contributions indirectes ont réclamé. (Dép. minist. du 13 mai 1863, n° 815.)

Bibliothèque de l'Infirmerie régimentaire.

Aux termes de l'art. 83 du règlem[t] du 28 décembre 1883 sur le service de santé, cette bibliothèque se compose :

1° De la collection du recueil des mémoires de médecine, de chirurgie et de pharmacie militaires ;

2° Des archives de médecine et de pharmacie militaires ;

3° Du manuel des pensions et des instructions relatives à l'application des lois qui les concernent ;

4° De la collection des volumes de la statistique médicale ;

5° Du formulaire pharmaceutique.

Ces ouvrages font partie du matériel que les corps n'emportent pas en cas de changement de garnison.

6° De tous les documents, tels que manuels, instructions, décisions, nomenclatures, etc., relatifs au fonctionnement du service de santé et qui sont remis au médecin chef de service par le chef de corps.

Tous ces ouvrages et documents sont inscrits à leur date sur un livre-journal (mod. n° 106), tenu par le médecin chef de service.

Lorsqu'il existe une bibliothèque à l'usage des malades traités à l'infirmerie, il est tenu un catalogue (mod. n° 106 *bis*) et un carnet des ouvrages en lecture (mod. n° 107). (Art. 83 du règlem^t.)

Les corps sont dispensés de faire relier les ouvrages qui restent à demeure. (Circ. du 9 mars 1863 M.)

Matériel à laisser ou à emporter (1).

Lorsqu'un corps quitte une garnison, il laisse sur place le matériel et les médicaments de l'infirmerie. Le médecin en dresse l'inventaire et le remet au conseil d'administration qui, après vérification, établit la facture de livraison au corps arrivant; ce dernier en prend charge et en donne récépissé. (Art. 25 du règlem^t du 28 décembre 1883 et note du 23 janvier 1885, page 139.) L'on se sert des factures mod. n°s 6 et 11 annexés à l'instr. du 1er mars 1880. On laisse les ouvrages de la bibliothèque. (Voir à ce titre.)

Le matériel de mobilisation est toujours emporté, mais on laisse à demeure celui de l'armée territoriale. (23 janvier 1885, page 139.)

Dans le cas où les médecins ne pourraient eux-mêmes effectuer la remise du matériel dont il s'agit, il serait reconnu et vérifié en présence de deux officiers du régiment partant, renfermé dans le local de l'infirmerie et confié à l'adjoint du génie jusqu'à l'arrivée du nouveau médecin. (Art. 17 de la note du 1er janvier 1881, page 81.) Le matériel mobile des bains chauds reste également à demeure.

Il doit être laissé en bon état et les réparations nécessaires sont exécutées au compte du corps partant, lorsqu'il s'agit d'objets non classés hors de service.

Si ce matériel doit être confié momentanément au service du génie, il en est établi un inventaire conformément à l'article 80 du règlement du 30 juin 1856. (Circ. du 4 août 1880 M.)

Réforme et remplacement du matériel; réparations.

Les objets divers désignés dans la nomenclature du 23 janvier 1885, page 141, comme pouvant être tirés des établissements hospitaliers, ne sont remplacés que lorsque le besoin en est constaté, c'est-à-dire après réforme, mise hors de service ou perte. (Art. 231 du décret du 1er mars 1880.)

Les objets composant l'approvisionnement des infirmeries, qui sont hors de service, sont portés par le médecin chef de service sur un état de réforme (modèle n° 20) qui reçoit l'avis du directeur du service de santé, avant l'inspection générale. Le conseil d'administration présente les objets à l'inspecteur général qui prononce. (Art. 82 du règlem^t du 28 décembre 1883 sur le service de santé.)

Une ampliation de cet état est transmise au ministre (bureau des hôpitaux) qui prescrit le remplacement du matériel réformé. (Art. 23 de l'instr. du 30 mai 1883, page 1109 S.)

Quant aux récipients provenant des envois de médicaments et qui ne sont pas renvoyés à l'établissement livrancier, pour éviter des frais de transport onéreux, ils sont, à la diligence du conseil d'administration, remis tous les ans au Domaine pour être vendus au profit de l'Etat. (Art. 82 du règlem^t.)

Pour les ventes par le Domaine, voir *Habillement*, page 166.

En dehors de la période des inspections, les mises hors de service et pertes sont constatées, s'il y a lieu, dans les conditions indiquées pour toutes les autres catégories de matériel. (Voir *Habillement*, pago 75).

Réparations. — Le médecin chef de service signale au conseil d'administration

(1) Le corps partant doit emporter les médicaments nécessaires pour la route. (Art. 74 Inf^{ie}, 54 Cav^{ie}, et 68 Art^{ie} des règlements du 28 décembre 1883 sur le service intérieur, qui prescrivent de faire suivre les colonnes des sacs, sacoches et rouleaux de secours.

toutes les dégradations qui se produisent. Les réparations sont exécutées par les soins du corps ou par le service compétent, suivant le cas. (Art. 81 du règlem[t] précité.) Pour l'entretien du matériel de campagne, se reporter à ce titre, page 524.

Dépenses. — Comment payées; à qui imputées.

Le décret du 19 novembre 1871, page 405, et l'article 87 du règlement du 28 décembre 1883 sur le service de santé, mettent à la charge du service des hôpitaux la fourniture des médicaments et du matériel des infirmeries régimentaires.

L'instruction du 15 mars 1872, page 54, relative à la mise à exécution de ce décret, ajoute que les frais de culte seront désormais à la charge du budget des hôpitaux.

L'article 87 du règlement précité et les circulaires des 11 novembre 1872, page 665, et 22 mai 1873, page 604, fixent comme il suit la répartition des dépenses entre les différents services, savoir :

Service des hôpitaux.

Médicaments, objets de pansement, ustensiles, etc., désignés comme devant être fournis aux corps ou achetés par eux dans la nomenclature spéciale arrêtée par le ministre. (Art. 87 du règlem[t] du 28 décembre 1883.) Voir pages 513 et 516.

Les dépêches du 11 décembre 1880 (M) et 3 janvier 1885 (M) rappellent que les dépenses d'entretien et de remplacement du matériel compris dans la nomenclature sont les seules qui incombent au budget des hôpitaux ; la dernière porte rejet de dépenses de blanchissage de torchons.

Nota. — La fourniture des pantoufles, cuvettes, pots à eau, savon, cire, encaustique, potasse et balais, prévue par les articles 47, 53 et 55 du règlem[t] du 28 décembre 1883 sur le service de santé, est ajournée jusqu'à nouvel ordre. (Note du 23 janvier 1885, page 139.)

Pour les frais de confection des descentes de lit, voir ci-dessus, page 513.

Frais de vaccination des hommes (voir page 516) ;

Frais de culte (voir page 532) ;

Frais de bureau des médecins (voir ci-après, page 522) ;

Blanchissage du linge à pansement (art. 87 du règlem[t]) et des effets d'infirmerie, y compris les ustensiles nécessaires (cuviers, etc.), si le blanchissage se fait au corps ;

Vin destiné aux malades de l'infirmerie et aux convalescents (voir pages 521 et 528) ;

Riz pour les convalescents (voir page 528) ;

Rouleaux pour asphyxiés (voir page 525) ;

Matériel d'ambulance de campagne. (Décis. du 19 novembre 1871, page 405.) Voir page 524 ;

Bandages, jambes de bois, lunettes, etc. (voir page 529).

Service des subsistances et du chauffage.

Combustible pour la préparation des aliments. (Note du 30 octobre 1884, page 643.) Voir ci-après page 523.

Combustible nécessaire à la préparation des bains. (11 novembre 1872, page 660 ; 22 mai 1873, page 604, et art. 87 du règlem[t] sur le service de santé. — Voir page 523 pour le détail.)

Combustible pour le chauffage des chambres en hiver. (Annexe au règlem[t] du 26 mai 1866 sur les subsistances, tome I, page 263. — Voir page 523.)

Combustible pour la préparation des tisanes, prélevé sur les allocations faites aux ordinaires (Art. 732 du règlem[t] sur le service des subsistances et 87 de celui du service de santé.) Les prélèvements sont fixés par les annexes, page 254 du tome I du *Journal* refondu. — Voir page 523.)

Rations de pain, de viande, etc. (Voir page 521.)

Service des lits militaires.

Le service des lits militaires pourvoit à la fourniture du matériel de literie. (Règlem[t] du 2 octobre 1865, page 79.) Le nombre de lits à affecter à une infirmerie est fixé, tant pour les malades que pour les convalescents, à 2 1/2 % de l'effectif normal dans les troupes à pied et à 3 % dans les corps à cheval.

Les propositions de déplacement doivent faire l'objet d'un procès-verbal de conférence qui est soumis au ministre. (Art. 39 du règlem[t] du 28 décembre 1883, page 19, sur le service de santé.) Ces fournitures sont placées sur des couchettes ou châlits du modèle général. (Voir *Lits militaires*.) On doit donner de préférence des couchettes. (Renvoi 2 de l'art. 76 du règlem[t] sur le service de santé.)

Tous les effets de literie destinés aux militaires traités dans les infirmeries régimentaires sont marqués des lettres I R en encre indélébile. (Art. 77 du règlem[t], devis de la fourniture, 2 octobre 1865, page 231.)

Pour les frais de désinfection et d'entretien des effets de literie et l'échange des draps de lits, voir pages 235 et 238, *Lits militaires*.

Masse générale d'entretien des corps.

Les objets et ingrédients de propreté non compris dans la nomenclature spéciale arrêtée pour les corps (aujourd'hui 23 janvier 1885, page 141), sont au compte de la masse générale d'entretien des corps. (Dép. des 13 novembre et 7 décembre 1874 (M) concernant divers régiments du 8e corps d'armée et rappelant l'art. 57 du règlem[t] du 30 juin 1856. Ce principe a été rappelé par une dépêche du 11 décembre 1880 (M) portant rejet de dépenses concernant des réparations de marmites imputées au service des hôpitaux.

Les planchers doivent être cirés ainsi que les tables. (Art. 53 du règlem[t] du 28 décembre 1883, sur le service de santé.)

Le savon, les cuvettes et pots à eau sont, en principe, au compte du service des hôpitaux (renvoi 2 de l'art. 55 du règlem[t]) ainsi que la cire, l'encaustique, la potasse et les balais (art. 53); mais la fourniture par le service des hôpitaux en a été ajournée par la note du 23 janvier 1885, page 139. Sont aussi imputables à la masse générale d'entretien, les cahiers de visite médicale tenus dans les compagnies, escadrons ou batteries. (Circ. du 2 juillet 1884, p. 12.)

Les décisions des 28 mars 1825, page 195, et 10 février 1829, page 257, allouaient aux infirmiers des blouses et pantalons de coutil au compte de la masse générale d'entretien ; mais ces dispositions sont remplacées par celles de l'article 80 du règlement précité qui prescrivent de délivrer des pantalons et des capotes hors de service lorsque la saison l'exige. En temps ordinaire, les malades ne font usage que de leur bourgeron et pantalon de coutil. (Même article.)

Aux termes de l'article 1er de son marché, le premier ouvrier tailleur abonnataire est tenu d'entretenir à son compte les effets d'infirmerie. (Voir *Habillement*, page 69.) S'il n'y a pas d'abonnement, la dépense est imputée à la masse générale d'entretien.

Eclairage. — L'éclairage des infirmeries est au compte de la masse générale d'entretien (2e portion) dans les corps de troupe à pied, et à celui de la masse d'entretien du harnachement et ferrage dans les corps à cheval. (Art. 71 du règlem[t] du 30 juin 1856; circ. du 22 mai 1873, page 604; instr. du 15 mars 1872, page 54; art. 87 du règlem[t] du 28 décembre 1883, sur le service de santé.)

Cette dépense comprend la fourniture du combustible et des lampes, chandeliers, mèches, allumettes, etc. (Dépêche du 7 décembre 1874 M.)

Bains chauds pour hommes en santé. 1° *Corps de troupe à l'intérieur.* — Une circulaire du 31 juillet 1879, page 58, autorise l'organisation dans les casernes d'infanterie d'un système de bains chauds soit par aspersion, soit par immersion. A cet effet, les corps peuvent prélever, à titre de 1re mise, sur les fonds de la 2e portion de la masse générale d'entretien, une somme de 200 à 300 francs pour couvrir les dépenses d'achat de matériel et d'aménagement des locaux (salles à lavabos, salles de bains des infirmeries régimentaires, vieilles cuisines, magasins inoccupés, etc.). Les frais de chauffage et d'entretien sont imputables à la masse précitée et ne doivent pas dépasser 100 francs par an (31 juillet 1879). De plus, une note du 23 mars 1882, page 157, dispose que les régiments d'infanterie fractionnés peuvent être autorisés par le contrôle local à prélever une nouvelle somme de 200 fr. sur la même masse pour compléter s'il y a lieu l'installation des bains, à la condition que cette masse présentera un avoir supérieur aux 3/4 de l'allocation annuelle fixée par le tarif du 25 décembre 1875.

La note du 18 mai 1880, page 216, a étendu les dispositions ci-dessus aux corps de cavalerie, y compris les dépôts de remonte, et fixé la dépense d'installation à 300 fr. au maximum et celle de chauffage et d'entretien à 100 fr. L'une et l'autre sont imputables à la 2e portion de la masse générale d'entretien; toutefois, la première dépense a donné lieu à un virement de la masse d'entretien du harnachement à la masse générale d'entretien dans les corps où cette dernière était obérée. (Note précitée.)

La même mesure a été prise pour les régiments d'artillerie et les escadrons du train des équipages. Dépense d'installation au compte de la masse d'entretien du harnachement et ferrage et dépense de chauffage et d'entretien (100 fr. par an) imputable à la 2e portion de la masse générale d'entretien. (Circ. du 21 mai 1880, page 225.) De plus, pour les bataillons d'artillerie de forteresse, la note du 17 février 1884, page 203, alloue à chacun une première mise de 150 fr. pour l'achat du matériel et 75 fr. par an pour le chauffage et l'entretien. Ces dépenses sont imputables à la masse générale d'entretien (2e portion).

La circ. du 24 septembre 1880 (M) prescrit en outre de comprendre dans les casernes à construire une salle de bains et rappelle à l'exécution des instructions en vigueur en ce qui concerne les anciens casernements. Elle met au compte du génie les travaux d'appropriation des locaux (enduits, dallages, porte-manteaux) et au compte de la masse générale d'entretien l'achat du matériel des bains (calorifères, chaudières, pompes, cuves, bassins, treillages en bois sur le sol, etc.). Les allocations antérieurement fixées sont maintenues.

La note ministérielle du 12 août 1882, page 96, dispose que les militaires appartenant à la portion principale ou aux fractions détachées des sections de commis et ouvriers d'administration, d'infirmiers militaires et de secrétaires d'état-major et du recrutement peuvent prendre des bains ou douches au casernement d'un corps de troupe de la localité, pourvu d'une salle de bains.

Le corps, dont une section a utilisé les appareils, reçoit de cette section, comme quote-part d'entretien et de chauffage, une somme proportionnelle à l'effectif des hommes ayant pris des bains, à moins que le détachement ne soit sans importance. La dépense, qui ne doit pas excéder 100 francs au total pour les sections de commis et ouvriers d'administration et 60 francs pour les autres, est imputable à la 2e portion de la masse générale d'entretien. (12 août 1882.)

2° *Corps de troupe en Algérie.* — La décision ministérielle du 19 novembre 1883, page 756, prescrit l'installation par garnison d'un système de bains chauds et autorise les corps à faire les dépenses ci-après :

Installation. — Corps permanents d'Afrique (infanterie et cavalerie) : 300 francs, imputables à la 2e portion de la masse générale d'entretien ; corps de cavalerie, d'artillerie et du train qui ont des détachements en Algérie : 200 francs, imputables à la masse générale d'entretien pour les corps de cavalerie et à la masse d'entretien du harnachement pour les autres.

Cette mesure n'est applicable que sur l'autorisation du sous-intendant militaire. Le commandant d'armes fixe l'emplacement de l'installation, et les corps participent à la dépense au *prorata* de leurs effectifs.

Entretien et chauffage. — Les corps permanents d'Afrique pourront prélever une somme de 200 francs par an pour tous leurs détachements, sur les fonds de la masse générale d'entretien.

Ces ressources sont augmentées de la part contributive des sections d'administration et des compagnies de discipline.

En cas d'insuffisance, on se concerte avec les corps de l'intérieur qui ont des détachements en Algérie pour le prélèvement, sur l'allocation annuelle fixée pour ces corps, d'une somme proportionnelle à l'effectif des détachements. (Décis. précitée du 19 novembre 1883.)

Masse d'entretien du harnachement et ferrage.

Eclairage des infirmeries dans les corps de troupes à cheval. (Voir l'art. précédent.)

Dépenses au compte du trésorier.

La plupart des *registres* d'infirmerie et les imprimés de statistique médicale sont au compte du trésorier. (Circ. du 11 novembre 1872 et du 22 mai 1873, nomencl. du 25 décembre 1875, page 898, et art. 87 du règlemt du 28 décembre 1883 sur le service de santé.) — Voir le détail, page 525, pour les *Registres qui incombent à d'autres fonds*.

Masse de l'infirmerie régimentaire.

Les articles 68 Infie, 48 Cavie et 62 Artie des règlements du 28 décembre 1883 sur le service intérieur disposent que des mesures sont proposées par le médecin-major au lieutenant-colonel pour l'organisation de l'infirmerie.

Les militaires traités à l'infirmerie ou admis à la salle des convalescents continuent à compter à leur compagnie, escadron ou batterie. (Art. 86 du règlemt du 28 décembre 1883 sur le service de santé.) Le médecin désigne ceux qui doivent être soumis au régime alimentaire spécial. (Art. 52.) Une cantinière est désignée par le chef de corps pour préparer les aliments prescrits ; elle reçoit chaque jour un relevé des prescriptions. (Art. 51.) Le vin est perçu à part sur bon (Art. 95) et facturé chaque trimestre. (Art. 96.) (1). S'il n'y a pas de cantinière, les malades vivent à l'ordinaire de leurs compagnies. (Art. 51).

Pour les militaires qui doivent être soumis à un régime spécial, les commandants d'unités administratives remettent au médecin chef de service : pour les soldats, la portion de la solde journalière qui est prélevée pour l'ordinaire ; pour les sous-officiers, celle qui est fixée par le chef de corps comme taux de leur pension à la cantine. Les divers suppléments et indemnités s'appliquant à la nourriture sont compris dans ce versement, ainsi que le pain et les autres prestations en nature (2).

Ces versements constituent *la masse de l'infirmerie*, qui est destinée à payer l'alimentation des malades à l'infirmerie et à la salle des convalescents.

Ils sont inscrits en recette sur le registre d'alimentation. (Mod. n° 30.)

En cas d'insuffisance de ces versements, le chef de corps peut prescrire des prélèvements sur les bonis des ordinaires du corps.

Les bonis de la masse de l'infirmerie sont déposés dans la caisse du corps. (Art. 86 du règlemt précité.) Voir *Ordinaires-Bonis*.

Les versements sont pris en recette à la date de chaque prêt. Les noms des entrants sont portés par ordre de date. Les aliments prescrits à chaque visite journalière sont portés chaque jour en nombre, après avoir été relevés sur le cahier de visite.

Les prix fixés par le chef de corps sont reproduits, et le montant, totalisé tous les cinq jours par le médecin chef de service, en est remis à la cantinière qui émarge leur acquit. (Art. 94.)

Le registre d'alimentation est fourni sur les fonds de la masse d'infirmerie. (Art. 87.)

Il est visé chaque mois par le lieutenant-colonel ou par le chef de corps ou de détachement. (Art. 89.) (Voir *Registre des malades à l'infirmerie*).

Masse individuelle.

Tout militaire traité à l'infirmerie est responsable des dégradations qu'il fait au mobilier, aux bâtiments ou à la literie. Toutefois, il est fait exception pour les dégradations à la literie qui résultent du traitement de la maladie. (Art. 63 du règlemt du 28 décembre 1883 sur le service de santé.)

(1) Le vin destiné aux malades et aux convalescents est au compte du service des hôpitaux. (Art. 87 du règlemt.)

(2) Il n'est pas distribué de biscuit aux caporaux, brigadiers et soldats qui suivent un régime spécial. (Note du 3 juin 1884, page 605.)

Voir pour le surplus, le titre *Habillement*, page 72, et ci-après, page 531.

Dépenses au compte des écoles.

La nomenclature Q^vii insérée 2e sem. 1882, page 453, prévoit l'usage de consignes pour les infirmeries régimentaires, et l'article 40 du règlement du 28 décembre 1883 sur le service de santé dispose que ces consignes sont rédigées par le médecin-major et approuvées par le colonel.

Frais de bureau des médecins.

Les circulaires du 11 novembre 1872, page 665, et du 22 mai 1873, page 604, et l'article 87 du règlement du 28 décembre 1883 sur le service de santé mettent les frais de bureau à la charge du budget des hôpitaux.

Ces dépenses ne doivent pas dépasser 40 francs par an pour chaque infirmerie de régiment d'infanterie, de cavalerie, du génie, d'artillerie et de bataillon de chasseurs à pied et 25 francs pour les infirmeries des escadrons du train des équipages et des détachements des différentes armes. (Notice n° 9 annexée au règlem^t du 28 décembre 1883.)

Les dépenses sont justifiées en fin de trimestre par des factures ou quittances. (Art. 84 dudit règlem^t.)

Dans ces fixations sont compris l'achat du carnet d'enregistrement des bons et du registre de correspondance. (Art. 87.)

Les frais de bureau ne comprennent que les achats de papier, plumes, encre et quelques autres menues dépenses et non les imprimés qu'il conviendrait aux médecins de faire établir. (Dép. ministérielles des 7 septembre 1874 et 10 août 1882 M.)

Les imprimés de relevé alimentaire et de cahier de visite de l'infirmerie (1) sont fournis par le ministre; tous les autres sont au compte du trésorier. (Art. 87.) Voir ci-après, page 525.

Les avances des corps sont remboursées comme il est indiqué à l'article suivant.

Paiement et remboursement des dépenses faites par les corps au compte du service des hôpitaux.

Aux termes de l'article 88 du règlement du 28 décembre 1883 sur le service de santé, les dépenses incombant au service des hôpitaux sont acquittées trimestriellement par le trésorier sur le vu des pièces justificatives établies par le médecin chef de service, conformément au règlement sur la comptabilité des corps. Les primes allouées pour les opérations de vaccination sont payées à la fin de chaque séance aux ayants droit du sujet vaccinifère, par les soins du trésorier, sur le vu d'un bon du médecin.

Les factures ou quittances trimestrielles sont établies d'après les bons délivrés journellement. (Art. 95.)

Toutes ces dépenses sont remboursées annuellement aux corps (art. 88 et 98) dans les conditions du décret du 1er mars 1880 et de l'instruction du 1er mars 1881.

Les remboursements sont effectués pour tout le corps à la portion centrale. (Circ. du 22 mai 1873, page 604.)

L'instruction du 15 mars 1881, page 355, dispose que les dépenses de cette nature sont remboursées sur la production de relevés annuels (mod. n° 21 *bis*) appuyés des pièces justificatives. Les dépenses sont groupées sur ces relevés dans l'ordre indiqué par le tableau qui fait suite à l'instruction.

Les relevés et pièces sont établis comme il est indiqué au chapitre de l'habillement, pages 182 et suivantes. Les intendants militaires font parvenir au ministre les copies de ces documents dans le courant du deuxième mois qui suit l'année expirée. (Instr. précitée.)

La circulaire du 3 mai 1875 (M) rappelle que ces dépenses doivent toujours être ordonnancées avant la clôture de chaque exercice, et celle du 22 août 1873, page 115, ajoute que les recettes et les dépenses à faire par les corps, pour cet objet, doivent figurer à la centralisation dans une colonne *ad hoc* intitulée : *Dépenses d'infirmerie et frais de culte.*

Une dépêche du 22 janvier 1884 (M) prescrit de fournir chaque mois, au ministre, un relevé des dépenses payées et engagées.

Le modèle est joint.

Pour tous autres renseignements, voir *Avances de fonds.*

(1) Les cahiers de visite des compagnies sont à la charge de la masse générale d'entretien. (Circ. du 2 juillet 1884, p. 12.)

Combustible (bois et charbon).

1° *Pour la cuisson des aliments.*

Les hommes admis au régime spécial reçoivent pour la cuisson de leurs aliments la double ration individuelle de combustible. (Note du 30 octobre 1884, page 640.)

2° *Pour le chauffage des salles en hiver.*

En hiver, l'infirmerie reçoit le combustible nécessaire pour le chauffage des salles. (Art. 285 du règlem^t du 8 juin 1883, page 629, rappelé par l'art. 57 du règlem^t du 28 décembre 1883 sur le service de santé.)

Le règlement du 26 mai 1866, page 258, tome I, accorde un tiers de la ration collective de chambre ; un supplément d'allocations peut être attribué aux corps fractionnés. (Voir *Chauffage des chambres*, au chapitre du *Chauffage.*)

3° *Pour la préparation des tisanes.*

En ce qui concerne la fourniture du combustible nécessaire pour la préparation des tisanes, les chefs de corps doivent faire effectuer des prélèvements sur les rations collectives allouées aux ordinaires, savoir :

Deux kilogrammes de bois ou un kilogramme de charbon par ration, pour les fourneaux à une marmite ;

Quatre kilogrammes de bois ou deux kilogrammes de charbon par ration, pour les fourneaux à double marmite.

Ces quantités sont suffisantes et les prélèvements prescrits doivent être rigoureusement effectués, même lorsqu'il n'y a aucun malade à l'infirmerie, les ressources, en s'accumulant, devant permettre de parer à des nécessités qu'il importe de prévoir. (Circ. du 12 mai 1873 (M), rappelant l'instr. faisant suite au règlem^t sur les subsistances ; art. 283 du règlem^t du 8 juin 1883, page 628, et 57 du règlem^t du 28 décembre 1883 sur le service de santé.)

Nota. — Ce prélèvement est fait aussi pour parer aux besoins des hommes mariés les plus nécessiteux. (Art. 283 du règlem^t du 8 juin 1883.)

4° *Pour la préparation des bains.* (Voir ci-dessus, page 519 et 520.)

Il peut être donné aux malades en traitement des bains de corps ou des bains partiels.

La quantité de combustible à accorder est déterminée par une commission composée du sous-intendant militaire, du major, de l'officier de casernement et du médecin chef de service. Un procès-verbal constate le résultat des opérations de la commission. Deux expéditions en sont remises au conseil d'administration qui en délivre une au médecin chef de service. (Art. 56 du règlem^t du 28 décembre 1883 sur le service de santé, et circ. du 12 avril 1884, page 455.)

Les procès-verbaux mentionnent la dimension des chaudières, les conditions dans lesquelles est effectué le chauffage, la nature du combustible employé, la consommation correspondant à une température donnée, enfin la quantité de combustible nécessaire pour la préparation d'un grand bain, d'un bain de siège, de bains locaux.

Une ampliation de ces documents est adressée au ministre. (Circ. du 29 janvier 1873 M.)

Le combustible est fourni gratuitement par les magasins de l'État sur l'avis du sous-intendant militaire. (Décis. du 11 novembre 1872, page 660.) La perception en est faite sur bons (mod. n° 16), établis par le médecin chef de service et enregistrés par le trésorier. (Art. 56 du règlem^t précité.) L'exactitude en est contrôlée en fin de trimestre au moyen du cahier des prescriptions journalières. Ces bons sont compris dans les bordereaux de totalisation et portés séparément dans les rapports de liquidation.

Pour les corps possédant des baignoires à cylindre métallique exigeant l'emploi du charbon de bois, ils sont autorisés à se procurer directement ce combustible. Ils sont remboursés de leurs achats par voie d'ordonnancement sur les fonds du service du chauffage. — Dans ce cas, le procès-verbal doit relater le prix du charbon. (Circ. du 29 janvier 1873 M.)

Les relevés (mod. n° 21 *bis* annexé au décr. du 1er mars 1880) des dépenses pour le chauffage, au moyen de charbon de bois, des bains dans les infirmeries régimentaires, sont produits annuellement. Le remboursement en est effectué par mandats des fonctionnaires de l'intendance. Ces relevés présentent le détail indiqué par l'appendice inséré à la page 368 du *Journal militaire* (1re sem. 1881).

Les intendants militaires établissent, pour ces dépenses, des rapports de liquidation (mod. n° 327 G de la nomencl.) et les font parvenir au ministre, avec les pièces justificatives à l'appui, dans le courant du deuxième mois qui suit l'année expirée. (Appendice à l'instr. du 1er mars 1881, page 368.)

Se reporter au chapitre des *Avances de fonds*, page 182, pour les pièces à produire.

Matériel de campagne des corps.

Ce matériel est fourni par le service des hôpitaux (décr. du 19 novembre 1871, page 405; instruction du 15 mars 1872, page 54, et circ. des 11 novembre 1872, page 660, et 22 mai 1873, page 605.)

Le règlemt du 25 août 1884 et des instructions spéciales fixent la composition du matériel d'ambulance de campagne des corps de troupe (armée active et armée territoriale) tant pour les portions mobiles que pour celles disponibles. Le tableau A annexé au règlement précité et la lettre collective du 23 juin 1883 (M) donnent le détail de ce matériel (sacs, sacoches, rouleaux de secours, cantines médicales, chargements de voitures médicales, brancards, brassards, musettes, bidons, chargements de voitures à deux roues, moyens de transport).

Les chargements de voitures médicales comprennent les cantines médicales, les paniers de réserve, etc... (Nomencl. du 20 juin 1881 M.) Cette nomenclature donne la composition de ces diverses catégories de matériel et le prix. (Voir page 517, pour les états de demande.)

Ce matériel est géré par les conseils d'administration des corps. (Art. 573 du règlemt du 28 décembre 1883 sur le service de santé.)

Il est visité tous les trois mois au moins par le médecin chef de service en présence d'un délégué du conseil d'administration. (Art. 575.)

Les résultats de chaque visite sont consignés dans un rapport sommaire relatant l'existence du complet, l'état d'entretien, ainsi que les réparations et échanges reconnus nécessaires. Ce rapport est adressé au directeur du service de santé du corps d'armée qui provoque les mesures utiles. (Même art.) Les échanges entre le service courant et le service de réserve, en vue d'assurer le matériel de mobilisation, sont autorisés par les conseils d'administration quand ils doivent être faits sur place, et par le commandement dans le cas contraire. (Art. 578.)

Chaque semestre, un état de situation (mod. n° 1) est adressé au directeur du service de santé. (Art. 576.)

La notice du 20 juin 1881 (M) fixe les mesures à prendre pour la conservation des approvisionnements. Les réparations sont exécutées par les soins des corps ou par le service compétent. (Art. 81 du règlemt du 28 décembre 1883 sur le service de santé.)

Pour les réformes et remplacements, voir ci-dessus, page 518.

Les dépenses d'entretien et de réparation du matériel de mobilisation sont imputées au budget ordinaire, et le paiement en est effectué par le conseil d'administration, qui est remboursé en fin d'année, par voie d'ordonnancement, sur les fonds du service de santé. (Art. 578 du règlemt.) Voir page 522, pour les pièces justificatives.

Le matériel d'ambulance est concentré dans les magasins de la portion principale de chaque régiment. (Circ. du 24 mai 1875 M.) Toutefois, la paire de cantines du 4e bataillon doit le suivre en cas de mouvement et ne rester au dépôt que lorsque le bataillon s'y trouve. (Circ. du 28 juillet 1875 M.)

Ce matériel est toujours emporté en cas de changement de garnison (circ. du 28 juillet 1875 et note du 23 janvier 1885, page 139), à l'exception de celui affecté aux corps territoriaux. (Même note.)

Les sacs, sacoches et rouleaux de secours (du service courant) sont emportés à la suite des colonnes. (Décis. du 8 juillet 1842, page 112, pour la Cavie, et circ. du 22 décembre 1839, page 599, pour l'Infie.) Les règlements du 28 décembre 1883 sur le service intérieur (art. 74 Infie, 54 Cavie et 68 Artie) rappellent qu'en cas de marche ou de manœuvres, les médecins doivent être pourvus des instruments et objets de pansement contenus dans les sacs ou sacoches d'ambulance. — Des hommes portent ces sacs ou sacoches.

En campagne, les cantines médicales sont transportées sur les voitures médicales dans les corps qui en ont et à dos de mulet dans les autres. (Circ. du 23 juin 1883 (M), et nomencl. du 20 juin 1881 M).

Dispositions spéciales aux sacs, sacoches et cantines d'ambulance; rouleaux de secours.

La dépêche ministérielle du 24 mai 1875 (M) prescrit de renouveler les médicaments contenus dans les cantines médicales, de manière à en prévenir la détérioration, dont le médecin serait rendu responsable. De plus, une dépêche du 19 mars 1880 (M), concernant le matériel de l'armée territoriale, porte que les médicaments et matières qui ont atteint le terme de leur conservation doivent être versés à l'infirmerie régimentaire et remplacés au moyen d'un prélèvement sur les ressources de cette infirmerie.

Les sacs, sacoches d'ambulance et rouleaux de secours, bien que compris dans la nomenclature de campagne, n'en sont pas moins affectés dans la mesure des besoins au service courant, car dès 1839 il en était attribué aux corps de troupe et l'article 12 de l'instruction du 26 février 1859, page 632, allouait un sac d'ambulance par bataillon d'infanterie et une paire de sacoches par deux escadrons de cavalerie. De plus, la circulaire ministérielle du 24 mai 1875 (M) dispose que les corps doivent être pourvus en tout temps de leurs cantines médicales à raison de :

4 par régiment d'infanterie,
1 par bataillon de chasseurs,
2 par régiment de cavalerie.

Le type des cantines médicales est celui indiqué par la circulaire du 22 février 1883 (M) et la composition de leur chargement est déterminée par la nomenclature précitée du 20 juin 1881 (M).

Chaque sac ou paire de sacoches comprend les médicaments et objets énumérés dans la nomenclature du 20 juin 1881 (M).

Les corps possèdent des rouleaux de secours à raison d'un par sac ou sacoche d'ambulance. (Nomencl. du 19 décembre 1872, page 884, et lettre collective du 23 juin 1883 M.) Voir ci-dessus pour les fixations actuelles du matériel d'ambulance.

Un exemplaire de l'instruction méthodique sur les secours à donner aux asphyxiés et aux noyés doit être déposé dans les sacs et sacoches d'ambulance. (Circ. du 19 février 1879, page 205.)

Les corps de troupe de l'armée active sont dépositaires du matériel destiné aux troupes de l'armée territoriale. (Dép. minist. du 19 mars 1880 M.)

Se reporter à la page 518, pour les remplacements et réformes, et à la page 521 pour les réparations.

Ainsi qu'il est dit plus haut, ce matériel est fourni gratuitement par le service des hôpitaux, et la nomenclature du 20 juin 1881 (M) en fixe le prix, savoir :

Sac d'ambulance complet y compris la boîte d'instruments de chirurgie	156 fr.	28, vide 30 fr.
Paire de sacoches d'ambulance complète, y compris la boîte d'instruments de chirurgie	191	78, vides 65.
Rouleau pour asphyxiés	24	50
Paire de cantines médicales complètes	435	08
Cantines vides n° 1	50	
— n° 2	45	

Registres et imprimés.

L'article 89 du règlement du 28 décembre 1883 sur le service de santé, prescrit de tenir à l'infirmerie les registres ci-après. Les registres numérotés 1 à 12 sont cotés et parafés par le major du corps. Dans les détachements, tous ces registres sont tenus, à l'exception des numéros 1 et 7, mais des renseignements sont adressés au médecin-major pour la tenue de ceux-ci (art. 89) :

1° *Le registre médical d'incorporation, mod. n° 21.* (Art. 89.) Ce registre reçoit tous les renseignements relatifs aux hommes de troupe, soit avant leur incorporation, soit pendant leur séjour au corps. Il est conservé pendant cinq ans après le départ de la classe incorporée. (Art. 89 du règlem[t].)

2° *Le registre des malades à la chambre, mod. n° 22.* (Art. 89.) Ce registre reçoit dans la colonne d'observations la mention des prescriptions en médicaments, objets de pansement et bains après la guérison des malades. (Art. 90 du règlem[t].) Sur ce registre, on ne doit porter que les hommes exempts de tout service. (Décis. du 7 décembre 1883, page 773.) Ce registre est visé chaque mois par le lieutenant-colonel ou par le chef de corps ou de détachement. Voir les observations ci-après. (Art. 89 du règlem[t].)

3° *Le registre des malades à l'infirmerie, mod. n° 23.* (Art. 89.) L'entrée et la sortie doivent être indiquées exactement, ainsi que le nombre de journées de traitement. Les prescriptions médicamenteuses sont relevées sur les cahiers de visite à la sortie de chaque malade, totalisées et reportées dans la colonne du traitement. Les bains sont mentionnés dans la colonne d'observations. (Art. 91 du règlem[t] sur le service de santé.) Ce registre est arrêté chaque mois par le lieutenant-colonel. (Art. 17 Inf[ie], 16 Cav[ie] et 18 Art[ie] des règlem[ts] du 28 décembre 1883 sur le service intérieur, et 89 du règlem[t] sur le service de santé.) En cas d'absence du lieutenant-colonel, c'est le colonel qui remplit cette formalité (art. 22 Inf[ie] et 21 Art[ie] des règlem[ts] précités); dans les détachements, c'est le chef de détachement (art. 89 du règlem[t] sur le service de santé), et dans les bataillons, escadrons ou compagnies formant corps, c'est le chef de corps. (Art. 23 Inf[ie] et 22 Art[ie].)

4° *Le registre des malades à l'hôpital, mod. n° 24.* (Art. 89). Les bulletins n° 53 d'entrée et de sortie des malades fournis par les comptables des hôpitaux, servant à tenir ce registre, doivent rappeler le genre de maladie. (Note du 5 avril 1883, page 349.)

5° *Le registre de la salle des convalescents, mod. n° 25.* (Art. 89.) Voir *Salle des convalescents*, page 528. Ce registre est visé chaque mois par le lieutenant-colonel ou par le chef de corps ou de détachement. Voir *Registre des malades à l'Infirmerie.* (Art. 89 du règlem[t] sur le service de santé.)

6° *Le registre des catégories, mod. n° 26.* (Art. 89.)

7° *Le registre des blessures de guerre et des accidents survenus dans un service commandé, mod. n° 27.* (Art. 89.) On mentionne sur ce registre les certificats d'origine délivrés aux militaires. Quand il est rempli, il est remis au conseil d'administration qui le conserve dans les archives du corps. (Art. 89.)

8° *Le registre des vaccinations et revaccinations, mod. n° 28.* (Art. 89.) La notice n° 3, annexée au règlement du 28 décembre 1883 sur le service de santé, résume les dispositions sur la vaccination : les médecins-majors, chacun dans son régiment, sont chargés de la vaccination. Ils sont tenus de vacciner ou de revacciner tous les jeunes soldats dès leur arrivée au corps, ainsi que les incorporés des contingents antérieurs vaccinés sans succès; de renouveler l'opération chez les sujets réfractaires aussi souvent que possible, pendant les 4 mois qui suivent le premier essai.

En cas de mort par variole, un rapport doit être adressé au directeur du service de santé. (Notice.)

Pour la fourniture du vaccin, voir ci-dessus, page 516.

9° *Le registre des médicaments et du matériel, mod. n° 29.* (Art. 89.) L'article 93 du règlement sur le service de santé dispose que ce registre est tenu trimestriellement et fait ressortir les entrées et les sorties. Les entrées sont justifiées par les factures d'expédition ou d'achat, et les consommations, par les inscriptions faites sur les registres des malades à la chambre ou à l'infirmerie. Les entrées et les sorties sont décomptées d'après la nomenclature, en chiffres ronds de 5 centimes. Toute dépense inférieure à ce chiffre n'est pas évaluée; mention en est faite dans la colonne d'observations.

Ce registre est présenté, dans les dix premiers jours de chaque trimestre, à la vérification du sous-intendant. (Art. 93 du règlem[t] précité et 130 de l'instr. du 1er mars 1880.)

10° *Le livre-journal de la bibliothèque, mod. n° 106.* (Art. 89.) Pour le catalogue et les cahiers de prêt, voir *Bibliothèque*, page 518.

11° *Le registre d'alimentation, mod. n° 30.* (Art. 89.) Se reporter à *Masse de l'infirmerie*, page 521.

12° *Le carnet d'enregistrement des bons, mod. n° 31.* (Art. 89.) Le médecin inscrit sur ce carnet les bons qu'il établit pour : le blanchissage du linge à pansement, le vin pour les malades et convalescents, les fournitures de bureau, les bandages, lunettes, etc., les primes de vaccination, le combustible pour la préparation des bains et tisanes, l'éclairage de l'infirmerie. (Art. 95.) Ces bons, récapitulés en fin de trimestre, servent à l'établissement des factures ou quittances trimestrielles. (Art. 96.)

13° *Le registre de correspondance, mod. n° 32.* (Art. 89.) La correspondance est soumise au visa du chef de corps. (Art. 40 du règlem[t].)

Il est en outre tenu :

1° Dans chaque compagnie, escadron ou batterie, un cahier de visite médicale qui est présenté chaque jour au médecin de service qui y inscrit ses prescriptions. Il est conforme au modèle n° 14 annexé au règlement sur le service de santé. Voir aussi les modèles V Inf[ie] et IV Art[ie] et Cav[ie] annexés aux règlements du 28 décembre 1883 sur le service intérieur. (Art. 45 du premier de ces règlem[ts] et 67, 61 et 47 des autres.)

2° A l'infirmerie, un cahier de visite médicale (mod. n° 60). Ce cahier est signé par le médecin chef de service tous les mois et à la sortie de chaque malade ; il est conservé pendant une année pour servir à la vérification des dépenses. (Art. 50 du règlem[t] du 28 décembre 1883 sur le service de santé.) Chaque jour, il est établi un relevé des prescriptions alimentaires (mod. n° 15) qui est remis à la cantinière. (Art. 51.)

NOTA. — La circulaire du 16 décembre 1842, page 138, prescrivait la tenue d'un registre de conférences ; l'art. 89 du règlement nouveau ne rappelle pas cette prescription.

A l'armée, dans chaque corps ou fraction de corps, le médecin chef de service tient un carnet médical où sont consignés les nom, grade, compagnie, etc... de chaque malade ou blessé, la nature de l'affection, la date de l'interruption du service, la destination donnée à l'homme et la date du retour au corps. (Art. 17 du règlem[t] du 26 octobre 1883, 2° sem. 84, page 802.)

Statistique médicale. — L'instruction du 29 septembre 1882, page 193, oblige les médecins des corps à fournir au commandement, avant le 15 février de chaque année, pour l'année expirée, des états :

A. n° 1. Du mouvement de l'effectif et des présents ;

A. n° 2. Du mouvement général des malades, des militaires exempts de service ou admis à l'infirmerie ;

A. n° 3. Des maladies pour lesquelles les hommes ont été admis dans les hôpitaux ; noms des décédés ;

A. n° 4. Des militaires réformés, retraités, mis en non-activité pour infirmités, des militaires envoyés aux eaux ou aux bains de mer ; renseignements relatifs à la vaccination ou à la variole.

RAPPORT ANNUEL SUR LE SERVICE MÉDICO-CHIRURGICAL ET SUR L'ÉTAT SANITAIRE

(Le programme de ce rapport est donné par la notice n° 4 annexée au règlement sur le service de santé.)

De plus, il est fourni un compte rendu mensuel modèle C. (Instr. précitée.)

Ces documents sont centralisés par le directeur du service de santé au chef-lieu de chaque corps d'armée, dans les conditions prévues par l'instruction du 29 septembre 1882, page 197.

NOTA. — Les dispositions ci-dessus sont applicables aux bataillons d'artillerie de forteresse. (Décis. du 26 septembre 1883, page 261.)

Rapports journaliers, etc... — Le médecin chef de service produit au chef de corps un rapport journalier. (Mod. 5 Cav[ie] et Art[ie], 6 Inf[ie] des règlem[ts] du 28 décembre 1883 sur le service intérieur, et n° 11 du règlem[t] de même date sur le service de santé.) Il adresse au directeur du service de santé, tous les dix jours, un rapport sur le mouvement des malades. En temps d'épidémie, il peut être fourni plus souvent. (Art. 76 Inf[ie], 56 Cav[ie] et 70 Art[ie] des règlem[ts] sur le service intérieur.) Ce rapport est conforme au modèle n° 12 annexé au règlement sur le service de santé. (Art. 40 de ce règlem[t].) Il adresse, en outre, à ce même directeur, des bulletins de mutation modèle n° 13 pour les officiers de santé. (Art. 41.)

Le médecin-major fournit un relevé annuel des consommations modèle n° 33 (art. 97) qui est adressé au ministre, et chaque semestre un état de situation (mod. n° 1) du matériel de campagne ; cette situation est destinée au directeur du service de santé. (Art. 576.)

FOURNITURE DES REGISTRES ET IMPRIMÉS DE TOUTE NATURE

1° Les imprimés pour cahiers de visite d'infirmerie et relevés alimentaires, ainsi que les registres de la bibliothèque, sont fournis par le ministère de la guerre. (Art. 87 du règlemt du 28 décembre 1883 sur le service de santé.) Quant aux cahiers de visite de compagnie, la dépense d'achat est imputable à la deuxième portion de la masse générale d'entretien. (Circ. du 2 juillet 1884, page 12.)

2° Le registre d'alimentation est au compte de la masse de l'infirmerie. (Art. 87 du règlemt sur le service de santé.)

3° Le carnet d'enregistrement des bons et le registre de correspondance sont compris dans les dépenses de frais de bureau (art. 87 du règlemt), et par conséquent imputables au service des hôpitaux.

4° Les registres numérotés 1 à 9, les imprimés divers, autres que ceux énumérés ci-dessus et les états de statistique médicale sont fournis par le trésorier du corps. (Art. 87 du règlemt.) Cet article rappelle la circulaire du 11 novembre 1872, page 659. Voir aussi, à titre de renseignements, celle du 22 mai 1873, page 605, et la nomenclature annexée au décret du 25 décembre 1875, page 898. Une dépêche ministérielle du 20 septembre 1877, n° 4562, met au compte du trésorier la fourniture des rapports journaliers.

Dans les compagnies ou sections formant corps, qui n'ont pas de trésorier, la dépense est à la charge de l'officier commandant qui administre.

2° SALLES DE CONVALESCENTS

(Voir ci-dessus *Locaux.*)

§ 1er. — La décision du 6 décembre 1842, page 135, prescrivait l'ouverture de salles de convalescents dans toutes les garnisons, afin de soustraire les militaires sortant de l'hôpital aux occasions de rechute lorsqu'ils reprennent immédiatement leur service et vivent à l'ordinaire. Cette disposition est reproduite par les règlements du 28 décembre 1883 sur les services intérieur et de santé. (Art. 68 Infie, 48 Cavie et 62 Artie, et art. 37 du règlemt sur le service de santé.)

Les hommes sont inscrits sur un registre mod. n° 25, dont la tenue est prescrite par l'art. 89 du règlemt du 28 décembre 1883 sur le service de santé. Ce registre doit indiquer exactement les dates d'entrée et de sortie et la durée du séjour. (Art. 92.) Il est visé chaque mois par le lieutenant-colonel ou l'officier en tenant lieu. (Art. 89).

La fourniture de ce registre est au compte du trésorier. (Circ. du 11 novembre 1872, page 660, et du 22 mai 1873, page 604, et art. 87 du règlemt sur le service de santé.) Voir ci-dessus, page 526.

§ 2. — Régime, allocations, dépenses.

Le médecin chef de service désigne ceux des malades à la salle des convalescents qui doivent vivre à un régime alimentaire spécial. (Art. 52 du règlemt du 28 décembre 1883, sur le service de santé.)

Toutes les dispositions relatives aux malades traités à l'infirmerie, résumées à la page 522 ci-dessus, leur sont applicables.

§ 3. — DÉPENSES AU COMPTE DU SERVICE DES HÔPITAUX

Le vin destiné aux convalescents à qui il en est attribué est fourni par les soins des conseils d'administration. (V. ci-dessus, page 521.) La dépense est à la charge du service des hôpitaux. (Décis. du 11 novembre 1872, page 660, et circ. du 22 mai 1873, page 605, et art. 87 du règlemt du 28 décembre 1883 sur le service de santé.) Ce règlemt ne prévoit plus les distributions de riz qui étaient autorisées par l'instr. du 6 décembre 1842, page 135, par la raison que c'est le médecin traitant qui règle le régime à suivre par les convalescents, suivant leur état de santé.

Les avances de cette nature sont remboursées comme les dépenses de l'infirmerie. (Voir page 522.)

§ 4. — FOURNITURES AU COMPTE DU SERVICE DU CHAUFFAGE

Le combustible est à la charge du service du chauffage. (Circ. du 22 mai 1873' page 605.) Il est tiré des magasins militaires.

Il est alloué aux hommes traités à la salle des convalescents, pour la cuisson de leurs aliments, la ration individuelle de combustible fixée pour les sous-officiers. (Décis. du 23 février 1843, page 169; art. 742 du règlemt du 26 mai 1866, page 155, et 284 du règlemt du 8 juin 1883, page 629.) Mais cette ration spéciale n'est attribuée qu'aux hommes admis au régime spécial. (Note du 30 octobre 1884, page 640.)

Cette allocation est comprise dans les feuilles de journées. (Décis. du 12 mars 1846, page 667.)

Pour le chauffage des salles en hiver, l'allocation est celle d'un corps de garde de 2e classe occupé le jour seulement, pour chaque salle occupée. Ce chauffage commence et finit en même temps que celui des corps de garde, mais les perceptions sont comprises dans les feuilles de chauffage des corps. (Décis. du 23 février 1843, page 169; art. 742 du règlemt du 26 mai 1866, page 155, et 285 du règlemt du 8 juin 1883, page 629.)

Le taux des rations est fixé par les tarifs nos 1 et 4 annexés au règlemt du 26 mai 1866, pages 252 et 257 du tome Ier du *Journal militaire*, modifiés par la circ. du 27 décembre 1884 (M).

§ 5. — DÉPENSES AU COMPTE DES CHEFS DE CORPS

La circulaire du 6 décembre 1842, page 136, dispose que les salles de convalescents doivent être pourvues, par les soins des chefs de corps, de quelques jeux désintéressés.

Une dépêche minist. du 18 janvier 1881 (M), concernant le 17e d'artillerie, rappelle que les dépenses de cette nature doivent être imputées sur les frais de service des chefs de corps, comme rentrant dans la catégorie de celles prévues par la décis. du 25 juillet 1874, notifiée le 3 août suivant, *Journal militaire*, page 117.

3° DÉPENSES DIVERSES

Appareils prothétiques.

La note ministérielle du 16 avril 1864, page 941, et celle du 19 avril 1867, page 657, approuvent l'introduction, dans le service des hôpitaux, d'un bras et d'une jambe artificiels presentés par le comte de Beaufort.

Les demandes sont adressées au ministre par le directeur du service de santé (bureau des hôpitaux.) (Notes du 24 février 1873, page 137, et art. 232 du règlemt du 28 décembre 1883.) Ces demandes indiquent les dimensions. Ces dispositions sont rappelées par la circulaire du 13 octobre 1879, page 264, concernant les hospices mixtes.

Une dépêche ministérielle du 25 avril 1872 dispose que ces appareils ne sont accordés gratuitement qu'à titre de première mise, et que les remplacements doivent rester à la charge des intéressés.

Par dépêche du 9 juin 1882, le ministre a envoyé, pour les établissements hospitaliers, des cahiers à souches pour allocations d'appareils prothétiques et indiquant d'une manière précise les renseignements à fournir à l'appui des demandes ou propositions.

Bandages herniaires, jambes de bois (ORDINAIRES), béquilles, lunettes, etc., etc.

Aux termes de l'article 232 du règlemt du 28 décembre 1883 sur le service de santé, des bandages herniaires, jambes de bois, béquilles et lunettes sont délivrés gratuitement à titre de première mise ou à titre de remplacement :

1° Aux militaires de l'armée active traités dans les hôpitaux, soit pendant leur séjour à l'hôpital, soit à leur sortie, sur des bons nominatifs (mod. n° 68) établis par les médecins traitants ;

2° Aux sous-officiers, caporaux et soldats présents dans les corps, sur des bons (mod. n° 17), établis par les médecins-majors des corps et visés par le chef de corps ;

3° Aux militaires isolés, sur des bons (mod. n° 17), établis par le médecin chargé de les visiter et visés par le commandant d'armes. (Art. 232.)

Dans les corps, les bons (mod. n° 17) sont inscrits sur le carnet d'enregistrement (mod. n° 31). Ces fournitures sont notées également sur le registre d'incorporation. (Art. 59.) Cet article rappelle que ces objets sont délivrés aux corps et isolés par les hôpitaux et hospices civils.

Dans les hospices civils, les appareils fournis par ces établissements sont décomptés au prix de facture et compris dans les relevés trimestriels des journées. (Circ. du 13 octobre 1879, page 264.)

Quand il n'y a ni hôpital militaire, ni hospice civil, ces objets sont achetés sur place au compte du service des hôpitaux. (Note du 1er avril 1876, page 509.)

Cette même note prescrit de mentionner les distributions sur la feuille de route des isolés et, en cas d'imputation, sur leur livret.

Enfin, la note du 29 août 1879, page 171, prescrit d'inscrire les lunettes sur les livrets des détenteurs et d'imputer ces objets aux détenteurs, lorsqu'en cas de remplacement, ils ne peuvent représenter les anciens ; mais exception est faite pour les cas de force majeure dûment constatés.

Nourriture et traitement des malades en dehors des hôpitaux et des infirmeries.

Les frais de nourriture, de traitement et de médicaments des militaires qui tombent malades dans des localités où il n'y a pas d'établissement hospitalier, sont payés directement aux ayants droit sur les fonds du service des hôpitaux, par les soins des fonctionnaires de l'intendance militaire. (Diverses solutions ministérielles : 10 décembre 1869 (M), concernant deux militaires du 12e de ligne, etc.)

La loi du 3 juillet 1877, article 5, page 4, dispose que le traitement des malades ou blessés, chez l'habitant, peut être exigé par voie de réquisition. Le décret du 2 août 1877, page 56, ajoute que, lorsqu'il y a lieu de requérir le traitement des malades ou blessés, les maires fournissent des locaux spéciaux ou, à défaut, ils répartissent les militaires à soigner chez les habitants. S'il s'agit de maladies contagieuses, les malades doivent être séparés de la population. En cas d'extrême urgence, et seulement sur des points éloignés du centre de la commune, l'autorité militaire peut requérir directement des habitants ; mais cette réquisition directe ne peut jamais s'appliquer à un cas de contagion. (Art. 21 du décr., pag. 56.)

La dépense est fixée par les commissions départementales d'évaluation. (Art. 48 et 50, sur la production d'états A et A *bis*, établis par les maires.)

Après le prononcé de la commission, les maires établissent un état B, sur le vu duquel le fonctionnaire de l'intendance délivre, dans les huit jours, un mandat au nom du receveur municipal de la commune. (Art. 52 et 53.)

Lorsque les indemnités fixées par la commission sont refusées, la question est portée devant le juge de paix. (Art 56 du décr.) Ce magistrat statue en dernier ressort, jusqu'à concurrence de 200 francs, et en premier ressort jusqu'à 1,500 francs. Au-dessus de ce chiffre, l'affaire doit être portée devant le tribunal de 1re instance. (Art. 26 de la loi du 3 juillet 1877, page 10.) (Pour tous autres détails, se reporter au chapitre des subsistances.)

Nota. — L'article 93 du règlement du 25 août 1884, page 49, pagination spéciale, dispose que le médecin-chef procède ou fait procéder aux réquisitions nécessaires de matériel de cuisine, vivres, denrées, et de médecins ou de corvées d'habitants, s'il y a lieu.

Frais de visite et de contre-visite des militaires absents qui demandent des congés de convalescence, etc.

D'après l'article 350 du règlement du 1er mars 1854 sur le service intérieur de la gendarmerie, et l'article 44 du décret du 18 juin 1884, page 717, les militaires en congé dans une commune où il n'existe pas d'hôpital, qui sont hors d'état d'être transportés, doivent joindre à leur demande de congé ou de prolongation de congé un certificat de visite du médecin du lieu, ou un certificat du maire établissant l'impossibilité de leur déplacement. (Mêmes instructions.)

De plus, l'état du malade doit être constaté par la gendarmerie. (Décr. du 18 juin 1884, page 717, art. 45.)

Dans ces conditions, les frais de la contre-visite prescrite par l'article 281 du règlement du 28 décembre 1883 sur le service de santé sont donc les seuls qui restent à la charge de l'administration de la guerre.

(Voir, pour le tarif des visites, au titre *Infirmeries vétérinaires, vétérinaires civils.*)

La dépense est ordonnancée sur le budget des hôpitaux au moyen d'un mémoire en deux expéditions, signé du médecin et revêtu d'un certificat d'exécution du maire ou de la gendarmerie du lieu. Copie de la réquisition de l'autorité militaire doit être également jointe.

Transport des impotents aux gares et VICE VERSA.

L'instruction du 3 mai 1863 (non reprise par la refonte) disposait que le transport des militaires impotents, des établissements hospitaliers ou des casernes aux gares, devait être payé par les soins des comptables des hôpitaux sur les frais d'exploitation ou par les corps sur les fonds de la deuxième portion de la masse générale d'entretien.

Ce principe a été maintenu par le cahier des charges du service des convois, en date du 17 avril 1874, page 620 (S), et par l'instruction ministérielle du 26 juin 1874 (M).

La dépense doit être approuvée par le sous-intendant militaire. (3 mai 1863.)

Pertes et détériorations d'effets dans les hôpitaux ou infirmeries régimentaires.

En exécution de l'article 256 du règlement du 28 décembre 1883, sur le service de santé, page 87, les dégâts commis par les militaires des corps traités dans les hôpitaux sont à leur charge.

Il est établi des feuilles de retenue nominatives par corps par les soins des comptables; elles sont adressées aux sous-intendants chargés de la surveillance administrative des corps, lesquels demeurent chargés d'en faire verser le montant au Trésor. (Art. précité.)

Ce versement est porté en dépense à la masse individuelle s'il s'agit d'hommes ayant une masse, et au fonds de la solde s'il s'agit d'officiers ou de sous-officiers n'ayant pas de masse. Dans ce dernier cas, la somme est précomptée sur les sommes à payer aux parties intéressées et prises en recette au même fonds pour le couvrir des avances faites. (Art. 181 de l'ordonn. du 10 mai 1844, page 322.)

Les militaires traités dans les infirmeries sont responsables des dégradations qu'ils font; il est fait exception néanmoins pour les dégradations à la literie qui résultent du traitement de la maladie. (Art. 63 du règlement du 28 décembre 1883 sur le service de santé.)

Pour ces dégradations, les imputations sont faites aux hommes au moyen de bulletins de moins-value ou de réparations, conformément aux dispositions des articles 181 et 210 de l'ordonnance du 10 mai 1844, pages 322 et 328, et 182 du décret du 1er mars 1880, page 373.

Les moins-values sont décomptées comme le prescrit l'article 3 de l'instruction du 15 mars 1872 sur la comptabilité-matières, s'il s'agit d'objets du service des hôpitaux, savoir :

Pour les objets neufs, au prix de la nomenclature; ces prix sont diminués de 30 p. 0/0 pour les objets bons et de 60 p. 0/0 pour ceux à réparer. — Les ustensiles en verre, terre, marbre et pierre, les ouvrages et les instruments composant les collections scientifiques sont toujours décomptés au prix du classement neuf. — A moins de bris volontaire ou de négligence bien constatée, les imputations à faire aux hommes restent à la charge de l'Etat quand, dans leur ensemble, elles ne sont pas supérieures à 50 centimes. Les évaluations se font en chiffres ronds de 5 ou 10 centimes, et les matières, effets ou objets qui ne sont pas tarifés par la nomenclature sont décomptés au prix d'achat pour le classement neuf. (Observations placées en tête de la nomenclature du 1er janvier 1881 et art. 3 de l'instr. du 15 mars 1872 M.)

Lorsqu'il s'agit d'autres objets en service dans les infirmeries régimentaires, le décompte s'opère dans les conditions indiquées par l'article 249 du décret du 1er mars 1880, page 383. (Voir *Habillement*, page 72.)

Pour les dégradations au matériel du génie, qui n'incombent pas à la masse individuelle, voir *Casernement*, page 222.

Frais de culte, inhumations.

FRAIS DE CULTE

La circulaire du 22 mai 1873, page 605, met les frais de culte au compte du service des hôpitaux.

Il ne peut y avoir lieu à dépense que dans les camps ou postes où il y a nécessité de faire célébrer l'office divin pour les troupes.

D'après le nota placé au bas du tarif n° 53 du 5 décembre 1840, page 778, la dépense ne doit pas excéder 150 francs par an pour tous les corps d'une même garnison.

Les dépenses pour l'achat du matériel nécessaire à la célébration du culte, telles que boîtes pour les saintes huiles, étoles, rochets, chapelles, etc., ne sont pas comprises dans cette allocation. Elle sont payées séparément sur les fonds des hôpitaux après autorisation ministérielle. (Dép. minist. du 1er avril 1876, autorisant un achat pour le camp du polygone de Bourges.)

Les paiements sont justifiés par les quittances des fournisseurs produites par les desservants.

La loi du 8 juillet 1880, page 9, n'accorde d'aumôniers militaires qu'aux camps, forts ou garnisons ayant deux mille hommes au moins et qui sont éloignés des églises ou temples de plus de 3 kilomètres.

En cas de mobilisation, des aumôniers sont attachés aux armées, corps d'armée et divisions.

Le décret du 27 avril 1881, page 273, fixe le nombre, la position et les allocations des aumôniers attachés aux armées en campagne.

Ils sont traités à tous égards comme les capitaines de 1re classe montés.

INHUMATIONS, CÉRÉMONIES FUNÈBRES

Les militaires décédés dans les hôpitaux sont inhumés par les soins des établissements, aux frais du service des hôpitaux. (Art. 302 du règlemt du 28 décembre 1883, page 98.)

Ceux décédés hors et à proximité des hôpitaux, de mort violente, etc., y sont transportés après accomplissement, par un officier de police judiciaire, des formalités qui doivent précéder la levée des cadavres. Ils sont ensuite inhumés dans les délais légaux. (Art. 303 du règlemt précité.)

Quand un militaire présent au corps vient à décéder, le médecin chef de service constate le décès et établit un certificat sur le vu duquel le corps est reçu à l'hôpital ou à l'hospice, conformément aux dispositions de l'art. 303. Il rend compte au chef de corps dans un rapport circonstancié qui est adressé au ministre.

Le corps ne peut être transporté à l'hôpital que lorsqu'un officier de police judiciaire a rempli les formalités légales. (Art. 70.)

Les frais d'inhumation comprennent :

1° La fourniture des cierges : *6* cierges pour le caporal ou soldat, *10* pour le sous-officier, *16* pour l'officier, *20* pour l'officier supérieur (8 à l'autel, 12 autour du corps; devant d'autel noir).

2° Le transport du corps au cimetière (à Paris, 6e classe des pompes funèbres pour l'officier supérieur, 7e classe pour les officiers subalternes, 9e pour la troupe; en province, on se conforme aux usages locaux);

3° Croix sur la fosse (prix : 6 fr. pour les officiers et 4 fr. pour la troupe);

4° Serges et crêpes destinés au détachement qui assiste à la cérémonie lorsqu'il s'agit d'un officier;

5° Frais de cérémonie religieuse à la chapelle (7 fr. pour le caporal et le soldat, 9 fr. pour le sous-officier et 14 fr. pour un officier ; pour l'officier supérieur, 18 fr.) ;

6° Une bière ;

7° Un suaire ;

Les prix ordinaires sont : suaire, 2 fr. ; bière, 7 fr. ; ouverture de la fosse, 2 fr. (Auteur).

8° Ouverture de la fosse.

(Notice n° 12 faisant suite au règlem[t] précité.)

Lorsque les familles ou les corps veulent donner de l'extension à la cérémonie, les dépenses supplémentaires sont à leur charge (art. 302 du règlem[t] et art. 20 du décret du 1er août 1879, page 46) ; les frais excédant les tarifs sont réglés directement par elles. (1er août 1879.)

Les dispositions qui précèdent sont applicables dans les hospices mixtes (circ. du 13 octobre 1879, page 263), mais non dans les hospices civils proprement dits, excepté en ce qui concerne la fourniture des *croix*. (Note du 18 mai 1877, page 501.) Les frais auxquels donne lieu le décès des militaires dans les hospices sont fixés par les conventions passées entre ces établissements et l'Etat. (Art. 20 et 26 du décr. du 1er août 1879.)

Dans les places où il n'y a ni hôpital militaire ni hospice civil recevant des malades de l'armée, les militaires qui décèdent dans les quartiers sont inhumés par les soins et aux frais des corps. (Décis. du 8 mai 1844 M.)

La décision présidentielle du 25 juillet 1874, notifiée par la circulaire ministérielle du 3 août suivant, page 117, prescrit d'imputer, dans ce cas, la dépense à la deuxième portion de la masse générale d'entretien.

Les frais d'inhumation doivent être acquittés sur la production de la quittance du curé ou de l'aumônier et du sacristain. Ceux de transport et autres sont justifiés par des mémoires ou quittances fournis par les créanciers.

Ces dispositions sont rappelées par une circulaire ministérielle du 13 avril 1883 (M) concernant la justification des dépenses du service des hôpitaux.

Le règlement du 23 octobre 1883 (art. 329, page 459) dispose que, dans les cérémonies funèbres, les drapeaux et étendards sont voilés d'un crêpe, les tambours couverts de serge noire et les clairons et trompettes sont pourvus de sourdines et de crêpes.

La circulaire du 15 mars 1872, page 54, met au compte de la 2e portion de la masse générale d'entretien la fourniture des crêpes et serges.

Les sourdines des instruments sont conformes à la description insérée au *Journal militaire*, partie supplémentaire, à la date du 11 octobre 1881, page 401 ; les corps sont chargés de les acheter sur les fonds de leur masse générale d'entretien (1re portion). Ils peuvent adresser leurs commandes soit à leurs fournisseurs ordinaires, soit à la maison Besson, 92, rue d'Angoulême, à Paris, en donnant le nom du fabricant qui a établi les clairons ou trompettes. Prix 0 fr. 50. (11 octobre 1881.)

Nota. — Une note ministérielle du 11 février 1881, page 61, dispose que les corps, établissements hospitaliers, y compris les hospices civils, doivent aviser les familles des décédés par une dépêche télégraphique adressée au maire de la commune. La dépense est imputable au service des hôpitaux (dépenses diverses). La note du 20 juillet 1881, page 50, étend les dispositions ci-dessus au personnel de l'armée de mer et aux militaires de la gendarmerie de la garde républicaine et des sapeurs-pompiers de Paris décédés en activité de service.

Lorsque les dépêches sont adressées aux maires des communes qui ne possèdent pas de bureaux télégraphiques, les corps comptables et administratifs doivent, dans ce cas, faire l'avance des sommes à percevoir pour le salaire de l'exprès chargé de porter la dépêche dans la localité non desservie par le télégraphe. Les pièces destinées à permettre de poursuivre le remboursement au budget de la guerre des frais concernant l'armée de mer ou les sapeurs-pompiers sont adressées trimestriellement au ministre (bureau des hôpitaux). (20 juillet 1881, page 50.)

La note du 23 décembre 1881, page 388, ajoute que les télégrammes portant avis de décès sont toujours taxés ; ils peuvent être adressés et expédiés, soit par la poste, soit par exprès, jusqu'à la localité destinataire, si celle-ci ne possède pas de bureau télégraphique. En cas d'emploi de l'exprès, il est perçu, au départ, des arrhes, comme l'indique la note du 20 juillet 1881. Lorsque la demande en est faite par le comptable militaire, il lui est délivré, moyennant versement du droit fixe de 10 centimes, un récépissé de dépôt des télégrammes, sur lequel est inscrit le montant intégral des taxes perçues. (23 décembre 1881.)

L'article 292 du règlement sur le service de santé résume la plupart des dispositions ci-dessus.

Médecins civils requis.

L'article 18 du règlement du 28 décembre 1883 sur le service de santé dispose qu'en cas d'insuffisance du personnel médical, le général commandant le corps d'armée, à qui il en est rendu compte par le directeur du service de santé, prescrit à celui-ci de convoquer des médecins de réserve qui ont une période d'instruction à faire dans le courant de l'année. A cet effet, le directeur du service de santé doit tenir une liste des médecins de réserve domiciliés dans la région, avec indication des époques de l'année, fixées d'avance par chacun d'eux, pendant lesquelles ils peuvent, sans inconvénient, se rendre aux convocations. Si les médecins convoqués appartiennent à un autre corps d'armée, le directeur du service de santé prévient son collègue. (Art. 18 du règlem[t].)

A défaut de médecins de réserve, le général commandant le corps d'armée requiert, sur la proposition du directeur du service de santé, des médecins civils qui reçoivent les indemnités fixées par la notice n° 2. (Art. 18.)

Une dépêche ministérielle en date du 15 décembre 1881 (M) dispose que, lorsqu'il y a lieu de requérir des médecins civils pour remplacer temporairement des officiers de santé militaires, il convient de donner la préférence à des médecins appartenant à la réserve ou à l'armée territoriale, s'il s'en présente. Toutefois, ils ne peuvent y être contraints en dehors des périodes d'instruction. L'indemnité à leur payer est la même que pour les médecins civils. (15 décembre 1881.)

D'après la notice n° 2 annexée au règlement sur le service de santé, les indemnités à payer aux médecins civils requis sont déterminées par un tarif spécial arrêté par le ministre pour chaque région et par place, sur la proposition du général commandant le corps d'armée.

La constatation des sommes à payer a lieu au moyen d'une déclaration établie par le médecin requis en double expédition, dont une timbrée. Le modèle de cette déclaration fait suite à la notice.

La circulaire du 1er mars 1856, page 169, prescrit de produire cette pièce au sous-intendant militaire et d'en établir une pour chaque corps. Quand il y en a plusieurs pour le même médecin, elles sont résumées dans un décompte général timbré établi par le sous-intendant militaire. La mention de l'ordonnancement est portée sur ce décompte. (1er mars 1856.)

Ces indemnités sont payées sur les fonds du service des hôpitaux, et la circulaire du 13 mars 1880, page 261 (S) rappelle qu'elles ne doivent jamais être ordonnancées sur les crédits de la solde.

Pour les visites accidentelles, les allocations sont fixées par le décret du 18 juin 1811. (Voir pages 531 et 533 ci-dessus.)

Dépôts de cholériques dans les corps.

L'instruction du 20 juillet 1883, page 26, dispose qu'en cas d'épidémie, on doit annexer aux infirmeries régimentaires ou désigner, dans les quartiers où il n'y a pas d'infirmerie, un local pour recevoir les malades.

Le matériel nécessaire est fourni, savoir :

Les chemises en laine, brosses, flanelles, briques, cruchons, médicaments, etc., par le service des hôpitaux. (Art. 26 de l'instr. précitée.)

Les objets mobiliers et les appareils de chauffage, par le service du génie. (Règlem[t] de 30 juin 1856.)

L'article 37 de l'instruction prévoit l'allocation d'un supplément de solde pour l'amélioration de l'ordinaire, l'achat du combustible, des vases et ustensiles divers. Cette allocation est autorisée par décision spéciale du ministre.

L'instruction précitée indique d'ailleurs toutes les mesures à prendre dans les corps en cas d'épidémie de choléra.

Comptes annuels de gestion portant inventaire.

Le décret du 1er mars 1880 (art. 253 *bis* et 253 *ter*, page 384, rappelé par l'art. 99 du règlem[t] du 28 décembre 1883 sur le service de santé) prescrit la production de comptes annuels de gestion portant inventaire (mod. 32 F), comprenant tout le matériel dont chaque corps est responsable. Ce matériel est celui énuméré par la nomenclature G du service des hôpitaux, dont un extrait concernant les corps de troupes est inséré au *Journal militaire*, à la suite de la note du 23 janvier 1885, page 141.

Il est établi des comptes distincts, mais en simple expédition, pour le service courant et pour le service de réserve. (Mêmes art. du décr. et arrêté du 18 février 1881, page 113.)

1° COMPTE DE GESTION DU SERVICE COURANT

Ce compte comprend les objets mobiliers, à l'exception des cantines d'ambulance qui figurent dans le compte du service de réserve (voir ci-après) et des médicaments, des objets d'exploitation de la pharmacie, des objets de pansement qui ne sont jamais en quantité supérieure aux besoins d'un trimestre et dont le peu d'importance totale permet de ne pas les considérer comme constituant un approvisionnement. Il en est de même des fournitures de bureau. (Art. 130 de l'instr. du 1er mars 1880, page 393, et arrêté du 18 février 1881, page 113.) Le matériel mobile des bains chauds est compris dans ce compte. Les objets de cette catégorie, qui ne sont pas dénommés dans la nomenclature des hôpitaux, sont placés sous l'un des numéros qui sont affectés à des objets similaires. (Circ. du 4 août 1880 M.)

Il n'est produit qu'un seul compte pour chaque corps, quel que soit le nombre de ses infirmeries (1). Toutefois, on doit porter à la première page du compte, après le nota, les indications relatives aux divers casernements où il existe des infirmeries. Exemple :

Dépôt et 1er bataillon à Melun. Infirmerie : Caserne Saint-Liesne.
2e, 3e et 4e bataillons à Paris-Courbevoie. Infirmerie : Caserne A.

Le décompte des objets existant au 31 décembre est opéré d'après les indications portées en tête de la nomenclature sus-indiquée. (Voir pour les sacs, sacoches et rouleaux, page 525.)

Toutes les quantités fractionnaires sont exprimées en décimales, qui sont au nombre de trois pour les quantités évaluées au mètre cube, et au nombre de deux pour les autres unités régimentaires. (Art. 253 *bis* de l'instr. précitée, page 409.)

La nomenclature annexée à cette instruction indique les pièces d'entrées et de sorties qui doivent appuyer le compte. (Voir *Habillement*, page 178.)

Ces pièces reçoivent un numéro d'ordre spécial reproduit au compte et sur les bordereaux (mod. n° 20) des pièces d'entrée et de sortie.

On joint, en outre, s'il y a lieu, une expédition de chacun des relevés de dépenses (mod. n° 21 *bis*) dont le montant a été remboursé au corps pendant l'année. (Même art.)

Le 1er mars de chaque année, au plus tard, pour l'année écoulée, ces comptes sont remis en simple expédition au sous-intendant militaire qui, après vérification, les adresse *avec pièces à l'appui* à l'intendant militaire pour être transmis au ministre dans le courant du mois de mai. (Art. 253 *bis* du décr. du 1er mars 1880.)

Les existants au 31 décembre sont résumés dans un état récapitulatif établi par l'intendant militaire pour tout le corps d'armée, et produit comme il est indiqué pour les comptes annuels du service de l'*Habillement*, page 175.

Nota. — Les existants en fin d'année, pour l'ensemble du corps, doivent être les mêmes sur le compte de gestion et sur le registre des entrées et des sorties du matériel tenu à la portion centrale. (Art. 130 du décr. du 1er mars 1880, page 366.) La circulaire du 21 février 1881, page 184, donne la manière de clore les comptes de gestion en cas de renouvellement de la nomenclature. On se conforme d'ailleurs aux instructions spéciales qui sont adressées à l'époque des renouvellements.

2° COMPTE DE GESTION DU SERVICE DE RÉSERVE

Toutes les dispositions générales rappelées ci-dessus sont applicables au compte annuel du service de réserve. (Art. 253 *ter* du décr. et de l'instr. du 1er mars 1880, et art. 579 du règlemt du 28 décembre 1883 sur le service de santé.)

Ce compte comprend les cantines médicales de chaque corps de l'armée active (instr. du 29 décembre 1876, page 330), ainsi que celles en dépôt destinées aux corps de troupe de l'armée territoriale et qui ont été expédiées suivant dépêche ministérielle en date du 19 mars 1880, mais on doit faire sur le compte la distinction des corps. (Art. 253 *ter* de l'instr. du 1er mars 1880, et arrêté du 18 février 1881, page 113, qui prescrit de classer dans le service de réserve les unités collectives du service des hôpitaux en campagne attribuées aux corps de troupe.)

Ce matériel est décompté aux prix indiqués ci-dessus, page 525.

(1) L'article 28 de l'instruction du 15 mars 1872 (M) prescrit également de n'établir qu'un compte pour la portion principale et pour les portions détachées.

Eaux thermales et bains de mer.

Les propositions pour les eaux thermales sont faites dans les conditions indiquées par le règlement du 28 décembre 1883 sur le service de santé. (Art. 71 et 72, 341 à 365.)

La notice n° 13, page 273, indiquant le prix de remboursement des bains, a été modifiée par la note du 20 octobre 1884, page 595.

Dépôts de convalescents. — Sont administrés comme les corps de troupe et conformément aux dispositions des articles 104 et suivants du règlement du 28 décembre 1883 sur le service de santé.

INFIRMERIES VÉTÉRINAIRES

Dispositions générales.

Le service vétérinaire fonctionne d'après les règles établies par le décret du 26 décembre 1876, page 339, et les règlements du 28 décembre 1883 sur le service intérieur des corps de troupe.

Les attributions des vétérinaires sont définies page 549 ci-après.

L'article 22 du règlement du 26 décembre 1876, page 346, les rend responsables de la conservation et de l'emploi des médicaments et du matériel de l'infirmerie.

Cette disposition est reproduite dans les règlements du 28 décembre 1883. (Art. 70 Cav^ie^ et 84 Art^ie^.)

Aux termes de l'article 96 *bis* de l'instruction du 1er mars 1880, page 393, les conseils d'administration sont seuls responsables envers l'Etat, mais ils conservent un droit de recours contre les détenteurs sous leurs ordres, en cas de déficit, de perte ou de détérioration.

Des bulletins d'imputation individuels (mod. n° 36 annexé au décr. du 1er mars 1880) sont établis par ces conseils au nom des détenteurs responsables. (Art. 96 *bis* précité.) Les vétérinaires sont aussi responsables des effets de harnachement. (Art. 23 du règlem^t^ du 11 juin 1883, page 861.)

Pour les registres à tenir, voir ci-après : *Frais de bureau*, et pour les bons de distribution et bulletins de versement : *Mobilier*.

Par décision du 1er juillet 1882, le ministre a interdit de conserver à l'infirmerie, au-delà de trois mois, les chevaux suspects de morve ; ils doivent être abattus si les signes de suspicion persistent. (Note du 1er juillet 1882, page 14.)

Personnel.

Un maréchal des logis est spécialement attaché à l'infirmerie des chevaux. (Tableaux d'effectifs des corps, 13 mars 1875, page 340, pour la cavalerie ; 24 juillet 1883, page 62, pour l'artillerie.) Ces dispositions sont reproduites dans les article 153 Cav^ie^ et 196 Art^ie^ des règlements du 28 décembre 1883 sur le service intérieur. Ces mêmes articles accordent un soldat de 2e classe, préposé spécialement à la tenue des écritures de l'infirmerie vétérinaire.

En outre, des hommes sont désignés pour faire le service de l'infirmerie. Les maréchaux-ferrants sont chargés d'administrer les médicaments et de panser les plaies sous la surveillance des vétérinaires. (Art. 62 et 76.)

Pour la réforme, l'abatage, la vente, etc... des chevaux, voir le chapitre de la remonte.

Locaux.

Aux termes de l'article 24 du règlement du 30 juin 1856, page 239, il doit être affecté au service vétérinaire :

Deux écuries pour les maladies non contagieuses,
Deux — contagieuses,
Une salle de désinfection,
Un hangar pour les opérations,
Un local pour la pharmacie du vétérinaire.

La circulaire du 19 juin 1863, insérée page 249 et au 2e sem. 1876, page 409, règle l'organisation des écuries-infirmeries.

En outre, l'article 251 du règlement du 28 décembre 1883 sur le service intérieur des troupes d'infanterie dispose que, s'il n'y a pas dans la garnison de corps de troupe à cheval, une écurie spéciale doit être réservée pour l'infirmerie des chevaux des corps de troupe à pied.

Une circulaire du 11 février 1876 (M) a autorisé, en principe, dans les quartiers, la création de bassins pour baigner les chevaux malades. Ces bassins doivent avoir 1 mètre 50 de largeur, 2 mètres de longueur et 15 à 20 centimètres de profondeur. Ils sont rendus accessibles au moyen de deux plans inclinés servant d'entrée et de sortie.

Mais le ministre n'a adopté cette mesure que pour les seuls quartiers qui sont traversés par une conduite d'eau vive.

Dépense d'installation faite par le service du génie.

Mobilier.

MOBILIER AU COMPTE DU GÉNIE

Les écuries-infirmeries sont pourvues du même mobilier que les autres écuries. (Art. 43 du règlemt du 30 juin 1856.)

Le mobilier de la pharmacie se compose de (1) :

Une table-bureau fermant à clef,
Trois chaises foncées en paille,
Une table en chêne pour la préparation des médicaments,
Une armoire fermant à clef (2).

Ce mobilier est fourni, entretenu et remplacé par le service du génie.

La décision du 1er décembre 1879, page 405, porte que les livrets d'infirmerie de tous les chevaux du corps doivent être réunis dans un casier. Il s'en suit nécessairement, pour le service du génie, l'obligation d'en établir un.

MOBILIER AU COMPTE DE LA MASSE D'ENTRETIEN DU HARNACHEMENT ET FERRAGE

Tous les objets mobiliers sont pris en compte par l'officier d'habillement. (Section III du registre des entrées et des sorties. (Art. 130 du décr. du 1er mars 1880, page 366.) Ils sont mis en service et réintégrés en magasin sur la production de bons de distribution ou de bulletins de versement (mod. no 36) signés par le vétérinaire chef de service. (Art. 96 *bis* et 132 du décr. et de l'instr. du 1er mars 1880.) Ce dernier est responsable du matériel envers le conseil d'administration. (Voir *Dispositions générales*.)

(Se reporter, pour tous autres renseignements, au chapitre de l'*Habillement*, page 168.)

La nomenclature du 23 janvier 1885, page 157, autorise les corps à tirer des magasins hospitaliers, pour les besoins des infirmeries vétérinaires, les objets mobiliers ci-après énumérés. Ils sont délivrés à charge de remboursement par la masse d'entretien du harnachement et ferrage. (Circ. du 22 mai 1873, page 605, et note du 23 janvier 1885, page 157.) Le montant de chaque cession, augmenté des frais d'emballage et de transport, est versé au Trésor pour être rétabli au titre du service de santé. Les récépissés de versement sont adressés au ministre (bureau des hôpitaux). (Même note).

Voir ci-après : *Demandes de médicaments*, pour le surplus.

(1) Le règlement du 30 juin 1856 ne désigne pas les objets attribués aux pharmacies vétérinaires ; ceux qui sont indiqués dans le présent ouvrage sont reconnus indispensables pour assurer le service; ils existent à peu près partout.

(2) Les substances vénéneuses doivent toujours être renfermées dans une armoire fermée dont le vétérinaire en premier garde la clef. (Règlemts du 28 décembre 1883, art. 70 et 84.)

OBJETS MOBILIERS (INFIRMERIE.)

		Prix.	Quantité.
A. P.	(1) Cuvette à pansement grande en fer battu étamé...	1 45	1
	Sarraux de médecin en coton teint couleur bronze cendré..........	7 50	6
	Serviettes de toile pour la toilette..........	1 20	3
A. P.	Sacs à denrées de 3 kilogrammes..........	0 50	1
A. P.	— 6 —	0 65	1
A. P.	— 9 —	» 75	1
A. P.	— 12 —	0 85	1
	Seringue en étain à piston de 2 litres..........	10 »	1
	— 1 litre..........	8 50	1
	Mortier en marbre de 5 litres..........	40 »	1
	Mortier en porcelaine émaillée de 50 centilitres...	4 50	1
	Pilon en porcelaine émaillée avec manche en bois.	1 75	1
	Pots de pharmacie dits canons, en faïence, non couverts, de 2 litres..........	» 90	10
	Pots de pharmacie dits canons, en faïence, non couverts, de 1 litre..........	» 35	8
	Pots de pharmacie dits canons, en faïence, non couverts, de 50 centilitres..........	» 30	10
A. P.	Flacons ouverture ordinaire ou large ouverture, en verre blanc, non bouchés, de 1 litre et au-dessous..........	» 30	de 1 litre.......... 2 de 50 centilitres.......... 4 de 25 centilitres.......... 7 de 0.6 centilitres.......... 8 } 21
A. P.	Flacons ouverture ordinaire ou large ouverture, en verre blanc, bouchés à l'émeri, de 1 litre et au-dessous..........	» 60	8 de contenances appropriées aux besoins du service.
	Verres gradués pour eau distillée, de 60 et 1 de 250 centimètres cubes..........	2 50	2
A. P.	Flacon ouverture ordinaire ou large ouverture, en verre blanc, bouché à l'émeri, de 2 litres......	» 80	8
A. P.	Bassine à cul-de-poule et à fond rond en cuivre au-dessous de 200 litres (de 5 à 6 litres).........	4 50	1
A. P.	Boîte ronde avec couvercle en fer-blanc pour les corps de troupe de 3, de 2, de 1 kilog. et de 500 gr..........	2 50	Suivant les besoins.
A. P.	Couvercle de bassine à cul-de-poule et à fond rond en cuivre, au-dessous de 200 litres (pour bassine de 5 à 6 litres.)..........	4 50	1
A. P.	Capsules vernies, vert-clair, en fer-blanc, pour bocaux de 2 litres..........	» 35	10
A. P.	Capsules vernies, vert-clair, en fer-blanc, pour bocaux de 1 litre et au-dessous..........	» 30	18
A. P.	Couteau de pharmacie en fer forgé..........	1 45	1
A. P.	Spatules diverses en fer forgé (une de 30 et une de 15 centimètres.)..........	2 50	2
	Spatules à grain d'émétique en fer forgé.........	1 50	1
A. P.	Boîte de pharmacie en chêne, moyenne..........	6 »	1
	Moulin Cambray, à cylindre cannelé (petit)......	90 »	1
	Pilon à deux têtes, en gaïac, pour mortier en marbre de 5 litres..........	8 »	1
A. P.	Sébiles en bois pour les corps de troupe (de 2 litres, de 1 litre et de 0,50.)..........	» 70	6
	Spatules diverses en os de 0,165 de longueur....	1 »	2

OBJETS D'EXPLOITATION

		Prix.	Quantité.
A. P.	Bougeoir en cuivre..........	2 75	1
A. P.	Bouilloires diverses en cuivre (de 2 litres et de 1 litre, pesant 550 et 380 gr.)..........	12 »	1
A. P.	Pompe à main en cuivre pour l'arrosage..........	12 »	1
A. P.	Boîte pour allumettes en zinc..........	1 50	1
A. P.	Cafetière à filtrer en fer-blanc, de 6 tasses.......	1 75	1
A. P.	Entonnoir ordinaire — de 1 litre..........	1 »	1
A. P.	Main à denrées (petite) en fer-blanc..........	1 50	1

(1) Les objets précédés des lettres A. P. peuvent être achetés sur place.

		Prix.	Quantité.
A. P.	Passoire en fer-blanc (petite)	1 10	1
A. P.	Paire de ciseaux moyens en fer	3 »	1
A. P.	Réchaud ordinaire en tôle	4 »	1
A. P.	Tire-bouchon en fer	1 25	1
A. P.	Passoire creuse en fer battu étamé, de 3 litres	2 50	1
A. P.	Soufflet de cheminée en bois	2 50	1
A. P.	Balance dite Roberval, de la portée de 5 kilog	18 »	1
A. P.	— — de 1 kilog	15 »	1
A. P.	Trébuchet à bascule et à colonne avec série de poids de 30 gr. divisés	25 »	1
A. P.	Poids en fonte de cuivre de 2 kilog	6 »	1
A. P.	— de 1 kilog	3 50	1
A. P.	— de 500 grammes	2 50	1
A. P.	— de 200 —	1 50	1
A. P.	— de 100 —	1 »	1
A. P.	— de 50 —	» 60	1
A. P.	— de 20 —	» 40	1
A. P.	— de 10 —	» 30	1
A. P.	— de 5 —	» 25	1
A. P.	— de 2 —	» 20	1
A. P.	— de 1 —	» 15	1
	Mesures en étain de 2 litres	8 »	1
	— de 1 litre	4 50	1
	— de 50 centilitres	3 25	1
	— de 20 —	2 »	1
	— de 10 —	1 20	1
	— de 5 —	» 90	1
	— de 2 —	» 55	1
	— de 1 —	» 25	1
	Toiles pour bandes roulées, en coton, en 90 centimètres de large	» 90	Suivant les besoins.

OBJETS DE CONSOMMATION NON COMPRIS DANS LA NOMENCLATURE

		Prix.	Quantité.
A. P.	Corde tord-nez	3 50	Suivant les besoins.
A. P.	Epingles (le cent)	» 10	
A. P.	Eponges ordinaires	15 »	
A. P.	Ficelle forte	2 50	
A. P.	Ficelle fouet	4 50	
A. P.	Fil à coudre	10 »	
A. P.	Ruban de fil	10 »	

Indépendamment du mobilier désigné ci-dessus, qui est tiré des magasins du service des hôpitaux, à charge de remboursement par la masse d'entretien du harnachement et ferrage (Circ. du 22 mai 1873, page 605, et note du 1er janvier 1881, page 77), la nomenclature L, en date du 2 octobre 1882, page 527, spéciale au service de la remonte générale, prévoit l'usage, dans les infirmeries vétérinaires, des objets ci-après :

	Prix.	NOMBRE — Régiment de cavalerie.	NOMBRE — Régiment d'artillerie.	NOMBRE — Escadron du train.
Appareil : pour les opérations de tête	10 »			
— à fumigations (1)	6 »			
— à suspension	20 »			
— à sinapisme (2)	15 »			
— de soutien (v. p. 430)	280 »	2	2 (6)	2 (6)
Aspirateur Potain (3)	58 »			
Boîte à pansement	5 »			
Cache-oreilles	2 50			
Caléfacteur en cuivre	50 »			
— en fer-blanc	10 »			
Couverture en toile	8 »			
Collier à chapelets (4)	4 50	»	4 (6)	2 (6)
Cruche en grès	2 »			
Cuillère en fer battu ou étamé	2 »			
Entraves simples ou doubles. (Voir *Harnachement*.) Prix de la nomenclature	3 45			
Entraves composées avec lacs (paire) (5)	21 »	»	4 (6)	2 (6)
Fourneau portatif	5 »			
Genouillères	4 »			
Hache	5 »			
Hématomètre	2 »			
Licol de force ou collier de force (7)	9 »	»	6 (6)	3 (6)
Licol fumigatoire	12 »	»	1 (6)	1 (6)
Marmite en cuivre	25 »			
— en fonte	4 »			
Œillères	5 »	»	2 (6)	1 (6)
Pinces à castration	40 »			
Podomètre	20 »			
Pompe à douches — modèle 1874	20 »			
Pompe à douches — 1881	28 »			
Pompe à irrigations	15 »			
Pot à saignées	7 »			
Rideaux pour les fenêtres d'écurie	4 50			
— pour les portes —	9 »			
— à poulies roulantes	1 80			
Scie	3 »			
Tamis à tambour	5 »			
Tube Rey	5 »			
Tuyau à douches en caoutchouc	25 »			
Thermomètre	5 »			

(1) Remplacé par un licol fumigatoire du prix de 12 francs, confectionné par le maître-sellier de chaque corps. (Notes du 21 février 1880, page 57, qui donne la description, et du 13 mars 1880, page 84.)

(2) Aux termes de la décision du 28 septembre 1868, page 213, portant description de cet appareil, les corps à cheval, écoles et dépôts de remonte doivent être pourvus de deux exemplaires de cet appareil, qui sont confectionnés par les maîtres-selliers. (28 septembre 1868, page 213, et dép. du 9 janvier 1874, concernant le 18e chasseurs. — Voir *Harnachement* pour l'entretien et le remplacement.)

(3) Voir ci-après, page 433 *bis*.

(4) Une dépêche du 9 janvier 1874, précitée, a autorisé le 18e chasseurs à en acheter. (Voir *Harnachement*, pour l'entretien et le remplacement.)

(5) La circulaire du 15 septembre 1877 (M) rappelle que ces entraves sont fabriquées par les maîtres selliers sur les fonds de la masse d'entretien du harnachement et ferrage, et que chaque corps doit en posséder un nombre de paires égal à celui des vétérinaires, y compris les aides-vétérinaires de réserve, et la note ministérielle du 26 avril 1878, page 218, autorise les corps de troupes à cheval à faire confectionner par leurs maîtres-selliers, au prix maximum de 10 francs, une plate-longe pour chaque jeu d'entraves avec lacs.

La description du jeu d'entraves avec lacs en date du 19 juin 1878, est insérée 1er sem. 1878, page 327.

Une dépêche du 9 janvier 1874, précitée, a autorisé le 18e chasseurs à acheter deux jeux d'entraves. (Voir *Harnachement*, pour l'entretien et le remplacement.)

Le prix de 21 francs est applicable au jeu complet (4 entraves, avec chaîne et corde). (Note du 30 novembre 1877, page 256.)

(6) Tableau A faisant suite au règlement du 11 juin 1883, page 917.

(7) La dépêche précitée du 9 janvier 1874 a autorisé le 18e chasseurs à acheter deux licols. Une autre dépêche du 31 janvier 1865 (M) a adopté l'usage dans la cavalerie d'un bridon de contention destiné à remplacer le licol de force et le tord-nez; 3 par régiment. Prix de l'un : 35 francs. Mais ce bridon ne paraît pas avoir été maintenu, puisque c'est le licol qui figure dans la nomenclature.

Voir *Harnachement*, pour l'entretien et le remplacement.

Diverses décisions ont, en outre, autorisé l'usage des objets ci-après :

	PRIX	NOMBRE
Masque, — Cache-tête ou capote pour protéger les yeux des chevaux qu'on abat. — Une dépêche du 11 décembre 1867, concernant le 4e d'artillerie, et une autre du 9 janvier 1874, relative au 18e régiment de chasseurs, ont autorisé ces corps à en faire l'achat. La première fixe le prix à 12 francs. (Voir *Harnachement* pour l'entretien).........	12 »	1 par régiment de cavalerie. (Dép. du 9 janvier 1874.) 2 par régiment d'artillerie. 1 par escadron du train. (tableau A annexé au règlem. du 11 juin 1883, page 917.
Désencasteleur. — Une circulaire du 22 février 1858, no 350, annonce l'envoi, à titre d'essai, à chaque corps de cavalerie et d'artillerie, d'un désencasteleur inventé par le sieur Jarrier, maréchal-ferrant à Blois. Prix.........	6 »	1
imputable à la masse d'entretien du harnachement et ferrage et versé au Trésor au titre du service des hôpitaux. Récépissé adressé au ministre (bureau de la cavalerie et des remontes).		
Muserolle à breuvage. — La note ministérielle du 22 janvier 1876, page 56, reproduite 2e 76, page 422, adopte l'usage, à raison de deux par infirmerie, de la muserolle à breuvage de M. Flamens, vétérinaire. Prix de la nomenclature : 3 francs. Confectionnée par le maître-sellier au compte de la masse d'entretien du harnachement et ferrage. La note donne la description.........	3 »	2 (Le tableau A annexé au règlement du 11 juin 1883, fixe à deux par régiment d'artillerie et escad. du train des équipages, le nombre des muserolles.)
Pédiluve en cuir pour bain de pied. (Dép. du 11 septembre 1867 concernant le 4e d'artillerie).........	30 »	1
Caveçon pour ferrer les chevaux méchants. (*Idem*, et nomenclature L.) On peut se servir des caveçons affectés au manège.........	8 75	1
Toise (nomenclature L).........	10 »	1
Plates-longes (*Idem*, et art. 18 du règlemt. du 11 juin 1883, page 858).........	10 »	4 (par régiment d'artillerie et 2 par escadron du train des équipages. Tableau A annexé au règlement du 11 juin 1883, page 917.)

Cautères et brûle-queue. — Les corps sont autorisés à faire confectionner par les maréchaux-ferrants :

6 cautères à boutons de différentes grosseurs.
6 — à olives en pointe.
2 — à roseau.
1 — à entonnoir.
1 brûle-queue. (Voir *Cantines d'ambulance.*)
2 manches à cautères.
(Dép. du 11 avril 1857 M.)

NOTA. — Une autre dépêche du 9 janvier 1874 (M) prescrit au 18e chasseurs de faire confectionner huit cautères en pointe et quatre cautères cutellaires.

	PRIX	NOMBRE
Martingales pour les chevaux qui se cabrent. (Art. 18 du règlemt du 11 juin 1883 : 4 par régiment d'artillerie et 2 par escadron du train, tableau A annexé au règlemt du 11 juin 1883.)		
Tube à injection dans les cavités nasales des chevaux. — Confectionné dans les corps par le maître-sellier au prix de 1 fr. 50 c. (Décis. du 15 avril 1851, page 199, reproduite 2e sem. 76, page 416.).	1 50	»

NOTA. — Quelques-uns de ces objets sont employés indistinctement pour la forge, l'infirmerie ou le service du manège. (Voir au titre *Entretien du harnachement*, pour l'entretien et le remplacement.)

Appareil de soutien pour chevaux atteints de maladies ou de fractures. — La décision ministérielle du 22 juin 1882, page 54 du 2e semestre, dispose que les infirmeries des corps de troupe à cheval et des établissements de remonte doivent être pourvues, par les soins du service du génie, d'un appareil de soutien pour les chevaux atteints de maladies ou de fractures des membres, conforme au modèle qui est annexé à cette décision. La dépense (280 francs environ par appareil), est imputable sur la masse d'entretien du harnachement et ferrage.

Devis estimatif :

Préparation de l'emplacement de l'appareil.........	19.00
Charpente du bâtis.........	63.00
Rails et différents objets en fer.........	59.00
Peinture.........	9.00
Sangle de renfort.........	7.15
Treillis.........	7.50
Bourre à garnir.........	1.50
Cuir en lanières.........	26.50
A Reporter......	192.60

Report.......	192.65
Cordes............	23.00
Reculement avec croupière............	15.00
4 Branches de croupières............	1.50
2 Courroies doubles............	10.00
Bricole complète............	10.00
Façon............	4.75
Cuve avec irrigateur............	20.00
	276.90
Frais imprévus............	3.10
TOTAL............	280.00

La lettre collective ministérielle du 20 octobre 1882 (M) dispose que la convenance de cette installation n'a pas besoin d'être constatée localement, mais que le service du génie, après avoir consulté le corps occupant, doit établir et soumettre au ministre un projet d'organisation.

Genouillères, bottines et masques pour les chevaux. (Voir *Harnachement.*)

Instruments. (Voir pages 544 et 545.)

Ouvrages divers. (Voir pages 352 et suivantes.)

Cantines d'ambulance vétérinaire.

Les corps de troupe à cheval, à l'intérieur comme en campagne, doivent être pourvus de *cantines* d'ambulance vétérinaire. (Dép. du 25 avril 1856, n° 665.) Cette dépêche dispose que le prix de cette fourniture est imputable sur les fonds de la masse d'entretien du harnachement et ferrage. L'instruction du 23 décembre 1880 (M) fixe le nombre de cantines qui doivent exister dans les corps.

Les demandes doivent être adressées au ministre (bureau des remontes) dans la forme du modèle annexé à la circulaire du 1er décembre 1874. (Circ. du 1er décembre 1874, page 756.) Voir ce modèle à la page suivante.

On doit opérer d'ailleurs comme il est indiqué par la note du 19 avril 1857, concernant les caisses d'instruments de chirurgie. (Note du 22 janvier 1883, page 49.) Voir ces dispositions, page 544 ci-après.

La circulaire du 1er décembre 1874 dispose qu'un nouveau modèle de cantine a été adopté par décision du 7 septembre 1874, et que les cantines de l'ancien modèle doivent être remplacées par celles du modèle nouveau, au fur et à mesure des réformes. La circulaire du 4 avril 1878, page 187, dispose, en outre, que la cantine du modèle récemment adopté peut faire un bon service, sauf quelques modifications de détail, telles que la diminution des dimensions du cadenas, le remplacement des bouchons à l'émeri par des bouchons de liège, le tamponnement des objets fragiles à l'aide d'étoupes, etc.

Les corps de cavalerie ne transportant plus leurs cantines à dos de cheval, mais sur les voitures, il n'est plus nécessaire de les pourvoir d'un bât. (Dép. du 26 décembre 1876, du 14 février 1877 (M) et du 4 avril 1878, page 187.) Par suite, les paires doivent être remplacées par des cantines simples et *complètes*. (Dép. du 14 février 1877.) Il en est ainsi pour les corps de l'artillerie et le train des équipages. (Circ. du 1er décembre 1874, page 754.)

Les cantines sont en bois blanc peint en vert et portent l'inscription : *Pharmacie vétérinaire*. Les vases et les flacons ne sont pas étiquetés d'une façon permanente; ce soin est laissé aux vétérinaires, qui peuvent en varier le contenu selon les circonstances.

Les cantines expédiées directement à des corps mobilisés ou en campagne, qui n'ont pas de pharmacie, sont garnies avant le départ des médicaments indiqués dans la nomenclature reproduite à la page suivante.

Lorsque le régiment est réuni en entier dans la même garnison, les cantines sont placées sous la responsabilité du vétérinaire chef de service dans le local de la pharmacie. Elles sont garnies des médicaments et objets de pansement nécessaires, et prêtes à être chargées; elles marchent toujours avec les escadrons, batteries ou compagnies mobilisées ou détachées. Dans ce dernier cas, elles sont sous la responsabilité du vétérinaire, chargé du service du détachement, qui en donne reçu.

En cas de changement de garnison, ce matériel est emporté. (Circ. du 1er décembre 1874, page 754, reproduite 2e sem. 1876, page 442, et note du 1er janvier 1881, page 81.)

Le matériel que ces cantines comportent est tenu constamment au complet et en bon état par les vétérinaires.

Lorsqu'il y a lieu, les corps demandent, aux époques des inspections générales, le remplacement des objets qui ne sont plus susceptibles de faire un bon service. (Voir ci-après, page 546, pour tous autres renseignements.)

Ce matériel est compris dans le compte de gestion de la remonte. (Voir la nomencl. L du 2 octobre 1882, page 527) au titre du service courant. (Dép. du 24 mai 1883 M.)

MINISTÈRE
DE LA GUERRE

—

Exécution de la circulaire du 1er décembre 1874.

—

(Les objets qui figuraient dans l'ancienne nomenclature et qui ne sont pas dans la nouvelle ne seront pas remplacés.)

RÉGIMENT (*)

(*) Corps ou fraction de corps.

ÉTAT faisant connaître la nomenclature des objets que doivent contenir les cantines d'ambulance vétérinaire et qui existent au corps (*).

NUMÉROS D'ORDRE.	DÉSIGNATION DES OBJETS que doit contenir chaque cantine.	MÉDICAMENTS (**) QUE DOIVENT CONTENIR les vases et flacons	NOMBRE ET QUANTITÉ réglementaire.	existant.	manquant.	
1	Flacon en verre, bouché à l'émeri, de 250^{g}	Éther sulfurique	1			(**) Puisés dans la pharmacie du corps. Cette nomenclature n'est pas rigoureuse et peut être modifiée par les vétérinaires chefs de service, selon que, dans leur pratique, ils donnent la préférence à un autre médicament remplissant le même but thérapeutique.
2	*Idem*	Acide phénique	1			
3	*Idem*	Perchlorure de fer	1			
4	Flacon en verre, bouché en liège, de 250^{g}	Liqueur de Villate	1			
5	*Idem*	Sous-acétate de plomb liquide	1			(***) Une seule dans les corps de cavalerie par paire de cantines. Cette disposition est abrogée par la dépêche du 14 février 1877 qui dispose que chaque cantine doit être complète.
6	*Idem*	Teinture d'opium	1			
7	Flacon en verre, bouché en liège, de 15^{g}	Azotate d'argent	1			
8	Flacon en fer-blanc, de 500^{g}	Glycérine	1			
9	*Idem* de $1,000^{g}$	Huile volatile de térébenthine	1			
10	Boite en fer-blanc, de 100^{g}	Sulfate de cuivre	1			
11	*Idem* de 500^{g}	Goudron	1			
12	*Idem* de $1,000^{g}$	Onguent vésicatoire	1			
13	Trousse en cuir (***). (La trousse contenue dans chaque cantine doit être garnie de ses instruments. — Circ. du 14 février 1877)		1			La circulaire du 1er décembre 1874, p. 756, fixe le contenu de la trousse, et la note du 22 janvier 1883, p. 49, y ajoute une flamme à deux lames du prix de 5 fr. 70.
14	Mesure pour liquide		1			
15	Seringue en étain pour lavements (***)		1			
16	*Idem* pour injections (***)		1			
17	Spatules en bois		2			
18	Pompe à douches (nouveau modèle) (***)		1			
19	Éponges		2			Doivent être pris dans la pharmacie des corps.
20	Fil		50^{g}			
21	Ruban de fil		300^{g}			
22	Toile de coton		5^{m}			
23	Étoupes		3^{k}			
»	Cantines		2			Le prix de la cantine garnie est de 77 fr. 50 et non garnie de 35 fr. 10. (Nomenclature de la remonte.)
»	Bât		1	Supprimé par dép. des 26 décemb. 76 et 14 fév. 77 (M).		

Fait en triple expédition, à le 18 .

NOTA. — *La circulaire prescrit seulement deux expéditions : une pour le corps et l'autre pour le ministre.*

Le vétérinaire, Chef de service,

CERTIFIÉ CONFORME :
Les Membres du Conseil d'administration,

VU ET VÉRIFIÉ :
Le Sous-Intendant militaire,

Caisses d'instruments de chirurgie vétérinaire.

La note ministérielle du 19 avril 1857, page 76, reproduite 2e sem. 1876, page 437, rappelle qu'une décision du 4 mai 1856 a prescrit l'usage, dans les corps de troupe à cheval, de caisses d'instruments de chirurgie vétérinaire du docteur Charrière.

Ces instruments sont aujourd'hui renfermés dans une seule caisse. (Circ. du 29 juillet 1873 insérée 2e sem. 1876, page 440.)

La dépense doit être imputée à la masse d'entretien du harnachement et ferrage de chaque corps. (19 avril 1857.)

Les corps sont chargés de l'entretien et du remplacement de ces instruments. Par suite, ils doivent s'adresser à M. Charrière, rue de l'Ecole-de-Médecine, à Paris, pour obtenir ceux dont ils ont besoin.

L'opportunité du remplacement est constatée comme il est indiqué ci-après, page 546.

Les fournitures à titre de première mise sont faites par les soins du ministre. Dans ce cas, les parties prenantes doivent, aussitôt après réception du matériel, lui adresser un récépissé de versement au Trésor de la valeur des objets fournis. (Note du 19 avril 1857, page 76.)

Prix de la caisse..				Nomenclature du 2 octobre 1882.
	ancien modèle.	grande	223.00	
		petite..	229.00	
	modèle 1873..........		409.00	

Caisse non garnie : 63 fr. 70 c. (25 mars 1878, page 163.)

La nomenclature destinée à servir de guide pour les demandes de remplacement, fait suite à la circulaire du 29 juillet 1873, insérée 2e sem. 1876, page 440. Cette nomenclature est reproduite ci-dessous. Les instruments sont marqués des lettres V. M. (*vétérinaires militaires*) gravées sur le manche ou sur les parties non tranchantes, ainsi que du millésime de l'année de réception. (Même circ.)

Le vétérinaire est responsable de la conservation de ce matériel. (19 avril 1857, page 437 du 2e sem. 1879, et règlemt du 26 décembre 1876, page 346.) La circulaire du 1er décembre 1874, page 754, qui rappelle ce principe, dispose, en outre, que cette caisse doit être placée dans la pharmacie et conservée au dépôt de chaque régiment ; elle le suit lors des changements de garnison. Mais, en cas de mobilisation ou de fractionnement, les vétérinaires des escadrons mobilisés ou des détachements sont autorisés à emporter les 12 instruments d'un usage journalier qui existent en triple exemplaire dans la boîte et qui peuvent être placés dans la trousse qui fait partie des cantines d'ambulance. Ces instruments sont :

1° Trois feuilles de sauge (une à droite, une à gauche, une double) ;
2° Deux renettes (une à clou de rue, une à javart) ;
3° Une aiguille à séton (en trois pièces) ;
4° Deux paires de ciseaux (courbe et droit) ;
5° Deux bistouris (un droit et un convexe) ;
6° Une sonde cannelée ;
7° Une pince à dents de souris ;
Plus trois aiguilles à sutures, de formes et dimensions variées, et une sonde en plomb.

Composition de la Caisse d'instruments de chirurgie vétérinaire

NUMÉROS D'ORDRE.	DÉSIGNATION DES OBJETS	NOMBRE	OBSERVATIONS
1	Renette cintrée à droite, dite renette anglaise.........	1	(CIRC. DU 29 JUILLET 1873 (N) INSÉRÉE 2e 76, PAGE 440.)
2	Feuillets de sauge à droite........................	3	
3	— à gauche....................	3	
4	— doubles....................	3	
5	Renettes à clous de rue..........................	3	
6	— à javart, renettes ordinaires modifiées.........	3	
7	Érignes ordinaires............................	2	
8	— à javart, plates..........................	1	
9	Trocarts d'essai.............................	1	
10	— de Charlier, longs à anneau.................	1	
11	Aiguilles à séton en 3 pièces	3	
12	Sondes en S...........	1	
13	Pinces à anneaux..............................	2	
14-15	Paires de ciseaux courbes sur le plat................	3	
15-16	Paires de ciseaux droits sur le plat................	3	
17	Entérotones..................................	1	
18	Lancettes....................................	2	
19	Sondes cannelées, à spatule......................	3	
20	Bistouris convexes............................	3	
21	Bistouris droits..............................	3	
22	Aiguilles à bourdonnets.........................	2	
23	Bistouris boutonnés...........................	1	
24	Trépan......................................	1	
25	Aiguilles à suture variées.......................	10	
26	Pinces à griffes ou à dents de souris................	3	
27	Flammes à deux lames..........................	2	
28	Couteaux à autopsie...........................	2	
29	Seringue en corne et sa canule....................	1	
30	Seringue petite, en étain..........	1	
31	Scie d'autopsie à dos mobile......................	1	
32	Trousse de scalpels...........................	1	
33	Rogne-queue.................................	1	
34	Herniotom..........	1	
35	Brûle-queue.................................	1	
36	Speculum-oris (pas d'âne)......................	1	
37	Tubes provisoires à trachéotomie..................	2	
38	Rabots odontriteurs...........................	1	
39	Sondes en plomb.............................	4	
	Caisses en chêne à cornes de cuivre, poignées, serrure et tourets....................................	1	

Instruments divers accordés spécialement à certains corps ou établissements.

Une note ministérielle du 9 juillet 1882, page 45, prescrit à un certain nombre de corps de troupe à cheval et d'établissements de remonte de se procurer, sur les fonds de la masse d'entretien du harnachement et ferrage, les instruments ci-après, savoir :

	fr.	c.
Un microscope avec ses accessoires, boîte d'instruments et réactifs, du prix de...	230	»
Un aspirateur Potain, dit à double effet, du prix de.................. (Note du 15 janvier 1883, page 7.)	58	»
Une seringue de Pravaz, du prix de..............................	21	25
Un écraseur de Chassaignac (17 cent. de longueur, double), du prix de..	51	»

Les corps et établissements désignés pour faire cet achat, sont les suivants :

1er régiment de cuirassiers,
4e — de —
3e — de dragons,
Les 19 régiments d'artillerie divisionnaires,
Les dépôts de remonte de Caen, Fontenay, Tarbes et Mâcon. (Note du 9 juillet 1882, page 45.)

Les écoles supérieures de guerre, d'application de cavalerie, d'artillerie et du génie ; les 20e et 24e régiments de dragons, le 6e hussards et les dépôts de remonte de : Alençon, Sampigny, Agen, Saint-Lô, Saint-Jean-d'Angely, Blidah, Mostaganem, Constantine. (Note du 30 juin 1883, page 846.)

Les 10e et 11e cuirassiers ; 11e, 16e et 21e dragons ; 6e, 11e 14e et 18e chasseurs ; 9e et 10e hussards ; 3e chasseurs d'Afrique et dépôt de remonte d'Angers. (Note du 27 décembre 1884, page 962.)

Ces instruments sont placés sous la garde des vétérinaires chefs de service, lesquels sont responsables de leur conservation.

Ils peuvent être prêtés à des corps stationnés dans la même place. (Note du 9 juillet 1882, page 45.)

Une note du 11 octobre 1882, page 311, prescrit de demander ces objets au ministre et d'en verser la valeur au Trésor par imputation sur les fonds de la masse d'entretien du harnachement et ferrage. Récépissés adressés au ministre (bureau des remontes) par les soins de l'intendance.

Réforme, remplacement ou réparation du matériel.

Lorsque le conseil d'administration reconnaît que tout ou partie du matériel n'est plus susceptible d'être mis ou maintenu en service, il établit des relevés, visés par le vétérinaire chef de service, des objets dont il demande le remplacement.

Ces relevés, revêtus des propositions de l'intendant militaire inspecteur, sont soumis à l'inspecteur général qui prononce, s'il y a lieu, la réforme.

Une ampliation de ces relevés, accompagnée d'états de demande, est adressée immédiatement au ministre (bureau des remontes), qui prescrit le remplacement du matériel réformé. (Art. 24 de l'instr. du 17 mars 1884, page 454 (S) sur les *Inspections générales*.)

S'il s'agit d'effets de harnachement, la réforme et le remplacement sont opérés comme il est expliqué au chapitre du harnachement.

Les relevés à établir sont conformes aux mod. A[1] ou B[1]. (Voir page 462.)

MÉDICAMENTS

1° CORPS DE TROUPE A CHEVAL

(CAVALERIE, ARTILLERIE, GÉNIE, TRAIN DES ÉQUIPAGES)

Dans les corps de troupe à cheval, les médicaments nécessaires aux chevaux de troupe, ainsi qu'aux chevaux d'officiers appartenant à l'Etat, sont supportés par la masse d'entretien du harnachement et ferrage. (Art. 7 du règlemt du 3 juillet 1855, page 627; circ. des 22 mai 1873, page 605, et 1er janvier 1881, page 77.) Il en est de même pour les médicaments destinés aux chevaux des officiers de tous grades qui sont la propriété de ces officiers. (Note ministérielle du 9 janvier 1872, page 9.)

Ces dispositions sont applicables aux chevaux des bataillons d'artillerie de forteresse. (Note du 8 avril 1884, page 433.)

Chevaux des officiers détachés dans les dépôts de remonte.

Les frais de traitement sont au compte des établissements. (Note minist. du 16 novembre 1863, page 705, reproduite 2e sem. 1877, page 446.) Pour se couvrir de la dépense, ces établissements perçoivent le produit des fumiers et le montant de la prime d'entretien du harnachement et ferrage. (Circ. du 17 février 1876, page 117.)

Chevaux de remonte avant leur arrivée au corps. (Voir *Ferrage*, page 489.)

2° OFFICIERS SANS TROUPE OU OFFICIERS DÉTACHÉS DE LEUR CORPS

Aux termes de la décision ministérielle du 24 octobre 1853, page 816, reproduite au *Journal militaire*, 2e sem. 1876, page 418, et de l'article 7 du règlement du 3 juillet 1855, page 628, les chevaux des officiers sans troupe (état-major, etc.), appartenant à l'Etat ont droit aux médicaments à titre gratuit. La dépense est à la charge du corps à cheval le plus à proximité.

S'il n'y a pas de corps de troupe à cheval dans la place, la dépense est supportée par le corps d'infanterie qui s'y trouve. (Note du 9 mars 1884, page 263.) (Voir *Vétérinaires civils.*)

En ce qui concerne les chevaux appartenant en propre aux officiers de tous grades, la note ministérielle du 9 janvier 1872, page 19, dispose que les médicaments leur sont fournis gratuitement par la pharmacie vétérinaire du corps ou de l'établissement chargé de leur donner des soins.

Nota. — Ces dispositions sont les mêmes pour les officiers détachés de leur corps. (Note du 19 mars 1884, page 263.)

3° CORPS DE TROUPE A PIED

L'article 3 du règlement du 28 février 1883, page 218, dispose que, dans les corps d'infanterie, les médicaments nécessaires pour les animaux appartenant à l'Etat, et pour les chevaux des officiers remontés à titre onéreux, dans les garnisons où il ne se trouve pas de vétérinaires militaires, sont achetés au compte de la masse d'entretien du harnachement et ferrage.

Dans les garnisons où il existe des vétérinaires militaires, ces médicaments sont fournis, contre remboursement par cette même masse, par l'infirmerie du corps ou de l'établissement auquel appartient le vétérinaire désigné.

L'article 253 du règlement sur le service intérieur en date du 28 décembre 1883 est conçu dans le même sens, car il dispose que les médicaments nécessaires à tous les chevaux malades sans exception, sont fournis sur les fonds de la masse d'entretien du harnachement et ferrage.

De plus, une note du 28 décembre 1882, page 509, ajoute que dans les places où il existe des dépôts de remonte, les chevaux malades des régiments et détachements d'infanterie seront traités à l'infirmerie vétérinaire de ces établissements si le nombre des places disponibles est suffisant.

Nota. — Ces dispositions résument celles contenues dans l'article 7 du règlement du 3 juillet 1855, page 627; l'instruction du 19 juillet même année; la décision du 20 octobre 1873, page 369; la note du 9 janvier 1872, page 9, et celle du 7 septembre 1881, page 176, rappelée par la note du 28 septembre 1883, page 290.

4° GENDARMERIE

Dans les compagnies de gendarmerie, les médicaments nécessaires au traitement des chevaux appartenant à l'Etat sont à la charge de la masse d'entretien et de remonte (art. 261 du règlem[t] du 18 février 1863, page 71, et art. 7 du règlem[t] du 3 juillet 1855); mais la note du 9 janvier 1872, page 9, ne paraît pas s'appliquer à la gendarmerie.

Demandes et achats de médicaments ou d'objets mobiliers.

1° *Matériel tiré des magasins des hôpitaux contre remboursement.*

Les cessions de médicaments et de matériel qui peuvent être faites à charge de remboursement aux corps de troupe pour les infirmeries vétérinaires, conformément aux dispositions de l'article 444 du règlement sur le service de santé, sont celles indiquées par la nomenclature du 23 janvier 1885, page 160.

Les demandes, conformes au modèle joint à la note de même date, ne comprennent que les objets et médicaments indiqués par cette nomenclature qui ne pourraient être achetés sur place. Elles sont établies tous les trois mois et dans les cinq premiers jours du dernier mois du trimestre, séparément pour les médicaments et pour le matériel.

Ces demandes, visées par le sous-intendant militaire, sont transmises, par le directeur du service de l'intendance, au directeur du service de santé du corps d'armée où se trouve stationné l'établissement livrancier. Les corps sont avisés des cessions par le renvoi d'une des expéditions de la demande revêtue de l'approbation du directeur du service de santé dudit corps d'armée.

Les infirmeries vétérinaires sont desservies par les mêmes hôpitaux que les infirmeries régimentaires, et, afin d'éviter des frais de transport, les comptables des hôpitaux adressent, autant que possible simultanément, les expéditions destinées à ces infirmeries. (Note du 23 janvier 1885, page 157.)

Le montant de chaque cession est versé au Trésor. (Se reporter à la page 537.)

Les objets susceptibles d'être achetés sur place sont indiqués par les lettres A. P. sur la nomenclature. Ces achats sont autorisés par les sous-intendants militaires chargés de la surveillance administrative des corps. (Note du 23 janvier 1885, page 157.)

(Voir, pour les autres dispositions, au titre *Infirmeries régimentaires*, page 517.)

Dans les détachements où il n'y a pas de vétérinaire, les maréchaux-ferrants de ces détachements reçoivent des vétérinaires de leur corps les objets nécessaires.

Toutefois, dans le cas d'épizootie ou d'accident grave, nécessitant l'emploi d'urgence de médicaments réglementaires faisant défaut, le chef de détachement est autorisé à se procurer, soit de sa propre initiative, soit sur la proposition du maréchal-ferrant, et dans le cas où il n'est pas possible de s'adresser au vétérinaire chef de service du corps, les seuls médicaments suivants :

Goudron de sapin,
Miel jaune,
Sulfate de soude,
Acétate de plomb liquide,
Alcoolé d'aloès,
Alcoolé de camphre étendu,
Emplâtre vésicatoire,
Onguent basilicum,
Pommade de peuplier,
Poudre de charbon de peuplier,
Poudre de réglisse n° 2. (Note du 1er janvier 1881, page 78.)

PÉTROLE ET BENZINE. — Les corps sont autorisés à acheter sur place, au fur et à mesure de leurs besoins, le pétrole et la benzine nécessaires au traitement des chevaux. La dépense incombe à la masse d'entretien du harnachement et ferrage. (Note du 17 février 1875, page 85, reproduite au 2e sem. 1876, page 422.)

POUDRE DE QUINQUINA. — Une note du 4 août 1883, page 141, dispose que les résidus de poudres ayant servi aux préparations d'alcoolés et d'extraits de vin de quinquina, seront délivrés aux infirmeries vétérinaires, à charge de remboursement, par la pharmacie centrale, la réserve de médicaments de Marseille et les hôpitaux militaires, au prix de 0 fr. 20 le kilog. La valeur des récipients et les frais d'emballage sont, comme le prix des résidus, remboursés sur les fonds de la masse d'entretien du harnachement et ferrage.

Les récépissés de versement au Trésor sont adressés, comme il est indiqué ci-dessus, au ministre (bureau des hôpitaux).

SINAPISME LIQUIDE SAVARY. — Les corps et établissements sont autorisés à en faire usage. Les demandes sont adressées à M. Savary, à Amiens, place Saint-Denis, n° 33. Prix : 1 fr. 75 le kilog. Dépense au compte de la masse d'entretien du harnachement et ferrage. Quantité approximative par trimestre, 10 kilog. (Note du 8 janvier 1885, page 13.)

2° Matériel autre que celui fourni par les magasins des hôpitaux.

L'achat des objets divers prévus par la nomenclature L, etc., est effectué le plus ordinairement par les corps sur l'autorisation préalable du contrôle local ou du ministre lorsque la dépense n'a pas été autorisée par une décision de principe. La mise hors de service de ces objets doit être constatée en temps utile, soit à l'inspection générale, soit par procès-verbal en dehors de ces inspections. (Voir ci-dessus, page 546.)

PERTES ET DÉTÉRIORATIONS

Les pertes ou détériorations imputables aux détenteurs et celles provenant de cas de force majeure sont constatées comme il est indiqué aux chapitres de l'habillement, page 75, et des infirmeries régimentaires, page 531. Pour les *Réformes*, se reporter à la page 546.

Destination à donner au matériel d'infirmerie vétérinaire en cas de mouvement.

En cas de changement de garnison, les médicaments (à l'exception de ceux nécessaires aux colonnes pendant la route), ainsi que les ustensiles et objets mobiliers, doivent rester à demeure. Le vétérinaire partant doit en faire la remise au vétérinaire arrivant.

Dans le cas où les vétérinaires ne pourraient effectuer eux-mêmes cette remise, le matériel dont il s'agit, après avoir été reconnu et vérifié en présence de deux officiers du régiment partant, est renfermé dans le local de l'infirmerie, confié à l'adjoint du génie et remis, à l'arrivée, au nouveau vétérinaire, qui en prend charge de la même façon. (Note du 1er janvier 1881, page 81.)

En outre, la circulaire du 1er décembre 1874, page 755, dispose :

1° Que cette remise est faite sur un état détaillé établi en deux expéditions (1), dont une est conservée par le vétérinaire du corps partant, après avoir été revêtue du reçu de l'adjoint du génie, et l'autre est remise à cet agent qui la transmet au nouvel occupant, auquel elle sert de moyen de contrôle et de vérification ;

2° Que les corps sont tenus d'emporter sur leurs voitures à bagages ou de faire transporter par les convois militaires les gros instruments de chirurgie vétérinaire. (les cantines et caisses d'instruments, les objets de pansement et de contention, tels qu'entraves, plates-longes, licols de force, licols fumigatoires, cache-tête, colliers à chapelets, appareils à sinapisme, pompes à douches, cautères, etc.). Ils ne laissent dans les garnisons que ce qui est pharmacie ou accessoires, comme médicaments et vases destinés à les contenir ou à les préparer, balances, mesures, mortiers, moulins à moutarde, bassines, chaudières, etc. Cette disposition est corroborée par la note du 1er janvier 1881, page 81.

Compte annuel de gestion. (Voir *Remonte*, page 398.)

VÉTÉRINAIRES (SOINS DES)

§ 1er. — CORPS DE TROUPE A CHEVAL

Le règlement du 26 décembre 1876, page 337 (Art. 10 et 44), porte que les vétérinaires militaires sont chargés du traitement des chevaux des corps de troupe à cheval et des établissements militaires.

Ils doivent gratuitement leurs soins aux chevaux d'officiers et de toutes les personnes régulièrement attachées au régiment, dans le cas où ces chevaux sont leur propriété particulière aussi bien que lorsqu'ils appartiennent à l'Etat. (Art. 44.) Ces dispositions sont rappelées en substance par les articles 61 Cavie et 75 Artie des règlements du 28 décembre 1883 sur le service intérieur.

Dans les détachements, le service est, en règle générale, assuré par le vétérinaire en second ou l'aide vétérinaire. (Art. 78 et 92 des règlemts précités.)

La décision ministérielle du 31 janvier 1864, page 810, reproduite 2e sem. 1876, page 472, dispose, en outre, que tout corps ou fraction de corps qui, dépourvu momentanément de vétérinaire militaire, se trouve dans la nécessité de recourir à un vétérinaire civil, est tenu, tout en assurant préalablement le service, d'en référer, par la voie hiérarchique, au ministre, qui avise au moyen de suppléer, s'il y a lieu, le vétérinaire absent par un vétérinaire d'un autre corps (ou autorise la mesure prise à titre provisoire). Une dépêche du 7 janvier 1869 (M) rappelle à l'exécution de cette décision.

Aux termes d'une décision du 2 février 1844, rappelée par une dépêche du 10 juin 1859, n° 1634, la somme à allouer aux vétérinaires civils, pour prix de leurs soins, est réglée par l'intendant militaire du corps d'armée sur la proposition du conseil d'administration. Toutefois, une dépêche du 13 novembre 1849 fixait cette allocation à un centime par cheval et par jour, lorsque le nombre des chevaux est de 100 et au-dessus, et à 1 franc par jour pour la totalité du détachement ou du corps s'il est inférieur à 100. Mais elle se trouve abrogée implicitement par celle du 10 juin 1859.

(1) Cet état est remplacé aujourd'hui par une facture de livraison, modèle n° 6, pour le corps réceptionnaire, et par une facture, modèle n° 11, pour le corps cédant. (Instr. du 1er mars 1880.)

Cette dépense est au compte de la masse d'entretien du harnachement et ferrage.

Ces vétérinaires sont remboursés, en outre, sur le même fonds, de la valeur des médicaments, s'ils en ont fourni eux-mêmes, sur la production de mémoires réguliers. (2 février 1844 M.) (1).

Pour les visites inopinées, ces mêmes vétérinaires reçoivent les allocations ci-après fixées, pour les médecins civils, par le décret du 18 juin 1811, la circulaire manuscrite du 17 avril 1861 et l'instruction du 3 juillet 1867, page 821 :

1° Pour chaque visite et rapport :

A Paris	6 fr.	(17 avril 1861.)
Dans les villes de 40,000 habitants et au-dessus.	5	(*Id.* et 3 juillet 1867.)
Dans les autres villes et communes	3	(*Id.*)

2° Pour les ouvertures de cadavres et toutes opérations autres que le simple pansement, en sus des droits ci-dessus :

A Paris	9 fr.	(17 avril 1861.)
Dans les villes de 40,000 habitants et au-dessus.	7	(*Id.* et 3 juillet 1867.)
Dans les autres villes et communes	5	(*Id.*)

3° Pour frais de déplacement à plus de 2 kilomètres, à une indemnité fixée, pour chaque myriamètre parcouru (aller et retour), à 2 fr. 50 c.

Toute fraction de 2 kilomètres et au-dessous n'est pas comptée ; de 3 à 7, elle est payée comme un 1/2 myriamètre. Elle compte pour un myriamètre lorsqu'elle est de 8 ou 9 kilom. (Instr. du 3 juillet 1867.)

En Algérie, les vétérinaires militaires qui se déplacent pour visiter ou soigner des chevaux malades, reçoivent une indemnité de déplacement égale aux allocations du service de marche, sur les fonds de la masse d'entretien du harnachement et ferrage. (Dép. du 11 juin 1875 de l'intendant militaire à Constantine.)

Chevaux de remonte avant leur arrivée au corps. (Voir *Fourrages*, nourriture en route.)

Chevaux en dépôt. (Voir à ce titre.)

§ 2. — OFFICIERS SANS TROUPE.

Le règlement du 26 décembre 1876, article 44, page 254, impose aux vétérinaires militaires l'obligation de soigner gratuitement les chevaux d'officiers du corps d'état-major et autres sans troupe, qu'ils soient la propriété de l'État ou celle des officiers. Les articles 77 Cav[ie] et 91 Art[ie] des règlem[ts] du 28 décembre 1883 rappellent cette disposition.

Lorsqu'il n'y a pas de vétérinaire militaire dans la place, les frais de traitement (honoraires de vétérinaires civils) sont mis à la charge de la masse d'entretien du corps à cheval le plus à proximité lorsque *les chevaux appartiennent à l'Etat.* (Décis. du 24 octobre 1853, page 816, et art. 7 du règlem[t] du 3 juillet 1855.) (Voir *Médicaments*, page 546.)

Lorsqu'un abonnement avec un vétérinaire civil est passé dans les garnisons pourvues exclusivement de troupes à pied, les officiers sans troupe jouissent de cet abonnement, et les conventions doivent être rédigées en conséquence. (Diverses dép. et celle du 18 janvier 1883, n° 237, qui dispose en outre que, pour les officiers sans troupe de tous grades, les honoraires du vétérinaire sont payés sur la masse d'entretien du corps d'infanterie de la place.

§ 3. — CORPS DE TROUPE A PIED.

Les vétérinaires militaires doivent gratuitement leurs soins aux chevaux des officiers des régiments d'infanterie, qu'ils soient ou non la propriété de l'Etat. (Art. 44 du règlem[t] du 26 décembre 1876, page 354, et art. 252 du règlem[t] du 28 décembre 1883, page 95.)

L'art. 3 du règlem[t] du 28 février 1883, page 218, ajoute que, dans toutes les garnisons où il existe des vétérinaires militaires, l'un d'eux, désigné par le commandement, est chargé du service vétérinaire des corps de troupe d'infanterie de la place dans les conditions fixées par l'instruction minist. du 19 juillet 1855, page 65. De plus, la note

(1) Les frais occasionnés par les soins donnés aux chevaux de l'Etat, dans les bataillons d'artillerie de forteresse, sont également au compte de cette masse. (Note du 8 avril 1884, page 433.)

du 28 décembre 1882, page 509, dispose que, dans les places où il existe des dépôts de remonte, les chevaux malades des détachements et régiments d'infanterie peuvent être traités à l'infirmerie vétérinaire de ces établissements, si le nombre des places disponibles est suffisant.

A défaut de vétérinaire militaire, le service est fait par un vétérinaire civil (art. 389 du règlem[t] précité et 252 de celui du 28 décembre 1883) désigné par le commandant d'armes (art. 252 du règlem[t] sur le service intérieur, modifié par l'errata inséré 1er sem. 1884, page 226); le règlem[t] du 28 février 1883, page 218, porte qu'un abonnement peut être passé pour cet objet. Le prix de l'abonnement ou les honoraires alloués au vétérinaire civil sont fixés par le sous-intendant militaire sur la proposition des conseils d'administration (28 février 1883). — Pour les visites éventuelles, se reporter à la page précédente.

Une dép. minist. du 19 décembre 1882, portant approbation d'un abonnement pour la place de Cosne, prescrivait de soumettre toutes les conventions de cette nature à l'approbation du ministre; mais cette prescription se trouve modifiée par les dispositions rappelées ci-dessus. Cette dépêche et une autre du 18 janvier 1883, n° 237, portent, en outre, que ces abonnements doivent comprendre les officiers sans troupe de tous grades et mettent au compte des corps d'infanterie les frais de traitement des chevaux de ces officiers.

Le montant des frais de traitement des animaux appartenant à l'Etat et des chevaux des officiers remontés à titre onéreux dans les garnisons où il n'existe pas de vétérinaires militaires, sont à la charge de la masse d'entretien du harnachement et ferrage. (Art. 3 du règlem[t] du 28 février 1883, page 218, et décision présidentielle du 12 janvier 1883, page 42.)

§ 4. — GENDARMERIE.

L'article 44 du règlement du 26 décembre 1876, page 354, l'article 62 de celui du 9 avril 1858, page 461, et les articles 77 Cav[ie] et 91 Art[ie] des règlem[ts] du 28 décembre 1883, disposent que les vétérinaires militaires doivent gratuitement leurs soins aux chevaux des compagnies ou brigades de gendarmerie de la localité dans laquelle ils tiennent garnison.

Ailleurs, les chevaux d'officier appartenant à l'Etat sont seuls soignés aux frais de la masse d'entretien et de remonte. (Art. 261 du règlem[t] du 18 février 1863, page 71.)

Voir *Masse d'entretien et de remonte*, § 17°.

Frais divers des infirmeries; chauffage.

Les achats de menus objets et les frais divers occasionnés par le traitement des chevaux sont à la charge de la masse d'entretien du harnachement et ferrage.

Au nombre de ces dépenses, sont celles faites pour la fourniture du combustible (charbon ou bois) nécessaire pour la préparation des tisanes, bains, etc.

(Etat des recettes et des dépenses n° 106 de la nomenclature des imprimés.)

La note du 9 juillet 1882, page 22, affecte au chauffage de chaque pharmacie vétérinaire une somme de 150 fr. par an au maximum, imputable à la masse d'entretien du harnachement et ferrage du corps ou de l'établissement.

Cette allocation s'applique à l'entretien du matériel de la pharmacie, comme à la préparation des tisanes, bains, etc., pour les animaux.

(Note du 27 septembre 1884, page 547.)

Tondeuses. (Voir *Harnachement*, page 485.)

Ouvrages divers. (Voir *Exercices, instruction militaire*, etc., page 352.)

Frais de bureau des vétérinaires.

(Voir, page 838, la nomenclature des imprimés à la charge du trésorier.)

Aux termes de la décision du 12 juin 1860, page 107, reproduite 2e sem. 1876, page 482, l'achat des registres, imprimés et papiers nécessaires pour le service vétérinaire doit être réglé de la manière suivante:

	PRIX d'achat.	DURÉE.	DÉPENSE annuelle.
Registre nº 1. (Infirmerie) (1)...........................	10 »	6 ans.	1 66
— nº 2. (Chevaux de remonte) (2).......................	6 »	10 ans.	» 60
— nº 3. (Aujourd'hui nº 2). Médicaments (1)..............	6 »	12 ans.	» 50
— nº 4. (Id. nº 3). Composé de feuillets mobiles pour les chevaux des dépôts de remonte seulement. (Décis. du 29 mars 1873, pag. 578.) (3)...................	6 »	10 ans.	» 60
			3 36
Rapports sur l'état sanitaire des chevaux (400 par an, à 3 fr. le cent), y compris les rapports de route prescrits par la décision du 2 juin 1853..............................	» »	»	12 »
Cahiers trimestriels ou journaux des entrées et des sorties de l'infirmerie pour servir à la tenue des registres d'infirmerie et de médicaments..................................	» »	»	2 »
Procès-verbaux d'autopsie, papier, plumes, encre, etc..............	» »	»	12 64
TOTAL de la dépense annuelle...........	....	....	30 »

Mais cette allocation a été portée à 50 fr. par an, par la note du 29 août 1882, p. 102.

Cette dépense est imputable sur les fonds de la masse d'entretien du harnachement et ferrage. (12 juin 1860 précitée et note du 29 août 1882, page 102).

L'instruction ministérielle du 29 mars 1873, page 577 (reproduite 2e sem. 1876, page 479), a supprimé le registre nº 2 et a donné aux registres nos 3 et 4 les nos 2 et 3.

La somme de 50 francs est acquise au vétérinaire qui est chargé de la centralisation des écritures, mais il est tenu de pourvoir les portions détachées des imprimés et autres objets nécessaires. (Dép. du 3 décembre 1860 (M) et note du 29 août 1882, page 102.) Elle est payée sans justifications, sur le simple reçu du vétérinaire. (Dép. du 8 octobre 1864 M.)

Les registres nos 1 et 2 sont tenus par le vétérinaire en premier, qui est informé, le 1er et le 16 de chaque mois, des mouvements des infirmeries de détachements, et chaque trimestre, des consommations de médicaments dans ces mêmes détachements. (Instr. du 29 mars 1873, page 577, et art. 76 et 78 Cavie et 90 et 92 Artie des règlemts du 28 décembre 1883 sur le service intérieur.) Toutes les colonnes du registre nº 1 doivent être remplies, et il ne doit pas être inscrit plus de 8 ou 10 chevaux sur chaque page. (Décis. minist. du 3 août 1880, page 138.)

Dans les détachements, il est tenu un cahier du modèle du registre nº 1. (Art. 44 du règlemt du 26 décembre 1876, page 351, et art. 78 Cavie et 92 Artie des règlemts du 28 décembre 1883), et un cahier des consommations en médicaments et objets divers. (29 mars 1873, page 579.)

Ces registres sont cotés par le major (19 mars 1877, page 276) et soumis trimestriellement à la vérification du sous-intendant militaire. (Instr. minist. du 12 décembre 1874, reproduite à la suite du règlemt du 26 décembre 1876, page 481, et du 1er mars 1880, art. 96 *bis*, page 393.)

Le vétérinaire en premier doit fournir : 1º un rapport journalier (mod. VI) sur l'état sanitaire des chevaux ; 2º un rapport mensuel sur le même objet ; et 3º un rapport annuel conforme au modèle envoyé chaque année par le ministre de la guerre. (Art. 76 Cavie et 90 Artie des règlemts du 28 décembre 1883).

Enfin, aux termes des articles 76 Cavie et 90 Artie des règlemts du 28 décembre 1883, il doit être tenu dans chaque infirmerie un carnet des économies obtenues sur la ration des chevaux traités, et l'autorité doit s'assurer qu'elles ont eu un bon emploi. Le modèle de ce registre est annexé à la note ministérielle du 1er octobre 1878, page 320.

(1) Modèles annexés au règlement du 26 décembre 1876, pages 379, 381. Ils ont été maintenus par l'article 96 *bis* de l'instruction du 1er mars 1880, page 393.

(2) Supprimé par la décision du 29 mars 1873, page 578.

(3) Ces feuillets ont été remplacés dans les corps par un livret d'infirmerie conforme au modèle donné par la décision du 1er décembre 1879, page 405 ; ce livret est établi par les dépôts de remonte pour les chevaux achetés par ces établissements et par les corps pour ceux qu'ils achètent ; les imprimés sont fournis par le ministre. En recevant les livrets des dépôts de remonte, les corps les font compléter par l'inscription du nom et du nº matricule donnés à l'animal et les remettent au vétérinaire qui les tient à jour. Ils sont réunis *dans un casier*, selon l'ordre des numéros matricules.

Lorsqu'un cheval change de corps, son livret d'infirmerie est arrêté par le vétérinaire chef de service et joint au livret matricule. Le nouveau corps procède ensuite comme il est dit ci-dessus.

Pour les chevaux n'appartenant pas à des corps de troupes à cheval, les livrets d'infirmerie sont joints au livret matricule et mis à jour par le vétérinaire chargé de donner des soins à ces animaux.

Les livrets des chevaux réformés ou morts reçoivent la destination indiquée pour les livrets matricules. (Voir p. 324.)

Pour les chevaux castrés dans un corps ou un établissement, l'opération et sa date sont inscrites sur le livret d'infirmerie. (Note du 30 janvier 1882, page 40.)

Le prix de la nomenclature de la remonte est de 0 fr. 05 par livret. (Note du 10 octobre 1882, page 190.)

QUIPAGES R G NTAIRES

Une note du 6 août 1882 (M) *modifiée par les feuilles rectificatives* 1, 2, 3 *et* 4, *énumère les collections de matériel affectées aux équipages régimentaires, savoir :*

DÉSIGNATION DES CORPS ET DES SERVICES auxquels les voitures sont affectées.		MATÉRIEL ET ATTELAGES.					ACCESSOIRES ET OUTILS.										RECHANGES.					Matériel de campement pour l'attache des chevaux.					ACCESSOIRES pour l'embarquement en chemin de fer et le débarquement du matériel.				OBSERVATIONS.
							boites à graisse.												Traits				Objets composant les collections.								
		Voitures régimentaires.	Voitures médicales régimentaires.	Voitures légères d'ambulance.	Fourgons.	Chevaux ou mulets.	Petites.	Grandes.	Cadenas.	Clefs à écrou d'essieu n° 2.	Étuis de traits de rechange.	Pelles.	Pioches.	Seaux d'abreuvoir.	Clefs à écrou d'essieu n° 1.	Bidons à huile.	Écrous d'essieu n° 2.	Timons de fourgon.	Modèle 1854-61 ou modèle 1861.	de harnais de circonstance ou md 1878	Écrous d'essieu n° 1.	Collections.	Cordes.	Piquets.	Masses.	Entraves.	Bouts de madrier.	Grandes cales de roues avec manches.	Jarretières.	Leviers de manœuvre.	
1		2	3	3 bis	4	5	6	7	8	9	10	11	12	13	14	14bis	15	16	17	18	19	20	21	22	23	24	25	26	27	28	29
Un régiment d'infanterie (A).	Bagages et archives	»	»	»	4	(1)8	»	3	4	4	4	4	4	1	»	»	8	4	8	»											Les fourgons doivent être du modèle 1874-1879; ils transportent dans le coffre de dessus de passage une caisse à cartouches et un vilebrequin muni d'une lame de tournevis ; chaque fourgon de bataillon transporte, en outre, dans le même coffre, 25 lanières de rechange réunies en paquet. La voiture d'outils de pionniers est pourvue d'un porte-sacoche de maréchal-ferrant.
	Outils	1	»	»	»	13	1	»	»	1	»	1	1	»	»	»	2	»	»	2		7	7	28	7	28					
	Service médical	»	3	»	»	3	3	»	»	3	»	»	»	»	»	»	»	»	»	6											
	Réserve d'effets	»	»	»	1	2	»	»	1	1	1	1	1	1	»	»	»	1	2	»							10	10	31	4	
	Vivres	»	»	»	13	26	»	4	»	9	13	4	4	4	»	»	6	3	26	»		8	8	32	8	32					
	Chevaux haut le pied	»	»	»	»	4	»	»	»	»	»	»	»	»	»	»	»	»	»	»											
	TOTAUX	1	3	»	18	56	4	7	5	18	18	10	10	6	»	»	16	8	36	8	»	15	15	60	15	60	10	10	31	4	
Un bataillon de chasseurs.	Bagages et archives.	»	»	»	2	4	»	1	2	2	2	2	2	1	»	»	2	1	4	»											Les fourgons doivent être du mod. 1874-1879; ils transportent dans le coffre de dessus de passage une caisse à cartouches et un vilebrequin muni d'une lame de tournevis; le fourgon à bagages des compagnies transporte, en outre, dans le même coffre, 25 lanières de rechange réunies en paquet. L'un des fourgons du bataillon reçoit, dans son coffre de dessus de passage, la sacoche de maréchal-ferrant et les ferrures de rechange des animaux de bât porteurs d'outils de pionniers.
	Outils	»	»	»	»	4	»	»	»	»	»	»	»	»	»	»	»	»	»	»		3	3	12	3	12					
	Service médical	»	1	»	»	1	1	»	»	1	»	»	»	»	2	»	»	»	»	2							4	4	10	2	
	Vivres	»	»	»	4	8	»	1	»	2	4	2	2	1	»	»	4	1	8	»		3	3	12	3	12					
	Chevaux haut le pied	»	»	»	»	2	»	»	»	»	»	»	»	»	»	»	»	»	»	»											
	TOTAUX	»	1	»	6	19	1	2	2	5	6	4	4	2	2	»	6	2	12	2		6	6	24	6	24	4	4	10	2	
Un régiment de cavalerie de corps d'armée	Bagages et archives.	»	»	»	5	10	»	5	5	5	5	5	5	»	»	»	2	5	10	»	»	»	»	»	»	»					Le matériel de campement pour l'attache des chevaux sera fourni par le régiment.
	Vivres	»	»	»	12	24	»	3	»	8	12	3	3	3	»	»	6	3	24	»	»										
	Service médical	»	1	2	»	3	1	»	»	1	»	»	»	»	2	2	»	»	»	6	2										
	Forge (2) (outillée et garnie de ses accessoires)	»	»	»	»	4	»	»	»	»	»	»	»	»	»	»	»	»	»	»	»	»	»	»	»	»	8	8	21	4	
	TOTAUX	»	1	2	17	41	1	8	5	14	17	8	8	3	2	2	8	8	34	6	2	»	»	»	»	»	8	8	21	4	
Un régiment de cavalerie indépendante	Bagages et archives.	»	»	»	5	10	»	5	5	5	5	5	5	»	»	»	2	5	10	»	»										Le matériel de campement pour l'attache des chevaux sera fourni par le régiment.
	Vivres	»	»	»	6	12	»	2	»	4	6	2	2	2	»	»	4	2	12	»	»										
	Service médical	»	1	2	»	3	1	»	»	1	»	»	»	»	2	2	»	»	»	6	2										
	Forge (outillée et garnie de ses accessoires)	»	»	»	»	4	»	»	»	»	»	»	»	»	»	»	»	»	»	»	»	»	»	»	»	»	6	6	15	2	
	TOTAUX	»	1	2	11	29	1	7	5	10	11	7	7	2	2	2	6	7	22	6	2						6	6	15	2	
Artillerie, Génie, Train des Equipages et Etat-Major (voir la note du 6 août 1882 pour le détail).																															

(1) Dont 12 chevaux ou mulets de bât.
(2) Une deuxième forge destinée au demi-escadron d'escorte de chaque quartier général de corps d'armée, est attribuée au régiment de cavalerie appelé à fournir ce demi-escadron en cas de mobilisation.
NOTA. — Le chargement des voitures à vivres des équipages régimentaires est effectué suivant les indications des tableaux joints à la circ. du 8 août 1883 (M).
(A) Il existe en outre 3 caissons de munitions à la portion mobilisée des régiments d'infanterie.

OBSERVATIONS

relatives aux accessoires, outils, rechanges, etc., énumérés ci-dessus.

Boîtes à graisse. — La grande boîte, qui peut renfermer 4 kil. 500 grammes de graisse, est destinée aux voitures à quatre roues (fourgons), qui sont toutes munies d'un crochet porte-boîte à graisse. Elle peut être remplacée au besoin par la boîte à graisse du matériel de 12 de l'artillerie. — La petite boîte, d'une contenance de 500 grammes, est spécialement affectée aux voitures régimentaires; elle est fixée contre le côté gauche de la voiture au moyen d'une bride; son couvercle est retenu par une lanière attachée à une rosette-crochet.

Seaux d'abreuvoir. — Le seau d'abreuvoir en tôle est suspendu, soit au crochet porte-boîte des voitures à quatre roues, soit à un crochet spécial fixé contre l'un des épars du fond de coffrage dans les voitures régimentaires.

Pelles, pioches. — Elles sont destinées aux besoins journaliers, soit pendant les marches, soit dans les camps, et transportées sur les fourgons et voitures régimentaires qui sont munies de ferrures à cet effet.

Clefs à écrous et écrous d'essieu. — Les clefs sont fixées à des ferrures spéciales ou placées avec les écrous de rechange dans les coffres ou coffrets installés sur les voitures.

Timons. — Les fourgons de tous modèles sont munis de ferrures pour le transport d'un timon de rechange.

Traits. — Les voitures régimentaires portent, comme rechanges, des traits du harnais de circonstance ou du harnais de limonière, modèle 1878. Quant aux fourgons, les traits de rechange sont ceux du modèle 1854-1861 ou du modèle 1861.

Ces traits sont généralement renfermés dans un étui et portés à l'aide de courroies ou placés en vrac dans les coffrets des voitures régimentaires et des fourgons ancien modèle.

Caisses à cartouches. — Chaque fourgon à bagages des régiments d'infanterie et des bataillons de chasseurs à pied transporte une caisse chargée de cartouches à balles pour fusil modèle 1874 et un vilebrequin avec lame de tournevis.

Outils de pionniers. — Les outils de pionniers sont fournis par le service du génie. Ceux qui sont portés par les animaux de bât dans les compagnies d'infanterie sont maintenus par des ellipses suspendues aux crochets de charge du bât; ces ellipses sont aussi fournies par le service du génie. (Voir *Casernement*, page 227.)

Les bâts, les harnais et les cordes de charge sont fournis par le service de l'artillerie.

Les bâts de mulet employés au transport des outils de pionnier sont, comme les bâts de cheval, munis d'une garniture en tôle, de dessus de bât et de crochets de brelage.

Ferrures de rechange. — Voir *Ferrage*.

Lanières de rechange pour les caissons à munitions. — Les lanières de rechange qui sont distribuées aux corps de troupes à pied, à raison de 25 par bataillon, sont transportées comme il suit : Dans les régiments d'infanterie, un paquet de 25 dans le coffre de dessus de passage des fourgons à bagages des bataillons; dans les bataillons de chasseurs, un paquet de 25 dans le coffret de la voiture à bagages des compagnies.

Matériel d'attache des chevaux au bivouac. — Chaque collection affectée aux équipages régimentaires se compose de :

Corde à chevaux, de 5m50 environ	1	
Piquets ferrés	4	(dont un de rechange.)
Entraves	4	
Masse en fer	1	

Pour les équipages d'état-major, les objets sont les mêmes, mais le nombre des entraves varie suivant la composition des attelages. Dans les autres équipages conduits par les compagnies du train, on utilise les objets adoptés pour l'artillerie et le train des équipages.

Le mode d'emploi est indiqué dans la note du 16 octobre 1875.

Pour le transport, une de ces collections peut être renfermée, soit dans le coffret des voitures régimentaires, soit dans le coffre ménagé sous le siège du conducteur, dans les fourgons. (Note du 6 août 1882 (M) et feuilles rectificatives.)

ACCESSOIRES POUR L'EMBARQUEMENT EN CHEMIN DE FER ET LE DÉBARQUEMENT DES CHEVAUX ET DU MATÉRIEL (1)

La note ministérielle du 6 août 1882 (M) dispose que pour l'embarquement en chemin de fer et pour le débarquement des chevaux et des voitures, les corps de troupes ont à leur disposition les accessoires ci-après (voir le tableau ci-dessus.)

(1) Lorsque les corps font usage de ce matériel pour les exercices d'embarquement, l'état des ponts volants et autres objets appartenant aux compagnies est constaté au commencement et à la fin de chaque série d'exercices, dans un rapport (Mod. annexé à la circ. du 1er mai 1882 M), établi par le chef de gare et le chef de détachement. Il est adressé hiérarchiquement au ministre (Etat-major général, 4e bureau), par le chef de corps, avec le rapport trimestriel sur les exercices d'embarquement. Sur le vu de ce document, le ministre décide au compte de qui les dégradations doivent être laissées. (Circ. du 1er mai 1882 (M) reproduite 2e sem. 1884, page XXV.)

Ponts volants, — *Prolonges*, — *Cales en bois*, fournis par l'administration des chemins de fer. (Art. 50 et 55 du règlem. du 1er juillet 1874 modifié par le décret du 29 octobre 1884, 2e semestre 1884, pages 26 et 30, pagination spéciale.)

Bottillons pour le chargement des selles et du matériel. (La paille pour bottillons est fournie en dehors de la ration par les magasins militaires, art. 3 des appendices II et III, au même règlement);

Cordes de poitrail. La circ. du 10 février 1877 (insérée 2e sem. 1877, page 10 et 2e sem. 1884, page XXX, pagination spéciale), porte que les corps doivent être pourvus d'un approvisionnement de cordes suffisant pour l'embarquement des chevaux que comporte leur effectif de guerre. Chaque corde a 16 mètres de long et sert à maintenir les chevaux en avant du poitrail et à barrer en même temps les portières. Ces cordes sont conservées dans les magasins de réserve et ne doivent être distribuées qu'au moment d'un transport à effectuer ou d'un exercice à faire. — La dépense d'achat est imputable à la masse d'entretien du harnachement et ferrage pour les corps de troupe à cheval et à la 2e portion de la masse générale d'entretien pour les corps d'infanterie (1). (Circ. du 10 février 1877, 2e semestre 1884, page XXX.) La note du 6 août 1882 prescrit à nouveau l'emploi de ces cordes.

L'approvisionnement est calculé à raison de 1 par 3 chevaux pour les régiments de cuirassiers, de 4 chevaux pour les autres corps. (2e sem. 1884, page XXX.)

Rampes mobiles, — *Bouts de madriers*, — *Grandes cales de roues avec manches*, — *Jarretières*, — *Leviers de manœuvres de siège*, fournis par le service de l'artillerie.

A l'exception des rampes mobiles, qui restent en dépôt dans les magasins des places situées sur les chemins de fer, la garde et l'entretien des autres objets fournis par le service de l'artillerie sont confiés aux corps appelés à s'en servir. (Note du 6 août 1882.)

Les rampes à réparer doivent faire l'objet de propositions adressées au ministre, appuyées de devis. (Circ. du 26 juillet 1883 (M) insérée 2e sem. 1884, page XXIII spéc.)

En cas de mobilisation, le transport de ces objets sera effectué jusqu'à la station d'embarquement par les soins des corps détenteurs; ils seront ensuite pris en charge par le commissaire militaire d'étape à la station de débarquement. (Note du 6 août 1882 (M) et règlemt du 1er juillet 1874, revisé en 1884, page 108 du 2e sem.)

Formation des approvisionnements.

(VOITURES, HARNAIS, CHEVAUX)

La décision du 10 avril 1874 (circ. du 17 avril M) dispose que, dès le temps de paix, tous les corps de troupe en France seront pourvus de toutes les voitures (*y compris le harnachement*) qui doivent être conduites par ces corps pour le transport des équipages régimentaires, des outils de pionniers et du matériel des services administratifs régimentaires (subsistances, habillement, équipement).

Des instructions spéciales (21 juin 1877, 6 août 1882, 8 août 1883, etc...) fixent l'importance des approvisionnements à entretenir dans chaque corps, dès le temps de paix, pour le cas de guerre.

Les chevaux de trait ou de bât ne sont pas délivrés en temps de paix. (Circ. du 17 avril 1874.) Voir page 557, pour les exceptions.

Ils sont fournis à titre gratuit dans tous les cas. (Art. 144 du règlemt du 15 janvier 1867, page 475.) Le nombre des chevaux alloués est fixé par le tableau F de mobilisation du corps d'armée.

La voiture, dite d'équipement des régiments d'infanterie, est chargée de six caisses : cinq pour les effets, et la sixième pour une partie du matériel de réparations (armement, équipement, habillement et chaussure). (Circ. du 26 décembre 1874 (M) et du 21 juin 1877 (M) et tableaux du 31 décembre 1883.) Une circulaire du 15 mai 1875 (M) autorise les corps à acheter des cadenas pour des caisses. Cette dépense incombe à la masse d'entretien des équipages, aujourd'hui masse d'entretien du harnachement et ferrage.

Ces six caisses contiennent au total :

150 paires de souliers,
150 chemises,
150 paires de guêtres de toile,
150 ceintures de flanelle,
50 pantalons.

(Circ. du 26 décembre 1874 et tableaux du 31 décembre 1883.)

(1) Ces dispositions ne sont pas applicables à l'armée territoriale ni aux unités de transport dont les chevaux ne comptent pas à l'effectif d'un corps de troupe. (2e sem. 1884, page XXX spéc.)

Ces caisses sont fournies par le service de l'habillement. (Circ. des 26 décembre 1874 et 21 juin 1877 M.)

Une circulaire en date du 6 septembre 1878 (M) et l'art. 336 du règlem[t] du 13 août 1884, page 100, disposent que les chefs-armuriers des régiments d'infanterie, de cavalerie, d'artillerie de corps, des bataillons de chasseurs à pied, ainsi que les brigadiers-armuriers des escadrons du train des équipages, emporteront avec eux une caisse contenant les pièces d'armes et les outils nécessaires pour procéder aux réparations à faire en campagne. Les dimensions et le chargement varient suivant l'arme et sont indiqués dans une instruction approuvée par une décision du 9 février 1878 (M). (Voir *Armement.*)

Cette caisse est chargée sur les voitures à bagages de l'état-major. (Tableau D annexé à la circ. du 21 juin 1877 (M) et circ. du 21 mars 1879 M.) Elle est, par conséquent, indépendante de la caisse chargée sur la voiture d'équipement (1).

Le matériel des équipages, y compris le matériel de réquisition, doit recevoir les marques indiquées par les tableaux du 27 février 1878, modifiés par diverses feuilles rectificatives. — La note du 17 octobre 1883 (M) indique la manière dont le numérotage doit se pratiquer pour le harnachement.

Aux termes de la note ministérielle du 3 juillet 1884, page 16, lorsque deux corps d'infanterie changent de garnison entre eux, ils doivent laisser sur place le matériel de mobilisation (fourgons, voitures médicales, voitures d'outils, caissons de munitions, etc., harnachements et accessoires afférents), à l'exclusion du matériel de corvée (voitures régimentaires avec harnais et accessoires), qui est emmené avec eux. Ces dispositions sont applicables aux corps de cavalerie, lesquels n'emmènent avec eux que le fourgon employé au service journalier avec harnais et accessoires.

Ceux qui voyagent par étape emmènent en outre la forge à quatre roues.

Dans le cas où un corps changeant de garnison ne serait pas remplacé, il emporterait tout son matériel.

Dans les cas particuliers (déficits, etc.), le ministre, sur la proposition des commandants de corps d'armée, décide des mesures à prendre.

Les remises de matériel ont lieu conformément aux instructions du commandement. Si les corps ne sont pas présents, ils sont représentés par un corps ou service de la garnison. (Note du 3 juillet 1884.)

Les principaux objets de harnachement sont : harnais d'attelage, couvertures, guides, fouets, bridons, licols, surfaix, musettes-mangeoires, longes (cordes et surfaix de charge pour mulets), bâts complets pour cantines médicales et pour mulets porteurs d'outils, matériel d'attache des chevaux.

La circulaire du 27 décembre 1875 (M) dispose que les voitures et harnachements doivent être munis de tous leurs accessoires (boîtes à graisse, clefs d'écrou, fouets, etc.), et qu'à partir du 1er janvier 1876, tous les équipages pris en charge par les corps d'infanterie, de cavalerie et du génie seront considérés comme devant posséder tous ces accessoires, et que ceux de ces objets qui viendraient à manquer seront regardés comme ayant été perdus par la faute des corps et ne seront plus délivrés qu'à titre onéreux, à exception de ceux qui seront réformés par suite d'usure régulière par les capitaines inspecteurs d'armes. Il en sera de même pour les objets perdus ou détériorés par cas de force majeure. (27 décembre 1875.)

Des ordres *pour le remplacement gratuit de ces derniers* sont donnés en même temps que la réforme est prononcée. (Voir page 558, pour la *Réforme.*)

Les demandes de remplacement à titre onéreux sont adressées, par la voie du commandement, au directeur d'artillerie. Elles sont appuyées des récépissés de versement au Trésor (circ. du 27 décembre 1875 précitée) et d'une déclaration de versement. (Circ. du 18 janvier 1872, page 23.)

Dans tous les autres cas, les demandes de matériel sont adressées au ministre par l'intermédiaire du commandement. (Art. 6 du règlem[t] du 15 décembre 1869, page 804, rendu applicable au service des équipages par la circ. du 28 août 1871 et celle du 25 mai 1875.) Elles sont produites en deux expéditions.

C'est le service des équipages (aujourd'hui ce service est réuni à celui de l'artillerie) qui assure la fourniture des voitures, harnais, bâts. Les chevaux sont fournis par la

(1) Pour les caisses à bagages et cantines à vivres à placer sur les voitures, voir *Campement.*

remonte. (Art. 144 du règlem[t] du 15 janvier 1867, page 475.) Pour la délivrance des chevaux auxquels les corps ont droit pour le service du temps de paix, se reporter au chapitre de la *Remonte*, page 383.

Les caisses à bagages et cantines à vivres pour officiers sont achetées par eux ou fournies par le service du campement. (Voir à ce titre, page 116.) Cette dernière disposition est applicable à la fourniture des caisses à archives et à effets destinés aux hommes de troupe. (26 décembre 1874 M.)

MATÉRIEL DONT LES CORPS PEUVENT SE SERVIR SUR LE PIED DE PAIX

La circulaire du 27 septembre 1871 (M), notifiant la décision du 20 dudit, dispose que chaque régiment d'infanterie ou de cavalerie aura à sa suite une voiture à bagages attelée d'un cheval et que cette voiture suivra l'état-major du régiment.

NOTA. — Cette allocation comporte la voiture, le harnais et le cheval.

Celle du 27 mars 1875 (M) ajoute que les régiments d'infanterie auront des chevaux pour atteler quatre voitures.

Pour les bataillons de chasseurs à pied, il n'est accordé que deux chevaux. (Art. 62 de l'instr. du 17 mars 1884, page 552 S.)

Pour le service des corvées journalières, on ne doit pas employer, sans autorisation ministérielle, plus de quatre voitures avec harnais dans un régiment d'infanterie et deux dans un bataillon de chasseurs.

Ces voitures sont prises autant que possible parmi les voitures à vivres du plus ancien modèle; on doit toujours employer les mêmes. (Circ. du 27 mars 1875 (M) et instr. du 26 avril 1884, page 1057 S.)

(Voir *Chariots-Fourragères* pour les *Corps de cavalerie.*)

Dans les bataillons d'artillerie de forteresse, il n'est attribué qu'une voiture pour le service journalier. (Note du 23 janvier 1884, page 124.)

NOTA. — Dans les régiments d'artillerie, l'on se sert de chariots-fourragères ou de parc prêtés par l'école d'artillerie, sans harnais d'attelage. Le nombre n'en est pas déterminé. Il est ordinairement de deux chariots-fourragères et de quatre chariots de parc. (Voir ci-après *Chariots-Fourragères.*)

L'article 3 du règlem[t] du 28 février 1883, page 218, prescrit d'acheter et d'entretenir au compte de la masse d'entretien du harnachement et ferrage des corps d'infanterie les bridons d'abreuvoir et licols d'écurie des chevaux de trait et animaux de bât. Ce même article porte que les frais d'entretien des surfaix et couvertures d'écurie incombent aux mêmes fonds, mais n'en prescrit pas l'achat. Les dépenses de cette nature ne doivent pas dépasser 13 francs par cheval et par an. (Règlem[t] précité.)

Entretien du matériel en service ou en magasin.

(VOITURES, HARNAIS, CHEVAUX)

L'entretien des voitures ou fourgons (régimentaires ou d'état-major), celui des harnais, bâts, etc., ainsi que le ferrage des chevaux, sont au compte de la masse d'entretien du harnachement et ferrage dans les corps de troupe à pied ou à cheval (règlem[t] du 15 janvier 1867, page 476 ; circ. du 12 août 1875 (M) ; du 11 avril 1878, page 208, concernant la Cav[ie] et l'Inf[ie] ; du 17 avril 1880 (M) ; note du 28 avril 1882, page 175 (Cav[ie]), qui dispose que ce matériel est entretenu en dehors de l'abonnement du maître-sellier ; décis. présidentielle du 12 janvier 1883, page 42, et art. 3 du règlem[t] du 28 février 1883, page 217 (Inf[ie]).

Les dépenses annuelles relatives à cet entretien doivent, autant que possible, ne pas dépasser les limites ci-après, savoir :

Voitures à quatre roues en service	50 fr.	00
— — en magasin	5	00
Voitures à deux roues en service	40	00
— — en magasin	4	00
Harnais ou bâts en service	14	00
— — en magasin	1	40

(Art. 3 du règlem[t] du 28 février 1883, page 217, concernant les corps de troupe à pied.)

(Voir *Gratifications*).

La surveillance et l'entretien des voitures et harnais en dépôt dans les corps sont confiés à l'officier d'approvisionnement. (Instr. du 17 mars 1882, page 187, art. 8.)

L'adjudant vaguemestre lui est adjoint. (Circ. précitée du 27 mars 1875.) Ces dispositions sont rappelées par les art. 113 et 203 Inf[ie], 127 et 143 Cav[ie] des règlem[ts] du 28 décembre 1883.)

Les soins d'entretien comprennent la peinture, lorsque le besoin en est reconnu. (27 mars 1875 M.)

La circulaire ministérielle du 3 août 1882, page 67, autorise les corps d'infanterie à faire usage, pour le nettoyage des voitures, d'une chevrette qui doit être achetée dans le commerce au prix maximum de 18 francs, imputable sur la masse d'entretien des équipages.

Cette chèvre ne doit pas être emportée en cas de mobilisation. De plus, une circulaire du 12 novembre 1884, page 641, autorise les régiments dont la portion principale est séparée du dépôt, à en acheter deux.

(Pour la cavalerie et l'artillerie, voir *Chariots-Fourragères.*)

L'instruction du 17 mars 1884, page 522 (S) sur les revues trimestrielles dispose que ce matériel doit être visité et vérifié par les inspecteurs à la revue d'avril.

Les chefs de corps sont responsables de l'entretien de ce matériel, et les dégradations peuvent, dans certains cas, être imputées aux conseils d'administration. (Art. 149 du règlem du 15 janvier 1867 et circ. du 27 mars 1875 M.)

La circulaire du 20 juin 1874 (M) dispose que les capitaines-inspecteurs d'armes sont chargés de visiter chaque année le matériel des équipages (voitures, parties de voitures ou harnais).

Aux termes de l'article 22 de l'instruction du 17 mars 1884, sur les inspections générales, ces capitaines-inspecteurs doivent établir des procès-verbaux sur lesquels ils consignent leurs propositions ou observations au sujet des réparations, du remplacement et de la réforme du matériel.

Ces procès-verbaux sont soumis à l'approbation du ministre qui les renvoie au corps en les informant de la suite à donner aux propositions faites. L'inspecteur général s'assure que les mesures prescrites ont été exécutées. (Art. précité.)

A la circulaire du 20 juin 1874 est annexé un tarif daté du 21 mai 1874, des *prix à payer à l'industrie civile*, pour les réparations à faire tant aux voitures qu'aux harnais ; mais ces prix peuvent varier, suivant les localités et le modèle du matériel à réparer (20 juin 1874). Ce tarif est toujours en vigueur et il doit être complété pour les fourgons, voitures médicales, etc., qui ont été adoptés depuis sa publication. (Dép. ministérielle du 30 mai 1884.)

NOTA. — Dans quelques corps, l'on s'est servi pour ces voitures et fourgons du tarif inséré dans l'aide-mémoire des officiers d'infanterie et de cavalerie, à défaut d'autres fixations. (Même dépêche.)

La circulaire du 25 mai 1875 (M) ajoute que, dès qu'une dégradation est signalée dans le service courant, la réparation doit être entreprise sans délai et sans attendre de nouveaux ordres.

Le chef-armurier est chargé, sous la surveillance de l'officier d'approvisionnement, des réparations d'entretien du matériel roulant. (Règlem[t] du 28 décembre 1883 sur le service intérieur.)

En cas de besoin, l'on peut recourir à l'industrie civile.

S'ils se trouvent à proximité d'un établissement de l'artillerie ou des équipages, ils peuvent s'adresser, sur l'autorisation du général de brigade (11 avril 1878, page 209), au directeur de cet établissement pour l'exécution des réparations à effectuer. En règle générale, ces opérations doivent *être faites à titre onéreux. Exceptionnellement*, le général de brigade peut demander au ministre *qu'elles soient exécutées à titre gratuit*.

Les remboursements ont lieu par voie de versement au Trésor ; les récépissés sont adressés au directeur d'artillerie. (Circ. du 25 mai 1875 (M) et du 11 avril 1878, page 209.)

Si les corps sont éloignés des établissements et que l'industrie privée n'ait que des ressources insuffisantes ou trop onéreuses, on doit demander du matériel au ministre par l'intermédiaire du commandement. (Circ. du 25 mai 1875.)

D'une manière générale, lorsque l'établissement ne se trouve pas dans la place et que la nature des réparations exige l'envoi dans cet établissement, on doit adresser une demande au ministre qui prend des mesures en conséquence. (11 avril 1878, page 209.)

Pour les remplacements, voir ci-dessus, page 556.

RÉINTÉGRATION DANS LES MAGASINS DE L'ÉTAT

En cas de réintégration dans les magasins de l'Etat, les réparations jugées nécessaires sont également à la charge des corps. (Dép. du 9 août 1865 (M), qui prescrit de verser au Trésor le montant de ces réparations.)

La circulaire du 18 janvier 1872, page 23, et celle du 25 mai 1875 (M) rappellent que les travaux de réparations exécutés par le service des équipages pour des services étrangers, doivent être remboursés par des versements au Trésor et que les récépissés, accompagnés de déclarations de versement, doivent être adressés au directeur d'artillerie.

CONSTATATION DES PERTES ET DÉTÉRIORATIONS

Les pertes et détériorations sont constatées par des procès-verbaux dressés par le sous-intendant militaire dans la forme indiquée au chapitre de l'*Armement*.

Pour les détériorations au compte de la masse individuelle, l'imputation du prix des réparations est faite à qui de droit, conformément aux règlements en vigueur (16 décembre 1875, page 661.)

Compte annuel de gestion du matériel des équipages. (*Harnachement, voitures et accessoires divers.*) Compris dans le compte du matériel de l'artillerie. (Voir *Armement.*)

Numérotage des effets de harnachement. (Voir *Harnachement des équipages*, page 477.)

Contrôle des effets. (Voir page 173.)

Contrôle des équipages. (Voir page 173.)

Fournitures des effets de pansage dans les corps d'infanterie.

La décision du 9 janvier 1872, page 18, et celle du 29 avril 1875, page 642, disposent que les objets nécessaires aux hommes chargés du pansage des chevaux ou mulets des corps d'infanterie doivent être fournis au compte de la masse d'entretien du harnachement et ferrage. De plus, la circ. du 22 août 1882 (M) ajoute que les objets nécessaires aux chevaux possédés à titre gratuit ou onéreux sont fournis par les officiers détenteurs.

Ce principe est rappelé par le règlem[t] du 28 février 1883, page 219.

La circulaire du 11 avril 1877 (M) a prescrit aux corps d'infanterie d'acheter (pour le cas de mobilisation), sur les fonds de la masse précitée, les collections d'effets de pansage nécessaires pour l'entretien des chevaux qu'ils sont appelés à recevoir; mais celle du 6 mars 1883, page 180, dispose que les effets spéciaux aux conducteurs de caissons sont achetés au compte du service de l'habillement. (Voir page 117.)

Chaque collection comprend :

Une brosse à cheval en chiendent, un torchon-serviette, une éponge, une étrille, une paire de ciseaux, une corde à fourrages, un sac à avoine (1), un fouet, une musette.

(Tableaux du 31 décembre 1883 M).

Ces tableaux fixent le nombre des collections à entretenir (services courant et de réserve).

La circulaire précitée prescrit d'échanger périodiquement ces effets contre des objets de même nature pris dans les corps à cheval, afin d'en éviter la détérioration.

NOTA. — Dans les corps à cheval, les effets de pansage sont payés par la masse individuelle des hommes.

(1) Ou un étui porte-avoine. (Décis. du 23 juillet 1884, page 145, concernant la cavalerie.)

Chariots-Fourragères et tonneaux d'arrosage des manèges.

1° CHARIOTS-FOURRAGÈRES (1)

Chaque régiment de cavalerie doit être pourvu de deux chariots-fourragères. Ce matériel, y compris les harnais, est fourni par le service de l'artillerie et des équipages, à charge de remboursement sur les fonds de la masse d'entretien du harnachement et ferrage. La valeur en est versée au Trésor. (Décis. du 25 octobre 1844, insérée au supplément du *Journal* refondu, tome XIV, page 1166 ; circ. du 13 novembre 1844 (M) et du 20 avril 1847, page 754 ; art. 64 du règlemt du 30 juin 1856, page 251, et circ. du 11 janvier 1862, page 438.) Prix de la nomenclature M du harnachement de la cavalerie : 850 francs.

Ces dispositions ont été modifiées en ce qui concerne les harnais par la note du 6 mars 1884, page 224, qui met au compte du budget du harnachement de la cavalerie la fourniture des harnais.

Le remplacement des fourragères doit être autorisé par le ministre. (Note du 28 août 1867, page 874.) Les états de demande doivent lui être adressés, à moins de cas urgents, dans les quinze premiers jours de chaque trimestre (bureau des remontes). (Notes du 1er juillet 1879, page 7, et du 27 février 1883, page 135.)

En ce qui concerne les harnais et les accessoires (cordes et clefs d'écrou) de chariots-fourragères nécessaires pour remplacer ceux réformés ou mis hors de service, la note du 6 mars 1884, page 224, autorise les régiments de cavalerie, les dépôts de remonte et les écoles militaires à se les procurer directement dans le commerce ou à les faire fournir par leurs maîtres-ouvriers dans la limite des prix de la nomenclature N de l'artillerie en date du 1er janvier 1882. Si les prix demandés sont supérieurs, les corps adressent une demande au ministre aux époques indiquées ci-dessus. (Note du 6 mars 1884.) On doit indiquer sur les états la pointure des colliers (note du 20 mars 1882, page 108) et les prix du commerce local (note du 3 juillet 1882, page 15) ; la dépense est imputée, savoir :

Sur les fonds de la masse d'entretien du harnachement et ferrage pour les cordes et les clefs d'écrou ;

Sur les fonds du budget ordinaire (harnachement des chevaux de la cavalerie) pour les harnais.

L'intendance militaire rend compte immédiatement au ministre des achats effectués et lui fait connaître le montant de la dépense (masse d'entretien ou service du harnachement) pour chaque corps. (Note du 6 mars 1884, page 224.)

NOTA. Lorsque le service de l'artillerie fournit des chariots, harnais, etc., il doit toujours être remboursé par n versement au Trésor ; seulement, les corps sont remboursés du prix des harnais et accessoires sur le budget du harnachement de la cavalerie, par un ordonnancement. (Note du 6 mars 1884, page 224.)

La circulaire du 13 novembre 1844 (M) dispose, en outre, que les corps doivent être munis de 4 câbles et qu'ils doivent les acheter sur le même fonds. Prix de la nomenclature de l'artillerie : 12 francs l'un.

La décision du 1er juillet 1845 (non insérée) autorise l'achat d'une chèvre pour la réparation et le graissage des roues des chariots ; imputation de la dépense à la masse du harnachement et ferrage. La nomenclature du matériel de l'artillerie en fixe le prix à 25 francs, et celle du harnachement de la cavalerie (M) à 15 fr.

Les corps avaient également la faculté de se pourvoir de bâches. (Dép. du 15 janvier 1848 M.) Mais cette dépêche n'est plus applicable depuis que les chariots restent à demeure et qu'ils ne servent plus au transport des bagages lors des changements de garnison.

Ce matériel est compris dans la nomenclature M du harnachement de la cavalerie, et figure dans le compte de gestion de ce service.

Les réparations ordinaires d'entretien des harnais et le graissage de ces harnais et des chariots sont au compte de l'abonnement du maître-sellier. (Art 1er de l'abon-

(1) En dehors des chariots-fourragères, chaque corps de cavalerie ne peut disposer que d'un fourgon pour le service journalier. (Note du 3 juillet 1884, page 16.)

nement et note du 28 avril 1882, page 175.) Les réparations nécessitées par des cas de force majeure sont, comme pour toutes les autres catégories d'effets, au compte de la masse d'entretien du harnachement et ferrage.

Les réparations concernant les chariots tombent à la charge de la masse d'entretien du harnachement et ferrage. (Circ. du 13 novembre 1844 (M), 20 avril 1847, page 754; art. 64 du règlemt du 30 juin 1856.) Elles sont exécutées par l'industrie civile dans les conditions indiquées par la note du 28 août 1867, page 874, savoir :

« Les intendants militaires ont le droit d'autoriser les réparations aux chariots, » quel qu'en soit le montant. Ils reçoivent à cet effet les procès-verbaux constatant les » travaux à exécuter revêtus de l'avis motivé des sous-intendants militaires.

» Les prix des réparations sont, autant que possible, renfermés dans les limites » fixées par le tarif (le dernier est du 15 juin 1868, page 148). Dans le cas où il y » aurait nécessité de les dépasser, le conseil d'administration et le sous-intendant mili- » taire devraient consigner sur le procès-verbal qu'il n'a pas été possible de traiter à » des prix inférieurs. »

En ce qui concerne les corps de troupe, ces dispositions sont modifiées par l'article 251 du décret du 1er mars 1880, page 384, qui dispose que les sous-intendants approuvent les pertes et détériorations lorsque la somme ne dépasse pas 50 fr.; au-dessus de ce chiffre, et jusqu'à 100 francs, ce sont les intendants militaires qui prononcent, et dans tous les autres cas, la décision est réservée au ministre.

Pour les dépôts de remonte, on suit les dispositions anciennes.

Lors des changements de garnison, les chariots et leurs accessoires (chèvres, câbles, etc.), sont laissés au corps arrivant ou remis au génie sur inventaire. (Décis. du 20 avril 1847, page 754, rappelée par celle du 10 mai 1878, art. 24, page 567 (S); art. 64 du règlemt du 30 juin 1856, page 251.) Mais les harnais sont emportés. (7 mars 1857, page 69, et 14 juillet 1877, page 453, S.)

Dispositions concernant l'artillerie et les équipages. — Ces corps se servent de voitures mises à leur disposition par les écoles d'artillerie pour le transport de leurs fourrages.

Le nombre n'en est pas déterminé. Les voitures ainsi prêtées aux corps sont entretenues au compte du service de l'artillerie; quant aux harnais, lesquels appartiennent aux corps, ils sont entretenus au compte de la masse d'entretien du harnachement et ferrage. (Voir *Harnachement*.)

A diverses reprises, des régiments ont été autorisés à acheter sur la masse d'entretien du harnachement et ferrage les cordages nécessaires pour brêler les fourrages sur les voitures. (Dép. du 22 novembre 1861 (M), concernant le 19e d'artillerie; dép. du 12 juillet 1870 (M), concernant le 1er régiment du train d'artillerie, etc.)

La note du 23 janvier 1884, page 124, attribue une voiture à deux roues pour le service journalier, à chaque bataillon d'artillerie de forteresse et prescrit d'imputer les frais d'entretien au budget de l'artillerie, à l'exception des harnais qui sont entretenus au compte de la masse d'entretien du harnachement et ferrage.

2° TONNEAUX D'ARROSAGE

La circulaire du 8 juin 1881 (M) a doté chaque manège d'un tonneau d'arrosage monté sur roues et attelé à un cheval. L'entretien est au compte des corps (masse d'entretien du harnachement et ferrage) et le remplacement à la charge du service du génie. (Même circ.) Prix : 200 francs (nomenclature de la remonte).

Les harnais d'attelage doivent être demandés au ministre. (Note du 20 mars 1882, page 109.)

Voir au titre *Manèges*, page 508, la décision du 3 novembre 1882, qui met les dépenses des manèges de cavalerie au compte des écoles.

3° FOURGONS (mod. 1874)

Ces fourgons, employés pour le service journalier dans la cavalerie, sont entretenus en dehors de l'abonnement. (Note du 28 avril 1882, page 175.) Voir ci-dessus, page 557.

SUBSISTANCES MILITAIRES

Dispositions communes aux vivres, au chauffage et à l'éclairage, ainsi qu'aux fourrages.

Le service des subsistances militaires est chargé de procurer toutes les prestations en nature servant à la nourriture des hommes et des chevaux de l'armée. Il pourvoit, en outre, aux fournitures de combustible. (Art. 1er du règlemt du 26 mai 1866.)

Le règlement du 8 juin 1883, pages 619 et suivantes, sur le service de la solde et des revues, détermine les droits des troupes à ces prestations. Des tarifs indiquent le nombre et la composition des rations. (Art. 223.)

En ce qui concerne l'avoine, les corps de troupe ne sont pas astreints à percevoir, à chaque distribution, les quantités fixées par le tarif des rations de fourrages ; mais les allocations n'en sont pas moins calculées dans les revues, d'après cette fixation, de manière à établir, en fin de trimestre, les quantités totales auxquelles le corps a eu droit (Décr. du 19 mars 1882, page 111, et art. 260 du règlemt du 8 juin 1883, page 623.)

Pour toutes les autres rations, elles sont perçues au taux fixé par le règlement ou les instructions. Ces dispositions ne sont applicables qu'aux troupes à cheval. (Cavie, Artie et Train, circ. du 19 mars 1882, page 112.)

De plus, la note du 29 juin 1883, page 844, autorise les chefs de corps à faire varier la ration d'avoine suivant les besoins, sans en rendre compte.

Les troupes ne reçoivent ordinairement des magasins militaires (en régie ou en entreprise) que :

Le pain ou le biscuit, — le sucre et le café, — la viande, — le bois ou le charbon, — les fourrages. (Voir *Ordinaires*, page 250.)

Sur le pied de guerre, il peut leur être accordé du riz, des légumes secs, du sel, des liquides (vin, eau-de-vie, etc.).

En outre, l'instruction du 9 mars 1883 (M), sur l'alimentation des troupes pendant les transports stratégiques, dispose qu'elles recevront, dans certaines stations-haltes, des repas chauds ou froids dont elle fixe la composition.

Les perceptions faites dans la limite des tarifs sont gratuites. (Art. 318 du règlemt du 26 mai 1866.) Elles ont lieu (pour les troupes en stations, campées, cantonnées ou sur le pied de guerre) sur la production de bons certifiés et signés :

Par le capitaine-trésorier et le major, pour les corps entiers ;

Par l'officier-payeur et l'officier faisant fonctions de major, pour les corps divisés ;

Par l'officier ou le sous-officier qui commande, pour les détachements où il n'y a pas de conseil d'administration. (Art. 256 et 274 du règlemt du 26 mai 1866.)

Les bons sont établis pour chaque distribution. Ils indiquent l'effectif des présents au jour de la distribution. Il n'est pas établi de bons distincts pour les officiers ni pour les chevaux d'officiers des corps de troupe ; ils sont compris dans ceux de leurs corps. (Art. 257.)

Ils sont distincts pour les vivres, le chauffage et les fourrages. (Art. 260 à 263.)

Ils sont visés, préalablement, par le sous-intendant militaire chargé de la surveillance administrative (art. 263) et ils ne doivent pas comprendre des jours de plusieurs mois. (Art. 265.)

Les troupes de passage dans les stations-haltes-repas fournissent des bons distincts pour : 1° les rations de repas, de café et d'eau-de-vie ; 2° les rations ordinaires de pain de repas ; 3° les distributions de fourrages ; 4° les conserves de viande perçues à titre remboursable. Ces bons sont visés par le commandant militaire. (Instr. du 9 mars 1883.)

Les troupes en marche fournissent, au lieu de bons, des mandats d'étape établis par les sous-intendants militaires. Ces mandats sont visés par le maire ou le sous-intendant militaire du lieu de distribution et acquittés par les parties prenantes. (Art. 275), ou par le suppléant légal quand il y en a un.

Les bons de distributions sont conformes aux modèles annexés au règlement du 26 mai 1866, page 352 et suivantes, savoir :

Formule n° 7, Vivres, — n° 8, Fourrages, à cette formule, on doit ajouter, sous le numéro 8, le nombre de kilog. d'avoine. (Instr. du 19 mars 1882, page 115.) Formule n° 9, Chauffage, — n° 10, Viande,	Pour les corps de troupe et détachements.
— n° 11, Vivres, — n° 12, Fourrages, — n° 13, Chauffage,	Pour les parties prenantes isolées.

Les mandats d'étape sont établis : sur la formule n° 285 de la nomenclature générale pour les vivres, et d'après le mod. n° 1 annexé à l'instr. du 19 mars 1882, page 119, pour les fourrages.

Les bons partiels de distribution et les mandats d'étape sont résumés, chaque trimestre, les premiers dans des bons totaux établis par les comptables ou entrepreneurs, et les autres dans des relevés établis par les soins de l'intendance au chef-lieu de chaque corps d'armée. Ces bons totaux sont fournis en deux expéditions : une pour le ministre et une pour le sous-intendant militaire chargé de la surveillance administrative des corps. (Art. 266 et suivants du règlem^t.)

Quant aux relevés, il n'en est plus établi qu'une seule expédition, laquelle est destinée aux corps. (Art. 10 de l'instr. du 15 mars 1872 (M), et dép. du 14 avril 1881 M.)

Les denrées et matières du service des subsistances, confiées aux corps à titre de vivres de réserve, donnent lieu à la production de reçus provisoires de la part des corps, jusqu'au moment de leur mise en distribution ou de la constatation de leur perte par un procès-verbal. C'est alors que des bons ou procès-verbaux sont fournis aux comptables pour être totalisés et imputés dans les revues de liquidation, conformément aux dispositions réglementaires. (Circ. du 1er février 1882, page 66.)

L'article 231 du règlement du 26 mai 1866, page 57, prescrit au sous-intendant militaire de faire connaître à l'avance au comptable ou à l'entrepreneur l'effectif des corps ou autres parties prenantes à servir, les mouvements de la garnison et les passages de troupes qui doivent affecter le chiffre des distributions.

Les passages sont notifiés à l'avance aux sous-intendants ou à leurs suppléants, qui donnent des ordres en conséquence. (Art. 231.)

Le sous-intendant militaire chargé du service de marche au point de départ, fait préparer les vivres et les fourrages dans chacun des gîtes de la route à parcourir (sans se préoccuper des circonscriptions territoriales), jusques et y compris le gîte qui précède la plus prochaine sous-intendance.

Ce fonctionnaire mentionne sur un itinéraire spécial, établi par ses soins, que les subsistances sont assurées ainsi qu'il vient d'être dit, puis il l'adresse à son collègue de la sous-intendance sus-indiquée, lequel procède à son tour de la même manière.

L'itinéraire passe ainsi de sous-intendance en sous-intendance sur la route à parcourir, pour être remis, en dernier lieu, au sous-intendant militaire de la place de destination du corps ou détachement.

Il est entendu que l'on n'a pas à assurer la subsistance des militaires engagés pour la légion étrangère, et qui sont formés quelquefois en détachement dans le seul intérêt de la discipline. Ces militaires, voyageant avec des feuilles de route individuelles, n'ont droit à aucune distribution en nature. (Renvoi 1 de l'article 231 précité.)

Nota. — L'itinéraire de chaque corps, établi par le sous-intendant militaire, est spécial au service des étapes et destiné à être transmis d'une sous-intendance à l'autre. C'est d'après les renseignements qu'il fournit, que ces fonctionnaires adressent, dans leur arrondissement administratif, des avis de passage à leurs suppléants légaux. Ces avis doivent, aux termes de la circulaire ministérielle du 21 novembre 1881, page 367, spécifier les mesures à prendre pour assurer la subsistance et le logement des troupes.

En campagne, l'on se conforme à l'instr. du 17 mars 1882, concernant les officiers d'approvisionnement, page 179 (modifiée par 24 mai 1882, page 294, et par 11 mai 1883, page 455.)

En raison de la variété de la composition des rations résultant en campagne des substitutions que les circonstances rendent nécessaires, pour les vivres comme pour les fourrages, les bons font ressortir le poids de chaque denrée distribuée et, en outre (*pour mémoire*), le nombre de rations correspondantes.

Les comptables des subsistances ne portent que les quantités en poids sur le registre des distributions et sur les bons totaux.

Le sous-intendant militaire chargé de l'établissement de la revue de liquidation, de concert avec le conseil d'administration central du corps, fait, par un nouvel arrêté sur chaque bon total, la transformation des quantités en rations, en tenant compte, d'une part, des divers taux de rations, et, d'autre part, des substitutions ordonnées ou autorisées. (Art. 38 de la dite instruction.)

Bien que déposé dans les corps, ce matériel continue à figurer dans les comptes du service des subsistances militaires.

Approvisionnement des corps de troupe; officiers chargés de ce service (1).

En station, les corps de troupe tirent des magasins administratifs, au fur et à mesure de leurs besoins, les denrées rationnées qui leur sont nécessaires. Sur pied de guerre, ils perçoivent, à l'avance, ces denrées qui sont transportées à leur suite sur des voitures régimentaires, sous la dénomination de convoi régimentaire.

NOTA. — Se reporter à l'instruction du 17 mars 1882, page 187, pour l'emballage, le poids des colis (caisses, sacs, etc.,) renfermant les denrées; pour les tarifs et barêmes, etc.....

Voir *Equipages régimentaires* pour le nombre et la nature des voitures allouées. En ce qui concerne le chargement de voitures, il y a lieu de se reporter au tableau du 21 juillet 1883 dont l'envoi a été fait par circulaire du 8 août suivant (M).

Indépendamment des denrées chargées sur des voitures régimentaires, les corps possèdent les vivres du sac, ainsi appelés parce que les hommes les emportent avec eux sur leur sac.

Ces vivres sont renouvelés par des prélèvements exercés sur l'approvisionnement du convoi.

La gestion de ce convoi est confiée par l'instruction du 17 mars 1882, page 187, à un officier d'approvisionnement du grade de lieutenant ou de sous-lieutenant dans les régiments d'infanterie, de cavalerie, les bataillons de chasseurs, dans les groupes de batteries divisionnaires ou de corps. Dans chaque demi-compagnie divisionnaire du génie, dans chaque échelon du parc de corps d'armée, dans chaque équipage de pont et parc du génie, ainsi que dans les batteries d'artillerie isolées et généralement dans chaque fraction de corps isolée, le commandant de l'unité remplit les fonctions d'officier d'approvisionnement; mais il peut, sous sa responsabilité, confier le soin des détails à un des officiers ou sous-officiers sous ses ordres. (Art. 4 de la dite instr. modifiée par le bulletin du 24 mai 1882, page 294, et par la circ. du 11 mai 1883.)

En temps de guerre, l'officier d'approvisionnement d'un corps de troupe a sous ses ordres directs un sous-officier par bataillon, escadron ou batterie, désigné par le chef de corps, et des hommes de corvée sont mis à sa disposition suivant les besoins. (Art. 7 de l'instr. du 17 mars 1882.)

Les fonctions de cet officier se résument ainsi :

Commandement du train régimentaire et entretien du matériel;

Prise en charge des denrées qu'il contient; leur garde et leur conservation ;

Distributions aux parties prenantes (en principe, les magasins administratifs ne distribuent directement aux troupes que les denrées, non transportées par les voitures régimentaires (circ. du 25 mars 1882, page 179);

Réapprovisionnements du train régimentaire, soit en puisant aux convois administratifs ou à des magasins désignés, soit au moyen d'achats ou de réquisitions.

Les officiers d'approvisionnement entrent en fonction au jour de la mobilisation et

(1) L'instruction du 28 juillet 1883 (M) règle le fonctionnement du service d'alimentation en temps de guerre. Pour les corps de cavalerie, consulter l'instruction du 10 juillet 1884, pages 88 et suivantes.

leur premier acte de gestion consiste à prendre en charge les denrées des voitures régimentaires, et le matériel fourni par le comptable des subsistances qui les a en compte en temps de paix. (Art. 9.)

Ces officiers gèrent au titre de leur corps, comme délégués du conseil d'administration, ou selon le cas, de l'officier commandant. Leur responsabilité est de même nature que celle qui incombe à l'officier délégué pour l'habillement, en vertu des articles 79, 88, 89 de l'ordonnance du 10 mai 1844. Dans les groupes composés d'unités administratives appartenant à divers corps de troupe, tels que le parc d'artillerie, etc., l'officier d'approvisionnement gère au titre de l'un des corps, dont les détachements sont plus élevés ou plus nombreux. Les distributions sont faites comme il est dit à l'art. 29. (Art. 10.)

Formation et réapprovisionnement du convoi régimentaire.

Les denrées du sac et du convoi entretenues dès le temps de paix, sont, à la mobilisation, remises aux corps de troupe destinataires. Les officiers d'approvisionnement en prennent charge. (Art. 9 de l'instruction du 17 mars 1882, page 190.)

NOTA. — Les denrées du convoi sont renfermées dans des sacs, caisses ou barils dont il est également pris charge.

L'officier d'approvisionnement délivre un bon d'approvisionnement (mod. n° 3 annexé à ladite instr.) pour les denrées et un récépissé pour les récipients. (Auteur.)

Au fur et à mesure des distributions, le chargement du convoi est reconstitué :

Soit par achat ou réquisition, si l'ordre d'exploiter le pays a été donné ;

Soit par réapprovisionnement sur les convois administratifs ou les magasins désignés. (Art. 15 de ladite instr. et 99 du règlemt du 26 octobre 1883, sur le service en campagne, page 628.)

Des bons de réapprovisionnement (mod. n° 3) sont délivrés dans ce dernier cas au comptable. Ces bons sont compris dans les bons totaux et imputés au débit des revues de liquidation au même titre que les perceptions ordinaires. (Art. 23.)

Quant aux achats, ils sont exécutés dans les conditions ci-après : c'est sur l'ordre du sous-intendant que ces achats sont ordinairement effectués ; toutefois, dans les cas urgents, les officiers d'approvisionnement peuvent faire des achats de leur propre initiative ou sur l'ordre de leurs chefs. (Art. 13.)

Les officiers d'approvisionnement traitent directement avec les vendeurs ; ils peuvent aussi s'entendre avec la municipalité, et régler avec elle tous les détails de la fourniture. Dans ce cas, la commune est considérée, fictivement, comme seul vendeur et comme créancier unique.

En principe, les prix de la mercuriale, établie avant l'arrivée des troupes, servent de base pour les conservations amiables, sauf à les augmenter légèrement, s'il est nécessaire. S'il est établi des tarifs de réquisition, ce qui a souvent lieu en temps de guerre, on prend ces tarifs pour bases des conventions. (Art. 16.)

L'achat est constaté par une facture ou quittance (mod. n° 1 annexé à ladite instruction, au n° 366 de la nomenclature générale, en simple expédition, timbrée quand elle excède 10 francs. Les frais de timbre (timbre de dimension et timbre de quittance) sont précomptés au livrancier lors du paiement. Les timbres sont apposés sur les factures ou quittances, en présence des vendeurs, par les officiers d'approvisionnement, qui doivent toujours en être pourvus à l'avance.

Ces quittances ou factures portent l'acquit du fournisseur, la prise en charge des denrées par l'officier d'approvisionnement, et sont soumises au visa du sous-intendant militaire. Elles sont établies au nom du livrancier réel ou du maire représentant la commune. (Art. 17 modifié par la circ. du 11 mai 1883.)

Le paiement des denrées ainsi achetées est effectué de suite, entre les mains des signataires des factures ou quittances, par l'officier d'approvisionnement sur les fonds de la caisse du corps, qui lui fait journellement les avances nécessaires. Lorsque les ressources de la caisse du corps ne permettent pas de remettre à l'officier d'approvisionnement les fonds nécessaires au paiement des achats, le sous-intendant militaire peut autoriser le comptable des subsistances à avancer des fonds au conseil d'administration, sauf justifications ultérieures.

Lorsque le corps veut rentrer dans ses avances, l'officier payeur ou l'officier qui en remplit la fonction établit, en double expédition, un bordereau récapitulatif des achats effectués (mod. n° 2 annexé à l'instr.), qu'il remet avec l'expédition de la facture ou de la quittance, au comptable des subsistances militaires ; ce dernier prend charge en bloc des denrées comme s'il les avait achetées lui-même et délivrées au corps. Il en rembourse la valeur à celui-ci, et reçoit, en échange, un bon général de réapprovisionnement (mod. n° 3).

Les recettes et dépenses faites par les corps de troupe, en conformité des dispositions qui précèdent, sont inscrites dans la comptabilité-deniers au titre des fonds divers.

Lorsque le comptable des subsistances est sur les lieux, le paiement des denrées achetées est fait directement par ce comptable. Dans ce cas, le corps se borne à donner un bon de réapprovisionnement (art. 17 modifié) qui est porté en entrée au journal.

Quant aux réquisitions de denrées, elles sont constatées par des reçus détachés de carnets à souches. (Art. 20.) En territoire national, elles sont payées dans les conditions indiquées par la loi du 3 juillet 1877 et le décret du 2 août suivant. (Voir page 570 du présent ouvrage.) En pays ennemi, le paiement en est effectué conformément à des instructions spéciales. (Art. 21.)

Nota — Les denrées requises sont prises en recette immédiatement par les officiers d'approvisionnement; en outre, les comptables des subsistances prennent charge dans les écritures et procèdent aux totalisations ainsi qu'il est indiqué page 571 ci-après.

S'il arrive que des réquisitions soient transformées en achat, ce qui est possible si la demande en est faite avant la délivrance des reçus, on retire l'ordre de réquisition et les denrées sont payées sur facture ainsi qu'il est indiqué ci-dessus. (Art. 22.)

En fin de trimestre ou de service, les quantités de denrées restant dans les voitures du train régimentaire sont reversées dans un magasin des subsistances, et ces quantités sont déduites sur le bon total établi au titre du corps par le comptable. Lorsqu'en fin de trimestre, le service doit se continuer, ce versement ne se fait pas effectivement, mais seulement en écritures (art. 32), c'est-à-dire que le corps reçoit du comptable une facture de prise en charge qui appuie la sortie au registre-journal, et ce corps remet au comptable un bon de réapprovisionnement qui est pris en recette à ce même registre. (Auteur).

Lorsque le corps vient à relever, par suite de mouvement, d'un autre comptable, celui qui établit les totalisations du trimestre reçoit pour ordre et par versement les denrées restées disponibles, par la raison qu'elles doivent être portées en déduction sur les bons totaux. (Auteur.) La circulaire du 1er février 1882, page 66, corrobore cette interprétation.

(Pour les distributions, se reporter à l'instr. du 17 mars 1882, page 198.)

Dispositions spéciales à certaines denrées.

La viande fraîche est, en principe, distribuée directement aux troupes par les services administratifs de la division ou du quartier général.

Néanmoins, en cas de besoin, l'officier d'approvisionnement peut être chargé de se procurer, sur place, la viande abattue par le commerce local; il peut aussi recevoir l'ordre de requérir ou d'acheter du bétail sur pied, ou, enfin, recevoir des animaux sur pied livrés par l'administration; dans ces deux derniers cas, il fait abattre le bétail par les hommes dont il dispose, au moyen de la série régimentaire d'outils de boucher (1).

En cas d'achat de bétail sur pied, on doit, autant que possible, en fixer le prix en raison des quantités de viande abattue et dépecée en quartiers, et non en raison du poids du bétail sur pied, poids toujours difficile à constater.

Les peaux, suifs et issues sont remis au comptable des subsistances et, en cas d'impossibilité, à la mairie. Mention en est portée sur le reçu de fournitures, afin que l'on puisse en tenir compte dans les paiements, s'il y a lieu.

(1) Cette sér.e est délivrée par le service des subsistances dès le temps de paix (circ. du 25 avril 1881), aux régiments d'infanterie, de cavalerie, d'artillerie de corps et aux bataillons de chasseurs, à raison d'une par corps (circ. du 27 avril 1881); mais ces objets continuent à figurer dans les comptes des comptables des subsistances. (Circ. du 10 juin 1881 M.)

Chaque série se compose de :

	Prix de la nomenclature.		Prix de la nomenclature.
1 boutique de boucher avec courroie.....	2 90	1 feuilleret.....	2 75
2 couteaux à saigner, les deux.....	2 »	1 fusil.....	2 80
3 — à dépouiller, les trois.....	2 70	1 masse-hache ou merlin.....	6 40
1 couperet.....	8 50	1 caisse renfermant le tout.....	10 »
		Prix de la série complète.....	38 05

(Nomenclature du matériel des subsistances.)

1 scie de boucher à arc ou égoïne.

6 crochets de suspension. (Circ. du 8 décembre 1883 (M) prescrivant de substituer au merlin une masse-hache.)

La viande non employée à la distribution du jour est légèrement salée et emportée dans des paniers. (Art. 24 de l'instr. du 17 mars 1882, page 197.)

Aux termes de l'article 633 du règlement du 26 mai 1866, le taux de déchet d'abatage est fixé à 40 0/0 pour les bœufs et à 44 0/0 pour les vaches.

Lorsque le rendement en viande distribuable ne peut être obtenu, lors même que les abats auraient été faits dans les conditions voulues, c'est-à-dire en n'écartant que les parties à en exclure, les écarts sont constatés par des procès verbaux du sous-intendant militaire après vérification des faits.

Les déficits font ensuite l'objet de rapports de pertes, et les bons totaux sont établis d'après le rendement réel des bestiaux abattus.

Si les déficits proviennent de la négligence des parties prenantes, ils sont laissés à leur compte. Dans tous les cas, les ordinaires ne peuvent supporter d'imputations de cette nature. (Dép. minist. du 16 juin 1879, n° 2335, concernant les manœuvres d'automne) (1).

Le bois, le foin et la paille sont nécessairement demandés sur les lieux par achat ou par réquisition. (Art. 25.)

Nourriture des troupes chez l'habitant. (Voir pages ci-après.)

Composition d'un petit outillage à distribution.

L'outillage à mettre à la disposition des officiers d'approvisionnement comprend :

	NOMBRE.	PRIX.	
Peson de 1 à 30 kil., système Lemercier	1	12 »	
Ciseau à froid	1	» 95	Pour l'ouverture et la fermeture des caisses clouées ou vissées.
Tenaille	1	1 60	
Marteau	1	1 30	
Tournevis emmanché	1	» 50	
Couteaux à conserves	4	2 » (0 50 l'un)	Dont la pointe est enfoncée dans un bouchon.
Aiguilles d'emballage	2	» 50 (0 25 l'une)	Pour réparer les sacs troués, remplacer une ligature, etc.
Pelote de ficelle pesant au moins 200 grammes	1	» 40	
Sachet en toile renfermant le tout et contenant en outre deux exemplaires de la notice n° 2 et du tableau de conversion annexés à l'instruction du 17 mars 1882 sur les officiers d'approvisionnement	1	» 50	
TOTAL		19 75	

Ce matériel est fourni par le service des subsistances, mais les corps sont dépositaires, dès le temps de paix, des outillages qui leur sont attribués, savoir :

Par régiment d'infanterie	2
— de cavalerie	2
— d'artillerie	2
Par bataillon de chasseurs à pied	2
— du génie	2

(Notice n° 2 annexée à l'instr. du 17 mars 1882, page 207.)

Comptabilité de l'officier d'approvisionnement. — Frais de bureau.

L'officier d'approvisionnement tient un registre-journal d'entrées et de sorties. (Voir ci-dessus, page 331, pour tous détails.)

NOTA. — Tous les imprimés nécessaires (factures, bons de réapprovisionnement, certificats de journées de nourriture, journal) figurent dans la nomenclature générale des imprimés du ministère de la guerre, et, par suite, sont fournis gratuitement aux corps.)

En temps de guerre et pendant les manœuvres, il est alloué aux officiers d'approvisionnement titulaires, à titre d'indemnité de gestion et de frais de bureau, une indemnité qui est payée au titre du service des vivres, par les soins du comptable du convoi administratif.

(1) Lorsque le service est fait par un entrepreneur, l'on se conforme aux dispositions du cahier des charges du 2 décembre 1884 (M) relatif aux troupes en campagne.

Cette indemnité, payable mensuellement et à terme échu, est fixée à 3 fr. par jour pour les officiers titulaires.

Une indemnité journalière d'un franc est accordée aux officiers ou sous-officiers faisant fonctions d'officiers d'approvisionnement dans les unités ci-après :

Demi-compagnie divisionnaire du génie,
Chacun des deux échelons du parc d'artillerie,
L'équipage de pont,
Le parc de réserve du génie,
Chacune des batteries isolées n'appartenant pas au groupe d'artillerie divisionnaire ou d'artillerie de corps.

Dans les détachements éventuels pris dans les corps ou groupes pourvus d'un officier d'approvisionnement titulaire, une indemnité prélevée sur celle de l'officier titulaire peut, s'il y a lieu, être allouée à l'officier ou sous-officier chargé temporairement de l'approvisionnement. Le taux en est fixé par le chef de corps. (Art. 12 de l'instr. du 17 mars 1882, page 191, complété par le bulletin du 24 mai 1882, page 294.)

Les officiers d'approvisionnement des groupes de deux escadrons de cavalerie ou de deux batteries d'artillerie reçoivent une indemnité de 1 fr. 50 par jour. (Note du 6 septembre 1884, page 496.)

Réquisitions de denrées ou de la nourriture des officiers et de la troupe ou des chevaux.

La loi du 3 juillet 1877, page 3, et le décret du 2 août même année, page 53, régissent le service des réquisitions militaires.

Ce service consiste à fournir, en cas de mobilisation partielle ou totale de l'armée ou de rassemblement de troupes, les prestations nécessaires pour suppléer à l'insuffisance des moyens ordinaires d'approvisionnement. (Art. 1er de la loi.)

Le droit de requérir appartient à l'autorité militaire. (Art. 3 de ladite loi.)

En cas de mobilisation totale de l'armée, l'autorité militaire peut user du droit de requérir les prestations nécessaires à l'armée, depuis le jour de la mobilisation jusqu'au moment où l'armée est remise sur le pied de paix. (Art. 1er du décr. précité.)

En cas de mobilisation partielle ou de rassemblement de troupes, pour quelque cause que ce soit, des arrêtés du ministre de la guerre déterminent l'époque où pourra commencer et celle où devra se terminer l'exercice du droit de réquisition, ainsi que les portions de territoire où ce droit pourra être exercé. (Art. 2 du décr.)

Lorsque la mobilisation totale est ordonnée, les généraux commandant des corps d'armée, des divisions ou des troupes ayant une mission spéciale peuvent, de plein droit, exercer des réquisitions. Ils peuvent déléguer le droit de requérir aux fonctionnaires de l'intendance ou aux officiers commandant des détachements. (Art. 4 du décr.)

En campagne, les généraux en chef règlent le service des réquisitions. (Art. 105 du règlemt du 26 octobre 1883, page 630.)

Les ordres de réquisition sont détachés d'un carnet à souche qui est remis, à cet effet, entre les mains des officiers appelés à exercer des réquisitions. (Art. 5 du décret précité, page 54.)

Les généraux désignés dans les articles 3 et 4 ci-dessus peuvent remettre aux chefs de corps ou de service des carnets à souche d'ordres de réquisition contenant délégation du droit de réquérir, pour être délivrés par ces chefs de corps ou de service aux officiers sous leurs ordres qui pourraient être éventuellement appelés à exercer des réquisitions. (Art. 6.) Ces carnets sont conformes au mod. n° 399 de la nomenclature générale des imprimés.

Il est toujours délivré un reçu des prestations fournies. (Art. 3 de la loi.) Les reçus délivrés par les officiers chargés de la réception des prestations fournies sont extraits d'un carnet à souche (mod. n° 400 de la nomenclature générale) qui est fourni par l'autorité militaire, comme les carnets d'ordres de réquisition. (Art. 7 du décr.) Ces reçus sont établis distinctement par corps et nominatifs pour les officiers, comme les bons ordinaires de distributions. (Circ. du 19 août 1878, page 248.) Ils sont, de plus, distincts par service. (*Vivres*, *chauffage*, *fourrages*, etc.)

S'il s'agit de demi-journées ou de journées de nourriture (hommes ou chevaux), chez l'habitant à demander par voie de réquisition, on opère suivant la règle générale, et les reçus à délivrer sont du modèle adopté pour toutes autres réquisitions (mod. n° 400 de la nomencl. générale). Mais si les journées ou demi-journées de nourriture sont fournies par l'habitant, à la suite de conventions amiables, elles sont constatées par des certificats partiels (mod. n° 5) établis par chaque commandant de compagnie. S'il s'agit d'isolés, des certificats leur sont remis, avant départ, par leur corps ou bien par les officiers auprès desquels ils sont employés.

Tous ces certificats sont ensuite réunis par l'officier d'approvisionnement et résumés en une facture collective (mod. n° 1). (Art. 26 de l'instr. du 17 mars 1882, page 198.) Le montant en est payé immédiatement comme s'il s'agissait d'achat de denrées. (Même art.) Pour tous autres renseignements, se reporter au dernier alinéa du présent chapitre.

Nota. — Lorsqu'en pays ennemi, la nourriture doit être fournie gratuitement en exécution des ordres des généraux commandants (art. 107 du règlem' du 26 octobre 1883, page 630, sur le service en campagne), les formalités ci-dessus relatives au paiement ne sont pas remplies, mais il est délivré des reçus et au besoin des ordres de réquisitions pour l'ordre de la comptabilité des corps. (Auteur.)

Exceptionnellement, et seulement en temps de guerre, tout commandant de troupes ou chef de détachement opérant isolément peut, même sans être porteur d'un carnet de réquisition, requérir, sous sa responsabilité personnelle, les prestations nécessaires aux besoins journaliers des hommes et des chevaux placés sous ses ordres. (Art. 8 du décr.) Les réquisitions ainsi exercées sont toujours faites par écrit et signées; elles sont établies en double expédition, dont l'une reste entre les mains du maire, et l'autre est adressée immédiatement, par la voie hiérarchique, au général commandant le corps d'armée. Il est donné reçu des prestations fournies. (Art. 9 du décr.)

Les réquisitions sont toujours adressées au maire de chaque commune ou, en son absence, à son suppléant légal (1). Toutefois, si aucun membre de la municipalité ne se trouve au siège de la commune, ou si une réquisition urgente est nécessaire sur un point éloigné et qu'il soit impossible de la notifier régulièrement, la réquisition peut être adressée directement par l'autorité militaire aux habitants. (Art. 19 de la loi, 35 et 36 du décr.) Les réquisitions exercées sur une commune ne doivent porter que sur les ressources, sans pouvoir les absorber complètement. (Art. 19 de la loi.) Ne sont pas considérées comme prestations disponibles ou comme fournitures susceptibles d'être réquisitionnées : 1° les vivres destinés à l'alimentation d'une famille et ne dépassant pas sa consommation pendant trois jours ; 2° les grains ou autres denrées alimentaires qui se trouvent dans un établissement et ne dépassent pas la consommation de huit jours; 3° les fourrages qui se trouvent chez un cultivateur et ne dépassent pas la consommation de ses bestiaux pendant quinze jours. (Art. 38 du décr.) *L'autorité militaire s'empare, même par la force, des denrées indûment refusées et rend compte à l'autorité judiciaire.* (Art. 37.) Une circulaire du 10 juin 1882, page 321, prescrit aux corps appelés à faire mouvement, de donner avis aux municipalités, au moins deux jours à l'avance, des réquisitions de logement ou autres qu'ils auront à exercer.

L'officier qui a reçu délégation du droit de requérir doit, après avoir terminé la mission pour laquelle il avait reçu cette délégation, remettre immédiatement son carnet d'ordre de réquisition à son chef de corps ou de service, qui le fait parvenir à la commission chargée du règlement des indemnités. (Art. 10 du décr.)

Nota. — Quant à la souche du carnet de reçus dont la destination finale n'est pas indiquée, elle doit rester entre les mains du corps pour justifier les entrées au journal de l'officier d'approvisionnement. (Voir page 331.)

Les denrées du service des subsistances susceptibles d'être fournies par voie de réquisition sont :

Les vivres,
Le chauffage,
Les fourrages pour les chevaux, mulets et bestiaux,
La paille de couchage pour les troupes campées ou cantonnées,
La nourriture journalière des officiers et soldats ou des chevaux conformément à l'usage du pays,
Et tous objets dont la fourniture est reconnue nécessaire. (Art. 5 de la loi.)

Lorsque les troupes sont logées chez l'habitant et que celui-ci est requis de leur fournir la nourriture, il ne peut être exigé une nourriture supérieure à l'ordinaire de l'individu requis. (Art. 12 du décr.) Lorsqu'il est prescrit de vivre chez l'habitant, le

(1) L'officier qui est muni de la délégation du droit de réquisition, faite par le chef de corps, se présente à l'autorité municipale, lui remet les ordres de réquisition et règle avec elle le lieu et le mode de livraison des denrées ou des matières à distribuer de suite ou à charger sur les voitures.

cantonnement est réglé en conséquence. On peut imposer la nourriture à raison de 4 à 6 hommes par habitant.

La composition des repas pour la troupe et pour les officiers, et les prix de remboursement, sont notifiés aux populations par les soins de l'autorité militaire, au moyen d'affiches générales (mod. n° 4) dont sont pourvus à l'avance les états-majors et les corps de troupe.

Les troupes vivent chez l'habitant, de la nourriture du pays ; à défaut des aliments réglementaires, elles reçoivent des denrées de substitution.

Les petits détachements, les isolés, les postes de correspondance, les courriers sont nourris chez l'habitant, de préférence à tout autre mode. Les mêmes règles sont suivies pour les chevaux. (Art. 26 de l'instr. du 17 mars 1882, page 198, et art. 107 à 110 du règlem[t] du 26 octobre 1883, page 630).

PAIEMENT DES FOURNITURES REQUISES

Une commission par département, nommée par le ministre, est chargée d'évaluer les indemnités dues aux personnes et aux communes qui ont fourni des prestations. (Art. 24 de la loi.)

Cette commission se compose de 3, 5 ou 7 membres, selon l'importance des réquisitions. Le ministre fixe ce nombre et peut déléguer au général commandant la région le soin de faire les nominations. (Art. 45 du décr.) Les membres civils sont nommés sur la désignation du préfet ; ils sont de 2 dans les commissions composées de 3 personnes, de 3 dans les commissions composées de 5 personnes, et de 4 dans celles de 7 membres. L'arrêté de nomination désigne le président et le secrétaire. (Art. 46.)

Les commissions d'évaluation peuvent établir à l'avance des tarifs qui sont arrêtés par le ministre de la guerre. (Art. 48 du décr.) Toutefois, la circulaire du 16 février 1884, page 238 (S), charge les intendants militaires des régions de les arrêter par délégation.

Les maires dressent, en double expédition, pour chaque service (vivres, chauffage ou fourrages) des états nominatifs, conformes au modèle A annexé au décret du 2 août 1877, pour les animaux, denrées, etc., requis à titre définitif et conservés par l'autorité militaire, et au modèle A *bis* lorsqu'il s'agit de réquisitions temporaires ou de simples locations.

Ces états sont envoyés à la commission d'évaluation par l'intermédiaire du préfet ; ils sont appuyés des ordres de réquisition et des reçus de l'autorité militaire, ainsi que des certificats d'exécution de service requis et des procès-verbaux de dégâts ou d'estimation, s'il y a lieu. Ces pièces sont récapitulées dans un bordereau dressé en double expédition, dont une est renvoyée à la commune revêtue du récépissé de la commission. (Art. 49 du décr.)

La commission donne son avis sur les prix de chaque prestation et sur les différences qui peuvent se produire entre les quantités réclamées et celles qui résultent des reçus.

Elle transmet cet avis au fonctionnaire de l'intendance chargé par le ministre de la guerre de fixer l'indemnité. (Art. 50 du décr.) Ce fonctionnaire est l'intendant militaire du corps d'armée. (Circ. du 16 février 1884, page 238 S.)

Le fonctionnaire de l'intendance qui fait partie de la commission notifie, *dans le délai de trois jours*, en renvoyant une expédition visée des états A et A *bis* (art. 51 du décr.), les décisions de l'intendant militaire au maire de la commune, lequel avise les intéressés *dans les vingt-quatre heures* de la réception. — Dans un délai de *quinze jours*, à partir de cette notification, ceux-ci doivent faire connaître au maire s'ils acceptent ou refusent l'allocation qui leur attribuée. (Art. 26 de la loi et 51 du décr.)

Les allocations sont considérées comme définitives si, dans ce délai, il n'est pas parvenu de refus. (Art. 26 de la loi.)

A l'expiration de ce délai de quinze jours, le maire arrête les états A et A *bis* (art. 51 du décr.) et dresse en triple expédition, et par service administratif, un état B des allocations acceptées et de celles pour lesquelles les intéressés n'ont pas fait de réponse. — Ces trois expéditions sont envoyées avec l'original des états A et A *bis* au fonctionnaire de l'intendance chargé du règlement des indemnités. (Art. 52.) Celui-ci délivre, après vérification et dans un délai maximum de huit jours, un mandat collectif de paiement au nom du receveur municipal de la commune. Ce mandat est adressé au receveur avec une expédition de l'état B visée par l'ordonnateur. (Art. 27 de la loi et 53 du décr.)

Si le paiement est fait au comptant, le receveur municipal, aussitôt après avoir touché le mandat, effectue le paiement à chaque intéressé qui émarge l'état nominatif. (Art. 54 du décr.) Si le paiement a lieu en bons du Trésor portant intérêt à 5 0/0, les créanciers sont désintéressés comme il est dit ci-dessus, à l'échéance de ces bons. (Art. 55 du décr. et 27 de la loi.)

Les états B sont revêtus de la prise en charge d'un comptable des subsistances militaires qui en fait sortie au moyen des reçus délivrés par les parties prenantes, qui tiennent lieu de bons réguliers. (V. le modèle d'état.)

Nota. — L'expédition de l'état B adressée au receveur municipal est, après émargement, remise par lui, avec le mandat, au trésorier-payeur général ou au receveur des finances comme pièce justificative des paiements.

Les deux autres expéditions de cet état sont conservées par l'ordonnateur : l'une d'elles sert à justifier les entrées dans la comptabilité-matières de subsistances, et l'autre suit le rapport de liquidation de la dépense à produire au ministre. (Auteur.) Les percepteurs font l'avance des fonds nécessaires pour effectuer les paiements, mais c'est comme agents auxiliaires des trésoriers-payeurs généraux qu'ils doivent acquitter, sur leur recette courante, les indemnités. Il en résulte que c'est sur les fonds du Trésor et non sur ceux des communes que ces percepteurs doivent faire les avances. (Décis. du ministre de la guerre du 29 février 1844, page 231, concernant le logement.)

Les refus d'acceptation des indemnités sont remis au maire dans un délai de quinze jours à partir du jour de la notification de la décision de l'autorité qui en a fixé le montant. Passé ce délai, les allocations sont considérées comme définitives. — Les refus sont motivés et indiquent la somme réclamée. Ils sont transmis par le maire au juge de paix du canton, qui en donne connaissance à l'autorité militaire et envoie de simples avertissements, sans frais, pour une date aussi prochaine que possible, à cette autorité et au réclamant.

En cas de non-conciliation, il peut prononcer immédiatement ou ajourner les parties pour être jugées dans le plus bref délai.

Il statue en dernier ressort jusqu'à une valeur de 200 francs inclusivement, et en premier ressort jusqu'à 1,500 fr. Au-dessus de ce chiffre, l'affaire doit être portée devant le tribunal de première instance.

Dans tous les cas, le jugement est rendu comme en matière sommaire. (Art. 26 de la loi du 3 juillet 1877, page 10.)

C'est le fonctionnaire de l'intendance chargé de fixer les indemnités qui représente l'autorité militaire, et qui, à ce titre, est appelé en conciliation. (Art. 56 du décret du 2 août 1877, page 63.) Il peut, toutefois, déléguer ses pouvoirs au fonctionnaire président de la commission d'évaluation.

Si l'affaire n'aboutit pas en conciliation et est appelée devant le tribunal de première instance, l'intendant militaire, au nom du département de la guerre, constitue un avoué pour prendre la défense des intérêts de l'Etat.

La loi du 18 décembre 1878, page 563, exempte du timbre toutes les pièces relatives au règlement des indemnités dues aux habitants requis, et, lorsqu'elles doivent être soumises à l'enregistrement, cet enregistrement est gratuit.

TOTALISATION DES PERCEPTIONS FAITES PAR VOIE DE RÉQUISITION, Y COMPRIS LES DEMI-JOURNÉES DE NOURRITURE

Les reçus de réquisitions, délivrés aux habitants par les corps ou portions de corps, sont considérés comme des bons de distribution et totalisés comme tels par les comptables liquidateurs. (Circ. du 19 août 1878, page 248.) Ces liquidateurs sont des comptables territoriaux. (Instr. du 17 mars 1882, page 206.)

On opère de la même manière pour les journées ou demi-journées de nourriture des hommes et des chevaux fournies chez l'habitant par voie de réquisition.

L'imputation du nombre de ces journées a lieu au décompte de libération de la revue des corps, à l'aide du bon total établi d'après les reçus résumés dans les états A (mod. annexé au décret du 2 août 1877) et pris en charge par les comptables des subsistances. (Circ. du 8 avril 1880, page 145.)

S'il s'agit de journées ou demi-journées de nourriture fournies à l'amiable par les habitants, les états d'effectifs et factures, dont l'établissement est prescrit par l'instruction du 17 mars 1882 (voir ci-dessus), servent à l'établissement des bons totaux.

Les demi-journées de nourriture qui ressortent en trop perçu dans les revues de liquidation, sont décomptées d'après les tarifs annuels de remboursement.

Fournitures remboursables.

(Pour les distributions sur le pied de guerre, voir l'instr. du 17 mars 1882, p. 179.)

Les distributions en excédent des allocations réglementaires sont effectuées à titre onéreux. (Art. 318 du règlem[t] du 26 mai 1866, page 74.)

Le ministre détermine le cas où elles ont lieu et leur durée. (Art. 319.)

Ne sont pas assujettis à une limite de durée :

Les distributions de pain de soupe, à raison de 250 grammes par homme et par jour (décis. du 5 avril 1873 M) ;

Les distributions de fourrages que les officiers des corps de troupe perçoivent pour les chevaux qu'ils possèdent en sus du complet réglementaire. (Art. 320 du règlem[t].)

La décision ministérielle du 29 décembre 1874, page 798, dispose que les officiers des corps de troupe à cheval, les officiers d'infanterie et les officiers sans troupe, qui doivent être montés d'après les règlements, sont autorisés à percevoir, sur le pied de paix, des rations de fourrages à charge de remboursement. Quel que soit le grade, ces perceptions ne sont jamais faites que pour *un seul* cheval en sus du complet réglementaire. Ce cheval doit être préalablement immatriculé.

En aucun cas, les officiers qui n'ont pas le droit d'être montés ne peuvent percevoir de rations remboursables. (29 décembre 1874, page 798.)

Ces denrées sont délivrées sur la présentation de bons d'une forme particulière établis sur papier vert et rappelant les dates des décisions qui en autorisent la distribution. (Art. 321 du règlem[t].)

Aujourd'hui les troupes perçoivent par ordre et à titre onéreux sur le pied de paix, dans les magasins de l'administration, diverses denrées pour lesquelles des approvisionnements de réserve sont entretenus, savoir :

Sucre et café,
Riz et haricots,
Bouillon concentré,
Conserves de soupe à l'oignon.

Quant aux conserves de viande, elles sont distribuées gratuitement en remplacement de l'indemnité représentative de viande fraîche. (Voir *Ordinaires*.)

Les distributions obligatoires de riz et de haricots peuvent atteindre le chiffre de dix par mois au maximum pour les deux denrées ensemble. (Dép. du 18 avril 1884 M.) Elles sont ordonnées par le commandement. (Dép. du 20 novembre 1878, n° 5400.) Elles sont remboursées au prix du tarif annuel diminué de 10 %. (Circ. du 18 avril 1884 et tarif.)

Quant aux conserves de viande, les distributions sont de deux par mois, à moins qu'il n'y ait nécessité de dépasser ce nombre. (Dép. du 15 février 1879 M.) Pour le sucre et le café, voir chapitre des *Ordinaires*. Quant aux conserves de soupe à l'oignon et de bouillon concentré, des instructions spéciales en règlent la distribution et le prix. (Voir ci-après *Vivres*.)

En dehors de ces distributions obligatoires, les corps peuvent percevoir au même prix que ci-dessus des quantités supplémentaires de riz et de haricots. (Dép. du 18 avril 1884 M.)

REMBOURSEMENT DES DISTRIBUTIONS A TITRE ONÉREUX.

Le remboursement a lieu par quinzaine (Circ. du 18 avril 1884, page 625), et de la manière suivante :

Les officiers comptables ou les entrepreneurs à la ration établissent pour chaque corps, les 19 et 25 au soir de chaque mois, un relevé provisoire des distributions faites à titre onéreux. Ce relevé est transmis *au sous-intendant qui a visé les bons partiels.*

Les distributions des derniers jours du trimestre sont réservées et remboursées après l'établissement des totalisations trimestrielles. (Dép. minist. du 9 juin 1884 M.)

Ces relevés sont arrêtés par le sous-intendant militaire précité, qui établit des feuilles de retenue portant décompte de la valeur des denrées distribuées, d'après les tarifs ministériels. (Art. 323 du règlem[t]) (1). Il garde par devers lui les feuilles des corps dont il mandate la solde et adresse les autres dans les vingt-quatre heures à ses collègues. (Circ. du 6 novembre 1858, page 610.)

Le trésorier-payeur général exerce, par précompte, sur chaque état de solde, la retenue du montant de la feuille qui y est annexée par le sous-intendant. (Art. 323 du règlem[t].)

Chaque feuille de retenue est annexée au premier mandat de paiement que le sous-intendant militaire délivre et sur lequel il porte, à l'encre rouge et d'une manière ostensible, la mention suivante :

« Il y a lieu de précompter sur le présent mandat et de verser au Trésor la somme » de (*en toutes lettres*), représentant la valeur des fournitures reçues à titre onéreux » savoir : »

(Suit l'énumération des résultats sommaires de la feuille de retenue.) (Décis. du 10 mars 1865, page 74, modifiant celle du 6 novembre 1858, page 610), et dép. minist. du 9 juin 1884 M.)

Lorsque le mandat est présenté à la caisse du payeur, celui-ci opère (par précompte) la retenue du montant de la feuille et en fait inscription sur le livret de solde de la partie prenante pour servir à la décharge de cette dernière.

Il établit pour chaque précompte un récépissé de versement qui est envoyé au sous-intendant militaire pour être transmis hiérarchiquement au ministre. (Décis. du 6 novembre 1858 et du 15 mars 1860.)

La circ. du 18 avril 1884 prescrit aux intendants militaires d'adresser au ministre, le 10 et le 25 de chaque mois, les récépissés de versement au Trésor. Ce délai est augmenté de 20 jours pour l'Algérie et la Tunisie.

En ce qui concerne les distributions s'appliquant aux cinq ou six derniers jours de chaque trimestre, le versement au Trésor en est effectué sur la production d'un extrait du bordereau général des distributions adressé par l'intendant militaire au sous-intendant. Le précompte donne lieu, comme il est dit plus haut, à l'établissement d'une feuille de retenue qui est notifiée préalablement à la partie prenante. Ces extraits sont renvoyés, avec les récépissés de versement et les feuilles de retenue, à l'intendant du corps d'armée qui les transmet au ministre. (12e alinéa de la décis. du 6 novembre 1858, page 610, et décis. du 15 mars 1860, page 74.)

Toutefois, les feuilles de retenue ne sont plus produites au ministre dans aucun cas, et les extraits de bordereau ne lui sont adressés que lorsqu'il s'agit de denrées perçues dans un autre corps d'armée. (Circ. du 11 octobre 1879, M.)

Pour l'envoi au ministre, l'on se sert du bordereau n° 326, auquel on joint également les autres récépissés délivrés pendant la quinzaine, ainsi que les factures de cession. (Circ. du 18 avril 1884, page 625.) Quant aux récépissés concernant les perceptions faites dans les cinq derniers jours du trimestre, ils sont joints aux bordereaux de distributions.

Nota. — Ces distributions se réglant par trimestre, les feuilles de retenue et récépissés sont distincts pour chaque période trimestrielle. (15 mars 1860.) De plus, ils doivent être établis par corps d'armée, lors même que la partie prenante aurait des remboursements à faire pour des perceptions effectuées pour le même laps de temps dans différents corps d'armée. (Renvoi 4 placé au bas de la décis. du 15 mars 1860, page 75.) (Voir ci-après, page 574, pour les versements erronés faits dans le courant d'un exercice.)

REMBOURSEMENTS PAR LES COMPAGNIES A LA CAISSE DU TRÉSORIER DU CORPS

Conformément aux dispositions des décisions ministérielles du 13 décembre 1853, page 870, et du 6 novembre 1858, page 611, les commandants de compagnie, d'escadron ou de batterie doivent verser, le 1er et le 16 de chaque mois, entre les mains du trésorier ou de l'officier-payeur, d'après un relevé établi par eux, la valeur des denrées perçues pendant la période précédente (2).

Le trésorier ou l'officier-payeur récapitule ces relevés dans un bordereau qui est vérifié par le major et dont le montant est inscrit au registre-journal comme recette directe. D'un autre côté, il porte en dépense au même registre le montant des sommes retenues par précompte par le trésorier-payeur général. Dans la centralisation, les

(1) Chaque année, et quelquefois plus souvent, le ministre fixe les prix auxquels les denrées doivent être remboursées. Pour 1884, le tarif est du 8 janvier 1884, page 3 (S), et, pour 1885, du 3 janvier, page 12 (S).

(2) Sur le pied de guerre, les parties prenantes peuvent être autorisées à verser immédiatement à la caisse du corps la valeur des denrées reçues à titre remboursable. (Art. 30 de l'instr. du 17 mars 1882, page 200.)

recettes et les dépenses dont il s'agit figurent dans les colonnes intitulées : *Fonds divers.* (Décis. du 6 novembre 1858, page 611), et au *Carnet des fonds divers*, chapitre 9.

Comme conséquence de ces opérations, l'état de solde est pris en recette pour son montant intégral, absolument comme s'il n'y avait pas eu de précompte.

Le montant des sommes versées par les capitaines est imputé aux ordinaires et porté en dépense sur le livret de chaque compagnie.

Restitution des sommes indûment versées au Trésor.

Les réclamations formées par les corps de troupe en vue d'obtenir la restitution des sommes versées en trop pour valeur de denrées perçues à titre onéreux, doivent être adressées au ministre complétement instruites et accompagnées :

1° Des feuilles de retenues établies par duplicata et comprenant toutes les fournitures faites aux réclamants pendant la période à laquelle se rapporte le trop versé ;

2° Des déclarations de tous les versements effectués au Trésor au titre de la même période ;

3° Enfin, des copies des décisions ministérielles qui auraient admis des prix de remboursement s'écartant de ceux des tarifs. (Circ. du 15 janvier 1874 M.)

Le montant des ordonnances de remboursement est pris en recette aux fonds divers. (Chap. 9 du carnet.)

NOTA. — Les sommes versées en trop dans un autre trimestre du même exercice et pour le même service, peuvent être admises par compensation dans les trimestres suivants. (Bordereau général, mod. n° 301 de la nomenclature, et dép. du 20 octobre 1876 M.) Par suite, les versements pour lesquels il n'est plus possible d'établir de compensation en raison de la clôture de l'exercice, donnent lieu à remboursement de la part du ministre.

Trop perçus en denrées délivrées à titre gratuit.

Chaque revue trimestrielle de liquidation comporte un décompte pour les fournitures en nature ; ce décompte présente les quantités de rations allouées par les feuilles de journées et le nombre des rations perçues. Si de la balance il ressort un trop perçu, le montant en deniers de ce trop perçu est porté au débit du corps dans la même revue. (Art. 554 du règlemt du 8 juin 1883, page 696.)

En ce qui concerne l'avoine, le décompte des prestations applicables aux corps de troupe à cheval s'établit *au poids* et non au *nombre de rations*. Les trop ou moins perçus que fait ressortir le décompte de libération, à chacune des revues des 1er, 2e et 3e trimestres, sont successivement reportés d'une revue sur la suivante. Au 4e trimestre seulement, on fait l'imputation, s'il y a lieu, du trop perçu définitif constaté par la revue dudit trimestre. Quant aux moins perçus, ils ne sont l'objet d'aucun rappel. (Décr. du 19 mars 1882, pag. 112, et art. 554 du règlemt précité.)

Les allocations d'avoine sont déterminées au tableau n° 9 de la revue, sur lequel l'on tient compte, en outre, des substitutions autorisées suivant extrait (mod. n° 9 annexé à l'instr. du 19 mars 1882) arrêté par le sous-intendant militaire chargé de la vérification et de l'arrêté de la revue de liquidation. Il n'est établi d'extrait supplémentaire, s'il y a lieu, qu'en ce qui concerne les substitutions autorisées au titre du 4e trimestre ; pour les autres trimestres, on comprend les substitutions antérieures dans l'extrait à joindre à la revue sur laquelle sont imputés les bons totaux qui les font ressortir. Au décompte de libération, le crédit se compose des quantités d'avoine ressortant au tableau n° 9, et du moins perçu s'il y en a eu, constaté par la revue du trimestre précédent, et le débit du montant des bons totaux et, s'il y a lieu, du trop perçu du trimestre précédent.

Lorsque des bons totaux parviennent après l'arrêté de la revue du trimestre correspondant, il n'est fait de décompte supplémentaire au titre de ce trimestre qu'en ce qui concerne le foin, la paille, etc. Quant aux perceptions d'avoine, elles sont simplement ajoutées au débit de la revue qui comprend les bons en question. Toutefois, si, après la clôture de la revue du 4e trimestre, il parvient des bons totaux applicables aux trimestres antérieurs, le décompte supplémentaire est effectué, en ce qui concerne l'avoine, d'après le résultat de la revue du 4e trimestre de l'année à laquelle se rapportent ces pièces d'imputation. (Instr. du 19 mars 1882, page 117.)

Les corps peuvent également être constitués en trop perçu, lorsque leurs perceptions ont été effectuées à un taux extra-réglementaire. Ainsi, par dépêche du 24 août

1877, n° 399, concernant la vérification de la comptabilité du chauffage du 8e corps d'armée, le ministre a imputé au 4e régiment du génie une certaine quantité de combustible se rapportant à des rations touchées à un taux extra-réglementaire, bien que la revue générale de liquidation ne fît pas ressortir de trop perçu en chauffage, par la raison que si l'on ne considérait que les résultats de la revue, on permettrait parfois aux corps de dissimuler des rappels. (24 août 1877.)

Le décompte en deniers des trop perçus est fait d'après un tarif arrêté par le ministre.

La compensation d'un trop perçu avec un moins perçu est autorisée, dans la limite d'un même trimestre et d'une même revue, pour les denrées qui sont de nature à être substituées les unes aux autres (c'est-à-dire à être distribuées en remplacement les unes des autres) ; cette compensation doit se faire en prenant pour base, non point les quantités de rations délivrées, mais bien les prix fixés chaque année par le tarif de remboursement des denrées perçues en trop. (Art. 555 du règlement du 8 juin 1873.) Les décomptes sont effectués en convertissant les rations en quantités et en appliquant aux résultats obtenus les prix du tarif.

Nota. — Les décomptes sont établis d'après le prix réel de chaque denrée et non plus au prix fixé pour les denrées similaires. (Décis. du 12 février 1883, pag. 103 S.) Il en résulte que, dans les feuilles de journées et les revues, les allocations doivent être faites distinctement pour le pain, le biscuit, etc..., afin de pouvoir faire ressortir au décompte de libération les trop ou moins perçus en chaque denrée. S'il y a lieu, on ouvre des colonnes de supplément. (Dép. minist. du 16 mars 1883 M.)

Les denrées qui peuvent se substituer sont :

Le pain et le biscuit ;

La viande fraîche ou salée et les conserves de viande. Les trop perçus en viande ou conserves peuvent se compenser avec les moins perçus en journées d'indemnité représentative, mais les moins perçus en nature ne peuvent s'ajouter à ces derniers. (Circ. du 17 février 1880 M). Voir *Solde*, page 292, pour les règlements trimestriels ;

Le riz et les légumes secs;

Le sucre et le café ;

Le vin, l'eau-de-vie, la bière et le cidre.

Le bois, le charbon et les fagots. En ce qui concerne les fagots d'allumage et le charbon de bois, une dépêche ministérielle du 22 septembre 1881 dispose qu'ils ne peuvent être admis en compensation de bois ou de charbon de terre, les premiers ayant toujours une affectation distincte ;

Le foin, la paille et l'avoine ;

Pour les trop perçus en journées de nourriture, voir ci-dessus, page 572.

Chaque année, les tarifs sont insérés au *Journal Militaire* (partie supplémentaire).

REMBOURSEMENT DES TROP PERÇUS

L'article 151 de l'ordonnance du 10 mai 1844, page 313, dispose ce qui suit :

« Au premier paiement mensuel du traitement des officiers, qui suit la vérification » des feuilles de journées par le sous-intendant militaire, retenue est faite à chaque » capitaine du prix des rations de vivres, de chauffage ou de fourrages qui ont été » perçues en trop, pendant le trimestre précédent, par la compagnie, l'escadron ou la » batterie qu'il commande, sur des bons établis d'après les situations qu'il a pro- » duites (1).

» Mais si, dans d'autres compagnies, escadrons ou batteries, il existe des moins » perçus, la valeur de ces moins perçus entre proportionnellement en déduction du » débet de chacun des capitaines qui ont des trop perçus.

» Les sommes à retenir font l'objet d'un extrait (mod. n° 49, annexé à ladite ordon- » nance) du registre des distributions, qui est certifié par le trésorier et sur lequel les » capitaines figurent nominativement. Ces derniers l'émargent (2).

» Le montant en est porté en recette par le trésorier au titre de la solde (pour cou- » vrir ce fonds de l'imputation faite dans la revue de liquidation).

(1) L'instruction du 26 avril 1884, page 1061 (S), dispose que le montant des trop perçus de viande de conserve doit être imputé aux officiers signataires des bons et non aux ordinaires.

(2) Pour les unités en campagne, les extraits sont adressés à l'officier payeur, lequel poursuit les recouvrements. (Instr. du 24 avril 1884, page 506.)

» Si, dans les différentes portions du corps, l'ensemble des sommes remboursées » par les capitaines excède la somme imputée au décompte de libération, *la différence » est versée par la solde à la masse générale d'entretien.* » (Art. 151 de l'ordonn. du 10 mai 1844 (1).

Nota. — Il résulte de cette dernière disposition que les compagnies, escadrons ou batteries composant un même détachement, règlent séparément leurs perceptions comme si elles formaient corps entier, et que la compensation des trop avec les moins perçus ne saurait avoir lieu entre deux portions distinctes : les bataillons ou escadrons actifs et le dépôt par exemple.

Une dépêche du 27 août 1849 (M) prescrit d'imputer sur les frais éventuels des chefs de corps la valeur des rations de vivres des hommes entrés à l'hôpital après la distribution, lorsqu'elles constituent un trop perçu dans les revues. Les allocations à titre de frais éventuels ayant été supprimées par la décision présidentielle du 25 juillet 1874, notifiée par la circulaire du 3 août suivant, page 117, cette dépense, comme toutes celles qui étaient à la charge des chefs de corps, tombe à la charge de la deuxième portion de la masse générale d'entretien.

Nota. — L'article 291 du règlement du 8 juin 1883 accorde aux hommes qui entrent à l'hôpital une demi-ration ou une ration entière suivant qu'ils ont pris un ou deux repas au corps.

Moins perçus.

Les moins perçus en vivres, chauffage ou fourrages ne donnent lieu à aucun rappel en nature. (Art. 290 du règlemt du 8 juin 1883, page 630, et 228 du règlemt du 26 mai 1866.) Mais il peut arriver que, par suite d'erreurs commises dans les feuilles de journées, des rappels doivent être faits par écritures. Dans ce cas, les corps peuvent être crédités en deniers, dans les revues de liquidation, si des trop perçus ont été mis précédemment à leur charge. (Auteur.) Voir ci-après, *Eau potable*.

Responsabilité des officiers en matière de perception de denrées.

L'article 95 de l'ordonnance du 10 mai 1844, page 287, rend les commandants de compagnie responsables des distributions effectuées en excédent des droits réels d'après les situations qu'ils ont certifiées.

Mais si ces situations, une fois signées et enregistrées au livre de détail, sont falsifiées avant d'être remises au trésorier, qui est chargé de les récapituler dans un seul bon pour tout le corps, le trop perçu qui peut résulter de la falsification incombe à ce dernier, qui doit contrôler les quantités portées sur les bons des capitaines, conformément à l'article 77 de l'ordonnance précitée. (Dép. du 30 juillet 1874, n° 7939, concernant le 56e de ligne.)

Pertes de rations par cas de force majeure, déchets de distributions.

Aux termes de l'article 252 du règlement du 26 mai 1866, page 61, lorsque les rations distribuées aux troupes sont avariées ou détruites dans les magasins des corps ou dans les camps, par un événement de force majeure, une distribution extraordinaire est faite en remplacement de ces rations. Le procès-verbal de perte ou avarie tient lieu de bon de distribution. Ces dispositions sont rappelées par les règlements du 28 décembre 1883 sur le service intérieur des troupes. (Art. 385, etc.)

Nota. — Au décompte de libération de la revue de liquidation trimestrielle, le crédit du corps, constaté par les feuilles de journées, est augmenté du nombre de rations mentionné audit procès-verbal de perte (dont une expédition accompagne la revue comme pièce justificative). (Voir le mod. de la revue au cahier des mod. annexé à l'ordonn. du 25 septembre 1837, page 222 du cahier.)

(1) Pour les officiers sans troupe, on procède d'une manière analogue, c'est-à-dire que la valeur des rations perçues en trop, doit être portée en déduction sur le premier mandat de paiement à délivrer à ces officiers. (Art. 576 du règlemt du 8 juin 1883, page 702.) Par suite, on ne doit rien verser au Trésor.

Pour les corps de troupe sur le pied de guerre, l'article 31 de l'instruction du 17 mars 1882 (modifié par la circ. du 11 mai 1883) dispose que les pertes, déchets ou avaries doivent être justifiés par des procès-verbaux établis ou approuvés dans les 48 heures par le sous-intendant militaire.

Ces procès-verbaux sont remis au comptable des subsistances en échange de nouvelles denrées. (Art. 31.)

Voir *Habillement*, page 75, pour les envois de documents à la portion centrale et les formalités à y remplir. (Instr. du 24 avril 1884, page 503.)

Pendant les grandes manœuvres, les pertes ou avaries sont constatées de la manière suivante : dès qu'elles sont reconnues, la déclaration en est faite au sous-intendant, en spécifiant la nature et la quantité de denrées ou d'objets perdus ou avariés, ainsi que les causes de la perte ou avarie. Cette déclaration, signée par le capitaine, visée par le président du conseil d'administration, reçoit également le visa daté du sous-intendant militaire et lui sert d'élément pour établir, à l'issue des manœuvres, un procès-verbal par service et par corps de troupe.

Ce procès-verbal fait ressortir le taux pour 0/0 du déchet calculé sur les quantités prises en charge par le corps de troupe. (Instr. du 16 février 1884, page 232 S.) Cette instruction fixe comme il suit le taux du déchet maximum à allouer :

1° 5 0/0 pour le café, le sel, le sucre et les légumes secs :

2° 10 0/0 pour le biscuit.

Ces taux ne peuvent être dépassés que dans le cas de force majeure. (Instr. précitée, page 232 S.) Les manquants excédant ces fixations sont imputés.

Frais d'expertise de denrées.

Lorsque des denrées mises en distribution dans les magasins de l'Etat ou des entrepreneurs sont l'objet d'expertises, les frais de toute nature auxquels elles peuvent donner lieu, tels que vacations des membres civils des commissions, frais de déplacement, salaires d'ouvriers, etc., sont taxés et mis à la charge de la partie condamnée, toutes les fois que la réunion a été provoquée par un tiers, et à la charge de l'Etat ou de l'entrepreneur, si elle a été ordonnée d'office. (Art. 510 du règlem[t] du 26 mai 1866, page 114.)

Dans les corps, la dépense est imputée à la masse générale d'entretien. (Circ. du 3 août 1874, page 117.)

VIVRES

(Voir les dispositions ci-dessus, communes aux trois services, page 572.)

Droits aux vivres.

Le pain ou biscuit est dû sur le pied de paix à raison de une ration par jour aux sous-officiers, caporaux ou brigadiers et soldats de toutes armes (la gendarmerie exceptée), et aux enfants de troupe présents au corps, tant en station qu'en route lorsqu'ils marchent en corps ou en détachement. (Art. 244 du règlem[t] du 8 juin 1883, page 619). Les enfants de troupe non présents au corps ont droit à des allocations en argent. (Décr. du 19 juillet 1884, page 43, et du 3 mars 1885, page 229.) Sur le pied de guerre, l'allocation du pain ou du biscuit est faite en outre aux officiers et employés militaires. (Art. 245 du règlem[t].) Ces dispositions sont applicables aux détenus. (Art. 247.)

Le pain n'est pas dû aux hommes en congé, en permission, à l'hôpital ou marchant isolément, qui reçoivent des allocations sur les frais de route. Il n'est pas dû non plus à ceux qui sont nourris chez l'habitant, soit en temps de guerre ou pendant des manœuvres. (Art. 248.)

La viande est due sur le pied de guerre aux mêmes parties prenantes que le pain. A l'intérieur, il est accordé une indemnité représentative. (Art. 249.) Voir *Ordinaires*.

Les vivres de campagne sont alloués également sur le pied de guerre aux officiers et hommes de troupe, et, dans certains cas, aux hommes de troupe sur le pied de paix. (Art. 251 et 252.) Pour le passage du pied de paix au pied de guerre, voir la circulaire du 26 janvier 1884 (M).

Pour les liquides, voir *Ordinaires*, pages 261 et 262.

Les militaires qui s'embarquent ou entrent à l'hôpital après avoir pris le repas du matin au corps, ceux qui débarquent après l'avoir pris à bord, ont droit :

A la demi-indemnité de viande,

A la demi-indemnité représentative de riz et de sel,

A la demi-ration de pain,

A la ration de sucre et café qui leur est normalement attribuée,

A la demi-ration de chauffage pour la cuisson des aliments, quand les perceptions sont individuelles,

A la ration entière pour la préparation du café.

Les militaires qui s'embarquent ou entrent à l'hôpital après le repas du soir, ont droit à toutes les allocations en nature. (Art. 291 du règlemt.) Voir *Solde*, page 281.

Ces dispositions sont évidemment applicables aux hommes nourris chez l'habitant ou dans les haltes-repas, soit pour une demi-journée, soit pour une ou plusieurs journées entières. (Auteur.)

Nota. — Sur le pied de guerre, les officiers ont droit à :
Les lieutenants et sous-lieutenants à 1 ration et 1/2,
Les capitaines...................... à 2 rations,
Les officiers supérieurs et assimilés à 3 —
Les officiers généraux et assimilés à 4 — (Décis. minist. du 7 février 1882 notifiée le 1er mars suivant, et tarif du 23 janvier 1883, approuvé par le Président de la République.)

La composition des rations de vivres est fixée par le règlement du 26 mai 1866, page 242, savoir :

VIVRES. PAIN.	Pain ordinaire de repas.....	0.750 gr.(1)	
	— de soupe.....	0.250	
	Pain biscuité de repas.......	0.700	(1) (Notice du 26 avril 1881, page 265.)
	— de soupe......	0.250	(Règlemt précité.)
	Biscuit pour le repas...	0.550	(1)
	— la soupe........	0.185	
VIVRES DE CAMPAGNE.	Riz........................	0.030	
	Riz en Algérie..............	0.060	
	Légumes secs...............	0.060	(ou en légumes frais 700 gr., soit par espèce de légumes : 500 gr. de pommes de terre, 100 de légumes verts ou oseille, 100 de carottes. (Note du 27 novembre 1884, page 866, concernant les campagnes actives.)
	Sel........................	0.016	
	Sucre......................	0.021	Les troupes en marche perçoivent le quart de la ration entière de 16 gr, de café et de 21 gr. de sucre. (Circ. du 1er février 1876, p. 97.) A l'intérieur, cette quotité est réduite à 10 gr. pour les deux denrées lorsque les corps font usage de percolateurs. (Circ. du 26 mai 1876, page 783.) Pour les percolateurs ancien mod. la circ. du 22 décembre 1875 (M) fixe la ration entière à 44 gr. de sucre et 10 gr. 64 de café. C'est le quart de ces fixations qui est alloué gratuitement aux troupes. (Voir *Ordinaires*.)
	Café torréfié...............	0.016	
	Viande fraîche.............	0.300	(Pour l'indemnité représentative, se reporter aux pages 251 et 261. Lorsque les corps perçoivent des bestiaux sur pied à abattre pour les distributions, l'on procède comme il est indiqué ci-dessus, page 562.)
	Conserves de viande d'Australie, gelée comprise.....	0.200	
	— de France, nettes de gelée.....	0.150	
	Bœuf salé..................	0.300	
	Lard salé..................	0.240	

(1) Sur le pied de paix, les troupes en station perçoivent en tout temps simultanément du biscuit et du pain frais à raison de 200 gr. de biscuit et de 1,240 gr. de pain tous les deux jours ; par suite, la ration est de 100 gr. de biscuit et de 620 gr. de pain. Les sous-officiers et enfants de troupe, ainsi que les caporaux et soldats traités à l'infirmerie qui sont soumis à un régime spécial (note du 3 juin 1884, page 665), sont exceptés de cette mesure, c'est-à-dire qu'ils ne touchent que du pain. Les pains qui leur sont distribués sont fabriqués au poids de 1,500 gr., au lieu de 1,240, poids des pains qui sont distribués avec du biscuit. (Circ. du 16 août 1880 et du 7 avril 1881 M.) Les troupes en marche ne touchent pas de biscuit et reçoivent des pains de 1500 gr. (Circ. du 19 octobre 1880 rappelée par celle ci-dessus.) Le pain biscuité est distribué seul sans biscuit (Circ. du 27 septembre 1880 M). La circulaire du 18 octobre 1880 (M) dispose que le biscuit ainsi distribué ne doit pas servir à tremper la soupe et, de plus, celle précitée du 7 avril 1881 porte qu'en cas de mobilisation les distributions simultanées de biscuit doivent cesser et qu'on doit reprendre la distribution de rations complètes de pain de 750 gr. — Toutefois, la décis. ministérielle du 23 juillet 1883 (M), donne aux généraux commandant les corps d'armée la facilité d'adopter, pour l'écoulement du biscuit, celui des procédés employés jusqu'ici qui leur paraîtrait préférable, et consistant, soit dans le mélange de la farine de biscuit avec celle de froment ordinaire, soit dans la distribution du biscuit seul un certain nombre de jours par mois, soit, enfin, dans la distribution du biscuit tous les jours, à raison de 100 grammes, avec la ration de pain réduite à 620 grammes.

LIQUIDES.		
	Vin	0.25 centil.
	Bière	0.50
	Cidre	0.50
	Eau-de-vie : ration	0.0625
	— ration hygiénique.	0.03125 (Voir *Ordinaires.*)

NOTA. — L'instruction du 9 mars 1883 (insérée 2e sem. 1884, page 278, à la suite du règlemt sur les transports) sur l'alimentation des troupes pendant les transports stratégiques, dispose qu'elles recevront, dans les stations haltes-repas, des repas chauds ou froids dont elle fixe la composition. Les officiers y ont droit comme la troupe.

La ration de conserve de soupe à l'oignon (elle est de 20 gr. Instr. du 9 mars 1883) correspond à la ration entière de sucre et café. (Dép. du 14 juillet 1879 M.) Cette dépêche fait connaître que, lorsqu'il y a lieu de renouveler les approvisionnements constitués dès le temps de paix, ces conserves doivent être distribuées aux troupes à raison de 1/4 de ration en remplacement de 1/4 de la ration de sucre et café.

Une circulaire ministérielle du 19 mai 1882 (M) règle l'emploi du bouillon concentré, et celle du 4 octobre 1884 (M) fixe la quotité de la ration à 28 gr. 6 et le prix à 1 fr. 625 le kilog. Mais une note du 24 octobre 1884, page 552 (S), a établi des prix spéciaux pour des produits fabriqués en 1881 et 1882.

NOTA. — Les troupes ont droit aux vivres de campagne à partir du jour où elles sont mises en route pour rejoindre les points de concentration. (Art. 216 de l'instr. du 1er décembre 1878 et instr. du 9 mars 1883, page 280 du 2e semestre 1884.

Indemnité en remplacement de pain.

Aux termes de l'article 244 du règlement du 8 juin 1883, page 619, les enfants de troupe qui ne sont pas présents à leur corps reçoivent une indemnité représentative en remplacement de pain.

Une dépêche ministérielle du 23 août 1883 (M) dispose que le taux de cette indemnité sera fixé chaque année et par département, d'après les résultats des adjudications de fournitures de pain à l'entreprise.

Cette indemnité doit être payée sur les crédits du service des vivres ; elle est perçue au moyen du même état de solde que l'indemnité de viande fraîche, et la régularisation en a lieu dans les revues de liquidation et les feuilles de journées de la même manière que pour cette dernière.

L'intendant militaire comprend cette indemnité dans le rapport de liquidation de l'indemnité de viande, mais distinctement. (Dép. précitée.)

Ces dispositions sont applicables aux enfants de troupe de la gendarmerie. (Décis. présidentielle du 7 novembre 1883, page 557.)

Ces indemnités sont comprises dans des extraits de décompte de libération établis pour les indemnités représentatives de viande fraîche.

NOTA. — Le décret du 19 juillet 1884, page 43, allouant à ces enfants une somme annuelle en argent, cette indemnité ne doit plus être payée.

Eau potable.

Transport de l'eau. — Il peut être fait des transports d'eau aux troupes casernées dans les bâtiments éloignés de plus de cinq cents mètres de toute eau potable. (Art. 593 du règlemt du 26 mai 1866 sur le service des subsistances.)

Ces transports sont autorisés par le ministre sur le vu d'un rapport du sous-intendant militaire, dressé de concert avec le service du génie, sur la demande écrite des chefs de corps. (Art. 594.)

Ils se font à raison de cinq litres en été et de trois litres en hiver (du 1er octobre au 1er avril) par homme et par jour. La quantité d'eau par cheval et par jour est de quarante litres en toute saison.

Le transport se fait d'après un état d'effectif dressé tous les quinze jours à l'avance par le sous-intendant. Cet état est revêtu, à la fin de la quinzaine, d'une déclaration d'exécution faite par le corps. (Art. 595.)

Les voitures et tonneaux, ainsi que les chantiers, robinets, etc., sont fournis, entretenus et renouvelés par le service du génie, lorsque les corps effectuent eux-mêmes ces transports. (Art. 596 du règlemt du 26 mai 1866, page 129, et art. 63 du règlemt du 30 juin 1856, page 251.) Lorsque les corps ne peuvent aller eux-mêmes chercher l'eau, il est pourvu à son transport par des marchés à la charge du budget des subsistances (service des vivres). (Art 597 du règlemt du 26 mai 1866.) Ces marchés sont passés à la diligence des fonctionnaires de l'intendance. (Art. 63 du règlemt du 30 juin 1856.)

Fourniture de l'eau par les villes, etc. — Lorsqu'il y a lieu d'alimenter un établissement classé dans les attributions du service du génie en y amenant l'eau de conduites créées par les villes ou par d'autres administrations, et en recourant à des abonnements, s'il est nécessaire, la convenance de la mesure est constatée, de concert, par le sous-intendant militaire et par le commandant du génie.

Le rapport, qui est soumis à l'approbation du ministre, doit indiquer l'importance des travaux à exécuter et les quantités d'eau à délivrer.

Les travaux d'installation et d'entretien des conduites et de leurs accessoires sont exécutés par les soins et au compte du service du génie. (Circ. du 27 octobre 1869, page 783.) Mais l'acquisition, la pose et l'entretien des compteurs nécessaires sont à la charge des services administratifs et particulièrement à celle du budget des subsistances militaires, en ce qui concerne les établissements du casernement. (Circ. du 8 avril 1882 M.)

Quant au prix de l'eau fournie, il est payé sur le budget des vivres pour tout ce qui intéresse le casernement, et par les services qui consomment, dans les autres cas. (Circ. du 27 octobre 1869, page 783.)

Le ministre admet généralement une consommation journalière de 10 litres par homme et de 40 litres par cheval pour faire face à tous les besoins.

Toutefois, une dépêche du 26 septembre 1882, n° 3870, a concédé à la place de Dijon les allocations ci-après :

Par homme d'infanterie.....	17	litres par jour,
— de cavalerie....	20	—
Par cheval.................	40	—
Par cantine ou ménage......	100	—
Par voiture { à deux roues.	100	litres par mois,
Par voiture { à quatre roues	200	—

Ces mêmes allocations ont été concédées aux troupes des quartiers d'artillerie de la place de Bourges, par dépêche du 6 mars 1885, n° 1818.

Nota. — Les quantités consommées en excédent sont mises au compte des corps, mais une dépêche ministelle du 3 mars 1885, n° 1750, dispose qu'on peut, si les conventions avec les villes ne s'y opposent pas, compenser le trop perçu d'un trimestre avec le moins perçu d'un autre trimestre, dans le courant d'une même année.

Une dépêche du 24 décembre 1880 dispose qu'on ne doit recourir à ce mode de fourniture qu'à défaut de toute autre ressource (puits, sources, citernes, etc.)

FRAIS D'EXPERTISE DE DENRÉES (Voir ci-dessus, page 577.)

Fournitures remboursables. (Voir ci-dessus, page 572.)

Tabac de cantine.

§ 1er. — *Armée de terre.*

Le décret du 29 juin 1853, page 630, prescrit de délivrer aux troupes du tabac de cantine à fumer, au prix de 1 fr. 50 le kilogr.

La livraison en est effectuée à raison de 10 grammes par jour pour chaque sous-officier et soldat, d'après l'effectif dûment constaté.

La circ. du 28 février 1854, page 35, réglemente comme il suit la perception et l'usage du tabac :

Les bons de livraison de 100 grammes de tabac représentent la quantité allouée à chaque militaire pour une période de dix jours. Ces bons, au dos desquels est inscrit le numéro d'ordre correspondant à chaque débit où la troupe doit s'approvisionner, sont remis gratuitement au chef de corps et de service, au commencement de chaque mois.

Les généraux commandant les subdivisions militaires préviennent les directeurs des contributions indirectes de leur circonscription des modifications apportées à l'assiette et à l'effectif des garnisons comprises dans leurs arrondissements respectifs.

Tous les dix jours, les chefs de corps et chefs de service délivrent aux commandants de compagnie, d'escadron ou de batterie, ou aux militaires servant sous leurs ordres, et sur des états nominatifs dûment établis, une quantité de bons égale au nombre constaté de *fumeurs*.

Tout sous-officier, caporal ou soldat, se présentant en uniforme, avec un bon de livraison, chez le débitant dont le numéro figure au dos de ladite pièce, reçoit un paquet cacheté et vignetté contenant 100 grammes de tabac de cantine à fumer, moyennant la remise de ce bon et le paiement de la somme de 15 cent., représentant la valeur de cette quantité de tabac à prix réduit.

Les parties prenantes doivent l'employer exclusivement à leur consommation personnelle. (Circ. du 28 février 1854.)

La circulaire du 13 décembre 1878, page 632 (S), rappelle que les militaires n'ont droit au tabac de cantine à prix réduit qu'à la condition expresse de l'employer exclusivement à leur consommation personnelle. La revente ou l'échange de ce tabac doivent être punis très sévèrement.

Les demandes de bons de tabac sont mensuelles (circ. du 28 février 1854); elles doivent présenter distinctement le nombre des fumeurs et celui des hommes qui ne fument pas. Elles sont établies par compagnie, batterie ou escadron et signées par des officiers, à moins d'impossibilité.

L'état récapitulatif de ces demandes est adressée par les trésoriers, cinq jours avant la perception, à la direction ou à la sous-direction des contributions indirectes. Dès la réception de cet état, le directeur ou le sous-directeur adresse au chef de corps ou de détachement une autorisation de délivrance, avec désignation de l'agent qui a été chargé de faire la remise des bons en échange de cette autorisation. (Circ. du 23 mai 1879, page 779.) Cette circulaire dispose, en outre, que ces états de demande ne seront plus visés par les sous-intendants militaires; mais elle prescrit aux capitaines de s'assurer chez le trésorier que leurs états n'ont pas été altérés.

Les directeurs des contributions sont autorisés à faire vérifier les relevés des corps par les fonctionnaires de l'intendance et à opérer eux-mêmes, chaque trimestre, une vérification des bons distribués. (Note du 28 novembre 1876, page 227.)

Les hommes traités dans les hôpitaux peuvent recevoir du tabac de cantine, si les médecins en permettent l'usage. S'il y a des frais de transport, ils restent à la charge de l'Etat et figurent parmi les dépenses diverses des établissements. (Décis. minist. du 1er juillet 1867, page 813.) Les états nominatifs de distribution à adresser pour cet objet aux directeurs des contributions indirectes sont signés par le médecin en chef et l'officier comptable dans les hôpitaux militaires, et, lorsqu'il s'agit d'hospices civils, par le médecin en chef à défaut de médecin militaire et par l'économe. (Circ. du 26 avril 1883, page 411.) Il en est de même pour les détenus dans les établissements pénitentiaires, quand l'autorité militaire juge qu'il n'y a pas inconvénient. (Décis. du 25 juin 1870, page 159, et instr. du 23 mars 1884, page 716 S.) Le prix du tabac délivré aux détenus est imputé à la masse individuelle (25 juin 1870).

En cas de grandes manœuvres, les corps sont autorisés à percevoir la quantité de tabac présumée nécessaire pendant la durée de ces manœuvres; la valeur en est payée à raison de 1 fr. 50 le kilogr., sur les fonds généraux de la caisse. Si les fonds sont insuffisants, ce paiement peut n'être effectué que dans les dix jours qui suivent la rentrée des troupes. (Circ. du 11 mai 1878, page 237.) Enfin, les corps appelés à faire mouvement peuvent percevoir, avant leur départ, une quantité de tabac proportionnée à la longueur de la marche. (Circ. du 16 juin 1854 M.)

Nota. — En campagne, surtout dans les expéditions lointaines et en cas de siège dans les places fortes, du tabac, dit *Caporal*, peut être délivré à charge de remboursement aux officiers par le service des subsistances militaires. La distribution en est faite sur bon vert comme pour toutes les autres denrées remboursables.

§ 2. — *Dispositions relatives à l'armée de mer, etc...*

Un décret du 10 août 1853, inséré au *Bulletin des Lois* (1er semestre 1854, partie principale), prescrit de délivrer du tabac de cantine à fumer, au prix de 1 fr. 50 le kilogr., aux maîtres, quartiers-maîtres et matelots, aux sous-officiers et soldats d'infanterie, d'artillerie et de gendarmerie de marine, ainsi qu'aux ouvriers d'artillerie et aux gardes-chiourmes, lorsqu'ils sont en activité de service soit en rade, soit dans les ports.

La livraison en est faite à raison de 10 grammes par homme et par jour.

Il est délivré également du tabac de cantine en rôle (tabac à mâcher) à raison de 2 fr. le kilogr. (Décret précité.)

Les mêmes avantages ont été concédés aux syndics des gens de mer, aux gardes maritimes, aux agents des directions des mouvements des ports et aux pompiers de la marine (Circ. des finances du 22 août 1866, n° 1038), aux officiers mariniers en disponibilité (Circ. du 4 mars 1875, n° 142), aux brigades de terre et aux marins des douanes (Décis. des finances du 26 janvier 1876).

Le tabac à mâcher n'est délivré que dans les ports militaires de Cherbourg, Brest, Lorient, Rochefort et Toulon. (Circ. du 1er mars 1876, n° 1299.)

CHAUFFAGE ET ÉCLAIRAGE

(Voir dispositions communes aux trois services, page 562.)

Les tarifs font suite au règlem[t] du 26 mai 1866 sur le service des subsistances et à l'instr. du 17 mars 1882 concernant les officiers d'approvisionnement. Mais, en ce qui concerne le chauffage des chambres (rations collectives), ils ont été modifiés par la décis. ministérielle du 27 décembre 1884 (M), n° 8. Pour toutes autres modifications, se reporter à chaque article.

1° CHAUFFAGE

Dépenses au compte du service du chauffage.

§ 1er. — *Chauffage des chambres en hiver* (*y compris les ateliers, etc.*).

Aux termes de l'art. 277 du règlem[t] du 8 juin 1883, page 626, les rations de chauffage sont dues aux sous-officiers, caporaux ou brigadiers et soldats des corps et aux enfants de troupe.

La ration destinée au chauffage des chambres est fixée par compagnie, escadron ou batterie comprenant les caporaux ou brigadiers, soldats et enfants de troupe, quel qu'en soit l'effectif des unités si elles font usage d'appareils de chauffage. Il est alloué des rations spéciales pour le chauffage du petit état-major, les ateliers, l'infirmerie, ainsi que pour les sous-officiers. (Art. 629.)

La durée du chauffage des chambres est fixée par le tarif n° 2 annexé au règlem[t] du 26 mai 1866, page 261. Toutefois, les généraux commandants de corps d'armée peuvent autoriser, par anticipation ou par prolongation, le chauffage des chambres dans les casernes. En cas de rigueur extrême du temps, ils peuvent aussi allouer un supplément à la ration réglementaire. (Pour tous renseignements, se reporter au règlem[t] du 26 mai 1866, pages 269 et suivantes, et pour les suppléments de chauffage nécessités par des accroissements d'effectifs, voir ci-après.)

Le taux et le nombre des rations allouées aux compagnies, escadrons, ou batteries sont déterminés par le tarif n° 2 précité, modifié par la lettre collective du 27 décembre 1884 et par la circ. du 25 janvier 1879, page 35, qui fixe à 2 le nombre des rations collectives à allouer dans les régiments d'infanterie et à 1 2/3 dans les bataillons de chasseurs à pied, pour le petit état-major, les ateliers et l'infirmerie, à l'exception des adjudants de compagnie qui reçoivent des rations spéciales. (Voir ci-après.)

Lorsque les ateliers sont répartis entre la portion principale et le dépôt, ou qu'il existe deux infirmeries, le contrôle local peut, dans certains cas, proposer des allocations spéciales. Le sous-intendant militaire, de concert avec les officiers du génie et l'officier du casernement, établit pour cet objet des procès-verbaux spéciaux qui sont soumis à l'approbation du ministre. (Circ. du 25 janvier 1879, page 35, et note du 12 avril 1884, page 454, qui rappelle que les dispositions antérieures restent en vigueur.

Il ne peut être alloué qu'un supplément de 1/3 de ration par infirmerie et non de 1/3 par chambre occupée. (Dép. du 5 décembre 1883 M.) Cette disposition est applicable aux ateliers. (Auteur.)

Pour les infirmeries, se reporter aux pages 522 et 528.

Nota. — Lorsque les corps reçoivent des rations individuelles de chauffage, ils pourvoient aux besoins des ateliers et des infirmeries par prélèvement sur les distributions. (Tarif n° 2 annexé au règlem. du 26 mai 1866, page 259.)

Ce tarif attribuait un tiers de ration collective à la chambre occupée par les enfants de troupe; mais cette allocation est aujourd'hui supprimée, le chauffage de ces enfants devant être assuré au moyen de la ration de compagnie. (Art. 285 du règlem[t] du 8 juin 1883, page 629; circ. du 12 avril 1884, page 454.)

Aux termes de la circ. du 25 janvier 1879, rappelée par celle du 20 décembre 1884, n° 6, un supplément de 1/3 de ration collective est accordé à toute compagnie, escadron ou batterie dont les sous-officiers (autres que les comptables) se trouvent logés deux par deux dans *des chambres séparées non chauffées à un autre titre*, et prescrit de faire établir et approuver des procès-verbaux comme ci-dessus. De plus, la circ. du 6 mars 1879, page 246, n'accorde ce supplément que lorsque les sous-officiers dont il s'agit occupent deux chambres au moins ; mais si plus de deux chambres étaient occupées, il ne serait alloué qu'un supplément de 1/3 de ration seulement. Enfin, aux termes de la circ. précitée du 20 décembre 1884, l'allocation d'un tiers de ration collective est due même aux sous-officiers des unités qui, en raison de leur effectif restreint, reçoivent des rations individuelles d'hiver.

Ces dispositions ont été reproduites et modifiées par l'art. 285 du règlem^t^ du 8 juin 1883, page 629, qui dispose que les sous-officiers logés seuls ou par deux ont droit, pour chaque chambre occupée, à un tiers de ration collective, et la circ. du 12 avril 1884, page 455, en rappelant ce principe, ajoute que le sergent-major, logé en dehors de la pièce qui lui sert de bureau, a droit à un second tiers de ration ; mais ce droit n'existe pas lorsque ce sous-officier comptable est logé dans le local qui lui sert de bureau, lequel est chauffé par prélèvement sur la ration collective de la compagnie.

Une dépêche minist. du 21 juin 1879, n° 197, et la circ. précitée du 12 avril 1884, disposent formellement que ces suppléments ne doivent être concédés aux sous-officiers logés seuls ou par deux que lorsque les chambres sont pourvues de poêles, et la dépêche sus-rappelée ajoute même que les appareils de chauffage doivent être fournis par le service du génie (1).

Pour les troupes logées dans des casernements du système Tollet, la ration collective de chambre a été augmentée d'un tiers dans le 8e corps d'armée. (Dép. minist. du 16 décembre 1878.)

Des rations individuelles peuvent être allouées aux troupes lorsqu'elles se chauffent à la cheminée, aux hommes de troupe isolés logés dans les casernes, aux compagnies ou détachements dont la force n'est que de 35 hommes et au-dessous. (Art. 285 du règlem^t^ du 8 juin 1883, page 629.)

Les troupes campées ou baraquées ont toujours droit à des rations individuelles. (Art. 286.)

Il en est de même des troupes en station logées ou cantonnées chez l'habitant (voir le tarif), lorsque le ministre ne veut pas imposer la fourniture à l'habitant, auquel elle incombe en principe. (Art. 286.)

Les sous-officiers et assimilés (fourriers, caporaux-tambours et clairons, brigadiers-trompettes, caporaux-sapeurs et maîtres ouvriers) ont droit à une double ration. (Art. 288.)

Il en est de même des caporaux et soldats des sections d'ouvriers d'administration, d'infirmiers et de secrétaires détachés, et pour les enfants de troupe des compagnies de pionniers et de fusiliers de discipline. (Art. 285.)

Les troupes casernées ont droit au chauffage le jour de leur arrivée dans la place. (Art. 287.)

Ces dispositions sont, pour la plupart, rappelées dans les articles 736 à 741 du règlem^t^ du 26 mai 1866, page 154, et le tarif n° 2 annexé au règlem^t^ du 26 mai 1866, page 260.

Adjudants de compagnie. — Les adjudants de compagnie ont droit à un tiers de la ration collective de chambre, s'ils sont logés seuls dans une chambre non chauffée à un autre titre. S'ils sont logés ensemble ou avec des sous-officiers dans une même chambre, il est accordé seulement un tiers de ration (2) pour le local ainsi occupé. Il est établi pour cet objet un procès-verbal qui est soumis à l'approbation du ministre. (Circ. du 25 janvier 1879, page 35, et circ. du 20 décembre 1884 M.) (2). Cette dernière dispose que cette allocation est due aux sous-officiers des unités qui, par suite d'effectif restreint, reçoivent les rations individuelles d'hiver. Enfin, une dépêche minist. du 21 juin 1879 (M) subordonne cette allocation à la fourniture d'un poêle par le service du génie, et une autre, en date du 17 novembre 1879 (M), rappelle que ces dispositions

(1) Ces tiers de ration sont calculés sur le taux de la ration fixé par la circ. du 27 décembre 1884.

(2) Une dépêche minist. du 29 mars 1883 autorise les généraux à approuver ou à faire approuver ces procès-verbaux par l'intendant militaire à l'expiration de la période de chauffage des chambres; une expédition de ces procès-verbaux est adressée au ministre. De plus, une autre dépêche, en date du 24 novembre 1883, n° 3805, dispose que ces dispositions ne sont pas en principe applicables aux sections de secrétaires d'état-major qui ne peuvent être assimilées aux compagnies d'infanterie. Il faut dès lors recourir au ministre lorsque des suppléments sont nécessaires. La mesure semble être applicable aux autres sections ou compagnies formant corps.

ne s'appliquent qu'aux adjudants de compagnie et non aux assimilés : vaguemestre, maître d'escrime, etc., dont le chauffage doit être assuré, comme par le passé, au moyen des allocations réglementaires.

NOTA. — Les dispositions ci-dessus, qui ne concernaient en principe que les adjudants d'infanterie, ont été appliquées au 37e d'artillerie, par dép. ministérielle du 3 décembre 1881, no 3737, laquelle a attribué aux adjudants de batterie de ce corps un tiers de ration, et une dép. du 9 janvier 1883, no 79, confirme le droit à cette allocation.

Adjudants élèves d'administration : Par dépêche du 29 mars 1883 (M), le ministre a fait connaître que les adjudants élèves d'administration sont autorisés à percevoir, comme les adjudants d'infanterie, la ration de chambre, dans les conditions et d'après le taux déterminé par la circ. du 25 janvier 1879, soit un tiers de la ration collective de combustible. Les procès-verbaux établis pour constater leurs droits sont approuvés par l'intendant militaire, lequel en adresse une expédition au ministre, à l'expiration de la période de chauffage des chambres.

SECTIONS D'OUVRIERS D'ADMINISTRATION, D'INFIRMIERS MILITAIRES, DE SECRÉTAIRES D'ÉTAT-MAJOR ET DU RECRUTEMENT. (Voir page 583 pour les sous-officiers.)

Aux termes de l'article 26 du règlemt du 23 septembre 1874, page 283, la ration collective est allouée à la portion principale de la section et dans les détachements supérieurs à 35 hommes. Dans les autres cas, on accorde la ration individuelle (double pour les sous-officiers, simple pour les caporaux et soldats.)

COMPAGNIES DE CAVALIERS DE REMONTE ET DE DISCIPLINE, DÉPOTS FORMÉS D'HOMMES APPARTENANT A DIFFÉRENTS CORPS.

Le nombre des rations est déterminé par les fonctionnaires de l'intendance, en comptant une ration par 60 hommes. (Tarif no 2 annexé au règlemt du 26 mai 1866, page 259.) Lorsque la nécessité en est constatée, on peut attribuer un tiers à chaque atelier d'ouvriers. (Auteur.)

Salle d'études des volontaires d'un an. — Le ministre a alloué par dépêche du 23 novembre 1874 (M), adressée à Bourges, une demi-ration de chambre par journée d'occupation réelle de la salle d'études, aux corps qui avaient affecté à cette destination une salle spéciale, en conformité de la circulaire ministérielle du 5 octobre 1873 (M). Toutefois, en ce qui concerne les sections de troupes d'administration, les allocations de combustible et d'éclairage sont fixées par un procès-verbal du sous-intendant militaire. (Instr. du 14 décembre 1875, page 680.)

Dépôts des régiments d'infanterie et des bataillons de chasseurs à pied. — La note ministérielle du 11 novembre 1881, page 343, dispose que l'effectif des compagnies de dépôt des régiments d'infanterie et des bataillons de chasseurs, ainsi que celui des compagnies formant le 4e bataillon des régiments d'infanterie, n'étant plus soumis à de nombreuses variations, les décisions ministérielles des 8 novembre 1872, 21 janvier 1874 et 19 novembre 1875, page 616 (no 332) sont rapportées.

En conséquence, le chauffage des chambres doit être perçu par toutes les compagnies, d'après le tarif général du 26 mai 1866, et quel que soit l'effectif des compagnies. (Voir page 582.) Néanmoins, les compagnies actives des bataillons de chasseurs continuent à avoir droit à une ration et demie, la note du 19 novembre 1875, no 333, page 617, étant restée en vigueur. (Dép. ministérielle du 27 décembre 1881 M.)

Les dispositions abrogées ayant été appliquées dans divers cas à des portions de corps détachées, elles sont reproduites ci-dessous à titre de renseignements.

La décision ministérielle du 21 janvier 1874, page 31 (abrogée), et la note du 19 novembre 1875, page 616, fixaient comme il suit les allocations de chauffage des dépôts ayant moins de 60 hommes présents :

1/2 ration pour un effectif de 29 hommes et au-dessous ;
3/4 de ration — de 30 à 44 hommes ;
1 ration — de 45 à 60 —
Plus 1/3 de ration pour chaque chambre de sous-officier comptable.

A partir de 60 hommes, on devait appliquer la décision du 8 novembre 1872, page 480, qui alloue pour l'ensemble des compagnies de dépôt et du 4e bataillon, la section hors rang exceptée, savoir :

1 ration par 60 hommes ;
1/3 de ration par chambre de comptable ;

Et, de plus, un supplément calculé de la manière suivante :

Pour un dépassement de 10 hommes et au-dessous.		pas d'augmentation ;
—	de 11 à 29 hommes........	1/3 de ration ;
—	de 30 à 40 —	1/2 ration :
—	de 41 à 59 —	2/3 de ration.

Allocations. — 1° Pour accroissement d'effectif dans des unités administratives ; 2° aux détachements représentant des fractions d'unité.

Le mode d'allocation indiqué ci-dessus a été appliqué à des batteries du 37° d'artillerie qui avaient été l'objet d'un accroissement d'effectif rendant insuffisantes les rations réglementaires (dép. minist. des 20 novembre 1879 et 12 décembre 1884), ainsi qu'à un détachement de la 8e section de commis et ouvriers d'administration (dép. du 24 janvier 1881 M), etc...

En règle générale, lorsque, par suite de l'effectif entretenu, les allocations sont reconnues insuffisantes, le fait est constaté par un procès-verbal du sous-intendant militaire qui est soumis à l'approbation du ministre.

§ 2. — *Chauffage pour la cuisson des aliments, y compris la préparation du café.*

(Voir *Infirmeries*, page 519, et *Salles de convalescents*, page 523.)

Le chauffage nécessaire pour la cuisson des aliments est dû aux sous-officiers, soldats et enfants de troupe au-dessus de 10 ans. Il est également dû aux officiers sur le pied de guerre lorsque le général en chef en donne l'ordre. (Art. 277 du règlem[t] du 8 juin 1883, page 626.)

(Voir ci-après, page 586, le tarif n° 1 annexé au règlem[t] du 26 mai 1866, page 252, applicable à toutes les positions).

Le service du chauffage des troupes comporte deux systèmes différents d'allocations : les rations collectives pour les corps mis en possession d'appareils de chauffage économiques, et les rations individuelles. (Art. 278.)

La ration est collective pour les caporaux ou brigadiers, soldats et enfants de troupe après 10 ans ; elle est allouée aux corps en raison du nombre de marmites mises à leur disposition. (Art. 280.)

Les sous-officiers, caporaux et brigadiers élèves-fourriers, tambours-majors, maréchaux des logis trompettes, caporaux-fourriers, caporaux-tambours ou clairons, caporaux-sapeurs, brigadiers-trompettes, maîtres et premiers ouvriers, ont droit à une ration individuelle qui leur est allouée d'après le complet d'organisation.

On déduit toutefois les sous-officiers détachés et les sous-officiers des compagnies qui reçoivent la ration individuelle. Pareille déduction est faite pour ceux qui sont en route. (Art. 284 du règlement et note du 21 janvier 1884, page 131.)

Dans les localités où il n'existe pas de fourneaux économiques, des rations individuelles sont allouées aux sous-officiers, caporaux ou brigadiers, soldats et enfants de troupe après 10 ans. Des allocations individuelles sont également allouées lorsque l'effectif de la compagnie, etc... est supérieur au chiffre indiqué pour la contenance en litres de la marmite. (Art. 281.)

Sont traités comme sous-officiers, pour leur effectif réel :

1° Les enfants de troupe du cadre des compagnies de discipline ;

2° Les caporaux et soldats détachés des sections de commis et ouvriers d'administration, d'infirmiers militaires et de secrétaires d'état-major et du recrutement ;

3° Les concierges des bâtiments militaires ;

4° Les hommes à la salle des convalescents. (Art. 284.) Voir *Infirmeries*, pour les militaires soumis au régime spécial.

Les soldats musiciens, autres que les anciens musiciens classés, ne sont plus traités comme sous-officiers ; ils participent, comme tous les autres hommes, aux distributions collectives et ils ne reçoivent que la ration simple lorsque le corps touche la ration individuelle. (Solutions du 12 avril 1884, page 456.)

L'article 286 du règlem[t] du 8 juin 1883, page 629, dispose que les troupes campées ou baraquées ont toujours droit à des rations individuelles. Les troupes *logées* ou *cantonnées* chez l'habitant ont droit, *en toute circonstance*, au feu et à la chandelle fournis par ledit habitant. Cependant, le ministre est libre de faire effectuer la fourniture du chauffage par tout autre moyen, lorsqu'il le juge utile. (Art. 286.)

L'article 25 de l'instruction du 17 mars 1882, page 197, résume comme il suit les dispositions en vigueur :

« A l'intérieur, toute troupe logée ou cantonnée a droit, en toutes circonstances, au

» feu et à la chandelle. (Art. 16 de la loi du 3 juillet 1877.) D'où il résulte que la fourniture du combustible est inséparable du cantonnement, et doit être faite par chaque logeur. Cette règle doit être maintenue, lors même que, par mesure gracieuse, et dans le but d'atténuer les charges des communes, le ministre aurait prescrit de rembourser aux municipalités le prix du combustible.

» En conséquence, chaque habitant doit fournir à ses hôtes, soit place au feu, soit un nombre de rations de combustible égal au nombre des hommes logés; s'il est nécessaire, les habitants se procurent le bois qui leur fait défaut, avec l'assistance de la municipalité.

» Si cette fourniture doit être payée, chaque officier d'approvisionnement règle avec la commune, d'après l'effectif réel logé ou cantonné; les habitants règlent ensuite individuellement avec la commune.

» Lorsque les troupes sont *campées* ou *bivouaquées*, il leur est fait des distributions de combustible que l'officier d'approvisionnement se procure par achat ou réquisition, et qu'il fait réunir en un point déterminé. »

Les dispositions qui précèdent ont été, jusqu'à ce jour, appliquées comme il suit (Circ. du 17 août 1879, page 93, rappelée par dép. du 25 août 1882) :

1° TROUPES DE PASSAGE LOGÉES CHEZ L'HABITANT PENDANT TROIS JOURS

Ces troupes ont droit pendant trois nuits au logement chez l'habitant, au combustible, aux ustensiles de cuisine pour la cuisson des aliments, enfin, à la chandelle. Au delà de ce terme, l'habitant continue à fournir ces prestations, mais a droit alors à l'indemnité de logement prévue par le décret du 2 août 1877.

TROUPES DE PASSAGE CANTONNÉES CHEZ L'HABITANT PENDANT TROIS JOURS

L'habitant ne reçoit aucune indemnité pour ces trois jours, mais aucune prestation ne peut lui être imposée, ni en *combustible*, ni en ustensiles de cuisine. (17 août 1879.) Dans ce cas, les troupes sont pourvues au compte de l'Etat, par les soins de l'administration.

2° POUR LES TROUPES EN MANŒUVRES.

La fourniture a été assurée par voie d'achat direct ou de réquisition. (Instr. du 16 février 1884 sur les manœuvres d'automne, page 231 S.) Mais, pendant les trajets d'aller et de retour, la fourniture a été faite par l'administration pour les troupes cantonnées, conformément aux dispositions de la circ. du 17 août 1879, rappelées par dép. du 25 août 1882 (M).

NOTA. — *Troupes en campagne.* En territoire ennemi, les troupes cantonnées ont droit à l'abri, au feu et à la lumière. (Art. 45 du règlem. du 26 octobre 1883, page 592.)

Tarif des allocations de chauffage pour la cuisson des aliments, annexé au règlement du 26 mai 1866.

Rations des sous-officiers et des parties prenantes traitées au même titre dans les corps qui font usage de fourneaux.		1 kil. 60 de bois, 0 kil. 80 de charbon de terre, 1 fagot d'allumage par 20 rations de charbon.	
Rations collectives aux troupes faisant usage de fourneaux.	1° Fourneaux à une marmite, par fourneau et par jour..................	25 kil. de bois, 14 kil. de charbon de terre et 2 fagots d'allumage.	
	2° Fourneaux ancien modèle à 2 marmites......	42 kil. de bois, 24 kil. de charbon et 2 fagots d'allumage.	
	3° Fourneaux Choumara et François Vaillant, à double marmite........................	40 kil. de bois, 22 kil. de charbon et 2 fagots.	pour les marmites de 75 litres et au-dessous.
		45 kil. de bois, 25 kil. de charbon et 2 fagots.	pour les marmites de 75 à 100 litres.

Ration individuelle d'ordinaire aux troupes casernées ne faisant pas usage de fourneaux.	0 kil. 80 de bois, 0 kil. 40 de charbon de terre.	Il est accordé 1 fagot d'allumage par 20 rations et double ration pour les sous - officiers et assimilés.
Ration individuelle aux troupes en station logées chez l'habitant.	1 kil. 00 de bois, 0 kil. 50 de charbon.	
Ration individuelle d'ordinaire aux troupes campées, baraquées ou bivouaquées.	1 kil. 20 de bois, 0 kil. 60 de charbon.	

NOTA. — Les troupes cantonnées chez l'habitant étant placées dans les mêmes conditions que les troupes baraquées et devant faire usage d'ustensiles de campement en plein air, reçoivent la ration attribuée à ces troupes.

Lorsque les troupes font usage de fourneaux hors modèle, les allocations sont fixées sur des procès-verbaux d'expériences soumis à l'approbation du ministre.

Préparation du café. — Les corps qui font usage de percolateurs pour la préparation du café, ont droit à une ration de chauffage pour chacun de ces appareils. (Art. 282 du règlem^t du 8 juin 1883, page 628.)

Pour les percolateurs Maleu, les allocations sont les suivantes :

Appareil n° 1 (de 250 litres ou 1,000 rations) : 29 kil. de bois ou 14 kil. 500 de charbon de terre ;

— n° 2 (de 125 litres ou 500 rations) : 21 kil. 500 de bois ou 10 kil. 500 de charbon de terre ;

— n° 3 (de 50 litres ou 200 rations) : 11 kil. de bois ou 5 kil. 500 de charbon de terre.

Lorsqu'on fait usage de charbon de terre, il est en outre alloué deux fagots d'allumage par ration.

Pour les appareils d'autres modèles, l'allocation est déterminée à la suite d'expériences (Circ. du 26 mai 1876, page 783) par procès-verbal du sous-intendant militaire. (Art. 282 du règlem^t du 8 juin 1883, page 628.)

Les troupes qui ne font pas usage de percolateurs reçoivent, suivant le cas, la ration individuelle ou collective fixée par le tarif n° 1 annexé au règlement du 26 mai 1866 (art. 282 du règlem^t du 8 juin 1883, page 628), même lorsque les parties prenantes ne perçoivent obligatoirement qu'une demi-ration (Circ. du 8 février 1876 M), c'est-à-dire :

5 kil. de bois ou 3 kil. de charbon par compagnie, pour les corps touchant la ration collective d'ordinaire ;

0 kil. 05 de bois ou 0 kil. 03 de charbon par homme, pour ceux qui perçoivent la ration individuelle d'ordinaire.

§ 3. — *Chauffage des infirmeries et des hommes mariés.*

Les chefs de corps sont autorisés à prélever sur la distribution générale des ordinaires pour la préparation des tisanes de l'infirmerie régimentaire et pour les besoins des hommes mariés les plus nécessiteux, la quantité de combustible nécessaire. (Art. 283 du règlem^t du 8 juin 1883, page 628.) L'article 732 du règlement du 26 mai 1866, page 153, porte que ce prélèvement ne peut s'élever à plus de 2 kilog. de bois ou de 1 kilog. de charbon par ration pour les foyers à une marmite, et le double pour les foyers à deux marmites. (Voir *Infirmeries*, pages 519 et 523, pour diverses autres dispositions.)

§ 4. — *Chauffage des écoles régimentaires.*

Le chauffage des écoles est perçu en rations collectives, comme le chauffage des chambres ; il a la même durée, mais il n'est dû que du jour d'ouverture jusqu'à celui de fermeture. (Art. 743 et 744 du règlem^t du 26 mai 1866, page 155, et tarif n° 3, page 264.)

La circulaire du 12 avril 1884, page 455, supprime toute allocation pour les cours du 1er degré qui ont lieu dans les chambres, et celle du 21 décembre 1884 accorde pour les autres cours un tiers de ration collective de chambre par corps de troupe ou fraction détachée. Un procès-verbal dressé par le sous-intendant militaire constate les droits à cette allocation ; il est soumis à l'approbation de l'intendant militaire. (21 décembre 1884.) (1) Les perceptions sont faites dans les conditions indiquées par la circulaire

(1) Une dép. ministérielle du 21 janvier 1885, interprétative de celle du 21 décembre 1884, dispose que, jusqu'à nouvel ordre, il ne doit être alloué qu'un tiers de ration à chaque corps ou fraction de corps pour le chauffage de l'ensemble des locaux affectés aux écoles, bibliothèques de troupe et salles de lecture.

du 25 juillet 1876 et par celle du 19 mars 1881 (M) concernant les salles de lecture. La circulaire précitée du 12 avril 1884 dispose d'ailleurs que les salles d'école doivent être munies d'appareils de chauffage.

§ 5. — *Chauffage de bibliothèques d'officiers.*

Aux termes de l'article 4 (§ 14) de l'instruction du 1er juin 1872, page 443, le chauffage et l'éclairage des bibliothèques d'officiers sont assurés par les soins de l'intendance sur les fonds du service du chauffage.

Les bons sont signés par l'un des membres de la commission administrative.

Les locaux sont chauffés et éclairés jusqu'à 11 heures du soir. (Art. 4, § 11.)

Les allocations commencent et finissent en même temps que le chauffage des chambres. La circulaire du 21 décembre 1884 (M) prescrit d'établir des procès-verbaux qui sont approuvés par les directeurs du service de l'intendance qui les résument dans un état destiné au ministre.

Les fournitures de chauffage et d'éclairage sont faites par les entrepreneurs du chauffage et de l'éclairage; et régularisées dans leurs comptes. (Renvoi 1 de l'appendice à l'instr. du 1er mars 1881, page 368.) Elles sont comprises dans des revues semblables à celles des corps de garde.

Si l'éclairage au gaz est employé, on se conforme pour la passation des marchés et le paiement des fournitures aux dispositions rappelées ci-après, page 593.

§ 6. — *Chauffage des bibliothèques de troupe.*

Chaque bibliothèque de caserne a droit au chauffage et à l'éclairage du jour d'ouverture constaté par procès-verbal du sous-intendant militaire. (Instr. du 18 janvier 1875, page 176, S.)

Il n'est perçu qu'un tiers de ration collective pendant la durée du chauffage des chambres, par journée d'occupation (note du 25 juillet 1876, page 20), et par corps ou fraction détachée. (Circ. du 21 décembre 1884 (M) qui dispose que le procès-verbal est approuvé par l'intendant militaire.)

Pour l'éclairage, on doit emprunter des lampes au service des écoles, en dehors des heures des cours. L'entretien et le remplacement de ces appareils sont à la charge des écoles, mais la fourniture du combustible est supportée par le service du chauffage et de l'éclairage à raison de 0 fr. 05 par lampe et par heure, en moyenne ; une ou deux lampes, allumées environ trois heures par soirée, suffisent. (Note du 25 juillet 1876, p. 20.)

§ 7. — *Chauffage des salles de lecture.*

Les salles de lecture mises à la disposition des hommes dans les corps de troupe (circ. du 1er octobre 1880 (M), sont, comme les bibliothèques, chauffées et éclairées au compte du service du chauffage et de l'éclairage. (Circ. du 19 mars 1881 M.) Cette circulaire est rappelée par l'instruction du 30 décembre 1883, page 893, concernant les écoles régimentaires de l'artillerie, et par la circulaire du 12 avril 1884, page 455. Est alloué pour le chauffage un tiers de ration collective par corps ou fraction de corps. (Circ. du 21 décembre 1884 M.) (1) Quant à l'éclairage, elle dispose que la dépense ne doit pas dépaser en moyenne 0 fr. 15 par lampe et par jour. Le nombre des lampes n'est pas fixé, mais la circulaire précitée du 19 mars 1881 dispose qu'un procès-verbal doit être dressé par le sous-intendant militaire pour constater les droits des parties prenantes aux allocations de chauffage et d'éclairage. Les conclusions de ce procès-verbal doivent être soumises à l'approbation du directeur du service de l'intendance. (Circ. du 21 décembre 1884 M.)

D'ailleurs, ces allocations ne sont acquises que lorsque des locaux spéciaux sont affectés aux salles de lecture. (Circ. du 19 mars 1881.)

Ces allocations étant faites dans les mêmes conditions que pour les bibliothèques, il en résulte que l'huile d'éclairage est seule imputable au service du chauffage et que les dépenses de fourniture ou d'entretien des appareils sont au compte du budget des écoles. (Voir le § 6 ci-dessus.)

Pour la perception du combustible, on procède également comme pour les bibliothèques (renvoi 1 de l'appendice de l'instr. du 1er mars 1881, page 368).

Les fournitures sont faites par l'entrepreneur du chauffage et de l'éclairage et

(1) Se reporter au renvoi 1 de la page précédente.

régularisées dans ses comptes. Quant à la fixation dont il est fait mention dans la note précitée (0 fr. 05 par lampe et par heure ou 0 fr. 15 par lampe et par jour), elle n'a été déterminée en deniers que pour servir à déterminer la quantité d'huile minérale à percevoir et qui représente une consommation moyenne de 0 fr. 05 par lampe et par heure (renvoi 1 de l'appendice à l'instr. du 1er mars 1881, page 368.)

Nota. — Voir *Bibliothèques d'officiers* pour les justifications.

§ 8. — *Chauffage des corps de garde.*

Le chauffage des corps de garde est assuré à la diligence des fonctionnaires de l'intendance par les entrepreneurs à la ration, au compte du service du chauffage. Il en est de même pour l'éclairage.

Cette fourniture est exécutée dans les conditions prévues par les articles 745 à 752 du règlement du 26 mai 1866, page 155, et par les observations portées dans les annexes, pages 265 et 266 du volume 1er. A la page 266, on lit ce qui suit :

« Ont seuls droit à des allocations de chauffage, au compte du département » de la guerre, les corps de garde établis pour le service militaire ou pour la sûreté des » caisses de l'Etat.

» Les postes affectés au service des autorités et administrations civiles ou au ser- » vice municipal des villes n'ont pas droit à ces allocations, non plus que les postes » fournis par des troupes en marche. » (Voir *Logement chez l'habitant*, page 207.)

§ 9. — *Chauffage du bureau spécial de comptabilité.*

Le bureau spécial de comptabilité, créé pour les corps qui ont au moins trois unités administratives en campagne, a droit à une ration de combustible en hiver (décret du 24 avril 1884, page 498.) La quotité de cette ration est déterminée par un procès-verbal du sous-intendant militaire approuvé par le ministre.

Ce combustible est perçu et régularisé comme le chauffage des chambres et au titre de l'intérieur. (Instr. du 24 avril 1884, page 504.)

Dépenses au compte des officiers.

Chauffage des mess ou réunions d'officiers.

Une circulaire du 14 janvier 1876 (M) dispose que l'administration n'a pas à s'occuper de l'éclairage des mess ou réunions d'officiers, et que la dépense à faire pour cet objet est tout entière à la charge des occupants.

Nota. — Il va sans dire que ce principe est applicable à la fourniture du chauffage.

Dépenses au compte du service du génie.

Fourniture des poêles.

La fourniture des poêles dans les casernes pour le chauffage des chambres, ateliers, infirmeries, écoles, bibliothèques, etc., est à la charge du service du génie, ainsi que leur entretien et leur remplacement.

Le nombre des poêles à fournir est déterminé par un procès-verbal du sous-intendant militaire, dressé de concert avec le chef du génie.

Il est réglé principalement sur celui des rations de chauffage allouées au corps et dans la proportion moyenne de trois poêles par ration collective de l'ordinaire.

Le montage, le démontage et le transport sont effectués sans frais par la troupe, sous la direction d'un agent du service du génie. (Art. 66 du règlemt du 30 juin 1856.)

Les dégradations provenant du fait des hommes sont à la charge de la masse du petit équipement. (Voir *Casernement*, page 222, pour la constatation.)

Nota. — Pour la fourniture des poêles au corps de garde, voir *Casernement*, page 220.

Les art. 180 Infie, 204 Cavie et 230 Artie, des règlemts du 28 décembre 1883, prévoient en outre l'emploi d'un bassin à eau à placer sur les poêles, et la circ. du 2 juillet 1884, page 13, dispose que, pour les corps de garde de police, l'on fera usage de gamelles individuelles prélevées sur le service d'instruction et, lorsqu'il est nécessaire, de systèmes spéciaux dont la masse générale d'entretien fera les frais. Cette circulaire ne parlant pas des bassins à placer sur les poêles fournis par le service du génie, il est à supposer que ces objets seront fournis par ce service.

2° ÉCLAIRAGE

Le porte-drapeau dans l'infanterie, le porte-étendard dans la cavalerie et l'adjudant de casernement dans l'artillerie, sont chargés de l'éclairage (au compte de la masse d'entretien) des cours, corridors, escaliers, écuries, infirmeries et autres locaux. (Art. 65, 45 et 154 des règlem^ts du 28 décembre 1883.)

1° *Eclairage des chambres de la troupe et des cuisines* au compte de l'ordinaire. (Voir *Ordinaires*, page 254.)

1° bis *Eclairage des troupes logées ou cantonnées chez l'habitant.* (Voir § 2, page 585.)

2° *Eclairage des écoles, des salles d'escrime* (voir *Ecoles*); *des salles de lecture* (voir à ce titre, page 588.)

3° *Eclairage intérieur des casernes (escaliers, corridors, latrines, infirmeries.)* — Eclairage à l'huile.

La fourniture de cet éclairage (appareils et liquide) est au compte de la masse générale d'entretien dans les corps de troupe à pied et de la masse d'entretien du harnachement et ferrage dans les corps à cheval, tant pour l'achat et l'entretien des appareils que pour la consommation du combustible. (Art. 71 du règlem^t du 30 juin 1856, page 253; circ. des 15 mars 1872, page 54, et 22 mai 1873, page 605, pour les infirmeries régimentaires.) Le matériel d'éclairage reste à demeure. (Appendice D^3 à la lettre de voiture du service des transports, et art. 71 du règlem^t précité.)

Les prix des lampes, fixés par la nomenclature du service des subsistances, sont les suivants:

Lampe applique :		4. 50	Ces prix ne sont donnés qu'à titre de simple renseignement.
Lampe à main	ordinaire	1. 00	
	à pompe	2. 00	
Lanterne applique complète		8. 00	

La même nomenclature fixe à :

1. 35 le kilog. le prix de l'huile végétale,
1. 10 — — — minérale,
6. 00 — — des mèches de coton,
3. 00 — — de la bougie,
1. 55 — — de la chandelle.

Le nombre des becs à allumer et leur emplacement sont déterminés par un procès-verbal du sous-intendant militaire. (Circ. du 20 août 1838, page 480, et art. 40 de l'instr. du 26 avril 1884, sur les inspections administratives, page 1063 S.)

Les procès-verbaux rappellent l'espèce des appareils et leur attribution. Ces appareils sont tous ramenés au type uniforme d'un bec à mèche plate consommant 85 décigrammes d'huile végétale à l'heure (règlem^t du 26 mai 1866, page 273), ou 38 décigrammes d'huile minérale (cahier des charges du chauffage et de l'éclairage du 24 février 1876.)

Les procès-verbaux doivent également mentionner le nombre d'heures pendant lesquelles les becs devront être éclairés. (Règlem^t du 26 mai 1866, page 273.) C'est ordinairement au 1er janvier de chaque année et à l'arrivée des corps que cette opération a lieu.

Un procès-verbal est établi chaque fois que des modifications doivent être apportées.

Aux termes de la circulaire du 26 décembre 1826, page 212, et de celle du 13 décembre 1827, page 229, et de l'article 40 de l'instruction du 1er août 1879, page 165 (S), les corps doivent s'efforcer de faire de l'éclairage l'objet d'un abonnement. — Un modèle de marché a été envoyé aux escadrons du train des équipages par dépêche du 22 septembre 1875 (M). (Voir ce modèle, page 593).

Dans les forts, l'État pourvoit, en temps de siège, à l'éclairage extérieur et intérieur, y compris les chambres de troupe et d'officiers. La dépense incombe au service du génie pour l'achat, la pose et l'entretien des appareils; quant à la fourniture de l'huile, des mèches et des bougies, elle reste à la charge du service du chauffage et de l'éclairage.

En temps de paix, le principe de la répartition de la dépense entre les différents services, la masse générale d'entretien et les ordinaires, est maintenu; un procès-verbal règle le nombre d'appareils à entretenir dans les chambres et les corridors, et détermine ceux qui doivent être éclairés et entretenus par les corps au compte de la masse générale d'entretien.

Ceux-ci reçoivent du service du génie le nombre d'appareils nécessaires prélevé sur l'approvisionnement de siège, et ils en font emploi à charge de les entretenir et de les remplacer. Le service des subsistances leur délivre en outre l'huile et les mèches à titre onéreux. (Instr. du 13 septembre 1884, M.) Pour permettre le renouvellement des approvisionnements, il est prescrit aux troupes qui occupent les forts de faire exclusivement usage de l'éclairage à l'huile. (Circ. du 23 février 1882 (M) et instr. précitée.)

Enfin, une dépêche du 18 avril 1883 (M) ouvre au service du chauffage la faculté de céder aux corps de troupe et aux établissements du service des subsistances, les quantités d'huile et de mèches dont ils peuvent avoir besoin à charge de remboursement.

L'instr. du 13 septembre précitée fixe la nomenclature des ustensiles à mettre en usage, et la circ. du 28 août suivant en donne le prix.

NOTA. — L'usage de l'huile de pétrole n'est pas interdit. (Dépêche du 21 septembre 1877 concernant le 1er régiment d'infanterie.

4° *Eclairage des chambres des enfants de troupe.* (Voir *Casernement*, page 215.)

5° *Eclairage des bibliothèques, corps de garde, mess d'officiers et salles de lecture.* (Voir ci-dessus, page 588.)

6° *Eclairage des écuries :*

TROUPES A CHEVAL. — Aux termes de la décision du 22 juillet 1841, page 42, les écuries ne doivent pas être éclairées pendant la nuit.

En hiver, elles sont éclairées le soir, le temps nécessaire pour donner le repas des chevaux, faire la litière et nettoyer l'écurie; le matin, à l'heure du réveil, elles sont éclairées pour le même objet.

Dès que les écuries sont faites, un seul réverbère est conservé allumé, mais dans un corridor ou un endroit séparé.

Des lanternes portatives sont mises à la disposition des gardes d'écurie, afin qu'ils puissent porter secours aux chevaux; elles servent, en outre, à allumer les réverbères pendant la nuit en cas d'alerte. (Voir *Ustensiles d'écurie.*)

En été, l'éclairage du soir et du matin est inutile. (Décis. du 22 juillet 1841 précitée, et annexes au règlemt du 26 mai 1866, page 273.)

Aux termes de l'article 71 du règlement du 30 juin 1856, page 253, les dépenses (appareils et combustible) sont au compte de la masse d'entretien du harnachement et ferrage. Cette disposition est applicable aux bataillons d'artillerie de forteresse (note du 8 avril 1884, page 433.) La nomenclature L du service de la remonte fixe à 15 fr. le prix des lanternes d'écurie avec lampe, et celui des réverbères à 20 fr.

Les appareils sont remis au génie en cas de changement de garnison. (Art. 71 du règlemt.)

(Voir alinéa 3° ci-dessus, pour les abonnements à passer.)

NOTA. — Il est interdit de se servir d'huile de pétrole pour l'éclairage des écuries (21 septembre 1877 (M) et 21 avril 1873, page 408.)

Il en est de même pour le gaz. (Voir ci-après, § 9°.)

INFANTERIE. — Les dépenses d'éclairage des écuries sont à la charge de la masse d'entretien du harnachement et ferrage. (Décis. du 12 janvier 1883, page 42, et règlemt du 28 février 1883, page 219.) Ce matériel reste à demeure (même règlemt.)

Aux termes de l'article 266 du règlemt du 28 décembre 1883 sur le service intérieur, les écuries doivent être éclairées en hiver, le matin au réveil, pendant le pansage; il en est de même pendant le pansage du soir si c'est nécessaire.

Après le pansage du soir, toutes les lumières sont éteintes; une seule lanterne est conservée allumée, mais dans un endroit séparé; un falot portatif est mis à la disposition des gardes d'écurie.

(Voir *Ecuries*, page 507.)

7° *Eclairage extérieur des casernes, forts, citadelles, camps, prisons, etc.* — Le seul éclairage au compte de l'Etat est l'éclairage extérieur, et pour les besoins du service militaire exclusivement.

Cet éclairage doit être autorisé par le ministre sur les rapports des intendants militaires, appuyés des procès-verbaux établis par les sous-intendants, de concert avec les commandants de place et les chefs du génie. — Ces procès-verbaux mentionnent l'espèce des appareils, le nombre, l'emplacement et l'attribution de ces appareils. (Annexes au règlem[t] du 26 mai 1866 sur les subsistances, page 273, tome 1er.)

La fourniture des appareils et leur entretien incombent au service du génie. Le combustible, les mèches et le nettoyage des appareils sont à la charge du service du chauffage. La dépense est comprise sur la facture de l'entrepreneur de ce service. (Art. 71 du règlem[t] du 30 juin 1856, page 253.)

Toutefois, deux dépêches ministérielles, en date des 12 août 1881 et 13 septembre 1883 (M), ont autorisé exceptionnellement le 134e de ligne, campé à Cluny, à imputer les frais d'éclairage du camp sur les fonds de la 2e portion de la masse générale d'entretien. Ce mode d'imputation a été adopté en raison du peu de durée du séjour des troupes à Cluny.

Les crochets, poteaux ou pitons nécessaires pour fixer ou suspendre les appareils sont fournis par le génie, mais les poulies et cordages destinés à la manœuvre desdits appareils, ainsi que les planchettes adossées aux appliques, sont au compte de la masse d'entretien des corps. (Dép. du 11 février 1859 M.) (Voir § 3° pour l'éclairage des troupes dans les forts.)

8° *Illuminations.* — Les corps de troupes sont autorisés à illuminer par un ordre du jour du commandement. (Cir. du 25 février 1835, page 615.)

Le service du génie est chargé de fournir et d'entretenir les ifs destinés aux illuminations des établissements affectés au logement des troupes.

Les frais (*liquide, pose et transport des ifs*) sont imputables à la deuxième portion de la masse générale d'entretien dans les corps à pied et à la masse d'entretien du harnachement et ferrage dans ceux montés. (Circ. du 22 janvier 1827, page 221, et art. 72 du règlem[t] du 30 juin 1856, page 254.)

Deux ifs garnis de 28 à 36 lampions chacun sont placés à la porte principale de chaque caserne. (Circ. du 25 février 1835, page 615.) Les circulaires des 15 février et 17 novembre 1858 (M) rappellent que la dépense ne doit pas dépasser la somme de 20 à 25 francs pour chaque illumination, lors même que les deux ifs contiendraient plus de 72 lampions.

9° *Dispositions particulières à l'éclairage au gaz.*

Dans l'intérieur des casernements. — Lorsqu'il y a lieu de fournir l'éclairage au gaz, la fourniture et la pose des conduits sont, pour tous les établissements du casernement, effectuées par les soins et au compte du service du génie. Quant à la fourniture et à la pose des appareils, tels qu'appliques, becs, compteurs (1) etc., et à la fourniture du gaz, elles incombent soit au service des subsistances, soit aux occupants, suivant ce qui est déterminé par le ministre. (Art. 71 du règlem[t] du 30 juin 1856 et observations qui font suite au tarif des heures d'éclairage annexé au règlement du 26 mai 1866, page 273 du tome Ier). On se borne à faire dans les procès-verbaux des propositions à ce sujet[*]. (Voir ci-dessus *Eclairage à l'huile* pour l'imputation de la dépense qui incombe aux corps.

Toutefois, le règlement du 28 février 1883, page 219, dispose que la masse d'entretien du harnachement et ferrage des corps de troupe d'infanterie ne doit pas supporter les dépenses d'appareils à gaz installés dans les écuries et que ces appareils doivent être fournis par le service du chauffage et de l'éclairage. Mais, d'un autre côté, diverses dépêches ministérielles : 16 avril 1883 (M), etc., rappellent que l'éclairage des écuries par le gaz est interdit en principe en raison des chances d'incendie que présente ce mode d'éclairage dans ces locaux. (Se reporter, pour divers renseignements relatifs à l'organisation du service de l'éclairage au gaz dans les places, à la circ. du 18 février 1862 M.)

Nota. — La dépense comprend, outre la fourniture des appareils et du combustible, le nettoyage des appareils et leur entretien, le renouvellement des menus objets, l'allumage et l'extinction des becs.

(1) Lorsque les dépenses d'éclairage incombent à des services différents, on doit établir autant que possible des compteurs pour chacun d'eux, afin d'arriver à une répartition équitable des frais.

L'article 766 du règlement du 26 mai 1866, sur le service des subsistances, dispose qu'à la fin de chaque trimestre, il est dressé un relevé des consommations ou des heures d'éclairage pour servir au règlement de la dépense.

Des procès-verbaux dressés par les sous-intendants militaires déterminent le nombre, le calibre et l'emplacement des becs dont les corps doivent faire usage. (Voir le § 3° ci-dessus.)

Eclairage au gaz de l'extérieur des casernements. — Les dispositions sont les mêmes que pour l'éclairage à l'huile. (Art. 71 du règlem[t] du 30 juin 1856 et circ. du 14 janvier 1876 M.) Les dépenses sont ordonnancées au profit des usines à gaz sur les crédits du service du chauffage par les soins de l'intendance militaire.

Eclairage au gaz des manèges, page 509.

e CORPS D'ARMÉE

DÉPARTEMENT

d

PLACE

d

MODÈLE D'ABONNEMENT POUR L'ÉCLAIRAGE

(Voir page 590, pour le principe.)

e **RÉGIMENT d**

Abonnement relatif à l'éclairage des casernes, écoles régimentaires et écuries

Du *au* 18

Entre le conseil d'administration du e régiment d

Et M. (*nom, prénoms, profession*), demeurant à , rue , n°

Il a été convenu ce qui suit :

Article premier. — Le sieur s'engage à assurer l'éclairage des corridors, escaliers, passages et latrines des écoles régimentaires et des écuries des casernes occupées par le corps dans la place de

Art. 2. — L'abonnataire devra fournir, entretenir et remplacer à ses frais tous les ustensiles, tels que : appliques, réverbères, lampes, quinquets et lanternes, ainsi que les mèches et l'huile.

Les frais de placement, de nettoyage et d'allumage sont à la charge de l'abonnataire, qui devra tenir chaque jour les ustensiles ou appareils d'éclairage prêts à être allumés et à brûler pendant le temps déterminé par le présent abonnement.

Il est bien entendu, du reste, que les dégradations ou pertes faites par les hommes restent à la charge de ces derniers.

Art. 3. — Le nombre des becs à allumer est fixé, d'après la demande de l'officier de casernement et celle de l'officier directeur des écoles régimentaires, revêtues de l'avis du major, par le conseil d'administration, sous l'approbation du sous-intendant militaire, aux chiffres suivants :

Corridors : — *Escaliers :* — *Passages :* — *Latrines :* — *Écoles régimentaires :* — *Écuries :*

Ces chiffres pourront être augmentés ou diminués en suivant la marche indiquée ci-dessus.

Le nombre d'heures pendant lesquelles devront brûler les quantités de becs déterminées ci-dessus, est fixé par le tableau ci-annexé (1).

Toutes les lampes, appliques, lanternes, etc., devront éclairer suffisamment les lieux où elles sont placées pour que le service puisse y être fait et surveillé avec facilité.

Art. 4. — Les lanternes suspendues dans les écuries sont allumées lorsque la nécessité en est reconnue, le matin et le soir pendant une heure seulement, pour donner la botte et faciliter l'enlèvement du crottin.

L'abonnataire doit, en outre, tenir ces lanternes de suspension prêtes à être allumées en toutes les saisons et à quelque instant que ce soit de la nuit, et à brûler, au besoin, pendant toute la nuit.

Art. 5. — Le présent abonnement est résilié de plein droit au moment du départ du corps.

Le conseil d'administration se réserve, en outre, la faculté de pouvoir le résilier en cas de non-exécution par l'abonnataire des clauses et conditions qu'il renferme.

La même faculté est réservée au conseil d'administration pour les cas :

(1) Le tableau, dressé par le corps et soumis à l'approbation du sous-intendant militaire, est variable, selon les régions et les localités occupées.

1° Où un nouveau système d'éclairage serait jugé plus avantageux pour le corps ;

2° Où le département de la guerre se chargerait de pourvoir ou de faire pourvoir directement à l'éclairage faisant l'objet du présent abonnement, soit par le système au gaz ou par tout autre.

Art. 6. — Au commencement de chaque trimestre, il sera payé au sieur pour l'exécution de son service pendant le trimestre expiré, savoir :

Par bec et par heure d'éclairage :

1° Des galeries, corridors, passages et latrines, la somme de

2° Des écoles régimentaires, la somme de par quinquet ;

3° Des écuries, la somme de

Art. 7. — Le décompte des sommes dues à l'abonnataire sera établi sur états dressés et certifiés par l'officier de casernement ou par l'officier directeur des écoles, constatant le nombre de becs allumés et le nombre d'heures d'éclairage par bec pendant le trimestre écoulé.

Cet état sera vérifié par le trésorier, quant à l'exactitude des calculs, et par le major, quant à l'exactitude des faits.

Il sera reconnu exact par l'abonnataire.

Art. 8. — Le présent abonnement sera soumis à l'approbation du sous-intendant militaire chargé du contrôle administratif du corps, et les contestations qui pourraient s'élever sur l'exécution des clauses et conditions qu'il renferme seront jugées administrativement en premier ressort par ce fonctionnaire et, s'il y a appel, par M. l'intendant militaire du corps d'armée qui prononcera définitivement.

Fait à , les jour, mois et an que dessus.

L'Abonnataire, *Les Membres du Conseil d'administration,*

Approuvé
Par nous, sous-intendant militaire.

FOURRAGES

(Voir dispositions communes aux trois services, page 562, pour les perceptions, bons de distributions, etc.)

Droits aux fourrages.

Les corps de troupe, ainsi que les officiers de tous grades du cadre d'activité régulièrement montés, ont droit aux fourrages dans toutes les positions.

Pour les officiers prenant part à des travaux topographiques ou géodésiques, ou allant en reconnaissance, les fourrages leur sont alloués pendant les trajets d'aller et de retour, mais ils reçoivent pour les journées passées en opération une indemnité représentative pour leurs propres chevaux et ceux des cavaliers qui les accompagnent. (Art. 266 du règlemt du 8 juin 1883, page 623.) Cette indemnité est de 2 fr. (Tarif du 25 décembre 1875, page 904 (1).

Les officiers rappelés à l'activité et montés à leurs frais ont droit aux fourrages du lendemain de leur arrivée, s'ils justifient de l'existence des chevaux. (Art. 265.) Cette disposition est applicable aux officiers promus, montés à leurs frais, qui changent de corps ou de position, pour les chevaux que comporte leur nouveau grade ou leur nouvelle position, en sus du nombre qui leur était précédemment attribué. (Art. 265.) Lorsque ces mêmes officiers sont promus sans changer de corps ou de résidence, les rations de supplément leur sont dues le jour où ils sont possesseurs de leurs chevaux. (Art. 267.) Les officiers de tous grades passant de l'activité à la retraite, d'une situation montée à une non montée ou à une position qui leur donne droit à un nombre de chevaux inférieur, conservent pendant un mois le droit aux fourrages pour le nombre de chevaux dont ils sont pourvus au moment de la mutation, mais seulement tant qu'ils en restent pourvus.

Ces dispositions s'appliquent aux officiers décédés étant en activité. (Art. 266.)

Les officiers qui vont en congé en attendant la liquidation de leur retraite n'ont droit aux fourrages que pendant un mois à compter du jour de leur départ en congé. (Note du 20 octobre 1884, page 619.)

(1) L'indemnité en remplacement de fourrages est allouée aux officiers et militaires de la gendarmerie dans les cas spécifiés par l'article 145 du règlement du 18 février 1863, page 48. Les chevaux laissés par les militaires de la gendarmerie, qui ne sont pas repris pour la remonte de cette arme, n'ont droit aux fourrages que lorsqu'ils sont laissés dans les écuries des brigades. (Circulaire du 13 février 1874 rappelée par l'instruction du 22 avril 1884, sur les inspections, art. 101.)

L'officier monté à ses frais, en détention ou en jugement, reçoit les fourrages jusqu'à sa radiation des contrôles. (Art. 268.) Celui qui se rend à l'armée a droit pendant 3 mois, pour les chevaux laissés au dépôt. (Art. 269.)

Les chevaux de remonte comptent dans les corps du jour de leur départ des établissements. (Art. 272.)

Les chevaux abattus ou vendus cessent d'avoir droit le jour de leur abatage ou de leur vente (1). Les chevaux morts ou pris par l'ennemi comptent pour les fourrages jusqu'au jour inclus de leur perte. (Art. 274.)

Les officiers de toutes armes en congé, etc., autorisés à emmener leurs chevaux, perçoivent les fourrages dans leur résidence, quelle que soit la durée de leur congé ou de leur mission (art. 276); mais le transport des denrées est à leur charge des points de distribution à ceux de consommation. (Note du 7 février 1868, page 26, et décis. du 21 août 1873 M.)

Les fourrages sur le pied de guerre sont dus du lendemain du passage des officiers et de la troupe sur le pied de guerre. (Art. 263.) Au retour, ils sont dus quinze jours après la rentrée pour la troupe et trente jours pour les officiers. (Art. 264.)

La ration sur le pied de route est allouée du jour du départ jusqu'à celui de l'arrivée inclus. Elle est due également aux chevaux qui prennent part à un service extraordinaire, savoir :

Si le service extraordinaire se prolonge pendant plus d'un jour ;

Si la troupe est bivouaquée ;

Si la troupe est cantonnée, mais pendant les quinze premiers jours seulement. (Art. 270.)

Les poulains nés de juments appartenant à l'Etat touchent une demi-ration à partir de leur naissance jusqu'à leur radiation des contrôles (art. 273), mais ils doivent être vendus le plus tôt possible. (Cir. du 2 juillet 1848 M.)

Le dernier tarif de la composition des rations de fourrages à l'intérieur est du 10 octobre 1881, page 363. Pour l'Algérie, voir le cahier des charges du 21 août 1884, page 235 (S).

Le nombre des rations allouées est déterminé par le tarif du 30 juillet 1875, page 73, etc. (Voir *Remonte.*)

Les chevaux des officiers brevetés pour le service d'état-major touchent, dans les corps de troupe d'infanterie et du génie la ration de leur arme d'origine. (Circ. du 26 avril 1880 M.)

Cette disposition a été appliquée aux chevaux des officiers supérieurs d'état-major qui emmènent leurs chevaux dans des corps d'infanterie. (Note du 25 janvier 1884, page 127.)

Mais le tarif du 10 octobre 1881, page 363, alloue d'une manière générale la ration de cavalerie légère aux chevaux de cette origine délivrés aux officiers d'infanterie et la ration de cavalerie de ligne à tous les autres.

Ce tarif est aussi annexé à l'instruction du 17 mars 1882 concernant les officiers d'approvisionnement.

Les capitaines des compagnies des corps de troupe d'infanterie qui justifient de la possession d'un cheval ont droit à une ration de fourrages à titre gratuit. (Décis. du 22 août 1881, page 154.)

Les chevaux achetés par les dépôts de remonte ont droit uniformément, pendant leur séjour dans ces dépôts, à la ration déterminée par le tarif ci-dessus, c'est-à-dire à la ration de l'arme dans laquelle ils ont été classés au moment de leur achat. (Note du 29 avril 1881, page 280.)

Les chevaux et mulets à bord des navires reçoivent la ration fixée par l'instruction du 31 janvier 1864, reproduite au *Journal militaire*, 2e sem. 1876, page 497, et par le tarif du 10 octobre 1881, page 365.

Les chevaux voyageant en chemin de fer reçoivent une ration spéciale dont la composition est fixée à 5 kilog. de foin et 2 kilog. d'avoine pour toutes les armes, par le règlement revisé du 1er juillet 1874, 2e sem. 1884, pages 84, 93 et 108. Voir aussi le tarif inséré à la suite du cahier des charges des entrepreneurs, et dép. du 5 février 1883, qui confirment ce principe.

(1) Voir *Vente de chevaux réformés*, page 394, pour les délais à observer.

TARIF POUR L'INTÉRIEUR.

DÉSIGNATION DES PARTIES PRENANTES.	PIED DE PAIX ET DE RASSEMBLEMENT. Ration des animaux pendant leur séjour dans les dépôts de remonte, y compris les chevaux des officiers détachés en remonte.			PIED DE PAIX ET DE RASSEMBLEMENT. Ration des animaux appartenant aux divers états-majors, aux parties prenantes isolées et aux corps de troupe.			CAMPS DE MANOEUVRES. Animaux baraqués.			CAMPS DE MANOEUVRES. Animaux bivouaqués. (I)			RATION DE ROUTE par terre. (II)			RATION de chemin de fer (pour 24 heures), aussi bien en temps de paix qu'en temps de guerre.		PIED DE GUERRE. (III)			CHEVAUX AU VERT.		
	Foin.	Paille.	Avoine.	Foin.	Paille.	Avoine.	Foin.	Paille.	Avoine.	Foin.	Paille.	Avoine.	Foin.	Paille.	Avoine.	Foin.	Avoine.	Foin.	Paille.	Avoine.	Foin.	Paille.	Avoine.
État-major général. — Officiers d'état-major. — Intendance. — États-majors particuliers de l'artillerie et du génie. — Cavalerie de réserve. — Trains d'artillerie, du génie, des équipages militaires, des équipages régimentaires, du Trésor, des Postes, de l'Imprimerie nationale et des transports auxiliaires..................	4	4	4,55	4	4	5,05	4	4	5,05	5	»	5,55	5	»	5,55	5	2	4	2	5,80	50	2,50	3
Gendarmerie, officiers et vétérinaires hors cadres des dépôts de remonte..	4	4	4,55	4	4	4,55	4	4	5,05	5	»	5,55	5	»	5,55	5	2	4	2	5,80	50	2,50	3
Artillerie; chevaux de selle et de trait des régiments (officiers de troupe); chevaux des officiers du train......	4	4	4,35	4	4	4,85	4	4	4,85	5	»	5,35	5	»	5,35	5	2	4	2	5,60	50	2,50	3
Cavalerie de ligne; chevaux des officiers des régiments du génie, des officiers d'infanterie (lorsque les chevaux de ces derniers ne proviennent pas de la cavalerie légère), des officiers de santé et d'administration.........	3	4	4,15	3	4	4,55	3	4	4,55	4	»	5,05	4	»	5,05	5	2	4	2	4,80	45	2,50	2,5
Cavalerie légère, chevaux des officiers d'infanterie (lorsque ces chevaux proviennent de la cavalerie légère)..	3	4	3,75	3	4	4	3	4	4	4	»	4,50	4	»	4,50	5	2	3	2	4,75	40	2,50	2
Chevaux de race arabe, quelle que soit l'arme à laquelle ils sont attachés..	2,5	4	4	2,5	4	4	2,5	4	4	3	»	4,75	3	»	4,75	5	2	3	2	4,50	40	2,50	2
Mulets, quelle que soit l'arme à laquelle ils sont attachés..................	3	4	3,75	3	4	3,75	3	4	3,75	4	»	4,25	4	»	4,25	5	2	3	2	4,50	40	2,50	2

OBSERVATIONS.

(I) RATION DANS LES CAMPS DE MANOEUVRES.

Lorsque les animaux doivent bivouaquer pendant un certain temps sur le même point, il peut y avoir avantage à remplacer 1 kilogramme de foin ou 500 grammes d'avoine par 2 kilogrammes de paille pour la litière. S'il y a lieu, la substitution est demandée au Ministre.

(II) RATION DE ROUTE.

S'il y est autorisé par le chef de corps, l'officier qui précède les colonnes a le droit, pour tout ou partie de l'effectif, suivant les circonstances, de réclamer le remplacement, *au plus* pour chaque ration, de 1 kilogramme de foin ou de 500 grammes d'avoine par 2 kilogrammes de paille. La substitution ne peut porter sur les deux denrées à la fois dans le même gîte.

(III) RATION DE GUERRE.

Le taux et la composition indiqués au présent tarif serviront de base aux prévisions pour la formation des approvisionnements de réserve et des moyens de transport; mais elles n'ont rien d'absolu. Pour le service en campagne, les rations varient nécessairement selon la nature et l'importance des ressources des contrées où les armées opèrent.

Le règlem[t] du 1er juillet 1874, revisé en 1884, fixe les allocations de paille de litière en chemin de fer pour les chevaux et de paille de chargement pour les selles, savoir :

CAVALERIE

1° 2 kil. 500 gr. de paille de litière par cheval ;

2° Bottillons de paille de 12 kil., à raison d'un pour quatre selles lorsqu'elles restent dans les wagons à chevaux, et d'un pour cinq selles lorsqu'elles sont chargées dans les wagons spéciaux. (Appendice II au règlement du 1er juillet 1874, 2e sem. 1884, page 92.) La circ. du 10 mars 1884 (M) prévoit aussi l'emploi de bottillons pour les voitures.

ARTILLERIE

1° 2 kil. 500 gr. de paille de litière par cheval ;

2° Bottillons de 7 kil. 500 gr. à raison d'un par cinq selles lorsqu'elles sont chargées dans des wagons spéciaux ;

3° Bottillons de 12 kil., à raison d'un par quatre selles lorsqu'elles se trouvent dans des wagons à chevaux ;

4° Bottillons de 7 kil. 500 gr., à raison de 2 par truc, destinés à amortir le choc des roues sur le plancher. (Appendice III au règlem. du 1er juillet 1874, 2e sem. 1884, page 108.)

TRAIN DES ÉQUIPAGES

Comme pour l'artillerie. (2e sem. 1884, page 128.)

INFANTERIE ET GÉNIE

Une dépêche ministérielle du 19 avril 1883 (M) porte qu'on doit réaliser les quantités de paille nécessaires pour les chevaux et pour les selles de l'infanterie, et l'appendice I qui fait suite au règlem[t] du 1er juillet 1874 (inséré 2e sem. 1884, page 84), dispose que les règles spéciales à la cavalerie, en ce qui concerne les chevaux, sont applicables à l'infanterie. Il en résulte qu'on doit faire à ces derniers corps les même allocations de paille qu'aux premiers.

La circ. du 10 mars 1884 (M) prévoit, en outre, l'emploi de bottillons pour les voitures.

DISPOSITIONS COMMUNES A TOUTES LES ARMES

La paille pour litière et bottillons est fournie en dehors de la ration par les magasins militaires. (Règlem[t] du 1er juillet 1874, 2e sem. 1884, pages 92 et 108.) Les bons de distributions indiquent la destination à donner à cette denrée. (Circ. du 19 avril 1877, page 458.) Les bottillons doivent être confectionnés dès le temps de paix. (Circ. du 10 mars 1884) rappelée 2e sem. 1884, page XXVIII.

Substitutions de denrées.

La composition des rations de fourrages fixée par les tarifs est invariable, et ce n'est qu'exceptionnellement que des substitutions de denrées sont autorisées.

Les substitutions peuvent être classées en deux catégories : celles qui ont un caractère général, embrassant tout un corps, une garnison, et celles motivées par des circonstances particulières, qui n'intéressent qu'un certain nombre de chevaux malades ou échauffés.

En ce qui concerne les premières, qui peuvent être rendues nécessaires par la pénurie des denrées comme par la santé des chevaux, l'article 224 du règlement du 26 mai 1866 dispose qu'elles sont en principe ordonnées par le ministre, sur les propositions qui lui sont adressées par les intendants militaires, de concert avec le commandement. Ces propositions sont accompagnées de l'avis des vétérinaires.

Ces substitutions peuvent être prescrites, sur la proposition des intendants, par les généraux commandants, en vertu d'une délégation spéciale du ministre ou lorsqu'il y a urgence. (Art. 224 du règlem[t] et circ. du 6 octobre 1884 M.)

De plus, aux termes de la décision ministérielle du 19 mars 1882, page 112, les chefs de corps de troupe à cheval (cavalerie, artillerie et train), à l'intérieur et en Algérie, peuvent être autorisés sur leur demande, par les généraux commandants de corps d'armée, à faire varier temporairement la ration d'avoine fixée par les tarifs, sous la condition que le total des allocations annuelles soit renfermé dans la limite des allocations auxquelles chaque corps peut avoir droit, d'après le nombre de journées de chevaux, et sans que l'augmentation ou la diminution journalière puisse s'écarter de plus de 500 grammes de la ration réglementaire.

Les généraux rendent compte chaque fois au ministre. Ces dispositions ne s'appliquent pas aux chevaux malades ou indisponibles, dont l'alimentation continue à être réglée d'après les indications ci-après. (Décis. du 19 mars 1882.)

Quant aux substitutions *partielles*, motivées par cas de maladie, etc., elles sont autorisées comme il suit :

1° *Pour les officiers sans troupe et parties prenantes isolées*, les sous-intendants militaires peuvent, sans autorisation préalable, déférer à toutes les demandes de substitutions qui leur sont faites, en bornant toutefois ces substitutions aux denrées d'assimilation déterminées par les règlements, et en les combinant selon les tarifs (décis. minist. du 25 juillet 1867, notifiée par dép. du 5 août suivant) ;

2° Dans les corps de troupe, si la santé des chevaux l'exige ou si les denrées font défaut, des substitutions de denrées peuvent être faites et autorisées par le colonel, sur la proposition du vétérinaire, s'il s'agit d'une période limitée et d'un petit nombre de chevaux. Lorsqu'il s'agit d'une substitution générale, la décision est prise par le commandement ou le ministre. Les denrées de substitution habituelles sont les carottes, la farine d'orge et le son. Dans certaines circonstances, on donne encore aux chevaux des mashs ou du vert. (Art. 354 Cav[ie], 379 Art[ie], modifiés par la note du 25 février 1885, page 222 et 361, Inf[ie], des règlem[ts] du 28 décembre 1883 sur le service intérieur.)

Pour les mashs et le vert, voir ci-après ;

3° *Pour les dépôts de remonte*, les commandants de dépôt, de concert avec le sous-intendant militaire, peuvent régler la composition de la ration selon ce qu'exige la santé des chevaux, mais en combinant toujours les substitutions selon les tarifs ;

4° *Dans la gendarmerie*, les substitutions pour cause de maladie, en cas d'extrême urgence, sont autorisées provisoirement par les chefs de brigade qui rendent compte immédiatement au commandant d'arrondissement en lui adressant le certificat du vétérinaire. Lorsqu'il n'y a pas urgence, on doit toujours attendre l'autorisation du commandant d'arrondissement. Les substitutions par mesure hygiénique ne sont autorisées que par le chef de légion, sur la proposition du commandant d'arrondissement, appuyée d'un certificat du vétérinaire. Toutes ces substitutions sont portées par le chef de légion à la connaissance du commandement et de l'intendant militaire (circ. du 5 avril 1867, précitée), mais il n'est plus produit de relevé trimestriel au ministre. (Circ. du 7 avril 1883, page 144.)

Les denrées dont se compose la ration ordinaire sont : le foin, la paille de froment, l'avoine à l'intérieur, l'orge en Algérie.

Les denrées susceptibles d'être distribuées par substitution, sont indiquées dans le tableau ci-après, qui fixe les bases d'après lesquelles s'opèrent les substitutions :

FOIN (1)

Sainfoin	Poids pour poids.
Luzerne (première coupe et regain)	Poids pour poids.
Paille	Double du poids.
Avoine ou orge	Moitié du poids.
Carottes	Trois fois le poids.

PAILLE DE FROMENT (1)

Paille { de seigle. / d'avoine. / d'orge. }	Poids pour poids.
Foin	Moitié du poids.
Avoine ou orge	Quart du poids.

AVOINE (OU ORGE)

Foin et fourrages artificiels	Double du poids.
Paille (froment, seigle, avoine ou orge)	Quatre fois le poids.
Orge (dans la proportion autorisée)	Poids pour poids.
Son	Moitié en sus.
Farine d'orge	8/10 du poids.

(1) Le drinn se distribue dans certains ports du sud de la division de Constantine, en remplacement de foin et de paille, savoir :

En substitution de foin, 4 fois le poids ;

— de paille, 2 —

Prix : 2 fr. 55 c. le quintal. (Dép. minist. du 11 octobre 1883, n° 3169.)

Fourrages artificiels. Le sainfoin et la luzerne peuvent être distribués en remplacement de foin jusqu'à concurrence de la moitié de la ration réelle.

Pailles de seigle, d'avoine et d'orge. Ces pailles peuvent être données en remplacement de la paille de froment jusqu'à concurrence de 2/5 de la ration réelle.

Orge à l'intérieur. L'orge n'est substituée à l'avoine que par exception et sans dépasser, pour les chevaux de race française, le quart de la ration; pour les chevaux de race arabe, cette proportion peut être augmentée.

Carottes. Lorsqu'on peut se procurer cette racine en quantité suffisante, dans le rayon d'approvisionnement, sans imposer de trop lourds sacrifices au Trésor, la carotte est substituée au foin dans la limite et sous les réserves indiquées par la note ministérielle du 2 décembre 1874. (*Journal Militaire officiel*, 2e sem., page 730.)

Ces diverses indications, concernant la proportion dans laquelle peuvent s'opérer les substitutions d'une denrée à l'autre, n'ont rien d'absolu.

Des décisions ministérielles spéciales peuvent les modifier selon les circonstances exceptionnelles dont il y a lieu de tenir compte.

Fourrages verts. — 40 kilog. de fourrages verts à l'écurie représentent 12 kilogrammes de foin. Une journée de cheval à la prairie équivaut à une quantité de fourrages verts correspondant au taux de la ration déterminée pour chaque arme. (Tarif du 10 octobre 1881, page 363.) Des instructions annuelles règlent le mode de fourniture des fourrages verts. L'on se conforme aux dispositions du règlemt sur le service intérieur et à la note du 25 février 1885, page 222, pour les désignations à faire.

En mer, le son se remplace par les 2/3 de son poids en orge, et la farine d'orge, par les 5/4 de son poids en orge.

En route, les chefs de corps peuvent réclamer le remplacement de 1 kilog. de foin ou de 500 gr. d'avoine par 2 kilog. de paille, mais cette substitution ne peut porter sur ces deux denrées à la fois dans le même gîte.

Chevaux bivouaqués. La même substitution peut être demandée au ministre. (Même tarif.)

Les bons de fourrages doivent être strictement conformes à la réalité des faits, c'est-à-dire qu'ils doivent indiquer les quantités de denrées de chaque nature perçues. (Note du 24 février 1844, page 231.) Une circulaire du 6 juillet 1869 (M) prescrit de fournir au ministre, à l'appui de chaque comptabilité de comptable ou d'entrepreneur, un relevé des substitutions autorisées. (Voir trop perçus pour les extraits à joindre aux revues de liquidation des corps en ce qui concerne l'avoine.)

Mashs. Les articles 362 Infie, 355 Cavie et 380 Artie des réglements du 28 décembre 1883 sur le service intérieur, modifiés par l'*errata* inséré 1er sem. 1884, page 461, autorisent les distributions de mashs aux chevaux en travail échauffés par l'avoine ou dont le travail est brusquement arrêté.

Un mash se compose en principe, pour un cheval, de 1 kilog. 125 d'avoine, de 1 décilitre de graine de lin, de 1 litre de son et de 3 litres d'eau bouillante.

On verse l'avoine, le son et la graine de lin dans un seau; on y verse ensuite les 3 litres d'eau bouillante; on couvre le seau et on laisse refroidir le mélange, auquel il est bon d'ajouter un peu de sel, ou pour un cheval délicat, un peu de mélasse.

Les chevaux sont signalés par le vétérinaire au colonel qui décide et provoque les substitutions. (Note du 25 février 1885, page 222.)

Une dépêche du 16 mai 1884 (M) dispose que, jusqu'à nouvel ordre, la graine de lin, le sel ou la mélasse seront achetés sur les fonds de la masse d'entretien du harnachement et ferrage. De plus, celle du 19 avril 1884 (M) indique les réductions à faire subir à la ration normale des chevaux soumis à ce régime.

FRAIS D'EXPERTISE DE FOURRAGES

(Voir ci-dessus, page 577.)

1° NOURRITURE EN ROUTE DES CHEVAUX DE REMONTE, ALLOCATIONS AUX CONDUCTEURS

CHEVAUX D'OFFICIERS ET DE TROUPE

La circulaire du 31 août 1878 (M) rappelait que les chevaux de remonte transportés par les voies ferrées devaient recevoir les fourrages en nature; mais la décision présidentielle du 9 décembre 1879, page 473, *a généralisé ce principe*, en prescrivant que les chevaux de remonte participeront aux distributions de fourrages dans le corps auquel ils sont destinés à partir du jour de leur départ de l'établissement livrancier. Ce principe est confirmé par l'art. 272 du règlem[t] du 8 juin 1883, page 626.

Il en résulte que les allocations en deniers prévues par l'article 38 du règlement du 23 mars 1837 (2 fr. pour la cavalerie de réserve et 1 fr. 80 pour les autres) ne sont plus faites que pour les chevaux se rendant des lieux d'achat dans les dépôts de remonte. Pour les chevaux destinés aux corps qui voyagent par étape, les fourrages sont perçus dans chaque gîte sur la production d'un mandat d'étape établi au départ par le sous-intendant militaire. Ces dispositions nouvelles sont applicables aux chevaux des officiers de troupe ou sans troupe (1).

La ration des chevaux transportés par les voies ferrées se compose de 5 kilog. de foin et de 2 kilog. d'avoine. (Règlem[t] du 1er juillet 1874, pages 84, 93 et 108 du 2e sem. 1884, et dép. du 5 février 1883 M.) Celle des chevaux voyageant par étape est fixée par le tarif général du 10 octobre 1881, page 363.

Le personnel chargé de la conduite des chevaux a droit, savoir :

Les officiers, à la solde de présence, cumulativement avec l'indemnité de route (Tarif n° 14 du 25 décembre 1875, page 824, et circ. du 16 février 1876, page 121) ;

Les hommes de troupe, à une indemnité de route spéciale (même circ. et 13 août 1879, page 87), qu'ils soient isolés ou formés en détachement. Le taux de cette indemnité est de 5 francs pour les adjudants, de 3 fr. 50 c. pour les autres sous-officiers, et de 2 fr. 50 c. pour les brigadiers et cavaliers. Elle est exclusive de la solde et de toute autre prestation en deniers ou en nature. (Circ. du 13 août 1879, page 87.) La note du 3 décembre 1879, page 441, fait connaître que cette indemnité spéciale est due pour toutes les journées d'aller, de retour et de séjour. (Se reporter à la page 446 ci-dessus pour tous les conducteurs de chevaux en général.)

Aux termes de l'article 48 du règlement du 23 mars 1837, page 27, le chef de détachement se présente, avant de se mettre en route, devant le sous-intendant militaire avec l'ordre du commandant du dépôt de remonte, qui, après avoir passé la revue d'effectif du détachement, délivre avec la feuille de route, un mandat d'indemnité de route calculé sur les jours effectifs de marche et de séjour. (Art. 48.)

Lorsque le dépôt de remonte est situé dans une localité où il n'y a ni sous-intendant ni suppléant légal, les hommes qui y vont prendre des chevaux reçoivent de leur corps, avant de partir, l'avance de l'indemnité journalière de route pour le retour. (Décis. du 3 août 1882, page 67.)

Les fonds nécessaires pour assurer le paiement des dépenses de médicaments, de ferrage, etc., sont remis par les corps aux chefs de détachement qui en justifient à leur retour. (Voir *Ferrage*, page 496, renvoi 1.)

A l'arrivée, les sous-intendants militaires dressent un procès-verbal d'immatriculation, mentionnant seulement le nombre des chevaux, leur numéro matricule et, s'il y a lieu, les mutations survenues pendant la route.

Ce document ne doit être adressé au ministre que lorsqu'il y a eu des dépenses de nourriture. Dans tous les autres cas, cette pièce est conservée dans les archives du sous-intendant militaire. (Note du 10 février 1881, page 55.)

2° NOURRITURE ET TRAITEMENT DES CHEVAUX TOMBÉS MALADES EN ROUTE

Aux termes de la décision du 13 mars 1841, page 16, et de la note du 27 août 1848, page 853, lorsqu'un cheval appartenant à un détachement de remonte tombe malade en route, le commandant du détachement le fait placer, autant que possible, dans

(1) Toutefois, l'instruction du 1er mars 1881, page 355, dispose que lorsque des dépenses de nourriture de chevaux doivent être remboursées aux corps, ou doit produire, chaque trimestre, des relevés du modèle n° 21 *bis* annexé au décret du 1er mars 1880. Le montant en est ordonnancé par les fonctionnaires de l'intendance.

Les intendants militaires établissent pour ces dépenses des rapports de liquidation (mod. n° 4 annexé à la décis. du 3 mars 1860, page 41) et les font parvenir au ministre, avec les copies des pièces justificatives à l'appui (direction de la Cav[ie], bureau des remontes), dans le courant du deuxième mois qui suit le trimestre expiré. (Art. 12 de ladite instruction.)

Le tableau annexé à l'instruction du 1er mars 1881, page 364, indique le détail à présenter sur les relevés n° 21 *bis* (décret du 1er mars 1880) et sur les rapports.

l'établissement ou le régiment le plus à proximité ou dans l'écurie affectée à la brigade de gendarmerie, ou enfin dans une auberge, en cas d'insuffisance de celle-ci, ou lorsque la nature de la maladie s'y oppose.

La note du 19 janvier 1882, page 11, prescrit à l'autorité militaire qui a ordonné la mise en subsistance de prévenir le corps destinataire et de rendre compte en même temps au ministre. De plus, la circulaire du 20 mars 1880, page 124, dispose que, pour les chevaux transportés à de longues distances, le trajet doit être scindé de manière que les chevaux fassent arrêt, autant que possible, dans une localité occupée par des troupes à cheval ou des établissements pourvus de vétérinaires militaires. Un de ces vétérinaires est désigné pour en passer la visite, et les chevaux reconnus ne pouvoir continuer la route sont placés en subsistance dans le corps auquel ce vétérinaire appartient.

Lorsqu'il n'y a ni cavalerie, ni gendarmerie, le cheval est remis au maire de la commune avec son signalement. Celui-ci est tenu de le faire conduire à la brigade la plus voisine aussitôt que possible. (13 mars 1841 et 27 août 1848.)

Après guérison, l'autorité militaire locale le fait diriger sur le corps auquel il appartient ou, si ce corps est trop éloigné, sur le régiment le plus à proximité. (Décis. du 15 mai 1841, page 31.)

Les fourrages sont délivrés par le service des subsistances et les bons compris dans la comptabilité du comptable ou de l'entrepreneur à la ration.

Les rations sont perçues au titre des corps auxquels les chevaux sont destinés. (Décis. présidentielle du 9 décembre 1879, page 473.)

Quant aux frais de médicaments, de ferrage, de traitement, de conduite, etc., ils sont imputés à la masse d'entretien du harnachement et ferrage du corps qui reçoit le cheval. (Circ. du 6 octobre 1831, page 105 du tome III. — Voir *Infirmeries vétérinaires*, page 549, pour les honoraires à payer aux vétérinaires civils.)

On doit procéder de la même manière pour les chevaux malades laissés en arrière des colonnes par les corps faisant mouvement. (Art. 419 Cav[ie] et 457 Art[ie] des règlem[ts] du 28 décembre 1883, sur le service intérieur.)

3° NOURRITURE DES CHEVAUX EN DÉPOT REPRIS A L'AGRICULTURE

La nourriture des chevaux en dépôt repris à l'agriculture est assurée comme celle des chevaux de remonte. (Art. 50 et 51 de l'instr. du 3 juillet 1867, page 822.)

En cas de mobilisation, ils sont conduits au chef-lieu de réquisition, et ramenés et nourris comme les chevaux requis. (Instr. du 23 février 1876 M.) Ces dispositions sont toujours en vigueur.

4° NOURRITURE DES CHEVAUX DE RÉQUISITION EN CAS DE MOBILISATION

Aux termes de l'instruction du 1er août 1879, article 27, page 691, la nourriture des animaux requis est assurée au moyen de bons (mod. n° 12) établis au titre des corps destinataires, par les présidents des commissions de réception, tant *au chef-lieu de réquisition que pendant le trajet* de ce chef-lieu au corps destinataire.

Ces bons sont visés par les maires et acquittés par les chefs de détachements. Le modèle est joint à l'instruction.

La ration se compose pour toutes les armes de :

4 kilog. de foin et 5 kilog. d'avoine.

Lorsque la réquisition des animaux est prononcée avant l'arrivée des cadres de conduite et avant que la commission ne les ait affectés à tel ou tel corps, il est établi un bon collectif provisoire, qui est ensuite remplacé par des bons définitifs par corps.

La nourriture des animaux qui ne sont pas requis reste au compte des propriétaires. (Art. 27.)

5° NOURRITURE DE CHEVAUX OU MULETS AFFECTÉS AU SERVICE DES ÉTABLISSEMENTS MILITAIRES (ARTILLERIE, HÔPITAUX, ETC.)

Diverses décisions ont autorisé le directeur de la fonderie de Bourges et l'hôpital militaire de cette place à percevoir, pour des chevaux affectés à ces établissements, les fourrages dans les magasins militaires.

Les denrées perçues sont délivrées à charge de remboursement par les services intéressés. (Art[ie], Hôpitaux, etc.) (Voir *Fournitures remboursables*.)

6° NOURRITURE DES CHEVAUX CHEZ L'HABITANT

(Voir *Réquisitions*, pages 568 et 569 ci-dessus.)

Paille de litière pour les chevaux malades.

La circulaire du 27 février 1872 (M) autorise les corps de troupe à cheval à acheter de la paille de litière pour les chevaux maigres ou malades, à raison de deux kilogrammes par cheval et par jour. Il ne doit être acheté que de la paille de seigle, à l'exclusion de toute autre.

La dépense est imputable sur les fonds de la masse d'entretien du harnachement et ferrage. — Il doit être fait mention, sur l'état annuel des recettes et dépenses de cette masse, du nombre de chevaux pour lesquels cet achat a été fait, ainsi que du nombre de jours pendant lesquels cette allocation a eu lieu.

Paille de première mise ou de renouvellement

POUR LA LITIÈRE DES CHEVAUX DES CORPS DE TROUPE

D'après l'instruction du 29 décembre 1840, page 408, complétée par la décision du 30 mars 1842, page 82, tout corps de troupe à cheval, arrivant dans une garnison, a droit à une distribution de cinq kilog. de paille fraîche par cheval comptant à l'effectif, pour première mise de litière.

La même allocation est due aux chevaux à recevoir des dépôts de remonte ou d'autres corps.

La fourniture de cette paille est à la charge des adjudicataires des fumiers. Si les corps l'achètent eux-mêmes, la dépense est imputée provisoirement à la masse d'entretien du harnachement et ferrage, mais elle est remboursée entre les mains du conseil d'administration par ces adjudicataires. (30 mars 1842, page 82.)

Nota. — Si la vente des fumiers n'a pas lieu ou est faite par lots, la dépense reste nécessairement à la charge du corps.

(Voir *Vente de fumiers*.)

La circulaire du 2 mars 1883, page 176, ayant prescrit le renouvellement total de la paille de litière à l'époque de la désinfection annuelle des écuries et infirmeries, le ministre a fait connaître par note du 24 juillet 1883, page 112, que cette dépense incomberait à la masse d'entretien du harnachement et ferrage et que ce renouvellement aurait lieu à raison de cinq kilog. par cheval.

La paille peut être tirée à charge de remboursement des magasins administratifs ou être achetée dans le commerce. (24 juillet 1883.)

En Algérie, il est accordé trois kilog. de paille à titre de première mise pour la litière, à tous les chevaux ou mulets des corps arrivant de France ou rentrant d'expédition. (Tarif des rations de fourrages annexé au cahier des charges du 21 août 1884, page 235 S.)

Economies de fourrages dans les dépôts de remonte.

(Pour les corps de troupe, voir *Infirmeries vétérinaires*, page 552.)

En exécution de l'article 82 du règlement du 23 mars 1837, page 37, il est procédé, à la fin de chaque trimestre, en présence du sous-intendant militaire, à un recensement des fourrages dans les magasins du dépôt ou de la succursale. Les quantités non consommées sur les rations allouées sont reversées dans les magasins de l'Etat ou des entrepreneurs. (Décis. minist. du 1er avril 1867 rappelée par l'instr. sur les inspections administratives.) Il est établi à cet effet un état conforme au modèle n° 20, page 80 du *Journal militaire* du 2° sem. 1837.

Les denrées ainsi reversées dans les magasins des entrepreneurs leur sont imputées au prix de leur marché. (Art. 21 du cahier des charges du 21 août 1884, page 253 S.)

Paille de couchage et de baraquement. (Voir au titre *Campement*, page 204.)

Fournitures remboursables. (Voir ci-dessus, page 572.)

PRISES SUR L'ENNEMI

Les prises faites par les partisans leur appartiennent, lorsqu'il a été reconnu qu'elles ne se composent que d'objets enlevés à l'ennemi ; elles sont estimées et vendues par les soins du chef d'état-major et de l'intendant ou du sous-intendant au quartier du général qui a ordonné l'expédition, et, autant que possible, en présence d'officiers et de sous-officiers du corps de partisans.

Si la troupe n'est pas rentrée, les fonds sont versés chez le payeur pour être distribués à qui de droit.

Quand les prises sont envoyées dans une place, le commandant de cette place supplée le chef d'état-major.

Les armes, les munitions de guerre ou de bouche, ne sont jamais partagées ni vendues ; et le général en chef détermine l'indemnité à allouer à ceux qui les ont prises.

Les officiers supérieurs ont chacun cinq parts ; les capitaines, quatre ; les lieutenants et les sous-lieutenants, trois ; les sous-officiers, deux ; les caporaux, brigadiers et soldats, une ; le commandant de l'expédition en a six en sus de celles que lui donne son grade.

Quand, dans une prise, il se trouve des chevaux ou d'autres objets appartenant aux habitants, ils leur sont rendus.

Les chevaux enlevés à l'ennemi sont remis au service de la remonte, qui les paie d'après le tarif arrêté par le commandant en chef ou les fait vendre aux enchères s'ils sont impropres au service. Le prix en est distribué aux hommes qui les ont pris.

Les officiers de la troupe qui a enlevé les chevaux et ceux qui ont pris part à l'action, sont autorisés à se remonter les premiers aux prix fixés par les tarifs.

Les chevaux amenés par les déserteurs sont également remis au service de la remonte, qui en dispose au profit de l'Etat.

Ces diverses dispositions s'appliquent à tout détachement isolé qui fait une prise. (Art. 219 du règlem[t] du 26 octobre 1883, page 696, sur le service des armées en campagne.)

DROITS D'OCTROI

L'octroi est l'impôt qu'une ville peut être autorisée à percevoir pour augmenter ses revenus lorsqu'ils sont insuffisants en raison de ses dépenses. Nulle personne ne peut prétendre à la franchise des droits d'octroi à raison de ses fonctions, de ses dignités, de son emploi ou de tout autre prétexte. (Art. 105 de l'ordonn. du 9 décembre 1814.)

Les objets sur lesquels les villes peuvent percevoir des droits d'entrée sont énumérés dans le tarif qui fait suite au décret du 12 février 1870, inséré au *Bulletin des Lois*, partie principale, page 193. De ce nombre, sont les boissons et liquides, les comestibles, les combustibles, ainsi que les fourrages, matériaux et métaux.

Sont exempts de ce droit : les objets de première nécessité, tels que le pain, le sucre et le café, ainsi que les céréales autres que l'avoine et l'orge, les étoffes, effets, etc.

Les dispositions relatives à la perception des droits d'octroi sont applicables à l'armée comme aux particuliers.

Cependant sont affranchis de tout droit :

1° Les matières premières et combustibles employés dans les établissements militaires ou manufactures de l'Etat, à la préparation ou à la fabrication des produits non frappés de la taxe d'octroi (art. 8 dudit décret) ;

2° Les approvisionnements de vivres et autres qui ne doivent pas être consommés sur place (art. 11) ;

3° Les combustibles destinés à l'entretien ou à la fabrication du matériel de guerre ou à la confection d'objets qui doivent être consommés hors du lieu (art. 12).

Dans ces trois cas, les combustibles et matières doivent être mis en entrepôt. (Décret précité.)

Il résulte des dispositions rappelées ci-dessus que les corps de troupe doivent acquitter les droits comme les particuliers et que, pour en être exonérés, ils doivent stipuler dans leurs marchés que les fournisseurs en acquitteront le montant.

Si des dépenses sont faites pour cet objet, elles sont imputées sur les mêmes fonds que les fournitures elles-mêmes. (Auteur.)

Droits sur les boissons, etc., perçus par la régie au profit du Trésor public.

Aux termes de la loi du 28 avril 1816, les vins, cidres, poirés (1), eaux-de-vie ou esprits sont soumis aux droits ci-après :

Droit de circulation (les voyageurs peuvent emporter 3 bouteilles de vin au maximum sans déclaration préalable; dans les autres cas, la déclaration est exigée) (Art. 18) ;

Droit d'entrée dans les villes de 4,000 habitants et au-dessus (Art. 20 de la loi précitée et 3 de celle du 12 décembre 1830);

Droit de détail (1) imposé aux débitants seulement (dans les villes de 4,000 habitants et au-dessus pourvues d'octroi, ce droit est supprimé et confondu avec le droit d'entrée : loi du 9 juin 1875).

De plus, en ce qui concerne les alcools, le droit de circulation et celui de détail sont remplacés par un droit dit de consommation. (Loi du 28 avril 1816.) Les liqueurs, les fruits à l'eau-de-vie, les eaux-de-vie en bouteille et l'absinthe sont taxés comme les spiritueux en cercles, suivant la capacité réelle des bouteilles et la richesse alcoolique des liquides. (Loi du 26 mars 1872.)

La régie peut exempter de tous droits de circulation le simple consommateur qui, transportant des boissons de chez lui chez lui (en cas de déménagement, par exemple) peut prouver que ces boissons avaient déjà acquitté le droit. (Diverses décis. minist.)

Les alcools expédiés par le service des hôpitaux sur les infirmeries des corps ne sont pas passibles des droits de consommation. (Dép. minist. du 13 mai 1863, n° 815.)

Pour les cantinières, voir à ce titre, page 267.

L'administration militaire est soumise à l'acquittement des droits sur les liquides qu'elle réunit dans ses magasins, qu'elle fait voyager ou qu'elle met en consommation (Art. 590 du règlemt du 26 mai 1866, page 128), et les employés de l'administration des contributions indirectes ont le droit d'exercer dans les magasins militaires sans l'autorisation du sous-intendant. (Art. 592.)

PENSIONS

Des droits à la pension de retraite.

Le droit à la pension de retraite par ancienneté est acquis à 30 ans de service effectif pour les officiers et à 25 ans pour les sous-officiers et soldats. (Lois du 26 avril 1855, page 602, et du 18 août 1879, page 69; art. 1er de la loi du 11 avril 1831, page 368.) Les officiers d'un grade inférieur à celui de général peuvent être mis à la retraite d'office ou sur leur demande. Mais les officiers généraux ne peuvent être retraités que s'ils le demandent. (Décis. du conseil d'Etat du 29 novembre 1851, page 249.)

Les années de service, pour la pension militaire de retraite, se comptent de l'âge où la loi permet de contracter un engagement volontaire. (Art. 2 de la loi précitée.)

Le service des marins incorporés dans l'armée de terre leur est compté pour le temps antérieur à cette incorporation d'après les lois qui régissent les pensions de l'armée de mer. (Art. 3.)

Est compté pour la pension militaire de retraite, le temps passé dans un service civil donnant droit à pension, pourvu toutefois que la durée des services militaires soit au moins de 20 ans. (Art. 4.)

(1) Le droit de détail est en outre perçu pour les hydromels et les bières.

Il est compté 4 années de services effectifs, à titre d'études préliminaires, aux élèves de l'Ecole polytechnique, au moment où ils entrent comme officiers dans les armes spéciales (art. 5); au même titre, il est accordé 5 années aux médecins et pharmaciens (art. 35 du décret du 23 mars 1852, page 362); aux vétérinaires, 4 années. (Décr. du 30 avril 1875, page 727.)

Pour tous autres renseignements au sujet de ces services d'études, se reporter au titre : *Matricule* des officiers, page 311. Chaque année de service au delà de 30 ans pour les officiers et de 25 pour la troupe et chaque année de campagne supputée selon les articles 7 et 8 de la loi du 11 avril 1831, ajoutent à la pension un vingtième de la différence du minimum au maximum. (Lois des 11 avril 1831 et 18 août 1879, page 701.) Le maximum est acquis à 50 ans de service pour les officiers et à 45 pour les hommes de troupe, campagnes comprises. (Mêmes lois.)

Le temps passé en non-activité compte pour la retraite. (Art. 8 de la loi du 19 mai 1834, page 571.)

La pension d'ancienneté se règle sur le grade dont le militaire est titulaire. Néanmoins, s'il *demande* sa retraite avant d'avoir au moins deux ans d'activité dans ce grade, la pension se règle sur le grade immédiatement inférieur. (Art. 10 de la loi du 11 avril 1831.)

NOTA. — Cette condition de 2 ans d'activité n'est naturellement pas imposée à ceux qui sont mis à la retraite d'office.

Ont droit à une pension proportionnelle à la durée de leur service :

1° Les sous-officiers comptant 10 ans de rengagement et moins de 25 ans de service;

2° Les caporaux, brigadiers et soldats maintenus sous les drapeaux comme commissionnés, par application de l'article 35 de la loi du 13 mars 1875 modifiée par celle du 15 décembre suivant, ainsi que les militaires de tout grade de la gendarmerie et qui comptent au moins 15 années et moins de 25 années de service accompli sous les drapeaux. (Art. 26 de la loi du 23 juillet 1881, page 29.)

Hors le cas de blessures ou d'infirmités, la pension proportionnelle ne peut être accordée aux sous-officiers rengagés qu'à l'expiration du dernier rengagement. (Circ. du 8 septembre 1882, page 141.) Pour tous autres renseignements, se reporter à la loi du 18 août 1879, page 70.

Les militaires retraités réadmis sous les drapeaux comme commissionnés peuvent faire réviser leur pension en faisant entrer dans le décompte de leurs services le temps pendant lequel ils ont servi comme commissionnés. (Note du 4 avril 1877, page 447.) (Voir *Rengagements et Commissionnés*.)

Les pensions de retraite pour cause de blessures ou d'infirmités sont dues dans les cas ci-après :

Les blessures donnent droit à la pension de retraite lorsqu'elles sont graves et incurables et qu'elles proviennent d'événements de guerre, ou d'accidents éprouvés dans un service commandé.

Les infirmités donnent le même droit lorsqu'elles sont graves et incurables, et qu'elles sont reconnues provenir des fatigues ou dangers du service.

Les causes, la nature et les suites des blessures ou infirmités sont justifiées dans les formes et dans les délais déterminés par l'ordonnance du 2 juillet 1831. (Art. 13 de la loi du 11 avril 1831.) Les blessures ou infirmités ouvrent un droit immédiat à la pension, si elles ont occasionné la cécité, l'amputation ou la perte absolue de l'usage d'un ou plusieurs membres. (Art. 14.) Dans les autres cas, elles n'ouvrent le droit à pension : 1° Pour l'officier, que lorsqu'elles le mettent hors d'état de rester en activité et lui ôtent la possibilité d'y rentrer ultérieurement; 2° pour les sous-officiers et soldats, que lorsqu'elles les mettent hors d'état de servir et de pourvoir à leur subsistance. (Art. 14.)

Les pensions de cette nature sont réglées sur le grade dont les militaires sont titulaires. (Art. 18.)

Les dispositions ci-dessus sont applicables aux militaires de la réserve ou de l'armée territoriale, appelés pour des exercices ou manœuvres, s'ils viennent à être blessés ou à contracter des infirmités. (Loi du 1er juin 1878, page 251.) Les officiers retraités appartenant à l'armée territoriale peuvent, en cas d'appel de cette armée à l'activité, faire réviser leur pension pour la durée de cet appel. (Loi du 24 juillet 1873, page 44.) Quant au temps passé par eux sous les drapeaux, pour des exercices ou manœuvres, il n'en est pas tenu compte. (Loi du 1er juin 1878, page 251.)

Instruction des demandes de pensions, tarifs, paiements d'arrérages.

L'instruction des demandes de pensions ne doit, en principe, occasionner aucune dépense au compte des corps de troupe.

Les trésoriers fournissent sur leurs frais de bureau les imprimés nécessaires. (Voir page 339.) Toutefois, dans les compagnies et corps de troupe de la gendarmerie, les imprimés nécessaires pour l'instruction des demandes de pension sont achetés à l'inspection générale sur les fonds de la masse d'entretien et de remonte. (Art. 261 du règlemt du 18 février 1863.)

Les intéressés doivent produire les pièces justificatives relatives à leur état civil et, par suite, ils sont obligés de payer les frais de légalisation ou autres, s'il y a lieu.

Le taux des pensions est fixé par la loi du 22 juin 1878, page 292, pour les officiers, et par celles des 18 août 1879, page 73, et 23 juillet 1881, page 43, pour les sous-officiers et soldats. Le tarif du 22 novembre 1882, pages 471 et 509, indique le montant des pensions de retraite concédées, à n'importe quel titre, aux militaires de tous grades.

Pour les militaires retraités antérieurement à la loi du 22 juin 1878, le tarif est celui du 18 août 1881, page 95.

Les pensions des membres du corps de contrôle sont fixées par la loi du 16 mars 1882, page 101.

Les pensions militaires sont incessibles et insaisissables, excepté dans le cas de débet envers l'Etat ou dans les circonstances prévues par les articles 203 et 205 du Code civil. Dans le premier cas, la retenue ne peut excéder le cinquième, et dans le second, un tiers. (Art. 28 de la loi du 11 avril 1831, page 373.)

Aux termes de l'article 30 du règlement du 8 juin 1883, page 549, tout militaire admis à la pension de retraite jouit de cette pension à partir du lendemain du jour où il reçoit la notification officielle du règlement de cette pension.

Le militaire en congé en attendant la liquidation de sa pension, ou l'officier en non-activité, entrent en jouissance des arrérages de la pension à partir du jour du décret de concession.

Les officiers généraux et assimilés admis à la retraite ou dans le cadre de réserve entrent en jouissance des arrérages de leur pension à partir également du décret de concession. (Art. 30 du règlemt précité.)

Les sous-officiers, caporaux ou soldats libérés définitivement à une date antérieure à celle du décret de concession, reçoivent les arrérages à partir de cette libération. Ces dispositions sont applicables aux militaires commissionnés.

Quant aux hommes de troupe en traitement dans les hôpitaux, ils touchent leur pension à partir de la sortie de ces établissements.

En ce qui concerne les militaires jouissant d'une gratification de réforme, on se conforme au décret de concession, lequel contient une date fixe et invariable. (Décis. présidentielle du 27 décembre 1880, page 447, qui contient d'ailleurs toutes les dispositions de l'art. 30 du règlemt sur la solde, du 8 juin 1883.) Consulter la note interprétative du 24 décembre 1884, page 966. — Voir *Cumul des pensions avec d'autres traitements*.

Les officiers et assimilés admis à la retraite ou dans le cadre de réserve, maintenus provisoirement en fonctions pour raisons de service, reçoivent sur les fonds de la solde une indemnité pour parfaire, avec le montant de leur pension, la solde nette d'activité de leur grade. (Art. 30.)

La circulaire interprétative en date du 28 décembre 1880, page 450, dispose, en outre, que les sommes perçues au titre de la solde postérieurement à la date d'entrée en jouissance de la pension sont reversées dans la caisse des corps ou du Trésor, à la diligence des fonctionnaires de l'intendance militaire, lesquels mentionnent en outre, sur les certificats de cessation d'activité, les retenues à exercer sur les pensions.

Quant aux militaires en jouissance d'une gratification de réforme, qui sont admis à la pension de retraite, on doit aussi verser au Trésor les sommes perçues au titre de la gratification faisant double emploi avec la retraite. (Circ. du 29 novembre 1883, page 766.)

Pour les hommes de troupe, les certificats de cessation de paiement délivrés par les corps, doivent être conformes au modèle annexé à la note du 20 juin 1882, page 327, et aux dispositions de la note du 24 décembre 1884, page 966.

Pour le remboursement des débets, voir *Solde.*

Tableaux des pièces qui doivent accompagner les mémoires de propositions (1) (2).

(Extrait du *Manuel* des pensions de l'armée de terre, *Journal militaire*, 1er volume, page 486.)

Premier tableau.

Pensions de retraite pour ancienneté de services.

(Titre 1er de la loi du 11 avril 1831.)

Mémoire de proposition, modèle A.

A. *Demande motivée de l'intéressé*, visée, pour en constater la date et servir de légalisation, par le conseil d'administration ou le chef militaire qui l'aura reçue.

Nota. — Les demandes d'admission à la retraite pour ancienneté de services, formées par des officiers, peuvent être transmises au ministre à toute époque de l'année. (Note du 25 mai 1879, page 780.) Les demandes des sous-officiers et soldats sont transmises à l'époque des revues trimestrielles. (Instr. du 17 mars 1884, art. 70, page 558 S.)

B. *Acte de naissance dûment légalisé* (3).

S'il y a d'autres pièces concernant l'état civil, comme traduction d'un acte venant de l'étranger ou certificat de naturalisation, etc., l'acte de naissance sera timbré B1, les autres pièces B2, B3.

Nota. — Sans l'acte de naissance ou sans l'acte de notoriété qui, dans le cas d'obstacles insurmontables et à défaut d'un jugement sur enquête, peut seul suppléer à l'extrait régulier des registres de l'état civil, page 425 du *Manuel*, il est matériellement impossible de soumettre au Conseil d'Etat la liquidation d'une pension. La même impossibilité subsiste si l'acte de naissance, délivré en France, n'est pas légalisé par le président du tribunal de l'arrondissement, conformément à l'article 45 du Code civil ; si l'acte de naissance délivré par une autorité étrangère n'est pas légalisé par la légation ou un consulat de France dans le pays d'où il vient, ou par la légation de ce pays en France ; enfin, si l'acte de naissance d'un étranger n'est pas accompagné des pièces prescrites à la page 426 du *Manuel des pensions*. (Naturalisation des étrangers.) Voir *Matricules*.

C. *Etat des services et campagnes* (accompagné, pour les hommes de troupe, des états partiels des mêmes services déjà vérifiés par les bureaux du ministère, Note du 8 avril 1882, page 160).

Les justifications de cet état, qui sera timbré C1, prendront les signes C2, C3, etc. ; le résumé, s'il est séparé de l'état, aura également un timbre C avec le numéro à la suite des précédents. Cet état est signé par l'intéressé.

Nota. — 1° Décompte des campagnes : Chaque période donne droit à autant de campagnes qu'elle comprend de fois 12 mois ; si elle est inférieure à 12 mois, elle ouvre le droit à une campagne, quelle que soit sa durée. Toutefois, dans une période de 12 mois, on ne peut compter plus d'une campagne si le militaire a fait deux campagnes dans ce laps de temps ; à moins qu'une de ces campagnes ne donne droit à la double durée.

Exemples : 3 ans, 4 mois, 5 jours comptent pour 4 campagnes.
6 — 10 — 1 — (Auteur.)

Ces décomptes sont faits sans distinction d'année.

La note du 20 août 1881, page 162, dispose ce qui suit : Lorsque des campagnes hors d'Europe en temps de guerre sont comprises dans un espace de moins d'un an et sont précédées ou suivies d'autres faites en Europe (campagne double et simple), on établit premièrement les périodes donnant droit au bénéfice des campagnes sans se préoccuper de la nature de celles-ci (doubles ou simples); puis on suppute la bonification des campagnes doubles et l'on totalise ensuite les deux résultats obtenus.

Pour tous autres détails, voir *Registres matricules*, page 312.

2° Décompte des services : Se reporter également à la page 311.

Nota. — Remarquer entre autres les deux prescriptions ci-après du *Manuel* (page 421, § 4) : « La demande » et les pièces seront communiquées, un mois avant la revue de l'inspecteur général, au sous-intendant militaire » qui, s'il les trouve régulières, les visera et les renverra au conseil d'administration pour être présentées à l'inspecteur général. »

(1) Toutes les pièces autres que celles à l'établissement desquelles le sous-intendant militaire a coopéré doivent être légalisées par les autorités compétentes, selon les règles administratives et judiciaires.

(2) Pour les officiers du génie, adjoints, ouvriers d'Etat et caserniers, il n'est produit qu'une demande, sans autres pièces à l'appui que celles nécessaires pour procéder au passage de l'intéressé dans la réserve ou l'armée territoriale. (Art. 16 de l'instr. du 20 mars 1884, page 848 (S).

(3) Voir le paragraphe 3, intitulé : *Justification de l'état civil*, page 425 du *Manuel*, tome 1er du *Journal militaire*.

Page 423 : « L'état des services et campagnes, énoncé au paragraphe 2 des dispositions qui terminent la section » précédente, doit être justifié par les extraits des contrôles de l'armée, ou par les extraits des archives des autres » services publics. Au sous-intendant militaire est confié le soin de veiller à ce que ces documents soient totalement » réunis, avant le visa qu'il est appelé à donner d'après le paragraphe 4. »

Par note du 11 septembre 1880, page 339, le ministre a fait connaître que le livret matricule peut servir de base à l'établissement des mémoires de proposition et que les extraits de registres mentionnés ci-dessus ne doivent plus être produits.

Consulter, aux pages 423 et 425, les explications sur la *justification*, ainsi que sur la *supputation* des services et campagnes, et à l'annexe n° 1, les solutions relatives aux divers services; observer que les états de services délivrés par une autorité étrangère ne sont admissibles qu'autant qu'ils ont été légalisés par la légation ou un consulat de France dans le pays, ou par la légation du pays en France. La circulaire du 6 avril 1880, page 139, fixe le mode de décompte des services des militaires qui ont subi des condamnations.

D. *Acte d'individualité explicatif des différences remarquées entre les pièces de l'état civil et celles de l'état militaire.*

S'il y a plusieurs actes, le premier est timbré D1, le deuxième D2, etc. Lorsqu'il n'y a pas nécessité d'acte d'individualité, on exprime cette négative dans le bordereau énumératif, à la suite du signe qui aurait été donné audit acte (1).

E. *Bordereau énumératif des pièces avec leurs timbres.*

Ce bordereau, établi par les soins du conseil d'administration ou du fonctionnaire qui a instruit la demande, enveloppe le mémoire de proposition et les pièces; le tout est fixé par une attache pour que rien ne puisse s'adirer.

Les chefs de corps ou de service adressent, pour les officiers retraités dans les conditions de la loi du 22 juin 1878, par la voie hiérarchique (bureau de l'arme) un rapport particulier modèle n° 64, un état des services et une déclaration d'option et d'élection de domicile établie par l'intéressé.

Cet envoi spécial est fait dès que les officiers se trouvent en instance de retraite. (Art. 277 et 317 de l'instr. refondue du 28 décembre 1879.)

S'il s'agit d'un officier en non-activité, le rapport est établi et l'envoi est fait par le général commandant la subdivision de région dans laquelle l'officier réside et par les soins duquel il est inspecté. (Art. 317 de l'instr. précitée.)

Les dispositions ci-dessus sont applicables aux adjudants retraités dans les conditions de la loi du 23 juillet 1881. (Art. 318). Voir la circ. du 20 juillet 1882 et la note du 30 septembre suivant, page 188.

Les sous-officiers en jouissance d'une pension proportionnelle ou de retraite dans les conditions de la loi du 23 juillet 1881, devant tous rester pendant cinq ans à la disposition du ministre de la guerre pour le service territorial, ceux autres que les adjudants doivent être inscrits sur un contrôle nominatif dans chaque bureau de recrutement. Ils sont affectés à des dépôts de corps, etc. (Circ. du 26 février 1883, page 215, et art. 124 de l'instr. du 28 décembre 1879 refondue.)

Deuxième tableau.

(EXTRAIT DU MANUEL DES PENSIONS, PAGE 486 DU PREMIER VOLUME DU JOURNAL MILITAIRE).

(Voir les dispositions générales, pages 605 et 606).

Pensions de retraite pour cause de blessures ou infirmités.

(Titre II de la loi du 11 avril 1831, et titre 1er du règlemt d'administration publique du 2 juillet même année).

Mémoire de proposition, modèle B.

A. B. C. *Les pièces indiquées dans la nomenclature du premier tableau sous les timbres* A. B. C.

D. *Justification des causes et de la nature des blessures ou infirmités, conformément aux articles* 4, 5, 6 *et* 7 *du règlement.*

S'il y a plusieurs pièces, on leur donne des timbres D1, D2, etc.

(1) Extrait du *Manuel*, page 425 : « Dans le cas où les pièces produites présentent des différences, soit dans » l'orthographe des noms, soit dans l'ordre ou le nombre des prénoms, soit dans l'indication des dates et lieux de » naissance, ces différences sont expliquées dans un acte d'individualité fait sur l'attestation de trois témoins, devant » une autorité administrative ou judiciaire, ou devant un notaire, ou devant le sous-intendant. »

Nota. — Une proposition d'admission à la retraite avant les trente ans voulus par l'article 1er de la loi du 11 avril 1831, ne peut être basée que sur des blessures ou infirmités rentrant positivement, par leur origine, dans les définitions de l'article 12 de ladite loi, lequel, par son objet exceptionnel, exclut tout accident indépendant du service militaire et toute infirmité résultant de causes naturelles, telles que la prédisposition constitutionnelle des individus, les progrès de l'âge et les maladies qui affligent l'humanité dans toutes les conditions de la vie sociale. Hors des définitions de la loi du 11 avril 1831, il peut y avoir lieu soit à l'application des dispositions de la loi sur l'état des officiers, soit à des gratifications de réforme, aux termes des instructions sur les revues d'inspection générale, mais il n'y a pas matière à proposer la pension viagère de retraite. Les causes des blessures ou infirmités doivent donc, préalablement à toute visite ayant pour but l'admission à la pension de retraite avant trente ans de services, être établies par les documents authentiques, précis, circonstanciés, dont la forme et la teneur sont spécifiées aux articles 4, 5, 6 et 7 du règlement d'administration publique du 2 juillet 1831.

E. *Déclaration d'incurabilité, conformément à l'article* 3 *du règlement.*

Nota. — L'incurabilité n'est valablement prononcée que par les officiers de santé, à qui la déclaration en est spécialement attribuée par l'article 3 du règlement précité du 2 juillet 1831, et par l'annexe n° 4 intitulée : *Note du conseil de santé des armées.* Cette déclaration doit contenir des explications sur le traitement auquel les blessures ou infirmités ont été préalablement soumises, et sur son inefficacité. (Voir l'art. 3 du règlem. et l'annexe n° 4.) L'ordre logique voulant qu'elle ait précédé les examens prescrits par les articles 9, 10 et 13 dudit règlement, elle fait nécessairement partie des pièces à mentionner dans les procès-verbaux de ces examens.

F[1]. *Procès-verbal d'examen en exécution des articles* 9 *et* 10 *du règlement.*
F[2]. *Certificat des officiers de santé, transcrit audit procès-verbal.*
G[1]. *Procès-verbal de vérification, en exécution de l'article* 13.
G[2]. *Certificat des officiers de santé, transcrit audit procès-verbal.*

Nota. — A l'une comme à l'autre de ces deux opérations, il ne doit être question que des blessures ou infirmités dont les causes sont justifiées par les documents réunis d'avance, conformément à l'article 12 de la loi, et aux articles 4, 5, 6 et 7 du règlement.

Les faits soumis à l'examen sont alors appréciés selon leur gravité médicalement démontrée par les effets consécutifs, immédiats de leurs causes originelles, et selon la réalité des obstacles que, dans la pratique, ils ont opposé, depuis leur existence, à la continuation du service militaire. (Pag. 430 du *Manuel.*)

La rédaction des certificats doit toujours être claire, logique, et contenir une description suffisante pour ne laisser au conseil de santé des armées (art 26 du règlemt) aucun sujet de doute sur leurs conclusions.

Les conclusions sont régies par les formules indiquées en vertu des articles 13, 14, 15 et 16 de la loi du 11 avril 1831, aux sections 1, 2, 3 du titre II de l'instruction ministérielle du 20 septembre, insérée au *Manuel* ; formules d'après lesquelles le minimum de la gravité que doivent avoir les blessures ou infirmités graves et incurables, pour motiver la proposition d'admission à la pension de retraite, est :

Pour l'officier, de le mettre hors d'état de rester en activité, et de lui ôter la possibilité d'y rentrer ultérieurement ;

Pour le sous-officier, caporal, brigadier et soldat, de le mettre non seulement hors d'état de servir, mais encore de pourvoir à sa subsistance.

H. *Acte d'individualité.* (Comme il est dit au premier tableau, sauf le signe.)
I. *Bordereau énumératif.* *Idem.*

La nomenclature des infirmités ouvrant des droits à la pension est insérée au *Journal militaire* sous la date du 3 janvier 1879, page 3. (Voir à la page 37, un erratum.)

Nota. — Pour l'établissement de toutes ces pièces, on doit se conformer strictement à l'ordonn. du 2 juillet 1831, page 389, et à la circ. du 21 février 1853, page 549.)

Compléments de pensions prélevés sur la caisse des offrandes nationales ou d'autres fonds.

(Voir *Secours.*)

Cumul des pensions de retraite avec d'autres traitements.

Les pensions de retraite pour services militaires peuvent se cumuler avec un traitement civil d'activité, excepté dans le cas où des services civils ont été admis comme complément du droit à ces pensions. (Art. 271 du décret du 31 mai 1862, et art. 45 du décret du 3 avril 1869, page 307.)

Les pensions militaires de réforme, le traitement et la solde de réforme, les gratifications renouvelables de réforme sont, dans tous les cas, cumulables avec un traitement civil d'activité. (Art. 45 précité.)

Aucune solde d'activité, de disponibilité ou de non-activité ne peut être cumulée avec une pension civile ou militaire, ni avec un traitement quelconque à la charge de l'Etat ou des communes. (Art. 28 du règlemt du 8 juin 1883, page 563.)

Cette interdiction s'applique également à la solde des officiers généraux de la section de réserve. (Art. 46 du règlement du 3 avril 1869, page 307.)

Exceptions : Les militaires de la réserve et de l'armée territoriale retraités, appelés en temps de paix pour des exercices ou manœuvres, cumulent leurs traitements ou pensions avec la solde qui leur est attribuée. (Loi du 1er juin 1878, page 251.)

Les capitaines en retraite employés au recrutement et à l'armée territoriale reçoivent une indemnité annuelle de 1,800 fr. qu'ils cumulent avec leurs pensions. (Art. 19 de la loi du 29 décembre 1882, page 464 S.) Les officiers des autres grades dans la même position reçoivent les indemnités fixées par la décision présidentielle du 28 janvier 1884, page 122.

Pour les autres cas d'exception, se reporter à l'article 47 du décret du 3 avril 1869, et à l'article 28 du règlemt du 8 juin 1883, page 563.

Une note du 19 décembre 1883, page 507, rappelle que les militaires titulaires d'une pension proportionnelle ou pour ancienneté de service (sous-officiers et soldats) ne peuvent cumuler cette pension avec un traitement militaire s'ils sont réadmis dans l'armée en qualité de commissionnés. Toutefois, une exception est faite pour les sous-officiers retraités avant l'application de la loi du 23 juillet 1881 : en effet, l'article 28 du règlement du 8 juin 1883, page 563, et une lettre collective du ministre en date du 14 mars 1882 (M), disposent qu'antérieurement à la loi du 23 juillet 1881, la pension proportionnelle concédée aux sous-officiers rengagés pouvait être cumulée avec les emplois militaires figurant dans la nomenclature du 24 juillet 1873.

Quant aux commissionnés, cette pension restait soumise aux dispositions du cumul posées ci-dessus.

Mais les sous-officiers pouvant être commissionnés après 10 ans de rengagement, d'après la loi du 23 juillet 1881, ils ne peuvent plus cumuler leur pension proportionnelle à 35 ans qu'avec des emplois civils ; il n'y a qu'une seule exception à cette règle, c'est celle concernant les sous-officiers de la justice militaire. (14 mars 1882.)

L'autorité militaire chargée de remettre les commissions aux intéressés indique sur les titres de pension la date à laquelle le paiement des arrérages doit être suspendu et adresse en outre aux intendants militaires les renseignements indiqués dans la note du 19 décembre 1882. (Note du 15 novembre 1884, page 790.)

GRATIFICATIONS DE RÉFORME RENOUVELABLES

La décision impériale du 3 janvier 1857, notifiée par la circulaire du 26 du même mois (insérée au *Journal militaire*, tome IX, page 388), accorde aux sous-officiers, caporaux ou brigadiers et soldats réformés pour blessures ou infirmités contractées au service, lorsqu'ils n'ont pas droit à la pension de retraite, une gratification de réforme renouvelable tant que dure pour eux la difficulté de se livrer au travail, par suite des blessures ou infirmités qui ont motivé leur réforme. (26 janvier 1857.)

La circulaire du 24 décembre 1864, page 1027, dispose que les militaires proposés pour cette gratification doivent avoir été réformés par congé n° 1.

Les mémoires de proposition sont individuels (24 décembre 1864); ils sont conformes au modèle annexé à la note ministérielle du 14 décembre 1865, page 325, signés par les chefs de corps, visés par le sous-intendant et approuvés par le général commandant le corps d'armée qui les transmet au ministre.

Ces mémoires sont accompagnés :

1° Des certificats de visite et de contre-visite, très explicites sur les blessures ou les infirmités ;

2° De l'avis motivé, approuvé par le général commandant le corps d'armée, de la commission spéciale de réforme, au sujet du droit à la gratification, ainsi qu'il est prescrit par l'article 14 de l'instruction du 6 novembre 1875, relative à la délivrance des congés de réforme ;

3° Du certificat d'origine de blessures ou d'infirmités, ou, à défaut, du procès-verbal d'enquête sur ladite origine ;

4° Extrait d'acte de naissance ;

5° État signalétique et de services indiquant la nature et la date de la réforme du militaire, afin que ses services soient régulièrement arrêtés.

(Instr. ministérielle du 4 mars 1878, page 65.)

Tout militaire admis à la gratification reçoit un titre nominatif conforme au modèle n° 1 annexé à la circulaire du 24 décembre 1864 ; *il l'attend à son corps.* Ce titre est remis contre un récépissé modèle n° 2. Une fois muni de son titre d'admission, le militaire réformé est immédiatement rayé des contrôles de l'armée, et dirigé sur le lieu qu'il a choisi pour résidence, avec une feuille de route portant indemnité.

S'il est renvoyé dans ses foyers avant cette notification, dans des cas analogues à ceux prévus par les circulaires des 6 et 29 septembre 1871 (M), relatives aux militaires blessés pendant la guerre contre l'Allemagne, il reçoit un subside ou secours fixé à :

1 fr.	875	pour les adjudants,
1	50	pour les autres sous-officiers,
1	20	pour les caporaux et soldats.

(Loi du 27 novembre 1872, page 749, et circ. du 4 décembre 1872, page 843.)

Ce subside n'est pas attribué aux militaires blessés, en temps ordinaire, dans un service commandé. (Circ. du 15 mars 1873, page 260.)

La quotité de la gratification de réforme est fixée par la décision impériale du 3 janvier 1857 et la circulaire du 24 décembre 1864, page 1024, savoir :

Adjudants	280 francs.
Sergents-majors et maréchaux des logis chefs	230
Sergents et maréchaux des logis	205
Caporaux ou brigadiers	190
Soldats	180

L'entrée en jouissance de la gratification date généralement du premier jour du semestre dans lequel la réforme a été prononcée. (Circ. du 24 décembre 1864, page 1028.) Elle peut se cumuler avec la solde d'activité ou le subside. Ainsi, une dépêche du 19 juin 1867 (M), relative au nommé Haguelon, réformé et entré en jouissance de la gratification le 1er juillet 1866, et resté à son corps jusqu'au 10 mars 1867, a maintenu l'allocation de la gratification, bien que cet homme eût reçu la solde à son corps pendant le même laps de temps. En ce qui concerne les militaires jouissant du subside, une circulaire du 16 décembre 1871 (M) rappelle que la gratification est acquise à partir de la date fixée par le décret de concession, sans qu'il y ait lieu de tenir compte du subside payé jusqu'au jour de la liquidation de cette gratification.

Pour les militaires jouissant d'une gratification qui sont admis à la pension de retraite, voir *Pensions*. En cas de décès, le ministre juge s'il y a lieu de payer aux parents les sommes qui étaient dues aux décédés à titre de gratification. (24 décembre 1864, page 1031.)

Les paiements ont lieu par semestre et d'avance sur mandat délivré par le sous-intendant militaire. (24 décembre 1864.)

Ces mandats doivent être autant que possible délivrés sur les crédits de l'exercice ; il ne doit y avoir d'exception que pour les rappels. (Circ. du 13 janvier 1883 M.)

Les militaires qui obtiennent la conversion de la gratification en une pension, en conformité des dispositions de la circulaire du 24 décembre 1864, doivent remettre, en échange de leur lettre de pension, leur titre de gratification, lequel doit être renvoyé au ministre. (Circ. du 13 janvier 1883 M.)

A l'égard des visites bisanuelles, des changements de résidence, des réadmissions ou des radiations à opérer, etc., etc., consulter les circulaires du 24 décembre 1864, page 1027; du 8 octobre 1873, insérée 1er sem. 1875, page 82, et du 25 octobre 1877, page 400 (S).

Secours accordé aux militaires amputés ou aveugles, n'ayant pas droit à la pension.

Tout militaire qui a été amputé ou est devenu aveugle au service par suite de causes n'ouvrant pas le droit à la pension déterminé par l'article 12 de la loi du 11 avril 1831, doit être proposé pour un secours permanent fixé à 200 francs par an, payable par trimestre et d'avance.

Le mémoire de proposition établi à cet effet est accompagné des mêmes pièces que les mémoires de proposition pour la gratification de réforme renouvelable; le militaire qui en est l'objet est immédiatement rayé des contrôles et dirigé avec une feuille de route sur ses foyers, où il doit recevoir, par les soins de l'autorité militaire, l'extrait d'ordonnance de paiement du premier terme du secours spécial qui lui a été accordé.

(Circ. du 24 décembre 1864, page 1033 ; décis. du 15 mars 1875, page 181, et instr. sur les inspections générales.)

Secours aux anciens militaires, aux veuves, enfants ou ascendants militaires pensionnés ou non.

L'instruction générale du 15 mars 1875, page 177, complétée par celle du 19 novembre 1881, page 373, résume toutes les dispositions concernant la concession de ces secours. Le décret du 3 juillet 1880, page 3, porte que les secours peuvent être payés à des intermédiaires.

Enfin, la loi du 27 novembre 1872, page 749, dispose que des suppléments de pension peuvent être accordés aux militaires blessés ou amputés, sur les fonds de la caisse des offrandes nationales ou du Trésor.

Cette caisse a été réorganisée par décret du 9 janvier 1873, page 4.

Indemnités

ACCORDÉES AUX VEUVES OU PARENTS D'OUVRIERS CIVILS EMPLOYÉS DANS LES ÉTABLISSEMENTS MILITAIRES

A diverses reprises, le ministre a accordé des indemnités aux veuves ou parents d'ouvriers civils tués ou blessés par accidents dans les établissements militaires.

Ces indemnités sont ordonnancées par les soins des fonctionnaires de l'intendance sur les fonds de la justice militaire au profit des ayants droit. Au moment du paiement, on exige de ceux-ci un acte par lequel ils se déclarent satisfaits de la réparation qui leur a été accordée et renoncent à toute action ultérieure contre le département de la guerre.

Cet acte, qui doit être adressé au ministre, peut être fait sous seing privé et légalisé par le maire et le préfet.

Si la totalité ou une portion des secours accordés reviennent à des enfants mineurs, l'ordonnancement de la somme leur revenant ne peut être ordonnancé qu'après une délibération du conseil de famille qui autorise quelqu'un à recevoir.

Cette autorisation est homologuée par le tribunal de 1re instance de la localité, conformément aux prescriptions de l'article 467 du Code civil. (Dép. du 25 juin 1881.)

Aux termes d'une circulaire du 17 septembre 1881, page 203, les actions en dommages-intérêts, qui peuvent être introduites contre le département de la guerre, à la suite d'accidents survenus dans l'exploitation des poudres et salpêtres, sont du ressort de la juridiction administrative, et les tribunaux ordinaires sont incompétents dans l'espèce. Toute réclamation doit donc être adressée au ministre de la guerre, sauf recours des intéressés au conseil d'Etat.

Pour les ouvriers employés à des travaux du génie, voir 25 novembre 1876, page 287, cahier des charges.

Pensions pour les veuves et secours annuels pour les orphelins de militaires retraités.

(Voir le tarif du 22 novembre 1882, pages 471 et 509.)

Les veuves des militaires ont droit à une pension dans les cas suivants :

1° Veuves de militaires tués sur le champ de bataille ou dans un service commandé ;

2° Veuves de militaires qui ont péri à l'armée ou hors d'Europe, et dont la mort a été causée, soit par des évènements de guerre, soit par des maladies contagieuses ou épidémiques ;

3° Veuves de militaires morts des suites de blessures reçues, soit sur le champ de bataille, soit dans un service commandé, pourvu que le mariage soit antérieur à ces blessures ;

4° Veuves de militaires morts en jouissance de la pension de retraite, ou en possession de droits à cette pension, pourvu que le mariage ait été contracté deux ans avant la cessation de l'activité ou du traitement militaire du mari, ou qu'il y ait eu un ou plusieurs enfants issus du mariage antérieur à cette cessation. (Art. 19 de la loi du 11 avril 1831, page 372.)

Les pensions proportionnelles accordées aux sous-officiers et soldats avant 25 ans de service ne sont pas reversibles sur les veuves. (Art. 26 de la loi du 23 juillet 1881, page 38.)

En cas de séparation de corps, la femme contre laquelle elle a été admise ne peut prétendre à la pension de veuve; en ce cas, les enfants, s'il y en a, sont considérés comme orphelins. (Art. 6 de la loi du 25 juin 1861, page 295, et art. 20 de la loi du 11 avril 1831, page 372.)

Les veuves des officiers décédés après 25 ans de service ont droit à la pension. (Loi du 29 mai 1875, page 767.)

Après le décès de la mère, ou lorsqu'elle est déchue de ses droits à la pension, l'enfant ou les enfants mineurs des militaires morts dans les cas prévus ci-dessus, ont droit, quel que soit leur nombre, à un secours annuel égal à la pension que la mère aurait été susceptible d'obtenir. Ce secours est payé jusqu'à ce que le plus jeune d'entre eux ait atteint l'âge de 21 ans accomplis; mais, dans ce cas, la part des majeurs est reversible sur les mineurs. (Art. 21 de la loi du 11 avril 1831.)

Les veuves qui convolent en secondes noces ne sont pas déchues de leurs droits à pension, à moins qu'elles ne se marient avec un étranger, auquel cas elles perdent la qualité de Françaises. (Art. 9 de l'ordonn. du 24 février 1832, page 14, rappelée par dép. minist. du 27 mai 1873 M.)

Les pensions de réforme ne sont reversibles ni en totalité, ni en partie sur les veuves et les orphelins. (Art. 21 de la loi du 19 mai 1834, page 573.)

L'instruction des demandes est faite dans les conditions indiquées par le *Manuel des pensions*. (Voir le *Journal militaire*, 20 octobre 1831, page 487 et suiv.)

La note du 15 janvier 1876, page 25, dispense les veuves de militaires morts en jouissance de la pension de retraite de produire le certificat G^1, et celle du 4 avril 1876, page 510, les dispense également de fournir le certificat G^2, dont la production était prescrite par le VIIe tableau, inséré sous la date du 20 octobre 1831, page 491.

On doit joindre une déclaration, signée par les veuves, constatant que leur mari a laissé ou non des enfants d'un précédent mariage. Cette déclaration peut être mentionnée à la suite du certificat de non-séparation de corps délivré par l'autorité civile.

Cette mesure est fondée sur ce que les enfants mineurs issus d'un premier mariage ont un droit de reversion égal à celui de la veuve en deuxièmes noces. (Circ. du 12 mai 1879, page 757.) On produit pour eux un acte de naissance et un certificat de vie (Mod. de mémoire de proposition).

En ce qui concerne les veuves d'officiers de l'armée de mer, les pièces propres à constater le droit à pension sont adressées au préfet maritime dans les ports militaires, ou au chef maritime dans les sous-arrondissements, qui les transmettent au ministre de la marine avec un avis motivé.

S'il s'agit de veuves d'individus au-dessous du rang d'officier, l'administration du port d'armement se borne à faire parvenir, dans les quartiers où leurs maris étaient inscrits, les extraits du rôle d'équipage, acte de décès, certificats, etc..., sur le vu desquels les commissaires dressent des états de proposition. (Circ. du 16 mai 1831, page 508.)

FUMIERS

Dispositions générales.

TROUPES A CHEVAL

Aux termes de la décision du 30 avril 1823 (non reprise par le *Journal* refondu), les fumiers des chevaux des corps de troupe à cheval doivent être abandonnés aux régiments. Par suite, les conseils d'administration recouvrent le droit de vendre ces fumiers au profit de la masse d'entretien du harnachement et ferrage. Les sous-intendants militaires sont chargés de veiller à ce que les produits des ventes soient exactement portés en recette à ladite masse. (Circ. du 12 mai 1823, rappelée par l'instr. du 29 décembre 1840.)

L'article 254 du règlement du 3 avril 1869, page 368, porte également que les fumiers des corps de troupe à cheval et dépôts de remonte seront vendus au profit de la masse du harnachement et ferrage par les soins des conseils d'administration avec l'autorisation des sous-intendants militaires. Cette disposition est applicable aux bataillons d'artillerie de forteresse. (Note du 23 janvier 1884, page 125.)

Lorsqu'un quartier de cavalerie a trop peu d'étendue, au lieu de disperser chez les habitants de la ville où est situé le quartier le trop plein en hommes et en chevaux, on doit préférer établir un ou plusieurs escadrons ou pelotons dans le quartier le plus rapproché et, à défaut, dans les communes rurales. Dans ce dernier cas (*où ils sont logés par les communes rurales*), les fumiers restent la propriété des habitants qui ont la charge du logement. (Circ. du 1er juillet 1831, page 389.)

L'article 33 du décret du 2 août 1877, page 59, sur l'application de la loi du 3 juillet précédent, ajoute que, lorsque le logement et le cantonnement donnent droit à une indemnité payable à l'habitant, on paie une indemnité journalière de 0,05 c. pour les chevaux logés chez l'habitant et qu'on abandonne le fumier ; que, pour ceux simplement cantonnés, on fait seulement l'abandon du fumier. L'article 17 de la loi du 3 juillet, page 7, dispose en outre que, si le logement ou le cantonnement est gratuit, le fumier appartient toujours à l'habitant (1).

Nota. — Aux termes de ce même article, les fumiers resteraient la propriété de l'Etat lorsqu'il est payé une indemnité en argent; mais, par un avis en date du 19 février 1876, le conseil d'Etat a fait connaître que cette disposition, qui est contraire à celle de l'article 33 du décret du 2 août, lequel abandonne les fumiers, doit être remplacée par cette dernière. En conséquence, il y a lieu de maintenir le texte de l'article 33 du décret précité. (Dép. minist. du 18 avril 1878, nº 1637.)

L'article 116 du règlement du 20 juillet 1824 dispose que l'habitant doit fournir aux gardes d'écurie la lumière nécessaire pour la surveillance des chevaux pendant la nuit, mais il ne parle pas des ustensiles d'écurie qui, pourtant, sont ordinairement à la charge de l'habitant, lorsqu'il touche, en même temps, l'indemnité de logement et les fumiers.

En ce qui concerne les chevaux placés dans des locaux fournis par les municipalités ou pris à loyer par elles, les fumiers reviennent aux corps, mais les villes sont exemptées du prélèvement sur les produits d'octroi, fixé à 3 francs par cheval, par la loi du 15 mai 1818 et l'ordonnance royale du 5 août même année. (Diverses dép. ministérielles : 20 octobre 1868 et 27 janvier 1869, adressées à Bourges.)

Au sujet de la vente des fumiers, le ministre a décidé le 31 mai 1823 (*Journal militaire*, page 153) que la valeur des fumiers et des chevaux d'officiers sera la propriété de MM. les officiers des corps de troupe à cheval lorsque leurs chevaux occuperont des écuries particulières, éclairées et entretenues de tous les ustensiles nécessaires aux frais de ces officiers, mais que ces fumiers devront être vendus pour le compte de la masse du harnachement et ferrage si les chevaux sont placés dans des écuries communes aux chevaux de troupe, et même dans des écuries séparées dont cette masse supporterait les dépenses d'éclairage et d'ustensiles.

Toutefois, les instructions sur les inspections générales (art. 8 de l'annexe de l'instr. du 17 mars 1884) disposent que les fumiers des chevaux d'officiers logés en ville ne doivent être abandonnés en toute propriété aux détenteurs des chevaux que lorsque l'insuffisance du logement au quartier a été officiellement constatée. (Voir ci-après *Troupes à pied*.)

Les fumiers des chevaux d'officiers détachés dans les remontes sont vendus au profit des dépôts de remonte. (16 novembre 1863, page 705.)

Quant aux chevaux appartenant à l'Etat, placés en subsistance dans d'autres corps, le produit de leurs fumiers bénéficie à la masse d'entretien du harnachement de ces corps. (Note du 29 décembre 1884, page 962.)

TROUPES A PIED

Les circulaires du 22 août 1873, page 369, et du 17 avril 1880 (M) prescrivent de vendre au profit de la masse d'entretien du harnachement et ferrage (autrefois masse

(1) Le logement et le cantonnement sont gratuits dans les cas ci-après :

1º Logement des troupes de passage chez l'habitant ou cantonnement pour une durée maximum de trois nuits dans chaque mois, ladite durée s'appliquant indistinctement au séjour d'un seul corps ou de corps différents chez les mêmes habitants ;

2º Cantonnement des troupes qui manœuvrent ;

3º Logement chez l'habitant ou cantonnement des troupes rassemblées dans les lieux de mobilisation et leurs dépendances pendant la période de mobilisation. (Art. 15 de la loi du 3 juillet 1877, page 7.)

d'entretien des équipages), les fumiers des chevaux des équipages régimentaires, et celle du 20 octobre 1873 renferme la même disposition pour les chevaux d'officiers appartenant à l'Etat.

L'article 255 du règlement du 28 décembre 1883, sur le service intérieur des troupes d'infanterie, et l'article 2 du règlement du 28 février 1883, page 217, résument comme il suit les dispositions en vigueur :

Les fumiers des chevaux logés dans les écuries de l'Etat sont vendus au profit de la masse d'entretien du harnachement et ferrage. Les officiers dont les chevaux sont logés en ville versent à cette masse le prix fixé par l'abonnement avec l'entrepreneur, excepté lorsque le cheval est possédé à titre onéreux.

Pour les chevaux placés en subsistances, se reporter à l'article précédent.

GENDARMERIE

(Voir *Masse d'entretien et remonte.*)

Vente des Fumiers.

(Voir page 258 pour les cessions aux ordinaires).

D'après la circulaire du 12 mai 1823, rappelée par l'instruction du 29 décembre 1840, page 804, et l'article 254 du règlement du 3 avril 1869, les conseils d'administration des corps ont le droit de vendre les fumiers, soit par lots, soit au moyen d'abonnement par tête de cheval, suivant les avantages qu'offrent les localités.

Quel que soit le mode préféré, les marchés passés ne reçoivent d'exécution qu'autant qu'ils sont revêtus de l'approbation du sous-intendant militaire. (Circ. du 1er octobre 1878, page 318, rappelant l'instr. du 29 décembre 1840.)

Le ministre ayant remarqué que les corps de troupe tiraient de la vente de leurs fumiers un prix très supérieur à celui obtenu par les marchés de gré à gré, en provoquant la concurrence et en faisant de cette vente l'objet d'une adjudication publique, a prescrit, le 26 décembre 1826 (décis. rappelée le 29 décembre 1840), de recourir à ce mode de vente dans les localités ou il y aurait avantage à l'employer.

La durée des marchés ne doit pas dépasser trois années. (Circ. du 9 février 1885, page 54.)

Ils ont pour point de départ le 1er janvier. Toutefois, lorsque, par suite d'un changement de garnison ou pour tout autre motif, il y a lieu de renouveler un marché au cours d'une année, sa durée devra être calculée de telle sorte qu'il prenne fin au 31 décembre. Dans ce cas, la durée peut, selon les circonstances, dont les chefs de corps sont juges, dépasser la période annale ou lui être inférieure de quelques mois. (Circ. du 1er octobre 1878, page 318, et du 9 février 1881, page 54.)

Les corps sont d'ailleurs autorisés, s'ils y trouvent un avantage, à répartir en plusieurs lots la vente des fumiers et à scinder la période d'une année, c'est-à-dire à passer des marchés pour quelques mois seulement, soit sur l'ensemble, soit sur plusieurs fractions du régiment.

Enfin, en cas de mouvement, le corps arrivant dans une place doit pouvoir prendre la suite du marché du corps qu'il remplace, et une disposition doit être introduite à cet effet dans le cahier des charges. (Circ. du 1er octobre 1878, page 318.)

Il est procédé aux adjudications ou à la passation des marchés de gré à gré, par les soins des conseils d'administration ou de leurs délégués ; mais les marchés passés à la suite de ces opérations, ou de gré à gré, sont soumis à l'approbation du sous-intendant militaire.

Néanmoins, dans les grands centres de garnison ou dans les casernements occupés par plusieurs corps, s'il y a intérêt à ce que les marchés soient passés simultanément et dans les mêmes conditions pour ces mêmes corps, les conseils d'administration doivent se mettre en instance auprès du sous-intendant militaire afin qu'il puisse réunir leurs délégués et procéder lui-même aux opérations. (Circ. du 1er octobre 1878, page 318.)

Aux termes du cahier des charges du 29 décembre 1840, page 806, ces adjudications ont lieu sur soumissions cachetées, selon les formes réglementaires pour la passation des marchés de l'Etat.

Voir les dispositions du décret du 3 avril 1869, sur la comptabilité publique. (Art. 49 et suivants de l'instr. du 20 septembre 1884, page 511.)

Un cahier des charges est établi par le conseil d'administration, de concert avec le sous-intendant militaire, qui l'approuve. (Instr. du 26 décembre 1840.) Voir ci-après le modèle. — Ce principe est rappelé par une dép. ministérielle du 6 février 1885, n° 580.

Un prix-limite (débattu par le conseil d'administration et le sous-intendant militaire et arrêté par ce dernier), est déposé cacheté sur le bureau avant l'ouverture des soumissions. (Art. 55 du règlem[t] du 3 avril 1869.)

Le procès-verbal, dressé séance tenante, constate les résultats de l'adjudication. (Art. 59.)

Il est définitif lorsqu'il n'y a pas d'incident contentieux. (Cahier des charges du 29 décembre 1840, page 806.)

En cas d'insuccès de l'adjudication et après un délai de quarante-huit heures pour tout nouveau concours des soumissionnaires, il peut être passé un marché de gré à gré, par le conseil d'administration, sous l'approbation du sous-intendant militaire. Ce marché est rédigé dans la même forme d'exécution que le marché par adjudication, dont il mentionne l'insuccès comme justification de sa passation exceptionnelle.

Aux termes de l'instruction ministérielle du 29 décembre 1840, rappelée par la circ. du 1er octobre 1878, page 318, les adjudications et traités de gré à gré sont approuvés de la manière suivante :

Dans les chefs-lieux de corps d'armée, les adjudications sont définitives s'il n'y a pas de protestation. Lorsqu'il y a eu protestation en séance d'adjudication, c'est le ministre qui prononce; les marchés de gré à gré doivent être revêtus de l'approbation de l'intendant du corps d'armée.

Dans les autres places, les adjudications et les traités de gré à gré approuvés par les sous-intendants militaires sont définitifs, sauf le cas où les adjudications donnent lieu à des protestations; alors le ministre est seul apte à décider.

Aux termes de la circulaire ministérielle du 21 octobre 1852, page 485, tout marché ou procès-verbal d'adjudication stipulant vente de fumiers ou de dépouilles de chevaux appartenant à un corps de troupe ou à un dépôt de remonte doit être soumis à l'enregistrement dans les vingt jours de sa date. (Art. 78 de la loi du 15 mai 1818.) La date d'un marché de cette nature, au point de vue de la perception des droits, doit être celle de son approbation définitive soit par le ministre, soit par le fonctionnaire de l'intendance militaire, délégué à cet effet.

La perception s'opère en un seul paiement.

D'un autre côté il est indispensable que le marché fixe à l'avance, par approximation aussi exacte que possible, le nombre des chevaux dont les fumiers ou les dépouilles sont vendus et la durée du marché lui-même.

Le nombre des chevaux (pour la vente des fumiers) peut être déterminé en général par la moyenne de ceux que les écuries appartenant à l'Etat peuvent contenir. Dans les cas exceptionnels où cette moyenne ne pourrait servir de base, le chiffre des chevaux serait indiqué par les fonctionnaires de l'intendance compétents. (21 octobre 1852, page 485.)

Lorsque les documents publics ou administratifs fournissent la preuve que l'importance effective du marché est plus grande que celle déclarée pour la liquidation et la perception du droit proportionnel, l'administration est fondée à répéter un supplément de droit par application de l'article 69, § 2, de la loi du 22 frimaire an VII. (Décis. du ministre des finances du 22 mai 1850 et circ. du 8 mars 1861, page 207.)

La circulaire du 15 décembre 1878, page 427, prescrit aux corps de cavalerie, et celle du 24 février 1882, page 61, aux dépôts de remonte et écoles militaires, de faire connaître au ministre le prix de vente de leurs *fumiers*.

Ce renseignement doit être adressé par l'intermédiaire des intendants militaires sous le contrôle desquels sont placés les corps ou établissements. (Note du 24 février 1882, page 61.)

Ces dispositions ont été étendues aux corps d'infanterie. (Note du 22 décembre 1884, page 937.) (Direction de l'infanterie).

MODÈLE DU CAHIER DES CHARGES

Un modèle du cahier des charges est inséré au *Journal militaire* sous la date du 29 décembre 1840, page 806, mais le ministre en a envoyé un autre en 1875 pour les escadrons du train des équipages. (Circ. du 22 septembre 1875 M.) C'est ce dernier qui est reproduit ci-après. — Une dépêche du 20 janvier 1879, n° 221, dispose que le cahier des charges type ne doit être modifié que sur l'autorisation préalable du ministre. Cette dépêche n'admet pas, en principe, que les corps puissent introduire de clause obligeant les adjudicataires à fournir de la paille de litière autrement qu'à titre de première mise, et celle du 25 avril 1879, n° 1926, rappelle ce principe.

Article premier. — Le service à entreprendre consiste dans l'enlèvement et la prise en compte des fumiers produits et à produire, du au par les chevaux d'officiers et de troupe du régiment d et par ceux d'autres corps mis en subsistance, logés dans les écuries des casernes appartenant à l'Etat, au département ou à la ville, ou prises à loyer par le département de la guerre, à raison du prix à obtenir par cheval et par jour.

Art. 2. — L'adjudicataire aura sa libre entrée dans les cours et écuries des quartiers occupés par les chevaux du corps.

Art. 3. — Les fumiers devront être enlevés au moins une fois tous les huit jours, et plus souvent si c'était reconnu nécessaire pour la santé des hommes et des chevaux.

Toutefois, sur la demande de l'adjudicataire, et en cas de mauvais temps ou de circonstances extraordinaires, le délai pourra être augmenté de quelques jours.

L'adjudicataire devra se soumettre, du reste, au règlement de la police locale, ainsi qu'aux mesures sanitaires que l'autorité croirait devoir prescrire à cet égard.

Art. 4. — Les fumiers seront placés en tas sur les terrains affectés à ces sortes de dépôts, par les soins du corps, au fur et à mesure qu'on nettoiera les écuries; ceux produits pendant les pansages seront balayés et portés sur ces tas par des soldats de corvée ; mais, lors du départ du régiment, l'adjudicataire sera tenu de les prendre dans les postes qui lui seront indiqués.

Art. 5. — En cas de non-enlèvement des fumiers dans les délais fixés au présent, soit pendant l'occupation, soit au moment du départ du corps, le conseil d'administration aura le droit d'y faire procéder aux frais, risques et périls de l'adjudicataire, et les fumiers seront déposés sur l'emplacement désigné par l'autorité municipale.

L'adjudicataire et sa caution n'en seront pas moins tenus au paiement du prix des fumiers, dont le corps se sera ainsi débarrassé.

Art. 6. — Pendant le temps des gelées, les fumiers nécessaires pour mettre autour des pompes, faire des pistes pour aller aux abreuvoirs et pour les promenades des chevaux dans l'intérieur des cours des quartiers, pourront y être employés, sans que cela donne lieu à aucune réduction dans le prix, ni à aucune indemnité, à charge par le corps de faire ramasser ces fumiers au profit de l'adjudicataire après les gelées.

Art. 7. — Le corps pourra disposer du crottin que le conseil d'administration, d'après la demande du capitaine-instructeur, et sur le rapport du major, jugera nécessaire pour l'entretien du manège, et cela sans déduction ni remboursement en faveur de l'adjudicataire des fumiers (1).

Art. 8 (2). — L'adjudicataire sera tenu :

Quand l'adjudication est passée après l'arrivée du corps :

1° De rembourser au corps entre les mains du trésorier la somme de à laquelle s'est élevée une fourniture de de paille fraîche achetée par le corps, du sieur résidant à au prix de les 100 kilogr. pour première mise de la litière des écuries d'un effectif de chevaux, à raison de 5 kilog. par cheval.

Quand l'adjudication a lieu avant l'arrivée du corps, ou quand le corps change d'adjudicataire sans changer de garnison :

1° De mettre à la disposition du corps 5 kilog. de paille fraîche pour chaque cheval existant au régiment le jour de l'arrivée du corps ou le jour du changement de l'adjudicataire.

2° De mettre à la disposition du corps 5 kilog. de paille fraîche pour chacun des chevaux de remonte qu'il pourra recevoir pendant la durée du marché, comme aussi pour chacun des chevaux qui viendraient à excéder le complet réglementaire fixé aujourd'hui à chevaux.

Au surplus, et pour éviter toute difficulté à cet égard, il demeure bien entendu que cette clause est applicable à toutes les portions du corps qui pourront venir tenir garnison dans la place de

3° De faire déposer, dans les cours des quartiers affectés aux corps, les fournitures de paille mentionnées ci-dessus.

Art. 9. — Le prix stipulé lors de l'adjudication ne pourra être ni diminué ni augmenté, quels que soient les changements apportés dans la composition de la ration.

L'accroissement ou la réduction de la force de l'effectif en chevaux, le genre de service auquel les

(1) S'il y a lieu d'exercer des prélèvements remboursables pour la culture des jardins potagers (art. 4 du règlemt du 24 décembre 1863), on doit le mentionner.

(2) Si les fumiers sont vendus par lots, la fourniture de la paille de litière reste nécessairement au compte de la masse d'entretien du harnachement et ferrage.

De plus, le renouvellement de la litière à l'époque de la désinfection annuelle des écuries (circ. du 2 mars 1883, page 176), doit rester au compte de la masse d'entretien du harnachement et ferrage. Ce renouvellement est effectué sur le pied de 5 kilog. par cheval. (Note du 24 juillet 1883, page 112.) En Algérie, ce chiffre est réduit à 3 kilog. (Voir page 602 ci-dessus.)

chevaux peuvent être astreints, la durée plus ou moins prolongée de leur séjour dans les écuries, ne pourront donner lieu à aucune modification du prix du marché.

Art. 10. — Les chevaux mis au régime du vert seront déduits de l'effectif dans le décompte du produit des fumiers, à moins que la paille de litière ne soit fournie par les magasins ou au compte de l'État. Dans ce cas, et quelle que soit la quantité de paille distribuée pour faire la litière, il n'y aura lieu à aucun changement dans le prix de l'adjudication.

Le fumier des chevaux au vert sera abondonné de préférence à l'adjudicataire si, dans une circonstance exceptionnelle, il est admis à fournir la paille nécessaire pour la litière.

Art. 11. — Les frais d'affiches, d'annonces et publications, d'insertions et tous autres relatifs à l'adjudication, sont à la charge de l'adjudicataire et seront payés par lui, ainsi qu'il sera réglé et dès qu'il en sera requis.

Nota. — Lorsque les tentatives d'adjudication ont lieu sans succès, les frais restent à la charge de la masse d'entretien du harnachement et ferrage. Il en est de même lorsque les fumiers sont vendus par lots. (Voir l'état annuel des recettes et des dépenses n° 106 de le nomenclature générale des imprimés.)

Art. 12. — Les droits de timbre et ceux proportionnels d'enregistrement auxquels donnera lieu l'adjudication seront payés intégralement par l'acquéreur des fumiers dans les vingt jours de l'approbation définitive du marché. Ces droits d'enregistrement seront calculés sur une moyenne de chevaux et sur une durée du marché, fixée à an mois. (*La durée de ces marchés* ne doit pas dépasser 3 années au maximum et prendre fin au 31 décembre, ou dans le cas de changement de garnison, à la date du départ du corps. (Circ du 9 février 1881, page 54.) Voir page 615.

Toutefois, dans le cas où, en fin de marché, il serait constaté que le produit des fumiers des chevaux a été supérieur à la somme sur laquelle ont été calculés les droits d'enregistrement déjà acquittés par l'adjudicataire, l'agent de l'administration des Domaines sera fondé à réclamer le paiement d'un supplément de droits proportionné à cet excédent, sans qu'il y ait à effectuer aucune restitution à l'adjudicataire, si l'importance réelle des fumiers livrés faisait ressortir une différence en moins sur l'évaluation primitive.

Art. 13. — L'adjudicataire sera tenu de payer le prix des fumiers dans les cinq premiers jours de chaque mois, pour le mois écoulé, entre les mains et en la demeure du trésorier du corps, d'après un état décompté par cet officier, vérifié par le conseil d'administration et visé par le sous-intendant militaire.

En cas de départ, le marché étant résilié de plein droit, le dernier paiement sera fait selon les formalités indiquées ci-dessus, la veille du jour fixé pour ce départ. (Voir ci-dessus, page 615, au sujet du corps arrivant.)

A défaut de paiement aux époques déterminées par le présent, l'adjudicataire pourra être poursuivi comme détenteur de deniers publics. (Voir page 292 pour le mode de procéder.)

Nota. — La circulaire du 9 juin 1873 (M) et la décision du 13 du même mois, page 658, émanant du bureau de la cavalerie, prescrivent la réalisation d'un cautionnement en numéraire, non productif d'intérêts.

Il y aurait donc lieu de faire un article additionnel ainsi conçu:

« Pour sûreté et garantie de ses obligations, l'adjudicataire fournira un cautionnement en numéraire non » productif d'intérêt calculé à raison de

» En fin de marché, cette somme sera remboursée à l'adjudicataire, conformément aux dispositions de la circu- » culaire du 9 juin 1873 et de la décision ministérielle du 13 juin même année, page 658. »

Les dispositions du présent cahier des charges pouvant être appliquées, en cas de mouvement de troupes, aux corps arrivant dans la place s'ils en font la demande (circ. du 1er octobre 1878 M), il y a lieu d'insérer une clause à ce sujet.

Art. 14. — Les contestations auxquelles pourront donner lieu l'exécution et l'interprétation du présent cahier des charges seront jugées administrativement, c'est-à-dire:

1° Par le sous-intendant militaire;
2° Par l'intendant militaire du corps d'armée;
3° Par le ministre de la guerre;
4° Et finalement, en appel, par le Conseil d'Etat.

Arrêté à , le 18 .

Le Sous-Intendant militaire, *Les Membres du conseil d'administration,*

Marché.

Je soussigné (nom, prénoms, profession, demeure) où je fais élection de domicile pour l'exécution du présent marché, après avoir pris connaissance du cahier des charges qui précède pour l'enlèvement des fumiers à provenir des chevaux du du au inclus, déclare me soumettre à toutes les clauses et conditions qui y sont stipulées et m'engage à l'enlèvement desdits fumiers à raison de par cheval et par jour.

Fait double à , le 18

(Signature du titulaire.)

Je soussigné (nom, prénoms, profession) après avoir pris connaissance du cahier des charges et du marché qui précèdent, déclare m'engager solidairement avec l'obligé principal pour l'exécution du marché ci-dessus (1).

(Signature de la caution.)

Approuvé

Par nous, sous-intendant militaire.

A le 18

Vente des dépouilles de chevaux.

D'après l'article 254 du règlement du 3 avril 1869, page 368, le produit de la vente des dépouilles de chevaux ou mulets morts ou abattus, appartenant à l'Etat, doit être versé à la masse du harnachement et ferrage.

La décision du 23 novembre 1833 (*Journal militaire*, page 557) prescrit même de comprendre, dans les ventes, les dépouilles de chevaux morts de maladies réputées contagieuses.

Ces dispositions sont applicables aux corps de troupe à pied, lesquels ont aujourd'hui une masse d'entretien du harnachement et ferrage (décis. présidentielle du 12 janvier 1883, page 42, et art. 2 du règlemt du 28 février 1883, page 217) ainsi qu'aux bataillons d'artillerie de forteresse. (Note du 23 janvier 1884, page 125.)

Aux termes de la circulaire ministérielle du 29 décembre 1840, page 804, les dépouilles sont vendues comme les fumiers. (Voir au titre *Fumiers* les articles : *Ventes* et *Enregistrement*, qui sont applicables en partie aux ventes des dépouilles.)

Un modèle de cahier des charges, émanant du bureau de l'artillerie et des équipages, est annexé à la circulaire du 22 septembre 1875. Il est transcrit ci-après :

Nota. — Les dépouilles des chevaux placés en subsistance dans d'autres corps sont vendues au profit de la massse d'entretien de ces corps. (Note du 29 décembre 1884, page 962.)

CAHIER des charges pour la vente des dépouilles de chevaux morts ou abattus dans les corps de troupes à cheval.

Article premier. — Le service à entreprendre consiste dans l'enlèvement et la prise en compte des dépouilles des chevaux d'officiers et de troupe morts, abattus ou à abattre du (*désigner le corps*) à dater du jusqu'au y compris les dépouilles des chevaux d'officiers et de troupe qui viendraient à mourir ou à être abattus, étant en subsistance au corps.

Les dépouilles comprennent, non seulement la peau, mais le cadavre entier de l'animal.

Art. 2. — L'adjudicataire est tenu d'enlever ou de faire enlever, à ses frais, dans les vingt-quatre heures de l'avis qui lui en sera donné par le corps, ou plutôt, si des circonstances exceptionnelles l'exigent, tous les chevaux morts ou qui devront être abattus pour quelque cause que ce soit.

Des militaires de corvée seront désignés pour aider au chargement des chevaux sur les voitures.

Les chevaux à abattre, lorsqu'ils pourront marcher, seront conduits au lieu désigné pour l'abatage par les hommes de corvée.

Art. 3. — Le conseil d'administration a le droit de faire ouvrir par les vétérinaires du corps tous les chevaux morts ou abattus, et de faire faire sur leurs dépouilles toutes les incisions que nécessiterait l'intérêt de l'art, sauf, par lesdits vétérinaires, à prendre toutes les précautions nécessaires pour que les peaux ne soient pas lacérées inutilement.

Art. 4. — Si, dans le délai de vingt-quatre heures après l'avis qui lui en aura été donné à son domicile, l'adjudicataire n'enlève pas les chevaux, il y sera pourvu à ses frais, risques et périls.

Art. 5. — L'adjudicataire devra enfouir ou faire enfouir, à ses frais, les dépouilles ou les restes des dépouilles des chevaux morts ou abattus, hors de la ville, au lieu indiqué par l'autorité municipale, et en se conformant, du reste, en tout point, au règlement de la police locale en cette matière.

Art. 6. — Tous les frais relatifs à l'adjudication sont à la charge de l'adjudicataire et seront payés par lui, ainsi qu'il sera réglé et dès qu'il en sera requis.

Art. 7. — Les droits de timbre et ceux proportionnels d'enregistrement auxquels donnera lieu l'adjudication seront payés intégralement par l'acquéreur, dans les vingt jours de l'approbation définitive

(1) Aux termes de la circulaire du 9 juin 1873 (M) et de la décision du 13 dudit, page 658, concernant les corps de troupes à cheval, on doit exiger un cautionnement en espèces qui est déposé dans la caisse des corps ; dès lors toute caution devient inutile.

La décision du 13 juin, précitée, dispose que le cautionnement doit être versé avant toute livraison à l'adjudicataire, dans la caisse du corps qui en délivre un récépissé, visé par le sous-intendant militaire.

A l'expiration du marché, mainlevée de ce cautionnement est donnée sur la production d'un certificat délivré par ce fonctionnaire et visé par l'intendant de corps d'armée, constatant que l'adjudicataire a rempli tous ses engagements et n'est plus redevable d'aucune somme envers le régiment.

du marché. Ces droits d'enregistrement seront calculés sur une moyenne de chevaux par an et sur une durée du marché fixée à ans mois.

Toutefois, dans le cas où, en fin de marché, il serait constaté que le produit des dépouilles des chevaux a été supérieur à la somme sur laquelle ont été calculés les droits d'enregistrement déjà acquittés par l'adjudicataire, l'agent de l'administration des Domaines sera fondé à réclamer le paiement d'un supplément de droits proportionné à cet excédent, sans qu'il y ait à effectuer aucune restitution à l'adjudicataire, si l'importance réelle des chevaux livrés faisait ressortir une différence en moins sur l'évaluation primitive.

Art. 8. — Le marché est applicable à toutes les portions du corps qui pourront venir en garnison à

Art. 9. — L'adjudicataire devra verser, du 1er au 5 de chaque trimestre, entre les mains et en la demeure du trésorier du corps, sur un état décompté par cet officier, vérifié par le conseil d'administration et visé par le sous-intendant militaire, le prix des dépouilles des chevaux morts ou abattus pendant le trimestre précédent.

Lors du départ du corps, les sommes qui pourront être dues par l'acquéreur des dépouilles devront être versées, en observant les formalités indiquées ci-dessus, la veille du départ.

A défaut de paiement aux époques déterminées par le présent cahier des charges, l'adjudicataire pourra être poursuivi comme détenteur des deniers publics. (Voir page 292.)

Nota. — La circulaire du 9 juin 1873 (M) et la décision du 13 dudit, page 658, émanant du bureau de la cavalerie et des remontes, prescrivent la réalisation d'un cautionnement en numéraire. Il y aurait donc lieu de faire un article additionnel.

Art. 10. — Les contestations auxquelles pourront donner lieu l'exécution et l'interprétation du présent cahier des charges seront jugées administrativement, c'est-à-dire :

1° Par le sous-intendant militaire ;
2° Par l'intendant militaire du corps d'armée ;
3° Par le ministre de la guerre ;
4° Finalement en appel, par le Conseil d'Etat.

Arrêté à

Les Membres du conseil d'administration, *Le Sous-Intendant militaire,*

Marché.

Je soussigné (nom, prénoms, demeure), où je fais élection de domicile, pour l'exécution du présent marché, m'oblige envers le conseil d'administration du à prendre les dépouilles de chevaux de troupe et d'officiers appartenant audit corps qui mourront ou seront abattus du au au prix de francs l'une.

Je déclare, en outre, me soumettre aux conditions ci-dessus et généralement à toutes les obligations stipulées au cahier des charges qui précède et dont j'ai pris pleine et entière connaissance.

Fait double à

(Signature du titulaire.)

Je soussigné (nom, prénoms, demeure), après avoir pris connaissance du cahier des charges et du marché qui précèdent, déclare m'engager solidairement avec l'obligé principal pour l'exécution du marché ci-dessus (1).

(Signature de la caution.)

Approuvé
Par nous, sous-intendant militaire.

A , le 18 .

(1) Aux termes de la circulaire du 9 juin 1873 (M) et de la décision du 13 dudit émanant du bureau de la cavalerie, page 658, on doit exiger un cautionnement en espèces qui est déposé dans la caisse des corps ; dès lors, toute caution devient inutile; pour le surplus, se reporter à la page 618.

ÉCOLES RÉGIMENTAIRES

ÉCOLES RÉGIMENTAIRES D'ENSEIGNEMENT MUTUEL OU SIMULTANÉ

§ 1er. — Troupes d'infanterie.

(RÉGIMENTS, BATAILLONS OU COMPAGNIES (1)

DISPOSITIONS GÉNÉRALES

Chaque régiment d'infanterie ou bataillon formant corps a deux écoles :

L'école primaire de compagnie destinée aux illettrés ;

Le cours préparatoire fait aux sous-officiers, caporaux ou soldats ayant un commencement d'instruction et désireux d'arriver au grade de sous-lieutenant, soit dans l'armée active, soit dans sa réserve. (Art. 1er du règlemt du 31 juillet 1879, page 103.) Il y a dans chaque corps un capitaine-directeur des écoles qui a sous ses ordres un secrétaire pour la tenue des écritures et la conservation du matériel. (Art. 4.) Ce secrétaire n'a droit à aucune rémunération. (Circ. du 24 mars 1873, page 262.) L'année scolaire commence le 1er novembre et finit le 15 août. (Art. 26.) Le lieutenant-colonel a la surveillance des écoles. (Art. 17.)

École primaire.

Dans chaque compagnie, le capitaine est chargé, sous sa responsabilité, de la direction de l'école primaire.

Il en fait surveiller l'enseignement par les officiers de peloton et l'adjudant de compagnie ; il y emploie, comme moniteurs, les sous-officiers et caporaux.

L'école primaire de compagnie est obligatoire pour les illettrés seulement. Ils cessent d'y assister dès qu'ils savent lire, écrire et compter. (Art. 6.) Le soin de régler les détails de l'enseignement est laissé à l'initiative des capitaines. (Art. 7.)

Il est consacré, autant que possible, tous les jours une séance d'une heure au moins, dont la durée peut être portée à deux heures en hiver. Le chef de corps détermine le temps qu'on peut affecter à cette école. (Art. 8.)

Cet enseignement n'a pas lieu les jours fériés. (Art. 16.)

L'école se fait dans les chambres de la compagnie. (Art. 2.) Toutefois, la circulaire du 29 mai 1872, page 428, dispose qu'on peut donner cet enseignement dans un nombre restreint de chambrées en groupant les classes selon qu'elles s'appliquent à la lecture, à l'écriture ou au calcul.

Le capitaine-directeur n'exerce aucune action sur cette école. (Art. 18.)

MOBILIER DE L'ÉCOLE PRIMAIRE

On se sert du mobilier : tables, bancs, etc., qui se trouve dans les chambrées. Ce mobilier comprend, en outre, les objets suivants :

Un *tableau noir* pour chaque compagnie, fourni par le service du génie. (Circ. du 3 septembre 1872, page 594.)

Lampes en nombre suffisant lorsque les écoles se font le soir. (Renvoi 1 de l'art. 28 du règlemt.)

La circulaire du 29 mai 1872, page 429, dispose qu'il faut en moyenne deux lampes par compagnie. (Voir ci-après, page 623.)

(1) Il n'existe pas d'écoles dans les sections d'infirmiers militaires et de commis et ouvriers d'administration. (Décis. du 16 février 1880, page 54.) Il n'en existe pas non plus dans les sections de secrétaires d'état-major et du recrutement. (Pour les enfants de troupe de ces diverses sections, se reporter à la page 625.)

MATÉRIEL D'ENSEIGNEMENT (ÉCOLE PRIMAIRE)

Le soin de régler les détails de l'enseignement étant laissé à l'initiative des capitaines (art. 7 du règlem[t]), ces derniers ont toute latitude pour fixer le matériel qui leur est nécessaire. Toutefois, la circulaire du 29 mai 1872, page 429, prescrit de faire usage d'un syllabaire spécial, qui se trouve chez M. Delagrave, éditeur à Paris, rue des Ecoles, n° 58. Prix : 0 fr. 20.

Outre ce syllabaire, les autres objets communément employés sont : le papier, les plumes, l'encre, les crayons, les règles, les canifs, les modèles d'écritures, etc. Ce matériel est délivré aux compagnies par le capitaine-directeur des écoles. (Art. 18.)

La circulaire précitée du 29 mai 1872 prescrit d'utiliser l'ancien matériel qui était affecté à l'enseignement de la méthode Roland supprimée.

Pour les enfants de troupe, voir page 625.

Cours préparatoire.

L'enseignement du cours préparatoire comprend :

1° Les exercices de français (dictée et rédaction), 19 leçons;

2° L'arithmétique, 13 leçons;

3° Les éléments de géométrie plane, 20 leçons;

4° La topographie, 9 leçons et 4 séances pratiques (1) ;

5° La fortification, 8 leçons et 6 séances pratiques;

6° L'histoire militaire, 10 leçons;

7° La géographie, 9 leçons. (Art. 9 du règlem[t] du 31 juillet 1879.)

Les cours rédigés et imprimés au ministère de la guerre sont distribués aux élèves et développés par les officiers professeurs. (Art. 10.)

Des collections de cours ont été envoyées en 1881 (8 février 1881, page 54) et la circulaire du 24 février en a fixé le prix :

Géométrie	0.72
Arithmétique	0.71
Histoire	2.25
Géographie	1.63
Grammaire	0.94
Topographie	0.99
Fortification	0.86

Cette circulaire indique les n[os] sous lesquels ils doivent être inscrits dans les comptes.

Il est fait chaque semaine deux classes, du 1er novembre au 15 février et du 1er juin au 15 août, et trois classes ou séances pratiques du 15 février au 1er juin. (Art. 11.) La durée des classes est de une heure et demie à deux heures. (Art. 12.)

Le cours préparatoire est facultatif et les élèves ne sont pas astreints à suivre tous les cours. Toutefois, nul ne peut être proposé pour le grade de sous-lieutenant s'il ne possède toutes les connaissances du programme. (Art. 13.)

Les militaires admis à un cours ne peuvent le quitter qu'avec l'autorisation du chef de corps. (Art. 14.) — Des examens sont passés en fin d'année. (Art. 20.)

LOCAUX

Voir pages 628 et 635 de ce Recueil.

MOBILIER

1° OBJETS MOBILIERS AU COMPTE DU SERVICE DU GÉNIE

Le règlement du 31 juillet 1879, page 108 (art. 28), fixe comme il suit le mobilier de la salle d'école :

Une *estrade* pour l'officier professeur,

Un *bureau* avec tiroir fermant à clef, placé sur l'estrade;

(1) Pour l'enseignement de la topographie, l'on doit se conformer au cours spécial rédigé et imprimé au ministère de la guerre. (Dép. du 21 juin 1884, adressée à Bourges.)

Six *chaises ;*

Un nombre suffisant de *tables* et de *bancs* fixés au sol; les bancs à 0^m33 des tables ; les tables sont garnies d'encriers encastrés;

Une *armoire* à deux battants fermant à clef et garnie de ses rayons;

Porte-manteaux en nombre suffisant (Art. 28);

L'article 51 du règlement du 30 juin 1856, page 247, dispose que ces objets sont fournis, entretenus et remplacés par le service du génie.

Tableaux noirs ;

L'article 51 du règlement précité porte que le service du génie doit, en outre, fournir un ou plusieurs tableaux noirs suivant le nombre des élèves (3 pour les écoles de 150 élèves, 2 pour celles de 130, 1 pour celles de 80. (Règlem[t] du 28 décembre 1835, page 768.)

Buste du souverain (Circ. du 17 mai 1858, page 518);

Étagère portant ce buste (Règlem[t] du 28 décembre 1835, page 768);

Un *poêle* avec tuyaux pour chaque salle (Art. 66 du règlem[t] du 30 juin 1856).

2° OBJETS MOBILIERS AU COMPTE DU BUDGET DES ÉCOLES; ÉCLAIRAGE

Lampes nécessaires à l'éclairage de la salle d'école et des chambres de la troupe où ont lieu les cours du 1er degré. (Art. 28 du règlem[t] du 31 juillet 1879.)

D'après le renvoi 1 de l'article 28 dudit règlement, les écoles du soir sont éclairées au moyen de lampes de fer blanc bronzé, brûlant de l'huile de pétrole, à mèche ronde de 12 lignes, munies d'une suspension et de deux réflecteurs abat-jour.

Le matériel est fixé ainsi qu'il suit:

Pour un régiment d'infanterie..... 36 lampes;

Pour un bataillon de chasseurs.... 12 —

Le prix de la lampe étant de 7 fr. 50, accessoires compris, la dépense du matériel est évaluée à 270 francs pour un régiment d'infanterie et à 90 francs pour un bataillon de chasseurs à pied.

La lampe dont s'il s'agit brûle de 5 à 6 centilitres de pétrole par heure; si la durée de l'enseignement est de une heure et demie, de sept à huit heures et demie du soir, par exemple, l'allocation journalière sera de 0,15 c. par compagnie faisant usage de deux lampes, soit: 2 fr. 70 c. pour un régiment d'infanterie; 0 fr. 90 c. pour un bataillon de chasseurs à pied.

L'entretien et le remplacement des appareils d'éclairage et l'achat du liquide sont compris dans les fonds alloués pour les dépenses annuelles de l'enseignement.

Ce matériel reste à demeure. (Renvoi 1 de l'art. 28.)

MATÉRIEL D'ENSEIGNEMENT

DÉPENSES AU COMPTE DU BUDGET DES ÉCOLES

1° *Matériel fixe.*

Le matériel fixe d'enseignement comporte :

Un *globe terrestre*, du prix de 30 francs ;

Quatre *cartes géographiques* collées sur toile et accrochées aux murs (Europe écrite, Europe muette, France écrite, France muette);

Un *tableau chronologique* des rois de France du prix de 10 francs ;

Un *relief* représentant les diverses formes du terrain avec tracé des courbes équidistantes ;

Un *relief* représentant un retranchement de fortification passagère, du prix de 6 francs ;

Une *règle*, une *équerre* à tableau noir, un *compas* à craie et un *rapporteur*. (Art. 28 du règlem[t].)

En 1882, le ministre a adressé aux corps de troupe d'infanterie des cartes représentant les environs de leur garnison dans un rayon de quinze kilomètres, à raison d'une par compagnie et par officier supérieur. (Circ. du 7 décembre 1882, page 466.)

Le globe terrestre n'est fourni que lorsque les salles d'école ne possèdent pas de mappemonde. (Art. 28 du règlem[t], renvoi 2.)

Aucune durée n'est assignée au matériel des écoles qui est remplacé à la suite des réformes, mises hors de service, etc., régulièrement prononcées.

A cet effet, tous les objets du matériel fixe d'enseignement jugés non susceptibles d'être maintenus en service et ceux dont le remplacement est nécessaire pour quelque cause que ce soit, donnent lieu dans chaque corps, ainsi que *les demandes à titre de première mise*, à des états (mod. n° 5 de l'instr. du 19 février 1883) établis à l'une des inspections trimestrielles ou à l'inspection générale, et de préférence à cette dernière.

Une expédition de ces états est adressée au ministre après l'approbation par l'inspecteur administratif intéressé. Le ministre prescrit, d'après ces documents, les mesures nécessaires pour assurer les remplacements de matériel jusqu'à l'inspection suivante.

Il appartient au corps de veiller à ce que ces états soient bien établis, toute demande faite en dehors de ces conditions ne devant être admise qu'autant qu'elle sera justifiée par des nécessités de service bien établies. (Art. 11 de l'instr. du 19 février 1883, page 143.)

Dans ce dernier cas, la nécessité des remplacements doit être constatée par un procès-verbal du sous-intendant militaire. (Art. 34 du règlemt du 31 juillet 1879, page 110.) La circ. du 31 mars 1883, page 344, dispose que les plans-reliefs de topographie continueront à être envoyés aux corps par le ministre de la guerre, mais à charge de remboursement sur les fonds des écoles. Ces objets doivent être compris dans l'état annuel n° 5 auquel est annexé un récépissé de versement au Trésor de 30 fr., prix de remboursement de chacun de ces plans.

Le matériel fixe reste à demeure lors des changements de garnison. (Art. 30 du règlemt). Il est remis au génie ou au corps successeur sur inventaire dressé par le service de l'intendance et signé par l'officier de casernement. (Art. 51 du règlemt du 30 juin 1856.) Toutefois, le capitaine-directeur doit intervenir dans la remise du matériel qui lui est confié et dont il est responsable.

Aux termes d'une note du 29 août 1872, page 592, et de la décision du 20 juin 1843 (ancien *Journal militaire*), le matériel doit être examiné par le sous-intendant, de concert avec le service du génie, et être complété ou remis en état, s'il y a lieu, au compte de qui de droit.

2° *Matériel mobile d'enseignement.*

Le matériel mobile d'enseignement comprend :

1° Les livres nécessaires à l'enseignement (voir page 622) ;

2° *Par bataillon* : 6 règles plates, 6 équerres, 6 doubles-décimètres, 6 rapporteurs en corne, 6 compas à crayon, 6 petites boussoles déclinatoires.

Pour divers autres objets que les corps peuvent se procurer, voir ci-après, page 630.

Ce matériel est emporté par les corps lors des changements de garnison. (Art. 31 du règlemt du 31 juillet 1879.)

Le remplacement des volumes du cours préparatoire est effectué par les soins de l'administration centrale dans les mêmes conditions que pour les théories. (Circ. du 19 février 1883, page 141.)

Quant aux règles, équerres, etc..., l'achat en est fait au fur et à mesure des besoins.

ALLOCATIONS ANNUELLES

DESTINÉES AU PAIEMENT DES DÉPENSES IMPUTABLES AU BUDGET DES ÉCOLES

L'école primaire et le cours préparatoire sont dotés, pour les dépenses se reproduisant périodiquement d'une manière à peu près régulière, d'une allocation annuelle fixe, savoir :

Par régiment d'infanterie.......... 1,000 fr.
Par bataillon formant corps...... 500 fr.

Cette allocation est affectée aux dépenses : de l'école primaire et du cours préparatoire, à l'entretien de la presse autographique, aux acquisitions de livres pour les enfants de troupe dans les lycées et aux dépenses des salles de lecture.

Cette allocation est un maximum qu'on doit s'efforcer de ne pas atteindre, mais elle peut être employée par les corps, sans nouvelle autorisation, aussitôt après l'approbation par le ministre de l'état de prévisions annuel. (Art. 3 de l'instr. du 19 février 1883, pages 139 et 140.)

Les fixations ci-dessus ne sont pas invariables, car toutes les dépenses des corps, subordonnées ou non à une autorisation ministérielle, donnent lieu à des états de prévisions, fournis aux époques et dans la forme indiquée par le ministre. Elles sont évaluées sur ces états de manière à éviter les insuffisances ou les excédents de crédits exagérés. Ces états sont modifiés, s'il y a lieu, par le ministre et, une fois arrêtés par ses soins, constituent une dotation qui ne doit pas être dépassée. (Art. 4). Voir *Dispositions communes à toutes les écoles.*

D'après l'article 5 de ladite instruction, les dépenses à la charge du budget des écoles régimentaires à comprendre dans les états de prévisions sont :

L'achat et le remplacement du matériel d'enseignement, y compris les cartes murales, le globe terrestre, le plan-relief et le relief représentant un retranchement de fortifications passagères ;

L'achat des fournitures pour les élèves (1), des lampes et de l'huile pour l'éclairage des cours du soir ;

Les frais d'instruction des engagés conditionnels, dans les corps qui en reçoivent ;

L'entretien de la presse autographique (voir *Presse*) ;

Les acquisitions de livres pour les enfants de troupe admis à suivre les cours des lycées (on comprend les fournitures de bureau : Décision du 12 février 1881, page 201). Une dép. du 28 avril 1883 a rejeté une dépense de 7 fr. 65 c. pour achat de 3 serviettes destinées à ces enfants ;

Les dépenses des salles d'études (voir *Salles d'études*).

Le remplacement des volumes du cours préparatoire est effectué par les soins de l'administration centrale dans les mêmes conditions que pour les théories. (Art. 5.)

Dans les sections de secrétaires d'état-major, de commis et ouvriers d'administration et d'infirmiers militaires, les livres et fournitures de bureau nécessaires aux enfants de troupe qui suivent des cours sont ordonnancés également sur les fonds des écoles régimentaires d'infanterie. Les dépenses de cette nature concernant les enfants de troupe du génie sont imputées sur les crédits spéciaux des établissements de l'arme. (Décision du 19 février 1881, page 201.)

PAIEMENT, JUSTIFICATION ET REMBOURSEMENT

DES DÉPENSES AU COMPTE DES ÉCOLES

Les dépenses énumérées ci-dessus (et celles occasionnées par l'achat des registres, voir page 627), sont payées aux fournisseurs par le trésorier (ou l'officier en remplissant les fonctions), sur l'autorisation du conseil d'administration, au moyen des fonds généraux de la caisse du corps, et sur la production des factures ou mémoires conformes aux modèles annexés à l'instruction du 1er mars 1880 (Mod. n° 1) pour toutes les dépenses d'entretien, de réparations et de menues fournitures, ainsi que pour les achats d'objets figurant au compte de gestion, vérifiés et visés par l'officier directeur des écoles chargé d'effectuer les achats. (Art. 6 de l'instr. du 19 février 1883, page 142.)

NOTA. — Il n'est pas prescrit de faire usage du modèle n° 3 pour les objets figurant dans le compte annuel de gestion. C'est sans doute le résultat d'un oubli.

Les pièces justificatives sont acquittées en toutes lettres par les fournisseurs et l'acquit doit être daté. (Règlemt du 3 avril 1869, page 399 et mod. nos 1 et 3.)

Ces dépenses sont inscrites dans la centralisation, dans une colonne intitulée : Ecoles régimentaires. (Voir *Registre de centralisation*, page 306.)

Les corps sont remboursés chaque trimestre de leurs avances. (Instr. du 1er mars 1881, page 361, et circ. du 19 février 1883, page 142.)

A cet effet, ils produisent en double expédition (original et copie conforme, art. 10 de l'instr. du 1er mars 1881) un relevé détaillé (mod. n° 21 *bis* de l'instr. du 1er mars 1880) des dépenses effectuées pendant le trimestre précédent. (Art. 7 de l'instr. précitée du 19 février 1883.) Ce relevé est établi conformément aux dispositions des articles 8 et 9 de l'instruction du 1er mars 1881, c'est-à-dire qu'un relevé distinct est établi par budget et que les pièces justificatives doivent recevoir pour ordre, le cas échéant, un développement faisant ressortir distinctement les sommes afférentes aux divisions portées sur le relevé (2). Ces divisions sont pour les écoles régimentaires : achats de matériel ;

(1) Les règlements ne déterminent ni le prix ni la quantité du papier et autres menues fournitures. Dans tous les cas, les corps sont astreints à ne pas dépasser les crédits qui leur sont alloués.

(2) Exemple : Une facture s'élève au total à 55 fr. 70 ; on porte à l'encre rouge, dans la colonne d'observations, le développement suivant :

Achats de matériel,	40 fr. 50
Entretien et réparations,	10 10
Volontaires d'un an,	5 10
Total égal :	55 fr. 70 (Art. 9 de l'instr. du 1er mars 1881, page 358.)

achat de fournitures, entretien et réparation du matériel; éclairage; frais d'instruction des volontaires d'un an; entretien de la presse autographique; acquisitions concernant les enfants de troupe; dépenses concernant les salles de lecture. (Art. 7.) Les dépenses omises dans un relevé sont comprises dans le relevé suivant; mais si l'omission concerne le 4e trimestre, il est établi un relevé supplémentaire. (Art. 8 de l'instr. du 1er mars 1881.)

Les relevés sont certifiés par le conseil d'administration (1), vérifiés par les intendants militaires et accompagnés des factures, mémoires et autres pièces produites par les fournisseurs, vérifiées et visées par les directeurs des écoles.

Sur toutes les pièces concernant des dépenses de remplacement de matériel, on doit rappeler la date de l'approbation du procès-verbal de réforme, de perte, etc.; on mentionne de même, pour toutes les dépenses qui ont fait l'objet d'une autorisation ministérielle spéciale, la date de la décision accordant cette autorisation.

Une des expéditions des factures ou mémoires (c'est-à-dire l'original) qui s'élèvent à plus de dix francs, doit être établie sur papier timbré ou soumise au visa pour valoir timbre, et revêtue d'un timbre de quittance; le papier timbre et le timbre de quittance sont à la charge du fournisseur. Les pièces relatives aux achats ne dépassant pas dix francs sont exemptes du timbre et établies sous forme de quittance.

Tout article de matériel figurant sur ces pièces porte les numéros de la nomenclature sous lesquels il doit être inscrit au compte de gestion. (Art. 7 de l'instr. du 19 février 1883, page 142). Si les paiements ont été effectués par traite, les traites sont jointes aux factures; il en est de même pour les marchés, s'il en a été passé. (Art. 10 de l'instr. du 1er mars 1881, page 358.)

Les comptes sont adressés au sous-intendant militaire chargé de la surveillance administrative, dans le courant du premier mois de chaque trimestre. (Art. 8 de l'instr. du 19 février 1883, page 143.) Cet envoi comprend le relevé et les pièces justificatives en original et une copie de chacun de ces documents préparée pour être certifiée conforme par ce fonctionnaire. Les pièces originales vont à l'appui de l'ordonnancement et les copies sont destinées à la liquidation. (Art. 10 de l'instr. du 1er mars 1881, page 358.)

Le sous-intendant militaire les vérifie avec soin et s'assure qu'ils ne comprennent que des achats d'objets réglementaires ou dont l'usage a été dûment autorisé par le ministre.

Il rejette les dépenses qui ne lui semblent pas justifiées ou qui n'incombent point au service des écoles régimentaires d'infanterie. (Art. 8 de l'instr. du 19 février 1883.)

Lorsque cette vérification est terminée et que les comptes ont été reconnus exacts, le sous-intendant les inscrit au registre d'entrée des pièces de comptabilité et les adresse à l'intendant militaire qui délivre, au profit du conseil d'administration, un mandat de paiement pour couvrir les prélèvements opérés sur les fonds généraux de la caisse du corps. (Art. 9.) En cas de délégation par l'intendant, cet ordonnancement est effectué par le sous-intendant militaire.

Les copies des relevés et des pièces de dépenses ordonnancées sont conservées par l'intendant militaire qui les adresse au ministre dans le courant du deuxième mois de chaque trimestre, renfermées dans un bordereau modèle n° 1 annexé à l'instruction, comprenant tous les corps de troupe d'infanterie stationnés sur le territoire du corps d'armée. (Art. 9 de l'instr. du 19 février 1883.)

NOTA. — Pour tous autres renseignements, se reporter au chapitre des *Avances de fonds*, page 182.

DÉPENSES AU COMPTE DE LA MASSE DE PETIT ÉQUIPEMENT

OU DU DIRECTEUR DES ÉCOLES

Les dépenses occasionnées par la faute des élèves doivent être effectuées à leur compte et imputées sur la masse de petit équipement. Le capitaine-directeur doit compte, d'ailleurs, des objets d'instruction ou de matériel confiés à sa surveillance. (Art. 35 du règlemt du 31 juillet 1879, 181 de l'ordonn. du 10 mai 1844, 182 du décr. du 1er mars 1880, page 373, et décret du 7 mars 1885, page 449.)

Les moins-values sont décomptées comme il est indiqué pages 72 et 75.

L'officier directeur des écoles est responsable du matériel envers le conseil d'administration. (Art. 96 *bis* de l'instr. du 1er mars 1880, page 393.)

(1) Et, par conséquent, établis à la portion centrale.

DÉPENSES AU COMPTE DU SERVICE DU CHAUFFAGE

(Voir *Chauffage*, pages 587 et 588.)

Comptabilité (registres, etc.).

Le capitaine-directeur tient :

1° Un registre (mod. n° 5) portant inventaire du matériel en service (chap. 1 et 1 *bis*), enregistrement des dépenses faites (chap. 2) et des objets fournis aux compagnies (chap. 3). Ce chapitre est totalisé chaque trimestre, signé par le capitaine et visé par le major. — Il est terminé par une liste nominative des élèves du cours préparatoire. (Art. 39 du règlem. du 31 juillet 1879.) Ce registre est maintenu par l'article 96 *bis* de l'instr. du 1er mars 1880, page 393.

2° Un catalogue des livres, cahiers et modèles. (Art. 44 de l'instr. du 1er mai 1882 sur les inspections générales, page 764 S.)

Il fournit, à la fin de l'année scolaire, une situation de l'enseignement modèle n° 1. (Art 27 du règlemt.)

NOTA. — Les dépenses que nécessitent l'achat des registres et imprimés et la tenue des écritures sont au compte du service des écoles, l'officier directeur ne recevant pas d'indemnité pour frais de bureau. Une dépêche du 31 mai 1883 (M) a maintenu au compte du budget des écoles un achat de feuillets matricules d'école servant à l'examen trimestriel des hommes du 5e bataillon de chasseurs à pied.

Compte annuel de gestion. — Voir *Dispositions communes à toutes les écoles.*
Relevé annuel des dépenses. *Id.*
Distributions et réintégrations de matériel. *Id.*

§ 2. ÉCOLES RÉGIMENTAIRES DE CAVALERIE

L'instruction du 17 janvier 1883, page 18, modificative du règlement du 18 avril 1875 (1) dispose que les écoles régimentaires de chacun des régiments de cavalerie se subdivisent en cours du 1er degré, cours du 2e degré, cours préparatoire. (Art. 2.)

Cours du premier degré.

Chaque capitaine-commandant est chargé, sous sa responsabilité, de la direction de ce cours. Il en fait surveiller l'enseignement par les officiers de peloton, et y emploie, comme moniteurs, les sous-officiers, brigadiers et cavaliers lettrés. (Art. 3 de ladite instr.). Dans les régiments de spahis, le programme comprend, en outre, l'enseignement de la langue arabe aux sous-officiers, brigadiers et élèves-brigadiers français et celui de la langue française aux indigènes. (Même article.)

Ce cours se fait dans les chambres des escadrons. Son enseignement comprend: 1° la lecture, 2° l'écriture, 3° la pratique des quatre règles de l'arithmétique.

Les cavaliers qui savent lire, écrire et compter sont dispensés d'y assister. (Art. 4.)

Le capitaine-commandant détermine le temps qu'on peut affecter à ce cours. (Art. 5.)

Cours du deuxième degré.

Ce cours est également placé sous la direction de chaque capitaine-commandant et fonctionne par escadron, à l'instar du cours du 1er degré.

Destiné aux élèves-brigadiers et aux brigadiers, il est facultatif et il a pour but, beaucoup plus d'entretenir l'instruction déjà acquise par ces militaires avant leur arrivée sous les drapeaux, que de leur donner de nouvelles connaissances. A cet effet, un officier de l'escadron fait, une fois par semaine, soit une dictée, soit une interrogation très élémentaire sur l'arithmétique ou sur la géographie. (Art. 6 de l'instr. du 17 janvier 1883, page 18.)

MOBILIER NÉCESSAIRE AUX COURS DES 1er ET 2e DEGRÉS

On se sert du mobilier : tables, bancs, etc., qui se trouve dans les chambrées.

Ce mobilier comprend, en outre, les objets suivants :

(1) Pour les écoles régimentaires des corps de troupe d'infanterie, le règlement en vigueur est celui du 31 juillet 1879, page 103, et celui du 19 septembre 1881, page 213, est applicable aux corps de troupe de l'artillerie et des équipages.

Il n'existe pas d'écoles dans les compagnies de cavaliers de remonte. (Note du 29 août 1877, page 156.)

Un *tableau noir* pour chaque escadron. Il est fourni par le service du génie. (Circ. du 3 septembre 1872, page 594.)

Lampes en nombre suffisant lorsque les écoles se font le soir. (Renvoi 2 de l'art. 34 du règlem[t] du 18 avril 1875, page 927.)

La circulaire du 29 mai 1872, page 429, dispose qu'il faut en moyenne trois lampes pour un escadron. (Voir ci-après, page 629, pour les dépenses à faire pour cet objet.)

MATÉRIEL D'ENSEIGNEMENT DES COURS DES PREMIER ET DEUXIÈME DEGRÉS

Les détails et le mode d'enseignement sont laissés à l'initiative des capitaines (art. 3 de l'instr. du 17 janvier 1883, page 18, modificative du règlem[t] du 18 avril 1875), qui, toutefois, doivent faire usage d'un syllabaire spécial, qui se trouve chez M. Delagrave, éditeur à Paris, rue des Écoles, n° 58. — Prix : 0,20 c. (Circ. du 29 mai 1872, page 429.

Outre ce syllabaire unique, les autres objets utiles à l'enseignement sont :

Le papier, les plumes, l'encre, les crayons, les règles, les canifs, les modèles d'écritures, etc.

Ces objets sont délivrés aux compagnies par le capitaine instructeur directeur des écoles du régiment. (Art. 25 de l'instr. précitée.) Voir *Paiement des dépenses*, page 631 ci-après.

La circulaire précitée du 29 mai 1872 prescrit d'utiliser l'ancien matériel qui était affecté à l'enseignement de la *Méthode Rolland* supprimée.

COURS PRÉPARATOIRE

Ce cours est réservé aux sous-officiers susceptibles de devenir officiers. (Art. 7 de l'instr. du 17 janvier 1883, page 17, modificative du règlem[t] du 18 avril 1875.) Il se subdivise en cours de 2e et 1re division. (Art. 8.)

L'enseignement du cours de la 2e division comprend :

1° L'orthographe, 2° la géographie, 3° l'arithmétique, 4° la géométrie. (Art. 9.)

L'enseignement du cours de la 1re division comprend :

1° La rédaction, 2° l'histoire, 3° la topographie, 4° la revision des cours de la 2e division. (Art. 10 de ladite instr.)

L'année scolaire commence le 1er novembre; elle finit le 15 août pour la 2e division, et, pour la 1re, le jour où les candidats élèves-officiers sont examinés par l'inspecteur général. (Art. 13.)

Le personnel d'enseignement, placé sous le contrôle du lieutenant-colonel, comprend le capitaine-instructeur, directeur du cours et trois officiers. Le capitaine instructeur professe un certain nombre des cours de la 1re division. (Art. 14.)

Chaque division a par semaine trois séances d'une heure et demie. (Art. 15.)

Ce cours est facultatif. (Art. 16.) Nul ne peut passer en 1re division s'il ne possède les connaissances exigées de la 2e division, et nul ne peut, en temps de paix, être proposé pour le grade de sous-lieutenant s'il ne prouve qu'il possède toutes les connaissances exigées de la 1re division. (Art. 18.) Un tableau de classement est établi après chaque examen. (Art. 19.)

L'enseignement des *notions pratiques pour les petites opérations de la guerre* est obligatoire pour tous les sous-officiers et brigadiers, mais il ne fait pas partie du programme des écoles et est donné dans chaque escadron. (Art. 23 de l'instr. précitée.)

LOCAUX

Le règlement du 30 juin 1856, page 236, accorde à chaque corps de troupe une salle pour le 1er degré et une pour le 2e degré. Les cours du 1er et du 2e degrés se faisant aujourd'hui dans les chambres de la troupe, un seul local est indispensable pour les cours préparatoires.

Dans tous les cas, l'instruction du 1er mai 1882, article 44, page 764 (S), dispose qu'on doit affecter à ce service des locaux appropriés à leur destination.

MOBILIER

1° *Objets mobiliers au compte du service du génie.*

La nature et le nombre des objets mobiliers en usage sont déterminés par l'article 34 du règlemt du 18 avril 1875, page 927. Ce sont les mêmes que pour l'infanterie. (Voir ci-dessus, page 622.)

2° *Objets mobiliers au compte du budget des écoles et éclairage.*

Lampes nécessaires à l'éclairage de la salle d'école et des chambres de la troupe où ont lieu les cours du 1er degré. (Art. 34 du règlemt du 18 avril 1875.)

D'après le renvoi 2 de l'article 34 dudit règlement, les écoles du soir doivent être éclairées au moyen de lampes de fer-blanc bronzé, brûlant de l'huile de pétrole, à mèche ronde de 12 lignes, munies d'une suspension et de deux réflecteurs abat-jour.

Le matériel est fixé à 12 lampes pour un régiment de cavalerie.

Le prix de la lampe est de 7 fr. 50 c., accessoires compris.

Chaque lampe brûle de 5 à 6 centilitres de pétrole par heure, soit 5 centilitres par heure. Si donc, la durée de l'enseignement est de une heure et demie, de sept à huit heures et demie du soir, par exemple, la dépense est de 0,15 c. par escadron faisant usage de 2 lampes (ou de 0,075 par bec et par jour), soit : 0,90 c. pour un régiment de cavalerie.

Dans les corps de cavalerie, la dépense d'éclairage des écoles du soir est supportée par la masse d'entretien du harnachement et ferrage. (Même renvoi.) Cette disposition doit être interprétée dans ce sens que la fourniture du pétrole est seule au compte de cette masse et que l'achat, l'entretien et le remplacement des lampes sont compris dans l'allocation annuelle. (Art. 39 du règlemt du 18 avril 1875, page 930.)

Le matériel d'éclairage de tous les corps changeant de garnison est remis sur inventaire au service du génie pour être délivré à ceux qui viennent les remplacer. (Renvoi 2 de l'art. 34 du règlemt précité.) Ce matériel est examiné par le sous-intendant et complété ou remis en état. Les réparations ou remplacements sont mis au compte de qui de droit s'ils proviennent d'un fait personnel, ou, dans le cas contraire, imputés au service des écoles. (Note du 29 août 1872, page 592.)

MATÉRIEL D'ENSEIGNEMENT

DÉPENSES AU COMPTE DU BUDGET DES ÉCOLES

1° *Matériel fixe.*

Le matériel fixe d'enseignement comprend :

Un globe terrestre ;

Quatre cartes géographiques collées sur toile et accrochées au mur, savoir : Europe écrite, Europe muette, France écrite, France muette ;

Un tableau chronologique des rois de France ;

Un relief représentant les diverses formes du terrain avec tracé des courbes équidistantes ;

Un relief représentant un retranchement de fortification passagère ;

Une règle, une équerre à tableau noir, un compas à craie et un rapporteur.

Le globe terrestre, le tableau chronologique des rois de France et le relief représentant un retranchement sont fournis aux corps qui en font la demande au ministre à titre de première mise, mais les salles d'école ne sont pourvues du globe terrestre que lorsqu'elles ne possèdent pas une mappemonde.

Ces objets coûtent : le globe terrestre, 30 francs ; le tableau chronologique, 10 francs ; le relief, 6 francs. (Art. 34 du règlemt du 18 avril 1875, page 927.)

Le plan en relief représentant les formes du terrain est également fourni par le ministère de la guerre. (Renvoi 1 de l'art. 39 du règlemt, page 930.) Les corps doivent le demander (bureau de l'arme), et joindre à leur demande un récépissé de versement au Trésor d'une somme de 30 francs pour chaque plan. (Note du 9 avril 1883, page 350.)

A cette nomenclature, il faut ajouter vingt collections de feuilles de la carte de France que le ministre a mises à la disposition de chaque régiment de cavalerie. (Circ. du 14 février 1881, page 183 S.)

2° *Matériel mobile d'enseignement.*

Ce matériel comprend :

Les livres nécessaires à l'enseignement. (On doit se servir des livres en usage dans l'infanterie. — Art. 11 de l'instr. du 17 janvier 1883, page 19.)

Par régiment de cavalerie :

6 Règles plates;

6 Equerres;

6 Doubles décimètres;

6 Rapporteurs en corne;

6 Compas à crayon;

6 Petites boussoles déclinatoires (Art. 34 du règlemt du 8 avril 1875);

1 *Nécessaire pour l'enseignement du système métrique*, de M. Duru. Prix : 30 francs.

Ce nécessaire est une boite renfermant les modèles de tous les poids, mesures et monnaies, selon le système usuel. Les demandes, qui sont facultatives, sont adressées à M. Duru, fabricant, rue Sainte-Catherine, n° 133, à Bordeaux. (Note du 14 décembre 1875, page 660.)

1 *Tableau de M. Linarès, pour l'enseignement du système métrique*. Prix : 16 francs, transport non compris.

Ce tableau est fourni en première mise à chaque corps qui en fait la demande au ministre. La dépense est acquittée par les corps sur l'allocation annuelle. Editeur : M. Delagrave, à Paris. (Décis. du 29 juillet 1876, page 27.)

1 *Manuel des cours professés à l'Ecole du 3e degré*, du prix de 3 francs 50 c. (*Facultatif.*)

Les corps sont autorisés à en faire l'acquisition sur le montant de l'allocation annuelle. S'adresser à M. Delagrave, éditeur, rue des Ecoles, n° 58, à Paris. (Note du 23 décembre 1875, page 707.)

12 Collections de livres classiques ont été envoyées par le ministre en 1881, à chaque régiment de cavalerie; 2 collections pour les compagnies de cavaliers de remonte. (Circ. du 8 février 1881, page 54.)

Pour les prix, voir *Ecoles d'infanterie*.

Enseignement de la Topographie.

Cartes topographiques fournies par le ministre. (Renvoi 1 de l'art. 39 du règlemt du 18 avril 1875, et circ. du 7 juin 1877, page 511.)

1 *Echelle-Rapporteur* de M. Trinquier. Prix : 8 francs; avec éclimètre, 22 francs.

Les corps qui veulent se procurer cet instrument doivent s'adresser à la maison Hachette et Cie, à Paris. La dépense est comprise dans l'allocation annuelle. (Note du 20 mars 1873, page 261, et renvoi 1 de l'article 39 du règlemt du 18 avril 1875, page 930.)

4 *Cahiers topographiques de M. Hennequin*, coûtant ensemble 0,60 c. (Renvoi 1 de l'art. 39 du règlemt.)

Boussoles en nombre suffisant (dépense non comprise dans l'allocation annuelle).

Plan en relief représentant les diverses formes du terrain avec tracé des courbes équidistantes. (Art. 34 et renvoi 1 de l'art. 39 du règlemt du 18 avril 1875, pages 927 et 930.) Voir ci-dessus.

Objets nécessaires aux volontaires d'un an.

Alidades (double-décimètre),	1	pour 4 hommes,	» 50
Rapporteurs,	1	—	» 60
Cartons-planches,	1	—	» 75
Déclinatoires,	1	—	1 25

(Instr. du 4 mai 1873, page 429).

Le matériel mobile est emporté par les corps lors des changements de garnison. (Art. 34 du règlemt du 18 avril 1875, page 927.)

ALLOCATIONS ANNUELLES

DESTINÉES AU PAIEMENT DES DÉPENSES IMPUTABLES AU BUDGET DES ÉCOLES POUR TOUS LES COURS

Il est pourvu aux dépenses des écoles régimentaires au moyen d'une allocation annuelle, fixée comme il suit, et imputable sur les crédits du budget des écoles, savoir :

Pour un régiment de cavalerie, 620 francs. (Circ. du 9 février 1884 M.)

Ce chiffre est un maximum qui ne peut être dépassé, mais qu'on peut ne pas atteindre. (Art. 38 du règlemt du 18 avril 1875, page 929.)

L'article 39 de ce règlement porte qu'au moyen de ces allocations, les corps doivent faire face aux dépenses ci-après :

1° L'achat et le remplacement du matériel d'enseignement (à l'exception des cartes murales, des globes terrestres et des deux plans en relief);

2° L'achat du papier (1), des plumes, des crayons, de l'encre, des livres (2), etc., dont l'emploi plus ou moins considérable dépend du nombre des élèves ;

3° L'achat, l'entretien et le remplacement des lampes (art. 39 du règlem[t]) ;

4° L'achat des livres et autres fournitures de classe nécessaires aux enfants de troupe. (Notes du 30 décembre 1880, page 457, et du 19 février 1881, page 201.) Pour l'éclairage, voir ci-après, page 632 ;

5° Les dépenses des salles de lecture. (Circ. du 9 février 1884 M.) Cette circulaire prescrit de fournir en double expédition pour toutes les écoles des états de prévisions comprenant les dépenses présumées nécessaires pendant l'année.

Les états produits par les corps sont adressés par l'intendant militaire au ministre, renfermés dans un état récapitulatif. Une expédition est renvoyée revêtue de l'approbation du ministre ; aucune dépense ne peut être engagée en dehors de celles autorisées. (Circ. du 9 février 1884 M.)

PAIEMENT, JUSTIFICATION ET REMBOURSEMENT DES DÉPENSES

AU COMPTE DU BUDGET DES ÉCOLES

Les dépenses ci-dessus énumérées (et celles occasionnées par l'achat des registres, voir page 633) sont payées aux fournisseurs par le trésorier (ou l'officier qui en remplit les fonctions), sur l'autorisation préalable du conseil d'administration au moyen des fonds généraux de la caisse du corps, sur la production de factures ou mémoires conformes aux modèles annexés à l'instruction du 1er mars 1880, vérifiés et visés par le directeur des écoles chargé de faire les achats. (Art. 41 du règlem[t] du 18 avril 1875, modifié le 16 décembre 1882, page 513.)

Ces pièces sont acquittées en toutes lettres par les fournisseurs (dép. du 20 juin 1856 M) et l'acquit doit être daté. (Règlem[t] du 3 avril 1869, page 399, et mod. n° 3 annexé à l'instr. du 1er mars 1880.) Elles sont d'ailleurs conformes au modèle n° 1 qui fait suite à cette instruction pour toutes les dépenses d'entretien, de réparations et de menues fournitures, au modèle n° 2 pour les gratifications ou indemnités, et au modèle n° 3 pour les livraisons d'objets figurant au compte annuel de gestion. (Instr. du 1er mars 1881, page 355.) (Voir le renvoi 2 de la page 625.)

Les corps sont remboursés chaque trimestre de leurs avances. (Art. 20 de l'instr. du 1er mars 1881, page 356.)

A cet effet, il est produit, en double expédition, dans les premiers jours de chaque trimestre, un relevé détaillé (mod. 21 *bis* de l'instr. du 1er mars 1880) des dépenses effectuées pendant le trimestre précédent.

Ce relevé est établi, conformément aux dispositions des articles 8 et 9 de l'instruction du 1er mars 1881, et d'après la classification indiquée par le tableau annexé à ladite instruction (3).

Ce relevé, certifié par le directeur des écoles et arrêté par le conseil d'administration, est accompagné des pièces justificatives dont le détail suit :

1° Factures, mémoires et autres pièces produites par les fournisseurs ;

2° Procès-verbaux exigés pour le remplacement des cartes, instruments et autres objets relatifs à l'enseignement, conformément aux lois de finances des 13 brumaire an XII et 23 août 1871. Une des expéditions des factures ou mémoires qui s'élèvent à

(1) Voir le renvoi 1 de la page 625.

(2) On déduit de l'allocation la valeur des livres fournis par le ministre (9 février 1884).

(3) Les dépenses doivent être classées sur les relevés trimestriels dans l'ordre indiqué par le tableau annexé à l'instruction du 1er mars 1881, page 355 :

1° Achat de matériel (acquisitions ou remplacements) ;

2° Achat de fournitures (réparation et entretien du matériel) ;

3° Dépenses relatives à l'éclairage (matériel, fournitures, réparations, à l'exclusion du combustible).

Si une même facture comprend des objets de plusieurs classes, mention doit en être faite pour ordre dans la colonne d'observations. Exemple : une facture s'élève au total à 55 fr. 70 c. Dans la colonne d'observations on portera, à l'encre rouge, le développement suivant :

Achats..................	40.50
Entretien et réparations...	10.10
Volontaires d'un an.......	5.10
TOTAL ÉGAL......	55.70 (Art. 9 de l'instr. du 1er mars 1881, page 358).

plus de 10 francs, doit être faite sur papier timbré ou soumise au visa pour valoir timbre et revêtue d'un timbre de quittance. Le papier timbré et le timbre de quittance sont à la charge du fournisseur.

Tout article de matériel figurant sur ces pièces doit porter les numéros de la nomenclature sous lesquels il doit être inscrit au compte de gestion. (Art. 42 du règlem[t] du 18 avril 1875, modifié le 16 décembre 1882, page 513.)

Les comptes sont adressés au sous-intendant militaire chargé de la surveillance administrative du corps, dans le courant du premier mois qui suit le trimestre au titre duquel les dépenses ont été effectuées.

Ce fonctionnaire les vérifie avec soin et s'assure qu'ils ne comprennent d'autres achats que ceux des objets réglementaires ou dont l'usage a été dûment autorisé par le ministre. Il rejette les dépenses qui ne lui semblent point justifiées ou qui n'incombent point au budget des écoles régimentaires de la cavalerie, et tient la main à ce qu'elles soient faites avec économie. (Art. 43 du règlem[t] du 18 avril 1875, modifié par décis. du 16 décembre 1882, page 513.)

Lorsque la vérification est terminée et que les comptes ont été reconnus exacts, le sous-intendant les inscrit au registre d'entrée des pièces de comptabilité, et les adresse à l'intendant du corps d'armée, qui délivre, au profit du conseil d'administration, un mandat pour couvrir le prélèvement opéré sur les fonds généraux de la caisse du corps.

Les copies des relevés et des pièces de dépenses ordonnancées sont conservées par l'intendant militaire, qui les adresse au ministre dans le courant du deuxième mois qui suit le trimestre écoulé, dans un bordereau récapitulatif conforme au modèle n° 4 de l'instruction du 1er mars 1880 (1), comprenant tous les corps de troupe de cavalerie du corps d'armée ou stationnés sur son territoire (ou de la division pour l'Algérie), et indiquant la date et le numéro des mandats délivrés au profit de chaque corps. Le détail par nature de dépenses de la somme ordonnancée est inscrit dans la colonne d'observations.

L'intendant militaire adresse au ministre, avant le 1er juillet de chaque année, un état récapitulatif du même modèle n° 4, résumant par corps le détail de la somme mandatée pendant l'exercice écoulé. Les pièces relatives aux dépenses qui auraient pu être ordonnancées au compte de cet exercice depuis le 1er janvier, sont jointes à cet envoi. (Art. 44 du règlem[t] du 18 avril 1875, modifié par décis. du 16 décembre 1882, page 514.)

Nota. — Les remboursements sont effectués à la portion centrale des corps, les allocations étant fixées pour l'ensemble de ces corps y compris les portions détachées.

Ce principe est rappelé par l'instruction du 30 décembre 1883, page 895.

DÉPENSES AU COMPTE DE LA MASSE D'ENTRETIEN DU HARNACHEMENT ET FERRAGE

Dans les corps de troupe à cheval, lesquels ont une masse d'entretien du harnachement et ferrage, la fourniture de l'huile pour l'éclairage des écoles du soir incombe à cette masse. (Art. 39 du règlem[t] du 18 avril 1875, page 930.)

Les ordinaires bénéficient de cet éclairage. (29 mai 1872, page 429.)

DÉPENSES AU COMPTE DE LA MASSE INDIVIDUELLE OU DE PETIT ÉQUIPEMENT

Les dépenses occasionnées par la faute des élèves sont effectuées au compte de la masse individuelle ou de petit équipement. (Art. 40 du règlem[t] précité, 181 de l'ordonn. du 10 mai 1844, page 322, 182 du décr. du 1er mars 1880, page 373, et décret du 7 mars 1885.)

Les moins-values sont décomptées suivant les règles indiquées, pages 72 et 73.

DÉPENSES AU COMPTE DU DIRECTEUR DES ÉCOLES

Le capitaine directeur est responsable de la conservation du matériel confié à sa surveillance. (Art. 40 du règlem[t] du 18 avril 1875.) Mais il n'est responsable qu'envers le conseil d'administration. (Art. 96 *bis* de l'instr. du 1er mars 1880, page 393.)

Il résulte de cette disposition que les pertes et dégradations provenant d'un défaut de surveillance sont à sa charge. Les imputations qu'il doit supporter sont décomptées et versées au Trésor, comme il est indiqué pages 72 et 73.

(1) C'est règlement du 18 avril 1875 qu'il faut lire, car il n'existe pas de bordereau modèle n° 4 à la suite de l'instruction du 1er mars 1880 qui puisse être employé en pareil cas.

DÉPENSES AU COMPTE DU SERVICE DU CHAUFFAGE
(Voir *Chauffage*, page 587 et 588.)

Direction et comptabilité des écoles.

REGISTRES A TENIR ET DOCUMENTS DIVERS A ÉTABLIR

Le capitaine instructeur est, au point de vue de la comptabilité, le directeur des écoles régimentaires, bien qu'il n'exerce aucune action sur les cours des 1er et 2e degrés. Il a sous ses ordres, pour la conservation du matériel, la tenue des comptes et des écritures, un secrétaire qui est en même temps chargé de la bibliothèque des écoles régimentaires et des salles de lecture. (Art. 24 de l'instr. du 17 janvier 1883, page 21.) Ce secrétaire n'a droit à aucune rémunération. (Circ. du 24 mars 1873, page 262.)

1° Le capitaine instructeur directeur tient un cahier d'enregistrement (mod. n° 5) portant inventaire du matériel, inscription des dépenses, etc. (Art. 45 du règlemt du 18 avril 1875, page 932, et art. 96 *bis* de l'instr. du 1er mars 1880, page 393.)

2° Ce même officier établit chaque année une situation (mod. n° 1) de l'enseignement; elle est remise au général inspecteur. (Art. 33.) Le modèle est annexé à la note du 15 février 1879, page 171.

3° Un catalogue des livres, cahiers et modèles doit être ouvert en exécution de l'article 44 de l'instruction du 1er mai 1882, sur les inspections générales, page 764 (S).

NOTA. — Les dépenses que nécessitent l'achat de ces registres et imprimés, et la tenue des écritures sont au compte du service des écoles, l'officier directeur ne recevant pas d'indemnité pour frais de bureau.

Compte annuel de gestion. (Voir *Dispositions communes à toutes les écoles.*)
Relevé annuel des dépenses. *Idem.*
Distributions et réintégrations de matériel. *Idem.*

§ 3° ÉCOLES RÉGIMENTAIRES DES CORPS DE TROUPE DE L'ARTILLERIE ET DU TRAIN DES ÉQUIPAGES

Dispositions générales.

Chaque régiment d'artillerie, escadron du train des équipages ou compagnie formant corps, a deux écoles :

1° L'école primaire, destinée aux canonniers illettrés désireux de s'instruire et aux candidats des pelotons d'instruction dont l'instruction première serait reconnue insuffisante;

2° Le cours préparatoire, fait aux sous-officiers ayant un commencement d'instruction. Il donne l'instruction nécessaire aux candidats au grade de garde ou de gardien de batterie. Ceux-ci ne reçoivent à l'école d'artillerie que des leçons de dessin et de télégraphie. (Art. 1er du règlemt du 19 septembre 1881, page 213, modifié par la décis. du 19 septembre 1883, page 237.)

Écoles Primaires.

L'enseignement de l'école primaire comprend : la lecture, l'écriture et la pratique des quatre règles de l'arithmétique.

L'école primaire est facultative. Les canonniers illettrés y sont admis par le colonel sur leur demande. Les candidats des pelotons d'instruction, dont l'instruction n'est pas jugée suffisante, sont tenus de suivre l'école primaire jusqu'à ce qu'ils sachent bien lire et écrire et qu'ils connaissent bien les quatre règles de l'arithmétique. (Art. 3 du règlemt précité.)

Les élèves de l'école primaire sont partagés en plusieurs classes, suivant leur force. Chacune d'elles est dirigée par un moniteur. (Art. 4.)

Les détails de l'enseignement sont réglés par le lieutenant-colonel. (Art. 5.)

Il est consacré, autant que possible, tous les jours, le samedi et le dimanche exceptés, à l'école primaire, une séance d'une heure au moins.

Le chef de corps détermine le temps qu'on peut affecter à cette école et en fait mention au tableau du service journalier. (Art. 6.)

COURS PRÉPARATOIRE

L'enseignement du cours préparatoire comprend :

Les exercices de français (dictées et rédactions), 20 leçons ;

L'arithmétique, 25 leçons ;

L'algèbre, 20 leçons ;

Les éléments de géométrie plane, 30 leçons ;

La géographie et la topographie, 14 leçons ;

L'histoire, 18 leçons ;

Fortification passagère, 10 leçons ;

Dessin linéaire, 30 leçons. (Programme du 19 septembre 1883, page 238.)

Il est fait, chaque semaine, au moins trois classes. (Art. 8 du règlem[t].)

La durée des classes est de une heure et demie au moins. La première partie est employée aux interrogations et explications demandées sur la leçon précédente ; la deuxième, au développement de la leçon du jour. (Art. 9.)

Le cours préparatoire est facultatif. Les sous-officiers sont admis, par le colonel, sur leur demande, à assister aux leçons faites sur une ou plusieurs des matières énumérées à l'article 7, sans être astreints à suivre tous les cours. Toutefois, nul ne peut être admis à suivre les cours de l'école d'artillerie s'il n'a prouvé qu'il possède toutes les connaissances du programme du cours préparatoire. (Art. 10.) Ce programme est inséré à la page 247 du *Journal militaire* du 2e semestre 1881.

Tout sous-officier admis à un cours ne peut le quitter avant qu'il soit terminé sans l'autorisation du chef de corps. (Art. 11.)

Tous les cours sont recommencés chaque année. (Art. 12.)

COMPOSITION ET ATTRIBUTIONS DU PERSONNEL

(DISPOSITIONS COMMUNES AUX DEUX ÉCOLES)

Il y a dans chaque régiment :

Un directeur du grade de capitaine ;

Un ou plusieurs professeurs, du grade de lieutenant ou sous-lieutenant ;

Un moniteur général, ayant le grade de sous-officier ;

Un nombre variable de moniteurs, sous-officiers, brigadiers ou canonniers.

Le directeur, les professeurs, le moniteur général et les moniteurs sont nommés par le chef de corps sur la présentation du lieutenant-colonel.

Le directeur a, en outre, sous ses ordres, pour la conservation du matériel, la tenue des comptes et les écritures, un secrétaire qui est en même temps chargé de la bibliothèque des sous-officiers. (Art. 2 du règlem[t] du 19 septembre 1881, page 214.)

Dans un régiment, la surveillance des écoles appartient au lieutenant-colonel. Il adresse au colonel, à la fin de chaque trimestre, un rapport d'ensemble sur l'enseignement régimentaire. (Art. 14.)

Le capitaine-directeur a, sous sa responsabilité particulière, l'enseignement et la discipline des écoles. En principe, il ne professe aucun cours, mais il a sous ses ordres les lieutenants professeurs, le moniteur général et les moniteurs.

Il tient un enregistrement du matériel et établit les pièces de dépenses.

Il renseigne le lieutenant-colonel et établit chaque trimestre un tableau de classement des élèves par cours. (Art. 15.)

Les lieutenants professeurs développent les cours, veillent à ce que les leçons soient assidûment suivies et rendent compte des motifs d'absence et des punitions infligées. (Art. 16.)

Le moniteur général est particulièrement chargé de l'école primaire (art. 17) et les moniteurs sont responsables de la direction et de la discipline de leurs classes respectives. (Art. 18.)

A la fin de l'année scolaire, une commission examine les élèves du cours préparatoire et les classe. (Art. 19 et 24.) Ce classement est remis à l'inspecteur général. (Art. 20.)

L'année scolaire commence vers le 15 octobre. (Art. 25.)

Lorsque tous les cours sont terminés, il est établi une situation de l'enseignement conforme au modèle n° 1. Elle est transmise au ministre par l'inspecteur général (Art. 26.)

LOCAUX

Les salles réservées à l'enseignement doivent pouvoir contenir :

Pour un régiment d'artillerie....................	150 élèves.
Pour un régiment de pontonniers...............	130 —
Pour une compagnie d'ouvriers ou d'artificiers....	20 —
Pour un escadron du train des équipages ou un bataillon d'artillerie de forteresse. (Instr. du 30 décembre 1883, page 890)..................	50 —

Chaque régiment dispose de deux salles au moins. (Art. 27 du règlem[t] du 19 septembre 1881, page 218.)

MOBILIER

1° *Objets mobiliers au compte du service du génie.*

Le règlement du 19 septembre 1881 (art. 27), page 218, rappelé par l'instruction du 30 décembre 1883, page 890, fixe comme il suit le mobilier des salles d'école :

Une estrade pour l'officier professeur ;

Un bureau avec tiroir fermant à clef, placé sur l'estrade ;

Six chaises;

Un nombre suffisant de tables et de bancs, fixés au sol, les bancs à 0[m]33 des tables ; les tables sont munies d'encriers encastrés ;

Une armoire à deux battants, fermant à clef et garnie de ses rayons ;

Porte-manteaux en nombre suffisant (art. 27) ;

L'article 51 du règlement du 30 juin 1856, page 247, dispose que ces objets sont fournis, entretenus et remplacés par le service du génie.

Tableaux noirs ;

L'article 51 du règlement précité porte que le service du génie doit fournir un ou plusieurs tableaux noirs suivant le nombre des élèves (3 pour les écoles de 150 élèves, 2 pour celles de 130, 1 pour celles de 80) (Règlement du 28 décembre 1835, page 768) ;

Buste du souverain (Circ. du 17 mai 1858, page 518) ;

Etagère portant ce buste (Règlement du 28 décembre 1835, page 768) ;

Un poêle avec tuyaux pour chaque salle. (Art. 66 du règlem[t] du 30 juin 1856.)

Nota. — Dans les bataillons d'artillerie de forteresse, le matériel est le même que dans les escadrons du train des équipages. (Instr. du 30 décembre 1883, page 890.)

2° *Objets mobiliers au compte du budget des écoles; éclairage.*

Lampes nécessaires à l'éclairage des salles d'école :

D'après le renvoi 1 de l'article 28 du règlement du 19 septembre 1881, page 218, les écoles du soir sont éclairées au moyen de lampes en fer-blanc bronzé, brûlant de l'huile de pétrole, à mèche ronde de 12 lignes, munies d'une suspension et de deux réflecteurs abat-jour. Le nombre des lampes est fixé comme il suit :

2 lampes....	par peloton hors rang de régiment ; par compagnie du train des équipages, sur le pied de paix (ou par batterie d'artillerie de forteresse. Instruction du 30 décembre 1883, page 890).	
3 lampes....	par batterie montée ou à cheval... par compagnie de pontonniers..... par compagnie d'artificiers.........	sur le pied de paix ;
3 lampes....	par compagnie du train d'artillerie ou des équipages, détachée pour un service actif en Algérie.	
4 lampes....	par batterie à pied............... par batterie à cheval.............. par batterie montée........ ...... par batterie de montagne .... par compagnie de pontonniers......	détachée pour un service actif en Algérie.
5 lampes....	par compagnie d'ouvriers d'artillerie.	

Le prix de la lampe à pétrole est de 7 fr. 50.

La consommation du liquide peut être évaluée à raison de 0.075 par jour et par bec de lampe brûlant du pétrole. Cette dépense (consommation du liquide) est supportée par la masse d'entretien du harnachement et ferrage dans les régiments d'artillerie et les escadrons du train, et par le budget des écoles pour les régiments de pontonniers et les compagnies d'ouvriers et d'artificiers. (Renvoi 1 de l'art. 29 du règlement.)

L'achat, l'entretien et le remplacement des lampes sont compris dans les fonds alloués pour les dépenses annuelles de l'enseignement. (Art. 10 de l'instruct. du 30 décembre 1883, page 892.)

Les corps qui reçoivent un ordre de départ laissent le matériel d'éclairage sous la garde du génie, pour être remis aux corps qui viennent les remplacer (renvoi 1 de l'art. 28). Voir la note du 29 août 1872, à la page 624 ci-dessus.

MATÉRIEL D'ENSEIGNEMENT

DÉPENSES AU COMPTE DU BUDGET DES ÉCOLES.

1° *Matériel fixe.*

Le matériel fixe d'enseignement comporte :

1° *Un globe* terrestre ;

2° *Quatre cartes* géographiques collées sur toile et accrochées au mur (Europe écrite, Europe muette, France écrite, France muette) ;

3° *Un tableau* chronologique des rois de France ;

4° *Un relief* représentant les diverses formes du terrain avec tracé de courbes équidistantes ;

5° *Une règle*, une *équerre* à *tableau* noir, un *compas* à craie et un *rapporteur*.

(Article 27 du règlement du 19 septembre 1881, page 219.)

Aucune durée n'est assignée au matériel des écoles régimentaires qui est remplacé à la suite des réformes, mises hors de service, etc., régulièrement prononcées. A cet effet, tous les objets (matériel fixe de l'école primaire et du cours préparatoire) qui sont jugés non susceptibles d'être maintenus en service, ceux dont le remplacement est nécessaire pour quelque cause que ce soit, donnent lieu, dans chaque corps, ainsi que les demandes à titre de première mise, à des états (mod. n° 1 de l'instruct. du 30 décembre 1883), établis en double expédition à l'inspection générale. Ces états sont arrêtés par l'inspecteur général, et les deux expéditions sont jointes au livret d'inspection.

Le ministre prescrit ensuite le remplacement du matériel fourni par l'administration centrale. Les autres remplacements prévus dans lesdits états sont assurés par les soins des corps sous le contrôle des fonctionnaires de l'intendance ; ils ne sont d'ailleurs effectués que dans le courant de l'exercice suivant et après l'approbation des états de prévision de dépenses se rapportant à cet exercice; une expédition des états modèle n° 1 est renvoyée au corps en même temps que les états de prévisions. (Art. 9 de l'instruction du 30 décembre 1883, page 891.)

NOTA. — Les mises hors de service sont constatées par des procès-verbaux réguliers du sous-intendant militaire, lequel indique si la dépense doit être supportée par l'Etat ou les parties prenantes. (Voir *Habillement*, pages 72 et suivantes.) Lorsque la moins-value est au compte de celles-ci, on doit joindre à l'état n° 1 les récépissés de versement au Trésor. (Voir le modèle d'état.)

Le *globe terrestre*, le tableau chronologique des rois de France et le *plan-relief* sont fournis par le ministère de la guerre ; ils coûtent, savoir :

Le globe terrestre..............................	30 fr.	
Le tableau chronologique des rois de France....	10 —	
Le relief, représentant les différentes formes du terrain............................	35 —	La circ. du 31 mars 1883, pag. 334, fixe ce prix à 30 fr., et prescrit de joindre aux demandes un récépissé de versement de cette somme.

(Renvoi 3 de l'art. 33 du règlem[t] du 19 septembre 1881.)

Le matériel fixe reste à demeure lors des changements de garnison. (Art. 29.) Il est remis au génie ou au corps successeur sur un inventaire dressé par le service de l'intendance et signé par l'officier de casernement. (Art. 51 du règlem[t] du 30 juin 1856.) Toutefois, le capitaine-directeur doit intervenir dans la remise du matériel qui lui est confié et dont il est responsable.

Aux termes d'une décision du 29 août 1872, page 592, et de celle du 20 juin 1843 (ancien *Journal militaire*) le matériel doit être examiné par le sous-intendant militaire, de concert avec le service du génie, et être complété ou remis en état au compte de qui de droit.

2° *Matériel mobile d'enseignement.*

Le matériel mobile d'enseignement comprend :

1° Les livres nécessaires à l'enseignement ;

NOTA. — Le cours préparatoire, à l'usage des écoles régimentaires, coûte 16 fr. 20. (Dép. du 14 décembre 1882, portant envoi d'un exemplaire à la 6e compagnie d'ouvriers d'artie.)

2° Par régiment d'artillerie et de pontonniers : 12 règles plates, 12 équerres, 12 doubles-décimètres, 12 rapporteurs, 12 compas à crayon et 12 petites boussoles déclinatoires.

Par escadron du train et par compagnie d'ouvriers et d'artificiers, la moitié de cette dotation. (Art. 27 du règlemt.) Cette fixation est la même dans les bataillons d'artillerie de forteresse. (Instr. du 30 décembre 1883, page 890.)

Ce matériel est emporté par les corps en cas de changement de garnison. (Art. 30.)

NOTA. — Le remplacement du matériel mobile est effectué au fur et à mesure des besoins par les soins des corps.

ALLOCATIONS ANNUELLES

DESTINÉES AU PAIEMENT DES DÉPENSES IMPUTABLES AU BUDGET DES ÉCOLES

Les écoles régimentaires sont dotées, pour les dépenses se reproduisant périodiquement d'une manière à peu près régulière, d'allocations annuelles fixes, savoir :

Par régiment d'artillerie	850 fr.
Par régiment d'artillerie-pontonniers	1400
Par bataillon d'artillerie de forteresse	500
Par compagnie d'ouvriers d'artillerie	200
Par compagnie d'artificiers	100
Par escadron du train des équipages militaires	200
Par compagnie du train des équipages détachée en Algérie	150

Ces allocations sont destinées à faire face aux dépenses suivantes :

1° Gratifications aux moniteurs (environ 10 fr. par batterie ou compagnie) ;

2° Achat et remplacement du matériel d'enseignement fixe et mobile ;

3° Achat de fournitures pour les élèves (1). Pour les achats de registres, voir ci-après, *Comptabilité*, page 639 ;

4° Achat, entretien et remplacement des lampes pour les salles de cours ;

5° Fourniture du combustible pour l'éclairage des cours du soir dans les régiments d'artillerie-pontonniers, les bataillons d'artillerie de forteresse, les compagnies d'ouvriers et d'artificiers ; dans les régiments d'artillerie et les escadrons du train des équipages militaires, cette dépense est supportée par les masses d'entretien du harnachement et ferrage ;

6° Achat des fournitures de classe pour les enfants de troupe envoyés, conformément à l'article 11 du décret du 6 juillet 1878, dans les écoles, collèges ou lycées de la garnison ;

7° Dépenses des salles de lecture dont l'organisation est prescrite par la circulaire du 1er octobre 1880, y compris l'achat et le remplacement des lampes pour l'éclairage ; le combustible pour l'éclairage est à la charge du service du chauffage. (Circ. du 29 mars 1881, n° 646 ; art. 10 de l'instr. du 30 décembre 1883) (2).

Les allocations ci-dessus sont des maxima qu'on doit s'efforcer de ne pas atteindre ; elles peuvent être employées par les corps, sans nouvelle autorisation, aussitôt après l'approbation par le ministre des états de prévisions annuels dont la production est prescrite ci-après. (Art. 11 de ladite instr.) Par suite, elles ne peuvent dépasser le montant de ces états.

L'article 12 de l'instruction dispose que toutes les dépenses à effectuer par les soins des corps, subordonnées ou non à une autorisation ministérielle, donnent lieu à des états de prévisions annuels (mod. n° 2 de l'instr.) fournis le 1er décembre de l'année qui précède celle pendant laquelle elles doivent être faites ; elles sont évaluées sur ces états de manière à éviter les insuffisances ou les excédents de crédits exagérés. On ne doit porter sur ces états, en ce qui concerne les dépenses d'achats d'objets de matériel, que celles dont la nécessité est constatée par les états mod. n° 1.

(1) Voir le renvoi de la page 625.

(2) Pour l'enseignement du dessin aux élèves du cours préparatoire, les dépenses de toute nature incombent au service de l'artillerie. (Renvoi 1 de l'art. 10 de l'instr. du 30 décembre 1883, page 892.)

A l'aide de ces documents, le ministre arrête le montant des crédits nécessaires à chaque corps pour couvrir les dépenses de l'année. (Art. 12.) Voir *Dispositions communes* à toutes les écoles.

Ces crédits ne peuvent être dépassés sans une autorisation ministérielle préalable. (Art. 13.)

Les corps produisent en outre, à la date du 1er novembre, pour l'année courante, un état (mod. n° 3) présentant à cette date la situation financière des écoles régimentaires. (Art. 14.)

Les états mod. nos 2 et 3 sont adressés aux intendants militaires directeurs qui les transmettent au ministre, récapitulés dans des bordereaux mod. nos 4 et 5. Les états de prévisions sont fournis en deux expéditions, dont une est renvoyée revêtue de l'approbation ministérielle. (Art. 15.)

PAIEMENT, JUSTIFICATION ET REMBOURSEMENT

DES DÉPENSES AU COMPTE DU BUDGET DES ÉCOLES

Les dépenses sont payées aux fournisseurs par le trésorier (ou l'officier-payeur), sur l'autorisation du conseil d'administration, au moyen des fonds généraux de la caisse du corps, et sur la production des factures ou mémoires conformes aux modèles annexés à l'instruction du 1er mars 1880 (mod. n° 1), vérifiés et visés par les officiers directeurs des écoles chargés d'effectuer les achats. (Art. 16 de l'instr. du 30 décembre 1883, page 896.)

Pour obtenir le remboursement des dépenses faites, la portion principale de chaque corps doit centraliser ces dépenses pour toutes les fractions présentes ou détachées, soit en France, soit en Algérie (art. 11), et produire, dans les premiers jours de chaque trimestre, en double expédition, un relevé détaillé des dépenses effectuées pendant le trimestre précédent.

Ce relevé est établi conformément aux indications des articles 8 et 9 de l'instruction du 1er mars 1881. (Voir ci-dessus *Ecoles régimentaires d'infanterie.*) Il est certifié par le conseil d'administration, vérifié par les intendants militaires et accompagné des factures, mémoires et autres pièces produites par les fournisseurs, vérifiés et visés par les directeurs des écoles.

Sur toutes les pièces concernant des dépenses de remplacement de matériel, on doit rappeler la date de l'approbation du procès-verbal de réforme, de perte, etc... Pour les dépenses spécialement autorisées par le ministre, on rappelle également la date de la décision.

Une des expéditions des factures ou mémoires qui s'élèvent à plus de 10 francs doit être timbrée et revêtue du timbre mobile de quittance. Les frais de timbre sont à la charge du fournisseur. Les pièces dont le montant ne dépasse pas 10 francs sont exemptes du timbre et établies sous forme de quittance. (Mod. n° 1 de l'instr. du 1er mars 1880.) Tout objet de matériel figurant sur ces pièces doit porter les numéros de la nomenclature de l'artillerie (N) sous lesquels il doit être inscrit au compte de gestion. (Art. 17 de l'instr. du 30 décembre 1883.)

Les relevés 21 *bis* sont adressés au sous-intendant militaire chargé de la surveillance administrative des corps dans le courant du premier mois qui suit le trimestre que les dépenses concernent. Ils sont transmis après vérification et régularisation, s'il y a lieu (art. 18), à l'intendant militaire directeur qui délivre un mandat pour couvrir ces corps des avances faites.

Le double des pièces ordonnancées est conservé par l'intendant militaire qui les adresse au ministre, savoir :

1° Pour les dépenses des trois premiers trimestres de l'exercice, deux mois après l'expiration du trimestre ;

2° Le 1er juillet au plus tard de la seconde année de l'exercice, pour les dépenses du 4e trimestre.

Ces pièces sont résumées dans un bordereau récapitulatif mod. n° 6 établi par l'intendant militaire pour toutes les écoles régimentaires de l'arme.

Il est adressé en outre, avec les pièces du 4e trimestre, un bordereau du même modèle récapitulant par corps toutes les sommes mandatées au titre de l'exercice écoulé. (Art. 19 de l'instr.)

Les demandes de fonds relatives aux dépenses des écoles de l'artillerie sont adressées au ministre par les intendants militaires, au commencement de chaque trimestre, pour les besoins prévus dans le courant de ce trimestre. (Art. 20.)

Dépenses au compte des masses individuelles ou de petit équipement, et du directeur des écoles.

Les dépenses occasionnées par la faute des élèves doivent être effectuées à leur compte et imputées à la masse individuelle ou de petit équipement; le capitaine-directeur doit compte d'ailleurs des objets d'instruction ou de matériel confiés spécialement à sa surveillance. (Art 181 de l'ordonn. du 10 mai 1844, 182 du décret du 1er mars 1880, page 373, et décret du 7 mars 1885.) Cet officier est responsable envers le conseil d'administration. (Art. 96 *bis* de l'instruction du 1er mars 1880, page 393.)

Les moins-values sont décomptées comme il est indiqué pages 72 et 73 du présent ouvrage.

Dépenses au compte de la masse d'entretien du harnachement et ferrage.

Dans les régiments d'artillerie et les escadrons du train des équipages, la fourniture de l'huile pour l'éclairage des écoles du soir, incombe à la masse d'entretien du harnachement et ferrage. (Art. 10 de l'instr. du 30 décembre 1883, page 893.)

Dépenses au compte du service du chauffage. (Voir *Chauffage*, pages 587 et 588.)

COMPTABILITÉ (REGISTRES, ETC.)

Le capitaine directeur tient :

1° Un registre (mod. n° 4) portant inventaire du matériel en service, distinct pour les objets appartenant au génie et pour ceux qui sont payés par le budget des écoles (chapitre I et I *bis*); enregistrement des dépenses faites (chapitre II.) Ce chapitre est totalisé à la fin de chaque trimestre, signé par le capitaine-directeur et visé par le major. Il est terminé par une liste nominative par batterie et par classe des élèves du cours préparatoire, avec indication du classement et des mutations des élèves du cours d'enseignement primaire (chapitres 3, 4, 5, 6, 7 et 8, art. 39 du règlemt.) Ce registre est aussi prescrit par l'article 96 *bis* de l'instruction du 1er mars 1880, page 393.

2° Un catalogue des livres, cahiers et modèles. (Art. 57 de l'instr. du 1er mai 1882 sur les inspections générales, page 764 S.)

La situation de l'enseignement (mod. n° 1), prescrite par l'art. 26 du règlemt, est supprimée. (Note du 8 février 1885, page 181.)

NOTA. — Les dépenses que nécessitent l'achat des registres et imprimés et la tenue des écritures, sont au compte du service des écoles, l'officier-directeur ne recevant pas d'indemnités pour frais de bureau.

Compte annuel de gestion. (Voir *Dispositions communes à toutes les écoles.*)

Distributions et réintégrations de matériel. (Idem.)

ÉCOLES RÉGIMENTAIRES DU GÉNIE

Le règlement du 30 juin 1856, page 312, est toujours en vigueur. Il est d'ailleurs rappelé par l'instruction du 17 mars 1884, sur les inspections générales, page 462 (S).

SALLES DE LECTURE

La circulaire ministérielle du 1er octobre 1880 (M) fait connaître qu'il est indispensable que dans chaque corps, dans chaque quartier, s'il est possible, les hommes trouvent, après la soupe du soir, une salle suffisamment spacieuse, convenablement éclairée et chauffée en hiver, où ils puissent, jusqu'à dix heures du soir, passer leur temps à travailler, lire ou écrire, sous la surveillance d'un sous-officier.

Cette salle peut être la salle d'école ou la bibliothèque; elle doit au moins être voisine de celle-ci.

Du papier à lettre ou autre, ainsi que des enveloppes (dép. du 14 novembre 1881) et des livres sont délivrés gratuitement aux hommes.

Une petite salle spéciale est affectée aux sous-officiers.

Les dépenses d'encre et de papier sont prélevées sur les allocations attribuées aux corps pour les écoles.

Quant à l'organisation des locaux, elle incombe au service du génie. (Circ. précitée.)

Une circulaire du 10 décembre 1880, page 776 (S) attribuait à chaque régiment de cavalerie pourvu de salles de lectures, une allocation supplémentaire de 100 francs pour des achats de livres.

Mais cette allocation supplémentaire est aujourd'hui confondue avec celle des écoles régimentaires. (Circ. du 5 février 1883 M.)

Il en est de même pour l'infanterie. (Voir *Ecoles régimentaires.*)

Pour les corps de troupe de l'artillerie et du train des équipages, les dépenses des salles de lecture sont également comprises dans les allocations fixées pour les écoles régimentaires. (Art. 10 de l'instr. du 30 décembre 1883, page 893.)

La lettre ministérielle du 20 septembre 1881 (M) engage les corps à faire l'acquisition de l'ouvrage intitulé : *Campagne de* 1870-1871, du prix de 200 francs broché et de 220 francs relié, par M. Léonce Patry, capitaine adjudant-major. Editeur, M. Nadaud, rue Bonaparte, 47, à Paris.

Pour le *Chauffage et l'éclairage*, voir à ce titre, pages 587 et 588.

ÉCOLE RÉGIMENTAIRE DE GYMNASTIQUE

Le matériel de gymnastique est divisé en deux parties : *partie fixe*, *partie mobile*. Il est concédé aux corps d'infanterie, du génie, d'artillerie et des équipages. (6 mars 1873, page 209.) L'officier directeur en tient un compte établi dans la forme de la deuxième partie du livre de détail (art. 96 *bis* de l'instr. du 1er mars 1880). Pour les distributions et réintégrations, se reporter aux dispositions communes à toutes les écoles.

§ 1er. — Matériel fixe

La circulaire du 27 juillet 1878, page 213, résumant les dispositions du Manuel de gymnastique du 26 juillet 1877, arrête comme il suit la nomenclature des machines fixes nécessaires à l'enseignement de la gymnastique dans les corps :

PISTE AVEC OBSTACLES, A ÉTABLIR SANS FRAIS PAR LES HOMMES DU CORPS

(Cette disposition a été rappelée par une dép. minist. en date du 3 juin 1879 M.)

Machines fixes.

1° Portique avec échelle et perches fixes; — 2° Planche à rétablissement, contre un mur autant que possible; — 3° Barres à suspension, contre un mur autant que possible; — 4° Poutre horizontale; — 5° Echelle horizontale; — 6° Barres parallèles fixes ou mobiles; — 7° Sautoir.

Devis.

DÉSIGNATION des MACHINES	BOIS EMPLOYÉS						PRIX D'ESTIMATION TOUT COMPRIS	OBSERVATIONS	PRIX de la nomencl. Qvii servant à l'établissement des comptes portant inventaire (2e 82, p. 448)
	Charpentes de chêne	Charpentes de sapin	Planches de chêne	Planches de sapin	Cube total des bois employés	Poids des fers employés			
	m/3	m/3	m/2	m/2	m/3	k.	fr.		fr.
Portique avec échelle...	1,590	0,570	1,70	»	2,200	7,000	400		290 »
Planche à rétablissement :									
Contre un mur....	»	0,120	4,16	»	0,290	»	65	Pour 2 intervalles de 1 m. 50.	50 »
Isolée............	0,510	0,120	4,16	»	0,800	»	160		
Barres à suspension :									
Contre un mur.....	»	0,080	»	»	0,080	48,720	35	Pour 2 intervalles de 2 mètres.	60 »
Isolées............	0,670	0,050	»	»	0,720	46,320	150		
Poutre horizontale avec escabeau............	0,320	0,610	»	7,50	1,230	5,500	250		150 »
Echelle horizontale.....	0,590	»	»	»	0,590	2,000	135		»
Barres parallèles :									
Fixes.............	0,180	»	»	»	0,180	»	40		50 »
Portatives.........	0,055	0,215	»	»	0,270	»	55		»
Sautoir...........	»	0,200	»	»	0,200	0,180	50	(Circ. du 27 juil. 78, 213.)	50 »

Cheval de voltige pour la cavalerie seulement. (Voir *Voltige*, page 349.)

Indépendamment des objets ci-dessus, les corps peuvent se procurer du sable pour leurs gymnases. Les demandes sont adressées au ministre appuyées de procès-verbaux. (Dép. ministérielles du 1er mars et du 12 avril 1876 (M) concernant les gymnases de Mâcon et de Dijon.) Dépense au compte du service des écoles.

L'instr. du 19 février 1883, page 140, spéciale aux corps d'infanterie, rappelle que les dépenses de matériel fixe restent soumises à une autorisation ministérielle préalable et prescrit de comprendre ces dépenses dans les états de prévisions et les objets à réformer ou à demander à titre de première mise, dans les états mod. 5. (Voir ci-après page 643.) L'instruction du 30 décembre 1883, page 892, concernant les corps de l'artillerie, contient des dispositions semblables. Cette dernière instruction porte que la nécessité des *réparations* est constatée par un procès-verbal mentionnant le détail des réparations demandées par le corps et l'avis du sous-intendant militaire. Ces procès-verbaux sont joints aux états de prévisions et appuyés des devis établis par les officiers du génie. (Instr. du 30 décembre 1883, page 893.)

NOTA. — On doit procéder de la même manière pour les corps d'infanterie, c'est-à-dire joindre aux états de prévisions, les procès-verbaux et devis.

Voir *dispositions communes pour les états de prévisions.*

Les chefs de corps ont l'initiative des propositions. (Circ. du 29 décembre 1847, page 795.)

Le matériel des gymnases est établi par les soins du service du génie, mais à charge de remboursement. (Art. 55 du règlemt du 30 juin 1856, page 248, instr. du 30 décembre 1883, page 892, et circ. du 29 décembre 1847.)

Cette circulaire disposait que la dépense d'entretien de ce matériel ne devait pas dépasser 100 francs par an; mais cette limite n'est pas imposée par les nouvelles instructions des 19 février et 30 décembre 1883, pages 140 et 893.)

Les dépenses sont déterminées chaque année d'après l'importance du matériel à créer et à entretenir. (19 février 1883.)

Chaque année, les machines sont repeintes à une couche, les trous et fissures sont mastiqués et bouchés avec soin. Les parties enterrées sont dégarnies jusqu'à la rencontre de la maçonnerie, puis goudronnées à une seule couche. (*Manuel de gymnastique* du 26 juillet 1877.) Ces réparations sont faites par le génie et la dépense qui en résulte est payée dans les conditions indiquées ci-après, page 644.)

NOTA. — Une dépêche du 4 décembre 1880 (M) a autorisé la remise au Domaine des machines fixes supprimées par la circulaire du 27 juillet 1878.

§ 2° — MATÉRIEL MOBILE

Le matériel mobile se compose de :

- 1 corde lisse.
- 1 corde à nœuds;
- 1 corde de traction;
- 2 cordes à anneaux;
- 1 trapèze avec barre en fer;
- 1 corde pour le sautoir avec ses deux sachets,
- 5 perches à sauter;
- 2 perches oscillantes;
- 2 chevalets de natation;
- 1 râteau;
- 1 pioche;
- 1 bêche;
- 1 caisse pour contenir le matériel mobile, sauf les perches.

(Circ. du 27 juillet 1878, page 215.)

Les corps de troupe de l'artillerie et du train des équipages qui ont à leur disposition un matériel fixe sont dotés d'une collection de matériel mobile. Ceux qui n'en ont pas peuvent se servir du matériel d'un autre corps d'artillerie ou d'infanterie; s'il s'agit d'un corps d'infanterie, ils participent aux dépenses d'entretien du matériel (30 décembre 1883, page 890.) Aucune durée n'est assignée à ce matériel. (Instr. du 19 février 1883, page 143 et du 30 décembre 1883, page 891.)

Le prix de ces objets est fixé par la circulaire du 17 février 1883 (M).

Bordereau-Tarif

des objets complets et séparés, composant la collection de matériel mobile de gymnastique, d'après le marché passé pour les fournitures dudit matériel nécessaire aux corps de troupe, pendant les années 1883, 1884 *et* 1885.

	Prix du marché	Prix de la nomenclature Qvii 2e sem. 1882, page 448.
BÊCHE :		
Complète	3 75	3 90
Le fer	3 10	3 35
Le manche	0 50	0 55
CADENAS	0 25	0 75
CAISSE pour contenir une collection — complète	4 00	28 50
CAISSE pour contenir une collection — caisse	2 00	27 00
CHEVALET DE NATATION :		
Complet	4 75	5 60
Chevalet seul	4 00	3 75
La toile	0 50	1 10
Chaque écrou	0 10	0 35
CORDE A ANNEAUX	4 50	10 50
CORDE A NOEUDS	8 75	6 35
CORDE A SAUTER :		
Complète	6 25	4 10
La corde seule	0 50	0 50
Un sac	2 00	1 05
Une cheville	0 50	0 70
CORDE DE TRACTION	27 00	26 25
CORDE LISSE	4 95	5 05
PERCHE A SAUTER	2 10	1 95
PERCHE OSCILLANTE :		
Complète	6 00	6 00
La perche	3 50	3 00
La ferrure	1 50	3 00
PIOCHE :		
Complète	3 40	3 90
Le fer	2 50	3 35
Le manche	0 50	0 55
RATEAU EN FER :		
Complet	2 95	3 55
Le fer	2 25	3 00
Le manche	0 60	0 55
TRAPÈZE :		
Complet	9 00	12 00
La barre en fer	5 00	4 50
Chaque corde avec anneau	2 75	3 75

(Circ. du 17 février 1883 précitée).

NOTA. — Pour les objets supprimés, se reporter à la nomenclature 2e sem. 1882, page 448.

Théorie sur l'enseignement de la gymnastique. (Voir *Théories et ouvrages divers*, page 363.)

Les prix à porter dans les comptes de gestion et le décompte des moins-values sont ceux de la nomenclature Qvii ou bien ceux d'achat si cette nomenclature n'en fixe pas. Ils sont diminués de 30 p. 0/0 pour les objets bons et de 60 p. 0/0 pour ceux à réparer. (Art. 3 de l'instr. du 15 mars 1872 et nomenclature précitée, 2e sem. 1882, page 448.)

Le matériel mobile doit être entretenu et remplacé sous le contrôle des fonctionnaires de l'intendance militaire. Les corps ne peuvent faire l'acquisition de ce matériel que dans les conditions de prix fixées par le ministre.

Les collections doivent toujours être maintenues au complet. (Circ. du 6 mars 1873, page 209.)

Aux termes des circulaires des 31 octobre 1876, page 617 (S), 25 février 1880 et 17 février 1883 (M), ce matériel est fourni par l'intendant militaire du gouvernement de Paris, qui acquitte *directement* la dépense.

Les objets à remplacer doivent être au préalable réformés à l'une des inspections trimestrielles ou à l'inspection générale. (Circ. du 17 février 1883 M).

L'instruction du 19 février 1883, page 143, applicable aux corps d'infanterie, dispose (art. 11) que le matériel des diverses écoles, n'ayant pas de durée assignée, ne doit être remplacé qu'à la suite des réformes, mises hors de service, etc., régulièrement prononcées.

A cet effet, tous les objets (matériel fixe ou mobile) non jugés susceptibles d'être maintenus en service, ceux dont le remplacement est nécessaire pour quelque cause que ce soit, donnent lieu, dans chaque corps, ainsi que les demandes de première mise, à des états (mod. n° 5 de l'instr.) établis à l'une des inspections trimestrielles ou à l'inspection générale et de préférence à celle-ci. Une expédition de chacun de ces états est adressée au ministre aussitôt après l'approbation par l'inspecteur administratif intéressé. Le ministre prescrit, d'après ces documents, les mesures nécessaires pour assurer les remplacements de matériel jusqu'à l'inspection suivante. Ces états sont annuels, et toute demande faite en dehors ne peut être admise qu'autant qu'elle est justifiée par des nécessités de service bien établies. (Instr. précitée.)

Les pertes d'objets ou mises hors de service sont constatées par des procès-verbaux des sous-intendants militaires comme s'il s'agissait de tout autre matériel. (Voir *Habillement*, page 75.)

Pour les corps de troupe de l'artillerie et du train des équipages, l'instruction du 30 décembre 1883, page 891, renferme des dispositions semblables à celles édictées pour l'infanterie ; toutefois, l'état à fournir est conforme au modèle n° 1 de cette instruction et l'arrêté en est réservé à l'inspecteur général.

Les demandes d'objets mobiliers sont adressées, lorsque le ministre a statué sur les états de réforme, hiérarchiquement, à l'intendant militaire à Paris.

Lorsque les objets peuvent être achetés sur place à des prix inférieurs à ceux du tarif, augmentés des frais de transport par petite vitesse, les corps peuvent être autorisés à en faire eux-mêmes l'acquisition. (31 octobre 1876 et 25 février 1880.)

Ils achètent également les menus objets nécessaires qui ne figurent pas au tableau qui précède. L'instr. du 19 février 1883, page 140, concernant l'infanterie, dispose que les menus frais concernant le matériel mobile de gymnastique doivent être compris dans les états de prévisions annuels.

Le *matériel mobile* reste à demeure comme le matériel fixe. A chaque changement de corps, un procès-verbal établi par le sous-intendant militaire, de concert avec les officiers du corps partant et du service du génie, constate l'état de chaque collection. On signale au ministre les manquants, les doubles emplois et les collections qui seraient immobilisées dans les places dépourvues de matériel fixe. (Circ. du 13 octobre 1873, page 338.)

Allocations destinées au paiement des dépenses.

Les écoles régimentaires de gymnastique n'ont pas d'allocations fixes. Les dépenses sont déterminées chaque année (pour les troupes d'infanterie) dans des états de prévisions qui sont soumis au ministre. (Art. 3 de l'instr. du 19 février 1883, page 140.)

Ces états doivent comprendre les indemnités mensuelles et gratifications, les constructions, acquisitions et réparations du matériel fixe, ainsi que l'entretien du matériel mobile. (Instr. précitée, page 141). Pour les corps de l'artillerie et du train, les allocations sont fixées par l'instr. du 30 décembre 1883. (Voir ci-après.) Cette instruction prescrit de fournir un état de prévisions mod. n° 2, page 895.

Voir *Dispositions communes aux diverses écoles.*

INDEMNITÉS ET GRATIFICATIONS ACCORDÉES AU PERSONNEL

La circulaire du 6 mars 1873, page 209, dispose que, dans les corps d'infanterie et du génie, une indemnité mensuelle de 4 francs peut être accordée au moniteur général.

L'inspecteur général peut accorder, en outre, aux moniteurs et élèves des gratifications dont le maximum est fixé à 60 francs par régiment et à 30 francs par bataillon formant corps. Ces gratifications sont réduites de moitié lorsque les bataillons actifs ou compagnies de ces corps sont hors des divisions territoriales de l'intérieur. (6 mars 1873, page 209, et instr. du 19 février 1883, page 140.)

Dans les corps de l'artillerie ou des équipages, les exercices gymnastiques sont réglementaires. Les allocations sont fixées comme il suit par l'instruction du 30 décembre 1883, page 891), savoir :

	Pour indemnité au moniteur (A).	Pour gratifications à l'inspection générale.	Pour entretien du matériel mobile.	TOTAL par corps.	OBSERVATIONS.
Régiment d'artillerie et de pontonniers...	48	60	12	120	(A) 4 fr. par mois.
Bataillon d'artillerie de forteresse...... Escadron du train	48	30	12	90	

PAIEMENT, JUSTIFICATION ET REMBOURSEMENT DES DÉPENSES

AU COMPTE DU BUDGET DES ÉCOLES

Les dépenses des diverses écoles régimentaires ont été rattachées au service des écoles par la décision présidentielle du 19 novembre 1871, page 405, la circulaire du 11 décembre 1871, page 514, et l'instruction du 15 mars 1872, page 54.

Aux termes de l'instruction du 1er mars 1881, page 355, les dépenses des écoles sont remboursées trimestriellement aux corps par mandat des fonctionnaires de l'intendance.

Les avances faites par les corps sont imputées sur les fonds généraux de leur caisse et figurent à la centralisation dans une colonne intitulée : *Écoles régimentaires.* (Circ. du 22 août 1873, page 115.)

Les allocations étant faites pour l'ensemble des corps de troupe, c'est à la portion centrale de ces corps que sont centralisées et remboursées les avances de fonds.

Ce principe est rappelé, pour les corps de troupe de l'artillerie, par l'instruction du 30 décembre 1883, page 895.

Dispositions particulières à chaque arme :

Infanterie. — Toutes les dispositions rappelées au chapitre des écoles régimentaires, page 625, sont applicables aux autres écoles. (Instr. du 19 février 1883, page 142.) Toutefois, le relevé (mod. n° 21 *bis*) concernant l'école de gymnastique doit comprendre, en outre, les dépenses des écoles de tir, de natation, des travaux de campagne et de l'école des tambours et clairons, ouvrages divers (art. 1er et 7 de ladite instr.) ; de plus, il doit présenter le développement suivant, ainsi que les pièces justificatives :

Gymnastique (personnel et matériel), tir, natation, tambours et clairons, ouvrages divers, travaux de campagne. (Art. 7.) Pour l'envoi des comptes au ministre, se reporter au chapitre des écoles régimentaires, page 626.) Toutefois, le bordereau renfermant les relevés et pièces doit être conforme au bordereau n° 2 annexé à l'instruction précitée. (Art. 9) (1).

Cavalerie. — Les règles et dispositions en vigueur pour les écoles régimentaires des 1er, 2e et 3e degrés (voir page 631) sont applicables à toutes les autres écoles (tir, natation, trompettes, matériel d'instruction, travaux de campagne, escrime, etc.). Art. 44 du règlemt du 18 avril 1875, modifié par la circ. du 16 décembre 1882, page 514 (2).

NOTA. — Pour cette arme, les relevés (mod. n° 21 *bis*) sont distincts pour chaque école.

Ces relevés sont établis conformément aux articles 8 et 9 de l'instruction du 1er mars 1881 et d'après la classification indiquée dans le tableau qui y fait suite. Ils sont certifiés par les officiers chargés des détails de ces écoles, et les pièces justificatives sont visées et vérifiées par ces mêmes officiers. (Même article.) Les pièces sont adressées au ministre dans un bordereau conforme au modèle n° 4, annexé au règlement du 18 avril 1875, page 244. Ce bordereau est distinct par école et comprend tous les corps de la région.

Pour le matériel d'escrime reçu, pendant l'année, du magasin de Paris, le décompte doit en être porté sur le relevé du 4e trimestre. (Circ. du 9 février 1884 M.)

(1) Les comptabilités comprenant les dépenses d'escrime, de boxe, de canne et de bâton, s'envoient séparément. (Voir *École d'escrime.*)

(2) C'est pour ordre seulement que ces dispositions ont été rappelées ici pour la cavalerie, qui n'a pas de dépenses de gymnastique.

Artillerie et train des équipages. — Les dispositions rappelées au chapitre des écoles régimentaires, page 638, sont applicables aux autres écoles régimentaires de l'arme.

Le relevé 21 *bis* comprenant les dépenses de gymnastique, comprend aussi celles de l'école de natation, de l'école des trompettes, et les achats de théories et placards. (Art. 1er de l'instr. du 30 décembre 1883, page 889.) Le développement doit être donné en conséquence sur le relevé et les pièces justificatives. (Auteur.)

Les relevés et pièces justificatives de toutes les écoles sont transmis au ministre dans un bordereau récapitulatif modèle no 6, aux dates indiquées page 638. En outre, l'intendant militaire adresse au ministre, avec les pièces de dépenses du 4e trimestre, un état récapitulatif du même modèle résumant par corps le détail des sommes mandatées au titre de l'exercice écoulé. (Art. 19 de ladite instr., page 897.)

DÉPENSES AU COMPTE DU SERVICE DE L'HABILLEMENT

La décision ministérielle du 19 octobre 1841, page 51, règle ainsi qu'il suit le nombre et la durée des effets d'habillement à l'usage des moniteurs et des élèves des gymnases régimentaires (infie et chasseurs à pied) :

	NOMBRE D'EFFETS ATTRIBUÉS A CHAQUE		Durée minimum assignée aux effets.	Prix de la nomenclature de l'habillement du 30 avril 1883.	OBSERVATIONS.
	Régiment.	Bataillon de chasseurs.			
Vestes de coutil pour les sous-directeurs et les moniteurs.......	10	5	1 an	5 50	(1) Ces vestes de drap sont choisies parmi celles qui ont atteint le terme de leur durée légale. (19 octobre 1841.) (2) La description de cet effet est donnée par la notice du 6 février 1879, page 139 (S). Errata, page 257 (S). (3) La note du 1er juillet 1884, p. 49, dispose qu'il ne sera plus accordé de pantalons de treillis au compte du service de l'habillement, et que les hommes doivent se servir du pantalon de treillis acheté sur leur masse individuelle.
Vestes de drap pour les élèves (1)........................	140	70	»	»	
Pantalons de forte toile (2) supprimés (3)....................	(150)	(75)	(1 an)	(4 10)	
Ceintures de course (2)........	150	75	2 ans	2 70	

La circulaire du 8 mai 1872, page 406, rappelée par celle du 6 mai 1873, page 210, dispose que le prix d'acquisition de ces effets doit être imputé sur les fonds du service de l'habillement (la dépense est comprise dans les relevés mod. no 21 *bis* et remboursée comme les autres dépenses du service de l'habillement).

L'entretien de ces effets est au compte du maître-tailleur abonnataire. (Mod. d'abonnement, art. 1er, 1er sem. 1879, page 668.) Lorsqu'il n'y a pas d'abonnataire, la dépense est à la charge de la masse générale d'entretien (2e portion).

A l'école normale de gymnastique, les officiers et élèves reçoivent les effets désignés par la note du 11 mars 1879, page 423, qui en fixe également la durée.

L'instruction du 1er septembre 1879 (M) dispose que l'importance de l'approvisionnement à entretenir dans chaque corps, au titre du service courant, est déterminée par l'intendant militaire.

DÉPENSES AU COMPTE DE LA MASSE INDIVIDUELLE OU DE PETIT ÉQUIPEMENT

Les dégradations provenant du fait des hommes sont imputées à la masse individuelle ou de petit équipement. (Art. 181 de l'ordonn. du 10 mai 1844, page 322, 182 du décr. du 1er mars 1880, page 373, et décret du 7 mars 1885.)

Les moins-values sont décomptées comme il est indiqué à l'*Habillement*, page 72.

Compte annuel de gestion du matériel. (Voir *les dispositions communes à toutes les écoles.*)

Situation de l'enseignement de la gymnastique. — Cette situation, qui était produite annuellement en exécution de la circulaire du 31 août 1848, a été supprimée par la note du 11 janvier 1883, page 7.

ÉCOLE RÉGIMENTAIRE DE TIR A LA CIBLE

L'instruction du 29 août 1845, page 610, prescrit la création d'une école de tir dans chacun des corps d'infanterie. Ce principe a été appliqué successivement à la cavalerie, à l'artillerie et au génie. (Diverses décis., voir notamment celle du 2 janvier 1873, p. 8.)

L'instruction du tir est donnée d'après les dispositions du règlement du 11 novembre 1882 (Inf^ie), et de celui du 17 août 1884 (Cav^ie).

1° ÉCOLE DE TIR DANS L'INFANTERIE ET LES BATAILLONS DE CHASSEURS

Nomenclature du matériel de tir fixée par le règlement du 11 novembre 1882.

1° Matériel de garnison que les corps ne doivent pas emporter en cas de déplacement.

	Régiment.	Bataillon.	Prix de la nomenclature.		Régiment.	Bataillon.	Prix de la nomenclature.
Cibles carrées de 2 mètres de côté	2 par emplac^t			Règle de 2 mètres graduée en centimètres	1	1	
Cibles rectangulaires de 1 mètre sur 2	20	16		Equerre de 0^m 50 sur 0^m 40 graduée	1	1	
Cibles silhouettes debout (1)	15	8		Tréteaux en sapin, de 2 mètres de long, pour la réparation des cibles	2	2	
— id. à genou (1)	15	8		Marmite en fonte de 10 litres	1	1	
But mobile complet	1	1		Cuiller à colle	1	1	
Appuis de tir	2	1		Poêle	1	1	
Tabourets	2	1		Traverses en bois pour la voie ferrée du but mobile	»	»	
Palettes	2 par emplac^t			Gants de cavalerie et corde pour le but mobile	»	»	
Fanions	2 par emplac^t			Pinceaux, colle, ficelle, toile d'emballage (2), aiguilles d'emballeur, couleur, papier, poteries, charbon	»	»	
Lunettes de cantonnier	3 par emplac^t						
Emporte-pièces	4	2					
Thermomètre	1	1					
Equerre d'arpenteur	1	1					
Niveau de maçon et sa nivelette	1	1					

NOTA. — Ce matériel et celui énuméré au § 2° sont remis sur inventaire, en cas de mouvement, au corps arrivant ou bien au service du génie (art. 56 du règlement du 30 juin 1856); il doit être au complet et en bon état (circ. du 7 septembre 1852, ancien *Journal militaire*). Le matériel de garnison doit être compris : 1° Dans le compte-matières du service de l'artillerie pour les objets expédiés aux régiments d'artillerie et pris en charge par des corps d'infanterie ou de cavalerie; 2° dans le compte des écoles pour les objets reçus par des corps d'infanterie ou de cavalerie et pris en charge par des corps d'artillerie. Ceux-ci produisent un compte de gestion spécial. (Note du 25 janvier 1883, p. 60.)

(1) Quand les corps n'ont pas de cibles silhouettes, ils se servent de cibles rectangulaires appropriées au moyen de gabarits que les corps confectionnent. (Numéros 229 et 230 du règlement.)

(2) On peut employer de la toile d'emballage hors de service cédée par le service de l'habillement au prix de 0 fr. 01 le kilog. Le montant de chaque cession est versé au Trésor. (Note du 19 avril 1884, p. 1029). Les corps peuvent, après autorisation ministérielle, tirer des magasins des vivres, à titre onéreux, la farine nécessaire pour l'entretien des cibles. (Dép. du 11 mars 1885 M.)

2° Matériel supplémentaire nécessaire aux corps qui disposent de terrains favorables à des tirs de combat (règlement du 11 novembre 1882).

	Régiment.	Bataillon.	Prix de la nomenclature.	
Cibles rectangulaires	100	100		Ce matériel n'est pas emporté en cas de déplacement.
Cibles silhouettes debout	28	28		
Cibles silhouettes à genou	28	28		
Cibles silhouettes couchées	28	28		
Appareils télégraphiques Morse ou téléphones Siemens	2	2		
Kilomètres de câble télégraphique de campagne	2	2		
Guérite blindée	1	1		

3° Matériel mobile que les corps emportent en cas de déplacement (règlement précité du 11 novembre 1882).

		Prix de la nomenclature.
Réflecteurs pour passer l'inspection des canons de fusil. (La lettre collective du 25 mai 1882, rappelée par celle du 12 janvier 1883, autorise les corps à acheter cet objet au prix de 1 fr. 30 (1)................	4 par compagnie....	
Cylindres pour extraire les fragments d'étuis. (La circ. du 12 janvier 1883 prescrit l'envoi de cet objet) (1)........................	1 —id.—	
Chevalets de pointage (2)..	1 —id.—	
Jeux de tir réduit moins les cibles....................................	2 par régiment..... 1 par bataillon formant corps........	
Cibles pour tir réduit...	8 par régiment..... 4 par bataillon formant corps.......	
Télémètres Labbez..	1 par bataillon.....	
Chaînes d'arpenteur..	1 —id.—	

NOTA. — La description de tous ces objets est donnée par le règlement sus-indiqué. Voir ci-après *Demandes de matériel.*

Aux termes de la lettre collective du 7 mars 1883 (M), le nouveau matériel de tir décrit dans le règlement précité (appuis du tir, chevalets de pointage, cibles en acier) ne pourront être confectionnés qu'au fur et à mesure des ressources disponibles.

Provisoirement, on doit continuer à se servir du matériel ancien.

Les champs de tir sont, en outre, pourvus de tranchées-abris au pied de la butte; ces tranchées sont revêtues, contre le talus opposé à la butte, d'un abri en bois, et, aux extrémités, de cloisons pour mettre les marqueurs à l'abri des éclats venant des cibles voisines. (Voir le règlem[t] précité.) S'il y a lieu à dépense, elle reste au compte du génie. (Voir ci-après, page 648.)

De plus, en 1876, chaque champ de tir a été doté de buts (ou cibles) mobiles n°s 1, 2 et 3, en nombre suffisant pour exercer les meilleurs tireurs. En règle générale, le ministre a alloué pour chacun :

1 but n° 1, — 2 buts n° 2, — 4 buts n° 3.

Mais ce matériel ayant été reconnu défectueux, le ministre, dans une instruction en date du 29 août 1879, page 177, en a prescrit le remplacement :

1° Par un but (modèle n° 1) à marche continue, représentant un ennemi en marche plus ou moins rapide (vitesse d'un fantassin ou d'un cavalier);

2° Par un but à éclipse (n° 2), représentant un ennemi apparaissant ou disparaissant rapidement, soit à la même place, soit à des places toujours variées ou imprévues.

Ces buts sont manœuvrés au moyen d'un chariot en bois, avec roulettes en fonte, placé sur une voie ferrée de 20 mètres de longueur. Cette voie est installée devant une butte et protégée par un remblai de 0,65 de hauteur et de 15 mètres de longueur. Ce remblai est terminé de chaque côté par un parapet de 2 mètres de hauteur et de 5 mètres 50 c. de longueur. On place sur le chariot une cible, et des marqueurs, cachés dans des trous-abris ménagés aux deux extrémités de la voie, font mouvoir le chariot dans un sens ou dans l'autre, au moyen de deux cordes tirant alternativement en sens inverse.

(1) Un cylindre et un réflecteur (ou miroir) sont attribués à chaque section de secrétaires d'état-major, d'infirmiers et d'ouvriers d'administration. L'envoi en a été fait par l'atelier de Puteaux. (Circ. des 30 novembre 1882 et 12 janvier 1883 M.)

(2) Un chevalet de pointage modèle 1884 a été mis en usage en remplacement de celui décrit par le règlement sur le tir. Une dépêche du 18 octobre 1884 (M) a prescrit l'envoi :

De 6 chevalets par régiment d'infanterie,

et de 2 — par bataillon de chasseurs, avec collection de pièces de rechange.

Prix : chevalet seul, 28 fr. 50; collection de pièces de rechange, 4 fr. 70. (Dép. précitée).

Le but n° 1 est représenté par le chariot portant une cible fixe ordinaire quelconque.

Le but n° 2 est représenté par le chariot portant un disque mobile (1).

Ces buts sont réservés pour les tireurs de 1re classe. (Instr. du 29 août 1879.) Les cibles fixes doivent servir pour les autres. (Circ. du 30 mars 1876 M.)

Nomenclature du matériel nécessaire.

1° MATÉRIEL AFFECTÉ AU CHARIOT

Outre le chariot monté, chaque champ de tir possède les objets ci-après :

1° Pivot ou axe de rotation ;

2° Pièce arrêtoir ;

3° Plaque arrêtoir ;

4° Appareil à disque ;

5° Poulies doubles, accouplées et enchappées, placées sous l'essieu de droite du chariot ;

6° Trois anneaux ouverts en forme de crochet ;

7° 66 mètres de corde de 15 millimètres de diamètre, divisés en trois tronçons, portant chacun, à une extrémité, un des anneaux ouverts mentionnés ci-dessus, fixés par une épissure ;

8° 3 paires de gants de cavalerie pour les marqueurs manœuvrant les cordes ;

9° Cibles ordinaires, rectangulaires ou rondes ;

2° MATÉRIEL DE LA VOIE

10° 8 rails en fer, système Vignole, de 5 mètres de long et pesant 9 kilog. par mètre courant ;

11° 13 traverses en bois de sapin de 2 mètres de longueur sur 20 centimètres de largeur et 6 centimètres d'épaisseur ;

12° 6 éclisses cannelées et 6 non cannelées ; total : 12 ;

13° 24 boulons et écrous pour la fixation des éclisses ;

14° 52 boulons à tête carrée avec écrous à oreilles et petites plaques d'arrêt. Les tiges de boulons ont 10 millimètres de diamètre et les plaques 64 millimètres de côté ;

15° 208 vis à bois, de 30 millimètres de longueur, pour fixer les plaques ;

16° 52 rondelles de 40 millimètres de diamètre et de 6 millimètres d'épaisseur pour fixer les rails sur les traverses ;

17° 3 poulies enchappées de 150 millimètres de diamètre, avec rosette double ; 2 sont placées au milieu des traverses extrêmes de la voie ; la 3e sur la traverse de droite, à 440 millimètres du rail. Elles sont maintenues par les branches mêmes des chapes formant boulons et munies d'écrous ;

18° 4 piquets de sapin de 10 centimètres de côté et de 90 centimètres de long ; ils sont enfoncés en terre de 60 centimètres et dépassent le sol de 30 centimètres pour arrêter le chariot dans sa course de chaque côté de la voie ; en tout 4 piquets, 2 pour chaque côté ;

3° OUTILLAGE. — OBJETS DIVERS

19° 1 clef double à écrous ;

20° 1 clef anglaise à écrous ;

21° 28 gabions du génie ou de l'artillerie pour la construction des parapets ;

22° 24 fascines de 2 mètres de longueur et de 25 centimètres à 20 centimètres de diamètre ;

23° Fil de fer pour relier les fascines aux gabions, fer de forge et menus objets de détail, huile, graisse, etc.

Les divers articles non fournis par les soins de l'administration de la guerre, tels que : traverses en bois, cordages, gants de cavalerie, fil de fer, fer de forge, etc., doivent être achetés sur place par les corps de troupe chargés de ce matériel.

Les gabions et les fascines sont demandés à titre gratuit au service du génie ou à celui de l'artillerie, ou construits par les corps si ces services ne peuvent les fournir à titre gracieux.

Les dépenses d'acquisition sont avancées sur les fonds généraux des corps et remboursées ensuite par les fonctionnaires de l'intendance militaire sur le crédit du budget des écoles régimentaires d'infanterie.

En dehors de la durée de l'instruction du tir, tout le matériel doit être emmagasiné dans un local à proximité des buttes ; les parties en fer sont graissées et les pièces dégradées sont immédiatement remplacées.

Un inventaire est placé dans un endroit apparent du magasin. (Instr. du 29 août 1879, page 177.)

Le prix de ce matériel est fixé par la nomenclature QVII insérée 2e sem. 1882, page 450.

(1) Voir les articles 236 à 251 du règlement du 11 novembre 1882 sur l'instruction du tir, qui donne la description d'une partie de ce matériel.

MATÉRIEL DE TIR DANS LES CHAMBRES

Aux termes de la circulaire du 18 août 1872, page 587, chaque bataillon d'infanterie devait recevoir un jeu de tubes à tir, mais ce matériel est devenu sans emploi depuis l'adoption du tir réduit, excepté dans le régiment de sapeurs-pompiers. (Lettre collective du 30 juin 1882 (M) qui prescrit le versement dans les magasins de l'artillerie des collections supprimées.

Le nombre des cartouches de tube à tir, allouées à chaque homme d'infanterie, est fixé chaque année. (Décis. du 6 novembre 1879, page 302, et 30 novembre 1881, page 527 S.)

MATÉRIEL DE TIR RÉDUIT

L'enseignement du tir réduit est donné d'après les prescriptions du règlem[t] du 11 novembre 1882 (M).

Tous les corps de troupe sont pourvus aujourd'hui du matériel nécessaire pour se préparer au tir de la cartouche réglementaire par des exercices de tir réduit, conformément à l'instr. minist. du 27 janvier 1882 (M).

Le tir réduit, sur stand ou en plein air, remplace les exercices de tir au tube dans les chambres.

LOCAUX ET STANDS

Une circulaire minist. du 14 avril 1882 (direct. du génie) rappelant l'article 2 de l'instr. du 27 janvier 1882, dispose ce qui suit :

« Il doit être mis à la disposition de chaque corps, pour les opérations du chargement, un local convenable garni de tables et de bancs. Les tables doivent être suffisamment épaisses pour pouvoir y fixer la presse à amorcer, etc. Le nombre ou la grandeur des bancs ou des tables et la superficie du local doivent être en rapport avec le nombre de jeux d'outillage à mettre en œuvre.

» Quant aux stands, ils sont établis par les corps dans les cours ou à proximité des casernes ; aucune allocation n'est faite pour cet objet.

» En cas de nécessité, les directeurs supérieurs du génie peuvent autoriser des travaux lorsque la dépense d'aménagement ne doit pas atteindre 200 francs ; mais le matériel mobile doit être payé sur le fonds des écoles, et la main-d'œuvre est fournie gratuitement par les corps.

» Les locaux et l'emplacement des stands sont désignés par la commission de casernement. » (Circ. du 14 avril 1882 M.)

JEUX D'OUTILLAGE. — CIBLES

L'instr. ministérielle du 27 janvier 1882 (M) art. 2, et le règlem[t] du 30 août 1884, art. 270, disposent que les cartouches de tir réduit sont confectionnées dans les corps, et (art. 4 et 270) que ces corps reçoivent à cet effet un certain nombre de jeux d'outillage complets.

Chaque jeu comprend les objets suivants :

1 moule à balles;
1 cuiller à couler le plomb ;
1 extracteur en cuivre rouge pour détacher et enlever la grappe ;
1 cisaille à ébarber ;
1 presse à amorcer ;
2 mains à amorcer ;
4 chargettes (d'une contenance de 4 décig. de poudre) ;
4 entonnoirs ;
6 planchettes à trous ;
1 pince à désarmorcer ;
1 machine à calibrer et à sertir.
1 fraise simple pour refaire l'entrée des étuis;
1 sertisseur ;
1 mandrin conique pour ouvrir l'entrée des étuis ;
1 tournevis ;
1 clef à écrous ;
17 vis à bois, nécessaires pour fixer les instruments ;
1 caisse en bois renfermant le tout.

En outre, deux cibles de 60 centimètres de côté sont jointes à chaque jeu d'outillage. (Art. 4 de ladite instr.) La circ. du 17 janvier 1883 (M) a attribué un supplément de quatre cibles par régiment d'infanterie et de deux par bataillon de chasseurs.

NOTA. — Le prix de ces objets est fixé par la nomencl. Q VII de novembre 1882, pages 459 et 460.)

L'outillage est entretenu et réparé par le chef armurier d'après un tarif spécial qui fait suite à l'instruction du 27 janvier 1882. S'il se présente des dégradations dont la réparation ne puisse ou ne doive être exécutée par l'armurier (voir ce tarif), l'objet à réparer est expédié, sans ordre ministériel spécial, à l'atelier de construction de Puteaux pour y être remis en état. (Art. 4.) Ces réparations sont indiquées sur le tarif par les lettres Px.

Les autres réparations sont exécutées par le chef armurier. Les demandes de pièces de rechange sont adressées à l'atelier précité, accompagnées d'un récépissé de versement au Trésor. (Observations placées en tête du tarif.)

Les dépenses résultant de ces réparations sont payées comme les autres dépenses de tir. (Art. 4.)

Les corps se pourvoient directement des combustibles, matières et objets divers nécessaires à la confection des cartouches, tels que : huile, chiffons, etc., boîtes en carton ou en bois, réchauds et chaudières pour fondre le plomb, gamelles en bois pour la poudre, baquets, spatules, séchoirs pour le nettoyage des étuis, etc.

Les dépenses qui en résultent sont soldées sur les allocations faites pour l'école de tir. (Art. 5.)

Les étuis, amorces et couvre-amorces, ainsi que le plomb nécessaire, sont demandés au service de l'artillerie. (Art. 4 de l'instr. précitée et 218 du règlem[t] du 30 août 1884.) Les états de demande sont adressés aux directeurs d'artillerie par les corps de troupe. (Circ. du 20 avril 1882 M.)

Le matériel de tir réduit, reconnu hors de service, doit être livré au Domaine. (Note du 15 novembre 1882, page 396.)

Ce matériel suit les corps dans les changements de garnison. (Instr. du 19 février 1883, page 138.)

Le nombre des cartouches allouées pour le tir réduit est fixé par les instructions annuelles, et l'article 12 de l'instruction du 19 février 1883 prescrit la tenue d'un contrôle de tir par compagnie. Le nombre des cartouches allouées est fixé par des décisions annuelles.

Nota. — Indépendamment de ce matériel, les corps d'infanterie sont pourvus de fausses cartouches en bois avec culot métallique pour les charges et feux simulés. Elles ont été fournies à titre de première mise par le ministre. (Note du 12 septembre 1879, page 213.) Le remplacement en est effectué comme celui du matériel de tir dans les chambres. Les corps doivent entretenir un petit approvisionnement. Les avances de fonds sont faites sur les fonds généraux de la caisse des corps; elles sont remboursées sur le budget des écoles ou de la masse individuelle. Prix : 0,10. (Note du 8 avril 1880, page 145.) Les achats doivent être faits au titre du service des écoles, et s'il y a lieu, à remboursement par la masse individuelle ou de petit équipement ; on opère comme pour les pièces d'armes.

CARTOUCHES A BALLE OU SANS BALLE A DÉLIVRER POUR LES EXERCICES DE TIR

(Voir *Munitions.*)

PRIX ET INSIGNES DE TIR

D'après les dispositions contenues dans le règlement du 11 novembre 1882, page 104, rappelées par la circulaire du 18 mai 1883 (M), des prix de tir sont accordés chaque année, savoir (1) :

1° PRIX DE TIR DE L'ANNÉE

Les prix de tir de l'année consistent :

1° En un cor de chasse en argent doré avec épinglette et chaîne en argent, qui constitue le premier prix de tir de l'année;

2° En cors de chasse brodés attribués aux meilleurs tireurs; ces cors de chasse sont cousus sur la manche gauche de la tunique, de la capote et de la veste; ils se portent concurremment avec les épinglettes de tir.

Ces prix sont répartis conformément au tableau A ci-après :

(1) Pour les compagnies mixtes en Tunisie, se reporter à la décis. du 13 juin 1884, page 750.

DÉSIGNATION DES CORPS.	NOMBRE des prix attribués.		OBSERVATIONS.
	Épinglettes.	Cors de chasse.	
Régiment d'infanterie	1 (A)	36 (C)	(A) L'épinglette est donnée au meilleur tireur sur l'ensemble du corps. Cet homme reçoit en outre un cor de chasse brodé. (B) Lorsqu'un bataillon est détaché, les cors de chasse prix de tir qui lui sont attribués sont déduits du nombre total accordé au régiment. On procède de même pour les détachements moindres d'un bataillon. Les prix sont attribués à raison de 2 cors de chasse par compagnie pour les régiments d'infanterie et de trois cors par compagnie pour les bataillons formant corps et pour les régiments permanents d'Afrique. (C) Le cor de chasse est brodé en or ou en argent, selon le métal du bouton.
Bataillon détaché du régiment	»	8 (B)	
Régiment permanent d'Afrique	1	54	
Bataillon détaché du régiment	»	12 (B)	
Bataillon de chasseurs	1	15 (B)	
Bataillon d'infanterie légère d'Afrique	1	18 (B)	

INSIGNES DE TIR

Cet insigne est accordé pour la durée d'une année seulement et d'un classement à l'autre, à tous les tireurs de 1re classe, à l'exclusion des sous-officiers.

Il consiste en un cor de chasse en drap écarlate pour les régiments d'infanterie, et en drap jonquille pour les bataillons formant corps.

Il est cousu sur la manche gauche de la tunique, de la capote et de la veste et se porte concurremment avec les épinglettes de tir.

Les réservistes qui possèdent un insigne de tir au moment de leur passage dans la réserve le reprennent lorsqu'ils sont rappelés.

PRIX DE CONCOURS

Il est accordé tous les ans, à la suite de concours, des prix de tir consistant en épinglettes et en médailles d'argent et de bronze dont le nombre est déterminé dans le tableau B suivant :

DÉSIGNATION DES CORPS.		NOMBRE d'épinglettes avec		Totaux.	OBSERVATIONS.
		cor de chasse argent doré.	cor de chasse argent.		
CONCOURS AVEC LE FUSIL MODÈLE 1874.					
Régiments d'infanterie.	Sous-officiers	1	2	3	L'épinglette avec cor de chasse en argent doré est attribuée au tireur classé le premier.
	Caporaux et soldats	1	9	10	
Régiments permanents d'Afrique.	Sous-officiers	1	2	3	
	Caporaux et soldats	1	12	13	
Bataillons formant corps.	Sous-officiers	1	»	1	
	Caporaux et soldats	1	3	4	
CONCOURS AVEC LE REVOLVER MODÈLE 1873.					
		NOMBRE de médailles (A) d'argent.	NOMBRE de médailles (A) de bronze.	Totaux.	
Régiments d'infanterie et régiments permanents d'Afrique.	Adjudants et sergents-majors	1	1	2	(A) Du modèle déterminé par le ministre de la Guerre.
Bataillons formant corps.	— Id. —	1	»	1	

Les épinglettes sont la propriété de l'homme ; elles sont conservées pendant toute la durée du service et sont portées lorsque le tireur est rappelé à l'activité.

Le cor de chasse brodé n'est conservé une deuxième année qu'autant que le tireur reste de 1re classe.

Les réservistes qui possèdent un cor de chasse brodé au moment de leur passage dans la réserve le reprennent lorsqu'ils sont rappelés. Il en est de même pour les insignes de tir.

Mention de toutes les récompenses obtenues est faite sur le livret individuel. (Règlem[t] du 11 novembre 1882.)

DÉPENSES POUR PRIX ET INSIGNES DE TIR

Les circulaires du 6 mars 1873, page 211; du 15 mars 1872, page 54, et du 18 mai 1883 (M), portent que la dépense des cors de chasse donnés aux meilleurs tireurs reste à la charge du service de l'habillement, et que celle des épinglettes et des médailles d'argent et de bronze (18 mai 1883) doit être imputée sur les fonds des écoles. Les épinglettes sont fournies par le ministre. (Dép. du 9 mars 1878, page 255 (S), et circ. du 9 juin 1879 M.) — Voir *Habillement*, page 86, pour la production des demandes de cors de chasse brodés.

Les insignes en drap écarlate sont confectionnés sans frais par les corps qui sont autorisés à acheter des emporte-pièces sur les fonds de la masse générale d'entretien. (Circ. du 5 octobre 1880.)

Les cors dont il s'agit sont posés sans frais par le maître-tailleur abonnataire. (Voir le *Modèle d'abonnement*, art. 1er, page 60, et circ. du 18 mai 1883 M.) S'il n'y a pas d'abonnataire, la dépense incombe à la masse générale d'entretien. (Art. 11 de l'instr. du 21 avril 1879, page 685.) Le prix à lui allouer est de 0,03 c. pour ceux brodés en or (20 juillet 1868, page 15, ancien journal, et de 0,05 c. pour ceux en drap. (Circ. du 31 mars 1881, page 230.)

ALLOCATIONS DESTINÉES AU PAIEMENT DES DÉPENSES

Les écoles régimentaires de tir n'ont pas d'allocations fixes. Les dépenses sont déterminées chaque année d'après l'importance du matériel à créer ou à entretenir. (Art. 3 de l'instr. du 19 février 1883, page 140.)

Les états de prévisions annuels à établir en conformité de l'art. 4 de ladite instr. (dans la forme et à l'époque indiquées par le ministre) sont renvoyés approuvés par le ministre, et leur montant ne doit pas être dépassé. (Voir *Dispositions communes aux diverses écoles*.)

D'après l'art. 5 de ladite instruction, ces états doivent comprendre:

L'entretien des cibles, guérites blindées, télégraphes des champs de tir et des télémètres ;

L'achat des imprimés, des fanions, palettes, chaînes d'arpenteur, fausses cartouches de 1re mise, et autres objets mobiliers nécessaires pour les exercices (sauf les cibles, les lunettes de cantonnier, les télémètres et les épinglettes prix de tir) ;

Le remplacement des objets de matériel de tir réduit ;

Les frais des feux de guerre en ce qui concerne le matériel. (Art. 5.)

DEMANDES DE MATÉRIEL, ETC.

Les états (mod. n° 5) portant demande de matériel sont produits dans les conditions indiquées par l'instruction du 19 février 1883, page 144. — (Voir *Ecole de gymnastique*, page 643.)

COMPTABILITÉ DU TIR

COMPTABILITÉ

La comptabilité du tir comprend les documents suivants :

La situation de tir individuel.	Modèle A. — A[1] pour les retardataires.
La situation de tir collectif. .	Modèle B. — B[1] pour les retardataires.

Le registre de compagnie (mod. C).
Le feuillet du livret individuel (mod. D).
Le carnet de tir de bataillon (mod. E).
Les comptes-rendus du capitaine de tir (mod. F).
Le rapport annuel (mod. H).

(Art. 158 et suivants du règlem[t] du 11 novembre 1882.)

Le capitaine commandant le peloton d'instruction tient, pour ce peloton, un registre de tir, semblable à celui des compagnies, sur lequel sont portés les tirs individuels et collectifs d'instruction et d'application. (Instr. du 18 septembre 1882, page 273.)

Une note du 4 mai 1870 (ancien *Journal militaire*) avait fixé comme il suit le prix de ces imprimés :

Registre de compagnie (25 feuillets) cartonné	2	»
— — broché	1	25
Registre de régiment	4	50
Situation de tir (le cent).	8	»
— pour les tirs de rappel *id.*	6	»
— pour les feux d'ensemble *id.*	3	»

Ces indications sont données à titre de simple renseignement, car les prix d'achat sont généralement moins élevés aujourd'hui, surtout en ce qui concerne les situations.

La fourniture de ces registres et situations est à la charge du service des écoles, comme toutes les autres dépenses. (Voir ci-dessus *Allocations*.)

Manuel de l'instructeur de tir, fourni par le ministre. (Voir *Ouvrages divers*, page 363.)

Paiement, justification et remboursement des dépenses. (Voir *Ecole de gymnastique*.)

Compte-courant du matériel. — L'officier, directeur du tir, tient un compte-courant du matériel conforme à la deuxième partie du livre de détail des compagnies. (Art. 96 *bis* de l'instr. du 1er mars 1880, page 393.)

Compte annuel de gestion du matériel. } Voir *Dispositions communes à toutes*
Distributions et réintégrations du matériel. } *les écoles.*

2° ÉCOLE DE TIR DANS LA CAVALERIE

L'instruction du tir dans les corps de troupe de cavalerie est donnée conformément au règlement du 17 août 1884, page 179.

MATÉRIEL

Aux termes du règlement précité, les régiments de cavalerie utilisent le matériel de tir de l'infanterie dans les garnisons occupées simultanément par des corps de troupe des deux armes (2e sem. 1884, page 291). Mais ils doivent rembourser la quote-part, pouvant provenir de leur fait, dans les dépenses d'entretien du matériel. Principe rappelé par dépêche du 23 mars 1882.

Dans ce cas, les objets à acheter sont donc ceux qui ne peuvent être prêtés.

Nomenclature du matériel de tir nécessaire à un régiment de cavalerie.

1° MATÉRIEL DE GARNISON QUE LES CORPS NE DOIVENT PAS EMPORTER EN CAS DE DÉPLACEMENT

Cibles carrées de 2 mètres de côté	2	par emplacement
Cibles rectangulaires de 1 mètre sur 2	5	par régiment.
Tabourets	2	—
Palettes	2	par emplacement.
Fanions	2	—
Lunettes de cantonnier	3	—
Emporte-pièces	2	par régiment.
Règle de 2 mètres, graduée en centimètres	1	—
Tréteau en sapin, de 2 m. de long, pour la réparation des cibles	1	—
Marmite en fonte de 10 litres	1	—

Cuiller à colle .... 1 par régiment.
Poêle .... 1 —
Pinceaux, colle, ficelle, toile d'emballage, aiguilles d'emballeur, couleur, papier, poteries, charbon .... »

2° MATÉRIEL MOBILE QUE LES CORPS EMPORTENT EN CAS DE DÉPLACEMENT

Réflecteur pour passer l'inspection des canons de carabine .... 1 par escadron.
Cylindre pour extraire les fragments d'étuis .... 1 —
Chevalet de pointage .... 1 —
Jeu de tir réduit, moins les cibles .... 1 par régiment.
Cible pour le tir réduit .... 4 —
Chaîne d'arpenteur .... 1 —

Le jeu de tir réduit se compose des objets énumérés à la page 315 du règlement. Cette composition est la même que pour l'infanterie. (Voir ci-dessus, page 649.) La décision du 10 février 1881, page 201, a substitué le tir réduit au tir à tubes dans les chambres et a prescrit de remettre les jeux de tubes au Domaine. Toutefois, une dépêche du 30 juin 1882 (M) a modifié cette disposition en prescrivant de les verser au service de l'artillerie.

La décision précitée attribue un jeu de matériel de tir réduit à chaque groupe de dépôts de régiment dans le 6e corps et un à l'école de cavalerie.

Dispositions particulières aux compagnies de cavaliers de remonte.

Aux termes du règlement du 17 août 1884, page 292, des décisions spéciales fixent le matériel dont elles doivent être pourvues.

Ainsi, la note ministérielle du 29 mai 1882, page 301, dispose que chacun des 20 dépôts de remonte de l'intérieur et de l'Algérie sera pourvu d'une partie du matériel en usage dans les régiments de cavalerie, savoir :

Un chevalet de pointage, deux fanions, couleur noire, pinceaux, papier et colle pour la réparation des cibles.

La dépense d'acquisition de ces objets est au compte de la masse d'entretien du harnachement et ferrage des dépôts.

Les cibles sont fournies sur l'ordre direct du ministre et payées sur les fonds des écoles régimentaires de cavalerie. (Même note.)

En outre, la circulaire du 30 novembre 1882, rappelée par celle du 12 janvier 1883, attribue à chaque compagnie de cavaliers de remonte un cylindre et un miroir destinés à être utilisés dans le tir des cartouches. Envoi de l'atelier de Puteaux.

ALLOCATIONS DE CRÉDITS. — DEMANDES DE MATÉRIEL

Aux termes de la circulaire du 9 février 1884 (M), il est alloué annuellement, sur les fonds du service des écoles, 90 francs par régiment de cavalerie et 40 francs par compagnie de cavaliers de remonte.

En cas d'insuffisance de l'allocation, une demande spéciale et motivée, énumérant les objets à réparer ou à remplacer et spécifiant la nature et le prix de chaque réparation ou remplacement, est jointe à l'état de prévisions. (9 février 1884.) Voir *Dispositions communes à toutes les écoles.*

On doit comprendre dans les prévisions toutes les dépenses afférentes aux exercices de tir; celles relatives aux acquisitions de cibles ou de lunettes de cantonnier, acquittées par le ministre, doivent ressortir distinctement des autres.

En ce qui concerne l'entretien du matériel commun à toute la garnison, les prévisions non réalisées au moment d'un changement de garnison sont communiquées au nouveau corps chargé d'assurer cet entretien. (9 février 1884.)

Les corps qui font usage du matériel de tir de l'infanterie doivent rembourser la quote-part pouvant provenir de leur fait dans les dépenses d'entretien de ce matériel. (Principe rappelé par une dép. du 23 mars 1882.)

Toutes les dépenses de tir sont au compte du service des écoles. (Instr. du 15 mars 1872, page 54.) Cette disposition est applicable au matériel de tir réduit. (Règlemt du 17 août 1884, page 316.)

PRIX DE TIR

Aux termes du règlement du 17 août 1884, page 285, les récompenses accordées pour adresse dans le tir, sont :

1° *Les insignes de tir* à tous les tireurs de 1re classe, à l'exclusion des sous-officiers. Ils sont accordés pour une année seulement et consistent en un cor de chasse en drap cousu sur la manche gauche de la tunique, du dolman et de la veste. Cet insigne se porte concurremment avec les épinglettes de tir.

Les cuirassiers ne le portent pas.

2° *Les prix de tir de l'année.* Ils consistent : 1° en cors de chasse en argent avec épinglette et chaîne en argent qui *constituent les premiers prix de tir de l'année*; 2° en cors de chasse brodés en argent, attribués aux meilleurs tireurs ; ces cors de chasse sont cousus sur la manche gauche de la tunique, du dolman et de la veste; ils se portent concurremment avec les épinglettes de tir.

Ces prix sont répartis comme il suit :

DÉSIGNATION DES CORPS.	NOMBRE DES PRIX ATTRIBUÉS. Pour la carabine.		Pour le revolver.		OBSERVATIONS.
	Epinglettes.	Cors de chasse.	Epinglettes.	Cors de chasse.	
Régiment de cavalerie	1 (A)	10	1 (C)	2 (C)	(A) L'épinglette est donnée au meilleur tireur sur l'ensemble du corps. Cet homme reçoit en outre un corps de chasse brodé.
Régiment de cavalerie permanent d'Afrique	(1 A)	12	1 (C)	2 (C)	(B) Lorsqu'un escadron est détaché, les cors de chasse prix de tir qui lui sont attribués sont déduits du nombre total accordé au régiment; les prix sont attribués à raison de deux cors de chasse par escadron.
Escadron détaché d'un régiment	»	2 (B)	»	»	(C) Les maréchaux des logis, les brigadiers et les cavaliers armés du revolver concourent seuls pour ces prix
Régiment de cuirassiers	»	»	1	10	
Escadron détaché d'un régiment	»	»	»	2 (B)	

Les adjudants et maréchaux des logis chefs ne concourent pas pour les prix de tir de l'année.

3° *Les prix de concours.* — Ces prix consistent en épinglettes et en cors de chasse dont le nombre est déterminé dans le tableau ci-après :

DÉSIGNATION DES CORPS.		POUR LA CARABINE.		POUR LE REVOLVER.	
		Epinglettes avec cor de chasse en argent.	Cors de chasse brodés.	Epinglettes avec cors de chasse en argent.	Cors de chasse brodés.
Régiment de cavalerie	Sous-officiers	»	»	1	1
	Brigadiers et cavaliers	1	3	»	1
Régiment de cavalerie permanent d'Afrique	Sous-officiers	»	»	1	1
	Brigadiers et cavaliers	1	3	»	1
Régiment de cuirassiers	Sous-officiers	»	»	1	1
	Brigadiers et cavaliers	»	»	1	3
L'épinglette avec cor de chasse en argent est attribuée au tireur classé le premier.					

Les épinglettes sont la propriété de l'homme. Elles sont conservées pendant toute la durée du service et portées lorsque le tireur est rappelé à l'activité.

Le cor de chasse *brodé* n'est conservé une deuxième année qu'autant que le tireur reste de 1re classe. Les réservistes qui le possédaient au moment de leur renvoi le reprennent lorsqu'ils sont rappelés.

Il en est de même pour ceux qui avaient l'insigne de tir au moment de leur départ du régiment.

Mention de toutes les récompenses obtenues est faite sur le livret individuel. (Règlemt du 17 août 1884, pages 285 et 286.)

Dans les compagnies de cavaliers de remonte, les dispositions ci-dessus sont applicables. La répartition des prix est faite comme il suit :

	1er PRIX.	2e PRIX.	TOTAL.
1re compagnie	3	4	7
2e —	1	3	4
3e —	2	4	6
4e —	1	2	3
5e —	4	6	10
6e —	1	3	4
7e —	1	3	4
8e —	1	3	4

(Note du 29 mai 1882, page 301.)

Pour la cavalerie des compagnies mixtes en Tunisie, se reporter à la décision du 13 juin 1884, page 750.

Fourniture des prix de tir. (Voir ci-dessus, page 652.)

CARTOUCHES A DÉLIVRER POUR LES EXERCICES DE TIR

(Voir *Munitions.*)

Les cartouches de tir réduit sont confectionnées dans les corps au compte du service des écoles. (Annexe du règlemt du 17 août 1884, page 316, qui applique à la cavalerie les dispositions concernant les troupes à pied, et art. 270 du règlemt du 30 août 1884 sur l'armement.) Voir ci-dessus, page 649.

COMPTABILITÉ DU TIR

La comptabilité du tir donne lieu à l'établissement des documents ci-après, savoir :

Situation de tir individuel pour chaque séance de tir (mod. A);
Situation pour les tirs collectifs (mod. B);
Registre de tir de chaque escadron (mod. C);
Rapport annuel sur le tir (mod. H);
Feuillet du livret individuel (mod. D). (Règlemt du 17 août 1884, page 294.)

Ces registres, etc., sont achetés sur le budget des écoles, compris dans les états de prévisions annuels. (Voir le mod. de cet état.)

Compte-courant à tenir par l'officier directeur. (Voir page 653.)

Compte annuel de gestion. (Voir *Dispositions communes à toutes les écoles.*)

Distributions et réintégrations de matériel. (*Idem.*)

Remboursement des dépenses au compte du service des écoles. — Comme pour l'Ecole de gymnastique.

3e ÉCOLE DE TIR DANS L'ARTILLERIE ET LE TRAIN DES ÉQUIPAGES

DÉPENSES AU COMPTE DU MATÉRIEL DE L'ARTILLERIE

§ 1er. — TIR DES ARMES PORTATIVES

Le tir des armes portatives (mousqueton et revolver) est régi par le règlement du 6 février 1877 sur l'instruction à pied dans les corps de l'artillerie, et par le règlement du 27 juin 1877 sur l'instruction à pied dans les escadrons du train des équipages.

Le matériel nécessaire est fourni par le service de l'artillerie. (31 mai 1872, page 431 ; 6 mars 1873, page 211.) La composition de ce matériel est indiquée par l'instruction précitée du 6 février 1877 (M).

La circulaire du 30 novembre 1882, rappelée par celle du 12 janvier 1883 (M) attribue à chaque batterie d'artillerie, compagnie de pontonniers, d'ouvriers d'artillerie, d'artificiers, du train des équipages, un cylindre et un miroir destinés à être utilisés dans le tir des cartouches à balle non vernies. L'envoi en a été fait par l'atelier de Puteaux.

Il est tenu dans chaque batterie un contrôle du modèle C annexé à ladite instruction.

Un matériel de tir dans les chambres existait dans ces corps (Circ. du 30 novembre 1873, page 511); mais le tir dans les chambres ayant été remplacé par les exercices de tir réduit (Décis. ministérielle du 22 janvier 1881 M), la circulaire du 30 juin 1882 (M) a prescrit de verser le matériel de tir au tube dans les magasins de l'artillerie.

En 1882, les corps d'artillerie ont reçu un certain nombre de jeux de matériel de tir réduit, lequel doit figurer sur l'inventaire des objets d'artillerie, comme l'ancien matériel de tir au tube. (Note du 2 octobre 1874, page 263 (S); dépêche du 22 mars 1882 (M) adressée au 37e d'artillerie.)

Voir ci-dessus *Infanterie* pour les renseignements complémentaires sur le tir réduit.

Le matériel à emporter en cas de mouvement est le même que dans l'infanterie. Les objets laissés à demeure sont remis à l'école d'artillerie. (Circ. du 6 décembre 1853 M.)

Prix de tir en argent. — La note du 5 mars 1885, page 226, dispose qu'il ne sera plus accordé de prix en argent pour le tir des armes portatives dans l'artillerie et le train des équipages.

Dépenses. — Les corps n'ont pas de dépenses à faire pour les écoles de tir ; elles sont payées par le service de l'artillerie. (Instructions du 30 décembre 1883, page 889, et 31 mai 1872, page 431 ; 6 mars 1873, page 211 ; *Manuel*, page 104.)

Une dépêche du 26 décembre 1874 (M) porte que les dépenses de tir faites par les portions détachées en Algérie doivent être remboursées par une des trois directions d'artillerie de la colonie.

Si les corps font des avances, ils en sont remboursés sur la production des pièces probantes.

En outre, une dépêche du 26 janvier 1882 (M), rappelée le 30 décembre 1883, dispose que les corps de troupe de l'artillerie ou du train qui empruntent du matériel de tir à des régiments d'infanterie doivent payer la part proportionnelle de la dépense d'entretien de ce matériel. Ils en sont remboursés comme il est indiqué ci-dessus par l'école d'artillerie du corps d'armée.

§ 2. — TIR DES BOUCHES A FEU

Dépenses au compte du service de l'artillerie (1).

Toutes les dépenses occasionnées par les exercices du tir des bouches à feu sont au compte du service de l'artillerie. (Ordonn. du 29 mai 1835, page 644.)

L'instruction du 7 avril 1883 (M) accorde des prix en argent pour tous les coups ayant touché le but ; la fixation en est donnée par cette instruction. En outre, des prix en argent sont payés par l'école d'artillerie à la suite des concours, savoir ;

Pour un régiment complet { un premier prix de 30 francs,
deux deuxièmes prix de 20 francs,
six troisièmes prix de 10 francs.

(1) BATTERIES DÉTACHÉES

Les batteries détachées, qu'elles appartiennent au même régiment ou à des régiments différents, peuvent être réunies pour les écoles à feu ; le nombre et la valeur des prix à décerner sont basés sur l'allocation de 10 francs par batterie.

Une grenade en laine écarlate est attribuée annuellement à chacune de ces batteries. A chaque groupe de batteries détachées, une grenade en or est accordée, si le nombre de ces batteries est égal ou supérieur à trois; deux grenades en or si le nombre est supérieur à 5. (Note du 20 octobre 1884 (M) et instr. du 7 avril 1883 M.)

NOTA. En Algérie, les batteries d'une même province concourent entre elles. Il n'est accordé qu'un prix unique de 20 francs avec une grenade en or. (Instr. du 22 mars 1880 M.)

Aux termes de cette instruction, tout pointeur qui a obtenu une grenade en laine ou en or conserve le droit de la porter jusqu'à sa libération du service actif.

Soit 10 francs par batterie prenant part au concours.

On supprime un troisième prix pour chaque batterie absente. (Note du 26 février 1879 M.)

Dépenses au compte du service de l'habillement (1).

La circulaire du 21 août 1875 (M), la description de l'uniforme du 15 mars 1879, page 111, et l'instruction du 12 mars 1880 sur les écoles à feu disposent que, dans les régiments d'artillerie, un pointeur par batterie recevra, chaque année, comme insigne de mérite, une grenade en drap écarlate 23 ains qui sera porté sur la manche gauche de la veste et du dolman.

Chaque année, également, les trois canonniers qui auront obtenu les meilleurs résultats dans un concours organisé entre les pointeurs dans chaque régiment, échangeront leur grenade en drap contre une grenade en or. Pour les pointeurs qui ont remporté les prix d'école, la grenade est bordée en filé d'or, quel que soit d'ailleurs le grade du pointeur. (Description de l'uniforme et instruction du 22 mars 1880.) Cette instruction dispose que, lorsque le pointeur qui a obtenu une grenade en laine devienda sous-officier, il recevra une grenade en or.

Les grenades doivent être demandées au magasin de Paris. (21 août 1875 M.)

Voir *Habillement* pour les demandes à produire, page 86.

Dans les régiments de pontonniers, il est décerné à chacun des brigadiers et soldats classés les premiers à la suite du concours annuel de navigation, un insigne honorifique qui consiste en une ancre qui est posée sur la manche gauche du dolman ou de la veste.

Cette ancre est en laine écarlate ou brodée en soie et or (description de l'uniforme)

Frais de pose, se reporter à la page 652.

Compte annuel de gestion du matériel,
Distributions et réintégrations du matériel, } Voir dispositions communes à toutes les écoles.
Relevés annuels des dépenses.

4° ECOLE DE TIR DANS LES RÉGIMENTS DU GÉNIE

Ces corps étant armés comme ceux d'infanterie, leurs écoles de tir sont régies par les mêmes dispositions.

Les dépenses des écoles de tir dans les régiments du génie sont au compte du budget des écoles. (6 mars 1873, page 211, et 2 octobre 1874, page 263, S). Elles ne sont pas confondues avec celles des autres armes, attendu qu'elles incombent à un budget particulier. De plus, si du matériel d'infanterie est prêté à ces corps, ils doivent payer la quote-part des dépenses d'entretien. (Dép. minist. du 23 mars 1882.)

Une circ. du 30 novembre 1882, rappelée par celle du 12 janvier 1883 (M), attribue à chaque compagnie du génie un cylindre et un miroir destinés à être utilisés dans le tir des cartouches à balles non vernies. Ces objets ont été envoyés par l'atelier de Puteaux.

Dépenses au compte de la masse individuelle ou de petit équipement. (Comme pour les autres écoles.)

ECOLE DE NATATION (2)

La natation doit être enseignée dans les corps.

Elle est enseignée d'après les prescriptions contenues dans le Manuel de gymnastique du 26 juillet 1877. (Instr. du 30 décembre 1883, page 890, et instr. annuelles sur

(1) Voir le renvoi de la page précédente.

(2) L'art. 267 du règlemt du 28 décembre 1833 sur le service intérieur des troupes de cavalerie dispose que, quand les localités le permettent, les chevaux sont exercés à la nage. De plus, par dép. du 8 mai 1868, le ministre avait prescrit la mise en essai d'une instruction pour exercer les hommes et les chevaux à passer les cours d'eau à la nage, et décidé que les dépenses nécessitées par cet exercice seraient payées comme celles de la natation.

les inspections générales.) Il n'est plus produit de situation de la natation. (Circ. du 6 septembre 1882 rappelée par l'instr. du 19 février 1883, page 138.)

La circ. du 5 mai 1884, page 1361 (S) autorise les conseils d'administration à faire directement l'achat du matériel de natation décrit dans le manuel précité, sauf en ce qui concerne les bateaux ou nacelles et la literie. (Voir ci-après.) Ces objets sont énumérés ci-dessous :

OBJETS ACHETÉS AU COMPTE DU SERVICE DE L'HABILLEMENT

1° *Caleçons de bain.* — Ils sont confectionnés en forte toile de chanvre ou de coton et achetés à des entrepreneurs de lingerie militaire. (27 mai 1851.) Le manuel de gymnastique, en date du 26 juillet 1877, en fixe le nombre à 120 par école de natation, et la circ. du 3 mai 1879 en autorise l'achat. — Prix de la nomencl. de l'habillement du 1er avril 1885, 1 fr. 10 c. — La description est donnée par la notice du 6 février 1879, page 139 (S), errata, page 257 (S).

2° *Sangles ou ceintures de fil* avec cordes de suspension de 3 à 4 mètres pour donner la leçon dans l'eau. (Instr. du 27 mai 1851.) Le manuel de gymnastique en alloue 36 par école de natation et les circulaires annuelles en autorisent l'achat. En outre, l'instr. du 1er septembre 1879 (M) dispose que l'intendant militaire fixe l'importance de l'approvisionnement à entretenir. — Prix de la nomenclature de l'habillement : 1 fr. 50. (Description du 6 février 1879, page 139 S.)

NOTA. — Ces sangles et caleçons sont au compte du service de l'habillement. (Circ. du 29 juin 1872, page 809. Cette disposition est rappelée par l'instr. du 19 février 1883, page 141, l'instr. du 30 décembre 1883, page 894, et les circulaires annuelles.

Leur entretien est au compte de l'abonnement du maître-tailleur. (Voir art. 1er de l'abonnement, *Habillement*, page 69). Dans les corps qui n'ont pas d'abonnement, la dépense incombe à la 2e portion de la masse d'entretien.

OBJETS ACHETÉS AU COMPTE DU BUDGET DES ÉCOLES OU FOURNIS PAR L'ADMINISTRATION

Les dépenses ci-après sont imputables au budget des écoles (Instr. minist. du 15 mars 1872, page 54, et circ. du 6 mars 1873, page 211), savoir :

3° *Cordes brassières* de 3 à 4 mètres de longueur, à raison de 36 par école. (Manuel de gymnastique mis en vigueur par la circ. du 3 mai 1879.)

3° bis *Perches* pour accompagner l'élève qui a quitté la sangle. — Prix : 1 fr. (Instr. du 27 mai 1851 (M) et circ. annuelles.) 36 par école de natation. (Manuel de gymnastique en date du 26 juillet 1877.)

4° *Bouées de sauvetage* en liège et garnies de bouts de corde flottants, à 5 fr. l'une. (*Id.*, et circ. du 5 mai 1884, page 1361 S). Le manuel de gymnastique en fixe le nombre à 4 par école.

5° *Bateau* (ou barque) destiné à être monté par des nageurs habiles, chargés d'observer les élèves pendant les leçons d'application et de perfectionnement. Ils sont munis de grands cordages pour attacher les sauveteurs. (Instr. du 27 mai 1851 M, rappelée par la circ. du 5 mai 1884.) La longueur et le nombre varient suivant les besoins. (Manuel de gymnastique.)

Ces objets peuvent être achetés ou simplement loués. (Instr. du 27 mai 1851). Le manuel de gymnastique autorise l'emploi de deux bateaux, et la dép. du 7 avril 1880 (M) a autorisé le 13e de ligne, à Nevers, à en faire confectionner un au prix de 180 fr.

Les circulaires annuelles du 5 mai 1884, page 1361 (S), etc..., disposent que, dans les places où le service de l'artillerie est pourvu d'équipages de pont, on peut lui demander des nacelles ou toute autre embarcation. Elles sont réintégrées à la clôture des exercices.

En 1874 et en 1875, le ministre a envoyé des nacelles dans diverses localités, et la note du 7 juin 1874, page 643, donne les moyens de les entretenir et autorise les corps détenteurs à acheter pour leur mise en état :

	PRIX
1 brosse à laver	1 50
1 éponge	1 50
10 kilogr. de goudron de Norwège	5 »
1 kilogr. 500 de peinture olive et noire	1 95
1 brosse à goudron	1 »
1 pinceau	1 »
	11 95

Cette dépense est remboursée avec les autres dépenses de l'école.

6° *Piquets ou pieux en bois* avec des cordages ou des corps flottants pour circonscrire, dans les rivières et sur les bords de la mer, l'espace réservé aux exercices. (Instr. du 27 mai 1851 (M), rappelée par les circ. annuelles.)

7° *Tentes.* — L'instr. du 27 mai 1851 dispose qu'il est à désirer que des tentes ou des abris temporaires en planches soit établis pour faire déshabiller les hommes. On peut aussi établir un corps de garde sur les lieux.

Ce principe est rappelé par le manuel de gymnastique du 26 juillet 1877. A défaut, un corps de garde placé sur les lieux avec une consigne apparente et un agent (sous-officier ou caporal) responsable des effets placés sous sa garde, doivent assurer le bon ordre et la régularité dans le service. (Manuel.)

Les tentes sont fournies par le service du campement après autorisation ministérielle. Elles sont réintégrées à la fin de la saison des bains.

Les dépenses d'entretien sont au compte de la masse individuelle ou du budget des écoles. (14 octobre 1869 M.)

8° *Etablissement d'un pont flottant.* — La circ. du 27 mai 1851 (M) autorisait une dépense de 500 fr. pour cet objet. Les circ. annuelles : 5 mai 1884, page 1361 (S), etc., autorisant les conseils d'administration des corps à faire directement l'achat du matériel décrit dans le manuel de gymnastique, il en résulte que, conformément aux dispositions de ce manuel, ce pont doit être monté et mis en service chaque année. Il est démonté et remisé à la fin de chaque saison.

Ce manuel porte que le pont flottant doit être de préférence établi sur tonneaux ; il est de 20 à 24 mètres de long sur 4 m. 50 de large ; son élévation au-dessus de l'eau est de 0 m. 50 à 1 m. environ.

La construction en est faite, suivant le cas, par les soins du génie ou des corps eux-mêmes, ou confiée à un entrepreneur. (Manuel.) Les formalités à remplir, au préalable, sont les mêmes que pour le matériel fixe de gymnastique. (Instr. du 30 décembre 1883, page 894.) Une dépêche ministérielle du 23 juillet 1878 a autorisé la construction d'un pont flottant à Mâcon et à Châlons et fixé à 600 fr., au maximum, la dépense à faire pour chacun d'eux.

9° *Placard* revêtu d'une affiche indiquant les premiers soins à donner aux noyés. (Manuel et circ. du 19 février 1879, page 205, qui porte envoi de cette affiche.)

L'instruction complète sur les secours à donner aux noyés est, en outre, déposée dans les sacs ou sacoches d'ambulance. (Même circ.)

10° *Un châlit* à tréteau en bois et une demi-fourniture de campement avec la paille nécessaire sont mis à la disposition de chaque école. (Manuel et circ. annuelles.) Ces fournitures sont délivrées sur l'ordre des intendants militaires aux corps de troupe sans qu'il soit nécessaire d'en référer au ministre. Chaque fourniture se compose des objets suivants : 2 couvertures, 2 draps de lit (sac de couchage), 1 enveloppe de paillasse et 1 enveloppe de traversin. Les couvertures doivent être de bonne qualité.

A la clôture des écoles de natation, ce matériel est réintégré dans le magasin qui les a livrées. (Circ. du 21 juin 1879 M.) La circ. du 11 juillet 1879 (M) prescrit de choisir les châlits en bois parmi ceux frappés de la marque R. P. O. et de les déduire des fixations déterminées par l'article 17 du traité de l'entrepreneur des lits militaires.

De plus, les corps sont autorisés à faire usage des brancards ou civières affectés aux casernements. (Manuel et circ. annuelles.) On se sert, en outre, du rouleau de secours aux asphyxiés, qui comprend : 1 peignoir de molleton, 1 frottoir en serge et 2 gants (moufles) en crin.

11° *Chevalets de natation.* — La circulaire du 21 janvier 1872, page 25, prescrit d'habituer les hommes aux exercices à sec de la natation. A défaut de chevalets de natation, on doit employer des bancs ou tout ce qui peut les suppléer.

Ces chevalets appartiennent à l'école de gymnastique. (Voir à ce titre.)

12° *Frais de location d'établissement de bains froids ou de terrain.* (Instr. du 19 février 1833, page 141.)

Nota. — Le matériel de l'école de natation est établi, lorsqu'il y a lieu, par les soins du service du génie. (Art. 55 du règlemt du 30 juin 1856.)

Il est placé sous la garde et la surveillance du gardien de l'école et sous la responsabilité de l'officier instructeur. Il est exactement vérifié chaque jour, et, surtout, avant et après sa mise en service. (Manuel.)

Tous les objets non spécifiés au tarif du 30 novembre 1855 doivent être laissés en cas de changement de garnison et remis, sur inventaire, au corps arrivant ou au service du génie (Notes placées sur l'appendice D[3] à la lettre de voiture), c'est-à-dire que les caleçons, sangles et bouées sont seuls emportés.

ALLOCATION DES CRÉDITS; DEMANDES DE MATÉRIEL

PAIEMENT, JUSTIFICATION ET REMBOURSEMENT DES DÉPENSES

Toutes les dépenses occasionnées par la pratique de la natation, à l'exception des frais d'achat et d'entretien des sangles et caleçons, qui sont à la charge du service de l'habillement (circ. du 29 juin 1872, page 809), sont imputées intégralement sur les fonds des écoles. (15 mars 1872, page 54, et 6 mars 1873, page 211.)

Elles doivent être renfermées, autant que possible, dans les limites suivantes :

60 francs par bataillon (cette fixation est rappelée par l'instr. du 19 février 1883, page 140, et celle du 30 décembre 1883, page 893);

15 francs par escadron, batterie ou compagnie formant corps. (Circ. du 6 mars 1873, page 211 et du 9 février 1884 (M) pour la cavalerie, et instr. du 30 décembre 1883, page 893, concernant l'artillerie et le train.)

La circulaire du 6 mars 1873 autorisait les fonctionnaires de l'intendance à approuver exceptionnellement, le cas échéant, les dépenses dépassant ces chiffres sans atteindre le double des fixations. Au delà de cette limite, elles devaient être l'objet d'une autorisation ministérielle préalable. Mais ces dispositions ont été successivement modifiées, savoir :

Infanterie. — Une circulaire ministérielle du 11 janvier 1881 (M) porte qu'il est alloué 60 fr. par bataillon pour les frais d'entretien du matériel, mais que les dépenses trop importantes de réinstallation ou de remplacement de constructions peuvent être autorisées en dehors des fixations. Toutefois, l'instruction du 19 février 1883, page 140, rappelle cette fixation et la considère comme un maximum qu'on doit s'efforcer de ne pas atteindre. Elle dispose d'ailleurs (art. 4) que toutes les dépenses que les corps se proposent de faire doivent être comprises dans des états de prévisions annuels qui sont soumis à l'approbation du ministre, et ce n'est que sur cette autorisation que les dépenses peuvent être effectuées. On comprend dans cet état : l'achat des cordages, perches, bouées de sauvetage, etc. (moins les caleçons et les sangles fournis par l'habillement), les frais de location d'établissements de bains froids ou de terrain, la réinstallation ou la constructions des pontons, etc. (Art. 5.)

Pour tous autres renseignements, se reporter à *Ecole de gymnastique* et ci-après aux *Dispositions communes.*

Artillerie et train des équipages. — L'instruction du 30 décembre 1883, page 894, renferme des dispositions semblables à celles ci-dessus.

Pour tous autres renseignements, se reporter à *Ecole de gymnastique* et ci-après aux *Dispositions communes.*

Cavalerie. — La circulaire du 9 février 1884 (M) dispose que l'allocation de 15 fr. par escadron est accordée pour les frais d'entretien du matériel. Les dépenses relatives à la réinstallation, à la création, au remplacement du matériel ou à des constructions trop importantes pour être supportées par cette allocation, font l'objet de demandes spéciales accompagnées d'un procès-verbal et d'un devis estimatif qui sont joints à l'état de prévisions annuel; ces dépenses ne peuvent être engagées sans l'approbation du ministre. (Pour la production de cet état, voir *Dispositions communes aux diverses écoles.*)

La circulaire du 30 avril 1877 et les instructions annuelles (M) portent que ces dépenses sont payées *directement* par les fonctionnaires de l'intendance. Toutefois, les menues dépenses courantes peuvent être payées provisoirement par l'un des corps de la garnison, sauf remboursement ultérieur sur les fonds du budget des écoles.

Pour les demandes de remboursement, on procède comme il est indiqué pour les autres écoles. (Voir *Ecole de gymnastique.*) Toutefois, la circulaire du 6 juillet 1878, page 16, dispose ce qui suit :

Bien que le crédit des écoles régimentaires ait été divisé en cinq parties correspondant à des armes différentes, lorsqu'une école de natation sera organisée dans une place par des troupes de plusieurs armes, le corps qui aura à faire l'avance des dépenses de cette école sera choisi dans l'arme la plus nombreuse de cette place, et ces dépenses lui seront remboursées intégralement sur les fonds des écoles régimentaires affectés à l'arme dont ce corps fait partie. (Circ. du 6 juillet 1878, page 16.) Cette disposition est rappelée par le nota placé au bas du relevé n° 3 annexé au règlement du 19 septembre 1881, page 232, par la circ. du 9 février 1884 (M) et par l'instr. du 30 décembre 1883, page 894. Cette dernière prescrit d'établir un roulement entre l'artillerie et l'infanterie en tenant compte de l'effectif des corps de ces deux armes.

Compte de gestion du matériel des écoles. — Voir dispositions communes à toutes les écoles.

Distributions et réintegrations de matériel. (Idem.)

ÉCOLE DES TAMBOURS (1), CLAIRONS ET TROMPETTES (ÉLÈVES)

Le chef de musique est chargé de l'installation des clairons (art. 79) et le tambour-major de celle des tambours (art. 198); le trompette-major est chargé de celle des trompettes. (Art. 149 Cav[ie] et 157 Art[ie] des règlem[ts] du 28 décembre 1883.)

L'instruction du 22 janvier 1827, page 222, porte que l'entretien des caisses, des clairons et des trompettes dont font usage les élèves formés dans les corps, nécessitant des frais, une allocation est faite pour couvrir cette dépense.

Ces dépenses sont à la charge du service des écoles. (Instr. du 15 mars 1872, p. 54.)

Chaque compagnie a deux élèves-clairons (24 mai 1875, page 749), et deux élèves-tambours. (Circ. du 7 juillet 1882, page 19.)

Le nombre des élèves-trompettes est fixé à deux par escadron. (Art. 8 de l'instr. du 1er mai 1879, page 524 S.)

Dans la cavalerie, deux trompettes doivent pouvoir sonner du clairon d'ordonnance. (13 août 1869, page 749, et 1er mai 1879, art. 8, page 524, S.)

Dans l'artillerie, le nombre des élèves est subordonné aux besoins.

En principe, il ne doit pas être délivré d'effets neufs aux élèves. (Circ. du 15 novembre 1844 M.) A défaut d'instruments réformés, les corps de troupe de toutes armes sont autorisés à prélever, parmi les instruments des tambours, clairons ou trompettes en pied ayant fait le plus long service, ceux reconnus nécessaires à l'instruction. Les instruments ainsi cédés sont remboursés (par voie de versement au Trésor) au service de l'habillement par prélèvement sur les fonds alloués au titre des écoles, mais sous la réserve expresse que le chiffre des allocations ne soit jamais dépassé. (Circ. des 27 juin 1878 et 26 mai 1879 M.) Dans aucun cas, il ne doit être fait usage des instruments faisant partie de l'approvisionnement de réserve. (Dép. du 12 novembre 1878 M.)

Le prix des réparations aux instruments est fixé par le tarif du 7 juillet 1881, page 49 (S).

NOTA. — Pour les instruments des tambours, clairons et trompettes en pied, voir *Habillement*, pages 127 et 128.

Quant aux objets accessoires, on peut en délivrer de neufs qui sont prélevés sur les approvisionnements existant dans les corps au compte de la masse individuelle ou de petit équipement. Cette masse est remboursée par le fonds des écoles dans les centralisations trimestrielles, et la dépense est comprise dans les relevés 21 *bis* dont le montant est ordonnancé au profit des corps par le sous-intendant militaire.

Le matériel nécessaire aux élèves est composé comme suit :

NOMENCLATURE Q[VII] DU SERVICE DES ÉCOLES	PRIX de la nomenclature de l'habillement du 1er avril 1885.
Baguettes (la paire)	3.00
Bretelles de caisse	3.25
Caisses complètes	23.95
Colliers	6.50
Cuissières	5.50
Clairons	20. »

(1) Les tambours, qui avaient été supprimés en 1880, ont été rétablis en 1882. (Décis. du 4 juillet 1882, page 15 et du 29 juillet, page 56, pour le génie.)

	PRIX
Trompettes..	22. »
Cordons pour trompettes..................................	3.70
— pour clairons...	3.40
Courroies de trompette ou de clairon.....................	1.60

Les dépenses sont faites sous la surveillance des fonctionnaires de l'intendance et ne doivent pas dépasser :

200 francs par régiment d'infanterie. (Instr. du 19 février 1883, page 140.)

35 francs par bataillon formant corps. (*Idem.*)

240 francs par régiment pour les 2ᵉ, 3ᵉ et 4ᵉ régiments du génie. 280 francs pour le 1ᵉʳ régiment du génie.	Note du 19 décembre 1879, page 497, et décision ministérielle du 29 juillet 1882, page 56.
80 francs par régiment d'artillerie et de pontonniers. 40 francs par bataillon d'artillerie et par escadron du train des équipages.	Instr. du 30 décembre 1883, page 893.

50 francs par régiment de cavalerie. (Circ. du 9 février 1884 M.)

Ces dépenses sont justifiées et remboursées comme celles des autres écoles. (Circ. du 6 mars 1873.) Voir *Ecole de gymnastique* pour les états de demande et de dépenses à produire par les corps de troupe d'infanterie et d'artillerie.

Pour les clairons et trompettes *en pied*, voir *Habillement*, pages 127 et 128.

Les tambours ou trompettes-majors tiennent un compte-courant du matériel conforme à la deuxième partie du livre de détail. (Art. 96 *bis* du décr. et de l'instr. du 1ᵉʳ mars 1880.)

Effets perdus ou détériorés. (Se reporter pages 72 et 75.)

Compte annuel de gestion. Voir *Dispositions communes* à toutes les écoles.

Distributions et Réintégrations. (Idem.)

ÉCOLE D'ESCRIME

Les locaux nécessaires sont fournis par le service du génie dans chaque casernement. (Art. 24 du règlemt du 30 juin 1856, page 237). Ils sont toujours au rez-de-chaussée. (Art. 35.)

L'enseignement de l'escrime dans les corps de toutes armes est régi par le règlement du 28 avril 1872, page 399, et le Manuel du 18 mai 1877 (M). La décision ministérielle du 27 juillet 1883, page 137, dispose que dans les corps de cavalerie, l'enseignement de la contre-pointe sera donné concurremment avec celui de la pointe.

La circulaire du 7 décembre 1872, page 845 (*modifiée par des circ. postérieures*), fixe comme il suit la composition du personnel et du matériel de cette école, ainsi que les allocations qui lui sont attribuées pour couvrir les dépenses.

L'instruction du 19 février 1883, page 140, concernant les troupes d'infanterie, dispose que ces fixations sont des maxima et qu'elles peuvent être employées par ces corps aussitôt après l'approbation par le ministre des états de prévisions annuels. Le montant de ces états constitue la dotation réelle des écoles, dotation qui ne doit pas être dépassée. Cet état comprend les indemnités mensuelles, gratifications et hautes-payes, l'entretien du matériel et les frais d'éclairage. (Art. 5 de ladite instruction.) L'instruction du 30 décembre 1883, page 895, contient des dispositions semblables pour les corps de troupe de l'artillerie et du train des équipages militaires. (Voir *Écoles régimentaires* pour tous autres renseignements au sujet des états à produire, et les *Dispositions communes à toutes les écoles*.

Personnel.

DÉSIGNATION DES CORPS.	INDEMNITÉS MENSUELLES (6) (TARIF MAXIMUM).			Élèves prévôts n'ayant droit qu'à des gratifications (3).	Gratifications à répartir par l'inspecteur général (5).	Frais d'achat et d'entretien du matériel.	Frais d'éclairage.	TOTAL par corps et par an.	SUPPLÉMENT DE HAUTE-PAIE (2e cl.)		SUPPLÉMENT DE HAUTE-PAIE (1re cl.)	
	Premier maître.	Caporal ou brigadier maître-adjoint.	Prévôts.						Nombre de maîtres d'escrime (4).	Montant de la haute-paie.	Nombre de maîtres admis (4)	Montant de la haute-paie.
	Fr.	Fr.	Fr.		Fr.	Fr.		Fr. (1)	Par mois.	Par mois.	Par mois.	Par mois.
Légion de la garde républicaine	1 à 40 » (7 mai 1875, page 643.)	1 à 15 »	11 à 6 » (A)	8	466 » 22 avril 1884. pag. 1217 (5).	550 »		(2.468) 2.403 (A)	»	12 »	»	30 »
Par an	480 »	180 »	792 »									
Légion de gendarmerie mobile (remplacée par le bataillon de gendarmerie mobile, décret du 27 novembre 1879, page 352)	1 à 40 »	»	5 à 6 » (A)	4	150 » (*Id.*) et 7 décembre 1872.	400 »			»	12 »	»	30 »
Par an	480 »	»	360 »					1.342				
Escadrons du train des équipages, moins les compagnies détachées en Algérie, qui ont des allocations indépendantes. (Instr. du 30 décembre 1883, page 895.)	1 à 40 »	»	1 à 6 »	2	78 » (Instr. du 30 décemb. 1883)	140 »	30 (1)	800 (B)	»	12 »	»	30 »
Par an	480 »	»	72									
Pour une compagnie du train détachée en Algérie. Par an (Instr. du 30 décembre 1883.)	»	»	72	»	78 »	140 »	30	320				

Régiments d'infanterie de ligne, de zouaves, de tirailleurs, du génie et de la légion étrangère. (Décis. du 6 janvier 1882, page 105, et instr. du 19 février 1883, page 140)....... Par an........	1 à 40 » 480 »	1 à 15 » 180 »	6 à 6 » 432 »	12, »	231 » (Circ. du 7 décembre 1872 et du 6 janvier 1882, 105.)	550 »	170 (1)	2.043	52	12 »	17	30 »
Bataillons de chasseurs à pied. (Décis. du 6 janvier 1882, page 105)....... Par an (2)........	1 à 40 » 480 »	» »	3 à 6 » 216 »	5 »	120 » (*Id.*)	280 » »	85 (1)	1.181	11	12 »	4	30 »
Bataillons d'infanterie légère d'Afrique, 160 fr. (Décis. du 19 février 1883, page 140.)........												
Régiments de cavalerie........ Par an........	1 à 40 » 480 »	1 à 15 » 180 »	1 à 6 (A) 72 »	(D)	178 » (Circ. du 7 décembre 1872.)	360 »	non fixés. (1)	1.300 (C) (Circ. du 5 février 1884 (M))	»	12 »	»	30 »
Régiments d'artillerie. (Instruct. du 30 décembre 1883, page 895.)........ Par an........	1 à 40 » 480 »	1 à 15 » 180 »	2 à 6 » 144 »	8 (7 décembre 1872.)	200 » (Instr. du 30 décemb. 1883)	300 »	70 (1)	1.374 (B)	»	12 »	»	30 »
Pour une batterie d'artillerie détachée en Algérie. (Instr. du 30 décembre 1883, page 895.)........	»	»	»	»	33 » (*Id.*)	»		33 » (B)	»	»	»	»
Bataillons d'artillerie de forteresse (*Idem*)........	»	1 à 15 » 180 »	1 à 6 » 72 »	»	78 » (*Id.*)	140 »	30 (1)	500 (B)				
Compagnies d'ouvriers d'artillerie et d'artificiers (2).... Par an. (Instr. du 30 décembre 1883, page 895.)......	» »	» »	1 à 6 » 72 »	1 (*Id.*)	33 » (*Id*).	55 »	15 (1)	175 »	»	»	»	»

(A) La circulaire du 7 décembre 1872, page 848, alloue 12 prévôts à la garde républicaine, 6 à la gendarmerie mobile, 2 à un régiment de cavalerie; mais la décis. du 7 mai 1875, page 643, en a supprimé un qui a été remplacé par des élèves, dans le but d'économiser la somme suffisante pour porter à 40 fr. le traitement du maître d'escrime ; si cette mesure était insuffisante, il conviendrait d'en saisir le ministre. Dans tous les cas, on ne peut sans son autorisation dépasser les fixations du 7 décembre 1872. Cette interdiction ne concerne pas la cavalerie, dont les allocations sont déterminées annuellement.

(B) Dans les corps de troupe de l'artillerie et du train des équipages, les fixations comprennent les dépenses du cours de boxe (art. 10 de l'instr. du 30 décembre 1883, page 895).

(C) Le montant des dépenses fixées ne s'élève qu'à 1,270 fr.; l'augmentation de 30 fr. accordée par la circ. du 9 février 1884 s'applique à l'ensemble des dépenses de l'école.

(D) Dans la cavalerie, le nombre n'en est pas limité. (Circ. du 27 juillet 1883, page 137.)

(1) Pour les dépenses d'éclairage, voir page 667; l'instr. du 19 février 1883, page 140, porte que l'allocation totale pour les régiments d'infanterie, de zouaves, de tirailleurs et la légion étrangère est de 1,873 fr.; pour les bataillons de chasseurs de 1,096 fr. y compris l'indemnité du maître d'escrime portée à 40 fr. et l'élève supprimé, le 7 mai 1875. Elle fixe aussi à 160 fr. l'allocation des bataillons d'infanterie légère d'Afrique. Ces fixations sont indépendantes des dépenses d'éclairage et des hautes-payes spéciales. Pour les corps de l'artillerie et du train, l'instr. du 30 décembre 1883, page 895, a fixé les allocations ci-dessus.

(2) L'escrime n'est pas pratiquée dans les bataillons et compagnies disciplinaires, non plus que dans les compagnies ou sections formant corps qui ne sont pas désignées au présent tableau. (Décis. du 3 août 1872.)

(3) Les chefs de corps peuvent augmenter de un ou deux élèves. (7 mai 1875, page 644, et 10 octobre 1876, page 133.)

(4) La circulaire ministérielle du 7 décembre 1872, page 845, a institué deux hautes-payes : une haute-paye mensuelle de 12 fr. qui ne peut être accordée qu'à des maîtres d'escrime comptant quatre ans de service dans l'emploi de maître ; une deuxième haute-paye de 18 fr. qui est cumulée avec la première (total 30 fr.) et qui ne doit être accordée que quatre ans après la concession de la haute-paye de 12 fr. Transitoirement les maîtres comptant 8 ans de service dans leur emploi peuvent obtenir la deuxième haute-paye de 18 fr. deux ans après la concession de la première.

La circulaire du 10 octobre 1876, page 133, accorde la haute-paye de 12 fr. aux trois huitièmes de l'effectif général des maîtres, et celle de 30 fr. à un huitième. Ces hautes-payes sont allouées par le ministre, sur la proposition des inspecteurs généraux. — Cette circulaire dispose que la nomination au grade d'adjudant entraîne la suppression immédiate des hautes-payes déjà accordées ou l'annulation de propositions faites pour leur concession. Les maîtres pourvus de ce grade ne peuvent obtenir la première haute-paye qu'après quatre ans de service dans l'emploi d'adjudant et celle de 30 fr. quatre ans après la première (10 octobre 1876). Ces hautes-payes n'entrent pas dans les fixations annuelles. (Instr. du 30 décembre 1883, page 895, etc.)

(5) La moitié de ces gratifications doit être répartie aux élèves prévôts; elles sont payées immédiatement. (Instr. du 17 mars 1884, art. 39, page 463 S.)

(6) Ces indemnités sont fixées par les chefs de corps, sur la proposition de l'officier chargé de la direction de la salle. (Règlemt des 18 avril 1872, page 845, et 6 mars 1873, page 209.) — Elles ne sont allouées que pour les journées effectives de présence au corps et décomptées à raison du trentième des fixations mensuelles. Elles ne sont pas dues aux militaires détachés à l'école de gymnastique. (Circ. du 22 mars 1873, page 254.)

Indépendamment du personnel enseignant, un officier est désigné spécialement pour diriger la salle d'escrime. (Règlemt du 18 avril 1872.)

Matériel.

La circulaire du 7 décembre 1872, page 845, détermine en outre le nombre et la nature des objets nécessaires à chaque corps, savoir :

DÉSIGNATION DES CORPS	Fleurets montés.	Lames de rechange	Masques pour la pointe	Gants (unité)	Plastrons.	Paires de sandales.	Sabres de bois.	Masques de contre-pointe.
Prix de la nomenclature Qvii, insérée 2e 1882, page 455	1.30	0.70	3.20	1.05	5.50	4.10	0.80	5.00
Légion de la garde républicaine	120	60	44	44	22	44	24	12
Légion de la gendarmerie mobile	120	60	30	30	18	30	24	12
Régiments d'infanterie de ligne, de zouaves, de tirailleurs, du génie (et légion étrangère)	120	60	40	40	20	40	12	12
Bataillons de chasseurs à pied	50	25	18	18	10	18	4	4
Régiments de cavalerie. (Décis. du 27 juillet 1883, p. 137)	60	30	18	50	12	18	75	50
Régiments d'artillerie. (Instr. du 30 décembre 1883, page 891)	80	40	24	24	12	24	»	»
Régiments d'artillerie – pontonniers. (Instr. du 30 décembre 1883, p. 891)	100	50	28	28	14	28	»	»
Escadrons du train des équipages et bataillons d'artillerie de forteresse. (Instr. du 30 décembre 1883, p. 891)	40	20	12	12	6	12	»	»
Cies d'ouvriers d'artie, d'artificiers et du train des équipages détachées en Algérie. (Instr. précitée)	12	6	4	4	2	4	»	»

Les frais d'achat et d'entretien des objets énumérés dans le tableau ci-dessus sont payés sur les allocations fixées page 664 (col. 6). Aux termes des circulaires des 27 juin 1873, page 747; 15 décembre 1876, page 825 (S); 25 février 1880 et 17 février 1883 (M), le matériel est fourni par les soins de M. l'intendant militaire du gouvernement de Paris. Il est soumis au préalable à la vérification d'une commission spéciale instituée au magasin central d'habillement.

Les demandes doivent être conformes au modèle annexé à la circulaire du 7 décembre 1872.

Les prix d'achat de ces objets sont ceux indiqués par la circulaire du 17 février 1883 (M), savoir :

	Prix du marché.	Prix de la Nomencl. Qvii.		Prix du marché.	Prix de la nomenclature.
Fleuret monté	1.75	1.30	Gant (unité)	1.12	1.05
Lame de rechange	0.86	0.70	Plastron	6.18	5.50
Masque de contre-pointe	5.20	5.00	Paire de sandales	3.90	4.10
— pour la pointe	3.88	3.20	Sabre en bois	0.72	0.80

Les demandes doivent être vérifiées et visées par les fonctionnaires de l'intendance, et transmises par MM. les intendants militaires à leur collègue du gouvernement de Paris, et la nécessité des remplacements doit être constatée au préalable par les sous-intendants militaires. (Circ. du 6 mars 1873, page 209; 15 décembre 1876, page 825 (S), et 25 février 1880 M.) De plus, la circulaire du 17 février 1883 (M) dispose que les objets dont le remplacement est demandé, doivent être réformés au préalable.

En ce qui concerne les corps de troupe d'infanterie, ces dispositions sont complétées par l'article 11 de l'instruction du 19 février 1883, page 143. — Voir la rédaction de cet article, page 643 ci-dessus. Se reporter à la même page pour les troupes de l'artillerie et du train des équipages.

En cas de fractionnement des corps de cavalerie, le matériel est réparti dans la proportion des 2/3 pour la portion active et de 1/3 pour le dépôt. (Note du 17 avril 1875, page 561.) Pour les autres armes, les conseils d'administration ou les chefs de corps fixent les quantités de matériel à emporter. (7 décembre 1872.)

Les corps n'ont pas à s'occuper du paiement du matériel reçu du magasin de Paris, mais ils doivent tenir compte de la dépense qu'il entraine comme s'ils l'avaient acheté eux-mêmes sur l'allocation qui leur est attribuée, c'est-à-dire qu'en ajoutant le décompte de ce matériel aux dépenses d'entretien à faire pendant l'année, les frais ne doivent par dépasser la somme accordée pour l'achat et l'entretien du matériel. Dans les comptes annuels, le total du décompte est à mentionner dans la colonne d'observations. (27 juin 1873, page 747; 15 décembre 1876, page 825 (S), et 25 février 1880.)

Cette disposition est rappelée par l'article 5 de l'instruction du 19 février 1883, qui prescrit de ne pas perdre de vue que le relevé des dépenses du quatrième trimestre doit indiquer le décompte du matériel d'escrime reçu du magasin de Paris.

Quant aux travaux de réparations du matériel de l'escrime, ils ne doivent pas être confiés aux maîtres ouvriers, mais aux maîtres d'escrime, afin de leur laisser les bénéfices qui peuvent être faits sur ces menues réparations. (Circ. du 7 mai 1875, page 643.)

Aux termes de la décision du 30 avril 1868, page 135, les prix des réparations doivent être renfermés dans les limites fixées ci-après pour les corps de cavalerie :

Gants. — Une couture	0.05
— Une pièce	0.10
— Un dessous de gant	0.75
— Un dessus	0.90
— Un crispin	0.95
Masques. — Un bourrelet entier avec garniture	2.50
— Changer le dessus du bourrelet	1.00
Sabre en bois. — Une enture	0.20
— Une ligature	0.15
— Une calotte	0.20

La note du 28 août 1868, page 210, rappelle que ces prix sont indépendants des frais d'emballage et de transport, lesquels sont imputés sur les mêmes fonds que la dépense principale.

Nota. — Les réparations nécessitées par la négligence des hommes tombent à la charge de leur masse individuelle ou de petit équipement.

Les remplacements doivent être effectués aux prix des marchés en vigueur et les moins-values doivent être décomptées comme il est indiqué pages 72 et 73 du présent ouvrage.

Ce matériel est emporté en cas de changement de garnison. (Tarif du 30 novembre 1855, page 796.)

ÉCLAIRAGE DES SALLES D'ESCRIME

TROUPES A PIED ET A CHEVAL

L'éclairage des salles d'escrime est, en principe, au compte du service des écoles. (Décis. du 19 novembre 1871, page 405, et instr. du 15 mars 1872, page 54.) Cette disposition est rappelée par la circulaire du 16 mars 1874, page 187, et l'instr. du 19 février 1883, page 140, qui fixent l'allocation à :

170 francs pour un régiment d'infanterie ou du génie;
85 francs pour un bataillon de chasseurs à pied.

Dans les corps de cavalerie, la dépense a été mise également au compte des écoles par la note du 9 mai 1878, page 270.

Mais aucune allocation fixe n'a été faite pour cet objet; on doit prélever les fonds sur les crédits mis à la disposition des corps pour l'école d'escrime. (Dép. du 22 mai 1883, et circ. du 9 février 1884 M.)

La justification et le paiement des dépenses de cette nature se font dans la forme prescrite pour les dépenses de matériel des salles d'armes.

Ce principe a été appliqué à l'artillerie et au train des équipages par la note ministérielle du 31 mai 1878, page 263, et l'instruction du 30 décembre 1883, page 895. Cette instruction fixe les allocations de la manière suivante :

70 francs par régiment d'artillerie pour la portion principale et les batteries détachées en France ;
70 francs par batterie détachée en l'Algérie ;
30 francs par escadron du train des équipages (portion principale et compagnies détachées en France) ;
30 francs par compagnie du train des équipages détachée en Algérie ;
15 francs par compagnie d'ouvriers ou d'artificiers ;
30 francs par bataillon d'artillerie de forteresse.

L'éclairage est effectué au pétrole et avec des lampes semblables à celles en usage dans les écoles régimentaires d'enseignement primaire.

L'huile ne doit pas être fournie par le sous-officier maître d'armes. (Note du 16 mars 1874, page 187.)

PAIEMENT, JUSTIFICATION ET REMBOURSEMENT DES DÉPENSES

AU COMPTE DU BUDGET DES ÉCOLES

Les dépenses des diverses écoles ont été rattachées au service des écoles par la décision présidentielle du 19 novembre 1871, page 405, la circulaire du 11 décembre 1871, page 84, et l'instruction du 15 mars 1872, page 54.

Les dépenses de réparation et de remplacement sont faites sous la surveillance des fonctionnaires de l'intendance. (Circ. du 23 mai 1872, page 418, et du 6 mars 1873, page 209.)

Aux termes de l'instruction du 1er mars 1881, page 355, les dépenses des écoles sont remboursées trimestriellement aux corps par mandat des fonctionnaires de l'intendance.

DISPOSITIONS PARTICULIÈRES A CHAQUE ARME

Infanterie. — Toutes les dispositions rappelées au chapitre des écoles régimentaire (page 625) sont applicables aux autres écoles régimentaires. (Instr. du 19 février 1883, page 142.)

Néanmoins, le relevé modèle n° 21 *bis*, concernant l'école d'escrime, doit comprendre, en outre, les dépenses relatives aux exercices de boxe, de bâton et de canne. (Art. 7 de ladite instr.) De plus, ce relevé doit, ainsi que les pièces justificatives, présenter le développement suivant : indemnités au personnel ; hautes-payes mensuelles ; gratifications accordées par l'inspecteur général ; achat et entretien du matériel ; éclairage ; boxe, bâton et canne. Le relevé du quatrième trimestre doit porter le décompte du matériel reçu de Paris. (Art. 7.)

Pour l'envoi des comptes au ministre et toutes autres dispositions, se reporter à la page 625. Toutefois, les relevés et pièces doivent être renfermés dans un bordereau modèle n° 3 annexé à l'instruction du 19 février 1883. (Art. 9.)

Cavalerie. — Mêmes observations qu'au chapitre *Ecole de gymnastique*, page 644.

Artillerie et train des équipages. — Mêmes observations qu'au chapitre *Ecole de gymnastique*, page 644.

NOTA. — Pour les états de prévisions à fournir, voir *Dispositions communes à toutes les écoles*, et, de plus, *Ecoles régimentaires*.)

Dépenses au compte de la masse individuelle ou de petit équipement. (Voir ci-dessus, page 645.)

DÉPENSES AU COMPTE DU MAITRE D'ESCRIME OU DE L'OFFICIER CHARGÉ DE LA SALLE

Le matériel est confié à la garde du maître d'escrime, qui en est responsable. (Art. 210 Infie, 151 Cavie et 160 Artie des règlemts du 28 décembre 1883.)

En cas de pertes ou de dégradations, le montant des moins-values est versé au Trésor, ainsi que cela est prescrit pour les pertes ou mises hors de service de tous les objets appartenant à l'État. (Art. 96 *bis* du décr. et de l'instr. du 1er mars 1880.)

Compte-courant du matériel. — Le maître d'escrime tient un compte-courant conforme à la 2e partie du livre de détail. (Art. 96 *bis* du décr. et de l'instr. du 1er mars 1880.)

Compte annuel de gestion, *Distributions et réintégrations.*	Voir *Dispositions communes à toutes les écoles.*

Salle d'escrime des officiers.

DÉPENSES AU COMPTE DES OFFICIERS

La circulaire du 7 mai 1875, page 643, prescrit d'organiser pour les officiers une salle d'armes spéciale.

Les règlements du 28 décembre 1883 (art. 210 Infie, 151 Cavie et 160 Artie) disposent que le maître d'escrime est personnellement chargé de l'enseignement de l'escrime aux officiers et que cet enseignement a lieu *dans la salle d'armes*, aux heures fixées par le colonel.

NOTA. — Les dépenses (matériel, éclairage, etc.), sont naturellement à la charge des officiers.

COURS DE BOXE, DE CANNE ET DE BATON

Le mode d'enseignement est déterminé par le *Manuel de gymnastique* du 26 juillet 1877, qui prescrit, en outre, l'exercice du bâton.

Les cours de boxe et de bâton sont obligatoires dans les corps de troupe d'infanterie et les cours de canne facultatifs. (Décis. du 28 mars 1884, page 227, qui modifie l'art. 271 du règlem[t] du 28 décembre 1883 (Inf[ie]).

Les règlements de même date concernant la Cav[ie] et l'Art[ie] ne comprennent pas de dispositions pour cet objet.

Les cours sont gratuits. (Art. 271 du règlem[t] précité.)

Il y a lieu de s'attacher à l'enseignement du bâton, de préférence à celui de la canne. (Circ. du 18 novembre 1877, page 223.)

Le matériel nécessaire à ces exercices est fixé par cette circulaire, savoir :

1° *Pour les régiments d'infanterie et du génie :*

25 paires de gants de boxe; — 25 paires de sandales ou d'espadrilles (renouvelables tous les six mois dans l'infanterie (22 octobre 1878, page 378); — 200 bâtons ; — 50 cannes.

2° *Pour les bataillons formant corps et pour les régiments de cavalerie :*

12 paires de gants de boxe; 12 paires de sandales ou d'espadrilles (renouvelables tous les six mois dans les bataillons de chasseurs à pied). (Circ. du 22 octobre 1878, page 378) ; — 100 bâtons ; — 24 cannes.

En ce qui concerne l'artillerie et le train, l'instruction du 30 décembre 1883, page 891, fixe les allocations comme il suit :

Régiments d'artillerie : 20 paires de gants de boxe, 20 paires de sandales, 200 bâtons et 50 cannes.

Régiments d'artillerie-pontonniers : 25 paires de gants de boxe, 25 paires de sandales, 200 bâtons et 50 cannes.

Bataillons d'artillerie de forteresse et escadrons du train des équipages : 10 paires de gants de boxe, 10 paires de sandales, 100 bâtons et 25 cannes.

Compagnies d'ouvriers d'artillerie, d'artificiers et du train détachées en Algérie : 5 paires de gants, 5 paires de sandales, 50 bâtons et 10 cannes. (30 décembre 1883.)

La dépense de ce matériel est imputable sur les fonds des écoles régimentaires. (18 novembre 1877, page 223.) Pour les corps de l'artillerie et du train, les allocations sont confondues avec celles de l'escrime. (Instr. du 30 décembre 1883, page 895.)

Les prix sont déterminés par la décision du 6 juillet 1878, page 16, et par la nomenclature Qvii (insérée 2e sem. 1882, page 455), savoir : Gants (paire), 2 fr. 38. — Espadrilles (paire), 99 c. — Bâtons, ». — Cannes, ».

Les corps sont autorisés à se procurer immédiatement et à maintenir constamment au complet l'approvisionnement de bâtons et de cannes déterminé ci-dessus. Les gants, sandales ou espadrilles leur sont fournis par l'administration militaire, comme le matériel d'escrime. (Circ. du 18 novembre 1877, page 223.) Les espadrilles et gants nécessaires aux corps de troupe d'infanterie doivent être demandés directement à l'intendant du 16e corps d'armée, à Montpellier. (Circ. du 9 juin 1879 M.) Pour la production des états de prévisions et de demande à adresser au ministre par les corps, voir *Ecole de gymnastique.*

Prix du marché : 0 fr. 83 pour la paire d'espadrilles; 2 fr. 45 pour la paire de gants.

Effets perdus ou détériorés. (Se reporter pages 72 et 73.)

Remboursement des dépenses. Voir *Ecole d'escrime.*

ÉCOLE DE DANSE

La circulaire du 21 janvier 1872 (M) et les instructions sur les inspections générales, etc., recommandent l'exercice de la danse.

Cette instruction est entièrement facultative et à la charge des hommes. Le prix de la leçon de danse est réglé à raison de 0,03 c. (Instr. du 17 mars 1884, art. 52, page 545 (S) et circ. du 29 juin 1880 M.)

Il est fourni une salle spéciale pour cet exercice. (Art. 87 du règlem[t] du 30 juin 1856.) Cette salle doit être au rez-de-chaussée. (Art. 35.)

NOTA. — Les règlements du 28 décembre 1883 sur le service intérieur n'ont pas reproduit ces dispositions. (Art. 271 Inf[ie], 263 Cav[ie] et 292 Art[ie].)

Dispositions communes à toutes les écoles régimentaires.

PAIEMENT, JUSTIFICATION ET REMBOURSEMENT DES DÉPENSES

(Se reporter au titre *École de gymnastique.*)

COMPTE ANNUEL DE GESTION PORTANT INVENTAIRE

A la section II du registre des entrées et des sorties de matériel, tenu par l'officier d'habillement pour le *service courant*, figure tout le matériel des *diverses écoles*. (Art. 130 de l'instr. du 1er mars 1880, page 393.) Le matériel acheté sur d'autres fonds que ceux du budget des écoles ne doit pas y être compris, bien entendu.

Ce matériel donne lieu à l'établissement d'un compte annuel de gestion portant inventaire. (Mod. 32 F.) (Art. 253 *bis* du décr. du 1er mars 1880, page 384.)

Il n'en est produit qu'un seul par corps pour toutes les écoles régimentaires (renvoi 1 de la page 447 de la nomenclature QVII insérée au *Journal militaire*, 2e semestre 1882, page 445).

Les objets de consommation usuelle, tels que cahiers, papiers, plumes, balais, brosses, ingrédients, etc., ne sont pas compris dans les comptes de gestion (Art. 130 de l'instr. du 1er mars 1880, et dép. du 19 février 1879 M); mais tous les autres objets prévus par la nomenclature QVII (insérée au *Journal militaire* 2e sem. 1882, page 447) doivent y figurer, y compris le matériel hors de service. (Nomencl. QVII, 2e sem. 1882, page 447.)

Ce compte est établi pour l'ensemble du corps. (Instr. précitée et dép. du 25 novembre 1878 (M) relative aux inventaires.) Dans les corps de l'artillerie et du train des équipages, le matériel des diverses écoles est classé dans la nomenclature N et, dès lors, il est compris dans le compte du matériel de l'artillerie. (Circ. du 13 décembre 1878 (M), art. 28 du règlem[t] du 19 septembre 1881, page 219, et instr. du 30 décembre 1883, page 891.)

Par suite, on n'a à établir de comptes que pour les corps de troupe d'infanterie et de cavalerie :

1° En ce qui concerne les corps de troupe d'infanterie, chaque corps produit un compte annuel de gestion portant inventaire (mod. n° 32 F du décret du 1er mars 1880), qui doit être remis, appuyé des pièces d'entrées et de sorties, le 1er mars de chaque année, au sous-intendant militaire, chargé, après vérification, d'adresser tous les comptes à l'intendant, pour être transmis au ministre dans le courant du mois de mai. Les comptes de chaque corps d'armée sont accompagnés d'un état récapitulatif sommaire conforme au modèle n° 4 de l'instruction ci-après. (Art. 10 de l'instr. du 19 février 1883, page 143.)

2° Pour les corps de cavalerie, l'article 35 du règlement du 18 avril 1875, modifié par la circulaire du 16 décembre 1882, page 512, porte qu'un compte annuel de gestion (mod. 32 F, art. 253 *bis* de l'ordonnance du 10 mai 1844, modifié par le décret du 1er mars 1880), portant inventaire au 31 décembre du matériel des diverses écoles régimentaires, est établi par le conseil d'administration pour l'année écoulée, et remis au sous-intendant militaire, en simple expédition, le 1er mars au plus tard. Après vérification, ce fonctionnaire l'adresse, avec toutes les pièces à l'appui, à l'intendant militaire, pour être transmis au ministre dans le courant du mois de mai.

Ce compte est accompagné d'un état récapitulatif conforme au modèle annexé à la circulaire précitée du 16 décembre 1882, en double expédition, comprenant tous les corps de cavalerie du corps d'armée (ou de la division militaire pour l'Algérie) et indiquant, par unité sommaire de la nomenclature QVII, le nombre et la valeur des objets inventoriés. (Art. 35 précité.)

Les restants au 31 décembre sont décomptés d'après les indications portées en tête de la nomenclature QVII. Les évaluations se font sans arrondir les chiffres à 5 ou 10 centimes, et sans tenir compte des millimes. (Circ. du 24 janvier 1883, page 59.)

Pour les pièces à produire, et tous autres renseignements, se reporter au service de l'*Habillement*, pages 175 à 181. Toutefois, les relevés de dépenses modèle n° 21 *bis* ne doivent être produits que lorsqu'ils comprennent des dépenses d'achat de matériel figurant dans le compte de gestion, les dépenses de personnel n'ayant aucune connexité avec les comptes-matières. (Circulaire du 12 avril 1882 (M) et instr. du 19 février 1883, page 143, renvoi 1.

RELEVÉS ANNUELS DES DÉPENSES FAITES ; ÉTATS DE PRÉVISIONS POUR L'ANNÉE SUIVANTE

1° La circulaire du 11 janvier 1881 (M) et l'instruction du 19 février 1883, page 140, prescrivent aux corps d'infanterie de produire, avant le 31 janvier de chaque année, un état de prévisions, par corps, des dépenses pour tout l'exercice. Ces documents sont adressés par l'intendant militaire au ministre, accompagnés d'un état récapitulatif. En outre, au mois d'octobre, on produit un état des crédits sans emploi sur la demande du ministre. (Instr. précitée.)

2° En ce qui concerne les corps de troupe de l'artillerie et du train des équipages, l'instruction du 30 décembre 1883, page 889, renferme des dispositions semblables à celles ci-dessus édictées pour l'infanterie. Elle prescrit (art. 12) de fournir un état de prévisions (mod. n° 2) le 1er décembre au plus tard pour l'année suivante; de plus, au 1er novembre de chaque année, les corps fournissent un état de situation financière (mod. n° 3.) Les états n° 2 sont établis en double expédition. L'un et l'autre sont transmis au ministre, réunis dans des bordereaux modèles nos 4 et 5, par l'intendant militaire du corps d'armée. (Art. 15.)

3° Pour les corps de cavalerie, la circulaire du 9 février 1884 (M) leur prescrit de produire, avant le 15 mars de chaque année, un état de prévisions conforme au modèle adressé en même temps que cette circulaire.

Cet état est établi en deux expéditions dont une est renvoyée revêtue de l'approbation du ministre.

Ces documents sont récapitulés par les intendants militaires sur une formule envoyée par le ministre.

La circulaire précitée du 9 février 1884 (M) rappelle que les corps doivent se conformer à celle du 17 octobre 1873, insérée 1er semestre 1874, page 190, pour la production, au 1er octobre de chaque année, d'un relevé (comprenant les diverses écoles), des dépenses faites ou engagées et de celles projetées pour le 4e trimestre. Ces situations sont conformes au modèle n° 1 annexé à la circulaire du 9 février 1884, et récapitulées par les intendants militaires dans un bordereau du modèle n° 2 donné par cette même circulaire. Cet envoi doit parvenir au ministre le 20 octobre au plus tard. (9 février 1884.)

NOTA. — Pour les demandes, procès-verbaux et devis à joindre aux états de prévisions, se reporter au titre d chaque école.

DISTRIBUTIONS ET RÉINTÉGRATIONS DE MATÉRIEL

Les distributions et réintégrations ont lieu sur la production de bons ou bulletins signés par les chefs de service (officiers directeurs, maîtres d'escrime, etc.) (Art. 96 *bis* et 132 du décr., pages 363 et 368, et de l'instr. du 1er mars 1880, pages 393 et 401.)

(Se reporter au service de l'*Habillement*, page 155, pour les renseignements de détail.)

Explication des excédents de dépenses au registre de centralisation. Voir *Registre de centralisation*, page 306.

LÉGION D'HONNEUR, MÉDAILLE MILITAIRE

Formalités à remplir lors d'une nomination dans la Légion d'honneur (1).

Le grand chancelier désigne, pour procéder aux réceptions, un membre de l'ordre d'un grade au moins égal à celui du récipiendaire. (Art. 27 du décr. du 16 mars 1852, page 323.) Les militaires de tous grades et de toutes armes sont reçus à la parade. (Art. 28.) Les réceptions ont lieu comme le prescrit l'article 30, et il est adressé au grand chancelier un procès-verbal (art. 32) accompagné de l'acte de naissance et de l'état des services de l'intéressé. (10 février 1854, page 15.)

Les imprimés de procès-verbaux de réception sont fournis par la grande Chancellerie.

La circulaire du 24 octobre 1872, page 639, prescrit en outre de fournir un certificat d'activité conforme au modèle n° 6 qui y est joint.

Nota. — Depuis l'incendie des archives de la Légion d'honneur, les officiers admis ou promus dans la Légion doivent produire, en outre, un procès-verbal d'individualité qui est signé par l'intéressé et par le conseil d'administration, l'intendant militaire ou le commissaire de la marine. Un imprimé est adressé par la grande Chancellerie.

Les décorations et brevets des militaires décédés ou qui ont quitté le corps sont renvoyés à la Chancellerie. (Circ. du 2 mars 1860, page 23.) Les décorations doivent être renfermées dans des boîtes. Dans le cas où l'on se bornerait à les renfermer dans des dépêches, les détériorations seraient mises à la charge de qui de droit. (Note du 18 janvier 1858, page 412.) Les brevets sont roulés sur bois et enveloppés dans une toile cirée. (17 janvier 1855, page 486.)

Nota. — Le même renvoi doit être fait pour les militaires exclus de la Légion d'honneur. (Décis. du 30 avril 1859, page 730.) Ces renvois sont faits en franchise par la poste. (17 janvier 1855 déjà citée.)

Ces dispositions ne s'appliquent qu'aux décorations de la Légion d'honneur et aux médailles militaires et de Sainte-Hélène. Les décorations étrangères et les médailles commémoratives peuvent être transmises aux militaires rentrés dans leurs foyers. Celles dont les titulaires seraient décédés doivent être renvoyées au ministère de la guerre (Bureau des lois et archives) accompagnées des brevets et d'un état signalétique et de services. (Note du 4 mai 1860, page 88.)

La valeur des décorations est imputée sur le traitement des membres de la Légion d'honneur. (Art. 33. § 2 du décr. du 16 mars 1852, page 324.)

PRIX DES DÉCORATIONS	
Pour chevalier	15 »
— officier	74 »
— commandeur	169 »
— grand'officier	
— grand-croix	

DROIT PERÇU POUR LES BREVETS	
Chevalier	25 »
Officier	50 »
Commandeur	80 »
Grand-officier	120 »
Grand-croix	200 »

Les fixations rappelées ci-dessus pour les brevets sont celles du décr. du 22 mars 1875, page 449.

Ces frais sont prélevés sur le premier paiement à effectuer. (Art. 8 du décr. du 14 mars 1853.)

Les sous-officiers et soldats ne sont pas passibles de cette retenue. (Art. 5 du décr. du 14 mars 1853, page 560, rappelé par le décr. du 22 mars 1875.)

(1) Les circ. des 26 novembre 1881, 23 août 1882 et 27 mars 1883 (M), prescrivent d'adresser au ministre, à la date du 31 mars et du 30 septembre de chaque année, des états numériques des officiers et hommes de troupe susceptibles d'être admis dans la Légion d'honneur ou d'obtenir la médaille militaire.

NOTA. — En ce qui concerne les décorations étrangères, les droits sont de :

100 francs pour une décoration qui se porte à la boutonnière,
150 — — — en sautoir,
200 — — — avec plaques,
300 — — — en écharpe.

Les sous-officiers et soldats et les officiers jusqu'au grade de capitaine ou assimilés inclusivement, son exempts de ce droit. (Décr. du 22 mars 1875, page 450, rappelant l'art. 11 du décr. du 10 juin 1853.)

Toutefois, les sous-lieutenants, lieutenants et capitaines doivent payer le prix du brevet, qui est de 10 francs. (Décr. du 8 novembre 1883, page 558.)

Le décret du 10 juin 1853 renferme toutes les dispositions en vigueur relatives aux décorations étrangères.

Les titulaires versent ces sommes au titre du budget de la Légion d'honneur.

TRAITEMENT DES MEMBRES DE LA LÉGION D'HONNEUR

Tous les officiers, sous-officiers et soldats de terre et de mer, en activité de service, nommés ou promus dans la Légion d'honneur, reçoivent l'allocation annuelle suivante :

Chevaliers	250 »	Grands-officiers	2,000 »
Officiers	500 »	Grand-croix	3,000 »
Commandeurs	1,000 »	(Décr. du 16 mars 1852, page 324.)	

Ce traitement est dû aux cantinières décorées. (Décis. impériale du 30 novembre 1860, page 187) et aux contrôleurs d'armes de l'artillerie (Décr. du 20 octobre 1862, page 892), ainsi qu'aux gardes nationaux mobiles ou mobilisés décorés qui ont reçu des blessures devant l'ennemi. (Décr. du 28 octobre 1879, page 296.)

Cette allocation est continuée lorsque les titulaires sont mis à la retraite. (Art. 34 du décr. du 16 mars 1852, page 324.)

Voir *Dettes*, page 295, pour les retenues à exercer.

Formalités à remplir pour un militaire décoré de la médaille militaire.

Le décret du 14 mars 1853, page 560, et celui du 23 juin 1853, page 626, disposent que des brevets seront délivrés aux militaires décorés de la médaille militaire.

Ils sont délivrés sans frais. (Même décr.)

On doit produire à la Chancellerie un état des services (Circ. du 30 juin 1852, page 424) et l'acte de naissance. (Circ. du 10 février 1854, page 15.)

La circulaire du 24 octobre 1872, page 639, prescrit, en outre, de fournir un certificat d'activité de service conforme au modèle n° 6 qui y est joint.

Le décret du 9 novembre 1852, page 491, porte que la valeur des médailles militaires doit être imputée sur la première annuité à payer aux titulaires. La Chancellerie fixe le prix de remboursement.

NOTA. — Toutes les dispositions concernant le renvoi ou la transmission des décorations de la Légion d'honneur sont applicables à la médaille militaire.

TRAITEMENT DES MILITAIRES MÉDAILLÉS

Le décret du 22 janvier 1852, page 290, portant création de la médaille militaire, accorde une rente viagère de 100 francs par an en faveur des titulaires.

Cette disposition est applicable aux cantinières. (Décr. du 30 novembre 1860, page 187.)

Dispositions communes à la Légion d'honneur et à la Médaille militaire.

PAIEMENT DU TRAITEMENT

Les traitements de la Légion d'honneur et de la médaille militaire se paient par semestre et à terme échu (Circ. du 15 mai 1861, page 257), les 1er décembre et 1er juin de chaque année. (Loi du 29 juillet 1881 et avis ministériel du 29 août 1881, page 164.)

Aux termes de la circulaire du 24 octobre 1872, page 638, ces paiements sont faits directement *aux trésoriers des corps* (c'est-à-dire à la portion centrale de ces corps) par les soins des *trésoreries générales* des départements.

A cet effet, le 1er décembre et le 1er juin de chaque année (voir ci-dessus) (1), le trésorier de chaque corps (ou l'officier qui commande et administre une compagnie ou une section formant corps) dépose à la Trésorerie générale les certificats d'inscription dont il est détenteur, accompagnés :

1° D'un état nominatif des membres de la Légion d'honneur faisant ressortir les sommes qui leur sont dues (mod. n° 1 annexé à la circ. du 24 octobre 1872) ;

2° D'un état nominatif (mod. n° 2) des militaires médaillés.

Ces deux états ne comprennent que les militaires qui sont pourvus de leur certificat d'inscription. Ils sont quittancés par le conseil d'administration seulement. Un double de ces états non quittancés est adressé à la chancellerie.

Après vérification, le trésorier-payeur général procède au paiement; il frappe de l'estampille les certificats d'inscription et les remet au corps intéressé. (Circ. du 24 octobre 1872 et avis du 29 août 1881, page 164.) Il inscrit le paiement effectué pour cet objet au livret de solde.

Les sommes perçues par les corps au titre du budget de la Légion d'honneur et de la médaille militaire sont prises en recette à la centralisation, dans une colonne ouverte pour cet objet ; on opère de même pour les dépenses. (Voir le registre de centralisation, page 305.)

Les militaires auxquels les sommes perçues sont dues sont payés par les soins du trésorier, sur l'autorisation préalable du conseil d'administration.

Ce paiement donne lieu à l'établissement de deux états nominatifs (un pour les décorés et l'autre pour les médaillés) qui sont émargés par les ayants droit. On se sert des modèles numéros 1 et 2 sus-indiqués, appropriés pour recevoir les émargements. (Auteur.)

Pour les parties prenantes éloignées du corps, l'envoi des fonds peut être fait au moyen d'un mandat sur la Trésorerie générale. La déclaration de versement portée sur états d'émargement (appuyée de l'accusé de réception du mandat délivré par le titulaire, 27 août 1875, page 123), tient lieu d'acquit.

Les envois de fonds par la poste donnent lieu aux mêmes formalités ; seulement, au lieu d'une déclaration de versement, c'est le talon du mandat qui sert de justification. (Voir *Solde*, page 288.)

Militaires détachés considérés comme officiers sans troupe. — Aux termes de la circulaire du 15 mai 1861, page 257, les officiers sans troupe et les officiers détachés de leurs corps sont payés individuellement par les trésoriers-payeurs généraux, sur la remise d'un certificat de vie délivré par un fonctionnaire de l'intendance et quittancé par les ayants droit, et sur la présentation du certificat d'inscription. Ce paiement peut être également fait par les receveurs particuliers et percepteurs.

Nota. — Lorsque les corps sont divisés, la portion centrale, qui perçoit les traitements pour tout le corps, fait l'envoi des fonds dans les portions détachées, lesquelles procèdent ensuite au paiement des sommes dues dans les conditions sus-indiquées.

Dispositions diverses.

Chaque semestre, il doit être adressé au grand chancelier un état des mutations survenues. (Mod. n° 3 pour la Légion d'honneur et n° 4 pour les médaillés.)

L'état approximatif (Mod. n° 5) des dépenses à faire pour le paiement des traitements n'est plus fourni. (Avis du 18 avril 1882, page 165.)

En outre, lorsqu'un militaire décoré ou médaillé quitte le corps, le trésorier établit un certificat de cessation de paiement conforme au modèle n° 7 ; ce certificat est signé par le conseil d'administration :

1° Si le militaire passe à un autre corps, cette pièce doit être adressée au trésorier du nouveau régiment avec le certificat d'inscription ;

(1) L'avis du 29 août 1881, page 164, prescrit, en outre, aux corps d'adresser à la grande Chancellerie, dans la seconde quinzaine d'octobre et dans la seconde quinzaine d'avril, un état des sommes à percevoir à l'expiration du semestre courant.

2° S'il passe dans un service détaché (c'est-à-dire s'il doit être payé isolément), le certificat de cessation de paiement est adressé à la chancellerie et indique la nature et l'emplacement du service. Le certificat d'inscription est remis au titulaire;

3° S'il est admis à la retraite, on opère comme dans le cas précédent, seulement on indique le lieu de la résidence sur le certificat de cessation de paiement. (Circ. du 24 octobre 1872, page 638.)

Enfin, à l'expiration de chaque mois, les chefs de corps ou de service adressent au commandement un état des militaires décédés, qui étaient décorés ou médaillés. On doit indiquer sur cet état les noms et prénoms, la position, la date et le lieu du décès, le grade dans la Légion d'honneur et la date de la nomination à ce grade. (Circ. du 24 février 1838, page 352, et du 9 janvier 1873, page 32.)

SERVICE DE L'ARMEMENT

PERSONNEL; SES ATTRIBUTIONS.

Un officier du grade de lieutenant ou de sous-lieutenant est désigné par le chef de corps pour remplir les fonctions de lieutenant d'armement. Toutefois, dans les régiments d'artillerie, cette fonction est remplie par un adjudant; dans les bataillons d'artillerie de forteresse et les escadrons du train des équipages, par l'officier d'habillement, et, dans la gendarmerie, par l'officier trésorier. (Art. 2 du règlemt du 30 août 1884, sur le service de l'armement, page 2.)

Le lieutenant d'armement marche avec les bataillons ou escadrons actifs. L'officier adjoint à l'habillement remplit au dépôt cette fonction. Dans tout détachement, ce service est confié à un officier ou sous-officier. (Art. 3.)

L'officier d'armement est placé sous la surveillance du capitaine d'habillement qui pourvoit à ses dépenses de bureau (art. 8), et sous celle du major. Les contestations sont soumises à cet officier supérieur; elles sont jugées en dernier ressort par le conseil d'administration. (Art. 6.)

Un secrétaire est fourni au lieutenant d'armement. (Art. 8.)

Cet officier établit toutes les écritures relatives à l'armement et tient les registres qui s'y rapportent spécialement; il surveille le chef-armurier dans l'exécution des réparations et visite toutes les armes réparées.

Il est responsable de l'entretien des armes et des munitions en magasin. (Art. 9.) Voir ci-après : *Ateliers régimentaires*.

Formation des approvisionnements.

Les quantités d'armes des divers modèles qui constituent la dotation des corps sont fixées par le ministre d'après les tableaux d'effectif de mobilisation et d'après les bases de l'armement. (Art. 44 du règlemt du 30 août 1884 sur l'armement.)

En temps de paix, les armes, accessoires d'armes, etc., affectés à un corps de troupe, sont répartis entre le service courant et le service de réserve (1).

L'*armement du service courant* comprend les quantités d'armes et d'accessoires d'armes des divers modèles nécessaires pour armer un nombre d'hommes égal à l'effectif de paix fixé pour le corps, par la loi des cadres ou par une décision ministérielle spéciale, augmenté d'un vingtième; il comprend, en outre, les armes et les accessoires d'armes spécialement délivrés pour l'instruction et la théorie, les armes en expérience, les caisses d'armes vides et les objets divers. (Art. 48.)

Il est délivré en sus des fixations, comme armes de théorie, quatre armes à feu des modèles en service pour exercer les jeunes soldats au démontage et au remontage. (Art. 110.) En outre, l'article 111 attribue, pour l'instruction, 12 carabines de cavalerie par escadron dans les régiments de cuirassiers et par régiment d'artillerie, 50 mousquetons, 50 revolvers, et 50 sabres de cavalerie légère. Les armes d'instruction sont prélevées sur l'approvisionnement de réserve. (Art. 111.)

L'*armement de réserve* comprend les quantités d'armes et d'accessoires d'armes des divers modèles nécessaires pour compléter l'armement du corps à l'effectif de mobilisation (1).

L'armement de réserve peut être, suivant les ordres du ministre, pris en charge par le corps ou conservé dans les magasins de l'artillerie lorsqu'il en existe dans la place où le corps se mobilise, ou exceptionnellement pris en charge par un corps de l'armée active.

Il est divisé, autant que possible, par lots correspondant aux unités à mobiliser. (Art. 47.) L'armement

(1) Voir le tableau ministériel des fixations.

des corps de l'armée territoriale est classé en entier au service de réserve, il est pris en charge et entretenu par un corps de l'armée active, ou bien dans les magasins de l'artillerie. (Art. 48.) En cas de mobilisation, l'armement de réserve est versé au service courant et livré par l'artillerie s'il est en dépôt dans ses magasins. (Art. 345.)

Demandes d'armes ou d'accessoires d'armes. — Les délivrances d'armes ou d'accessoires d'armes, par le service de l'artillerie, n'ont lieu que d'après les ordres du ministre ou, en cas d'urgence, des généraux commandant les corps d'armée, sur la demande des corps.

A l'intérieur, les demandes d'armes sont établies par le conseil d'administration central et adressées au général commandant le corps d'armée qui les transmet au ministre.

En Algérie, le général commandant le 19e corps d'armée autorise les délivrances d'armes, et, pour les corps dont les dépôts sont en France, les demandes sont faites par les conseils d'administration éventuels. (Art. 51.)

Toutefois, lorsqu'une portion de corps s'administrant isolément a un lieu de mobilisation et un approvisionnement distincts, elle établit ses demandes séparément. (Art. 52.)

Les demandes qui ont pour objet de compléter l'armement total du corps sont appuyées d'un état modèle IV en double expédition ; à celles qui ont pour but le remplacement d'armes perdues, on joint un duplicata des procès-verbaux de perte ou des bulletins d'imputation ; enfin, les demandes d'armes à titre onéreux, destinées aux officiers, sont accompagnées d'un état nominatif et d'une déclaration de versement au Trésor ; quant aux récépissés, ils sont remis, au moment de la délivrance, aux directeurs d'artillerie. (Art. 58.) En campagne, les demandes sont adressées au général commandant le corps d'armée. (Art. 347.)

Quand l'armement du service courant est insuffisant pour armer tous les hommes présents, lors de l'appel des réservistes, le supplément nécessaire est prélevé sur le service de réserve. La mesure est autorisée par le général ou l'officier supérieur commandant la brigade, sur la production d'une demande appuyée d'un état modèle IV en deux expéditions, dont une est renvoyée approuvée au corps intéressé qui la joint au relevé annuel des dépenses de l'armement.

Si l'armement de réserve est en dépôt dans un établissement de l'artillerie, une troisième expédition de l'état modèle IV est établie par le corps et adressée par le général de brigade audit établissement. (Art. 51.)

Les armes du service de réserve doivent être distribuées de manière à établir un roulement périodique régulier. (Art. 54.)

Les hommes de recrue de la 1re et de la 2e portions du contingent ne font usage que des armes du service courant. (Note du 16 janvier 1880, pages 19 et 57.)

Les armes de réserve mises en service sont réintégrées, sans autorisation, dans les magasins du corps ou dans ceux de l'artillerie dans les quatre jours qui suivent le renvoi des hommes détenteurs. (Art. 53.) Toute substitution est interdite en principe, à moins qu'elle ne soit autorisée par le commandant du corps d'armée. (Art. 57.)

L'on procède comme il est indiqué pour les prélèvements ci-dessus chaque fois qu'il s'agit d'opérer des mouvements dans l'armement d'un corps par suite de modifications dans l'effectif de paix, de répartition entre les différents détachements ou de changement de lieu de mobilisation ; seulement, la mesure est autorisée par le général commandant le corps d'armée sur le territoire duquel se trouvent les armes à délivrer ou à expédier. (Art. 56.)

Armée territoriale. — Les armes nécessaires pour armer les hommes de l'armée territoriale appelés sous les drapeaux sont, à moins d'ordre contraire du ministre, prélevées sur l'armement du corps auquel ils appartiennent. On se conforme aux dispositions ci-dessus relatives aux prélèvements faits sur l'approvisionnement de réserve pour les réservistes appelés pour une période d'instruction. Toutefois, les armes délivrées dans ce cas par les établissements de l'artillerie sont facturées au titre des corps de l'armée active désignés par le commandant du corps d'armée, mais les demandes sont établies par les corps de l'armée territoriale et transmises à l'établissement livrancier par ceux de l'armée active. (Art. 55.)

Les hommes des corps de troupe de l'armée territoriale appelés pour une période d'instruction, sont pourvus des armes indiquées dans l'instruction du 12 février 1878 et la circ. du 31 mars suivant. (Instr. du 15 avril 1880 M.)

La délivrance des armes est justifiée par des factures d'expédition ou de livraison portant récépissé des parties prenantes. (Art. 9 de l'instr. du 15 mars 1872 sur la comptabilité-matières.)

Les corps ne peuvent refuser les armes provenant des magasins de l'artillerie, à moins de dégradations survenues pendant le transport, ce qui doit être constaté par procès-verbal du sous-intendant.

Toutefois, si les armes reçues sont dans un état tel qu'elles ne puissent être immédiatement délivrées aux troupes, il peut en être référé au ministre qui statue sur les mesures à prendre. (Art. 60 du règlemt.)

Délivrances de caisses d'armes. (Voir *Caisses d'armes.*)

Emmagasinement des armes. (Voir *Magasins.*)

Versements d'armes. (Voir ci-après.)

Transport en cas de mouvement :

Les armes portant sur la plaque de couche la marque des corps (art. 84 du règlemt du 30 août 1884 et circ. du 3 mars 1874), il en résulte qu'elles doivent les suivre dans leurs mouvements. L'appendice modèle D 3, à la lettre de voiture du service des transports par chemin de fer, en prévoit également le transport. Toutefois, l'article 76 dispose que deux corps se remplaçant mutuellement dans leurs garnisons peuvent exceptionnellement être autorisés par le ministre à échanger leurs armes de réserve.

Les corps actifs qui font mouvement laissent sur place l'approvisionnement d'armes des corps territoriaux dont ils peuvent être détenteurs. La mesure est autorisée par le commandant du corps d'armée.) (Art. 76 du règlemt du 30 août 1884.)

Magasins et Mobilier.

La circulaire du 3 mars 1874, n° 50 (M) dispose qu'il sera établi, auprès des dépôts des différents corps de troupe, des magasins spéciaux destinés à recevoir le nombre d'armes qui leur est nécessaire pour passer du pied de paix au pied de guerre, mais que, dans les places où l'artillerie possède des salles d'armes, les armes destinées aux corps dans cette situation seront conservées dans ces salles et entretenues par les soins de l'artillerie.

Les régiments d'artillerie et du génie et les sections d'ouvriers d'administration sont toujours dans ce cas. (Circ. du 3 mars 1874.)

Le renvoi 1 de l'article 47 du règlement du 30 août 1884 rappelle ces dispositions.

1° DÉPENSES AU COMPTE DU GÉNIE.

La fourniture des locaux est assurée par le service du génie. (Art. 1er du règlemt du 30 juin 1856.)

D'après l'article 24 de ce règlement, les magasins ne se composeraient que d'une pièce, mais l'article 119 du règlement du 30 août 1884 attribue un magasin pour le service courant et un autre pour l'armement de réserve ; l'armement du corps territorial est également placé dans ce magasin, à défaut de locaux, mais il est emmagasiné séparément de celui du corps actif.

L'article 50 du règlement du 30 juin 1856 dispose, en outre, qu'il est fourni à chaque corps, par les soins et à la charge du service du génie :

Une *table* et un *râtelier* pour le placement des armes.

Ces objets sont entretenus et remplacés par le service précité, mais tous les autres ustensiles sont au compte des corps.

La circulaire du 5 juin 1879, page 809, accorde, en outre, un nombre d'échelles doubles en rapport avec les besoins. Cette fourniture est effectuée par les soins et à la charge du service du génie.

Les magasins aux munitions sont désignés par le service du génie. (Art. 238 du règlemt du 30 août 1884.) Ils doivent être précédés d'une antichambre, les fenêtres sont munies de volets garnis de plaques de tôle, et les portes de deux serrures (art. 239) recouvertes d'une forte couche de peinture. (Dép. du 3 avril 1868 M.)

Le mobilier d'un magasin de dépôt de munitions comprend :

Les *chantiers* sur lesquels reposent les caisses, barils ; — des *cales*, — une *civière* sans bretelle ; — un *maillet* et un *chasse-poignée* en bois ; — un *vilebrequin* avec lame de tournevis, et un *balai* en crin. (Art. 240 du règlemt du 30 août 1884.)

Ces objets sont fournis et entretenus par les soins du service du génie. (Même article.)

2° DÉPENSES AU COMPTE DE LA MASSE GÉNÉRALE D'ENTRETIEN (2° PORTION)

Frais divers des magasins.

Aux termes de l'article 50 du règlement du 30 juin 1856 et de la circulaire du 11 janvier 1862, page 436, tous les meubles et ustensiles autres que ceux désignés par cet article doivent rester à la charge des corps.

Les dépenses de cette nature sont imputées à la deuxième portion de la masse générale d'entretien. (Mêmes dispositions.) Il en est de même des frais divers d'entretien, tels que la fourniture des brosses, balais, arrosoirs, etc., nécessaires pour le nettoyage des locaux. (Circ. du 15 mars 1872, page 54.)

Les frais de caisse et d'emballage des pièces d'armes sont à la charge du service de l'armement. (Voir ci-après *Dépenses accessoires au compte du service de l'armement.*)

Tableaux affichés dans les chambres. (Voir *Casernement* et *Théories et ouvrages divers.*)

Entretien des fusils d'enfants de troupe. (Voir ci-après *Dépenses accessoires au compte des corps.*)

Distributions et réintégrations d'armes. (Se reporter au service de l'*Habillement*, pages 156 et 160.)

Chauffage des magasins. (Voir ci-après *Dépenses diverses au compte du service de l'armement.*)

Ateliers régimentaires.

1° PERSONNEL.

L'exécution des réparations des armes dans les corps est confiée à un chef-armurier militaire. (Art. 11 du règlemt du 30 août 1884.) En cas de fractionnement du corps, il suit la portion active, mais il n'en assure pas moins le service au dépôt et dans les autres détachements. (Art. 24.) Lorsque le chef-armurier est changé, la remise du service est faite au nouveau titulaire par le conseil d'administration, assisté du lieutenant d'armement, en présence des deux chefs-armuriers intéressés. En cas de différends, ils sont jugés par le conseil d'administration. Si l'ancien armurier est décédé, ses héritiers peuvent se faire représenter par une personne agréée par le chef de corps. (Art. 12.)

La loi du 13 mars 1875, page 310, modifiée par celle du 15 décembre 1875, page 1029, et par celle du 24 juillet 1883, page 55, concernant les troupes de l'artillerie, fixe la composition du personnel de ces ateliers. En outre, une circulaire ministérielle du 8 août 1881 (M) accorde, pour l'entretien des armes qui n'appartiennent pas au service courant, en sus des fixations, un ouvrier armurier auxiliaire par 1,000 armements ou fraction de 1,000 égale au moins à 500. De plus, elle dispose que, pour la remise en bon état des armes réintégrées par les hommes qui quittent le corps, par les réservistes ou territoriaux, les chefs de corps peuvent mettre à la disposition du chef-armurier, pendant quinze jours et en dehors des heures d'exercice, le nombre nécessaire d'auxiliaires.

Déjà, la circulaire du 28 janvier 1876, page 96, avait augmenté d'un le nombre des ouvriers armuriers des corps d'infanterie chargés d'entretenir leur armement de réserve.

En campagne, le personnel est celui indiqué par l'article 343 du règlement du 30 août 1884.

Chauffage d'hiver. (Voir *Habillement*, page 66.)

2° MATÉRIEL

Dépenses au compte du service du génie.

Un local convenable pour servir d'atelier est mis, dans chaque caserne, à la disposition du chef-armurier. Ce local doit comprendre deux pièces, dont une sert d'atelier proprement dit et l'autre aux réparations, au bronzage et au nettoyage des étuis à cartouches.

La première est garnie des objets ci-après : une forge, un soufflet avec sa chaîne de tirage, un établi, une auge pour l'eau nécessaire à la trempe, un râtelier pour les armes.

La deuxième est munie d'une table de 6 à 8 centimètres d'épaisseur et d'un fourneau avec chaudière. (Art. 27 du règlem[t] du 30 août 1884.)

Ce matériel est fourni, entretenu et remplacé par le service du génie. (Art. 27 du règlem[t] précité et art. 48 du règlem[t] du 30 juin 1856, page 246.)

Lorsque le corps est fractionné, un atelier est affecté au dépôt et à chacune des autres fractions de corps, fortes d'au moins deux compagnies ou deux escadrons. (Art. 27.)

Entretien des armes en service et en magasin.

(Voir ci-dessus *Personnel*.)

DISPOSITIONS GÉNÉRALES

Les armes des corps sont entretenues sous deux régimes :

Le régime de l'abonnement et celui de clerc à maître. Le régime de l'abonnement est applicable à tous les corps qui ont un armurier titulaire et dont le dépôt et la portion principale sont stationnés en France, ainsi qu'à leurs détachements à l'intérieur. (Art. 161.)

Lorsque les détachements sont situés dans un autre corps d'armée, les réparations peuvent être exécutées par un autre corps, mais toutes les dépenses sont au compte du chef-armurier titulaire, en tant qu'elles incombent à l'abonnement. (Art. 136.)

Le régime de clerc à maître est applicable à tous les corps qui n'ont pas d'armurier titulaire, à toute troupe hors du territoire, ainsi qu'aux dépôts ou détachements stationnés à l'intérieur, lorsque la portion principale est hors de France. (Art. 161.) (1).

Les armes sont visitées au moins une fois par mois par les officiers des compagnies (art. 113), et tous les six mois par le chef-armurier, en présence du lieutenant d'armement. (Art. 114.) Dans ce dernier cas, il est établi des états de réparations modèle XXVII.

Les armes en magasin sont visitées également tous les six mois. (Art. 120.)

Les armes des hommes qui s'absentent ou quittent le corps sont visitées par le chef-armurier, en présence du lieutenant d'armement et d'un officier de compagnie, et déposées au magasin du corps après avoir été réparées. (Art. 116.) Toutefois, le commandant de la compagnie peut, avec l'approbation du major, surseoir aux réparations, même lorsque l'absence doit dépasser quinze jours, lorsque les armes peuvent encore faire un bon service. Dans ce cas, le compte de l'homme est arrêté, sauf imputation des réparations à faire si l'homme ne rentre pas au corps. (Art. 117.) Quand l'absence des hommes ne doit pas dépasser quinze jours, les armes restent déposées au magasin de la compagnie. (Art. 95.)

Les réparations reconnues nécessaires sont exécutées aussitôt après la constatation des dégradations, à moins que les armes soient considérées comme hors d'état d'être réparées ou que la dépense atteigne la moitié du prix de l'arme ; dans ce cas, l'on attend la visite du capitaine inspecteur avant de faire la réparation. Néanmoins, les imputations doivent être faites dès que les dégradations sont constatées. (Art. 122.)

Il est établi par le capitaine commandant d'unité un bulletin de réparations (mod. X) qui est porté au lieutenant d'armement ; cet officier fait visiter l'arme par le chef-armurier et rectifie, s'il y a lieu, le bulletin.

Le capitaine indique ensuite à qui les réparations doivent être imputées. (Art. 123.) (2). S'il y a doute sur l'imputation, la question est soumise au major et, en dernier ressort, au conseil d'administration. (Art. 124.) En principe, c'est l'administration intérieure des corps qui doit faire les imputations au compte des hommes ou de l'abonnement, ou de l'Etat sous le régime de clerc à maître. (Art. 125.)

(1) Toutefois, les escadrons du train sont placés sous le régime de l'abonnement, bien qu'ils n'aient pas de chef-armurier. (Note du 24 avril 1880, page 164.)

(2) Pour les armes en magasin, les bulletins sont établis par le lieutenant d'armement. (Art. 123.)

Pour les dégradations provenant de cas de force majeure, se reporter à la page 683 ci-après et à la page 685 pour celles des armes des réservistes et territoriaux.

Les réparations sont soldées d'après le tarif en vigueur applicable à tous les corps et ces prix comprennent toujours ceux des opérations connexes.

Toute réparation non mentionnée au tarif est interdite (art. 128) et celles indiquées comme devant être exécutées en manufacture sont soumises au capitaine inspecteur d'armes, qui en dresse un état, mod. XXIX, dont le montant est versé au Trésor ; le récépissé est envoyé avec les armes au directeur de la manufacture. Néanmoins, si le détenteur est sur le point de quitter le corps, l'arme peut être versée immédiatement à l'artillerie et remplacée, s'il y a lieu, sur l'ordre du ministre. (Art. 129.)

Le chef-armurier marque de son poinçon les pièces neuves mises en place et marque de son nom en toutes lettres et du millésime de l'année d'exécution les bois de monture. (Art. 130.) Après réparation, les armes sont visitées par le lieutenant d'armement (art. 131) qui appose son visa daté sur le bulletin. (Art. 132.) Elles sont ensuite remises aux compagnies.

Nota. — Les armes des détachements en Algérie, fournis par des corps stationnés dans cette contrée, sont réparées par le chef-armurier du corps. Celles des détachements fournis par des corps de l'intérieur sont réparées, soit par le caporal armurier du corps, soit par le chef-armurier d'un corps à proximité désigné par le général de brigade. (Art. 137.)

Toutefois, lorsque ces derniers détachements sont de la force d'un bataillon, leurs armes sont entretenues au moyen du caporal armurier ou d'un ouvrier du corps muni d'une caisse d'outils et de pièces d'armes. (Art. 138.) Voir *Outils*.

Les corps qui n'ont pas d'armurier titulaire s'adressent au général commandant le corps d'armée pour la désignation d'un corps dont le chef-armurier soit tenu de réparer leurs armes hors du territoire; cette désignation est faite par le général de brigade. (Art. 139.)

En cas d'impossibilité de trouver un armurier militaire, il peut être passé un marché avec un ouvrier civil. (Art. 139.)

§ 1er. Régime de l'abonnement.

L'abonnement est une allocation journalière payée pour chaque arme à l'armurier titulaire, qui s'engage, moyennant cette allocation, à entretenir et à réparer les armes et leurs accessoires dans les cas prévus. (Art. 162 du règlemt.) Voir ci-après.

L'abonnement s'applique aux armes et accessoires d'armes du service courant et du service de réserve, entre les mains des hommes ou en magasin, dans toutes les portions du corps stationnées en France, à l'exception des armes et accessoires en essai, de celles de réserve délivrées aux réservistes ou territoriaux. (Art. 163 et 169.)

Il existe, pour chaque espèce d'arme, deux taux d'abonnement : le *taux ordinaire*, qui s'applique aux armes du service courant, et le *taux réduit*, qui est le cinquième du premier et qui s'applique aux armes de la réserve en magasin, lors même que ces armes sont mises temporairement en service. (Art. 164.)

Ces taux sont fixés par le tarif ci-après en date du 6 décembre 1883, page 643 (S) :

DÉSIGNATION.	TAUX JOURNALIER.		TAUX ANNUEL.		OBSERVATIONS
	Ordinaire (service courant).	Réduit (service de réserve).	Ordinaire (service courant).	Réduit (service de réserve).	
	Fr.	Fr.	Fr.	Fr.	
Fusils, carabines ou mousquetons (avec ou sans épée ou sabre-baïonnette et accessoires	0,0035	0,0007	1,26	0,252	
Revolvers (avec ou sans jeu d'accessoires)	0,0025	0,0005	0,90	0,180	
Sabres de troupes à cheval, d'adjudants, épées de sous-officiers	0,0010	0,0002	0,36	0,072	
Sabres-baïonnettes isolés	0,0005	0,0001	0,18	0,036	
Cuirasses	0,0020	0,0004	0,72	0,144	

Le taux de l'abonnement concerne l'année de 360 jours (12 mois de 30 jours). (Art. 161 du règlemt du 1er mars 1854.)

Si le corps n'est composé que d'un seul bataillon ou escadron, il est alloué à l'armurier, à titre de prime, 5 0/0 sur le montant total de l'abonnement. (Art. 165 du règlemt du 30 août 1884.)

Une dépêche du 30 janvier 1878 a refusé au 29e de ligne, qui occupait des locaux humides, toute allocation pour un nettoyage spécial des armes de réserve, par la raison que la prime d'abonnement a été calculée en tenant compte de toutes les éventualités.

L'entretien des armes de réserve ne consiste ordinairement que dans le graisssage et le nettoyage. (Circ. du 3 mars 1874 M.)

Les graisses et huiles à employer pour le graissage des armes sont : la graisse d'armes, la graisse minérale Farez et Boulanger, dite graisse verte, l'huile d'olive pure, l'huile de pied de bœuf et l'huile de pétrole raffinée.

La graisse d'armes est employée pour graisser toutes les parties des armes en service ou en magasin. La graisse verte est employée notamment pour les armes blanches et les parties extérieures des armes à feu en magasin. Elle n'est pas employée pour les mécanismes des armes à feu ni pour les armes en service. L'huile d'olive purifiée sert à graisser les organes délicats des organismes. L'huile de pied de bœuf peut être employée, à défaut de graisse d'armes, au graissage des parois du canon, des filets de vis et bois de monture. Enfin, l'huile de pétrole raffinée convient pour le graissage des armes en magasin, pour le dérouillage des pièces d'armes, mais elle ne doit pas être employée pour les armes entre les mains des hommes à cause de son odeur. (Art. 29 de l'instr. du 30 août 1884 faisant suite au règlem[t] de même date.)

RÈGLEMENT DE L'ABONNEMENT

Chaque trimestre, les sommes dues au chef-armurier lui sont payées sur état décompté, indiquant le temps pour lequel l'abonnement est acquis, la nature des armes, le nombre des armes, des journées, le prix de l'abonnement par arme et par journée et le décompte. Cet état est établi par l'officier d'armement et acquitté par le chef-armurier. (Circ. du 7 octobre 1882 M.) La dépense incombe au service de l'armement compris dans la nomenclature du budget sous le titre : *Service de l'artillerie et des équipages.*

Aux termes de l'article 35 du règlement du 15 décembre 1875, *Journal militaire*, page 423 du 1er semestre 1876, les armes emportées par les militaires détachés dans les écoles cessent d'être comprises dans le compte de l'abonnement du corps auquel elles appartiennent pendant la durée de l'absence des détenteurs.

Nota. — Les armes des hommes détachés ailleurs que dans les écoles, continuent à compter dans l'abonnement, mais alors le chef armurier est tenu de rembourser à qui de droit les réparations d'entretien.

Lorsqu'un corps est fractionné à l'intérieur, le chef-armurier a droit à la totalité de l'abonnement comme si le corps était réuni. Il doit, en retour, pourvoir aux besoins du service au dépôt et dans les fractions détachées.

Lorsque, dans le cas prévu par l'article 136, un détachement à l'intérieur est autorisé à faire entretenir ses armes par l'armurier d'un autre corps, le montant des dépenses, augmenté de 10 0/0, est payé à cet armurier par le corps auquel appartiennent les armes, sur mémoire certifié par le commandant du détachement.

Ce conseil retient ensuite à son chef-armurier abonnataire les sommes ainsi payées et imputables à l'abonnement, ainsi que le montant de la prime de 10 0/0, laquelle est entièrement à la charge de l'armurier du corps. Les dépenses au compte de l'Etat devant seules figurer dans le relevé annuel des dépenses de l'armement, font l'objet d'un mémoire spécial de l'armurier qui a exécuté les réparations. (Art. 170 du règlem[t] du 30 août 1884.)

Lorsque les bataillons ou les escadrons actifs quittent le territoire, le corps entier passe du régime de l'abonnement sous celui de clerc à maître le jour de la réception de l'ordre de départ. L'armement de la portion restée en France est néanmoins entretenu au compte du chef-armurier par ses ouvriers.

Si un corps dont la portion principale est en France fournit un détachement hors du territoire, ce détachement passe du régime de l'abonnement sous celui de clerc à maître, à la date sus-indiquée. (Art. 171.) (1)

Le dernier jour de l'abonnement, le sous-intendant militaire dresse un procès-verbal (mod. XVI) constatant l'état des armes emportées et les réparations imputables soit aux hommes, soit à l'abonnement. Le montant des imputations au compte de l'abonnement est retenu au chef-armurier et versé au Trésor. La visite des armes est passée en présence du sous-intendant et des membres délégués du conseil d'administration. Le procès-verbal, revêtu de la déclaration de versement au Trésor du montant des imputations à l'abonnement, est joint au relevé annuel des dépenses. Toutes les réparations au compte des hommes ou de l'abonnement sont exécutées et payées à l'armurier d'après les règles concernant le régime de clerc à maître (Art. 172.) (1).

Les armes versées dans les magasins de l'artillerie donnent droit à l'abonnement jusqu'au jour où le récépissé de prise en charge est établi ; il ne doit pas cesser le jour de la remise ou de l'expédition. (Dép. minist. du 14 janvier 1868 M.) De plus, une circulaire du 24 août 1881 (M), concernant des armes envoyées en manufacture pour y recevoir des modifications au compte de l'Etat, a suspendu l'abonnement pendant le temps qui s'est écoulé entre l'expédition de ces armes et leur retour au corps.

En cas de décès d'un armurier, ses héritiers ou ayants droit peuvent demander à continuer l'abon-

(1) Les corps mobilisés passent sous le régime de clerc à maître le jour de la réception de l'ordre de mobilisation. A partir de cette date, toutes les réparations sont exécutées au compte de l'Etat, sans qu'il y ait lieu de passer la visite prescrite par l'article 172. Toutefois, le montant des réparations imputées à l'abonnement et portées sur des bulletins établis à une date antérieure, dont l'exécution n'a pu encore avoir lieu, est retenu à l'armurier. (Art. 363.)

nement, dans les conditions antérieures, jusqu'à l'arrivée du successeur. Le prix de l'abonnement est alors acquis aux héritiers, à charge par eux de fournir les matières premières et de rémunérer les ouvriers. Si leur demande n'est pas approuvée, le corps est placé sous le régime de clerc à maître pendant la période intérimaire. (Art. 173.)

Dépenses à la charge de l'abonnataire.

1° Sont à la charge de l'abonnement, toutes les réparations nécessitées par le service ordinaire des armes ou de leurs accessoires et le remplacement des pièces usées ou cassées par l'effet de leur usage naturel dans les maniements d'armes, les feux, les tirs à la cible, le port de l'arme à la grenadière, etc., ainsi que l'entretien des armes, accessoires d'armes, pièces d'armes dans les magasins des corps. (Art. 167.) Les réparations aux armes de théorie sont toujours au compte de l'abonnement, excepté lorsque les détériorations proviennent de la négligence ou de la mauvaise volonté des hommes. (Même art.)

Les frais de graissage et de nettoyage des armes en magasin (matières et main-d'œuvre) sont entièrement à la charge de l'abonnement. (Circ. du 3 mars 1874 M.)

Nota. — Le prix des réparations, tant au compte de l'abonnement que des masses individuelles, est fixé par des tarifs ministériels. (Art. 128.) Il ne figure que pour ordre dans les bulletins de réparations à la charge de l'abonnataire. (Voir *Dépenses accessoires*, pour la fourniture et le paiement des pièces d'armes, page 686.)

4° Le chef-armurier est tenu de se pourvoir à ses frais de tous les outils, instruments vérificateurs et calibres nécessaires à l'exécution des réparations, à l'exception de ceux désignés à l'article ci-après, intitulé : *Ateliers*.

Nota. — Voir, pour la désignation de ces instruments, le tableau E annexé à l'instruction du 30 août 1884, qui fait suite au règlement de même date. Ce tableau indique les objets à tirer des manufactures.

Il est obligé de se procurer également un exemplaire du règlement du 30 août 1884 sur le service de l'armement. (Art. 28 du règlem.)

Dans les détachements, les ouvriers chargés de l'entretien des armes reçoivent du chef-armurier les outils nécessaires. (Art. 136 et 138.) Les corps désignés au 1er alinéa de l'article 335 (régiments d'infanterie, de zouaves, de tirailleurs, la légion étrangère, les bataillons de chasseurs et d'infanterie légère d'Afrique, régiments de cavalerie et d'artillerie de corps, escadrons du train des équipages), ainsi que les bataillons détachés hors de France, emportent une caisse d'outils et de pièces d'armes, contenant les outils, matières et pièces d'armes nécessaires. Il en existe deux modèles : un pour les régiments d'infanterie et bataillons de chasseurs et un autre pour les régiments de cavalerie et d'artillerie et les bataillons d'infanterie détachés.

La caisse est délivrée vide aux corps de l'armée active ; les pièces d'armes sont fournies par le conseil d'administration, les outils et matières par le chef-armurier. Cette caisse contient en tout temps les pièces d'armes ; les outils peuvent n'y être déposés qu'à la mobilisation. (Art. 358.)

Ce matériel est délivré aux corps de l'armée territoriale par l'artillerie, sans dépenses en deniers. (Même art.)

La valeur de l'outillage peut être avancée aux chefs-armuriers promus, sur les fonds généraux de la caisse des corps ; elle est remboursée au moyen de retenues trimestrielles fixées par le conseil d'administration. (Art. 29.)

Se reporter aux instructions des 9 février 1878 et 1er décembre 1882 (M), fixant le chargement de cette caisse.

5° Il doit acheter le charbon et les autres matières premières (art. 28), à l'exception des pièces d'armes qui lui sont fournies contre remboursement. (Art. 30 et 141.)

6° Le salaire des ouvriers armuriers lui incombe également. La journée de travail d'un ouvrier ne peut être payée moins de 0,50 c., ni plus de 1 fr. 50 c. Ces paiements ont lieu d'après un tarif nominatif approuvé par le conseil d'administration. (Art. 36.)

7° Les débris de matières et d'effets cédés par les corps sont également à sa charge. (Note du 25 janvier 1884, page 88 S.) La valeur calculée d'après les prix ci-après en est versée au Trésor :

Débris d'étoffes ou d'effets en laine .. .. » 30 le kilog.
— — en toile............ » 25 —
(Note du 21 avril 1883, page 609 S.)

Dépenses non comprises dans l'abonnement.

1° DÉPENSES AU COMPTE DES ORDINAIRES

Les ingrédients (l'huile, la graisse, etc.), nécessaires pour la conservation des armes entre les mains des hommes sont au compte de l'ordinaire. (Voir au titre *Ordinaires*.)

Il en est de même pour les armes des réservistes et des territoriaux. (Circ. du 14 mars 1882 M.) Pour les graisses et huiles à employer, se reporter à la page 679.)

2° DÉPENSES AU COMPTE DE LA MASSE INDIVIDUELLE OU DE PETIT ÉQUIPEMENT

Sont à la charge du soldat toutes les réparations rendues nécessaires par sa négligence, sa maladresse ou sa mauvaise volonté.

Toutefois, en ce qui concerne les armes de théorie et leurs accessoires, sont à la charge de l'abonnenement les réparations nécessitées par des dégradations résultant de la maladresse des hommes ; pour ces sortes d'armes, la masse individuelle ou de petit équipement ne doit donc supporter les détériorations qu'en cas de négligence ou de mauvais vouloir de la part du soldat. (Art. 167 du règlem[t] du 30 août 1884.)

Les réparations sont exécutées par le chef-armurier, d'après des bulletins nominatifs dans les conditions indiquées page 678.

A l'armée, toutes les réparations des armes sont au compte de l'Etat. (Art. 357 et 363 du règlem[t] précité.)

L'art. 128 du règlement précité et la note du 6 décembre 1883, page 645 (S) disposent que les prix portés au tarif, pour un remplacement ou pour une réparation, comprennent toujours ceux des opérations connexes auxquelles doit donner lieu ce remplacement ou cette opération. En conséquence, l'inscription d'un remplacement ou d'une réparation sur le bulletin de réparations ou sur le livret de l'homme ne doit jamais donner lieu qu'à un article unique, c'est-à-dire que le libellé doit être conforme aux indications du tarif. (Art. 133 du règlem[t].)

Les réparations sont payées au chef-armurier d'après les tarifs arrêtés par le ministre. (Art. 128 du règlem[t] du 30 août 1884 et art. 216 de l'ordonn. du 10 mai 1844, page 330.) Toutefois, l'article 218 de cette ordonnance et l'art. 178 du règlement sur le service de l'armement prévoient le cas où les corps sont obligés de traiter à des prix qui excèdent les fixations ministérielles ; mais l'excédent de dépense reste à la charge du service de l'armement. (Art. 179.)

Le chef-armurier ne doit exécuter que les réparations indiquées dans les tarifs. (Art. 128 du règlem[t].)

Les autres sont faites dans les manufactures, mais le capitaine inspecteur en dresse l'état. (Mod. XXIX, art. 129.)

Le tarif des réparations est du 6 décembre 1883, page 645 (S) pour toutes les armes en usage.

Il n'est pas établi de bulletins pour les réparations qui doivent être faites dans les établissements de l'artillerie ; ils sont remplacés par un état (mod. n° 71 annexé à l'ordonn. du 10 mai 1844) désignant nominativement les hommes qui ont commis les dégradations et le montant des imputations à faire. (Art. 217 de l'ordonn. du 10 mai 1844, page 330.)

Le montant des imputations à faire sur la masse individuelle ou de petit équipement pour dégradations aux armes qui doivent être réparées par l'artillerie est versé au Trésor sur la production d'un bordereau modèle n° 72. (Art. 219 de l'ordonn. du 10 mai 1844.) Voir à l'article *Versements d'armes* pour les autres dispositions et l'article *Pièces d'armes*.

Les bulletins de réparations sont récapitulés dans des bordereaux trimestriels comme pour le service de l'habillement. (Art. 217 de l'ordonn. du 10 mai 1844, page 330.) Se reporter à la page 75.

Les armes perdues par la faute des hommes, ou emportées par les déserteurs, sont imputées à leur masse individuelle au prix de l'objet neuf fixé par la nomenclature N et d'après le bulletin de moins-value (mod. IX) établi par le capitaine, visé par le lieutenant d'armement et approuvé par le major. (Art. 98 du règlem[t] du 30 août 1884 et art. 182 et 249 de l'ordonn. du 10 mai 1844, modifiée par le décret du 1er mars 1880.) Se reporter également au tarif du 6 décembre 1883, page 647 (S) qui donne les prix de remboursement avec ou sans accessoires, ainsi que le mode de remplacement. (Voir *Habillement*, page 73.)

Ces dispositions sont applicables aux armes mises hors d'état d'être réparées par la faute des hommes, mais on impute seulement le prix des pièces dégradées, sans que le montant total puisse dépasser le prix de l'arme. (Art. 100.)

Le montant des imputations dont il s'agit est versé au Trésor au commencement de chaque trimestre. (Art. 98.) Ces versements donnent lieu aux mêmes formalités que ceux se rapportant aux effets du service de l'habillement. (Voir ci-dessus, pages 73 et 75.) Les récépissés de versement sont remis au directeur d'artillerie au moment de la délivrance des armes de remplacement (art. 58), accompagnés d'une expédition de l'ordre de reversement. (Art. 183 du décr. du 3 avril 1869.) Ces récépissés, ainsi que les déclarations de versement, doivent porter la mention que les sommes versées, pour cet objet, feront retour au budget du matériel de l'artillerie. (Tarif du 6 décembre 1883, page 648 (S), et art. 78 du règlem[t].)

Si les armes perdues, dont le prix a été versé au Trésor, viennent à être retrouvées, la somme versée est provisoirement restituée à la masse individuelle ou de petit équipement, sauf imputation des réparations sur les fonds généraux des corps. Elles est comprise ensuite, sur autorisation ministérielle, dans le relevé des dépenses de l'armement. Il faut établir un compte spécial si la perte n'a pas été faite dans l'année. Ce relevé est appuyé de la décision ministérielle portant autorisation d'imputer la dépense sur les fonds de l'artillerie et de la déclaration de versement au Trésor de la valeur de cette arme. (Art. 99 du règlem[t] et circ. du 16 octobre 1861, page 312.)

Sommes imputées à la masse individuelle ou de petit équipement et virées aux fonds divers.

Le montant des réparations qui ne peuvent être immédiatement effectuées et qui sont supportées par la masse individuelle ou de petit équipement est viré de la masse individuelle aux fonds divers, d'après les bons des capitaines approuvés par le major. (Art. 220 de l'ordonn. du 10 mai 1844, page 331.)

La valeur des bois de monture des armes à feu dont le remplacement est suspendu (art. 118 du règlem[t] du 30 août 1884) est également versée aux fonds divers. (Art. 220 de ladite ordonn.)

Lorsque ces réparations sont faites ou qu'il devient nécessaire de remplacer les bois de monture, la dépense est payée au chef-armurier sur mémoires quittancés. (Même article.) Toutefois, l'article 201 du règlement du 30 août 1884, page 53, dispose que tous les fonds provenant de retenues opérées sur la masse individuelle ou de petit équipement et qui, pour quelque cause que ce soit, n'ont pu être employés à la réparation des armes pendant le cours de l'année, doivent être versés dans une caisse publique.

NOTA. — Il résulte de cette disposition que les frais ultérieurs de réparations doivent être remboursés par le service de l'armement.

Les dispositions de l'article 220 de l'ordonnance du 10 mai 1844 ont été rappelées par la circulaire ministérielle du 22 septembre 1874 (M), qui prescrit, en outre, de veiller à ce que les réparations soient faites en temps opportun.

3° DÉPENSES AU COMPTE DU SERVICE DE L'ARMEMENT

Les réparations nécessitées par un défaut de fabrication ou par un cas de force majeure dûment constaté sont à la charge de l'État. Les défauts de fabrication sont appréciés par les inspecteurs d'armes. (Art. 127 du règlemt du 30 août 1884.)

NOTA. — Les réparations incombant à l'abonnement sont aussi, à proprement parler, au compte de l'État, puisque le montant de cet abonnement est compris dans le relevé annuel des dépenses remboursables (mod. n° 19, annexé au règlemt du 30 août 1884) et, par suite, payé sur les fonds du service de l'armement.

Les armes en expérience ne sont pas comprises non plus dans l'abonnement, et les réparations qui leur sont nécessaires sont à la charge de l'État et exécutées par l'artillerie ou payées à l'armurier sur mémoire d'après les prix du tarif et sans bonification de prime. (Art. 169.) Voir ci-après *Armes des réservistes*.

Les dégradations par force majeure sont constatées par les rapports des commandants de compagnie, d'escadron ou de batterie, visés par les conseils d'administration et par des procès-verbaux. (Mod. n° 8, annexé au règlemt du 30 août 1884.) Les sous-intendants militaires fixent la dépense à mettre au compte de l'État.

L'art. 97 prescrit de ne comprendre dans ce procès-verbal que des détériorations, et l'art. 127 d'en joindre un extrait signé du sous-intendant au mémoire du chef-armurier.

Les pertes ou destructions d'armes par force majeure sont constatées par des procès-verbaux rapportés par le sous-intendant militaire (Art. 97 du règlemt du 30 août 1884), suivant les règles de la comptabilité-matières.

Ces procès-verbaux sont conformes au modèle n° 15 de l'instruction du 1er mars 1880. (Art. 130, 251 et 253 *bis* de ladite instr.)

Les sous-intendants militaires, après enquête, peuvent décider la mise au compte de l'État des pertes, moins-values et détériorations, lorsque la somme ne dépasse pas 50 francs. La décision appartient aux intendants militaires lorsque la dépense, supérieure à 50 francs, n'excède pas 100 francs. Dans tous les autres cas, la décision est réservée au ministre. Ces procès-verbaux sont produits en simple expédition. (Art. 251 du décr. du 1er mars 1880, page 384.)

Ces dispositions sont rappelées par la dépêche ministérielle du 4 avril 1881 (M.)

Ces pertes ne donnent lieu à aucune opération en deniers ; on se borne à porter les objets perdus en sortie dans les comptes-matières et à joindre un extrait modèle n° 16 dudit procès-verbal au compte annuel de gestion. (Instr. du 1er mars 1880, page 413.)

§ 2. Régime de clerc à maître.

Le régime de clerc à maître est applicable à tous les corps qui n'ont pas d'armurier titulaire, à toute troupe hors du territoire (1), ainsi qu'aux dépôts ou détachements stationnés à l'intérieur lorsque la portion principale du corps dont ils font partis est hors de France. (Art. 161 du règlemt du 30 août 1884, page 48.)

Toutefois, les escadrons du train sont placés sous le régime de l'abonnement bien qu'ils n'aient pas de chef-armurier. (Note du 24 avril 1880, page 161.)

Sous ce régime, les dispositions des articles 167 (distinction des dépenses) et 168 (entretien des armes des réservistes) continuent d'être en vigueur ; seulement, les obligations de l'abonnement s'ajoutent à celles qui sont déjà imputées à l'État. (Art. 174.) Toutefois, en temps de guerre, toutes les réparations sont au compte de l'État. (Art. 357.) Mais les pertes d'armes par la faute des hommes restent à leur compte (Art. 98 et 352) ou à celui de la masse de petit équipement. (Voir ce titre.)

Les dégradations qui incombent ordinairement à l'abonnement sont constatées par des bulletins modèle 10 ; comme sous le régime de l'abonnement (art. 123), les dégradations font l'objet de procès-verbaux modèle 8 (art. 127), et les pertes, de procès-verbaux modèle 15 (voir ci-dessus.) Une dépêche ministérielle du 19 août 1861 (M) prescrit d'établir immédiatement ces procès-verbaux sous le régime de clerc à maître comme sous celui de l'abonnement. (Voir l'alinéa 3° ci-dessus.)

Toutes les dépenses au compte de l'État sont détaillées dans des mémoires trimestriels (mod. 17), visés par le sous-intendant militaire qui s'assure que les inscriptions faites sur le mémoire sont en concordance avec les bulletins et qu'aucune dépense n'a été mise indûment au compte de l'État. Ces

(1) Les corps mobilisés passent sous le régime de clerc à maître le jour de la réception de l'ordre de mobilisation ; à partir de cette date, toutes les dépenses sont au compte de l'État (art. 363), les mémoires sont mensuels et la prime est uniformément de 25 %. (Même article.)

mémoires timbrés et portant quittance de l'armurier sont produits à l'appui du relevé annuel. (Art. 174 du règlem[t].) Ces dispositions modifient celles de l'instruction du 1er mars 1881, page 355. L'instruction du 24 avril 1884, pages 503 et 505, dispose, qu'à l'armée toutes les pertes et détériorations doivent être contatées par des procès-verbaux modèle n° 15 du 1er mars 1880, dont des extraits sont adressés à la portion centrale des corps; mais l'art. 352 du règlement du 30 août 1884, rappelant l'art. 97, prescrit pour les détériorations l'établissement de procès-verbaux modèle n° 8.

Les tarifs en vigueur pour les corps sous le régime de l'abonnement sont applicables au régime de clerc à maître (art. 179), mais il est accordé aux armuriers, dans ce dernier cas, 10 0/0 en sus du montant total des prix des réparations, ainsi que des dépenses d'entretien des armes en magasin, lorsque le corps est un régiment composé de plusieurs bataillons, escadrons ou batteries, et 20 0/0 lorsque le corps est composé d'un seul bataillon ou escadron et au-dessous.

La prime de 10 0/0 est applicable aux bataillons détachés de l'intérieur en Algérie (1).

L'armement de réserve donne droit à la même majoration que l'armement affecté au corps. (Art. 175.) Les dépôts d'armes appartenant à d'autres corps donnent droit à une prime de 10 0/0 à l'intérieur et à 20 0/0 hors du territoire. (Note du 27 octobre 1883, page 514.)

Ces primes sont toujours supportées par l'Etat (art. 175) et jamais par la masse individuelle ou de petit équipement. (Art. 179.) Elles sont décomptées sur le montant t tal des sommes dues pour les réparations exécutées, soit au compte des hommes, soit au compte de l'Etat et pour l'entretien des armes en magasin. (Art. 176 et tarif du 6 décembre 1883, page 647 S.) Toutefois, elles ne doivent pas porter sur les *brosses et autres ustensiles*, nécessaires pour l'entretien des armes en magasin, par la raison qu'en principe les instruments sont à la charge du chef-armurier (circ. du 16 octobre 1862, page 878, et solution ministérielle du 22 avril 1864 M), mais elles doivent porter sur les graisses et huiles employées. (Note du 27 octobre 1883, page 515.) L'expédition des armes ne donne droit à aucune prime. (Dép. du 12 juin 1880 M.) La dépense d'achat desdites brosses ne doit pas non plus être mise au compte de l'Etat et, par suite, figurer dans le relevé annuel des dépenses. (Dép. du 9 avril 1864 M.)

Dépenses au compte de la masse individuelle ou de petit équipement.

(Voir ci-dessous, pages 686 et 689, pour les dépenses accessoires.)

RÉPARATIONS DES ARMES DANS LES CORPS OU DÉTACHEMENTS QUI N'ONT PAS DE CHEF-ARMURIER

Les corps ou fractions de corps qui n'ont pas de chef-armurier s'adressent, à l'intérieur, au général commandant le corps d'armée pour obtenir la désignation d'un corps dont le chef-armurier soit tenu de réparer leurs armes. (Art. 139.) Il est alloué à ce dernier, en sus des prix de matières et de main-d'œuvre, une prime de 10 0/0 à l'intérieur, et de 20 0/0 hors du territoire. (Art. 177 du règlem[t] du 30 août 1884, page 52, et tarif du 6 décembre 1883, page 647 (S. (2).

Ces primes s'appliquent aux réparations, à l'entretien, au numérotage (16 octobre 1862, page 878); *elles sont calculées comme il est dit ci-dessus.*

S'il y a lieu, le transport des armes *à réparer* est effectué aux frais de l'Etat par la voie des transports généraux de la guerre. (Art. 177 du règlem[t].)

Nota. — Hors du territoire, les demandes doivent être adressées au général commandant la brigade. (Art. 139.) Toutefois, l'article 138 dispose que les détachements de la force d'un bataillon doivent entretenir eux-mêmes leurs armes au moyen du caporal ou d'un ouvrier.

RÉPARATIONS EXÉCUTÉES PAR LES ARMURIERS CIVILS

Dans le cas d'impossibilité absolue de faire réparer les armes par un armurier militaire, le corps passe un marché avec un armurier civil. Ce marché n'est valable qu'après avoir reçu l'approbation ministérielle, et il ne doit stipuler aucune condition en opposition avec le règlement.

La prime allouée à cet armurier civil ne peut dépasser 30 0/0 en sus des prix ordinaires à l'intérieur et 40 0/0 hors du territoire. (Art. 178 du règlem[t] du 30 août 1884.)

Cette prime est calculée comme il est indiqué ci-dessus et n'incombe jamais à la masse individuelle ou de petit équipement. (Art. 179.)

ARMES DES CORPS EN CAMPAGNE QUI NE PEUVENT DISPOSER D'ARMURIERS MILITAIRES

(Voir ci-dessus pour les corps en Tunisie et en Algérie.)

Les réparations des armes des corps qui n'ont pas d'armurier sont faites par les armuriers des corps qui doivent leur fournir les pièces d'armes.

Les pièces d'armes nécessaires aux corps ou détachements qui n'emportent pas avec eux de caisse d'armurier leur sont fournies par d'autres corps, ainsi qu'il est indiqué ci-après :

1° Dans un corps d'armée : au bataillon du génie (moins les sapeurs-conducteurs) par le bataillon de chasseurs; à toutes les troupes d'artillerie, aux sapeurs-conducteurs du génie, à la gendarmerie, par le

(1) Pour les fractions de corps détachées en Algérie ou en Tunisie, se reporter à la circulaire du 16 octobre 1881 (M) et à la note du 27 janvier 1883, page 80.

(2) En temps de guerre et dans tous les corps mobilisés, la prime est uniformément fixée à 25 0/0 dans tous les corps. (Art. 363.)

régiment d'artillerie de corps; aux troupes d'administration, aux chasseurs forestiers, aux douaniers, par le régiment d'artillerie de corps; pour les pièces de sabre d'adjudant, par le bataillon de chasseurs;

2° Dans une division de cavalerie indépendante, aux batteries à cheval et aux troupes d'administration attachées à la division, par le 1er régiment de cavalerie légère (dans l'ordre des numéros). Ces mesures peuvent néanmoins être modifiées par les généraux commandant les corps d'armée ou les divisions. (Art. 361 du règlemt du 30 août 1884, page 107.)

Pour le surplus, voir les dispositions des articles 333 et suivants dudit règlement.

ARMES EN MAGASIN SOUS LE RÉGIME DE CLERC A MAITRE

Les armes en magasin, dans les corps sous le régime de clerc à maître, sont entretenues sous le même régime et donnent droit à la même majoration que les armes en service. (Art. 175 du règlemt du 30 août 1884, page 52.)

(Voir ci-dessus pour le décompte de cette prime.)

PASSAGE DU RÉGIME DE CLERC A MAITRE A CELUI DE L'ABONNEMENT

Lorsque les bataillons ou escadrons actifs rentrent sur le territoire, les armes de toutes les portions du corps stationnées ou rentrées en France sont visitées en présence du sous-intendant militaire, des membres délégués du conseil d'administration, du lieutenant d'armement et du chef-armurier.

L'état des armes rapportées est ensuite constaté par un procès-verbal (Mod. XVIII) mentionnant les réparations au compte de l'Etat, qui doivent être faites avant qu'elles ne rentrent sous le régime de l'abonnement. Ce procès-verbal est dressé en double expédition : une pour le ministre, l'autre est conservée par le corps pour être remise à l'inspecteur des armes.

La dépense imputable à l'Etat, jugée nécessaire, d'après l'avis du sous-intendant, pour remettre les armes en bon état de service, est allouée par une décision spéciale du ministre, qui autorise le corps à en porter le montant dans les dépenses accessoires du relevé annuel, mais sans bonification de prime au profit de l'armurier.

Si des armes ne doivent pas être réparées ou ne doivent l'être qu'en manufacture, il n'est porté pour elles aucune imputation sur le procès-verbal, mais on doit mentionner le fait et indiquer le modèle, le numéro des armes et les dégradations. Ces armes sont mises à part pour être présentées au capitaine inspecteur d'armes qui provoque une décision ministérielle.

On opère comme il est indiqué ci-dessus pour les détachements hors du territoire fournis par un corps à l'intérieur placé sous le régime de l'abonnement, lorsque ces détachements rentrent en France. (Art. 182 du règlemt du 30 août 1884, page 54.)

L'abonnement pour les armes rentrées en France recommence à partir de la date de l'approbation du procès-verbal mod. XVIII par le ministre. Les réparations approuvées sont exécutées de suite, mais elles ne sont payées à l'armurier qu'au fur et à mesure de leur achèvement. (Art. 54.) Si les armes doivent être versées dans les magasins de l'artillerie, on surseoit aux réparations et l'on opère comme il est indiqué pour le versement d'armes. (Art. 183.)

Lorsque le dépôt d'un corps sous le régime de l'abonnement reçoit des armes d'un détachement hors du territoire, le conseil central se conforme aux dispositions rappelées ci-dessus. (Art. 184.)

Pour les corps mobilisés remis sur le pied de paix, on se conforme aux art. 350, 364 à 366.

Entretien des armes des réservistes ou territoriaux pendant les périodes d'instruction.

1° CORPS SOUS LE RÉGIME DE L'ABONNEMENT

Aux termes de l'article 168 du règlement du 30 août 1884, page 49, les armes du service courant délivrées aux réservistes ou territoriaux, dans les corps placés sous le régime de l'abonnement, continuent à rester sous ce régime; seulement, comme ces hommes n'ont pas de fonds de masse, toutes les réparations qui tombent ordinairement à la charge de la masse individuelle ou de petit équipement, sont mises au compte de l'Etat. Toutefois, ces réparations ne doivent pas dépasser le maximum fixé par le ministre. (Art. 168.) (Voir ci-après la fixation.)

Lorsque les armes distribuées à ces militaires sont prélevées sur la réserve des corps ou délivrées par l'artillerie à titre temporaire, les réparations de toute nature sont à la charge de l'Etat et exécutées par l'artillerie si les armes ont été tirées de ses magasins, ou par le chef-armurier du corps lorsqu'il s'agit d'armes prélevées sur la réserve entretenue par ce corps. Les mémoires de cet ouvrier sont décomptés d'après les prix du tarif sans bonification de prime. (Art. 169.) Les dégradations sont consignées dans un procès-verbal (mod. XVIII) (art. 53 pour les réservistes et 55 pour les territoriaux), qui est joint au relevé annuel des dépenses. (Nomencl. XX, page 151.)

Le mémoire est conforme au mod. XV dans les corps sous le régime de l'abonnement et au mod. XVII dans les autres.

2° CORPS SOUS LE RÉGIME DE CLERC A MAITRE

Dans les corps placés sous le régime de clerc à maître, les réparations des armes dont il s'agit sont toutes supportées par l'Etat, c'est-à-dire payées directement au chef-armurier sur les fonds de l'armement si les armes sont réparées dans les corps. (Art. 174 du règlemt et circ. du 14 octobre 1875 M.)

Pour le surplus, se reporter aux dispositions ci-dessus.

3° DISPOSITIONS COMMUNES AUX DEUX RÉGIMES

Une circulaire du 14 mars 1882 (M) dispose que la dépense nécessaire pour remettre en état les armes des réservistes ou territoriaux après chaque période d'instruction, ne doit pas dépasser 0,50 c. par homme, et les corps où ce chiffre est dépassé peuvent être rendus pécuniairement responsables.

De plus, la circulaire du 24 mars 1884, page 272, prescrit de vérifier sévèrement les motifs qui peuvent faire proposer la mise au compte de l'Etat des pertes d'objets et armes, et de s'assurer que les officiers ne sont pas en défaut.

Pour la constatation des pertes d'armes, voir ci-dessus, page 683.

La circulaire du 31 mars 1878 (M) dispose que les armes employées pour l'instruction des hommes de l'armée territoriale, faisant partie de la première série convoquée, doivent, autant que possible, être utilisées pour les séries suivantes. Dans ce cas, elles ne sont reversées en magasin qu'après le départ de la dernière série.

L'art. 53 du règlement prescrit de réintégrer les armes dans les quatre jours qui suivent le renvoi des hommes.

Dépenses accessoires au compte de l'Etat.

SERVICE DE L'ARMEMENT (*Suite du § précédent numéroté 2*).

Il est alloué aux corps divers frais imprévus qui, par leur nature, ne peuvent être imputés sur l'abonnement. Ces dépenses supplémentaires doivent toujours être justifiées en liquidation par la production des décisions ministérielles qui les ont autorisées et par les mémoires de l'armurier Mod. XV. (Art. 166 du règlemt du 30 août 1884, page 49.)

Ces dépenses sont les suivantes :

1° *Achat de pièces d'armes.* — Les pièces d'armes et d'accessoires employées pour les réparations doivent provenir des manufactures de l'Etat. (Art. 141 du règlemt et tarif du 6 décembre 1883, page 645 S.)

A l'intérieur, les corps s'approvisionnent de pièces d'armes directement près des manufactures d'armes. Elles sont fournies, savoir :

Par la manufacture de Châtellerault aux corps stationnés dans le gouvernement de Paris et dans les 3e, 4e, 5e, 9e, 10e et 11e corps d'armée ;

Par la manufacture de Saint-Etienne, aux corps stationnés dans le gouvernement de Lyon et dans les 1er, 2e, 6e, 7e, 13e, 14e et 15e corps d'armée.

Par la manufacture de Tulle, aux corps stationnés dans les 8e, 12e, 16e, 17e et 18e corps d'armée. (Art. 142 du règlemt du 30 août 1884.)

De plus, la note du 6 décembre 1883, page 646 (S), indique que la manufacture de Saint-Etienne fournit seule les pièces de carabines de cavalerie et de gendarmerie et celles de revolver (modèle 1873) ; la manufacture de Châtellerault, les pièces pour armes blanches. Quant aux pièces de mousquetons, elles sont fournies par les manufactures de Châtellerault et de Tulle (6 décembre 1883).

Dans certains cas déterminés par le ministre, les corps s'approvisionnent dans les directions d'artillerie (Art. 156 du règlemt.)

Hors du territoire, les corps s'approvisionnent au parc du corps d'armée, et la cavalerie indépendante au parc du corps d'armée le plus à proximité. (Art. 360.)

En Algérie, les pièces d'armes sont délivrées par la direction d'artillerie de chaque province, au prix du tarif en vigueur, sur la remise du récépissé de versement au Trésor et d'une facture revêtue d'une déclaration de versement. (Art. 143.)

En Tunisie, ce sont les parcs de Sousse et de la Goulette qui délivrent ces accessoires. (Circ. du 16 octobre 1880 M.)

En campagne, les corps se réapprovisionnent au parc du corps d'armée. (Art. 360.)

Les demandes des pièces d'armes (mod. 13) sont adressées par les corps au directeur de la manufacture qui dessert la région dont ils font partie. Elles sont produites en deux expéditions, dont une d'elles est revêtue du reçu du directeur. (Art. 144.)

Les pièces d'armes sont payées sur les fonds généraux de la caisse des corps (*au titre du fonds spécial de l'armement*) aux entrepreneurs des manufactures. Ces paiements s'effectuent au moyen de mandats tirés sur les conseils d'administration par les entrepreneurs et payables à la caisse des corps. (Art. 145.)

Les frais de correspondance, de timbres, de factures et de quittances sont à la charge des entrepreneurs des manufactures. (Art. 149 du règlemt et note du 6 décembre 1883, page 645 S.)

Les pièces d'armes sont expédiées aux frais de l'État par les transports de la guerre. (Art. 147 du règlemt.)

Les corps doivent être pourvus en tout temps des quantités de pièces d'armes nécessaires pour effectuer le chargement de la caisse de pièces d'armes et d'outils à emporter en campagne. (Circ. du 6 septembre 1878 (M) et art. 358 du règlemt.) Voir le § 10, ci-après.

Les pièces d'armes sont remises par le conseil d'administration au chef-armurier au fur et à mesure des besoins. La valeur lui en est retenue lorsqu'il règle son compte à la fin de chaque trimestre. (Art. 153 du règlemt.) Ce prix est celui fixé par le tarif du 6 décembre 1883, page 645 S. Il est établi à cet effet une facture mod. n° 11 annexé à l'instruction du 1er mars 1880. (Art. 131 de cet instr., page 399.) Le montant de ces retenues est pris en recette au fonds spécial de l'armement, l'avance en étant faite sur ce fonds.

Nota. — Dans le prix des réparations fixé par les tarifs, se trouvent comprises la main-d'œuvre et la valeur des pièces d'armes. (Voir les prix du tarif du 6 décembre 1883, page 645 S.)

Les pièces d'armes défectueuses, reconnues non recevables par le capitaine d'artillerie inspecteur, sont renvoyées à la manufacture et remplacées. (Art. 151 du règlemt.)

Les pièces neuves que les corps sont autorisés (par le ministre) à verser dans les magasins de l'artillerie, par suite de changement de modèle, sont remboursées à ces corps au prix de facture, si elles n'ont subi aucune altération. Dans le cas contraire, elles sont imputées à qui de droit.

Il est délivré au corps un récépissé indiquant le montant des pièces versées calculé d'après le tarif, et cette somme est comprise dans le relevé annuel, lequel est appuyé du récépissé (art. 158 du règlemt) ainsi que d'une copie conforme de la décision ministérielle autorisant le versement. (Nomenclature XX, page 152.)

Ces versements sont justifiés dans les comptes-matières par un certificat de prise en charge ou récépissé comptable. (Instr. du 15 mars 1872, art. 8, et instr. du 1er mars 1880.) Les pièces d'armes sont inscrites à la section V du registre des entrées et des sorties. (Art. 155 du règlemt.)

Quant aux pièces réformées pour défaut de fabrication, la dépense de remplacement ne doit figurer au relevé annuel que si elle est appuyée de la copie conforme de la décision ministérielle qui a autorisé le remplacement au compte de l'État. (Circ. du 17 novembre 1879, page 331.) Les pièces d'armes hors de service sont versées au service de l'artillerie (art. 160) qui prescrit de les marquer de l'R de rebut ou d'un trait de lime.

Les pièces d'armes achetées par les corps, pour les réparations, ne faisant pas partie du matériel de l'artillerie mis à la disposition de ces corps, la sortie des écritures, en cas de perte, a lieu sans autorisation ministérielle. Il suffit qu'elle soit constatée par le sous-intendant militaire, lequel donne des ordres pour que le montant des objets perdus soit versé à la caisse du corps. (Fonds de l'armement.) Dépêche du 25 octobre 1880 M.)

1° bis. *Changements dans les prix des pièces d'armes.* — Lorsque les tarifs sont modifiés, les pièces d'armes sont livrées à l'armurier au prix du nouveau tarif. La somme représentant la diminution de valeur des pièces non encore employées et payées antérieurement par le corps à un prix supérieur au prix nouveau, est à la charge de l'État et remboursée au corps qui la porte dans son relevé annuel de dépenses, après, toutefois, en avoir déduit, s'il y a lieu, la somme représentant l'augmentation de valeur des pièces payées à un prix inférieur. (Cette opération est constatée par un procès-verbal du sous-intendant militaire qui est joint au relevé annuel. (Art. 157.)

2° *Frais de caisses et d'emballage des pièces d'armes reçues des manufactures.* — Sont à la charge du service de l'armement. Les corps acquittent ces dépenses sur les fonds généraux de leurs caisses et en sont remboursés en les portant dans le relevé annuel des dépenses de l'armement, lequel est appuyé des quittances des expéditeurs. (Art. 148 du règlemt, et note du 6 décembre 1883, page 646 S.) L'art. 148 recommande de comprendre dans le même paiement les frais de plusieurs envois. Ces quittances doivent être revêtues des signatures des membres des conseils d'administration des corps. (Diverses dépêches ministérielles.)

3° *Armes perdues et retrouvées.* (Voir *Dépenses au compte de la masse individuelle*, page 681.)

4° *Frais de transport de pièces d'armes et d'outils dans les détachements.* — Lorsqu'un chef-armurier est obligé de visiter les armes des détachements, il est indemnisé des frais de transport des pièces d'armes et outils nécessaires à l'exécution des réparations. Le corps est couvert de cette dépense provisoirement imputée sur les fonds généraux de la caisse dans le relevé annuel des dépenses de l'armement qui est appuyé du mémoire du chef-armurier. (Art 136 du règlemt du 30 août 1884.) Ce mémoire est conforme au mod. XV. (Nomenclature XX.)

5° *Indemnités de déplacement des chefs-armuriers.* — Les chefs-armuriers doivent se rendre au dépôt et dans les détachements pour assurer leur service toutefois que le chef de corps leur en donne l'ordre. Cette disposition ne s'applique pas aux détachements hors du territoire d'un corps stationné en France, mais elle s'applique aux détachements en Algérie lorsque les corps qui les fournissent sont eux-mêmes stationnés dans cette colonie.

A l'intérieur, ces déplacements donnent droit aux indemnités de route et de séjour (art. 25) et à une indemnité représentant les frais de transport des pièces d'armes et outils. (Art. 136.) Voir le § 4.

En Algérie, les corps ou fractions de corps sont autorisés à envoyer leurs caporaux ou ouvriers armuriers dans les localités où ils peuvent s'établir pour réparer les armes. Il leur est payé une indemnité calculée d'après les frais extraordinaires qu'ils ont eu à supporter. — La dépense est comprise dans le relevé annuel à produire au titre du service de l'armement. (Art. 25.) Elle est justifiée par un état émargé et des extraits de feuilles de route certifiés par le sous-intendant militaire. (Nomenclature XX faisant suite au règlemt.)

Les chefs-armuriers autorisés à se rendre dans les manufactures de l'Etat reçoivent les indemnités de route et de séjour pendant 15 jours au plus à moins d'autorisation ministérielle (Art. 26.)

6° *Frais de marquage et de numérotage des armes.* — Les armes reçoivent dans les manufactures des estampilles et des poinçons, ainsi qu'un numéro matricule avec une lettre de série. Ce numéro est conservé pendant toute la durée de l'arme. (Art. 81 du règlemt du 30 août 1884.) Les nécessaires d'armes sont marqués du numéro de l'arme à feu. (Art. 83.) Les épées de sous-officiers, modèle 1857, et les sabres de cavalerie légère qui n'ont pas reçu de numéros matricules en manufacture reçoivent un numéro de série dans les corps. (Art. 82.)

Les fusils, carabines et mousquetons portent, en outre, sur la plaque de couche, la marque du corps auquel ils appartiennent. (Art 84.) Ces marques sont celles indiquées par le tableau C annexé à l'instr. du 30 août 1884, qui fait suite au règlement.

Lorsque des armes sont versées à d'autres corps, l'on change les numéros de série s'il s'agit d'armes n'ayant pas de numéro matricule, les anciennes marques apposées sur les plaques de couche. (Art. 85.)

Les dépenses qui résultent de cette opération (effacement et marquage) sont payées à l'armurier sur mémoire en sus de l'abonnement ; le corps en est remboursé dans le relevé annuel. (Art. 86.) Le mémoire est conforme au mod. XV. (Nomenclature XX, page 151.)

Il n'est fait aucune allocation spéciale pour la réapposition des numéros sur des pièces d'armes réparées ou remplacées ; le prix de cette opération est compris dans celui du remplacement.

La réapposition des numéros matricules ou de la marque de la plaque de couche, effacés par suite d'usure, est toujours au compte de l'abonnement. (Art. 86.)

Le tarif en vigueur est du 6 décembre 1883, page 645 S.

7° *Remboursement de sommes versées au Trésor par double emploi.* — A lieu directement par le ministre sur la réclamation des parties prenantes appuyée des deux récépissés de versement ou des deux déclarations de versement. (Art. 199 du règlemt du 30 août 1884.)

8° *Armes en essai.* — Pour les armes en expérience dans les corps, les réparations nécessaires pendant la durée de leur mise en service sont à la charge de l'Etat et exécutées par l'artillerie ou payées au chef-armurier, sur mémoire, d'après les prix du tarif sans bonification de prime. (Art. 169 du règlemt.)

La dépense est comprise dans le relevé annuel des dépenses.

9° *Primes journalières de travail des chefs-armuriers qui ne touchent pas la solde de l'artillerie.* — Le décret du 25 février 1854, page 32, portant organisation des chefs-armuriers, disposait (art. 9) qu'une prime journalière de travail, à fixer par le ministre, pourrait leur être accordée sur les fonds de l'armement.

Mais l'article 25 du règlement du 30 août 1884 dispose que ces chefs-armuriers auront tous droit, à partir du 1er janvier 1885, à la solde de l'artillerie. Cette mesure entraîne la suppression de la prime pour ceux d'entre eux qui ne percevraient pas cette allocation. En cas de déplacement, les indemnités de route et de séjour attribuées par les tarifs aux adjudants ou aux maréchaux des logis chefs leur sont accordées suivant qu'ils sont à la 1re ou à la 2e classe. (Art. 25.)

10° *Caisses pour pièces d'armes.* — Les pièces d'armes sont conservées dans une caisse à compartiments fermée à clef ; elles sont entretenues par les soins et aux frais du chef-armurier. Les réparations et, s'il y a lieu, le remplacement de la caisse sont supportés par les fonds de l'armement et payés à l'armurier sur mémoire. (Art. 154.) Les bois de monture sont empilés dans un lieu sec et aéré (Idem).

Une circulaire du 6 septembre 1878 (M) et l'article 358 du règlement du 30 août 1884 disposent en outre que les chefs-armuriers des corps désignés page 681, doivent emporter en campagne une caisse contenant les pièces d'armes et les outils nécessaires pour procéder aux réparations.

La caisse est fournie vide, les réparations nécessitées par le remplacement de parties de la caisse sont payées au chef-armurier sur facture, en tant que les dégradations ne proviennent pas de sa faute. (Art. 358.) Voir les notes des 27 janvier 1883, page 80, et 21 juillet, page 107, et se reporter à la page 681 ci-dessus.

11° *Indemnités pour pertes d'outils et autres objets d'armurerie appartenant aux chefs-armuriers.* — Par une dépêche du 3 septembre 1872, n° 20656, le ministre a accordé au chef-armurier du 7e régiment de lanciers une indemnité de 171 fr. 50 c., représentant la valeur des outils et autres objets d'armurerie, appartenant à ce chef-armurier, qui avaient été pris par l'ennemi à la capitulation de Sedan.

La perte, par cas de force majeure, avait été constatée en temps opportun (le 3 septembre 1870), par procès-verbal du sous-intendant militaire chargé de la surveillance administrative du corps. La dépense a été comprise (en raison de ce qu'elle concernait l'exercice 1870), dans un compte supplémentaire au titre de l'exercice 1870, appuyé du procès-verbal de perte et d'une copie de la dépêche ministérielle portant autorisation de paiement sur les fonds de l'artillerie. (Dép. du 3 septembre 1872.) Aujourd'hui, un extrait du procès-verbal suffit. (Art. 251 du décr. du 1er mars 1880 et circ. du 11 février 1881, page 56.)

Une dépêche du 31 août 1871 a alloué 297 fr. 68 c. au chef-armurier du 15e bataillon de chasseurs à pied pour une perte faite dans des circonstances semblables.

12° *Modifications à l'armement prescrites par le ministre.* — Les modifications apportées aux armes par ordre du ministre sont exécutées au compte de l'Etat. Exemple :

La circulaire du 16 octobre 1874 (M) et celle du 20 janvier 1875 (M) relatives à la mise en place de curseurs de hausse à rallonge pour fusil modèle 1866, allouent 0,20 c. par curseur, dépense imputable sur les fonds de l'armement et, comme telle, comprise dans le relevé modèle n° 21 *bis* des avances remboursables. (Pièces de dépenses distinctes.)

13° *Fourniture des caisses d'armes.* — Aux termes de l'article 46 du règlement du 30 août 1884, il doit être mis à la disposition des corps un certain nombre de caisses vides délivrées à titre définitif, pour leurs besoins ordinaires. Le nombre en est fixé par le tableau B de l'instruction du 30 août 1884 annexée au règlement. La délivrance en est autorisée par le général commandant le corps d'armée. Lorsque le nombre en est insuffisant, le conseil d'administration adresse une demande supplémentaire au général qui, s'il y a lieu, en prescrit la délivrance par la direction d'artillerie. (Art. 62.)

Les versements de caisses d'armes à l'artillerie ont lieu, sur la demande des corps, d'après les ordres du commandant de corps d'armée. Les caisses de supplément doivent être reversées dès qu'on n'en a plus besoin. En cas de réintégration dans les magasins de l'artillerie, les caisses d'armes doivent toujours être versées complètes. Les pièces qui manquent sont imputées aux corps détenteurs sur les fonds généraux de leur caisse (fonds divers), sauf remboursement par qui de droit. (Art. 73 du règlemt.) La circulaire du 3 août 1864, page 961, ajoute que les frais courants d'entretien et de réparation des caisses en service doivent être supportés par la masse générale d'entretien.

Le prix des caisses d'armes est déterminé par la nomenclature du matériel du service de l'artillerie.

Le tarif du 17 octobre 1851, page 243, fixe comme il suit le prix des pièces diverses des caisses d'armes :

Couvercles	1 80	Liteaux	» 05
Fond	1 70	Planchettes fortes	» 08
Côté	1 70	Planchettes minces	» 06
Tête	» 60	Barres	» 11
Grands tasseaux	» 25	Vis à bois (et nomenclature du matériel)	» 05
Petits tasseaux	» 15		

(Voir au titre *Versements d'armes* pour le transport.)

Les versements de caisses d'armes vides d'un corps à un autre sont autorisés ou ordonnés par les commandants de corps d'armée. Elles sont visitées en présencede deux officiers délégués des corps, et le prix des réparations est imputé au corps livrancier. La dépense est prélevée comme ci-dessus. (Art. 80 du règlement.)

14° *Banderoles, étuis et drapeaux ou étendards.* — (Voir *Habillement*, page 139.)

15° *Chauffage des magasins d'armement.* — Lorsqu'il est nécessaire de chauffer les magasins d'armement pour éviter les dégradations provenant de l'humidité des locaux, le chauffage ne peut être autorisé que pour des périodes limitées sur procès-verbal motivé dont une ampliation est adressée au ministre comme compte rendu. Ce procès-verbal, approuvé par l'intendance militaire, doit indiquer la nature du combustible à employer et le montant de la dépense, laquelle est imputable au budget de l'artillerie et doit, par conséquent, être comprise dans le relevé des dépenses au compte de l'armement. Ce relevé est apppuyé du procès-verbal approuvé par l'intendant militaire. (Dép. du 22 mars 1882 (M), qui dispose en outre que l'autorisation de chauffer ne doit être accordée que dans des cas tout à fait exceptionnels et seulement lorsque le service du génie peut disposer des poêles nécessaires et s'il peut en être fait usage sans crainte d'incendie.)

16° *Dépenses relatives aux exercices de tir des bataillons scolaires.* — (Arrêté du 6 juillet 1882, page 6.)

17° *Frais d'achat de papier-paille pour l'emballage des armes et munitions destinées aux gendarmes réservistes et territoriaux et à expédier du chef-lieu de compagnie dans les brigades en cas de mobilisation* — (Note du 3 juillet 1884, page 18.)

18° Lorsque, pour des raisons spéciales, le capitaine inspecteur d'armes juge qu'il y a lieu d'accorder à un armurier une gratification ou une indemnité pécuniaire, il en fait l'objet d'une demande spéciale au ministre, qui est jointe au travail de visite du corps. Cette demande est annotée et visée par le conseil d'administration. (Art. 321 du règlemt du 30 août 1884.) Le ministre en fixe la quotité et en autorise le paiement, s'il y a lieu. Ces dépenses sont justifiées par une copie ou un extrait de la décision ministérielle et un état émargé, timbré à 0,10 c. seulement, de la partie prenante (modèle n° 2 de l'instr. du 1er mars 1880), dont le montant est compris dans le relevé annuel. (Nomenclature XX des pièces à produire à l'appui de ce relevé, page 152.)

Dépenses au compte de la masse générale d'entretien.

1° *Frais d'entretien des caisses d'armes.* (Voir ci-dessus, § 13.)

2° *Frais d'entretien des fusils d'enfants de troupe.* — Aux termes d'une dépêche ministérielle du 1er novembre 1861 (M) et de la circulaire du 3 août 1864, page 960, les dépenses d'entretien des armes affectées aux enfants de troupe incombent à la deuxième portion de la masse générale d'entretien, ou de qui de droit, quand les dégradations sont attribuées à la négligence ou au mauvais vouloir des détenteurs ;

3° *Frais de transport des armes et caisses d'armes vides destinées aux corps de troupe ou réintégrées par eux.* — Lorsque l'établissement d'artillerie livrancier n'est pas éloigné de plus de 12 kilomètres (aller et retour), les corps font prendre leurs armes par des détachements. Un officier assiste à la délivrance. (Art. 63 du règlemt du 30 août 1884, qui dispose que chaque homme ne doit jamais porter plus de deux fusils.)

Quand la distance excède 12 kilomètres aller et retour, le transport est effectué aux frais de l'Etat, par les transports de la guerre. Dans ce cas, les armes sont encaissées.

La même règle est observée pour les caisses d'armes vides.

Les corps sont autorisés à passer des marchés spéciaux quand la distance est au-dessous de 12 kilomètres (aller et retour) si le transport à bras paraît trop fatigant pour les hommes et que les voitures régimentaires soient insuffisantes. Dans ce cas particulier, la dépense est supportée par la masse générale d'entretien. (Art. 63 du règlem^t du 30 août 1884.)

Ces dispositions sont applicables aux versements d'armes ou de caisses d'armes. (Art. 74.)

4° *Frais divers des magasins d'armement.* (Voir ci-dessus, page 677.)

Dépenses au compte des officiers comptables (pertes, déficits).

Les déficits à imputer aux comptables sont constatés par des procès-verbaux évaluatifs (mod. n° 12 annexé à l'instr. du 1er mars 1880), et soumis en simple expédition à l'approbation du ministre. (Art. 258 de l'instr. du 1er mars 1880, page 410, et circ. du 11 février 1881, page 56.) Les conseils d'administration étant seuls responsables envers l'Etat, sauf recours contre qui de droit, les procès-verbaux doivent conclure à l'imputation au compte de ces conseils et non viser les officiers en défaut. (Dép. du 1er février 1881 M.)

Le montant de l'imputation est versé au Trésor et le versement est constaté par un récépissé, qui est adressé au ministre, et par une déclaration de l'agent du Trésor apposée au bas d'un extrait du procès-verbal.

Cette déclaration reste dans les archives du corps comme renseignement. Un autre extrait du procès-verbal appuie la sortie dans les comptes-matières. (Instr. et circ. précitées.)

L'article 8 du décret du 19 novembre 1871 dispose que la responsabilité des comptables s'étend à la qualité, aux quantités, à la conservation et à la sortie du matériel confié à leur garde.

Nota. — Le montant des versements au Trésor est porté en dépense aux fonds divers, et les retenues exercées sur le traitement des officiers sont prises en recette aux mêmes fonds.

Les procès-verbaux (mod. n° 7) constatant les excédents sont soumis à l'approbation définitive des intendants militaires, et un extrait appuie l'entrée dans les comptes-matières. (Art. 258 de l'instr. du 1er mars 1880.)

Dépenses au compte des chefs de corps ou des conseils d'administration (pertes, déficits, etc.)

Sont à la charge du chef de corps ou du conseil d'administration toutes les dépenses nécessitées par une infraction au règlement prescrite ou simplement tolérée dans le corps. (Art. 167 du règlement du 30 août 1884.) Les imputations de cette nature ne sont faites qu'après décision spéciale du ministre. (Art. 126 dudit règlem^t et 258 du décret du 1er mars 1880.) Une lettre collective ministérielle n° 1, en date du 12 août 1882, rappelle que les fonctionnaires de l'intendance ne peuvent *imputer* directement *aux corps* la valeur d'objets appartenant au service de l'artillerie et notamment celle d'étuis vides perdus pendant les grandes manœuvres, par la raison que les déficits mis à la charge des conseils d'administration doivent être soumis préalablement à l'approbation du ministre, conformément à l'article 258 du décret précité. Cette même lettre fait d'ailleurs remarquer que l'article 25 de ce décret ne s'applique qu'aux détenteurs sans masse individuelle, responsables vis-à-vis des conseils d'administration, et non à ces mêmes conseils ou capitaines-commandants, seuls responsables vis-à-vis de l'Etat. L'article 70 du règlem^t du 30 août 1884, relatif aux versements de matériel dans les magasins de l'artillerie, ajoute que si les dégradations constatées paraissent de nature à être imputées au chef de corps ou au conseil d'administration, le directeur en rend compte au ministre dans un rapport spécial.

Sont également au compte des conseils d'administration les sommes qu'ils omettent d'imputer aux masses individuelles pour des dégradations provenant de la faute des hommes, ainsi que les retenues illégales. (Art. 200.)

Dépenses au compte des officiers.

(Voir, pour la responsabilité des officiers commandant une portion de corps, au titre *Habillement*, pertes d'effets, page 78.)

Les officiers sont chargés de se pourvoir à leurs frais des armes prescrites par les règlements. (Voir les descriptions d'uniforme.)

La circulaire du 13 avril 1875 (M) dispose que le revolver, modèle 1874, adopté pour les officiers de toutes armes, leur sera délivré moyennant le versement au Trésor d'une somme de 50 francs, en représentant la valeur. (Voir *Demandes d'armes*, page 676.)

En outre, cette circulaire autorise les corps à faire l'avance de cette somme, et celle du 10 mai 1875 prescrit de la faire rembourser à raison de 5 francs par mois.

Nota. — Dans ces conditions, les dépenses et les recettes que nécessite cette fourniture doivent figurer aux fonds divers et faire l'objet d'un chapitre spécial au Carnet.

La circ. du 27 juillet 1876 met aussi à leur charge l'étui de revolver; cet objet est acheté directement par eux. Le prix de la nomencl. du 30 décembre 1880 est de 6 fr. 06.

Dépenses au compte du budget des Écoles militaires ou régimentaires.

Dans les écoles militaires, les dépenses d'entretien de l'armement sont à la charge des fonds du matériel de ces établissements. (Art. 35 du règlem^t du 15 décembre 1875, inséré 1er semestre 1876, page 433.) Sont aussi au compte du budget des écoles régimentaires les tableaux sur l'entretien des armes. (Voir *Casernement.*)

Dépenses au compte du service des frais de route.

(Voir *Indemnités de déplacement*, page 687.)

Dépenses de frais de bureau de l'officier d'armement. — Sont au compte de l'officier d'habillement. (Art. 8 du règlem[t] du 30 août 1884.)

VERSEMENTS D'ARMES DANS LES MAGASINS DE L'ARTILLERIE

DISPOSITIONS GÉNÉRALES

Les corps ne peuvent effectuer de versements d'armes qu'après en avoir reçu l'autorisation du ministre, sauf les cas où il s'agit de prélèvements temporaires précédemment exercés sur l'approvisionnement de réserve et que cet approvisionnement se trouve dans les magasins de l'artillerie.

La demande est adressée par le conseil d'administration central au général commandant le corps d'armée avec un état (mod. IV) en double expédition, indiquant le nécessaire d'après les fixations ministérielles, l'existant et l'excédent dont le versement est demandé.

Le général transmet ces deux pièces au ministre avec son avis motivé. (Art. 64 du règlem[t] du 30 août 1884.)

En Algérie, les autorisations sont accordées par le général commandant le 19e corps et les demandes des corps dont le dépôt est en France, sont adressées hiérarchiquement par les conseils d'administration éventuels. (Même article.)

Les armes ne sont pas réparées avant le versement, mais seulement nettoyées et graissées. (Art. 65.) En campagne, les armes en excédent ou hors d'état d'être réparées, etc., sont versées à l'artillerie sur l'ordre du général de brigade. (Art. 349.)

Pour le transport des armes ou caisses, voir le § 4e, page 689 ci-dessus.

Les versements (1) dans les magasins de l'artillerie sont justifiés *dans les comptes* des corps par des récépissés comptables délivrés par les établissements réceptionnaires et par un état (mod. n° 19) des sommes imputées. (Art. 8 de l'instr. du 15 mars 1872.) Le talon de cet état est renvoyé par le corps revêtu de la mention du versement au Trésor. (Art. 8 de l'instr. du 15 mars 1872 (M) et instr. du 1er mars 1880.)

NOTA. — Lorsqu'il ne s'agit que d'un versement d'ordre entre l'approvisionnement du service courant et celui de la réserve (cas prévu par la circ. du 28 janvier 1876, page 94, par l'arrêté du 30 décembre 1876 et l'article 64 du règlem[t] du 30 août 1884), c'est le général commandant la brigade ou la subdivision militaire, si le corps n'est pas embrigadé, qui donne l'autorisation de versement. (Circ. du 13 octobre 1877, page 191, et art. 51 et 64 du règlem[t].) Une expédition est renvoyée au corps pour être mise à l'appui de ses comptes et une adressée à l'établissement d'artillerie qui détient l'approvisionnement de réserve de ce corps. Cet établissement, sur le vu de l'approbation du général, reçoit les armes, lesquelles sont visitées et réparées. Le montant des imputations dont elles ont besoin reste au compte de l'Etat, s'il s'agit d'armes délivrées à des réservistes. (Art. 72 du règlem[t].)

Ces formalités remplies, elles sont replacées avec l'approvisionnement de réserve de la partie versante. (28 janvier 1876, page 95, 13 octobre 1877, page 191, et art. 72 du règlem[t].)

Les imputations se distinguent en deux catégories :

1e Celles incombant à l'abonnement dans les corps qui en ont un, ou à l'Etat dans les autres;

2[o] Celles à la charge de la masse individuelle ou de petit équipement.

En ce qui concerne la comptabilité-deniers, les formalités à remplir sont les suivantes :

1[o] *Corps sous le régime de clerc à maître.*

Avant l'expédition du matériel, le sous-intendant militaire dresse un procès-verbal (mod. V) constatant nominativement les imputations faites aux masses individuelles lors du désarmement des hommes qui étaient détenteurs des armes. Ce procès-verbal est remis au directeur d'artillerie au moment du versement. (Art. 66 du règlem[t].)

Les réparations à faire sont constatées, dans le plus bref délai possible, à l'établissement réceptionnaire, par un capitaine d'artillerie et un contrôleur d'armes délégués, en présence du garde comptable de l'établissement et de l'officier d'armement du corps ou d'un officier délégué à sa place. En cas d'absence de ce dernier, il est passé outre. Le directeur d'artillerie prévient le corps du jour de la visite. (Art. 67 du règlem[t].)

Un état des sommes imputées, modèle 18 de l'instr. du 1er mars 1880, est établi pour faire ressortir pour chaque arme le montant des réparations. (Art. 68 et 69.) Dans les corps placés sous le régime de

(1) Ces versements sont effectués au titre du service (courant ou réserve) sous lequel ce matériel figure dans les écritures ; les demandes donnent ce renseignement. (Circ. du 24 mai 1878 (M) et art. 64 du règlem[t].)

S'il s'agit de versements à charge de remboursement, le récépissé est remplacé par une facture modèle n° 11. (Nomencl. annexée à l'instr. du 1er mars 1880.)

clerc à maître, il ne comprend que les imputations faites à la masse individuelle ou de petit équipement, en vertu du procès-verbal (mod. V) ci-dessus. Le libellé de l'ordre de versement au Trésor doit dans ce cas être ainsi conçu : « Vérifié et certifié par nous, sous-intendant militaire, le présent état comprenant les imputations faites aux masses individuelles, suivant procès-verbal en date du..... et s'élevant à la somme de....., qui sera immédiatement versée dans les caisses du Trésor par le...... »

Si le procès-verbal (mod. V) n'a pas été établi ou n'est pas présenté au moment du versement, l'état des sommes imputées aux masses précitées est dressé à l'établissement. Dans ce cas, on remplace dans le libellé précédent les mots : « Suivant procès-verbal en date du..... », par ceux-ci : « d'après la visite des armes faite à la direction d'artillerie. » (Art. 69 du règlemt.)

En campagne, les armes versées ne donnent lieu à aucune imputation. (Art. 349.)

2° *Corps sous le régime de l'abonnement.*

Pour les corps placés sous le régime de l'abonnement, l'état des sommes imputées est dressé d'après la visite faite à l'établissement d'artillerie et comprend sans spécification toutes les réparations au compte de l'armurier et des hommes.

Le montant de cet état est imputé en totalité au corps qui en fait le versement au Trésor (Art. 69) et détermine la part qui incombe tant à l'abonnataire qu'à la masse individuelle ou de petit équipement.

Le talon de l'état (mod. n° 19) est renvoyé au directeur d'artillerie revêtu de la déclaration de versement. (Art. 8 de l'instr. du 15 mars 1872 M.)

En outre, sous ces deux régimes, les versements au Trésor sont constatés par des récépissés qui sont adressés au sous-intendant militaire (art. 69) pour être transmis (hiérarchiquement) au ministre, accompagnés d'une expédition de l'ordre de reversement. (Art. 183 du règlemt du 3 avril 1869.)

Si des dégradations sont susceptibles d'être mises au compte du chef de corps ou du conseil d'administration, le directeur d'artillerie adresse un rapport au ministre. (Art. 70.)

VERSEMENTS D'ARMES D'UN CORPS A UN AUTRE.

Les versements d'armes d'un corps à un autre ont lieu sur l'autorisation du ministre. Deux corps se remplaçant mutuellement dans leurs garnisons respectives peuvent exceptionnellement être autorisés à échanger leurs armes de réserve. Si l'armement est déposé dans les magasins de l'artillerie, le changement d'affectation est fait sur les ordres du ministre par les soins de l'établissement détenteur; le directeur d'artillerie en donne avis aux deux corps.

Lorsqu'un corps a en charge des armes destinées à l'armée territoriale et qu'il vient à faire mouvement, il verse, sur l'ordre du général commandant le corps d'armée, cet armement au corps qui le remplace ou à un autre corps de la localité. (Art. 76 du règlemt du 30 août 1884.)

Les armes qu'un corps est autorisé à verser à un autre corps sont visitées en présence du sous-intendant militaire, d'un membre délégué du conseil d'administration, du lieutenant d'armement et du chef-armurier de chaque corps intéressé. Il est dressé un procès-verbal (mod. VI) constatant toutes les réparations au compte de l'abonnement (ou de l'Etat sous le régime de clerc à maître) et au compte de la masse individuelle ou de petit équipement. (Art. 77.)

L'état des sommes imputées (mod. n° 18 de l'instr. du 1er mars 1880) au corps livrancier doit comprendre, sans spécification, toutes les réparations portées au procès-verbal VI, au compte de l'abonnement et des masses précitées, si le corps est sous le régime de l'abonnement, et seulement les réparations au compte des masses, s'il est placé sous le régime de clerc à maître. Le montant de cet état est versé immédiatement au Trésor (au titre des fonds de l'armement) et le récépissé est adressé au sous-intendant militaire. (Art. 78.)

Les réparations sont exécutées ensuite au compte de l'Etat par le corps réceptionnaire.

Le procès-verbal (mod. VI) est joint au mémoire du chef-armurier. (Art. 79.)

En campagne, les versements d'un corps à un autre sont autorisés par le général de division ou de corps d'armée. Ils ne donnent lieu à aucune imputation. (Art. 349.)

Versements d'armes mises hors d'état d'être réparées. (Voir ci-après *Réforme des armes.*)

Visite et réforme des armes.

Les armes non réparables sont comprises dans un état mod. XXX par les capitaines-inspecteurs chargés des visites annuelles. Elles sont versées à l'artillerie après autorisation ministérielle. (Art. 102 et 307 du règlemt du 30 août 1884, et art. 245 du décret du 1er mars 1880, page 381.) Quant aux pièces d'armes, elles sont réformées par ce capitaine. (Art. 305 et 308.)

Le déclassement des armes n'a lieu qu'après leur versement à l'artillerie. (Elles doivent être versées complètes, sauf le cas de perte; les pièces qui manquent sont payées par les corps. (Art. 71 du règlemt du 30 août 1884.)

L'inspecteur des armes laisse son travail cacheté au chef de corps afin qu'il soit remis à l'inspecteur général et il en adresse le double au ministre par la voie hiérarchique. (Art. 330.)

MUNITIONS

DISPOSITIONS DIVERSES

Magasins et mobilier. (Voir *Armement,* page 677.) Les cartouches de mobilisation forment un lot distinct. (Art. 241 du règlem[t] du 30 août 1884.)

Des munitions sont entretenues en outre dans les caissons de bataillon, lesquels doivent être placés dans des hangars secs et aérés et à l'abri de tout danger d'incendie. Ces hangars sont fermés à clef et la clef reste entre les mains du lieutenant d'armement. (Art. 253 du règlement.)

Formation des approvisionnements.

Les corps reçoivent des munitions pour leur instruction, pour le chargement du sac et des cartouchières (infanterie et génie) ou pour le service de sûreté et autres cas spéciaux (1), enfin, pour le cas de mobilisation.

Les munitions sont livrées confectionnées par les magasins de l'artillerie, à *l'exception des cartouches pour le tir réduit,* lesquelles sont chargées dans les corps de troupe. (Art. 202 du règlem[t] du 30 août 1884, page 59.)

Le nombre de cartouches allouées pour les exercices de tir et pour les grandes manœuvres est fixé chaque année. (Art. 203.) Pour 1885, la décision est du 26 décembre 1884, page 852 (S).

Dans les corps d'infanterie et du génie, chaque homme armé du fusil reçoit, pour le chargement du sac et des cartouches, un nombre de cartouches à balles égal à celui qu'il doit emporter en campagne (2). Les quantités à allouer pour cet objet sont calculées d'après l'effectif réel de paix en hommes armés du fusil.

La gendarmerie reçoit comme cartouches de sûreté : 18 cartouches à balle par carabine, 12 par revolver entre les mains des hommes et 12 cartouches à balle par carabine et 6 par revolver en réserve.

Ces quantités peuvent être augmentées d'après les ordres des commandants de corps d'armée.

Pour les corps autres que ceux ci-dessus, le nombre des cartouches de sûreté est déterminé par les commandants de corps d'armée.

Ces munitions sont prélevées sur les munitions d'exercice, et, s'il est nécessaire, le corps en demande le remplacement. (Art. 204.)

Il est constitué près de chaque corps un approvisionnement de cartouches dit de mobilisation. Cet approvisionnement se compose des cartouches à emporter en campagne, de celles contenues dans les caissons d'infanterie et dans la caisse blanche n° 3 portée sur chacun des fourgons à bagages (3).

Ces approvisionnements doivent toujours être au complet et à proximité du lieu de mobilisation du corps destinataire. Ils peuvent être délivrés aux corps s'ils ont des magasins suffisants, ou conservés dans les magasins de l'artillerie.

Les munitions de sûreté ou d'exercice ne font pas partie de ces approvisionnements. (Art. 206.)

Les munitions des corps de l'armée territoriale sont prises en charge, autant que possible, par les corps correspondants de l'armée active, ou par les établissements d'artillerie détenteurs des armes des corps auxquels les cartouches sont affectées. (Art. 207.)

En temps de paix, les munitions, etc., sont réparties entre le *service courant* et le service de réserve. Comptent au service de réserve celles destinées à la mobilisation et les caisses qui les renferment. Les autres sont classées au service courant. (Art. 208.) En cas de mobilisation, l'approvisionnement de réserve est versé au service courant (art. 367) et les fractions de corps détachées versent à l'artillerie les munitions qu'il n'emportent pas. (Art. 368.)

La comptabilité-matières des munitions est établie comme celle des armes, mais *les cartouches de tir réduit ne doivent pas être portées dans les écritures au titre des munitions confectionnées.* La poudre, le plomb, etc., sont toujours inscrits séparément. Les étuis de cartouches de tir réduit et ceux provenant des cartouches à balle et sans balle sont inscrits dans des colonnes distinctes sur le registre des entrées et des sorties. (Section V.)

Dans les vingt premiers jours de janvier, les corps établissent un état de situation (modèle XXII), au 31 décembre de l'année précédente, des munitions et objets divers pris en charge dans toutes les portions du corps à l'intérieur ou en Algérie. Les situations partielles des détachements doivent parvenir le 10 janvier à la portion centrale. Lorsque des étuis de cartouches tirées n'ont pu être recueillis, on en indique les causes dans la colonne d'observations, et des procès-verbaux sont dressés à ce sujet. (Art. 210.)

(1) Au nombre des cas spéciaux, sont les honneurs funèbres à rendre aux ministres de la guerre et de la marine, aux maréchaux et amiraux et aux officiers généraux. (Art. 331 du règlem[t] du 23 octobre 1883, page 459.) La demande des cartouches est adressée au ministre. (Art. 205 du règlem[t] du 30 août 1884.)

(2) Voir le tableau D annexé à l'instruction du 30 août 1884 et les instructions spéciales à la mobilisation.

(3) Les instructions spéciales à la mobilisation en fixent l'importance.

Les bataillons, etc., détachés hors du territoire, dans une contrée autre que l'Algérie, ne sont pas compris dans cette situation. (Art. 211.) En campagne, une situation modèle XXXV est adressée tous les quinze jours au commandant d'artillerie de la division ou du parc. (Art. 369.)

Confection des cartouches de tir réduit. — (Voir *Ecoles de tir.*)

Demandes de munitions. — Les munitions qu'un corps doit recevoir lui sont délivrées par l'artillerie sur un état de demande (mod. 23) pour les munitions d'exercice, établi par le conseil d'administration, visé par le sous-intendant et approuvé par le général de brigade. On porte en tête l'indication de l'article du règlement, de la décision ministérielle ou de l'ordre qui alloue les munitions. Cet état est remis au directeur ou au commandant de l'artillerie, lequel prescrit la délivrance. (Art. 212.) A l'armée, les demandes sont produites conformément à l'instruction du 28 février 1884. (Art. 373.)

Frais de transport des munitions.

Les corps sont tenus de faire prendre les munitions par des détachements dans les magasins de l'artillerie, lorsqu'ils ne sont pas éloignés de plus de 12 kilomètres, aller et retour. (Art. 224 du règlem[t] du 30 août 1884.) Si la distance excède 12 kilomètres, elles sont envoyées aux frais de l'Etat par la voie des transports de la guerre. (Art. 224 du règlem[t].) Ces dispositions sont applicables au cas de versement. (Art. 234.)

Lorsqu'un corps change de garnison, il doit emporter ses munitions, sauf dans les cas ci-après :

1° Il peut en faire le versement à l'artillerie après autorisation du général commandant le corps d'armée (art. 232);

2° Il peut être autorisé par ce même officier général à les échanger avec le corps successeur (art. 235) ;

3° Il peut, sans autorisation spéciale, verser à un autre corps les cartouches de mobilisation correspondant aux armes de réserve qu'il a été autorisé à lui verser. (Art. 237.)

Les munitions sont expédiées encaissées par la voie des transports de la guerre et aux frais de l'Etat, à l'exception des cartouches du sac et des cartouchières ou de celles du service de sûreté, lesquelles restent toujours entre les mains des hommes. Dans aucun cas, le corps ne doit confier ses munitions à une entreprise particulière de roulage. (Art. 255.) Les troupes se rendant en Algérie et en Tunisie, et *vice versa*, se conforment à la décision du 16 janvier 1885, page 28.

Pour les formalités à remplir en cas d'expédition, se reporter aux instructions ci-après :

Règlement du 30 mars 1877 inséré 2° semestre 1884, page 193, concernant les poudres et munitions ;

Arrêté du 20 novembre 1879, page 431, modifié par ceux du 21 juillet 1881 et du 30 juin 1883 rappelés au 2° sem. 1884, page 202, concernant les matières explosibles ou inflammables ;

Règlement du 10 janvier 1879, page 231, modifié par l'arrêté du 31 octobre 1882, page 320, concernant les transports de dynamite.

Frais de conservation des munitions de sûreté entre les mains des troupes.

Les cartouches à laisser entre les mains des hommes sont celles nécessaires pour les prises d'armes ou le service de sûreté. Les cartouches non consommées après les exercices de tir sont retirées et réintégrées. On ne délivre que des paquets entiers ; il est interdit de les ouvrir et les paquets ouverts sont retirés. Les hommes ne doivent pas posséder de cartouches libres. (Art. 256 du règlem[t].)

Les paquets de cartouches sont assujettis dans le sac ou dans les cartouchières avec du papier, de l'étoupe ou des chiffons, de manière à ne pas ballotter. (Art. 257.)

Par suite, les dispositions des circulaires du 16 mai 1872, page 414 ; 15 mai 1874, page 545 ; 18 juin 1874 (M) et 26 mars 1875 (M), relatives à l'achat et au numérotage d'étuis en fer-blanc pour cartouches libres, cessent d'être en vigueur.

Les marques imprimées sur les paquets de cartouches sont celles indiquées à la page 188 de l'instr. du 30 août 1884.

Munitions perdues, avariées, etc.

(Voir page 690, *Dépenses au compte des comptables, corps, etc.*)

Toute consommation de munitions non autorisée reste à la charge du chef qui l'a ordonnée.

Le montant du prix des munitions perdues ou consommées sans motif valable est imputé aux corps suivant les prix portés sur l'inventaire de l'artillerie. La perte ou la consommation est constatée par un procès-verbal de déficit dressé par le sous-intendant militaire, ou, pour les pertes dues à la faute des hommes, par un bulletin d'imputation modèle IX. (Art. 264 du règlem[t] du 30 août 1884.)

Etuis (douilles) vides des cartouches métalliques du revolver modèle 1873 et du fusil modèle 1874.

Les étuis provenant des cartouches métalliques consommées en garnison sont, sans autorisation spéciale, versés à la direction d'artillerie chargée de la délivrance des munitions.

Le nombre d'étuis versés doit être au moins égal aux 98/100 du nombre des cartouches brûlées.

Les étuis de cartouches autres que celles de revolver doivent être triés et nettoyés. Le directeur d'artillerie les fait visiter et, à la suite de cet examen, il remet au corps, en même temps que le récépissé, un état (mod. XXIV) constatant, outre le nombre d'étuis versés, le nombre de ceux qui donnent droit à la totalité des indemnités prévues (art. 268) ou à l'indemnité de triage ou de désamorçage seule. Cet état est joint au relevé annuel des dépenses. (Art. 229.)

Les étuis de cartouches métalliques consommées pendant les manœuvres sont versés sans être triés ni désamorcés. (Art. 230.)

Les étuis recueillis sont pris en recette au registre des entrées et des sorties (art. 209 et 265), et au carnet auxiliaire des munitions. (Voir le modèle.)

Il est toléré, sans imputation pour le corps et en dehors des pertes par cas de force majeure, une perte d'un nombre d'étuis égal, au plus, à 2 0/0 du nombre total des cartouches de même modèle consommées. (Art. 265.) Pour le surplus, les pertes restent au compte de l'Etat, s'il y a cas de force majeure constaté par procès-verbal mod. n° 15. (Voir ci-dessus, page 683.) Quant aux étuis perdus par les hommes pendant les exercices de tir, la valeur en est imputée à leur masse. S'il s'agit de pertes faites pendant les opérations de nettoyage, etc..., elles sont supportées par l'officier ou le militaire qui avait les étuis en charge. (Circ. du 23 janvier 1879 M.) Les officiers auxquels des cartouches à titre gratuit sont délivrées, sont aussi responsables des étuis qu'ils ne peuvent représenter. (Circ. du 21 septembre 1877 M.)

Les étuis des cartouches autres que celles de revolver sont, sauf le cas de grandes manœuvres, triés et désamorcés. On met à part les étuis rebutés; quant à ceux qui peuvent servir au chargement des cartouches à balle ou sans balle, ils sont en outre nettoyés et polis.

Les débris d'amorces et de couvre-amorces sont recueillis pour être versés à l'artillerie.

Les étuis de cartouches de revolver sont versés sans avoir subi aucune opération préalable. (Art. 266.)

Dans les corps qui n'ont pas d'armurier titulaire, les étuis sont mis en état par les soins de l'armurier chargé de l'entretien des armes. A cet effet, ils sont versés sur facture au corps auquel appartient cet armurier, lequel fait opérer les nettoyages et versements comme s'il s'agissait d'étuis provenant de ses propres cartouches. (Art. 267.)

Il est accordé aux chefs armuriers { 5 centimes pour le triage et le désamorçage de 100 étuis,
15 — pour le nettoyage et le polissage de 100 étuis.

Cette dernière somme n'est allouée que pour les étuis reconnus bons lors de leur versement à l'artillerie.

Ces allocations sont payées trimestriellement sur les fonds de l'armement, d'après les états (mod. XXIV) délivrés par les directeurs d'artillerie et acquittés par le chef-armurier. Leur montant est compris dans le relevé annuel des dépenses. Dans les corps placés sous le régime de clerc à maître, ces allocations ne donnent lieu à aucune bonification de prime. (Art. 268.)

Le nettoyage de ces étuis est exécuté conformément aux dispositions des articles 114 et 115 de l'instr. du 30 août 1884. L'article 115 énumère les outils dont il est fait usage. De plus, l'article 269 du règlement dispose que la fourniture et l'entretien des outils ou ustensiles et des matières premières sont à la charge de l'armurier. Toutefois, on lui fournit gratuitement les pinces à désamorcer, mais les frais d'entretien de ces outils lui incombent. Leur remplacement après réforme a lieu au compte de l'Etat. (Art. 269) (1).

Cartouches à délivrer aux officiers pourvus du revolver modèle 1874.

Les cartouches de revolver allouées annuellement, à titre gratuit, aux officiers de toutes armes, y compris les officiers de la réserve et de l'armée territoriale, sont délivrées comme il suit :

1° *Armée active.* — Aux officiers de troupes présents à leur corps, par le régiment dont ils font partie, et aux officiers sans troupe ou détachés, pourvus du revolver, par un corps désigné à cet effet par le général commandant le territoire.

2° *Réserve et armée territoriale.* — Pendant les stages ou périodes d'instruction à tous les officiers présents, pourvus ou non du revolver réglementaire, par le régiment de l'armée active correspondant. En outre, pour tous les officiers *pourvus du revolver*, convoqués ou non, appartenant ou non à un corps de troupe, la délivrance des cartouches est faite par un corps de l'armée active désigné par le général commandant le territoire. Les demandes individuelles doivent être adressées à ce corps dans le courant du premier mois de chaque trimestre, comprendre les cartouches d'une année et être accompagnées de la justification de la possession du revolver.

En sus des cartouches gratuites, il peut en être délivré 90 à titre onéreux chaque année. On doit produire le récépissé de versement au Trésor de leur valeur en les recevant. Ces récépissés sont joints aux états de demande que les corps adressent à l'artillerie pour se couvrir de ces distributions; il n'est pas établi d'états spéciaux; l'on se borne à ajouter ces quantités sur ceux que les corps fournissent pour leurs munitions d'exercice. (Art. 219 du règlemt.)

(1) En temps de guerre, les troupes ne sont pas astreintes à recueillir les étuis, excepté dans les places fortes et dans les sièges. (Art. 370.)

Cartouches délivrées aux sociétés de tir et aux établissements d'instruction.

L'article 220 du règlement du 30 août 1884, page 65, dispose que les délivrances de cartouches réglementaires aux sociétés de tir sont autorisées par le ministre, à qui les demandes doivent être adressées par l'intermédiaire des commandants de corps d'armée.

Les délivrances de cartouches de tir réduit aux mêmes sociétés, ainsi qu'aux établissements d'instruction, sont autorisées par les généraux commandant les subdivisions de région. (Art. 220.)

Pour les livraisons de munitions aux sociétés de tir, consulter les circulaires des 22 avril 1879 et 8 avril 1882 (M). Quant aux établissements d'instruction, il y a lieu de se reporter à l'arrêté ministériel du 6 juillet 1882, page 6.

Versements de munitions dans les magasins de l'artillerie.

Les corps ne versent leurs munitions dans les magasins de l'artillerie qu'après en avoir obtenu l'autorisation du général commandant le corps d'armée. (Art. 225 et 232 du règlem' du 30 août 1884.) En cas de mouvement, les corps peuvent obtenir cette autorisation. (Art. 232.)

Les munitions sont visitées à leur arrivée, en présence d'un officier d'artillerie, délégué par le directeur, du garde comptable et d'un officier du corps.

Quand elles ne sont pas reconnues de service, le directeur fait procéder à l'évaluation des dégradations. Les avaries sont à la charge du corps, si elles proviennent de sa faute; le prix à payer est, dans ce cas, la différence entre le prix des cartouches neuves et le prix des produits de la démolition des cartouches. Le montant de l'état des sommes imputées est immédiatement versé au Trésor. (Art. 220.) On ne doit jamais verser de cartouches de tir réduit; elles sont démolies lorsqu'elles ne peuvent être utilisées, la poudre est noyée et les étuis désamorcés, le plomb et les débris d'amorces sont versés séparément.

BARILS, BOITES A AMORCES, PLOMB, SACS, CAISSES A POUDRE, ETC.

Les débris de cuivre provenant du désamorçage des étuis, le plomb recueilli après le tir, etc., les boîtes à amorces, sacs, caisses blanches, caisses à poudre, barils vides, sangles, etc., sont versés par les corps sans autorisation spéciale. Les matières, telles que débris de cuivre, plomb, etc., sont reçues au poids.

Les caisses blanches, caisses à poudre, barils, etc., doivent être versés complets. Les pièces qui manquent sont imputées au corps. La dépense est acquittée d'abord sur les fonds généraux de la caisse du corps, sauf recours contre qui de droit au profit de cette caisse. (Art. 231.)

Les débris recueillis sont inscrits au carnet auxiliaire des munitions. (Art. 209.)

Chaque fonds de baril est payé 1 fr. (Note du 21 janvier 1850, page 76.) Les sacs sont tarifés 0 fr. 35 par la nomenclature N. Toutefois, ce prix est de 0 fr. 30 pour les sacs à capsules mod. 1866.

Pour les étuis de cartouches, se reporter à la page 694.

Versements de munitions d'un corps à un autre.

Les versements d'un corps à un autre sont autorisés par le général commandant le corps d'armée.

Deux corps se remplaçant mutuellement dans leurs garnisons respectives peuvent être autorisés à échanger leurs munitions. (Art 235 du règlem[t] du 30 août 1884, page 69.) Les munitions sont visitées en présence du sous-intendant militaire, d'un membre délégué du conseil d'administration et de l'officier d'armement de chacun des deux corps intéressés; celles reconnues de service sont remises au corps destinataire contre récépissé. Celles avariées restent en charge au corps livrancier qui en fait le versement à l'artillerie dans la forme indiquée ci-dessus. (Art. 236.)

Lorsqu'un corps est autorisé à verser à un autre des armes appartenant soit à son propre armement de réserve, soit à un corps territorial, il doit, en même temps et sans autre autorisation, verser les munitions de mobilisation affectées à ces armes. L'on se conforme aux prescriptions ci-dessus.

La même règle est applicable aux caissons à munitions de bataillon et aux caisses blanches n° 3, qui entrent dans le chargement des fourgons à bagages des régiments d'infanterie et bataillons de chasseurs. (Art. 237.)

REMBOURSEMENT DES DÉPENSES

Faites à titre d'avances pour le compte de l'Etat, pour les corps de troupe au titre du service de l'artillerie et des équipages militaires

---

L'article 22 de l'ordonnance du 10 mai 1844, modifiée par le décret du 1er mars 1880, page 363, prescrit aux conseils d'administration de poursuivre le remboursement des dépenses incombant à l'Etat, qu'ils ont été autorisés à acquitter, à titre d'avances, sur les fonds généraux de la caiss des corps.

(Art. 22.) A cet effet, ils produisent au sous-intendant militaire un relevé (Mod. n° XIX) accompagné des pièces justificatives indiquées par la nomenclature XX. (Art. 187 du règlem. du 30 août 1884, page 55.)

A la fin de chaque année, le conseil d'administration central de chaque corps résume dans un relevé annuel mod. XIX, établi en double expédition, toutes les dépenses relatives à l'entretien de l'armement faites par le corps entier, quel que soit d'ailleurs son fractionnement. Le conseil d'administration y joint les pièces justificatives, énoncées dans la nomenclature mod. XX, ainsi qu'un état de situation de l'armement mod. III. Les différences qui pourraient exister entre les chiffres de la situation de l'armement et ceux du relevé annuel (régime de l'abonnement) doivent être expliquées dans la colonne d'observations de l'état de situation. (Art. 187 du règlemt.) On joint également un double des situations mod. IV concernant les accroissements ou diminutions. (Nomenclature XX et art. 51, 56 et 58.) Il n'y a pas lieu de faire acquitter la situation mod. III par le chef-armurier, ni d'y annexer des mémoires trimestriels timbrés et acquittés, en vue de justifier les dépenses d'abonnement. (Note du 1er mai 1882, page 262.)

Les relevés ne doivent comprendre que les dépenses incombant à l'Etat. (Circ. du 16 octobre 1861, page 312.) En outre, ne doivent y figurer que des dépenses afférentes à l'exercice au titre duquel ils sont établis. (Art. 197 du règlemt, qui prescrit d'établir des relevés supplémentaires par exercice lorsqu'il en est besoin.) Par suite, les pièces justificatives doivent appartenir à l'exercice par leurs dates (circ. du 18 octobre 1855 (M) c'est-à-dire être établies et arrêtées dans la limite de l'exercice; mais elles peuvent être acquittées à une date postérieure au 31 décembre (art. 186 du règlemt du 30 août 1884); dans ce cas, le compte ne doit pas être établi à une date antérieure à celle des acquits.

Un seul relevé est produit pour tout le corps, quel que soit son fractionnement.

Les relevés annuels établis par les corps et fractions de corps employés hors du territoire, et dont les dépôts sont en France, doivent être adressés, avec pièces à l'appui (renfermées dans un bordereau, 1er janvier 1857, page 4, et 17 novembre 1879, page 333), au conseil central avant le 1er février de chaque année, afin qu'il puisse en centraliser les éléments dans le relevé général des dépenses.

L'état de situation fourni au conseil central ne doit contenir que l'effectif des armes de la portion du corps employée hors du territoire et les mutations survenues depuis son départ, afin d'éviter des doubles emplois dans l'établissement du relevé général. Les relevés des dépenses et états de situation des détachements ne sont pas envoyés au ministre. (Art. 188.)

Le relevé des dépenses doit présenter les dépenses concernant l'abonnement, ainsi que celles qui sont relatives aux réparations, frais accessoires, etc..., par *catégories spéciales*, dans l'ordre ci-après :

1° Dépenses de l'armement de service courant du corps ;
2° — — — de réserve du corps ;
3° — — — de l'armée territoriale.

Dans chacune de ces catégories, le détail des dépenses *étrangères à l'abonnement* est indiqué dans l'ordre suivant dans les colonnes verticales :

Frais de caisse et d'emballage ;
Entretien et réparation des armes ;
Nettoyage d'étuis métalliques ;
Dépenses diverses.

Les colonnes destinées à recevoir les décomptes en deniers, par pièce, sont subdivisées, s'il y a lieu, *en Intérieur*, *Algérie*, etc..., suivant que les dépenses constatées ont eu lieu à l'intérieur, en Algérie, etc. (Art. 189.)

Les pièces justificatives sont classées, par ordre et par date, dans des dossiers *particuliers pour chaque catégorie*, numérotés 1, 2, 3, etc... et portant indication de la nature de la dépense. (Art. 190.)

Elles sont adressées en original et portent l'acquit des ayants droit ou être accompagnées d'une procuration quand la partie est représentée par un délégué: les quittances ou mémoires doivent dans tous les cas, être établies au nom du chef-armurier du corps lorsque les réparations ont été exécutées par un ouvrier du corps. Si les réparations sont faites par le chef-armurier d'un autre corps, les pièces sont établies à son nom et mentionnent le corps auquel appartient le signataire de la quittance.

Toute rature, surcharge ou altération quelconque sur les pièces de dépenses ainsi que sur les relevés, doit être approuvée par le conseil d'administration, par les fonctionnaires de l'intendance et, s'il y a lieu, par le chef-armurier, titulaire de la créance.

Les timbres secs et humides des factures, mémoires, etc., doivent être intacts, exempts de taches et de surcharges d'écritures.

Les dépenses faites en vertu d'une autorisation spéciale doivent être appuyées de copies ou extraits des décisions; quant à celles qui sont prévues par le règlement ou qui résultent d'une mesure générale, il suffit de mentionner sur la pièce de dépense, et dans le détail du relevé annuel, l'article du règlement ou la date de la décision. (Art. 91.)

Les additions ou suppressions nécessaires pour approprier, le cas échéant, certains modèles, sont faites à la main. Les mots supprimés doivent rester apparents. (Observations placées en tête des mod. annexés à l'instruction du 1er mars 1880 et circ. du 3 août 1864, page 962.)

Les pièces de dépenses (factures, procès-verbaux portant quittance, mémoires, états émargés (1), etc...) à l'intérieur et en Algérie, doivent être revêtus du timbre par la loi, quel que soit le montant de la dépense; néanmoins, si la dépense ne dépasse pas 10 francs, les pièces peuvent être admises sans

(1) Toutefois, d'après la nomenclature XX, page 152, les états émargés ne doivent être revêtus que du timbre mobile de 0,10 c.

timbre, pourvu qu'elles portent le titre de *quittance* et qu'elles contiennent le détail des objets fournis ; il en est de même sous le régime de clerc à maître pour les mémoires trimestriels (mod. XVII) dont le montant ne dépasse pas 10 francs et dont l'acquit est présenté sous forme de quittance. Hors du territoire, les pièces sont exemptes du timbre, lorsqu'il n'y a pas d'autorité française pour remplir cette formalité. (Art. 192). Pour les autres dispositions relatives au timbre, voir *Habillement, — Avances de fonds*, page 182.

Les relevés doivent avoir 0m 36 de hauteur sur 0m 23 de largeur ; cadre de justification, 0m 345 sur 0m 215 (modèle.) Les pièces justificatives ne doivent pas dépasser ces dimensions (art. 193), mais elles doivent les atteindre (nomenclature XX). Quant aux mémoires ou quittances, ils peuvent être réduits aux dimensions du papier soumis au timbre de 0 fr. 60. Suivant les besoins, on emploie des formules arrêtées au recto ou au verso. (Observations placées en tête des modèles de l'instr. du 1er mars 1880 et circ. du 3 août 1864, page 962.)

Les relevés sont adressés en double expédition au sous-intendant (art. 192), mais les pièces justificatives ne sont fournies qu'en simple expédition originale. (Note du 1er mai 1882, page 262.) Cet envoi est fait avant le 15 février. Après vérification, ces documents sont adressés par l'intendant militaire, avant le 1er mars, avec la feuille de vérification positive ou négative. (Art. 194.)

Les corps reçoivent avis des rejets opérés par le ministre. (Art. 195.) Leurs réclamations contre ces rejets ou pour omission de leur part, doivent être accompagnées d'un relevé supplémentaire en double expédition avec pièces à l'appui. (Art. 196.)

Récépissés de versements au Trésor. — Lorsqu'il s'agit d'objets cédés à charge de paiement, les récépissés et déclarations sont remis au directeur d'artillerie. Dans tous les autres cas, les récépissés sont adressés au ministre, par l'intermédiaire de l'intendance, chaque trimestre ; toutefois, dans le 4e trimestre, ils sont envoyés au fur et à mesure des versements. Quant aux déclarations, elles sont produites à l'appui du relevé des dépenses.

Toutefois, les versements au Trésor pour cause d'erreur ou de trop perçu et ceux effectués à la Caisse des dépôts et consignations sont justifiés par des récépissés mis à l'appui des relevés de dépenses. (Art. 199 du règlemt. du 30 août 1884.)

État approximatif des dépenses faites pendant l'année. — Une circulaire ministérielle du 4 octobre 1882 (M) a prescrit d'adresser cet état avant le 15 novembre pour l'année 1882. Le modèle d'état y est joint.

Situation de l'armement. — Dans les quinze premiers jours du mois de janvier de chaque année, le conseil d'administration central adresse au ministre, par voie hiérarchique, une expédition de l'état de situation de l'armement au corps du 31 décembre de l'année précédente. (Modèle III annexé au règlemt du 30 août 1884.)

Le commandant du corps d'armée réunit ces situations et les adresse au ministre avant le 20 janvier. On y fait figurer séparément le matériel du service courant et celui du service de réserve pour l'ensemble du corps et par catégories, espèces et modèles.

A la suite du matériel existant au 31 décembre dans les corps stationnés en France, l'on mentionne pour ordre les quantités d'armes existant en service et en magasin pour les portions détachées hors du territoire, y compris l'Algérie. Enfin, à la 4e page, on doit établir la répartition des armes entre les diverses fractions du corps. Les situations particulières des portions détachées doivent parvenir avant le 10 janvier à la portion centrale. (Art. 50 du règlemt.) On joint à cette situation un état des pièces d'armes existant au 31 décembre (Mod. no XIV.) (Art 159.) — Il est produit une expédition de cette situation à l'appui du relevé annuel des dépenses. (Art. 159.)

Situation des munitions. (Voir page 693.)

Registres à tenir pour le service de l'armement.

(Voir *Solde*, pour les frais d'achat.)

Les registres destinés à recevoir l'inscription des entrées et des sorties du matériel sont côtés et paraphés par le sous-intendant militaire. (Art. 118 du décr. du 1er mars 1880, page 366.)

1° Carnet pour servir a l'enregistrement des bulletins de réparations des armes. — Chaque corps ou portion de corps s'administrant séparément tient un carnet (mod. XI) sur lequel sont enregistrés, suivant leurs numéros d'ordre, les montants de tous les bulletins de réparations. Le total en est fait à la fin de chaque trimestre, et les totaux trimestriels sont récapitulés en fin d'année.

Sur le carnet de la portion centrale, on reporte, après le total annuel au 31 décembre, les totaux particuliers de chacune des fractions détachées, de manière à établir le montant général des réparations exécutées pendant l'exercice expiré. (Art. 134 du règlemt du 30 août 1884, page 41.)

2° Registre pour servir au relevé des réparations exécutées sur les armes en service. — A la fin de chaque trimestre, le lieutenant d'armement, à l'aide des bulletins de réparations, fait un relevé numérique, par nature et par modèle d'armes, des réparations exécutées à l'armement.

Ce relevé est reporté sur un registre (mod. XII) ouvert à cet effet dans chaque corps ou portion de corps s'administrant isolément. Les totaux trimestriels sont récapitulés au 31 décembre.

A la fin de l'année, la portion centrale centralise sur son registre les relevés partiels des fractions détachées, de manière à établir le relevé annuel pour le corps entier.

Ce relevé ne comprend pas les réparations exécutées aux armes des réservistes ou territoriaux. (Art. 135 du règlemt du 30 août 1884, page 41.)

3° Carnet auxiliaire de munitions. — Chaque corps ou portion de corps s'administrant isolément doit avoir un carnet auxiliaire de munitions (mod. XXI) pour l'enregistrement des munitions et des objets divers y relatifs qu'il reçoit ou qu'il consomme, à quelque titre que ce soit.

Les différents modèles de cartouches y sont classés par provenance et par date de fabrication. Ce carnet est arrêté à la fin de chaque trimestre. (Art. 209 du règlemt du 30 août 1884.)

L'inscription des délivrances de munitions sur le carnet est faite par le directeur d'artillerie (Art. 214), excepté dans le cas où la distance excède 12 kilomètres. — L'inscription est faite alors par le sous-intendant militaire sur avis du directeur d'artillerie. (Art. 224). Dans le premier cas, le carnet est adressé avec l'état de demande. (Art. 214.)

Il en est de même pour les versements. (Art 234.)

4° Registre-Journal. (Instr. du 7 février 1875, page 378, art. 14.) (1).

Il est conforme au modèle n° 13 et destiné à l'inscription, jour par jour, des mouvements à charge et à décharge. (Art. 14 de l'instr. précitée.) Il n'est plus tenu que dans les batteries détachées qui ont un compte du matériel de l'artillerie proprement dit. (Art. 130 de l'instr. du 1er mars 1880.)

Les opérations sont inscrites dans l'ordre chronologique des faits.

Les pièces justificatives sont revêtues du numéro d'ordre, dont la série commence toujours par le n° 1. Le numéro attribué à chaque pièce est déterminé par l'ordre chronologique des opérations.

Il existe deux séries de numéros, l'une pour les entrées, l'autre pour les sorties. (Art. 130 du décr. du 1er mars 1880, et circ. du 11 février 1881, page 56.) (Nota placé en tête du mod. du registre, page 117.)

4° *bis*. Registre des rentrées et des sorties. (Voir *Habillement*, page 138.)

Sur le registre du service courant, les armes en expérience doivent ressortir distinctement dans des colonnes spéciales lors même qu'elles auraient le même numéro que d'autres armes. (Art. 49 du règlemt du 30 août 1884.)

Il ne doit pas figurer d'armes hors de service à la section IX. (Même art.) Voir *Munitions*.

5° Livres auxiliaires. (Art. 14 de l'instr. du 7 février 1875, page 378.) (1).

Les matières et objets employés aux transformations, réparations ou fabrications ne devant être portés en sortie sur le journal qu'au moment où les produits sont pris en charge ou lorsque l'expéditeur en a reçu le récépissé, il est tenu par les comptables, pour l'inscription provisoire des quantités en cours d'emploi ou d'expédition, d'après les bons ou ordres de distribution, des livres auxiliaires dont le nombre varie suivant la nature et les nécessités du service (art. 14), savoir :

Livre auxiliaire destiné à l'enregistrement des expéditions de matériel. (Mod. n° 17.) Il est arrêté chaque trimestre. — *Livre auxiliaire* des réparations, transformations et confections. (Mod. n° 18.) Arrêté trimestriellement. — *Livre auxiliaire* des matériaux d'emballage. (Mod. n° 19.) *Supprimé* par l'art. 130 de l'instr. du 1er mars 1880 et la circulaire interprétative du 11 février 1881, page 56.)

6° Carnet d'enregistrement des accidents de tir imputables aux cartouches. — Il est tenu, dans chaque corps ou portion de corps s'administrant séparément, note des accidents imputables aux cartouches, survenus dans le tir, ainsi que des circonstances dans lesquelles ces accidents se sont produits. Ces renseignements, fournis par le capitaine de tir, sont enregistrés sur un carnet mod. n° XXV présentant les quantités de cartouches brûlées, leur provenance, le n° annuel du lot dont elles font partie, le nombre des ratés, le nombre des étuis rompus au culot ou près du culot, etc.

Ces renseignements sont donnés séparément pour les diverses espèces de cartouches, soit en leur consacrant des pages distinctes sur le même carnet, soit en ouvrant un carnet spécial pour chaque modèle. En fin de trimestre, l'on fait une récapitulation par provenance de cartouches des accidents survenus. (Art. 261 du règlemt du 30 août 1884.)

7° Carnet de réglage de tir. (Art. 9 du règlemt.)

Le lieutenant d'armement consigne sur ce carnet les renseignements prescrits par l'art. 58 de l'instr. du 30 août 1884 (M).

8° Registre des décisions ministérielles. (Art. 121 du règlemt du 30 août 1884, page 38.)

Il est établi, dans chaque corps ou portion de corps s'administrant isolément, un registre sur lequel sont transcrites les décisions ministérielles relatives à l'armement. Ce registre est tenu par l'officier d'armement ; le chef-armurier ou son représentant signe en marge de chaque décision, pour constater qu'elle lui a été notifiée. (Art. 121.)

9° Registre des procès-verbaux de visite de l'armement. — Chaque corps possède un registre spécial sur lequel le capitaine inspecteur d'armes transcrit son procès-verbal, les observations qui y font suite, etc., etc. (Art. 331 du règlemt du 30 août 1884.)

(1) L'art. 49 du règlemt du 30 août 1884 maintient en vigueur les dispositions de l'ordonn. du 10 mai 1844, modifiées par le décr. et l'instr. du 1er mars 1880, et celles de l'instruction du 7 février 1875 modifiée par les circ. du 1er juillet 1876 et du 11 février 1881.

Le procès-verbal de visite est conforme au mod. XXVIII. Il consigne à la suite ses observations sur la conservation et l'entretien des armes et des munitions du corps, ainsi que son opinion sur le travail et la capacité du chef-armurier et du lieutenant d'armement.

Il expose ses vues d'amélioration et de perfectionnement sur tout ce qui a rapport à l'entretien et à la conservation des armes, ainsi que ses remarques relativement à la consommation des munitions. (Art. 322 du règlem^t.)

10° Contrôle des armes. — Les corps établissent un contrôle général *unique* (mod. VII) pour *toutes les armes* qui leur sont affectées. Les armes y sont inscrites, par espèces, dans l'ordre suivant : fusils, carabines de cavalerie ou de gendarmerie, mousquetons, revolvers, sabres-baïonnettes isolés (série Z), épées de sous-officier, sabres d'adjudant, sabres de cavalerie de réserve, sabres de dragon, sabres de cavalerie légère, cuirasses. Pour chaque espèces d'armes, on suit l'ordre des lettres de série et des numéros.

En regard du numéro de chaque arme (col. 1), on mentionne la date de la réception au corps (col. 2), le numéro matricule de l'homme (col. 3), la lettre ou le numéro de la compagnie (col. 4), la date et la cause de la consommation par le corps (col. 5) ; si l'arme n'est pas distribuée, la colonne 3 reste blanche si cette arme appartient au service courant; si elle est du service de réserve, l'on porte dans cette colonne la lettre R à l'encre rouge.

Il est établi un contrôle distinct pour les armes des régiments territoriaux. (Art. 89 du règlem^t du 30 août 1884.)

Le lieutenant d'armement est chargé de la tenue de ce contrôle. (Art. 9 du règlem^t du 30 août 1884, page 3, et art. 117 du décr. du 1er mars 1880.) Il n'est tenu qu'à la portion centrale. (Art. 117 dudit décr. et art. 89 du règlem^t du 30 août 1884.) Ce contrôle n'est pas tenu pendant la durée de la guerre pour les corps en campagne. (Instr. du 24 avril 1884, page 505.) Voir *Habillement*, page 173, § 6°.

PIÈCES JUSTIFICATIVES

Les pièces justificatives des opérations de la comptabilité-matières sont établies en simple expédition originale. (Art. 5 de l'instr. du 15 mars 1872, Art^le.)

Lorsqu'il y a lieu de les produire à l'appui de comptes particuliers, il en est établi une copie conforme. Les copies faites par les soins de l'administration pour l'ordre de la comptabilité sont exemptes du timbre et doivent contenir la mention expresse de leur destination. (Règlem^t du 3 avril 1869, page 406.)

Comptes annuels de gestion

PORTANT INVENTAIRE DU MATÉRIEL

Pour tout ce qui concerne la comptabilité-matières des objets d'armement, les corps se conforment à l'ordonnance du 10 mai 1844, modifiée par le décret du 1er mars 1880 ; à l'instr. du 1er mars 1880, pour l'application de ce décret, et enfin à l'instr. du 7 février 1875, modifiée par la circ. du 1er juillet 1876, et complétée par celle du 11 février 1881. (Art. 49 du règlem^t du 30 août 1884, page 15) (1).

Ces dispositions sont applicables aux munitions. (Art. 209.)

Pour tout le matériel (en magasin ou en service), dont les corps de troupe sont détenteurs, il est produit des comptes annuels de gestion portant inventaire (Mod. n° 32 F), appuyés des pièces justificatives des entrées et des sorties. (Art. 253 *bis* et 253 *ter* de l'instr. et du décr. du 1er mars 1880, pages 384 et 409, et instr. du 11 février 1881, page 56.)

Les pièces d'entrées sont réunies dans un bordereau modèle n° 20 ; il en est de même des pièces justificatives des sorties. (Art. 253 *bis*.)

Ces comptes sont distincts pour le service courant et pour le service de réserve. (Instr. du 29 décembre 1876, page 325, art. 253 *bis* et 253 *ter* de l'instr. et du décr. du 1er mars 1880, et instr. du 3 février 1885.)

La lettre collective du ministre en date du 3 février 1885, n° 1, dispose qu'à partir du 1er janvier de ladite année, la comptabilité de tout le matériel du service de l'artillerie mis à la disposition des corps de troupe autres que ceux de l'artillerie et du train des équipages, sera centralisée par la portion centrale de ces corps, conformément aux dispositions des décrets et instructions des 1er mars 1880 et 24 avril 1884 (portions à l'intérieur et portions hors du territoire).

Quant au matériel du service de l'artillerie mis à la disposition des corps de troupe de l'artillerie et du train, il est divisé en deux catégories conformément aux articles 2 et 4 de l'instruction provisoire de même date jointe à la lettre collective sus-mentionnée. La comptabilité du matériel de la 1re catégorie est centralisée par les portions centrales comme il est indiqué ci-dessus pour les corps autres que ceux de l'artillerie et du train. Mais pour la comptabilité de la 2e catégorie, les corps se conforment à l'instruction provisoire précitée (M). La 1re catégorie comprend l'armement et les munitions, le matériel et le harnachement des équipages régimentaires et d'état-major, les caissons à munitions, forges et harnachement y afférent. Dans les corps de l'artillerie et du train des équipages, le matériel de la 1re catégorie comprend : l'armement, les munitions pour armes portatives, le harnachement, le matériel des écoles régimentaires, de tir à la cible et de tir réduit, les ustensiles d'écurie, d'infirmerie vétérinaire, de remonte, de manège, etc., payés sur les fonds de la masse d'entretien du harnachement et ferrage. (Instr. précitée.)

(1) Voir l'instruction du 3 février 1885 (M).

Les comptes annuels de gestion comprennent tout le matériel de la 1re catégorie existant prévu par la nomenclature générale de l'artillerie et des équipages (armes, harnachement, voitures, etc.) (Art. 253 *bis* et 253 *ter* du décret et de l'instr. du 1er mars 1880); pour les corps d'artillerie et du train des équipages, le matériel des écoles d'escrime, de natation, etc., ainsi que les ustensiles d'écurie, d'infirmerie vétérinaire, de remonte, le harnachement d'instruction reçu des magasins *centraux* pour les cours d'équitation des officiers d'infanterie. (Circ. du 13 décembre 1878 (M) et nomencl. N.) Les banderoles et étuis de drapeaux, d'étendards des corps de toutes armes y sont également compris. (Note du 2 décembre 1881, page 376.) Quant au matériel de 2e catégorie (bouches à feu, etc.), il fait l'objet d'une comptabilité spéciale. (Instr. du 3 février 1885 M.)

Les équipages de campagne des corps d'infanterie et de cavalerie figurent également dans ces comptes comme appartenant au service de l'artillerie.

Le matériel acheté sur les fonds des masses d'entretien est rattaché, suivant sa nature et sa destination, à la nomenclature N, sauf les ingrédients divers achetés pour l'entretien du matériel, les balais, brosses, etc., qui, une fois mis en service, sont considérés comme consommés et ne figurent point dans les comptes-matières des corps.

Le matériel reçu ou acheté et mis au service immédiatement est porté en entrée et en sortie au classement *bon*, tout en figurant sur les factures au classement *neuf*. On indique sur les factures en caractères apparents: *Mis ou à mettre immédiatement en service.*

Il n'y a donc pas lieu de comprendre ce matériel sur les certificats de déclassement. (Art. 130 de l'instr. du 1er mars 1880, page 393.) Les objets expédiés ou livrés par les établissements de l'artillerie sont toujours dans ce cas. (Instr. du 7 février 1875, page 368.)

Pour les objets réformés et réintégrés, on opère comme pour le service de l'habillement, c'est-à-dire que les objets sont réintégrés au titre du service courant; on les fait passer ensuite au matériel H. D. S. par certificat n° 10, et la sortie de l'inventaire est justifiée par un extrait du procès-verbal de vente mod. n° 17 annexé à l'instr. du 1er mars 1880.

Les entrées et sorties de matériel à réparer ne donnent lieu à aucune inscription. Les matières et effets employés aux réparations figurent seuls au certificat administratif. (Art. 130 de l'instr. du 1er mars 1880, page 393.) Les pièces d'armes achetées par les corps ne figurent pas dans ce compte (dép. du 25 octobre 1880 M), attendu qu'elles appartiennent au corps et non au service de l'artillerie.

Aux termes de l'article 3 de l'instr. du 7 février 1875, les objets de matériel facturés au classement neuf par les établissements de l'artillerie aux corps de troupe doivent être reçus par ces derniers au classement *bon.*

Les opérations d'entrée et de sortie sont justifiées conformément aux indications de la nomenclature annexée à l'instr. du 1er mars 1880, reproduite ci-dessus page 178. On joint, en outre, au compte une expédition des relevés de dépenses (Mod. n° 21 *bis*). (Art. 253 *bis* de l'instr. du 1er mars 1880, page 409. Les pièces justificatives sont établies suivant les modèles annexés au décret du 1er mars 1880 ; on doit se borner à changer la rubrique du service. (Note de décembre 1881 M.)

Les mouvements entre le service courant et celui de réserve sont justifiés par des certificats mod. nos 5 et 14 annexés à l'instr. du 1er mars 1880.

Ces pièces justificatives reçoivent un numéro d'ordre distinct pour les entrées et pour les sorties (Art. 130 du décret) ; il est reproduit au compte et sur le bordereau modèle, n° 20. (Art. 253 *bis* de l'instr.) Elles doivent avoir les dimensions de : hauteur, 36 centimètres; largeur, 23 centimètres. Les additions ou suppressions nécessaires pour approprier, le cas échéant, certains modèles, sont faites à la main ; les mots supprimés doivent rester apparents. (Observations placées en tête des mod. qui font suite à l'instr. précitée.)

Elles portent en tête, en gros caractères, l'indication: *service courant* ou *service de réserve.*

Les prix à attribuer aux objets compris dans les restants au 31 décembre sont déterminés en tête de la nomenclature N, pour chaque classement: *neuf*, *bon*, *à réparer*, *hors de service*. Toutes les quantités fractionnaires sont exprimées en décimales, qui sont au nombre de trois pour les quantités évaluées au mètre cube, et au nombre de deux pour les autres unités réglementaires. (Art. 253 *bis* de l'instr.)

Le libellé des opérations inscrites dans les comptes est conforme aux exemples donnés par les modèles, sans surcharges ni interlignes ; les grattages sont formellement interdits; les ratures ne sont autorisées que dans le cas d'erreurs matérielles et doivent toujours être faites de manière que les mots rayés restent parfaitement lisibles.

La rectification d'un arrêté en toutes lettres s'opère par un renvoi également en toutes lettres, signé des membres du conseil et visé par le sous-intendant militaire.

Les erreurs constatées après arrêté des comptes trimestriels se redressent par des certificats administratifs de prise en charge (mod. n° 5) ou de sortie (mod. n° 14).

Il est interdit de recouvrir par des bandes collées les indications imprimées ou les inscriptions faites. Tout feuillet annulé ou non employé doit rester adhérent. (Instr. du 1er mars 1880, dispositions générales.)

Ces comptes, accompagnés de toutes pièces, sont remis le 1er mars de chaque année, au plus tard, au sous-intendant militaire qui, après vérification, les adresse à l'intendant militaire pour être transmis au ministre dans le courant du mois de mai. (Art. 253 *bis* du décr. du 1er mars 1880, et instr. du 11 février 1881, page 56.)

On doit joindre aussi les feuilles de vérification du sous-intendant militaire. (Circ. du 4 août 1874, rappelée par la dép. du 5 août 1881 (M), et l'art. 15 de l'instr. du 7 février 1875, page 380, qui prescrit de les produire positives ou négatives.)

MASSES D'ENTRETIEN

MASSE GÉNÉRALE D'ENTRETIEN

DISPOSITIONS GÉNÉRALES

Il est alloué à tous les corps de troupe, sous la dénomination de masse générale d'entretien, un fonds commun destiné à subvenir à leurs dépenses intérieures.

Cette masse se divise en deux portions distinctes :

La première est exclusivement destinée aux dépenses de la musique; la seconde aux dépenses diverses d'entretien. (Art. 231 du règlem^t du 8 juin 1883, page 616.)

Les allocations attribuées annuellement au corps pour cet objet sont fixées par le tarif du 25 décembre 1875, page 922 du *Journal militaire*, savoir :

DÉSIGNATION DES CORPS.	ABONNEMENT ANNUEL				OBSERVATIONS.
	1re PORTION.		2e PORTION.		
Régiment d'infanterie de ligne	7.000	»	5.600	»	*a* La fixation s'applique à un régiment composé de seize compagnies. Elle est augmentée ou diminuée de 300 francs pour chaque compagnie en plus ou en moins.
Bataillon de chasseurs à pied	800	»	2.200	»	*b* Allocation par compagnie. La section hors rang ne participe pas à cette allocation.
Régiment de zouaves	7.000	»	6.600	»	*c* Cette allocation est fixée pour un régiment de treize batteries, prévues par la loi des cadres. Pour chaque batterie en moins, elle est diminuée de 250 francs.
Régiment de tirailleurs algériens	800	»	6.500	»	*d* Somme perçue par le régiment d'artillerie désigné pour administrer la musique affectée à l'école d'artillerie.
Légion étrangère	7.000	»	6.200	» *a*	*e* Cette allocation est fixée pour un régiment de quatorze compagnies, prévues par la loi des cadres. Elle est diminuée de 250 francs pour chaque compagnie en moins.
Bataillon d'inf^ie légère d'Afrique	800	»	330	» *b*	*f* Cette allocation est fixée pour un régiment composé de vingt-trois compagnies, prévues par la loi des cadres. Pour chaque compagnie en plus ou en moins, elle est augmentée ou diminuée de 250 francs.
Régiment de cuirassiers, dragons	1.000	»	3.000	»	*g* Cette fixation est augmentée de 500 francs pour chaque compagnie mixte employée en Algérie et rattachée pour l'administration à un escadron de l'intérieur.
Régiment de chasseurs et de hussards	1.000	»	2.700	»	*h* Cette allocation est fixée pour un bataillon de 6 batteries; pour chaque batterie en plus ou en moins, elle est augmentée ou diminuée de 250 fr. (Décis. du 8 janvier 1884, p. 21.)
Régiment de chasseurs d'Afrique	1.000	»	3.200	»	*i* Cette fixation est augmentée de 1 fr. par homme et par an (tarif). L'allocation est faite trimestriellement d'après le nombre de journées de prime de la masse individuelle, divisé par le nombre de jours dont le trimestre est composé (art. 385 du règlement du 8 juin 1883, p. 655 et note du 16 juillet 1877, p. 34).
Régiment de spahis	»	»	2.900	»	
Régiment d'artillerie	»	»	4.500	» *c*	
École d'artillerie	7.000	» *d*	»	»	
Régiment d'artillerie-pontonniers	»	»	4.750	» *e*	
Régiment du génie	7.000	»	7.500	» *f*	
Escadron du train des équipages militaires	»	»	1.200	» *g*	
Bataillon d'artillerie de forteresse. (Décis. du 8 janvier 1884, p. 21.)	»	»	2.000	» *h*	
Compagnies ou sections formant corps.					
Compagnie de fusiliers de discipline; Compagnie de pionniers de discipline; Compagnie de cavaliers de remonte; Compagnie d'ouvriers d'artillerie; Compagnie d'artificiers; Section de secrétaires d'état-major et du recrutement; Section de commis et ouvriers militaires d'administration; Section d'infirmiers militaires	»	»	250	» *i*	

Les corps de nouvelle formation et ceux dont le nombre de bataillons ou escadrons se trouve augmenté, peuvent recevoir, en outre, à titre de première mise, sur l'autorisation préalable du ministre, une somme fixe qui est déterminée par le tarif inséré au *Journal militaire* refondu, sous la date du 5 décembre 1840.

La masse générale est payée par mois et à terme échu. (Art. 384 du règlem^t du 8 juin 1883, page 655.) Elle est décomptée à raison de la douzième partie de la fixation annuelle et comprise par un article particulier sur l'état de paiement de la solde des officiers. (Art. 385.)

Pour la majoration de 1 fr. par homme et par an dans les compagnies ou sections, voir ci-dessus.

Lorsqu'un ou plusieurs bataillons, escadrons, batteries ou compagnies se séparent de la portion principale du corps ou du dépôt, le conseil d'administration central détermine, sous l'approbation du sous-intendant militaire, les sommes à affecter aux dépenses de chacune des portions du corps. Mention de cette disposition est faite au livret de solde des conseils éventuels, ou commandants de détachement qui, cette formalité remplie, peuvent percevoir directement la fraction de la masse qui leur est attribuée. (Art. 233 du règlem[t] du 8 juin 1883, page 617.) Cette disposition est applicable, en cas de mobilisation, aux bataillons d'infanterie disponibles qui se séparent du dépôt. (Circ. du 22 juillet 1879.)

PREMIÈRE PORTION DE LA MASSE GÉNÉRALE D'ENTRETIEN

Cette portion est, comme il a été indiqué ci-dessus, exclusivement affectée aux dépenses de la musique ou de la fanfare.

(Pour les recettes comme pour les dépenses, voir *Musiques et Fanfares*, pages 270 et suivantes).

DEUXIÈME PORTION

Selon la définition de l'article 231 du règlem[t] du 8 juin 1883, page 616, la deuxième portion de la masse générale d'entretien est destinée à subvenir aux dépenses diverses d'entretien, à l'exception de celles qui se rattachent au service des chevaux, lesquelles sont à la charge d'une masse spéciale (dite d'entretien du harnachement et ferrage).

Recettes.

Ce fonds fait recette :

1° *De l'allocation annuelle fixée par le tarif ;*

2° *De la première mise pour les corps de nouvelle formation ;*

3° *De la somme que la première portion de la masse générale possède au 31 décembre en sus de la fixation ministérielle* (voir *Musique*, page 218);

4° *De fonds sans emploi dans les caisses des corps lorsque le ministre ou l'intendant militaire inspecteur l'ordonne ;*

5° *Des secours accordés par le ministre à la suite de nivellements de masses* (Règlem[t] du 3 avril 1869, page 484) ;

6° *Des remboursements d'avances faites aux ouvriers* (voir *Habillement*, page 57) ;

7° *Des sommes sans emploi provenant du remboursement des trop perçus en nature* (voir *Subsistances*, page 451) ;

8° *Du remboursement de l'avoir à la masse des enfants de troupe de moins de 15 ans qui rentrent de l'école d'essai.* (Voir ci-après les dispositions relatives à la constitution de ces masses.)

Dépenses.

Le ministre règle l'emploi du produit de la masse générale d'entretien. (Art. 225 de l'ordonn. du 10 mai 1844, page 333.)

Les dépenses à mettre à la charge de la deuxième portion sont celles mentionnées dans la nomenclature ci-après. La note du 12 mai 1884, page 627, dispose que, dans les bataillons d'artillerie de forteresse, la masse générale d'entretien (2e portion) supporte les mêmes dépenses que dans les corps de troupe à pied. Les dépenses peuvent être effectuées directement par les conseils d'administration des corps sans qu'il soit besoin d'aucune autorisation, même de la part des fonctionnaires chargés de l'exercice du contrôle, à moins que les sommes auxquelles elles s'élèvent ou le nombre des objets à acheter ne se trouvent dépasser, pour un motif quelconque, le maximum des fixations déterminées par le règlement ou consacrées par l'usage. (Instr. du 15 mars 1872, page 54, et circ. du 7 août 1873 M.) Toutefois, en ce qui concerne les dépenses de mise en état d'effets détériorés par cas de force majeure, les dégradations doivent être constatées par des procès-verbaux. (Voir au chapitre de l'*Habillement*, page 75.) Au delà de ces limites, aucune dépense ne peut être imputée sans une autorisation spéciale du ministre.

Quant aux marchés qui peuvent être passés au compte de cette masse, ils demeurent toujours soumis à l'approbation des sous-intendants, parce qu'ils constituent des actes qui, pour être valables, exigent une sanction supérieure.

Cette dernière disposition a été reproduite à l'article 21 du décret du 1er mars 1880. Toutefois, ce même article porte que les conseils d'administration peuvent, sans passer de marchés, prescrire des achats pour des fournitures livrées immédiatement, et pour des achats, confections ou réparations dont la dépense ne dépasse pas mille francs :

1° Sans l'autorisation du sous-intendant militaire, si cette dépense doit être définitivement imputée aux masses d'entretien, et si elle reste, par sa nature et son importance, dans les limites fixées par les règlements ; 2° avec l'autorisation préalable du sous-intendant militaire, dans tous les autres cas.

Néanmoins, les conseils d'administration éventuels et les commandants de détachement ne passent de marchés ou ne prescrivent d'achats sur simple facture qu'après entente avec le conseil d'administration central. (Art. 21 du décr. précité.)

En fin de trimestre et d'exercice, le contrôle doit intervenir pour vérifier si les conseils ont régulièrement et économiquement administré. (Instr. du 15 mars 1872 précitée.) Chaque année, ces conseils produisent à l'intendant militaire inspecteur un état (mod. n° 105 de la nomencl. générale) des recettes et dépenses faites. (Instr. annuelles sur les inspections administratives.)

Les dépenses sont justifiées dans la comptabilité-deniers par des factures, mémoires ou quittances établis dans la forme indiquée pour le service de l'habillement. (Se reporter à ce service.)

En ce qui concerne les dépenses d'entretien d'effets en service, elles donnent lieu à la production des pièces indiquées pages 71 pour l'abonnataire de l'habillement, 74 et 75 pour les dégradations par cas de force majeure au compte des masses, etc. Elles sont exemptes du timbre de dimension. (Décis. du 17 janvier 1840, page 603, mais non du timbre mobile de 0,10 c. si elles dépassent 10 francs. (Note minist. du 10 avril 1872, page 383.)

Pour les gratifications ou indemnités payées sur état émargé (mod. n° 2) à la troupe, le timbre n'est pas non plus exigé.

Les factures de fourniture d'effets qui sont reçus dans les magasins du corps, sont revêtues d'une mention signée par l'officier d'habillement portant énonciation de la somme à payer. (Art. 85 de l'ordonn. du 10 mai 1844, page 24 du présent ouvrage.)

Nota. — Lorsqu'il s'agit d'objets ou matières qui ne sont pas pris en compte par l'officier d'habillement, cette formalité peut être remplie, sur les factures de fournitures ou de réparations, par l'officier chargé du service (officier de casernement, trésorier, officier de santé, vétérinaire, chef de musique, directeur des écoles, etc.) (Auteur.)

Les marchés sont exempts du droit de timbre et d'enregistrement. (Voir nomencl. annexée au règlemt du 3 avril 1869, page 483.) Toutefois, ceux qui doivent être produits ultérieurement devant les autorités administratives ou judiciaires sont préalablement revêtus de la formalité de l'enregistrement. (Circ. du ministre des finances en date du 6 décembre 1844.)

Nomenclature des dépenses.

	SERVICES auxquels il faut se reporter pour les observations de détail.	PAGES
INFIRMERIE		
Bourgerons et pantalons (Supprimés)	Infirmerie,	520
Combustible et matériel pour la préparation des bains chauds . . .	—	520
Eclairage (troupes à pied)	—	520
Objets et ingrédients de propreté.	—	520
ÉCLAIRAGE DES ESCALIERS ET CORRIDORS (*Troupes à pied*)		
Eclairage intérieur (escaliers, corridors, latrines). Ustensiles et liquides.	Eclairage,	590
Fournitures de crochets, poteaux, pitons.	—	592
ILLUMINATIONS		
Corps de troupe à pied.	Eclairage,	592
CUISINES ET ORDINAIRES		
Balances à plateaux	Cuisines et ordinaires,	246
Bourgerons et pantalons de cuisine	—	215
Compositions diverses	—	249
Caisses à charbon	—	246
Coton rouge pour marquer le linge	—	248
Etat hebdomadaire d'effets remis au blanchissage	—	248
Frais de numérotage de gamelles et quarts	—	249
— de transport de chemises, caleçons, etc.	—	249
Haches et scies	—	245
Paniers à charbon	—	246
Sacs à blanchissage	—	248
— à distribution (troupes à pied, artillerie et train des équipages).	—	245

	SERVICES auxquels il faut se reporter pour les observations de détail.	PAGES
Tondeuses pour les hommes (1re mise)	Cuisines et ordinaires,	249
Torchons	—	245
Ustensiles de cuisines	—	246
— de chambrées	—	248
— pour le nettoyage des planchers	—	254
ENTRETIEN DE L'HABILLEMENT		
Dégraissage des effets provenant des magasins centraux	Habillement,	48
Frais d'entretien des effets d'habillement en service sous le régime de l'abonnement	—	65 et suiv.
Idem, de clerc à maître	—	77
Réparations d'effets réintégrés en cours de durée	—	79
— — hors de service	—	69, 70
— d'effets spéciaux de conducteurs de caissons à munitions (infanterie)	—	116
ENTRETIEN DU GRAND ÉQUIPEMENT		
Frais d'entretien du grand équipement en service	Habillement,	98 et suiv.
— des effets de trompettes en pied et des effets de tambours et clairons	—	127 à 129
ENTRETIEN DE LA COIFFURE		
Frais d'entretien des effets en service, y compris la valeur des pièces de rechange	Habillement,	98-101
Remplacement des coiffes intérieures de shakos	—	102
DÉPENSES RELATIVES AUX ENFANTS DE TROUPE		
Balais, cruches, ustensiles divers, éclairage	Casernement,	215,220
Dégradations au casernement	—	223
— à la literie	Lits militaires,	237
Effets de petit équipement	Petit équipement,	112
Entretien des effets d'habillement	Habillement,	68 et suiv.
Prélèvement d'une somme de 30 fr. destinée à former le fonds de masse des enfants de troupe au-dessous de 15 ans, envoyés à l'école d'essai. (Décret du 20 avril 1875, page 590, art. 8.)	—	
FRAIS DIVERS DES MAGASINS		
1° Magasins d'habillement :		
Brosses, fers, tampons nécessaires à l'emploi des compositions.	Habillement,	56
Compositions à marquer, combustible	—	55
— diverses pour l'entretien du drap, des tresses ou galons jonquille, jaune d'or ou écarlate	—	63
Gratification au garde-magasin	—	301
Huile Bourgeois pour l'entretien de la chaussure et des effets en cuir (remplacée par la nourriture Mironde)	—	62
Ingrédients et objets divers pour l'entretien des effets en magasin (service courant)	—	60
Jeux de marques, timbres, chiffres, ingrédients	—	55
Mobilier des magasins	—	51
Nourriture des chats, achat de pièges (troupes à pied moins le génie)	—	63
Nourriture Mironde (pour l'entretien des cuirs)	—	62
Matériel d'exploitation et objets divers	—	51
— d'emballage	—	52
Rideaux, à défaut de volets	—	61
2° Frais divers du magasin d'armement	Armement,	677
3° — du magasin de harnachement	Harnachement,	451
4° Réparations aux effets de campement, y compris les cantines et caisses à bagages en magasin	Campement,	194 à 198

MOBILIER DU CONSEIL D'ADMINISTRATION	SERVICES auxquels il faut se reporter pour les observations de détail.	PAGES

Le tarif du 30 novembre 1885, page 798, sur les transports, énumère les objets spéciaux à l'usage des conseils d'administration. Ce sont les suivants : tapis, cachets, échantillons, modèles types, instructions, manuels, etc. L'état n° 105 de la nomenclature générale des imprimés complète cette énumération comme il suit :

Caisses de fonds.	Habillement,	144
Timbres ou cachets.	—	51, 55, 144
Tapis pour la table des séances.	Etat n° 105 précité,	
Fanions d'alignement.	Instruction militaire,	128, 355
Urnes et accessoires pour vote du conseil d'administration. (Nomenclature du service de l'habillement du 1er avril 1883.)		

GESTION DU VAGUEMESTRE

Indemnité journalière.	Solde,	302
Achat de registres.	—	302
Gratification.	—	302

DÉPENSES DIVERSES

Acide phénique ou sulfureux pour la désinfection des lits de camp ou des châlits, etc.	Habillement, Casernement,	61 221
Annuaire militaire.	Instruction militaire,	356
Avances aux maîtres-ouvriers.	Habillement,	66
Barrettes pour matricules.	Solde,	313, 368
Bascules pour le pesage des colis.	Transports,	421
Boîtes à livrets matricules (entretien et remplacement).	Habillement,	140
— à boules pour le vote des conseils de régiment.	Recrutement,	410
— à marques pour les compagnies, escadrons ou batteries.	Habillement,	52, 56
Brochure du *Journal militaire* (partie supplémentaire).	Instruction militaire,	356
Caisses à archives.	Habillement,	143
Carnets de mobilisation.	Solde,	324
— de comptabilité en campagne.	—	321
Collage de la carte des étapes.	Instruction militaire,	357
Combustible pour la préparation des bains.	Infirmerie,	519, 523
Cordes pour le transport des chevaux en chemin de fer (troupes à pied).	Equipages,	555
Confection de chaussons dans les corps à cheval.	Habillement,	166
Courroie de porte-manteaux.	—	137
Couvertures des registres-matricules.	Solde,	313, 368
Crêpes et serges pour les cérémonies funèbres.	Service de santé,	533
Cruches pour les salles de police et prisons.	Casernement,	219
Dégradations à la literie.	Lits militaires,	235, 238, 520
— aux capotes de sentinelle.	Casernement,	219, 233
— chez l'habitant.	Logement des troupes,	211
— au casernement par force majeure.	Casernement,	223
Dépenses omises dans les comptes.	Habillement,	148
Ecrous, couvertures et barrettes pour réunir les feuilles matricules des réservistes.	—	318
Ecrous, couvertures et barrettes pour les chevaux de réquisition.	Solde,	320
Effets de petit équipement nécessaires aux enfants de troupe.	Petit équipement,	119
— — retirés aux hommes par suite de changement d'uniforme.	—	115
— — distribués à des hommes de l'infanterie détachés dans le train des équipages.	—	115
— — d'hommes absents vendus par erreur.	—	117
Entretien des fusils d'enfants de troupe.	Armement,	689
— des caisses d'armes.	—	689
Enveloppes de bidons individuels.	Campement,	199
Excédents de bagages dans certains cas.	Transports,	420
Frais de publicité faits en vue d'assurer le recrutement des commis aux écritures des bureaux de l'intendance par des engagements volontaires. (Circ. du 12 juillet 1879 M.) Sont au compte de la masse générale d'entretien de la section de commis et ouvriers d'administration de chaque corps d'armée. (Dép. du 21 novembre 1879 M).	—	

	SERVICES auxquels il faut se reporter pour les observations de détail.	PAGES
Frais d'enlèvement des éperons des bottines des hommes de nouvelle levée prenant part aux exercices de la voltige.	Petit équipement,	125
Frais d'enlèvement des pattes de collet des vestes de 2e durée dans les escadrons du train des équipages.	Habillement,	133
Frais de métrage et de décatissage des draps quand il y a lieu. .	—	144
— de désinfection des baquets et urinoirs.	Casernement,	216 et 225
— d'expertise du matériel de literie.	Lits militaires,	239
— d'expertise de denrées.	Subsistances militaires,	577
— d'expertise en matière de transports.	Transports,	418
— d'actes de naissance.	Archives,	369
— d'inhumation des militaires décédés dans les garnisons où il n'y a pas d'hôpital.	Infirmerie,	533
Gratifications aux inspecteurs de la boucherie à Paris. (Décis. du 31 octobre 1867, rappelée par l'instr. du 15 mars 1872, page 54.)		
Gratifications aux sous-officiers qui donnent l'instruction à cheval aux officiers des corps d'infanterie.	Instruction militaire,	302
Guide à l'usage des militaires et marins.	—	357
Guide pour la tenue des matricules	—	359
Imprimés pour les réservistes.	Solde,	325
— nécessaires en cas de mobilisation.	Archives,	307, 325, 368
Indemnité de logement aux maîtres ouvriers.	Casernement,	212
Instruction à fixer sur les planchettes (état de casernement, liste d'appel, étiquette de lit, etc.).	—	220
Instruction du 8 mars 1823 concernant les actes de l'état civil des corps en campagne.	Instruction militaire,	357
Manuel des circonscriptions militaires	—	358
— de Beaugé.	—	359
— de l'officier de police judiciaire.	—	358
Marquage des outils portatifs des sapeurs.	Casernement,	229
— des plaques d'identité.	Habillement,	147
— des caisses à bagages et cantines à vivres.	Campement,	198
— de certains effets de petit équipement.	Petit équipement,	113
Modifications à l'uniforme de la troupe.	Habillement,	69, 80, 149
Ouvrages divers.	Instruction militaire,	355
Paille de couchage et cruches pour les prisons.	Casernement,	219
Pantalons no 2 perdus ou brûlés dans un incendie.	Habillement,	80
Pendule pour corps de garde de police (location).	Casernement,	219
Pertes de matériel appartenant aux maîtres ouvriers.	Habillement,	66, 104
Pertes et dégradations d'objets de casernement par cas de force majeure.	Casernement,	223
Planchettes pour le nettoyage des buffleteries (entretien et remplacement.	—	217, 220
Planchettes en bois ou carton destinées à recevoir les instructions, règlements, listes, consignes, étiquettes de lits et d'armes. . .	—	220
Poudre de pyrèthre.	—	61, 221
Presses autographiques.	Solde,	340
Questionnaire sur les obligations des réservistes.	Ouvrages divers,	358
Rations de pain non représentées par les hommes entrant à l'hôpital.	Subsistances,	576
Recueil administratif de M. Charbonneau.	Instruction militaire,	358
Registres matricules (entretien).	Archives,	367
— de l'officier de casernement.	Casernement,	214, 222
— des conférences.	Solde,	329
— des engagés conditionnels.	—	332
Reliure du *Journal militaire*.	Instruction militaire,	356
— de la description de l'uniforme, des instructions et cahiers des charges.	—	357
— du livret des étapes.	—	357
— du règlement sur les transports.	—	357
Répertoire des réservistes.	Solde,	320

	SERVICES auxquels il faut se reporter pour les observations de détail.	PAGES.
Répertoire du *Journal militaire* de M. Blochet.	Instruction militaire,	358
Serges nécessaires pour les cérémonies funèbres dans les corps . .	Infirmerie,	533
Sifflets	Habillement,	146
Soufflets à poudre de pyrèthre.	Casernement,	221
Sous-pieds pour pantalon de cheval ou guêtres (fourniture) . . .	Petit équipement,	121
Théorie sur la manœuvre de la pompe à incendie (ouvriers d'administration	Instruction militaire,	357
Toile d'emballage, ficelle, etc., pour la confection des paquets d'effets en cas de mobilisation.	Habillement,	52, 162
Transport d'armes et de caisses d'armes.	Armement,	689
— d'effets de militaires décédés.	Habillement,	161
— de modèles types.	Transports,	422
— de militaires impotents des casernes aux gares et *vice versa*	Infirmerie,	531
— de clairons destinés à des corps de cavalerie ou d'artillerie	Habillement,	129
Ustensiles nécessaires pour donner des bains chauds.	Infirmerie,	520
DÉPENSES PAR VIREMENT DE FONDS		
Remboursement d'effets ou d'accessoires d'effets achetés sur d'autres fonds	Habillem[t] et gr[d] équipem[t],	103, 104

APPLICATION DU DÉCRET DU 28 DÉCEMBRE 1883

SUR LE SERVICE INTÉRIEUR DES CORPS DE TROUPE

(Circ. du 2 juillet 1884, page 14).

(L'état n° 105, à produire à l'inspection de 1885, indiquera la place que les inscriptions devront occuper sur cet état.)

1° Énumération des dépenses à faire au compte de la masse générale d'entretien (2e portion) :

1° Huile lourde de houille pour la désinfection des baquets de propreté (chaque fois qu'il y aura lieu).

2° Constitution d'un approvisionnement de livrets nécessaires en cas de mobilisation, aux sous-lieutenants, aux sergents ou maréchaux des logis et aux caporaux de réserve du cadre de chaque compagnie, escadron ou batterie. (Circ. du 3 mai 1884, n° 5.)

3° Portefeuilles à serrure (1re mise et remplacement) (1).

4° Folios individuels du personnel : 1° des officiers sans troupe et assimilés de toutes catégories; 2° des officiers des corps de troupe (pour ces derniers, 1re mise seulement). Les imprimés sont fournis par la section de secrétaires d'état-major pour les officiers du cadre actif détachés dans le recrutement (note du 7 janvier 1885, page 12) et pour tous les officiers sans troupe. (Note du 16 janvier 1885, page 30.)

5° Cahier de visite médicale journalière (1re mise et remplacement).

6° Carnets de compagnie ou de batterie, destinés aux adjudants (1re mise et remplacement).

7° Registres des punitions, couvertures et folios (1re mise et folios additionnels).

8° Huile de pétrole destinée à la destruction des insectes (chaque fois qu'il y aura lieu).

9° Ajustage, sur le couvercle des poêles des corps de garde de police, des bassins qui doivent y être placés (chaque fois qu'il y aura lieu).

10° Crachoirs à placer dans les chambrées, et sable devant les garnir (1re mise et remplacement). (Surseoir à cette dépense jusqu'à nouvel ordre.)

11° Livrets destinés aux officiers de peloton absents (dans le cas où, par suite des mutations, les folios du livret seront épuisés au moment où l'officier destinataire rejoindra son corps). (2 juillet 1884, page 14.)

12° Registre des rentrées après l'appel du soir et des punis dans les escadrons du train des équipages. (Note du 16 janvier 1885, page 30.)

(1) Les portefeuilles des officiers sans troupe sont achetés sur les frais de service. (Note du 16 janvier 1885, page 29.)

2° *Indication des sommes maxima affectées aux dépenses énumérées ci-dessus :*

DÉSIGNATION DES ARMES.	DÉPENSES à faire en 1884.	DÉPENSES à faire les années suivantes.	OBSERVATIONS.
Infanterie de ligne	1.400	280	Comme il a été dit ci-dessus, les sommes inscrites dans les colonnes ci-contre sont des maxima que les corps devront s'efforcer de ne point atteindre. D'autre part, et par dérogation aux dispositions de l'article 21 du décret du 1er mars 1880, les dépenses auxquelles lesdites sommes sont spécialement affectées ne seront engagées qu'après autorisation du sous-intendant militaire. Mention de cette autorisation sera faite dans la colonne *ad hoc* de l'état 105 (recettes et dépenses de la masse générale d'entretien).
Chasseurs à pied	500	100	
Zouaves	1.700	340	
Tirailleurs algériens	1.200	240	
Légion étrangère	1.400	280	
Infanterie légère d'Afrique	500	100	
Compagnies de discipline	125	25	
Compagnies de pionniers	125	25	
Cuirassiers	650	130	
Dragons	650	130	
Chasseurs de France	650	130	
Hussards	650	130	
Chasseurs d'Afrique	700	140	
Spahis	400	80	
Compagnies de cavaliers de remonte	125	25	
Régiments d'artillerie. à 13 batteries	1.400	280	
Régiments d'artillerie. à 12 batteries	1.300	260	
Régiments d'artillerie. à 11 batteries	1.200	240	
Pontonniers	1.200	240	
Bataillons d'artillerie de forteresse	650	130	
Compagnies d'ouvriers d'artillerie	100	20	
Compagnies d'artificiers	50	10	
Régiments du génie	2.000	400	
Escadrons du train des équipages militaires. à 5 compagnies.	600	120	
Escadrons du train des équipages militaires. à 4 compagnies.	550	110	
Escadrons du train des équipages militaires. à 3 compagnies.	500	100	
Sections. Secrétaires d'état-major	50 (b)	10 (b)	(b) Ces chiffres peuvent être dépassés sur l'autorisation du sous-intendant. (Note du 16 janvier 1885, p. 30.)
Sections. Commis et ouvr. mil. d'admin.	200	40	
Sections. Infirmiers militaires	125	25	

(Circ. du 2 juillet 1884, page 14.)

MASSE GÉNÉRALE D'ENTRETIEN

Régiments de spahis

Le décret du 6 janvier 1874, page 15 (tableau B), modifié par la décision du 11 octobre 1874, page 411, fixe comme il suit les recettes et les dépenses de la masse générale d'entretien :

Recettes.

Première mise en cas de nouvelle formation (par escadron)....... 100 »
Allocation annuelle pour six escadrons........................ 2,900 »

Dépenses.

Dépenses éventuelles du chef de corps (200 fr. par régiment).
Achat, entretien et réparation des trompettes d'ordonnance. (La fourniture des cordons et courroies incombe à la masse individuelle.) (Décis. du 1er décembre 1881, page 376.)
Fourniture et entretien du harnachement des mulets appartenant à l'Etat.
Ferrage des mulets appartenant à l'Etat.

MASSE D'ENTRETIEN DES PÉNITENCIERS ET PRISONS.

(Voir la décision du 17 décembre 1880, page 441.)

Une dépêche du 2 octobre 1881 (M) prescrit d'imputer sur les crédits de la masse d'entretien de la prison militaire de Bourges, une dépense de 100 fr. représentant le prix d'une caisse de fonds.

MASSE D'ENTRETIEN DU HARNACHEMENT ET FERRAGE

Corps de troupe à cheval, Cavalerie, Artillerie, Génie et Equipages militaires, Ecoles, Dépôts de remonte.

DISPOSITIONS GÉNÉRALES

La masse d'entretien du harnachement et ferrage pourvoit aux dépenses d'entretien du harnachement, au ferrage, aux frais de marque des chevaux et à leur traitement, à la fourniture des ustensiles d'écurie, y compris l'infirmerie vétérinaire, à l'éclairage des écuries et à l'entretien du mobilier, etc. (Décr. du 3 avril 1869, page 512.)

Elle supporte, en un mot, toutes les dépenses occasionnées par la présence des chevaux dans *les corps de troupe à cheval, les dépôts de remonte, etc*.

Toutefois, la note du 14 février 1882, page 55, porte que l'entretien des harnachements de réserve et de l'armée territoriale, dans les régiments de cavalerie, est à la charge du budget ordinaire du harnachement des chevaux et non au compte de la masse d'entretien.

L'article 234 du règlement du 8 juin 1883, page 617, dispose que cette masse est due pour toutes les journées de présence des chevaux de troupe et d'officiers appartenant à l'Etat, tant en station qu'en route ou sur le pied de guerre. Elle est due également pour les journées donnant droit à l'indemnité de nourriture. Cette masse est décomptée par jour et d'après le taux annuel fixé par le tarif. (Art. 234.)

Pour les chevaux placés en subsistance dans d'autres corps, la prime d'entretien du harnachement et ferrage est perçue par ces corps au taux fixé pour leurs propres chevaux. (Art. 235 du règlement du 8 juin 1883, page 617, et circ. du 28 juin 1876, page 81.) Pour les chevaux d'officiers détachés dans les dépôts de remonte, voir *Ferrage*, page 489.

Pour les chevaux achetés dans le commerce, la prime est due à partir du jour où ils sont nourris au compte de l'Etat (Décis. du 11 août 1847, p. 763); pour ceux provenant de la remonte, du jour de la remise par les établissements à l'officier chargé de les recevoir. (Circ. du 6 octobre 1831, insérée à la page 105 du tome III du *Journal Militaire.*) La circulaire du 27 avril 1870, page 61, rappelle ce principe ainsi que le mod. d'abonnement des maréchaux-ferrants.

Les chevaux de l'Etat emmenés suivant autorisation par les officiers envoyés en reconnaissance de brigade, allant exécuter des travaux topographiques, etc., en voyage d'état-major et en mission, aux manœuvres de division ou de brigade avec cadres, et dans tous les cas où l'indemnité spéciale de nourriture est allouée, ont droit à la prime d'entretien. (Art. 387 du règlement du 8 juin 1883, page 656). Les frais de ferrage des chevaux emmenés par les officiers allant en congé étant à leur compte (art. 13 du décret du 3 juillet 1855, page 630), il semble en résulter que la prime n'est pas due pour ces chevaux.

Les chevaux des officiers qui renoncent au bénéfice de la remonte à titre gratuit ont droit au ferrage comme ceux appartenant à l'Etat, mais non à la prime d'entretien; la dépense est imputée à la masse d'entretien du harnachement et ferrage. (Décis. du 1er septembre 1878, p. 236.) — Cette masse est décomptée conformément au tarif ci-après du 25 décembre 1875, page 923; mais la circulaire du 16 mars 1874, page 203, et l'article 234 du règlement du 8 juin 1883 prescrivent de se servir, dans les calculs, de la fixation journalière et non du taux annuel.

Les chevaux de trait et mulets affectés aux équipages régimentaires ont droit à la même prime d'entretien que les chevaux de selle. (Circ. du 17 avril 1880, page 401, S.)

Les chevaux d'officiers sans troupe appartenant à l'Etat ferrés dans les corps ne donnent pas droit à la prime d'entretien. (Circ. du 13 janvier 1880, page 18.)

DÉSIGNATION DES ARMES.	FIXATION PAR CHEVAL. HORS PARIS. PAR AN.	HORS PARIS. PAR JOUR.	DANS PARIS. PAR AN.	DANS PARIS. PAR JOUR.	EN ALGÉRIE. PAR AN.	EN ALGÉRIE. PAR JOUR.	OBSERVATIONS. (Tarif du 25 décembre 1875.)
Chevaux d'officiers appartenant à l'Etat (1)	»	»	»	»	»	»	(1) Selon le taux déterminé dans chaque arme pour les chevaux de troupe. (Tarif du 25 décembre 1875.) Dans les bataillons d'artillerie de forteresse, les chevaux d'officiers appartenant à l'État ont droit à la même allocation que dans les régiments d'artillerie. (Décis. du 8 janvier 1884, page 22.)
Régiments de cuirassiers							
— dragons	18 »	» 04.931	20 »	» 05.479	33 » (2)	» 09.041	
— chasseurs							
— hussards							
Ecoles militaires	18 25	» 05.000	18 25	» 05.000	»	»	
Chasseurs d'Afrique	»	»	»	»	33 »	» 09.041	(2) Cette allocation est comptée du jour de l'embarquement.
Régiments d'artillerie	27 »	» 07.397	27 »	» 07.397	27 » (3)	» 07.397	
Bataillons d'artillerie de forteresse. (Décis. du 8 janvier 1884, page 22)	29 20	» 0. 08	29 20	» 08.000	29 20	» 08	(3) Allocation applicable aux mulets employés dans les batteries en Algérie.
Train des équipages militaires	30 »	» 08.219	30 »	» 08.219	40 »	» 10.958	(4) Il est alloué, en Algérie, une indemnité de 6 francs, une fois payée, pour chaque cheval admis dans les dépôts de remonte.
Compagnies de sapeurs conducteurs du génie	30 »	» 08.219	30 »	» 08.219	40 »	» 10.958	
Mulets de bât (y compris l'entretien du bât) (*a*)	34 »	» 09.315	34 »	» 09.315	34 »	» 09.315	
Dépôts de remonte	18 »	» 04.931	»	»	» (4)	»	
(*a*) Chevaux de trait et mulets des équipages régimentaires (Infie)	40 »	» 10.958	»	»	50 »	» 13.726	Dans la cavalerie, l'artillerie, etc., la prime est celle allouée pour les chevaux du corps. (Circ. du 17 avril 1880, page 401, S.)

Cette masse est payée tous les mois et à terme échu aux conseils d'administration des corps ou portions de corps y ayant droit. (Art. 386 du règlemt du 8 juin 1883, page 657.) Le montant du décompte est compris, par un article particulier, sur l'état de paiement de la solde des officiers. (Art. 387.) En cas de division d'un corps, chaque portion perçoit la prime d'entretien du harnachement et ferrage pour ses chevaux.

NOTA. — Cette masse bénéficie des allocations concernant les chevaux et les voitures régimentaires, principe rappelé par la circ. du 22 août 1875 (M) et celle du 17 avril 1880, page 401 (S).

Chaque année, il est produit à l'intendant militaire inspecteur un état des recettes et des dépenses (mod. n° 106 de la nomencl.) en exécution de l'instruction annuelle sur les inspections administratives. De plus, les corps de l'artillerie et du train des équipages adressent au ministre par la voie de l'intendance militaire :

1° Les 15 avril et 15 octobre un état de situation, au 1er de chacun de ces mois, de la masse d'entretien du harnachement et ferrage (circ. du 2 mars 1875 (M) qui indique les renseignements à fournir) ;

2° Avant le 15 avril, un état détaillé des recettes et dépenses de l'exercice écoulé. (Circ. du 21 février 1877 M.)

Recettes.

Cette masse fait recette :

Des allocations indiquées ci-dessus par le tarif ;

Du produit de la vente des fumiers (voir *Fumiers*, page 613) ;

— des dépouilles de chevaux (voir page 619) ;

Du remboursement de la paille de première litière par les adjudicataires des fumiers (voir *Subsistances*, page 602, et *Fumiers*, page 617) ;

Du remboursement des sommes avancées pour le paiement des frais d'adjudication des fumiers (voir *Fumiers*, page 618) ;

Des secours accordés par le ministre à la suite des nivellements de masses (Diverses dép. minist. et circ. du 15 décembre 1878, page 426, qui indique comment sont opérés ces nivellements) ;

Des sommes versées en remboursement d'avances faites aux maîtres-ouvriers. (Voir *Harnachement*, pages 473, 476, 487, et *Ferrage*, pages 496 et 500.)

Dépenses.

Le ministre règle l'emploi du produit de cette masse. (Art. 225 de l'ordonn. du 10 mai 1844, page 333.)

Les pièces justificatives des dépenses sont établies dans la forme indiquée pour le *Service de l'Habillement, et pour la masse générale d'entretien.* Elles sont exemptes du timbre et de l'enregistrement. (Voir *Masse générale d'entretien.*) L'officier de casernement, le vétérinaire, etc., mentionnent sur les factures de fournitures et de réparations qui concernent leur service, par analogie avec les dispositions de l'article 85 de l'ordonn. du 10 mai 1844, les sommes à payer ; pour les objets figurant dans les comptes de l'officier d'habillement, cette formalité est remplie par lui-même. (Art. précité.)

Les dépenses sont faites sous le contrôle des fonctionnaires de l'intendance ; celles non prévues par les règlements doivent être autorisées au préalable par une décision spéciale de l'intendance militaire ou du ministre. (Instr. du 26 avril 1884, art. 41, page 1064 S.) (Voir *Masse générale d'entretien* pour les achats que les corps peuvent faire. Aux termes de la note du 12 janvier 1882, page 9, les régiments de cavalerie, dépôts de remonte et écoles militaires doivent faire la situation de leur masse d'entretien toutes les fois qu'ils adressent une demande d'imputation à ladite masse d'une dépense nouvelle ou imprévue.

Les réparations en dehors de l'abonnement font l'objet de procès-verbaux approuvés par les sous-intendants militaires si la dépense ne dépasse pas 50 francs, par les intendants militaires lorsque la somme, supérieure à 50 francs, ne dépasse pas 100 francs, et par le ministre dans tout autre cas. (Art. 249 du décr. du 1er mars 1880, page 383.)

Les dépenses prévues sont les suivantes :

RÉPARATIONS AU HARNACHEMENT ET REMPLACEMENT DES ACCESSOIRES	SERVICES auxquels il faut se reporter pour les observations de détail	PAGES
Pour tous renseignements, voir :		
Harnachement de la cavalerie.	Harnachement,	451 à 463
— de l'artillerie et des équipages. . .	—	464 à 470
Modifications au harnachement prescrites par le ministre :		
Voir : *Harnachement* de la cavalerie.	—	463
— de l'artillerie et des équipages. .	—	479
Fournitures des licols d'écurie et bridons d'abreuvoir :		
Voir : *Harnachement* de l'artillerie et du train des équipages.	—	470

	SERVICES auxquels il faut se reporter pour les observations de détail	PAGES.
FERRAGE DES CHEVAUX		
Achat des harnais et accessoires de forge de campagne (cavalerie).	Ferrage,	492
Frais de ferrage des chevaux	—	489 et suiv.
— des chevaux de remonte	—	496
Frais d'entretien de la forge de campagne	—	492
Location de forges	—	492
Outils de réserve nécessaires aux maréchaux-ferrants	—	498
Registres, poinçons, jeux de marques, etc.	—	481, 494
MÉDICAMENTS ET TRAITEMENT DES CHEVAUX		
Appareil de soutien	Infirmerie,	541
Caisses d'instruments de chirurgie.	—	544
Cantines d'ambulance	—	542
Chevaux de remonte (Dépenses relatives aux).	Ferrage,	496, 600
Frais de bureau des vétérinaires	Infirmerie,	551
— divers de l'infirmerie et chauffage	—	551
Graissage des pieds des chevaux	Ferrage,	501
Honoraires de vétérinaires civils	Infirmerie,	550
Instruments spéciaux.	—	545
Médicaments et objets de pansement	—	546
Mobilier de l'infirmerie vétérinaire	—	537, 547
Tondeuses pour l'infirmerie.	—	485
DÉPENSES D'ÉCURIES		
Blanchissage des écuries.	Casernement,	227, 507
Désinfection des écuries.	Ecuries,	507
Mobilier et ustensiles	—	503 à 505
Rempaillage des barres ou bat-flancs	—	504
DÉPENSES D'ÉCLAIRAGE		
Eclairage des manèges (ustensiles et liquide).	Manèges,	509
— des infirmeries régimentaires (troupes à cheval). . .	Infirmerie et éclairage,	520, 590
— des escaliers, corridors, latrines, infirmeries vétérinaires, etc.	Eclairage,	590
— des écuries	—	591
Fourniture des crochets, poteaux ou pitons	—	592
Eclairage des écoles dans les corps à cheval (liquide seulement) .	Ecoles,	629, 632, 636, 639
Éclairage des salles d'escrime (corps à cheval)	—	667
ILLUMINATIONS		
Dans les corps de troupe à cheval	Eclairage,	592
DÉPENSES ACCIDENTELLES ET IMPRÉVUES		
Achat, entretien des tondeuses et indemnités aux cavaliers tondeurs.	Harnachement,	485
Achat de la paille de première litière :		
lors de la désinfection des écuries...... / des chevaux arrivant dans une garnison.	Fourrages et fumiers,	602, 617
des chevaux malades.	Fourrages,	602
Annuaire militaire pour les dépôts de remonte et les chefs-lieux de circonscription seulement.	Ouvrages divers,	356
Avances faites aux ouvriers.	Harnachement et ferrage,	473, 476 et 487
Barres parallèles (corps de cavalerie exceptés)	Voltige,	349
Barrières, fossés, etc., à établir dans les quartiers et champs de manœuvres (corps de cavalerie exceptés).	Exercices,	344, 508
Caveçons, longes, chambrières de voltige, selles et surfaix. . . .	Voltige,	349
Camails pour chevaux de remonte en route	Harnachement,	484
Chariots-fourragères.	Equipages,	456, 560
Cheval de bois (corps de cavalerie exceptés)	Voltige,	349

	SERVICES auxquels il faut se reporter pour les observations de détail.	PAGES
Cordes pour le transport des chevaux en chemin de fer (troupes à cheval)	Equipages,	555
Cours d'iconographie	Ouvrages divers,	352
Cours complet d'hippologie	—	353
Couvertures en cuir au nombre de deux pour les chevaux de service attelés à la voiture omnibus du dépôt de remonte de X....., pendant l'hiver, prix 35 francs l'une. (Dépêche minist. du 23 septembre 1880 M.)		
Désinfection d'effets d'habillement d'hommes ayant soigné des chevaux morveux	Habillement,	144
Désinfection d'effets de harnachement	Harnachement,	456, 471, 485
Dictionnaire pratique de médecine, de chirurgie et d'hygiène	Ouvrages divers,	353
Fourniture de bottes aux hommes non montés de l'artillerie qui suivent l'instruction à cheval, et entretien de leurs pantalons de cheval	Habillement,	145
Dépense de fourniture de matériaux aux aides-maréchaux-ferrants envoyés dans les chefs-lieux de ressorts vétérinaires pour obtenir le brevet de maître-maréchal	Ferrage,	501
Fourniture de surfaix	Harnachement,	453, 470
— des accessoires de fourragères (cavalerie et artillerie)	Equipages,	560
Frais d'entretien du matériel des équipages	—	553, 557
— et de remplacement des fourragères dans la cavalerie, les écoles et dépôts de remonte	—	560
Frais d'attache, de médicaments et de conduite des chevaux de remonte	Ferrage,	496
Frais d'adjudication des fumiers et dépouilles de chevaux	Fumiers,	618
— d'expertise du matériel de harnachement (quand il y a lieu)	Harnachement,	478
Gabarits et vastringues	—	486
Harnachement et ferrage des bœufs	—	487
Hygiène des animaux domestiques	Ouvrages divers,	354
Jalons, fanions, mannequins, chandeliers (artillerie et équipages)	Exercices et manœuvres,	345
Journal des Haras (dépôts de remonte)	Ouvrages divers,	353
Jeux de marques et frais de marquage	Harnachement,	460, 479 à 481
Leçons de pathologie	Ouvrages divers,	353
Manuel hippique sommaire	—	353
Marques des chevaux (Voir *Jeux de marques*)		
Matériel des manèges (artillerie et train)	Manèges,	508
— d'emballage	Harnachement,	451
— de quartier (artillerie et train)	Exercices,	345
Matériel d'instruction. (Art^ie et train des équipages)	—	345
Moins-value d'effets de petit équipement ayant servi au pansage des chevaux morveux	Petit équipement,	120
Nourriture des chats et achats de pièges (troupes à cheval)	Habillement,	63
Observations sur le service de la cavalerie en campagne	Ouvrages divers,	353
Ordonnance du 10 mai 1884, annotée par Durand. (Dépôts de remonte seulement.)		359
Outils et ingrédients pour l'entretien des manèges (Cav^ie exceptée)	Manèges,	509
Ouvrage intitulé : *La Connaissance du Cheval*	Ouvrages divers,	354
Paille de litière	Fourrages,	602 et 617
Pertes de matériel appartenant aux ouvriers selliers	Habillement,	66, 487
Presses autographiques. (Corps à cheval et remonte)	Solde,	340
Prime de travail des élèves-maréchaux de l'Ecole de cavalerie	Effets de travail,	133
Principes généraux du cavalier arabe	Ouvrages divers,	353
Programme d'un cours d'art et d'histoire appliqué à la cavalerie	—	353
Recueil administratif de M. Charbonneau. (Dépôts de remonte seulement)	—	358
Recueil d'hygiène et de médecine vétérinaires	—	352
— de médecine vétérinaire	—	354
Reliure des ouvrages de l'infirmerie vétérinaire	—	355
Reliure du *Journal Militaire* dans les dépôts de remonte	—	356
Répertoire de M. Blochet (dépôts de remonte)	—	358
Revue des haras, de l'agriculture et du commerce	—	354
— militaire française	—	352
Salle d'hippiatrique	Harnachement,	484

	SERVICES auxquels il faut se reporter pour les observations de détail.	PAGES
Selles de voltige et accessoires	Voltige,	349
Timbre d'admission des effets de harnachement	Harnachement,	455
Tonte des chevaux	—	485
Traité sur l'extérieur du cheval	Ouvrages divers,	354
— sur la conformation du cheval	—	353
— des désinfectants et de la désinfection	—	355
— de maréchalerie	—	355, 492

Voiture omnibus. — Une dépêche du 15 juin 1881 (M) a autorisé le dépôt de remonte de Mâcon à acheter exceptionnellement une voiture omnibus du prix de 1,800 francs pour le transport des officiers acheteurs. Harnais fournis par le service de l'artillerie sur la somme sus-indiquée.

Dispositions spéciales aux bataillons d'artillerie de forteresse.

Une note ministérielle du 23 janvier 1884, page 124, fait connaître que l'entretien du harnachement et de la ferrure (1) sont à la charge de la masse d'entretien du harnachement et ferrage dans ces bataillons.

De plus, une note du 8 avril 1884, page 433, rappelant celle ci-dessus, dispose que cette masse doit supporter en outre :

1° Les frais occasionnés par les soins donnés aux chevaux appartenant à l'Etat ;

2° L'entretien des objets de matériel des écuries dont la nomenclature est donnée au § 2 de l'article 43 du règlement du 30 juin 1856 (seulement dans le cas de détérioration résultant d'une usure naturelle ou provenant d'un cas de force majeure constaté par un procès-verbal du contrôle local) ;

3° L'achat, l'entretien et le remplacement des ustensiles et outils non spécifiés aux § 1° et 2° de l'article 43 précité et nécessaires pour l'entretien et la propreté des écuries. (Voir *Ecuries*, page 503) ;

4° L'éclairage des écuries (Note du 8 avril 1884) ;

5° Frais de tonte des chevaux appartenant à l'Etat ;

6° Achat des marques nécessaires pour le marquage des chevaux, conformément aux indications données dans la note ministérielle du 11 octobre 1883, insérée au *Journal Militaire*. (Note du 8 avril 1884 précitée, modifiée par l'erratum inséré 1er sem. 1884, page 630.)

Nota. — Cette masse est alimentée, comme dans les autres corps, par le produit de la vente des fumiers et des dépouilles de chevaux morts, et au moyen de l'allocation annuelle par animal de selle, de trait ou de bât, appartenant à l'Etat, fixée par les tarifs du 8 janvier 1884. (Errata à la note du 23 janvier 1884, inséré 2e 84, page 642.)

MASSE D'ENTRETIEN DU HARNACHEMENT ET FERRAGE

(Infanterie et bataillons de chasseurs à pied.)

La décision présidentielle du 12 janvier 1883, page 42, a créé dans les régiments d'infanterie et bataillons de chasseurs à pied, en remplacement de la masse d'entretien des équipages, une masse d'entretien du harnachement et ferrage.

Aux termes de cette décision et des règlements du 28 février 1883, page 217, et du 8 juin 1883, page 617, cette masse est destinée à pourvoir à toutes les dépenses nécessaires à l'entretien des animaux de selle, de trait ou de bât, ainsi que du matériel des écuries et des équipages régimentaires.

Les allocations attribuées annuellement aux corps à titre d'abonnement, sont :

Pied de paix, Algérie et Tunisie.	Régiment d'infanterie	400 fr.
	Bataillon de chasseurs	150
Pied de guerre	Régiment d'infanterie	2.000
	Bataillon de chasseurs	650

En outre, il est alloué annuellement 29 fr. 20 par animal de selle, de trait ou de bât appartenant à l'Etat, en service dans les corps à l'intérieur, en Algérie ou en campagne. (Art. 2 du règlemt du 28 février 1883 ; Décis. préslle du 12 janvier 1883) (2). Les chevaux des capitaines qui ont renoncé à la remonte à titre gratuit, ont droit à cette allocation. (Note du 28 septembre 1883, page 290.) Ces allocations sont payées tous les mois et à terme échu aux conseils d'administration des corps ou portions de corps y ayant droit. (Art. 4 dudit règlemt et art. 389 de celui du 8 juin 1883, page 656.)

L'abonnement est décompté à raison de la 12e partie de sa fixation annuelle ; l'allocation de 29 fr. 20 est perçue à raison de 0,08 par journée de présence des chevaux ou mulets appartenant à l'Etat. Le montant de ces deux décomptes est compris par un article particulier sur l'état de paiement de la solde des officiers. (Pour les chevaux reçus en subsistance, voir *Ferrage*, page 489.)

(1) Voir *Ferrage*, page 491.

(2) Les règles d'allocation de la prime sont les mêmes que pour les corps à cheval. (Art. 389 du règlemt du 8 juin 1883, page 656).

Lorsqu'un ou plusieurs bataillons ou des compagnies se séparent de la fraction principale du corps ou du dépôt pour s'administrer isolément, le conseil d'administration central détermine, sous l'approbation du sous-intendant militaire, les sommes à leur affecter sur l'abonnement fixe. Ces sommes, jointes à celle attribuée à la portion principale, ne doivent pas dépasser l'allocation totale. Mention desdites sommes est faite sur le livret de solde de chacune des parties.

Les portions détachées perçoivent alors directement la part qui leur est attribuée.

En cas de division d'un corps, chaque portion perçoit la prime journalière de 0,08 c. pour ses chevaux et mulets.

Lorsque les chevaux et mulets appartenant à l'Etat sont placés en subsistance dans d'autres corps, cette prime est perçue par ces corps, lesquels sont chargés de pourvoir à l'entretien de la ferrure. (Art. 4 du règlem^t du 28 février 1883.)

Recettes.

Cette masse fait recette :

1° De l'abonnement annuel et de la prime d'entretien fixés ci-dessus ;

2° Du produit de la vente des fumiers des chevaux logés dans les écuries de l'Etat, et des chevaux détenus à titre gratuit, logés en ville pour convenance personnelle. (Art. 3 du règlem^t du 28 février 1883.) — Voir *Fumiers*, page 614 ;

3° Du produit de la vente des dépouilles des chevaux et mulets morts ou abattus et appartenant à l'Etat. (Même art.) — Voir page 619 ;

4° Des secours accordés par le ministre.

Dépenses.

Le ministre règle l'emploi de cette masse.

Les pièces justificatives des dépenses sont établies dans la forme indiquée pour les dépenses relatives à la masse générale d'entretien. Elles sont exemptes du timbre et de l'enregistrement.

Les corps ne sont point tenus de demander l'autorisation du sous-intendant pour les dépenses qui ne dépassent pas le maximum fixé par les tarifs en vigueur.

Les dépenses non prévues par les règlements doivent, au contraire, être préalablement autorisées par le sous-intendant ou par une décision spéciale du ministre. (Art. 5 du règlem^t du 28 février 1883, p. 220.)

Indépendamment de l'état des recettes et dépenses qui est adressé annuellement par les intendants militaires inspecteurs, les corps font connaître sommairement au ministre (1re direction, 2e bureau), dans les dix premiers jours de chaque trimestre, la situation de leur masse. (Art. 7 dudit règlem^t.) Cette situation est adressée par la voie hiérarchique administrative. (Lettre minist. du 28 avril 1883.)

Pour les autres dispositions de détail, se reporter au titre *Masse d'entretien du harnachement et ferrage des corps de troupe à cheval.* (Art. 6.)

Les dépenses prévues sont les suivantes. (Art. 3 du règlem^t) :

Entretien des voitures régimentaires ou d'état-major, des harnais ou des bâts. (Voir *Equipages*, page 557.)

Ferrure des chevaux et mulets appartenant à l'État (voir *Ferrage*, pages 490 et 491) *et des chevaux des officiers qui ont renoncé à la remonte à titre gratuit.* (Note du 28 septembre 1883, page 290.)

Médicaments nécessaires aux chevaux appartenant ou non à l'Etat. (Voir *Médicaments*, page 546.)

Honoraires de vétérinaires civils chargés du traitement des chevaux. (Voir *Vétérinaires*, page 549.)

Bridons d'abreuvoir et licols d'écurie des chevaux de trait et animaux de bât. La dépense pour l'achat et l'entretien de ces effets, ainsi que pour l'entretien des surfaix et couvertures d'écurie, ne doit pas dépasser en moyenne 13 fr. par cheval et par an. (Art. 3 du règlem^t du 28 février 1883, page 218.)

Dégradations aux écuries. (Voir *Ecuries*, pages 503 et 504, et *Casernement*, page 222.)

Frais de désinfection des écuries et ustensiles. (Voir *Ecuries*, page 507.)

— *des effets de harnachement et de pansage.* (Voir *Harnachement*, page 485.)

Eclairage des écuries. (Les appareils à gaz ne sont pas à la charge de cette masse ; ils sont fournis par le service du chauffage et de l'éclairage. (Voir *Eclairage des écuries*, pages 591 et 592.)

Effets de pansage pour les chevaux de trait et mulets de bât seulement. (Voir *Equipages régimentaires*, page 559.)

Achat de sabots nécessaires aux gardes d'écurie. (Art. 3 du règlem^t précité.)

Marque des chevaux au sabot, achat des marques. (Voir *Marques*, page 480.)

Entretien du mobilier dont la fourniture et le remplacement sont à la charge du service du génie. (Voir *Écuries*, page 503.)

Achat, entretien et remplacement des outils et des ustensiles dont la fourniture et le renouvellement ne sont pas à la charge du service du génie. (Voir *Ustensiles d'écurie*, page 505.)

Achat de tondeuses et dépenses résultant du remplacement des peignes, du graissage et du repassage des tondeuses. (Voir *Tonte des chevaux*, page 485.)

Achat, entretien et remplacement des outils et de la sacoche de l'aide-maréchal-ferrant. (Voir *Ferrage des chevaux*, page 491.)

Nota. — Toutes ces dépenses sont autorisées par le règlem^t du 28 février 1883.

Dépenses de médicaments et de ferrage des chevaux de remonte délivrés à titre gratuit. (Voir *Subsistances*, page 196 et 601.)

Frais de ferrage des chevaux des officiers sans troupe ou détachés de leur corps (appartenant à l'Etat) dans les garnisons qui ne sont composées que d'infanterie exclusivement. (Note du 19 mars 1884, page 263. (Voir *Ferrage*, pages 489 et 490.)

Frais de marquage des effets de harnachement. (Voir *Jeux de marques*, page 479.)

MASSE D'ENTRETIEN ET DE REMONTE

Gendarmerie.

La masse d'entretien et de remonte est destinée spécialement à indemniser en commun les sous-officiers, brigadiers et gendarmes de la perte et du remplacement de leurs chevaux et effets.

Cette allocation est due pour les militaires attachés aux forces publiques s'administrant séparément, comme aux militaires présents au corps ou à la compagnie. (Art. 258 du règlemt du 18 février 1863, page 70); mais non aux gendarmes réservistes ou territoriaux appelés pour un service de gendarmerie. (Décret du 24 juillet 1875, page 452.) Elle est fixée par le tarif n° 24 annexé à la décision du 22 février 1873, page 192, modifié par la décision présidentielle du 26 juin 1883, page 839.

ARMES.		FIXATION DE L'ALLOCATION pour Chaque Sous-Officier, Brigadier ou Gendarme			OBSERVATIONS.
		par an	par mois	par jour	
Gendarmerie des départements et légion mobile	Arme à cheval.	28.80	2.40.00	» 08.00.00	
	— à pied ..	10 »	» 83.33	» 02.77.77	
Légion de gendarmerie d'Afrique (1)................	Arme à cheval.	21.60	1.80.00	» 06.00.00	(1) Y compris les auxiliaires indigènes.
	— à pied ..	10 »	» 83.33	» 02.77.77	
Légion de la garde républicaine	Arme à cheval.	28.80	2.40.00	» 08.00.00	
	— à pied ..	10 »	» 83.33	» 02.77.77	

L'emploi de cette masse est réglé par le ministre. (Art. 734 du règlemt du 18 février 1863, page 185.) Il est produit en fin d'année, à l'époque de l'inspection administrative, un état des recettes et des dépenses. (Art. précité et instr. du 26 avril 1884, page 1058, art. 32 S.

Recettes.

Cette masse fait recette :

Des allocations qui lui sont attribuées par le tarif ci-dessus;

Du produit de la vente des fumiers des chevaux d'officiers appartenant à l'État (2);

Des amendes infligées aux fournisseurs pour retards dans les livraisons;

De l'avoir à la masse des enfants de troupe décédés ou quittant le service avant l'âge de dix-huit ans (art. 258 du règlemt du 18 février 1863, page 70);

Du produit de la vente des objets hors de service achetés sur les fonds de cette masse. (Instr. sur les inspections générales. (Art. 64 de l'instr. du 22 avril 1884, page 1232 S.)

Dépenses.

Pour la forme des pièces justificatives, voir *Habillement*, et, pour les formalités du timbre et de l'enregistrement, voir *Masse générale d'entretien*. La note du 22 mars 1883, page 322, rappelle que les reçus et quittances des fournisseurs de la gendarmerie sont exempts du timbre mobile de 10 centimes lorsqu'il s'agit de dépenses intérieures supportées par les sous-officiers et soldats.

(2) Les fumiers provenant des chevaux des gendarmes leur appartiennent en commun; ils sont vendus avec l'assentiment de tous les hommes de chaque brigade ou de la majorité de ceux qui sont présents. En cas de partage des voix, celle du chef de brigade est prépondérante.

Les sommes qui proviennent de cette vente sont employées à payer les ustensiles d'écurie et autres objets achetés en commun pour l'usage de la brigade. Ce qui en reste est partagé chaque mois entre tous au prorata du nombre des journées de présence des chevaux. (Art. 152 du règlemt du 9 avril 1858, page 480.)

Le fumier des chevaux d'officiers appartenant à l'Etat est vendu avec celui des chevaux appartenant aux hommes de la brigade. Le produit de cette vente est partagé au prorata du nombre des journées de présence des chevaux (y compris ceux des officiers).

La part afférente aux chevaux d'officiers appartenant à l'Etat est versée intégralement à la masse d'entretien et de remonte, et cette masse rembourse aux officiers, qui en ont fait l'avance, leur part contributive dans la dépense d'acquisition des ustensiles d'écurie à l'usage commun de la brigade. Quant aux effets de pansage, ils sont à la charge des officiers. (Note du 1er décembre 1882, page 466.)

Aux termes de l'article 261 du décret du 18 février 1863, page 71, cette masse pourvoit aux dépenses suivantes :

1° *Prélèvement* de 30 francs destiné à former le fonds de masse de chaque enfant de troupe au-dessous de quinze ans, envoyé à l'école d'essai. (Décret du 20 avril 1875, page 590.)

2° *Renouvellement du ruban* des médailles de Crimée, de la Baltique, d'Italie, etc. (Art. 261 du règlem[t] du 18 février 1863 et note du 8 janvier 1858, page 410.) Les circulaires des 14 septembre 1874 et 23 février 1879 (M) en interdisent l'achat d'une manière expresse et prescrivent d'adresser des demandes aux magasins centraux ;

3° *Paiement d'une somme* de 2 francs par mois et par cheval aux officiers, pour le ferrage de ceux de leurs chevaux qui appartiennent à l'Etat. (Art. 261 dudit règlem[t]; art. 7 du règlem[t] du 3 juillet 1855, et circ. du 20 octobre 1860.) Le ferrage des chevaux appartenant aux officiers et aux gendarmes est à la charge des détenteurs de ces chevaux. (Voir ci-après § 4°.) Aux termes des circulaires des 11 et 26 mai 1876, les ouvriers des corps de troupe doivent ferrer les chevaux de la gendarmerie dans les villes de garnison, à raison de 1 fr. 65 c. par cheval et par mois, prix de la cavalerie de réserve. (Voir le mod. d'abonnement, page 497.) Les chevaux des officiers peuvent être également ferrés par ces ouvriers, mais au prix de 2 francs. (Voir page 494.)

4° *Frais de traitement et de médicaments* occasionnés par les chevaux d'officiers appartenant à l'Etat. (Voir *Infirmerie vétérinaire*, page 547.)

Les chevaux des sous-officiers et gendarmes sont entretenus à leurs frais. Toutefois, une dépêche ministérielle du 8 août 1878, n° 6823, dispose que les frais d'autopsie peuvent être imputés à la masse d'entretien et de remonte, mais avec l'autorisation préalable du ministre. De plus, une circulaire du 20 janvier 1877, page 14, et les instructions annuelles sur les manœuvres d'automne allouent une indemnité de 4 francs pour frais de médicaments et de ferrure aux sous-officiers, brigadiers et gendarmes de l'arme à cheval qui prennent part à ces manœuvres. La note du 3 avril 1882, page 496 (S), attribue aux gendarmes détachés en Tunisie une indemnité mensuelle de 4 fr. pour le même objet.

5° *Achat d'imprimés* nécessaires pour l'inspection générale. (Art. 261 du règlem[t] du 18 février 1863. On ne doit pas comprendre dans cet achat les plumes, l'encre et le papier blanc nécessaires pour l'établissement du travail d'inspection.

Nota. — Ces dépenses (§ 1° à 5°) sont faites sans aucune autorisation préalable et aux époques fixées par les décisions qui motivent ces dépenses. (Art. 261 du règlem[t] du 18 février 1863.)

6° *Frais d'emballage et de transport* des effets d'habillement. (Art. 261 du règlem[t].)

La dépense que peut occasionner au chef-lieu des compagnies l'emballage des effets expédiés sur les chefs-lieux d'arrondissement est, en vertu de cet article, imputable à la masse d'entretien et de remonte. Mais, en ce qui concerne le transport, il a lieu dans les conditions déterminées par l'article 717 du décret du 18 février 1863, page 181, c'est-à-dire qu'en principe les effets de toute nature peuvent être envoyés par la voie des transports de la guerre. Toutefois, en cas d'empêchement constaté par le sous-intendant militaire, ils peuvent être expédiés par la voie la plus sûre et la plus économique aux frais de la masse d'entretien et de remonte. Dans ce dernier cas, le chargé du transport prend charge du nombre des colis au bas d'une facture qui reste entre les mains du trésorier ; une expédition est adressée au destinataire par cet officier comptable. (Art. 717.)

Enfin, l'instruction du 31 décembre 1879, page 611, dispose qu'à moins que le nombre, le volume ou le poids n'exigent le recours aux transports généraux de la guerre, les correspondances restent chargées de la transmission des objets de toute nature et des munitions de la gendarmerie en provenance ou en destination du chef-lieu d'arrondissement, sauf à utiliser les voitures à collier employées au transport des prisonniers voyageant sous escorte.

Les effets expédiés par les fournisseurs aux conseils d'administration de la gendarmerie sont confiés aux transports généraux de la guerre ; il en est de même pour ceux qui sont refusés et renvoyés aux fournisseurs. Mais, dans ce dernier cas, les frais d'envoi (aller et retour) sont à la charge desdits fournisseurs.

Nota. — Les objets nécessaires à la confection des colis, etc., dans les magasins des compagnies sont naturellement achetés sur les fonds de la masse d'entretien et de remonte, comme le matériel d'emballage.

7° *Achat et renouvellement des registres* des brigades. (Art. 261.) Ces registres sont :

1° Les registres des ordres du jour et circulaires. (La première mise est seule au compte de la masse d'entretien, le remplacement est à charge des commandants de brigade. — Circ. du 30 décembre 1879.)
2° Le registre de correspondance et rapport,
3° — des procès-verbaux (à feuillets mobiles placés sous écrou, prix 2 fr. (Circ. du 21 juin 1884, page 695),
4° Le registre des mandats de justice,
5° — des déserteurs signalés,
6° — des individus en surveillance,
7° — des transfèrements de prisonniers,
8° Les carnets de correspondance,
9° Le registre des gardes champêtres,
10° Le registre des militaires en congé,
10° *bis*. Le registre des militaires de la réserve et de l'armée territoriale (remplacé par des listes par commune et par classe établies par le recrutement et tenues à jour par brigade de gendarmerie (20 juin 1877, page 529, et instr. du 28 décembre 1879, refondue (art. 41 et suiv[ts]). Pour les réservistes et territoriaux de l'arme de la gendarmerie, il est tenu un état n° 1 (art. 207 de la même instr.)
11° Le registre des punitions,
12° — des fourrages (mod. inséré le 14 juillet 1865 au *Journal militaire*, page 57).
13° Le registre des quittances des fournisseurs de fourrages,
14° Le catalogue des archives,

15° Les carnets de tournées des communes,

16° Les cahiers d'écritures *sont au compte des hommes* (3 janvier 1857 (M) et 22 février 1873, page 567) (1).

17° Les registres des comptes individuels. (Voir ci après le § 22°, page 720.)

Les 16 premiers et le n° 16 sont prescrits par les art. 233, 237 et 353 du règlement du 1er mars 1854 sur le service intérieur.

Nota. — Ces dépenses (§ 6° et 7°) sont faites au fur et à mesure des besoins, sans autorisation préalable et sous la responsabilité du conseil. (Art. 261 du règlement.)

8° *Achat et renouvellement* des tableaux pour l'entretien des armes à placer dans chaque brigade. (Art. 261.)

9° *Achat et renouvellement* des toises destinées à constater la taille des hommes et des chevaux. (Art. 261 du règlemt du 18 février 1883.) La décision du 10 avril 1847, page 751, donne la description de la toise pour hommes et dispose qu'elle doit être revêtue de la marque du vérificateur des poids et mesures.

10° *Achat et renouvellement* du mobilier de la salle du conseil des compagnies départementales, déterminé par la nomenclature faisant suite au tableau n° 13 du règlement (Art. 261. Voir cette nomenclature page 724), c'est-à-dire une table, un tapis, un fauteuil et six chaises en paille. L'entretien est au compte du trésorier, voir page 724 et le § 53° pour les caisses de fonds. Cachets du conseil d'administration. (Voir page 144 et le renvoi 3 de l'article 261 du règlement du 18 février 1863, qui applique à la gendarmerie la circulaire du 31 octobre 1870, et article 743 du règlement précité.)

Nota. — Ces dépenses (§ 8° à 10°) sont faites sur l'autorisation du sous-intendant et après que la réforme des objets a été prononcée par l'inspecteur général. (Art. 261 du règlemt du 18 février 1863.)

11° *Pertes ou dépréciation* des chevaux de remonte pendant le trajet de l'établissement au corps ou à la compagnie. (Art. 261 et 727 du règlemt.)

12° *Indemnités aux fournisseurs* pour les effets qu'ils reprennent dans les cas prévus par l'article 711 du règlement, c'est-à-dire lorsqu'ils reprennent des effets devenus inutiles après avoir été confectionnés sur commande régulière. (Art. 261.)

13° *Débets des masses individuelles* des hommes décédés, désertés ou renvoyés dans les cas prévus par les articles 240 et 694 du règlement (art. 261), c'est-à-dire que les débets des hommes dont il s'agit (décédés, désertés, réformés, disparus, prisonniers de guerre) sont mis en principe à la charge de la masse d'entretien. (Art. 694.) Pour les hommes décédés, le montant de la solde restant due et le produit de la vente des effets militaires, à l'exclusion des objets mobiliers qui sont remis aux héritiers ou ayants droit (art. 239 du règlemt), sont employés à l'extinction de leur débet, et si, après ces versements, la masse reste en déficit, le conseil d'administration demande au ministre l'autorisation d'imputer la différence à la masse d'entretien. Cette demande est appuyée :

Des procès-verbaux de vente des effets et du cheval,

D'un décompte explicatif des sommes acquises par le militaire,

D'un extrait de son compte ouvert à la compagnie.

Quant aux militaires désertés ou renvoyés, on procède de la même manière ; mais il n'est pas produit de décompte explicatif des sommes acquises, lesquelles doivent être payées, sauf le cas de dettes constatées. (Art. 240.) On peut, dans ce cas, avec l'autorisation du ministre, employer les sommes dues au paiement des dettes contractées. (Art. 31.) Ces hommes restent soumis à toutes poursuites ultérieures, en remboursement de leur débet. (Art. 240 du règlemt du 18 février 1863.)

Pour le remboursement des amendes et frais de justice, voir le § 3°, page 730.

14° *Indemnités pour pertes de chevaux* et d'effets de la troupe. (Art. 261.) Les demandes sont établies dans la forme prescrite par les articles 189 et suivants du règlement. (Art. 260.)

15° *Prime* de conservation des chevaux. (Art. 192.)

Nota. — Ces dépenses (11° à 14°) sont autorisées et liquidées par le ministre. (Art. 261 du règlemt du 18 février 1863.

16° *Dépenses occasionnées* par le tir à la cible, y compris les prix de tir. (Art. 261 du règlemt du 18 février 1863 et 126 de celui du 2 mai 1883.) Ces dépenses consistent : 1° Dans l'achat d'une cible ronde en carton de 1 mètre de diamètre pour brigade ; ces cibles sont clouées sur de vieilles planches si c'est possible. (Art. 126 du règlemt du 2 mai 1883 sur les exercices.) Cet objet est acheté sur place ou si le prix est trop élevé ou qu'on ne trouve pas à traiter, il doit être demandé à M. Léautey, fournisseur de la gendarmerie ; prix : 4 fr. 50 c. (2) rendu aux chefs-lieux des compagnies. (Circ. du 19 octobre 1860 M.)

Le pied, les montants, traverses, etc., des cibles, sont achetés sur place par les compagnies, quand il y a lieu.

L'article 131 du règlement du 2 mai 1883 sur les exercices de la gendarmerie dispose qu'il est dé-

(1) Lorsque les gendarmes veulent posséder en propre les règlements sur les exercices, ils en supportent les imputations, ces théories étant attribuées collectivement aux brigades. (Voir page 723 ci-après.)

(2) Léautey ne les vend actuellement que 4 fr. ; M. Charles-Lavauzelle, à Limoges, vend au même prix ces cartons de cibles.

cerné à l'inspection générale de chaque compagnie, deux prix, un pour le tir du fusil et un pour le tir du revolver, consistant en une épinglette et une gratification de 50 fr. payable sur le fonds spécial.

La circulaire du 12 février 1883 (M) a fait connaître qu'un marché a été passé, au prix de 5 fr. 50 l'épinglette, avec la Société générale de fournitures militaires.

De plus, une dépêche du 18 décembre 1880 (M) dispose que la fourniture de cet objet est payée par la compagnie de la Seine, laquelle est remboursée par la gendarmerie départementale, par imputation sur les fonds de la masse d'entretien et de remonte (frais de transport compris).

2° Dans l'achat de l'instruction sur le tir (circ. du 10 septembre 1860 M) à raison d'un exemplaire pour le chef de légion, un pour le commandant de compagnie, un pour le commandant d'arrondissement et un pour chaque brigade. (Art. 743 du règlemt.) Cette instruction est comprise aujourd'hui dans le règlement du 2 mai 1883 sur les exercices de la gendarmerie.

3° Dans l'achat des registres de tir (circ. du 10 septembre 1860 (M) et règlemt du 2 mai 1883 M), on doit s'adresser, pour la fourniture des instructions et des registres, à M. Léautey. (Même circ.)

Le règlement précité du 2 mai 1883 (M) résume toutes les dispositions relatives au tir des armes dans la gendarmerie.

Nota. — Ces dépenses sont faites sur l'autorisation du sous-intendant militaire. (Art. 261 du règlem. du 18 février 1863.)

Il a été envoyé gratuitement à chaque compagnie de gendarmerie un cylindre et un miroir destinés à être utilisés dans le tir des cartouches à balle non vernies. (Circ. du 12 janvier 1883 M.)

17° *Honoraires des vétérinaires* civils appelés, à défaut de vétérinaires militaires, pour examiner les chevaux de remonte. (Art. 261 et 722 du règlemt.)

Pour le traitement des autres chevaux, voir page 551.

Nota. — Ces honoraires sont acquittés d'après un taux de vacation approuvé par le sous-intendant militaire. (Art. 261.)

18° *Moins-values des modèles types* mis en service. (Déc. du 11 mai 1859 M.)

19° *Dépenses de première acquisition* de registres de comptabilité lorsque le ministre en change le modèle. (Circ. du 31 juillet 1859 (M) relative à la fourniture des registres nouveaux mod. prescrits par le règlemt du 11 mai 1856.) De plus, une circulaire ministérielle du 8 mai 1880 (M) a prescrit de faire disparaître le mot « Impérial » sur tous les registres et d'acheter à cet effet, au compte de la masse d'entretien, des étiquettes.

Nota. — Les registres matricules sont fournis, en principe, par le ministre de la guerre ; toutefois, la note ministérielle du 6 février 1880, page 53, a mis au compte de la masse d'entretien et de remonte les frais de renouvellement des registre ouverts en 1863. Lorsqu'il est nécessaire d'ouvrir un deuxième volume faisant suite au premier, on doit continuer la série des numéros matricules et ne pas la renouveler entièrement. (Dép. du 5 juin 1882 M.)

20° *Frais d'achat du Mémorial de la gendarmerie* pour les chefs de légion, conseils d'administration, commandants de compagnie ou d'arrondissement, brigades. (Circ. des 19 septembre 1858 et 14 juillet 1860 (M) ; art. 743 du règlem. du 18 février 1863.) Prix : 1 fr. 50 c. (25 septembre 1854 M.)

Frais de reliure des exemplaires du *Mémorial* destinés aux brigades (*un par année et par brigade*) ; ceux fournis aux conseils d'administration ou aux officiers sont reliés au compte du trésorier ou de ces officiers. (Circ. du 9 septembre 1859, dép. du 29 avril 1865 et circ. du 14 mai 1870.) Cette dernière porte que le prix de la reliure ne doit pas dépasser 1 franc par volume. Ces dispositions sont rappelées par la note du 20 mars 1880, page 125, qui dispose que le prix de 1 franc indiqué ci-dessus ne peut être dépassé que sur l'autorisation préalable du sous-intendant militaire.

21° *Fourniture d'une balance romaine*, système à boule, d'une portée de 76 kilogr. et du prix de 5 fr. 50 c. à l'intérieur et de 5 fr. 75 c. en Algérie. Port et emballage à la charge du fournisseur, M. Mauduit-Nivet, fabricant à Châteauroux.

Chaque brigade à cheval doit en avoir une. (Circ. du 26 novembre 1863 M.)

22° *Registres de comptes* destinés à l'inscription de toutes les recettes et dépenses imputées aux sous-officiers, brigadiers et gendarmes, soit par le trésorier pour la solde et les allocations de toute nature, soit par le chef de brigade pour les comptes particuliers de la brigade. Ce registre, qui est tenu dans chaque brigade en exécution de l'article 128 du règlement du 9 avril 1858, est acheté au prix de 1 fr. 50 c. l'exemplaire ; il se compose de 100 pages. (15 octobre 1858 M.)

23° *Frais d'illumination* des casernes des brigades lorsque les autorités civiles administratives refusent de les payer. En ce cas, l'autorisation de faire cette imputation est demandée au ministre. (Art. 244 du règlem. du 9 avril 1858.)

24° Par décision du 2 février 1868, page 16, les corps de troupe de toutes armes ont été autorisés à faire l'acquisition sur leur masse d'entretien du *Dictionnaire de Législation et d'Administration militaires* de M. Saussine. Prix : 70 francs.

La décision ministérielle du 1er avril 1868, page 128, ajoute que la dépense, pour les corps et compagnies de gendarmerie, sera mise au compte de la masse d'entretien et de remonte. Il en est de même des frais de reliure à raison de 2 fr. par volume. (Note du 21 juin 1880, page 1022 S).

25° *Annuaire militaire*. (N'est pas acheté au compte de la masse d'entretien dans la gendarmerie. (29 avril 1865 M.)

26° *Frais d'ustensiles et d'éclairage* des écuries occupées par les chevaux d'officiers apartenant à l'Etat. (Art. 76 et 139 du règlem. du 9 avril 1858.) Pour le mode de paiement, se reporter au renvoi 1 de la page 717.

27° *Fourniture des trompettes et cordons de trompettes,* à raison de 2 par chef-lieu de légion et de 1 par chef-lieu de compagnie.

		Prix de la nomenclature du service de l'habillement.
Prix : Trompettes	11 64	22 »
Cordons de grande tenue	30 »	» »
— de petite tenue	3 94	3 70

(Circ. du 14 septembre et du 10 décembre 1869 M.)

L'entretien est également au compte de la masse d'entretien et de remonte. (Circ. du 14 septembre 1869 M.)

28° *Différence entre le prix des aiguillettes* de gendarme et celui des aiguillettes de trompette. (Circ. du 14 septembre 1869 M.)

29° *Frais d'abonnement à la publication de M. Noblet,* intitulée *Revue militaire française.* Prix : 27 francs par an ; un volume par corps ou légion. (Circ. du 21 janvier 1870 M.)

30° *Fourniture à titre de première mise seulement* :

1° D'une presse autographique du prix de 85 francs ;

2° De registres d'ordres, du prix de 2 francs, pour les commandants de brigade et d'arrondissement ;

3° Des folios mobiles des hommes de troupe à tenir par les commandants d'arrondissement ;

4° Des registres à écrou contenant ces folios. Prix : 2 fr. 25.

L'entretien des presses incombe aux commandants de compagnie ; le renouvellement des registres d'ordres est au compte des destinataires, des folios mobiles à celui du trésorier ; enfin, le remplacement des registres à écrou renfermant ces feuillets tombe à la charge des commandants d'arrondissement. (Circ. du 30 décembre 1879 M.)

31° *Indemnités accordées aux hommes* pour la transformation des effets d'habillement ou de harnachement en service, lorsque le ministre le prescrit. (Diverses décis. : Circ. du 20 décembre 1871, 15 janvier 1872, 20 juillet 1878 M.)

32° *Achat d'une instruction sur l'hygiène hippique.* Prix : 0,15 c. Un exemplaire pour chaque brigade. (Circ. du 18 juin 1873.)

33° *Achat de l'étui* de revolver mis entre les mains de la troupe.

Il peut également être acheté sur la masse de secours. (Circ. des 9 janvier et 6 février 1875 M.) L'entretien est aussi au compte de l'une de ces masses. Les réparations sont faites d'après le tarif du 29 septembre 1877. Le contrôle local peut toutefois en autoriser le dépassement. (25 avril 1878 M.) Le modèle est celui décrit au *Journal militaire* (1er semestre 1876, partie suppl^re, page 607.) Prix : 5 fr. 58 c. en cuir noir et 5,99 en cuir fauve. (Nomencl. du 1er avril 1885, page 318.)

34° *Achat de marques* pour les chevaux appartenant à l'Etat. (Voir page 384.)

35° *Fournitures d'étuis* à cartouches en fer-blanc. Prix : 0,10 c. (Circ. du 16 mai 1872 M.)

36° *Annexe au Code de justice militaire.* Prix : 0,20 c. (Circ. du 24 juin 1876 M.)

37° *Achat d'un nouveau règlement* sur les exercices des deux armes de la gendarmerie. Prix : 1 fr. 50 c. Fourni en nombre suffisant pour en pourvoir les chefs de légion, commandants de compagnie, d'arrondissement ou de section et de brigade. (Circ. du 22 mai 1877 M.) — Remplacé par le règlem^t du 2 mai 1883.

38° *Achat d'un ouvrage intitulé : Manuel des circonscriptions militaires de la France,* à raison d'un exemplaire par corps ou compagnie. Prix : 2 fr. 30 c. lorsque l'ouvrage est pris dans les bureaux des éditeurs Berger et Levrault, à Nancy et Paris, et 2 fr 60 c. lorsqu'il est adressé *franco.* (Circ. du 24 septembre 1877, page 302 S.) La note du 14 novembre 1877, page 502 (S), étend cette disposition aux brigades de gendarmerie.

39° *Abonnement au Recueil de médecine vétérinaire,* dans la garde républicaine. (Circ. du 29 novembre 1853, page 853, rappelée par le renvoi 4 de l'art. 261 du règlem^t du 18 février 1863, page 71.)

40° *Frais de publicité* occasionnés dans les chefs-lieux de légion par la remonte des sous-officiers, brigadiers et gendarmes. (Circ. du 23 avril 1883, page 409.)

41° *Contrôles des gendarmes prévôtaux* et des anciens gendarmes (réservistes et territoriaux). (Circ. du 18 août 1875 M.) Le contrôle des gendarmes prévôtaux est tenu par le prévôt et celui des réservistes et territoriaux au chef-lieu de chaque légion.

Le contrôle des gendarmes prévôtaux a été remplacé par un registre à écrous dans lequel on réunit les folios mobiles des hommes, lesquels sont établis par le trésorier, d'après le modèle donné par la circ. du 30 décembre 1879. Le prix des imprimés (0,03) sera, pour la première fois, supporté par la masse d'entretien et de remonte ; quant aux folios à fournir ensuite, ils seront laissés au compte du trésorier. Pour le registre à écrous, dont le prix est fixé à 2 fr. 25, il est imputable pour la première acquisition à la masse précitée, les remplacements sont au compte du prévôt. (Circ. du 21 juin 1884, page 692.)

42° *Achat du Manuel des contributions indirectes et des douanes,* du prix de 1 fr. 60 c. le volume, en nombre suffisant pour en pourvoir les archives des chefs de légion, commandants de compagnie, d'arrondissement ou de section et des brigades de gendarmerie. (Dép. du 5 juin 1878 M.)

43° *Achat du Recueil administratif* de M. Charbonneau, officier d'administration. Prix : 12 francs, non compris le port qui est fixé à 1 fr. 50 c. (Décis. minist. du 7 octobre 1878, page 445 S.) Une décision du ministre de la marine, en date du 2 décembre 1878, a étendu cette autorisation d'achat aux corps de l'armée de mer.

44° *Achat d'une bascule* pour le pesage des colis. Prix maximum : 70 francs. Dépense imputable à la masse d'entretien et de remonte. (Notes des 7 février et 31 mars 1879, pages 224 et 442.)

45° Répertoire du *Journal militaire* de M. Blochet, officier d'administration. Les compagnies ne sont pas autorisées à acheter cet ouvrage. (Dép. du 29 décembre 1883 (M) et 23 janvier 1884, page 125.)

46° *Achat d'un exemplaire* du *Guide des militaires et marins voyageant par les chemins de fer*, par M. de Bellefonds. Prix : 3 francs, broché. Il n'y a pas lieu de le faire relier. (Note du 5 août 1879, p. 271, S.)

47° *Achat d'un cahier* contenant les certificats de passage dans la réserve de l'armée active, dans l'armée territoriale et sa réserve, les ordres de route, etc., à réunir au livret des militaires de la gendarmerie qui quittent l'arme avant l'âge de 40 ans, fourni par M. Léautey, au prix de 0,20 c., imputable à la masse d'entretien et de remonte des corps ou des compagnies que ces hommes quittent dans les conditions ci-dessus. (Circ. du 17 août 1877 M.)

Voir les art. 205 et suivants de l'instruction du 28 décembre 1879 refondue.

48° *Achat de coffres* pour renfermer les pièces de mobilisation dans les brigades qui en possèdent ; un par brigade ; toutefois, lorsqu'il y a plusieurs brigades réunies sur le même point, elles ne doivent avoir qu'un seul meuble, mais de dimensions suffisantes. (Circ. du 11 janvier 1879 M.)

La note minist. du 27 août 1880, page 321, ajoute que les frais de confection des coffres nécessaires pour les centres de réquisition qui viendraient à être créés, seront désormais imputés à la masse d'entretien et de remonte sur l'autorisation du sous-intendant militaire.

49° *Les propositions d'admission* dans les corps de la gendarmerie doivent être appuyées d'un extrait du casier judiciaire sur papier non timbré ; cet extrait est demandé par les conseils d'administration aux greffiers moyennant 0,25 c. Pour les militaires qui ne sont plus en activité, la dépense est supportée par la masse d'entretien et de remonte de la compagnie de gendarmerie qui établit la proposition. Pour ceux en activité, c'est la masse générale d'entretien du corps auquel ils appartiennent qui supporte l'imputation. (Circ. du 25 novembre 1880 M.)

50° *Questionnaire* à l'usage des réservistes et des hommes de l'armée territoriale. Voir page 358.

51° *Instruction du 28 décembre* 1879 sur l'administration de la réserve de l'armée active et de l'armée territoriale. — Une circulaire du 27 avril 1881, page 532 (S) dispose qu'un exemplaire de cette instruction sera fourni aux arrondissements et brigades de gendarmerie et que l'imprimeur de cette arme s'est engagé à la fournir au prix de 1 fr. 25 diminué de 23 0/0.

Les frais de port sont acquittés à destination sur les fonds de la masse d'entretien et de remonte. Quant au paiement de l'ouvrage, il doit être effectué par la compagnie de gendarmerie de la Seine sans aucune intervention des autres compagnies. (27 avril 1881.)

52° *Fourniture et marquage des plaques d'identité*; boîtes pour les renfermer. (Décis. du 10 novembre 1881, page 341, et circ. du 12 octobre 1883, page 327.)

La décision ministérielle du 2 septembre 1881, page 173, qui attribue à tous les militaires des corps de troupe une plaque d'identité destinée à être portée en campagne, est applicable à la gendarmerie et à la garde républicaine. (Pour divers renseignements, se reporter à la page 147 du présent Recueil.)

Lorsque des hommes de la réserve ou de l'armée territoriale sont admis dans la gendarmerie, leur plaque d'identité est adressée avec le cordon à leur compagnie par le conseil d'administration ou par le capitaine-major de leur ancien corps.

La plaque est alors marquée par les soins de la compagnie de la manière suivante : Exemple : Gend^ie. — Lot-et-Garonne.

Cette inscription doit être faite de manière à laisser de la place pour d'autres inscriptions.

La plaque d'identité est remise au gendarme (dans les compagnies départementales) ; en cas de mobilisation, il la suspend à son cou au moyen du cordon. Si l'homme quitte la gendarmerie avant l'âge de 45 ans, il remet sa plaque qui est conservée par la compagnie jusqu'à ce que cet âge ait été atteint.

L'achat des ingrédients nécessaires au marquage est effectué sur les fonds de la masse d'entretien et de remonte d'après le tarif indiqué par la circulaire précitée du 2 septembre 1881. (Voir ces prix, page 148.)

Les compagnies ne sont pas pourvues de boîtes. Mais dans la garde républicaine et le bataillon de gendarmerie mobile, il doit en exister, les hommes ne recevant pas leur plaque dès le temps de paix. Ces boîtes sont achetées sur les fonds de la masse sus-indiquée. (Prix maximum : 5 fr.) Il en est de même des plaques. (Prix : 0,10, y compris *le cordon.*) (Décis. du 10 novembre 1881, page 341.) Elles peuvent être achetées dans le commerce au prix sus-indiqué. Dans le cas où on ne pourrait trouver à traiter à ce prix, il conviendrait de les demander à la fonderie de Grenelle qui les livre à raison de 0,05, port non compris. (Dép. du 11 janvier 1882.) Les prix de la nomenclature du service de l'habillement du 1er avril 1885 sont : pour la plaque, 0,033, et pour le cordon 0,02 c.

53° *Caisses de fonds*, pour les conseils d'administration et pour les trésoriers.

Aux termes de l'article 622 du règlement du 18 février 1863, page 149, les corps, compagnies et détachements de gendarmerie ayant un conseil, doivent avoir deux caisses de fonds : une pour le conseil et l'autre pour le trésorier. En outre, l'article 623 du même règlement dispose que la caisse du conseil a deux clefs : l'une reste entre les mains du président, la seconde est remise au commandant de l'arrondissement du chef-lieu dans les compagnies départementales, et au major ou à l'officier qui en remplit les fonctions dans les corps ou détachements.

Enfin, une circulaire ministérielle du 13 août 1857 (M), portant envoi d'une caisse destinée aux trésoriers, prescrit d'imputer la dépense (100 fr.) sur les fonds de la masse d'entretien et de remonte.

Nécessairement, il doit en être de même pour la caisse du conseil, car la décision du 8 juin 1818, page 17, et la circulaire du 15 mars 1872, page 56, concernant les autres corps de l'armée, mettent la dépense dont il s'agit à la charge des masses générales d'entretien.

Par dépêche du 22 août 1882, le ministre a prescrit l'envoi d'une caisse pour conseil d'administration à la compagnie du Cher et d'en imputer le prix (234 fr.) à la masse d'entretien et de remonte. Fournisseurs : Charlier et Villain, 43, rue Richelieu, à Paris.

54° *Dictionnaire de la Gendarmerie* fourni par Léautey au prix de 4 fr. 62 relié, sur les fonds de la masse d'entretien et de remonte. Il est fourni aux chefs de légion, commandants de compagnie, d'arrondissement et de brigade, à raison d'un exemplaire par collection d'archives. Les frais de port sont payés en sus du prix sus-indiqué et sur le même fonds. (Circ. du 27 mars 1883, page 418 S.)

55° *Manuel du service postal* aux armées, par M. Dubard, capitaine de gendarmerie. Les archives des chefs de corps et de légion, des commandants de compagnie, d'arrondissement et de brigade en sont pourvues.

Ouvrage de M. Amade, chef d'escadron de gendarmerie, intitulé « la Prévôté en campagne ». Est fourni à tous les officiers sans exception.

Prix du premier, 0,75 et du second, 2 fr. 25 avec 25 0/0 de rabais pour celui-ci. Dépense imputable à la masse d'entretien et de remonte. (Dép. ministérielle du 30 juin 1882 M.)

(Léautey, éditeur de l'ouvrage Dubard, et Charles-Lavauzelle, de l'autre.)

56° Le tableau ci-après, qui fait suite à l'article 743 du règlement du 18 février 1863, donne l'énumération des divers ouvrages ou objets en usage dans les corps de la gendarmerie ; ceux d'entre eux qui ne sont pas fournis par le Ministre sont susceptibles d'être achetés par les fonds de la masse d'entretien et de remonte.

ÉNUMÉRATION DE DIVERS OUVRAGES ET OBJETS EN USAGE DANS LES CORPS DE LA GENDARMERIE.	Légion.	Conseil d'administration.	Compagnie.	Arrondissement.	Brigade.
Cartes des départements composant la légion	1	»	»	»	»
Carte du département	1	»	1	»	»
Tableau statistique des communes, hameaux, etc., de la circonscription respective.	1	»	1	1	1
Bulletin des lois	1	»	»	»	»
Journal militaire	1	1	»	»	»
Livret d'emplacement des troupes	1	»	»	»	»
Décret du 1er mars 1854, sur le service et l'organisation de la gendarmerie et supplément, prix : 0,50 c., imputable à la masse d'entretien. (13 décembre 1875 M.) Une circulaire du 9 juillet 1880 (M) a prescrit de faire disparaître diverses formules de ce décret qui n'étaient pas en rapport avec la forme du gouvernement et d'acheter chez l'imprimeur de la gendarmerie, au prix de 0 fr. 25, la série des modifications à introduire. La dépense a été imputée à la masse d'entretien (circulaire précitée.)	1	1	1	1	1
Décret portant règlement sur la solde, l'administration et la comptabilité de la gendarmerie	1	1	1	1	1
Règlement du 26 octobre 1883, sur le service des troupes en campagne (note du 24 juin 1884, page 1450 S)	1	1	1	1	1
Règlement du 28 décembre 1883, sur le service intérieur des troupes à pied et à cheval	1	»	1	»	»
Instruction du 24 octobre 1884, page 283, sur le harnachement. Prix 0 fr. 30 (dép. du 18 novembre 1884)	1	1	1	1	1
Règlement sur les exercices des deux armes, du 2 mai 1883 (1) (2)	1	1	1	1	1
Règlement sur le service des hôpitaux	1	1	»	»	»
Manuel des pensions de retraite	1	1	»	»	»
Extrait de l'instruction sur le service des postes. (20 décembre 1855)	1	»	1	1	1
Dictionnaire de la gendarmerie (1re partie, théorie judiciaire), par M. de Savigny. (*V.* page 723)	1	»	1	1	1
Mémorial de la gendarmerie. (*V.* ci-dessus, page 720, § 20.)	1	1	1	1	1
Instruction sur l'entretien des armes. (Extrait du règlement du 1er mars 1854) (2)	»	»	»	»	1
Règlement du 23 octobre 1883 sur le service des places. (Note du 24 juin 1884, p. 1450 (S)	1	1	1	1	1
Règlement du 9 avril 1858, sur le service intérieur de la Gendarmerie	1	»	1	1	1
Instruction sur le tir (est insérée dans le règlement du 2 mai 1883 sur les exercices)	1	»	1	1	1
Code de justice militaire	1	»	1	1	1
Commentaire sur le code de justice militaire	»	1	»	»	»
Instruction sur l'uniforme de la gendarmerie	1	1	»	»	»
Cachet avec sa boîte	1	1	»	»	»

NOTA. — Ces divers objets et documents sont conservés jusqu'à leur abrogation ou leur remplacement. — Le collage sur toile des cartes et la reliure de certains ouvrages sont imputables à la masse d'entretien après approbation préalable du contrôle local.

(1) Il n'est attribué qu'un exemplaire par brigade ; si les gendarmes désirent avoir cet ouvrage, ils doivent se le procurer à leurs frais. (Auteur).

(2) Le règlement du 2 mai 1883 contient une instruction sur l'entretien des armes.

Nomenclature des objets et dépenses

A la charge des abonnements de frais de bureau des chefs de légion, commandants de compagnie, etc.
(Décis. présidentielle du 21 février 1878, page 181, et circ. du 30 décembre 1879 M.)

COLONEL OU CHEF DE LÉGION

Les imprimés et registres réglementaires, — l'abonnement au *Journal officiel,* — la reliure du *Bulletin des lois* et du *Journal militaire,* — gratification au brigadier-secrétaire, — achat de papier, plumes, encre et autres fournitures de bureau, — l'emplacement, le chauffage et l'éclairage du bureau.

Dans les corps organisés régimentairement, l'emplacement, le mobilier, le chauffage et l'éclairage de la salle du conseil, ainsi que les fournitures de bureau nécessaires pour les séances, sont fournis par le chef de corps.

Dans les légions de la garde républicaine, le colonel pourvoit, en outre, aux dépenses d'entretien du bureau de service du corps.

NOTA. — Les feuillets du personnel des officiers dans les légions départementales sont au compte des frais de bureau des officiers qui les tiennent. (Note du 14 janvier 1885, page 14.)

COMMANDANT DE COMPAGNIE

Les imprimés et registres réglementaires, — gratification à un secrétaire, — achat de papier, plumes, encre et autres fournitures de bureau, — l'emplacement, le chauffage et l'éclairage du bureau.

Entretien des presses autographiques. (*Circ. du 30 décembre* 1879 M.)

MAJOR

Les imprimés et registres réglementaires, — gratification à un secrétaire, — achat de papier, plumes, encre et autres fournitures de bureau.

OFFICIER D'HABILLEMENT

Les imprimés et registres réglementaires, — les honoraires d'un secrétaire, — achat de papier, plumes, encre et autres fournitures de bureau, — le chauffage et l'éclairage du bureau et, généralement, toutes les dépenses qu'entraine la gestion du comptable, — les fournitures de bureau de l'officier d'armement.

TRÉSORIER, OFFICIER-PAYEUR OU OFFICIER COMMANDANT ET ADMINISTRANT UN DÉTACHEMENT SUR LE PIED DE GUERRE

Les imprimés, états et registres réglementaires (1), y compris les folios mobiles des hommes de troupe tenus par les commandants d'arrondissement, sont à la charge du trésorier. (Circ. du 30 décembre 1879.) Prix : 0,03 c.

Il en est de même des folios mobiles des gendarmes prévôtaux. (Circ. du 21 juin 1884, page 692.) Prix : 0,03 c. Quant au registre à écrous, il est au compte du prévôt. (Même circ.)

Le trésorier doit aussi payer : 1° Les frais de passe de sacs et les honoraires d'un secrétaire; — 2° la reliure du *Journal militaire;* — 3° le chauffage, les fournitures et ustensiles de bureau, et généralement toutes les dépenses qu'entraine sa gestion, de quelque nature qu'elles soient.

Dans les compagnies départementales, il paie la dépense de chauffage et d'éclairage de la salle des délibérations, ainsi que l'entretien du mobilier de cette salle, composé d'une table, d'un tapis en drap de manteau de gendarme, d'un fauteuil de bureau à siège élastique recouvert en cuir et de six chaises en paille.

NOTA. — Lorsque ce mobilier est réformé, le produit de la vente est versé à la masse d'entretien et de remonte. (Art. 64 de l'instr. du 28 avril 1884, page 1232, S.)

Dans les corps organisés régimentairement, il doit fournir au lieutenant-colonel les registres ou feuilles à l'usage de cet officier supérieur :

Un registre du personnel des officiers (2), — un registre d'ordre du corps, — un registre-journal des marches et opérations militaires, — un registre des corps de garde de police, — un registre des jugements des conseils de discipline, — les feuilles de rapports journaliers.

Il paie, en outre, aux adjudants sous-officiers et maréchaux des logis chefs, l'indemnité de 3 francs par mois qui leur est accordée pour frais de bureau.

COMMANDANT D'ARRONDISSEMENT

Imprimés, registres et états réglementaires, — achat de papier, plumes, encre et autres fournitures de bureau.

(1) Les imprimés nécessaires pour l'établissement du travail d'inspection générale sont achetés sur les fonds de la masse d'entretien et de remonte. (Art. 261 du règlemt du 18 février 1863.) Au nombre de ces imprimés sont compris les divers états de proposition, les tableaux d'avancement, listes d'aptitude, états des services, les états à produire pour l'instruction des demandes de pension, les situations, etc., etc. Cette dépense varie de 90 à 140 francs suivant l'importance des compagnies.

(2) Principe rappelé par la note du 14 janvier 1885, page 14.

Registres à écrous destinés à contenir les folios mobiles des hommes de troupe, prix : 2 fr. 25 (Circ. du 30 décembre 1879 (M) qui met la fourniture à titre de première mise au compte de la masse d'entretien); — registres des ordres du jour, prix : 2 francs. (Même circ.)

COMMANDANT DE BRIGADE

Imprimés pour procès-verbaux, à l'usage de toute la brigade; — rapports journaliers et états réglementaires; — achat de papier, plumes, encre, etc., pour son usage personnel.

Les gendarmes se procurent à leurs frais les cahiers d'écriture, ainsi que les papiers, plumes et encre nécessaires à la rédaction des minutes de leurs procès-verbaux et rapports. Les frais de timbre des mémoires donnant droit à des primes ou gratifications sont acquittés par les intéressés.

Dans les résidences où plusieurs brigades sont réunies, les dépenses faites pour frais de bureau sont réparties entre tous les commandants de brigade, d'après les mémoires arrêtés par le commandant d'arrondissement lors de ses tournées. (Tableau annexé à la décis. présid. du 22 février 1873, page 181.)

Renouvellement du registre des ordres du jour (Circ. du 30 décembre 1879); la première mise est au compte de la masse d'entretien. (*Id.*)

Masse de musique dans la garde de Paris.

Il existe dans la garde de Paris une masse de musique. (Art. 264 du règlem[t] du 18 février 1863.) L'allocation attribuée par le tarif est de 12,000 francs par an. (Tarif du 22 février 1873, page 192.)

MASSE DE SECOURS

1° DANS LA GENDARMERIE

La masse destinée à être distribuée en totalité ou en partie par le ministre de la guerre aux sous-officiers, brigadiers et gendarmes les plus nécessiteux, est alimentée au moyen d'une allocation faite, à titre d'abonnement, à chaque homme, d'après les fixations du tarif. (Art. 265 du décr. du 18 février 1863, page 72.)

La décision présidentielle du 22 février 1873, page 193, fixe cette allocation à 10 francs par homme et par an.

Elle est due aussi pour les militaires attachés aux forces publiques s'administrant séparément, soit à l'armée, soit à l'intérieur. (Art. 265 du décr. précité), et aux gendarmes réservistes et territoriaux appelés pour un service temporaire de gendarmerie (décret du 24 juillet 1875, page 452), qui ne les exclut que pour la masse d'entretien et de remonte. Les sous-officiers, brigadiers et gendarmes *mariés* détachés des résidences dans lesquelles sont perçus un supplément de solde ou l'indemnité pour cherté de vivres, peuvent recevoir un secours égal aux sommes qu'ils auraient perçues à ce titre dans leurs résidences. Ces secours sont accordés par les chefs de légion qui rendent compte au ministre. (Circ. du 12 mars 1880 M.)

Le ministre de la guerre autorise annuellement, dans chaque compagnie, la répartition d'une partie de la masse de secours. Aucun sous-officier, brigadier ou gendarme ne peut y être compris pour une somme moindre de 25 francs.

Les états de distribution, dressés par les soins des conseils d'administration, sont soumis à l'approbation du ministre par les inspecteurs généraux. (Art. 266 du décr. du 18 février 1863.)

Dans l'intervalle des revues, et seulement dans les cas urgents, les chefs de corps ou de légion sont autorisés à accorder, sur la demande des conseils d'administration, des secours qui ne peuvent s'élever à plus de 50 francs par homme. Il en est rendu compte immédiatement au ministre. (Art. 267.) Le ministre peut allouer dans des cas particuliers, sur la proposition des chefs de corps ou de légion, un secours, une fois payé, aux veuves ou orphelins des sous-officiers, brigadiers et gendarmes récemment décédés. (Art. 268.)

(Se reporter aux *Instructions annuelles sur les inspections.*)

Aux termes du décret du 24 juillet 1875, page 452, les familles des sous-officiers, brigadiers et gendarmes appelés hors de leur résidence pour faire partie des forces publiques aux armées reçoivent une indemnité de 1 fr. par jour, sur les fonds de la masse de secours. Cette indemnité n'est pas due aux familles des hommes veufs qui ne se composent que d'enfants de troupe au-dessus de l'âge de 10 ans ni aux familles des gendarmes réservistes ou territoriaux. Cette allocation n'exclut pas la concession de secours aux familles nécessiteuses. (24 juillet 1875.)

MÉDICAMENTS

L'article 269 du décret du 18 février 1863, page 73, dispose que le prix des médicaments fournis aux sous-officiers, brigadiers et gendarmes, et à leurs familles, peut être imputé à la masse de secours.

Aux termes de la circulaire du 1er février 1853, page 544, ces médicaments sont délivrés par l'hôpital militaire quand il y en a un dans la place, et celle du 11 juillet 1854, page 385, ajoute que la valeur en est versée au Trésor par imputation sur les fonds de la masse de secours des compagnies.

Ces dispositions ont été rappelées par la note du 14 février 1866, page 342, et celle du 9 décembre 1872, page 852.

La circulaire du 31 mars 1869, page 281, a réglementé cette partie du service en lui donnant de l'extension. Elle énumère les médicaments qui peuvent être délivrés ou achetés lorsqu'ils ne sont pas tirés des hôpitaux.

Les intendants militaires approuvent les dépenses à imputer trimestriellement à la masse de secours sur la production d'un relevé de consommations.

Cette circulaire prescrit de fournir chaque trimestre, au ministre, un état de situation de cette masse. En outre, à l'époque de l'inspection administrative, il est produit un état des recettes et des dépenses pour l'exercice expiré. (Art. 32 de l'instr. du 26 avril 1884 sur les inspections administratives, page 1058 (S).

2° DANS LES RÉGIMENTS DE SPAHIS

Le décret du 6 janvier 1874, page 8, a créé dans chacun des régiments de spahis, une masse de secours destinée à être distribuée en totalité ou en partie par le ministre de la guerre aux sous-officiers, brigadiers et spahis indigènes les plus nécessiteux. (Art. 33.)

L'emploi de cette masse est réglé par le ministre de la guerre. (Art. 225 de l'ordonn. du 10 mai 1844, page 333.)

Recettes.

Cette masse est constituée au moyen d'une somme de 10,000 francs prélevée à titre de première mise sur l'avoir de la masse de smala du régiment.

Elle est alimentée au moyen d'une retenue de 0,05 c. par journée de présence sur la prime journalière d'entretien de la masse individuelle de chacun des hommes pouvant participer aux secours. (Art. 33 du décr. précité et 229 du règlemt du 8 juin 1883, page 616.)

Dépenses.

Les secours qui peuvent être distribués et les médicaments susceptibles d'être fournis sont indiqués par les articles 34, 35, 36, 37 et 38 du décret précité et par l'art. 230 du règlement du 8 juin 1883.) Les articles du décret rappelés ci-dessus correspondent en tout point aux articles 265, 266, 267, 268 et 269 du règlement du 18 février 1863. (Voir ci-dessus.)

3° DANS LES CORPS DISCIPLINAIRES

L'article 208 du règlement du 8 juin 1883, page 610, et le décret du 7 mars 1885, page 450, portent que les militaires passant des corps de toutes armes dans les compagnies de discipline n'ont droit ni à une nouvelle première mise (*de petit équipement*) ni à un supplément. Il est seulement alloué, pour chacun de ces hommes, une indemnité égale à la moitié de la première mise déterminée pour l'infanterie et qui forme, dans l'intérêt commun de la compagnie, une *masse de secours*.

A son arrivée, chaque homme reçoit, sur les fonds de cette masse, les effets qui manquent au complet de son petit équipement.

Ces dispositions sont applicables aux hommes qui passent, soit des ateliers de condamnés, soit des pénitenciers ou des prisons, aux bataillons d'infanterie légère d'Afrique. L'avoir des hommes doit être considéré, pour l'imputation à faire de la valeur des effets fournis, comme se composant de leur masse régimentaire et de celle formée du produit de leur travail dans les établissements d'où ils sortent. (Art. 208.)

Ce fonds supporte, en outre, l'imputation des débets laissés par les hommes rayés des contrôles comme désertés, décédés, etc., et d'un secours de 10 francs distribué aux hommes provenant directement de corps à cheval. Aucune autre dépense ne peut être mise à sa charge sans l'autorisation du ministre. (Décis. du 19 août 1845, page 600.)

NOTA. — Dans les établissements pénitentiaires et les ateliers de travaux publics, chaque détenu nouvellement admis reçoit une première mise de 10 francs. (Décret du 7 mars 1885, page 450.)

MASSE DE REMONTE

Spahis.

Il existe dans les régiments de spahis une masse de remonte qui est alimentée et administrée conformément aux dispositions de l'arrêté ministériel du 5 août 1845, page 586. (Art. 229 du règlemt du 8 juin 1883, page 616.)

Recettes.

Elle est alimentée au moyen d'un prélèvement de 0,20 c. par homme et par jour sur la prime des sous-officiers, brigadiers et cavaliers montés, et reçoit :

Les indemnités allouées pour pertes de chevaux,

Le produit de la vente des chevaux réformés et des dépouilles de ceux morts ou abattus,

Le montant des imputations aux masses individuelles pour remboursement de la valeur des chevaux livrés aux cavaliers rentrant de captivité ou de désertion, à ceux admis non montés, enfin à ceux qui ont perdu leurs chevaux par défaut de soin. (Arrêté du 5 août 1845, page 586, et décret du 6 janvier 1874, page 8.)

Dépenses.

Cette masse pourvoit :

1° A l'achat des chevaux de première mise à fournir aux sous-officiers, brigadiers et cavaliers français ;

2° Au remplacement des chevaux perdus dans les cas de guerre et circonstances indépendantes de la volonté des détenteurs ;

3° A la fourniture des chevaux aux indigènes admis non montés, lorsque l'autorité militaire l'ordonne (Art. 229 du règlem[t] du 8 juin 1883, page 616) ;

4° Au paiement des gratifications accordées comme prime de conservation des chevaux (Art. 2 de l'arrêté du 5 août 1845) ;

5° Aux frais de ferrage, de médicaments et de soins pour les chevaux d'officiers appartenant à l'Etat. (Décis. du 11 octobre 1874, page 411.)

MASSE INDIVIDUELLE (SPAHIS)

Le décret du 7 mars 1885, page 449, qui a substitué la masse de petit équipement à la masse individuelle, a maintenu celle-ci dans les régiments de spahis.

Selon la définition de l'article 165 de l'ordonnance du 10 mai 1844, page 316, la masse individuelle est destinée à pourvoir et à entretenir les hommes de troupe de tous grades (les adjudants, sous-chefs de musique, chefs-armuriers et maîtres-ouvriers exceptés ; décr. du 10 octobre 1874, page 375), des effets de linge et chaussure, de pansage et autres quelconques compris sous la dénomination générique d'effets de petit équipement dans la nomenclature générale du service de l'habillement. (Cette nomencl. est insérée au *Journal militaire*, 1er sem. 1885, page 325, sous la date du 1er avril 1885.) La description de l'uniforme détermine en outre le nombre et la nature des effets que les militaires doivent avoir en tout temps. De plus, la décision du 1er décembre 1879, page 443, indique ceux qu'ils doivent emporter en campagne.

Chaque homme a une masse individuelle et un compte-courant de recettes et de dépenses. Ces masses, considérées dans leur ensemble, constituent *le fonds de la masse individuelle du corps*.

Cette masse est administrée par les soins des conseils d'administration, aidés des commandants de compagnie, d'escadron ou de batterie. (Art. 91 à 93 de l'ordonn. du 10 mai 1844, modifiée par le décr. du 1er mars 1880, page 363.) Ces derniers ne font aucun paiement au compte de la masse individuelle ; ils servent seulement d'intermédiaires au trésorier pour la tenue des comptes individuels, la remise des fonds de masse des hommes quittant le service.

Les recettes et les dépenses de ce fonds sont prévues par l'article 166 de l'ordonnance précitée.

(Voir ci-après pour les allocations diverses attribuées à cette masse.)

MASSE DE PETIT ÉQUIPEMENT

Le décret du 7 mars 1885, page 449, a supprimé la masse individuelle et créé, dans chaque corps de troupe et établissement considéré comme tel, une masse de petit équipement.

Cette masse est administrée par les soins du conseil d'administration. (Même décret.)

Recettes.

Le décret précité dispose que cette masse s'alimente au moyen de toutes les allocations faites à la masse individuelle supprimée d'après les tarifs en vigueur, et qu'il n'est rien changé au mode de perception et de régularisation de ces allocations. Les sommes dues aux corps sont payées par mois et à terme échu ; elles sont comprises sur l'état de paiement de la solde des officiers. (Art. 379 et 380 du règlem[t] du 8 juin 1883, page 654.)

§ 1er. — *Sommes perçues pour premières mises de petit équipement et pour suppléments de premières mises.* (Art. 166 de l'ordonnance du 10 mai 1844, page 317.)

Les premières sont dues aux soldats nouveaux ou considérés comme tels (Art. 201 du règlem[t] du 8 juin 1883, page 608), c'est-à-dire :

1° Les jeunes soldats appelés (1re portion du contingent) ;

2° Les engagés volontaires et les engagés conditionnels d'un an (art. 46, 53, 54, de la loi du 27 juillet 1872) ;

3° Les hommes qui, après avoir été envoyés

dans la disponibilité de l'armée active, ont été autorisés à contracter un engagement spécial dans le but de compléter leurs cinq années de services. (Art. 48 de la loi du 27 juillet 1872.) Cette disposition est applicable aux dispensés rappelés au service lorsque des modifications ont été apportées à leur situation (dép. du 8 novembre 1877 (M).

Nota. — Les réservistes appelés pour une période d'instruction ne reçoivent ni première mise ni prime. Les effets de petit équipement leur sont fournis par l'approvisionnement d'instruction complété, s'il y a lieu, avec les ressources générales existantes. (Instr. du 19 avril 1880 M.) Il en est de même pour les territoriaux. (Instr. du 15 avril 1880 M.) Voir *Petit équipement.*

4° Les rengagés venant de la réserve. (Art. 201 du règlem^t.) Toutefois l'article 203 n'accorde pas de première mise aux sous-officiers dans la disponibilité depuis moins de six mois qui se rengagent. Ils versent, par prélèvement sur leur prime, le montant de cette première mise;

5° Les déserteurs amnistiés qui avaient été rayés des contrôle;

6° Les hommes rentrant des prisons de l'ennemi;

7° Les hommes sortant des équipages de ligne de la marine;

8° Les hommes de la disponibilité et de la réserve de l'armée active qui sont rappelés en temps de guerre;

9° Les militaires commissionnés en vertu de la loi du 13 mars 1875 (art. 35) réadmis sous les drapeaux après trois mois passés dans leurs foyers après libération (Art. 202 du règlem^t du 8 juin 1883);

10° Les enfants de troupe de 15 ans ont droit à la première mise s'ils sont employés comme tambours, trompettes ou musiciens ou dans les bureaux. S'ils s'engagent à 18 ans ils n'ont pas droit à une nouvelle première mise;

Les enfants de troupe admis à l'école d'essai ont droit à une première mise s'ils n'ont pas touché une allocation de cette nature à leur corps. (Art. 205 du règlem^t précité. (Cette première mise est de 30 francs. (Décret du 30 avril 1875, page 599.) Voir le tarif ci-après, page 732;

Ceux qui viennent à s'engager et qui n'ont reçu que cette première mise de 30 francs reçoivent le complément, selon l'arme, au moment ou ils s'engagent (Dép. ministérielle du 15 mars 1882 M);

11° Les hommes passant de la cavalerie dans l'infanterie ou d'un service à pied dans un service à cheval ont droit à un supplément de première mise. (Art. 201 du règlem^t.) Voir le tarif ci-après.

Nota. — Les premières mises des adjudants, chefs-armuriers, sous chefs de musique et maîtres-ouvriers, sont payées au titre de la solde, ainsi que cela a lieu pour les indemnités payées aux sous-officiers promus officiers. (Art. 18 du décret du 10 octobre 1874, page 375.) Voir le tarif.

Les hommes de recrue jugés impropres au service, à la suite de la visite médicale passée à leur arrivée au corps, ne reçoivent pas de première mise jusqu'à ce qu'il ait été statué sur leur position. Si, ensuite, ils sont jugés propres au service, la première mise leur est allouée. (Art. 204 du règlem^t du 8 juin 1883.)

N'ont pas droit à une nouvelle première mise lorsqu'ils sont renvoyés dans un corps pour y compléter le service auquel ils sont tenus par la loi :

1° Les hommes qui, après avoir été mis en prévention de désertion, sont absous par jugement ou ont été l'objet d'un refus d'informer;

2° Ceux qui sortent des ateliers de condamnés aux travaux publics et généralement tous ceux qui ont subi, par suite d'un jugement, une peine correctionnelle n'entraînant pas la radiation de l'armée. (Art. 206.)

La première mise n'est pas due non plus à l'homme de recrue nouvellement incorporé qui aurait été rayé des contrôles, par suite d'une éventualité quelconque, avant d'avoir reçu des effets de petit équipement. Pour celui qui entre à l'hôpital avant d'avoir été équipé, il ne reçoit de première mise qu'à son retour au corps. (Art. 207.)

§ 2. — *Sommes perçues pour prime journalière d'entretien et supplément de prime.*
(Art. 166 de l'ordonnance du 10 mai 1884, page 817.)

La masse de petit équipement est en outre alimentée au moyen d'une prime journalière allouée aux sous-officiers, caporaux ou brigadiers et soldats, ainsi qu'aux enfants de troupe âgés de 15 ans qui ont reçu la première mise de petit équipement, mais seulement pour les journées de présence, soit dans leur corps, soit en subsistance dans d'autres corps. Les sous-officiers rengagés on commissionnés ont droit à cette allocation pour toutes les journées donnant droit à la solde de présence. (Art. 209 du règlem^t du 8 juin 1883, page 611.)

Les militaires qui vont en mission et qui jouissent par conséquent de l'indemnité de route n'ont pas droit à cette prime qui se perd dans les mêmes circonstances que la solde. (Décret du 10 octobre 1874 et art. 214 du règlem^t du 8 juin 1883.) Cette exception n'est pas applicable aux sous-officiers rengagés ou commissionnés. (Art. 214 du règlem^t précité et décret du 1er août 1881, page 103.) Cependant, ils n'y ont pas droit pour les journées pour lesquelles il n'est alloué que la solde d'absence. (Art. 214 et note du 22 décembre 1883, page 915.) Les hommes voyageant sous l'escorte de la gendarmerie n'y ont pas droit non plus. (Art. 214.)

Cette prime n'est pas attribuée aux adjudants et assimilés, ni aux maîtres-ouvriers. (Art. 19 du décret du 19 octobre 1874, page 375.) Voir le tarif du 25 décembre 1875 inséré ci-après, page 731.

Elle est allouée aux jeunes soldats, aux engagés volontaires, aux hommes venant de la disponibilité ou de la réserve, le jour de leur arrivée, s'ils n'ont pas reçu l'indemnité de route ou une solde spéciale attribuée aux recrues en détachement.

Dans le cas contraire, elle n'est due que le lendemain de l'arrivée (art. 211 du règlem^t du 8 juin 1883), mais les réservistes appelés pour une période d'instruction ne la reçoivent pas (instr. du 19 avril 1880 M), non plus que les territoriaux. (Instr. du 15 avril 1880 M.)

La prime cesse d'être due aux hommes rayés des contrôles, le jour de leur départ. (Art. 212 du règlemt précité.) Les hommes proposés pour la retraite et maintenus à leur corps après l'expiration du temps pour lequel ils étaient liés au service et ceux réformés qui attendent à leur corps leur titre de service, ont droit à la prime. (Art. 213.)

Les journées de prime des hommes placés en subsistance sont rappelées sur la production de certificats trimestriels modèle n° 19 (circ. du 2 février 1884, page 200) ou à leur retour au corps. (Art. 381 du règlemt.)

Pour les militaires des corps d'infanterie détachés dans le train des équipages, voir page 115.

Le supplément à la prime est alloué aux troupes en campagne ou en Algérie. (Art. 215 du règlemt du 8 juin 1883.) Mais, en cas de mobilisation générale, la masse de petit équipement cesse de fonctionner et ne perçoit plus aucune allocation. En cas de mobilisation partielle, le ministre décide si cette mesure doit être appliquée. (Décret du 7 mars 1885, page 451.)

Lorsque ce supplément est accordé, il est dû pour toutes les journées de présence à l'armée, depuis le jour du passage de la frontière ou de l'embarquement jusqu'au jour de la rentrée sur le sol ou du débarquement. (Art. 216.)

Nota. — Les portions actives perçoivent un tiers de la prime d'entretien. Lorsque cette allocation n'est plus en rapport avec les besoins, elle peut être réduite ou augmentée par le sous-intendant militaire, sur la proposition du conseil d'administration. Ce fonctionnaire avise son collègue chargé de la surveillance du dépôt et rend compte à l'intendant militaire. (Art. 27 de l'instr. du 5 avril 1867, page 574.) Il est bien entendu que ces dispositions ne sont pas applicables lorsque le fonctionnement de la masse de petit équipement est suspendu.

La masse de petit équipement fait en outre recette :

§ 3°. — *Des sommes remboursées par le service de l'habillement*, comme représentant la moins-value des effets de petit équipement délivrés aux réservistes et aux hommes de l'armée territoriale. (Art. 4 du décret du 7 mars 1885, page 450.) Voir *Petit équipement*, page 111.

§ 4°. — *De l'indemnité payée par le service de l'habillement* pour prêts d'effets de petite monture ou de pansage faits à ces militaires par ceux de l'armée active. (Art. 4 dudit décret.) Voir *Petit équipement*, page 111.

§ 5°. — *De l'avoir à la masse des militaires venant des corps* où la masse individuelle continue de fonctionner (spahis, sapeurs-pompiers et gendarmerie). (Art. 4 dudit décret.)

§ 6°. — *Des indemnités allouées pour perte* ou usure d'effets de petit équipement provenant de cas de force majeure sur quelque fonds que ce soit. (Art. 4 du décret précité.) Voir *Petit équipement*, pages 113, 119, 120.

§ 7°. — *De la moins-value des effets* perdus au blanchissage. (Voir *Ordinaires*, page 257.)

Recettes supprimées par le décret du 7 mars 1885 : Versements volontaires, retenues faites aux travailleurs en ville, aux ouvriers des sections, virements de la masse d'entretien à la masse individuelle. (Rapport du 7 mars 1885, page 448.)

Dépenses.

Les comptes de la masse de petit équipement sont vérifiés par les fonctionnaires de l'intendance. (Art. 7 du décret du 7 mars 1885, page 451.)

Les pièces justificatives des dépenses sont établies dans la forme indiquée au chapitre de l'habillement. Elles ne sont pas sujettes à la formalité du timbre de dimension (circ. du 17 janvier 1840, page 603), ni du timbre mobile de quittance (note du 10 avril 1872, page 383) (1).

La circ. du 31 juillet 1874 (M) interdit de mettre au compte des masses les réparations qui incombent à l'abonnement des chefs-ouvriers et celles des dégradations à la literie ou au casernement qui doivent rester à la charge de ces services. Ces recommandations sont renouvelées à l'article 12 de l'instruction du 26 avril 1884, page 1039 (S).

En cas de mobilisation générale, la masse de petit équipement cesse de fonctionner et ne perçoit plus aucune allocation, mais l'Etat prend à sa charge toutes les dépenses. En cas de mobilisation partielle, le ministre donne des instructions. (Art. 9 du décret du 7 mars 1885, page 451.)

La masse de petit équipement supporte les dépenses suivantes (Art. 5 du décret du 7 mars 1885, page 449) :

1° *Achat des effets de linge*, de chaussure et de petit équipement (art. 5 du décret précité) ; voir aussi l'article 166 de l'ordonnance du 10 mai 1844.

Se reporter également au chapitre du petit équipement, pour la désignation des effets, la passation des marchés, les distributions, etc... Remarquer qu'il ne s'agit ici que des effets classés au service courant.

2° *Paiement des réparations, dégradations, pertes et moins-values* ne provenant pas de cas de force majeure qui étaient antérieurement au compte de la masse individuelle (art. 5 du décret précité), c'est-à-dire provenant du fait des hommes (art. 166 de l'ordonnance du 10 mai 1844) ; de plus, l'art. 180 dispose que le prix de réparation des effets et armes dont la dégradation provient de la faute des hommes est imputé à cette masse et payé aux ouvriers. Enfin, l'art. 181 de la même ordonnance applique ce principe aux dégradations d'effets de casernement, de campement ou d'hôpital (voir *Casernement*, *Campement*, *Service de santé*, *Armement*, etc...)

(1) Cette disposition est applicable à la gendarmerie. (Note du 22 mars 1883, page 322.)

Il est fait exception néanmoins pour les dégradations à la literie qui résultent du traitement des malades à l'infirmerie. (Art. 63 du règlemt du 28 décembre 1883 sur le service de santé.)

L'article 12 de l'instruction du 26 avril 1884, page 1038 (S) et les instructions sur les inspections générales rappellent diverses dispositions au sujet de ces imputations.

Lorsque les armes dégradées sont réparées dans les magasins de l'artillerie, le montant des dégradations est versé au Trésor sur la production d'un bordereau (mod. nº 2) établi en deux expéditions, dont une pour la Trésorerie générale; l'autre, revêtue d'une déclaration de versement, reste au corps comme pièce justificative. (Art. 219 de l'ordonnance du 10 mai 1844.) Pour le surplus, se reporter au chapitre de l'armement (versements d'armes). Pour les effets d'habillement, de campement reversés, se reporter à ces chapitres, etc...

Les effets des hommes de la 2e portion du contingent sont reparés dans les mêmes conditions que ceux des hommes de la première portion. (Circ. des 28 octobre 1875 et 6 décembre 1876 (M.)

Quant aux effets des réservistes, les dépenses de réparations sont mises au compte de l'Etat (services de l'habillement, de l'armement, etc...) Se reporter à ces services.

Aux termes de l'art. 93 de l'ordonnance du 10 mai 1844, modifié par le décret du 1er mars 1880, et de l'art. 117 du règlemt du 30 août 1884 sur l'armement, les commandants de compagnie, escadron ou batterie sont autorisés à suspendre, avec l'approbation du major, la réparation des effets, objets, armes, outils, etc... laissés par les hommes qui entrent en position d'absence, lorsqu'ils reconnaissent que ces effets ou armes peuvent, en raison du peu d'importance de la dégradation, faire encore un bon service entre les mains des hommes à leur retour au corps.

Le prix intégral des armes et la moins-value des effets et objets de toute nature, perdus ou mis hors de service par la faute des hommes est versé au Trésor. (Art. 182 de l'ordon. du 10 mai 1844.) Se reporter au chapitre de l'habillement pour le décompte des moins-values et les pièces à établir, page 72, et pour les pertes à laisser au compte des officiers, page 78.

3° *Paiement des amendes et frais de justice* mis à la charge des militaires ayant subi des condamnations, jusqu'à concurrence de la somme de 40 francs, fixée uniformément pour toutes les armes. (Art. 5 du décret du 7 mars 1885, page 451.)

La circ. du 27 août 1878, page 252, dispose que ce prélèvement doit être versé au Trésor lorsque les condamnés rentrent dans les corps avant d'avoir pu se libérer entièrement avec leurs fonds particuliers. De plus, une solution du 31 mars 1879, page 447, ajoute qu'il ne doit pas être effectué de prélèvement lorsqu'il s'agit de condamnations prononcées contre les individus avant leur entrée au service, mais cette exception ne s'applique pas aux condamnations civiles subies par les militaires pendant leur présence sous les drapeaux. (31 mars 1879.) Le montant des frais de justice et amendes est recouvré, pour les détenus dans les établissements pénitentiaires, d'après les instructions rappelées par les instructions sur les inspections générales : 23 mars 1884, page 721 (S). Le chiffre en est porté à la connaissance des trésoriers-payeurs généraux par l'envoi de l'exécutoire, et des corps de troupe et établissements, par l'envoi de l'extrait du jugement au bas duquel sont mentionnés en toutes lettres les frais et amendes. (Mêmes instruct.) Voir les notes des 3 février 1882, page 66, et 15 mai 1884, page 629.)

Dispositions relatives aux fonds particuliers des détenus dans les établissements pénitentiaires. — Les fonds particuliers de chaque détenu se forment et s'alimentent au moyen des fonds à lui appartenant, du quart du produit de son travail, de tous les fonds adressés pour son compte (art. 302 du règlemt. du 23 juillet 1856, page 450), ainsi que des gratifications accordées par les entrepreneurs de travaux (art. 303). Ces fonds supportent l'imputation des amendes et frais de justice dus pour des condamnations antérieures ou postérieures à l'entrée au service. (Circ. des 27 août 1878, page 252, et 31 mars 1879, page 448.) En cas de décès des détenus à l'établissement, leurs fonds particuliers sont versés à la Caisse des dépôts et consignations pour être remis aux héritiers (Art. 303 du règlemt.)

En cas de sortie des détenus pour rejoindre des corps ou rentrer dans leurs foyers, l'envoi des fonds particuliers leur est fait par les soins du conseil d'administration. (Art. 308). Voir ci-après pour le mode d'envoi.

Les fonds des hommes renvoyés dans l'armée doivent être versés à la caisse d'épargne par les soins des corps qui les reçoivent. En cas de décès, ils sont mis à la disposition des héritiers. (Circ. du 8 janvier 1859, page 623.) Un prélèvement peut être opéré sur cet avoir, en cas de besoins justifiés, dans la limite d'un quart, dans les corps désignés pour faire campagne hors d'Algérie. (Note du 25 janvier 1864, page 809.)

Lors de la libération définitive, l'avoir de chaque homme lui est envoyé dans ses foyers en un mandat délivré sur la Trésorerie générale. Ce mandat porte qu'il ne peut être passé à l'ordre d'un tiers (Décis. du 19 février 1877, page 78); il est remis au titulaire avant son départ. (Décis. du 20 juillet 1883, page 107.)

NOTA. — Dépenses supprimées par le décret du 7 mars 1885 : Avances en argent et en effets de petit équipement; virements de la masse individuelle à la masse générale d'entretien (page 448 et 451 du rapport du 7 mars 1885); suppression des feuilles de décompte et des comptes-courants individuels. (Rapport, page 448.)

TARIFS.

Masse individuelle (SPAHIS) et masse de petit équipement pour les autres corps.

(Tarif du 25 décembre 1875, pag. 918, modifié en ce qui concerne la prime journalière par la décision présidentielle du 21 novembre 1884, page 787).

DÉSIGNATION DES ARMES.	FIXATION DE LA PREMIÈRE MISE. (a)	PRIME JOURNALIÈRE.	COMPLET DE LA MASSE.	SUPPLÉMENT de 1re mise aux sous-officiers, caporaux ou soldats admis par suite de mutation. Dans un corps de troupe à pied autre que les zouaves et les tirailleurs algériens.	Dans les régiments de zouaves et de tirailleurs algériens.	Dans un corps de troupe ou un service à cheval (spahis exceptés).	Supplément à la prime journalière en campagne et en Algérie.
Infanterie de ligne et chasseurs à pied.... ...	40 »	» 11	»	»	15 »	40 »	» 05
Zouaves et tirailleurs algériens..............	55 »	» 11	»	»	»	40 »	» 05
Corps de cavalerie.							
Cuirassiers, dragons, chasseurs, hussards, chasseurs d'Afrique, cavaliers de remonte.......	75 »	» 13	»	10 »	10 »	»	» 05
Spahis : Cavaliers qui doivent être montés. { Français.....	200 »	» 69	200 »	»	»	»	»
{ Indigènes....	200 »	» 75	200 »	»	»	»	»
— Cavaliers qui ne doivent pas être montés.. { Français....	140 »	» 24	140 »	»	»	»	»
{ Indigènes....	140 »	» 30	140 »	»	»	»	»
Artillerie; bataillons d'artillerie de forteresse. (8 janvier 1884, page 22.)							
Hommes montés, y compris les bourreliers conducteurs, soldats du train (3)...........	75 »	» 13	»	10 » (4)	10 »	»	» 05
Hommes non montés, ouvriers d'artillerie et artificiers (3).........................	49 »	» 12	»	»	10 »	40 »	» 05
Pontonniers (3)...........................	49 »	» 12	»	»	10 »	40 »	» 05
ECOLES (voir ci-après).							
Génie.							
Mineurs, sapeurs........................	49 »	» 12	»	»	10 »	40 »	» 05
Sapeurs conducteurs.....................	75 »	» 13	»	10 »	10 »	»	» 05
Train des équipages (1).................	75 »	» 13	»	10 »	10 »	»	» 05
Compagnies de discipline (2)............	40 »	» 11	»	»	15 »	40 »	» 05
Sections de secrétaires d'etat-major et du recrutement, de commis et ouvriers d'administration et d'infirmiers militaires...........	40 »	» 11	»	»	15 »	40 »	» 05
Militaires admis dans les pénitenciers et ateliers de travaux publics.....................	»	»	»	10 »	(7 mars 1885, page 450.)	»	»
Militaires de la 2e portion du contingent (Décision du 27 mars 1884, page 325.		Même prime que pour les militaires de la 1re portion.		La première mise est complétée si les hommes restent en activité. (Circ. du 11 mai 1877 M.) La diminution de 1 centime sur les primes est applicable a la 2e portion du contingent (21 novembre 1884, page 787).			
Infanterie........	26 »		»				
Troupes à cheval { hommes à pied..........	29 »		»				
— { hommes montés........	42 »		»				

NOTA. — Les cavaliers non montés qui passent aux hommes montés dans les régiments de spahis reçoivent un supplément de première mise de 60 francs.

(1) Le soldat-ordonnance passé, par suite de cessation de son emploi, dans un corps d'infanterie, ne reçoit le supplément de première mise de 40 francs accordé aux hommes passant d'un corps ou service à pied dans un corps ou service à cheval, que s'il s'est écoulé une année entre le retour de ce militaire dans l'infanterie et sa réadmission dans le train des équipages militaires.

(2) La première mise n'est due qu'aux hommes de nouvelle levée qui n'ont pas reçu de première mise dans un autre corps. Il est alloué, pour les hommes passant des troupes à pied ou à cheval dans un corps disciplinaire, une indemnité égale à la moitié de la première mise déterminée pour l'infanterie. Cette allocation ne se renouvelle pas lorsque les hommes passent d'un corps disciplinaire dans un autre. (Décret du 7 mars 1885, page 450. — V. *Masse de secours.*)

(3) Les hommes *équipés* en hommes montés ou en hommes non montés ont droit à ces allocations lors même que les premiers ne seraient réellement pas montés. (Décis. présid. du 27 décembre 1879, page 25 du 1er semestre 1880.)

La décision du 27 décembre 1879 doit être appliquée comme il suit :

Les hommes équipés en hommes montés reçoivent, *même non montés*, la première mise et la prime journalière d'entretien déterminées pour les hommes montés. Toutefois, ceux qui avaient déjà reçu la première mise d'homme à pied ne peuvent prétendre au supplément de 40 francs qu'en cas de promotion et seulement s'ils continuent à être équipés en hommes montés. (Circ. du 2 février 1880, page 96 (S). Quant aux sous-officiers et fourriers des compagnies d'ouvriers d'artillerie, d'artificiers et des régiments de pontonniers, ils ne doivent recevoir que la première mise et la prime journalière des hommes non montés (note du 1er octobre 1882, page 316). Les élèves-musiciens de l'artillerie sont équipés comme les servants non montés et traités comme tels. (Circ. du 29 janvier 1883, page 88.) La note du 17 août 1882, page 174, qui ajoute que les conducteurs des batteries mixtes affectées à la défense des places et armées de matériel de campagne, bien qu'habillés et équipés en hommes non montés recevront la première mise d'hommes montés s'ils sont pourvus d'effets de pansage.

(4) Un supplément de 10 francs est alloué aux hommes équipés en hommes montés et qui sont rééquipés en hommes non montés. (Circ. du 22 août 1881 (M) concernant les hommes envoyés en Afrique.)

(*a*) Les enfants de troupe n'ont droit qu'à l'âge de 15 ans aux allocations fixées par le tarif ci-dessus. (Circ. du 17 août 1878, p. 247, et art. 209 du règlement du 8 juin 1883, page 611.)

Indemnité de première mise d'équipement

Sous-Officiers promus adjudants et militaires nommés sous-chef de musique, chefs-armuriers ou maîtres-selliers.

(Tarif n° 51 du 25 décembre 1875, page 913, et déc. du 6 mai 1883, page 427.)

DÉSIGNATION DES ARMES ET DES SERVICES.	FIXATION de l'indemnité.	OBSERVATIONS.
Corps de troupes de toutes armes.		L'indemnité de première mise d'équipement n'est pas allouée de nouveau aux adjudants, aux sous-chefs de musique, aux chefs-armuriers et aux maîtres-selliers qui passent d'un corps à un autre.
Adjudants et sous-chefs de musique (Décision présidentielle du 6 mai 1883, p. 427.)............	250 »	
Chef-armurier et maître-sellier (25 décembre 1875).	170 »	

Masse de petit équipement (ÉCOLES MILITAIRES)

(Tarif du 25 décembre 1875, page 920, modifié en ce qui concerne la prime journalière par la décision présidentielle du 21 novembre 1884, p. 787.)

DÉSIGNATION DES ÉCOLES	FIXATION de la PREMIÈRE MISE.	PRIME journalière d'entretien	COMPLET DE LA MASSE.	Supplément de 1re mise aux sous-officiers, caporaux, brigadiers ou soldats, admis, par suite de mutation, dans une arme — A pied.	A cheval.	OBSERVATIONS.
Ecole d'application de cavalerie. Cavaliers élèves...... Elèves maréchaux-ferrants provenant des contingents annuels. Enfants de troupe à 15 ans............	75 »	» 13	»	»	»	NOTA. — Les hommes de troupe d'infanterie désignés pour faire partie des cadres d'une des 6 premières écoles y reçoivent un supplément de première mise de 10 fr.
Cavaliers de manège............	75 »	» 13	»	»	»	Les spahis détachés à l'école d'application de cavalerie ayant leurs effets d'habillement au compte de la masse individuelle, continuent à percevoir la prime journalière fixée par la première partie du présent tarif pour les spahis français et indigènes, suivant le cas.
Prytanée militaire............	»	»	»	»	»	
Ecole polytechnique. Ecole spéciale militaire de St-Cyr. Ecole d'application de l'artillerie et du génie. Ecole d'application d'état-major. — Hommes de troupe de tous grades......	»	» 13	»	10 »	40 »	(1) Décisions présidentielles du 22 janvier 1883, page 77, et du 21 novembre 1884, page 787.
Ecole d'application de cavalerie. Ecole de gymnastique. Ecole de médecine et de pharmacie militaires. Ecole d'administration. Ecole régionale de tir. Ecole militaire d'infanterie. Ecole d'essai d'enfants de troupe. — Hommes de troupe de tous grades.....	»	» 11	»	10 »	40 »	(2) Pour les enfants qui atteignent l'âge de 15 ans (décision présidentielle du 28 janvier 1884, page 121).
Ecole d'essai d'enfants de troupe : Enfants de troupe élèves............	30 »	(1) » 11	»	(2) 10 »	»	
Ecole militaire d'infanterie. Sous-officiers élèves venant des adjudants	»	»	»	20 »	»	Décision présidentielle du 8 septembre 1881, page 171.
Ecole militaire d'infanterie. *Id.* venant des autres sous-officiers.......	»	»	»	15 »	»	
Ecole de cavalerie. Sous-officiers élèves venant des adjudants	»	»	»	28 »	»	Décision présid. du 17 octobre 1881, page 257.
Ecole d'administration. *Idem.*	»	»	»	20 »	»	Décision présid. du 20 février 1882, page 57.
Ecole de sous-officiers de l'artillerie et du génie. Sous-officiers élèves provenant des adjudants............	»	»	»	28 »	»	Décisions présid. du 12 mai 1884, page 623, et du 21 nov. 1884, page 787.
Ecole de sous-officiers de l'artillerie et du génie. *Id.* provenant des autres sous-officiers...	»	» 13	»	»	»	

TABLE ALPHABÉTIQUE

DES

MATIÈRES

A

Pages.

Abatage de chevaux.................... 396
— des bestiaux.................. 566
Abonnements d'entretien :
Armement........................ 678
Casernement (villes).............. 213
Coiffure......................... 101
Eclairage........................ 393
Equipement (grand).............. 98
Ferrage des chevaux....... 494 *et suiv.*
Habillement...................... 68
Harnachement : Artillerie...... 466, 474
— Cavalerie.......... 455
— Équipages...... 466, 474
Mors et étriers.................. 460
Ustensiles d'écurie............... 505
Abonnement aux journaux de musique... 274
Abonnement des masses d'entretien. (Voir *Primes*.)
Abreuvoir......................... 502
Abri-vent......................... 203
Absents illégalement................ 262
Accessoires :
De coiffure....................... 103
D'effets de grand équipement.... 99, 103
— d'habillement....... 26, 69, 77
— de réservistes............. 89
— de harnachement.. 455, 466, 468
De havresac...................... 103
D'instruments de musique.......... 273
Des voitures................ 553, 554
Accidents des chevaux.............. 378
Accusés de réception de mandats........ 289
Achats : 15
Divers aux ouvriers des corps....... 68
D'effets divers du service de l'habillement...... 15, 32, 80, 106, 126, 195
D'effets de petit équipement, 15, 34, 105, 108, 145
De cachets................ 20, 51, 144
De cire.......................... 260
De chaussures.................... 122
De chevaux........ 378, 388, 389, 392
De denrées................. 241, 564
D'éperons........................ 124
De denrées pour les ordinaires.. 241, 250
De galons, boutons........... 83, 127
D'instruments de musique.......... 272
— de chirurgie..... 544, 545

Pages.

Achats :
De matériel des écoles.... 624, 630, 637 *et suiv.*
De médicaments, objets mobiliers, etc. (Infirmerie des hommes.)......... 514
De médicaments, etc. (Infirmerie des chevaux.)..................... 546
De pièces d'armes................ 686
De pièces de coiffure et d'accessoires d'effets de grand équipement..... 103
De registres................ 304, 337
De souliers...................... 122
De tabac......................... 581
De théories...................... 361
Sur facture...................... 15
Acide oxalique..................... 79
— phénique.................... 61
— sulfureux................... 61
A-compte.................... 221, 225
Acquits...................... 15, 184
Actes :
Authentiques..................... 371
De décès......................... 319
De l'état civil........... 310, 315, 319
De disparition................... 314
D'individualité................... 608
De naissance............ 319, 369, 607
De mariage................. 310, 319
De rengagement................... 411
De société........................ 185
Actions d'éclat.................... 310
— des créanciers sur les biens des débiteurs..................... 295
Adjudications :
De fournitures pour les ordinaires... 241
De dépouilles de chevaux.......... 619
De fumiers....................... 616
Administration intérieure des corps, 9, 10, 11, 280, 304
— de l'armée territoriale et des réservistes dans leurs foyers... 280
— de l'armée territor[le] en activité 10
— des compagnies............. 25
Administrateurs d'aliénés, de mineurs.... 286
Admission des malades à l'infirmerie.... 510
— — aux hôpitaux.... 510
— d'effets............. 16, 48, 49
Affiloir........................... 493
Affranchissem[t] des lettres et paquets 289, 331
— des mandats-poste... 289, 331

Pages.

Agents des conseils.................... 11
Aides de cuisine........................ 259
Aides-maréchaux................. 491, 496
Aiguilles.................... 70, 646, 653
Aiguillettes de gendarmes.............. 721
Ajustage d'effets :
D'équipement........................ 98
D'habillement................. 49, 81
De harnachement............. 456, 471
Alidade................................ 630
Aliénés................................ 286
Aliments. (Voir *Ordinaires.*)........... 241
— des hommes traités à l'infirmerie 521
Alimentation des troupes pendant les transports stratégiques.................... 243
Allocations aux masses :
Générale d'entretien............... 702
— (spahis)................. 709
D'entretien du harnachement et ferrage. (Troupes à cheval) 710
— du harnachement et ferrage. (Troupes à pied).. 715
— des pénitenciers et prisons 709
— de l'infirmerie régiment[re] 521
De petit équipement............... 727
De remonte......................... 726
D'entretien et de remonte.......... 717
Individuelle....................... 727
De secours......................... 725
Allocations :
Aux écoles........ 624, 630, 637 *et suiv.*
Aux gymnases....................... 643
Aux infirmeries régimentaires....... 519
Aux musiques et musiciens......... 270
Aux sous-officiers, etc., rengagés ou commissionnés............ 415, 416
De poids........................... 420
Du service des convois........ 432, 435
D'étoffes.......................... 92
Allumettes............................. 520
Ambulances............................. 524
Amendes................................ 730
Ameublement :
Des ateliers des chefs-armuriers.... 678
— des cordonniers ou bottiers............... 122
— des selliers........... 451
— des tailleurs.......... 65
Des bibliothèques.................. 365
Des chambrées.............. 214, 232
— chez l'habitant....... 208
Des chambres d'officiers et d'adjudants................ 208, 232
Des casemates.............. 215, 240
Des cuisines....................... 243
Des écoles................ 621 *et suiv.*
Des infirmeries régimentaires....... 513
vétérinaires........ 537
Des magasins......... 50, 57, 451, 677
Des officiers................ 232, 235
Divers. (Voir *Casernement.*)
Ammoniaque............................. 79
Amnistiés.............................. 315
Amorces................................ 650
Amputés................................ 611

Pages.

Anneaux d'attache............... 453, 492
Anneaux de pansage..................... 503
Annuaire militaire.............. 356, 720
Anticipation de chauffage. (V. le règlem[t] du 26 mai 1866.)
Appareils :
A fractures........................ 514
A fumigations...................... 540
A suspension....................... 540
A sinapisme........................ 540
De télégraphie..................... 646
D'éclairage............... 254, 590, 592
De soutien......................... 541
Du docteur Auzoux.................. 484
Extincteurs du feu................. 217
Prothétiques du comte de Beaufort.. 529
De puits........................... 217
De sauvetage....................... 659
Pour les opérations de tête........ 540
Appendices aux lettres de voiture........ 420
Apports d'effets................ 89, 90, 111
Approbation des procès-verbaux......... 76
Approvisionnements :
Armement........................... 675
Attributs et signes distinctifs.... 31, 32, 39, 67, 69, 86
Campement................. 31, 34, 43
Chaussures................... 105, 123
Clous.............................. 495
De denrées dans les corps.......... 564
Du convoi régimentaire............. 565
D'instruction............. 36, 89, 110
Equipages régimentaires............ 555
Equipement (petit)......... 34, 37, 105
Etoffes...................... 32, 36, 93
Fers à cheval...................... 499
Gendarmerie........................ 43
Habillement et grand équipement 31, 32, 37, 43, 44
Habillements (effets spéciaux) 36, 37, 43
Harnachement de l'artillerie et du train............................ 464
Harnachement de la cavalerie....... 452
Imprimés et registres.............. 368
Premiers ouvriers...... 65, 98, 101, 103
Maîtres-selliers........... 456, 467, 473
Maréchaux-ferrants......... 493, 495, 498
Munitions.......................... 693
Pièces d'armes..................... 686
— de coiffure, etc............. 103
Registres et imprimés.............. 368
Subsistances....................... 564
Divers........................ 36, 40
Appuis de tir........................... 646
Archives.................... 22, 367, 429
— de la mobilisation............. 372
— de l'armée territoriale........ 372
Archivistes des corps.................. 22
Arçons.................................. 483
Armée territoriale.......... 10, 280, 408
Armement............................... 675
— dans les écoles militaires...... 690
— des officiers.............. 95, 96, 690
— des réservistes....... 96, 675, 685
— des territoriaux....... 96, 676, 685

Pages.

Armes :
Des enfants de troupe............... 689
Des militaires faisant mutation. 160, 165
Des déserteurs..................... 682
De réserve......................... 675
Du service courant................. 675
En essai........................... 688
Hors de service.............. 166, 682
Perdues..................... 682, 683
Prises sur l'ennemi................
Armoire................... 537, 623, 635
Armoire pour imprimés de mobilisation..
Armuriers..................... 677 *et suiv.*
Arrérages de pensions.............. 606
Arrêts de rigueur.................. 264
Arrêté des registres.......... 16, 19, etc.
Arrimage des effets.............. 57, 59
Arrosoirs................... 51, 61, 508
Asphyxiés.................... 524, 525
Aspirateur................... 540, 545
Assainissement. (Voir *Désinfection.*)
Ateliers de confection régionaux........ 40
Ateliers régimentaires :
Abonnataire du grand équipement et de la coiffure.............. 98, 101
Armuriers.......................... 677
Bottiers ou cordonniers............ 122
Maréchaux-ferrants...............
Selliers........................... 451
Tailleurs...................... 65, 67
Attache des accessoires de coiffure....... 102
— des chevaux au bivouac.... 453, 465, 496, 540, 553, 554
— des chevaux à l'écurie, 457, 470, 502
Attributions :
Des conseils.................. 15, 298
Du contrôle.................... 9, 10
Du major...................... 20, 298
Du trésorier.............. 11 à 21, 298
De l'officier d'habillement.......... 23
Des officiers-payeurs et délégués pour l'habillement..................... 25
Des officiers d'approvisionnement... 564
Des commandants de corps sans conseil......................... 25
Des commandants de compagnie, d'escadron ou de batterie........ 25, 299
Des médecins................. 26, 510
Des ateliers d'ouvriers. 67, 98, 102, 122
Des sous-intendants et suppléants.... 9
Des vétérinaires.............. 26, 549
Attributs........... 31, 32, 39, 67, 69, 86
Auge.......................... 492, 678
Augets............................. 503
Autopsie des chevaux............... 396
Autorisations d'achat...... 15, 186, 188, 565
— de dépenses....... 15, 16, 188
— de paiement.......... 15, 16
— d'entrée de matériel....... 16
— de sortie de matériel....... 16
Avances aux ouvriers :
Aides-maréchaux............. 491, 492
Armuriers.................... 66, 681
Cordonniers ou bottiers........ 66, 123

Pages.

Avances aux ouvriers :
Maréchaux-ferrants............ 496, 500
Selliers............. 66, 473, 476, 487
Tailleurs........................... 66
Avances en route (officiers et troupe). 307, 447
— aux officiers d'approvisionnement 307, 565
— aux officiers......... 284, 307, 409
— de fonds aux corps............. 284
— — par les corps.. 15, 182, 284, 292
— — pour l'indemnité de route 448
— — aux portions de corps, 16, 28
— — aux commissions de réquisition ou de recensement........ 402, 404
— — aux ouvriers... 66, 99, 307, 473, 476, 487
Avaries de matériel transporté...... 47, 419
— de munitions................... 694
— de rations..................... 576
— diverses................... 47, 418
Aveugles.......................... 611
Avis de décès...................... 533
— de sommes à déposer.............. 16
— de mutation des hommes.......... 166
— de pertes ou mutation de matériel... 166
— d'expédition.............. 417, 418
— de livraison..................... 46
— de mutation des réservistes....... 325
Avoine....................... 562, 598
Avoir normal de la 1re portion de la masse générale d'entretien........... 276
— de la masse individuelle.......... 727

B

Bagages des corps.......... 417, 434 *et suiv.*
Baguettes à effets.............. 52, 61, 255
— de tambour.................. 128
Baignoires.................... 515, 516
Bains dans les hôpitaux thermaux...... 536
— de mer......................... 536
— pour les hommes.......... 519, 520
— pour les chevaux.. 537, 541, 551, 660
Balais des chambrées............... 254
— des cuisines.................... 254
— des écuries..................... 505
— des enfants de troupe........... 215
— des infirmeries régimentaires..... 520
— — vétérinaires. (Voir *Ecuries.*)
— des magasins................ 52, 61
— pour le nettoyage des casernements 226
Balances (Voir *Bascules*) :
Des ordinaires.................... 246
D'infirmerie................. 516, 539
Des brigades de gendarmerie....... 720
De précision....................... 51
Des maréchaux..................... 494
Ballots d'effets (réservistes et territoriaux) 163
Bancs des écoles............... 623, 635
— des magasins..................... 50
— des chambrées........... 245 *et suiv.*

Pages.

Bandages herniaires 529
Banderole porte-drapeau 128, 139
— de giberne-porte-musique. 128, 129, 275
Bandes de pantalons 77
— de selle 456
Baquets de cuisine 247, 248
— de chambrée 248
— d'écurie 503
— de propreté 216, 220
Baraques 203
Barbe 255
Barêmes pour réservistes 445
Barils 696
Barque 659
Barres parallèles 349, 640
— à suspension 640
— de séparation 504
Barrettes 313, 318, 368
Barrières à sauter 344, 508
Bas élastiques 529
Basane de coiffure 102
Bascules 421
Bassines 538
Bassin pour chevaux 537
Bassins à placer sur les poêles, 215, 218, 589
Bateau 659
Bâtiments occupés par des officiers 226
Bâton (cours de) 669
Bâtons 669
Bat-flancs 503
Bâts 542, 554, 556
Beaugé 359
Bêche 227, 641
Becs d'éclairage 592
Bélières de ceinturon 99
Benzine 548
Béquilles 529
Bestiaux 566
Bibliothèques 365, 430
— d'infirmerie 430, 517
Bidons de campement 189
— de cuisine 247
— d'infirmerie 524
Bière 533, 579
Bigorne 492
Billets de chemin de fer 433
Billot en bois 243, 492
Biscuit 521, 578
Bissacs 454, 464
Blanc 254
Blanchissage du linge à pansement 519
— du linge de la troupe, 113, 256, 263
— du linge des réservistes 256
— du linge des sous-officiers .. 263
— des bâtiments 226
— des couvert^{res} de cheval. 456, 470
— des écuries 227
— des effets de couchage du campement 202
— des effets d'infirmerie 519
Blessures 312, 526, 609
Blouses de cuisine 245
— des infirmeries 520
— de travail et d'écurie 131, 133

Pages.

Bœuf salé 578
Bois à brûler .... 582 *et suiv.*
— de monture 682
Boissons 267, 604
Boîtes à cachet 145
— à ferrer 493
— à graisse 554
— à livrets 140
— aux lettres 218, 331
— à marques 52, 56
— à plaques d'identité 147
— à pansements 540
— à sel et à poivre 246
— de vote des conseils d'enquête 410
— de pharmacie 514, 538
Bonbonnes à liquide extincteur 217
Bonis 259, 264
Bonis de la masse d'infirmerie 521
Bonnet de travail. (Voir *Képi ou Calotte.*)
Bons de distribution : 24, 26
D'armes 158
D'effets d'habillement et d'équipement 158
D'effets de harnachement 158
De denrées 23, 562, 599
De journées de nourriture 568
D'objets ou d'ustensiles de compagnie 158
De réapprovisionnement 565
De tabac 580
Des médecins 526
Bons de chemin de fer 433
— de convoi 435, 436
— totaux 563, 564
Bordereau (voir *Pièces de comptabilité*) :
— d'envoi pour les réservistes 257
— d'envoi des récépissés 74
— de bulletins de réparations 75
— de feuilles de prêt 289
— de fonds déposés 307
Bottiers 122
Bottes 107, 123
— hommes non montés de l'artillerie. 145
Bottillons 555
Bottines 105, 107, 125
— de tambour-major 123, 127
— des chevaux 457
Bouchons 199
Bouées 659
Bougeoir 538
Bougie 254, 591
— pour les sous-officiers comptables. 261
Bouilloire 515, 538
Bouillon concentré 579
Boules de vote 410
— numérotées pour le tirage des chevaux 405
Bourgeron .... 127, 128, 129, 130 à 133
— de cuisine 245
Bourrelets des gilets de matelassure de cuirasses 69
Bourre d'épaulettes 69, 73, 82
Bourreliers 474
Boussoles 624, 630
Boutiques de boucher 566
Boutoir 493

Pages.

Boutons.......................... 69, 82, 83, 307
— retirés des effets hors de service. 166
— de sous-pieds..................... 89
Boxe................................ 669
Brancardiers........................ 512
Brancards...................... 216, 524
Brandebourgs........................ 70
Bras artificiels.................... 529
Brassards...................... 146, 524
Brassières..................... 131, 659
Bretelles porte-effets......... 129, 137
— de fusil.......................... 99
— de tambour........................ 128
Brevets................... 315, 501, 672
Brides de voltige................... 349
— ordinaires................... 455, 467
Bridons................... 453, 455 470
— d'infanterie...................... 716
Bridon de contention................ 540
Brigadiers en prison................ 262
Brochoir............................ 493
Brodequin napolitain................ 105
Brosses à effets................ 52, 61
— à composition..................... 56
— à pain............................ 257
— à cheval.......................... 559
Brouettes........................... 231
Buffleteries (voir *Noircissage*).
Brûle-queue......................... 541
Bulletin des lois.............. 360, 723
— de mutations...................... 325
— de dépôt d'effets................. 160
— d'avis de délivrance d'effets..... 46
Bulletins de réparations :
Armement....................... 678, 682
Casernement......................... 224
Chaussure........................... 74
Grand équipement............... 74, 100
Habillement.................... 71, 74
Harnachement................... 457, 472
Bulletins de moins-value :
Armement............................ 72
Campement...................... 72, 194
Casernement......................... 224
Habillement et équipement...... 69, 72
Harnachement................... 458, 472
Écoles régimentaires................ 72
Infirmeries......................... 72
Bulletins de vérification d'effets.. 48
— de versement d'effets ou d'armes. 158
— de notes pour les réservistes..... 325
Bureau des médecins................. 522
— des officiers d'habillement....... 206
— des vétérinaires.................. 537
— du major.......................... 206
— du trésorier...................... 206
— pour les écoles.............. 622, 635
— spécial de comptabilité. 216, 335, 589
Buste du souverain............. 623, 635
Buts mobiles................... 646, 647

C

Cabinets d'aisances............ 226, 511
Cabinets de bains................... 511
Câbles pour chariots........... 560, 561

Pages

Câbles télégraphiques............... 646
Cache-tête.......................... 541
Cache-oreilles...................... 540
Cachets des conseils........... 22, 144
— à apposer sur les livrets......... 322
— — sur les modèles 16, 21, 51
— des trésoriers-payeurs, préfets et sous-préfets............. 74, 289
Cadenas............................. 410
Caducées............................ 86
Café................. 241, 250, 261, 262, 578
Cafetières..................... 515, 538
Cahiers de musique.................. 273
— de rapport........................ 261
— des prescriptions des médecins, 510, 527
— des visites médicales... 510, 520, 527
— topographiques.................... 630
— de mutations...................... 325
Cahiers des charges :
Vente des fumiers................... 616
— de dépouilles de chevaux.......... 619
Caisse des dépôts et consignations.. 300, 730
Caisses à archives.................. 143
— à bagages......................... 197
— à charbon......................... 246
— à cartouches...................... 554
— à effets pour les corps...... 198, 555
— d'épargne......................... 331
— à fers à cheval................... 499
— à outils..................... 198, 228
— de réparations............... 198, 556
— d'armes........................... 688
— de fonds (récipient).............. 141
— — et de comptabilité.............. 143
— (fonds).............. 16, 17, 142, 298
— d'emballage.................. 52, 421
— de tambour........................ 128
— d'instruments de chirurgie........ 544
— du gymnase........................ 641
— pour outils et pièces d'armes. 198, 556
— renfermant le matériel de tir..... 649
Caissons de munitions............... 553
Caléfacteur......................... 540
Cales............................... 555
Caleçons de bain.................... 659
Calibres............................ 492
Calorifère.......................... 523
Calotte d'écurie.......... 91, 133, 150
— de travail.............. 131, 133, 150
Camails............................. 484
Camionnages......................... 434
Campagne de 1870 (ouvrage).......... 640
Campagnes...................... 312, 607
Campement........................... 189
— mis en service.................... 190
— délivré aux officiers............. 191
Camphre............................. 61
Canne (cours de).................... 669
Cannes.............................. 669
— de tambour........................ 127
— toise pour chevaux........... 400, 541
Cantines à vivres................... 195
— médicales.................... 524, 525
— d'ambulance vétérinaire........... 542
Cantines (pensions)........ 263, 265, 266

Pages.
Cantinières ... 266
Cantonnement chez l'habitant, 204, 205, 207, 208
Caporaux en prison ... 262
Capotes de sentinelle ... 219, 233
— pour les chevaux ... 541
— pour les gardes d'écurie ... 505
Capsules ... 695, 696
— pour bocaux ... 513, 538
Carnet des malades et blessés ... 527
— de ferrage des maréchaux ... 494
— des mutations ... 325
— de bons des médecins ... 526
— des accidents de tir ... 699
— de réglage des armes ... 699
— de caisse ... 307
— de comptabilité ... 321
— de compte-courant avec le Trésor ... 307
— de munitions ... 690
— des brigades de gendarmerie ... 718
— des déserteurs ... 326
— des économies de fourrages .. 552, 602
— des effets prélevés ... 174
— des fonds divers ... 307
— des pointures ... 174
— du chef de musique, de fanfare, etc ... 269, 321
— de mobilisation ... 324
— de reçus et d'ordres de réquisition ... 568
— de réparations à l'armement ... 698
Carreaux de fenêtre en toile métallique .. 215
Carottes ... 598, 599
Cartes des étapes ... 357
— diverses ... 360
— géographiques ... 360, 623, 629, 636
— topographiques ... 360, 630
Cartons de musique ... 273
— planches ... 630
Cartouches ... 691
— pour tir réduit ... 649, 656
— pr officiers et sociétés de tir 695, 696
— en bois ... 650
Casernement ... 213
— des chevaux ... 502
Cas de force majeure ... 24
Casemates ... 215, 240
Casiers à charbon ... 246
— à livrets ... 140
— — d'infirmerie des chevaux ... 537
— de bureau ... 216
— de magasins ... 50
— pour serviettes ... 216
— judiciaires ... 722
Cas de résiliation d'abonnemt (V. *Abonnements*).
Cassations ... 314, 413, 416
Castrations de chevaux ... 552
Catalogue de bibliothèque ...
— des archives ... 369, 718
— des écoles ... 627
— des partitions et morceaux de musique ... 269
Catégories d'effets ... 150
Cautères ... 541
Cautionnements :
Des adjudicataires de dépouilles ... 620
Des adjudicataires de fumiers .. 618, 619

Pages.
Cautionnements :
Des fournisseurs ... 265
Cavaliers de manège ... 315
Caveçons ... 349, 456 541
Ceintures de course ... 645
— de flanelle ou de laine ... 134
— de laine ... 127
— de natation ... 659
Ceinturons de sergents-majors ... 127, 130
— de maréch. des logis chefs. 129, 130
— des sous-officiers du génie ... 127
— de tambour-major ... 127
— des élèves d'administration ... 127
Cellules ... 219, 262
Cendres ... 263
Centimes de poche ... 261, 262
Centralisation de recettes et dépenses ... 305
Cercles de caisse ... 128
— de sous-officiers ... 263
Cercueils ... 533
Cérémonies funèbres ... 532
Certificat d'incurabilité ... 609
— de cessation de paiement 285, 295, 606
— de blessures ou infirmités. 312, 526
— de bonne conduite ... 313
— de passage des gendarmes dans la réserve ... 722
— de vie ... 342, 674
— de visite et de contre-visite 530, 609
Certificats administratifs ... 178, 179
Cessions de chevaux ... 379, 383, 386
— — entre officiers ... 389
— — à la gendarmerie ... 387
— d'outils ... 66
— d'effets d'habillement. 47, 48, 175, 179
— — de petit équipement .. 47, 111
— de ferrures aux maréchaux ... 501
— de chiffons ... 681
— d'effets de harnachement ... 453, 464
Chaînes d'arpenteur ... 647, 654
— d'enrayage ... 493
— de bat-flancs ... 503
— d'attache ... 502
— de puits ... 217
Chaises :
Chambrées ... 215
Infirmeries ... 513, 537
Écoles régimentaires ... 623, 635
Châlits ... 233, 660
Chambres ... 215
Chambrières ... 349, 456
Champs de manœuvres ... 344
— de tir ... 647
Chandeliers de manège ... 345, 508
— pour l'éclairage ... 520
Chandelles ... 215, 254, 261
Changements à l'uniforme ... 69, 149
— à l'armement ... 688
— d'abonnataires du harnachement ... 459, 474, 475
— dans le prix des pièces d'armes 687
— de garnison ... 424
— d'officiers comptables ... 340
— de chef armurier. 461, 677, 680
— de tailleur abonnataire ... 71

Pages.

Changements de maréchaux-ferrants..... 496
— d'armes des chevaux........ 395
Chant........................ 275
Chantiers.............. 579, 677
Charbonneau (ouvrage)........ 358
Charbon......... 493, 523, 551, 646, 654
— pour infirmerie vétérinaire...... 551
Chargement des voitures médicales, etc... 524
— des voitures à vivres......... 564
Charges des abonnataires (voir *Abonnements*).
Chariot de tir.......................... 647
— de parc....................... 561
Chariots-fourragères............ 456, 560
Chats.............................. 63
Chaudières................... 650, 678
Chauffage.......................... 582
— du bureau spécial de comptabilité 589
— des adjudants et sous-officiers... 583
— des ateliers............ 66, 122 582
— des bains (Infie)................ 523
— des bains chauds................ 519
— des bibliothèques................ 588
— des bureaux.......... 337, 338 340
— des chambres.................. 582
— des cholériques................. 534
— des compagnies de remonte...... 584
— des corps de garde............ 589
— des dépôts de corps............ 584
— des écoles..................... 587
— des élèves d'administration...... 584
— des enfants de troupe.......... 582
— des hommes mariés............ 587
— de l'infirmerie des chevaux...... 551
— — des hommes, 519, 523 587
— des magasins d'habillement...... 64
— — d'armement....... 689
— des mess..................... 589
— pr cuisson des aliments. 244, 585, 587
— des salles d'étude des engagés conditionnels.......... 457, 584
— des sections formant corps....... 584
— des sous-officiers............... 582
— des salles de convalescents...... 529
— des salles de lecture........... 588
— des tisanes........... 519, 523 587
— des troupes logées chez l'habitant ou cantonnées............ 208
Chaussettes........................ 137
Chaussons......................... 135
Chaussure.............. 34, 41, 105 122
— des enfants de troupe..... 119 123
— des hommes non montés de l'artillerie............ 145
— des réservistes et territoriaux.............. 110, 141
— de pointures exceptionnelles.. 123
Chefs armuriers.................... 314
Chefs de musique................. 269
— de fanfare.................... 269
Cheminées........................ 225
Chemins de fer............. 417, 432, 443
— (Matériel de) installé dans les quartiers............ 346
— dans les champs de tir... 648

Pages.

Chemises de flanelle.................. 137
Chèques............................ 185
Cheval Auzoux....................... 484
— de bois.................. 344, 349
Chevalet de cuisine.................. 243
— de natation............... 641, 660
— de pointage............... 345, 654
Chevaux d'officiers............. 373 *et suiv.*
— allant en Algérie ou en revenant........... 375, 377
— d'officiers sans troupe 374, 380
— d'officiers et sous-officiers envoyés à Saumur..... 352
— d'officiers changeant de corps ou de résidence.. 377
— d'officiers mis en non-activité................ 390
— d'officiers retraités....... 390
— — réformés ou démissionnaires. 390
— de réquisition............ 320
— de remonte (voir *Ferrage*, *Harnachement*). 373, 399, 496, 599
— des équipages régimentaires............ 383, 553
— de trait des corps de cavalerie............ 555, 557
— des réservistes. (voir 25 *juillet* 1882, page 51.)
— des cantinières.......... 268
Chevaux pris sur l'ennemi............ 603
— du service des convois......... 435
— en dépôt..................... 406
— en subsistance................ 489
— malades.............. 549, 599
— perdus ou tués........... 396, 398
— atteints de maladies contagieuses................. 394, 536
Cheveux (coupe des)................ 255
Chèvres............................ 560
Chevrette.......................... 558
Chiffons........................... 681
Chiffres pour marquer les effets (voir *Marques*).
— les chevaux. (*Id.*)
Choléra........................... 534
Cibles................... 646, 653, 719
— pour tir réduit............ 649, 654
Cidre.............................. 579
Cierges............................ 532
Cirage.................... 254, 520
Circonscriptions de fournitures........ 35
— militaires............ 358
Cire pour les tables et bancs......... 260
Cire jaune pour les infirmeries......... 520
Ciseaux................... 515, 539
Ciseaux à froid...................... 52
Citations à l'ordre de l'armée.......... 310
Civières........................... 503
Clairons............ 128, 129, 277, 662
Classement d'effets.............. 50, 59
— des galons réintégrés......... 152
— de tir.................... 221
Clef pour plomber.................. 52
— pour la caisse de fonds.......... 17, 142

Pages.

Clientèle civile des maréchaux-ferrants... 496
Clous ... 52, 495
Coaltar ... 61
Cocarde ... 102
Code administratif de M. Charbonneau 358, 721
— de justice ... 723
Coffres-forts ... 141
Coffres à avoine ... 502
— pour les imprimés de mobilisation 552
Coiffes intérieures de képi ... 92
— de shako ou casque ... 102
Coiffe pour distinguer l'ennemi ... 31
— de drapeau ou d'étendard ... 139
Coiffure ... 32, 41 101
— de l'armée territoriale ... 103
Collage de la carte des étapes ... 559
Colle ... 646 654
Collection d'effets de pansage ... 559
Collets ... 77
Collier de force ... 540
— à chapelet ... 540
— de tambour ... 128
Combustible des infirmeries ... 519, 551
Combustible (voir *Chauffage et Eclairage*).
Comestibles (voir *Cantines*).
Comités de remonte ... 378, 392
Commandants de corps ou de compagnies 16, 25
Commissionnés ... 315, 416
Commission :
D'achat d'effets de petit équipement 15, 106
Régimentaire de remonte ... 378, 392
D'adjudication (fumiers et dépouilles) ... 615, 619
De réception de ferrure ... 499
De réception d'effets ... 49
De recensement des chevaux ... 400
De réquisition ... 402
Des ordinaires ... 241
Des sous-officiers ... 416
Des vaguemestres ... 331
Des cantinières ... 266
Compas ... 623, 624, 630, 636
Compensations ... 575
Complément de pensions ... 609
Composition des ateliers ... 67, 122, 451
— des approvisionnements. 35, 122
— des conseils d'administration. 12
— des musiques et fanfares 269, 276, 278
— des rations ... 578, 582, 586 596
— pour l'entretien des draps, tresses, galons, etc. 63, 255
— pour l'entretien du grand équipement ... 63
— pour le marquage des effets ... 55, 56
Comptables ... 9, 12, 15
Comptabilité des corps ... 11, 12, 167, 304
— deniers ... 11, 182, 305
— des bibliothèques ... 306
— des Ecoles (voir *Ecoles*).
— des effets de corvée ... 133
— du couchage auxiliaire ... 203
— du matériel prêté ... 203
— du casernement ... 214
Comptabilité matières ... 12, 24, 167
— des lits militaires ... 240
— des objets mobiliers ... 177
— des ordinaires ... 252
— des musiques et fanfares ... 269
— Des officiers d'approvisionnement ... 567
— du tir ... 652, 656
Compte-courant avec le Trésor ... 307
— des chefs de musique, de fanfare ... 269
— ouvert avec les ouvriers ... 170
Compte d'emploi des livrets ... 324
Compte-fils ... 51
Compte-gouttes ... 515
Comptes de gestion :
Artillerie et équipages ... 175, 700
Campement ... 205
Casernement ... 231
Ecoles ... 175, 670
Génie ... 175, 231
Habillement et campement ... 175
Harnachement ... 175, 487
Hôpitaux et infirmeries ... 175, 534
Remonte ... 175, 398
Ustensiles d'écurie et d'infirmerie ... 398
Compteurs à eau ... 580
— à gaz ... 592
Concours de tir ... 650, 655, 657
— d'aides-maréchaux ... 501
— de voitures ... 303
Condamnés ... 314
Conducteurs de voitures dans l'infanterie. 116
Conduite de chevaux ... 377, 385
— de chevaux de réquisition ... 405
— de chevaux en dépôt ... 406
— des voitures de réquisition ... 405
— d'un escadron ... 361
Confection :
De calottes d'écurie ou de travail. 91, 92, 166
De cartouches ... 649
D'effets d'habillement ... 67, 92
D'effets d'enfants de troupe ... 93, 166
De harnachement (artillerie et équipages) ... 465
(cavalerie) ... 454
De chaussons ... 166
De chaussures ... 122, 123
De fers et clous ... 494 à 499
De pattes, numéros, attributs ... 85, 86
Conférences sur l'administration ... 329
— sur l'instruction militaire ... 329
— sur le service de santé ... 527
Conformation du cheval ... 353
Congés de convalescence ... 530
Congé de libération ... 323
Congés illimités ... 321
Connaissance du cheval ... 354
Conseils d'administration ... 10, 12
Conseil de famille ... 286
— de régiment ... 410
— de revision du recrutement ... 408
Conservation des archives ... 369
— des armes ... 678

Pages.

Conservation des chevaux.......... 392, 395
— des effets, du matériel (voir chaque service).
— des munitions............. 694
Conservatoire de musique............ 271
Conserves de soupe à l'oignon....... 572, 578
— de viande............ 252, 578
Consignes des infirmeries............. 522
— des cuisines............... 260
— des postes................. 219
— pour l'entretien du casernement 217
— diverses.................. 220
Constatations des services militaires (voir *Services*).
Contestations avec les abonnataires (voir *Abonnements*).
Contestations dans le prix ou l'imputation des réparations.................... 21
Contre-visite.................... 530, 609
Contributions indirectes............... 604
Contrôle administratif........... 9, 15, 297
Contrôles généraux (armement, harnachement, outils, instruments, etc.) 173, 269
Contrôles des équipages................ 173
— des hommes en subsistance..... 321
— trimestriels.................. 327
— des classes de tir (voir *Ecoles de tir*).
— des gendarmes............... 721
Convalescents.......................... 528
Convocation des conseils.............. 17
Convois........................ 432, 435
— régimentaires................. 564
— de poudres.................... 449
Copies d'autorisations d'achat...... 186, 188
— de marchés.................... 188
— de partitions................. 274
— de pièces de comptabilité..... 183, 188
Cordages pour brêler les fourrages.. 560, 561
— de caisse.................... 128
Cordeaux....................... 345, 355
Cordes à fourrages.............. 453, 539
— à tracer.................... 350
— brassières.................. 659
— de bivouac pour chevaux. 453, 465, 553, 554
Cordes de puits........................ 217
— de chariots-fourragères.......... 560
Corde tord-nez......................... 539
Cordes de suspension.................. 659
— du gymnase.................... 641
— pour chevaux en chemin de fer... 555
— pour les cibles (voir *Ecoles de tir*).
Cordonniers............................ 122
Cordons de canne....................... 127
— de clairon................ 128, 277
— de plaque d'identité........... 147
— de sabre....................... 144
— de sifflet...................... 146
— de trompette 128, 129, 721
Corps de garde............... 203, 208, 218
Correspondance des conseils..... 19, 22, 24
— avec les fournisseurs.... 24
Cors de chasse........ 69, 87, 650, 655, 657
Corvées payées......................... 264

Pages.

Cosmétique du marcheur............... 259
Coton rouge........................... 248
Cotte de boulanger.................... 131
Couchage (paille)............... 203 à 205
Couchage........................ 200, 232
— dans les casemates........... 194
— des réservistes et de l'armée territoriale........... 201, 239
— des élèves d'administration, etc. 232
— des cantinières.......... 232, 268
Couchettes............................ 233
Coulants de ceinturon................. 140
Couleur................ 63, 64, 646, 654
Couperet de boucher................... 566
Coupe-racines......................... 503
Courroies d'ustensiles de campement. 189, 199
Courroies de porte-manteau............ 137
— de havresac................... 99
— de sautoir................... 137
— de trompette............ 128, 129
Cours des casernes.................... 230
Cours d'art et d'histoire............. 353
— d'administration................ 329
— d'instruction militaire......... 329
— de boxe, canne ou bâton......... 699
— de Vauchelle.................... 365
— de l'école d'application d'artillerie et du génie................... 360
— des écoles............. 622, 627, 633
— d'équitation de M. d'Aure........ 364
— d'équitation des officiers d'infanterie 351
— de ferrure...................... 501
— d'iconographie.................. 352
— d'hippologie.................... 353
— des écoles régimentaires (voir *Ecoles*).
— pratique des chemins de fer....... 361
Couteau à découper.................... 246
— de boucher..................... 566
— d'infirmerie............. 515, 538
Couvertures à cheval............ 456, 470
— infanterie............ 557, 716
— des baraques................ 203
— des bidons.............. 166, 199
— de campement. 190, 191, 200, 201
— de corps de garde...... 190, 219
— des matricules......... 313, 368
— des prisons................. 219
— en toile.................... 540
— prêtées à l'entreprise des lits militaires................ 200
— de registres................ 261
— des lits militaires.......... 232
— du registre de comptabilité trimestrielle.......... 321
— des bidons individuels....... 129
— à emporter en campagne..... 156
Couvre-amorces........................ 650
Crachoirs des chambrées............... 215
— d'infirmerie................. 516
Créances diverses..................... 292
— des fournisseurs de l'ordinaire.. 250
— des héritiers des décédés. 299 à 300
Crêpes.......................... 532, 533
Crochets.......................... 88, 592
Croix................................. 532

Pages.

Crottin de cheval pour les manèges...... 509
Cruches pour corps de garde........... 218
— enfants de troupe......... 215
— infirmerie régimentaire..... 520
— infirmerie vétérinaire...... 540
— ordinaires et chambrées 247, 248
— prisons................... 219
— salles de police........... 219
Cuiller à pot.......................... 246
— à distribution.................. 516
Cuisines.............................. 243
— à vapeur...................... 247
— de sous-officiers............... 248
Cuisiniers............................ 245
Cuissières............................ 128
Culte........................... 315, 532
Cumul................................. 609
Curateurs............................. 286
Cuves-abreuvoirs...................... 502
Cuvettes................... 519, 520, 538
Cuviers............................... 519
Cylindre calorifère.................... 523
— extracteur................ 647, 654

D

Danse................................. 669
D d'agrafe............................ 99
Déballage....................... 457, 460
Débet des officiers.................... 287
— des militaires retraités............ 287
— des gendarmes...................... 719
Débris de matières.................... 167
Décatissage des draps................. 144
Décès des décorés..................... 675
Décédés................... 236, 299, 371
— (sou de poche)................ 262
— (successions des)............. 299
Déchets de distributions.............. 576
Déclarations de versement........ 74, 289
— d'incurabilité............. 609
Déclassement des effets............... 50
Déclinatoires......................... 630
Décompte de la durée des effets..... 150, 152
— du prix des effets......... 72, 73
— des frais de route............ 442
— des trop perçus.............. 574
— pour l'éclairage.............. 594
— pour les ustensiles d'écurie.... 305
Décompte de l'abonnement :
Du chef-armurier............. 679, 680
— (mors et étriers)... 461
Des maréchaux-ferrants........... 497
Du maître-sellier............. 458, 472
Du 1er ouvrier tailleur............ 71
De l'abonnataire du grand équipement. 100
De libération des corps............ 289
Décorations.................... 310, 672
Dédoublement des fournitures.......... 239
Déficits........ 19, 38, 47, 79, 297, 299 690
— de casernement................. 214
Défilé................................ 345
Dégâts aux propriétés................. 241
Dégradations : 21, 26
Au compte des hommes............. 77

Pages.

Dégradations :
Au compte de l'État................ 57
Armement..................... 678, 681
Campement.............. 72 à 75, 194
Casernement......... 214, 222, 224 504
Capote de sentinelle............... 219
Chez l'habitant.................... 241
Couchage auxiliaire........... 191, 203
Cuisines et ordinaires.......... 244 à 257
Ecoles.................... 623 *et suiv.*
Ecuries........................... 504
Effets en magasin................. 88
Equipages régimentaires....... 556, 559
Equipement (grand)........ 26, 72, 100
— (petit)............ 113, 114
Habillement......... 26, 72, 75, 76, 162
— en magasin............. 76
Harnachement.................. 457, 467
Hôpitaux et infirmeries........ 531, 548
Literie des réservistes et territoriaux. 239
Lits militaires............ 235, 236, 238
Outils............................ 229
Au compte de la masse de petit équipement............................ 72
Au compte des officiers............ 226
Dégraissage d'effets.......... 48, 79, 89 90
Délégations........................... 341
Délibérations des conseils.... 14, 17, 18, 308
Délivrances :
D'armes........................... 675
De denrées........................ 565
D'effets d'habillement et de campement aux corps............... 46, 190
D'effets de harnachement...... 452, 464
D'effets de petit équipement par les magasins militaires.............. 108
De fourneaux de cuisine............ 244
Du matériel des équipages...... 555, 556
De matières aux ouvriers. 16, 70, 92, 103, 170, 457, 472
De médicaments, etc...... 516, 546, 547
D'objets de casernement........... 214
Demandes d'armes...................... 675
— d'appareils prothétiques....... 529
— d'attributs............ 32, 39, 93
— de chevaux......... 375, 382, 384
— d'accessoires d'effets.... 36, 39 93
— d'effets de petit équipement.... 41
— d'effets de coiffure............ 41
— — du service de l'habillement... 24, 39 à 42, 93
— — de campement........ 42
— — de harnachement.. 452, 464
— d'étoffes...................... 93
— de gratification de réforme.... 610
— de literie..................... 233
— de livrets.......... 140, 322 à 324
— de livres (voir *Écoles*).
— de lunettes.................... 529
— de mandat à la Trésorerie générale........................ 288
— de matériel pour les écoles régimentaires.... 623, 630, 636, 637
de gymnastique.......... 643
de tir........... 652, 654, 657

Pages.

Demandes de matér. p[r] les écoles de natati[on] 659
— — — de trompettes et de clairons........ 662
— de matériel d'escrime......... 666
— de matériel des équipages. 556, 558
— de médicaments et objets divers :
— hommes 516
— chevaux.............. 547
— gendarmes 723
— de munitions.............. 693
— d'outils.............. 229
— de passage.............. 438
— de pièces d'armes.............. 686
— de poudre de pyrèthre, de camphre, etc.............. 61
— de pension de retraite........ 606
— de rengagement.............. 412
— de réintégration de chevaux. 376, 389, 395
— de restitution de fonds... 293 574
— de secours.............. 611 612
— de théories.............. 361
— de vaccin.............. 516
— de versement d'armes.... 691, 692
Démarquage des armes.............. 688
— des gamelles individuelles... 249
Demi-fourniture.............. 233
— journée de solde.............. 262
— journée de nourriture.............. 568
Démontage d'effets de harnachement. 456, 471
Denrées (voir *Subsistances*).............. 307
— déposées dans les corps.............. 563
— des ordinaires.............. 241, 249
— des cantines.............. 267
— susceptibles d'être requises...... 569
Dépêches des conseils.............. 16
— télégraphiques.............. 423 533
Dépenses diverses :.............. 15
A recouvrer.............. 19, 292
Armement.............. 678 *et suiv.*
Bibliothèques.............. 365
Campement.............. 194 *et suiv.*
Casernement.............. 223, 230
Chevaux de remonte en route.. 496, 599
Commissions de réquisitions........ 402
Convois.............. 435
Eclairage.............. 590
Écoles régimentaires......... 625 et *suiv.*
— de gymnastique.............. 643
— de tir.............. 632, 634, 637
— de natation.............. 661
— des tambours, clairons ou trompettes.............. 662
— d'escrime.............. 664, 668
Écuries.............. 503
Équipages régimentaires....... 556, 557
Éventuelles des chefs de corps...... 343
Exercices et manœuvres.............. 344
Fête de la Sainte-Barbe.............. 259
Fête nationale.............. 259
Feux de guerre.............. 652
Frais de route.............. 441
Génie (voir chaque chapitre).
Habillement et équipement. 80, 127 *et suiv.*
Harnachement.............. 451, 464

Pages.

Dépenses :
Infirmerie : hommes.............. 519 *et suiv.*
Infirmerie : chevaux.............. 536 *et suiv.*
Jardins potagers.............. 258
Légion d'honneur.............. 673
Magasins d'habillement.............. 51, 60
Manèges.............. 508
Musique.............. 269
Ordinaires.............. 80, 249
Omises dans les comptes des corps.. 148
Outils du génie.............. 230
Réquisitions.............. 570
Résultant de l'application du service intérieur.............. 708
Dépenses au compte des comptables. 23, 24, 58, 337 à 340. 690
— au compte des conseils ou des chefs de corps.. 19, 26, 446, 690
— au compte des officiers. 25, 78, 690
— au compte du budget ord. 90, 477
— au compte du budget des écoles. 690
Dépenses des masses d'entretien :
Générale, 1re portion.............. 270
— 2e portion.............. 703
— (spahis).............. 709
De harnachement et ferrage.... 712, 716
D'entretien et de remonte.............. 717
De musique (garde de Paris).............. 723
De petit équipement.............. 729
De remonte.............. 726
De secours.............. 725
Individuelle.............. 727
Des pénitenciers et prisons.............. 709
Déplacement de vétérinaires........ 549, 550
Dépose d'accessoires de selles, etc....... 456
Dépôts de cholériques.............. 534
— de denrées dans les corps.............. 563
— d'effets dans les établissements d'artillerie.............. 181
— — d'hommes absents.............. 162
— — dans les corps...... 162, 163
— de fonds au Trésor.............. 16, 307
— — étrangers.............. 298
Dépouilles de chevaux.............. 619
Dépréciations de chevaux.............. 395, 719
— — de réservistes (25 juillet 1882, p. 51)
Descentes de lit.............. 513
Desencasteleurs.............. 541
Déserteurs.............. 314
Désinfection des baquets.............. 216
— des écuries et ustensiles.... 507
— des infirmeries vétérinaires. 507
— d'effets d'hommes qui ont soigné des chevaux morveux. 141
— du harnachement des chevaux morveux. 141, 456, 471, 485
— de la literie.............. 238
— des effets des galeux.............. 238
— des latrines.............. 225
— du casernement.............. 225
Destination à donner au matériel des corps faisant mouvement (voir chaque service et transports).............. 424

Pages.
Destination des matricules.............. 316
Destruction des chemins de fer, etc...... 346
— de matériel................ 25
— des insectes................ 222
— par l'ennemi.............. 25
Détachements de remonte.............. 599
Détériorations (voir *Dégradations*).
Détenus.............................. 117
Détournements......................... 298
Dettes des corps................... 294, 295
— des officiers................ 225, 287
— — décédés.............. 299
— — en non-activité....... 287
— des sous-officiers et soldats....... 296
— des retraités............... 287, 606
Devis des dépenses des écoles........... 671
— d'allocations d'étoffes............. 92
Devoirs des caporaux ou brigadiers...... 221
— des médecins................. 510
— des vétérinaires.............. 549
Diapason.............................. 274
Dictionnaire de législation et d'administration.............................. 365
Dictionnaire de la gendarmerie.......... 723
— de médecine vétérinaire. 353, 355
Dimension des fers à cheval............ 495
Diplôme des maréchaux-ferrants........ 315
Disciplinaires......................... 726
Disparition des hommes................ 314
Distributions :
Aux troupes de passage.......... 9, 563
D'armes............. 21, 24, 26, 52, 156
De chauffage............ 562, 565, 582
De couchage auxiliaire.............. 200
De denrées.................. 562, 565
D'effets d'habillement et de campement 21, 24, 26, 52, 156, 191
D'effets d'équipement (petit)... 109, 119
— aux enfants de troupe....... 119
— de harnachement...... 462, 466
— pour ordre................. 153
— dans les détachements...... 157
— aux réservistes et territoriaux 156, 157
De fourrages............ 562, 565, 594
De literie.......................... 233
De paille de couchage.......... 200 205
De théories......................... 361
De vivres............... 562, 565, 577
— dans les haltes-repas...... 562
D'objets de casernement............ 214
Du matériel des écoles............. 671
De denrées aux ordinaires.......... 252
Irrégulières.................... 21, 109
Dolman de 3e tenue des sous-officiers. 70, 133
Dolman de 1re ou 2e tenue.......... 152, 154
Doublure d'épaulettes........... 69, 73, 82
Douilles de cartouches................ 694
Dragonne de sabre....... 127, 129, 130, 144
Drapeaux........................ 139, 217
Drap de distinction.......... 63, 64, 77, 92
Draps nécessaires aux ouvriers.... 31, 70 92
— renvoyés en fabrique.............. 432
— de lit............................ 234
Drinn (fourrage)........................ 598

Pages.
Droits d'octroi.......................... 603
— de consommation, de détail, de circulation......................... 267, 604
— à la pension..................... 604
— aux vivres...................... 577
— au chauffage.................... 582
— aux fourrages................... 594
— à la solde...................... 280
Durée des archives.................... 370
— des effets........... 21, 75, 150, 152
— des galons...................... 152
— des pantalons, dolmans, tuniques. 153, 154
Dynamite (emploi de la).............. 347

E

Eaux thermales....................... 536
Eau-de-vie......... 241, 252, 261, 262, 579
Eau potable........................... 579
Eaux grasses.......................... 263
Echanges de chevaux............. 375, 389
— d'effets entre les corps......... 45
— d'effets entre les services courant et de réserve.................. 43
— d'effets de campement......... 194
— d'enveloppes de paillasses, etc.. 201
— d'effets d'équipement (petit) 107, 110
— — d'habillement.......... 152
— de draps de lit............... 234
— de la paille des paillasses...... 235
— de paille de couchage. 200, 202, 203, 235
— de sacs de couchage........... 201
Echelle double........................ 50
— horizontale................... 640
— rapporteur.................... 630
Éclairage à l'huile.................... 590
— au gaz........................ 592
— des bibliothèques............. 588
— des bureaux........ 337, 338, 340
— des casernes............. 590, 592
— des chambres et cuisines.. 254, 390, 592
— des corps de garde............ 589
— des enfants de troupe.......... 215
— des écoles.. 621, 623, 629, 632, 636, 639
— des écuries.......... 591, 716, 720
— des escaliers, corridors, latrines. 590
— extérieur des casernes, etc. 592, 594
— des forts, camps, citadelles..... 592
— des infirmeries régimentaires. 520, 590
— — vétérinaires...... 590
— des manèges.................. 509
— des mess..................... 589
— des officiers.................. 206
— des salles d'escrime...... 664, 667
— des salles de lecture.......... 588
— des sous-officiers comptables... 261
— des troupes chez l'habitant, 206, 208, 585, 586
Ecole de cavalerie................... 351
— de chant........................ 275
— de danse........................ 669

Pages

École d'enseignement primaire..... 621 à 639
— d'escrime..... 644
— de gymnastique..... 640
— de musique..... 274
— de natation..... 658
— des tambours, clairons et trompettes. 662
— de tir..... 646, 653, 656, 658
Écoles militaires..... 159, 165
Économies de fourrages..... 552, 602
Écraseur..... 545
Écritures des corps..... 167, 304
Écroulements..... 25
Écrous..... 313
Écouvettes..... 493
Écumoires..... 246
Écuries..... 226, 502
— infirmeries..... 536
Écussons..... 69, 85
Effets brûlés..... 80, 114
— civils des réservistes..... 163, 164
— de campement..... 34
— de coiffure..... 32, 41, 101
— de chaussure..... 34, 122
— de 2e tenue ou de corvée.. 70, 89, 130
— de couchage du campement..... 200
— de cuisine..... 244
— des déserteurs..... 72
— des conducteurs de caissons..... 116
— de la 1re catégorie..... 150
— de la 2e catégorie..... 150
— confectionnés sur mesure.. 32, 40, 67
— en dépôt dans d'autres établissements 184
— de l'école de natation..... 659
— des enfants de troupe, 36, 67, 80, 93, 119
— d'équipement (grand), 31, 32, 98, 104
— — (petit)..... 34, 105
— des gardes d'écurie..... 505
— des gendarmes réservistes, 43, 112, 462
— d'habillement..... 31 *et suiv.*
— — retirés aux hommes. 151
— de réserve..... 43
— de harnachement..... 450 *et suiv.*
— — des chevaux de remonte..... 484
— — des chevaux morveux..... 485
— — affectés à l'instruction des recrues..... 479
— — réintégrés en magasin.... 462, 466
— d'hommes qui ont soigné des chevaux morveux..... 120, 141
— des militaires mobilisés..... 163
— d'hommes qui s'absentent.... 151, 160
— d'instruction..... 32, 36, 110, 151
— d'ouvriers militaires..... 70, 89, 130
— hors de service employés aux réparations.... 70, 75, 76, 166, 457, 472
— de l'infirmerie des chevaux. 537 *et suiv.*
— — des hommes..... 513
— de literie..... 232
— des hommes non montés de l'artillerie qui suivent l'instruction à cheval..... 145

Pages.

Effets des jardiniers..... 258
— des malades à l'infirmerie.... 513, 520
— des manèges..... 508
— des maréchaux-ferrants. 133, 493, 496
— des moniteurs et élèves des gymnases..... 645
— des musiciens..... 272 à 278
— des officiers..... 95, 96, 97
— des ordonnances d'officiers d'infanterie montés..... 117
— non d'uniforme..... 69, 80, 115
— de pansage dans l'infanterie, 115, 117, 539
— de pansage des militaires de l'infanterie détachés dans le train..... 115
— — des militaires qui ont soigné des chevaux morveux..... 120
— — des sous-officiers d'artillerie..... 120
— prêtés à l'entreprise des lits militaires..... 201
— que les corps peuvent acheter, 15, 32, 80, 106, 126, 195
— que les hommes doivent emporter ou laisser en cas de mutation, 160, 164
— que les corps doivent laisser ou emporter en cas de mouvement.... 424
— des réservistes et territoriaux. 89, 164
— de sapeurs..... 227
— tachés provenant des magasins centraux..... 48
— tachés provenant des réservistes.. 89
— tachés provenant de l'armée territoriale..... 90
— tachés réintégrés..... 79
— des clairons ou tambours. 34, 127, 662
— de travail ou de corvée..... 130 à 133
— des trompettes..... 129, 662
— de tailles exceptionnelles..... 40, 171
— spéciaux des conducteurs de caissons..... 116
— sur mesures..... 40
Effets de petit équipement :
D'hommes absents, vendus par erreur. 117
— brûlés..... 114
Des détenus ou condamnés..... 117
Des isolés..... 118, 119
Des militaires détachés..... 119
— d'infanterie..... 115
Des enfants de troupe..... 119
Des tambours, clairons et trompettes, 34, 120, 127, 662
Versés dans les magasins centraux, 49, 110
— au service de réserve.... 43, 108
Mis hors de service..... 113, 120
Egouttoir..... 248
Elèves du Conservatoire..... 271
— prévôts..... 315, 664
— envoyés dans les écoles.. 159, 165, 351
— musiciens..... 270, 274
— du service de santé..... 315
— tambours, clairons ou trompettes.. 662
Emargement..... 186, 301

Pages.

Emballage :
Armes 689
Habillem[t] et équipem[t]. 52, 418, 420, 718
Harnachement.......... 451, 457
Mors, étriers.......... 460
Munitions.......... 694
Pièces d'armes.......... 687
Embarquement.......... 437, 438
Emmagasinement (voir *Magasins*).
Empaillage des bat-flancs ou barres...... 504
Emplacement des bureaux des officiers comptables et du major.......... 337, 340
Emploi du matériel des corps.......... 150
— — de réserve.......... 166
— des effets hors de service.......... *ib.*
— de la dynamite.......... 347
Emplois civils.......... 415
Emporte-pièces........ 65, 86, 466, 646, 653
Emport d'effets par les corps.......... 424
— par les hommes. 159, 160, 163, 164
Emprunts.......... 297
Encaissement des ordonnances ou mandats.......... 17, 23, 283
Encaissement des recettes diverses .. 20, 23
Encaustique.......... 255 520
Enclume.......... 492
Enfants de troupe.......... 93, 119, 287
Engagements.......... 296
Engagés conditionnels.......... 332
Enlèvement de boutons.......... 69, 82
— d'éperons.......... 125
— de galons.......... 69, 85
— des pattes sur des vestes de 2e tenue.......... 133
Enregistrement des marchés... 188, 618, 619
— des pièces concernant les réquisitions.......... 571
Enseignement dans les écoles....... 621 à 639
Entonnoir.......... 515, 538
Entraves.......... 453, 540, 553, 554
Entrées ou sorties d'effets ou matières, 16, 171
— de matériel de casernement.......... 214
Entretien d'effets, armes, etc. :
Accessoires d'armes..........
Armes.......... 221, 678
— des réservistes et de l'armée territoriale.......... 221, 685
Bibliothèques.......... 365, 430
Bissacs.......... 454, 464
Brancards.......... 216
Bricoles et licols d'écurie (infanterie). 557, 716
Caisses à bagages.......... 197
— d'armes.......... 688
Campement.......... 89, 194
Candidats non montés de l'artillerie. 145
Cantines à vivres.......... 195
Chariots-fourragères.......... 560
Chaussures.......... 62, 122
Chevaux (voir *Remonte, Harnachement, Ferrage*, etc.).
Clairons.......... 127, 662
Coiffure.......... 101

Pages.

Entretien d'effets, armes, etc :
Collets.......... 69, 77
Conducteurs de caissons.......... 80
Couchage auxiliaire.......... 200 à 202
Courroies d'ustensiles.......... 98
Cours non pavées.......... 230
Couvertures à cheval. 456, 470, 557, 716
Cuirs.......... 54
Drap de distinction.......... 63, 77, 92
Effets de cuisine et d'infirmerie.......... 60
— en magasin....... 60 *et suiv.* 64
— en service.......... 65 à 71
— d'habillement des conducteurs de caissons.......... 70
— d'habillem[t] des réservistes, 70, 89
— — des hommes de l'armée territoriale. 70, 90
— — des hommes détachés.......... 159
— — des enfants de troupe.......... 80
— — des hommes qui ont soigné des chevaux morveux. 120, 141
— — appartenant aux hommes.... 70, 77
— — dans les écoles militaires.......... 95
— du service d'instruction.......... 89
— de manège et d'infirmerie vétérinaire.......... 456, 471
— de 2e durée ou de corvée. 70, 80
— de clairons en pied...... 127, 128
— de trompettes en pied.......... 129
Elèves clairons ou trompettes.......... 662
— du Conservatoire.......... 271
Engagés conditionnels.......... 157
Equipages régimentaires.......... 557
Equipement (grand)........ 32, 68, 98
— (petit).......... 112
— des militaires détachés.. 119
Etriers.......... 460, 472
D'étuis de revolver, etc.......... 98
— d'instruments de musique ... *Ib.*
— d'outils.......... 230
Ferrure.......... 495, 499
Forge de campagne.......... 492
Fourneaux.......... 243
Fusils d'enfants de troupe.......... 689
Galons.......... 63, 69
Gamelles individuelles.......... 249
Harnachement :
Anglais.......... 455
Artillerie et train .... 466 *et suiv.* 474
— en campagne.......... 475
— de forteresse.......... 477
Cavalerie.......... 455, 459
Equipages régimentaires..... 557, 560
Des chevaux en subsistance.. 459, 473
— des gendarmes prévôtaux.......... 462
— de remonte. 459, 473, 484
Instruments de chirurgie.. 518, 524, 546

Pages.

Entretien d'effets, armes, etc. :
Instruments de musique 272, 277
Magasins de l'armée active.. 51, 57, 451
— de l'armée territorale 57
Manèges.......................... 508
Manteaux d'écurie............ 69, 505
Matériel de casernement........ 222, 228
— de couchage 235
— des corps de garde......... 228
— des cuisines et ord[res] 243 *et suiv.*
— des écoles régimentaires :
d'enseignement primaire. 624 *et suiv.*
d'escrime.......... 664, 666
de gymnastique 641
de natation 659
de tir......... 652, 654, 657
des clairons et trompettes, 662
de télégraphie ...... 346 à 348
de voltige 350
— des infirmeries :
Chevaux 546
Hommes........... 518, 524
Matricules........................ 367
Mors....................... 460, 472
Outils portatifs ou de pionnier...... 229
Paniers 257
Percolateurs.................. 243, 257
Planchettes...................... 220
Porte-manteaux 98
Presses.......................... 340
Prisons 219
Registres .... 304 *et suiv.*
Salle de police.................. 220
Schabraques...................... 456
Selles de voltige 349, 456, 471
Sous-officiers rengagés 413
Sous-officiers à l'école de cavalerie .. 351
Tambours..................... 127, 662
Télégraphie (matériel)......... 346 à 348
Tondeuses pour chevaux 485
— pour hommes........... 255
Tresses 70
Trompettes 129, 662
Ustensiles de cuisine : officiers...... 196
— — troupe 246
— d'éclairage........... 590 à 594
— d'écurie 505, 507
— des magasins (voir *Magasins*).
Enveloppes de cartouches 694
— de paillasses et de traversins. 201
— de petits bidons. 199
Envois de fonds 288, 674
— de fonds de masse............. 288
— d'argent.................. 288, 330
— des récépissés de versement...... 73
et chaque service.
— de pièces aux militaires dans leurs foyers........................ 289
Epaulettes...................... 69, 82, 127
— de 2e tenue........ 130 à 133, 152
— de tambour-major 127
Eperons.......................... 124
— des réservistes et territoriaux. 89, 90, 125

Pages.

Eperons des hommes qui suivent les exercices de voltige................ 125, 349
Epinglettes 650, 655, 657
Eponges 516, 539
Epoussettes......................... 539
Equerre............. 623, 624, 629, 636, 646
Equipages régimentaires............ 553, 557
Equipement (grand) (voir *Effets*). 31 à 41, 98
— (petit) (Voir *Effets*). 31, 32, 105, 115
— (grand) des réservistes et territoriaux 89. 99
— (petit) des réservistes et territoriaux 106, 107, 110, 111, 112
— des tambours, clairons et trompettes .... 127 *et suiv.*
— des décédés.................. 162
— des militaires faisant mutation................ 160, 164
— (petit) des hommes montés de l'infanterie 116
— des hommes non montés de l'artillerie 145
— des officiers de réserve et de l'armée territoriale 96
— des officiers, adjudants, sous-chefs de musique, chefs-ouvriers.................... 95
Equitation........................... 351
Erreurs de comptabilité 19
Escorte de convois de poudre, etc....... 449
Escrime............................ 664
— à cheval....................... 350
Espadrilles 669
Essayage des effets 81, 82
Estrade.......................... 622, 635
Etagères......................... 623, 635
Etabli 65, 678
Etamage d'objets de campement......... 194
Etamage des gamelles, quarts, cuillers... 249
Etampe 493
Etat-civil.................... 310, 315, 319
Etat de blanchissage.................. 248
— de cessions d'effets 175
— comparatif des allocations et des paiements 286. 289
— de dégradations 224
— d'emploi des effets hors de service... 166
— descriptif du casernement.......... 214
— des imputations 50
— des jugements................... 221
— des lieux....................... 214
— militaire des principales puissances... 359
— des recettes et dépenses des masses d'entretien................ 703, 712
— émargé..................... 186, 689
Etats divers à produire avec les comptes de gestion (voir *Comptes de gestion.*)
Etats de mutations................. 21, 328
— de pointures..................... 39
— de prévisions de dépenses......... 671
— de réforme 155, 462, 467
— de services 17, 22, 607
— signalétiques des chevaux. 373, 375, 382

Pages.

Etats de solde........................ 282
— de tailles........................ 40
— pour les réservistes............... 325
Etaux................................ 492
Etendards............................ 139
Etiquettes pour effets de coiffure et de grand équipement.......... 53
— de lits et d'armes............ 220
— pour les chevaux............ 503
— pour les magasins d'habillement. 53
— pour les selleries............ 452
— pour les paquets d'effets déposés. 162, 163
Etoffes à fournir aux ouvriers :
Pour l'entretien de l'habillement. 31, 70, 75, 76, 92, 166, 171
— du grand équipement. 99
— du harnachement... 456
Pour l'habillement des enfants de troupe.......... 93
Nécessaires aux confections.. 36, 40, 92
Etriers............ 454, 460, 462, 472, 483
Etrilles............................ 539
Etude de pathologie.................. 355
Etuis de cartouches.............. 650, 721
— de drapeau ou d'étendard. 128, 129, 139
— de gamelle......................... 189
— d'instrument de musique........... 273
— de marmite........................ 189
— d'outils.................... 228, 230
— de revolver.............. 76, 96, 721
— de sifflet......................... 146
— porte-avoine....................... 559
Evénements de force majeure.......... 24
Examens d'effets................ 46, 47
Examen des chevaux (voir *Remonte*).. 378, 383, 395
Exécution des délibérations........... 18
Excédent de l'avoir normal de la 1re portion de la masse générale d'entretien.. 276
Excédents de bagages................ 420
— de matériel................. 38
Exemption de la réquisition........... 400
Exercices et manœuvres............... 344
— d'embarquement et de débarquement.......... 430
— pratiques de la cavalerie...... 346
— de natation................. 658
— de tir des bataillons scolaires.. 689
Expéditions de matériel........ 46, 47, 417
— de caisses............. 52, 421
Expertises :
Habillement......................... 50
Harnachement........................ 465
Lits militaires...................... 239
Subsistances........................ 577
Transports.......................... 418
Exploitation des jardins.............. 258
Extincteur Zapfle..................... 217
Extrait du registre H................. 419
— — des distributions..... 309
— — journal............ 305
— de procès-verbaux.............. 76
— du casier judiciaire.......... 722

Pages.

F

Fac-simile de la plaque d'identité... 147, 323
Factures (se reporter au chapitre *Objet de la recherche*).
— Habillement. 24, 46, 49, 161, 182, 183
— Remonte........................ 179
— d'expédition.......... 46 à 49, 418
— de transport................... 418
— de denrées..................... 563
— de fournitures imputables aux masses............... 704, 712 *et suiv.*
— de cession aux ouvriers.......... 179
Farine d'orge......................... 598
— pour l'Ecole d'artillerie......... 646
Falot de ronde........................ 505
Falsifications de bons................ 576
Faméliques........................... 258
Fanfares................ 269, 276 à 279
Fanions................... 128, 345, 355
Fascines............................. 648
Faufilage de pattes et écussons........ 88
Fausses-bottes................... 36, 77
— cartouches..................... 650
Faux éperons......................... 125
Fauteuil............................. 724
Femmes de militaires (voir *Paiements*).
Fer.............................. 493, 681
Ferrage des bœufs..................... 487
— des chevaux..................... 489
— — au vert à la prairie.. 497
— de cavalerie et d'artillerie, etc... 492
— des chevaux dans l'infanterie.... 490
— — de la gendarmerie 491, 718
— — des bataillons d'artilie. 491
— — des équipages régimentaires......... 491
— — des officiers sans troupe.......... 489
— — des états-majors...... 489
— — de remonte........... 496
— — placés en subsistance. 489
— — de réquisition.. 404, 496
Ferretier............................ 493
Ferrure des harnais.................. 470
— à chaud ou à froid.............. 494
— des chevaux requis............. 404
— de réserve..................... 499
Fers à cheval................. 495, 496
— à repasser..................... 65
Fers porte-gamelle................... 247
Fête nationale................ 259, 262
— de la Sainte-Barbe............ 259
Feuille d'émargement................. 285
— de journées................... 289
— de prêt........................ 287
— de régularisation.............. 444
— de route (corps et détachements). 435
— isolés.......... 443
— de retenue..................... 573
Feuillets du personnel des officiers...... 329
— de punitions................ 371
Feux de guerre....................... 652
Feuillets matricules. 313, 316, 317, 318, 371
— des engagés................... 332

Pages.

Ficelle 539, 646, 654
Fil 516, 539
Filets à fourrages 454, 462
Fixation des approvisionnements 36
Flacons d'infirmerie 515, 538
Flanelle 134
Fleurets 666
Folios de punitions 332
Folios mobiles des gendarmes 721, 724
Fonctionnaires de l'Intendance. 9 à 17, et *suiv.*
Fondés de pouvoirs 185
Fonds 15, 19
— particuliers des détenus 730
— divers 307
— des ordinaires 253
— d'économie des ordinaires .. 249, 264
— de masse (voir *Masses*).
— nécessaires aux corps 282
— perdus ou détournés 297
— spéciaux 306
— sans emploi 703
Force majeure 24
Forges de campagne 428, 492
Forges ordinaires des maréchaux 492
— du chef-armurier 678
Formation des corps, des conseils 14
— des approvisionnements (voir *Approvisionnements*).
— du convoi régimentaire 565
Formes de coiffure 51
Formulaire pharmaceutique 516
Fosse de cimetière 533
— à charbon 492
Fossés 344
Foudres 86, 127
Fouets 556, 559
Fourches 505
Fourchettes 246
Fourgons 428, 553, 561
Fourneaux d'ateliers 65, 678
— de cuisine 243
— d'infirmerie 540
Fournitures :
A faire par l'habitant qui loge, 204, 208, 585
A la charge du major et des comptables .... 337 à 340
A la charge des ouvriers (voir *Abonnements*).
Aux ordinaires 241
Confiées aux ouvriers des corps .. 68, 74
Aux enfants de troupe 625
Des écoles 622, 625, 628
Des accessoires (voir *Accessoires*).
De bureau (voir *Frais de bureau*).
Des musiques 274
De bottes et bottines 105, 108, 123
De boutons 69, 81
De bridons, licous, surfaix (voir *Harnachement*).
De caisses d'armes 688
— pour pièces d'armes 688
De couchage auxiliaire 201
Du service des convois .... 435 à 407
D'effets divers .... 126 *et suiv.*
— (voir à chaque service).

Pages.

Fournitures :
De draps, toiles, etc. :
Habillement et équipement 32, 92
Campement 34
Harnachement 456
De denrées à la troupe 241, 564
De denrées remboursables 572
D'éperons 89, 124
De fausses-bottes 36, 77
De galons 83, 127, 129
D'infirmerie 232, 238
De literie 232, 233
— auxiliaires 201
De livrets 140
De mors 454, 460, 483
De petit équipement 34, 105, 108
De pièces d'armes 686
De pièces de coiffure, etc 103
Du tabac 580
De timbres 188
De salle de police 220
Des poêles 589
Des ordinaires 240
Des souliers 34, 108, 123
Que peuvent faire les ouvriers 68
De la viande fraiche 251, 566
Par réquisition 568
Fourrages 594
— verts 599
Fourragères 560, 561
Frais de bureau :
Des chefs de légion et commandants de gendarmerie, etc 724
Des commandants de compagnie formant corps 335
Des commandants de détachements 335
— d'armes 335
Du major 335
Des médecins 522
De l'officier payeur 335
— chef de bureau spécial de comptabilité 335
— d'habillement 38
— d'approvisionnement. 340, 367
Du trésorier .... 335, 338 à 340, 724
Du secrétaire de la commission des ordinaires 260
Des adjudants et sous-officiers comptables 260, 340
Des vétérinaires 551
Frais d'entretien (voir *Entretien*.)
— de propreté corporelle 254
— d'expertise 50, 239, 418 465, 577
— divers des magasins 52, 57, 451
— de caisses et d'emballage 52
— de confection (voir à ce titre).
— de timbre, de circulation de traites, de correspondance 187
— de blanchissage du linge 256
— divers des infirmeries :
chevaux .... 551 *et suiv.*
hommes 519
— de culte 532
— d'inhumation 532
— de justice 730

Pages.

Frais de marquage (voir *Marquage*).
— d'essayage, d'ajustage et de retouche.................... 49, 81
— de gestion du service de l'habillement..................... 58, 60
— de passe de sac.................. 724
— de pose d'attributs....... 69, 78, 85
— — de boutons...... 69, 78, 82
— — d'éperons.............. 124
— — de galons........... 69. 84
— — de nos et pattes...... 69, 85
— de rasage...................... 255
— de traitement des malades (voir *Infirmerie*).
— de transport et de conduite des chevaux.................... 377, 385
— de traversée.................... 439
— de vaccination.................. 516
— de recrutement des commis....... 689
— de route.................. 441, 691
— de rétrocession de chevaux........ 391
— de service...................... 342
— de vente de chevaux.............. 342
— — de dépouilles.............. 619
— — d'effets hors de service.... 166
— — de fumiers.............. 618
— de visite de malades............. 530
— — de chevaux........ 549, 601
France chevaline.................... 355
Franchise des lettres ou paquets. 289, 331, 422
— télégraphique............ 423
Fumiers........................ 241, 613
— pour les jardins potagers...... 258
— gendarmerie............... 717
Fusils d'enfants de troupe............. 689
— de boucher.................... 566
Fût de caisse........................ 128

G

Gabarit...................... 486, 646
Gabions........................... 648
Galeux...................... 238, 511
Galoches (voir *Sabots*).
Galons................ 83, 127, 129, 152
— des militaires envoyés en congé... 160
Gamelles de campement.......... 189, 249
— de cuisine et de chambe. 247, 248, 249
— à placer sur les poêles......... 218
— individuelles............. 249
Gants.............................. 89
— de boxe........................ 669
— de contre-pointe............ 345, 666
— de tir......................... 646
— de tambour-major................ 127
Gants moufles................ 137, 219
Garde-caisse...................... 298
Garde-magasins d'habillement.......... 301
Gardes des convois de poudre.......... 449
Garniture d'épaulettes......... 69, 73, 82
Gaz............................... 592
Gendarmerie (voir *Ferrage*, *Médicaments*, *Vétérinaires*, *Masse d'entretien*, etc.)
Gendarmes réservistes et territoriaux. 43, 111, 112

Pages.

Génie (voir *Casernement*).
Grenouillères.................. 457, 540
Gestion des masses (voir *Masses*).
— des corps de troupe............. 9
— des jardins.................... 258
— des ordinaires. 241 *et suiv.*
— des approvisionnements des magasins de réserve......... 58, 64
Gibernes de musique... 128, 129, 275 à 279
Gilet de laine...................... 137
Globe terrestre............. 623, 629, 636
Gobelet.................... 249, 514
Gouttières......................... 514
Graisse pour les casques.............. 61
— pour les armes............ 255, 680
— pour la chaussure............. 255
— pour le harnachement..... 456, 470
— pour le grand équipement....... 62
Graissage des sabots des chevaux....... 501
— du harnachement de l'artillerie et du train................ 467
— du harnachement de la cavalerie.................... 456
— des harnais des fourragères.... 560
Grands mangeurs.................... 258
Grappin............................ 248
Gratifications diverses.......... 301, 351
— aux militaires de la gendarmerie.................. 303
— à la charge des chefs de corps................... 343
— au chef-armurier.......... 689
— au garde-magasin d'habillement.............. 80, 301
— aux inspecteurs de la boucherie................. 707
— aux jardiniers............ 258
— aux musiciens............ 274
— aux ouvriers et infirmiers.. 303
— de réforme............. 610
— au personnel d'escrime..... 664
— — de gymnastique 643
— — des équipages régimentres.. 302
— aux sous-officiers chargés du cours d'équitation des officiers d'infanterie........ 302
— au vaguemestre........... 302
— d'entrée en campagne....... 281
— d'effets............ 156, 160
— pour la voltige, etc........ 303
Grattages........................... 184
Grenades............................ 85
— pour giberne.................. 275
Guérites.................... 217, 646
Guêtres de cuir................ 41, 105
— de toile.................... 105
— pour enfants de troupe......... 123
— en drap...................... 127
Guide pratique pour la tenue des matricules............................ 359
Guide des militaires isolés......... 357, 722
— pratique du soldat dans ses foyers. 359
Gymnastique........................ 640

Pages.

H

Habillement, 31 *et suiv.* .... 150 à 158
— de conducteurs de voitures. 116
— des détenus ou condamnés..................... 117, 166
— des élèves des écoles...... 95
— des enfants de troupe. 67, 93
— des engagés............... 157
— des gendarmes réservistes et territoriaux.. 43, 111, 112
— hommes non montés qui suivent le peloton d'instruction. 145
— des militaires faisant mutation............... 160, 164
— des militaires détachés.... 159
— — allant en congé.... 160, 164
— temporaire ou définitif. 160, 164
— des officiers de réserve et de l'armée territoriale....... 96
— des officiers, adjudants, sous-chefs de musique, maîtres-ouvriers............ 95, 96
— des chefs-armuriers........ 96
— des sous-officiers. 32 à 37, 156
— des réservistes et de l'armée territoriale.. 89, 90, 156, 164
— des militaires traités à l'infirmerie............ 513, 520
— des ouvriers.............. 95
— d'instruction. 36, 89, 110, 152
— du tambour-major......... 127
Hache-paille........................ 503
Haches.................. 245, 260, 540
— de boucher..................... 566
— des sapeurs et pionniers.... 227, 228
Hachettes...................... 189, 260
Hachoir............................ 247
Hamacs............................ 232
Hampe de drapeau ou étendard......... 140
Hangar au ferrage.................. 492
— pour les opérations............ 537
Harnachement...................... 450
— des bœufs.................. 487
— des chevaux détachés. 459, 473
— — morveux. 141, 456, 471, 485
— — en subsistance.... 459, 473
— — d'officiers..... 450
— de réquisition............. 404
— de l'armée territoriale...... 452
— de fourgons ou chariots-fourragères....... 553, 560
— dans l'infanterie.......... 450
— de remonte..... 459, 473, 484
— dans l'artillerie..... 464 à 479
— dans le génie............. 479
— de conduite des tombereaux d'arrosage............. 561
— des gendarmes prévôtaux... 462
Harnachement des chevaux :
Dans la cavalerie............... 451, 452
Dans le train des équipages.......... 464

Pages.

Harnachement dans les dépôts de remonte 459
— affecté à l'instruction des officiers d'infanterie.... 351
— des équipages régimentaires.......... 451, 555, 557
— du modèle anglais........ 363
— pour l'instruction des recrues............. 464, 479
— pour la forge de campagne. 492
Harnais de fourgon.................... 456
— de réquisition.................. 405
Hautes-paies des maîtres d'escrime...... 664
— d'ancienneté.......... 281, 413
Havresac............................... 104
Hématomètre........................... 540
Herse.................................. 508
Hippiatrique........................... 484
Hommes en prison....................... 262
— employés à des travaux et dans les cantines................. 263
Honoraires des médecins civils.......... 534
— des secrétaires..... 337, 338, 340
— des vétérinaires. 496, 549, 601, 720
Hôpitaux............................... 510
Horloges............................... 219
Huile antoxide......................... 62
— Bourgeois......................... 62
— pour armes................. 255, 680
— pour le grand équipement......... 62
— pour l'éclairage............. 520 590
— pour les tondeuses............... 485
— de pétrole....................... 222
— lourde de houille................ 216
Hygiène des animaux.................... 354

I

Iconographie fourragère................ 352
Ifs................................ 217, 592
Illettrés............................... 185
Illuminations.................. 592, 720
Immatriculation :
Armée territoriale.................. 318
Chevaux.......................... 319, 320
De réquisition..................... 320
Hommes.......................313 *et suiv.*
Médecins........................... 309
Militaires commissionnés........... 315
— de la 2e portion.......... 317
Musiciens.......................... 315
Officiers.......................... 309
— de réserve.................. 309
Réservistes et disponibles......... 317
Sous-officiers retraités........... 318
Vétérinaires....................... 309
Voitures........................... 173
Impotents.......................... 436, 531
Imprimés............................... 368
— pour chevaux de réquisition.... 399
— pour le service de mobilisation.............. 307, 325, 368
— pour officiers d'approvisionnement................ 369, 567
— pour le service du major et des comptables............ 337 à 340

Pages.

Imprimés pour le service de réserve de l'habillement.................. 58
— pour le blanchissage.......... 248
— pour les écoles.............. 627
— pour les inspections de la gendarmerie.............. 718, 724
— pr les engagés conditionnels 332, 338
— pour les médecins............. 525
— pour les ordinaires............ 253
— pour les réservistes............ 325
— pour la statistique médicale 339, 528
— pour le tir................. 652, 655
— pour les sous-officiers comptables.................. 261, 340
— pour les vétérinaires.......... 551
— de consignes................. 220
— d'inspection générale.......... 718
Imputations aux conseils........ 19, 26, 50
— aux officiers.......... 26, 78
— aux hommes.. 72 à 75, 79, 224
— pour pertes et déficits....... 298
— de dégradations (voir *Dégradations*)............ 74, 79
— d'effets perdus (voir *Pertes*).
— de trop perçus, 261, 289, 292, 574
Incendie.......................... 25, 80
Incurabilité........................ 609
Indemnités :
Aux enfants de troupe............. 287
Aux veuves, etc.................. 612
Aux fournisseurs................. 719
De déplacements aux armuriers.... 687
De harnachement................. 95
De l'officier d'approvisionnement... 567
De logement.............. 212, 340
— aux sous-officiers........ 212
— aux chefs ouvriers, etc... 212
— due à l'habitant.......... 210
De cantonnement................. 211
De retouches..................... 81
De route......................... 441
D'eau-de-vie..................... 261
D'entrée en campagne............. 281
De fourrages..................... 594
De service....................... 343
De séjour........................ 442
De vin, etc....................... 262
Des maîtres et prévôts d'armes..... 664
Des moniteurs de gymnastique...... 643
De rengagement aux sous-officiers.. 413
De petit équipement aux enfants de troupe..................... 119
D'essayage et d'ajustage....... 48, 81
Diverses.................... 280, 281
Du vaguemestre.................. 302
Due aux officiers et vétérinaires qui visitent des chevaux en dépôt... 406
Due aux officiers, etc., qui se déplacent pour l'instruction des réservistes et de l'armée territoriale.. 410
Due aux cuisiniers................ 258
Due aux officiers secrétaires des commissions.................. 260
Due aux perruquiers.............. 255

Pages.

Indemnités :
Due aux membres des conseils de revision, aux fonctionnaires, médecins, etc.................. 408
Due en remplacement de pain...... 479
De fourrages..................... 594
De viande..... 251, 261, 263, 269, 292
Due aux réservistes et aux territoriaux pour leurs effets, y compris la gendarmerie..... 89, 90, 91, 111
Due aux commissions de recensement.......................... 400
Due aux commissions de réquisition. 403
Fixe ou kilométrique de transport.. 441
Pour apport d'effets, prêts..... 89, 111
Pour changement d'uniforme...... 449
Pour première mise d'équipt, 95, 96, 732
Pour frais de bureau (voir à ce titre).
— de gestion............... 58
— de service............... 342
Pour nourriture de chevaux,....... 594
Pour perte d'outils et de matériel, 66, 688
Pour retrait de pantalon........... 94
Pour perte de chevaux et d'effets (gendarmerie).......... 98, 398, 719
Pour autres corps de troupes { chev. 397 / effets 97
Spéciale pour le jour d'arrivée...... 442
Indicateur vocal.................... 276
Infirmeries des chevaux............. 536
— des hommes............... 510
Infirmiers.......................... 512
Infirmités.......................... 609
Ingrédients pour les cuisines..... 249 *et suiv.*
— pour les infirmeries régimentaires..................... 520
— pour les manèges............ 509
pour l'entretien des effets, armes, etc....... 60, 79, 80, 113
— entre les mains des hommes 254, 681
— des planchers............... 244
— pour l'entretien du harnachement............... 457, 470
— pour le marquage des effets d'habillement........ 55, 254
— pour le marquage des effets de harnachement.... 56, 254, 457
— destructeurs des rongeurs.... 63
Inhumations.................... 532, 533
Inondations......................... 25
Insignes de tir....... 69, 87, 650, 655, 657
— divers................. 69, 85, 86
Insoumis........................... 314
Inspections des chevaux en dépôt....... 406
— du matériel des équipages..... 558
— administratives............. 27
Installation des conseils............ 14
Instruction militaire................ 344
— sur l'état civil.............. 357
— sur l'hygiène hippique....... 721
— des demandes de pension (voir *Pensions*).
— sur l'administration des réserves.......................... 722

Pages.

Instructions à placarder ... 221
— diverses (théories) ... 363
— de la gendarmerie ... 723
— sur la remonte ... 374
— sur le recensement des chevaux ... 400
Instruments :
De chirurgie pour hommes ... 514
— pour chevaux ... 544, 545
De l'école des tambours, clairons et trompettes ... 662
De l'école de musique ... 274
De ferrure ... 493
De musique ... 272, 277, 278
De topographie ... 630
En usage dans les écoles régimentaires (voir *Ecoles*).
Intendance ... 9 *et suiv.*
Intérêts dus aux sous-officiers rengagés ... 415
Inventaires (voir *Comptes de gestion*) :
Bibliothèques ... 366
Lits militaires ... 240
Morceaux de musique et partitions ... 269
Ustensiles d'écurie ... 398
Inventaires d'effets déposés ... 162, 163
Invitations de feuilles de route ... 443
Issues ... 263

J

Jalons ... 345, 350
Jambes artificielles ... 529
— de bois ... 529
Jardins des officiers ... 226
— potagers ... 258
Jarretières ... 555
Jaune ... 63
Jeu ... 529
Jeux de chiffres ... 405
— de boules ... 405
— d'outillages pour tir réduit ... 649, 654
Jeux de marques :
Habillement ... 51, 56
Harnachement ... 460, 479
Pour chevaux ... 480, 482
Pour les ferrures ... 494
Journal (voir *Registres*) :
— l'*Argus* des haras ... 353
— *des Haras* ... 353
— *la France chevaline* ... 355
— — *Militaire* ... 356, 371
— *Moniteur de l'Armée* ... 360
— *Officiel* ... 359
— *de route* ... 258
Journaux de musique ... 274
Journées de nourriture ... 290, 291, 568
Jugements et arrêts (Etat des) ... 221, 314
Jugulaires ... 69, 157
Juments poulinières ... 378
Jurisprudence de l'armée ... 365
Justice militaire ... 337

K

K barré ... 316
Képis ... 69, 88, 104
Képis de corvée ... 130

Pages

L

Lames de rechange ... 666
Lampes des ateliers ... 65
— des chambrées ... 254
— des écoles. 621, 623, 628, 629, 635
— des infirmeries régimentaires 516, 520
— des escaliers et corridors ... 590
Lampions ... 592
Lanternes d'écurie ... 505
Lard salé ... 252
Latrines ... 225
Lattes ... 350
Lavabos ... 215
Lavage des effets ... 79, 89
— des couvertures à cheval ... 456, 470
— des écuries ... 507
— des effets de couchage ... 201, 202
Leçons de danse ... 669
— de pathologie ... 353
Légalisation des actes de nais^{ce} 310, 369, 607
— des factures ... 184
— des signatures ... 184
Légion d'honneur ... 672
Législation de l'armée française ... 365
Légumes secs ... 578
— frais ... 578
Lessivages ... 79, 89, 201, 202
Lettres de voiture ... 417, 418, 419
— particulières ... 331
— pour marquer (voir *Marques*).
Leviers ... 553
Licols d'écurie :
Artillerie ... 468
Cavalerie ... 456
Infanterie ... 537, 716
De force ... 540
Ligne télégraphique ... 346, 347
Licol fumigatoire ... 540
Limes ... 52
Linge (voir *Petit équipement.*)
Linge au blanchissage ... 113, 256, 263
— des réservistes ... 89
— de l'armée territoriale ... 90
Liquidation des réquisitions ... 571
— des frais de route ... 444
— des indemnités de viande, etc. 291
Liquide extincteur pour incendie ... 217
Liquides ... 252, 267
Liste d'appel ... 220
— des réservistes ... 325
— décomptée des indemnités de route dues aux réservistes ... 454
Literie ... 232
— des enfants de troupe ... 237
— des infirmeries ... 232, 238, 519
— des réservistes et de l'armée territoriale ... 201, 239
Litière des chevaux (voir *Paille*).
Lits de camp ... 220
— de campagne ... 192
— fournis par l'habitant ... 208
— militaires ... 232
— de casemates ... 240
Livraisons de chevaux ... 373, 379, 382

Pages.

Livraisons de denrées pour les ordinaires 242
— d'effets aux corps. 46
Livres de détail 321
— des écoles. 622, 624, 628, 629, 630, 637
(voir *Ouvrages divers*).
— des enfants de troupe (voir *Ecoles*).
— journal de bibliothèque 366, 526
— auxiliaires de l'armement 699
Livret de compte-courant avec le Trésor 307
— d'ordinaire 253
— des commissions de remonte 379
— des échantillons et modèles 174
— des étapes 357
— de solde 22, 308, 342
— d'infirmerie des chevaux 537, 552
— individuel 140, 322
— matricule des chevaux 324
— — des hommes 140, 321, 323, 371
— des officiers 323
— de munitions 699
— de peloton ou de section 325
Locaux des écoles 622, 628, 635
— des bibliothèques 365
— des infirmeries des hommes 511
— — des chevaux 536
— servant de magasins. 50, 57, etc.
(voir chaque service).
Logement chez l'habitant
— des cantinières 204, 207, 268
— des chevaux 206, 502
— des officiers 206, 226
— des sous-officiers mariés 215
— des troupes 206
— des voitures et bagages 206
— meublés ou non meublés 206
Lotissement des effets en magasin 57, 59
Longes 349, 457, 470
Loyer des jardins 258
Lunettes pour les hommes 529
— de cantonniers 646, 653
— pour les chevaux 456
Luzerne 598

M

Machines à coudre 66
— à peler les pommes de terre 259
— de gymnastique 641
Mâchoires 484
Madriers 555
Magasins :
Armement 677
Fourrages 220
Habillement et Campement 50, 57, 60, 64
Harnachement 451
Infirmerie régimentaire 511
Munitions 677
De l'armée territoriale 57
Des ordinaires 243
Main à denrées 515, 538
Maitres d'escrime 664
Maitres-ouvriers 24, 65, 93, 102, 122
Maitres-selliers 451
Major 12, 13 *et suiv.*
Malades 510, 511, 526
Manchons 31

Pages.

Mandats d'avances en route 447
— de convoi 436
— d'envoi de fonds 288
— d'envoi de fonds de masse 288
— d'étape 563
— d'indemnité de route 444
— de paiement (voir *Etats de solde*) 17, 22
— sur la poste 288, 330
— sur la trésorerie générale 288
— télégraphiques 331
Mandataires 185
Manœuvres 344
Manèges 508
Mangeoires 502
Mangeurs (grands) 258
Mannequins (cavalerie et artillerie) 345
— (infanterie) 351
Manquants 24, 38, 47, 78, 297, 299, 690
Manteaux réformés affectés au service des écuries 69, 505
Manuel de chant 276
— de l'officier de police judiciaire 358
— des circonscriptions militaires 358, 721
— des contributions 721
— des cours des écoles 630
— de l'infirmier 516
— de maréchalerie 492, 494
— de tir 653
— du major Beaugé 359
— hippique 353
— des brancardiers 516
— du service postal 723
Marchés 15, 106, 126, 188
— de fumier et de dépouilles 615, 619
— des maitres-ouvriers (voir *Abonnements*.) 68, 74, 188
— maitres-selliers 455, 466
— des maréchaux-ferrants 494
— des ordinaires 241
— de petit équipement 106
— passés avec des ouvriers civils pour les réparations 74, 684
— passés pour le nettoyage des effets de réservistes ou territoriaux 90
Marcheurs 259
Maréchaux-ferrants 315, 492, 495
Mariages 310
Marmites de campement 189, 242
— de cuisine 243
— d'infirmerie 513, 540
— de l'Ecole de tir 646, 653
Marquage des armes 687
— des caisses à bagages 198
— des caisses de fonds 143
— des cantines 198
— des chaussures 54, 55
— des chevaux 480
— — de réquisition 482
— des voitures 173, 480
— des couvertures à cheval 56
— des couvertures de campement 191
— des effets admis ou rejetés par les commissions 49, 53, 55
— des effets d'habillement 53, 54

Pages.

Marquage des effets des réservistes et territoriaux.......... 53
— — de grand équipement. 53, 99, 254
— — de petit équipement.. 55, 113, 254
— — de harnachement, 457, 460, 471, 479
— — des équip^ges^ régim^res^ 556
— des gamelles et quarts......... 249
— des instruments de musique 53, 273
— des outils................... 229
— des plaques d'identité.......... 147
Marques de respect................. 221
— des commissions de réception 49, 54, 55
— des chevaux............ 480 482
— des compagnies............. 56
— de réception................ 49
— de réquisition.............. 482
— des compagnies.............. 56
— des magasins d'habillement.. 49, 54, 55
— — de harnachement.. 457, 479
— des maréchaux-ferrants....... 494
— distinctives des effets de 2e tenue 89, 133
Marteaux........................ 51, 493
Martingales (courroies pour maintenir la tête des chevaux)................ 541
Mashs pour les chevaux.............. 599
Masques.................... 345, 666
— pour les chevaux (voir *Lunettes*).. 541
Masses de boucher................. 566
— d'entretien du harnachement et ferrage (troupes à cheval). 16, 710
— (infanterie)........... 715
— d'entretien et de remonte......... 717
— des pénitenciers et prisons....... 709
— générale d'entretien.... 16, 270, 702
— individuelle............... 16, 727
— de l'infirmerie.................. 521
— de musique (Garde de Paris)..... 725
— de petit équipement............ 727
— de remonte................... 726
— de secours.................... 725
Matériel :
A laisser ou à emporter............ 424
et chaque service
D'attache des chevaux..... 453, 553, 554
D'ambulance régimentaire........... 524
De casernement.................. 213
De campement................... 189
De couchage.................... 232
— auxiliaire................ 200
De défense...................... 347
D'emballage........... 52, 58, 163, 451
D'embarquement......... 430, 553, 554
Des cantines.................... 266
Des équipages régimentaires......... 553
Des commissions de réquisition...... 404
D'escrime....................... 666
— à cheval.................. 350
Des écoles d'enseignement.... 621 *et suiv.*

Pages.

Matériel :
Des écoles de gymnastique........... 640
— de natation......... 659, 661
— de clairons ou trompettes.. 662
— de tir............... 646 à 658
— — dans les chambres 649, 657
Des écuries.................... 492, 493
D'exercices.................. 344 *et suiv.*
D'instruction.................. 344, 346
De quartier.................... 344, 346
De terrain de manœuvres........... 347
Des infirmeries : hommes........... 514
— chevaux.......... 456
Des forges............. 456, 492, 493
Des lits militaires................ 232
Des magasins (voir *Magasins*).
Des manèges.................. 456, 508
Des maréchaux-ferrants........ 492, 493
Des musiques et fanfares (voir à ces titres).
Des ordinaires.................... 243
Des ouvriers tailleurs............... 65
— bottiers ou cordonniers 98, 122
— armuriers. 678, 679, 681, 688
— selliers............. 98, 451
Des pharmacies........... 513, 514, 537
De remonte....................... 456
De tir................. 646, 653, 656
De voltige.................. 349, 456
De télégraphie, etc., des corps de cavalerie................... 346, 348
D'instruction...................... 344
Matières premières............ 31, 32, 40
Matières nécessaires aux réparations :
Armement......................... 681
Coiffure.................. 36, 101, 103
Equipement................... 36, 166
Habillement........ 36, 70, 92, 166, 171
Harnachement....... 456, 457, 468, 472
Nécessaires aux maréchaux-ferrants.. 493
— aux confections d'effets
— d'habillem^t^. 31, 32, 36, 92
Matrices......................... 51
Matricules des chevaux.......... 319, 320
— des effets de la 1re catégorie... 172
— des hommes de troupe 313, 317, 359
— des officiers............ 309, 359
— des vétérinaires.............. 309
— des voitures................ 173
Mèche............................ 590
Médaille militaire............ 314, 673
Médailles diverses................ 314
— de tir..................... 652
— décernées aux musiques....... 270
Médecins militaires...... 309, 407, 408, 510
— civils................ 530, 533
Médicaments :
Pour les chevaux.................. 546
— de remonte.......... 496
Pour les hommes............ 516, 526
— les officiers.................. 510
Pour les militaires de la gendarmerie. 725
Pour les chevaux. — 547, 718
Membres des conseils........... 12 *et suiv.*

Pages.

Mémoires de médecine et de pharmacie....... 514
— de proposition (voir *Propositions*).
— des chefs-ouvriers, etc... 186, 683
Mémorial des procurations, etc........... 319
— de la gendarmerie............... 720
Mess d'officiers................... 263, 589
Mesures à avoine................. 503, 539
— de l'infirmerie..................... 516
— de capacité................. 514, 538
— des effets............................ 54
— des hommes.......................... 40
Méthode de musique...... 273, 274, 276 à 279
Métrage des draps.......................... 144
Mètre.................................. 52, 350
Métronome..................................... 274
Microscope...................................... 545
Militaires nourris chez l'habitant.......... 568
— impotents.................. 436, 531
Mineurs.................................. 286, 612
Miroir pour canon de fusil.......... 647, 654
Mise du feu.................................... 347
— d'entretien................................ 413
— hors de service (voir *Réforme*).. 72, 155
— — d'effets hors modèle 115
— — d'effets d'instruction 155
Mobilier des ateliers :
Armuriers....................................... 678
Cordonniers ou bottiers........ 122, 123
Maréchaux-ferrants.............. 492, 493
Selliers.. 451
Tailleurs.. 65
Mobilier des chambrées........... 214, 215
— des casemates........................ 215
— des blanchisseuses.................. 245
— des cantines.............. 266, 268
— des conseils d'administration. 706, 719, 724
— des corps de garde... 208, 218, 233
— des écoles régimentaires. 621 à 639
— des écuries......... 502, 503, 507
— des enfants de troupe................ 215
— des infirmeries : hommes. 513, 514
— — chevaux........ 537
— des lits militaires........ 232, 235
— des magasins d'habillem[t]. 50, 57, 59
— — du harnachement.. 451
— des magasins d'armement et de munitions.............. 677
— des manèges.......................... 508
— des officiers............. 232, 431
— des ordinaires et cuisines. 243 *et suiv.*
— à fournir par l'habitant... 204, 208
— du bureau spécial de comptabilité......................... 216
Modèles-types............ 16, 99, 422, 492
— Gendarmerie.......................... 720
Modifications :
A l'armement.................................. 688
Au harnachement.............. 463, 479
Au petit équipement........................ 115
A l'habillement et au grand équipement.............. 69, 80, 94, 149
Moins payés.......................... 286, 289
— perçus................ 261, 289, 292
— — en nature......................... 576

Pages.

Moins-values :
D'effets d'habillement, etc., perdus ou détériorés.................. 72
— de gendarmes...................... 43
— de campement.......... 72, 194
— de coiffure........................ 72
— de grand équipement......... 72
— de petit équipement. 72, 114, 120
— de pansage............. 72, 114
— de harnachement... 72, 458, 472
— du matériel des écoles (voir *Écoles*).
Moissonneurs.................................. 263
Moniteur de l'armée......................... 360
— *musical*.............................. 274
Mors............ 454, 460, 462, 472, 483
Mort des chevaux.............................. 396
Mortier.. 538
Mouffles... 137
Moule à balles.................................. 649
Moulins à café.................. 190, 243
— Cambray.................................. 538
Mouvements de magasin........... 16, 21
— des hommes........................ 166
— de la literie.......... 234, 240
Mulets (voir *Chevaux*).
Munitions.. 693
— de sûreté................. 426, 693
— perdues ou avariées................ 694
— de guerre ou de bouche prises sur l'ennemi................................ 603
Muserolle à breuvage........................ 541
Musette de pansage........................... 559
— d'infirmerie.............................. 524
Musette-mangeoire............................ 468
Musiciens.............................. 269, 315
Musique.. 269
Mutations.............................. 21, 328
— des réservistes.................... 325
— des décorés.......................... 674

N

Nacelles.. 659
Naissances (actes de)........ 319, 369, 607
Naissance de poulains....................... 178
Natation (hommes)............................ 658
— (chevaux)................................ 658
Naturalisation................................... 310
Nécessaire pour le système métrique...... 630
Nettoyage des armes........ 254, 680, 681
— des casernements.................. 225
— des effets de service................ 79
— — des réservistes.. 89, 90
— — des territoriaux.. 90, 112
— — réintégrés....... 79, 89
— des planchers............ 225, 519
— — des infirmeries.... 520
— des ustensiles de campement... 194
— — d'éclairage...... 592
Neutralité.. 146
Niveau.. 646
Nivellements des masses.................... 703
Noir pour les pieds des chevaux......... 501
— de fumée...................................... 56

Pages.

Noircissage du harnachement.... 456, 470
— de buffleteries.... 149
Nomenclatures des différents services (voir *Registre des entrées et des sorties* et à chaque chapitre).
Nomenclature des crimes et délits.... 221
Notes des réservistes.... 323, 325
Notification des délibérations.... 21
Nourriture :
Des chats.... 63
Des chevaux.... 594
— chez l'habitant.... 568
— de remonte.... 599
— de réquisition.... 101
— en dépôt.... 601
— affectés à des établissements.... 601
— malades en route.... 600
Des poulains.... 595
D'officiers en mission.... 594
Des hommes casernés, en route, etc. 241, 242
— punis.... 262
— chez l'habitant.... 242, 568
Des grands mangeurs.... 258
Des malades chez l'habitant.... 530
— à l'infirmerie.... 521
— à la salle des convalescents. 528
Des sous-officiers.... 265
Nourriture mironde.... 62
Noyés.... 660
Numéros pour casquettes de cavaliers.... 102
Numéros à placer sur les effets d'habillement, etc.... 69, 85, 86
Numéros pour marquer les fers à cheval.. 494
Numérotage des armes.... 687
— des caisses et cantines.... 198
— des caisses de fonds.... 143
— des cordes à fourrages.... 113
— des effets d'habillement et d'équipement. 53, 99, 113, 254
— du harnachement. 457, 477, 559
— des gamelles et quarts.... 249
— des instruments de musique.... 53, 273
— des mors et étriers.... 460
— des plaques de ceinturon.... 101

O

Objets mobiliers (voir chaque service et *Compte de gestion*).
Objets accessoires des équipages.... 553, 554
— à établir dans les quartiers et champs de manœuvres.... 344, 346
— de tir.... 656 à 658
— de pansement.... 510
— divers existant dans les magasins (voir *Magasins*).
— divers existant à l'infirmerie régimentaire.... 514
— divers existant à l'infirmerie vétérinaire.... 537
Obligations des chefs ouvriers (voir *Abonnement*).
Obligations des réservistes et territoriaux. 358
Obligations des maréchaux-ferrants. 493 *et suiv.*

Pages.

Observations sur le service de la cavalerie. 353
Octrois.... 213
Œillères.... 540
Officiers généraux.... 14, 17 *et suiv.*
Officier d'habillement.... 23
Officier d'habillement adjoint.... 25
— de casernement.... 213
— payeur.... 11, 13, 25
— aux arrêts ou en prison.... 264
— d'approvisionnement.... 564
— d'instruction.... 332
— de santé des corps.... 510
Oppositions juridiques....
Ordinaires.... 241, 321
Ordonnancement des états de solde.. 282, 293
Ordonnances (soldats).... 94, 264
— de paiement.... 17, 22
— du 10 mai 1844.... 358
Ordres de fournitures d'effets.... 117, 118
— de mouvement.... 432, 435
— de mouvement rapide.... 444
— de réquisition.... 568
— de route.... 432, 435
— de transport.... 418, 419
— de versement au Trésor... 73, 74, 294 (voir *Versements*).
Orge.... 598
Origines de la tactique française.... 365
Ornements (voir *Attributs*).... 152
Orphelins.... 612
Os et eaux grasses.... 263
Outils :
De boucher.... 566
D'écurie.... 505
D'emballage.... 52
De distributions.... 567
D'ouvriers d'art.... 228
Des cours des casernes.... 230
Des champs de tir.... 648
Des jardins potagers.... 258
Du chef armurier.... 681, 688
Du génie (de terrassier, etc.).... 227
Du maitre-sellier.... 99, 452
Du 1er ouvrier cordonnier ou bottier 98, 124
— tailleur.... 65
Des maréchaux-ferrants.... 492, 494, 499
Des aides-maréchaux.... 498
Des manèges.... 508
Des voitures régimentaires. 229, 553, 554
Portatifs.... 227, 228, 554
Prêtés par le génie.... 230
Pour la confection des cartouches... 649
Outillage des officiers d'approvisionnemt. 567
— de boucher.... 566
Ouvrages divers.... 352 *et suiv.*
— de l'infirmerie vétérinaire.. 352, 551
— — régimentaire.... 517
— en usage dans les écoles.. 622 *et suiv.*
— des compagnies de gendarmerie. 723
— campagne de 1870-1871.... 640
Ouvriers armuriers.... 677, 681
— cordonniers ou bottiers.... 66, 124
— maréchaux.... 492, 495
— tailleurs.... 65, 66
— selliers.... 66, 99

Pages.

P

Paiement des dépenses 16, 22
Casernement.................... 224
Chaussures.................... 108
Chevaux de remonte........ 378, 385
— , de réquisition............ 405
— rétrocédés............... 391
Dégradations au compte de la masse individuelle ou de petit équipement............ 72 à 74, 727, 729
Denrées achetées................. 565
Ecoles........ 625, 631, 638 *et suiv.*
Equipement (petit)........... 111 à 115
— (grand).................. 100
Ferrage.................. 480 *et suiv.*
Frais de route..................... 444
Gymnase....................... 644
Habillement.............. 182 *et suiv.*
Harnachement............ 450 *et suiv.*
Indemnités....................... 281
— de rengagement........ 415
Infirmeries régimentaires........... 522
Intérêts dus aux rengagés........... 415
Légion d'honneur et médaille militaire......................... 673
Mandats sur la poste............... 330
Ordinaires...................... 250
Pour abonnements d'ouvriers (voir *Abonnements*).
Pensions....................... 606
Prêt.................... 285, 287
Primes........................ 282
Réquisitions..................... 570
Responsabilité des paiements (voir à ce titre).
Solde........................ 285
Voitures requises................ 405
Paiements à des mineurs.......... 286, 612
— à des aliénés............... 286
— à des malades ou blessés......... 286
— aux femmes et enfants de militaires, etc.................. 286
— à des délégataires............. 342
Paillasse du campement............. 200
Paille :......................... 598
D'emballage.................... 52
De couchage et de baraquement. 200, 201, 203, 204
— des lits militaires...... 235
— des prisons........... 219
— d'exercice d'embarquement............ 430
— des hommes cantonnés. 204, 211
Pour les troupes en chemins de fer.. 597
De litière pour les chevaux en chemin de fer.. 597
— — — malades.. 602
— — en garnison ou arrivant dans une place, etc...................... 602, 617
Pour garnir les barres et bat-flancs.. 504
Pain..................... 241, 250, 577
— biscuité...................... 578
Palette................... 646, 653

Pages.

Paniers à charbon............... 246, 257
— à crottin ou vannettes........... 505
— à viande.................. 257
— des magasins.................. 51
Pantalon bleu des maréchaux-ferrants.... 134
— de cheval des hommes non montés de l'artillerie.......... 145
— retirés aux hommes........... 151
— de corvée............... 131, 132
— de cuisine.......... 128, 129, 245
— d'écurie.............. 132, 133
— de gymnase.................. 645
— de 1re et de 2e tenue.......... 153
— d'infirmerie................ 520
— n° 2 brûlé................. 80
— de travail............... 131, 132
— de treillis.............. 130 à 133
— d'ordonnance et de cheval (voir *Transformations*).
— retiré aux hommes avant durée... 94
Pantoufles...................... 513
Papier goudronné................. 61
— à écrire (voir *Écoles, Infirmeries*).
— à lettre..................... 639
— à enveloppe.................. 639
— d'emballage.................. 52
— de musique.................. 273
— pour les cibles............ 646, 634
— pour prendre la mesure des pieds des chevaux............... 494
— pour l'état de blanchissage....... 243
Papillons (voir *Livrets individuels*).
Paquetage...................... 221
Paquets de correspondance......... 422
— d'effets déposés........... 160 à 162
Parements.................... 69, 77
Partitions....................... 273
Passage des chevaux dans le rang....... 395
Passages par mer.................. 437
Passation des marchés (voir *Marchés*).
Passants........................ 128
Passoires à bouillon............... 246
— à tisanes............... 539, 516
Patentes des cantinières............. 210
Pattes de collet................ 69, 85
Pavillons....................... 217
Peaux de tambour................. 128
Pédiluve........................ 341
Peinturage des cocardes............. 102
— du harnachement....... 456, 470
Pelles d'écurie................... 505
— de manège.................. 508
— de sapeurs.................. 228
— pour la forge................ 493
— pour le nettoyage des cours........ 230
— pour les voitures.............. 534
Pendule........................ 219
Pensions des sous-officiers (tables)...... 265
— de retraite................ 604
— des veuves et orphelins........ 612
Pentes raides.................... 345
Perception de denrées............ 562, 572
— de fonds................. 282
— de paille................. 205
Perches........................ 641

Pages.

Permissions 281
Percolateurs 243
Perruquiers 255
Personnel des ateliers...... 65, 122, 451, 677
— des écoles (voir *Écoles*). 621 *et suiv.*
— de l'infirmerie.............. 512
— des chevaux.............. 536
— de la musique.............. 269
— des fanfares.......... 276, 277
— des magasins.............. 301
Pertes de matériel.............. 166
Au compte des hommes ou de la masse de petit équipement... 24, 72, 78, etc.
Par cas de force majeure.... 75, 77, 151, 683
Au compte des officiers.............. 78
— des comptables... 19, 38, 47, 79, 297, 690
— des médecins.............. 511
— des sous-officiers comptables.............. 78
— des vétérinaires.............. 536
D'armes.............. 73, 75, 682, 683
De chevaux.......... 378, 396 398, 719
— de réservistes. (25 juillet 1882, page 51.)
De denrées.............. 576
D'effets d'habillement et d'équipement 72, 75, 96, 97, 166
— de campement..... 75, 194, 202
— de harnachement... 75, 457, 472
— de literie.............. 235, 236
— de petit équipement.... 113, 114
— au blanchissage.............. 257
— appartenant aux officiers.... 97
De fonds.............. 19, 297, 307,
De livrets.............. 140
De matériel appartenant aux ouvriers 66, 101, 487, 618
— livré aux transports de la guerre.......... 48, 419
— de casernement.... 214, 222
— d'écurie.............. 504
— des infirmeries et hôpitaux.......... 531 548
— des écoles. 626, 632, 639, etc.
— des équipages.............. 559
— chez l'habitant.............. 240
De munitions.............. 694
De rations par force majeure.............. 576
D'outils du génie.............. 229, 231
Pesage des colis.............. 417, 421
Petit équipement (voir *Equipement*).
Pétrole.............. 548, 591
Pharmacie de l'infirmerie des hommes 513, 514, 516
— — des chevaux.... 537
Pics à hoyaux.............. 508
— de sapeurs.............. 227
Pièces de comptabilité :.............. 21
A l'appui des comptes de gestion.... 178
— des contrôles.............. 328
Armement et équipages........ 178, 700
Ecoles.............. 178, 670
Génie.............. 178, 231

Pages.

Pièces de comptabilité :
Habillement et campement..... 175, 178
Harnachement.............. 178, 487
Hôpitaux.............. 178, 534
Transports.............. 418, 419
Masses d'entretien (voir *Masses*).
Remonte.............. 178 398
Pièces de dépenses (voir chaque service). 182
— d'armes.............. 686
— accessoires d'effets divers. 26, 69, 77
— de coiffure.............. 102, 103
— d'équipement.............. 99, 103
— de rechange (harnachement)...... 483
— représentatives de fonds.............. 299
Pied de cheval.............. 484
Pied des marcheurs.............. 259
Pieux des natation.............. 660
Pièges.............. 51, 63
Piliers.............. 508
Pilon.............. 514, 538
Pinceaux.............. 646
Pinces.............. 228
— à castration.............. 540
Pioche.............. 226, 227, 554 641
Piquets d'attache......... 453, 465, 553 554
— de natation.............. 660
— de tente.............. 189
— pour travaux de campagne...... 350
Placards.............. 221, 364
— pour l'école de natation......... 660
Plan en relief.............. 623, 630, 636
Planches à bagages.............. 215, 513
— à pain.............. 215, 513
— à rétablissement.............. 64)
Planchettes à charger.............. 649
— pour buffleteries........ 217 220
— pour chevaux.............. 503
— pour consignes. 217, 218, 220, 503
— pour état de casernement.... 215
— diverses......... 217, 218, 220
Plantons garde-caisses.............. 298
Plaques de ceinturons......... 127, 130, 140
— de voitures.............. 480
— de shako.............. 102
— d'identité.............. 147, 722
Plastrons.............. 666
Plates-longes.............. 541
Pliants.............. 192
Plomb.............. 52, 650
Plomb et cuivre recueillis après le tir.... 696
Plumeau.............. 52, 61
Plumes (voir *Écoles*).
Poche à bouillon ou à légumes.......... 248
Podomètre.............. 494, 540
Poêles.............. 589, 623, 635
— à deux trous pour l'infirmerie..... 513
— de l'école de tir.............. 646, 654
Poids et mesures.............. 516, 539
— des paquets reçus à la poste...... 422
Poinçons.............. 493, 494
Pointeurs.............. 658
Pointes.............. 52
Pointures des effets.............. 39
— des chaussures.............. 123
Poivre.............. 61

Pages.

Police du casernement. 217
Pompes à incendie. 217
— système Zapfle 217
— à douches 540
— à main. 538
Pont flottant. 660
Ponts volants. 555
Ports des lettres et paquets. . . . 289, 331, 422
Porte-épée des sous-officiers du génie 127, 129
Porte-baguettes. 128
Porte-feuilles à serrure. 328
Porte-giberne de musique. 128, 129, 275
Porte-gamelle. 247
Porte-manteau. 65, 623, 635
Porte-manteau (effet). 69, 98
Porte-selle. 503
Portique. 640
Pose de D d'agrafe. 99
— d'attributs, pattes, etc. 69, 86
— de boutons. 69, 82
— de boutons de sous-pieds. 89
— de galons et chevrons. 69, 84
— d'éperons. 124
— de fers de bras. 69, 86
— de pavillons et drapeaux. 217
— de pièces de coiffure. 103
— de signes distinctifs. 89
— de visières. 103
Postes. 289, 331, 422
Postes (voir *Corps de garde*).
Potasse. 61, 244, 520
Poteaux d'éclairage. 592
Pots à eau. 520
— à colle. 646, 654
— à saignées 540
— à tisane 514
— divers des infirmeries. 514, 515, 520, 538
Poudre de pyrèthre. 61, 221
— de quinquina. 548
— à canon (voir *Ecole de tir et munitions*).
Poulies. 592
Poulains. 595
Poutre 640
Poursuites en recouvrement de créances. . 295
Pouvoirs de signer. 185
Précompte. 295, 572
Prélèvements sur la solde. 261
— — des tambours et clairons. 127
— sur les approvisionnements de réserve. 42, 108, 109
— sur les octrois. 213
— sur les bonis d'ordinaire 259, 265
Premières mises :
D'équipement pour officiers. 95
— pour adjudants. 95
De petit équipement (sous-officiers et soldats). 727
Des enfants de troupe. 728
Des premiers ouvriers. 65, 98, 123
Des sous-officiers rengagés. 413
Préparation des aliments, du café. 587
Prescriptions 286
— des médecins. 526
Présidents des conseils. . . . . 12, 13 *et suiv.*
Presse autographique 340, 721
Prestations en nature. 250, 263, 577, 582, 594
Prêt de la troupe. 15, 16, 261, 287
— des cuisiniers en pied. 258
— des hommes absents, décédés, en prison, etc. 262
Prêts d'effets de petit équipement. 111
— à l'entreprise des lits militaires 200
Prêts de chevaux de troupe. 376
Prévôts d'armes 664
Prévôté en campagne. 723
Prime de conservation des chevaux. 719
— d'essayage. 81
— d'entretien des masses. . 703, 711, 728
— de travail des chefs-armuriers. 688
— — des maréchaux. 133
— — des ouvriers (V. *Salaire*).
— — des musiciens. 271
Primes de 10 et de 20 0/0 allouées au chef armurier en sus des tarifs. 680, 684
Primes de rengagement. 410
Principes du cavalier arabe. 353
Prises en charge (voir chaque service).
— par l'ennemi 25
— sur l'ennemi 603
Prisonniers de guerre 321
Prisons des corps. 219
Prix d'achat des denrées 565
— des confections 92
— des effets (voir *Nomenclatures*). . 72, 73
— des chevaux. 373, 386, 390
— de cession des chevaux. . . 385, 386, 387
— d'achat des chevaux. 380
— de conduite des voitures 303
— des réparations (voir *Réparations*.)
— du ferrage. 497
— de tir. 650, 655, 657
— des places en chemin de fer. 445
Prix-limites à observer dans les achats :
Habillement, équipement, etc. . . . 108, 126
Instruments de musique. 273
Objets divers (voir à chaque service).
Prix-limites pour vente de fumiers et de dépouilles. 616, 619
Procès-verbaux :
D'installation ou de suppression des conseils 14, 28, 29
Des délibérations des conseils. 18
De cession des chevaux 384, 386, 387
De déficit. 38
D'éclairage 590
De pertes ou de dégradations à la literie. 235
De dégradations au casernement. 224
De formation de corps. 14
D'excédents. 38
De pertes ou de dégradations d'effets en général. 25, 75
De pertes ou de dégradations d'armes. 683, 690
— — de munitions. 690, 6 9

Pages.

Procès-verbaux :
De pertes ou de dégradations de harnachement.................. 75, 76, 458
De pertes ou de dégradations de matériel des écoles............. 624 et *suiv.*
De pertes ou d'avaries survenues dans les transports................ 48, 419
D'examen des effets 48
— des chevaux..... 378, 383, 395
— des armes........... 691, 692
— des blessures ou infirmités. 609
De délivrance ou de retrait de fourneaux 244
De livraison de chevaux........ 379, 383
De pertes de chevaux 396
De réception de chevaux 379
De réintégration de chevaux 396
— de matériel retrouvé.. 48, 419
De réforme. — Equipages 558
— Habillem[t] et campem[t]. 75
De réforme. — Infirmerie............ 518
— Outils............... 229
De remplacement de cartes, instruments, etc., des écoles... 624, 631, 636
De rétrocession...................... 390
De refus de rachat.................... 390
De vente d'effets 166
— de chevaux................ 394
— de fumiers et dépouilles de chevaux................ 615
De visite de médecins................ 609
Procurations..................... 185, 319
Produits des os et eaux grasses......... 263
Programme d'un cours d'art et d'histoire. 353
Prolongations de chauffage (voir le règlement du 26 mai 1866).
Prolonges............................ 555
Proposition pour une pension 607
— pour une gratificati[on] de réfor[me] 610
— pour un secours 64
— pour rengagement............ 412
Propreté corporelle.................... 254
Protection des animaux 221
Punaises............................ 61, 221
Punis de prison 262
Punitions......................... 314, 315

Q

Qualité des denrées ou liquides....... 250, 267
Quart ou gobelet....................... 249
Quartiers de cavalerie............. 344 à 348
Questionnaire...................... 358, 722
Quittances........................ 15, 22 183

R

Rabots 52
Rachat de chevaux et refus de rachat 389, 392
Rails............................ 346, 648
Raison sociale 185
Ramonages 225; 226
Rampes mobiles...................... 555
Râpe 493
Rappels........................... 292, 576
Rapporteur............. 623, 624, 630, 636
— des conseils.................. 12

Pages.

Rapport journalier................ 325, 527
— sur les officiers retraités......... 608
— des registres entre eux........... 333
— sur la gestion des ordinaires..... 253
Rasage des hommes 255
Râteau 508, 641
Râteliers..................... 215, 502, 677
— des écuries.................. 502
Rations (voir *Subsistances, Ordinaires*).
Ratures 184
Ravitaillement des corps 564
Razzia 603
Recensement de chevaux et voitures..... 399
— des effets dans les magasins.................. 9, 38
— de la literie.............. 236
Récépissés de prise en charge... 49, 50, 177
— de versement au Trésor. 43, 73, 108, 177
— pour le service de l'armement. 676, 690, 691, 692
— de fournitures remboursables. 572
— pour effets de harnachement.. 453
— du prix des chevaux...... 385, 387
— de trop payés pour frais de route 447
— de mandats 289
Réceptions d'armes............ 16, 676, 692
— de denrées pour les ordinaires. 242
— d'effets de campement. 16, 174 190
— — d'habillement. 16, 47, 174
— — de harnach[t] 16, 49, 174, 452
— — de petit équipement. 11, 16, 47, 174
— — divers......... 16, 47, 174
— — versés par d'autres corps...... 45, 49, 692
— de matériel transporté 418
— de chevaux........... 379, 395
— — de réquisition 402
— des matières et effets, 16, 46, 49
— des membres de la Légion d'honneur............... 672
Recettes :
Masse d'entretien du harnachement et ferrage (troupes à cheval)......... 710
(Infanterie)............ 715
Masse d'entretien et de remonte...... 717
— générale.. 273, 703, 709
Masse individuelle.................. 727
— de musique (Garde de Paris)... 725
— — autres corps.. 270, 702
— de remonte.................. 726
— de secours.................. 725
— d'infirmerie................. 521
— des ordinaires............... 261
Recettes de galons.................... 152
Réchaud.................... 515, 539, 650
Récipients à médicaments 517
— pour os et eaux grasses 247
Réclamations 26
Reconnaissance du matériel............ 418
— de la poste.......... 288, 330
Recours contre les parties prenantes 19, 26, 50
Recouvrements de fonds......... 19, 22, 292

Pages.

Recouvrements de débets (voir *Retenues*).
Recrutement 408
Recrutement des commis (Frais de) 706
Rectification des revues 291, 292
Recueil administratif ou Code manuel de M. Charbonneau 338, 721
Recueil d'hygiène et de médecine vétér[es] 352
Recueil de médecine vétérinaire ... 354, 721
Reçu de denrées 568
Redressements de revues 291, 292
Réduction du prix des chaussures, etc.... 114
— de durée des effets....... 75, 151
Réforme :
Armes 692
Campement 155, 198
Chevaux 393
Effets de cuisine 244
Equipages régimentaires 558
Equipement (petit) 111, 114
Habillement et équipement 155
— d'instruction 155
Harnachement 462, 467
Instruments de musique 272
Matériel des écoles 623, 631, 636, 643, 666
Objets des infirmeries des hommes... 518
— — des chevaux... 546
Outils portatifs 229
Réflecteur pour canon de fusil...... 647, 654
Refus par les ordinaires.............. 242
Refus de chevaux 390
Régime des infirmeries des hommes 521
— des salles de convalescents...... 528
— de l'abonnement et de clerc à maitre (voir *Habillement, Armememnt, Harnachement*, etc.). 720
Registre matricule .... 309 *et suiv.*
— — de la gendarmerie.....
— — des chevaux 319, 320
— — des chevaux des officiers 320
— — des officiers 309
— — des réservistes et de la 2e portion du contingent 317
— — de la troupe.......... 313
— — des médecins.......... 309
— — des vétérinaires........ 309
— — des voitures (voir *Contrôle*).
Registres au compte des comptables. 337 à 340
Registres à tenir: .... 304 *et suiv.*, 333
Des compagnies de gendarmerie.. 720, 724
Des brigades de gendarmerie.... 718, 720
Des compagnies ou escadrons et batteries 321
Du directeur des écoles.... 627, 633, 639
Des diverses écoles (voir *Ecoles*).
Des munitions 699
Du lieutenant-colonel................ 328
Du major 326
De l'infirmerie des hommes. 521, 525, 528
— des chevaux.. 551
Des maitres-ouvriers................. 170
Des maréchaux-ferrants 494
De l'officier d'armement.............. 698

Pages.

Registres :
De l'officier de casernement..... 214, 222
— d'habillement.......... 167
— payeur 304
Du trésorier 304
Des ordinaires 252
Des transports................ 174, 119
De la salle des convalescents......... 525
Des corps de garde 219
De statistique médicale.............. 526
De tir 652, 655
Registre des délibérations 308
— des entrées et des sorties....... 170
— journal du trésorier........... 304
— — de l'officier d'habillem[t].. 171
— de centralisation.............. 305
— des avances en argent et en effets 308
— des distributions 308
— des effets de la 1re catégorie.... 172
— des actes de l'état civil......... 319
— de l'effectif 319
— des prisonniers................ 321
— des dépenses de la musique. 269, 321
— des congés illimités........... 321
— du chef de musique....... 269, 321
— de l'officier d'approvisionnement. 331
— des marches 329
— d'ordres.................. 325, 328
— du personnel des officiers....... 328
— des ordres de mouvement rapide 329
— de correspondance......... 174, 319
— du major....................
— du vaguemestre 330
— de visite médicale 510
— divers tenus dans les corps..... 329
— des réservistes ....
— des engagés conditionnels....... 332
— des punis..................... 332
— des rentrées............. 219, 332
— des punitions.................. 332
Registres tenus par les corps de l'armée territoriale........................ 372
Règles à pointure..................... 51
Règles................... 623, 624, 629, 636
Règlements (Théories) 363
— de la gendarmerie 721, 723
— sur les transports........... 357
— des perceptions de fonds..... 283
— des réquisitions 571
Régularisation des frais de route 444
— des rations requises....... 570
Réintégrations d'armes................. 160
— de boutons 166
— de chevaux.... 376, 389, 395
— de denrées non employées. 566
— de caisses d'armes, etc.... 689
— — d'emballage. 52, 421
— d'effets de campement. 191, 199
— pour les réservistes ou territoriaux .. 163
— — par les officiers de réserve ou territoriaux 97
— — pour ordre........ 153
— — de harnachement.. 462

Pages.

Réintégrations d'effets d'habillement et d'équipement... 79, 90, 91, 160
— en cas de mobilisation............ 163
— — de petit équipement 36, 110
— — de literie........ 234
— — de galons 152, 160
— — du matériel de casernement.. 214, 222
— — dans les magasins centraux. 48, 49, 191
— du matériel des écoles.... 671
— — des équipages. 559
— — de harnachement... 462, 466
Relevé de centralisation............... 306
— d'effets reçus.............. 174
— de mandats d'étape............ 563
— de distributions remboursables... 572
— des dépenses................. 182
(voir chaque service).
— du registre H............. 419, 420
— décompté des expéditions arrivées à destination............... 419
— des bons de chemins de fer...... 434
Relief..................... 623, 629, 636
Reliure :
De l'*Annuaire militaire*............ 356
De la description de l'uniforme 357
De la table du *Journal militaire*..... 357
Du *Bulletin des lois*................ 360
Du *Journal militaire*............... 356
Du règlement sur les transports, de la carte et du livret des étapes........ 357
Des matricules............... 368, 720
Des ouvrages de médecine.......... 518
— de l'infirmerie vétérinaire........................... 355
Des registres tenus par les comptables, etc.................... 340, 368
Des instructions et du cahier des charges de l'habillement............. 357
Du répertoire Blochet.............. 358
Remboursement :
Aux masses d'entretien (voir *Recettes*).
D'avances faites par les corps (voir *Avances*).................. 182, 284
D'avances en route 447
De cautionnements.................. 265
De denrées................... 565, 572
De dépenses pour l'habillement et le campement...... 15, 182
— pour le harnachement 15, 182, 454, 466
— pour l'armement........ 696
— pour les convois........ 436
— pour les frais de route... 448
— pour les écoles, 15, 626, 631, 637 *et suiv.*
— pour la remonte..... 15, 391
— pour les infirmeries..... 522
— pour le service du génie 15, 230

Pages.

Remboursement :
De dépôts au Trésor.............. 22, 307
De trop payés : Solde........... 286, 289
— Frais de route........ 447
De trop perçus 293, 575
A titres divers............. 15, 47, 284
D'effets de petit équipement... 47, 94, 108, 119
D'effets perdus par les transporteurs 48, 419
— dans les corps... 72, 75, 78
D'effets retirés aux hommes..... 79, 94
De dépréciations de chevaux... 392, 395
De cantines à vivres.............. 197
De galons et boutons............... 83
De matériel délivré à titre onéreux.. 47
De pièces de coiffure et d'équipement. 103
De pièces d'armes................. 686
Du prix des chevaux............... 387
De sommes versées au Trésor...293, 574
De bonis.......................... 520
Remises d'approvisionnements....45, 47, etc.
— de matériel à laisser ou à emporter (se reporter à chaque service et au chapitre des transports).
— de chevaux..............373 *et suiv.*
— d'effets et matières aux ouvriers. 16, 70, 92, 103, 170, 457, 472
— de fonds.........15, 16, 298, 299
— de la literie.................. 234
— de service des trésoriers, etc.... 340
— — des maîtres-selliers, 459, 474, 475
— — des chefs armuriers... 677
— — des maréchaux-ferrants.............. 496
— — des premiers ouvriers tailleurs.......... 71
— du casernement................ 213
Remontage d'effets de harnachement. 456, 471
— des chaussures..........122, 127
Remonte.....................373 *et suiv.*
— des équipages régimentaires..... 383
— des officiers de réserve et de l'armée territoriale.......... 379
— des officiers...........374, 378, 380
— — sans troupe........ 386
— des militaires de la gendarmerie 380, 389, 721
Rempaillage des barres ou bat-flancs..... 504
Remplacement :
Anticipé d'effets.............. 72, 75
D'accessoires de harnachement...... 456
D'accessoires d'effets d'habillement.. 69, 77, 82
De bandes de pantalons......... 77, 92
De chevaux.................380, 383
D'étuis d'outils.................. 230
De coiffes intérieures de képi....... 92
— — de shako..102, 104
De collets ou parements.........69, 77
De cachets...................... 144
De doublures d'épaulettes.......... 69
De dolmans ou tuniques....... 152, 154
D'effets, 72, 151 à 155 (voir *Distributions*).

Pages.

Remplacement :
D'effets de cuisine.................. 244
De fers à cheval...........495, 499, 501
De galons 85, 132
De livrets 625
De pattes, attributs, etc............69, 85
De pantalons...................152, 153
Du matériel de gymnastique....641, 642
— des écoles primai^res 623 *et suiv.*
— des équipages.......... 556
— d'escrime.............. 666
— de harnachement ...462, 467
— des infirmeries.......... 518
— des infirmeries vétérinaires............... 546
— de tir (voir *Écoles de tir*).
D'outils 229
De mors et étriers.454, 460, 463, 472, 483
De la paille des paillasses des lits militaires................. 235
— du campement...... 200, 204
De paniers...................246, 257
De théories........................ 361
De tondeuses..................255, 485
Rendement des bestiaux en viande...... 567
Rengagement des sous-officiers, etc..... 410
Renouvellement des approvisionnements (voir *Remplacements*, etc.).
Renvois d'effets aux fournisseurs........ 422
Réparations : 21, 26, 48
Au compte de la masse individuelle ou de petit équipement. 74, 99, 307, etc.
Au compte des hommes..........70, 77
— des masses d'entretien. etc................ 75
— des *Abonnements* (voir à ces titres).
A l'armement..............74, 678 à 685
— des réservistes et territoriaux................ 685
A la chaussure..................122, 127
A la coiffure......................74, 102
Au campement....................74, 194
Au casernement.................... 222
Locatives.......................... 226
A l'équipement (grand) 74, 99
— (petit).. 112
A la literie......................... 235
Aux chariots-fourragères............ 561
Aux effets des portions détachées. 71 122
— des réservistes. 70, 90, 99, 103, 112
— spéciaux des conducteurs de caissons..........70, 90
— de la territoriale.. 70, 90, 112
— hors de service.......... 70
— aux effets d'habillement réintégrés..........79, 89
Aux fourgons...................560, 561
Au harnachement..................437, 471
A l'habillement........49, 65, 69, 75, 79
— en magasin.. 49, 65, 88
A la forge de campagne............ 428
Au linge des hommes................ 257

Pages.

Réparations :
Au matériel d'escrime 667
— des écuries........... 504
— des équipages........... 558
— des infirmeries régimentaires 518, 524
— des infirmeries vétérin^res 546
— des gymnases......... 641
— des ordinaires....243 *et suiv.*
— des mors et étriers..460, 472
— versé dans les magasins centraux......49, 191, 463
Aux tambours et trompettes.....127, 662
Des tondeuses...................255, 485
Répartition des débets.............19, 297
Répartition du prêt................261, 287
Repas des troupes 241
— distribués dans les stations-haltes . 243
— fournis par l'habitant........... 568
— variés......................... 241
Répertoire des réservistes 326
— du *Journal militaire* ... 358, 722
Repoussoirs............................ 493
Reprise d'effets de petit équipement. 115, 121
— du casernement................ 213
— des chevaux en dépôt.......... 407
— au profit du Trésor......... 19, 293
— — des corps.......... 19, 286
Réquisitions de chevaux................ 402
— de denrées en France .. 566, 567
— en pays ennemi........ 566, 567
— de logements.......... 209, 210
— diverses................ 566, 567
— de médecins............... 533
— de paille de couchage....... 205
— de vétérinaires............. 549
— de voitures................ 402
Réserve d'effets en campagne. .. 52, 441, 555
Réservistes (voir chaque service).
Résiliation (voir *Abonnements*).
— de marchés de fumiers....... 618
— — de dépouilles 620
Responsabilité :
Chefs de corps ou de service. 19, 26, 78, 297, 467
— de musique et de fanfare.. 26, 269
Commandants de compagnie, escadron ou batterie 26, 78, 299, 467
Commissions de remonte........... 392
Conseils d'administration..... 9, 19, 297
Directeurs des écoles...... 26, 626, 632
En matière de perception de denrées. 576
Intendance militaire................ 19
Maîtres d'escrime.............. 26, 668
Majors...................... 11, 21, 297
Médecins 26, 511
Officiers montés........... 375, 392, 395
— d'habillement.... 9, 11, 23, 38
— de casernement 26
— payeurs......... 9, 11, 29, 297
— d'approvisionnement....... 565
Ordonnateurs 19
Présidents des conseils......... 20, 297
Transporteurs de matériel.......... 419
Trésoriers.......... 9, 11, 21, 23, 298

Pages.

Responsabilité :
Trompettes-majors ... 26
Vétérinaires... 26, 536
Ressemelage des chaussures... 122
Restitutions... 293, 574
Retenues sur la solde... 294, 295
— — des tambours et clairons... 127
— sur la masse individuelle... 296
— pour dettes... 293 *et suiv.*
— pour fournitures remboursables. 572, 573
— sur le prêt... 261 296
— sur les pensions de retraite. 227 606
— sur les indemnités de rengagement... 296 *et suiv.*
— au profit des corps ou du Trésor. 19, 293, 294
— aux officiers responsables 19, 78, 297
— interdites... 297
— de 2 ou 5 0/0... 296
— pour aliments... 296
— pour logement... 206, 207
— pour avances aux ouvriers (voir *Avances*).
— pour la retraite... 296
Retouches d'effets... 47 48, 69, 81
Retraits de bonis... 264
— de fonds... 307
— de fourneaux... 244
Rétrocessions de chevaux... 389
Rétrogradations... 314
Réunions d'officiers... 589
— des conseils d'administration.. 17
Reversements pour trop payés (voir *Remboursements.*)
Révocations... 416
Revolver... 690
Revue des haras... 354
— *de l'étranger*... 360
— *d'hygiène vétérinaire*... 352
— *militaire française*... 352, 721
Revue du harnachement... 454, 467
Revues d'appel... 410
— de liquidation... 289
— des effets ou armes en cas de changement d'abonnataire. 71, 459, 461, 473, 475, 496, 677
— trimestrielles (chevaux)... 378
— d'effectif... 9, 10
Rideaux... 61, 540
Riz... 528, 578
Rongeurs... 25
Rogne-pied... 493
Rouleau pour les étoffes... 50
— pour asphyxiés... 524, 525
Roulement des effets... 42
Rubans de fil... 516, 539
— de médailles..... 127, 129, 141, 718

S

Sable pour la voltige... 349
— les gymnases... 641
— l'entretien des ustensiles... 61
— manèges... 509

Pages.

Sable pour planchers... 224, 244
Sabots... 135, 716
— de cuisiniers... 255
Sabre de bois... 345, 666
Sachets à vivres... 139, 190
Sacoches d'ambulance... 524, 525
— de maréchaux-ferrants... 493
Sacs abris... 189
— à argent... 724
— à avoine... 559
— à blanchissage... 248
— à capsules... 696
— à denrées... 538
— à distributions..... 128, 129, 189, 245
— à paille... 200
— de couchage... 200, 201
— des magasins... 51
— de pointage (voir *Chevalet*).
— pour instruments de musique... 273
— d'ambulance... 524, 525
Sainfoin... 598
Saisie des fonds de masse... 296
— des indemnités de rengagement... *Ib.*
Salaire des ouvriers..... 71, 122, 452, 681
Salles de convalescents... 528
— de danse... 669
— de désinfection... 537
— de l'infirmerie régimentaire... 511
— d'escrime... 664, 668
— d'hippiatrique... 484
— de lecture... 639
— de police... 220
— d'études des volontaires d'un an... 584
Sandales... 352, 666, 669
Sangles... 454, 455
— de natation... 659
Sanification de la literie... 238
Santé (service de)... 510
Sapeurs (outils de)... 227, 228
Sarraux des médecins... 514
— des vétérinaires... 538
Saufs-conduits... 9, 443
Sautoir... 640
Savons... 79, 520
Schabraques... 456
Scies... 245, 540
— des sapeurs... 227, 228
Sciure de bois pour les planchers... 225
— pour les manéges... 509
Séances des conseils... 17
Seaux en bois pour magasins... 51
— de cuisine... 247
— d'écurie... 503
— d'infirmerie... 515
— de puits... 217
— d'abreuvoir... 554
— de la forge... 493
— en toile... 190
Sébile... 538
Secours aux militaires, aux veuves... 611
— au compte des chefs de corps... 343
— aux asphyxiés et noyés..... 524, 525
— aux masses (voir *Recettes*).
Secrétaires des conseils... 12
— du major... 337

Pages.
Secrétaires des officiers comptables.. 338, 340
Sel ... 378
Selleries... 451, 452
Selles ... 455, 467
— de voltige... 349
Semences des jardins potagers ... 258
Sépulture des hommes morts dans les casernes ... 533
Serge... 532, 538
Série d'outils de boucher... 566
Seringues... 514, 538, 545
Serpes... 189, 228
Sertisseur ... 649
Service courant... 32, 453, 464, 675
— de réserve... *Ib.*
— d'instruction... 32, 36, 110, 151
— de santé... 510
— de la cavalerie en campagne ... 353
— vétérinaire ... 536
Services payés... 264
— militaires... 311, 315
Serviettes de toilette ... 514, 538
Shako (voir *Coiffure*).
— de tambour-major... 127
Sifflet... 146
Signatures... 184, 185
Signalement des hommes... 315
— des chevaux... 319
Signatures ... 16, 184
Signes distinctifs des effets de 2e tenue. 89, 133
Sinapisme... 548
Situations-rapports... 325, 328
— des fonds... 308
— habillement... 43
— armement ... 698
— harnachement... 452, 465
— matériel de couchage ... 203
— des chevaux ... 376
— lits militaires... 240
Soins de propreté... 254
Soldats en prison... 262
— ordonnances... 264
Solde ... 280
— des militaires nourris... 281
— des tambours et clairons... 127
— des musiciens... 270
— des militaires décédés ... 262
— des officiers décédés... 299
Son... 598
Sorties des magasins... 16, 21, 92, 171
— du matériel de casernement ... 214
Sou de poche... 261, 262
Soude... 244
Soufflets à poudre de pyrèthre... 51, 221
— de cheminée ... 516, 539
— de forge ... 492, 678
Soufre... 62, 222
Souliers... 34, 41, 105
— de voltige ... 350
Soupe... 241
— à l'oignon ... 243, 578, 579
Sourdines... 276, 533
Souricières ... 51
Sous-officiers envoyés à Saumur... 352
— vivant à l'ordinaire... 263

Pages.
Sous-officiers rengagés ou commissionnés 410
Sous-pieds... 121
Soutaches... 127, 129
Soutien... 541
Spatules... 248, 513, 538
Squelette de cheval... 484
Statistique médicale ... 527
Stands ... 649
Stations haltes-repas... 562
Suaire... 533
Submersion... 25
Subside ... 609
Subsistances militaires... 562
Substitutions de denrées ... 597 à 599
Successions... 299
Sucre... 250, 262, 578
Sulfate de fer... 225
Suppléants des sous-intendants... 9
— des majors... 13
— des officiers comptables. 12, 15, 18, 25
Supplément de chauffage... 584, 585
Suppléments :
A la prime de la masse individuelle.. 728
De gratification d'équipement... 95
De 1re mise de petit équipement... 731
Surcharges... 184
Surfaix :
Artillerie et équipages... 464, 470
Cavalerie... 453, 455
Infanterie... 537, 716
Voltige... 349
Surveillance des magasins... 301
— du major... 20
Suspension des chevaux... 541
— des réparations... 26
— de grade... 314
Système de ferrure... 494
— métrique (voir *Écoles*).

T

Tabac... 580
Table du *Journal Militaire*... 284
Tables des magasins... 50, 677
— des chambres... 215
— des écoles... 623, 635
— de cuisine... 243
— alphabétiques... 315
— de l'infirmerie régimentaire... 513
— de l'infirmerie vétérinaire... 537
— des sous-officiers... 265
Tableau des effets à laisser ou à emporter par les militaires... 164, 424
— des effets à laisser ou à emporter par les corps... 424
— des registres à tenir... 333
— des réservistes et des disponibles. 327
— des rois de France... 623, 629, 636
Tableaux affichés dans les chambres. 215, 220
— — dans les brigades... 723
— du système métrique... 630
— de musique... 276
— noirs... 621, 623, 628, 635

Pages.

Tableaux de pointures des effets.... 39, 52
Tablettes d'ateliers.... 65
— de cuisine.... 243
— des maréchaux-ferrants.... 492
— de toilette.... 215, 216
Tabliers d'ouvriers d'administration.... 131
— de maréchal-ferrant.... 493
Tabourets.... 215, 646
Taches des effets de literie.... 233
Taille des effets de petit équipement. 42, 125
— des ceinturons.... 41
— des hommes.... 52, 315
— des chevaux.... 541
Tambours.... 127, 128, 662
Tamis.... 540
Tampons à cachet.... 144
— pour jeux de marques.... 55, 56
Tapis de table.... 706, 724
— de selle.... 436
Tares.... 379, 395, 484
Tarifs des cantines.... 267
— des frais de route.... 445
— des masses d'entretien (v. *Masses*).
— des subsistances.. 578, 582, 586, 596
— des réparations (voir *Réparations* ou *Entretien*).... 74
— des effets, armes (voir *Nomenclature de chaque service*).
— de solde.... 281
Taux des abonnements :
Armement.... 679
Coiffure.... 103
Equipement (grand).... 100
Ferrage.... 497
Habillement.... 71
Harnachement.... 458, 472
Mors et étriers.... 461
Taux de rendement des bestiaux.... 567
Télégraphe.... 423
Télégraphie militaire.... 346, 348, 349
Télémètre.... 647
Tenailles.... 493
Tentes.... 189, 661
Tenue des troupes.... 31
Térébenthine.... 56
Terrain pour la natation.... 660
Terrines.... 247
Testaments.... 299
Têtes-de-loup.... 508
Tenue des matricules.... 309, 315 etc.
Tenue des registres (voir *Registres*).
Têtes pour les courses.... 456
Théories.... 361
— sur la manœuvre de la pompe.... 357
— de la gendarmerie.... 719, 723
Thermomètre.... 516, 540, 646
Timbre des marchés.... 618, 619
— des pièces de dépense 186, 625, 632, 697
— — de réquisition.... 571
Timbres ou cachets.... 143
— à apposer sur les pièces.... 22
— divers.... 16, 21, 55, 56
— de caisse.... 128
— de vérification des étoffes.... 51

Pages.

Timbres HI et HS.... 53
— d'annulation.... 145
— de réintégration.... 53
— poste.... 331
— pour marquer les effets. 53, 56, 471
Tir à la cible.... 646 *et suiv.*
— dans la gendarmerie.... 719
— réduit.... 649
Tire-bouchons.... 539
Tisannerie.... 511
Tisanes.... 519, 551
Tisonniers.... 493
Toile pour les infirmeries.... 539
— d'Armentière.... 127, 129
— pour cartouches.... 650
— pour emballage.... 52, 162, 421
— cédée aux écoles de tir.. 167, 646, 654
— imperméable ou couverture.... 190
Toise pour chevaux.... 400, 404, 541, 719
— pour hommes.... 52, 719
Tondeuse pour chevaux.... 485
— pour hommes.... 255
Tonneau à eau.... 216
— d'arrosage.... 508, 561
Tonte des chevaux.... 485
— des hommes.... 255
Topographie.... 630
Tord-nez.... 539
Torchons.... 128, 129, 245
— serviettes.... 559
Totalisation.... 563, 564, 571
— des journées de nourriture.... 571
Traité sur la conformation du cheval.... 353
— de l'extérieur du cheval.... 354
— des désinfectants.... 355
— de maréchalerie.... 355, 492
Traitement :
Des chevaux.... 536 *et suiv.* 549
— (gendarmerie).... 718
Des cholériques.... 534
De la Légion d'honneur.... 673
De la médaille militaire.... 673
Des malades.... 510, 530
Des officiers.... 510
— décédés.... 299
Traites.... 185, 187, 307
Traits cassés.... 472
Tranches.... 493
Transformation d'armes.... 688
— d'effets d'habillement etc. 69,80,94,149,165, 178
— — de harnachement. 178, 463, 479
— — de la gendarmerie. 721
— — de souliers.... 125
Transports :
D'approvisionnements à renouveler. 42, 43
De matériel.... 43, 45, 48, 417, 424
D'armes.... 676, 689
Des décédés.... 532
De caisses d'armes.... 689
— d'emballage.... 52, 421
— de fonds.... 298, 435
D'effets de harnachement des chevaux de remonte.... 453, 496

Pages.

Transports :
D'effets au blanchissage............. 257
— et armes de la gendarmerie. 422, 718
— — des militaires décédés dans leurs foyers.. 161
D'effets de campement............ 190
De l'eau potable.................. 579
Des chariots...................... 562
Des chevaux................ 377, 385
De draps renvoyés en fabrique....... 432
De draps et fournitures de literie..... 234
Des fourrages..................... 595
D'instruments..................... 279
De militaires impotents............ 531
— malades........ 436, 531
— isolés (voir *Convois et frais de route*).
De munitions, etc......... 426, 694, 696
De modèles-types.................. 422
D'effets divers (voir *Transports*).
Des instruments de musique.......... 279
Des petits paquets................. 422
Du linge au blanchissage........... 249
Du matériel d'embarquement......... 555
— des écoles........ 623, 624
— d'infirmerie régimentaire. 629, 636, 637
— — vétérinaire... 549
Du matériel des équipages........... 556
— de gymnastique......... 643
— de tir.................. 652
— de tir réduit........... 650
Du mobilier des gendarmes.......... 431
D'outils................... 556, 686
De pièces d'armes........... 556, 686
Du personnel...................... 432
Des récipients à médicaments........ 517
Des voitures................ 428, 434
En diligence...................... 441
Par mer..................... 435, 440
Particuliers...................... 431
Trapèzes.......................... 641
Travailleurs...................... 263
Travaux de campagne................ 350
Travaux de défense................. 347
— de tranchée................ 231
Traversée (frais de)............... 439
Traverses......................... 346
Traversins........................ 232
Trébuchet................... 516, 539
Trésorier............... 11 à 21, 298, etc.
Tresses................ 69, 127, 129
Tréteaux.................... 646, 653
Tricoises......................... 493
Tricots........................... 137
Trompettes........... 128, 129, 279, 662
— des spahis.................. 279
— dans la gendarmerie......... 721
Trop payés au titre de solde....... 286, 289
— — des frais de route.... 447
Trop perçu.............. 261, 289, 292
— en eau potable.............. 580
— en deniers.................. 293
— en nature................... 574

Pages.

Trousses des vétérinaires.............. 544
Type d'effets........................ 54
Tubes à injections............. 540, 541
— à tir......................... 649
Tunique de 2e tenue.................. 132
Tuteurs............................. 286
Tuyaux à douches.................... 540
Uniforme (voir *Habillement*).
Ustensiles :
De cuisine (officiers)............... 196
— (troupe).................. 246
— à fournir par l'habitant qui loge................ 208
D'éclairage.........................
Des chambres........................ 246
D'écurie...................... 505, 507
Des enfants de troupe......... 215, 223
De la forge de campagne.............. 428
Des forges des ateliers....... 492, 678
D'infirmerie (voir *Infirmeries*).
Des magasins (voir *Ameublements*).
Des maréchaux....................... 493
Pour la distribution des vivres de campange............................. 567
Pour repas variés.................... 247
Divers (voir *Matériel*).
Vaccin.............................. 516
Vaccination................... 516, 526
Vaguemestre................... 302, 330
Valeurs des décédés.................. 300
Vannettes à avoine................... 503
— à crottin.................. 505
Vastringue.......................... 486
Velours.............................. 77
Ventes d'archives.................... 369
— de chevaux........... 295, 390, 392
— — réformés............... 394
— de dépouilles..................... 619
— d'effets hors de service........... 166
— — d'officiers........ 295, 300
— de fumiers........................ 615
— d'os et d'eaux grasses............ 263
Ventilation des chambres........ 215, 225
Ventouses............................ 22
Vérifications :
Des bons............................. 24
De la caisse du trésorier.... 19, 21, 290
D'effets..................... 46, 47, 190
Des écritures des corps.. 9, 15, 20, 27
Des pièces de transport.............. 333
— soumises au conseil.. 29, 298
Des registres........................ 333
Des réparations (voir *Abonnements*).
Des revues........................... 291
Vernissage des coiffes intérieures de shako. 102
Versements :
A la masse de l'infirmerie............ 521
A l'ordinaire................... 261 à 264
D'armes........................ 166, 691
De munitions......................... 696
De bonis d'ordinaire................. 264
De caisses d'armes................... 680
— d'emballage............. 52, 421
De cautionnements.................... 265
De denrées........................... 566

Pages.

Versements :
D'effets de campement............. 191
— dans les magasins centraux. 49, 110
— — des corps.... 160
— de petit équipement.... 108, 110
— d'un corps à un autre. 42, 45, 110
— d'un service à un autre.. 42, 110
— de harnachement dans les magasins régimentaires. 455, 462, 466
— de harnachement dans les magasins de l'artillerie........ 478
— de harnachement dans les magasins centraux ou à d'autres corps.................. 463
De fonds de masse.................
— dans la caisse du conseil. 19, 20, 298
— à des portions de corps 16, 22, 299
De la première portion à la deuxième portion de la masse générale d'entretien.................... 276, 703
Versements au Trésor........ 16, 293, 294
Armement.... 72, 73, 690, 691, 692, 698
Avances en route............. 307, 447
Campement............ 72, 73, 192, 196
Chaussures............................ 47
Divers..................... 293 *et suiv.*
Equipement................... 47, 72
Etoffes neuves employées... 74, 76, 458
Excédents de bagages............... 421
Fonds disponibles.................. 16
Frais de route.................... 447
— de traversée................. 439
Habillement.................. 47, 73
Harnachement............ 72, 453, 463
Masse individuelle ou de petit équipement......................... 72, 727
Médicaments, etc................... 548
Outils perdus................. 73, 229
Petit équipement........... 47, 94, 108
Remonte........................ 385
Subsistances...................... 572

Pages.

Versements à la caisse des dépôts et consignations....................... 251
Vestes de corvée.................... 132
— des sous-officiers.............. 132
— de gymnase..................... 645
— de travail................ 131, 132
Vêtements de travail ou de corvée. 130 à 133
Vétérinaires............... 536, 549, 720
Veuves........................... 612
Viandes.......... 241, 242, 251, 566, 578
— sur pied...................... 566
Vidanges.......................... 226
Vignettes.......................... 56
Vins........ 252, 262, 519, 521, 528, 578
Visa des bons...................... 562
Visite des armes................... 692
— des chevaux............. 496, 549
— en dépôt............ 406
— des équipages régimentaires...... 558
— des malades.............. 510, 530
— des militaires proposés pour la retraite....................... 609
— des militaires en congé.......... 530
— des médecins.............. 510, 530
— des vétérinaires.......... 496, 549
Vitesses.......................... 418
Vivandières....................... 266
Vivres............................ 577
— du sac........................ 565
— de convoi..................... 565
Voies ferrées des champs de tir......... 648
— de terrains de manœuvres.. 347
— des quartiers........... 346
Voitures à collier................... 435
— d'ambulance régimentaire...... 553
— de réquisition...... 174, 399, 555
— d'équipement................ 555
— des équip. régiment[res] 553 *et suiv.* 557
— d'outils............... 228, 553
— de cantinières........... 268, 434
Vols........................... 24, 299
Voltige........................... 349

ERRATA

Avant de faire usage du présent Recueil, il conviendra de faire les rectifications suivantes :

Partout où on lit les mots « masse individuelle », ajouter : « (ou de petit équipement, décret du 7 mars 1883.) »

Page 40, ligne 18. — Au lieu de : « page 86 », lisez : « page 85 ».
Page 41, ligne 38. — Au lieu de : « réglé par », lisez : « réglé dans ».
Page 43, renvoi 1. — Au lieu de : « abrogés », lire : « abrogées ».
Page 47, ligne 38. — Au lieu de : « capottes », lire : « capotes ».
Page 65, ligne 40. — Ajouter au titre : « ou d'autres corps ».
id. ligne 11. — Au lieu de : « page 68 », lire : « page 63 ».
id. ligne 9. — Au lieu de : « page 49 », lire : « page 48 ».
Page 70, alinéa 2°. — Au lieu de : « dolman des sous-officiers », lire : « dolman de 3e tenue des sous-officiers ».
Page 73, dernier alinéa. — Au lieu de : « des ordres », lire : « les ordres ».
Page 75, 5e ligne en bas de la page. — Au lieu de : « page 80 », lire : « page 89 ».
Page 79, § 2° *Frais de réparation.* — Au lieu de : « réintégré et versée », lire : « réintégrés, versés ».
Page 90, *Nota.* — Au lieu de : « du grand », lire : « de grand ».
Page 92, avant-dernière ligne. — Au lieu de : « incombent », lire : « incombant ».
Page 99, ligne 2. — Au lieu de : « page 57 », lire : « page 55 ».
Page 105, renvoi 1. — Au lieu de : « modification », lire : « mobilisation ».
Page 108, 4e ligne en bas. — Au lieu de : « page 71 », lire : « page 73 ».
Page 109, ligne 8. — Au lieu de : « page 109 », lire : « ci-après ».
id. 5e ligne en bas. — Au lieu de : « page 41 », lire : « page 42 ».
Page 113, *Marquage.* — Au lieu de : « voir page 54 », lire : « voir page 55 ».
Page 114, ligne 20. — Au lieu de : « page 63 », lire : « page 72 ».
Page 115, ligne 8. — Ajouter : « page 111 ».
Page 123, ligne 29. — Au lieu de : « nos 26 et 33, lisez : « nos 26 à 33 ».
Page 125, ligne 26. — Au lieu de : « page 117 », lire : « page 116 ».
Page 126, *Transformations de souliers.* — Ajouter : « chaque année des instructions sont adressées pour cet objet ».
Page 134, ligne 36. — Au lieu de : « de bataillon forteresses », lire : bataillons de forteresse.
id. ligne 38. — Au lieu de : « envoyés », lire : « envoyées ».
Page 149, avant-dernière ligne. — Au lieu de : « page 80 », lire : « page 79 ».
Page 151, ligne 7. — Au lieu de : « page 91 », lire : « page 90 ».
id. ligne 43. — Au lieu de : « page 153 », lire : « page 158 ».
Page 152, ligne 9. — Au lieu de : « page suivante », lire : « page 156 ».
Page 155, ligne 12. — Au lieu de : « page 155 », lire : « page 153 ».
id. ligne 18. — Au lieu de : « page 152 », lire : « page 151 ».
Page 156, 4e ligne en bas. — Au lieu de : « sous-officiers », lire : « sous-officier ».
id. renvoi 1. — Au lieu de : « page 164 », lire : « page 198 ».
Page 157, ligne 30. — Au lieu de : « page 150 », lire : « page 151 ».
Page 159, ligne 29. — Au lieu de : « habillés par ces corps », lire : « habillés ».
Page 164, *Observations,* ligne 21. — Ajouter après : « sont », le mot : « applicables ».
Page 167, ligne 11. — Au lieu de : « page 189 », lire : « page 203 ».
id. ligne 16 en bas de la page. — Au lieu de : « pour les frais de bureau », lire : pour frais de bureau.

Page 202, dernière ligne. — Au lieu de : « pages 204 et 205 », lire : « pages 191 et 194 ».
Page 205, avant-dernière ligne. — Au lieu de : « avance », lire : « avances ».
Page 244, ligne 47. — Au lieu de : « page 246 », lire : « page 254 ».
Page 254, ligne 5e en bas de la page. — Au lieu de : « page 248 », lire : « page 249 ».
Page 263, ligne 17 en bas de la page. — Au lieu de : « pouvant être dix heures », lire : « pouvant être de dix heures ».
Page 264, *Boni*, 4e ligne en bas. — Supprimer les mots : « sur l'autorisation des chefs de corps », et ajouter, après « pain de soupe » : « *De plus, l'article 9 des règlements du 28 décembre 1883 sur le service intérieur, dispose que le général de brigade doit fixer le taux maximum du boni* ».
Page 266, *Cantines*. — Ajouter : « § 2e ».
Page 285, ligne 10. — Au lieu de : « page 294 », lire : « page 288 ».
Page 332, *Registre des rentrées*. — Au lieu de : « incombe au trésorier du corps », lire : « incombe à la masse générale d'entretien ».
Page 349, *Voltige*. — Au lieu de : « écoles de cavalerie », lire : « école de cavalerie ».
Page 445, renvoi 2. — Au lieu de : « (S) », lire : « (spéciale) ».
Page 493, avant-dernier alinéa. — Au lieu de : « les oblige à se pourvoir », lire : « dispose qu'ils seront pourvus ».
Page 534, ligne 32. — Au lieu de : « pages 530 et 533 », lire : « pages 407, 408, 530 ».
Page 557, ligne 5. — Au lieu de : « page 116 », lire : « page 195 ».
Page 564, lignes 12 et 13 à supprimer.
Page 582, ligne 11 en bas de la page. — Au lieu de : « page 522 », lire : « page 523 ».
Page 589, *Nota*. — Au lieu de : « page 220 », lire : « page 218 ».
Page 598, renvoi 1. — Au lieu de : « ports », lire : « places ».
Page 615, ligne 11. — Au lieu de : « subsistances », lire : « subsistance ».
Page 670, ligne 7. — Ajouter : « et d'escrime ».
Page 703, *Recettes*. — Au lieu de : « 218, 57 et 451 », lire : « 276, 66, 575 ».
Page 728, § 2. — Au lieu de : « 10 mai 1884 », lire : « 10 mai 1844 ».

INSTRUCTIONS A ANNOTER

Page 19, art. 50. — Se reporter au règlem[t] sur le service intérieur pour les appellations et pour la forme des correspondances.

Pages 54 et 55. — Annoter les dispositions de la circulaire du 24 janvier 1885, page 53 (S).

Page 56. — Annoter les dispositions de la circulaire du 11 février 1885, page 205.

Page 61. *Demandes d'acide phénique et de poudre de pyrèthre.* — Annoter les dispositions de la note du 23 janvier 1885, page 168.

Pages 72 et suivantes. — Annoter les dispositions de la circulaire du 26 mars 1885, page 493.

Page 118. *Avances aux militaires.* — Annoter les dispositions du décret du 7 mars 1885, page 451.

Page 127. *Prélèvement sur la solde des tambours.* — Annoter les dispositions du décret du 7 mars 1885, page 451.

Pages 135 et 136. *Chaussons et sabots.* — Annoter les dispositions de la note du 24 janvier 1885, page 135.

Page 145. *Cachets.* — Annoter les dispositions de la note du 24 février 1885, page 267.

Page 155. *Réforme des effets.* — Annoter les dispositions de la note du 26 février 1885, page 224.

Page 194. *Réforme des effets.* — Annoter les dispositions de la note du 26 février 1885, page 224.

Page 247. *Porte-gamelles.* — Annoter les dispositions de la note du 19 février 1885, page 207.

Page 281. *Indemnité de fonctions.* — Annoter les dispositions de la décision du 23 février 1885, page 215.

Page 287. *Enfants de troupe.* — Annoter les dispositions du décret du 3 mars 1885, page 233.

Page 373. *Remonte.* — Annoter les dispositions de la note du 3 mars 1885, page 292 (S).

Pages 408 et 409. *Recrutement.* — Annoter les dispositions de la circulaire du 28 février 1885, page 192.

Page 426. *Matériel de campagne.* — Annoter les dispositions de la note du 23 janvier 1885, page 139.

Page 447. *Avances.* — Annoter les dispositions du décret du 7 mars 1885.

Page 727. *Masse de petit équipement.* — Annoter la circulaire du 26 mars 1885, page 493.

Revoir les prix de la nomenclature du 1er avril 1885 sur le service de l'habillement, qui remplace la nomenclature du 30 décembre 1880 citée dans l'ouvrage.

Paris et Limoges. — Imprimerie et librairie militaires H. CHARLES-LAVAUZELLE.